党组书记、厅长 尹慧敏

党组副书记、副厅长 阮凤英

党组成员、副厅长 于国安

党组成员、副厅长 张洪军

党组成员、副厅长 庞敦之

党组成员、纪检组长、监察专员 李振声

党组成员、副厅长 文新三

副巡视员 李国健

党组成员 王慎民

省经济开发投资公司总经理 姜延伟

省经济开发投资公司副总经理 聂肖林

省经济开发投资公司副总经理 赵怀文

省经济开发投资公司副总经理 丛湘滋

省经济开发投资公司副总经理 寇尊宪

省委副书记、省长韩寓群同志到财政厅视察指导工作

积极发挥财政杠杆作用
大力支持经济发展与财源建设

繁荣的商城一角

现代化物流中心

设备先进的泰安高新区
青年莲花汽车检验现场

寿光蔬菜电子交易市场

节能环保的现代化制药厂

日益壮大的机械制造业

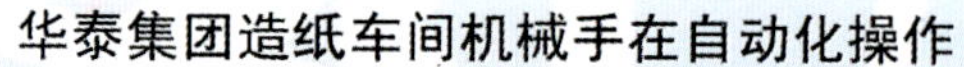

华泰集团造纸车间机械手在自动化操作

高新技术产业服务平台

财政扶持的风力发电项目

新兴的沂蒙红色旅游

坚持多予少取放活
大力支持现代农业发展

大力支持实施溢洪河衬砌工程

财政支持修建的干渠工程

高产小麦示范田

优质高效的生态农业

改良后的瓜果新品种

农民群众正在领取粮食直补资金

财政补贴农民购买的拖拉机整装待发

标准化渔业养殖基地

支持推广自然养猪法

财政支持改造后的牛舍

加快推进社会事业发展 着力保障和改善民生

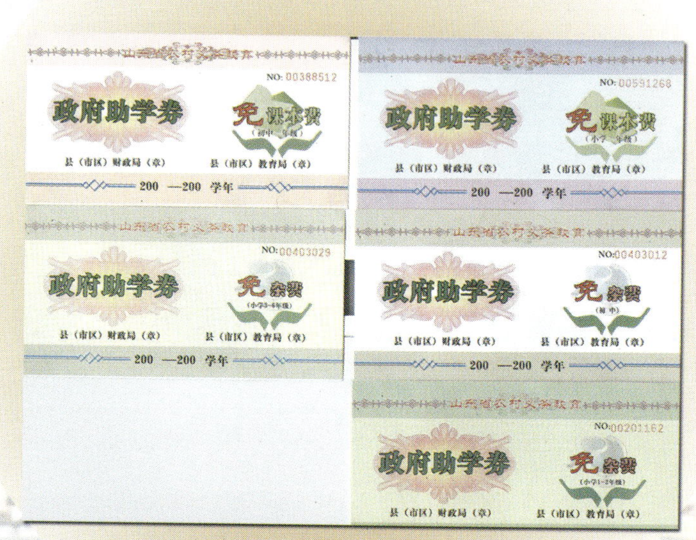

政府助学券资助贫困学生上学

财政支持建设的聊城二中体育场

积极支持就业市场建设

大力支持开展创业培训

支持冠县兰沃中心敬老院建设

敬老院老人衣食无忧

莒县城阳镇岳家村新村景

莒县城阳镇岳家村旧村景

财政支持修建的文化工程--王羲之故居

深化财政改革
提高财政管理绩效

加快推进财政国库集中支付改革

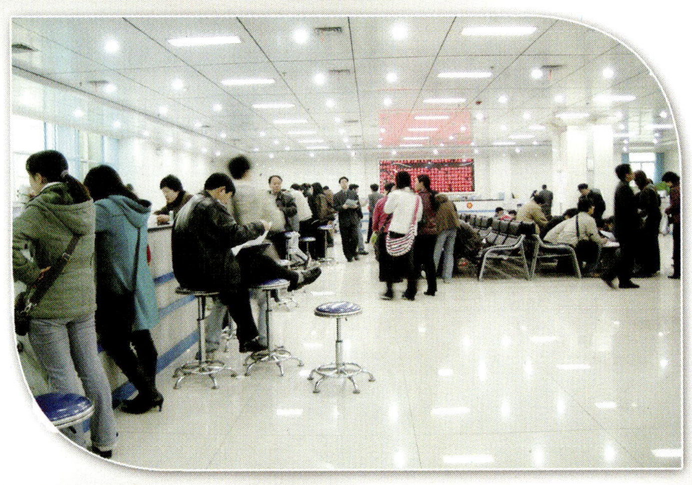

强化非税收入征缴

着力规范政府采购操作

举办会计知识大赛

珠算比赛现场

选拔高级会计人才

加强政风行风建设
争创文明和谐机关

深入开展系统文明创建工作

党组书记、厅长尹慧敏参加
“阳光政务热线”直播活动

宣传财政政策 打造阳光财政

加强文明建设 树立财政新风

厅机关开展的“春蕾计划”结对救助活动

厅机关春季运动会隆重举办

山东财政年鉴 2007

SHANDONGFINANCEYEARBOOK

尹慧敏 主编

责任编辑：吕　萍　于海汛
责任校对：徐领弟　杨晓莹
版式设计：代小卫
技术编辑：邱　天

图书在版编目（CIP）数据

山东财政年鉴．2007/尹慧敏主编．—北京：经济科学出版社，2007.10
ISBN 978-7-5058-7733-7

Ⅰ．山…　Ⅱ．尹…　Ⅲ．地方财政-山东省-2006-年鉴
Ⅳ．F812.752-54

中国版本图书馆CIP数据核字（2008）第189690号

山东财政年鉴（2007）
尹慧敏　主编
经济科学出版社出版发行　新华书店经销
社址：北京市海淀区阜成路甲28号　邮编：100142
总编部电话：88191217　发行部电话：88191540
网址：www.esp.com.cn
电子邮件：esp@esp.com.cn
北京中科印刷有限公司印装
880×1230　16开　27.5印张　950000字
2007年10月第1版　2007年10月第1次印刷
ISBN 978-7-5058-7733-7/F·6985　定价：200.00元
（图书出现印装问题，本社负责调换）

《山东财政年鉴（2007）》编委会

目　录

第一部分　特　辑

第二部分　全省财政工作

第三部分　市财政工作

第四部分　县（市、区）财政工作

第五部分　财经文选

第六部分 财政统计资料

第七部分　财政机构人员

第八部分　财政大事记

第一部分

特　辑

关于山东省2005年预算执行情况和2006年预算草案的报告

2006年1月15日在山东省第十届人民代表大会第四次会议上

山东省财政厅

各位代表：

我受省人民政府委托，向大会提交山东省2005年预算执行情况和2006年预算草案，请予审议，并请省政协委员和其他列席会议的同志提出意见。

一、2005年预算执行情况

2005年，在中共山东省委的正确领导下，全省各级坚持以邓小平理论和“三个代表”重要思想为指导，以科学发展观统领全局，认真贯彻落实党的十六大和十六届三中、四中、五中全会精神，经济社会发展又快又好。与此同时，全省和省级财政预算任务圆满完成，预算执行情况良好。

据快报统计，2005年全省地方财政收入1 072.71亿元，完成汇总预算的114.60%，比上年增长29.50%（其中经常性收入增长15.8%）；全省财政支出1 465.48亿元，完成预算的110.51%，比上年增长23.22%。当年地方收入，加中央税收返还和各项补助及上年结转收入等618.16亿元，收入共计1 690.87亿元；当年财政支出，加上解中央支出及结转下年支出等220.98亿元，支出共计1 686.46亿元。全省收支相抵，累计净结余4.41亿元。

2005年省级财政收入148.56亿元，完成预算的114.45%，比上年增长23.67%（其中经常性收入增长11.1%）；省级财政支出205.60亿元，完成预算的105.67%，比上年增长9.91%。当年省级收入，加中央税收返还和各项补助、市净上解收入及上年结转收入等294.23亿元，收入共计442.79亿元；当年省级支出，加上解中央支出、补助市县支出及结转下年支出等237.04亿元，支出共计442.64亿元。省级收支相抵，累计净结余1 500万元。

2005年，全省纳入预算管理的政府性基金收入219.45亿元，比上年增长30.80%，其中省级收入82.45亿元，增长43.66%；全省政府性基金支出200.90亿元，比上年增长22.39%，其中省级支出58.62亿元，增长22.87%。

全省预算外资金收入387.31亿元，比上年增长22.07%，其中省级收入166.24亿元，增长15.36%；全省预算外资金支出371.97亿元，比上年增长25.08%，其中省级支出160.47亿元，增长17.85%。

上述地方预算内、外收入，加社会保障基金收入和上缴中央税收等，2005年全省境内财政总收入3 342.2亿元，比上年增长24.7%。

各位代表，过去的一年里，在人大依法监督和政协大力支持下，各级政府及其财税部门以开展保持共产党员先进性教育活动为动力，不断完善决策、执行、监督机制，认真贯彻稳健财政政策，积极培植财源，努力增收节支，切实加强管理，各项财税工作取得新的成绩。

（一）严格依法征税治费，财政收入实现新突破。2005年，随着国家宏观调控政策和省委各项决策部署的贯彻落实，我省经济持续快速增长，质量效益稳步提高。在此基础上，各级依法加强税费征管，着力改善收入结构，财政收入迈上新台阶。2005年，全省地方财政收入、税收总收入和境内财政总收入，分别突破1 000亿元、2 000亿元和3 000亿元大关。市、县地方财政收入快速增长，有11个市收入增幅超过30%。地方财政收入过5亿元的县（市、区）达到46个，比上年增加14个，其中有14个县（市、区）超过10亿元。财政收入结构出现积极变化，“两个比重”进一步提高。2005年，全省地方财政收入占生产总值的比重预计为5.96%，税收占地方财政收入的比重为77.00%，分别比上年提高0.61个、1.25个百分点。

（二）切实加大“三农”投入，努力促进各项事业发展。各级围绕落实科学发展观，积极调整支出结构，集中财力保重点、办大事，财力分配进一步向“三农”和重点事业倾斜。2005年，全省用于“三农”方面的财政投入达308.20亿元，比上年增长29.07%。其中，预算内农业支出

90.60亿元，增长23.93%，农业基础设施建设得到加强，综合生产能力稳步提高。为了支持全省防治高致病性禽流感工作，各级紧急拨付资金2.06亿元。全省农业税税率普遍降低2个百分点，有66个县（市、区）免征农业税，进一步减轻农民负担26亿元。全省预算内教育支出249.15亿元，比上年增长21.64%，其中农村义务教育支出116亿元，农村中小学危房改造、贫困学生“两免一补”等工作扎实推进，中小学教师工资得到较好保障。科技支出26.92亿元，增长20.32%。抚恤和社会保障支出99.29亿元，增长32.54%。卫生支出54.33亿元，增长20.14%，其中拨付2.05亿元推进新型农村合作医疗试点，省级试点县扩大到46个，参合农民1 835.96万人；落实2 622万元资金，支持疾病预防控制体系、突发公共卫生事件医疗救治体系建设，全省卫生应急体系初步建立。

（三）积极支持产业结构调整，不断优化经济发展环境。全省落实基本建设支出70.48亿元，利用国债转贷资金和国际金融组织、外国政府贷款48.59亿元，加强了基础设施建设、资源环境保护、污染治理等薄弱环节。落实企业挖潜改造资金56.04亿元，通过贴息、担保、补贴等方式，促进了民营经济、中小企业、高新技术企业和外经贸发展，支持了半岛制造业基地建设。落实23.06亿元资金，大力支持国有企业政策性关闭破产和粮食企业改革，推进重点企业分离办社会职能及主辅分离、辅业改制工作，国企改革和国有经济布局的战略性调整取得新突破。省财政研究制定12项政策措施，积极推进节约型社会建设。认真兑现“促强扶弱”政策，落实资金9.17亿元，保证了“双30战略”的顺利实施。根据国家有关财税政策，为各类企业减免税费171.25亿元，企业发展能力增强，招商引资的环境进一步优化。

（四）加大财政综合扶持力度，努力缓解县乡财政困难。2005年，各级把缓解县乡财政困难作为财政工作的重中之重来抓，省政府制定出台《关于加强县乡财政建设促进县域经济社会统筹协调发展的意见》，省、市采取分类指导、综合帮扶的办法，从资金、政策、体制机制三个方面，加大了对财政困难县乡的扶持力度。一是实行“五奖一补”政策。结合中央扶持，省财政筹集资金16.00亿元，市级配套3.94亿元，对51个财政困难县（市、区）和81个产粮大县给予补助和奖励，强化了转移支付的激励约束功能，调动了县乡加快发展、增收节支的积极性。二是调整完善省以下财政体制。通过降低体制上缴市的上缴递增比例、规范体制补助办法、实行个人所得税省市共享，进一步理顺了省以下财政分配关系，增强了基层发展活力。三是加强县乡财政管理。积极推进“乡财乡用县管”和“村财村用乡管”改革试点，完善县乡财政监管机制，全面提升了基层财政管理水平。经过一年的努力，我省县乡财政状况出现可喜变化。2005年，省重点扶持的51个财政困难县（市、区），主体税种收入快速增长，可用财力明显增加；行政事业单位编制内人员工资全部达到国家标准；村级组织运转得到较好保证；一些关系群众切身利益的重点、难点问题得到进一步解决。

（五）注重体制机制创新，财政管理水平进一步提高。为规范预算编制、执行，强化财政管理，各级在健全制度、创新机制、实施精细化管理方面下了很大功夫。省财政对省直143个一级预算部门、1 669个二、三级预算单位的类别、性质、经费、编制、人员、工资等30余万条信息，全部实行计算机管理，建立预算编制“基础信息库”，实现了省级财政供养人员网上实名制管理，有效杜绝了虚报、瞒报人员和虚列基本支出问题。修订完善支出定额体系，统一规范日常公用经费管理，较好地解决了部门经费保障问题，增强了预算管理的透明度。积极构建省级专项资金项目库，实行“定项目、做规划、拿办法、投资金、评绩效”一条龙管理，优中选优、滚动安排，项目支出管理更加规范有序。国库集中支付改革取得新进展。省级扩大到所有政府组成部门，市级有16个市730个部门被纳入改革范围，48个县（市、区）进行了试点。政府采购在规范中快速发展。全省完成政府采购额190.15亿元，资金节约率为14.08%。同时，各级大力整合专项资金，切实加强制度建设，努力做到“先定办法、后拨资金”，财政资金管理的安全性、规范性、有效性不断提高。

各位代表，随着2005年预算任务的圆满完成，“十五”时期财政发展的预期目标也胜利实现，各项工作取得重要成果。一是财政收支规模迅速扩大，保障能力明显增强。“十五”时期，全省地方财政收入完成3 798.23亿元，财政支出完成5 279.92亿元，分别比“九五”时期多2 031.58亿元、2 846.71亿元，年均同比增长22.52%、19.04%。五年累计，全省农业、科技、教育、社会保障支出，分别完成329.20亿元、104.27亿元、933.65亿元、335.94亿元，分别是“九五”时期的1.79倍、2.14倍、2.08倍、3.60倍。省财政累计安排对下转移支付246.70亿元，是“九五”时期的15.54倍。县乡财政支出占全省支出的比重，由2000年的55.94%上升为2005年的60.62%，县乡财政状况不断改善，发展活力明显增强。二是统筹城乡发展力度加大，公共财政逐步覆盖到农村。“十五”期间，各级坚持“多予少取放活”的方针，在“三农”方面累计安排财政性投入

1 052.10 亿元，是“九五”时期的 2.06 倍。通过实施农村税费改革，累计减轻农民负担 220 多亿元；落实粮食、良种、农机购置“三补贴”政策，累计补贴农民 19.74 亿元，政府与农民之间的分配关系实现重大转变。筹措 37 亿元资金实施农村中小学危房改造工程，累计改造危房 753 万平方米。筹集 17.36 亿元资金实施农村人畜饮水解困工程，全部解决了农村历史性缺水人口吃水问题。筹集 10.3 亿元资金实施农村通自来水工程，农村自来水普及率由 42.6% 提高到 52%。同时，随着新型农村合作医疗试点、农村公共卫生体系、农业科技推广体系等建设步伐的加快，公共财政覆盖农村的深度、广度快速扩大，过去五年成为新中国成立以来农民得实惠最多的时期之一。三是财税改革不断深化，财政管理体制逐步完善。过去的五年，是财税改革快速推进，财政管理模式不断创新的五年。企业所得税、营业税、个人所得税分享改革顺利实施，省以下财政体制和转移支付制度不断完善。税费改革、部门预算、“收支两条线”、国库集中支付、政府采购、投资评审等改革取得突破性进展，“十五”时期全省财政管理跃上一个新台阶。

各位代表，当前我省财政情况总体上是好的，但也面临一些矛盾和问题。一是经济结构不够合理，税收贡献率不高，财政收入占生产总值的比重和税收占地方财政收入的比重偏低，地方可用财力增长还不够快。二是人均支出水平比较低，社会保障覆盖面不够宽，财政对经济社会发展薄弱环节的投入有待加强。三是部分县乡财政仍比较困难，一些地方债务负担较重，防范和化解财政风险的压力较大。四是财经秩序有待进一步规范，有些企业会计信息失真、偷逃税款问题比较突出，有些单位挤占挪用财政资金，花钱大手大脚、铺张浪费问题依然存在。这些问题，有些是发展中的问题，有些是管理上的问题。我们将高度重视，认真加以解决。

二、2006 年财政预算安排意见

2006 年是实施“十一五”规划的第一年，统筹安排好财政预算具有重要意义。分析今年的财政经济形势，有利条件和制约因素同时存在，增收节支的任务仍然十分繁重。根据中央和省经济工作会议精神，2006 年预算安排的指导思想是：以邓小平理论和“三个代表”重要思想为指导，认真贯彻党的十六届五中全会和省委八届十一次全会精神，按照全面落实科学发展观、构建社会主义和谐社会的要求，依法加强税收征管，不断增加财政收入；调整优化支出结构，加快建立公共财政支出体系，重点保障“三农”、教育、社保、就业、科学、公共卫生、生态和环境保护等支出需要；大力支持科技自主创新，推动经济结构调整和增长方式转变；着力深化财税体制改革，切实提高财政管理水平，促进全省经济社会又快又好发展。

按照上述指导思想和全省主要经济预期指标，充分考虑各种收支增减因素，2006 年全省地方财政收入安排 1 233.62 亿元，比上年增长 15%（其中经常性收入增长 9%）。上述收入，加中央税收返还、补助及上年结转收入等 628.70 亿元，减上解中央支出及结转下年支出等 206.32 亿元，全省可供安排支出的收入为 1 656 亿元。按照收支平衡的原则，全省支出相应安排 1 656 亿元，比上年增长 13%。以上全省预算安排是指导性的，各级预算经同级人大批准后，具体情况还会有所变化，我们将及时汇总，报省人大常委会备案。

2006 年省级收入安排 166.40 亿元，比上年增长 12%（其中经常性收入增长 7%）。上述收入，扣除按国家规定先征后返的煤炭和文化宣传企业所得税，以及具有专项用途的行政性收费等非税收入 47.7 亿元，加中央税收返还、转移支付及市净上解收入等 118.98 亿元，省级可统筹使用的财力为 237.68 亿元。具体安排上，按照“一要吃饭，二要建设”和科学发展的要求，着力优化支出结构，在认真落实各项增支政策，适当提高公用经费定额标准，保证省级正常运转的基础上，通过清理支出范围、整合各类专款、统筹预算内外资金，集中财力办大事。其中，安排省直行政事业单位人员经费和正常运转经费 55.58 亿元，占省级财力的 23.38%；安排全省重点项目支出和对下转移支付资金 182.10 亿元，占省级财力的 76.62%。2006 年省级预算安排的重点是：

1. 继续增加对农业的投入。这方面重点项目支出共安排 9.54 亿元。其中：农业综合开发及小型水库除险加固资金 1.52 亿元；动植物病害综合防治资金 4 000 万元；优质农产品基地、农业产业化以及渔业龙头企业（远洋）贷款贴息资金等 1.07 亿元；农村沼气、农作物秸秆综合利用以及“两湖一河”面源污染治理资金等 5 000 万元；农业良种工程、农业科技成果转化和重点农业科技成果推广资金等 8 500 万元；区域性综合治理、绿化山东及省级森林生态效益补偿资金等 1.08 亿元；“渔业资源修复行动计划”资金 3 000 万元；农机购置补贴及农作物畜禽良种补贴 4 000 万元；粮食风险基金配套 1.9 亿元；人畜饮水资金 5 000 万元（含地方水利建设基金 1 300 万元）；扶贫开发、农民专业合作组织、农民培训及创业资金等 1.15 亿元。另外，安排地方水利建设基金 2.9 亿元。

2. 大力促进经济增长方式转变。这方面重点项目支出共安排 15.32 亿元。其中：安排基本建设投资 5.3 亿元；国债配套及国债转贷技改贴息5 000万元；支持外贸出口、招商引资和中小企业发展专项资金1亿元；服务业发展和旅游发展资金等1.37亿元；区域经济发展、生态环境治理和支持节约型社会建设专项资金等1.45亿元；省农科院科技创新及基础设施建设1.5亿元；应用技术研发创新及重点实验室建设等2.68亿元；信息产业发展和电子政务6 000万元；环保产业研发资金3 000万元；支持人才智力引进、泰山学者等高层次人才队伍建设和科学普及经费等6 202万元。

3. 优先保证重点社会事业发展投入。这方面重点项目支出共安排46.29亿元。

——教育方面安排36.98亿元。其中：省属院校正常运转经费33.13亿元；部属院校共建配套资金1亿元；省属高校"三重点"和科研经费及基础学科建设等5 650万元；国家助学贷款贴息及高校困难学生助学奖学金等5 400万元；职业教育专款3 500万元；农村中小学危房改造和改善基层教育单位办学条件补助1.8亿元（含地方教育附加4 000万元）。

——卫生方面安排7.91亿元。其中：新型农村合作医疗试点3.6亿元；农村公共卫生体系建设5 400万元；医疗卫生单位重点学科和重点实验室、疾病预防及计划免疫等3.19亿元；食品药品监督执法能力建设及药品抽检经费5 800万元。

——文体和计划生育方面安排1.4亿元。其中：计划生育事业发展经费及农村部分计划生育家庭奖励6 188万元；基层文化及文物补助2 000万元；备战十一届全运会及二十一届省运会经费等5 770万元。

4. 加大就业和社会保障投入。这方面重点项目支出共安排3.1亿元。其中：省属低保对象生活保障和医疗救助8 800万元；再就业及公共就业服务体系建设等1.42亿元；社会救助体系建设3 500万元；"技能扶贫"和"金蓝领"工程3 500万元；救灾资金1 000万元。

5. 加大对基层财政的支持力度。2006年继续实施"五奖一补"政策，增加对财政困难县乡的转移支付，共安排100.5亿元。其中，农村税费改革转移支付67.9亿元；一般性转移支付17.3亿元；"五奖一补"资金15.3亿元。同时，加大村级补助力度，农村税费改革转移支付用于村级经费补助的比例不低于20%。

另外，安排预备费3.8亿元。

按照以上收支安排意见，省级当年收入166.40亿元，加中央税收返还、各项补助、市净上解收入及上年结转收入等282.84亿元，收入共计449.24亿元；省级当年财力安排支出237.68亿元，加预计中央专款、上年结转支出及用非税收入安排的支出等211.56亿元，支出共计449.24亿元。收支相抵，预算安排是平衡的。上述支出中，列省本级的支出为222.05亿元，比上年增长8%。其中：农业支出6.81亿元，增长7.52%；教育支出30.15亿元，增长8.48%；科技支出6.07亿元，增长13.16%，均达到法定增长要求。

2006年提交本次大会审议的部门预算达到51个，比上年度增加11个，基本涵盖了省政府所有组成部门和直属机构。

三、明确目标，扎实工作，努力开创财政工作新局面

"十一五"是全面建设小康社会的关键时期。我们将坚持以邓小平理论和"三个代表"重要思想为指导，全面落实科学发展观，按照《山东省国民经济和社会发展第十一个五年总体规划纲要》的要求，紧紧抓住支持发展做大经济财政"蛋糕"这个中心，不断优化财政收入和支出两个结构，稳步推进税费制度、预算管理、财政体制三项改革，着力完善收入稳定增长、利益分配调节、事业发展保障、财政管理监督四个机制，努力在促进经济增长方式转变、统筹城乡发展、构建和谐社会、平衡区域差距和依法行政理财五个方面实现新突破，确保2010年全省地方财政收入突破2 000亿元，年均增长14%，争取财政收入规模比2005年翻一番；财政支出突破2 500亿元，年均增长12%，为建设"大而强、富而美"的社会主义新山东提供可靠财力保障。具体到2006年，重点抓好以下几方面工作：

（一）围绕促进经济增长方式转变，不断完善财税政策措施。继续贯彻稳健的财政政策，合理调整预算内基本建设支出结构，优先支持节能、环保项目和循环经济项目。加大对科研院所及企业科技研发的投入，支持技术创新体系建设。加快企业财务制度改革，建立有利于企业自主创新的财务管理制度。积极推进企业分配制度改革，允许企业对有突出贡献的科技骨干实行股权激励政策，营造有利于企业自主创新的制度环境。完善国有土地和矿产资源有偿使用制度，推行节能采购，制定激励和约束并重的财税政策，促进资源节约型和环境友好型社会建设。支持国有企业改革和分离办社会职能工作，支持文化产业和地方金融企业发展，支持制造业强省建设，促进经济结构优化升级。积极稳妥地推进所得税、增值税等税制改革，认真落实税收优惠政策，加快建立有利于经济社会统筹发展的财税制度。

（二）围绕提高财政保障能力，进一步加大增收节支工作力度。一方面，坚持依法征税治费，深挖收入潜力。完善税源监控体系，积极推行社会综合治税，严厉打击偷逃骗税、有税不收和随意减免税行为，堵塞税收

征管漏洞。规范非税收入征管秩序，拓宽财政收入来源渠道。完善激励约束机制，加强收入考核，优化收入结构。另一方面，按照建设节约型社会的要求，坚持勤俭节约，严格控制一般性开支。建立健全财政预算与机构编制“双控”机制，全面推行财政供养人员实名制管理，控制人员和经费过快增长。继续深化部门预算、国库集中支付、政府采购和“收支两条线”改革，健全财政资金管理制度和绩效考评办法，加强财政支出的事前评审、事中监控和事后评价工作，确保财政资金合理分配、安全运行、高效使用。

（三）围绕建设社会主义新农村，稳步扩大公共财政覆盖农村的范围。在继续支持农业综合开发、农业产业化和农业基础设施建设的基础上，加大对农业防灾减灾、优势产业提升、节约型农业建设、科教兴农、农业生态保护的支持力度，强化农业基础地位，转变农业增长方式，建设现代农业。全面取消农业税，深入开展农村综合改革，进一步巩固扩大农村税费改革的成果。扎实推进农村义务教育经费保障机制改革，逐步落实在农村全面免除义务教育阶段学杂费政策。在87个县实施新型农村合作医疗试点，相应提高财政补贴标准。对全省360所重点乡镇卫生院进行改造。推进农村最低生活保障、五保户集中供养、失地农民保障、农村部分计划生育家庭奖励扶助制度和文化设施建设，支持搞好村镇规划，提高政府对农村的公共服务水平，改善农村居民生产生活条件。

（四）围绕构建和谐山东，认真解决关系群众切身利益的实际问题。坚持以人为本，牢固树立为民理财的观念，财力分配更加注重向社会事业发展的薄弱环节和困难群体倾斜，努力为群众解难题、办实事。认真落实促进就业再就业的各项扶持政策，支持公共就业服务体系建设。加大社会保障投入，推进社会保障制度改革，重点解决下岗职工、失业人员、城市低保户、农村贫困人口的生活困难问题。扩大国家助学贷款贴息及风险补偿金规模，加大对高校贫困学生的资助力度。综合运用财税手段，加强收入分配调节，增加低收入者收入，缓解社会成员收入差距扩大的趋势。大力支持安全生产、社会治安工作，促进“平安山东”建设。

（五）围绕促进县域经济社会协调发展，进一步推进县乡财政建设。认真落实省委“促强扶弱”战略，大力支持县域经济社会发展，培植壮大县乡财源。完善加强县乡财政建设的“五奖一补”政策，进一步加大转移支付力度，强化激励约束效应，放大政策扶持效果。强化帮扶资金使用管理，在保障工资发放和基层政权运转的同时，加大对乡村公益事业的投入，提高县乡财政综合保障能力。深入推进“乡财乡用县管”和“村财村用乡管”改革，严格控制新增债务，逐步化解历史债务，提高基层财政管理水平，促进县乡财政加快发展。

各位代表，在新的一年里，我们将认真落实本次大会决议，自觉接受人大监督，切实加强廉政勤政和工作作风建设，振奋精神，开拓创新，扎实工作，努力完成全年预算任务，为促进全省经济社会又快又好发展做出新的贡献。

山东省第十届人民代表大会财政经济委员会关于《山东省2005年预算执行情况和2006年预算草案》的审查报告

2006年1月19日山东省第十届人民代表大会第四次会议主席团第三次会议通过

山东省人民代表大会财政经济委员会副主任委员　王同生

山东省第十届人民代表大会第四次会议书面印发了省财政厅厅长尹慧敏受省人民政府委托提交的《关于山东省2005年预算执行情况和2006年预算草案的报告》及2006年预算草案。各代表团对这个报告和预算草案进行了认真审议。会前，省人大财政经济委员会会同有关专门委员会依据法律规定对报告和预算草案进行了初步审查。现结合代表们的审议意见，将审查结果报告如下：

一、关于 2005 年预算执行情况

根据财政报告提供的数据，2005年全省地方财政收入 1 072.71 亿元，完成预算的 114.60%，比上年增长 29.50%；支出 1 465.48 亿元，完成预算的 110.51%，比上年增长 23.22%。其中，省级财政收入 148.56 亿元，完成预算的 114.45%，比上年增长 23.67%；支出 205.60 亿元，完成预算的 105.67%，比上年增长 9.91%。当年收入加上中央税收返还和上年结转等，全省及省级预算执行都做到了收支平衡，略有结余，圆满完成了省十届人民代表大会第三次会议批准的预算任务。

财政经济委员会认为，2005 年，我省各级政府坚持以科学发展观为指导，认真落实稳健的财政政策，推动经济社会又快又好发展，取得了好的成绩。财税部门积极发挥职能作用，支持经济社会发展，严格依法治税治费，财政收入保持了持续快速增长的好势头；财政支出结构进一步优化，资金分配更加规范，对重点和亟须支出的保障力度不断加大，缓解县乡财政困难的举措成效明显；财政管理体制改革继续深化，预算编制水平和财政监管能力有了较大提高，财政调控作用发挥较好。

财政预算工作存在的主要问题是：受经济结构和部分产品价格波动等影响，财政收入持续快速增长的基础还不够稳固；财政收支矛盾仍然比较突出，财政对农村的覆盖面还不够宽，基层财政还比较困难；一些单位违反财经纪律、偷逃税款和挤占挪用、铺张浪费、不合理使用财政资金的现象还时有发生；财政调控监管能力有待进一步加强，部门预算编制的科学性和规范性还有待提高等。

二、关于 2006 年的预算安排

2006 年全省地方财政收入安排 1 233.62 亿元，比上年增长 15%；财政支出安排 1 656 亿元，比上年增长 13%。其中，省级预算收入安排 166.40 亿元，比上年增长 12%；省本级支出安排 222.05 亿元，比上年增长 8%。当年收入加上税收返还和上年结转等，全省和省级收支安排都是平衡的。需要说明的是，报告提出的全省预算草案只是预测性的，需待各级人民代表大会批准同级预算后，省财政厅再及时汇总，报省人大常委会备案。

财政经济委员会认为，我省 2006 年预算草案坚持以科学发展观为指导，符合中央及全省经济工作会议精神，做到了统筹兼顾、重点突出、积极稳妥、收支平衡。在支出安排上，注意加大了对农业、教育、科技、卫生、文化、社会保障和基层财政补助等方面的投入，体现了经济社会协调发展的要求，符合我省实际。报告提出的保证预算任务完成的政策措施也是积极可行的。财政经济委员会建议本次代表大会批准山东省 2006 年省级预算，批准省财政厅厅长尹慧敏受省政府委托向大会书面提交的《关于山东省 2005 年预算执行情况和 2006 年预算草案的报告》。

三、对今后工作的意见和建议

为顺利完成 2006 年的预算任务，进一步做好财政工作，更好地促进我省经济社会又快又好发展，省人大财政经济委员会提出以下建议：

（一）依法加强税费征管，努力组织财政收入。要牢固树立法律意识，坚持依法治税。要充分利用现代信息管理技术，完善税源监控体系，加强对重点税种、行业和企业的税收征管，既要依法纠正有税不收和随意减税、免税的行为，又要防止无税强收、收过头税。要加强对非税收入的管理，规范征管秩序，清理违规收费项目，解决个别行业存在的乱收费现象。

（二）进一步加大对“三农”的投入，扎实推进社会主义新农村建设。要巩固和扩大农村税费改革成果，建立和完善财政支农资金稳定增长机制，逐步提高支农支出占财政总支出的比重。支持农业综合开发、农业产业化和农业基础设施建设，提高农业现代化水平。加大对农村公共卫生和医疗服务体系的投入，扩大新型农村合作医疗试点范围，适当提高财政补贴标准，管好用好合作资金，着力缓解农民看病难和因病致贫问题。进一步增加对农村义务教育的投入，减轻农民的教育支出负担，改善农村办学条件。要继续加大对经济欠发达县乡的扶持力度，不断完善“五奖一补”政策，进一步缓解基层财政困难。

（三）加大重点支出的保障力度，加快社会公共事业建设步伐。要按照建立社会主义公共财政的要求，不断加大对科技、教育、文化、卫生等方面的重点投入，提高政府公共服务的能力和水平。要大力支持就业再就业工作，逐步建立健全与经济发展水平相适应的社会保障制度，认真解决关系群众切身利益的实际问题。继续加大对生态环境保护方面的政策倾斜，扶持能源、资源节约型产业，促进资源节约型和环境友好型社会建设。

（四）加大财政监管力度，提高资金使用效益。要进一步深化财政管理体制改革，加强财政监管，提高财政资金使用的规范性、安全性和有效性。要继续完善部门预算编制制度，改进编制方法，提高部门预算的科学性和严肃性。要加强对转移支付资金的重点监督，切实防止和纠正挤占挪用项目资金问题。要健全财务管理制度，严肃财务纪律，严厉打击违法违纪行为。要按照建设节约型社会的要求，提倡勤俭节约，反对铺张浪费，提高财政资金的使用效益。

以上报告请审议。

山东省第十届人民代表大会第四次会议关于《山东省2005年预算执行情况和2006年预算》的决议

2006年1月20日山东省第十届人民代表大会第四次会议通过

山东省第十届人民代表大会第四次会议审查了省人民政府提出的《关于山东省2005年预算执行情况和2006年预算草案的报告》及山东省2006年全省和省级预算草案。会议同意省人民代表大会财政经济委员会的审查结果报告，决定批准《关于山东省2005年预算执行情况和2006年预算草案的报告》，批准2006年山东省省级预算。

关于山东省2005年财政决算和2006年上半年预算执行情况的报告

2006年7月27日在山东省第十届人民代表大会常务委员会第二十二次会议上

山东省财政厅厅长　尹慧敏

主任、各位副主任、秘书长、各位委员：

受省政府委托，我向省人大常委会报告山东省2005年财政决算和2006年上半年预算执行情况，请予审议。

一、2005年财政决算情况

2005年，在中共山东省委的领导下，全省上下坚持以邓小平理论和“三个代表”重要思想为指导，以科学发展观统领全局，深入贯彻党的十六大和十六届三中、四中、五中全会精神，积极落实国家宏观调控政策，经济社会发展又快又好。在此基础上，财政收支实现较快增长，圆满完成了省十届人大三次会议确定的预算任务。

（一）一般预算收支情况

2005年，全省一般预算收入1 073.13亿元，完成预算的114.65%，比上年增长29.55%（经常性收入增长15.8%）；全省一般预算支出1 466.23亿元，完成预算的110.57%，比上年增长23.28%。当年一般预算收入，加中央税收返还、各项补助及上年结转收入等631.47亿元，收入共计1 704.60亿元。当年一般预算支出，加上解中央支出及结转下年支出等233.96亿元，支出共计1 700.19亿元。全省收支相抵，累计净结余4.41亿元。

2005年，省级一般预算收入148.63亿元，完成预算的114.51%，增长23.73%（经常性收入增长11.1%）。其中，增值税40.95亿元，完成预算的129.58%；营业税34.32亿元，完成预算的107.25%；企业所得税21.63亿元，完成预算的105.53%；个人所得税11.54亿元，完成预算的137.35%；各项非税收入36.65亿元，完成预算的107.92%。2005年省级超收较多，主要是原油价格上涨、企业效益提高以及征管力度加大；调整个人所得税省市分享办法，也相应增加了部分省级收入。扣除按政策返还各市的营业税、企业所得税、个人所得税以及具有专项用途的非税收入，2005年省级超收财力为10.86亿元。这部分资金，主要用于省直单位落实同城待遇、省农科院科技创新及基础设施建设、全省重点乡镇卫生院改造、山东大学共建、设立省级产业技术研究开发基金、省会城市建设以及对口支援等方面。按照《山东省省级预算审查监督条例》的规定，2005年底我们已将上述资金的具体安排使用情况，向省人大财经委作了报告。

2005年，省级一般预算支出205.60亿元，完成预算的105.67%，增长9.91%。其中，农业支出6.33亿元，完成预算的133.19%，增长28.53%；教育支出27.79亿元，完成预算的108.66%，增长15.19%；科技支出5.36亿元，完成预算的105.83%，增长11.18%，以上支出均达到了法定增长要求。基本建设支出29.79亿元，完成预算的107.89%；企业挖潜改造资金5.81亿元，完成预算的91.63%，主要是2005年国家不再安排产业升级国债专项资金，省级支持经济结构调整资金改列市县支出；医疗卫生支出9.03亿元，完成预算的123.14%，主要是驻济以外食品药品监督机构落实相关政策，解决省级部分公费医疗历史欠账等，支出相应增加；社会保障补助支出11.42亿元，完成预算的141.97%，主要是中央下拨的资源枯竭矿山企业破产补助资金增加；专项支出2.34亿元，完成预算的148.93%，主要是排污费支出增加较多；其他支出8.29亿元，完成预算的79.08%，主要是收取的部分宣传文化发展资金当年未实现支出。预备费3.5亿元，已全部动支，主要用于农业、教育、文体、卫生、抚恤以及突发应急事件等方面的开支，已体现在有关具体科目当中。

2005年省级财政预算平衡情况是：省级一般预算收入148.63亿元，加中央税收返还和各项补助、市上解收入及省级上年结转收入等306.83亿元，收入共计455.46亿元。当年省级一般预算支出205.60亿元，加上解中央支出、补助市县支出及结转下年支出等249.71亿元，支出共计455.31亿元。省级收支相抵，累计净结余1 500万元。

（二）基金预算收支情况

2005年，全省基金预算收入219.46亿元，比上年增长30.80%；基金预算支出200.56亿元，增长22.17%。2005年基金收支增加较多，主要是按照国家统一要求，从2005年起，我省将公路客货运附加纳入预算管理。同时，经财政部批准，2005年我省新开征了地方教育附加，使得基金收支规模相应扩大。当年基金预算收入，加上年结余收入、中央补助收入、调入资金等85.00亿元，收入共计304.46亿元。当年基金预算支出，加调出资金2.94亿元，支出共计203.50亿元。全省基金收支相抵，年终滚存结余100.96亿元。这些资金按规定以收定支，跨年度安排使用。

2005年，省级基金预算收入82.45亿元，比上年增长43.66%。其中，养路费收入38.39亿元，增长28.41%；公路客货运附加收入15.80亿元，增长9.74%；新增建设用地有偿使用费收入22.61亿元，下降6.62%，主要是2004年集中清欠，收入基数较高。基金预算支出58.62亿元，增长22.87%。其中，养路费支出38.96亿元，增长28.37%；公路客货运附加费支出12.57亿元，下降2.48%；土地有偿使用支出3.97亿元，下降71.57%，主要是原列省级的部分支出改列市县支出。当年基金预算收入，加上年结余、中央补助及各市上解收入等32.61亿元，收入共计115.06亿元。当年基金预算支出，加补助各市支出24.63亿元，支出共计83.25亿元。省级基金收支相抵，年终滚存结余31.81亿元。

（三）预算外资金收支情况

2005年，全省预算外资金收入385.65亿元，比上年增长21.55%；预算外资金支出357.83亿元，增长21.02%。当年预算外资金收入，加上年结余49.53亿元，收入共计435.18亿元。当年预算外资金支出，加政府调剂资金10.90亿元，支出共计368.73亿元。全省预算外资金收支相抵，年终滚存结余66.45亿元。

2005年，省级预算外资金收入175.55亿元，比上年增长21.82%；预算外资金支出161.55亿元，增长18.64%。当年预算外资金收入，加上年结余24.74亿元，收入共计200.29亿元。当年预算外资金支出，加政府调剂资金0.48亿元，支出共计162.03亿元。省级预算外资金收支相抵，年终滚存结余38.26亿元。

上述全省地方预算内、外收入，加社会保险基金收入和上缴中央税收等，2005年全省境内财政总收入3 351.1亿元，比上年增长25.0%。

需要说明的是，上述收支决算数字，与年初向省十届人大四次会议报告的执行数相比略有变化，主要是决算期间，由于资金在途、中央补助变动等原因，一些收支科目数字发生了相应变化。

各位委员，在2005年减收增支压力较大、改革发展任务繁重的情况下，各级、各部门狠抓增收节支，大力深化改革，切实加强管理，全省和省级均超额完成了预算任务。从决算反映的情况看，全省财政运行主要有以下特点：一是财政收入跃上了新台阶。2005年，全省地方财政收入、税收总收入和境内财政总收入，分别突破1 000亿元、2 000亿元和3 000亿元大关，达到1 073.13亿元、2 130亿元、3 351.1亿元；地方财政收入占生产总值的比重为5.81%，税收占地方财政收入的比重为77.01%，分别比上年提高0.46个、1.26个百分点。财政收入规模和质量“双提高”，集中体现了我省经济又快又好发展的成果。二是重点事业发展得到较好保障。2005年全省财政预算内支农支出为89.58亿元，增长22.54%；教育支出248.75亿元，增长21.44%；科技支出27.07亿元，增长20.96%；抚恤和社保支出99.48亿元，增长32.79%。这些重点支出的增长，均高于当年经常性财政收入增长幅度，重点事业得到进一步发展。三是缓解县乡财政困难取得阶段性成果。通过实施“五奖一补”政策，2005年我省县乡财政状况发生可喜变化。当年县级财政收入完成618.59亿元，增长33.99%，高出全省平均水平4.44个百分点。地方财政收入过5亿元的县（市、区）达到46个，比上年增加14个，其中有14个县（市、区）超过10亿元。省重点扶持的51个财政困难县（市、区），主体税种收入同比增长33.04%，高出全省平均水平8.31个百分点，可用财力明显增加，编制内人员工资全部达到国家标准，一些关系群众切身利益的重点、难点问题也得到进一步解决。四是财政改革与管理进一步深化和加强。省和部分市县通过建立预算编制“基础信息库”和“专项资金项目库”，修订完善支出定额体系，实行财政供养人员网上实名制管理，增强了预算管理的透明度，提高了基本支出和项目支出管理的精细化水平。同时，国库集中支付、政府采购和“收支两条线”管理等改革取得新进展，专项资金管理制度建设取得新成效，财政资金管理的安全性、规范性、有效性不断提高。

我们也清醒地看到，财政运行还存在一些矛盾和问题。一是各级财政保障能力有待进一步提高。我省财政收支总量虽然不小，但由于人口多，人均水平仍比较低。按总人口和财政供养人口计算，2005年我省人均财政支出分别为1 585元、4.79万元，比全国平均水平低339元、7 365元。受财力所限，财政对经济社会发展薄弱环节的投入还不够多，部分县乡财政仍然比较困难，防范和化解财政风险的任务还比较重。二是预算管理还有薄弱环节。审计情况表明，尽管2005年全省预算执行情况总体较好，预算管理不断加强，但受多种因素制约，部门预算年初批复率还需进一步提高，政府采购预算执行不够理想，部分专项资金分配下达不够及时，财政资金被挤占挪用、损失浪费的现象在一些部门和地区依然存在。三是财经秩序还不够规范。主要表现为各种形式的偷税、逃税、骗税等违法现象屡禁不止，一些地方税收优惠政策过多过乱，会计信息失真问题仍较突出，等等。对于上述矛盾和问题，我们将按照省委、省政府的要求，认真贯彻落实人大决议，采取有力措施，积极加以解决。

二、2006年上半年预算执行情况

2006年以来，在经济持续较快发展的基础上，全省预算执行情况良好。1~6月份，全省地方财政收入完成696.32亿元，占预算的55.58%，增长31.04%（扣除因出口退税负担政策调整导致的增值税增加以及取消农业税形成的减收因素，可比增长26.05%）；全省一般预算支出完成699.65亿元，占预算的42.26%，增长26.37%。其中，省级收入完成93.63亿元，占预算的56.27%，增长27.42%；省级支出93.98亿元，占预算的42.32%，增长17.36%。分析上半年预算执行情况，主要有以下三个特点：

（一）财政收入增长较快，主体税种增收较多。2006年以来，各级在加快经济发展的同时，高度重视收入征管，深入开展宏观税负分析，认真排查税源，切实加大征管力度，上半年全省地方财政收入增幅和进度都是近年来最好的。从增幅看，在2005年高位运行的基础上，2006年上半年全省地方财政收入增长31.04%，比全国平均水平高3.93个百分点。全省17个市收入平均增长31.62%，其中4个市增幅超过40%。从进度看，1~6月份全省地方财政收入完成预算的55.58%，超过时间进度5.58个百分点，省级和17个市的财政收入均实现了“时间过半、任务过半”。

在各项财政收入中，主体税种的拉动作用明显增强。1~6月份，全省增值税、营业税、企业所得税、个人所得税四个主体税种，收入合计完成358亿元，增收106.7亿元，占地方财政收入增收额的64.7%，较上年同期提高23.1个百分点，拉动地方财政收入增长20个百分点。上半年，全省税收收入占地方财政收入的比重为76%，比上年同期提高1.79个百分点。

（二）重点支出保障较好，一些关系群众切身利益的突出问题正在逐步得到解决。与财政收入增长情况相适应，上半年全省财政支出增幅比2005年同期高5.58个百分点，进度比2005年同期快0.51个百分点。各级在支出安排上，按照有保有压、突出重点的原则，在保证基本支出的基础上，加大了对重点事业的保障和支持力度。1~6月份，全省科技支出完成9.53亿元，增长30.61%，占预算的31.76%，进度比去年快2.05个百分点；教育支出完成136.48亿元，增长24.88%，占预算的48.37%，进度比2005年快1.41个百分点，其中省财政年初预算安排的农村中小学危房改造、课桌凳更新、“两免一补”资金已基本落实到位，一些地方还根据财力情况免除了农村义务教育阶段学生的学杂费；抚恤社保支出完成37.70亿元，增长47.23%，占预算的40.83%，比2005年进度快6.45个百分点，乡镇重点卫生院改造“360工程”、新型农村合作医疗、“五保”集中供养等工作进展顺利，城乡困难群众的基本生活得到较好保障。经济建设类支出也保持了较高增幅。上半年，全省企业挖潜改造支出完成28.97亿元，占预算的44.78%，增长32.55%；城市维护费支出完成62.04亿元，占预算的50.42%，增长27.84%。

（三）“三农”投入显著增加，各项惠农政策落实较好。2006年以来，各级认真贯彻中央和省委决策部署，围绕社会主义新农村建设，按照“多予少取放活”的原则，进一步加大了对“三农”的投入力度。全省统计，今年各级财政（含中央财政补助）安排“三农”方面的投入达到473.6亿元，比2005年增加78.1亿元，增长19.75%。其中，省级安排64.4亿元，比2005年增加12.6亿元，高于2005年3.5亿元的增量，预算内资金用于农村建设的比重和直接用于改善农村生产生活条件的资金，也都高于2005年，较好地落实了中央“三个高于”的要求。在预算执行中，各级围绕农民减负增收，积极落实中央和省委出台的各项惠农政策。其中，2006年对种粮农民的直接补贴标准每亩提高1元，全省粮食直补资金达9.15亿元，目前已全部落实到位，直接受益农户达到1 640万户；为减轻成品油价格改革导致的农业生产资料增支压力，我省争取国家资金9.11亿元对农民实行综合直接补贴，目前已全部兑付到位；落实农作物良种补贴资金2.61亿元，对全省2 380万亩小麦良种和230万亩玉米良种推广给予了补贴，有效调动了广大农民种粮的积极性。

总体上看，上半年全省预算执行情况良好，但也面临一些不容忽视的问题和矛盾。从收入方面看，国家出台的一些政策性减收因素，以及宏观经济运行存在的一些不确定性因素，特别是资源能源方面的制约、人民币汇率变化、国际贸易摩擦等，都将对我省财政经济产生影响，今后几个月财政收入继续保持高幅增长的难度加大。从支出方面看，在年初预算安排之外，新增政策性支出项目较多。尤其是下半年的收入分配制度改革，需要大量的财力予以保障。同时，落实科学发展观、构建和谐社会、建设社会主义新农村、解决关系群众切身利益的突出问题等，都需要加大财政投入，财政收支矛盾相当突出。要圆满完成全年预算任务，实现财政收支平衡，各级需付出更大的努力。

三、下半年工作重点和措施

根据当前财政经济形势和省委决策部署，针对上年财政决算和今年预算执行中反映出的问题，下半年我们将认真落实稳健的财政政策，积极支持经济和社会事业发展，继续狠抓增收节支，切实加强财政管理，确保完成省十届人大四次会议确定的各项任务。

（一）充分运用财政杠杆，大力支持经济结构调整和增长方式转变。全面落实国家和省出台的财税优惠政策，支持完善资源节约型和环境友好型社会科技支撑体系，对节能、节水、节材、节地和循环生产的共性技术与关键技术项目，优先给予扶持。按照建设“创新型省份”的要求，积极筹措资金，加大科技投入力度，创新财政扶持方式，努力促进应用技术研究与开发；进一步完善科技经费管理机制，促进建立以企业为主体、市场为导向、产学研相结合的技术创新体系。充分发挥财税职能作用，积极促进服务业繁荣发展，加快推进经济结构调整和产业升级，培植新的财政经济增长点，提高我省经济的竞争力和发展后劲。

（二）加大“三农”投入，积极支持社会主义新农村建设。根据中央和省委两个“1号文件”精神，积极整合现有支农资金存量，用好支农资金增量，着力增加财政对社会主义新农村建设的投入。全面取消农业税，深入开展农村综合改革，进一步巩固扩大农村税费改革成果。积极支持科技兴农、农业产业化经营、农村经济合作组织及节约型农业建设，大力发展现代农业。进一步落实粮食、良种和农机购置补贴政策，调动农民种粮的积极性。着力支持农村水利设施建设、村村通自来水工程、农村公路改造、农村土地及生态治理等基础设施建设，加大对农村义务教育、卫生、文化、科技、社会保障和计划生育等公益事业的支持力度，切实解决关系农民群众利益的最直接、最现实的问题，努力促进城乡公共服务水平的均等化。

（三）增收节支，集中资金支持重点事业发展。一方面，严格依法治税治费，努力增加财政收入。切实加强税源控管，大力开展社会综合治税，进一步加大税收稽查和清欠力度，清理规范各类税收优惠政策，加大对建筑、装饰、房地产、货物运输等重点行业的征管力度，确保依法应收尽收，坚决杜绝有税不收和收“过头税”问题。加强和规范非税收入管理，努力拓宽非税收入增收渠道，严格落实“收支两条线”规定，确保收入及时入库。加强对财政收入“两个比重”的考核，加大税收增长激励力度，引导各地提高收入质量。另一方面，按照建设节约型社会的要求，下大力气抓好支出管理工作。大力压缩招待费、会议费以及出国考察、培训、参观等经费开支，坚决禁止铺张浪费、花钱大手大脚。优化财政支出结构，大力支持义务教育、公共卫生、科技文化、社会保障等重点事业发展，集中财力向社会事业发展的薄弱环节和困难群体倾斜，切实为群众解难题、办实事。积极支持事业单位改革，切实加强行政事业单位国有资产管理。千方百计筹集资金，确保收入分配制度改革顺利实施和平稳运行。

（四）加强县乡财政建设，切实提高基层财政保障能力。进一步创新财政政策，深入实施“双30”战略，大力支持县域经济发展，调整优化财源结构。继续完善“五奖一补”政策，加大对财政困难县的帮扶力度，强化激励约束效应，充分调动财政困难县加快发展、增收节支的积极性。进一步完善机构编制与财政预算相结合的“双控”管理机制，精简人员，减轻财政负担。完善财政困难县“以市为主、省市共管”的体制，加快推进“乡财乡用县管”改革，加大对县乡预算安排及财政运行的监控和绩效考核，确保县乡在编人员享受国家增资政策，确保县乡重点事业得到进一步发展，让缓解县乡财政困难的成果更多地惠及广大干部群众。

（五）深入开展“财政管理年”活动，大力推进依法理财。认真组织实施政府收支分类改革，进一步提高财政收支管理的规范化、科学化水平。切实加强财政监督管理，积极整改审计提出的问题。深化部门预算编制改革，进一步提高预算编制的准确性和透明度。全面推行国库集中支付制度，提高预算资金的拨付效率。进一步扩大政府采购规模，突出解决政府采购预算执行不到位问题，严厉打击商业贿赂，切实规范政府采购行为。进一步加强专项资金管理，健全资金管理制度，完善支出绩效考评办法，从制度上防范资金拨付不及时、改变资金用途等问题，确保财政资金合理分配、安全运行、高效使用。认真贯彻新的会计、审计准则，强化会计基础和中介机构管理，全面提高会计信息质量。严格执行财经法纪，自觉接受人大和审计监督，严格按政策、按权限、按程序办理财税事务，规范财税执法行为，不断提高依法理财水平。

各位主任、各位委员，2006年是实施“十一五”规划的开局之年，完成全年的预算任务意义重大。我们决心在省委的领导下，认真落实本次会议决议，切实加强队伍建设，进一步转变工作作风，锐意改革，强化管理，增收节支，扎实工作，确保圆满完成全年预算任务。

山东省人大财政经济委员会
关于山东省2005年省级财政决算的审查报告

2006年7月27日在山东省第十届人民代表大会常务委员会第二十二次会议上

山东省人大财政经济委员会副主任委员　王启信

主任、各位副主任、秘书长、各位委员：

依据《预算法》和《山东省省级预算审查监督条例》的规定，省人大财政经济委员会于7月上中旬分别听取了省财政厅关于山东省2005年财政决算的报告和省审计厅《关于2005年度省级预算执行和其他财政收支的审计工作报告》。财经委员会结合审计工作报告，对决算草案和决算报告进行了初步审查。现将审查结果报告如下：

2005年全省一般预算收入1 073.13亿元，完成预算的114.65%，比上年增长29.55%，加中央税收返还、各项补助及上年结转收入等631.47亿元，收入共计1 704.60亿元；全省一般预算支出1 466.23亿元，完成预算的110.57%，增长23.28%，加上解中央支出及结转下年支出等233.96亿元，支出共计1 700.19亿元。全省收支相抵，累计净结余4.41亿元。其中，省级一般预算收入148.63亿元，完成预算的114.51%，增长23.73%，加中央税收返还和各项补助、市上解收入及上年结转收入等306.83亿元，收入共计455.46亿元；省级一般预算支出205.60亿元，完成预算的105.67%，增长9.91%，加上解中央支出、补助市县支出及结转下年支出等249.71亿元，支出共计455.31亿元。省级收支相抵，累计净结余1 500万元。全省和省级均做到了收支平衡，略有结余。

财经委员会认为，2005年我省各级政府和财税等部门，积极贯彻落实中央和省委的重大决策，认真执行《山东省第十届人民代表大会第三次会议关于2004年全省及省级预算执行情况与2005年全省及省级预算的决议》，以科学发展观统领全局，大力推动经济社会持续快速健康发展，做了大量富有成效的工作。依法加强收入征管，财政收入实现了规模和质量“双提高”；积极调整支出结构，加大了农业、教育、科技、卫生、抚恤和社会保障支出，重点事业发展得到较好保障；实施“五奖一补”政策，县乡财政状况有了较大改善；不断深化各项财政改革，财政管理水平进一步提高。从总体上看，2005年省级预算执行情况是好的，较好地完成了省十届人大三次会议确定的预算任务。建议本次会议批准省政府提出的《2005年省级财政决算（草案）》。

2005年全省和省级预算执行中存在的主要问题是：预算管理方面，有些地区和部门还存在专项资金分配不够及时、有些被滞留或挪用以及政府采购预算执行差距较大等问题，预算管理水平有待进一步提高；税收征管方面存在基层地税部门征管不到位和某些行业税收征管薄弱等问题；部分县乡债务沉重、财政困难问题还未从根本上得到解决，各级财政保障能力有待进一步加强等。审计工作报告对2005年省级预算执行情况从总体上给予了肯定，也指出了预算执行中存在的突出问题，并提出了加强和改进财政管理工作的意见。建议省政府责成有关部门加强对审计查出问题的整改和责任追究，并向省人大常委会提出报告。

为进一步做好财政预算工作，财经委员会提出以下建议：

（一）推进预算编制改革，提高预算管理水平。要增强预算收入预测的科学性和准确性，完善预算支出标准和定额，提高预算编制水平。要进一步细化部门预算、政府采购预算编制，严格按预算执行。要加强专项资金管理，提高资金使用效益。要认真做好政府收支分类改革工作，促进财政预算管理的科学化和规范化。

（二）依法加强财政收入征收管理。要继续加强税收征管，坚持依法治税，应收尽收，防止应征未征和征过头税等现象的发生。要强化非税收入管理，严格执行“收支两条线”制度，防止滞留、挪用，提高资金使用效益。要重视部分资源型城市财源结构单一，财政增收风险较大的问题。

（三）加大民生投入，促进社会公平。要按照公共财政要求，继续优化支出结构，使财政支出逐步退出一般竞争性和营利性领域，着力加大社会保障、医疗卫生、义务教育等民生投入，推动社会公平。要按照新修订的《义务教育法》的要求，完善义务教育尤其是农村义务教育经费保障机制；要进一步加大对公共卫生事业的投入；要切实加大社会保障投入力度，加强对社会保障、保险资金的管理，不断提高我省社会保障的能力和水平。

（四）切实加强审计监督。要进一步强化预算执行审计监督，促进预算管理的科学化、规范化。加大对重点问题和事关民生问题的审计监督力度，建立审计公告制度。要重视对审计查出问题的责任追究和整改工作，增强审计监督效果。对审计查出的问题，要认真分析，从制度源头堵塞漏洞，防止问题重复发生。

以上报告，请予审议。

山东省人民代表大会常务委员会关于批准山东省2005年省级财政决算的决议

2006年7月28日山东省第十届人民代表大会常务委员会第二十二次会议通过

山东省第十届人民代表大会常务委员会第二十二次会议听取了省财政厅厅长尹慧敏受省政府委托所作的《关于山东省2005年财政决算和2006年上半年预算执行情况的报告》和省审计厅厅长左敏受省政府委托所作的《关于山东省2005年度省级预算执行和其他财政收支的审计工作报告》。会议结合审议审计工作报告，对山东省省级2005年财政决算（草案）和财政决算的报告进行了审查，同意山东省人民代表大会财政经济委员会提出的《关于山东省2005年省级财政决算的审查报告》，认为2005年省级预算执行情况是好的，全面完成了省十届人大三次会议确定的预算任务，决定批准山东省2005年省级财政决算。

韩寓群同志在全省财政税务工作会议上的讲话

（2006 年 9 月 26 日）

同志们：

这次全省财政税务工作会议的主要任务是，以科学发展观为指导，深入分析当前的财政经济形势，研究保障收入分配制度改革的政策措施，部署今后几个月的增收节支工作，确保完成各项财税工作任务，促进全省经济社会又快又好发展。下面，我讲三个问题。

一、正确分析把握当前的财政经济形势

2006 年以来，全省上下以邓小平理论和“三个代表”重要思想为指导，坚持以科学发展观统领经济社会发展全局，认真落实国家宏观调控政策，全省经济呈现又快又好的发展态势。1～8 月全省规模以上工业增加值完成 7 313.3 亿元，同比增长 25.3%；实现利润 1 782.7 亿元，增长 44.8%；实现利税 2 872 亿元，增长 46.5%；全省规模以上固定资产投资完成 8 808.8 亿元，增长 30.9%，投资结构进一步优化；实现社会消费品零售总额 4 563.7 亿元，增长 16%；实现进出口总值 605.1 亿美元，增长 23.9%，其中出口 363.6 亿美元，增长 23.4%，进口 241.5 亿美元，增长 24.6%；实际利用外商直接投资 53.2 亿美元，增长 18%。在经济发展的基础上，各项财税指标也完成得比较好。1～8 月全省境内财政总收入完成 2 704 亿元，同比增长 22%，其中地方财政收入 890.1 亿元，增长 32.2%。财政收入结构进一步优化，税收占地方财政收入的比重达到 76.65%，同比提高 1.13 个百分点。全省财政支出完成 928.2 亿元，同比增长 26.5%，农业、教育、科技、卫生、社会保障等重点支出得到较好保障，一些关系群众切身利益的事情得到较好解决。

我省财政收支持续快速增长，集中反映了全省上下干事创业、加快发展的辉煌成果，也充分体现了财税部门依法治税、强化管理的工作成效。2006 年以来，各级财税部门积极支持经济发展、大力培植财源，扎实推进财税改革，管理水平和理财能力不断提高。省财政部门在狠抓增收节支工作的同时，积极争取中央财政支持，为落实收入分配制度改革、缓解县乡财政困难做出了贡献。省国税局从全省发展大局出发，采取局长包片、处室包市的办法，深入开展宏观税负分析，全面加强税收征管，取得明显成效。1～8 月全省国税系统组织收入 1 262.2 亿元，其中地方收入 229.8 亿元，分别比 2005 年同期增长 33.5%、33.7%。省地税局切实强化税源控管，大力推进社会综合治税，认真落实执法责任追究制，税收征管力度不断加大。1～8 月全省地税系统组织收入 523.7 亿元，其中地方收入 417.4 亿元，分别比 2005 年同期增长 24.7%、26.7%。各有关部门依法协税护税，切实加强非税收入征管，有力地促进了全省财政收入快速增长。在此，我代表省委、省政府，对全省广大财税干部职工表示诚挚的慰问和衷心的感谢！

当前，我省财政经济情况总体上是好的，但也存在一些不容忽视的新矛盾、新问题，必须引起高度重视。

第一，减收因素增多。2006 年以来，特别是最近两个月，中央为了防止经济增长由偏快转为过热，进一步加大了宏观调控力度，我省经济运行出现了一些新情况、新变化，对财税收入影响较大。一是固定资产投资增速回落。前 8 个月，我省规模以上固定资产投资增长 30.9%，比 2005 年同期回落 7.4 个百分点。随着投资增幅的回落，与投资相关行业的产品需求有所降低，房地产和建筑业受到影响。前 8 个月，全省契税、房产税增幅分别比 2005 年同期低 60 个和 4 个百分点。二是企业流动资金趋紧。2006 年央行连续两次上调存款准备金率和贷款基准利率，企业流动资金供给缺口增大，融资成本提高。前 8 个月，省财政汇编财务报告的 6 349 户企业中，亏损企业 2 462 户，亏损额 92.4 亿元，比上年同期增长 38.8%。三是部分产能过剩行业经营困难。2006 年国家陆续推出了钢铁、水泥、电解铝、铁合金、焦炭、煤炭等行业的调控政策。我省上述产业比重较大，加上原材料价格变动因素，这些行业实现的税收增幅下滑。前 8 个月，我省煤炭、化工行业增值税仅增长 10.4% 和 8.39%，成品油增值税比

2005年同期下降11.5%。钢铁行业8月份的增值税收入出现负增长。四是部分产品出口受到影响。前不久国务院对一些资源性产品和传统劳动密集型产品如煤炭、钢材、陶瓷、纺织品、塑料等，采取取消退税或下调退税率的措施，对高科技产品等提高了出口退税率。从长远看，这项政策有利于促进经济结构调整，转变外贸增长方式，但由于我省出口产品中资源型、劳动密集型产品所占比重大，部分企业经营业绩短期内会受到较大影响，并进而影响到对财政的贡献。另外，2006年1～8月份我省财政收入增幅较高，其中部分是因为2005年调整出口退税负担政策形成的，扣除这个因素，可比口径只增长26.96%。因此，对于全年的收入形势，我们不能盲目乐观。

第二，支出压力增大。2006年财政收入增长虽然较快，但支出需求增长更快，各级财政面临的保障任务越来越重。除年初预算已经安排的农业、教育、科技、卫生、社保等增支因素外，国家最近又连续出台了一系列增支政策。其中，仅从7月1日起推行公务员工资制度和事业单位收入分配制度改革，2006年下半年全省就需新增支出80多亿元，加上提高企业离退休职工养老金标准，以及提高优抚对象、下岗失业人员、城市低保户等低收入群体的收入水平，全省新增支出近130亿元。同时，2006年全部取消农业税，扩大新型农村合作医疗改革试点范围，实施“村村通自来水”工程，加快农村中小学危房及乡镇卫生院改造步伐等，也要大量增支。总体上看，2006年各级财政面临的增支因素之多、增支压力之大，是多年来所没有的。对于当前的财政收支矛盾，我们一定要保持清醒的认识。

第三，部分地区县乡财政更加困难。2003年省委工作会议和全省县域经济工作会议以来，全省上下解放思想，干事创业，县域经济发展明显加快，县域财源明显增加，县乡财政状况明显改善。但由于一些县底子薄、供养人口多、欠账大，财政困难的状况并未根本缓解。到2005年底，51个财政困难县人均可用财力只有1.6万元左右，比全省平均水平低2万多元。在县乡财政处于紧运行的情况下，2006年又面临这么多的增支因素，部分县的财政困难可能进一步加剧。

面对以上困难因素，各级必须保持清醒头脑，全面把握当前的财政经济形势，居安思危，努力工作，克服困难，增加收入，保证经济社会持续协调健康发展。

二、抓好增收节支，确保收入分配制度改革顺利实施

中央决定从2006年下半年起，改革行政事业单位工资制度，提高企业离退休人员养老金标准和优抚对象、社保对象的待遇水平。这是党中央、国务院针对收入分配领域存在的突出问题做出的重大决策，也是当前增支压力最大、影响面最广的一项工作。各级各部门一定要统一思想、提高认识，下大力气抓好增收节支工作，为收入分配制度改革提供财力保障。

为了帮助基层缓解财政困难、落实收入分配政策、加快重点事业发展，省委、省政府研究决定，在保持原有转移支付项目和规模不变的基础上，再筹集资金37.04亿元，进一步加大对困难市县的支持力度，以充分调动各方面加快发展、增收节支的积极性。这次省财政资金的补助重点：一是安排16.94亿元，对落实收入分配制度改革有困难的市县给予适当补助。具体参照2003年省对下增资补助政策，按照各市增资需求和财政困难程度，分类确定补助比例，重点向中西部财政困难地区倾斜。另外安排5 000万元资金，对东部地区个别财政困难县采取省市结合的办法给予支持。二是安排13.38亿元，继续实施“五奖一补”政策，进一步加大对51个财政困难县和90个产粮大县的帮扶力度。三是安排6.22亿元专项资金，支持基层社会事业发展。重点是进一步加大对“村村通自来水”、乡镇卫生院改造、农村中小学危房改造、乡镇敬老院改造等方面的投入。这样安排后，加上年初预算安排的转移支付104.14亿元，2006年省对下转移支付补助总量达到141.18亿元，是历年来增加最多的一年，充分体现了省委、省政府对基层的关心和支持。各市也要从市级财力中拿出一部分，与省里的补助资金捆在一起，加大对基层的支持力度。

把国家的财政改革政策落到实处，上级的支持是必要的，但关键还是要抓好本地区、本部门的增收节支工作。

第一，各级、各部门要立足超收抓征管。缓解收支矛盾，关键是要在增收上做文章。税务部门要按照“抓大与抓小并重，征管与稽查并举，内企与外企并抓”的原则，严格依法治税，进一步加大税收征管力度。“抓大与抓小并重”，就是要深入开展税收经济分析，加强纳税人户籍管理和分类管理，扎实开展企业纳税评估和社会综合治税，在抓好大企业、大集团等重点骨干税源的同时，不断加强对中小企业和零星分散税源的控管力度，切实做到依法征税、应收尽收。“征管与稽查并举”，就是在严格税收执法，严肃征管纪律，加大征管力度的同时，进一步强化税务稽查，加大对涉税违法行为的打击力度，严厉打击偷、逃、骗税，进一步整顿和规范税收秩序，确保应征不漏。“内企与外企并抓”，就是在抓好内资企业税源控管的同时，加强对外资企业的税

收征管，对优惠政策到期的企业，要及时恢复征税，切实把改革开放和经济发展的成果反映到财政增收上来。财政部门要切实搞好收入调度分析，严格税收政策，加强财政监督检查，建立健全财政增收激励机制，强化财政收入“两个比重”考核，促进各级加强收入管理、提高收入质量。非税收入是财政收入的重要组成部分。在当前财政收支矛盾突出的情况下，有关部门要严格落实“收支两条线”规定，依法加强非税收入管理，确保应收尽收，努力扩大财政收入来源渠道。凡以经济功能为主，以市场效益为主要目标的国有资源开发和国有资产使用，包括国有土地、矿产、海域、场地、水、河道、砂石等自然资源和行政事业单位国有资产、城市公共资源等，都要推行有偿使用和转让制度，确保各类收入应收尽收。

第二，合理安排超收财力，集中资金保证重点。对2006年的财政超收，应主要用于保工资、保稳定、保重点事业发展。特别是对收入分配制度改革，各级要以高度的政治责任感，统筹安排资金，切实抓好落实，绝不能出现政策落实不到位现象，绝不允许出现新的工资拖欠问题。特别是中西部地区，这次从省级得到的补助多，责任也大。要切实强化责任意识，巧打算盘细算账，分清轻重缓急，按照保工资、保稳定、保重点事业发展的原则，建立良好的资金保障机制，统筹安排好各项支出。东部地区要积极挖掘自身潜力，切实搞好资金运筹，确保基层政策落实。各级要严肃工资纪律，切实维护工资政策的统一性，不得违反国家规定，擅自出台和变通工资政策，乱发津贴补贴、有价证券和实物。各县（市、区）要注意处理好县乡工资差距过大问题。县乡工资标准尚未统一的，要优先提高乡镇工资标准，逐步缩小县乡工资差距；未全面完成乡镇教师工资上划县级管理的，要确保今年全部上划县级管理，并逐步实现以县为单位统一教师工资标准。

第三，厉行节约，加强管理，切实提高财政资金使用效益。随着财政收支的快速增长，有些地方和部门产生了“家大业大、大手大脚花钱”的思想。省审计厅在2005年预算执行审计中，共查出各类违规违纪以及管理不规范资金49.65亿元，其中损失浪费1.67亿元，触目惊心。各级各部门必须下大决心、下大力气加强管理，切实提高资金使用效益。要严肃预算执行纪律，从严控制预算追加，对年度中新增支出项目，尽量通过压减一般性支出的方式来解决。确需追加预算的，要周密论证，严格按程序审批。要大力深化财政支出改革，扎实开展“财政管理年”活动，继续深化政府收支分类、部门预算、国库集中支付、政府采购等改革，积极创新财政管理机制，努力提高财政管理的精细化、规范化水平，通过改革管理促进节支增效。

另外，要注意安排好明年的预算。目前，各级都在编制2007年预算，要注意搞好收入形势预测，充分考虑各种增支因素，合理安排资金，提高预算编制质量，确保重点项目和重点事业发展需要。关于农村义务教育经费保障机制改革问题，省里还将专门召开会议部署，为便于各级统筹安排2007年的预算，这里我先给大家打个招呼。按照国务院有关规定测算，2007年全面实施农村义务教育经费保障机制改革，全省需要财政安排支出28.41亿元。其中，免杂费、教科书费、寄宿生生活补助费和补助公用经费四项，需要22.24亿元；校舍维修改造需要6.17亿元。为保证这项改革的顺利进行，省里将结合中央的支持，安排18.01亿元资金，根据各市的财力状况和改革需求，给予适当补助。其中，免杂费和补助公用经费所需资金，对青岛之外的16个市按不同比例分配。对贫困家庭学生免教科书费及补助寄宿生生活费所需资金，51个财政困难县由省财政负担，其他县由市、县两级共同负担。校舍维修改造经费省里总体上负担50%，具体按照各市财力状况、义务教育规模、危房改造任务完成情况等给予奖励性补助。各市要结合省级补助情况，积极落实配套资金，并足额列入预算，确保改革顺利进行。

三、加强县域财源建设，提高县乡财政保障能力

要从根本上缓解县乡财政困难，保障基层社会事业发展的需要，必须加强县域财源建设，提高县乡的财政收入。省委、省政府一直高度重视县域经济发展，2006年6月8日在龙口召开了全省县域经济现场会议，对加快县域经济发展做出动员部署，明确了县域经济发展的目标任务和政策措施。前不久，省财税部门在新泰召开县域财源建设现场会，研究了促进县域财源建设的政策措施。各级一定要从全局和战略的高度，推动县域经济又快又好发展，努力培植壮大县乡财源，改善县乡财政状况，提高县乡财政的保障能力。关于加强县域财源建设，我再强调五点。

第一，要突出大项目建设，壮大主导产业和支柱产业。我省许多县市的发展充分证明，县域主导产业和支柱产业尤其是大工业项目的建设，依然是壮大县域财源的关键所在。各县市区政府必须毫不动摇地坚持工业强县战略，大力培育一批有市场、有效益、有带动作用的骨干企业。对那些符合国家产业政策、科技含量高、效益好、提供税收能力强的项目，要不断加大投入，集中力量培育，迅速做大做强；对那些国家限制发展的项目，特别是对环境带来污染的高耗能项目，必须坚决禁止。在发展县域工业方面，

新泰市的经验值得借鉴。近年来，新泰市大力发展煤电化、机械电子、精细化工、新型建材等工业项目，摆脱了对小煤窑的依赖，经济结构得到优化，发展后劲十足。2003年以来，新泰市新上投资过千万元的非煤项目508个，其中过亿元的76个，2006年1～7月份，全市规模以上工业企业实现利税41亿元，同比增长60.4%。

第二，要突出第三产业，加快城乡一体化进程。加快发展第三产业尤其是服务业，对于增加县乡财政收入具有十分重要的作用。县乡政府要结合推进城乡一体化，大力发展服务业，拉动就业和消费，促进财政增收。要大力加强市场流通体系建设。加快农产品批发市场的升级改造，以大型骨干零售企业、供销系统和邮政物流为主体，以连锁经营为主要方式，扩大市场覆盖面。要大力发展文化产业和旅游业。要善于做好“无中生有、变废为宝、小题大做”的文章，突出特色，积极开发新型旅游产品和文化产品，大力发展文化产业和现代旅游业。要围绕加快城乡一体化进程，提高县城和中心镇的辐射带动功能。科学搞好城乡规划建设管理，统筹城乡基础设施和社会事业发展，提高城镇人口聚集度，为服务业发展创造良好的环境。

第三，要突出特色经济，大力培植乡镇财源。培植乡镇财源，特色很重要。有了特色，就有了市场，有了效益，有了发展活力。必须找准路子，采取有力措施，促进乡镇财力持续快速增长。要依托民营经济聚集区，大力发展特色产业和工业项目，拉长产业链条，形成特色产业集群。要大力调整农业结构，发展特色创税农业，搞好农产品精深加工，提高农副产品附加值。新泰市发展乡镇特色园区，大大提高了乡镇财政收入，有的镇财政收入过了亿元。肥城市狠抓以有机菜、肥城桃、速生丰产林等为主的创税农业深加工，规模以上农业龙头企业发展到50家，实现了乡镇财政增长、农民增收，2005年乡镇财政收入达到2.27亿元，比2002年增长649.4%，农民人均纯收入也达到4 523元。

第四，要因地制宜，发展壮大村级经济实力。壮大村集体经济，对于新农村建设，对于巩固基层政权，对于发展农村公益事业有着极其重要的作用，也是培植县乡财源的组成部分，必须引起高度重视。村支部、村委会要把发展壮大集体经济作为当前工作的重要任务来抓，宜农则农，宜工则工，宜商则商，多种形式、多种渠道增加村集体经济收入。地处城镇郊区、工矿区的村，要充分发挥优势，大力发展二、三产业，壮大民营经济实力，增加村集体经营收入；大多数以农业为主的村，要大力发展农业产业化，培育农村合作经济组织，促进特色农业发展，增加村集体经济收入。肥城市从实际出发着力发展壮大村集体经济，目前90%以上的村有集体经营收入，60%以上的村集体收入达10万元以上，值得各地学习借鉴。

第五，财税部门要创新机制，大力扶持县乡财源建设。要创新扶持机制。财政支持县乡财源建设，既要加大资金、政策扶持力度，又要创新支持的重点和方式。要综合运用贷款贴息、以奖代补、财政补贴等多种手段，充分发挥财政资金的杠杆作用，努力培植起高效、可持续的财源。要创新激励机制。省里2005年出台的“五奖一补”政策，以及前不久财政拿出1 800万元资金对经济发展成绩显著的18个县（市、区）领导班子给予重奖等，对促进县域经济发展，加强县乡财源建设，都起到了很好的激励效应。今后这些办法不仅要坚持下去，还要不断创新完善，出台更有效的奖勤罚懒、奖优罚劣的措施，以调动各级各部门培植县乡财源的积极性。

同志们，财税工作事关改革发展全局，涉及广大人民群众的切身利益。各级党政要充分认识做好当前财税工作的重要性和紧迫性，拿出更多的时间和精力来分析财税形势，研究财税工作，切实加强对财税工作的领导。财税部门要牢固树立全局意识和大局观念，紧紧围绕党委、政府的中心工作，为党委、政府出大主意、当好参谋。各级各部门要大力支持财税部门的工作，积极协税护税。今年后几个月的增收任务很重，大家要振奋精神，扎实苦干，努力开创财税工作新局面，促进全省经济社会又快又好发展！

尹慧敏同志在全省财政工作会议上的讲话

（2006年1月12日）

同志们：

刚才，我们学习了张高丽书记对财政工作的重要指示和韩寓群省长致大会的一封信。省领导对我们过去的工作给予了充分肯定，也对今后的工作提出了殷切希望和要求，充分体现了省委、省政府对财政工作的高度重视与关心。我们召开这次会议，就是按照省领导的要求，贯彻落实好全国财政工作会议和全省经济工作会议精神，总结“十五”时期全省财政工作，研究“十一五”时期财政改革发展的目标任务，部署2006年重点工作。下面，我代表厅党组讲几点意见，供大家参考。

一、“十五”时期全省财政工作取得显著成绩

“十五”时期，是我省财政经济全面快速发展的时期，是各项财税改革取得重大突破的时期，也是财政、财务管理水平全面提高的时期。五年来，在省委、省政府及各级党委政府的领导下，广大财政、财务干部认真贯彻落实科学发展观，按照厅党组提出的“一二三四”的工作思路，团结奋斗，开拓进取，各项工作取得显著成绩。

（一）坚持不懈支持发展培植财源，财政收入不断迈上新台阶。“十五”时期，特别是2003年以后，各级财政部门按照厅党组在青岛会议上的部署和要求，始终把做大财政经济“蛋糕”作为第一要务，大力支持经济增长和结构调整，取得积极成果。一是财政对经济发展的支持力度显著加大。五年来，各级积极筹措资金加大投入，累计完成预算内生产建设性支出1 217.45亿元，是“九五”时期的1.91倍。同时，积极利用国债资金130多亿元，引进国际金融组织和外国政府贷款9.4亿美元，通过落实优惠政策为企业减免税收180多亿元，支持了一大批基础设施项目，缓解了经济发展的瓶颈制约。二是运用财税杠杆支持发展更加灵活有效。尤其是在支持“三个亮点”、“三个一批”、“三个突破”方面，通过支持建立东西结合企业信用担保机构，构建中小企业融资担保体系，推进国有企业移交办社会职能，提高增值税、营业税起征点，运用财税政策和财政贴息、担保、补贴等手段，较好地发挥了财政杠杆的撬动作用，将有限的财政资源转化成了重要的经济增长推动力。三是通过建立激励机制调动了各方面的积极性。如通过实施营业税（省分成部分）超收返还，30个欠发达县营业税、所得税增量返还，建立激励性转移支付制度，强化对“两个比重”的考核，表彰纳税大户和招商引资先进个人等措施，逐步改变了政府直接拿资金上项目的传统方式，财政支持经济发展的效果显著增强。

随着经济的快速发展，我省财源不断壮大。在此基础上，各级严格依法治税管费，积极拓展收入渠道，深挖收入增长潜力，努力消化政策性减收因素，全省财政收入不断迈上新台阶。一是财政收入规模实现重大突破。2005年，全省境内财政总收入突破3 000亿元，达到3 342.2亿元，比上年增加662亿元，增长24.7%；全省税收总收入突破2 000亿元，达到2 130亿元，增长25.7%；全省地方财政收入突破1 000亿元，达到1 072.71亿元，比上年增长29.50%，增收244.38亿元，增收额比1996年全年的地方财政收入还多。“十五”时期，全省地方财政收入完成3 798.23亿元，比“九五”时期增加2 031.58亿元，同比年均增长22.52%。二是财政收入结构出现积极变化。2005年全省地方税收收入增长31.65%，高于非税收入增幅8.86个百分点；税收收入占地方财政收入的比重达到77%，比2004年高1.25个百分点。预计全省地方财政收入占生产总值的比重为5.95%左右，比2004年高0.6个百分点。三是市县财政实力明显增强。2005年，全省地方财政收入亿元县（市、区）已达137个，比2000年增加19个。其中有46个县（市、区）超过5亿元，14个超过10亿元。财政收入连年大幅度增长，充分反映了全省上下解放思想、加快发展的成果，反映了各级财政部门培植财源、组织收入工作的成效，也标志着我省财政经济进入新的发展阶段。

（二）坚持调整优化支出结构，支持社会事业协调发展出现新局面。随着财政收入的快速增长，我省财政保障能力不断增强。2005年，全省财政支出达到1 465.48亿元，是2000年的2.39倍，年均递增19.04%。五年累计完成财政支出5 279.92亿元，比“九五”时期增加2 846.71亿元。在资金安排上，各级按照科学发展观和建立公共财政的要求，压一般、保重点，切实加大了对各项重点支出的保障力度。一是普遍提高了干部职工收入和社会保障水平。为使人民群众共享经济改革发展的成果，“十五”时期，各地在积极采取措施增加农民收入的基础上，普遍提高了干部职工工资和社会低收入群体的收入水平，并基本做到了及时足额发放。同时，进一步完善社会保障制度，积极支持就业再就业工作，城市低保基本做到应保尽保，十五时期，全省社会保障支出335.94亿元，比“九五”时期增长2.60倍，社会保障的范围显著扩大。二是有效保证了各级政权组织的正常运转。各级以加强政府行政能力建设和“平安山东”建设为重点，五年累计安排行政管理费572.88亿元、公检法司支出347.18亿元，分别是“九五”时期的2.27倍、2.36倍。三是大力支持各项重点事业发展。五年来，各级集中财力优先增加教育、科技、文化、卫生方面的投入，促进了经济社会的协调发展。“十五”时期，这几项支出分别完成933.65亿元、104.27亿元、160.15亿元、203.39亿元，是“九五”时期的2.08倍、2.14倍、2.10倍、1.63倍。特别是2003年和2005年，面对突如其来的“非典”和禽流感疫情，各级紧急落实

“非典”防治资金4.55亿元、禽流感防治资金2.06亿元，出台一系列阶段性税收减免政策，为控制疫情蔓延、保障人民群众生命财产安全提供了有力支持。

（三）坚持多予少取放活，财政支农工作实现新突破。支持解决“三农”问题，是“十五”时期全省财政工作的一大亮点。一是农村税费改革取得重大成果。2002年，经过积极争取，我省被国务院确定为全国扩大改革试点的省份之一。在改革过程中，我省大局把握得好、方案制定得好、政策落实得好。经过三年多的艰苦努力，我们先后取消了“三提五统”、屠宰税、农业特产税（除烟叶外）和农村“两工”，大幅度降低了农业税税率，66个县全部免征了农业税，为农民减负90多亿元；通过撤并乡镇、精简机构人员，促进了基层政府职能转变，减轻了财政负担；通过积极争取中央支持，不仅为取消农业税、减轻农民负担提供了坚实的财力基础，也为改善县乡财政状况带来历史性机遇，实现了“双赢”。二是各级财政对“三农”的投入显著增加。“十五”时期，全省用于“三农”方面的财政性投入达1 052.1亿元，是“九五”时期的2.06倍。其中，2005年为308.2亿元，比上年增长29.07%。在连年大规模投入支持下，我省农业生产条件显著改善，农业科技推广、农业产业化、动植物疫病防治等工作成效显著，农业综合生产能力稳步提高。2004年以来，各级还安排16.71亿元资金，认真兑现粮食、良种、农机购置“三补贴”政策，有效调动了农民种粮的积极性，实现了政府与农民分配关系的重大转变。三是促进城乡社会事业统筹发展取得积极进展。各级认真贯彻中央关于财政新增教育卫生支出主要用于农村的要求，“十五”期间，全省落实农村义务教育支出432亿元，在保证正常教育经费和教师工资的基础上，重点支持了农村中小学危房改造，改造校舍753万平方米，显著改善了农村办学条件。高度重视农村卫生工作，五年安排农村卫生支出18亿元，改善了农村医疗条件；同时积极推行新型农村合作医疗试点，试点县达到46个，参合农民达到1 835.96万人。认真解决关系农民生活的实际问题，五年安排27.66亿元实施农村人畜饮水解困工程，解决了265万人的饮水困难问题。落实扶贫资金6.53亿元，带动280万贫困农民脱贫致富。随着各项支农政策的落实，过去五年成为新中国成立以来我省农民得实惠最多的时期之一。

（四）坚持机制体制创新，财政改革迈出新步伐。过去五年，是财政改革快速推进并取得重大突破的五年。一是财政体制实现较大调整。2002年以来，我省先后实行了企业所得税、营业税、个人所得税分享改革，降低了体制上缴市的上缴递增比例，建立了激励性转移支付制度，规范了体制补助政策，明确了出口退税分担机制。通过体制调整，初步理顺了省以下政府间财政分配关系，形成了财力与事权基本适应的地方财政体制。二是部门预算改革不断深化。经过五年探索，各级普遍建立了预算编制工作新机制，省级及部分市还建立了预算编制“基础信息库”和“项目库”，统一完善了支出定额体系和开支标准，初步实行了综合预算，确立了部门预算的基本框架，提高了预算编制的科学性、完整性和规范性。三是“收支两条线”改革稳步推进。全省行政事业性收费和政府性基金的征收，已基本实现“票款分离”。大部分收费和基金收入已按中央要求纳入预算管理，非税收入已成为地方财政收入的重要组成部分。四是国库集中支付改革全面铺开。省级已扩大到政府所有组成部门，市级有16个市730个部门被纳入改革范围，48个县（市、区）进行了试点。五是政府采购在规范中快速发展。“采管分离”体制初步确立，采购规模不断扩大，五年累计完成采购额492.23亿元，节支率达15.02%。六是投资评审工作成效显著。全省累计完成评审额561.10亿元，审减资金97.93亿元，审减率达17.45%。

（五）坚持依法行政理财，财政监督管理建立新机制。一是财政法规制度建设进一步加强。各级积极开展财政“四五”普法活动，认真落实有关法律法规，不断完善财政专项资金管理制度，努力做到“先定办法、后拨资金”，财政分配和管理活动日趋规范。二是行政效能不断提高。根据《行政许可法》的要求，清理规范了财政行政审批事项，全面实行“一站式管理、一条龙服务、一个窗口对外”，大力推行政务公开和工作提速，办事效率不断提高。三是财政监督明显加强。在自觉接受人大监督、审计监督，强化内部监督的同时，适应形势发展需要，省厅成立了7个驻市财政检查办事处，17个市、130个县（市、区）设置了专职财政监督机构，初步形成了具有地域特色的财政监督体系。在此基础上，各级密切配合、协同作战，围绕收入征管、预算执行、专项资金管理等，切实加大监督检查力度，全省五年累计查处问题资金291.35亿元，挽回财政损失76.18亿元。

（六）坚持省市财力下移，县乡财政建设取得新成效。多年来，省市一直高度重视县乡财政建设，始终把缓解县乡财政困难作为工作重点来抓。2003年，省厅按照省委《关于进一步加快县域经济发展的意见》和“突破菏泽”战略的要求，出台一系列“促强扶弱”的政策措施，在项目和资金安排上给予了重点倾斜。五年来，省财政累计对下安排各类转移支付资金246.7亿元，比“九五”时期增加230.8亿元，年均增长68.15%。省市县三级的财政支出结构，由2000年的18.3∶25.7∶56，变为2005年的14∶25.4∶60.6，财力下移趋势比较明显。尤其是2005年上半年，省厅经过深入调研，按照“明确责任、分类指导，奖补结合、综合扶持”的思路，研究实施了“五奖一补”政策。省财政筹集资金16亿元，市级配套3.94亿元，对51个财政困难县（市、区）和81个产粮大县给予重点扶持，既强化了转移支付的激励约束功能，调动了县乡加快发展、增收节支的积极性，又改善了基层财政状况，建立了促进县域经济社会发展的长效机制。2005年，51个财政困难县的增值税、营业税、企业所得税和个人所得税四个主体税种收入，同口径比上年增长33.14%，高于全省平均水平8.04个百分点；县乡行政事业单位编制内人员工资全部达到国家标准，一些多年积累的矛盾和问题得到初步解决。这项工作，得到各级党委政府和广大基层干部群众的支持和欢迎。省委、省政府领导对此也给予高度评价，多次表示，财政厅办了一件省委、省政府满意、基层干部群众高兴的大事、好事。

（七）坚持为财政中心工作服务，各项基础管理工作取得新成绩。一是财政调研与科研工作成果丰硕。五年来，各级不仅立足解决财政改革发展中的问题搞调研，而且围绕党委、政府关心的重点工作出主意、当参谋，提出了很多建设性的意见和建议。特别是在深化税费制度改革、调整财政体制、促进经济结构调整、支持社会事业发展等方面，省厅和各地都进行了大量调查研究，形成一批重要成果，为各级党委政府决策提供了重要依据。二是会计管理和注册会计师协会工作进一步加强。新会计核算体系、会计内控体系、人才评价体系基本建立，会计基础工作得到加强。积极开展中介机构执业质量和企业会计信息质量检查，强化行业自律，规范了财经秩序，促进了会计诚信建设。三是行政事业单位资产管理工作有了积极进展。2004年成立省国资委后，财政部门承担起了行政事业单位资产管理的职责。经过一年多的探索，初步建立了资产管理制度框架，加强了行政事业单位资产及收益监管。四是“金财工程”建设取得重要成果。开发引进部门预算、国库集中支付、工资统发、非税收入收缴等核心业务管理系统，建成覆盖全省的信息网络，为深化财政改革、提升管理水平提供了技术支撑。

（八）坚持两手抓两手硬，财政干部队伍建设呈现新面貌。一是切实加强“四型机关”建设。按照“内树正气、外树形象”的要求，各级围绕建设学习型机关，切实加大干部教育培训力度，引导干部职工及时把握新情况、掌握新知识，提高了政治素质，增长了业务才干；围绕建设实干型机关，大力营造想干会干干好、团结凝聚向上的环境，立说立行，真抓实干，保证了各项决策的落实；围绕建设服务型机关，引导干部职工端正服务态度、强化服务意识，提高了服务水平；围绕建设廉政型机关，坚持教育、制度、监督并重，全面贯彻落实党风廉政建设责任制，增强了干部职工的勤政廉政意识。二是扎实开展保持共产党员先进性教育活动。2005年上半年，各级财政部门坚持把先进性教育活动作为一项重大政治任务来抓，高度重视，精心组织，圆满完成各项任务，达到了“提高党员素质、加强基层组织、服务人民群众、促进各项工作”的目标要求。三是深入推进政风行风建设。系统上下以“打造一流机关、建设一流队伍、争创一流业绩”为目标，积极开展文明创建活动，政风行风建设取得重要成果。五年来，财政系统在全省行风评议中一直名列前茅，过去两年分别取得第三、第二名的好成绩。淄博、潍坊市财政局被评为国家级文明单位，烟台、泰安、德州、东营、聊城、滨州市财政局先后被评为省级文明机关，为整个财政系统赢得了荣誉、树立了榜样。

回顾过去五年的工作，我们既体会到了财政改革和管理的艰辛，也饱尝了成功和收获的喜悦。五年来，面对各种矛盾持续积聚、减收增支压力不断加大的形势，各级财政部门紧紧围绕党委政府的中心工作，牢牢把握关系群众利益的重点问题，迎难而上、开拓进取、真抓实干，财政工作连年迈上新台阶，五年实现大跨越。五年来，省委、省政府和各级党委政府一直十分重视财政工作，政治上关心我们、工作上支持我们，为全省财政改革发展提供了强有力的领导和组织保障；省直各部门、各单位坚持从大局出发，理解财政的困难，支持我们的工作，特别是在座的各位财务处长，对我们的工作给予了积极配合和帮助；各市财政局按照省厅的部署，结合本地实际，创造性地开展工作，形成了各领风骚的局面，为全省财政改革发展做出了突出贡献。在此，我代表财政厅党组，向关心支持财政工作的各级领导和各部门、各单位，向全省财政系统的广大干部职工及其家属，向在座的各市、各部门的代表，表示崇高的敬意和衷心的感谢！

五年来的实践表明，做好新形势下的财政工作，必须牢固树立大局意识，坚持以科学发展观为统领，把财政工作放到全局上来考虑和定位，既要算好收支账，更要算好政治账、经济账、发展账，自觉为党委、政府中心工作服务，积极为改革发展稳定提供财力保障；必须牢固树立发展意识，坚持把支持发展作为财政工作的第一要务，不断强化财政的杠杆作用，提高支持发展的能力，丰富支持发展的手段，把财政收入增长建立在经济又快又好发展的基础之上，实现财政经济的协调发展；必须牢固树立为民理财意识，始终把维护好、实现好、发展好人民群众的根本利益作为财政工作的出发点和落脚点，强化以人为本、为民理财的理念，着力解决事关人民群众切身利益的突出矛盾和问题；必须牢固树立服务意识，切实转变工作作风，注意和各方面主动沟通协调，该支持的主动支持，该保障的努力保障，既从增加投入、研究政策方面帮忙想办法，又从规范管理、提高效益等方面积极出主意，切实为部门服好务、为基层服好务、为群众服好务；必须牢固树立改革创新意识，解放思想、更新观念，善于冲破旧体制、老做法的束缚，大力推进体制、机制和制度创新，使整个财政工作富有朝气、充满活力。以上几点，既是对近年来全省财政工作的经验总结，也是厅党组在工作中的切身体会。

二、“十一五”时期全省财政工作的主要任务

今后五年，是我省经济社会快速发展的关键时期，财政改革发展既面临着全新机遇，又面临着增收节支的巨大压力。总体上看，未来五年将是我省财政收入快速增长期、公共支出加速膨胀期、财政改革集中推进期、财政风险持续积聚期。特别是随着落实科学发展观、构建和谐社会、建设社会主义新农村等重大战略举措的实施，各方面对财政保障提出了更高的要求，财政工作任务非常艰巨。面对新形势、新任务，“十一五”期间，我们要坚持以邓小平理论和“三个代表”重要思想为指导，以科学发展观为统领，按照《山东省国民经济和社会发展第十一个五年总体规划纲要》和省委、省政府对财政工作的总体要求，紧紧抓住支持发展做大经济财政“蛋糕”这个中心，不断优化财政收入和支出两个结构，稳步推进税费制度、预算管理、财政体制三项改革，着力完善收入稳定增长、利益分配调节、事业发展保障、财政管理监督四个机制，争取在促进经济增长方式转变、统筹城乡发展、构建和谐社会、平衡区域差距和依法行政理财五个方面实现新突破，确保2010年全省地方财政收入突破2 000亿元，年均增长14%，争取财政收入规模比2005年翻一番；财政支出突破2 500亿元，年均增长12%，为建设“大而强、富而美”的社会主义新山东提供可靠的财力保障。

*（一）准确把握国家宏观调控导向，进一步优化经济发展环境。*发展环境是一个地区综合竞争力的重要标志，直接关系到经济发展和招商引资的成效。财政支持经济发展，首先必须高度重视优化经济发展环境问题。一是继续实施有利于扩大内需的财税政策，着力优化经济发展的宏观环境。要继续支持扩大投资，增强经济发展的后劲。各级在适当增加预算内投资的同时，要注意发挥财政作为政府融资平台的功能，大力争取国家投资，积极利用国家政策性银行贷款，继续引进国际金融组织和外国政府贷款，保证重点项目建设需要。同时，积极调整财政投资结构，优先加强经济社会发展的薄弱环节，提高基础设施对经济社会发展的承载能力。要大力鼓励消费。完善收入分配制度，逐步建立与经济发展相适应的居民收入稳定增长机制和农民增收机制，提高工薪阶层、城市低收入群体和农民的消费能力。支持加快教育、公共卫生、就业和社会保障制度建设，解除居民消费的后顾之忧，促进居民放心消费。要大力支持服务业发展。目前，我省服务业层次低、增长慢，成为影响招商引资和人流物流资金流积聚的重要因素。要研究探索财税支持政策，大力促进服务业发展，进一步壮大我省经济实力和环境综合竞争力。二是继续深化财税改革，为经济发展创造公平的财税环境。“十一五”期间，国家将推进增值税转型，统一各类企业税收制度，资源税、消费税、燃油税、物业税等改革进程也将进一步加快。我们要按照中央统一部署，积极做好税制改革工作，不断完善地方税收体系，为各类企业发展营造公平的税收环境。强化税政管理，进一步规范税收减免优惠政策，防止无序恶性竞争。清理整顿行政事业性收费，认真执行收费项目、收费标准公示制，加大对“三乱”的治理力度，防止加重农民和企业负担。强化对各类社会中介组织的管理，依法惩处出具虚假资信证明、虚假评估、虚假鉴证的行为，营造诚实守信的社会信用环境。三是减轻国有企业和政府“包袱”，为经济发展创造宽松稳定的环境。国有企业负担重、地方金融风险和政府债务风险大，是影响我省经济发展活力的重大问题。要继续推进国有大中型企业主辅分离、辅业改制和分离办社会职能工作，妥善安置政策性关闭破产企业的下岗职工，为国企改革和国有经济布局战略性调整创造良好环境。加大对地方金融机构的财务监管和政策支持力度，鼓励消化不良资产，防范金融风险，支持地方金融企业加快发展，促进建设金融强省。要高度重视地方政府债务问题，尽快建立政府债务管理新机制，通过编制债务预算、设立偿债准备金、硬化政府举债责任约束等措施，逐步消化旧债，严格控制新债，消除财政风险隐患。

*（二）大力支持科技自主创新，积极促进经济增长方式转变。*一方面，建立健全财税政策激励约束机制，增强企业自主创新的内在动力。全面落实加速折旧、研发投入税前扣

除等财税优惠政策，激励企业加大研发投入。逐步建立稳定增长的财政科技投入机制，加大对科研院所及企业科技研发中心的投入，支持建立以企业为主体、市场为导向、产学研结合的技术创新体系。围绕建设制造业强省，选择一批最具成长性的企业，对其技术创新活动给予重点扶持，不断提高其原始创新能力、集成创新能力和引进消化吸收再创新能力。转变财政投入方式，灵活运用贴息、担保、补贴、奖励等手段，把财政资金作“种子”，吸附更多的企业和社会资金用于科技创新。加快企业财务制度改革，建立有利于企业自主创新的财务管理制度体系。推进企业分配制度改革，允许企业对有突出贡献的科技骨干实行股权激励等政策，鼓励企业引进科技人才，营造有利于企业自主创新的制度环境。另一方面，大力支持资源节约型和环境友好型社会建设，积极促进经济增长方式转变。一是研究制定支持循环经济发展的财税政策。进一步完善国有土地和矿产资源有偿使用制度，促进土地、矿产资源的合理利用和综合开发。逐步加大对清洁生产、可再生资源和新能源开发等项目的支持力度，并整合各方面资金，重点支持与循环经济有关的科技研发、技术推广项目。二是建立健全生态建设和环境保护财税政策机制。按照“污染者付费”原则，充分考虑资源的稀缺性和环境成本，逐步提高排污收费水平，将环境要素成本化。按照“谁开发谁保护、谁利用谁补偿”的原则，建立健全生态补偿机制，加大对污染防治、生态建设、环境保护试点示范及其监管能力建设的投入，支持环保产业研发和“两湖一河”碧水行动。以支持推进城市污水、垃圾处理产业化为突破口，推进污染治理市场化。推行节能采购。对使用落后工艺、设备及高污染、高消耗的企业，实施限制或惩罚性税收政策。三是完善经济发展成果考核体系。继续把财政收入占生产总值的比重和税收占地方财政收入的比重，作为考核各地经济发展情况的重要指标，定期通报，引导各地更加重视发展的质量、效益和结构，努力转变经济增长方式。

（三）加大“三农”投入，稳步推进社会主义新农村建设。建设社会主义新农村，是党的十六届五中全会提出的一项重大历史任务。我们要按照“生产发展、生活宽裕、乡风文明、村容整洁、管理民主”的要求，充分发挥财政职能作用，积极支持新农村建设。一是加大对农业和农村的投入力度，建立财政支农支出稳定增长机制。从2006年起，我省全面取消农业税，对“三农”的扶持，由主要靠“少取”转向主要靠“多予”阶段。要认真落实“以工促农、以城带乡”要求，不断增加财政对“三农”的投入，确保财政支农支出依法稳定增长，确保各级每年新增的教育科技文化卫生支出重点用于农村。在此基础上，调整存量，用好增量，整合各项支农资金，引导社会资金，大力支持农业综合开发、农业防灾减灾、优势产业提升、节约型农业建设、科教兴农、农业生态保护等工作，强化农业基础地位，建设现代农业。二是推进农村综合配套改革，建立农民减负增收长效机制。重点抓好三个方面：支持推进乡镇机构改革，精简乡镇机构和人员，五年内乡镇财政供养人员只减不增。支持加快农村义务教育经费保障机制改革，对农村义务教育阶段学生免收学杂费，对贫困家庭学生提供免费课本和寄宿生生活费补助；提高农村中小学公用经费保障水平；建立农村中小学校舍维修改造的长效机制；巩固和完善教师工资保障机制。改革完善粮食、良种、农机购置“三补贴”政策，加大补贴力度，扩大补贴种类和范围，研究建立农民种粮综合补贴制度。三是扩大公共财政对农村的覆盖面，努力改善农民生产生活条件。在继续加大财政投入的同时，调整支农资金使用方向和重点，从以支持农业生产为主，向支持农村经济社会事业协调发展转变，把农村公益事业逐步纳入财政支持范围，提高农村公共服务水平，让更多的农民享受到经济社会发展的成果。重点支持搞好村镇建设规划和文化设施建设，支持开展农民培训和劳动力转移，支持搞好村村通自来水工程，支持农村公共卫生体系建设，支持建设新型农村合作医疗制度，支持农村最低生活保障、失地农民保障、农村五保供养、计划生育家庭奖励扶助制度建设，切实改善农村居民生产生活条件。

（四）坚持以人为本，建立健全公共财政支出体系。未来五年是加快推进公共财政建设的重要时期。各级应牢固树立为民理财观念，调整优化支出结构，加大对重点事业、困难群体、困难地区的倾斜力度，建立完善“以人为本”的公共财政支出体系。首先，财政支出要向重点事业倾斜，促进各项社会事业协调快速发展。要继续加大对教育事业的投入，巩固义务教育，大力发展职业教育，提高高等教育质量，支持建立完善的现代教育体系。支持公共卫生事业加快发展，完善疾病预防控制、传染病救治和紧急救援体系。支持发展文体事业，推进公共文化资源共享，加强基层文化、体育设施建设，丰富群众的精神文化生活。大力支持人口和计划生育工作，积极实施计划生育家庭奖励扶助制度和“少生快富”扶贫工作。推进“平安山东”建设，支持强化社会安全、生产安全管理，维护人民群众生命财产安全。其次，向困难群体倾斜，努力解决关系群众切身利益的问题。实施积极的就业政策，建立覆盖城乡的就业管理服务体系，引导劳动力有序流动。完善城市居民最低生活保障制度，扩大企业基本养老保险覆盖范围，逐步实现省级统筹。完善社会救助体系，建立困难群众医疗、教育、就业、住房等救助制度。健全财政扶贫机制，提高低收入者收入水平，减缓社会成员收入差距扩大趋势。第三，向困难地区和基层倾斜，努力促进基本公共服务均等化。认真落实和完善支持“三个突破”及“双30战略”的财税政策，促进区域经济协调发展。发挥转移支付的调节作用，平衡地区财力差距。建立缓解县乡财政困难的长效机制，积极推进县乡财政建设，提高基层财政保障能力。

（五）深化财政改革，完善财政管理运行机制。一是深化财政体制改革。在合理划分事权，明确支出责任的基础上，理顺各级政府之间的财政分配关系，逐步建立财力与事权相匹配的财政体制。完善转移支付制度，扩大一般性、激励性转移支付规模，控制和逐步减少专项转移支付。完善“以市为主、省市共管”的县级财政管理体制，继续推进“乡财乡用县管”和“村财村用乡管”改革，不断提高基层财政管理水平。二是完善财政收入稳定增长机制。健全税源动态监控体系，大力促进依法治税。完善非税收入征管机制，拓展财政收入来源渠道。三是深化预算管理制度改革。加强预算部门基础信息库建设，提高预算编制效率和执行质量；完善支出项目库管理制度，加快推进项目预算滚动管理；深化“收支两条线”改革，逐步实现部门收支“脱钩”，统筹安排预算内外收入，全面实行综合预算；稳步推进收支分类改革，建立规范合理的政府收支分类体系。加快推进国库集中支付改革，争取用2~3年的时间，在全省基本建立现代财政国库管理制度。加强政府采购预算管理，提高政府采购效率。拓展投资评审业务范围，建立科学规范的评审体系和工作机制。健全绩效评价和财政监督机制，强化预算执行监督，严肃财经纪律。四是积极推进其他方面改革。深化会计制度改革，加强会计基础工作，提高会计信息质量。加快“金财工程”建设，在省、市、县三级财政部门实现财政核心业务系统全面应用。加强行政事业单位国有资产管理，探索建立国有资本经营预算制度，确保国有资产安全完整、保值增值。

三、2006年全省财政工作的重点和要求

2006年是实施“十一五”规划的第一年，财政工作开好头、起好步，对促进经济社会快速协调发展具有重要意义。根据全省经济工作会议和全国财政工作会议精神，2006年全省财政工作的总体要求是：以邓小平理论和“三个代表”重要思想为指导，认真贯彻党的十六届五中全会和省委八届十一次全会精神，按照全面落实科学发展观、构建社会主义和谐社会的要求，加快公共财政体系建设，调整优化支出结构，重点保障“三农”、社会保障、就业、教育、文化、卫生、生态和环境保护等支出需要；大力支持科技自主创新，促进经济结构调整和增长方式转变；着力深化财税体制改革，切实提高财政管理水平；狠抓增收节支，不断提高财政保障能力，促进全省经济社会又快又好发展。

根据上述要求和全省主要经济预期指标，充分考虑各种收支增减因素，2006年全省地方财政收入计划安排1 234亿元，增长15%；全省财政支出计划安排1 656亿元，增长13%。省级财政收入计划安排166.40亿元，比上年增长12%；支出计划安排222.05亿元，增长8%。在具体项目安排上，省级预算加大了对基层、对困难群众、对改革创新的倾斜力度。各级也要结合本地实际，按照“量入为出、收支平衡、积极稳妥”的原则，科学合理安排预算。为圆满完成预算任务，在全面做好财政工作的同时，要着力抓好以下几项重点工作：

（一）积极支持发展、大力培植财源。财源建设是财政增收的基础，任何时候都放松不得。对这个问题，省委、省政府主要领导十分重视，多次提出明确要求。近年来，各级因地制宜，在财源建设方面做了很多工作，取得明显成效。目前，随着国家发展战略指导思想的调整，提高科技自主创新能力，转变经济增长方式，成为经济发展的主题，财政支持发展、培植财源，面临着新的形势和任务。在这种情况下，必须准确把握形势，明确支持发展的重点，进一步提高财源建设的效果。一是要把握好稳健财政政策的实施重点。中央决定2006年继续实施稳健财政政策，但力度和方式有所调整。国债项目资金由上年的800亿元调整为600亿元，中央不再代地方政府发行国债，同时增加中央预算内经常性建设投资100亿元。国债资金和中央预算内投资，优先支持农村建设、科教文卫、社会保障、生态建设、环境保护等方面的项目。我们要根据这一调整和变化，认真研究应对措施，积极协调有关部门搞好资金筹划，争取中央国债资金支持，确保在建国债项目的资金需要。同时，要切实加强资金监管，提高资金使用效益。二是在推进国有企业改革方面要有新进展。特别是在推动国有大中型企业主辅分离、辅业改制，促进国有企业分离办社会职能工作，支持国有企业政策性关闭破产等方面，各地要结合自身财力情况，加大支持力度，畅通经费拨付渠道，确保上述工作顺利实施。要积极配合有关部门，加强对国有企业的财务管理，确保国有资本保值增值。三是在支持

经济增长方式转变方面要有新突破。2006年省里专门设立了调整经济结构专项资金，启动实施了技术创新与结构调整“双百工程”。我们要与有关部门搞好配合，选好扶持项目，发挥好资金效益。同时，要督促企业落实好现有促进技术进步的各项财税优惠政策，并根据新的形势，加大财税政策措施创新力度，成熟一项，出台一项，落实一项。四是在完善激励机制方面要有新举措。各级要根据新的形势，认真研究有利于调动各方面发展经济、培植财源积极性的财政激励机制，注意总结推广财源建设的好经验、好做法，推动全省财源建设工作再上新台阶。

（二）切实抓好财政增收节支工作。站在新起点，实现新发展，是省委、省政府对全省工作的总体要求。具体到财政工作，首先是要全力抓好增收节支工作，保证财政收支持续较快增长。一要强化收入调度分析，协调税务部门严格依法治税。特别是对营业税和涉外税收，要高度重视。要通过完善税源控管体系、开展专项检查、推行社会综合治税等方式，进一步挖掘营业税增长潜力。各级要协调有关部门，切实加强对涉外企业的税收征管，努力把招商引资的成果反映到财政收入上来。二要拓展管理范围，切实加强非税收入管理。进一步完善非税收入征管系统，建立健全非税收入信息统计分析制度，实现各级各部门之间资源共享、信息互通，切实提高征管水平。随着清理规范津贴补贴工作和“收支两条线”改革的不断深入，各级要研究完善激励约束机制，进一步调动部门依法加强非税收入征管的积极性。尤其是对水资源费、矿权收益、矿产资源补偿费、国有资产收益、地方教育附加、土地收入等，要加大征管力度，应收尽收。三要牢固树立过紧日子的思想，严格控制一般性开支。胡锦涛总书记强调，“现在收入多了，支出大了，更要勤俭节约、量入为出，现在还不到敞开花钱的时候”。张高丽书记指示，“现在收入增加了，有钱了，要严把财政支出关，勤俭办一切事业，堵塞漏洞，坚决反对大手大脚、铺张浪费，把有限的资金用在刀刃上。”各级各部门要强化节支意识，按照建设节约型社会的要求，大力压缩招待费、会议费，以及出国考察、庆典、办节、参观等费用，办每一件事情都要精打细算、讲求实效。2006年省级规范并适当提高了省直单位公用经费定额，支出预算已打得比较满，预算执行中，除关系经济社会发展的重大事项以及救灾等突发应急支出外，一律不再追加新的一般性开支。同时，从年初开始，各级各部门就要注意做好均衡支出工作，努力做到支出进度与时间进度同步。

（三）解决好群众关心的实际问题。在支持“三农”方面，中央1号文件要求，2006年财政支农资金增量要高于上年，国债和预算内资金用于农村建设的比重要高于上年，其中直接用于改善农村生产生活条件的资金要高于上年，并逐步形成新农村建设稳定的资金来源。各级要按照上述要求，在预算中足额安排支农资金，积极支持现代农业和农村公益事业发展，支持社会主义新农村建设。要切实加大资金整合力度，发挥资金规模效应。2006年要在2005年改革试点的基础上，扩大支农资金整合改革试点范围，积极探索财政支农的有效方式。在推进农村义务教育经费保障机制改革方面，2006年继续加大农村中小学危房改造力度，继续推进农村贫困家庭学生“两免一补”、农村中小学现代远程教育工程建设。51个财政困难县“两免一补”所需资金，全部纳入省财政转移支付；其他县由省财政采取“以奖代补”形式给予支持。从2007年起，在全省全部免除农村义务教育阶段学生学杂费。各地要早算账、早安排，有条件的市可以先行一步。在建设公共卫生体系方面，2006年继续扩大新型农村合作医疗改革试点范围，省级试点县达到87个，覆盖全省农业人口的70%；各级政府补助标准由目前人均每年10元先提高到30元，然后逐步达到国家标准。各级要积极调整财政支出结构，搞好资金运筹，确保补助资金按时足额到位，保障改革的顺利进行。同时，切实搞好360所重点乡镇卫生院改造，加快提升重点卫生院公共服务能力。在支持就业再就业方面，认真贯彻省政府《关于进一步加强就业工作的通知》，积极落实就业再就业财税扶持政策，对自主创业、积极吸纳就业人员的，按政策给予减免税费照顾。继续支持人力资源市场建设，加强和改善对进城务工人员的就业服务。大力支持职业教育，促进创业培训工程、公共就业实训基地建设，做大做强“技能扶贫”、“金蓝领”工程。在支持建立社会保障体系方面，继续完善城市居民最低生活保障制度，妥善解决好下岗职工、离退休人员和困难企业军转干部的生活困难问题。同时，大力支持安全生产、社会治安工作，促进“平安山东”建设。

（四）进一步加强县乡财政建设。在认真落实省委“促强扶弱”战略，大力支持县域经济发展，培植壮大县乡财源的基础上，进一步巩固、扩大缓解县乡财政困难工作的成果。一是加大落实“五奖一补”政策的力度。2006年省级预算安排的“五奖一补”资金，同口径比上年增加2亿元。在此基础上，省里将积极争取中央奖补资金，进一步提高奖补政策的“含金量”。修订和完善《保障性和激励性转移支付办法》，规范保障性转移支付财力缺口计算方式，增强激励性转移支付的导向作用，提高“奖补”政策保障与激励效果，逐步建立缓解县乡财政困难的长效机制。二是调整帮扶资金使用方向。在保障工资发放和基层政权运转的同时，加大对乡村公益事业的支持力度，提高县乡财政综合保障能力。明确市、县责任，完善共同帮扶机制，解决好发达地区困难县和经济强县困难乡镇的财政困难问题。三是强化县乡财政管理。加快推进“乡财乡用县管”和“村财村用乡管”改革，51个困难县原则上要全面铺开。2006年省厅将进一步加强联络督导工作，并组织力量，开展扶持资金使用管理情况专项检查，以便及时发现和解决问题。

（五）深入开展“财政管理年活动”。为进一步推进财政规范化、精细化管理，提高科学理财水平，2006年省厅决定在全省范围内开展“财政管理年”活动。各级要统一思想，提高对加强财政管理重要性的认识，切实加强组织领导和工作落实。一要夯实管理基础。收入方面，要通过完善税源监控体系，及时掌握税源变动情况。对各项税收优惠政策及其实施效果，也要做到心中有数，为强化收入征管、研究支持经济发展的财税政策打好基础。支出方面，要通过完善财政供养人员信息库、部门预算基础信息库和项目库，掌握预算单位人员、资产等基础信息，完善预算定额体系，夯实部门预算管理的基础。加快“金财工程”建设，提高财政管理的信息化、自动化水平。二要以改革促管理。继续深化部门预算改革，提高预算编制、执行水平。加快国库集中支付改革，省级和市级扩大到所有部门，争取全省绝大部分县（市、区）推开这项改革。深入推进政府采购改革，力争全省政府采购总额达到240亿元，采购效率和规范性进一步提高。“收支两条线”改革及投资评审范围也要进一步扩大。探索创新部门支出管理机制，用部门预算的办法确定部门支出盘子，用财务包干办法控制基本支出，用投资评审、政府采购、集中支付办法严格项目支出管理。继续整合财政资金，转变财政支持经济和社会事业发展的方式，由“口粮”变“种子”，改“养人”为“办事”，调动各方面当家理财的积极性。三要加强制度建设。按照“规范、效率”原则，强化财政法规制度建设，并把一些行之有效的改革措施和办法制度化，规范财政管理行为。进一步完善专项资金管理制度，做到每项财政资金都有专门管理办法。四要强化财政监督。在加强内部监督的基础上，研究建立对预算单位、企业及社会中介机构加强监督的长效机制，突出解决收入管理不严格、支出使用不合理、挤占挪用财政资金和会计信息不真实等问题。财政管理是一项非常细致的工作，内容十分广泛，各个地方、每个部位情况都不一样。大家要结合自身实际，创造性地开展工作，既要积极推进管理机制改革，又要抓好每个管理细节，在管理的规范化、精细化上狠下功夫，把财政、财务、会计管理提高到一个新水平。

当前，财政部门承担的任务越来越繁重，要创造一流的工作业绩，必须要有一流的干部队伍去拼搏。各级财政部门要坚持“两手抓、两手硬”，巩固扩大先进性教育活动的成果，进一步加强干部队伍建设。要引导广大干部职工牢固树立宗旨意识、群众观念，每项工作都要把维护好、实现好、发展好人民群众的根本利益，作为出发点和落脚点。要加强财政系统政风行风和廉政建设，推进政务公开，提高行政效能和服务质量，努力打造一支素质过硬、纪律严明、作风优良、廉洁高效的财政干部队伍。

同志们，新的一年，财政工作任务光荣而艰巨。让我们在省委、省政府领导下，以科学发展观为统领，振奋精神、坚定信心，开拓进取、扎实工作，为全面开创财政工作新局面而奋斗！

尹慧敏同志在全省财政税务工作会议上的讲话

（2006年9月26日）

同志们：

刚才，韩省长代表省委、省政府作了重要讲话，对落实收入分配制度改革、促进重点事业发展、培植县乡财源，以及今年全省财政增收节支工作，作了全面部署，为我们在新形势下更好地支持改革、促进发展指明了方向。各级财政部门一定要认真学习、深刻领会，切实抓好贯彻落实。

为便于大家学习贯彻韩省长的讲话精神，我就几个具体问题作些补充说明。

一、关于落实工资制度改革、加强县乡财政建设的政策措施

根据中央的统一部署，从2006年下半年开始，全面实施收入分配制度改革。这项改革，事关和谐社会构建和群众切身利益，涉及面广、资金需求量大，十分敏感复杂。为了切实把这项改革落实好，省领导多次向国务院反映，省财政厅也多次向财政部汇报，积极争取中央的支持，取得了比较好的效果。在此基础上，经省委、省政府研究决定，省财政多方筹集配套资金，这次一共拿出30.79亿元，用于基层工资制度改革和正常运转，进一步提高县乡的财政保障能力。

（一）安排16.94亿元，专项用于落实工资制度改革

落实工资制度改革，是当前财政工作的头等大事。截至2005年底，我省机关事业单位在职及离退休人员共计282万人（不含青岛，下同），按在职人员人均月增资300元、离休人员450元、退休人员270元，加上住房补贴、工会经费等测算，2006年落实工资制度改革，全省增资需求在80亿元左右。增资幅度之大、涉及面之广、所需资金之多，都是前所未有的，对各级财政形成了巨大压力。为避免县乡出现新的工资拖欠，这次我们参照中央补助办法，拿出了16.94亿元，专项用于工资改革补助。具体分配办法：一是参照2003年省对下增资补助政策，测算各市财政困难程度，分类确定各市补助比例。二是从严核定财政供养人员，对行政人员统一按省人事部门提供的编制数计算，对事业人员统一按城镇人口、农业人口、乡镇个数等因素回归计算确定，尽量使超编的不沾光、节编的不吃亏，鼓励地方减人节支。三是加大对财政困难县补助力度，省补助资金市级原则上不能留用，并要确保对财政困难县的补助比例不低于90%。

（二）安排13.35亿元，加大“五奖一补”政策实施力度

为逐步缓解县乡财政困难，2005年我省实施了“五奖一补”政策，极大地调动了各地加快发展的积极性，使县乡财政状况有了明显改善。但由于基层财政供养人口多、各方面历史欠账大，目前我省县乡财政保障能力仍然较弱。考虑到2006年取消农业税、实施收入分配制度改革、推行新型农村合作医疗等减收增支因素较多，基层财政收支矛盾非常突出。为此，省委、省政府决定，省财政在保持以往转移支付和“奖补”资金规模不变的基础上，2006年再筹集资金13.35亿元，继续加大“五奖一补”政策力度，进一步提高县乡财政保障能力。与上年相比，2006年的“奖补”政策主要作了以下改进：

一是加大对税收增长的奖励。其中：对中央级财政困难县按全部地方税收增加额计算奖励，对省级财政困难县按“工商四税”（即增值税、营业税、企业所得税、个人所得税）计算奖励。具体办法是：增幅在15%以内的部分，按1:0.2给予奖励；增幅在15%以上的部分，按1:0.3给予奖励。财政困难县发展越快，增收越多，奖励就越多。

二是加大对市级下移财力的奖励。对各市2006年自主增加对财政困难县的扶持资金，省里统一按30%的比例给予奖励。市本级配套越多，省里的奖励就越多，进一步完善省市对县乡的共同帮扶机制。

三是加大对各县“并镇减人”的奖励。对2005年各县新撤并的乡镇，奖励额由上年的每个乡镇40万元提高到50万元；精简分流人员奖励额由7 000元/人提高到1万元/人，进一步调动基层深化改革、减人节支的积极性。

四是加大对产粮大县的奖励。根据中央政策，2006年继续按照粮食播种面积、粮食产量、粮食商品量等因素计算，奖励资金总体上比上年增加50%。总的原则是产粮越多、商品率越高，奖励越多。

五是对财政困难县按时归还政府债务给予奖励。即根据财政困难县按时归还的外国政府贷款、国际金融组织贷款、农村基金会借款、供销社股金借款和城市信用社借款，继续按5%的比例给予一次性奖励，引导各县在财力可能的情况下，主动消化历史债务。

六是加大对县乡基本保障能力的补助力度。参照2005年的办法，2006年省里继续对可用财力不能满足基本支出需求的县（市、区）给予财力补助。具体办法是，以2005年决算数为依据，按照统一公式，逐县计算可用财力与基本支出需求的缺口，然后区别市级财力状况，分别确定省补助数额。其中：可用财力的计算，继续将行政性收费等非税收入按一定比例计入可用财力，非税收入越多，财力缺口越小，省里补助就少，以此引导各地进一步做实收入，提高收入质量；基本支出需求的计算，在上年的基础上，适当提高了基层人员经费、公用经费及村级支出标准，并将农村合作医疗支出、“两免一补”支出、城镇廉租住房建设支出等纳入了测算范围，进一步提高县乡财政的基本保障能力。在此基础上，对享受补助的县实行“有进有出、动态保障”。凡是2005年已消化财力缺口的，2006年不再享受转移支付增量补助。

（三）安排5 000万元，努力解决东部的财政困难县问题

目前我省东部地区也有一些县财政比较困难，如济南市的商河、济

阳、平阴，淄博市的高青，烟台市的栖霞、海阳、莱阳、牟平，东营市的利津等。这些县财政保障能力相对较弱，在2006年大幅度增资的情况下，兑现增资政策的难度很大。为切实解决这个问题，经省委、省政府研究同意，这次省财政专门安排引导资金5 000万元，同时要求市级按1:1的比例予以配套，采取“省市联动、先市后省”的办法，市级配套资金一到位，省级补助资金立即就下达。通过省市共同努力，帮助东部“插花县”解决财政困难，更好地促进东部地区加快发展。

实施以上政策，通过资金投入和政策激励，可以更好地调动各级发展经济、培植财源、深化改革和增收节支的积极性，从而尽快建立起省市加大投入、县乡加快发展、各级共同努力缓解县乡财政困难的长效机制。

二、关于支持基层重点社会事业发展问题

近几年来，省委、省政府在农村实施了一系列惠民工程，明显改善了农村居民的生产生活条件，得到了广大基层干部群众的热烈拥护。为进一步加快惠民工程进度，省委、省政府决定，在年初预算的基础上，省财政再安排6.22亿元，进一步加大农村“水”、“医”、“学”等重点项目实施力度。

（一）安排2.5亿元，支持“村村通自来水”工程建设。这项工程自2005年正式启动实施以来，总体进展顺利，当年共使7 340个村、600万农民吃上了自来水，农村自来水普及率达到52%。为进一步加快这项工程进度，省里决定在年初安排5 000万元专项资金的基础上，再增加2.5亿元，连同中央国债补助以及省发改委配套部分，共整合资金3.84亿元，按照“分类指导、奖补结合”的原则，加大对下扶持力度。一是对30个经济强县和农业人口比重不足1/3的建制区，完成规划任务的，按每人15元的标准给予奖励。二是对51个财政困难县，按照规划人数和人均45元的标准给予补助，同时对超额完成规划任务的，按每超额1人60元的标准给予奖励。三是对其他县，按规划人数和人均35元的标准给予补助，同时对超额完成规划任务的，按每超额1人45元的标准给予奖励。在此基础上，对综合考评成绩突出的设区市给予适当奖励。通过采取上述措施，引导地方各级加大投入，确保完成省政府确定的“普及率达到70%”的目标任务。

（二）安排1.27亿元，进一步加快乡镇卫生院建设改造工程步伐。2005年我省实施的“360”工程进展顺利，省财政目前已落实专项资金1.54亿元。根据工程进度，这次省里再安排3 795万元，确保年内全面完成此项工程。在此基础上，省政府决定启动新一轮乡镇卫生院维修改造工程。经过认真筛选，这次共选择1 127所一般乡镇卫生院，由省、市、县三级共同组织，对其进行全面建设和改造，所需资金根据工程进度分年列入预算。据测算，实施“1127”工程，全省共需资金2.38亿元，按照“360”工程的补助比例测算，省财政需安排1.97亿元。其中2006年先安排8 848万元，其余资金列入明年预算统筹解决。

（三）安排1.5亿元，力争年内完成农村中小学现有D级危房改造任务。截至2005年底，我省农村中小学还有D级危房126万平方米。按照2006年已确定的改造计划和各级资金安排情况，年内可以消除84万平方米，还有42万平方米改造任务尚未完成，约需资金3亿多元。为全面解决D级危房改造问题，为今后建立农村中小学校舍维修改造长效机制创造条件，省里在年初已安排1亿元专项资金的基础上，再安排1.5亿元，进一步加大资金投入力度。这样，通过省里补助大头，加上中央支持一部分、市县配套一部分，力争年内全面完成D级危房改造任务。

（四）安排4 676万元，支持经济欠发达地区社区建设。社区作为城市管理与公共服务的平台，在经济和社会发展中的地位越来越重要。但目前我省部分地区社区建设投入严重不足，制约了社区管理和服务工作的开展。根据我们调查了解的情况，目前我省临沂、德州、菏泽等经济欠发达地区，共有334处社区居委会办公用房得不到有效保证。为尽快解决这一问题，省政府决定，安排引导资金6 680万元，对相关地区每解决一处居委会业务用房，省里奖励补助20万元。其中：财政安排4 676万元、福彩资金安排2 004万元。

（五）安排4 800万元，进一步改善乡镇敬老院供养条件。近几年省里每年都从福利彩票收入中筹集部分资金，对各地敬老院给予适当补助，但目前仍有部分乡镇敬老院供养条件较差。为此，这次省里专门在财政困难县中选择了540所条件较差的乡镇敬老院，在目前已投入5 000万元的基础上，再增加3 000万元，对其房屋维修改造及配套设施购置给予支持。同时，安排1 800万元，对其他县（市、区）实行“以奖代补”，鼓励各地加快改善乡镇敬老院供养条件。

实施上述五个项目，是省委、省政府立足全省经济社会发展全局，为加强薄弱环节、改善民生条件采取的又一重大举措。为了减轻基层的配套压力，省财政在资金筹集上坚持承担大头，在资金分配上坚持“奖补”结合，各级财政部门要根据本地区实际，统筹安排落实好配套资金，确保好事办好，切实把党委、政府对群众的关怀落到实处，让经济发展的成果惠及广大干部群众。

三、关于完善县乡财政监督约束机制问题

根据省委、省政府和财政部的要求，为切实加强资金管理，努力提高资金使用效益，我们在完善监管体制方面，研究制定了以下配套措施：

（一）严格“奖补”资金使用范围。对省市扶持资金，除保证工资改革政策足额兑现外，要重点用于以下几个方面：一是逐步解决县乡之间工资待遇差距过大问题。各地在落实增资政策过程中，凡县乡工资标准尚未统一的地方，县本级不得在国定工资标准之外，自行提高县本级津补贴水平，以逐步缩小或拉平县乡工资差距。二是着力解决乡镇教师工资上划县级管理问题。财政困难县年内要把乡镇教师工资全部上划县级管理，力争明年统一县域内教师工资标准。三是稳步提高村级经费保障水平。农村税费改革转移支付资金用于村级的补助比例，原则上不低于25%，比上年提高5个百分点，确保村级组织正常运转、确保“五保”供养经费足额落实到位。四是适当解决一些历史性欠账，为今后长远发展创造条件。各财政困难县对“奖补”资金的使用方案，2006年要先报省市两级审定后方可实施。

（二）完善财政困难县“省市共管”机制。一是对财政困难县的各类转移支付资金，全部测算到县、分配到县，监管到县，实行“直通车”管理。二是结合政府收支分类改革，全面推行县级部门预算编制改革试点，进一步完善人事编制与财政预算结合的“双控”管理机制，严格执行乡镇编制“实名制”管理制度。三是在积极推进“乡财乡用县管”改革的基础上，对财政困难县年度预算及调整方案，实行省市两级财政审查备案制度。对财政困难县的体制调整，实行省级财政审批制度。

（三）实行财政涉农资金“一本通”发放制度改革。目前，我省各级财政涉农补贴项目达20多种，涉及1 800万农户。由于管理分散、多头发放等原因，造成行政成本高、透明度低、层层压款、截留抵账等一系列问题。为进一步加强县乡财政管理，从2006年起，省里将全面启动财政涉农资金“一本通”管理改革，将国家给予农民的粮食直补、柴油化肥补贴、农村低保、计划生育奖励扶助、农村五保、优抚救济以及大中型水库移民后期扶持资金等各项财政补贴资金，直接通过金融机构网点，以银行存折形式发放到农户，切实提高资金运转效率。

（四）加大对财政困难县工作考核。根据财政部的要求，省市两级要进一步加强对县乡财政工作的指导。逐步建立健全财政困难县年度绩效考核制度，每年对财政困难县解困工作，进行专项检查考评。对先进县，提高奖励系数，增加“奖补”资金。对套取或违规使用省“奖补”资金的，省财政要相应扣回，并取消下年度享受扶持的资格。同时，进一步完善财政困难县帮扶联络员制度，及时沟通情况，加强工作督导，帮助财政困难县落实各项扶持政策。

这次省里出台的一系列政策措施，继续贯彻了“省市结合、分类指导、综合扶持、重点突破”的工作思路。在资金安排上，既有增强基层保障能力的财力性补助，也有加快重点事业发展的一次性资金；既加大了对西部地区的倾斜，又兼顾了东部地区“插花县”困难。在政策设计上，既注重增加投入，又注重完善机制；既注重政策激励，又注重强化约束，有利于全面落实收入分配制度改革，有利于建立缓解县乡财政困难长效机制，对于促进全省经济社会快速协调发展将发挥重要的作用。

尹慧敏同志在全省县域财源建设现场经验交流会上的讲话

（2006年9月1日）

同志们：

这次全省县域财源建设现场经验交流会，是省政府同意召开的。会议的主要任务是，学习交流先进经验，进一步统一思想认识，加大工作力度，努力推动全省县域财源建设再上新台阶。韩省长对这次会议非常重视，会前多次做出重要指示，今天又专门致信会议，对财源建设提出了明确要求。我们一定要认真学习领会，深入抓好贯彻落实。今天上午，我们现场考察了新泰市的财源项目和城市建设，刚才又听了泰安市耿书记的情况介绍和新泰市、肥城市、无棣县的经验介绍，会上还印发了16个市县的书面交流材料。总的感到，这些市县的经验很可贵，听了之后很受教育和启发。财源建设是一篇大文章。在新的形势下，如何把这篇文章做好，需要我们在实践中不断摸索和探讨。下面，我谈点看法和体会，供大家参考。

一、要充分认识加强县域财源建设的必要性、迫切性

培植壮大财源，既是发展经济的一个重要目的，又是衡量一个地方经济发展水平和效益高低的重要标志。“卉茂者土必沃，鱼大者水必广”。财政工作千头万绪，支持发展、培植财源是第一要务。只有经济发展、财源丰裕了，财政收入才能持续快速增长，财政保障能力才能不断增强。近年来，省委、省政府高度重视县域经济发展，采取了一系列重大战略措施，全省形成了经济强县率先发展、中等县加速崛起、欠发达县跨越前进的大好局面，县域经济实力明显增强，县乡财政状况明显改善。同时，我们也要清醒地看到，我省县域经济发展仍然不够平衡，无论从规模还是速度上，与先进省市比，差距都比较明显。特别是县域财源基础相对薄弱、财政收入规模仍然偏小、基层财政比较困难，已经成为县乡经济社会发展中的突出问题。问题产生的根源是我们财源不够茂盛，那么解决问题的根本措施就是加快发展。对此，我们必须有清醒的认识。

首先，要进一步增强全省财政实力，必须大力培植县域财源。近年来，全省上下坚持以科学发展观为指导，按照省委确定的“一二三四五六”的发展目标和工作思路，解放思想，干事创业，加快发展，全省经济保持了快速健康协调发展的良好态势，财源基础不断壮大，财政实力显著增强。2005 年，全省地方财政收入、税收总收入和境内财政总收入，分别突破 1 000 亿元、2 000 亿元和 3 000 亿元大关，达到 1 073.1 亿元、2 130 亿元和 3 351.1 亿元，分别是 2000 年的 2.31 倍、2.44 倍、2.36 倍；地方财政收入过 5 亿元的县（市、区）达到 46 个，比 2000 年增加 44 个，其中有 14 个县（市、区）超过 10 亿元。应当讲，近几年我省财政收入的确增长很快，这集中体现了全省加快经济发展、大力培植财源的成果。但就全省财政状况而言，与先进省市相比，差距仍然比较大。从人均收入水平看，按总人口计算，2005 年我省人均财政收入仅为 1 160 元，居全国第 10 位；人均财政支出 1 585 元，低于全国平均水平 338 元，居全国第 22 位。从财政收入总量看，2005 年，广东省的地方财政收入和境内财政总收入，分别是 1 807 亿元、6 095 亿元，比我省多 734 亿元和 2 744 亿元；江苏省的地方财政收入和境内财政总收入，分别是 1 323 亿元、4 294 亿元，比我省多 250 亿元和 943 亿元。如果具体对比分析一下，我们就可以看出，我省与先进省市的差距，主要在县一级，其表现是我们缺乏大块头的县域财源。据了解，江苏一个县级市昆山，2005 年地方财政收入达到 51.6 亿元，不仅远远超过我们的任何一个县（市、区），就大市来讲，比我省人口最多的临沂市还高 2.5 亿元。再如浙江萧山区，2005 年地方财政收入达到 30.95 亿元，是我省荣成市的 2.2 倍。广东省东莞市下辖 28 个乡镇，2005 年地方财政收入达到 104 亿元，仅一个虎门镇，2005 年地方财政收入就达 3.4 亿元。在 2005 年全国县级财政收入排名中，前十名江苏占了 6 席，浙江占了 4 席，我省收入最高的荣成市仅排在第 17 位。真是不比不知道，一比吓一跳。这些省份财政比较富，靠什么？靠的是经济实力，靠的是雄厚财源，尤其是雄厚的县域财源。因此，要缩小与先进省市的财政收入差距，特别是缩小县级财政收入差距，必须加快发展县域经济，进一步培植壮大县域财源。

其次，加强县域财源建设，是缓解当前县乡财政困难的迫切需要。古语说：“郡县治，天下安”。但现在的情况是，我省县乡财政还比较困难，并成为制约经济社会发展的大问题。2005 年，根据省委、省政府决策部署，省财政厅把加强县乡财政建设、缓解县乡财政困难，作为财政工作的重中之重，经过深入调查研究，制定实施了“五奖一补”政策，出台了 10 个办法，建立了缓解县乡财政困难的有效机制。省、市两级财政新增对下转移支付 20 亿元，对 51 个财政困难县（市、区）和 81 个产粮大县给予了重点扶持。这些措施，不仅极大地调动了困难县加快发展、增收节支的积极性，而且有效缓解了基层财政的收支矛盾，得到了各级党委、政府和广大基层干部群众的充分肯定。但总体上看，由于财政困难县的底子薄、供养人口多、欠账大，财政困难状况并未得到根本缓解。比较突出的，一是财力少，工资发放难。2005 年，全省还有 32 个县人均自有财力不足 1.7 万元；624 个乡镇人均月工资仅在 780 元左右，甚至低于中西部省份。这些乡镇占全省乡镇总数的 35.6%，涉及财政供养人员近 70 万人。二是财政保障能力较弱。以教育为例，2004 年我省农村初中生生均预算内公用经费仅为 79 元、农村小学为 58 元，分别低于全国平均水平 46 元和 37 元，分别居全国第 23 位和第 22 位。三是基层财政债务包袱较重。

特别是 2006 年，各方面新增支出大量增加，县乡财政困难有可能进一步加剧。比较突出的，除预算已经安排的新农村建设、教育、科技、卫生、社保等增支因素外，最近国家又出台了一些增支政策。其中，仅从 7

月1日起推行行政事业单位工资制度改革，2006年全省就需新增支出89亿元，加上提高企业退休人员养老金标准以及国有企业下岗职工、失业人员、城市低保户、农村贫困人口等低收入群体的收入水平，全省新增支出近130亿元。同时，2006年全部取消农业税，扩大新型农村合作医疗改革试点范围，实施“村村通自来水”工程等，还要大量增支。这么多的增支因素、这么大的收支缺口，是多年来少有的，对县乡财政是个巨大的压力。实践证明，没有稳定、快速增长的财政收入，就无法满足基层各项社会事业发展的客观需要。如果只靠上级政府的转移支付，也不可能从根本上摆脱县乡财政的困难局面。面对这种形势，我们只有进一步加强县域财源建设，壮大财政实力，努力增收节支，才能从根本上解决财政困难，走出财政困境。

第三，从今后经济社会发展需求看，也必须加强县域财源建设。从2006年开始的“十一五”时期，是我省全面建设小康社会、全面落实科学发展观的关键时期，各方面对财政支出的需求将大幅度增加。比如，推进社会主义新农村建设，扩大公共财政覆盖农村的范围；推进农村义务教育经费保障机制改革；改善农村居民就医条件；推进农村“五保”集中供养；建立农村最低生活保障制度；建设平安山东、文明山东、生态山东，等等，方方面面都需要大量资金。县乡两级处于城乡结合部，是整个政府链条中承担事权最多、责任最重的两个层次。如果说“十一五”时期是公共支出的加速膨胀期、财政风险的持续积聚期，那么主要的支出压力和收支矛盾，将集中体现在县乡两级财政上。面对沉重的支出压力，我们既要在调整支出结构上做文章，更要在培植财源、增加财政收入上下力气。没有雄厚的财源作支撑，不仅县乡财政的日子不好过，省、市财政的日子也过不好。同时，2005年以来，中央提出要加快转变经济增长方式，提高科技自主创新能力，建设资源节约型和环境友好型社会，加大宏观调控力度，实施了最严格的土地控制政策，收紧了银根，提高了投资门槛。另外，内、外资企业所得税法并轨和增值税转型，也已提上日程，估计明后两年实施的可能性比较大。这些改革措施，都将对地方经济产生重大影响，使财源建设不断面对新形势、新问题。在这种情形下，如果我们不去大力培植县域财源，增强县乡财政实力和增长后劲，将直接影响县域经济社会的长远发展，影响到全省改革发展稳定全局。

总之，加强县域财源建设，是促进县域经济社会统筹发展的需要，是缓解县乡财政收支矛盾，提高基层财政保障能力的需要，是建设“大而强、富而美”的社会主义新山东的一项基础性工作。只有加快发展县域经济，大力培植县域财源，壮大县乡财政实力，才能有力量加大“三农”投入，加快社会主义新农村建设，促进城乡统筹发展；才能有财力发展教育、文化、卫生等社会事业，促进县域经济社会协调发展；才能有手段发展好、实现好广大人民群众的根本利益，维护基层政权和社会稳定。正是基于以上考虑，省委、省政府领导对加强县域财源建设问题格外重视。特别是韩省长，2006年以来一直将这件事挂在心上，多次指示财税部门要加强对这个问题的研究。我们今天召开这次县域财源建设现场经验交流会，就是落实省领导的指示精神。各级财政部门必须统一思想，提高认识，从落实科学发展观、促进和谐社会建设的高度，充分把握加强县域财源建设的重要性，切实增强责任感、紧迫感，加大措施，狠抓落实，努力开创我省县域财源建设的新局面。

二、推进县域财源建设要注意处理好几个关系

2003年以来，省委、省政府先后召开了全省县域经济工作会议和全省县域经济现场会议，实施了“促强扶弱带中间”战略和“双30”工程，出台了加快县域经济发展的一系列政策措施，明确了新形势下加快县域经济发展的总体目标和要求，为加强县域财源建设指明了方向。经过多年努力，各地也已探索形成了切合自身实际的财源建设路子，积累了丰富的经验。总体上看，当前县域财源建设面临很好的机遇，也具备很好的条件。我们一定要进一步解放思想、抢抓机遇，努力把县域财源建设搞得更好，为促进全省县域经济发展多做贡献。

在新形势下推进县域财源建设，各级财政部门要正确把握好以下几个方面的关系：

*（一）正确处理建立公共财政与加强财源建设的关系。*财政改革的基本方向，是建立公共财政框架体系。我们要按照公共财政的要求，围绕贯彻落实科学发展观，加快支出结构调整步伐，一方面将财政资金逐步退出一般性竞争领域，另一方面要加大对经济社会发展薄弱环节的投入力度。这“一退一进”，就是我们基本的财政政策取向。需要强调的是，公共财政并不是单纯的“吃饭财政”，支持经济社会又快又好发展，依然是公共财政的第一要务。我们之所以强调财源建设，并不是单纯地就财政论财政，而是着眼于发挥财税杠杆的调控作用，从财政角度更好地促进经济发展，提高经济运行的质量和效益。经济决定财政，支持发展、培植财源是公共财政履行职能的基本前提。也就是说，强大的公共财政，必须有坚实充裕的财源作基础，否则，公共财政就会成为无源之水、无本之木。加强财源建设与建立公共财政，两者相辅相成，必须齐抓并管，协同推进。历

史实践告诉我们，哪个时期财政支持经济的作用发挥得好，财源建设有成效，哪个时期的经济与财政就双增双赢，财政就有地位、有作为。否则，财政工作的路子就会越走越窄。

现在各级党委、政府加快发展的愿望都很迫切，对财政部门支持发展的期望很高、要求很高。从广东、江苏、浙江等省的情况看，近年来财政对经济建设的投入不但没有减少，反而呈逐年递增态势，而且支持经济发展的方式方法更加灵活。从省内的经验看，凡是财政收入增长快、经济运行质量好的地方，基本上都在坚持不懈抓财源建设。比如新泰市，近年来坚持以财源建设为导向确定经济发展思路，以工业为重点培育壮大支柱财源，以城市园区为平台优化财源建设环境，以招商引资为手段加大财源建设投入，地方财政收入由2002年的4.67亿元增加到2005年的10.09亿元，在全省的位次由第12位跃升到第7位。肥城市牢固树立工业强市理念，通过一系列政策措施，引导扶持骨干企业抓投入、上项目，积极推进企业间的联合协作，加快培育骨干企业和优势产业成效显著。无棣县近年来积极谋划大思路、构筑大框架、实施大投入、实现大发展，2005年全县GDP、地方财政收入分别比2002年增长66.07%和187.5%，成为全省121个县（市、区）综合评价排名位次前移最快的县。所以，无论是在传统体制下，还是现在搞公共财政，我们支持发展、培植财源的意识不能变。财政工作要始终坚持把支持发展作为第一要务，在财源建设方面舍得下功夫、舍得出政策，努力把有限的财政资源转化为现实生产力，促进县域经济又快又好发展。

（二）正确处理财源建设“量”与“质”的关系。抓财源建设，既要注重“量”的扩张，更要重视“质”的提高。我省经济总量和广东、江苏差不多，但税收收入差距很大。2005年，广东、江苏地方税收收入分别为1 527亿元、1 107.3亿元，我省只有826.5亿元，仅相当于广东的54.2%、江苏的74.6%。之所以出现这种现象，主要是我省的经济结构不合理，财源建设的质量和效益有差距。从三次产业结构看，我省第一产业具有相对优势，但取消农业税后，第一产业直接提供的税收大幅度减少。第二产业总量很大，但由于采掘业、原材料加工业、农副产品加工业等低税产业所占比重高，第二产业每百元增加值只提供税收14.03元，比苏、浙、粤三省分别少1.99元、6.98元、8.19元。第三产业提供的营业税虽然全部归地方，但由于我省第三产业发展层次低、总量小，税收贡献也比较少。2005年，我省营业税收入分别比苏、浙、粤三省少125.02亿元、106.54亿元、337.97亿元。分析各县市的财政经济情况，这个问题更加突出。根据省统计局提供的数字，2005年地方税收收入占GDP的比重低于1%的县市，全省还有5个，最低的只有0.67%；地方税收收入占地方财政收入的比重低于60%的县市有17个，最低的只有42.4%。今后，我们在支持发展、培植财源过程中，必须强化质量、效益意识，把能否增加税收收入、能否增加居民收入、能否增加就业岗位，作为基本的评判标准。对符合国家产业政策、科技含量高、效益好、提供税收能力强的现代制造业和现代服务业项目，要认真落实财政、税收、财务扶持政策，鼓励其加快发展、做大做强。对不符合国家产业政策，不能提供税收和就业的产业和项目，要利用财税政策加以限制，以促进我省经济结构和财源结构的优化调整。各市要加强对所辖县财政收入“两个比重”的考核，引导各地大力发展附加值高、税收贡献多的产业和项目。

（三）正确处理投入与产出的关系。支持发展、培植财源，既要加大投入，又要讲求产出。那种不计成本、不讲收益、光投入不产出的事，我们不能干。现在，一方面建设资金非常紧张，另一方面又存在不计成本、低效使用的现象。比如，目前有不少地方，特别是一些经济欠发达地区，在财源建设方面存在急于求成、广种薄收的观念，在招商引资中不计成本，“割地赔款”，得不偿失。还有一些地方，无论是加强基础设施建设，改善投资环境，还是招商布展，开展有关的公务活动，都存在花钱大手大脚、不计成本的问题。在市场经济进入越来越依靠技术、成本、效益进行竞争的今天，再走这种“粗放式”发展的路子，不仅企业没有出路，而且投资环境也会遭到破坏。尤其是随着国家宏观调控的加强，在最严格的土地管理制度下，土地指标越来越紧张，银根会进一步紧缩，环境、资源的承受能力也日趋饱和，传统的财源建设方式已难以为继。特别是土地，作为一种稀缺资源，一旦被污染、被破坏，地方政府不仅会背上沉重的治污包袱，一方百姓也会跟着受罪，整个经济社会发展都将受到影响。因此，今后各地在招商引资、推进财源建设过程中，一定要强化成本观念，既算投入账、又算产出账，既算目前账、又算长远账，不能只顾眼前、不顾长远，只讲投入、不讲收益。

（四）正确处理加大资金投入与建立激励机制的关系。过去在计划经济体制下，我们支持财源建设，主要是拿钱上项目或发放周转金。现在搞市场经济，再靠财政直接投入支持财源项目，不符合市场经济和公共财政的要求。新形势下抓财源建设，关键是要创造一个好的环境和机制，广泛吸纳、聚集各类生产要素。比如新泰市，政府把财政投资的重点放到优化城市环境上来，通过好的环境提高投资吸引力，这样做的效果很好，政府与市场的定位也比较准，有利于保证财政经济的长远可持续发展。在这方面，近年来省里也进行了积极探索。比如2005年出台的“五奖一补”政策，将转移支付与市县税收增长挂钩，对县域经济发展起到了有力的推动作用。前不久，省里又拿出1 800万元资金，对经济发展成绩显著的18个县（市、区）领导班子给予重奖，也起到了很好的示范和激励效应。事实表明，在新形势下政府促进财源建设，建立激励机制比直接投资上项目更重要。类似的办法，今后各级要多研究一些，奖勤罚懒，奖优罚劣，使外力帮扶与激活内力相结合，调动各方面加快发展的积极性，绝不能再走过去那种单纯靠政府投资、财政拿钱或“减税让利”的老路子。比如，对企业的支持，可以引入竞争择优机制，综合运用贷款贴息、财政补贴、以奖代补等多种方式，充分发挥财政资金的导向和吸引作用。再如，对于基础设施建设，可以通过出让冠名权、经营权以及采用BOT、TOT、拍卖等多种方式，吸引社会投资，力求经济效益与社会效益相统一。又如，为调动企业经营者的积极性，可以积极创新收入分配制度，允许企业对有突出贡献的科技骨干实行股权激励等政策，逐步建立重实绩、重贡献，向优秀人才和关键岗位倾斜，形式多样、自主灵活的分配激励机制。

（五）正确处理“取”与“予”的关系。耕耘的目的是为了收获。在加强县域财源建设过程中，该支持的财政要支持，该投入的也要投入，但经济发展了，税源增加了，该收的要收，该缴的要缴，不能只讲耕耘，不问收获。因为，政府要办的事很多，需要大量投入，如果该收的不收，政府没有财力，该保的就保不住，想办的事就办不好，反过来也不利于企业发展壮大。现在有些地方，税收增长速度与经济发展速度很不相称，经济发展速度、企业效益等指标很好，但税收增长幅度较低。各地要认真分析这种现象，看看是否有优惠政策过多过乱或者收入不足的问题。在企业发展的初期阶段，财政适当给予支持，促进企业尽快做大做强，是十分必要的，也是必须付出的成本，否则可能引不来“凤凰”。但是，企业发展成熟了，自我积累、自我发展能力强了，就要严格依法治税、应收尽收，真正把经济发展的成果体现到财政增收上来。只有坚持依法治税，依率计征，才能不断增加政府财力，为企业发展创造更好的环境，促进财政经济步入良性发展轨道。当然，我们强调组织收入工作的重要性，并不是说聚财力度越大越好。聚财也要依法办事，有度有节，该收的不能少收或不收，不该收的要坚决不收“过头税”。要通过加强税收征管，努力提高财政收入占生产总值的比重和税收占地方财政收入的比重。

（六）正确处理壮大传统财源与挖掘新兴财源的关系。当前，我省正处在经济社会发展的关键时期。按照科学发展观的要求，必须把优化经济结构、提高创新能力、增加经济效益，放在发展县域经济和财源建设的重要位置。为此，我们要始终不渝地贯彻工业强县战略，积极培植主导产业，做大做强工业财源。要大力发展现代服务业，放开搞活流通领域，促进消费和就业增长，培植以营业税为主体的地方财源。要着力改善财源建设环境，大力发展民营经济，不断培植新的财源。要坚持节能环保，大力发展循环经济和生态经济，努力培植高效、可持续的财源。要坚持因地制宜，大力发展特色经济特别是农副产品加工业，促进农民增收，努力培植优势财源。在培植传统财源的同时，各地也要注意培育和挖掘新兴财源，广辟生财渠道。我省是资源大省，无论是自然资源、城市公共资源，还是国有资产，规模都比较大，蕴藏着巨大的生财潜力。各地要树立“大财源”观念，进一步拓宽理财视野。像土地收入、海域收入、矿产资源收入、彩票收入等，都是财政收入新的增长点。今后，要进一步拓展非税收入管理范围，将所有行政事业性收费、政府性基金、罚没收入、国有资源有偿使用收入、国有资本经营收益、彩票公益金、特许经营权收入以及地方教育附加等，全部纳入政府非税收入管理范围，区分不同特点，实行分类管理，防止收入流失。当然，还要注意规范管理，提高收入质量。应纳入财政专户管理的全部纳入专户，应纳入预算管理的全部纳入预算，不能随意人为调节。当前非税收入管理不够规范的地区，要认真整改，重点是做实收入，防止虚收。

总之，加强财源建设是做好经济工作的重要出发点和落脚点，也是做好财政工作的根本所在。各级财政部门要统一思想，认清形势，加强领导，切实把县域财源建设摆到更加突出的地位，将财源建设寓于经济发展之中，自觉地运用好财税政策杠杆，促进全省经济社会又快又好发展。

三、简要通报一下当前的财政情况和主要工作

2006年以来，各级在加快经济发展的同时，高度重视收入征管，深入开展宏观税负分析，认真排查税源，切实加大征管力度，全省地方财政收入继续保持了较好增幅。1～8月份，全省地方财政收入完成890.08亿元，占预算的71.04%，增长32.19%。其中，省级财政收入增长30.89%，17市收入平均增幅为32.41%，收入增幅超过全省平均水平的有10个市。现在看，2006年全省财政实现超收已成定局。1～8月份，全省一般预算支

出完成928.2亿元，占预算的56.1%，增长26.5%。各项重点支出保障较好，一些关系群众切身利益的突出问题正在逐步得到解决。总的看，2006年财政形势是好的。

关于今年后几个月的工作，近期还要召开会议，专门进行部署，在这里我先简单点点题，供大家研究。一是要强化收支调度和预算执行分析，从各类税收的增减变化中，深入分析国家宏观调控政策对我省投资、消费、进出口、银行信贷等的影响，敏锐把握财政经济运行中的苗头性、倾向性问题，提出调整财税政策的意见和建议，为党委、政府提供决策参考。二是要按照区别对待、分类指导、有保有压的原则，优化预算内基本建设投资结构，严格按照中央要求使用国债资金，大力推进自主创新与节能降耗，促进经济增长方式转变。三是要认真落实促进服务业发展的财税优惠政策，加大财政资金投入力度，促进服务业加快发展。四是要周密制定收入分配制度改革资金保障方案，积极稳妥地搞好收入分配制度改革。五是要围绕支持社会主义新农村建设，认真研究制定农村义务教育经费保障机制改革方案，确保明年在全省推开这项改革；总结新型农村合作医疗改革试点经验，年底前拿出全面建立农村合作医疗制度的方案；在搞好360所重点乡镇卫生院改造的基础上，进一步扩大改造范围和规模。六是要继续完善和落实“五奖一补”政策，加大对财政困难县的转移支付力度，强化帮扶政策的激励约束效应，充分调动财政困难县加快发展、增收节支的积极性。七是要深入开展“财政管理年”活动，提升财政管理的精细化水平。

借此机会，我再简单传达一下全国金财工程会议精神。8月14～15日，全国财政系统金财工程建设座谈会在北京召开，金人庆部长做了重要讲话。会议精神传达提纲已印发给大家，请大家会后认真学习。我个人认为，这次全国财政系统金财工程建设座谈会，最大的突破，是明确了今后一个时期金财工程建设的总体思路和目标任务，并对金财工程建设的组织实施提出了具体要求。加快这项工程建设，是财政部门的自我革命、自我解放、自我保护、自我发展，是对传统财政管理理念的重大挑战。同时，加快金财工程建设，是推进社会主义政治文明建设的重要举措，是顺应信息化发展和推进电子政务建设的必然要求，是推进财政改革与发展的必由之路，也是实现财政管理科学化、规范化的迫切需要。根据财政部统一部署，省厅目前正结合财政部拟订的《关于加快金财工程建设的实施意见》，抓紧制定我省的金财工程建设实施方案，并参照财政部的做法，调整、充实了省厅金财工程建设领导小组，切实加强对金财工程建设的组织领导。鉴于财政部金财工程的“统一平台”正在构建之中，为了避免工作被动和损失浪费，省厅决定适当控制金财工程建设进度，严格按照财政部的统一部署推进金财工程建设，尽量不再自行开发、购置、推广新的业务软件，对现行运行不稳定、互联性不强的业务软件系统，不再扩大推广范围。希望各级财政部门也要高度重视金财工程建设，将其列入重要议事日程，作为当前财政工作和财政改革的一项重要内容，切实抓紧、抓好。

同志们，这次全省县域财源建设现场经验交流会议，时间虽短，收获却很大，效果很好。希望大家认真学习贯彻韩省长的指示精神，认真学习推广新泰等市县的先进经验，努力推动全省县域财源建设再上新台阶。

山东省财政第十一个五年规划纲要

“十一五”时期，是我省由经济大省向经济强省迈进，全面建设小康社会的关键时期，也是不断完善社会主义市场经济体制，加快推进公共财政建设的重要时期。编制和实施《山东省财政第十一个五年规划纲要》，对于全面落实科学发展观，充分发挥财政职能作用，促进经济社会健康发展，实现我省“十一五”发展战略目标，具有十分重要的意义。

一、“十五”时期山东财政改革发展回顾

“十五”时期，是我省财政改革发展最快最好的时期之一。五年来，在各级党委、政府的正确领导下，各级财政部门以邓小平理论和“三个代表”重要思想为指导，牢固树立和落实科学发展观，按照省委“一二三四五六”的发展目标和工作思路，解放思想、干事创业，锐意改革、扎实工作，为促进全省经济社会发展做出了重要贡献，谱写了山东财政改革发展的新篇章。2005年预计我省GDP可达到1.8万亿元左右，五年平均增长13%；境内财政总收入达到3 342.2亿元，五年平均增长18.7%。

（一）大力支持经济发展，财源建设成效显著

财政之道就是发展之道。“十五”时期，我省财政始终坚持发展第一要

务，灵活运用财税杠杆，大力支持经济增长和结构调整。五年累计，地方预算内生产建设性支出完成1 217亿元，比“九五”增加581亿元，其中2005年达到330亿元（快报统计数，下同），比2000年增加182亿元，年均增长17%。同时，争取中央国债资金130多亿元，利用国际金融组织和外国政府贷款9.4亿美元，落实企业税收优惠政策180多亿元，为促进全省经济持续快速增长发挥了重要作用。尤其是在落实省委、省政府确定的“三个亮点”、“三个一批”、“三个突破”和建设胶东半岛制造业基地、加快县域经济发展等重大战略决策方面，取得了明显成效。五年间，全省各级财政累计安排32.9亿元，大力支持出口产品结构调整，积极落实出口退税政策，有力地促进了外经外贸的快速增长；安排10.8亿元，重点支持企业信息化建设和科技型中小企业技术创新，提高了我省企业技术装备水平和产品科技含量；安排5亿元，增加担保公司资本金，有效改善了中小企业融资条件，促进了民营经济的成长与发展；安排16.6亿元，用于国有企业主辅分离、辅业改制，为国有企业改革创造了良好环境；采取税收返还方式，落实资金1.59亿元，用于支持30个经济欠发达县，促进了全省县域经济的快速发展；采取调整体制、增加转移支付等办法，落实资金15.31亿元，支持实施“三个突破”，促进了全省区域经济社会协调发展。在加大财政投入的同时，各级财政还采取贴息、担保、参股等多种方式，积极支持企业发展，并适时提高了增值税和营业税的起征点，清理取消了收费项目454项，精简合并收费项目43项，年均减轻企业和社会负担80多亿元，优化了发展环境，增强了企业竞争力，壮大了地方财源。

（二）财政收入持续快速增长，财政实力明显增强

“十五”时期，随着我省经济快速增长和收入征管力度不断加大，全省财政收入规模跃上了新的台阶。五年累计，全省地方财政收入完成3 798亿元，比“九五”增加2 032亿元，其中2005年达到1 073亿元，比2000年增加609亿元，按相同口径计算，年均增长22.5%，首次突破千亿元大关，实现了历史性跨越。尤其是县级地方财政收入增长较快。五年累计完成2 136亿元，其中2005年达到616亿元，占全省地方财政收入的57.5%，比2000年提高0.9个百分点。2005年全省地方财政收入过亿元的县（市、区）达到137个，其中超过10亿元的有14个，超过5亿元的有46个。“十五”时期，地方财政收入占GDP的比重稳步提高，2005年达到5.96%，剔除财政体制调整因素后，相同口径比2000年提高1.4个百分点；税收收入占地方财政收入的比重止跌回升，2005年达到77%，比上年提高1.25个百分点。从财政收入来源看，收入结构日趋多元化。外资、股份制、联营等非公有制经济提供的税收由2000年的357亿元提高到2005年的1 470亿元，占全部税收的比重由45.6%上升到67.9%。其中，外商投资企业提供税收年均增幅达31.7%，占全部税收的比重由2000年的10.7%提高到2005年的15.3%，成为我省新的财政收入增长点。财政收入的持续快速增长和财政实力的不断壮大，增强了政府宏观调控能力，为支持经济建设和各项社会事业发展奠定了坚实的物质基础。

（三）财政支出结构不断优化，保障能力显著提高

“十五”时期，全省地方财政支出累计完成5 280亿元，比“九五”增加2 847亿元，其中，2005年达到1 466亿元，比2000年增加852亿元，年均增长19%。按总人口计算，2005年我省人均财政支出达到1 596元，是2000年的2.34倍，五年翻了一番多。在财政支出规模不断扩大的同时，支出结构也发生了积极变化。财政对竞争性领域的直接投入下降。“十五”时期，企业挖潜改造资金、国有企业计划亏损补贴以及企业流动资金等累计完成280亿元，占同期财政支出的5.3%，2005年比2000年下降3.35个百分点。与此同时，财政支出进一步向社会公共领域倾斜。

一是加大政权建设投入，保证了国家机关正常运转。“十五”时期，全省行政管理费累计完成573亿元，其中2005年达到165亿元，比2000年增加103亿元，年均增长21.5%；行政单位人均工资由2000年的825元/月提高到2005年的1 500元/月左右。在较好落实各项增资政策的基础上，各级机关正常运转也得到了有效保证，尤其是对国家机器的保障力度进一步加大。五年间，全省公检法司支出累计完成347亿元，其中2005年达到102亿元，比2000年增加64亿元，年均增长21.9%；省财政五年累计安排贫困地区政法补助专款5.59亿元，有力地支持了贫困地区政法建设和全省“平安山东”建设。

二是加大社会事业投入，支持了重点事业发展。“十五”时期，全省教育支出累计完成934亿元，其中2005年达到249亿元，比2000年增加131亿元，年均增长16.1%；科技支出累计完成104.27亿元，其中2005年达到27亿元，比2000年增加13.8亿元，年均增长15.5%；文体广播事业费支出累计完成160亿元，其中2005年达到45亿元，比2000年增加27亿元，年均增长20.5%；医疗卫生支出累计完成203亿元，其中2005年达到54亿元，比2000年增加26亿元，年均增长14.0%；抚恤和社保支出累计完成336亿元，其中2005

年达到99亿元，比2000年增加68亿元，年均增长25.7%。通过加大财政投入，有力地支持了各项重点事业发展。

三是加大“三农”投入，促进了城乡统筹发展。“十五”时期，全省财政用于“三农”的财政性投入累计完成1 052.1亿元，其中2005年达到308.2亿元，比2000年翻了一番多。五年累计，全省各级财政安排支农支出329.2亿元，年均增长17.1%，重点加强农业基础设施建设，支持发展农业产业化，加快农业综合开发和产业扶贫开发，全部解决了农村历史性在册缺水人口饮水困难，对6 000多万种粮农民全面实行了直接补贴，并在部分地区实施了农机补贴和良种补贴。安排农村卫生支出18亿元，启动了新型农村合作医疗制度试点，参合农民达到1 836万人，并逐步完善了农村医疗救助制度。安排农村义务教育支出432亿元，重点支持了农村中小学危房改造，消除危房753万平方米，并对农村义务教育阶段贫困家庭学生实行了“两免一补”。这些措施，有力地促进了农民增收和农村社会事业全面发展。

四是加大基础设施投入，优化了经济发展和群众生活环境。“十五”时期，全省基本建设支出累计完成279亿元，其中2005年达到71亿元，比2000年增加41亿元，年均增长19.0%；城市维护建设支出累计完成379亿元，其中2005年达到118亿元，比2000年增加79亿元，年均增长24.9%；全省用于环保方面的财政投入累计完成150.7亿元，其中2005年达到42亿元，比2000年增加25.5亿元，年均增长20.5%。通过加大财政投入，有效地改善了我省基础设施条件，有力地促进了环境治理和“生态省”建设。

五是加大转移支付力度，有效缓解了县乡财政困难。“十五”时期，省财政累计安排各类对下转移支付246.64亿元，其中2005年达到95.73亿元，比2000年增加88.61亿元，年均增长68.15%，进一步提高了县乡财政保障水平。尤其是2005年省财政新增安排16亿元，市财政配套3.94亿元，对全省财政困难县实施“五奖一补”政策，极大地促进了这些县的经济社会发展，集中解决了基层多年积累的一些突出矛盾和问题，使全省县乡工资水平全部达到了国家标准，县乡财政困难得到了明显缓解。

（四）财政改革逐步深化，体制创新取得重大进展

一是不断深化财政体制改革，进一步理顺了政府收入分配关系。2002年以来，我省先后实行了企业所得税、营业税、个人所得税分享改革，进一步完善了原体制递增上解和补助政策，初步建立起“利益共享、风险共担”的财政管理体制。通过体制调整，省市县三级财政收入结构由2000年的13.2∶30.2∶56.6，变为2005年的13.8∶28.7∶57.5，财力结构发生了积极变化，省级调控能力逐步增强，县级保障能力明显提高。同时，各级还建立完善了保障性和激励性转移支付制度，启动了“乡财乡用县管”和“村财村用乡管”改革试点，确保了基层政权的正常运转。

二是大力推进预算管理制度改革，初步建立了公共支出管理体制。“十五”时期，我省切实加强“收支两条线”管理，一批重点基金和收费项目纳入了预算管理。部门预算改革逐步深化，预算编制的完整性、规范性明显增强。国库制度改革全面铺开，重点专项资金实现了集中支付，公务员工资做到了统一发放。政府采购规模逐步扩大，确立了“管采分离”的管理体制。“十五”时期，全省政府采购金额累计完成492.2亿元，节约资金87亿元，节约率达15.02%。财政投资评审工作进一步加强，累计评审项目达7 000多个，评审资金总额561.1亿元，审减资金97.9亿元，审减率达17.45%，取得了良好的节支效果。

三是全面推进农村税费改革，大幅度减轻了农民税费负担。“十五”时期，按照中央统一部署，我省自2001年开始，进行了农村税费改革试点工作，取消了“三提五统”和屠宰税，以及专门面向农民的行政性收费和基金项目，逐步取消了“两工”，停征了除烟叶以外的农业特产税，有计划地分步减免了农业税，进一步规范了农村税费制度。改革前后相比，全省每年减轻农民负担90多亿元，人均减负139元，基本实现了农村税费改革第一阶段“减轻、规范、稳定”的改革目标。

四是大力强化财政监督职能，进一步规范了财政收支行为。紧紧围绕财政中心工作，不断加强财政监督工作，拓宽监督范围，提升监督层次，取得了显著成绩。“十五”时期，省财政厅成立了7个驻外财政检查办事处，17个地级市均设置了财政监督检查机构，130个县（市、区）设置了专职财政监督机构，初步形成了具有地域特色的财政监督网络体系。五年来，全省各级财政监督机构对近5万户行政和企事业单位实施了监督检查，累计查处各类违法违纪金额达300多亿元，为维护财经法纪、规范财经秩序做出了重要贡献。

（五）财政事业全面发展，各项工作成绩斐然

“十五”时期，全省各级财政部门积极转变财政职能，改进工作作风，行政效能不断提高。认真落实财税政策法规，结合实际研究制定具体细则，提高了依法行政水平。全面贯彻实施《会计法》、《注册会计师法》以及各项会计规章制度，不断规范和加强会计管理，加强注册会计师队伍行业自律，营造了良好的会计诚信氛

围。结合学习贯彻“三个代表”重要思想和保持共产党员先进性教育活动，不断加强财政系统党风廉政建设，建立健全了反腐倡廉的长效机制。加强人才队伍建设，创新干部培训方式，有效提升了财政干部队伍的整体素质。大力推广财政核心业务网络系统，“金财工程”建设取得了较大进展。积极开展重大课题研究、学术交流和专题调研活动，充分发挥了财政科研的参谋助手作用。

在充分肯定我省财政改革发展取得巨大成就的同时，也要清醒地看到财政运行中存在的突出矛盾和问题：

一是财政收入“两个比重”偏低的状况尚未根本改观。受经济结构性矛盾的制约，我省第一产业比重高，第二产业中低税或无税行业较多，第三产业不够发达，加之非税收入增长过快，导致我省地方财政收入占 GDP 的比重和税收收入占地方财政收入的比重偏低，这种状况在“十五”时期没有大的改观。2005 年，预计我省地方财政收入占 GDP 的比重仍低于全国平均水平近 3 个百分点，比广东、江苏、浙江分别低 3.5 个、1.0 个、1.8 个百分点；税收收入占地方财政收入的比重低于全国平均水平 4.4 个百分点，比广东、江苏、浙江分别低 7.5 个、6.7 个、14.5 个百分点。

二是财政支出保障压力较大的状况尚未根本改观。“十五”时期，受地方财力增长所限，加之财政供养人员过多，我省人均财政支出明显低于全国平均水平，始终处于紧运行状态。按总人口计算，2005 年人均财政支出为 1 596 元，比全国平均水平低 288 元，居全国第 21 位。同时，各级财政支出中仍然存在“越位”和“缺位”现象，支出结构不尽合理。一些本应由市场配置资源的领域，由于政府职能转变相对滞后，财政还没有完全退出，而应由政府承担的义务教育、公共卫生、社会保障、环境治理等社会公共事务，财政资金投入却相对不足。

三是地区间财政发展不平衡的状况尚未根本改观。“十五”时期，我省地区间差距呈扩大趋势。以全省各地区人均财政收入为样本计算的泰尔指数，由 2000 年的 0.11 提高到 2005 年的 0.16；县级人均财力差异系数由 0.56 提高到 0.72，表明我省区域间的总体差距在急剧扩大。2005 年青岛市人均地方财政收入为 2 447 元，相当于人均收入水平最低的菏泽市 10.2 倍，与 2000 年相比提高了 1.1 倍。同时，各市内部泰尔指数的贡献率由 2000 年的 28.57% 提高到 2005 年的 42.64%，表明各市自身发展的不平衡程度也在迅速扩大。另外，县乡财政困难问题仍然比较突出。2005 年省扶持的财政困难县（市、区）有 51 个，占全省县级总数的 36%，其中有 32 个县被列入全国财政扶持困难县，占全省县级总数的 23%。

四是财政管理存在薄弱环节的状况尚未根本改观。“十五”时期，我省财政管理水平明显提高，但仍然存在一些薄弱环节。收入组织中的漏征漏管、跑冒滴漏现象大量存在。有些企业申报不实、偷税漏税；有些地方乱开减免税口子，随意制定优惠政策，有税不征、收入混库、延压税款现象时有发生。部门收支管理不严格，预算编制质量不高，预算执行不严肃，财政资金低效使用问题比较突出。“收支两条线”改革没有完全到位，综合预算管理成效不够明显，部门间经费开支水平差距仍然较大。一些单位财经纪律松弛，隐瞒收入、虚列支出、私设小金库、乱发奖励补贴以及会计信息失真等问题仍然相当普遍，财经秩序有待于进一步规范。

二、“十一五”时期山东财政改革发展的指导思想和目标任务

今后五年，是我省实现更快更好发展的战略机遇期，也是经济社会发展的战略转型期，更是应对风险挑战的战略竞争期。财政工作既面临着加快发展的全新机遇，又面临着增收节支的巨大压力，财政改革发展的任务十分繁重。

（一）“十一五”时期山东财政改革发展面临的形势

未来五年，我省处在经济实力进一步增强、整体素质明显提高的关键阶段，面临着更快更好发展的诸多有利条件。从国际环境看，和平、发展、合作仍然是时代主流。以信息技术为代表的高科技革命迅猛发展，产业要素转移步伐进一步加快，经济全球化、区域一体化趋势不断增强，世界经济将步入一个较快的发展轨道，为我省更大规模地承接国际产业和研发集群转移提供了难得的机遇。从国内环境看，我国正处于新一轮经济周期的上升阶段，消费结构正在加速升级，工业化、城镇化进程明显加快，社会结构开始由城乡二元向城乡一体化转型，为经济社会发展注入了强大动力。尤其是国内经济增长重心由东南沿海向北梯次扩展的趋势非常明显，继珠三角、长三角之后，环渤海经济圈正逐步成为全国经济增长的第三极和区域经济增长的重要“引擎”，为我省经济跨越式发展创造了良好的外部条件。从省内环境看，省委、省政府就加快全省经济社会发展制定了一系列重大举措，发展思路更加清晰，发展环境更加优越，发展后劲更加充足。特别是“十五”后期的大规模投资建设，未来五年将进入集中回报期，加上优越的地理区位、比较完备的基础设施、潜力容量巨大的市场，丰富的人力资源，相对充足的能源供应，使我省的比较优势进一步显现，实现更快更好发展的条件已经具备，经济发展蕴藏着巨大潜力。

当然，在目前国际形势错综复杂、国内经济社会发展面临深刻变革

的背景下，我省经济社会发展也存在一些不容忽视的制约因素。一是国际国内的竞争日趋激烈。随着WTO保护期的结束，国际贸易摩擦和冲突将进一步增多，对我省的一些产业会带来很大冲击。国内珠三角、长三角、京津唐、东北老工业基地等区域经济你追我赶、竞相发展，竞争会更加激烈。二是资源环境等瓶颈约束日益突出。我省人均资源占有水平较低。随着经济的发展，土地、水、能源和重要原材料等短缺的矛盾将更加尖锐，环境承载能力也面临严峻考验。三是经济社会发展的不确定性因素较多。国际单边主义、恐怖主义和地区潜在冲突，已经对我国安全构成严重挑战；贸易保护、油价波动、汇率变动以及国内经济社会发展中的矛盾和问题，不可避免会对我省经济发展产生影响。特别是低水平的重复建设，可能带来的严重经济衰退和金融风险，是今后国内经济发展中最大的不确定因素。四是经济社会发展中的深层次矛盾仍然存在。经济结构不合理、经济增长方式粗放、产业层次和素质偏低、市场化程度不高以及一些体制机制性障碍，都会制约我省经济的可持续发展。

总体上看，“十一五”时期既是经济发展的“黄金期”，也是各种矛盾的“凸显期”。经济社会发展中存在的有利和不利因素，必将对财政改革发展产生促进和制约作用。总体判断，未来五年将是我省财政收入快速增长期，公共支出加速膨胀期，财政改革集中推进期，财政风险持续积聚期。与之相对应，“十一五”时期我省财政改革发展可能面临以下四个方面的问题：

1. 继续提高财政收入能力将是财政工作面临的首要任务。未来五年，国民经济的持续健康发展，社会综合治税的深入实施，以及征管方式的不断改革，将为财政收入增长提供重要保证。但经济发展中的不确定性因素，也会对财政收入增长形成制约，尤其是国家即将推行的税制改革，短期内会造成地方财政减收。初步测算，“十一五”期间，仅增值税转型、内外资企业所得税合并以及全面取消农业税，每年就会影响我省财政收入近50亿元。因此，如何在经济发展中克服减收因素，努力保持财政收入快速增长，将是中期财政发展面临的首要问题，也是财政工作的“重中之重”。

2. 快速增长的公共需求对财政支出形成巨大压力。“十一五”期间，我省人均GDP将跨越3 000美元这一重要关口，消费结构将由“吃穿用”向“住行游”加速升级，城市化步伐明显加快，由此带来教育、医疗、卫生、就业、社会保障及基础设施建设等公共需求快速增长，对财政保障能力提出了更高要求。初步测算，今后五年，进一步提高机关事业单位职工收入水平，确保“三农”、教育、科技、卫生支出依法增长，支持社保、文体等重点事业发展，加上全面推行新型农村合作医疗，改革农村义务教育经费保障机制，全省财政每年增支在150亿元以上。可以预见，随着科学发展观的深入贯彻落实，财政支出进一步向社会事业倾斜，尤其是向农村社会事业倾斜，将是“十一五”时期财政工作的显著特点。

3. 经济社会发展中的潜在风险可能会集中向财政转移。一方面，今后五年是我省政府债务相对集中的还款期，大多债务最终需地方财政承担。另一方面，一些潜在的短期内难以化解的矛盾和问题，如国有企业历史潜亏挂账、地方金融机构呆坏账、地方社保基金收支缺口等，会直接或间接导致财政增支减收。尤其是随着国有企业改革逐步深入，以及关闭破产企业等，下岗失业人员在一定时期内可能会有较大幅度的增加，地方财政面临丧失传统税源和增加社保支出的双重压力，财政运行存在很多不确定的风险和压力。

4. 公共财政改革进入攻坚阶段的任务非常繁重。“十一五”期间，无论是缓解财政收支矛盾，还是加快政府职能转变、支持市场经济体制建设，都对进一步深化财政改革提出了迫切要求。其中：以增值税转型、内外资企业所得税合并以及完善消费税、个人所得税为主要内容的税制改革将全面启动；以部门预算编制、国库集中收付、政府采购以及政府收支分类改革为主要内容的预算管理制度改革将继续向纵深推进；以理顺政府间财权事权划分、规范财政转移支付制度、完善县乡财政体制等为主要内容的财政管理体制改革将进一步深化，等等。财政改革任重而道远。

（二）“十一五”时期山东财政改革发展的指导思想

基于以上形势分析，“十一五”期间山东财政工作总的指导思想是：坚持邓小平理论和“三个代表”重要思想，认真贯彻落实省委、省政府重大战略部署，以科学发展观为统领，以支持发展做大经济财政“蛋糕”为中心，以优化财政收支结构为重点，以深化财政改革为动力，充分发挥财政职能作用，加快推进公共财政建设，不断提高财政保障和调控能力，努力促进全省经济社会更快更好发展。

（三）“十一五”时期山东财政改革发展的目标任务

根据《山东省国民经济和社会发展第十一个五年规划纲要》和省委、省政府对财政工作的总体要求，“十一五”时期财政工作的主要任务是：紧紧围绕支持发展做大经济财政“蛋糕”这个中心，不断优化财政收入和支出两个结构，稳步推进税费制度、预算管理、财政体制三项改革，着力完善收入稳定增长、利益分配调节、事业发展保障、财政管理监督四个机制，争取在促进经济增长方式转变、统筹城乡发展、构建和谐社会、平衡区域差距和依法行政理财五个方面实现新突破，并努力实现以下目标：

1. 财政收支总量跃上新的台阶。全省地方财政收入年均增长14%左右，高于同期GDP增幅4个百分点；到2010年，地方财政收入总量突破2 000亿元，力争50个县（市、区）财政收入超过10亿元，其中20个超过20亿元。地方财政支出年均增长12%左右，到2010年总量突破2 500亿元。

2. 财政收支结构得到明显改善。稳步提高财政收入“两个比重”。到2010年，争取地方财政收入占GDP的比重达到7%左右，比“十五”末提高1个百分点；税收收入占地方财政收入的比重达到80%左右，比“十五”末提高3个百分点。进一步优化财政支出结构。到2010年，力争将农业、教育、科技、卫生、抚恤和社会保障支出比重提高到40%以上，比“十五”末提高5个百分点。

3. 财政各项改革取得重大突破。积极推进税制改革及相关税费改革；全面完成政府收支分类改革；确保部门预算、国库集中收付、政府采购及“收支两条线”改革取得实质性突破；进一步深化财政管理体制改革，全面推进“乡财县管”改革，积极探索“省直管县”改革试点。力争到“十一五”末，基本建立起与社会主义市场经济发展相适应的公共财政管理体系。

4. 财政保障调控能力显著增强。随着财力的不断增长和改革措施的逐步到位，进一步转变理财方式，充分发挥财政资源配置、收入分配、经济调控、监督管理的职能，全面提升财政促进经济发展能力、公共服务能力、抗风险能力和管理创新能力。

三、“十一五”时期山东财政改革发展的基本思路与政策措施

21世纪头二十年是我国发展的重要战略机遇期，“十一五”时期尤为关键。财政工作要紧紧围绕科学发展、构建和谐社会、全面建设小康社会三大时代主题，按照以人为本、全面协调可持续发展的总体要求，加快推进体制创新，深化财政改革，壮大财政实力，提高保障能力，确保圆满完成“十一五”规划确定的各项目标任务。

（一）以科学发展观为指导，进一步转变理财观念

“十一五”时期，我省财政改革发展的任务非常繁重。面对新形势、新任务，财政工作必须及时更新理财观念，调整发展思路，用科学的理财观指导“生财、聚财、用财”各个环节，全面提升理财水平。

——树立发展的理财观，始终坚持把促进经济发展、培植壮大财源作为财政工作的第一要务，跳出财政抓财政，实现由“收支型”财政向“发展型”财政转变。更加注重财政建设性资金的市场化运作，充分发挥财政资金的乘数效应，放大财政支持的力度和广度；更加注重创造公平与宽松的财税环境，改进完善财政扶持方式，拓宽财政服务经济的领域；更加注重拓宽理财视野，增强财政调控能力，促进财政与经济协调发展。

——树立效益的理财观，始终坚持效益最大化原则，切实加强财政管理，实现由“速度型”财政向“效益型”财政转变。更加注重围绕财政增收促发展，正确处理取与予的关系，不断提高财政收入“两个比重”；更加注重调整优化支出结构，逐步解决“越位”和“缺位”问题，进一步提高财政保障能力；更加注重提高财政资金使用效益，彻底改变“重投入、轻管理”的倾向，全面提升支出管理的科学化和精细化水平。

——树立人本的理财观，始终坚持以人为本，以民为重，强化为民理财的理念，实现由“生产建设型”财政向“公共服务型”财政转变。更加注重发挥公共财政职能，切实增加公共事业投入，提高财政公共服务水平。更加注重扩大公共财政的覆盖面，让公共财政的阳光逐步照耀农村，让公共财政的雨露不断滋润农民。更加注重引导社会资源向社会事业发展的薄弱环节倾斜，把支持教育、科技、卫生、社保等重点事业发展放在更加突出的位置，切实解决好事关人民群众利益的现实问题。

——树立法治的理财观，始终坚持依法理财，加快建设法治财政，实现财政管理由“行政手段”为主向“法制规范”为主转变。更加注重财政法制建设，不断完善财政法规制度，提高财政工作的法制化水平。更加注重健全财政监督机制，进一步拓宽财政监督范围，提高财政监督的综合效能。更加注重加强财政干部法制教育，深入推进行政执法责任制，切实提高财政干部依法行政水平。

（二）加大“三农”投入，支持建设社会主义新农村

——建立财政支农资金稳定增长机制，推进农业现代化建设。“十一五”期间，解决好“三农”问题仍然是全党工作的重中之重。各级新增财力要继续向“三农”倾斜，保证“三农”投入显著增加。省财政将积极筹措资金，广泛吸引社会资金，在全省范围内实施“农业防灾减灾、优势产业提升、节约型农业建设、科教兴农、农业生态”等五大工程，进一步强化农业基础地位，提高农业综合效益和农产品的竞争力。继续大力推进农业综合开发，以粮食主产区土地治理为重点，加快高标准农田建设，重点支持改造中低产田1 000万亩。进

一步落实“三补贴”政策，继续加大粮食直接补贴、农作物良种补贴、农机购置补贴的实施力度。突出抓好优质粮食生产，落实产粮大县财政奖励政策，支持在粮食主产区建设40个以上优质粮食生产县，支持粮油储备体系建设，确保粮食安全。

——加大财政支持力度，加快发展农村公益事业。支持农村公共服务设施建设，重点加大对乡村道路、人畜饮水、农村通信的投入，在巩固“村村通柏油路”的同时，力争到2010年85%以上的村庄实现“村村通自来水、村村通有线电视”的目标。继续加大扶贫开发力度，重点帮助贫困乡村加强基础设施建设，改善农村生产生活条件。实施“千万农民致富奔康”工程，积极开展农民职业技能培训，提高农村劳动力素质和就业技能，引导农村劳动力向非农产业有序转移。加大村镇规划建设投入，实施村镇环境综合整治示范工程，建设一批环境优美村镇。继续落实好新增教育、文化、卫生支出主要用于农村的政策，全面加快农村各项公共事业发展，优先解决农村最薄弱、最急需的“上学难、看病难”等问题，进一步提高农民生活水平。

——全面推进农村综合改革，巩固农村税费改革成果。“十一五”期间，基本完成乡镇机构改革、农村义务教育和县乡财政体制、化解乡村债务等改革任务。2006年起全部免征农业税，进一步减轻农民负担。支持精简乡镇机构，加快乡镇事业站所整合，推进人员编制“实名制”管理，妥善分流乡镇人员。进一步完善县乡财政体制，加大对县乡转移支付力度，逐步提高村级经费补助比例，确保基层正常运转。巩固完善“以县为主”的农村义务教育办学体制，建立保障乡镇教师工资正常发放的长效机制。积极化解乡村存量债务，坚决制止乡村新增不良债务。

（三）充分发挥财税杠杆作用，支持经济增长方式转变

——综合运用各项财政政策手段，推动我省产业结构优化升级。积极贯彻国家宏观调控政策，大力支持经济结构调整。不断完善财税政策措施，积极争取国债资金，整合各类专项资金，吸附带动社会资本，支持发展现代制造业，加快制造业强省建设；加大对现代服务业的支持力度，推进流通现代化建设步伐，全面改造提升传统服务业。完善出口退税分担机制，扩充外贸发展基金规模，促进招商引资工作和外向型经济发展。加大中小企业发展扶持力度，搭建民营经济融资平台，支持民营经济和中小企业发展，加快形成支撑长期增长、缓解社会矛盾、增进社会福祉的产业经济结构。

——完善财税政策体系，支持企业增强自主创新能力。研究制定有利于促进经济增长方式转变、科技进步和自主创新的财政政策。积极建立以政府投入为引导、企业投入为主体的科技创新投入体系，大力支持重大产业关键技术和重大装备技术的研究开发，支持建设开放式的技术研发平台。全面落实加速折旧、研发投入税前扣除等财税优惠政策，激励企业加大研发投入，推动企业技术创新。完善政府采购政策，加大对国内企业具有自主知识产权的高新技术和产品的扶持力度。构建高新技术项目担保体系，支持高新技术园区发展，推动高新技术产业和高加工度制造业项目建设。支持科技基础设施建设，扶持和建设一批开放性的重点实验室和重点科研基地，促进科研信息共享和科技成果转化。

——加大企业改革成本支出，支持国有经济战略性调整。探索建立国有资本经营预算制度。大力支持重点企业重组整合，推动国有资本向重点行业、关键领域和优势产业集中，实现资源优化配置。完善财政财务政策，支持国有企业改组、改制，规范企业改组改制中的财务和资产处置行为。积极支持国有大中型企业剥离办社会职能，促进企业主辅分离、辅业改制。支持对高能耗、高污染的企业实施关闭破产，淘汰企业落后生产能力，提高资源利用效率。积极处理和消化粮食企业财务挂账，促进国有粮食购销企业产权制度改革。支持做好政策性关闭破产企业的职工安置工作。

——完善财税政策机制，促进资源节约型、环境友好型社会建设。强化政策激励约束机制，推进循环经济综合试点工作，支持培育一批循环式生产示范企业，提高资源回收和循环利用水平。支持和引导企业加大对资源、能源节约与循环利用的基础性技术攻关研究和推广应用，提高资源有效利用率。支持企业推广应用节能设备和先进工艺，推行清洁生产，促进企业节能降耗，限制高耗能、高污染产业发展。以水污染和大气污染防治为重点，通过提高排污费、城市污水处理收费标准等方式，建立生态补偿、污染损害赔偿机制，并探索建立环境外部成本内部化制度，研究完善环境保护的财政财务配套政策，支持生态省建设。以南水北调东线山东段作为流域污染综合防治的重点，支持实施“两湖一河”碧水行动计划。完善矿业税费政策，推动矿产资源有偿使用制度改革，全面推行矿业权有偿出让制度。

——改进财源建设方式，推进财政资金的市场化运作。紧紧围绕结构调整这条主线，灵活运用贴息、担保、补贴、奖励等多种手段，发挥财政资金“四两拨千斤”的杠杆调控作用，做好财政资金与社会资金的结合文章。积极引导金融和民间资本投向基础产业和基础设施建设，保持我省基本建设投资稳定增长。积极探索建

立财源建设项目的市场化竞争择优机制，扩大选择面，为不同所有制企业获取财政扶持资金、政府采购合同创造平等的机会，提高财政建设性资金产出效率。完善政府奖励办法，用活奖励手段，大力实施名牌战略、促进外贸出口、鼓励招商引资和重大技术攻关。

（四）加快体制机制创新，促进社会公平协调发展

——改革完善财政体制，明确各级财政发展定位。合理划分政府间支出责任，调整各级财力结构，建立健全财权事权相匹配、权利义务相统一的财政体制，促进各地公共服务水平均等化。按照精简、效能的原则，科学定位各级财政的发展目标。省级财政要突出统筹发展的功能，增强宏观调控能力，完善转移支付制度，促进地区间协调发展。市级财政应突出城市特点，立足服务于中心城市发展，强化城市公共服务功能，降低对县乡财力的集中程度。县级财政要突出县域经济特点，通过省、市放权让利，壮大县乡财政实力，加快县域经济发展，保证县乡基本公共支出需要。积极探索“省直管县”改革试点，全面推行“乡财乡用县管”管理体制，有条件的县可逐步取消乡镇财政。

——支持县域经济发展，加强县乡财政建设。全面贯彻落实省委、省政府确定的“双30”战略，进一步完善财政政策措施，支持30个经济强县加快发展，帮助30个经济欠发达县缩小差距。按照“分类指导、综合扶持”的原则，从加大投入、完善体制、健全机制、加强管理入手，进一步加强县乡财政建设，努力缓解县乡财政困难，确保全面振兴县乡财政目标的实现。稳步增加省市对县乡的转移支付规模，完善“奖补”政策，强化激励约束机制，提高县乡保障能力。健全财政困难县“以市为主、省市共管”体制，强化财政供养人员人事编制与预算管理的“双控”机制，提高县乡财政管理水平。

——完善区域发展的财政政策，促进全省协调发展。围绕省委“一个龙头、三个突破”的区域发展战略，进一步调整完善财政政策机制，支持东部率先发展，加快中部崛起，促进西部跨越发展，形成“东西联动、城乡统筹、促强扶弱、协调发展”的区域发展新格局。在突出发挥青岛龙头带动作用的基础上，以“突破烟台”为重点，支持半岛现代制造业基地建设，加快产业结构优化升级；以“突破济南”为重点，支持省会城市发展，加强城市基础设施建设，提高城市综合服务功能，改善外部投资环境，扩大省会城市的辐射带动力；以“突破菏泽”为重点，落实帮扶政策，加大扶持力度，增强政策激励效能，提高西部欠发达地区的自我保障和自我发展能力。

——完善收入分配制度，规范收入分配关系。充分发挥财政对收入分配的调节作用，有效调节过高收入，努力增加低收入者收入，逐步缓解部分社会成员收入差距过大问题。理顺财政与事业单位的分配关系。结合推进事业单位改革，重新界定财政对事业单位经费补助方式，逐步将经营开发服务类事业单位全部退出财政供给范围。鼓励事业单位搞活内部分配，逐步建立起重实绩、重贡献、形式多样、自主灵活的分配激励机制。深入推进综合预算改革，合理调节部门收入差距。积极研究机关后勤服务改革，逐步走向社会化、市场化。积极推动省级机关事业单位养老保险改革，为事业单位改革顺利进行提供有效保障。积极推动职务消费改革，变“暗补”为“明补”，加快福利待遇货币化进程。大力压缩人车会话、接待等方面的开支，建立有效的管理机制，充分调动单位和个人节支积极性。按照国家统一部署，规范公务员工资津贴制度。“十一五”前期，重点在现有分配格局上先进行清理规范，积极推进相关配套改革，为逐步建立科学规范的公务员工资津贴制度创造条件。

（五）完善财政收入增长机制，进一步做大财政“蛋糕”

——提高“两个比重”，改善财政运行的质量。始终把提高地方财政收入占GDP的比重和税收收入占地方财政收入的比重，作为财政工作的关键来抓，牢固树立“发展增收”、“结构增收”、“效益增收”的理念，坚持扩大总量与优化结构并重，提高财政经济运行的质量与效益。完善财税政策措施，调整财源建设投向，把实现财政增收和就业增加作为产业结构调整的重要取向和标准，努力提高二、三产业的财政贡献能力。加大对外资、民营等非公有制经济的支持力度，为地方财政提供新的后续财源，扭转我省财政收入过分倚重国有经济、倚重少数几个资源性行业的格局。

——加大税收征管力度，严格依法治税。完善主体税收分享体制，强化税收增长激励机制，调动各级组织收入的积极性。在地方管理权限内，适当调整资源税、城镇土地使用税等税收政策，完善地方税收制度。全面清理和规范开发园区、招商引资中的税收优惠政策，减少税收流失。突出抓好主体税种和重点行业的税收征管，完善税务经费管理办法，提高市、县政府对税收工作的协调能力。加强税收信息化管理，推进“金财工程”和“金税工程”建设，建立税源信息共享制度，加快财政、工商、税务、企业的信息联网共享应用。

——规范非税收入管理，提高财政统筹能力。加强收费与基金管理，严格控制收费项目、收费范围和收费标准。加大非税收入统筹力

度，建立预算内外资金综合运筹机制，增加政府可用财力。完善非税收入信息管理系统，加强对土地、海域、矿产、水资源、户外广告等资源性收入的监管，逐步全额纳入财政管理。完善征管机制，明确征管主体，理顺征收关系，改变非税收入分散管理的状况，创建征收、预算、使用“三分离”的新型非税收入管理模式。

——盘活国有资产资源，规范相关收入管理。推行国有资源有偿使用制度，挖掘垄断性公共资源特许经营收入的潜力，实现国有资源收益最大化。加大对竞争性行业国有企业资产的出售、转让力度，加强国有资产经营收益的收缴工作；加强和规范行政事业单位资产管理，建立健全行政资产管理信息系统和相关规章制度体系，盘活行政事业单位经营性资产，增强财政调控能力。研究完善土地出让金收入征管措施，加强土地出让金收入管理；调整土地出让金收入分配政策，保障失地农民的生产和生活权益；加强土地收入资金管理，对国有土地出让金、新增建设用地有偿使用费实行专账核算。

（六）加大重点社会事业投入，促进经济社会全面发展

——完善教育投入保障机制，优先发展教育事业。巩固和加强农村义务教育，建立各级政府间责任明确、合理分担、依法保障的农村义务教育经费分担机制，健全农村中小学危房改造长效机制。落实农村义务教育“两免一补”政策，积极推行“政府助学券”试点，逐步扩大农村贫困学生资助面。从2007年起，全部免除农村义务教育阶段学杂费，不断提高生均公用经费水平，确保2010年达到中央基准标准。多渠道增加高等教育投入，完善高校教育成本分担机制，支持高水平大学和重点学科建设。严格规范教育收费制度，完善高校贫困生的资助体系。加大资金投入，支持职业教育发展。

——完善财政科技政策，支持科技事业发展。进一步完善财政科技投入体制，拓宽科技资金渠道，建立全社会多元化科技投入体系。增加对基础研究和前沿高技术研究的投入，重点扶持影响国民经济全局的重大科技项目的研究、开发和转化。完善科研支出课题制试行办法和基本支出包干办法，加快推进科研单位经费分配课题制改革。加大科研资源的整合力度，支持大型科研仪器设备协作网建设，促进科技资源高效配置和综合利用。

——加大社会保障投入，促进社会保障体系建设。积极推进农村社会保障改革，整合农村“五保”供养、特困户定期定量救济等补助资金，探索建立农村最低生活保障制度。研究制定失地农民和进城农民工社会保障政策。完善城镇居民最低生活保障制度，扩大企业基本养老保险保障范围，逐步实现省级统筹。完善社会救助体系，建立困难群众医疗、教育、住房等救济制度。建立社会保险基金扩面征缴激励机制，完善监管体系和保值增值运营监管办法。继续全面实施积极的就业政策，支持城乡一体化的就业服务体系建设。

——优化财政资金投向，完善公共卫生保障体系。加大对重点公立医疗机构“高、精、尖”的支持力度，做大做强一批重点学科、特色专科，大力提升重大疾病诊治水平。完善重点疾病预防控制、传染病救治和紧急救援体系。加强县乡医疗卫生机构建设，逐步建立健全以县级医疗机构为“龙头”、以中心卫生院为“支柱”、以一般卫生院与村卫生室为“网底”的农村公共医疗卫生服务体系。加快新型农村合作医疗制度改革试点，加大财政补助力度，完善资金筹集管理机制，逐步扩大覆盖面，确保2007年覆盖全省。

——加大财政资金投入，支持文体计生事业发展。加强基层文化设施建设，推进公共文化资源共享共用，支持公益性文化事业发展。实施文化精品工程。支持文化体制改革，促进文化产业加快发展。大力支持全民科学健身活动，全力办好第十一届全运会和青岛奥帆赛。高度重视人口和计划生育工作，稳定计划生育政策和低生育水平。在充分试点的基础上，全面推广实施“农村计划生育家庭奖励扶助制度”和“少生快富”扶贫工程。

（七）全面推进各项财政改革，加快完善公共财政体制

——积极推进税费改革。按照中央的统一部署，以“简税制、宽税基、低税率、严征管”为目标，积极推动税制改革，深入研究配套措施。积极对接增值税转型改革，鼓励企业引进先进技术和设备。完善消费税税制，适当调整征收范围。实施内、外资企业所得税合并改革，统一所得税、车船税和城市维护建设税等制度。逐步建立综合和分类相结合的个人所得税制度，加强个人所得税征管。完善资源税政策，逐步提高煤炭、黄金、盐业等资源税标准。加强交通“费改税”改革调研工作，稳步推进燃油税改革。开展物业税的前期研究工作，适时合并房产税、城镇土地使用税、城市房地产税，开征统一规范的物业税。

——深化部门预算改革。完善部门定员定额标准体系，探索实物费用定额改革试点，加强预算部门基础信息库建设，完善部门预算与经费包干相结合的管理办法，提高基本支出预算编制效率和质量。完善项目库管理制度，加强项目遴选、论证与审核管理，加快推进项目预算滚动管理。进一步深化“收支两条线”改革，加大部门预算内外收入统筹力度，逐步实

现部门收支“彻底”脱钩。稳步推进预算支出绩效评价工作，研究制定科学、规范、易于操作的绩效评价体系，提高资金使用的有效性。自2007年起，全面实施政府收支分类改革，建立由“收入分类”、“支出功能分类”、“支出经济分类”构成的收支分类体系。进一步规范预算编制、审核、审批程序，扩大部门预算报送人大审议范围，进一步强化预算约束和预算监督。

——推进国库管理制度改革。按照协调推进的原则，逐步扩大国库集中支付改革试点范围。到2006年，省级部门全面实行集中支付；2007年，延伸到全部预算单位，推进对下专项资金集中支付；2008年，力争对纳入预算管理的所有资金全部实行集中支付。健全和完善财政国库管理制度体系，构建国库集中支付制度的法律法规体系。建立较为完备的国库管理信息系统，实现财政国库管理信息系统与其他管理信息系统的整合，逐步建立涵盖预算编制、预算执行、决算和绩效评价等财政核心业务的信息化管理平台。积极探索财税库联网，建立电子化收入收缴管理系统。

——深化政府采购改革。健全政府采购法规制度体系建设，加强政府采购预算管理，提高政府采购效率，建立“采购规模化、行为规范化、服务高效化”的工作机制。深入推进政府采购管理体制改革，全面完成“管采分离”工作。加强政府采购预算管理，科学编制政府采购计划，完善政府采购目录，扩大政府采购范围。积极探索行之有效的采购方式，发挥政府采购的规模优势，提高通用产品采购效率。加强采购代理机构业务培训与监督管理，提高采购代理机构服务质量。

——推进“金财工程”建设。“十一五”期间，主要完成财政核心业务系统建设、应用支撑平台建设、信息网络系统建设、安全体系建设、数据中心建设和运行维护体系建设任务。重点抓好县级“金财工程”建设，力争2008年前完成预算管理、国库集中支付、非税收入、工资统发等财政核心业务系统在县级以上财政部门安装应用。到2010年，实现财政核心业务系统在省、市、县三级财政部门的全面应用，基本建成基于统一规范的应用系统平台，覆盖各级财政部门和预算单位，功能齐全、协调高效、信息共享、监控严密、安全稳定的政府财政管理信息系统，更好地为财政改革发展服务。

（八）积极防范政府债务风险，实现财政可持续发展

——建立健全政府债务监管体系。按照“适度从紧、量力而行、注重效益、明确责任、加强监管”的原则，控制政府债务规模，加强政府债务管理。一是逐步建立政府债务风险监测和预警机制，制定中长期规划及年度计划，确保举债规模与财政承受能力相适应。二是实行政府全口径债务定期报告制度，探索建立地方政府债务预决算制度，全面反映政府各项债务资金收支活动。三是完善举债审核制度和举债责任追究制度，明确项目负责人应承担的管理和偿债责任。四是完善政府债务项目的财务管理制度，加强举债机构和项目单位的财务管理。

——规范政府债务担保机制，完善地方政府偿债机制。加强对地方政府担保债务风险的防范，进一步完善政府担保机制，制定规范的担保规则。对市场竞争性项目，严禁财政担保；对于公共性、公益性项目，确需财政担保的，建立分级担保、反担保和实物担保等制度。建立有效的财政风险处理机制，建立政府偿债基金，保证政府偿债有稳定的资金来源。研究制定“十一五”期间政府债务偿还与资金筹集计划，通过预算安排、预算外资金调剂、项目经营收益等多种途径，逐步扩大偿债准备金的规模，专项用于偿还地方政府债务本息。

（九）加强财政法制建设与财政监督，提高依法理财水平

——加强财政法制建设。深入贯彻《行政许可法》，进一步简化审批程序，适当下放审批权限，积极推进财政审批制度改革。以贯彻实施《财政违法行为处罚处分条例》为重点，加强和规范财政执法，完善财政事项听证制度，推行财政行政执法责任制。按照中央的统一部署，积极推进财政法规制度建设。配合做好财政转移支付法、新的企业所得税法、财政资金支付条例、国库现金管理条例、政府采购法实施条例等法规调研制定工作，积极做好预算法及其实施条例、国家金库条例、行政单位财务规则和事业单位财务规则等修订贯彻实施工作；研究制定我省省级转移支付实施办法、绩效预算实施办法，修订完善《山东省实施〈会计法〉办法》等财政法规。

——完善财政监督机制。积极探索实施财政资金安全性、规范性和有效性监督，初步建立起预算编制、执行、监督紧密衔接、相互制衡的财政监督管理运行体系，实现对财政资金运行全过程的动态监督，不断提高财政监督的质量和效率。根据财政改革的重点和财政工作的需要，加强财政收入监督、支出监督、会计监督、预算监督和内部审计监督，全面提升财政监督能力。积极推行财政支出项目绩效评价制度，完善财政投资评审制度，逐步将转移支付使用情况纳入财政监督和绩效考核体系。加强会计管理工作，落实一整套会计法规制度，制定会计工作质量认定和会计人员执业标准，进一步深化会计改革，加强会计队伍建设，努力提升会计工作水平。加强注册会计师行业监管，规范注册会计师执业行为，营造诚信发展

环境。

（十）加强财政队伍建设，为财政改革发展提供人才保障

——全面贯彻科学人才观和人才队伍“四化”方针，积极实施“财政人才战略”，重点抓好人才引进、培养和使用三个关键环节，努力实现人才工作思想观念和管理机制的创新，造就一支规模适量、素质优良、结构优化、布局合理、创新和动手能力强、能组织、会协调、讲奉献的复合型人才队伍。不断加大高层次人才培养力度，优化人才队伍年龄和专业结构，促进市、县、乡人才资源合理布局，突出加强县乡人才队伍建设，努力提高县乡财政人员素质，力争“十一五”期间，全省财政系统专业技术人才比例达到70%，大专以上学历人员比例达到80%以上。继续深化人事制度改革，积极探索科学合理的人才评价、激励、选拔机制，做好人才选拔、轮岗交流等工作，创新财政人才监督约束机制。

——加大人才培训力度。坚持干部教育培训为财政改革发展服务、为提高财政干部队伍综合素质服务、为增强财政干部执法能力服务的“三为”工作方针。建立和完善“统一领导、归口管理、分级负责、协调配合”的财政干部教育培训管理体制，积极探索具有财政部门特色、富有生机的人才教育培训新机制，创建人人学习、终身学习、全面发展的学习型财政系统。结合财政改革，积极开展专业培训和以现代管理、法律、知识经济、信息技术等为主要内容的知识更新培训，着力提高财政干部的写作能力、外语水平、计算机操作等能力。“十一五”期间，完成全省财政系统新一轮人才培训计划，每年完成人员总数的20%。健全与人事制度挂钩的培训质量考核机制，实施科学性、可操作性强的培训质量评估标准和办法，切实保证培训质量，全面提高财政人才队伍总体素质。

2006年山东省国民经济和社会发展统计公报

2006年，是“十一五”发展实现良好开局的一年。全省人民在省委、省政府的正确领导下，按照构建社会主义和谐社会的总体要求，以科学发展观统领全局，坚决贯彻执行中央宏观调控政策，全面落实省委“一二三四五六”的发展目标和工作思路，坚持统筹发展，着力推进经济结构调整和经济增长方式转变，国民经济平稳较快增长，社会事业取得全面进步，城乡面貌进一步改善，居民生活水平持续提高，实现了经济社会又好又快发展。

一、综合

经济平稳较快增长。初步核算，全省实现生产总值（GDP）21 846.7亿元，按可比价格计算，比上年增长14.7%。其中，第一产业增加值2 138.9亿元，增长5.2%；第二产业增加值12 729.0亿元，增长16.8%，其中，工业增加值11 556.0亿元，增长17.8%；第三产业增加值6 978.8亿元，增长14.2%。三次产业比例为9.8:58.2:32.0。人均生产总值23 546元，增长13.9%。

就业再就业形势良好。认真落实积极就业政策，城乡就业规模不断扩大，已连续3年实现城乡就业双过百万。全年城镇新增就业107.3万人，转移农村劳动力159.2万人；失业人员再就业51.4万人，其中，“4050”等特困人员再就业10.4万人。城镇登记失业率为3.3%。首批在25个县（市、区）启动城乡统筹就业试点。就业投入进一步加大，支出资金10.1亿元，比上年增长25.0%。发放再就业优惠证13.4万个，减免各项税费4.9亿元，使31.6万人次受益。

价格总水平保持稳定。居民消费价格比上年上涨1.0%，涨幅较上年回落0.7个百分点。其中，城市、农村均上涨1.0%；服务项目价格上涨1.8%，消费品价格上涨0.8%。食品和居住价格涨幅较大，分别上涨2.1%和4.4%，是推动居民消费价格上涨的两大主动力。工业品出厂价格上涨2.3%，回落1.4个百分点。原材料燃料动力购进价格上涨4.3%，回落1.7个百分点。农业生产资料价格上涨3.0%，回落3.2个百分点；农产品生产价格上涨3.4%。固定资产投资价格上涨1.8%，回落1.1个百分点。房屋销售价格上涨5.0%，其中商品住宅销售价格上涨5.1%，分别回落3.5个和3.9个百分点。

区域经济发展协调性增强。继续实施“一个龙头”、“三个突破”和“双30”政策。山东半岛城市群生产总值占全省的64.1%，对全省经济增长的贡献率为63.6%，以青岛、烟台、威海三市为主体的胶东半岛制造业实现增加值占全省制造业的36.9%。继续加大对菏泽的扶持和对口帮扶力度，累计开工建设项目184个，完成投资84.3亿元。县域经济加快发展，县级地方财政收入平均增幅达到27.6%，全省有22个县（市）进入

全国百强县，比上年增加2个。省会城市群经济圈和黄河三角洲高效生态经济区规划编制完成。

海洋经济发展加快。主要海洋产业实现总产值3 002.6亿元，比上年增长20.6%。海洋渔业、海洋油气等产业保持稳定增长，实现产值1 260.3亿元和67.9亿元，分别增长10.8%和17.4%。海洋资源开发利用成效显著。海洋石油、原盐和烧碱产量达到215.8万吨、1 726.1万吨和304.2万吨，分别增长1.8%、22.4%和12.2%。海洋制药、海水综合利用等新兴产业快速发展。海洋生态环境保护进一步加强，新建2个海洋特别保护区、7个渔业资源保护区，面积101.2千公顷。

各项改革继续深入推进。农村综合改革稳步推进，全部取消了农业税。企业改革继续深化，省管企业中60%的辅业单位完成了分离改制，74家上市公司全部完成或进入股权分置改革程序。非公有经济发展壮大，实现增加值占全省生产总值的比重升至52.0%。财税体制改革继续深化，积极推进国库集中支付改革，政府采购完成额比上年增长23.3%；加强基层财政管理，对下转移支付144.1亿元。地方金融机构改革重组积极推进，全省城市信用社组建城市商业银行改革基本完成，农村信用社组织形式改革完成，邮政储蓄银行改革顺利启动。国有粮食购销企业改革顺利完成。

经济社会发展中存在的主要困难和问题：经济发展的结构性矛盾依然比较突出，新兴服务业发展缓慢；节能降耗、环境保护的任务十分艰巨；就业再就业压力比较大；社会保障制度不够完善，保障能力不强，等等。

二、农林牧渔业

农林牧渔业全面发展。农林牧渔业实现增加值2 138.9亿元，比上年增长5.2%。其中，农业增加值1 260.6亿元，增长5.1%，对农林牧渔业增加值增长的贡献率达到60.0%；林业增加值45.9亿元，增长8.3%；牧业增加值466.4亿元，增长4.8%；渔业增加值322.0亿元，增长3.6%；农林牧渔服务业增加值44.0亿元，增长22.2%。

主要农牧产品产量稳步增长。粮食总产量达到4 048.8万吨，创2000年以来最高水平，比上年增长3.4%；棉花产量突破100万吨，增长20.9%（见表1）。

表1　主要农牧业产品产量

指　标	单位	绝对值	比上年增长（%）
粮食	万吨	4 048.8	3.4
夏粮	万吨	1 890.1	4.9
秋粮	万吨	2 158.7	2.0
棉花	万吨	102.3	20.9
油料	万吨	358.2	-1.5
蔬菜	万吨	8 309.3	-3.5
园林水果	万吨	1 258.8	4.8
生猪年末存栏	万头	2 778.5	-9.5
牛年末存栏	万头	818.2	-15.7
羊年末存栏	万只	2 918.1	-10.5
肉类	万吨	759.0	3.0
猪牛羊肉	万吨	494.5	2.9
禽肉	万吨	254.8	4.0
禽蛋	万吨	430.5	-2.6
奶类	万吨	238.6	8.0

林业生态建设稳步展开。进一步加大荒山植树造林力度，生态公益林建设成效显著，森林资源得到有效保护。全省完成造林面积134.5千公顷，其中，荒山造林47.8千公顷，是近年来荒山造林最多的一年。新增国家级生态公益林240.0千公顷，省级生态公益林66.7千公顷，全省已有1 106.7千公顷林地纳入国家级、省级公益林管理。森林火灾受害率控制在0.02‰以内，森林火灾次数和受害森林面积分别比上年下降60.0%和71.1%。

渔业生产建设得到加强。水产品总产量757.0万吨，比上年增长2.8%。其中，海水产品产量642.0万吨，增长2.5%；淡水产品产量115.0万吨，增长4.5%。优质水产品发展加快，海参、对虾等水产品产量分别达到5.3万吨和9.6万吨，分别增长15.7%和10.2%。水产品质量安全水平提高，无公害养殖面积达到130千公顷，162个水产品获农业部无公害水产品称号。加大渔业资源修复工作，建设完成12个海珍品底播增殖区、7处渔业资源保护区和6处人工鱼礁示范区。出口水产品106.4万吨，增长6.6%。

新农村建设取得新进展。对新农村建设的投入进一步加大，省统筹安排用于"三农"方面的财政性投入187.7亿元，比上年增长25.8%。农业机械化装备及服务能力提高。农机总值达到521.0亿元，增长6.3%；联合收获机保有量达到9.7万台，增长19.2%。农机服务产值达到350.1亿元，增长2.9%；完成机耕作业面积7 495.6千公顷，机播面积5 706.6千公顷，机收面积3 821千公顷。农田水利建设得到加强，有效灌溉面积4 818.2千公顷，增长0.6%，其中，节水灌溉面积1 959.3千公顷，增长4.2%。农村"路水电医学"工程进展较快，农村生产生活条件不断改善。农村用电量376.2亿千瓦时，增长8.5%；在村村通电、通电话的基础上，通汽车行政村数比重上升到99.6%，农村自来水普及率达到71.5%，改造农村中小学危房120万平方米，88个新型农村合作医疗试点县农民参合率达到88.6%。

三、工业和建筑业

工业生产保持较快增长。规模以上工业企业（全部国有和年主营业务收入500万元及以上的非国有工业企业）达到31 331家，比上年增加4 464家，增长16.6%。实现增加值11 122.8亿元，增长23.6%（见表2）；其中，非公有工业增加值7 254.3亿元，增长30.0%。

表 2　规模以上工业增加值

	绝对值（亿元）	比上年增长（%）
全省	11 122.8	23.6
轻工业	3 791.1	21.9
重工业	7 331.7	24.5
国有企业	901.4	15.4
集体企业	636.6	14.5
股份合作企业	160.6	17.6
股份制企业	6 290.3	23.2
外商及港澳台商投资企业	2 023.5	27.2
其他经济类型企业	1 110.3	33.8

工业经济效益不断提升。规模以上工业实现主营业务收入 38 430.5 亿元，比上年增长 29.4%；实现利润 2 634.0 亿元，增长 26.3%；实现利税 4 283.6 亿元，增长 28.2%。工业经济效益综合指数为 231.5，比上年提高 17.2 点，继续呈稳步提高态势。产销衔接状况进一步向好，产品销售率为 98.5%，提高 0.3 个百分点。企业亏损面为 7.3%，减少 1.1 个百分点。

制造业盈利能力增强。规模以上制造业实现增加值 9 278.6 亿元，比上年增长 26.3%，占规模以上工业增加值的 83.4%，对规模以上工业增长的贡献率达 93.0%。实现利润 1 909.8 亿元，增长 30.9%。制造业结构进一步优化，装备制造业增加值占规模以上工业的比重由上年的 22.1% 提升到 23.9%，实现利润 500.1 亿元，增长 34.2%，比全省制造业和规模以上工业增幅分别高 3.3 个和 7.9 个百分点。

主要工业产品结构优化。120 种重点调度的工业产品中，产量比上年增长的有 100 种，占 83.3%，有 31 种产品产量增幅超过 30%。环保专用设备产量增长 41.9%，电子产品增长较快，微型电子计算机增长 1.7 倍（见表 3），手机、半导体分立器件、集成电路产量分别增长 70.8%、40.6% 和 93.5%。

表 3　主要工业产品产量

产　品	单位	绝对值	比上年增长（%）
原煤	万吨	14 058.9	3.6
天然原油	万吨	2 755.1	2.9
发电量	亿千瓦时	2 314.4	14.7
水泥	万吨	16 575.9	20.6
平板玻璃	万重量箱	5 214.6	10.8
粗钢	万吨	3 714.9	14.1
钢材	万吨	4 088.4	33.9
纱	万吨	476.7	25.7
布	亿米	104.3	18.6
机制纸及纸板	万吨	1 382.3	12.6
塑料制品	万吨	228.8	36.7
合成氨	万吨	727.7	11.2
啤酒	万千升	365.2	9.2
汽车	万辆	49.6	26.0
摩托车	万辆	113.6	7.3
家用电冰箱	万台	1 074.2	54.7
房间空调器	万台	553.6	-6.3
微型电子计算机	万台	104.3	168.8
彩色电视机	万台	1 059.2	-7.1

建筑业生产稳步增长。在全部三级及以上（新资质）建筑企业中，有施工任务的 5 719 家，比上年增加 47 家，完成建筑业总产值 2 788.6 亿元，增长 11.1%；实现利税 200.2 亿元，增长 20.6%。其中，国有及国有控股企业完成建筑业总产值 839.5 亿元，增长 7.3%；实现利税 46.2 亿元，增长 4.7%；非国有企业完成建筑业总产值 1 949.1 亿元，增长 12.9%；实现利税 154.0 亿元，增长 26.4%。

四、固定资产投资

固定资产投资增速减缓。全面落实中央宏观调控政策，严把土地信贷两个闸门和市场准入门槛，全面清理新开工项目，投资快速增长势头得到有效抑制。全社会固定资产投资完成 11 134.6 亿元，比上年增长 19.6%，增幅回落 13.9 个百分点。其中，城镇固定资产投资完成 8 714.9 亿元，增长 19.8%，回落 14.5 个百分点；农村固定资产投资完成 2 419.8 亿元，增长 19.1%，回落 11.8 个百分点。

投资结构渐趋优化。第一、二、三产业投资分别比上年增长 20.8%、20.1% 和 18.7%。重点领域和薄弱环节投资加强，计算机服务和软件业投资增长 82.9%，环境管理业投资增长 37.0%，文化、体育和娱乐业投资增长 41.1%，高新技术和信息产业投资分别增长 31.5% 和 38.7%。国家重点调控行业的投资下降或增速回落，煤炭行业投资下降 31.5%，冶金行业投资下降 10.3%；纺织和电力行业投资分别增长 0.4% 和 12.6%，增幅分别回落 31.7 个和 32.0 个百分点。

房地产开发建设趋缓。房地产开发投资完成 1 178.7 亿元，比上年增长 20.6%，增幅回落 7.2 个百分点。从房屋建设用途看，住宅投资增长 27.8%，占全部房地产开发投资的 75.7%；商业营业用房投资增长 13.3%，占 12.3%；办公楼投资增长 22.1%，占 3.0%。土地利用情况好转，购置土地面积减少 16.6%，完成开发土地面积增长 45.7%。

建设资金供应充足。全部建设项目到位资金 11 517.9 亿元，比投资完成额多 383.3 亿元，增长 20.5%。支撑固定资产投资增长的主要是自筹资金，占全部资金来源的 72.1%。省外资金进入加快，利用国内省外建设资金增长 52.5%。

商品房建设和销售平稳增长。全年商品房施工面积 12 182.5 万平方米，比上年增长 17.6%；房屋竣工面积 3 383.2 万平方米，增长 7.0%；房屋销售面积 3 797.2 万平方米，增长 5.2%，其中，住宅销售面积占商品房销售的 91.2%，在住宅销售总量中，普通商品住宅占 75.1%。住宅空置面积比上年下降 7.5%。

五、国内贸易

消费品市场继续保持活跃。实现

社会消费品零售总额7 122.5亿元，比上年增长16.3%，为“十五”以来最高增幅。其中，个体、私营经济实现零售额5 219.3亿元，增长16.5%，占社会消费品零售总额的73.3%。城乡市场协调发展，城市市场带动作用更为突出。城市实现零售额5 322.4亿元，增长17.0%，农村实现零售额1 800.2亿元，增长14.1%，城市零售额增幅较农村高2.9个百分点。

批发零售业、住宿餐饮业发展良好。批发零售业规模日益扩大，优势日渐显现，实现零售额6 000.1亿元，比上年增长16.4%，占社会消费品零售总额的84.2%。住宿餐饮业成为消费市场中发展速度最快的行业，实现零售额887.2亿元，增长17.7%。

市场规模经营更具竞争力。限额以上企业实力进一步增强，实现零售额1 948.4亿元，比上年增长27.2%，增幅比限额以下企业高14.4个百分点。其中，限额以上批发零售业实现零售额1 814.1亿元，增长27.2%；限额以上住宿餐饮业实现零售额134.3亿元，增长26.7%。

消费升级带动相关商品全面热销。以汽车、住房、娱乐为主的发展型、休闲型消费已逐渐形成新一轮消费热点。据限额以上批发和零售业商品销售统计，与消费升级密切相关的商品均保持强势增长，汽车类实现零售额367.5亿元，增长29.0%；建筑及装潢材料类实现零售额12.4亿元，增长40.9%；家具类实现零售额31.6亿元，增长27.4%；体育及娱乐用品类实现零售额8.8亿元，增长30.5%。

六、对外经济

对外贸易增长较快。实现进出口总额952.9亿美元，比上年增长23.9%。其中，出口586.5亿美元，增长26.8%；进口366.4亿美元，增长19.6%。美国仍是我省第一大出口市场，对美国出口113.4亿美元，占全省出口的19.3%。出口商品结构进一步优化，机电产品和高新技术产品出口比重分别提高2.3个和1.9个百分点。

实际外商直接投资过百亿美元。全年实际利用外商直接投资100亿美元，比上年增长11.5%；总投资过亿美元的项目7个。服务业成为外商投资热点，实际外商直接投资额所占比重比上年提高4.4个百分点，外商在房地产业投资比重最大，占服务业实际外商直接投资额的51.5%。韩国、中国香港投资仍居前两位，占全省的57.9%。新批世界500强投资项目26个，其中美国国际纸业、法国标致等首次投资山东。

“走出去”步伐不断加快。新批境外企业（机构）188家，协议投资总额5.6亿美元，其中中方协议投资4亿美元。对外承包工程完成营业额15.0亿美元，比上年增长35.2%；对外劳务合作完成营业额7.0亿美元，增长18.8%。外派人员4.1万人次，增长9.5%；期末在外人数8.4万人，增长17.3%。

七、交通、邮电和旅游

交通运输生产稳步增长。年末高速公路通车里程3 280公里，比上年增加117公里。沿海港口货物吞吐量4.7亿吨，增长22.4%。航空客运量1 255.7万人次，增长18.9%；货邮量16.9万吨，增长15.7%。铁路、公路、水运共完成旅客运量14.7亿人次，增长11.4%；完成货运量16.5亿吨，增长13.0%（见表4）。

表4　　交通运输情况

	旅客				货物			
	运输量（亿人次）	增长（%）	周转量（亿人公里）	增长（%）	运输量（亿吨）	增长（%）	周转量（亿吨公里）	增长（%）
合计	14.7	11.4	1 063.6	12.4	16.5	13.0	6 611.8	14.2
公路	14.0	11.1	645.7	11.6	13.7	13.5	845.1	18.7
铁路	0.6	16.8	411.3	14.0	1.7	2.8	1 468.2	3.1
水路	0.1	4.6	6.6	10.5	1.2	26.4	4 298.5	17.7

邮电通信业持续快速增长。完成邮电业务总量978.3亿元，比上年增长34.3%。其中，电信业务总量为928.3亿元，增长36.5%；邮政业务总量50.0亿元，增长11.9%。年末长途电话电路1.9万个2兆，长途自动交换机容量74.6万路端。年末固定电话用户达到2 689.0万户，减少2.9%；移动电话用户2 950.8万户，增长27.4%。电话普及率达到61.7部/百人。

旅游业发展形势喜人。接待入境游客193.1万人次，增长24.5%，入境旅游收入10.1亿美元，增长29.9%；接待国内游客1.7亿人次，增长18.9%，国内旅游收入1 214.8亿元，增长24.7%；旅游总收入1 295.6亿元，增长24.7%。

八、财政、金融、证券和保险

财政实力进一步增强。境内财政总收入突破4 000亿元，达到4 110.2亿元，比上年增长22.7%。地方财政一般预算收入1 355.3亿元，增长26.3%。财政支出结构进一步优化，财力分配向技术创新和社会事业领域倾斜。地方财政支出达到1 832.6亿元，增长25.0%。企业挖潜改造、科技支出分别增长28.3%、35.4%。支农支出、城市维护费、卫生事业费支出分别增长20.3%、23.9%、34.0%。

金融运行健康平稳。人民币各项存款余额19 634.0亿元，比年初增加2 764.8亿元，其中，储蓄存款余额为10 358.0亿元，增加1 323.7亿元。人民币各项贷款余额15 709.6亿元，增加2 505.7亿元，同比多增500.3亿元，连续两年多增贷款超过500亿元。信贷投放重点突出。服务业贷款增势良好，交通运输仓储邮政业、批零贸易业、水利环境和公共设施管理、房地产业、租赁和商务服务业五项合计占全部新增贷款的比重达36.6%；农业贷款增加296.4亿元，多增74.1亿元；中小企业贷款稳定增长，贷款增加1 130.6亿元，多增499.2亿元。金融机构效益显著改善，实现盈利217.9亿元，增盈52.3亿元。

证券期货市场呈现生机。共有境内外上市公司120家，股票128只，其中境内上市公司84家，股票88只，境外上市公司40家（境内境外同时上市公司4家）。拥有证券公司2家，证券营业部142家，证券服务部34家；期货经纪公司8家，期货营业部13家。证券交易金额大幅增长，证券营业部经营状况良好，142家证券营业部股票基金交易金额为5 857.9亿元，增长1.6倍。129家营业部实现盈利，盈利面达90.9%。期货市场持续较快发展，期货交易额9 982.7亿元，增长31.6%。

保险业稳步发展。实现保费收入396.2亿元，增长16.3%。其中，财产险保费收入106.2亿元，增长20.7%；人身险保费收入290.0亿元，增长14.7%。资本实力明显增强，保险业总资产达995.9亿元，增长17.7%。支付各项赔款与给付120.9亿元，增长57.8%。有6家外资公司在我省设立营业机构。

九、科学技术

科技事业进一步发展。星火计划实施顺利，省级以上项目221项，比上年增加2项；其中国家级123项，增加5项。专利工作成绩突出。专利申请量38 284件，增长32.8%；其中发明专利申请量7 237件，增长50.7%。授权专利15 937件，增长48.3%；其中发明专利授权量1 092件，增长20.9%。高层次人才队伍建设继续加强，共有住鲁两院院士33人，国家有突出贡献的中青年专家122人，山东省有突出贡献的中青年专家300人，享受国务院政府特殊津贴专家2 570人。

信息化建设成效显著。规模以上电子信息（含电子信息产品制造业、软件业）企业1 665家，比上年增加407家；实现主营业务收入3 960.8亿元，增长37.2%；实现利润、利税122.4亿元和203.6亿元，分别增长30.2%和32.7%。互联网应用更加普及。网站3.7万个，增长32.1%；上网人数1 126万人，增长14.0%；建成门户网站的省直部门、市级政府、县级政府分别达到93%、100%和95.4%，上网企业超过10万家。14个重点电子政务系统全部启动建设，5个基础政务信息资源库中有4个已经进入应用阶段。国家信息通讯国际创新园落户济南，有3市被国家批准为农村信息化试点市。银行卡的发放量达到3 506万张。

技术创新能力不断增强。制定实施了中长期科学和技术发展规划纲要，以企业为主体，市场为导向，产学研相结合的技术创新体系逐步建立。新增省级以上企业技术中心58家。高新技术产业产值占规模以上工业总产值比重达到26.2%，比年初提高2.1个百分点。高新技术产品出口64.8亿美元，增长52.5%。

名牌战略和标准化建设取得新进展。全省已经有世界名牌产品2个；中国名牌产品187个，其中新增68个；山东名牌产品1 182个；山东省服务名牌94个。全国驰名商标68个，其中新增14个。共批准发布山东省地方标准657项，其中农业395项，资源节约与综合41项。主要工业产品采用国际标准的达到85%以上。

气象地震等领域技术水平逐步提高。新建区域气象观测站1 176个，上传资料站点达到80%以上，基本达到了城市5～10公里、农村10～20公里的密度。人工增雨防雹作业影响面积32.7万平方公里，增加降水8.5亿立方米。数字强震观测水平提高，内陆地震监测能力达到ML2.0级，近海地震监测能力达到ML3.0级。进一步健全地质灾害防治预案预警等制度，建成42个监测点，有效防治了地质灾害的发生。启动了“数字城市”地理空间框架和“数字国土”地理信息平台建设试点，提供各类地理信息产品2万多件。

十、教育、文化、卫生、体育

教育事业健康发展。基础教育进一步巩固提高，小学、初中适龄人口入学率保持在99%以上，辍学率在2%以内，共发放“两免一补”资金3.7亿元，资助学生234万人次。职业教育发展步伐加快，已有高等职业院校62所，在校生38.9万人。普通高等教育规模继续扩大，全年招生44.5万人，在校学生达到133.8万人，分别增长11.1%和14.2%（见表5）。技工学校、普通中小学、特殊教育学校、幼儿园等发展趋于合理。

表 5 各类教育基本情况

	学校数（所）		招生数（万人）		在校学生数（万人）	
	数量	增减（所）	人数	增减（%）	人数	增减（%）
研究生教育	31	0	1.5	5.8	4.2	13.3
普通高等教育	109	5	44.5	11.1	133.8	14.2
中等职业学校	769	-37	42.5	8.5	114.3	4.5
技工学校	197	-32	14.9	7.2	35.8	9.8
普通中学	4 175	-229	164.6	-8.4	554.0	-6.5
小学	14 611	-1 260	107.2	2.8	623.0	1.2
特殊教育学校	140	1	0.2	14.6	1.7	6.7
幼儿园	15 829	111	63.4	-6.9	135.1	-4.2

文化出版广电事业取得新成就。大力加强文化信息资源共享工程建设，基层服务点覆盖 8 万多个村庄。文化产业发展加快，成功举办了首届文化产业博览会。拥有各种艺术表演团体 117 个，艺术表演场馆 94 个，群众艺术馆、文化馆 158 个，博物馆 75 个。拥有各级各类档案馆 200 个，其中国家综合档案馆 162 个；馆藏档案 1 018.3 万卷，馆藏资料 310.2 万册，开放档案 291.5 万卷。拥有公共图书馆 145 个，出版各类图书 6 521 种、报纸 133 种、杂志 262 种。广播、电视人口覆盖率分别达 95.9% 和 96.3%。

卫生保健服务网络不断完善。拥有卫生机构 1.7 万所，其中，医院 1 178 所，卫生院 1 756 所，卫生防疫机构 177 所，妇幼保健机构 149 所。各类卫生机构拥有床位 25 万张，卫生技术人员 32.6 万人，其中执业医师及执业助理医师 14.2 万人、注册护士 10.0 万人。公共卫生“两个体系”已有 219 个项目竣工，乡镇卫生院建设“360 工程”已有 255 个主体竣工。

体育事业成绩突出。在全国高水平比赛中夺得 24 枚金牌。在第 15 届亚运会上夺得 21 枚金牌、10 枚银牌和 7 枚铜牌，创历史最好成绩。山东鲁能泰山足球队荣获 2006 赛季中超联赛冠军和足协杯冠军，在职业联赛中取得了两获“双冠王”、四夺足协杯的优异成绩。成功举办了第二十一届省运会，第十一届全运会和青岛奥帆赛筹备进展顺利。

十一、城乡建设

城市化进程加快，区域规划编制工作进展顺利。人口城镇化率达到 46.1%，比上年提高 1.1 个百分点。省政府研究通过了《山东半岛城市群总体规划》和《山东省海岸带规划》。全省 108 个市县的城市总体规划修编基本完成。村镇规划编制进一步加强，60% 的乡镇和 40% 的村庄完成了新一轮规划修编。

安康居住工程积极推进。经济适用房建设方式和廉租住房制度逐步完善，货币补贴试点稳步推进。开工建设经济适用房 873 万平方米，竣工 412 万平方米；17 个设区城市、37 个县（市）已建立廉租住房制度，累计为 1.5 万户最低收入家庭提供了廉租住房保障。住宅产业化工作快速推进，42 个项目开展了住宅性能认定，18 个项目被列入国家康居示范工程。

城市承载服务能力提升。城市基础设施建设完成投资 565 亿元，增长 18.7%。新建成污水处理厂 20 座，新增污水处理能力 90 万吨/日，全省城市污水集中处理率达到 55%；新建和改造自来水供水能力 40 万吨/日；新增供热面积 1 500 万平方米，用气人口 200 万人；新增公交营运车辆 4 000 标台，新建、扩建城市道路面积 2 000 万平方米；新增无害化垃圾处理能力 2 000 吨/日；新增城市公园绿地 4 000 公顷。

城乡综合整治深入展开。全省整治旧住宅小区 337 个、改造城中村 396 个、硬化背街小巷 3 465 条，6 个城市被评为全国水环境治理优秀范例城市，6 个项目获中国人居环境范例奖。加强城市管理，拆除违法建筑 354 万平方米，规范广告牌匾 28.4 万块。村镇建设得到加强，完成投资 560 亿元，增长 12.4%，村镇道路硬化率 37.0%。重点扶持的 6 000 个村庄整治取得明显成效。

十二、能源、资源、环境保护

工业节能降耗工作取得积极成效。全省重点考核的千户重点用能工业企业主要产品生产实现节能 334.1 万吨标准煤。在千户企业填报的 49 项单位产品能耗指标中，下降的占 91.8%。在千户企业填报的 1 306 个能耗指标数据中，下降的占 89.3%。

建设领域资源节约效果明显。全面实施新建居住建筑节能 65%、公共建筑节能 50% 的设计标准，35 个城市和 17 个县城规划区全面禁止使用实心粘土砖，新型墙材生产和应用比例分别达到 69% 和 75%，建成节能建筑 2 100 万平方米。大力推进供水管网和“一户一表”改造，推行阶梯式水价，全年城市节水 4 亿立方米，新增 5 个国家节水型城市。

土地节约集约利用全面推进。积极开展城镇建设用地增加与农村建设用地减少挂钩试点工作，全省盘活存量建设用地 7.3 千公顷。加大土地开发整理力度，整理、复垦和开发新增土地面积12.1千公顷，新增农用地面积3.9千公顷，新增耕地面积3.4千公顷，连续6年实现了耕地“占补平衡”。加强基本农田规范化建设，设立了5个国家级基本农田保护示范区。进一步规范了土地市场，完善交易规则。

矿产资源利用与保护工作进一步加强。共投入勘查资金6.2亿元，新发现和探明了金、铁、铜、煤等一批重要矿产地，缓解了资源压力。实施招标拍卖挂牌等方式出让矿业权，转让出让矿业总价款比上年增长45.3%，实现矿业产值1 338.8亿元。全省治理矿山地质环境的投入增大，恢复治理土地2 760公顷。新建世界地质公园1处、省级地质公园3处。

生态省建设进展顺利。环保创建成效突出，国家环保模范城市增至17个，其中新增2个；获得国家级生态示范区建设试点命名的市县8个；晋升为国家级自然保护区1个；创建全国环境优美乡镇46个。

环境质量进一步改善。加快脱硫工程建设进度，共建成重点燃煤发电机组脱硫设施形成减排能力20.7万吨/年。17个城市空气质量良好率达到94.2%，其中15个城市空气质量符合国家二级标准，2个城市符合国家三级标准。全省河流断面COD均值下降13.1%，氨氮均值下降4.2%。全省17个城市道路交通噪声环境质量在“较好”以上。

十三、人口、居民生活、社会保障

人口继续保持低速增长。据人口变动情况抽样调查推算，年末全省总人口9 309万人，人口出生率为11.6‰，死亡率6.1‰，自然增长率5.5‰。

城镇居民生活质量提高。城镇居民人均可支配收入为12 192元，比上年增长13.5%。城镇居民人均消费性支出为8 468元，增长13.6%，其中食品支出2 712元，增长7.9%。城镇居民恩格尔系数为32.0%，下降1.7个百分点。全省城镇居民人均现住房建筑面积29.3平方米。城镇在岗职工年平均工资18 856元，增长13.5%。

表6　城镇每百户居民家庭主要耐用消费品拥有量

消费品名称	单位	数量	消费品名称	单位	数量
饮水机	台	68.4	组合音响	套	24.2
微波炉	台	46.3	照相机	架	58.3
电冰箱	台	92.1	空调器	台	82.0
排油烟机	台	88.9	固定电话	部	90.8
淋浴热水器	台	74.0	移动电话	部	164.3
洗衣机	台	95.1	健身器材	套	6.6
彩色电视机	台	120.4	助力车	辆	25.1
影碟机	台	67.0	摩托车	辆	46.6
家用电脑	台	52.7	家用汽车	辆	6.2

农村居民生活继续改善。农村居民人均纯收入4 368元，比上年增长11.1%。人均生活消费支出3 144元，增长14.9%。其中，食品支出1 191元，增长9.5%；用于文教娱乐方面的支出409元，增长8.4%。农村居民恩格尔系数为37.9%，降低1.9个百分点。农村居民人均住房面积30.7平方米。

表7　农村每百户居民家庭主要耐用消费品拥有量

消费品名称	单位	数量	消费品名称	单位	数量
微波炉	台	2.6	家用电脑	台	2.4
电冰箱	台	33.6	组合音响	台	18.4
排油烟机	台	6.7	照相机	架	6.9
热水器	台	19.2	空调器	台	5.1
洗衣机	台	49.6	固定电话	部	85.9
黑白电视机	台	15.1	移动电话	部	60.7
彩色电视机	台	98.4	摩托车	辆	69.0
影碟机	台	55.8	汽车（生活用）	辆	1.2

社会保障体系进一步健全。全省城镇基本养老、医疗和失业、工伤、生育保险参保人数分别达到1 106.3万人、996.1万人、789.7万人、647.3万人、488.8万人，比上年底增加52.5万人、134.5万人、18.6万人、68.6万人、27.5万人。全省养老、医疗、失业、工伤、生育五项社会保险基金总收入573亿元，增长19.6%；

支出468亿元，增长21.2%。新型农村养老保险与合作医疗制度建设初见成效，全省参保农民达到1 067万人，领取养老金的农民68万人；当年收缴保费12.9亿元，基金累计结余69亿元；参加新型农村合作医疗农民4 067.7万人。被征地农民社会保障政策进一步完善，被征地农民参保59万人，增长59%。再就业培训、创业培训和农村劳动力转移培训扎实推进，共培训失业人员26.9万人，组织创业培训4.4万人，培训农村劳动力47.5万人。

城乡社会救助体系进一步完善。普遍建立了城乡低保制度，最低生活保障救助119万人。其中，城镇低保62.2万人，农村低保48.0万人，农村特困救济8.8万人。农村五保供养工作有了新进展，新建、改建和扩建1 152处敬老院，供养五保对象27.7万人。城乡医疗救助工作稳步推进。有113个县（市、区）建立了城市医疗救助制度，132个县（市、区）建立农村医疗救助制度，救助和资助居民50.3万人。接收捐款6亿元，其中“慈心一日捐”5.6亿元。福利彩票销售46.8亿元。收养性社会福利单位1 962个，增加47个；收养19.5万人，增长1倍。社会福利企业1 842个，安置残疾人员4.3万人。

安全生产形势总体稳定。各类生产安全事故、死亡人数分别比上年下降17.1%和10.4%，道路交通事故、死亡人数分别下降14.7%和10.5%。亿元GDP生产安全事故死亡人数下降25.6%。

注：1. 本公报所列各项数字均为初步统计或核算数字。

2. 全省生产总值、各产业增加值绝对数按当年价格计算，增长速度按可比价格计算。

第二部分

全省财政工作

全省财政工作综述

【概述】 2006年，山东省实现生产总值（GDP）21 846.7亿元，按可比价格计算比上年增长14.7%，连续16年实现两位数增长。其中，第一产业增加值2 138.9亿元，增长5.2%；第二产业增加值12 729.0亿元，增长16.8%，其中工业增加值11 556.0亿元，增长17.8%；第三产业增加值6 978.8亿元，增长14.2%。三次产业比例为9.8∶58.2∶32.0。人均生产总值23 546元，增长13.9%。全社会固定资产投资完成11 134.6亿元，比上年增长19.6%，增幅回落13.9个百分点。第一、二、三产业投资分别比上年增长20.8%、20.1%和18.7%，投资结构渐趋优化。实现社会消费品零售总额7 122.5亿元，比上年增长16.3%，为"十五"以来最高增幅。居民消费价格比上年上涨1.0%，涨幅较上年回落0.7个百分点。全省实现进出口总额952.9亿美元，比上年增长23.9%。其中，出口586.5亿美元，增长26.8%；进口366.4亿美元，增长19.6%。全省有22个县（市）进入全国百强县，比上年增加2个。城镇居民人均可支配收入为12 192元，比上年增长13.5%；农村居民人均纯收入4 368元，比上年增长11.1%。

在经济持续快速发展的基础上，各级财政部门坚持以科学发展观统领全局，认真落实稳健财政政策，积极培植财源，努力增收节支，切实加强管理，各项财税工作取得新成绩。全省境内税收总收入4 114.7亿元，增长22.8%。全省地方财政收入1 356.25亿元，比上年增长26.38%（经常性收入增长15.5%）。全省地方财政支出完成1 833.44亿元，比上年增长25.04%。全省连续20年实现财政收支平衡。

【综合运用财税手段，支持经济结构调整取得新成效】 积极落实国家财税政策，努力增加资金投入，在支持经济结构调整、促进增长方式转变方面推出新举措，取得新成绩。一是加大财政政策调控力度。各级认真落实国家出台的调整消费税税目和税率、调整出口退税、提高岩金矿资源税、土地使用税、耕地占用税税额标准等政策，强化财税政策对资源节约和环境保护的调节作用，推动了资源、土地有效利用，促进了外贸增长方式转变。完善政府采购政策，优先采购节能产品和拥有自主知识产权的产品，增强了政府采购的杠杆调控作用。将个人所得税工薪所得费用减除标准，由每人每月800元提高到1 600元，增加了居民可支配收入，拉动了社会消费。二是加大资金投入力度。全省落实企业挖潜改造支出74.83亿元，比上年增长30.58%；科技三项费用支出27.66亿元，增长42.42%。其中，省财政新设了工业结构调整、服务业发展、环境保护、新能源开发和科技研发等专项资金，为全省经济结构调整、增长方式转变和科技创新体系建设提供了强有力的资金支持。落实20.4亿元资金，继续支持国有企业政策性关闭破产、主辅分离、辅业改制，加快了国有经济布局的战略性调整。三是加大财政资金投入方式创新力度。注重以四两拨千斤，运用以奖代补、财政贴息和补贴等方式，引导金融和社会资金向现代制造业、现代服务业和高新技术产业聚集，放大财政资金的"乘数效应"。其中，对省级设立的2.5亿元工业结构调整专项资金，通过公开招标方式选择委托贷款银行，财政和银行联手，把结构调整资金放大了100倍，有力地推动了经济向宏观调控的预期方向发展。随着经济结构的调整和效益的提高，全省财源不断壮大。2006年，地方财政收入占GDP的比重达到6.21%，比上年提高0.40个百分点。

【创新财政支农机制，推进社会主义新农村建设取得新成效】 按照多予少取放活的方针，积极调整财政支出结构，切实加大预算内支农投入力度，并将农业方面的行政事业性收费和政府性基金全部用于新农村建设，提高新增建设用地有偿使用费和土地出让金用于农业土地开发的比例，全省用于"三农"方面的财政投入达108.38亿元，比上年增长20.98%。在资金使用上，坚持以发展现代农业为重点，大力支持农业综合开发、动植物病害综合防治、优质农产品基地建设、农业产业化发展、农业科技成果转化、测土配方施肥、秸秆综合利用、节水灌溉、农村沼气和政策性农业保险试点等工作，农业综合生产能力稳步提高；省市两级安排农村税费改革转移支付72.83亿元，全省全面取消农业税，延续2 600多年的农业税彻底退出历史舞台；扩大涉农补贴范围，加大补贴力度，兑现粮食、良种、农机和生产资料增支补贴资金24.7亿元；累计落实资金29.4亿元，加快实施“村村通自来水”工程，农村自来水普及率达到72%。文化信息资源共享、科普村村通等工作也取得积极进展，农村生产生活条件明显改善。

【坚持为群众办实事，支持各项社会事业发展取得新成果】 围绕落实科学发展观、构建和谐社会，合理运筹资金，集中财力保重点、办大事，实施了一系列惠民工程。全省预算内教育支出达到292.28亿元，比上年增长17.50%，农村中小学危房改造、课桌凳更新、贫困学生“两免一补”、现代远程教育等工作扎实推进，高等教育和职业教育阶段学生助学金、奖学金和助学贷款政策得到较好落实。科技支出9.05亿元，比上年增长18.40%。医疗卫生支出73.32亿元，其中：省财政拨付5.83亿元推行新型农村合作医疗制度，省级试点县扩大到88个，参合农民4 063.18万人；落实1.45亿元资金用于乡镇卫生院维修改造，“360工程”业务用房整修工作基本完成，规模更大的“1127工程”已全面展开，乡村医疗卫生条件得到明显改善。扎实推进收入分配制度改革，完善行政事业单位人员工资制度，提高了企业退休职工、城市低保人员和各类优抚对象的收入水平。全省落实抚恤和社会保障支出117.04亿元，启动城乡统筹就业试点，认真解决下岗职工、城市低保人员和困难企业军转干部的生活困难问题，“万名贫困残疾儿童康复工程”、乡镇敬老院改造“540工程”也取得显著成果。

【加大激励约束力度，加强县乡财政建设取得新成效】 继续把缓解县乡财政困难，提高县乡财政保障能力，作为财政工作的重中之重来抓，进一步加大了工作力度。省里建立县乡财源建设考核奖励制度，对县域经济发展成绩突出的18个县进行了奖励；兑现30个欠发达县营业税、企业所得税超收返还政策1.19亿元，激发了各地培植财源的积极性。为帮助基层落实收入分配政策、加快重点事业发展，在中央财政大力支持下，省财政按照“统筹兼顾、重点倾斜，奖补结合、加大激励”的原则，继续实施“五奖一补”政策，加大对困难县的综合帮扶力度，调动了各地加快发展、增收节支的积极性。经过全省上下共同努力，县乡财政建设取得积极成果。一是县域经济发展速度加快，财政收入大幅度增长。全省县乡一般预算收入完成789.11亿元，比上年增长27.57%，高出全省平均增幅1.19个百分点；全省98%以上的县（市、区）成为亿元县，总数达到139个，其中过5亿元的有60个，比上年增加14个，过10亿元的有26个，比上年增加12个。51个财政困难县税收同比增长29.96%，高于全省县级平均水平2.54个百分点。二是省市转移支付明显增加，县乡财力水平大幅度提高。2006年，省对下转移支付总量达到144.14亿元，比上年增加48.36亿元。其中，51个财政困难县人均财力水平由上年的1.8万元，提高到2.37万元，基层组织运转经费得到保障，收入分配制度改革逐步得到落实，县乡财政供养人员和社会优抚对象的收入水平均有较大提高。三是县乡财政管理得到加强。进一步完善了对财政困难县“省市共管、以市为主”的管理体制，强化了对财政困难县工作的绩效考核，县乡财政管理水平又有新提高。

【注重推进机制创新，深化财政改革取得新成效】 坚持把开拓创新作为推动工作上台阶的重要手段，深化改革、大胆探索，财政运行机制进一步完善。一是收入分配制度改革顺利实施。根据中央统一部署，扎实推进收入分配制度改革，认真开展津贴补贴清理工作，规范了机关津贴补贴制度，提高了企业退休人员、城市低保对象和各类优抚对象的收入水平。二是部门预算及政府收支分类改革稳步推进。省级进一步加强了预算基础信息库和项目库建设，修订完善了行政单位公用经费定额标准和垂直单位定额体系，规范了部门预算编制，增强了经费保障能力。市县部门预算改革力度进一步加大，全省80%以上的县（市、区）已全面推开。政府收支分类改革顺利启动，及时完成了2006年新老口径数据转换工作，实现了新旧科目双轨平稳运行。三是国库集中支付和政府采购改革迈出新步伐。省级集中支付改革范围扩大到所有省直部门，市级改革基本到位，县级全面铺开。全省有108个县（市、区）实施了国库集中支付改革，占全部县（市、区）的71%。各级以治理商业贿赂为契机，狠抓规范管理，健全监管机制，全省政府采购规模达到234.46亿元，比上年增长23.3%。

【全面开展“财政管理年”活动，加强财政财务管理取得新成效】 注重从大处着眼、细处着手，切实加强各项基础工作，努力提高财政管理的规范化、制度化、精细化水平。一是制度建设力度加大。各级认真查找管理中的薄弱环节，有针对性地加强制度建设，工作延伸到哪里，制度建设就跟进到哪里，内控制度和专项资金管理办法进一步完善，财政资金分配使用更加规范、安全、有效。二是非税收入管理得到加强。各级以国有资源（资产）有偿使用改革为着力点，以规范交警罚没收入为突破口，进一步拓展非税收入管理范围，完善“票款分离”征管系统，将非税收入收缴全过程纳入财政监督之下，增强了非税收入征管的透明度。三是支出管理更加严格。省级在所有部门全面推行了节编奖励和节能降耗考核奖励制度，探索实行了财务包干办法；各地也结合实际制定了一些行之有效的节支措施，“挤出”相当一部分资金，集中财力办了一些事关全局和长远的大事。四是财政监督评审工作扎实有效。创新监督检查方式，完善监督检查机制，保障了重大财政政策与重要财政资金的落实。全省完成财政投资评审值307.51亿元，审减率达到12.26%，在规范财经秩序、保障财政资金高效使用方面发挥了积极作用。五是财务会计资产管理和“金财工程”建设等取得新成果。坚持从抓会计基础管理入手，建章立制，规范程序，财务管理水平不断提高。以完善资产管理制度体系为重点，推进资产管理与预算、财务管理相结合，提升了行政事业单位资产管理水平。加快推进“金财工程”建设，提高了财政管理的信息化程度。积极开展中介机构执业质量和企业会计信息质量检查，深入宣传贯彻新的企业会计准则和审计准则，有力地规范和促进了注册会计师行业发展。

【加强教育狠抓作风，干部队伍建设呈现新面貌】 坚持两手抓两手硬，大力加强机关党风廉政和干部队伍建设，机关作风和政风行风建设成效显著。一是切实加强机关党建工作。坚持把政治理论学习放到重要位置，积极建立以党组理论学习中心组为主体、以各支部为基础的学习组织形式，认真学习邓小平理论、“三个代表”重要思想和党的路线方针政策，从政治上、思想上增强了干部职工服务大局、为民理财的能力。积极开展争创“五个好”支部和党员活动、“双先”评选活动、文明创建活动，营造了积极向上、争先创优的良好氛围，省财政厅机关先后被评为省直和省级文明机关。二是大力加强干部教育管理。坚持以能力和素质建设为核心，创新干部教育培训方式，提高了干部职工的业务能力。全面开展行政效能考核，加强干部日常管理，充分调动干部职工的积极性和创造力，营造了干事创业的良好氛围。三是努力推进机关党风廉政建设。坚持教育、制度、监督并重，积极开展廉洁从政教育活动，不断完善机关内控制度，机关作风有了新的转变。

（撰稿：张玉成　王道昌）

综合财政

【深入推进“收支两条线”改革，加强和规范政府非税收入管理】 2006年，按照“夯实基础，细化管理，重点突破，扎实推进”的工作思路，不断深化“收支两条线”改革，进一步加强和规范政府非税收入管理，非税收入规模不断扩大，管理水平有了新的提高。2006年，全省实现非税收入1 185.14亿元，比上年增长18.54%，其中省级收入308.15亿元。

1. 以国有资源（资产）有偿使用改革为切入点，非税收入管理范围进一步拓展。一是加强调查研究和政策指导。在全省范围内组织开展了国有资源有偿使用收入管理专题调研，并组织有关市到广东、福建等地学习考察，先后形成了一系列调研成果。在此基础上，省政府研究制定了《关于加强国有资源（资产）有偿使用收入管理的意见》，对国有资源（资产）有偿使用收入作了明确界定，提出了加强收入征管、规范管理的意见。二是以点带面，积极推进各项资源（资产）有偿使用工作。积极引导、推动各地从实际出发，按照分类管理的要求，加大国有资源（资产）有偿使用工作力度。各级深入贯彻落实省政府《加强户外广告资源有偿使用收入管理的意见》，有一半以上的市对户外广告资源有偿使用权实行了招标拍卖。许多市在河道采砂、行政事业单位资产管理、广播电视机构占用国家频率资源取得的广告收入等方面，也取得积极进展。在全国率先对财政专户利息收入管理进行规范，将财政专户利息收入纳入非税收入管理范围。

2. 以非税收入征管系统升级为平台，提升非税收入征管效率。按照“金财工程”要求，对“票款分离”系统进行了大规模升级改造，改造后的非税收入征管系统，不仅对收费项目从立项、标准、票据、资金等所有环节实现了链条式管理，而且加强了票据管理功能，实行了“计划上报、逐级汇总、统一印制、分散发放、集中核销”的一条龙管理模式，对票据实行全程监控，提高了征管效率。新系统还大大方便了上下级财政部门的信息传递，增强了信息后处理能力，报表由原来的10套增加到23套，基本满足了数据汇总统计分析的要求，提高了非税收入管理的信息化程度。

3. 以交警罚没收入为突破口，严格罚没收入管理。为切实加强罚没收入管理，针对罚没收入征缴中存在的问题，进一步改革完善罚没收入征缴机制，探索将罚没收入“罚缴分离”系统与非税收入“票款分离”系统并轨，逐步实现对所有非税收入的统一管理。按照“积极稳妥、先试点后规范”的原则，2006年选择罚款数量大、业务多的公安交警系统罚没收入为突破口，在烟台、东营率先进行试点并取得了成功。改革后，罚没收入通过“票款分离”系统直接全额上缴财政，真正做到了“开票的不见钱，见钱的不管钱，管钱的不用钱”，使非税收入收缴全过程处于有效的财政监督管理之下，增强了非税收入收缴活动的透明度。同时，充分利用互联网技术，实现公安交通管理系统上下资源共享、信息互通，提高了执法水平和效率，确保罚没收入及时、足额解缴，彻底实现了“罚缴分离”，促进了依法行政、依法理财。

4. 以“重点部门重点项目”监管为抓手，进一步推进非税收入精细化管理。一是针对工商系统“收支两条线”检查中存在的问题，结合工商系统垂直管理的特点，制定了《关于进一步深化工商系统“收支两条线”改革加强财政票据管理的通知》，进一步明确了工商行政管理系统“收支两条线”管理范围，提出了对工商系统非税收入分类规范管理、加强票据管理等方面的具体措施和要求，规范了工商系统“收支两条线”管理。二是以治理教育乱收费为重点，切实加强教育收费管理，积极参与治理教育乱收费专项检查，深入开展“教育收费示范县”活动，并采取“以奖代补”的方式给予奖励，发挥示范县的激励带动作用，探索建立规范教育收费的长效机制。三是加强水资源费、地方教育附加等重点项目的动态监管，及时掌握收入进度，完善征管措施，努力确保应收尽收。

5. 以落实宏观调控政策为契机，切实加强土地、海域等收入管理。一是切实加强土地收支管理。严格落实新增建设用地“先缴款、后批地”政策，切实控制新增建设用地规模。2006年，全省实现新增建设用地有偿使用费33.35亿元，比上年增长3.27%。加强土地出让金收支管理，引导各地科学调控土地收购储备出让的速度和规模，确保土地出让金实行完全的“收支两条线”管理。2006年，全省实现土地出让金收入453.23亿元，比上年增长64.26%。进一步加强土地项目管理。在近年来先后出台资金征缴、项目申报、预算审查、资金监管等一系列制度办法的基础上，针对土地资金财务管理、项目管理、竣工验收等环节，制定了具体细化的措施和办法，积极推行科学的管理方式。二是切实加大对新农村建设的支持力度。严格落实土地出让平均纯收益20%部分用于农业土地开发的政策。2006年，全省实际用于农业土地开发支出8.21亿元，占土地出让平均纯收益的10.10%。实施“村庄整治工程”。通过统筹整合土地资金，引导集体、农民、社会多渠道投入，支持83个县实施村庄“空闲地”整治、农村“桥涵路”维修改造项目，提高和改善农民生产生活条件，促进农村经济和社会全面协调发展。三是进一步加强海域使用金征收管理。制定了《海域使用金减免暂行办法》，进一步规范海域使用金减免行为。全省实现海域使用金收入2.2亿元，比上年增长54.78%。四是根据燃油价格调整后的新形势，对出租车收费进行清理，共取消3个对出租车企业及出租车从业人员征收的收费项目，降低了3个收费项目标准，并对出租车经营权有偿使用进行了清理，总计减负7 995万元，每车每年减负1 230元。

6. 以调整彩票公益金分配政策为着力点，不断强化彩票监管。一是调整了公益金分配政策。中央彩票公益金分配政策调整后，本着“维护既得利益，提高财政调控能力，淡化部门色彩，扩大公益金使用范围”的原则，在认真研究测算的基础上，提出了调整省以下彩票公益金分配政策的意见，进一步理顺了彩票公益金的分配政策，促进了彩票公益金使用与彩票市场的良性互动。二是逐步拓展公益金使用范围。突出彩票公益金的公益性宗旨，调整资金使用方向，扩大资金使用范围，加大彩票公益金对新农村建设、和谐社会建设的支持力度，在继续加大对乡镇敬老院、社会福利院、奥运争光计划等项目支持力度的同时，实行城市社区和农村图书馆援建、资助城乡医疗救助、资助青少年校外活动场所建设等，彩票公益金的公益作用进一步显现。三是加强风险控制，强化彩票市场监管。加强对彩票市场的调研分析，强化对“排列3”等游戏的市场风险控制，及时制止不正当竞争行为，制定“30选7”、“23选5”等促销政策，促进全省彩票市场持续稳定健康发展。

【扎实做好规范公务员津贴补贴工作，深化收入分配制度改革】 一是认真测算分析，科学制定实施方案。根据中央精神，结合山东实际，认真调查研究，反复测算分析，广泛征求各方面意见，周密制定改革实施方案。组织力量对省直机关津贴补贴发放情况，以工资统发情况为基础数据库，按照津贴补贴项目、职务级别等进行了反复测算分析，就归并津贴补贴项目、确定津贴补贴标准、取消岗位津贴、实行财政统发等问题，提出了具体意见。对各市清理津贴补贴发放情况进行重新梳理，分地区、分部门、分类别对比排队，制定了逐步缩小津贴补贴差距、控制津贴补贴发放水平的调控措施。在此基础上，制定了全省和省直机关规范公务员津贴补贴的实施方案，归并了津贴补贴项目，统一了津贴补贴标准，规范了津贴补贴发放。二是加强调度指导，精心组织实施。会同有关部门，以省委、省政府名义召开了全省改革公务员工资制度和规范公务员收入分配秩序工作会议，对改革公务员工资制度及规范津贴补贴工作进行了全面部署，在全省范围内全面启动了规范公务员津贴补贴工作。在扎实做好省直机关规范工作的基础上，加强对各市规范工作情况的调度和工作指导。对重大问题，及时汇总情况，研究解决办法。加强监督管理，会同纪检、监察、审计、人事等部门，研究下发了《关于严格执行中发〔2006〕5号文件的意见》、《关于进一步严肃规范津贴补贴工作纪律的通知》等，进一步明确政策界限，严肃工作纪律，确保改革规范工作顺利进行。三是以规范津贴补贴为契机，加强财政财务管理。结合规范津贴补贴工作，对省直机关各类非税收入进行了清理摸底。重点加强行政事业单位国有资产有偿使用收入和处置收入管理，从2007年开始选择一些部门单位进行试点，逐步实现个人收入与单位占有的国有资产和掌握的行政权力脱钩，从根本上遏制各单位滥发津贴补贴问题。

【全面推进农村综合改革，切实巩固农村税费改革成果】 按照巩固农村税费改革成果和完善社会主义市场经济体制的要求，认真落实取消农业税政策，推进乡镇机构、农村义务教育和县乡财政管理体制改革，促进农民减负增收和农村公益事业发展，全面推动社会主义新农村建设。一是认真落实取消农业税政策，确保农民负担政策内“零负担”。加大宣传力度，完善政策措施，确保取消农业税政策落实到位。2006年全省全面取消了农业税，进一步减轻农民负担7.6亿元，6 790万农民实现政策内“零负担”。二是全面推进农村综合改革，为新农村建设提供体制保障。认真总结30个农村综合改革试点县试点经验，不断完善政策措施，并以省政府名义下发了《关于进一步做好农村综合改革工作的通知》，对全面推进乡镇机构、农村义务教育管理体制、县乡财政管理体制等改革做了部署和安排，进一步巩固和扩大了农村税费改革成果。三是推进国有农场税费改革，切实减轻农工负担。根据国务院精神，结合山东实际，研究制定了全省国有农场税费改革实施方案，并由省政府办公厅正式印发，启动了国有农场税费改革工作。对国有农场农工落实取消农业税政策，免除面向农工收取的类似农村“乡镇五项统筹”的收费等，使农工减负20%以上。四是加强政策指导，积极化解乡村债务。以省政府名义印发了《关于认真贯彻国办发〔2006〕86号文件进一步做好清理化解乡村债务工作的通知》，积极探索乡村债务分类化解办法，开展化解乡村债务试点，着力建立防止乡村发生新债的长效机制。五是加强农民负担监管，建立减轻农民负担长效机制。切实落实涉农税收、价格和收费“公示制”，农村义务教育收费“一费制”，乡镇、村级组织和农村中小学公费订阅报刊费用限额制，涉及农民负担案（事）件责任追究制等“四项制度”。健全农民负担监测、信访举报、检查监督、案件查处等各项监督管理制度，积极探索从体制、源头上消除农民负担反弹隐患的工作机制。

【深化住房制度改革，切实加强住房公积金监督管理】 一是收集充实数据，启动兑现补偿挂账工作。针对省直单位房改数据普遍存在“底数不清、情况不明”的问题，从2006年年初开始，对原有房改数据管理软件进行了全面完善升级，充实完善房改数据，为兑现职工房改一次性补偿挂账工作创造了有利条件。二是认真参与清理违规购建住房工作。为维护房改政策的严肃性和统一性，按照省委、省政府的统一部署，参与了清房政策的调研、制定，对134个省直行政事业单位报送的自查自纠报告进行了汇总、分析，对70余个购建住房的单位情况进行了审核，分类提出了处理意见，为进一步推进省直房改工作打下了良好基础。三是切实加强对住房公积金的监督管理。制定了《山东省住房公积金管理中心经费财务管理暂行办法》，切实加强住房公积金管理中心财务管理，规范收支行为。会同有关部门，对部分市县住房公积金监管情况进行了检查，对有关违规违纪问题进行了纠正处理，针对住房公积金管理中存在的问题，完善住房公积金归集、使用、管理、风险控制等措施，规范运作，强化管理。四是继续开展住房贷款、售房款集中清欠工作。在对拖欠单位逐一认真分析、研究的基础上，制定了具体清欠方案，区别不同类型，采取相应措施。通过电话催促、采取法律手段、实行资金划转等方式，全年共收回贷款本金9 517万元，利息183万元，收回省直小区364户拖欠的房款1 610万元。

【加强政策调研和经济形势预测分析，不断提升财政综合工作水平】 一是继续开展重大财经专题调研。牵头组织开展国有资源有偿使用收入管理、国有农场税费负担等专题调研，积极参与财政部“公共财政与和谐社会建设”、“促进资源节约的收费政策”等专项课题研究，形成了一批有情况、有分析、有建议的调研报告，有力地推动了各项工作的开展。二是初步建立了财政经济形势季度分析制度。按照“从经济的全局透视财政，从财政的角度分析经济”的要求，建立财政经济形势季度分析报告制度，按季度对全省财政经济形势进行分析，提出政策意见和建议，并及时上报财政部。在财政部组织的地方财政经济形势分析预测工作考核评比中，山东省被评为一等奖。三是加强非税收入统计分析。充分依托非税收入征管系统和非税收入信息优势，在全国率先建立完善了政府非税收入统计分析制度，对政府非税收入、土地资产、彩票公益金等有关信息，按季度进行分类统计汇总分析，对重点部门收入情况进行专题分析，这些统计分析，与财政经济形势分析互为补充，形成了比较完整的财政综合信息系统，为领导决策、推动工作提供了重要参考，提高了财政综合工作水平。

（撰稿：王　晶　魏全胜　朱厚玉　谭　梅　侯乃弘　罗斯维　李　鹏）

法规税政

【深化地方税制改革，促进财政增收】 紧紧抓住税制改革的有利时机，把争取中央政策支持、深挖政策增收潜力作为重点工作，积极开展税制改革调研，先后提出了一系列改革意见和建议，进一步完善了地方税收体系，促进了地方财政收入稳步增长。一是促进完善了资源税政策。围绕如何把山东省资源优势转化为财政优势，经过大量调研测算和努力争取，国家批准提高了岩金矿税额标准和企业等级，其中一等矿资源税税额标准由原来的2.5元/吨提高到7元/吨，多数岩金矿企业等级标准均有不同程度的提高。同时，对有色金属矿减征资源税恢复了全额征税。以上政策调整，既深化完善了地方资源税制度，每年又可增加地方财政收入约1.5亿元。二是调整完善了城镇土地使用税政策。为有效保护利用土地资源，经过大量调研测算和努力争取，国家批准对位于城镇土地使用税征收范围内的煤炭企业已取得土地使用权，但未利用的塌陷地恢复征收了城镇土地使用税。同时，针对城镇土地使用税征收范围窄、税额标准低的实际情况，对全省15个市320个工矿区的征税范围或城镇土地使用税税额标准进行了调整。以上政策调整，不仅有效保护和节约了土地资源，每年还可增加地方财政收入约4亿元。

【发挥财税政策宏观调控功能，推动经济社会又好又快发展】 一是落实财税扶持政策，促进科学技术发展。深入贯彻落实关于促进科技发展的税收政策，认真研究制定有利于促进经济增长方式转变、科技进步和自主创新的税收配套措施，激励企业加速技术创新，大力提升企业自主创新能力，有力推动了经济增长方式转变。认真贯彻落实省委、省政府关于利用财政专项资金支持高新技术产业发展的政策，进一步加大对高新技术企业、新产品的财政资金扶持力度，对符合条件的35家高新技术企业和142项省级以上高新技术产品项目进行重点扶持，审核批复省市县三级财政专项资金1.06亿元，有力推动了全省高新技术产业快速发展，促进了经济结构合理调整。二是运用税收优惠政策，支持企业做大做强。认真贯彻落实促进企业发展的宏观产业政策和税收政策，扎实搞好政策服务工作，全力争取中央政策扶持，积极支持中国重汽集团等企业改制重组，建立现代企业制度。同时，合理运用现行税收优惠政策，努力帮助烟台万华、中石油山东分公司、里能集团等企业解决发展过程中的实际困难和问题，有效缓解了企业发展的政策瓶颈制约，做大了企业经济“蛋糕”。三是发挥关税税政职能作用，促进外向型经济发展。根据产业结构调整和企业发展的变化，重新确定了243家进出口业务量大、关税业务多的单位为关税联络单位，进一步理顺了关税税政工作渠道，调动了企业参与关税税政工作的积极性和主动性。密切与外贸部门工作联系协调，健全关税联络员制度，积极向企业宣传关税政策调整的最新动态，深入研究关税政策调整对外贸经济的影响，引导企业充分利用出口退税、贸易互惠协定等关税政策，进一步增强了出口产品的国际竞争力。继续加大关税税则税目和税率调整建议工作力度，努力提高关税调整方案建议的针对性和采纳率，积极帮助企业解决重大关税问题，调整优化了进出口产品结构。全年共反映增列税则税目建议7项，调整进出口暂定税率建议23项，其他建议1项，建议数量居全国前列。四是利用税收宏观调控功能，推动各项社会事业发展。贯彻落实关于支持民营经济发展的政策措施，全面执行新的增值税和营业税起征点政策，进一步促进个体工商户增收，推动了民营经济加快发展。贯彻落实关于促进就业再就业税收扶持政策，研究制定进一步推动就业再就业税收优惠措施，引导企业积极吸纳下岗失业人员，大力支持下岗失业人员从事个体经营，不断推动军转干部、退役士兵再就业，有效缓解了社会就业再就业矛盾。认真落实新的工薪所得费用减除标准，健全完善住房转让个人所得税政策，严格规范控制个人所得税减免，研究制定了《山东省个人所得税减征管理暂行办法》，对残疾、孤老人员和烈属的劳动所得以及因严重自然灾害造成重大损失的，减征个人所得税，积极扶助了弱势群体。认真实施支农惠农税收扶持政策，研究提出了支持农村产业结构调整、促进农民增收等12条税收政策建议，努力推动社会主义新农村建设。贯彻落实稳定房价的营业税、个人所得税等财税政策，研究制定加强房地产税收征管的具体措施，加大对投机性和投资性购房等交易行为的调控力度，进一步规范了房地产市场税收政策管理，促进了房地产业健康发展。认真落实城镇医疗卫生体制改革有关税收政策，制定实施针对禽流感等疫情的税收优惠措施，在一定程度上减免了受疫情影响行业的税收负担，缓解了疫情对全省经济社会发展造成的影响。贯彻落实资源综合利用等税收政策，研究提出了对部分资源综合利用产品的增值税优惠政策建议，积极鼓励废旧物资回收利用和节能降耗，严格控制资源无序开采利用，促进了资源节约型社会建设。

【狠抓依法治税，促进税收征管】 一是强化税政管理，依法规范税收秩序。严格把握税收政策界限，加强对涉及税收政策的规范性文件和政策性税收减免事项的审核把关，努力规范税收减免行为，从源头上阻止违规税收优惠政策出台，有效地堵塞了税收漏洞，维护了税收政策统一，为各地经济发展创造了良好、公平的税收环境。同时，加强税收政策执行情况的监督管理，对执行过程中出现的越权免税、征“过头税”、包税以及先征后返等情况坚决予以纠正，对到期税收优惠政策及时进行清理、恢复征税，努力遏制了税收流失，确保了税收应收尽收。二是完善税收激励制度，努力促进税收征管。在规范全省地税部门经费管理和贯彻原有税收激励制度的基础上，积极探索促进全省地方税收增收节支的新举措，进一步完善了税收激励约束机制，堵塞了税收管理漏洞，促进了地方税收征管。重点改革了全省营业税超收奖励制度，有力促进了全省营业税收入快速增长；修改完善了《山东省地税发票违法行为举报和查处奖惩办法》，有效堵塞了全省地税“以票控税”、“以票管税”的管理漏洞；制定下发了《关于进一步加强代扣代收代征税款手续费管理的通知》，加强规范了全省“三代”手续费支出管理；健全完善了税收稽查激励机制，进一步促进了地方税收稽查征管。

【加强调查研究，当好参谋助手】 一是扎实开展税源调查活动。根据税源调查工作部署，不断优化调查方案，大力加强软件培训，探索使用新的调查方法，深入开展了全省企业所得税税源、重点产品国际竞争力、岩金矿资源税、城镇土地使用税、车船税、个人所得税、盐企业税负状况和煤炭塌陷地土地使用税等调查任务。二是推动实施税源动态监控。以开展各项税源调查为契机，进一步加强与国税、地税、统计、工商等部门的协调配合，重点推广泰安、济南、东营等市财税联网成功经验和做法，积极推动税源动态监控体系建设，努力实现税源基础信息共享，准确做好税收收入预测分析，进一步提高了财政部门掌控税源和指导组织收入工作的能力。三是主动开展税政专题调研。准确把握税制改革最新动向，积极开展税制改革专题调研，充分做好各项重大税制改革应对准备工作。

【总结表彰财政“四五”普法，研究部署财政“五五”普法】 一是总结表彰全省财政“四五”普法活动。在全省财政“四五”普法检查验收和总结整改的基础上，认真组织、客观公正地评选出了财政“四五”普法先进集体和先进个人。在全国财政“四五”普法考核评比中，山东被评为全国先进集体，6个市被评为市级先进集体，8人被评为先进个人，其中市级获奖数居全国首位，个人获奖数居全国前列。此外，还通报表彰了全省财政“四五”普法先进集体和先进个人。二是研究部署全省财政“五五”普法。根据中央和省政府部署，围绕财政中心工作和财政“十一五”规划，制定了《山东省财政法制宣传教育第五个五年规划》，各级按照规划要求，制定了具体的实施方案和配套措施。全省财政系统按照“五五”普法规划部署，积极采取各种措施，通过电视、广播、报纸、网络等新闻媒介，开展了丰富多彩、行之有效的财政法制宣传活动，进一步提高了全省财政部门的法制意识和依法行政、依法理财的能力，也使社会各界更加了解和支持财政工作。

【强化财政法制监督，推行行政执法责任制】 一是严把财政法规审核关，有效堵塞立法漏洞。充分发挥财政法规审核职能，对涉及财政的地方性法规、规章草案和规范性文件依法严格审核把关，合理提出意见建议，从源头上提高财政法制工作质量。2006年共审核办理法规性文件46件，规范性文件53件。二是适应行政执法形势要求，积极推行财政行政执法责任制。根据中央和省政府关于推行行政执法责任制的要求，认真吸取借鉴其他单位的先进经验和做法，逐步探索建立权责明确、行为规范、监督有效、保障有力的财政行政执法责任制。按照省政府关于建立行政执法责任制的部署，重点完成了财政行政执法依据梳理工作，共梳理确认财政行政执法项目8类301项，进一步明确了财政行政执法主体，规范了财政行政执法行为，确保了全省财政部门在行政执法过程中有法可依、准确执法、规范执法，也为下一步做好行政执法责任制后续工作奠定了坚实基础。

【完善财政法律制度，提高财政法制工作预警能力】 一是认真开展财政法制调研，不断完善财政法律制度。结合全省财政法制工作实际，积极开展财政法制专题调研，深入查找解决财政法制工作中存在的突出问题，全力配合财政部做好预算法及实施条例调研修订、政府采购法立法后评估等工作，探索研究行政赔偿、行政补偿、财政行政复议及财政行政许可听证程序等法制问题，不断完善全省财政系统依法行政、依法理财的保障机制，为建设法治财政创造了良好的制度环境。二是认真履行法定职责，健全完善财政法制工作预警机制。充分发挥财政法制工作职能，正确对待行政相对人申辩、陈述，公正办理行政复议案件，扎实做好诉讼应诉工作，有效避免了不必要的法律风险，合理防范化解了危机矛盾，依法维护、有效保障了行政相对人和财政部门的合法权益。在财政日常管理事务和一般行政运行工作中，科学合理地提供一系列的法律建议和解决方案，配合处理了多次人民来信来访事件，进一步提高了财政法制工作水平，确保了财政行为的合法性和合理性。进一步密切与各级政府法制办和司法系统的工作联系和业务沟通，深入开展财政法制实务探讨研究，努力解决财政行政执法监督工作中存在的薄弱环节，进一步提高了财政行政执法水平，增强了行政复议、诉讼应对能力。

（撰稿：孙庆国　闫鲁宁）

预 算 管 理

【概述】 2006年，全省各级财政预算部门坚持以邓小平理论和“三个代表”重要思想为指导，认真学习贯彻十六大和十六大以来历届全会精神，牢固树立科学发展观，着力构建社会主义和谐社会，深入开展“财政管理年”活动，深挖增收节支潜力，大力深化财政改革，不断提高预算管理水平，全省财政收入实现新的突破，重点支出得到较好保障，缓解县乡财政困难成效显著，各项预算工作都取得了新的成绩，实现了“十一五”的良好开局。

【财政收入情况】 2006年，全省地方财政收入完成1 356.25亿元，比上年增长26.38%，增收283.13亿元。主要收入项目完成情况为：增值税242.83亿元，增长25.82%；营业税271.73亿元，增长24.76%；企业所得税148.28亿元，增长33.79%；个人所得税45.84亿元，增长17.85%；城市维护建设税78.43亿元，增长18.92%；房产税38.70亿元，增长18.01%；城镇土地使用税35.97亿元，增长22.17%；耕地占用税39.65亿元，增长27.59%；契税66.14亿元，增长26.97%；行政性收费收入133.20亿元，增长23.26%；专项收入60.88亿元，增长22.48%；其他各项收入194.60亿元，增长35.63%。

全省各级财税部门认真贯彻省委、省政府决策部署，大力支持经济发展，紧紧抓住经济形势较好的有利时机，进一步加大依法治税管费力度，财政收入呈现总量与结构“双提高、双跨越”的可喜局面。主要特点：一是财政收入继续保持快速增长，收入规模迈上新台阶。2006年全省地方财政收入比上年增长26.38%，高出全国平均水平5.28个百分点，连续三年保持高位增长。地方财政收入加上交中央税收、政府性基金收入、预算外收入和社会保障基金收入，2006年全省境内财政总收入突破4 000亿元，达到4 110.2亿元，比上年增长22.7%。二是主体税种增势强劲，拉动作用凸显。2006年，全省增值税、营业税、企业所得税、个人所得税四个主体税种增长26.43%，拉动地方财政收入增长13.81个百分点，其中企业所得税、增值税增幅达到33.79%、25.82%，均超过全省税收收入平均增长水平。三是地方财政收入占GDP的比重有所提高。当年全省地方财政收入占GDP的比重达到6.20%，比上年同期提高0.39个百分点。四是县级财政收入增长迅速。各级大力发展县域经济，深入实施“双30工程”，加强县乡财源建设，县乡财政实力不断增强。2006年，全省县乡财政收入达到789.11亿元，增长27.57%，占全省财政收入的比重达到58.18%，比2005年、2004年分别提高0.55个和2.45个百分点。尤其是30个欠发达县完成地方财政收入63.89亿元，增长27.37%，高出全省平均增长水平1.07个百分点。当年全省除长岛、庆云、阳信三县外，各县（市、区）地方财政收入均过亿元；地方财政收入超过5亿元的县（市、区）达到46个，比上年增加12个，其中地方财政收入超过10亿元的县（市、区）达到24个，比上年增加10个，收入总量最大的荣成市达到18亿元，县乡财政的自我保障能力进一步增强。

【财政支出情况】 2006年，全省地方财政一般预算支出完成1 833.44亿元，总量超过上海市升至全国第3位，比上年增长25.04%。主要支出完成情况为：基本建设支出82.20亿元，增长16.62%；企业挖潜改造资金支出74.82亿元，增长30.58%；城市维护费支出147.03亿元，增长24.64%；支农支出108.38亿元，增长20.98%；教育支出292.28亿元，增长17.50%；科技支出36.71亿元，增长35.64%；抚恤及社保支出117.04亿元，增长17.66%；工交及流通事业费支出22.63亿元，增长18.47%；文体广播事业费支出51.97亿元，增长15.63%；卫生事业费支出73.32亿元，增长34.76%；行政事业单位离退休支出75.99亿元，增长17.49%；行政管理费支出192.95亿元，增长18.41%；公检法司支出116.88亿元，增长14.40%；其他部门事业费支出84.41亿元，增长19.56%；政策性补贴支出65.70亿元，增长225.71%；专项支出56.20亿元，增长24.34%；其他各项支出234.91亿元，增长37.08%。

全省各级财政部门以科学发展观为指导，充分发挥财政职能作用，积极开展“财政管理年”活动，财政支出效益进一步提高，在继续支持经济发展的同时，着力增强公共服务和新农村项目投入，大力促进和谐社会建设，有力地促进了全省经济和社会事业的健康发展。一是积极支持经济发展。省财政筹集安排了工业结构调整资金2.5亿元、科技研发资金2亿元、服务业发展引导资金1亿元，重点支持企业自主创新和现代服务业发展，促进了产业结构优化升级。突出加大了环保资金的投入，安排7.11亿元资金用于环境治理、新能源开发、森林生态效益补偿等，进一步促进了环保事业的发展。二是大力支持社会主义新农村建设。全省用于“三农”方面的财政投入达479.8亿元，比上年增长35.9%。其中：省级兑现粮食、良种、农机和生产资料增支补贴资金达24.7亿元，各项支农惠农政策得到较好落实。三是加大重点事业和“民心工程”的投入。全省预算内教育支出达到292.28亿元，增长17.50%，农村中小学危房改造、课桌凳更新、“两免一补”等工作扎实推进；科技支出36.71亿元，增长35.64%，初步建立起了财政科技投入的稳定增长机制；医疗卫生支出73.32亿元，增长34.76%，其中省级拨付5.83亿元积极支持推行新型农村合作医疗制度；落实1.45亿元重点支持乡镇卫生院维修改造，使基层医疗卫生条件得到明显改善。

【财政平衡情况】 2006年，全省地方一般预算收入完成1 356.25亿元，加中央税收返还、各项补助、免抵未调库收入及上年结余收入等770.08亿元，收入共计2 126.33亿元。当年全省地方一般预算支出1 833.44亿元，加上解中央支出及结转下年支出等288.30亿元，支出共计2 121.74亿元。全省收支相抵，累计净结余4.59亿元，实现了“收支平衡、略有节余”的目标。

【政府性基金收支情况】 根据国务院规定，从1997年起政府性基金逐步纳入预算管理。2006年，全省纳入预算管理的政府性基金收入完成299.92亿元，比上年增长36.66%。主要收入完成情况为：工业交通部门基金收入76.28亿元，增长23.72%；文教部门基金收入10.74亿元，增长69.95%；农业部门基金收入9.74亿元，增长28.44%；土地有偿使用收入187.68亿元，增长41.18%；地方财政税费附加收入8.56亿元，增长22.44%；其他部门基金收入6.90亿元，增长74.30%。

全省纳入预算管理的政府性基金支出286.04亿元，比上年增长42.62%。主要支出项目完成情况为：工业交通部门基金支出74.01亿元，增长25.44%；商贸部门基金支出2.03亿元，比上年下降67.32%；文教部门基金支出10.09亿元，增长163.02%；农业部门基金支出9.45亿元，增长30.96%；土地有偿使用支出178.11亿元，增长48.57%；地方财政税费附加支出7.74亿元，增长34.94%；其他部门基金支出4.62亿元，增长25.44%。

全省纳入预算管理的政府性基金收入共计419.03亿元。其中，本年基金收入299.92亿元，上年结余100.96亿元，上级补助收入15.25亿元，调入资金2.9亿元；2006年全省基金支出共计288.43亿元。其中，本年基金支出286.04亿元，调出资金2.39亿元。收支相抵，年终滚存结余130.6亿元。

【创新政策机制，努力挖掘增收潜力】 2006年，全省财政预算系统及时转变理财观念，牢固树立发展意识、效益意识，加大政策机制创新，支持经济发展、促进财政增收取得了明显成效。一是完善了出口退税分担政策。针对基层出口退税负担不均衡的问题，省财政在深入调研的基础上，对地方退税负担的增量部分，实行了省级分担1/4的政策，初步建立起了出口退税的省级统筹机制，有力地促进了外贸经济的发展。二是突出抓好油田收入征管。针对2005年4、5月份中石化调整油田内部结算影响山东省收入的问题，省财政厅会同国税部门深入研究税收政策，积极争取上级部门支持，及时纠正和规范了企业纳税行为。在省政府领导的支持下，经过与中石化方面反复协商谈判，挽回山东省财政损失1亿多元。同时，紧密跟踪渤海油田开发情况，客观反映山东省污染状况和经济损失，积极争取收入分享权利，得到了财政部的高度认同，并拟定了对山东省的定额补助方案，为今后扩大山东省分享权利打下了良好基础。三是健全了收入增长的激励机制。在2005年完善省以下财政体制的基础上，进一步健全了原体制补助与“两税”增长挂钩机制，适当提高了51个财政困难县“工商四税”增长奖励系数，研究制定了地税经费与营业税增收奖励政策，全面落实调增营业税返还基数政策，极大地调动了各地尤其是欠发达地区组织收入的积极性。2006年，全省地方财政收入增长26.38%，有7个市增幅超过30%，其中菏泽、滨州、聊城、枣庄四市分别增长47.37%、41.25%、30.38%、31.56%；全省地方税收首次过千亿元，增长25.21%，其中：增值税、企业所得税、个人所得税、营业税四大主体税种增长26.26%，拉动地方财政收入13.7个百分点，财政收入质量得到明显改善。

【加大综合扶持力度，缓解县乡财政困难取得新成效】 各级继续把缓解县乡财政困难作为预算工作的重中之重来抓，省财政结合落实中央收入分配改革政策，从加大投入、完善政策、健全机制入手，进一步加大了对财政困难县的综合扶持力度。一是安排工资转移支付16.94亿元，帮助中西部地区落实收入分配改革政策，对51个财政困难县按90%的比例给予重点补助。同时，安排5 000万元引导资金，采取“省市联动、同比例配套”的办法，帮助东部地区解决个别县的体制性困难，形成了“东西互动、省市共帮”的良好局面，确保了收入分配制度改革在全省范围内的顺利实施。二是新增奖补资金13.38亿元，加大了对财政困难县和产粮大县扶持力度。为了增强“奖补”政策激励效果，适当调高了“工商四税”和市级配套资金的奖励系数，将新农合试点、“两免一补”、城镇廉租房等新增支出纳入基本支出测算范围，提高了县乡基本支出标准；对财力缺口县实行“有进有出、动态保障”，避免了个别财政困难县“坐等”补助现象的发生。三是新增6.22亿元资金，进一步加大了对“村村通自来水”、乡镇卫生院、农村中小学危房改造等重点工程的支持力度，促进了县乡重点事业加快发展。四是结合中央扶持，安排革命老区专项转移支付1.32亿元。通过实施年度项目规划，建立项目评审制度，逐步解决36个革命老区困难县重点事业欠账问题，革命老区群众生产生活条件得到明显改善。通过以上帮扶措施，进一步调动了各地加快发展、增收节支的积极性，“五奖一补”的政策激励效应得到充分显现。2006年，省财政重点扶持的51个困难县税收同比增长38.82%，高于全省县级平均水平11.45个百分点，人均财力达到2.37万元，比上年增加5 000多元，县乡财政保障能力明显提高。

【强化监管机制，推动县乡财政管理再上新水平】 一是建立了财政涉农补贴资金“一本通”发放制度。经省政府同意，省财政厅与发改委、民政厅等9部门联合下发了《关于建立财政涉农补贴资金“一本通”发放制度的通知》，确定从2007年起全面建立财政涉农补贴资金“一本通”发放制度，明确提出了“一到村、四到户、六不准”工作目标和要求。这项工作的开展，受到了社会各界的高度关注和普遍好评。二是推进了县乡财政管理改革。结合全省县乡管理实际，及时转发了财政部《关于完善和推进地方部门预算改革的意见》和《关于进一步推进乡财县管工作的通知》，明确了在全省范围内全面推行部门预算改革和“乡财县管”改革的目标要求，加快了基层部门预算改革和乡财县管改革试点步伐。三是加强了缓解县乡财政困难工作考核。制定了《山东省缓解县乡财政困难工作绩效评价暂行办法》，建立了市级和县级两套工作考核体系，分别对市、县落实“五奖一补”政策、缓解县乡财政困难工作情况进行量化考核，强化了市级政府帮扶责任，对引导财政困难县全面落实省级帮扶政策起到了积极作用。

【完善政策措施，促进经济加快发展取得新成绩】 围绕落实省委、省政府促进经济结构调整、加快县域经济发展、实现“三个突破”战略决策，省财政进一步加大政策机制创新，财政政策调控效果更加明显。一是大力支持经济增长方式转变。按照省委、省政府的决策部署，全省各级财政年初预算时把支持经济增长方式转变放在重要位置，省财政通过设立工业结构调整等引导性资金，采用“一次投入、周转使用、滚动发展”的办法，放大财政资金的吸附效应。执行中又将超收财力重点向经济建设领域倾斜。同时设立了服务业发展、科技研发、环保、新能源等专项资金近10亿元，为全省经济结构调整提供了强有力的资金支持。二是全面落实“促强扶弱”的财政政策。总结推广了新泰等市县域财源建设经验，推动召开了全省现场经验交流会，促进了全省财源建设工作的深入开展；建立了县乡财源建设考核奖励制度，对县域经济发展成绩突出的18个县给予了通报表彰和财政奖励；兑现30个弱县营业税、企业所得税超收返还政策1.19亿元，调动了各地发展经济、增收节支的积极性。三是制定了支持“三个突破”的新措施。以落实收入分配政策为重点，增加对济南市困难县区财力补助6 578万元，帮助其解决发展中的暂时性困难；通过对栖霞市参照执行财政困难县的“奖补”政策，帮助烟台市解决基层困难，促进其加快发展；加大了对菏泽市的综合扶持力度，研究出台了增加转移支付、扩大担保公司规模、支持重点事业发展等多项帮扶措施。四是完善了支持烟草工业发展的财税政策。为协调好各方利益关系，省财政深入企业，反复协商，消除阻力，合理确定税收划分比例，切实维护好省内利益。制定了山东中烟工业公司与济南、青岛、青州、滕州卷烟厂实施“四统一”的财税政策，出台了“统一核算、统一纳税、就地入库、定期预缴、年终统算”管理办法，理顺了四市的财政分配关系，促进了地区间工业资源整合和烟草工业整体竞争力的提高。

【精心组织实施，稳步推进政府收支分类改革】 按照财政部部署和厅党组要求，全省财政预算系统把推进政府收支分类改革作为头等大事来抓，积极开展各项改革准备工作。省财政积极发挥牵头作用，精心准备，周密安排，研究制定了具体改革实施方案，提出了“编好三套预算、实施双轨运行、夯实管理基础、确保改革安全过渡”的改革目标，确定了“三个维持、两先两后、虚转实干”的工作要求，明确了各阶段的步骤、措施和时限要求，确保全省上下步调一致、各级有序梯次推进。上半年，突出抓好组织培训工作，先后举办系统内、外培训班 20 余期，培训相关人员 1 500 余人次，编印培训教材和实用指南 2 万余册，并利用内外网站互动平台，及时解答部门和业务处室遇到的疑难问题，收到了良好效果。年底结合山东省实际情况，对中央下发的新科目进行了补充完善，制定下发了《2007 年政府收支分类科目（山东省专用版）》，提高新科目的实用性和针对性。在各级、各部门的共同努力下，全省按时启动了新旧科目双轨运行工作，及时完成了预算软件新旧科目的调整，顺利实现了 2006 年新老口径数据转换。

【坚持科学理财，深化部门预算改革再上新台阶】 省财政在巩固完善“两库一体系”建设的基础上，进一步加强基础性管理、创新预算分配政策，推动综合预算改革不断向纵深拓展。一是提高了年初部门预算批复率。建立了重点部门季度财务报告分析制度，进一步加强了对部门的财务管理；通过对省直部门“运转”和“办事”的资金进行合理划分，规范了基本支出预算分配行为，均衡了单位间财政资源配置，有效解决了“行政挤事业、公用吃专项”等预算约束软化问题，部门预算批复率有了较大提高。2006 年，省级共批复部门预算收入 388.2 亿元，增长 21.3%；部门支出 407.5 亿元，增长 23.8%。二是完善了省直单位定额体系。将原在公用经费中列支的取暖补贴、通讯补贴等统一改列人员支出，理顺了资金列支渠道，适当提高了机关公用经费定额标准。针对省直公费医疗管理不够完善、超支较多等问题，及时提出了提高单位财政补助定额的具体意见，有效解决了省直公费医疗欠账问题。三是加大收费基金统筹力度。按照“强化征收、加强调度、统筹调剂、分类管理”的思路，全面清理了历年收费结余，将其全部纳入部门预算批复，采取固定调剂数额的办法，简化了统筹调剂管理，并加大了对新增建设用地收入等土地收入的统筹力度，进一步提高了资金安排的整体和规模效益。

（撰稿：陈祥志　高剑锋　王　进　张　强）

财政国库管理

【国库集中支付改革迈出新步伐】 2006 年，各级财政国库部门集中力量，全面规划，统筹安排，加强督导，全省改革步伐进一步加快。4 月 1 日，省级 102 个新增改革部门全部上线运行，改革范围扩大到所有省直部门。2006 年，省级办理直接支付 3 683 笔，涉及资金 11.14 亿元；办理授权支付 6 400 笔，涉及资金 17.18 亿元。继续实行处级干部联系制度，加强对市县改革的督导；针对改革中容易出现的问题，研究制定了指导意见；采取激励措施，调动市县改革积极性；加强改革情况交流，有力推动了市县改革的开展。截至 2006 年底，全省除济南市外，16 市均进行了改革，纳入国库集中支付改革范围的部门达到 1 303 个，涉及预算单位 3 719 个。潍坊、淄博、临沂、泰安、聊城、菏泽、日照、莱芜、威海 9 市的改革涵盖了所有预算单位。全省有 14 个市不但对预算内资金实行了国库集中支付，而且将预算外资金也纳入了改革范围，有些市还包括了往来款项。全省 108 个县（市、区）实施了国库集中支付改革，占全部县（市、区）的 71%。淄博、潍坊等 6 市所属改革县（市、区），对预算内外资金全部实行了国库集中支付改革。其中，潍坊等 3 市所属改革县（市、区）尤为彻底，将改革资金扩大到了预算内外及往来资金。

【政府采购管理工作再上新台阶】 针对政府采购监管工作面临的新形势，研究制定了《政府采购监管工作内部操作规范》，财政监管机制不断完善。主要包括四个方面内容：一是对包括政府采购预算编制、预算执行、采购活动监督、代理机构监管等各环节全过程的行为规范做出了明确规定，进一步完善了工作程序。二是对内部各处室在政府采购监管方面的职责进行了重新明确和相应调整，形成了内部制约机制；对内部工作人员的工作纪律提出了严格要求，防止了托关系、说人情以及接受商业贿赂等不正当行为的发生。三是从2007年起，改革省级政府采购目录编制方法，将政府采购目录分为政府集中采购和部门集中采购两部分。属于政府集中采购目录范围以内的采购项目，全部由省级机关政府采购中心受理；属于部门集中采购目录以内，以及目录以外、限额标准以上的采购项目，由采购人自主选择具备资格的代理机构进行采购。四是政府采购计划中不再批复拟委托的采购代理机构。另外，基本理顺了省级政府采购管理与执行的职责分工，为进一步推进省级政府采购奠定了基础。

“管采分离”取得重要进展。将政府采购机构“管采分离”作为一项重点，召开政府采购工作座谈会，明确工作要求；省财政厅组成督导组分赴重点地区，督促各地采取切实措施，确保完成任务。截至目前，全省17市中已有15个市依法实现了“管采分离”，其中有5个市建立了专门的政府采购执行机构；有10个市未设专门执行机构，由采购代理机构承担执行职责。

采购代理机构管理取得新成效。本着宁缺毋滥的原则，依据财政部颁布的《政府采购代理机构资格认定办法》，对各采购代理机构申请人条件进行了逐项严格审核，最后认定符合资格的乙级采购代理机构142家，加上财政部认定的甲级采购代理机构54家，形成了全省政府采购代理机构的基本队伍。就政府采购法、政府采购理论以及相关的业务知识，首次对采购代理机构从业人员进行了培训。会同省纪检监察部门，研究发布了《关于政府采购代理服务收费有关问题的通知》，明令禁止采购人与采购代理机构串通作弊，通过提高采购代理服务费索要回扣行为，并有针对性地制定了惩罚措施，有效制止了类似现象的蔓延。

专家管理和使用得到规范。整合各采购代理机构已有专家库，同时面向社会公开招聘，在对所有人员逐个审查、筛选的基础上，确定了首批政府采购评审专家。首批专家达到2 000多人，涵盖了政府采购各个领域。11月份，在建立网络信息系统后，全省政府采购评审专家库正式投入使用。为规范专家库管理，研究制定了政府采购评审专家管理和使用制度，要求在政府采购招投标业务中，各代理机构必须严格按规定抽取和使用库中专家，并及时反馈专家使用情况。同时，对专家库实行动态管理。

治理商业贿赂专项工作取得阶段性成果。根据省治贿领导小组要求，省财政厅党组及时成立了领导小组和工作班子，制定了详细的工作方案，较好地保证了治贿专项工作的顺利进行。全年两次召开座谈会，三次开展问卷调查，多次深入部门单位，及时了解各单位治贿工作开展情况，并有针对性地提出指导意见；编发《山东省财政厅治理商业贿赂专项工作简报》14期，及时通报中央和省治理商业贿赂专项工作的新精神、新进展，积极宣传部门单位治贿工作中涌现的好经验、好做法，有效地推动了治贿专项工作的扎实进行。

【政府收支分类改革预算执行准备工作圆满完成】 精心组织培训，对市、县两级财政国库450多人次进行了业务培训，为新业务的开展奠定了基础。按照新科目体系要求，全年共录入指标信息1万多条，对2006年各月执行数逐月进行了数据转换，保证了政府收支分类改革前后数据的可比性，为今后开展数据对比分析提供了条件。对财政部门的指标管理、集中支付、预算外资金拨付、会计核算等软件系统，以及各预算单位的财务管理系统，全面进行了改造升级，确保了明年改革所需信息化管理系统的正常运行。

【预算执行工作再上新水平】 坚持“为领导决策服务，为财政大局服务”的方针，继续实行预算执行分析例会制度，通过认真倾听不同方面的分析意见，深入分析财政经济数据，提高了对财政形势分析判断的质量，预算执行分析质量有了新的提高；及时开展调查研究，加强对收入大市、重点行业、重点企业、重点税种的收入分析，根据掌握的第一手材料，对全年财政收入做出较为科学的分析预测，为领导全面掌握财政经济情况和科学决策提供了重要参考。2006年，在全国预算执行分析评比中，山东省荣获一等奖。

科学调度资金，确保了重点项目的资金需要。一是优先保证重点项目支出需要。在资金供求比较紧张的情况下，科学安排用款计划，较好地保证了农业、社保、教育等重点项目需要。二是支持市县财政的正常运转。通过综合考虑各市上划中央“两税”、定额补助、定额上解等因素，调整了对各市的资金调度比例，使各市预留资金规模更加合理。同时，定期调度各市库款情况，认真做好资金调度规模的测算工作，保证了各级财政正常运行。

加强决算编审，全省决算工作取得新成效。研究制定工作方案，加强前期培训，成立了决算汇审小组，采取交叉审核的办法，分别对各部门、各地上报的决算报表进行审核把关，确保了数据的准确性。2005年度决算，山东省上报及时、数据准确、分析全面，在全国决算工作评比中，部门决算荣获一等奖，财政总决算荣获三等奖。另外，与部门预算管理处一起，依法对各部门的决算情况进行了书面批复，完善了决算工作制度，促进了部门单位的财务管理。

（撰稿：袁培全　谢小飞　迟铭奎）

行政政法财政财务

【围绕中心，突出重点，服务大局】 一是促进社会和谐稳定。在资金安排上，集中向重点部门、重点事项倾斜。如保障信访工作经费，支持信访工作的开展，及时化解人民内部矛盾；加大基层司法所建设投入，构建维护社会稳定的第一道防线；关注弱势群体的需要，加大对法律援助的支持力度；安排禁毒专项经费，遏制毒品漫延；根据死刑二审开庭审理的需要，足额安排专项经费；解决好民主党派的办公场所、培训经费，落实党的多党合作制度；增加民族宗教经费，支持重点寺观建设，落实党的民族宗教政策，化解宗教矛盾；增加对台工作经费，推进对台工作的开展；落实好第二次农业普查经费，支持社会主义新农村建设；安排好村级活动场所基本建设和家具购置经费，为村级组织活动提供良好的条件；安排好归国华侨困难生活补助，体现党和政府对归国华侨的关怀；安排好省委防范和处理邪教办公办案经费，支持防范和处理邪教工作等。二是支持“平安山东”建设。为支持“平安山东”建设，积极争取中央政法补助专款近2亿元，省级配套2 000多万元，使基层政法部门的办公、装备条件得到了改善。全年共安排专项经费1 000万元，用于社会治安综合治理、和谐家庭创建、学校周边环境整治、预防青少年违法犯罪等工作。安排1 500万元用于作战指挥中心信息化建设、500万元反恐装备购置，进一步提高了武警部队的战斗力和反恐能力。省级安排配套资金850万元，为全省消防战士购置了防护装备，大大提高了对消防战士健康安全的保障能力和部队的战斗力。同时，在深度调研的基础上，根据中央、省委的要求，出台了关于建立基层法院、检察院公用经费保障机制的意见，明确了基层政法部门的经费保障范围、保障标准。三是服务经济又好又快发展。在支持促进社会和谐稳定的同时，积极支持旅游强省、人才强省、外经外贸和诚信社会建设。安排旅游发展专项资金7 000万元，用于宣传促销、项目规划、资源保护等，采取直接与间接投入相结合的方式，连续三年累计投入担保资金6 000万元，吸引金融资本近亿元，有力支持了全省重点旅游项目建设。会同有关部门代省政府起草了《关于大力推进旅游业又好又快发展的若干政策》，在资金投入、税费优惠、配套政策等方面促进旅游业发展，以旅游业为龙头，带动第三产业的发展。根据有关政策，继续加大人才经费投入，支持高层次人才队伍建设、人才引进、人才培训等工作，为各类人才的成长、培育、引进和使用创造优质环境，为全省经济社会的可持续发展储备人才资源。为支持外经外贸工作，认真安排好省政府驻日本、韩国、中国香港、德国、美国经贸代表处工作经费，为全省企业“走出去，引进来”提供了发展平台。积极落实“收支两条线”、“收支脱钩”政策，减少乱收费、乱罚款，打造良好的投资发展环境；支持打击传销专项活动，促进商业诚信；支持经济犯罪侦查办案，维护国家和人民财产安全。四是推动节约型机关建设。2006年，会同有关部门研究制定《省级机关节能降耗考核奖励暂行办法》，调动部门节能降耗的积极性。要求自2006年开始，年用水量和用电量指标，分别达到逐年降低且每年较上年的降幅不低于4.5%；交通费和办公费指标，分别达到逐年降低且每年较上年的降幅不低于2.1%。到2010年，实现以2005年为基数，节电20%，节水20%，单位建筑能耗和人均能耗分别降低20%以上、机关公务用车消耗和办公费用开支分别降低10%以上的目标。对符合上述要求，在年度考核中被评为节约型机关的部门、单位，可按能耗节约额提取奖励资金、发放节约奖励。年底，会同有关部门，从95家申报节约型机关的单位中抽出20家，进行检查、考核、评比，推选先进单位，树立节支典型，推动省直节约型机关建设的深入开展。为从源头上把好资金分配关，推动节约型机关建设活动，在年初预算安排中，严格控制部门超规模申报预算，无特殊因素，预算申报不得超过上年预算额度的10%；严格审核会议费、接待费、出国考察费；严禁超编制、超标准配备使用小汽车等。在年度预算执行中，严格控制预算追加，除省委、省政府决定事项，上级要求必须开展的工作和不可预见项目支出外，对无明确目的、无详细预算的项目不予安排。同时，通过加强宣传、建章立制等措施，细化完善支出管理。督促部门完善制度，细化管理，省纪委、省人大等出台了十几个管理制度，覆盖了经费支出的方方面面，不少单位有针对性地制定了《建设节约型机关的意见》，节能降耗取得显著成效。

【统筹安排预算，依法科学理财】 一是提高预算年初到位率，充分发挥资金效益。2006年，除部分专款等年初不宜分配的资金外，其余全部年初到位。据测算，2006年年初实际到位率为83.8%，比上年提高了3个百分点，较好实现了预算早分配、经费早到位，效益早发挥、工作早开展的目的，不仅减少了年中追加，更有利于财政、单位集中精力抓大事。二是细化预算分配，增强预算透明度。年初就把预算核定到基层单位，明细到人员、日常公用和具体的项目，不仅使经费开支渠道和金额一目了然，而且便于细化经费核算。对单位年中申请追加的项目，按程序审批，无论安排与否，均向单位反馈，确保算明白账，分明白钱。三是统筹各类收入，实施综合预算。2006年，在综合预算方面狠下功夫。首先，专门组织力量对各单位的收费、房租、主管部门集中收入等进行调查摸底，初步掌握了各单位的非税收入项目、金额和使用情况，为实施综合预算、加大统筹力度打下坚实基础。其次，为实现财政、单位双赢，不因综合预算影响单位收入积极性，防止单位倒逼支出，将单位非税收入优先用于必须的硬性支出。如在日常公用经费核定、政法部门项目支出安排，统一工作补贴发放等方面，坚持实事求是，把工作做细，既充分考虑单位收费、房租、主管部门集中收入的情况，又考虑部分无收入单位的实际困难，统筹各类收入，科学安排资金，既节约了财政资金，又保障了政策执行，单位反响很好。2006年，共用非税收入弥补行政单位日常公用经费2 500万元，解决统一工作人员补贴6 000多万元，安排省法院审判大楼建设4 215万元，投入交警系统科技强警建设11 578万元，为深化综合预算开了好头、打实了基础。四是强化监督管理，严肃预算执行。为强化对预算的监督，确保预算的执行，对公安、法院、监狱、工商等重点部门实施了预算执行季度报告制度，定期掌握部门的预算执行进度、资金使用情况，及时研究解决预算执行中的问题，做到有的放矢，增强了工作的主动性、前瞻性。同时，牢固树立预算即决算的观念。对实施集中支付的单位，严格按照预算下达的用途、数额予以审核，对改变资金用途、无预算支出、超预算支出、不实施政府采购的支出一律不拨付，确保了预算的严肃性，提升了预算执行的质量。

【完善支出管理，扎实推进“财政管理年”活动】 一是细化基本支出管理。认真贯彻落实省委、省政府《关于建立机构编制人员与财政预算相结合管理机制的通知》要求，依托全省人事编制综合管理信息系统，严格核定人员经费，按编制核定日常公用经费。在省直行政机关实施节编奖，按照单位节编数额对在职人员实行节编奖励，用经济杠杆调动单位节编控人积极性。强化省直行政政法单位基本支出经费核算，实行经费开支“六分开”，即单位与单位之间分开、人员经费与公用经费分开、基本支出与项目支出分开、经营性开支与财政拨款分开，个人开支与公家支出分开、办公楼支出与宿舍支出分开，在解决单位支出公私不分、单位与单位之间不分、资金来源渠道不分的问题上取得了实效。二是强化专项资金管理。在专项资金的管理上，始终坚持“先定政策，后拨资金”的原则，注重项目的前期论证，抓细抓实各项基础工作，并综合运用政府采购、投资评审、集中支付等手段，对资金的运行进行有效监督，确保分配科学、合理、高效。为安排好办公家具购置资金，对省直部门的办公家具配备情况进行了全面摸底，并对17个部门进行了重点抽查。在此基础上，按照财力可能，通过政府采购，为50个办公条件较差的单位配备了家具，较好地改善了部门的办公条件，得到各部门的好评。在公务用车购置资金的使用上，会同省行管局，严格按车编和标准实施政府采购，单位交旧车换新车，失去使用价值的车辆报废处理，仍可利用的公开拍卖，残值和拍卖款一律上交国库。在中央政法补助专项资金的管理上，实行先有规划、后拨资金的方式，强化项目管理。由于管理细化、成效显著，山东被财政部评为项目管理全国第二名，比上年提升了三个名次。在旅游发展专项资金管理方面，制定了《省级旅游发展专项资金管理使用办法》，进一步规范了专项资金的使用和管理。三是狠抓制度落实。为将各项规章制度落到实处，避免走过场，通过调研走访、开会座谈、跟踪问效等方式，积极督促引导单位抓落实，进一步提高支出管理的精细化、规范化水平。四是丰富管理手段。在公用经费的管理上推行两级包干制度，财政首先包干到单位，单位再实行内部分包，层层包干，明确责任。大力宣传财务制度规定，在单位内部形成人人知晓、人人参与，献计献策、齐抓共管的良好氛围。同时，倡导单位定期公布财务情况，接受职工监督。对贯彻财政财务制度好、支出管理好、资金使用效率高、制度建设全、预算申报实的单位，在评选预算先进单位、决算编报先进单位和个人时优先考虑，在资金分配时优先安排，实行“管理好大支持、管理差不支持”的奖优罚劣机制。

【抓好行风建设，全面提高行政效能】 一是抓政治业务学习，提高履行职责的能力和水平。始终把学习摆在重要位置，认真学习邓小平理论、“三个代表”重要思想和党的十六大以来历次中央全会精神，深刻领会科学发展观、构建社会主义和谐社会的精神实质，在工作实践中自觉贯彻党的路线方针政策，增强政治敏锐性，增强大局意识，在政治上、思想上、行动上与党中央保持高度一致。在业务方面，结合政府收支分类改革、国库集中支付改革、公务员工资制度改革和财政志编纂等工作，加强相关知识的学习，苦练基本功，为各项工作的顺利开展奠立了坚实的基础，履行职责的能力和水平得到进一步提高。二是抓调查研究，增强工作的预见性和主动性。结合工作实际，针对改革发展和管理中的难点问题，深入部门、基层，进行前瞻性研究。2006 年，重点抓了治安防控体系建设、财政支持科技强警、监狱系统经费保障机制、工商财务装备管理、促进旅游业发展等方面的调研，提出针对性、操作性较强的措施建议，为领导决策提供翔实的第一手资料，增强了工作的预见性和主动性。三是抓廉政勤政，不断强化服务意识。不断强化宗旨意识，端正态度，热情周到，真心实意地为部门为基层服好务。对民主评议行风活动中反馈的问题，逐一对照检查，制定整改措施，切实提高服务水平，树立良好行风形象。同时，结合开展“八荣八耻”教育，引导大家严以律己、廉洁奉公，清清白白做人，老老实实做事，既要干事创业又要清正廉洁。认真落实廉政建设责任制，一级抓一级，层层抓落实。凡涉及资金安排、拨付等业务，严格按照程序和规定办理。坚持依法办事，严肃财经纪律，筑牢思想防线。四是抓内部管理，全面提高行政效能。将年初确定的工作任务逐一细化分解，层层落实到人，早筹划、早准备、早落实，大大提高了工作效率和质量。

（撰稿：宋文旭　哈立东）

教科文财政财务

【教科文事业费预算执行情况】 2006 年，全省教育支出 292.28 亿元，比上年增长 17.5%，其中：省本级教育支出 32.46 亿元，比上年增长 16.81%；全省科学支出 9.05 亿元，比上年增长 18.4%，其中：省本级科学支出 4.76 亿元，比上年增长 21.29%；全省科技三项费用支出 27.66 亿元，比上年增长 42.42%，其中：省本级科技三项费用支出 3.97 亿元，比上年增长 177%；全省文体广播事业费支出 51.97 亿元，比上年增长 15.63%，其中：省本级文体广播事业费支出 5.48 亿元，比上年增长 5.98%。

【扎实工作，全面推进农村义务教育经费保障机制改革】 积极做好全面实施农村义务教育经费保障机制改革的准备工作，取得重要阶段性成果。一是明确了项目，包括全部免除农村义务教育阶段学生杂费；提高农村义务教育阶段中小学公用经费保障水平；继续对农村贫困家庭学生免费提供教科书并补助寄宿生生活费；建立农村义务教育阶段中小学校舍维修改造长效机制；巩固和完善农村中小学教师工资保障机制。二是明确了比例，省财政根据不同经济状况按东、中、西部分别给予 40%、60%、80% 的补助。三是建立了配套保障办法，为保障改革的顺利实施，会同有关部门出台了《关于对全省农村义务教育阶段学生免收学杂费的实施管理办法》、《山东省农村中小学公用经费支出管理暂行办法》等五个改革配套办法，保障财政资金的安全运营。同时，为确保改革顺利实施，提前部署，将中央及省改革资金全部分解到县，确保春季开学改革资金及时拨付到位。

【加大投入，积极支持社会主义新农村建设】 省财政按照中央和省委、省政府关于新增教育、文化等经费主要用于农村和“五个统筹”的要求，大力优化教科文支出存量结构和增量结构，努力扩大公共财政覆盖农村的范围，大力支持农村教科文事业发展，全面改善农村教育、科普、文化面貌，促进社会主义新农村建设。

1. 帮助贫困地区全面消除农村中小学现存 D 级危房。省财政共筹集危改资金 3.95 亿元（包括年初安排 1 亿元，预算年底追加 1.5 亿元和中央奖励我省 1.45 亿元），全部用于现存 D 级危房改造。省财政投资评审中心对 51 个财政困难县现存危房逐县逐校进行了专项评审，同时对中央和省专款全部实行项目管理，由县统一组织实施，统一规划设计，统一招投标，统一质量监督监理，统一支付工程资金，统一竣工验收。危改资金纳入县级专户管理，封闭运行，单独核算，保障了危房改造工作顺利实施。

2. 继续实施农村中小学课桌凳更新工程。2006年通过地方教育附加安排资金4 442万元，集中购买课桌凳，直接配备到农村学校，确保彻底解决我省农村中小学自带课桌凳及课桌凳严重破损问题。同时，奖励了率先完成课桌凳更新工程的4个市，安排奖励经费1 766万元。

3. 启动农村中小学教学仪器更新工程。为尽快改变农村中小学教学、实验仪器设备匮乏的现状，解决制约农村中小学教育、教学质量的瓶颈因素，山东省启动农村中小学教学仪器更新工程，省财政将用5年左右的时间，安排资金4亿元，带动各级财政加大投入，使农村中小学全部达到规范化办学标准。省财政根据各市财力状况、资金需求等因素，一次确定五年补助规划，分年实施。2006年，省财政拨付首批工程资金2 000万元。

4. 继续实施农村中小学现代远程教育工程。2006年，省财政在地方教育附加中安排专款4 000万元，积极争取中央资金866万元，继续实施农村中小学现代远程教育工程。

5. “科普村村通”工程宣传栏建设任务顺利完成。省财政厅会同省科协分别在4月和10月，分两次对全省尚未完成“科普村村通”宣传栏建设任务的市、县进行了检查督导。安排“科普村村通”奖励资金1 000万元，采取“以奖代补”的形式，对“科普村村通”工作开展好的先进市、县（区）给予奖励表彰，科普宣传栏建设任务提前一年顺利完成。

6. 实施“科技富民强县专项行动计划”。根据国家财政部、科技部关于印发《科技富民专项行动计划实施方案（试行）》和《科技富民强县专项行动计划资金管理暂行办法》的要求，积极组织实施“科技富民强县专项行动计划”试点工作。从2006年起，计划用3～5年的时间，在省内选择部分试点县实施科技富民强县专项行动计划，通过培育、壮大一批具有较强区域带动作用的特色支柱产业，有效带动农民致富、财政增收，建立富民强县长效机制，实现民富县强，促进县域经济持续、协调发展。为此，省财政厅与省科技厅联合下发了《山东省科技富民强县专项行动计划实施方案（试行）》、《山东省科技富民强县专项行动计划资金管理暂行办法》，规范项目申报审批程序、明确管理权限、严格资金开支范围、建立绩效考评制度，通过专家评审确定10个县（市、区）为首批试点县，下达资金500万元。

7. 加强基层文化建设。2006年，调整优化支出结构，集中文化事业费、宣传文化发展专项资金3 000万元向基层文化设施建设倾斜，向农村公共文化产品和文化服务倾斜。通过购买流动舞台车，为剧团“百戏免费下乡”提供平台；向省直艺术表演团体采购节目，免费送戏到基层县乡、城市文化广场；为进城农民工成立电影之家免费放电影，丰富了进城农民的文化生活，初步建立了公共文化服务、文化产品下移的长效机制。集中资金800万元支持广播电视村村通工程，通过各方积极努力，按时完成中央要求的20户以上自然村广播电视村村通任务。

【完善措施，推进和谐社会建设】 认真贯彻落实党的十六届六中全会精神，按照以人为本、构建社会主义和谐社会的要求，进一步加大对困难和弱势群体的支持力度，营造和谐社会氛围，着重解决好事关人民群众切身利益的问题，教科文事业支出在缩小城乡、地区以及不同群体间差距方面发挥了重要作用。

1. 积极完善国家助学贷款政策。省财政进一步加大了对高校贫困学生的资助力度，安排国家助学贷款贴息和风险补偿金3 300万元，确保了国家助学贷款政策的顺利实施。新机制实施以来，共为8.6万名学生发放国家助学贷款5.2亿元，较好地解决了贫困家庭学生上学难问题。安排省政府助学奖学金2 100万元，比上年增加1 700万元，奖励资助贫困学生1.7万名。扩大国家助学贷款覆盖面，将民办高校、成人高校也全部纳入政策范围；提高国家助学贷款风险补偿金比例，尽快解决外省籍学生贷款问题；完善经费负担办法，帮助贫困地区落实国家助学贷款政策。

2. 建立中等职业教育助学制度。省财政安排3 000万元，设立了中等职业教育省政府助学奖学金，同时，积极争取国家中等职业教育助学奖学金4 200万元，共资助贫困学生6.7万名，资助面达到6%。

3. 完善“两免一补”政策，确保城乡贫困家庭学生接受义务教育。进一步完善“两免一补”政策体系，将城市低保家庭义务教育阶段学生也纳入“两免一补”范围，全部免除杂费、课本费、对寄宿生补助生活费。为保障政策落实，省财政将51个财政困难县农村“两免一补”所需资金，全部纳入转移支付中解决。省财政还采取“以奖代补”形式，对“两免一补”工作扎实、措施得力、成效显著的地区给予奖励。

4. 启动特殊教育学校教学仪器配备工程。从2006年起实施特殊教育学校教学仪器配备工程，省财政计划用三年时间，安排资金6 600万元，并带动各级财政加大投入，使特殊教育学校教学仪器全部达到规范化标准。

省财政根据各市财力状况、资金需求等因素给予补助，实行三年一次规划，分年实施。2006年，省财政拨付首批工程资金2 200万元。

5. 全面推开农村部分计划生育家庭奖励扶助制度。2006年全省共拿出8 942万元，其中省财政4 197万元，奖励扶助农民14.9万人，使早年自觉实行计划生育的农民群众在晚年生活有保障，使更多的农村计划生育家庭感受到党和国家的温暖。省财政厅制定了《山东省农村部分计划生育家庭奖励扶助制度资金管理办法》，严格按照办法要求分配、拨付资金，使这项惠及千家万户的富民政策落实到位。

【明确重点，积极支持高等教育和职业教育内涵发展】 省财政继续加大对高等教育重点项目的投入，促进以就业为导向的职业教育发展，在改善教学基础设施和科研条件，提高教学质量和办学效益，调整和优化教育投入结构方面提供了资金保障。

1. 加大高校“三重点”建设力度。从2006年起，省财政每年安排3 000万元，支持高校重点学科、重点实验室和人文社会科学研究基地。经过严格的评审论证，遴选出“十一五”期间省级财政重点建设的47个重点学科、22个重点实验室、8个人文社会科学研究基地，力争通过重点建设，使之成为全省高等教育改革与发展的示范平台。

2. 支持高校基础学科建设。省财政安排专项资金1 000万元，支持高校重点建设200门辐射面广、特色鲜明、优势突出的基础课程，搭建基础学科优质课程资源的共享平台。资助重点为连续开设5年以上、辐射面广、受益人数多，并且在全省同类课程中具有相对优势或填补省内空白的本科公共基础课或专业基础课课程。项目完成后，课程的授课录像全部上网开放，实现资源共享。

3. 支持高校基础实验室建设。针对高校大幅扩招、资金供需矛盾突出、教学科研投入相对不足的情况，省财政从2004年起，通过调整支出结构，三年集中资金2.6亿元，重点支持高校基础实验室建设，建设方案、目标任务、资金投入一定三年，分年实施。到2006年，高校实验室建设三年规划已全部按期完成。

4. 重点支持职业院校实训基地建设。为加强职业院校学生实践能力、动手能力，从2006年起，省财政每年安排2 000万元，“十一五”期间共计投入1亿元，重点支持职业院校实训基地建设。省财政厅会同有关部门在严格评审论证的基础上，确定了80个职业教育实训基地重点建设项目，五年一次规划，分年实施，省专项资金主要用于支持实训基地教学仪器及实验实习设备购置。2006年下达2 000万元，建设18个职业教育实训基地建设。

5. 重点支持职业教育师资队伍建设。省财政设立职业教育师资培训经费500万元，并会同有关部门出台了“十一五”期间加强职业教育师资培训的意见。

【择优扶强，大力支持科技自主创新】 省财政紧紧围绕创新型省份建设目标和中期科技发展规划，把支持科技自主创新作为财政保障重点，调整支出结构，整合专项资金，集中财力办大事、保重点。一是加大投入力度，在年初预算安排基础上，一次性增加应用技术研究与开发资金2亿元。二是将科学技术奖增加到1 990万元，自然科学基金增加到2 000万元，优秀中青年科学家科研奖励基金增加到1 500万元，实施“人才强省”战略，培养科技拔尖人才，依靠人才推动科技自主创新。三是设立高新技术自主创新工程专项资金2 000万元、资源节约型社会科技支撑体系建设专项资金1 000万元、专利发展专项资金1 000万元等专项资金，提高科技研发、自主创新和技术转化能力，促进经济增长方式转变。四是加强科技条件建设，为科技创新提供支撑。围绕重点实验室建设方向，安排资金4 500万元，重点支持省政府确定的12个重点实验室建设，加大了对科技文献资源、实验动物与动物实验公共服务平台、青岛国家海洋科学研究中心创新平台的投入力度。五是创新财政科技投入方式，建立科技风险投资资金，安排资金2 000万元，委托省高新技术投资有限公司，采取股权投资等形式，支持高新技术项目，省高新技术投资有限公司按照不低于投资总额的20%进行配比投资，引导企业和全社会增加对科技的投入，逐步形成政府、企业和社会多元化科技投入体系，建立起科技投入稳定增长的新机制。

【创新机制，多渠道提高财政教科文投入力度】 在继续加大财政教科文投入力度的同时，进一步拓宽思路，开辟渠道，为教科文事业发展寻求各种资金支持。

1. 探索多渠道筹资途径，支持教科文事业发展。一是通过地方教育附加进一步拓宽教育经费来源渠道，为农村教育发展建立稳定的投入保障机制创造了条件。自2005年起，按照增值税、消费税和营业税的1%征收地方教育附加，主要用于改善农村中小学办学条件、提高基础教育水平。2006年全省（不含青岛）征收地方教育附加8.09亿元。二是加强文化事业建设费征管。下发改进和加强我省文化事业建设费征收管理的意见，通过明确组织分工、强化监督考核、建立奖惩制度等方式，大大改进了文化事业建设费的征收管理工作。2006年省级集中的文化事业建设费比上年净增近3 000万元。三是共同发起成立山东教育基金会。2006年，省财政厅拨付原始基金500万元，会同省教育厅共同发起成立了面向公众募捐的山东教育基金会，负责对社会捐资进行募集、管理和使用，扶助薄弱学校改善办学条件，资助困难学生，奖励优秀教师、学生和尊师重教的先进单位、个人，为推动教育事业发展发挥了积极作用。四是支持成立山东省人口关爱基金会。省财政从预算外资金专户中拨付山东省人口关爱基金会原始基金400万元，支持省人口和计划生育委员会成立“山东省人口关爱基金会”，争取社会各界关心和支持人口和计划生育事业的团体和个人的捐助，资助兴办有利于全省人口和计划生育事业的社会公益项目和活动，奖励为人口和计划生育事业做出突出贡献的单位和个人，救助计划生育特困家庭等，促进全省人口与经济、社会、资源和环境的全面、协调和可持续发展。

2. 适时推进事业资源整合，提高资源设备利用率。一是积极促进大型科学仪器设备资源协作共用。省财政厅与省科技厅、省教育厅联合下发了《山东省大型科学仪器设备资源共享实施意见》和《山东省大型科学仪器设备协作共用暂行管理办法》，将省内以财政性资金和事业单位以其他资金购置、原值在30万元以上，可用于开展科学技术活动的单台或成套仪器、设备，加入山东省大型科学仪器协作共用网，鼓励中央驻鲁单位和由企业、民间资本投资的符合条件的仪器设备入网，促进了大型科学仪器设备资源共享。二是实现农村文化信息资源共享工程与农村党员干部远程教育工程有机结合。省财政厅同省文化厅、党员干部现代远程教育中心出台了《关于全省党员干部现代远程教育和文化信息资源共享工程实现共建共享的意见》，在党员干部远程教育工程硬件建设的基础上，将文化信息资源共享工程与基层文化设施建设“双百”示范工程结合起来，选择一批试点县和试点村进行规范化建设。按照每个村1万元配备硬件计算，全省可节约资金7亿多元。

【夯实基础，进一步提高财政教科文工作精细化、规范化管理水平】 一是积极推进预算执行和预算编制工作。围绕省委、省政府的工作中心，按照突出和谐社会建设的本质要求、突出重点和亮点、突出结构调整的原则，积极稳妥地开展2006年预算执行和2007年预算编制工作，预算编制与执行质量不断提高。二是加强财政专项资金管理制度建设，改进教科文专项资金管理方法。按照“先有办法、后拨资金”的要求，认真查找制度空白点，确保资金运行到哪里，管理就延伸到哪里。2006年相继制定了《山东省职业教育实训基地建设专项资金管理办法》、《山东省专利发展专项资金管理暂行办法》等20多个资金管理办法，对资金使用范围、项目申报审核程序、资金与项目的管理监督等方面加以明确和规范，进一步改进了教科文专项资金管理方式，规范了管理流程，提高了资金使用效益。三是深入开展调查研究。面对新的形势、任务和要求，针对影响教科文事业发展的重点、难点、焦点问题，深入开展调查研究，撰写了一系列调研报告，为做好财政教科文工作奠定坚实的基础。四是大力开展信息交流和宣传。继续把信息交流和宣传纳入全年工作日程，完善全省财政教科文系统信息报送制度，切实加强省与市县之间工作信息的沟通与协调，初步建立起了内容精、反应快、质量高的财政教科文信息反应系统，为领导决策、政策制定和工作宣传起到了积极的作用。

（撰稿：孙天波　牛　红　段　琳　王旭东）

经济建设财政财务

【突出支持节能降耗，提高经济运行质量】 积极从资金和政策两方面，推动全省节能工作。一是支持企业节能降耗。2006年设立节能节水专项资金1 500万元，支持化工、建材、纺织等行业53个节能节水项目；安排2 000万元，支持33家煤炭等矿山企业进行科技研发和技术改造，提高了资源开采回收利用水平，调动了企业节能降耗的积极性，拉动社会投资28.85亿元，为实现节能目标提供了财力支撑。二是完善政策措施，建立起有利于节能的激励约束机制。省财政厅会同有关部门出台措施，对在节能工作中做出突出贡献的单位和个人进行奖励；按照级差收费原则，对用能单位收取超标准耗能加价费，有力推动节能工作深入开展。三是研究支持新能源开发的政策措施。在财政部的指导下，摸清了山东省可再生能源产业基本情况，切合实际提出了政策建议，为财政部出台一系列政策文件提供了决策依据。

【坚持环保优先原则，推动污染物总量减排】 按照省委、省政府关于加强环境保护、建设生态省的总体要求和部署，2006年，共筹措环保资金6.03亿元，比上年增长24.58%，有力地推动了环保工作开展。一是突出做好水和大气污染治理。2006年，安排3.2亿元用于水和大气污染防治。其中，预算安排1.23亿元，拉动社会投资35.85亿元重点支持南水北调东线治污工程建设。安排排污费1.3亿元，吸引银行贷款20多亿元，对全省9家燃煤电厂发电机组进行脱硫改造，较好地从源头上控制了二氧化硫排放总量，改善了大气质量。2006年山东省二氧化硫和COD排放量分别比2005年下降2.1%和1.6%。二是提高城市污水垃圾处理能力。全年争取国债资金1.32亿元，省级预算安排3 000万元，支持新建扩建49座污水处理厂和301公里污水管网建设，新建扩建城市生活垃圾处理场26座。三是完善“山东数字环保”工程。全年投入3 100万元用于环境监测和监管能力建设，完善了“山东数字环保”工程，初步建成了省市县三级自动检测网络，并对16个市级“三中心一视频”的建设项目进行了验收，目前17个市全部与省环保局进行联网，保证了全省环境质量例行监测的顺利开展，提高了环境应急处理能力。四是打造“政产学研”开放性中试基地。安排3 000万元专项资金，积极支持鲁韩环保合作，共同建立环保产业研发基金，打造环保产业创新平台，为环保企业提供“政产学研”有机结合的开放性中试基地，着力培育环保产业自主创新能力。

【统筹城乡发展，支持社会主义新农村建设】 坚持“多予少取放活”的方针，不断增加对“三农”的投入，扎实推进社会主义新农村建设。一是落实种粮农民补贴政策，增加农民收入。2006年，对种粮农民直接补贴标准由每亩13元提高到14元，全省增加直补资金6 191万元，增长7.26%，补贴资金总额达到9.15亿元，占粮食风险基金的52%。2006年，中央决定对种粮农民实行柴油、化肥等农业生产资料增支综合补贴，全省共计兑付增支综合补贴9.11亿元，对种粮农民补贴总额达到18.26亿元，每亩小麦综合补贴达到28.2元。强化措施，因地制宜制定补贴工作实施方案，创新支付方式，全面推行“齐鲁惠农一卡通”，确保了粮食补贴兑付工作的顺利实施，资金兑付率达100%，近6 000万农民直接享受到了粮食补贴政策。二是加强农村基础设施建设，改善农民生产生活条件。积极筹措资金，全年共安排5.3亿元用于农村公路和老油路改造养护，全省94%的行政村通了柏油路，98.1%的行政村通了客车，农村公路通行能力大幅提高。2006年，设立小城镇规划建设专项资金，结合“百镇千村”建设示范活动，重点支持鲁苏边界环境综合整治，支持22个县编制辖区内村镇规划和83个示范村进行道路绿化美化。三是建设农村现代流通服务体系，繁荣农村经济。支持14个县（市、区）的供销社配送中心发展，逐步完善以供销社为载体的县、乡、村三级流通服务网络，引导供销社经营网络和城市商业网点向农村进一步延伸，更好地为农民服务。建立化肥淡季储备制度，全省年度内共储备淡储化肥20万吨，缓解了农业生产资料上涨压力，保障了春耕用肥供应。

【建立反映资源稀缺程度的价格形成机制，从根本上实现经济增长方式转变】 一是落实成品油价格补贴工作，推进成品油价格形成机制改革。认真研读中央政策，测算出我省渔业、林业、城市公交、农村客运和城市出租业共需补贴资金7.7亿元，及时制定补贴实施方案，顺利完成成品油价格补贴工作。二是推进矿产资源有偿使用制度改革，构建资源投入约束机制。大力开展矿业权招拍挂，矿产资源财产收益成为财政收入新的增长点，2006年，全省矿权收入5亿元，矿补费收入5.5亿元。2006年，国务院选择山东等8个煤炭生产省进行煤炭资源有偿使用制度改革试点，据测算，全省需要处置的煤炭资源矿业权价款高达100多亿元。为此，省财政厅积极协调相关部门，代省政府起草了《山东省深化煤炭资源有偿使用制度改革实施方案》。三是推动环境有偿使用制度改革，构建环境成本约束机制。规范矿山地质环境治理保证金制度，建立矿山环境治理和生态恢复责任机制，增强了企业环境成本约束机制，提出了在燃煤电厂开展排污权交易试点、在南水北调流域开展生态补偿试点的政策建议。

【加快能源、资源、水利、交通等重点基础事业建设，改善经济发展支撑条件】 为缓解能源、资源、交通、水利等重大基础项目对经济社会发展的制约作用，积极筹措资金，重点保障。将原先分散安排的矿产资源补偿费、探矿权、采矿权使用费及价款，统一整合为地质勘查专项资金，集中用于煤、金、铁、铜等重要能源、资源的勘查工作和重大地质科技攻关。2006年共计安排地勘资金1.08亿元，是历年来省级地质勘查资金投入最多的一年。筹措1.23亿元，支持治淮东调南下二期续建工程，项目建成后，将彻底解决沂沭泗河水系洪水出路，减轻鲁南苏北平原洪涝灾害。会同有关部门，理顺交通管理体制，积极筹措资金支持交通事业，高速公路通车里程达3 281公里，连续多年位居全国第一。

【实施“双百工程”，重点培育百个重点产品和百家技术中心】 2006年一次性筹措工业结构调整专项资金2.5亿元，采取无息贷款、周转使用、滚动发展的方式，筛选27个重点优势产品，集中力量予以扶持，预计拉动投资6亿元，项目建成后，大部分产品市场占有率将位居全国前三名，可增加销售收入263.65亿元，增加利税34亿元。安排专项资金5 000万元重点支持31家省级以上技术中心建设和部分重点技术进步项目，力争“十一五”期间，在若干优势领域掌握一批核心技术，拥有一批自主知识产权。另外，积极支持省质检局实施名牌战略，取得较大成绩，山东省中国名牌、全国驰名商标总量均居全国前列。

【以信息化带动工业化，提升信息产业发展水平】 为贯彻落实省委、省政府优先发展信息产业、坚持信息化带动工业化，走新型工业化道路的战略部署，2006年安排信息化引导专项资金6 000万元，推动全省信息化建设。其中，安排4 000万元支持50个软件项目、50个电子制造项目和63个信息技术推广应用项目，大幅提升了软件业、电子制造业产业水平。安排2 000万元支持23个电子政务及公益性信息服务平台建设。目前，电子政务内网平台已正式建成，省政府和90%的省直部门已建立了门户网站，有效开展了电子政务，增强了政府公共服务能力。

【壮大提升县域经济，形成区域经济协调发展新格局】 为促进全省区域经济协调发展和地方财政收入快速增长，从2004年起，每年安排省级区域经济协调发展专项资金3 000万元，按照省与市县1∶1.5的配套比例，支持示范县进行工业结构调整。通过公开招标，确定嘉祥、利津等10个县（市、区）为“2006年省级区域经济协调发展示范县”，拉动县市配套资金4 510万元，引导企业投资35亿元。通过三年的财政扶持，引导社会投资120多亿元，全省36个示范县项目企业实现销售收入528亿元，税后利润36.9亿元，壮大提升了县域经济，推动形成“东部提升、中部崛起、西部突破”的发展格局。

【攻克国企改革最后一座“堡垒”，顺利完成粮食流通体制改革】 积极督导各级财政部门克服困难，强力推进，全省筹集财政专项资金8.74亿元，妥善解决了10万多名企业职工的身份置换问题，较好地解决了困扰企业多年的“三老”难题，1 623家国有粮食企业实现了平稳改制，基本完成了国有粮食企业改革，为粮食企业进一步发展和社会主义和谐社会建设做出了积极贡献。同时，积极完善地方储备粮油体系，进一步深化粮食流通体制改革。目前，全省粮食储备规模为67.38亿斤，到2006年底实际储备规模达到61.1亿斤，占总规模的90.68%。每年安排1 500万元，用于改善粮油储备条件，保证了储备粮油的质量和安全。

【发挥财政杠杆作用，创新财政资金运行机制】 坚持向机制创新要资金、要效益，积极拓展思路，探索有利于经济社会发展的财政运行新机制。一是创新投融资体制。通过“财银合作”，引导银行三年内配套放贷250亿元，百倍放大了工业结构调整专项资金的功能，取得了较大的社会效益。积极与有关部门协调，搭建国家开发银行500亿元贷款融资平台。2006年，国家开发银行贷款山东下达项目资金使用计划20亿元。二是争取中央资金获得新突破。全年共争取中央资金94.2亿元，比上年增长71.3%。在中央资金的支持下，全省农林水基础设施、高新技术领域、社会公共事业投资分别比上年增长25%、30%和30%。三是创新财政投入联动机制。对一些需要重点支持的项目，实行上下联动、集中投入。在安排环境保护、地方储备库维修改造、工业产品结构调整等专项资金时，采取了省级引导、市县联动的办法，资金使用效果显著。

（撰稿：姜　凝　孙忠欣　罗国宏　吴立行）

农业财政财务

【概述】 2006年，全省各级财政部门坚持以邓小平理论和“三个代表”重要思想为指导，牢固树立科学发展观，认真贯彻落实省委、省政府关于新农村建设的各项决策部署，加大支农投入，优化支出结构，创新机制，健全制度，不断提高农业财政管理精细化水平，确保各项支农、惠农政策落到实处，有力地促进了全省农业和农村经济社会发展。2006年，全省完成财政支农支出106.8亿元，比上年增长17.88%，其中，省级财政支农投入20.38亿元，增长9.86%，争取中央财政支持9.32亿元，增长12.56%。全省农林牧渔业增加值达到

2 138.9 亿元，比上年增长 10.96%；全年粮食总产量 4 048.8 万吨，创 2000 年以来最高水平，比上年增长 3.4%；农民人均纯收入达到 4 368 元，增长 11.1%。

【努力加大改革创新力度】 坚持把改革创新贯穿于工作的各个环节，在改革中求突破，在创新中谋发展，积极探索，大胆实践，农业财政工作呈现出崭新面貌。一是努力拓宽财政支农领域，工作范围不断扩大。注重发挥财政支持新农村建设联席会议的作用，对党委政府重视、社会各界关注、农民群众关心的问题，进行了广泛深入的调查研究，并对急需破题的问题，研究制定了相应的扶持政策。其中，为适应建设节约型社会、发展循环型经济的要求，在继续支持节水灌溉的同时，启动实施了测土配方施肥和农作物秸秆综合利用项目，并重点加大了对农村沼气建设的投入力度；为进一步建立完善农业支持保护体系，提高农业抵御自然灾害和灾后迅速恢复生产的能力，积极开展了农业政策性保险试点，支持建立多形式经营、多渠道支持的农业保险体系。二是积极创新财政投入机制，投入渠道趋向多元化。坚持财政与金融协调配合，充分利用财政手段吸引金融资金投入新农村建设。省财政安排资金 6 000 万元，采取贷款贴息方式扶持了 77 家龙头企业，带动银行贷款 27.2 亿元，财政资金放大 45.4 倍。选择 5 个县开展小额扶贫贷款担保试点，提高了农民的投融资能力；坚持财政资金与“一事一议”联动，努力调动农民增加投入的积极性。对涉及农业综合开发、人畜饮水、扶贫开发、农村户用沼气等与农民生产生活密切相关的财政支农资金，在安排项目时，都尽可能与“一事一议”结合起来，引导和鼓励农民主动投资投劳，改善自身生产生活条件，建设美好家园；坚持财政资金与企业资金相结合，积极吸引工商资本投资农产品加工业。省财政筹集资金 8 000 万元，按照“只参股、不控股”、“利益共享、风险共担”的原则，参股投资了 4 家农业产业化龙头企业，注册资本总额达到 5.2 亿元。三是不断改进资金运作方式，项目管理更加科学、合理。针对山东农业农村经济发展形势的变化和部分农业财政专项资金使用中存在的不足，注重加强研究和分析，不断改进资金运作方式，促进了资金的科学有效使用，提高了项目的整体效益。在农民科技培训资金使用中，按照“分清层次，明确重点，梯次培训，加强考核”的工作思路，运作方式实现了“四个转变”，切实提高了培训质量和效果；针对农民专业合作经济组织蓬勃发展的新形势和新要求，重点从扶持范围、扶持领域、扶持方式三个方面加大了改革创新力度；为进一步强化农业综合开发激励约束机制，切实解决项目多、战线长、投资分散等问题，省级集中资金 5 760 万元，选择平阴等 7 个县，按流域或灌区实施集中连片规模开发；在世行项目市全面推行项目县轮换制度，暂停 17 个县的开发任务。每轮换一个县，奖励省级以上财政投资规模不少于 170 万元，有力地促进了规模开发、重点开发和高水平、高标准开发。四是加大支农资金整合力度，规模效益明显提高。出台《关于进一步推进支农资金整合工作的实施意见》，从三个层面加大了对支农资金的整合力度。在省级支农资金横向整合方面，按照“存量优化、增量集中、预算内外统筹、跨部门整合”的要求，整合资金近 8 亿元，集中财力支持事关农业农村经济发展全局和改善农民生产生活条件的重大支农项目；在支农资金纵向整合方面，按照“上下结合、配套联动、捆绑使用、集中投入”的思路，对各级财政共同安排资金支持的涉及农民群众切身利益的项目，根据全省统一规划，只下达目标任务和资金支持规模，不审批具体项目，由各市或县负责将各级财政资金捆绑起来，统筹安排使用，初步建立起支农资金纵向整合机制；在支农资金整合县级试点方面，选择 5 个县开展试点，将 20 项省级财政支农资金纳入整合范围，连同中央财政补助部分，一并“捆绑打包”，一次性下达各试点县，由试点县根据编制的三年整合规划和年度实施方案，以主导产业、重点项目、优势区域为依托，统筹安排使用资金。2006 年，中央和省财政共安排 5 个试点县整合资金 1.15 亿元，带动市、县财政部门和有关农口部门整合资金 1.37 亿元，吸引金融、民间、企业、外资等社会资金投入 5.89 亿元，中央和省财政支农资金的带动效应达到 1∶6.3。

【扎实推进“六大工程”建设】 紧紧围绕新农村建设的目标任务和总体要求，把解决农民群众最关心、最直接、最现实的利益问题作为突破口，调整优化支出结构，集中财力，重点支持实施了“六大工程”，有力地促进了农业增效、农民增收、农村发展。一是支持农业农村基础设施建设工程。省财政筹集资金 2.3 亿元，支持大中型病险水库除险加固 23 座，治理骨干河道 5 条，建设平原水库 12 座，完成 172 座重点小型病险水库除险加固任务，对 857 项小型农田水利设施建设项目进行了补助。各级财政筹集资金 6.4 亿元（其中省财政 5.6 亿元），建设了 180 万亩高标准基本农田，新增粮食生产能力 18.6 万吨。筹集资金 3.85 亿元，支持加快“村村通自来水”工程建设。全省累计投资 29.4 亿元，新建成农村自来水工程 4 781 处，新增受益人口 1 045 万人，农村自来水普及率达到 72%。二是支持优势产业提升工程。筹集资金 2.58

亿元，积极支持优势产业加快发展。支持了50处规模较大、优势明显的优质农产品生产基地建设；支持了76家国家、省重点龙头企业、40家中小型龙头企业和5家大型远洋渔业企业发展，对312个农民专业合作组织给予补助或贴息；支持实施“优势农产品竞争力提升计划”，制定和推广农业标准48项，监测农产品质量样品2 720个，并对34个农业标准化生产基地、10家农产品出口规范化企业和410个农产品质量认证给予奖励。筹集资金1.75亿元，重点支持禽流感、口蹄疫、蝗虫、美国白蛾等重大动植物病虫害预防、监测和控制。三是支持节约型农业建设工程。筹集资金1.4亿元，大力支持节约型农业建设。支持建设节水灌溉工程84处，推广节水技术20项，新增节水灌溉面积30万亩，年节约农业用水6 000万立方米；在“两湖一河”流域和粮食主产区57个县（市、区）的1 600多万亩耕地实施测土配方施肥；支持流域内9家规模化饲养场建设大中型沼气设施，解决农业面源污染加剧问题；在济南机场周边和高速公路沿线支持建成秸秆生物反应堆推广大棚5 026座、食用菌养殖大棚3 478座、青贮池38 635立方米，推广秸秆机械还田21.5万亩，改造秸秆气化站5处，年可转化利用农作物秸秆23万吨，初步解决了因秸秆焚烧造成的环境污染和交通安全问题；支持64个县（市、区）新建8.4万个农村户用沼气设施，并对地方领导重视、投入较大、户用沼气建设进度快的5个市和10个县（市、区）给予奖励。四是支持科技兴农工程。筹集资金2.47亿元，大力支持农业科技创新与应用。重点加强以省农科院为龙头的省级农业科技创新平台建设，积极支持创建国家黄淮海农业科技创新中心；支持21项大宗农产品和60项地方特色农产品进行良种攻关和源头创新，加快农业新品种升级换代；支持农业科技型企事业单位对42项产业开发前景良好的科技成果，进行区域试验与示范、中间试验或生产性实验，实现向现实生产力的转化；选择20项先进适用的重大农业技术，在全省范围内进行大面积推广；在全省22个县选择4 400名农民专业合作组织负责人、农村经纪人和种养大户作为农民辅导员，按其需求进行重点培训，带动培训13万个示范农户。五是支持农业生态工程。筹集资金1.73亿元，大力支持农业生态建设。支持绿色通道、沿海防护林、荒山造林、村庄绿化等林业重点工程，新增造林面积211万亩，全省森林覆盖率达到24%；全面实施森林生态效益补偿制度，对全省14个市、67个县（市、区）的1 660万亩重点公益林给予补偿；继续支持森林防火体系建设，提高森林火险监控能力；支持开展土地沙化、碱化、水土流失综合治理，治理面积达350平方公里；支持实施“渔业资源修复行动计划”，放流苗种7.3亿尾，新建人工鱼礁70.3万空立方，沉船造礁484艘，深水网箱298组，并对7处省级水生生物保护区给予补助。六是支持农民增收工程。筹集资金4.5亿元，支持农民加快增收致富步伐。对全省粮食主产区的80个县和1个国有农场的2 380万亩优质专用小麦良种、22个县的230万亩优质专用玉米良种给予补贴，受益农户近614万户；对40个项目县2.7万个规模养殖户购买的46.3万支奶牛冻精细管、3 380头良种肉牛和4 530只良种肉羊给予补贴；对4 170个农户和农机合作组织新购置的5 211台农机具给予补贴；对23.9万农民劳动力进行了就业技能培训，转移就业率达到85%以上；坚持村为基础、整乡推进，帮助86个贫困乡镇的50万农村贫困人口实现脱贫。

【不断提高农业财政管理水平】 以开展“财政管理年”活动为契机，完善管理制度，创新管理机制，努力实现农业财政资金管理的科学化、规范化和精细化，确保资金安全高效运行。一是健全完善农业财政资金管理制度。坚持做到“先建制度、后分资金，先规范、后运作”，对不完善的或与新形势要求不适应的管理办法作了全面修订完善，对存在制度空白的专项资金、新增专项资金和纳入预算管理的行政性收费、政府性基金等，均研究制定了相关管理办法，进一步明确了项目立项标准、支持范围、支持环节、申报程序以及管理监督责任。基本建立起了覆盖所有农业财政资金的管理制度，真正实现了用制度“管人、管事、管钱”的目标，保证了资金管理使用的安全性、规范性和有效性。二是建立农业财政资金全过程监管体系。在立项环节，积极推行项目库管理制度，研究开发了农业财政资金项目库管理系统，对一些长期扶持的项目，通过评审论证、层层筛选，实行项目库滚动管理，不入库的项目不予扶持。在项目申报环节，下发项目申报指南，各级财政部门与有关部门对项目进行严格审查，逐级上报。实行财政支农项目责任人和责任反馈制度，强化各级责任意识。在资金分配环节，全面推行专家评审论证、社会公告公示等制度，提高决策的科学性、民主化和透明度。在资金使用和拨付环节，积极扩大农业财政资金县级报账提款范围，将暂时无法实行政府采购和国库集中支付制度的中央和省级支农专项资金，全部纳入县级报账制管理。在农村户用沼气等项目建设中，采取“以物抵资”等方式，免费向农民发放实物，有效防止支农资金被挤占、挪用。在检查验收环节，充分发挥财政投资评审、财政监督检查、社会中介机构的作用，加强对支农项目资金管理使用情况的监督检查、跟踪问效和竣工验收，确保支农资金专款专用和效益发挥。三是探索建立农业财政资金绩效评价机制。选择部分农业财政专项资金，开展支农资金绩效评价试点，编制了一套科学合理、操作性强的绩效评价指标、程序和方法，对项目进展情况、目标任务完成情况和资金使用效益进行全面考核，并将评价结果与资金分配直接挂钩，奖优罚劣、奖勤罚懒。在“村村通自来水”工程和农村户用沼气建设补助资金分配中，分两批下达资金，第一批作为项目启动补助资金，在年中下达，年底进行绩效评价，对绩效评价成绩差的市、县，扣减第二批补助资金，对绩效评价成绩好的市、县给予奖励，收到了很好的效果。

（撰稿：李海军　王昱东　单　哲）

社会保障财政财务

【大力扶持就业再就业工程】 按照国务院下发的《关于进一步加强就业再就业工作的通知》要求，根据全省就业政策评估情况，省财政厅配合有关部门印发了《关于进一步加强就业工作的通知》，提出了今后3年全省就业工作的指导思想、目标任务、扶持政策和措施等。配合有关部门先后出台6个配套文件，明确了新就业政策的扶持范围、扶持方式、扶持办法等，进一步增强了新一轮就业扶持政策的系统性和可操作性。为进一步加强就业资金管理，提高资金使用效益，结合山东省就业资金管理使用情况，制定了《山东省就业资金管理暂行办法》，对就业资金的筹集、使用、监督管理等作出明确规定，为就业政策的落实提供了制度保障。在完善政策的基础上，进一步加大投入力度，确保就业扶持政策落实。2006年全省共筹集就业资金11.96亿元，同比增加76.7%。全年共支出就业资金8.11亿元，其中社会保险补贴2.18亿元、岗位补贴1.93亿元、职业培训补贴0.93亿元、职业介绍补贴0.21亿元。2006年全省实现城镇新增就业107.3万人，转移农村劳动力159.2万人，连续3年实现城乡就业双过百万，保持了就业局势的稳定。

【支持人力资源市场及信息网络建设】 根据《山东省人力资源市场建设规划》和省财政补助资金管理办法规定，按照A、B、C、D分类管理法、优先支持市级和30个欠发达县人力资源市场建设的扶持原则，经考核，确定了2006年度52个人力资源市场补助项目，下达省级补助资金3 000万元，专项用于人力资源市场平台的设备购置。截至2006年底，全省人力资源市场建设省级财政补助项目已达111个，其中县级项目97个，人力资源市场建设规划的实施取得显著进展。同时，不断加大工作力度，全省人力资源市场信息网络于6月底前已全面建成并投入试运行，结束了网络平台不统一、信息割据、无法共享的局面，实现了信息服务全省一个大平台，真正做到了“一点登录，全省查询、信息共享”，方便了全省信息的统一调度和管理，在全省范围内初步形成了布局合理、重点突出、辐射力强、资源共享、运行规范和服务高效的公共职业介绍体系。

【支持做好技能扶贫和“金蓝领”培训工作】 进一步加大技能扶贫投入力度，扩大规模，完善制度，规范管理。根据承担2005年技能扶贫任务技工院校教学质量初审情况，对承担2006年技能扶贫培训任务的技工院校资格进行了严格审查，取消和新增了部分技工院校，并对培训专业进行了细化调整，使其更加符合技能扶贫生的就业需求。在资助对象的遴选上，规定凡已实行农村最低生活保障制度的地区，必须从低保对象中推荐产生。加强监督，将监督机制前移，从源头上防止弄虚作假现象的发生。2006年省财政共下达技能扶贫资金2 442.5万元，招收技能扶贫生7 929名，在校生达11 246人，毕业1 647人，签约就业1 633人，就业率达99.2%，缓解了资助对象家庭贫困问题。继续加大支持“金蓝领”培训力度。根据省委省政府实施人才强省战略和建设现代制造业强省目标要求，2006年在全省各市全面实施“金蓝领”培训工程。制定印发了《山东省“金蓝领”培训项目管理办法》，对“金蓝领”培训的实施范围、培训标准、培训条件、培训方式、教学管理、考核鉴定、培训费用等一系列问题作出明确规定，使“金蓝领”培训工作进一步规范化和制度化。2006年全省各级财政共安排“金蓝领”培训资金1 010万元，其中省财政安排600万元，培养高技能人才8 834人，提高了山东省制造业及有关领域的技术水平。

【健全完善企业职工基本养老保险制度】 按照《国务院关于完善企业职

工基本养老保险制度的决定》要求，坚持覆盖广泛、水平适当、结构合理、基金平衡的原则，先后就改变养老金计发办法、灵活就业人员参保政策等核心改革内容进行深入调研，对新老计发办法未来5年的运行情况进行了测算、对比和分析，出台了《山东省完善企业职工基本养老保险制度实施意见》，建立完善适合山东省实际的企业职工基本养老保险制度。同时，通过多种形式大力推进新制度的贯彻落实，保证了新老制度的有效衔接和顺利过渡。

【支持做实企业职工基本养老保险个人账户试点工作】 2006年，国务院确定山东省为扩大做实个人账户试点省份。为切实做好试点工作，省财政厅及时组织召开部分市劳动保障、财政部门负责人座谈会，多方征求意见，实事求是地制定了山东省的试点方案。9月6日，国务院批复了山东省的试点方案，中央财政下达山东省做实个人账户补助资金8亿元，山东省做实个人账户试点进入正式实施阶段。

【积极开展失业保险基金扩大使用范围试点工作】 2006年，山东省被中央确定为失业保险基金扩大使用范围试点省份。本着既要保障基金安全，又要最大限度发挥其促进就业作用的原则，省财政厅结合山东省实际，制定实施方案，确保扩大失业保险基金使用范围合理、适度。印发《山东省失业保险省级调剂金管理暂行办法》，对调剂金的来源、条件、申请及拨付程序等作出明确规定，进一步规范了失业保险金调剂行为。此外，为缓解各地失业状况，促进扩大就业，安排好失业人员生活和医疗问题，全年共下拨失业保险省级调剂金1.5亿元，比2005年增加5 000万元。

【分步实施农村公共卫生服务能力提升工程】 针对全省乡镇卫生院基础设施陈旧落后，管理人才匮乏，自我发展能力低下的突出问题，省政府决定实施“两步走”战略，全面加强乡镇卫生院建设，大力提升农村公共卫生服务能力。第一步实施“抓重点，带全盘”战略，集中有限力量优先提升中心卫生院的公共服务能力，着力解决群众看病难的急需。2006～2007年，通过省市县三级联动，各负其责，省财政对全省360所重点卫生院进行重点扶持、重点突破。省财政投入1.8亿多元重点解决业务用房整修、设备配置和技术骨干培训三大项目，对51个省级财政困难县、47个中等县和25个经济强县，省财政实施区别对待、分类补助的扶持政策。同时，根据财政资金精细化管理要求，制定专项资金和业务用房整修、设备配置及技术骨干培训项目管理办法以及相应绩效考评办法。在项目实施过程中，实行动态管理，建立一月一调度与专题督导相结合的制度，找出问题，分析原因，提出整改措施。截至2006年年底，“360工程”业务用房整修项目基本完工率达到97.7%；完成首期842人的技术骨干培训，合格807人，总合格率为95.8%。第二步实施“抓全盘，同发展”战略，汇集更多力量全面提升其他卫生院的公共服务能力，有效保障农民医疗。按照国务院提出的“一乡一院”要求，对全省剩余的1 127所条件较差的乡镇卫生院进行改造，启动“1127工程”，全面加强农村公共卫生服务能力建设。通过省市县三级联动、分工负责，对全省232所中心卫生院、895所一般卫生院进行分类扶持、整体突破。按照区别对待、分类支持的原则，对51个省级财政困难县、49个中等县和25个经济强县，省财政投入2亿元左右，重点解决业务用房整修、设备配置和技术骨干培训三大项目。为提高资金使用效益，省财政厅制定了专项资金和业务用房整修、设备配置及技术骨干培训项目管理办法以及相应绩效考评办法，取得显著成效。

【积极推动新型农村合作医疗制度的省级试点】 2006年全省省级试点县（市、区）达到88个。省财政厅与有关部门一道，共同推动新型农村合作医疗制度的不断完善。一是严格审查35个新增试点县方案，确保新增试点县（市、区）新型农村合作医疗制度顺利启动。二是及时调整财政补助政策。根据财政部、卫生部财社〔2003〕112号、财社〔2004〕37号等文件规定，制定了适合山东实际的财政补助政策，从2006年起，山东被纳入中央财政补助范围。结合中央财政补助政策，省财政综合考虑各市经济发展水平和财力状况，对省级试点县实行“以市为单位、分类确定标准”的补助办法，即对东中西部地区的参合农民每人每年分别补助8元、12元、24元。市县两级财政在中央和省级财政补助的基础上，对参合农民补助总额达到每人每年不低于30元的标准。三是加强制度与业务培训。对17个市及42个新增试点县（市、区）从事新型农村合作医疗业务的有关人员，在政策制度、财务管理等方面进行业务培训，保证制度贯彻落实的实效性。四是强化资金管理。省财政改“以县为单位”为“以市为单位”核拨补助资金的办法，增加市级对县级财政补助资金的调控能力与管理责任，同时，定期调度农村合作医疗资金使用、到账等情况。五是严格资金审核，及时下拨省补助资金。严格对市、县两级财政补助资金到位、实际参合农民人数等情况进行审核。2006年，全省88个省级新型农村合作医疗试点县（市、区），参合农民达4 063.18万人，平均参合率88.61%，比全国高8个百分点。全省筹集资金达17.8亿元，其中省财政5.8亿元。全年共为3 444.56万人次参合农民报销医药费11.92亿元。

【加大医疗卫生重点项目支持力度】 一是支持医药卫生重点学科与重点实验室发展。在巩固2004年和2005年省属17家医疗单位的财政补助方式改革的基础上，进一步调整支出结构，集中2 640万元支持21个医药卫生重点学科与6个重点实验室的发展建设，加快山东省医药卫生高新技术的研发与应用，建设一批在省内、国内一流水平的重点学科和重点实验室。为切实管好用好这项资金，确保发挥资金使用效益，要求单位原则按1∶1配套落实建设资金；实行单独记账管理，封闭运行；严格考核评估；实行奖优罚劣等规定。同时，做到事中监督考核，确保学科建设早见成效。二是支持省直医疗机构手术室能力提高。为改善医疗条件，提高医疗水平，使山东医疗单位高起点、快起步，逐步与国际医疗水平接轨，确定了突出重点、整体规划、分步实施、加强管理的思路。从2005年起用3年左右时间，总投入18 000万元，其中，省财政安排6 000万元，项目配套资金原则上由各项目单位按1∶2落实，对省直医疗单位手术室改造进行重点支持，提高山东手术治疗水平。同时，为加强资金管理，提高资金使用效益，建立了项目定期报告、专账管理、政府采购与项目资金绩效评价等制度。2006年，省财政累计投入4 000万元，按计划已支持10个省直医疗机构的手术室能力提升。三是加强重点公共卫生专项资金管理。根据财政部、卫生部财社〔2005〕169号、185号以及财社〔2006〕126号文件规定，省财政加大公共卫生专项资金管理力度，会同有关部门制定了农村改厕、艾滋病防治、结核病防治、地方病防治、计划免疫、麻风病防治、精神疾病监测及干预、癫痫病苯巴比妥治疗等项目管理方案，建立严格的项目考核评估制度，将考核评估结果作为安排下年度项目资金的参考依据。四是完成疾病预防控制体系“以奖代补”项目省级集中采购。2006年省财政拨付专款2 000万元，对73个疾病预防控制体系项目实施“以奖代补”，专项用于基层疾病预防控制机构购置主要设备装备。为确保专款专用，对通过“以奖代补”方式购置的设备装备，实行省级统一组织政府采购、地方具体认购方式，全省共采购疾病预防控制设备1 254台件，采购金额1 626.8万元。结余资金仍专项用于采购疾病预防控制有关业务仪器设备。

【积极推动医学高等院校事业发展】 为满足培养高素质应用型人才的需要，提高学生的临床技能和实践能力，进一步推动医学教育事业的可持续发展，省财政厅在深入调查研究的基础上，结合省级财力状况，统筹考虑事业发展的需求，支持省属高等医学教育发展，全年省财政投入5 200万元。

【积极支持城市社区公共卫生服务体系建设】 为加快山东城市社区卫生发展，省财政厅会同有关部门在省内外考察调研的基础上，确定了发展社区卫生服务的思路和目标。同时，为明确政府对社区卫生服务的补助范围及内容，规范政府补助方式，加强财务管理，促进社区卫生服务事业发展，根据国家和省政府有关规定，省财政厅下发《关于山东省城市社区卫生服务补助政策的意见》（鲁财社〔2006〕45号），明确区级和设区的市级政府承担社区卫生服务补助的主要责任。同时，省财政积极推动社区基本公共卫生服务采取由政府购买服务的方式，提高政府投资效率；改变中央只补助困难地区的做法，按照基本公共卫生服务均等化的要求，综合考虑各市经济发展水平和财力状况，在统筹考虑各市社区基本公共卫生服务绩效考核的基础上，对东、中、西部地区分别按社区服务人口人均1元、2元和3元给予补助；采取“以奖代补”的方式支持困难地区业务用房整修及设备装备购置。

【建立五保供养经费财政保障机制】 省财政厅会同有关部门对全省农村五保供养经费保障情况进行深入调研，制定出台了《关于建立和完善农村五保供养经费财政保障机制的意见》，建立起稳定可靠、清晰明确的财政预算列支渠道和有效保障制度，以及资金封闭操作运行机制和严格的资金考核机制，为做好五保供养工作提供了有力的政策依据。同时，全面启动实施“540工程”，重点对全省51个困难县540所乡镇敬老院进行维修改造。省财政安排乡镇敬老院维修改造资金4 100万元，带动了各级加大投入，合力推动乡镇敬老院建设，全省乡镇敬老院条件大为改善，集中供养率由34.5%提高到62%，圆满完成了省政府确定的60%的目标。2006年，全省共筹集安排五保供养资金3.77亿元，供养五保对象27.6万人。

【推进建立农村居民最低生活保障制度】 省政府出台了《关于建立和完善农村居民最低生活保障制度的通知》，在全省全面建立起农村低保制度，比中央提出的任务目标提前了1年，农村低保制度建设实现了历史性突破。农村低保资金由各级政府列入财政预算，以市、县、乡财政投入为主，省财政根据各地经济发展水平和财力状况给予适当补助。低保资金的发放，采用财政涉农补贴资金“一本通”系统直接发放到人，确保低保资金及时足额发放。2006 年，各级财政共投入农村低保资金 2.15 亿元，覆盖低保对象 50 多万人，较好地保障了农村困难群众基本生活。

【支持完善城市居民最低生活保障制度】 为确保将所有符合条件的城市困难居民及时纳入保障范围，财政部门配合有关部门，完善家庭收入核实办法，规范日常受理和定期复核工作，保证进出口畅通，实现了动态管理下的应保尽保。2006 年，全省城市居民最低生活保障累计支出 6 亿多元，在保对象 62.2 万人，其中，出保 2.5 万人，新增 2.13 万人。积极推动各地建立完善与经济发展水平相适应的低保标准动态调整机制，制定下发《关于贯彻民政部、财政部民发〔2006〕99 号文件切实提高城市居民最低生活保障补助水平的通知》，进一步扩大保障范围，提高保障标准，最高达到 280 元，人均月补差提高到 81 元。同时，大力推行“分类施保”，对重病、重残、孤老、夫妻双下岗且需赡养无收入高龄老人的、子女就读公立学校且学费明显超过家庭负担能力的低保家庭，适当提高补助标准，有效缓解了低保对象的生活困难。

【推动城乡医疗救助制度建设】 2006 年，全省共有 71 个县（市、区）出台有关城市医疗救助方面的文件，开展试点建制工作。全省共救助城市困难群众 2.26 万人次，发放救助金 3 651 万元，人均补助 1 615 元。同时，各级财政积极督导、推动各地农村医疗救助制度建设。2006 年，共有 126 个县（市、区）实施了农村医疗救助，100 多个县出台了有关制度办法。各级财政共筹措农村医疗救助资金近 1 亿元，其中省财政安排 400 万元，救助困难群众 60 多万人，其中大病救助 4.56 万人，城乡困难群众“病有所医、医有所保”的制度目标初步实现。

【支持做好优抚工作】 一是认真落实优抚对象待遇。按照民政部、财政部《关于调整部分优抚对象等人员抚恤和生活补助标准的通知》（民发〔2006〕98 号）要求，在认真测算、摸清底数的基础上，及时将抚恤补助资金下达各地，并督促各地足额发放到优抚对象手中，圆满完成了中央对部分优抚对象的调整待遇工作。二是认真做好原“8023”部队退役人员体检工作。制定了详细的实施方案和应急预案，并对经体检确认为致残、致病的人员，依法制定了定期补助认定程序。全省按统一时间、统一步骤完成了该部分人员的体检结果公布工作，认真落实有关抚恤政策及相应补助资金，原“8023”部队退役人员情绪稳定，长达两年之久的体检工作宣告顺利结束。三是落实一至六级残疾军人医疗保障制度和其他优抚对象医疗优惠政策。2006 年，省财政积极筹措资金，加大投入，共拨付优抚对象医疗补助资金 1.5 亿元，落实一至六级残疾军人及其他优抚对象医疗保障政策，为和谐山东的建设和政治稳定提供了坚实的保障。

【支持做好城镇退役士兵安置工作】 充分发挥财政职能作用，通过财政拨款、安置任务有偿转移收费和其他途径，多方筹措资金，建立起城镇退役士兵自谋职业财政保障机制。同时，督促指导各地制定本地退役士兵自谋职业优惠政策，在就业培训、社会保障、税费减免等方面提供最大限度的优惠。2006 年，省财政共拨付自谋职业补助经费 5 751 万元，保证了自谋职业退役士兵一次性经济补助按时发放，并积极支持以增强城镇退役士兵就业能力为重点的技能培训和就业服务工作，帮助他们掌握就业技能，实现就业安置。

【全力做好离休干部“两费”保障工作】 一是继续做好省属特困单位拖欠离休干部“两费”审核工作。按季度组织省直 7 部门组成联合审核组，对省属特困单位拖欠离休干部“两费”进行集中审核。2006 年，共解决特困单位离休干部“两费”312 万元，待遇差 5 546 万元。二是积极完善离休干部待遇保障机制。改进离休干部易地管理办法，使易地安置的离休干部各项待遇得到更好地落实和保证，下发《关于进一步加强和改进易地安置离休干部工作的通知》，进一步完善了易地安置离休干部相关保障制度。下发《关于省直企业离休干部发放住宅采暖补贴问题的通知》，参照驻济省直机关人员的发放标准，给驻济企业离休干部发放住宅采暖补贴。三是进一步完善专项转移支付资金分配办法。采取年初预分，年末算总账的办法，分配下达困难市县离休干部“两费”专项转移支付资金 6 000 万元。特别是结合困难市的实际情况，对资金分配作出适当调整，有力地保障了困难市、县离休干部“两费”待遇的落实。

【积极做好困难企业军转干部解困工作】 2006 年，全省共筹集解困资金 3.1 亿元，用于支持解决困难企业军转干部养老、医疗、再就业等问题。同时，按照各地困难企业军转干部人数、地方配套资金落实情况等因素，认真测算分解落实好中央和省级补助资金。此外，继续做好困难企业军转干部数据统计工作，不断完善困难企业军转干部解困月报制度，掌握困难人数、资金安排使用、政策落实等解困动态。

【及时调整落实企业离退休人员待遇】 2006 年，中央决定从 2005 年起连续 3 年提高企业退休人员基本养老金水平。由于山东省提前进入老龄化时期，财政负担重，各方面困难大。省财政厅与有关部门一起，在全省进行了全面调查摸底，对提高待遇的增长幅度和所需资金进行了细致测算，制定出台了山东省2005年、2006年企业退休人员基本养老金调整办法，并积极督促抓好政策落实，将调整增加的待遇落实到退休人员手中。同时，积极筹措资金8.3亿元，对养老保险基金收支缺口较大的地区进行调剂，确保养老金按时足额发放。截至2006年11月底，全省企业退休人员待遇调整工作全面结束，共落实调待资金32.89亿元。

【支持食品药品监管执法能力建设】 2006年，省财政加大投入力度，安排专项资金3 500万元，用于食品药品监管系统旧危房屋维修、执法车辆、执法装备和检验设备配备以及药品打假制劣、食品综合监管等6个方面，进一步完善了食品药品监管执法体系，保证了全省人民的饮食用药安全。下发了《山东省利用中央补助地方食品安全监管能力建设项目实施方案》、《山东省利用中央补助地方农村“两网”建设项目实施方案》等多项制度办法，对系统建设实行规范化、制度化管理。

【推动残疾人事业发展】 一是实施残疾儿童康复救助工程。2006年，省财政安排资金500万元，重点支持贫困残疾儿童康复救助、康复训练设施维修、训练仪器购置等项目，会同有关部门严格筛选救助儿童，建立康复档案，配发康复器材。截至2006年底，确定脑瘫训练机构49个、智残训练机构48个、低视力康复机构17个，救助残疾儿童近3 000名。督促指导各市制定项目实施方案，落实配套资金，并通过新闻媒体加强宣传，唤起社会各界对儿童康复事业的关注和支持，带动了各地多渠道筹集资金的积极性。2006年，济南、烟台、济宁、临沂等市分别自筹资金120万～400万元，提高救助标准50%～100%，增加救助人数近千名，取得了良好的社会和经济效益。二是支持第二次全国残疾人抽样调查工作。省财政安排抽样经费406万元，对38个样本县（市、区）的152个乡镇（街道）304个小区进行调查，共抽查41 437户、127 567人，对38 458人进行健康检查和残疾评定，顺利通过了第二次全国残疾人抽样调查专家委员会的评估审定。三是支持残疾人文体事业发展。2006年10月，山东省第七届残疾人运动会在烟台市举行，竞赛项目14个，参赛运动员900多人，省财政安排专项经费300万元，保证了运动会的圆满成功。

【支持城市社区建设】 省政府出台了《关于加强和改进社区工作的意见》，提出了构建“居民自治、管理有序、服务完善、治安良好、环境优美、文明祥和”和谐社区的目标，在社区居委会办公用房建设、社区人员生活补助、社会保险待遇等方面，明确资金筹集渠道，确定社区建设思路，提供社区建设制度保障。2006年，省财政安排资金4 676万元，重点扶持欠发达地区社区基础设施建设，改善了社区的办公条件。

（撰稿：张振言　刘　金）

企业财政财务

【国有企业改革取得新进展】 进一步加大工作力度，强化政策措施，国有企业改革取得阶段性成果。一是圆满完成第二批中央驻鲁企业分离办社会职能工作。按照国务院和财政部部署，全面履行省中央企业分离办社会职能领导小组办公室工作职责，加强工作协调和督导，积极与有关中央企业沟通协商，认真指导地方财政部门做好移交机构经费补助基数对账、划转和协议签署等工作，及时跟踪工作动态，主动研究移交工作中的困难和问题，努力化解各方矛盾。共移交中小学22所、公安机构14个，在职人员1 199人、离退休教师714人，资产8 100万元，争取中央财政转移支付补助基数7 800万元，圆满完成了第二批中央驻鲁企业分离办社会职能工作。二是加快推进省属企业分离办社会工作。认真贯彻落实省政府鲁政办发〔2005〕60号文件精神，对省属企业分离社会职能机构对账、划转报批程序提出了明确要求。印发了《关于省属企业先期移交办社会职能机构有关政策问题的通知》，将省属国有企业先期自行移交的部分中小学纳入省级财政经费补助基数，明确了离退休教师移交的有关政策。批复了山东省银山公安局、地方铁路公安局移交省公安厅有关资产、财务关系划转事项，推动省属企业分离办社会职能工作取得了实质性进展。三是全面推动省属企业主辅分离、辅业改制工作。积极推广临沂矿务局、淄博矿业集团主辅分离改制试点经验，继续发挥“以煤养煤”政策资金的导向和调控作用，安排专项资金6.2亿元，以新汶矿业集团、龙口矿业集团为重点，全面推动省属重点煤炭企业主辅分离、辅业改制工作。通过实施主辅分离、辅业改制，进一步精干主业，推进企业核心竞争力建设，企业生产、效益及职工收入明显提高。

【产业结构调整确立新亮点】 针对山东省服务业总量偏小、层次偏低、增长偏慢的现状，积极开展政策调研，制定了《关于进一步促进服务业发展的若干意见》，设立了服务业发展引导资金，制定了相应的资金管理办法。全年安排引导资金7 000万元，对现代物流、技能培训、城市社区和社会化养老三个领域的38个项目进行了支持。投入专项资金1亿元，用于31个现代流通体系建设项目、609户样本企业公共商务信息服务体系建设、23 000多个农家店改造项目、6家大型农产品批发市场和配送中心建设，进一步推动了农村流通网络的健全完善，促进了“超市下乡”和“农产品进城”工作的开展。把传统饮食业升级作为振兴第三产业工作的切入点，优化资金投向，安排专项资金1 320万元，对餐饮业改造“突出重点、全方位、分层次”地给予支持，促进了餐饮、旅游市场繁荣，推动了传统服务业上规模、上档次、上水平。安排山东航空公司处理公务机损失补贴和开辟国际航线补助资金3 700万元，进一步增强了山东航空企业的营运服务能力，促进了航空事业的快速发展。提高企业自主创新能力，支持高新技术产业发展是提升国民经济运行质量、促进经济又好又快发展的新亮点。围绕胶东半岛制造业基地和制造业强省建设，以传统骨干企业为依托，调整优化资金投向，安排专项资金3 788万元，大力支持企业自主创新能力建设和包装行业高新技术研发、冶金独立矿山技术改造，促进了企业自主创新能力提高。针对中小企业创新活动活跃、成果转化资金缺乏的特点，加快实施中小企业成长计划，不断加大对科技型中小企业技术创新活动的投入力度，安排专项资金6 020万元，对196个技术成果转化项目给予资金扶持，有效缓解了中小企业创新能力建设及成果转化资金瓶颈。安排专项资金3 806万元，对228个企业自主品牌建设项目、8个政府推动项目和72个获得商务部、省级“重点培育和发展的出口名牌”的企业给予扶持和奖励，进一步扩大了具有自主知识产权、自主品牌商品的出口，有力推动了自主品牌创建活动的深入开展。对2005年度工业企业外汇借款以税还贷项目进行了集中会审，申请返还增值税2 800余万元，进一步减轻了企业的还贷负担，促进了企业的技术引进。为淄博南定煤矿等4对矿井争取中央补助资金13.3亿元，安排省级资金2 116万元，保证了资源枯竭煤矿关闭破产工作的顺利进行。严格审核淄博丝织一厂政策性关闭破产费用，及时拨付缺口资金7 585万元，安置职工1 953人，切实维护了职工利益和社会稳定，确保了淄博丝织一厂关闭破产工作的顺利完成。积极争取将济南丝绸厂等六户企业列入2006年度国家政策性关闭破产计划，推动了全省国有企业关闭破产工作的有序开展。同时，认真贯彻执行国家产业政策，立足构建资源节约和环境友好型社会，安排专项资金1 500万元，用于关闭企业和淘汰落后项目的人员分流安置，促进了工业结构优化升级，推动了经济、社会与资源、环境协调发展。

【外向型经济发展凸显新成效】 为促进外贸增长方式转变，推动外经贸事业持续、协调、健康发展，出台了12项财政鼓励政策措施，在保留外经贸奖励、出口信用保险保费补贴、反倾销应诉资助等6项政策的基础上，突出对增强企业出口竞争力和提高外贸增长质量的政策引导，新出台了出口名牌奖励、出口农产品质量体系认证资助等6项政策，安排政策兑现资金7 000万元，鼓励企业调整出口商品结构，扩大自主品牌商品出口，有效推动了山东“科技兴贸”战略的实施。针对近年来招商招展活动多、层次高、供求矛盾突出的现象，印发了《关于加强招商展览和市场开拓专项补助资金申报管理工作的通知》，进一步明确了资金补助范围，规范了事前评审、事中招标、事后检查的资金监管程序。全年安排专项资金2 500万元，对山东省重大招商招展活动进行了补助，确保了省委、省政府一系列招商活动的成功举办。积极探索专项资金市场化分配的新路子，对省民营企业产学研洽谈会、节约型社会成果展两项活动公共布展及施工项目承办单位首次试行公开招标，分别节减支出56%和33%，取得了明显的节支效果。注重发挥财政资金的引导作用，全年争取出口机电产品研发和技改、对外经济技术合作、境外资源合作开发、对外承包工程、外派劳务基地建设和中小企业国际市场开拓等各类中央专项资金2.9亿元，促进了企业技术创新、结构调整、走出国门，扩大了互利合作和共同开发，缓解了资源和环境约束，实现了对外经贸结构的战略性调整。全年新签对外承包工程和劳务合作合同额41.7亿美元，增长154.2%，完成营业额23.1亿美元，增长32.2%，劳务合作合同额、营业额均跃居全国第一。

【财政资金和评估机构监管实现新突破】 在有重点地扶持成长型中小企业加快发展的同时，加大对经济发展社会公共服务平台的资金投入，安排一半以上中小企业发展专项资金支持人才培训、网站建设、创业辅导与公共技术平台等社会化服务体系建设，为全省民营经济和中小企业发展营造了良好的社会环境，实现了专项资金惠及范围由“点”到“面”的转变。完善“财、贸、银”三方合作机制，不断扩大出口产品研发保证金规模，全年安排出口研发资金3 000万元，吸附银行贷款1.5亿元，对18家生产型出口企业的出口研发项目进行支持，有效放大了财政资金的“乘数效应”。建立国家科技创新基金拨付备案督查制度，改进省级科技型中小企业创新发展专项扶持资金拨款方式，建立项目资金“两次拨付、动态监控”管理机制，在项目确定纳入当年专项资金扶持计划时，首次拨付项目扶持额度的50%～70%，剩余款项在项目验收合格后拨付，进一步加强了资金使用的动态监控，有效地防范了项目资金挪用浪费。按照部门预算改革、规范津贴补贴和政府收支分类科目改革要求，认真核实部门基础信息，提高人员经费及日常公用经费标准，积极推进经费与编制“双控结合”管理，提高了财政对省直单位的经费保障能力。同时，调整对省属煤炭事业单位的扶持政策，全面取消对煤炭事业单位在职人员的工资性经费补助。对项目申请，采取委托评审的办法，依据项目轻重缓急和实际资金需求予以安排。拨付3个煤炭事业单位补助经费4 500万元，全部用于单位的医疗设施、设备购置补助，在提高事业单位经费自给能力的同时，实现了财政资金由“养人”向“办事”的转变。为及时研究解决机构审批、执行质量和行业自律方面存在突出问题，整合行政资源，形成工作合力，进一步加强会计师事务所、资产评估机构的行政监管工作，建立联席会议制度，初步搭建了会计师事务所、资产评估机构行政监管与行业自律相结合的新型平台。全面履行资产评估行政审批管理职责，制订了资产评估机构审批监管流程，严格评估机构设立审批，强化资产评估执业监管，加大对群众举报的查处力度，改善了资产评估执业环境，促进了评估行业的健康有序发展。全年共受理资产评估机构设立申请20余项，批复设立评估机构17家，处理群众来信来访事件20余起，查处评估机构设立及执业违规事项10余起。到2006年底，全省从事资产评估业务的机构达到310家，其中专职资产评估机构64家。

【和谐社会建设推出新举措】 一是落实有关财政财务政策，企业安全生产投入得到切实保障。认真落实《烟花爆竹生产企业安全费用提取与使用办法》和《高危行业企业安全生产费用财务管理暂行办法》，进一步拓宽企业安全投入资金来源，组织省属重点煤矿开展了生产安全费用提取和使用情况自查，促进了生产安全费用制度的贯彻落实。制定印发了《山东省煤矿企业安全生产风险抵押金管理实施办法》和《山东省煤矿企业安全生产风险抵押金专户资金监管办法》，通过公开招标方式确定了省属煤矿企业风险抵押金存储银行，积极督促企业按时足额存储抵押金，为煤矿企业生产安全事故抢险救灾工作提供了可靠的资金保障。按照国家支持重点煤炭企业安全技术改造的要求，一次性筹措资金8 100万元，对省属煤炭企业安全技改国债项目进行了资金配套，保证了省属重点煤炭企业安全技改项目的顺利实施，维护了全省煤矿企业良好的安全生产形势。认真落实省政府《山东省安全生产应急救援中心实施方案》，积极安排专项资金650万元，大力支持省级安全生产应急救援中心建设，提高了政府处置突发性生产安全事故的能力。二是建立健全政策制度体系，大中型水库移民后期扶持工作扎实开展。为认真贯彻国务院完善大中型水库移民后期扶持政策的意见，深入开展调查研究，积极制定政策措施，先后印发了《山东省大中型水库移民后期扶持资金管理暂行办法》和《关于采取“齐鲁惠农一本通”形式兑付大中型水库移民补助资金的通知》，率先在全国范围内推行水库移民直补资金“一本通”发放制度，并研究开发了相应的资金管理软件，规范了大中型水库移民后期扶持资金的分配、使用和发放管理。制定了《山东省大中型水库移民后期扶持实施方案》等一系列配套文件，对贯彻落实移民后期扶持政策进行了部署和培训，保证了全省工作的扎实稳步开展。同时，积极研究小水库移民后期扶持政策，制定了《山东省小水库移民后期扶持资金管理暂行办法》，为小水库移民后期扶持工作的开展奠定了基础。三是认真研究落实企业工资分配和职工生活费救助有关政策，职工权益得到有效维护。在全面调查摸底、认真审核把关的基础上，安排专项资金908万元，及时对110户省属困难企业的14 074名特困职工进行了生活救助，维护了社会稳定大局，促进了和谐社会建设。为合理调节企业内部收入分配，规范企业工资支付行为，切实解决并有效防范企业职工工资拖欠问题，出台了《山东省企业工资支付规定》，以第188号省长令形式正式颁布施行。认真落实企业工资指导线制度和工效挂钩改革，稳步推进企业年金试点工作开展，批复了枣庄矿业集团等14户企业2005年工资指导线方案和山东航空公司等15户企业工效挂钩方案，确定新增临沂矿业集团等4户企业开展年金试点，推动了企业工资正常增长机制和多层次企业养老保险制度的建立和完善。

【信息调研工作迈上新台阶】 按照企业财务会计决算报表管理分工，加强协作配合，圆满完成2005年度国有非金融企业、城镇集体企业决算和外商投资企业决算编报工作。整理出版了《2004～2005年山东省企业财务会计信息摘要》，首次以正式出版物形式面向社会公开发行全省企业年度财务会计信息，为各级党委、政府及有关部门提供了相对完整、翔实的决策参考依据，进一步提升了企业决算的利用价值，扩大了财政企业信息工作的社会影响。继续强化财政企业信息网建设，不断扩充信息内容，逐步将企业报表网上报送系统打造成为财政与企业的信息交流平台。在扩大统计范围、调整和充实指标体系的基础上，坚持百户重点利税大户联系点制度，加强信息调度、质量控制和企业快报数据库开发利用。进一步创新工作思路，在全省财政企业系统建立上下联手的调研工作新机制，促进了重点课题调研工作的深入开展。围绕国有资本收益管理、外向型经济发展、企业自主创新能力建设及省属国有企业改革等重点课题开展调查研究，形成了一大批专题调研报告。

（撰稿：姜　龙　张宏亮　王志福　高　洁）

金融企业财政财务

【多方筹措资金，支持地方经济社会统筹发展】 一是积极争取贷款资金，服务重点产业建设。2006年，根据科学发展的总体规划，坚持公共财政的基本原则，积极争取政府贷款和赠款项目。全省新上世行、亚行和外国政府贷款项目20个，申请贷款金额近3亿美元、76亿日元，共折合人民币28亿元，贷款领域主要涉及生态环保、城市基础设施、医疗和电力等。经过两年的精心准备，利用亚洲开发银行贷款8 000万美元的海河流域污染治理项目于2006年11月15日正式生效；世界银行贷款山东环境二期项目谈判工作于11月上旬在华盛顿世行总部圆满完成，共获得1.47亿美元的贷款；其他几个新项目也在有条不紊地开展着前期准备工作，主要有利用世界银行贷款电厂烟气脱硫项目、淮河流域平原低洼地治理项目、亚洲开发银行贷款北方旱作农业项目、中国农村能源生态建设二期项目、世行贷款青年农民工职业技能提升项目、职业技术教育项目、亚行贷款病险水库除险加固项目、畜牧养殖小区示范项目等。二是积极争取无偿赠款，贷款使用实现新突破。为适应国际金融组织新政策的调整，在利用贷款方式上由只借硬贷款，转向“赠款先行、贷款配套”的方式，软化了贷款条件，降低债务成本，在利用政府贷款质量、资金使用效益方面实现了创新和突破。2006年争取到的赠款资金折合人民币4 380万元，包括：世行贷款环境二期项目获得赠款535万美元，用于改善化粪池管理技术，减少陆源污染物对海洋造成的污染；从日本驻华大使馆争取到71万元人民币的赠款，用于沂南县的利民工程“孙祖中学教学楼建设”项目；争取香港足球协会赠款30万元人民币用于鄄城县麻寨小学教学楼改造工程，直接支持了贫困地区的基础教育发展。三是积极争取补贴资金，有效支持农村信用社发展。2006年，山东省向财政部申请的农村信用社保值储蓄补贴资金5.4亿元，全部拨付到各基层农信社，不仅帮助农村信用社消化了部分历史包袱，增强了发展后劲，而且为推动其尽快走上良性发展轨道，更好地支持和服务“三农”创造了条件。四是积极争取债务减免，减轻地方债务偿还压力。彻底解决了日本政府“黑字还流”等历史拖欠项目的还款问题，共向财政部争取减免贷款本息2 653万元人民币，争取缓交专项借款本金6.1亿元，既减轻了各级政府的还款压力，也为地方经济发展让渡了资金。

【加强地方金融财务监管，防止金融风险转化为财政风险】 一是提高会计信息质量，夯实财务监管基础。研究开发了《金融担保企业财务季度报表系统》，认真做好金融企业财务决算工作，并在全省举办两期金融企业财务报表培训班，提高会计信息编报质量。通过数据分析，及时了解情况、发现问题，为制定金融财务监管政策、监控金融风险提供第一手资料，省财政厅被财政部授予“全国金融企业财务决算报表先进单位”。二是加强金融企业国有资产管理，确保国有资产安全。据统计，各级财政部门共对全省42户地方金融企业办理了国有资产产权登记和年检，涉及资产总量1 620亿元，所有者权益106亿元，其中国有资产及所有者权益总额58亿元。通过产权登记和年检，进一步加强对金融企业资产的财务监管。三是支持担保企业发展，规范担保业务管理。按照信用担保企业风险管理办法的有关规定，加强担保业务的备案管理，建立中小企业信用担保体系，防范了担保风险。加强对担保基金的监督管理，实行担保基金、业务变动季报和备案制度，保障了担保基金的安全高效运行。认真做好财政贴息资金和担保费的审核和拨付工作，支持下岗失业人员自谋职业、自主创业，维护了社会和谐稳定。

【强化债务全过程管理，提高项目管理水平和质量】 一是重视制度建设，实现规范化管理。省财政厅制定了《山东省政府外债管理办法》，明确了财政部门政府外债管理的职责和窗口作用，从贷款项目实施、债务的偿还和赠款管理等方面进一步进行规范，加快建立风险防范长效机制，避免金融风险向财政风险转化，促进政府债务管理工作步入良性循环轨道。制定了《山东省政府专项借款管理工作考核暂行办法》，对各级财政部门专项借款的转贷、管理、偿还以及数据信息系统管理等工作进行全面考核，增强了还款意识，提高了政府专项借款管理水平。二是加强项目管理，确保效益发挥。①加强国际金融组织贷款资金管理。2006年，全省正在执行的世界银行贷款项目有5个，共审核拨付项目资金1 400多万美元，有效地保证了项目执行。世行贷款山东环境项目和节能促进项目的建设内容全部完成，提款工作顺利结束，实际利用世界银行贷款共计1.12亿美元。②首批日元贷款项目开始发挥效益。利用日本政府再转贷资金50亿日元城市基础设施改造项目，经过近1年的建设，项目进展顺利，大部分建设内容已完成，完善了借款地城市功能，加快了当地城市化进程。29.14亿日元济南市广播电视基础设施改造项目的招标工作全部完成，改善了电视节目质量。③农业综合开发项目顺利竣工验收。山东省最大的利用外国政府贷款项目——日元贷款黄河三角洲农业综合开发项目圆满结束，顺利通过项目验收。共计完成总投资12.05亿元人民币，其中完成外资89.04亿日元，折合人民币5.94亿元；国内配套资金6.11亿元。调整优化了当地农业产业结构，有力支持了社会主义新农村建设，取得了显著的经济、社会和生态效益。三是健全还款机制，维护偿债信誉。各级财政部门一方面强化还款意识，采取切实有效措施，加大历史拖欠款的清收力度。另一方面建立健全还贷准备金机制，促进贷款管理良性循环。2006年共计归还中央政府债务10.22亿元，其中归还外国政府贷款5 819万元人民币，归还国际金融组织贷款2.39亿元，归还政府专项借款7.25亿元，已对各市收回欠款10.12亿元，较好地维护了山东省的偿债信誉。

【创新理财思路和方式，债务风险防范取得新突破】 各级财政部门在积极利用外债资金促进经济社会发展的同时，进一步创新理财观念，突破传统的财政工作范畴，积极稳妥利用金融衍生产品，顺利完成了东营黄河三角洲农业综合开发项目和烟台供水项目共计129亿日元的掉期业务，可节省还款资金1亿元人民币。金融衍生产品在债务风险管理上的实践与应用，标志着山东省政府债务从传统的“借、用、还”走向“借、用、还、防”的全方位管理，有效规避了财政风险，实现了更高层次的理财，对全省财政工作乃至全省经济发展都将起到积极的促进作用。

（撰稿：张相阳　李学春　徐德斌　李海英　李　丽）

耕地占用税与契税征管

【收入情况分析】 2006年度，按照加强收入管理，确保财政收入持续快速增长的要求，各地采取积极有效的措施，努力挖掘契税和耕地占用税增收潜力，在全面停征农业税和农业特产税的减收因素影响下，保持了农业税收收入的稳定增长。2006年全省耕地占用税、契税两税收入达到105.79亿元，财政征收机关组织的税收收入首次突破100亿元大关，超过了2003年农业四税总收入95亿元的最高收入水平，比2005年农业四税收入总额增收16.1亿元，增长17.95%。耕地占用税收入达到39.65亿元，收入总量继续保持全国第一，契税收入66.14亿元，在全国的位次前移，两税收入分列山东省地方税收收入的第7、第5位，稳定保持了对地方财政的贡献能力。耕地占用税和契税收入同比分别增长27.59%和26.97%，高于地方税收收入增幅2.38个和1.76个百分点，成为地方财政收入中，除企业所得税外增收幅度最高的两个税种。

【加大两税征管工作力度】 随着国民经济的持续健康发展，固定资产投资规模加大，房地产市场需求旺盛，交易活跃，交易价格稳定增长，为“两税”收入奠定了良好的税源基础。各地财政征收机关采取有效措施，进一步规范和加强两税征管，对税源的控管更加严密，征收规范化、信息化水平不断提高，促进了两税增收。省财政厅认真搞好税源分析，准确指导各地征管工作。同时，以房地产税收一体化管理为切入点，综合采取加强两税征收管理的措施，取得很大成效。一是在契税征收工作中，完善了财政部门直接征收制度，确保了各项政策执行的到位度。二是认真贯彻执行国家调控住房价格的一系列政策措施，明确了将税务发票或契税完税（或免税）凭证作为土地、房产管理部门进行房屋、土地权属登记的要件，全面推行先缴税后办理房地产权属登记的“先税后证”制度，实现了对税源的全面控管，减少了税收流失。三是各地财政、地税机关加强配合协作，对涉及房地产的契税、耕地占用税、企业所得税、个人所得税、营业税等税种实行一体化管理，统一对房地产交易价格的认定，保持相关税种计税依据和计税价格的一致性；制定了各税种统一执行的享受税收优惠政策的普通住房标准，及时做好相关税种税源的跟踪了解和信息比对，促进了涉及房地产的诸税种收入全面增长。四是明确了存量房交易实行“一窗式”征收。财政和税务部门在办理房地产权属登记的场所开设房地产税收统一征收窗口，采取合署办公或者互相委托代征相关税收的征收办法，既提高了财税部门与房管、国土部门涉税信息的传递速度，又极大地方便了纳税人。截至2006年底，全省已建立契税征收服务大厅或征收窗口186处。五是加强了信息化建设。进一步完善推广了税收征管软件，使征纳税手续简便、快捷，征管信息查询方便、控制严密。部分地方财政、地税部门与房管、国土资源部门共同建立了房地产交易网络连接，信息互通，资源共享，实现了税源全面控管。截至2006年底，全省契税征收与房地产交易实现网络连接的征收单位达到25个，极大地提高了征管效率。六是继续实施了考核评比、通报、奖励措施，激励和调动了各地征收工作的积极性。制定了《山东省契税考核奖励暂行办法》，对全省全部市、县级征收单位的征管情况进行量化记分，对先进单位进行了通报表彰和奖励。同时，全面掌握所有市、县级契税征收单位的相关征管信息情况，工作重心下移，体现了精细化管理的要求，进一步提高了全省两税征管质量。

【严格执行政策，确保农民减负增收】 2006年全省全面取消农业税，当年免除农民农业税及附加7.3亿元。同时，自2006年起，取消了在收购环节征收的烟叶农业特产税，改为征收烟叶税，指导各地及时做好与地税部门烟叶税划转交接工作。全面取消农业税和农业特产税，实现了中国历史上种地农民的“零”税赋，促进了农民的“减负增收”。全省农民负担的农业税、农业特产税及附加总负担70多亿元全部免除，进一步减轻了农民税收负担，增加了农民收入。在全面取消农业税、农业特产税后，各地慎重处理了税收征管中的遗留问题，同时，积极做好税收征管基础资料的整理归档保管工作，对相关税收票证进行了清理缴销。对农业税尾欠，基层征收机关认真进行清理登记，分析原因，不得强行或集中进行清缴；对涉及税收征管的信访反映问题，逐一进行了及时、认真、严肃的督查处理，做到既维护税收的严肃性，又通过宣传解释尽量使群众满意，化解矛盾，促进了农村社会的和谐稳定。

【认真履行职责，规范管理制度】 按照国家调控房地产价格的有关通知要求，严格执行契税和耕地占用税政策，加强征收管理，从严把握减免税核准，较好地发挥了税收的宏观调控作用。同时，在征收工作中推行“先税后证”、一窗式征收、一站式服务等，为纳税人提供了优良的服务，也增强了政策执行的力度，提高了征管工作的规范化程度，提高了工作效率和质量。规范行政行为、简化办事程序，进一步完善各项工作制度，用制度规范行为，严格按章执行。如按照管理权限，全年共办理契税减免审核360件，金额近亿元，全部做到限时办结。各地来省财政厅报送减免核准事项，必须由征收机关办理，一律不得由纳税人代送有关资料；强化征收经费分配硬指标约束机制，安排一定数额经费实行以奖代补的办法，对各县市契税和耕地占用税征收单位进行奖励。奖励等次的确定，严格按照考核评比暂行办法，逐项进行量化赋分，依考评成绩确定，避免了盲目性和随意性。其余经费则根据工作计划安排，年初确定补助重点，分别按各市征收单位个数、税收征收总额、征收率等硬性指标确定。

【转变机构职能，更改机构名称】 全面取消农业税和农业特产税后，在做好契税和耕地占用税征收工作的同时，根据财政管理和改革的新情况，积极研究拓展工作、转换职能。根据鲁编办〔2006〕36号文件批复，将省财政厅“农业税收管理处”更名为“基层财政管理处”，更名后基层财政管理处的主要职责是：负责契税、耕地占用税的征收管理；研究拟定乡镇财政财务管理的有关制度、办法并组织实施，指导乡镇财政、财务管理；负责村级财政资金管理，研究财政对村级资金补助政策，拟定相关管理制度、办法并督导落实；对财政用于“三农”方面的资金使用情况进行督查等。

（撰稿：沈雪灏）

会 计 管 理

【概述】 2006年全省会计管理工作紧紧围绕财政经济工作中心，以科学发展观为统领，以改革创新为动力，以突出实效为根本，抓住“宣传贯彻企业会计准则、强化全省会计队伍管理、规范注册会计师行业发展”三个重点，创新思路，健全机制，各项工作取得新成绩。

【拓宽宣传渠道，加大培训力度，为会计准则贯彻实施营造良好环境】 围绕开展“会计准则宣传培训学习年”活动，全省各级财政部门积极拓宽宣传渠道，加大培训力度，为企业会计准则贯彻实施营造了良好环境。

1. 拓宽渠道，宣传发动。各级财政部门充分利用各种宣传媒介，积极宣传《企业会计准则》。全省共通过山东省财政厅会计信息网发布宣传信息300多条；在《齐鲁珠坛》开辟企业会计准则专栏，刊登宣传文章、问题解答、知识问答等系列宣传文章20多篇；编印发放《企业会计准则》、《小企业会计制度》、《民间非营利组织会计制度》知识读本近1 000册，把相关知识及时传达到广大会计人员。另外，通过在山东省财政厅信息网加载企业会计准则培训视频，为全省广大会计人员加强学习提供了方便。

2. 注重实效，强化培训。本着“整合资源，注重实效”的原则，省财政厅举办了3期企业会计准则培训班，对近400名财政会计管理人员和400多名高级会计师进行了培训；各市共举办各类企业会计准则培训班20多次，对3 000多名会计管理人员、业务骨干及师资进行了培训。同时，各级财政部门将企业会计准则及指南列为2006年度会计人员继续教育的主要内容，通过继续教育对全省60多万会计人员进行了企业会计准则基本知识培训。通过培训教育，使全省广大会计人员对企业会计准则体系发布的背景、框架体系、核算要点以及新旧准则差异有了进一步的认识，达到了较好的培训效果。

3. 成立咨询委员会，为有关方面提供指导。从山东大学、中国海洋大学、山东经济学院和山东财政学院等高校中，挑选了18名专业水平高、实践经验足、科研能力强的专家教授，成立山东省企业会计法规、准则、制度专家委员会，对企业会计准则学习、执行中的难点、疑点、热点问题进行解答。全年共通过电话、电子邮件解答各类疑问400多起，较好发挥了业务指导作用。同时，选择济南轻骑摩托车股份有限公司、山东海龙股份有限公司两家上市公司进行了模拟测试，真实客观地反映执行企业会计准则对企业财务的影响，为准则推行奠定了实证基础。

【规范培训市场，搭建管理平台，不断提高会计管理和服务水平】

1. 规范培训市场，提高培训质量。为加强会计人员继续教育管理，省财政厅制定了《山东省会计人员继续教育管理暂行办法》，对培训点的申请条件、任职教师标准以及监督管理等内容作了规定，并对申办培训点单位的教学环境、教师队伍、管理实行评估、登记公告制度，将继续教育培训点管理纳入社会监督范围。同时，对部门行业举办会计人员培训班、进行继续教育登记以及对继续教育内容和相关法律责任等问题作了明确要求。2006年，全省共评估公告继续教育培训点60多家，对规范全省培训市场，提高培训质量发挥了重要作用。

2. 开展会计从业资格注册登记和证书换发工作，建立会计人员信息库。为掌握会计人员的结构，建立完善会计人员信息资料库，实现会计从业资格科学、规范管理，全省通过会计从业资格管理系统平台，组织开展了会计从业资格注册登记和证书换发工作，建立了全省会计信息库。在注册登记和换证工作中，注重依法行政与以人为本相结合。一方面，严格按照《会计从业资格管理办法》的规定，对不符合条件和办理程序的人员一律不予办理。另一方面，牢固树立服务意识，坚持以人为本，推迟持证不在岗人员的证书换发时间，对参加初、中级和高级会计专业技术资格考试的考生，开辟“绿色通道”，专门安排继续教育补课班，努力为广大会计人员办实事办好事。2006年，全省完成对28 647个单位、25万人的注册换证发卡工作，基本建立了全省会计人员信息资料库，实现了省、市、县三级的实时动态查询、统计、分析，为全省会计管理提供了决策依据。

3. 会计从业资格考试实现网络化。整合《财经法规与会计职业道德》、《会计基础》、《会计电算化》三门课程，开发具有全国先进水平的网络化考试系统，做到组卷判分的自动化和考试组织的经常化，实现一年多次考试，为广大考生提供多元化服务。2006年，这套系统已经在济南、东营等6个市进行试点。

【树立科学发展意识，健全人才评价机制，为全省经济建设提供会计人才保障】 为培养建立一支精通会计政策、通晓国际惯例、掌握现代企业管理知识和发展战略的会计队伍，全省以科学人才观为指导，以强化高级会计人才建设为突破，以提高广大会计人员队伍素质为根本，认真做好会计从业资格证考试和高级会计师考评工作，积极培养适应经济发展需要的高级会计人才队伍。一是实行“三个统一”，确保考试评卷公平公正。按照财政部统一部署，积极强化服务意识，统一组织安排，统一工作流程，统一岗位培训，确保考试评卷工作万无一失，公平公正。2006年，全省共有1 521人报考高级会计师，参加考试的1 340人，225人达到全国60分的合格标准，495人达到全省合格标准，总合格率为53.73%。全省有61 334人报名参加会计从业资格证考试，合格36 628人，合格率为59.72%。二是坚持“四个原则”，确保评价机制科学规范。高级会计技术资格评审坚持以科学人才观为指导，突出“公平、合理、准确、守密”四个原则，既注重综合评价、全面考察，又注重文化学历和工作业绩，切实把思想品德好、政策理论水平高、实务处理和决策能力强的人才选拔出来。全年共受理高级会计技术资格申报材料844份，591人通过考评，通过率达到70.02%。三是探索“两条途径”，建立高级会计人才选拔评价机制。结合近几年全省高级会计师考评工作取得的经验，借鉴全国高级会计人才建设模式，逐步探索建立了以高级会计师队伍建设为重点，以高级会计人才建设为突破口，“两条途径”相互结合相互带动的人才队伍建设模式，为全省经济发展输送合格高级会计人才。2006年，全省有3人入选财政部企业类高级会计人才，1人入选学术类高级会计人才。

【抓住备案契机，加强调查研究，规范注册会计师和代理记账行业行政管理】 围绕“强化服务意识，规范行政管理，提升行业竞争力”这个主题，加强调查研究，摸清注册会计师行业发展脉搏，规范行业行政管理，引导行业提升竞争力。

1. 强化依法行政意识，严格依法审批事务所。2006年，省财政厅共受理会计师事务所及其分所设立申请59项，实际批准设立会计师事务所36家、分所14家，办理股东、名称等变更事项事务所18家。

2. 顺利完成对全省会计师事务所的信息采集和年度备案工作。6月24日至8月中旬，省财政厅对在山东省境内注册的390家会计师事务所及其分所进行了基础信息采集和年度备案，对不符合《会计师事务所审批和监督暂行办法》规定设立条件的55家会计师事务所和1家未在规定时间内办理注册会计师转所手续的会计师事务所下发整改通知。经过整顿，50家事务所达到了法定设立条件，并办理了备案手续，对逾期未完成整改任务的5家事务所，依法分别给予了公告终止或撤回其设立许可的决定。

3. 建立联席会议制度，加大管理力度。为强化事务所管理，省财政厅制定了《山东省注册会计师、资产评估师行业管理工作联席会议制度》，联席会议由会计处牵头，办公室、法规税政处、企业处、会计处、监督检查局、注册会计师协会为成员单位，按照“统筹协调、分工协作、各负其责”的原则，开展综合评价、规范行业发展、联合调查研究、综合业务检查、通报行业信息等工作，加大了行业管理力度，促进了有关处室间的协调配合、信息共享。

4. 建立部门协作机制，治理行业商业贿赂。为优化行业发展环境，治理行业商业贿赂，省财政厅成立了由省注册会计师协会、会计处、企业处、监督检查局、法规税政处组成的工作办公室，具体组织领导注册会计师和资产评估师行业商业贿赂专项治理工作。整个工作分为宣传发动、自查自纠、督促检查、总结提高四个阶段。全省400多家会计师事务所都严格按照要求，进行自查自纠，总结提高，并上报了材料，取得较好效果。

5. 加强调查研究，提高工作水平。5月份，省财政厅参加了省人大组织的“转变政府监督模式，充分发挥中介机构作用”的调研。同时，围绕建设企业先进文化、促进事务所规范管理这个重点，对注册会计师行业发展环境、绩效评价机制、内控制度建设、职业道德素养、执业质量控制等问题进行了分析，对100多家事务所发放200多份调查问卷。通过调研，明确了注册会计师行业发展存在的问题，确立了行业发展方向，对于充分发挥政府行政管理职能，推动行业发展发挥了重要作用。

6. 代理记账机构审批和行业管理进一步规范。为规范代理记账机构的审批和管理，省财政厅下发了《关于进一步规范全省代理记账机构审批和管理有关问题的通知》，统一了代理记账机构审批文本和流程，并对2006年全省代理记账行业年度备案工作进行了部署。通过备案，摸清了代理记账行业的底细，为强化行业管理，提供了正确的决策依据。

【加强学会、协会秘书处工作，进一步推进“两会”理论研究和学术交流】

1. 顺利完成“两会”换届选举工作。按照山东省会计学会、山东珠算协会章程规定，3月份召开了山东省会计学会第七届、山东珠算协会第六届会员代表大会，选举产生了两会新一届理事会，通过了两会章程修改草案，制定了两会会员管理办法、会费管理办法、2006年工作要点和新一届理事会工作要点。换届大会的顺利召开，健全了学会、协会组织领导机构，建立健全了各项规章制度，理顺了发展思路，明确了发展方向，确保了学会、协会工作协调有序开展。

2. 围绕财政经济中心工作，积极开展学术交流和理论探讨活动。本着注重实效、立足实践、形式灵活的原则，围绕财政、经济和会计、珠算事业的热点、难点和焦点问题，积极组织开展了理论研讨、学术交流、业务培训、优秀论文评选等多项活动。一是成功召开山东省会计学会会计教育专业委员会年会。10月13日，在淄博市召开了山东省会计学会会计教育专业委员会年会暨第七届高校会计教师联谊会，来自山东省各大高校、部分大型企业及会计媒体的100多名代表参加了会议，共收到交流论文55篇。二是组织年度优秀论文评选。以“企业会计准则发布对会计理论和会计实务的影响”为主题，组织了2006年度会计学会优秀论文评选活动，共收到参评论文130多篇，推动了企业会计准则宣传学习活动的开展。

3. 加强《齐鲁珠坛》刊物编辑管理，刊物质量不断提高。以提高刊物质量为突破口，着重围绕刊物编辑、出版、发行等各个环节，对刊物栏目、内容、版面等方面加强了管理，成立了由会计知名专家教授组成的稿件外审专家组，逐步规范了审稿流程。全年共发行6期，刊登文章150多篇文章，审核文字150多万字，刊物整体质量进一步提高。

（撰稿：冯桂华　刘焕平　唐立国）

行政事业资产管理

【进一步强化基础管理，完善产权登记和资产管理信息统计制度】 2006年，全省进一步强化行政事业资产基础管理工作，产权登记、资产统计数据质量更加及时、准确和有效。一是适应预算管理的需求，进一步修改完善指标体系和资产管理信息系统。按照财政部35号和36号令规定，根据预算编制的实际需求，结合2005年度产权登记和资产统计工作实际，对资产统计报表指标体系和配套信息管理系统进行了修改完善，增加了行政事业单位人员机构情况表、待处理及有问题资产情况表、事业单位资产担保情况表等，修改完善了资产负债表、经营性资产及收入情况明细表等，更加翔实、完整、系统地涵盖了相关情况，进一步满足了对行政事业单位资产、财务和预算监管的需要。二是采取有效措施，切实保证信息质量。各级认真搞好资产清查，全面真实反映资产状况，加强对上报资料的审核。首先，重点审查产权证明，特别是对土地和房屋建筑物，必须提供土地使用证和房屋所有权证明，否则不予登记；其次，严格数据核对，对单位报送的数据与其部门预算、部门决算进行核对，数据不一致的，查明原因后方可登记；最后，严格审查资产处置手续，有关单位必须提供年度国有资产增减变动的有效证明材料或文件，对资产非正常变动或不按规定处置资产的，待查明原因并补办有关手续后再登记。三是开展产权登记年检专项审计工作，深入查找资产管理问题。在事业单位产权登记年检工作中全面推行中介机构专项审计制度，为及时发现资产管理中存在的问题，提高资产统计信息质量，强化资产监督管理工作打下了良好基础。为做好资产统计审计工作，各级财政部门认真组织设计审计方案，明确审计重点和审计要求，并对中介机构进行了专门培训。中介机构按照审计重点和要求，对各相关单位资产管理状况以及资产存量情况、使用情况、处置情况等进行全面深入的审查，发现和纠正了省级单位中存在的违规行为，有效规范了行政事业单位资产管理活动。

【加强分析研究，提出资产管理的措施建议】 2006年，全省各级进一步加强资产统计信息的分析利用工作，取得显著成效，为领导进行宏观经济决策提供了有价值的参考依据。省财政厅利用全省资产管理信息统计数据，根据实际工作中摸到的实情，深入调查研究，撰写了《2005年度山东省省直行政事业单位国有资产管理分析研究报告》。在此基础上，省财政厅研究起草了《关于进一步加强行政事业单位国有资产管理工作的意见》，从完善管理体制、把好资产“入口”关、严把资产“出口”关、加强资产使用管理、规范资产收益管理、建立资产共享共用机制、加强组织领导等七个方面提出了全面加强管理的措施建议，为加强行政事业单位国有资产管理打下了坚实基础。

【深入学习研究政策，加快制度创新步伐】 大力开展行政事业资产管理政策调研，加快制度建设和创新步伐，初步建立起了资产管理制度框架体系。

1. 积极学习贯彻财政部令，研究制定资产管理任务。2006年5月，财政部颁布了《行政单位国有资产管理暂行办法》（财政部令第35号）和《事业单位国有资产管理暂行办法》（财政部令第36号）。为了抓好学习贯彻工作，重点抓了以下几项工作：一是及时制定下发贯彻落实意见。省财政厅分别对省直各部门和各市下发通知，要求各级、各部门从理顺管理体制入手，按照《办法》的规定，健全制度，创新手段，强化对资产管理各环节的监管。二是加强学习培训。举办了省直和全省行政事业单位国有资产管理两个培训班，对两个《办法》进行了深入学习，共培训400多名业务骨干。三是明确全省资产管理工作任务。11月下旬，全省召开行政事业单位国有资产管理工作会议，客观地分析了全省行政事业资产管理工作面临的形势和问题，就贯彻财政部令提出了具体要求，部署了当前和今后一个时期全省行政事业资产管理工作任务。

2. 加快制度建设步伐，初步形成制度体系。在深入单位和基层进行调研的基础上，省财政厅依据国家有关规定，特别是财政部35、36号令精神，结合山东省实际，研究起草了一系列具体管理办法。一是重新起草了《山东省行政事业单位国有资产管理办法》，在理顺管理体制、明确管理原则、转变管理思路、规范管理程序等方面形成了较为成熟的思路建议，为下一步出台正式管理办法奠定了基础。同时，研究起草了省直行政事业单位国有资产配置管理、处置管理、收入管理，以及省级事业单位改革过程中资产处置规定，对规范和强化行政事业单位国有资产管理工作进行了深入探索，取得重大阶段性成果。

【加强重点监管，确保国有资产有效使用和安全完整】 一是加强资产处置监管，防止国有资产流失。全省各级在审批资产处置事项时，严格遵守“单位申报—主管部门审核—财政部门审批—中介机构评估—公开拍卖交易”的管理程序，对重大资产的处置还到现场进行考察或请专业机构和专家鉴定；对能够采取公开拍卖方式处置的，不协议转让，力求公开、透明，既有效防止了国有资产的随意处置、低价买卖和处置过程中暗箱操作等现象的发生，又确保实现了国有资产价值最大化。据统计，2006年度纳入省财政部门规范管理的报废资产为1.8亿元，涉及51个主管部门，180个省级行政事业单位，调剂闲置资产0.46亿元，批准有偿转让资产1.02亿元。对资产的处置收益，按照“收支两条线”规定纳入部门预算管理。据统计，2006年度上缴省财政专户的资产处置收入为1.24亿元。同时对主管部门和各单位向财政部门申请处置资产或按权限自行处理的资产，各部门内部资产管理、财务管理及纪检等部门相互配合，协同把关，实施监督。通过规范程序，严把“出口”关，不仅解决了随意处置国有资产的问题，防止了国有资产流失，而且有效提高了资产使用效益。二是强化经营性资产监管，建立资产运营情况报告制度。行政单位不得以任何形式用国有资产举办经济实体、对外投资或提供担保，已举办的经济实体，要按照国家关于党政机关与所办经济实体脱钩的规定进行脱钩。对行政事业单位利用国有资产出租、出借和事业单位进行投资、担保活动等改变资产用途的行为，必须进行深入考察论证，严格履行审批手续。单位负责人要对投资决策承担领导责任。同时，建立资产使用效率考核奖惩制度，将资产使用考核结果作为财政预算安排的重要参考。建立经营性资产经营情况报告制度。凡是有对外投资行为的单位，都要将其经营情况、取得的收入予以真实、全面地反映，并按时向财政部门报告，切实防范经营风险。三是强化资产收入监管，防止财政收入流失。加大对大宗资产处置收入征缴力度，落实“收支两条线”政策，并采取从资产处置程序上严格控制的办法，即单位先上缴收益，财政部门后下达批复文件。2006年报经财政部门审批的新增投资金额1.59亿元，涉及单位29户。通过加强对经营性资产及其收入的监管，不仅降低了投资经营风险、提高了经营效益，而且全面掌握了资产效益状况，增加了政府非税收入，有效防止了财政收入的流失。

（撰稿：臧传荣　张　磊）

财政监督检查

【概述】 2006年，全省财政监督检查机构以邓小平理论和“三个代表”重要思想为指导，以科学发展观为统领，紧紧围绕财政中心任务，开展财政监督工作。当年共组织参检人员3 832人次，组成870个检查组，对

7 511 个部门、单位进行检查，共查出各种违规违纪问题 92.4 亿元，纠正财政违规违纪事项和追缴入库金额 38.1 亿元，为深化财政改革、加强财政管理、促进经济社会持续发展发挥了重要作用。

【围绕部门预算改革，积极开展财政支出监督】 围绕财政支出管理，各级财政监督机构充分发挥财政监督的优势，加大了对预算单位财务收支情况的监督检查力度。省级于 2006 年 4 月至 7 月组织开展了全省监狱系统财务收支情况检查，基本摸清了监狱系统的收支底数和人员、企业情况，发现了预算编制不完整、预算执行不够规范、减免和缓缴出资收益、增值税未按规定全额返还、财税法规制度执行不够严格等问题资金 24.6 亿元。针对上述问题，提出了改革现有奖励政策、提高劳动补偿费标准、修改经费补差政策等建议，为省级财政加强对垂管系统部门预算管理提供了依据和参考。9～10 月组织开展了对省垂管系统市及以下预算单位 2007 年基本支出预算初审工作，共发现 6 个垂管系统多报编制 2 399 人，多报在职人员 8 090 人，多报离退休人员 1 174 人，工资性津补贴预算多报 16 084 万元，少报各项收入及结余 67 510 万元，多报房屋建筑面积 45.8 万平方米、集中供暖面积 10.4 万平方米、自备锅炉供暖面积 5.8 万平方米，多报实有机动车辆 128 辆。针对上述问题，提出了严格基本支出预算、建立垂管系统日常公用支出定额体系、建立垂管系统财政日常监管机制等建议，促进了预算编制水平的提高。各市监督检查机构也结合当地实际，围绕部门预算改革，积极开展财政支出监督。如淄博对市直 100 户行政事业单位 2005 年度的财务收支情况进行了检查，查出各类违规违纪问题资金 2 382 万元，进一步规范了各市直单位的财务管理工作；济宁市监督机构积极探索部门预算编制的事前审核，监督机构负责人同时兼任部门预算办公室副主任，为部门预算的事前审核创造了有利条件等。

【围绕做大财政蛋糕，切实加强收入监督】 2006 年 7～9 月，省财政厅监督检查局与财政部驻山东省监察专员办事处联合，对全省发电企业省级收入缴纳和入库级次情况进行了检查，发现部分新建发电企业增值税存在混库问题资金 7 211 万元，并对造成发电企业省级收入入库不理想的原因进行了深入分析，不仅为收入管理部门合理预测省级收入完成进度提供了依据，而且为今后加强省级收入监管创造了条件。各市也紧密围绕影响当地财政收入的突出问题，切实加大收入监督。如威海市对 375 户企业开展了财税专项检查工作，查出应缴未缴税款 21 636 万元；菏泽市对部分市直部门 88 个非税收入项目的管理情况进行了全面的检查，促进了“收支两条线”改革，进一步提高了非税收入征管质量等。

【围绕社会主义新农村建设，积极开展涉农资金的监督检查】 按照财政支持社会主义新农村建设的统一部署和要求，各级财政监督机构不断加大支农资金监督力度，监督支农、惠农政策的执行，保障涉农资金安全有效。2006 年 4 月，省财政厅、省卫生厅组成联合督查组，实施了基层卫生院“360 工程”的监督检查，重点核实了有关项目的组织领导、施工准备以及资金配套等情况，为确保该工程的顺利实施、促进农村卫生事业发展创造了条件。7 月和 11 月，省级先后两次对 106 个省级试点县 2006 年新型农村合作医疗实施情况进行审查核实，基本摸清了资金管理制度建设及资金管理使用情况，加强和规范了新农合基金管理，保障了政策落实，促进了新型农村合作医疗工作的健康开展。同时，省财政厅制定出台了《山东省农业财政专项资金实施县级报账制管理暂行办法》、《“1127 工程”省级财政补助资金管理办法》等制度办法，不仅从制度设计上进一步规范了资金管理，而且为今后加强监督、开展资金使用绩效评价提供了标准和依据。潍坊、烟台等市也围绕涉农资金积极开展监督检查。如潍坊市对农村人畜饮水专项资金、山区开发资金等涉农专项资金进行了监督检查，烟台市对“村村通自来水”工程建设补助资金和农村水利工程项目补助资金管理使用情况进行了检查。通过开展这些检查活动，既密切了干群关系、增进了群众感情，又保证了资金专款专用、及时到位，促进了农村社会事业发展，较好地维护了广大人民群众的切身利益。

【围绕规范和整顿市场经济秩序，加大会计监督力度】 根据财政部统一部署，2006 年 7～9 月，全省各级共对 524 个单位的会计信息质量以及 17 家中小会计师事务所执业质量进行了检查，共查出资产负债核算不实、损益核算不实等会计信息失真问题资金 58.55 亿元，偷逃各类税款 2.33 亿元，部分会计师事务所存在审计程序执行不到位、违反规定出具不实报告、允许注册会计师挂名执业等问题。针对发现的问题，对有关单位作出了罚款 207 万元的行政处罚，对 2 家会计师事务所和 4 名签字注册会计师进行了警告，对 6 家事务所下达关注函，并将检查和处理处罚情况在《大众日报》上发布了公告，有力地规范了市场经济秩序。

【围绕提高财政内部管理水平，认真开展内部监督检查】 2006 年 2 月至 3 月，省财政厅监督检查局联合纪检组、预算处、国库处、人教处，对厅机关9个处室、单位的省级预算执行、财务收支等情况进行了检查。针对检查中发现的突出问题及薄弱环节，向有关处室、单位提出了针对性强、内容具体、切实可行的改进管理的建议。各处室、单位认真采纳相关建议，并就自身存在的问题积极进行整改，真正达到"内审促管理，整改促提高"的目的。日照、临沂等市也积极围绕加强内部管理，开展内部监督工作。如日照为提升内部监督的深度和效果，从源头上提高财政管理水平，结合开展"财政管理年"活动，对部分科室的2005年度财务收支、会计基础工作及内部控制制度等进行了监督检查，进一步提高了内部管理工作的规范化水平。

【财政监督调研工作水平进一步提高】 各级财政监督检查机构从促进财政监督与管理的融合出发，加大调研工作力度，进一步提升了财政监督的层次和水平。一是加强理论研究。省财政厅监督检查局与湖北省财政厅监督局共同牵头，承担了财政部监督机制建设研究课题，对财政监督机制进行了系统的研究，形成的调研报告，被财政部评为全国监督系统调研论文二等奖。各市也注重在理论研究方面下功夫、做文章，形成理论调研报告20余篇，取得显著成果。二是结合检查工作，深入开展调查研究。各级财政监督机构在布置所有检查任务时，都结合检查情况，专门拿出一定的时间和精力，做好分析研究工作，站在加强财政管理的高度，提出解决问题和预防问题的办法，有针对性地提出整改建议，形成了一大批调研报告，为各级领导和有关方面进行决策提供了参考依据。

【财政监督队伍建设进一步加强】 各级财政监督检查机构及时充实高素质的干部，截至2006年底，全省财政监督队伍达到687人。为适应财政监督工作的需要，各级财政部门加大了财政监督业务法规制度建设和业务培训的力度，鼓励引导财政监督干部参加学历教育和资格考试，有力地提高了干部队伍的业务能力。截至2006年底，全省财政监督干部中，具有本科以上学历的518人，占总数的75.4%；具有中高级专业技术职务的457人，占66.5%；具备注册会计师、注册税务师、律师等执业资格的73人，占10.6%。同时，注重加强财政监督队伍的思想作风建设，干部队伍的思想面貌、精神状态和工作作风有了很大改变，树立了财政监督干部的良好形象。

（撰稿：张光月　李　波）

【省财政厅驻济南财政检查办事处】 一是以开展"财政管理年"活动为抓手，提出"深化管理、细化管理、强化管理"的"三化"管理主题，坚持"以人为本、严格管理、深化改革、依法行政"，细化、深化、强化办事处各项管理工作，进一步细化财务管理制度、车辆管理制度、物资采购制度、请销假制度、职工上下班工作纪律等制度，规范统一了财政检查工作底稿及检查报告的内容及格式，促进了财政监督检查工作的协调开展。二是开展新型农村合作医疗基金及2家电力企业情况的核查。核实了辖区内三市新型农村合作医疗基金筹集情况、管理和使用情况，共审核资金1.7亿元，涉及参合农民数446.3万人。对华电章丘发电有限责任公司、莱芜发电厂的股权结构、装机容量、纳税情况进行了调研分析，核清了中央与地方联合办电企业的财务核算模式、机组的装机容量、纳税级次、股权结构，纠正了企业存在的增值税错库、混库问题。三是开展财务收支及会计信息质量的检查。重点开展了三个方面工作：对省监狱系统17个单位财务收支及会计信息质量的检查；对省煤炭工业局、省商业集团及所属单位、齐鲁会计师事务所有限公司等20个单位会计信息质量及会计师事务所执业质量的检查；对省文联及其所属10个预算单位，省作协及其所属5个单位近两年的财务收支情况进行了检查。共查出违纪金额26.9亿元，规范了这些单位的财务收支行为和会计信息质量。四是开展对辖区省直垂管六部门预算初审编制情况的审查。共审核辖区三市省直垂管预算单位68个，查出多报人员编制数351人，多报财政供养人员1 564人，多申请工资津补贴数额4 259万元，少报收入及结余2.77亿元。同时，着眼提高部门预算编制质量、规范基本支出、加强财政监督，积极提出建议意见促进了相关工作的规范化。

（撰稿：解正湖　王永振　朱恩波）

【省财政厅驻淄博财政检查办事处】 一是贴近管理积极开展专项检查活动。积极开展监狱系统财务收支检查。围绕深化监狱系统财政预算体制改革、完善财政财务管理的需要，4～6月份对淄博监狱、鲁中监狱、未成年犯管教所及所属8户企业进行了检查。共查出违规金额6 465万元，基本摸清了家底，为加强监狱系统预算管理提供了第一手资料。积极开展会计信息质量检查。围绕解决会计信息失真，服务宏观决策的需要，7～9月份对大众报业集团和山东沾化发电厂的会计信息质量、山东黄河有限责任会计师事务所的执业质量进行了检查。共查出违规金额1.15亿元，为加强财务会计和中介机构管理、规范财经秩序发挥了作用。积极开展电力企业纳税情况调查。为了理顺省市财政分配关系，8月份对沾化发电厂及沾化热电有限公司新上机组增值税纳税情况进行了调查，为管理决策提供了重要参考依据。积极开展部门预算编制审核。围绕加强部门预算管理，10月份对淄博、滨州两市工商、地税、质监、药监、监狱、劳教等6个省直垂管部门2007年部门预算“一上”数据进行了审核，进一步夯实了预算编制的基础数据，促进了部门预算改革的深入。积极开展“新农合”资金审核。7月、11月两次对辖区9个新农合省级试点县申请省级补助资金进行了审核，共涉及省级财政补助资金4 583万元，保证了重点专项资金使用的安全性、规范性和有效性。二是切实加强日常监督管理。一方面，认真搞好驻地省垂管单位部门预算初审，既充分发挥了办事处在监督一线的优势，又将监督直接参与到财政管理活动中，初步实现了监督关口前移，收到了良好效果。另一方面，认真搞好省级新农合补助资金审核，实现了对新农合财政补助资金的事前审核把关、事中跟踪监控，有力地加强了对该项资金的监督管理，促进了新农合试点工作的顺利开展。三是及时提出检查建议，牢固树立监督服务管理的意识，既严格执法、规范执法，又注意从规范管理、促进发展上想办法、提建议。一年来，共提出加强财政管理的建议和措施14条，向被查单位提出整改建议74条，较好地达到了以查促管、规范发展的目的。同时，对历年检查中发现的问题进行了认真梳理和分析，整理归纳出15类64项带有一定普遍性的问题，通报辖区省属单位，为单位加强财务管理和会计核算，提供了决策依据。

（撰稿：宿　胜　吴国昭　赵克非）

【省财政厅驻潍坊财政检查办事处】积极参与组织开展了监狱系统财务收支和会计信息质量检查，电力生产企业会计信息质量检查，会计师事务所执业质量检查，科研专项资金检查，惠农专项资金审核，部分单位部门预算初审等。共查处违规违纪问题3亿多元，提出各类合理化建议20多条，促进了被查单位管理水平的提高。一是认真开展对监狱系统财务收支和会计信息质量检查。为加强预算管理，规范财务收支行为和会计核算，提高会计信息质量，4月10日～6月13日，对山东省潍坊监狱和山东省潍北监狱分别进行了检查，并就监狱企业财务管理情况进行了调研，摸清了监狱和监狱企业的基本状况，进一步规范了监狱和监狱企业的财务收支，为加强省级预算管理、完善部门预算、领导决策提供了翔实的数据材料。二是认真开展对电力生产企业会计信息质量检查。7月19日至9月18日，分别对山东中华发电有限公司及其所属三个电厂、山东国电发电运营中心菏泽经营部、聊城经营部及其所办三产企业2005年度会计信息质量进行进行了检查。在集中检查成本费用的同时，还就电力企业近三年纳税情况，工资及名义工资发放情况进行了翔实的检查。三是认真开展对会计师事务所执业质量检查。7月15日对东营市正大信有限责任会计师事务所的执业质量进行了检查，并根据其执业情况确定1户企业进行了延伸检查。共检查了85份审计报告和157份验资报告。同时，还就该所的设立条件、业务报备、内部管理、质量控制、会计信息质量等情况进行了检查。通过检查，及时发现和纠正存在的问题，对当地会计师事务所起到了应有的警戒作用，促进了其自律机制的完善。四是对省级应用技术研究与开发资金审核。对济南、潍坊、东营三地2003年度、2004年度省级应用技术研究与开发资金管理使用情况进行检查，涉及财政拨款金额1 103万元，项目37个，单位60余家，发现了项目承担单位未按期完成任务、地方财政部门拨付资金不及时形成滞留，以及有偿使用部分资金没有拨付等问题，及时提出了整改意见建议。五是认真开展对惠农专项资金的审核。根据日常监督检查要求，对潍坊、东营两市共9个试点县（市、区）申请2006年度省财政新型农村合作医疗补助资金管理使用情况进行了二次事前审核，全面了解了两市该项基金的筹集、管理和使用情况，促使有关单位、有关环节纠正存在的问题，加强对基金的监督管理，确保基金使用效益和政策落实到位，促进了新型农村合作医疗试点工作的健康发展。六是认真开展对省属单位部门预算的初审工作。11月下旬至12月末，对潍坊、东营两市工商、地税、质监、药监等四部门及山东潍坊监狱和山东潍北监狱等2007年部门预算资料进行翔实核查，并实地进行了抽查，重点对人员编制、在职人员情况、离退休人员情况、人员工资及津补贴情况、单位资产情况、主要收支情况等逐项进行了详细检查落实，并将单位上报资料与省厅基础信息库情况进行对比，圆满完成了各项检查任务。

（撰稿：王镇修　祝学德　潘　涌）

【省财政厅驻济宁财政检查办事处】严格依法行政，遵守法定程序，依法检查、依法处理，圆满完成了五项财政监督检查工作，有力地促进了财政管理水平的提高。一是开展了对监狱系统财务收支和会计信息质量的检查。4～6月份，对省监狱管理局部分监狱及其所属的监狱企业进行了检查，共查出监狱企业欠交利润2.68亿元，资本金不到位32.47亿元，虚列、多列成本费用89万元，跨期确认成本费用353万元，不列、少列成本费用367万元，资产核算不实11.51亿元，未按规定核算投资440万元等问题。通过开展检查活动理清了监狱及监狱企业的基本情况，核实了监狱的编制及实有人员，规范了监狱及监狱企业的财务行为，为加强监狱财务管理提供了翔实的资料。二是开展了会计信息质量检查和会计师事务所执业质量检查。7～9月份，对11家企业2005年度会计资料的真实性、完整性进行了检查，对1户会计师事务所执业质量进行了检查，共查补应缴税款983.60万元，并摸清了电力企业的基本情况及股权结构情况，对企业所得税和增值税的缴纳情况进行了详细核实，为加强电力企业预算管理、理清入库级次打下基础。三是组织实施了对新型农村合作医疗省级试点县的核查工作。为确保新型农村合作医疗资金真正惠及广大农民，8月、12月，先后两次对三市省级试点县参合情况进行核查，为拨付省级补助资金提供了翔实可靠的数据。四是组织实施了对非驻济省级部门2007年预算编制"一上"资料的审核。9月底至10月底，对枣庄、济宁和菏泽三市工商、地税、质监、药监和监狱系统2007年部门预算"一上"编制资料进行了审核，共审核出多报人员编制27人，多报编制内人员873人，违反规定发放和上报津补贴2 394.14万元，少上报预算收入900.87万元等多项问题，进一步提高了省级预算编制质量，强化了部门预算编制的严肃性，为下一步加强部门预算管理提供了依据。五是对南四湖人工湿地示范工程项目资金进行跟踪检查和监督。与济宁市财政局、济宁市环保局协调联系，并现场勘查湿地工程项目，听取项目负责单位有关人员的介绍，及时掌握项目进展情况，确保了项目如期开展和资金安全有效使用。

（撰稿：杨　博　刘相东　张学东　刘泰然）

【省财政厅驻烟台财政检查办事处】 一是认真开展监狱系统检查。共检查山东省运河监狱、山东省鲁南监狱、山东省菏泽监狱、青岛警官接待站4个单位及山东省七五生建煤矿、山东省三河口矿业有限责任公司、山东省菏泽生建机械厂等11户企业，查实违规违纪金额3.6亿元。二是认真开展电力生产企业会计信息质量检查和调查。先后对日照电厂、威海电厂以及辛店电厂等10户电力生产企业开展检查、调查工作，查实违规违纪金额9 902万元。三是认真开展省垂管单位部门预算编制"一上"初审。对烟台、威海两市工商行政管理系统、地方税务局系统、食品药品监督管理系统、质量技术监督系统2007年部门预算编制"一上"信息进行初审。审查面达100%，审查单位94个。共查出编制不实427人、核减285人，财政供养人员不实258人、核减230人，多申报工资津贴、补贴5 617万元，少报收入及结余7 841万元，多报建筑面积13.4万平方米、多报供暖面积12.8万平方米，车辆不实138辆。四是认真开展会计师事务所执业质量检查。对青岛嵩德有限责任会计师事务所执业质量进行检查，查出审计意见不恰当的审计报告3份，对检查发现的无审计计划、审计程序不到位、审计重点领域关注不够、工作底稿不完整详细、复核程序不到位等问题提出了整改意见和处罚意见。五是认真搞好对群众举报问题的核查。对举报烟台龙口金都联合会计师事务所合伙人存在的问题进行检查核实。按照谨慎稳妥，实事求是的原则，本着对举报人、被举报人负责的态度，对举报信中提到的所有问题进行认真分析，查找线索，逐一核实，对举报信反映的问题给予了澄清。六是认真搞好新型农村合作医疗补助资金初审工作。分别于7月份和12月份对烟台、威海两市11个试点县新型农村合作医疗补助资金申报材料开展两次核查。共核查2006年新农合资金筹集总额1.7亿元，支出资金总额8 606万元，截至检查日资金结余8 760万元。已参加合作医疗农民357万人，已享受合作医疗补助人数166万人。审核省财政合作医疗补助资金2 818万元，地方财政配套资金1.5亿元。七是认真做好省级化肥淡季储备工作的监管准备工作。按照《省级化肥淡季储备管理暂行办法》规定，主动加强与厅业务处室的沟通，认真学习业务要求，了解承储企业业务情况，拟定具体的监管办法，为开展2006年度省级化肥淡季储备监管工作做好了准备。

（撰稿：吕兰纪　曲世强　李军华）

【省财政厅驻临沂财政检查办事处】 坚持依法行政、规范管理，不断丰富和完善财政监督管理手段与措施。重点开展了四项财政检查及核查工作，查处纠正各方面违规违纪问题3亿元，推进了财政管理水平提高：一是4～6月份，开展滕州、临沂监狱系统财务收支和会计信息质量检查，查处各种违规违纪问题1亿元，并掌握了单位的财务收支等基本情况。二是7～9月份，开展山东临沂发电有限责任公司、山东黄台火力发电厂2005年度会计信息质量及临沂大宇会计师事务所执业质量检查，查处企业违规违纪问题2亿元；抽查审计报告38份，查处30多项违纪问题，下达了关注函。通过调查，摸清了聊城热电有限责任公司、临沂热电7号机组（鲁能）的股权结构等基本情况，核实了企业所得税和增值税的缴纳情况。三是对临沂、日照两市11个省级试点县（区）新型农村合作医疗试点工作情况进行了调查核实，纠正了农民缴费到位不及时等问题。四是10月份，对辖区垂直管理系统2007年部门预算"一上"编报情况进行了审核，检查了各系统市局机关、所属事业单位及部分县（区）局机关等30个单位的预算编报情况，为预算编制提供了翔实的基础数据。同时，积极探索加强财政监督与管理相融合的办法，建立辖区内省级单位和会计师事务所的基础会计信息资料报送制度，加强对辖区内单位的动态日常监管。制定财政检查行政处理处罚决定执行情况及整改事项跟踪回访办法，跟踪回访财政检查行政处理处罚决定执行情况，巩固提高了财政监督成效。

（撰稿：韩志毅　李　军　王宏伟）

【省财政厅驻德州财政检查办事处】 坚持专项监督与日常监管并重，不断拓宽财政监督检查领域，创新监督检查机制，取得显著成效。全年共对78个单位进行了检查或审核，累计查出各类违法违纪金额12 978万元，纠正部门预算编报不实1 945万元，编制人员不实1 341人，整顿和规范了财经秩序。一是开展对省直监狱财务收支和会计信息质量检查。4～6月份，对德州监狱及德州生建机械厂、聊城监狱及山东光岳转向节总厂（含分厂）、齐州监狱及六一农场2005年度财务收支和会计信息质量进行了监督检查，对三所监狱及所属监狱企业进行了全面的了解，查出各类违纪问题4 495万元，并发现了监狱在预算管理和财务核算方面存在的一些问题，有针对性地提出了整改措施。二是开展会计信息质量检查和会计师事务所执业质量检查。7～9月份，对华能国际电力股份有限公司德州电厂、华电国际电力股份有限公司莱城发电厂2005年会计信息质量进行了检查，对德州弘刚联合会计师事务所执业质量进行了检查，并对华电潍坊发电有限公司、滕州新源热电有限公司、淄博热电有限公司进行了调查，针对发现的会计核算不规范、账实不符、税收混库等问题，及时提出整改要求，严肃了财经纪律。三是开展对新型农村合作医疗的审核工作。6月份和12月份先后两次对德州市、聊城市12个省级试点县的申报材料进行了审核，明确申报资料，明确审核内容，明确审核方法，认真开展对相关资金管理使用情况的监督检查，促进新型农村合作医疗工作的顺利开展。四是开展对省直五部门2007年部门预算审核工作。10月中旬至月底，对聊城市、德州市省直垂管的工商、质监、药监、地税、监狱等五部门2007年部门预算“一上”情况进行了初审，对各部门市局进行了普查，并对有关县局进行了抽查，涉及单位48个。通过初审，摸清了人员底数，审减编制数948人，审减实有人员393人，其中在职333人、离退休60人；核实了工资政策执行情况，其中工资不实人数372人，超标准上报津补贴800万元；查清了收入信息情况，少报收入1 145万元，夯实了预算编制基础，促进了预算编制质量的提高。五是做好会计师事务所举报核实工作。分别受理核实了德州志远联合会计师事务所和山东舜天信诚会计师事务所东阿分所出资人的有关情况，澄清了事实，整顿了秩序，维护了法律法规的严肃性。

（撰稿：张传利　王　磊）

财政队伍建设

【系统干部队伍建设】 全省财政系统认真坚持科学发展观、人才观和正确政绩观，全面贯彻干部队伍“四化”方针，按照任人唯贤、德才兼备原则，加大培养选拔干部工作力度，切实加强干部队伍建设。全年共推荐选拔省管干部9名，其中提拔交流到外系统1名，提任市级人大、政府、政协领导成员各1名；推荐选拔县处级干部127名，其中：省财政厅选拔处级干部40名，全系统提拔交流到外系统任职19名；选拔任用乡科级干部255名，其中交流任职30名。通过选拔使用政治坚定、实绩突出、能力强、作风正、群众信得过的优秀干部，进一步树立了正确的选人用人导向，全省财政系统气顺心齐、奋发向上、干事创业的氛围更加浓厚。

【机构职能调整】 农业税、农业特产税取消后，为加强对基层和农村财政财务的管理，根据农税机构工作职能和范围变化情况，省财政厅农业税收管理处更名为基层财政管理处，更名后的职能为：负责契税、耕地占用税的征收管理；研究拟定乡镇财政财务管理的有关制度、办法并组织实施，指导乡镇财政、财务管理；研究村级财政资金政策、拟定相关办法、规范管理并督导落实；对财政用于“三农”的资金使用情况进行督查等。

为加强非经营性国有资产管理，健全行政事业单位国有资产的配置、使用、处置、评估和收入管理机制，进一步提高行政事业单位资产的使用效益，省财政厅统计评价处更名为行政事业资产处，保留省清产核资办公室牌子。更名后主要职能是：贯彻执行国家有关行政事业单位国有资产管理的法律、法规和方针、政策；研究拟定全省行政事业单位国有资产管理的规章制度，并组织实施和监督；指导全省行政事业单位国有资产管理；负责省级行政事业单位资产管理和清产核资等。

截至2006年底，全省财政系统有2市、1县财政部门的农税机构和7市、3县的统计评价机构进行了更名及职能调整。

【公务员登记和工资分配制度改革】 全省财政系统按照各级党委、政府要求，共为3 407人进行了公务员登记、3 079名公务员进行了工资套改，其中省财政厅登记、工资套改210人。公务员登记和工资分配制度改革的顺利进行，为公务员法的实施和各项配套法规政策的入轨运行打下了良好基础。

【事业单位改革】 各级财政部门按照党委、政府部署，认真学习贯彻改革政策精神，深入调查研究，摸清底数，紧密结合实际，分类拟定改革方案，做了大量准备工作，为稳步推进事业单位分类、推行人员聘用制、岗位设置和收入分配制度改革等，打下了坚实的基础。

【全省财政系统机构人员概况】 2006年，全省共有财政机构1 987个，比上年增加8个。其中，省级财政机构1个，计划单列市财政机构1个，市级财政机构16个，县（市、区）财政机构177个（济南市12个，青岛市14个，淄博市10个，枣庄市8个，东营市6个，烟台市14个，潍坊市16个，济宁市13个，泰安市9个，威海市7个，日照市7个，莱芜市4个，临沂市15个，德州市12个，聊城市10个，滨州市9个，菏泽市11个），乡镇所级财政机构1 792个。

2006年底，全省财政系统共有30 895人，比上年减少342人，降低1.09%。其中：正式职工30 117人，占总人数的97.48%，减少219人，降低0.72%；聘用制人员778人，占2.52%，减少123人，降低13.65%；中共党员22 288人，占72.14%，增加299人，增长1.36%；女职工10 539人，占34.11%，减少43人，下降0.41%；汉族30 762人，占99.57%。

人员分布：省级财政部门1 252人，占4.05%，增加5人，提高0.40%；市级财政部门4 566人，占14.78%，增加91人，提高2.03%；县（市、区）级财政部门10 961人，占35.48%，增加72人，提高0.66%；乡（镇）级财政部门14 116人，占45.69%，减少510人，下降3.49%。

学历结构：大专以上文化程度24 531人（其中，博士研究生12人、硕士研究生429人、大学本科12 645人、大学专科11 445人），占79.40%，上升2.94个百分点；中专4 714人，占15.26%，下降2.36个百分点；高中以下文化程度1 650人，占5.34%，下降0.57个百分点。

年龄结构：35岁及以下14 636人，占47.38%，下降1.84个百分点；36岁至45岁10 897人，占35.27%，上升1.63个百分点；46岁至54岁4 691人，占15.18%，上升0.22个百分点；55岁及以上671人，占2.17%，下降0.01个百分点。

【省财政厅及省经济开发投资公司机构和人员状况】 2006年底，省财政厅行政机构有：办公室、综合处、法规处、税政处（与法规处合署）、预算处、国库处（挂政府采购监督管理处牌子）、行政政法处、教科文处、经济建设处、农业处、社会保障处、企业处、债务金融处、基层财政管理处、会计处、行政事业资产处、监督检查局、人事教育处、离退休干部处、机关党委。

派驻机构：中共山东省纪律检查委员会驻山东省财政厅纪律检查组、山东省监察厅驻山东省财政厅监察专员办公室（一个机构，两块牌子）。

省财政厅所属事业单位：山东省财政科学研究所、山东省财政信息中心、山东省财政厅集中支付中心、山东省财政投资评审中心、山东省财政厅机关服务中心、山东省财政厅干部教育中心（与省会计干部中等专业学校合署）、山东省财政职工大学、山东省注册会计师协会、山东省财政厅机关幼儿园、山东省财政厅机关招待所、山东省财政厅机关印刷所。

省财政厅派出机构：山东省财政厅驻济南财政检查办事处、山东省财政厅驻淄博财政检查办事处、山东省财政厅驻烟台财政检查办事处、山东省财政厅驻潍坊财政检查办事处、山东省财政厅驻济宁财政检查办事处、山东省财政厅驻临沂财政检查办事处、山东省财政厅驻德州财政检查办事处。

山东省经济开发投资公司为省政府直属事业单位，挂靠省财政厅，其内部设总经理办公室、计划财务部、资产管理部、投资业务部、稽核部、人事部。全资子公司7家，包括：山东省经济开发实业总公司、山东华鲁房地产开发有限公司、山东华鲁物业管理有限公司、山东汇通实业公司、山东金阳企业管理有限公司、深圳鲁财投资发展有限公司、香港宝丰有限公司；控股和参股公司近30家，主要有：山东航空集团有限公司、济南国际机场股份有限公司、山东省石油天然气有限公司、山东省（鲁财）产权交易中心、山东和华电子有限公司、莱钢股份有限公司等。

2006年底，省财政厅（含省经济开发投资公司）共有干部职工582人，比上年增加1人，其中，男、女分别为391人、191人；中共党员456人，占78.35%，增加11人，提高1.76个百分点；省管干部15人、处级干部150人、科级干部293人、一般干部40人、工勤人员84人，各占2.41%、25.95%、50.34%、6.87%和14.43%；35岁及以下176人，36岁至45岁251

人，46岁至54岁137人，55岁及以上18人，各占30.24%、43.13%、23.54%和3.09%，分别比上年减少24人、增加17人、增加11人、减少3人。具有研究生以上文化程度99人（其中：博士研究生8人，硕士研究生、研究生学历91人），占17.01%，提高2.38个百分点；大学文化程度417人（其中，本科356人，专科61人），占71.65%，降低1.16个百分点；中专以下文化程度66人，占11.34%，降低1.22个百分点。

（撰稿：隋宝文　苏登新　李政华　胡晓鸿）

离退休干部工作

【加强政治学习，使老同志思想常新、理想永存】 通过落实各项学习制度，认真组织老同志参加政治学习，确保离退休干部政治待遇的落实，使老同志及时了解党和国家的方针政策，思想上始终紧跟形势。一是坚持情况通报制度。坚持定期向老同志介绍大家普遍关心的情况制度，及时向离退休老同志通报财政工作和工资改革等情况，使老同志对全省财政整体情况和关心的问题得到全面了解。二是坚持厅级老领导阅文制度。省财政厅每月对厅级老领导按规定阅读的文件，提前认真做好准备，对居住地较远的厅级老领导及时通知，并安排接送。一年来，归纳、整理文件600余份，向厅机要室借阅文件120余份，共组织8次50余人（次）厅级老领导阅文。三是坚持集中学习制度。省财政厅按照省委老干部局的要求，每月10日、25日组织老同志集中学习。2006年，认真组织学习了党的十六届六中全会精神和《江泽民文选》。全年共组织学习活动18次，共有1 200余人（次）参加。四是落实宣传报道制度。积极宣传党的路线、方针、政策，报道老同志的先进事迹和各种活动。省财政厅在老干部活动室摆放了10多种报纸，为每名老同志征订了两份杂志，对厅级老同志增订了“一大一小”两份报纸。同时，充分发挥阅读栏、报纸、杂志和网络的宣传平台作用，不定期更换老干部活动中心的阅读栏，通过《老干部工作通讯》、《老干部之家》、《省直老干部工作月报》，宣传离退休干部工作。

【组织学习考察，让老同志感受财政改革与发展成果】 为增强政治理论学习的针对性、实效性，让老同志切实感受到经济和社会发展带来的新气象、新变化、新成就，2006年，省财政厅共组织老同志5次外出参观学习；各市县财政部门也组织开展了许多有意义的外出参观学习活动。通过考察学习，使老同志亲身感受各地贯彻落实科学发展观，促进人与自然和谐发展的新成就，对我省财政经济发展和社会事业建设有了更深入的了解。

【以亲情服务为重点，不断提高工作质量】 牢固树立奉献精神和亲情服务观念，做老同志的贴心人，不断提高工作质量。一是征求老同志意见，认真进行工作整改。向老同志发放征求意见调查表，征求老同志对离退休干部工作及老干部工作人员的意见，及时向老同志说明情况，认真进行整改，得到老同志的理解和支持，老干部工作质量不断提高。二是坚持走访制度，体现组织关怀。平时坚持走访制度，把党的温暖和组织的关怀送到老同志的心坎上，尤其是在老同志生病住院和有困难时，及时走访看望，了解他们的身体和生活状况。对涉及老同志切身利益的事情，通过耐心细致的工作，尽力解决，让老同志满意，使老同志亲身体会到了组织的温暖。三是组织健康疗养和健康查体，促进身心健康。按照有关政策规定，组织老同志健康疗养，落实离退休干部生活待遇。搜集整理有关健康长寿的资料，编印成《细节决定活百岁》保健材料，发送到每个老同志手中。积极搞好老同志健康查体，为老同志注射流感疫苗，积极帮助老同志保持身体健康。

【着眼老同志特点，开展健康有益的文体活动】 针对老同志实际，坚持把“老有所乐”作为离退休干部工作的一项重要内容，开展有益于离退休老同志身心健康的文体活动。一是以老干部活动中心为依托，开展经常性的文体活动。每日开放老干部活动中心，为老同志提供一个舒适、健康的活动场所。2006年，省财政厅共有4 500多人（次）参加活动。二是组织钓鱼活动，陶冶思想情操。省财政厅定期组织老同志参加钓鱼活动，全年共组织20次，参加人员452人（次），既丰富了生活情趣，又陶冶了思想情操。三是开展适合老同志特点的文体竞赛活动。4月份，省财政厅组织72名老同志、194人（次）参加了省财税系统春季运动会。12月份，先后举办了厅机关离退休干部室内运动会，开展了麻将、扑克、投标、拍球入篓、套圈、台球6项比赛，共有

82名离退休人员参加；组织了厅与8个省直部门离退休干部参加的“2007年迎新春桥牌邀请赛”；各市县财政局也积极组织老同志开展象棋、桥牌、台球、门球友谊比赛等活动。不仅提高了竞技水平，而且加深了老同志之间的友谊。四是积极参加各项文体比赛。5月份，省财政厅老干部代表队参加省直机关老年双人桥牌比赛，夺得甲级队南北组第3名；9月份，参加省“万杰杯”台球普尔9球比赛、斯诺克比赛；11月份，参加省直机关老年第21届象棋比赛和第二届地矿杯双人桥牌赛。在参加由省委组织部、宣传部、老干部局等单位举办的全省离退休干部“我健康、我快乐”风采大赛中，省财政厅离退休老同志代表队，获得了分组赛一等奖和组织奖。在代表省直单位参加全省离退休干部风采大赛中，省财政厅代表队取得了三等奖，吕志孔同志获得最佳智慧奖，展示了厅离退休老同志的风采。

【强化自身建设，老干部工作人员素质不断提高】 按照建立“五型”机关的要求，大力加强自身建设，不断提高老干部工作人员的政治素质和业务能力。一是加强学习。认真学习邓小平理论和“三个代表”重要思想、学习党章，开展社会主义荣辱观教育等活动。学习中央、省委关于老干部工作的政策、规定，不断提高老干部工作人员的政治和业务能力。二是加强制度建设。在细化职责的基础上，进一步加强制度建设，完善政治学习、管理服务、廉政勤政等方面的制度规定，逐步形成用制度管人、用制度管事的工作格局。三是进一步改善工作作风。认真学习全国、全省老干部先进集体和先进工作者的事迹，以全国、全省老干部工作先进集体和个人为榜样，发扬“奉献、服务、办实事”的精神，坚持以人为本，全心全意为老同志服务，工作质量和效率不断提高。

（撰稿：李玉斌　张祖军）

机关思想政治工作

【抓住根本，进一步强化理论武装工作】 坚持以党组学习中心组为龙头，领导干部为重点，机关党委抓督导，党支部抓落实的机关理论武装工作的基本格局，科学安排，精心组织，及时传达贯彻党的方针、政策，深入学习中央和省委的重大战略思想和最新理论成果；认真开展以科学发展观、构建和谐社会、《党章》和社会主义荣辱观为重点的学习教育实践活动。为强化处以上干部学习，8月份利用一周时间，省财政厅举办了厅党组理论学习中心组读书会，专题学习了《江泽民文选》、胡锦涛总书记重要讲话和省委理论学习中心组读书会精神。厅党组成员和正处以上干部40多人参加读书会。各支部和广大党员也自觉联系财政工作实际，认真思考，围绕做大财政经济蛋糕、支持解决“三农”问题、促进财政资金安全规范有效使用、完善财政宏观调控政策等问题进行深入广泛讨论，广大干部的政治思想素质不断提高，为做好财政中心工作提供了思想保障和智力支持。

【夯实基础，切实加强基层党组织建设】 根据省委要求，认真组织开展了争创“五个好”党支部和“五个好”党员活动。“七一”前夕，各党支部以多种形式庆祝建党85周年，使广大党员受到了一次深刻的党性教育。为充实党的新鲜血液，按照“严格标准，保证质量，改善结构，慎重发展”的方针，发展新党员8名，预备党员转正5名，进一步加强了党员队伍建设。为强化对党员干部的管理、教育和监督，积极构建惩防体系，把加强惩治和预防腐败纳入了各党支部工作的总体规划，组织开展了“四个一”和勤政廉政教育活动，营造了遵纪守法，廉洁勤政的浓厚氛围。

【服务中心，努力打造政治工作亮点品牌】 一是不断深化党的先进性建设，着力打造“党员先锋品牌”。党的先进性教育后，为巩固扩大教育成果，重点构建机关党建的长效机制，即加强思想政治建设，建立健全学习理论、指导实践的长效机制；加强党风廉政建设，建立培养机关优良作风的长效机制；加强和谐机关建设，建立健全联系和服务群众的长效机制。在落实这些机制的过程，各支部和广大党员注重把党的先进性进一步转化运用到服务人民群众、促进各项工作的目标要求上，发挥了支部的战斗堡垒作用和党员先锋模范作用，打造了党的先锋模范品牌。二是精心组织评选表彰，着力打造“财政双先品牌”。本着公开、公平、公正，优中选优的原则，在全省财政系统评选表彰了80个先进集体和100名先进个人，并编印出版《财苑之星在齐鲁闪耀》一书，大力推广先进集体和先进个人的模范事迹，树立财政系统的优秀典型，弘扬新时期的财政精神，有力地推进了全省财政系统“三个文明”建设的协调发展。三是深入开展文明创建活动，着力打造“文明财政品牌”。按照“充实创建内容、完善创建机制、扩大创建影响、提升创建水平”的总体思路，认真总结“十五”期间开展文明创建工作的经验，在不断推进机关文明创建工作的同时，将创建工作进一步辐射到了全省财政系统，系统文明创建活动已成为全省财政系统开展工作的一项具有凝聚力、向心力和影响力的形象品牌工程，得到了社会的高度关注和大力支持。

【发挥优势，积极推进群团工作的开展】 机关工会组织，围绕“五型”机关、文明机关建设，加强职业道德、职业纪律建设。参加了省直工会组织的以“做表率、谋发展、促和谐”为主题的省财政厅组织省直机关职业道德建设成果展览，厅机关获得优秀和组织两个奖项；积极开展机关文化体育活动，促进了机关健身活动的开展。元旦春节期间与省地税局举办了迎新春联欢会；4月底，成功举办2006年春季运动会，锻炼体魄，凝聚力量，陶冶情操，活跃了机关的文化生活。机关共青团组织围绕服务中心、服务青年的目标，积极开展机关团委的工作。4月份，省财政厅机关团委向厅机关团员青年发出了倡议书，开展了“践行荣辱观，青春铸和谐”主题团日活动；8月份，参加了省直工委组织的捐献爱心、收获未来“爱心图书室”捐助活动。同时，发动机关干部职工为鄄城县贫困学生捐助建设了两个“爱心图书室”，省财政厅机关被省直青联评为“爱心助学示范单位”。在团省委组织开展的山东省十大杰出（优秀）青年卫士评选活动中，省财政厅推荐的候选人荣获了全省60个优秀青年卫士之一，记省政府三等功；在省直团工委组织开展的青年文明号优秀岗位能手争创活动中，省财政厅推荐的候选人获得了杰出青年岗位能手称号。机关妇女组织积极发挥女职工“半边天”的重要作用，以“巾帼建功”为主线，扎实有效开展“巾帼扶贫”、计划生育、“春蕾计划”等活动，提高了妇女素质，增强了参与意识。省财政厅机关妇委会与东明县开展的结对救助活动，仅2006年就结对救助失学、困难女童40余人，捐助学习材料600余册，受到当地群众的欢迎。东明县政府向厅机关赠送了“情系黄河滩区，爱献春蕾女童”的纪念匾，厅妇委会被省妇联授予“全省三八红旗集体”称号。

（撰稿：王玉敏　王鲁刚）

纪检监察工作

【深化教育，扎实开展主题教育活动】 按照省纪委统一部署，结合财政工作实际，认真组织开展了“勤政廉政、科学发展”主题教育活动，具体做法是：制订“一个意见”、坚持“四个结合”、抓好“四个一”活动。

1. 按照省纪委、省委组织部和省委宣传部通知要求，省财政厅党组结合财政工作实际进行了专题研究，制定了《关于在党员干部中开展“廉政勤政、科学发展”教育活动的意见》，明确了活动的指导思想、基本要求和目标，并把活动开展情况作为2006年党风廉政建设责任制检查考核的重要内容，并认真抓好落实，结合年终总结进行考核。

2. 坚持做到“四个结合”，认真开展“勤政廉政、科学发展”主题教育活动。一是与学习胡锦涛总书记重要讲话、科学发展观和社会主义荣辱观教育相结合。二是与财政系统开展的“财政管理年”活动相结合。三是与学习党章“五个一”专题教育和反腐倡廉“四个一”教育活动相结合。四是与财政中心工作相结合，确保主题教育入脑、入心、入工作，取得实实在在的效果。

3. 抓好“四个一”教育活动。（1）上好一堂廉政党课。省财政厅党组书记、厅长尹慧敏同志围绕“勤政廉政、科学发展”专题给厅机关全体党员干部集中上了一次党课，机关各处室支部在认真听取党课的基础上，采取支部书记宣讲、座谈交流学习体会等方法，学习领会胡锦涛总书记关于党的先进性建设、科学发展观、社会主义荣辱观等重要论述，进一步明确了任务目标，增强了执行党的路线、方针、政策的自觉性。（2）组织开展一次廉政征文活动。在全省财政系统以“勤政廉政、科学发展”为主题，组织开展廉政征文活动，共征集廉政征文100余篇。认真组织征文评选表彰，精选38篇优秀征文汇编成册印发全系统学习交流，拓展了活动效果，加强了廉政文化建设。（3）组织剖析一组反面案例。对近年来全国财政系统发生的违纪违法案件进行剖析，组织撰写专题文章，利用财政系统内部网供全系统党员干部学习。（4）树立一批廉政建设先进典型。表彰了全省财政系统先进集体80个、先进个人100名。同时，注重发挥先进典型的示范带动作用，用个体影响群体，用群体带动系统，有效推动了全省财政系统党风廉政建设的深入开展。

【深化改革，积极推进管理制度创新】 注重加强制度建设和改革创新，建立完善靠制度管人、靠制度管钱、靠制度办事的管理机制，反腐倡廉制度建设取得了新进展，不仅提升了精细化管理水平，也激发了广大党员干部的工作积极性。

1. 完善内部管理控制制度。为适应财政改革的要求，省财政厅依据财政部印发的《关于规范财政管理严肃财政工作纪律的规定》，重新修订了《山东省财政厅内部管理控制制度》。从财政年度预算编制、预算执行、决算、监督检查和财政审批、许可事项等方面充实完善有关规定，加强内部监督制约。推动政府采购监管工作的规范化、制度化建设，制定了《政府采购监管工作内部操作规范》，建立完善了《处内工作效能考核办法》。

2. 修订完善《行政效能考核评议办法》。对2005年开始实施的机关行政效能考核办法进行修订完善，增加考核项目，细化考核分类，调整考核分值，使考核办法更具科学性和可操作性。2006年，依据《山东省财政厅行政效能考核评议办法（暂行）》的规定，共向相关服务单位发出了行政效能考核测评表2 075份，收回1 900余份，对厅机关20个处室、7个事业单位和7个办事处的行政效能情况进行了综合考评，充分发挥了行政效能考核办法的激励促进作用。

3. 深入开展“财政管理年”活动。坚持以科学发展观为统领，加强财政管理，树立科学理财观，从推行政府收支分类改革、推进节约型机关建设、加强县乡财政管理等五个方面，进一步探索科学理财新思路、新机制和新方法，规范财政管理行为，严肃财政纪律，增强财政财务政策和工作透明度，全面提升了财政管理的科学化、法制化、规范化和精细化水平。

【抓住重点，加强日常监督检查工作】 一是突出对重点岗位的监督检查。结合财政业务工作实际，适应经济社会发展形势，有针对性地对重点岗位进行监督检查，促进业务处加强制度建设，提高精细化管理水平。省财政厅先后组织召开了资金管理、行政审批（许可）、财政监督执法等三种不同职能处室负责人廉政建设座谈会，围绕权力制约、资金管理、加强教育制度监督等方面广泛进行座谈，研讨交流业务管理和人员管理经验，提出在资金管理、行政审批、监督执法等方面强化管理的具体措施保障了重点岗位权力的依法正确行使。二是进一步强化社会监督。围绕“履行职责、行政效率、依法行政、政务公开、作风建设、规范管理、工作成效、廉洁行政”八个方面，采取自查自评、单位互评、社会问卷测评以及改革创新加分、发生问题扣分相结合的方法，组织开展行政效能考核评议，并将考核评议结果作为年度评先创优的重要依据，作为考核处室、单位主要负责人的重要内容，达到了促进机关作风转变、提高行政效能、强化财政管理的目的。三是认真处理群众来信来访。2006年省财政厅纪检组共受理来信来访和投诉36件次（含重复来信来访6件次），涉及厅机关处室和干部的8件，上级纪检机关要结果的2件，对署名的来信来访和投诉按规定全部反馈了处理情况。对反映厅机关干部的来信，坚持实事求是的原则，采取内查外调、找本人或相关部门单位谈话了解等办法，认真组织查核处理，及时进行诫勉谈话，严肃纠正存在的问题，对带倾向性、苗头性的问题及早采取预防措施，切实做到了防患于未然。

【主动协调，积极完成反腐败源头治理任务】 按照省委、省纪委部署要求，省财政厅将2006年财政部门牵头和参与的22项任务分解到15个处室和7个办事处，制定了落实源头治理任务的实施意见，逐项明确牵头与配合处室、责任人和完成时限，并在相关处室设立联络员，建立完善了联席会议和联络员会议制度。牵头处室大胆负责，勇于创新，协办处室积极配合，措施得力。纪检监察室充分发挥组织协调作用，制定任务分解落实意见，定期召开联席会议调度工作进展情况，及时协调解决问题，按时完成了源头治理各项工作任务。

【深化措施，认真抓好政风行风建设】 把民主评议政风行风活动作为全省财政系统一项基础性工作和“窗口工程”，加强组织协调，周密安排部署，分解落实责任，明确工作目标，全省财政系统政风行风建设取得明显成效。认真组织参加“阳光政务热线”直播活动，充分利用“阳光政务热线”这个桥梁平台，宣传财政政策，倾听百姓呼声，畅通联系渠道，解决热点难点问题，维护了财政部门和财政干部的良好形象。适时召开行风监督员座谈会，全面听取服务对象的意见建议，认真研究解决群众反映的困难和问题，各级财政部门工作效率有了新的提高，机关作风有了新的转变。其中省财政厅在民主行风评议活动中取得总分第2的好成绩，淄博、日照、济宁、泰安和滨州5个市财政局被授予年度“全省部门和行业作风建设先进单位”荣誉称号。

（撰稿：崔永峰　姜　湃）

财 政 科 研

【积极开展课题研究和专题调研】 2006年，全省财政科研工作较好地贯彻了“为中心、为现实服务”的方针，紧紧围绕支持社会主义新农村建设、加强县乡财政建设及开展“财政管理年”活动等工作重点，努力创新工作方法，加大财政科研和调研工作力度，完成了多项研究成果，科研成果的质量有了进一步提高。在具体研究工作中，合理组织人员力量，认真收集整理相关资料，深入基层调查研究，注重从理论与实践的结合上分析和探讨问题，形成了一批有重要参考价值的研究报告。一是参加了《社会主义新农村建设的财税政策研究》课题的研究工作。这一课题是部科研所和中国财政学会下达的全国协作课题，由山东省财政科研所与财政部科研所历史研究室、北京市财政科研所、辽宁省财政科研所、江西省财政科研所、四川省财政科研所共同承担。在课题研究中，注重深入基层调查研究，了解掌握有关情况，认真分析财政在支持新农村建设方面政策措施的效果和面临的问题，提出了调整完善相关财税政策、加大扶持力度、提高财政资金使用效益等思路和建议。二是完成了山东省科技厅软科学项目《缓解县乡财政困难的思路和对策》。该课题以2005年以来山东省缓解县乡财政困难的效果和面临的问题为切入点，注重总结全省加强县乡财政建设的经验，从体制和机制上分析县乡财政困难形成的原因，认真研究当前县乡财政建设面临的新情况、新问题，并结合构建社会主义和谐社会和建设社会主义新农村的要求，提出了当前和今后一个时期进一步加强县乡财政建设、缓解县乡财政困难的思路和措施建议。三是针对新农村建设中乡镇政府职能改革问题进行了专题调研。选择兖州市新兖镇作为经济较强乡镇典型，通过召开座谈会和实地调查，全面了解近年来新兖镇在加快政府职能转变，创造和谐发展环境，大力开展以工补农、以工促农方面所采取的政策和措施，提出了科学定位经济强镇政府职能、完善对经济强镇的财政体制、加快配套政策措施调整，为经济强镇创造宽松发展环境等政策建议。

【组织全省财政科研重点课题研究】 在认真总结以往经验的基础上，进一步创新重点课题联合攻关的组织形式。在重点课题的确定方面，由以往确定三到五个重点课题，改为确定“财政支持社会主义新农村建设”一个总题目。在课题研究组织方面，由以往各个课题组分别承担不同课题，各自攻关，变为将16个市财政局分成4个课题组，分别对新形势下农业生产服务体系构建与财政支持、农村社会保障体系建设、提高财政支农资金使用效益、县乡教育投入机制等不同侧面进行专题协作研究，各课题组既相互独立，又相互交流协作。在各课题组内部，也由以往共同研究一个题目，变为将课题进一步分解，从不同侧面研究，既有分工，又有协作。这种组织形式，加强了各市之间的工作交流，有助于各市相互借鉴，对提高课题研究成果质量起到了积极作用。在组织协作课题组研究的同时，还委托荷泽学院经济系研究农村经济及中小企业发展的财政与金融协调运作机制专题，作为与院校合作的一种新的尝试。另外，2006年年初还组织专家对2005年度全省财政科研成果进行评选，并选择部分优秀成果进行编辑出版。

【努力提高《山东财政研究》办刊质量】 围绕全省财政中心工作，积极调整栏目设置，加大组稿力度，扎实做好编审工作，办刊质量不断提高。全年共处理稿件近800万字，刊发200多篇150余万字，编辑图片200多幅，在宣传财政政策、加强对基层工作指导、交流工作经验等方面收到明显成效。一是不断调整优化栏目设置，突出宣传重点。按照为财政中心工作服务的要求，紧密围绕全省财政中心工作，以深入开展“财政管理年”为主线，积极调整栏目设置，新增了“行政事业资产管理”、“建设社会主义新农村”、“理论研讨”、“财政监督”、“财政史话”、“财经漫笔”等栏目。二是结合工作实际，增设专刊专栏。特设“全省财政工作会议”专刊，以宣传全省财政工作的重点和要求，增进全省财政系统工作经验交流；为驻市检查办事处开辟“财政监督”专栏，介绍各办事处的先进工作经验和优秀调研成果；与省财政厅干部教育中心合作以2006年度干部教育培训成果形式，推出“财政干部教育专刊”。通过增设专刊专栏，加大了财政工作宣传力度。三是积极组织稿源，加强对基层的工作指导。先后刊发省领导、厅领导重要讲话及文章近20篇。同时，根据不同时期的财政工作任务和重点，约请有关专家学者撰写稿件，为广大读者提供了大量政策导向及财经理论的前沿信息；加强与省财政厅各处室、各市财政部门的联系，及时刊载重要的科研成果、调研报告和工作经验介绍等，在加强对基层工作指导，推进全省财政工作方面发挥了重要作用。四是扎实做好编审工作，不断提高刊物质量。在认真执行新闻出版局关于内部连续性刊物编辑出版标准规范的同时，建立了完整的编辑岗位责任制度和完善的稿件评审制度，对每一篇来稿都能做到处理及时、编辑加工认真细致、编后工作一丝不苟，确保了刊物质量。五是随时掌握刊物进度情况，保证刊物及时出版。

【财政志编纂工作取得阶段性成果】 顺利完成300万字的资料长编，初稿撰写基本完成，取得重要阶段性成果。一是年初在充分调查研究，借鉴先进修志经验的基础上，拟订了篇目大纲和处室分工计划，印发了《山东省财政厅关于认真做好〈山东省志·财政志（1986～2005）〉编纂工作的通知》，明确了财政志篇目和处室分工，提出了工作要求，确保了志书编纂工作的顺利启动。二是在修志工作初期组织了修志基本知识培训，邀请省史志办专家授课，讲解了“财政志编纂基本知识、资料搜集和资料长编、财政志初稿纂写”等基础知识。同时，将修志常识、修志任务、总体要求、范围步骤、筛选资料、挖掘深层次资料、资料长编的编写以及行文规范等内容，进行了加工整理，通过局域网发布，为保证财政志编纂质量奠定了基础。三是在长编编写阶段，选择部分内容，进行了长编和初稿的试写，送省史志办认可之后印刷成册，为处室、单位提供技术参考。针对资料收集和长编编写工作中出现的共性问题，就“怎样搜集整理资料”、“怎样编辑财政志长编”等具体工作方法问题及时与各处室和单位研究，对有关问题适时做出解释，保证了财政志编纂工作不走弯路。四是为真正将工作计划组织好、实施好，建立了“重点协调和日常协调相结合”的工作机制，加大协调工作力度，逐一征求意见，交流看法，协商解决有关问题。五是集中人员，对资料进行收集整理。根据部分处室单位长编资料不全等情况，积极组织力量，对1986年以来的财政规章制度进行了收集整理，共收集整理规章制度、领导讲话、预决算报告等各类电子文档5 000多份，约1 000多万字，为将来的长编修改和志书统稿打下了坚实的基础。

【积极做好“两会”秘书处工作】 一是按照省社团管理部门要求，进一步规范学会管理，在认真做好学会秘书处日常工作的同时，加强与中国财政学会、兄弟省市财政学会和“两会”理事、干事的联络，及时沟通有关工作情况。二是把服务财政中心工作与丰富学会活动内容结合起来，组织开展了“财政与社会主义新农村建设”征文研讨活动，共收到参评论文190余篇。年底组织专家对征文进行了评选，丰富了学会活动内容，推动了全省群众性科研活动的开展。三是积极组织参加全省社会科学优秀成果奖评选。在经过自下而上的推荐、评选后，推荐10项学术成果参加第二十次全省社会科学优秀成果奖的评选，省财政厅机关参评成果获一等奖一项、二等奖两项。四是积极组织参加知识竞赛。按照要求，6月份，两会秘书处组织部分会员单位积极参加由省委宣传部、省委高校工委、省社联共同举办了“马克思主义理论与社会科学知识——纪念建党85周年、红军长征胜利70周年”知识竞赛活动，经过充分准备、积极组织，取得优异的成绩，山东省财政学会荣获“单位组织奖”荣誉称号。由于2006年学会工作成绩突出，山东省财政学会被省社联评选为“2006年省级先进学会”。

（撰稿：李建民　周象民　宋申华　臧晓丽）

注册会计师工作

【深入一线，实施面对面服务】 年初，组织人员深入市地进行中介机构建设情况调查研究，认真听取事务所和企业的意见和建议，不断发现新矛盾、揭示新问题、总结新经验。下半年，省注册会计师协会又组成4个工作组，对全省17个市实施分片包干服务，深入各市召开所在地事务所所长座谈会，研究解决行业规范发展和事务所内部管理等方面存在的问题。积极鼓励一些有条件的市建立所长联席会议制度，交流管理经验。就规范市场、规范收费等问题达成共识，制止了压价竞争、乱设分支机构、不规范执业等不正当行为，形成了互帮、互学、相互监督、规范发展的好势头。

【扶正压邪，提高社会公信力】 加强诚信教育，强化诚信意识，申明作假危害。建立健全诚信档案管理制度，把不诚信情况记录在案。在全省认真开展了先进事务所和十佳注册会计师、注册资产评估师和优秀注册会计师、注册资产评估师评选活动。制定下发了先进事务所评选办法和标准，修改完善了注册会计师、注册资产评估师优秀评选办法。通过推荐和评委评选，全省评选出8家先进会计师事务所和2家资产评估机构，评出全省十佳注册会计师、十佳注册资产评估师和30名优秀注册会计师、21名优秀注册资产评估师，全行业呈现出比学赶帮新气象。

【完善治理机制，促进规范管理】 一是帮助事务所建立科学组织结构。按照《公司法》、事务所章程、合伙人协议，进一步健全和完善了全省事务所内部组织机构，促进其有效运作。二是建立和完善公平、合理的激励机制，增强事务所的凝聚力和活力，提高执业人员综合素质，推进事务所营造比水平、比能力、比贡献的新行风。三是完善了以风险控制为中心的质量管理机制，确保执业各环节执业到位、不出问题。

【严格会员管理，提高服务水平】 严格股东和合伙人资格审查，把好准入关。根据财政部《会计师事务所审批和监督暂行办法》，严格执业资格的审查程序，对拟设立或变更股东、合伙人的执业资格，加强执业质量和职业道德的审查。对21名有不良记录、违反执业道德，出具较差业务报告的，建议政府部门不予审批。对审查合格的120名股东或合伙人出具了相关证明，为新批事务所更好履行执业责任打下基础。协会对会员管理的办法和内容进行社会公示，向会员承诺了服务内容和标准。全年新批执业会员328名，审批非执业会员150名。为9名非执业会员办理了转会手续。完成了全省注册会计师年检工作。全年共年检注册会计师4 743名，合格4 703名，对年检合格人员通过媒体进行了公告，对不合格的下文撤销了注册。建立和完善了非执业会员数据库，为会员和社会服务提供技术支持，为开展非执业会员管理打下基础。

【强化行业监管，提高自律水平】 一是完善自律制度，打牢监管基础。及时制订印发了2006年度行业监管工作意见。重新修订完善了行业自律监管办法等相关制度。针对行业竞争的无序状况，制定了《关于禁止行业不正当竞争行为的暂行规定》，转发了《资产评估执业行为自律惩戒办法》。针对工商年检中出现的新情况、新问题，下发了《关于工商年检中公司年度财务会计报告审计有关问题的紧急通知》，并两次发文对年检中审计、验资业务报告签章问题进行了明确规定。二是认真做好行业检查工作。以帮促为目的，本着严格检查、严肃处理的原则，认真完成了行业检查任务。对2005年度受到行业惩戒的山东统一等10家事务所进行了复查。进一步完善了办所条件并加强了质量控制。对存在问题较多的事务所移交财政监督检查局处理；圆满完成了2006年度行业检查任务。以新批执业机构和小规模事务所为检查重点，对58家事务所进行了常规检查，对9家事务所及8名注册会计师进行了行业惩戒，对其中的2家事务所移交省财政厅监督检查局处理。并在行业内部全面通报了检查结果。三是及时落实投诉举报事项。年度内接到投诉举报事项近20起，基本做到了件件有回音、项项有着落。同时积极协助财政部和中注协对涉及山东省的人民来信问题进行了落实。四是积极探索自律监管新路子，集思广益，共谋对策。以诚信档案建设为基础，初步议定了自律监管综合软件开发、建立诚信沟通平台等问题。与平安保险公司山东分公司沟通，就注册会计师职业责任保险问题进行了认真研讨，并就宣传及推介工作起草了材料；主动与省财政厅职能处室沟通，协调处理涉及行业的监管问题，参与对事务所及注册会计师行政检查处理意见的研究并提出合理意见；及时、准确地为相关部门提供事务所执业资质及诚信信息等。

【做好考试培训工作】 精心组织好考试工作。组织各考点认真学习财政部40号部长令，统一思想认识，明确考试工作的重点和要求。认真对各考点监考人员进行组织培训，明确责任。考委会在市地考场进行巡视指导，实施考试全过程的监督，顺利完成了注册会计师考试工作。采取“三结合”方式加强注册会计师培训和行业高级人才培养。2006年培训工作采取境内外相结合、集中授课与专题讲座相结合、协会培训与事务所培训相结合的方法，进一步提高培训面和培训质量。全年，共举办境内注册会计师培训班12期，培训4 990人，举办评估师培训班6期，培训1 975人，出国培训3期。组织161名主任会计师去北京、上海、厦门三所国家会计学院进行学习，收到了良好的效果。

【做好财务管理和保障工作】 结合年检工作，及时收缴会费，收缴率达100%。认真执行各项财务制度，及时进行账目处理，严格固定资产管理，压减经费支出，做到少花钱、多办事。按照中注协、中评协要求，圆满完成年度会计报表汇总上报和会费清缴工作，受到中注协、中评协的表彰。

（撰稿：杨　超）

财政信息化建设

【抓核心业务系统推广应用，促进财政改革与发展】 一是抓好国库集中支付系统推广应用。4月1日，102个省级新增改革部门全部上线运行。至此，省级国库集中支付系统覆盖所有省直部门。市级国库集中支付系统推广应用再迈新步伐。潍坊、菏泽、聊城等地先后进行了扩大试点，德州、烟台两市正式上线，加上2005年上线运行的市，全省已有15个市正式安装运行国库集中支付系统。为适应政府收支分类改革的需要，进一步完善系统功能，确保2007年国库集中支付系统正常运行，省、市两级财政部门先后于11月、12月对系统进行两次升级，并完成了年度初始化、新科目调整挂接及农村义务教育资金支出流程设置和权限定制等工作。县级国库集中支付系统推广应用全面铺开。该系统涵盖部门预算、指标管理、国库支付、总会计账等财政核心业务，截至2006年底，全省75个县（市、区）已成功运行。

二是抓好预算管理系统推广应用。按照政府收支分类改革要求，省财政厅信息中心完成了2006年省级部门预算新旧科目转换工作，保证部门预算及时上报。为配合2007年省级部门预算编制，于8、9月份完成了报表定制、基础信息更新维护、参数盘下发及数据上报汇总等工作。同时，各市在省财政厅指导下完成了2006年部门预算新旧科目转换和2007年部门预算编制的系统定制工作。部门预算系统推广至除聊城以外的16个市。为推动县级部门预算改革，9月份，省财政厅决定在全省范围内推广应用县级版部门预算系统。年内全省大部分县（市、区）开始使用这一软件。部门预算配套软件应用也顺利推进。省级通过财政供养人员管理系统、部门预算基础信息库和项目库建设及应用，进一步提高了预算编制的准确性和规范性；省级及泰安、临沂等市安装应用财政部推广的指标管理系统，实现了预算指标管理全过程的信息化、网络化。

三是抓好工资统发系统开发及推广应用。在充分吸收和借鉴已有工资统发软件的基础上，组织开发了适合各级财政部门特点的工资统发系统。7月份，选择五莲县进行试应用。到年底，已在五莲、沂源、茌平、博兴等县、区正式使用，较好地满足了工资统一发放工作的需要。

四是推广实施财税库网络信息系统。研究拟订了《关于建设财税库网络信息系统的意见》，提出了加快这项工作的思路和设想。11月，淄博市财税库网络信息系统开始试运行，成为继青岛、济南之后第三个成功运行该系统的市；烟台、潍坊等地的系统建设也在紧张准备之中。

五是组织开发涉农资金“一本通”管理系统。从下半年开始组织开发相应的管理软件，年内整个软件开发项目已基本完成。其中包括各种补贴发放的通用功能及实现粮食直补、库区移民补贴两项补贴发放的具体功能。该系统采取省、市两级大集中模式，具有基础信息收集、补贴登记、补贴清册、资金发放、查询统计等功能，并有与有关银行的数据接口。

同时，会同有关处积极做好其他业务系统的开发与维护工作。会同预算处完成了省十届人大四次会议全省经济和社会发展信息库的整理入库及软件修改完善等工作。扩充完善了经建处财政专项资金网上申报系统，增加了“专家库”和“在线评审”等功能。协助干部教育中心完成干部教育培训管理系统的需求分析、方案设计和调研论证，提出了“财政干部实名注册，业务管理数据集中处理，课件资源分级存储维护、省厅统一调度使用”的系统建设思路。对社会保障处软件管理系统项目进行研究分析，提出了软件开发应注意的问题，并参与需求调研及软件开发工作。对契税管理系统、债务金融管理系统进行修改完善。会同国库处做好协议供货系统、专家库管理系统、政府采购管理系统、国库执行分析系统的安装调试和运行维护，做好四方志诚总会计系统与国库集中支付系统的接口配置，实现系统之间的有效连接。会同有关处做好非税收入管理、财政扶贫资金管理、远程教育培训、信息采编等软件的推广应用及运行维护工作。

【抓办公系统和信息网站建设，推动行政管理工作信息化】 一是抓好办公自动化建设。省财政厅信息中心把工作重点放在对办公系统的修改完善及功能强化上。先后更改了政协提案模板，完善了收文处理单格式，增加了收文文件加载附件功能，解决了会签部门能修改正文等问题，并参与开发厅数字档案系统与办公系统的接口。同时，做好办公系统与财政部、省政府数据传输的维护工作。先后完成了财政部公文接收密钥安装调试，以及省政府电子政务网邮箱升级工作。抓好办公系统在全省的推广应用，指导各市、县做好系统运行及维护工作，确保系统正常运行。内网邮件系统运行日趋稳定，年内注册省、市、县、乡四级财政用户 6 488 个，并实现与财政部及山西、天津、重庆等 8 个省、市财政系统邮件的互联互通。

二是抓好内网信息网站建设。省财政厅信息中心积极做好厅内部信息网、七部门信息网的维护管理工作。认真为厅法规税政处、人事教育处等 15 个处室重新修改设计了主页。配合政府收支分类改革，在厅内部信息网上建立了专题网页。到年底，厅各处室、单位已全部加入到网站应用的行列，访问总量超过 610 万人次。从全省情况看，一个以内部信息网站为依托，覆盖各级财政部门的财政信息发布积聚平台已经形成。据统计，全省所有市、70 多个县（市、区）财政部门应用信息发布系统建立了内部网站。为进一步完善和提升网站的功能，组织开发了内容管理系统，完成了对厅内部信息网的升级。新系统既是一个集信息采集、审核、发布、共享、整理、归档、检索等功能于一体的信息发布管理平台，又增加信息多点发布、信息多级审核、处室信息资料库、论坛及博客、即时通讯及网络电话等功能。11 月初，完成了培训部署、新旧系统数据转换等工作，从 11 月 6 日起，新系统正式上线运行。

三是抓好因特网站建设。积极做好省财政厅因特网站、省政府采购网站的维护管理工作，确保网站安全可靠运行。在厅因特网站设立了会计工作专题主页，在政府采购网站上增加了多个栏目。结合内容管理系统的应用，实现内、外网信息发布在一个平台上进行（一点提交、多点发布）。做好省政府门户网站信息发布的技术培训和技术支持，较好地满足了工作需要。

【抓网络及安全建设，完善信息化基础设施】 一是抓好网络建设及完善。在做好厅局域网建设完善的基础上，指导淄博、滨州、威海、枣庄等地搞好局域网建设和改造。截至年底，各市财政部门普遍建立了以核心三层交换机为主干的局域网络。市、县两级共有交换机 616 台，其中市级 134 台，县级 482 台；市、县两级共有网络布线点数 20 941 个，其中市级 8 866 个，县级 12 075 个。同时，抓好广域网的扩展完善，到年底，网络已涵盖 167 个县（市、区）（含开发区），采用电话拨号方式连通乡镇 650 个。各级城域网建设不断深入。省级城域网新增 102 个部门，各部门使用省财政统一配备微机接入国库集中支付系统。德州、烟台完成了城域网建设，其他已安装运行支付系统的市，也根据国库集中支付改革范围的不断扩大，实施了扩网工作。70 多个县级财政部门通过连接核算中心、支付大厅、预算单位等方式，建立了横向网络。

二是抓好网络安全建设。根据金财工程规划要求，5 月份，组织实施了省级集中存储和备份系统建设，将国库集中支付、部门预算、财政供养人员管理等业务系统纳入集中存储和备份。根据会计考试管理系统的需要，制定了安全系统建设方案，选配了 VPN 设备，实现对考试数据信息的隧道控制和加密传输。同时，加强厅因特网的安全认证与管理，对接入因特网进行严格控制，较好地保证了网络安全。市、县两级财政部门也加快了网络安全建设步伐，配备防火墙系统，做好防病毒系统升级更新，对重要服务器实现双机热备或冷备，切实堵塞系统漏洞，防止安全隐患。据统计，市、县两级共配备防火墙 92 台。

三是抓好机房建设。5 月份，省财政厅新机房及扩容后的机房供电系统投入运行，较好满足了计算机及网络设备运行需要。各地也把机房建设作为一项重要工作来抓。滨州、淄博、枣庄等地建设新办公楼计算机房，威海、潍坊等地对原有机房进行了改扩建。截至年底，市、县两级财政部门机房总面积已超过 6 400 平方米。

【抓信息化基础工作，保障信息化建设顺利进行】 一是抓好技术培训。为适应政府收支分类改革的需要，省财政厅先后举办了部门预算软件系统定制、国库集中支付系统升级等培训班，培训各市专业技术人员 70 多人次。9 月底、10 月初，连续举办了 3 期县级部门预算系统培训班，对县级财政预算管理人员、专业技术人员进行了培训，培训人员近 300 人。同时，积极选派专业技术人员参加财政部举办的各类培训班。全年累计选派培训 35 人次，参加培训班 22 个。厅信息中心还结合国库集中支付扩大试点、部门预算编制、基础信息管理、专项管理等系统的推广应用，积极做好对厅内各处室、省级预算单位、银行及市级财政、预算单位、银行等用户的培训，培训人员近 1 000 人次，较好地促进了各项应用工作的顺利开展。

二是加强信息机构和队伍建设。狠抓信息机构建设，切实配齐配强技术力量。济南市财政局正式成立了信息中心；滨州市财政局将信息中心由原来的副科级自收自支事业单位改为正科级全额事业单位。截至 2006 年底，全省已有 13 个市成立信息中心，其余 4 个市成立内设机构。县级成立正式信息机构 50 多个。市、县两级财政部门从事计算机技术、管理等方面的专职人员达 290 多人。

三是加强规划和制度建设。省财政厅制定了《十一五时期山东省财政信息化工作规划》，修订了《山东省财政厅金财工程领导小组工作制度》。按照财政部部署要求，6月份，确定由省工程咨询院承担金财工程一期建设项目可行性研究报告的编制工作。为保证网络应用考核的科学、规范，及时修改了《山东省财政系统计算机网络应用考核办法》。各市、县财政部门也结合自身实际，在网络管理、软件应用等方面建立了一系列制度、办法，并着力抓好制度、办法的落实，促进全省财政信息化建设步入健康发展轨道。

四是搞好调查研究。根据《关于建立财政信息化建设情况统计制度的通知》（鲁财信〔2005〕1号）要求，各级财政部门认真做好财政信息化年度统计工作，对网络建设和设备配置、安全体系建设及软件应用、信息机构及人员等情况进行统计和分析，为下一步工作开展提供了重要依据。按照省信息办《关于开展政务信息资源调查工作的通知》（鲁信办〔2006〕2号）要求，省财政厅及时开展了政务信息资源调查工作。年末，结合对各市网络应用考核，对各地财政信息化工作情况进行调查摸底，及时了解掌握面上工作情况及存在的问题和困难，有针对性提出下一步工作思路及努力方向。

【抓日常维护管理及技术支持，提高服务质量和服务水平】 一是做好网络及系统后台的日常维护管理。针对网络系统涉及范围广、包含内容庞杂、服务对象多等特点，切实采取有效措施，加强网络系统运行维护、管理与监控，保障网络系统正常稳定运行。做好设备检测和试机试线及系统运行期间的技术保障工作。加强对服务器及后台系统的监测，做好应用系统的数据备份及优化调整，保证系统应用不间断、数据不丢失。

二是搞好对用户的日常技术支持和服务。本着既搞好保障，又注重节俭的原则，认真进行审核把关，坚持按制度办事，切实做好计算机设备维修及采购工作。积极做好对财政系统内部以及预算单位、银行等用户的技术支持，上门服务及接听答疑电话万余次。

（撰稿：刘　冰　肖丽辉　赵　刚）

财政干部教育培训

2006年，全省财政干部教育培训工作，坚持以邓小平理论、“三个代表”重要思想和科学发展观为指导，全面贯彻党的十六届四中、五中、六中全会精神，认真落实《干部教育培训工作条例（试行）》，共组织各类培训班38期，培训财政干部2.3万余人次，选调104名财政干部参加了财政部举办的45期培训班。

【突出一个核心，狠抓各类培训】 按照“培养五型干部”、“建设一流干部队伍”的要求，坚持“为财政中心工作服务，为提高财政干部队伍综合素质服务，为增强财政干部执政能力服务”的方针，以能力建设为核心，按照“一二三四”的思路，狠抓干部教育培训。即明确了一个目标，总结自己，学习他人，准备将来；实行省内与省外相结合的两种培训形式；重点抓好岗位综合培训、专项业务培训和远程教育培训三种类型的教育培训；积极采取四项措施确保培训质量。全年共完成政治理论培训4 765人次，岗位综合培训239人次，财政业务培训1 104人次，专项技能培训1 261人次，远程教育培训18 575人次（含政治理论培训），专题讲座培训2 284人次，师资培训208人次，培训管理者培训43人次。

开创新理念、新模式，岗位培训出新路。全年分别举办了2期全省财政县（处）级领导干部、2期县财政局长岗位培训班，重点抓了以下几个环节：一是深入调研摸需求，突出培训的针对性。采取问卷方式向省财政厅处（室）负责人和各市财政局局级领导开展培训调查，初步摸清了培训需求，增强了培训的针对行。同时组成多个调查组到各市和部分县财政部门进行调研，深入基层广泛了解干部培训需求，深入挖掘切合财政实际的岗位培训课题。二是立足实际定方案，明确培训的目的性。按照中央对干部能力素质和财政部岗位培训的要求，参照《公务员法》、《国家公务员通用能力标准框架》，遵循“把握岗位角色特征，缺什么补什么，需要什么学什么；立足全面提升素质，既培训业务，又培训相关知识，注重知识整合；突出加强能力建设，着力提高干部的管理能力和领导能力”的原则，认真制定财政部门领导干部、中层干部岗位培训教学方案模式。同时，结合财政工作特点，将财政干部应具备的能力素质和岗位培训内容设计为8～10个教学模块，针对不同层次培训对象的职级特征，在具体培训时间、培训内容、培训方式等设计上各有侧重。三是创新模式搞培训，增强培训的互动性。创新培训内容，既有国际政治经济形势分析，又融经济社会热点、难点问题探讨；既有宏观财经理论政策研讨，又有实际工作经验介绍；辅之以破冰、拓展训练、博弈讲座、高雅音乐欣赏、现场观摩。创新培训方法，大量采用全新的教学理念、方法和手段，综合应用了团队建设、经验分享与交流、演讲与专家现场点评等互动式、体验式、启发式教学，充分调动和激发了大家学习和参与的积极性。四是精细管理保质量，保证培训的实效性。严把师资关，两期县处级干部岗位培训班借在北京、上海举办之机，授课教师的选聘来自政府高层决策部门参与国家重大政策制定的高级官员，或是高层研究机构的专家学者及知名教授；两期县局长培训班则分别聘请了省内其他相关厅局、厅机关业务处室的领导和科研院所的教授授课。为搞好全过程服务，保证办班质量，制定了严格的跟班管理服务办法，每个班都明确到人。五是严格考评重效果，实现培训的持续性。每期办班过程中不仅要召开座谈会征求学员的意见，办班结果时，请学员填写“培训考评卡”，建立了对学员、主办方、承办方的综合测评制度。

服务财政，推进改革，财政业务培训蓬勃开展。认真组织了各类财政业务培训班16期，内容涉及非税收入征收管理、国库集中支付系统升级、就业再就业政策、部门预算新科目软件、财政行政事业单位国有资产业务、新会计制度推广、财政监督检查、计算机应用能力提高等多项重点课题。通过培训，使各级财政干部及时掌握了新政策、新规定、新知识，满足了各财政业务部门的培训需要，达到了“出成果、见实效”的目的。

突出教育特色，推进学习型系统建设，远程教育培训不断创新。一是运用山东财政教育培训网站组织培训。在网站上先后举办了“宏观经济形势分析与年度走势”、“社会主义新农村理论”等培训班4期，网络专题讲座9期。全年参加网上学习人数达到2.6万余人次，网站总访问量超过14.5万人次。二是利用全省财政电视电话会议系统办培训。11月份，举办了全省财政系统“行政法实践与行政执法责任制专题讲座”，一次性培训财政干部2 000多人，增强了财政干部依法行政的能力。三是对山东财政教育培训网进行了再次升级开发。6月份制定了《教育培训管理信息系统升级改造实施方案》，明确了升级开发的各项工作安排。经过3个月的精心准备，在9月向省信息产业厅举办的信息化建设项目评审会报送了项目实施方案系列材料，并顺利通过立项。12月13日召开项目技术方案论证会。通过汇报、研讨，与会领导和专家对设计方案给予了充分肯定。

继续抓好系统内师资培训和高层次学历教育。按照“十一五”规划要求，立足提高系统内各培训基地现有教师教学水平，继续实施教师培训工程。年内，举办了4期师资培训班，大力培植和提升了现有培训师资的综合素质和专业能力。财政部科研所研究生山东教学基地在淄博市财会干部教育中心正式挂牌，这是除北京以外在全国建立的第二家教学基地。

【建设两类制度，努力创建干部教育培训新机制】 一方面，科学制定工作规划，确立工作的发展方向。制定《山东省2006～2010年财政干部教育培训规划》，并提交2006年召开的全省财政干部教育培训工作会议确定了今后五年干部教育培训工作的指导思想、总体要求，提出了“统一规划、分级实施”的工作原则，明确了省市两级的工作目标和主要任务，为有计划、有步骤、有重点地实施全员培训工程，推动各市工作的有效开展提供了可行依据。山东省成为全国财政系统第一个制定干部教育培训规划的省份。另一方面，以开展“财政管理年”活动为契机，狠抓精细化规范管理。按照省财政厅党组关于开展“财政管理年”活动的部署，修订完善了《厅干部教育中心管理制度》，明确了干部教育培训工作方方面面的要求，实现了用制度管人、按制度办事。

【实施三项创新，展现干部教育培训的生机和活力】 一是积极创新干部教育培训理念。全省财政干部教育培训工作主动适应客观形势的发展，立足“三个面向”即培训要面向未来，面向个人职业发展，面向财政事业发展，认真制定工作规划。立足时代发展对财政干部能力和知识结构的客观要求，结合培训对象对职业胜任和职业发展所必备的条件，确定培训的目标和组织每期培训活动。通过岗位综合能力培训和专项业务技能培训，改善全体干部的知识结构，提高履行岗位职责的能力，为财政事业的发展提供智力支持和人才保障。二是积极创新干部教育培训模式。按照能力建设的要求，依据干部岗位职责的不同，实施分级、分类培训，形成了县处级、县财政局长及科以下干部分级分类岗位培训新格局。岗位培训均采用模块教学，针对不同的培训对象和班次，设计安排不同内容和要求的教学模块。同时，把团队建设和沟通、组织、配合能力，作为重要的培训内容。三是积极创新干部教育培训管理。坚持宏观与微观相结合、理论与实际相结合，做到培训内容与时俱进。培训中致力于营造“研讨”氛围，努力将培训打造成一个反映心声、交流见解、研究问题、探讨对策的平台；致力营造“互动”氛围，改单向式知识灌输为教师与学员间的互动，变传统的“老师讲，学员听”为“老师讲+学员听+学员讨论+学员讲”。同时，将培训的重心放在“提高办班质量”和“学员参训的积极性”上，大胆尝试了头脑风暴法、案例分析法、情景模拟法、角色扮演法等科学而新颖的培训方法，收到了很好的效果。

【做好四项工作，促进全省财政系统干部教育培训工作共同发展】 一是明确工作方向，加强创新指导。紧紧围绕全省财政中心工作，制定并及时将《省财政厅2006年干部教育培训工作要点》、《2006年全省干部教育培训计划》印发全省。召开全省财政干部教育培训工作会议，研究部署了今后一个时期全省财政系统干部教育培训工作。举办全省财政系统培训管理者研讨班，全面交流了各市工作开展情况，对当前财政干教工作中的热点、难点问题进行认真的研讨，研究部署了下年度开展研究性课题活动的相关工作。认真组织了2005年度全省财政干部教育培训工作考评工作。二是改进和加强省会计干部学校工作。6月份，组织召开了省会计干部中等专业学校各分校校长、教学点主要负责人参加的校长座谈会，下发了《山东省会计干部中等专业学校暨各分校今后发展的意见》。三是扎实开展史志的撰写工作。下半年开始，组织开展了财政志干部教育培训章节的编纂工作。共查阅并复印档案材料近千余份，形成了10万多字的长编稿，3万多字的初稿。四是加强宣传，努力营造干部教育培训的良好氛围。实行了“一事一总结”制度，积极向上级部门反映工作动态。全年共向财政部《培训动态》专刊投稿近20篇，采用率达99%，被财政部评为全国财政干部教育培训宣传工作第一名。同时，以省财政厅信息网干部教育中心主页为主窗口，全面加强工作宣传，展示培训效果，营造了干部教育学习的良好氛围。

（撰稿：韩丽华　吴健梅）

国库集中支付工作

【国库集中支付改革迈出新步伐】 一方面，积极推进省级国库集中支付改革。按照“十一五”时期财政国库管理制度改革工作规划总体要求，年初确定了省级所有一级预算单位全部实行国库集中支付的工作目标。为确保改革顺利实施，一是制定系统上线实施方案，将改革工作细化分解，明确要求，责任到人，倒排时间表，限定工作任务的完成时间。二是召开财政国库改革动员会，使新增改革单位明确改革的意义、内容和实施要求。三是对改革单位进行政策业务和上机操作等方面培训，为300多名单位财务负责人、具体操作人员、代理银行相关人员理解政策、制度，熟悉业务、掌握操作技能提供保障。四是对改革单位上报的基础数据整理汇总，确定预算单位、相关处室人员角色、岗位和权限，协调人民银行审批和开设预算单位和财政部门零余额账户。五是召开财政、人行、代理银行、预算单位参加的国库集中支付系统测试、联调部署会，对各单位、各岗位参加测试人员按业务操作流程和时间段完成各自的工作任务提出要求。4月1日，省级新增的102个改革部门顺利上线运行。至此，省级143个一级预算单位全部实行了国库集中支付。全年改革单位共完成国库集中支付网上支付业务30 549笔，网外支付业务2 225笔，支付资金共计31.34亿元，比上年增长86.6%，其中财政直接支付资金16.21亿元，比上年增长80%，财政授权支付资金15.13亿元，比上年增长94%。另一方面，认真指导推动市县级国库集中支付改革。继续实行处级干部联系制度，加强对市县级改革的督导，完善督导办法措施，抓好改革信息交流，帮助和督促各地完成好改革任务。召开市县级改革座谈会，及时了解改革进展情况，帮助解决各地改革中出现的问题。截至2006年底，全省市级除济南外，16市均进行了改革，纳入国库改革的部门达到1 551个，涉及预算单位3 719个。其中有14个市不但对财政预算内资金实行了国库集中支付，而且将预算外资金也纳入了改革范围。县级有71个进行了全面改革，开展改革试点的县有37个，合计108个，占全部县的71%。其中，淄博、潍坊等6市所属改革县（市、区）对财政预算内外资金全部实行了改革。

【财政统发工资有序进行】 一是按照新修订的《个人所得税法实施条例》规定的从2006年1月1日起，将个人所得税纳税扣除基数从原来的1 100元提高到1 600元的要求，对实施工资统发的驻济省直单位人员个人所得税进行重新调整计算，全年共代扣代缴个人所得税324万元，比上年减少373万元。二是按照公务员考核办法，对公务员两年考核合格进档工资调整。调整后公务员工资支付比上年增加1 899万元。三是结合国库集中支付系统的升级，对工资统发软件进行了升级，实现了两系统的衔接，省去了预算单位报送工资支出用款计划和支付申请的环节，大大减少了预算单位财务人员的工作量，提高了工作效率。截至2006年底，省直行政事业单位实行工资统发的有216个，其中行政单位91个，事业单位125个。工资统发总人数17 894人，其中行政编制13 715人，事业编制4 179人，发放人数比上年末增加26人。全年累计发放工资5.43亿元，比上年增加1 738万元，增长3.31%。实际代扣代缴住房公积金4 097万元，比上年增加319万元，增长8.45%。全年财政共支付资金5.63亿元，比上年增加1 899万元，增长3.49%。

国务院《关于改革公务员工资制度的通知》（国发〔2006〕22号）及省政府办公厅《关于印发〈山东省公务员工资制度改革实施意见〉的通知》（鲁政办发〔2006〕108号）等文件出台后，为把新的工资制度改革和津贴补贴规范政策落到实处，一是提出了《省直单位财政统一发放工资实施方案》。二是对原工资统发软件系统进行调整，按照“逐步到位，新旧并行”的原则，将工资、津贴补贴项目和结构进行重叠式设置，按照政府收支分类改革的要求，进行了预算科目的置换，并进行了联调和测试。三是举办省直部门财务负责人及经办人员培训班，对工资、津贴补贴项目的调整、预算科目的对应以及工资数据报送要求等事项进行了统一部署。四是为使住房公积金和个人所得税两项代扣代缴更科学合理和具有可操作性，收集、汇总相关数据，按不同影响因素进行测算，积极参与研究，调度有关省市情况，提出可行的意见和建议，为领导决策提供依据，各项前期准备工作于年底前全部到位，从而保证了2006年度省直单位按新工资、津贴补贴统一发放工作的顺利实施。

【省级政府采购资金支付力度进一步加强】 政府采购资金集中支付，无论是当年预算编制规模，还是全年资金支付规模比往年都有较大提高。年初（含年中追加）预算编制规模达到10.46亿元，其中预算内资金8.36亿元，预算外资金2.10亿元。截至12月31日，当年预算共实际支付采购资金4.65亿元，其中预算内资金4.14亿元，预算外资金0.51亿元；应付未付资金0.40亿元，其中预算内资金0.29亿元，预算外资金0.11亿元；待采购资金5.31亿元，其中预算内资金3.87亿元，预算外资金1.44亿元；年终预算执行结余1 031万元，其中预算内资金716万元，预算外资金315万元。加上以前4个年度滞留的近4.7亿元采购资金，全年共审核支付采购合同2 400多份、采购项目9 025项，实际支付采购资金8.11亿元，比2005年增加25.9%。

为切实做好政府采购资金集中支付工作，一是注重内部挖潜，不断完善工作机制，规范运行程序，尽量减少不必要的工作环节，提高工作质量和效率水平，从而实现了支付资金无一差错，及时足额到位的工作目标。二是为解决资金支付、合同管理等管理信息手工登录而带来的繁重工作量，积极做好开发电子化政府采购管理系统的各项前期准备工作，制定实施方案和工作计划，为政府采购管理系统的尽快应用奠定了基础。三是配合反商业贿赂治理工作，加大资金支付审核力度，做好岗位配置，规范合同履行，做到严审、严查、严拨，切实把好出口关，为从源头上有效防范腐败行为的发生发挥了重要的作用。

【农村义务教育经费保障机制改革政策顺利实施，中央专项资金及时拨付到位】 根据《国务院关于深化农村义务教育经费保障机制改革的通知》（国发〔2005〕43号）和省政府《关于实施农村义务教育经费保障机制改革的通知》（鲁政发〔2006〕97号）精神，按照中央和省关于实施农村义务教育经费保障机制改革的要求，中央和省对县级农村义务教育经费将通过国库集中支付直接支付到县。为确保资金及时到位，一是研究制定了手工和网络系统两套农村义务教育专项资金的支付管理办法，从指标分解下达、计划审批到财政银行资金支付时间都做出了明确规定。同时，举办业务培训班，系统地讲解农村义务教育经费保障机制改革方案、中央专项资金支付管理办法、会计核算办法等制度。二是通过公开招标的方式选择了农业银行济南市和平支行为农村义务教育专项资金支付的代理银行，并分别开设了中央和省农村义务教育专项资金零余额账户。三是借助国库支付系统的升级，在系统中成功实现农村义务教育资金支付，对人员岗位、角色、权限等进行了设置，并将各县（市、区）的开户银行、账号等基础信息录入系统。四是年底仅用2天时间，将中央安排山东省的1.45亿元农村中小学校舍维修改造资金，通过代理银行将资金全部拨付到了104个县（市、区），是全国唯一按财政部的要求于年底前将农村义务教育中央专项资金支付到位的省份，得到财政部的充分肯定和表扬。

（撰稿：董苏彭　臧殿新）

财政投资评审

【概述】 2006年，财政投资评审工作坚持以邓小平理论和“三个代表”重要思想为指导，牢固树立和落实科学发展观，紧紧围绕全省经济社会发展大局和财政中心工作，与时俱进、开拓创新，评审工作力度进一步加大，规章制度渐趋完善，评审质量稳步提高，各项工作取得了明显成效。

【评审业务实现新突破】 坚持以服务部门预算改革，强化预算管理为重点，认真履行工作职责，积极拓展评审范围，实现了“三个突破”。一是全省财政投资评审工作实现新突破。全省共组织评审财政投资项目6 755个，完成项目评审值307.51亿元，在连续两年突破100亿元的基础上，2006年一举突破300亿元，同比增长85.55%，审减或查出违规违纪资金37.70亿元（其中审减财政资金18.57亿元），审减率为12.26%。二是省级财政投资评审工作实现新突破。省级共完成项目评审值141.32亿元，首次突破100亿元大关，审减或查出违规违纪资金13.62亿元（其中审减财政资金4.02亿元），审减率为9.64%。三是市县财政投资评审工作实现新突破。市县财政投资评审工作力度明显加大，全年共完成项目评审值166.19亿元，首次突破100亿元，审减或查出违规违纪资金24.08亿元（其中审减财政资金14.55亿元），审减率为14.49%。2006年全省财政投资评审工作获得全面丰收，突出体现在以下五个方面。一是重点推进专项支出项目评审。工作重心向“三农”、社保及卫生医疗、教育等“重点”、“热点”项目倾斜，省级全年共完成各类重大专项支出评审值128.38亿元，占评审业务量的90.84%。在“三农”项目评审方面，先后对2003至2005年度农业综合开发、2003至2004年度全省节水灌溉、省级防汛物资报废、省革命老区困难县建设等项目进行了评审，确保了中央各项“惠农工程”的落实；社保及卫生医疗项目评审方面，对全省财政困难县乡镇敬老院维修改造工程（“540工程”）、乡镇重点卫生院维修改造工程（“360工程”）进行了评审，为落实社会保障、卫生医疗等有关政策，加强项目资金管理提供了重要参考依据；农村义务教育重点项目评审方面，对省财政困难县981所农村中、小学D级危房改造项目进行评审，全面核实危房改造面积、方案、单位造价及学生安置情况等，提出了限期拆除D级危房、分期分批实施集中改造等建议，得到了有关方面的高度重视。二是扎实做好基本建设项目评审。进一步加大基建项目前期论证和工程概、预算审核力度，协助业务处室从源头上合理确定项目投资额，将财政资金节约在分配环节，有效扭转了事后评审“木已成舟”的被动局面。省级全年共完成项目评审值12.94亿元，审减资金2.17亿元，审减率为16.77%。三是深入开展“财政管理年”活动。通过加快构建科学、规范的财政投资评审体系，制定相关配套办法，强化对预算编制、工程招投标、项目跟踪问效、竣工财务决算、固定资产移交评审及项目绩效评价工作，财政投资评审逐步成为规范项目支出管理，促进财政各项改革，提高财政管理水平的重要环节和有效手段。四是积极探索财政投资项目绩效评价工作。按照建立财政绩效评价体系的目标要求，把项目绩效评价作为工作重点，深入探索项目绩效评价方式方法，试编项目绩效评价指标体系，为更好地开展项目绩效评价工作积累了一定经验，为全面推动政府公共部门绩效考评奠定了良好基础。五是圆满完成财政部安排的各项工作任务。严格按照财政部有关要求，先后完成中央美术学院美术馆、学生公寓楼、设计教学楼等3个基建项目和北京等八个省（市、自治区）21个可再生能源项目的评审工作，全年共完成财政部安排的项目评审值87.48亿元，审定值80.75亿元，审减或查出违规违纪资金6.73亿元。

【开拓创新谋划新思路】 紧密结合评审工作实际，积极创新工作思路，谋划评审工作发展大计。一是省财政厅组织召开了厅机关财政投资评审工作座谈会。邀请厅内16个业务处室主要负责同志参加，对新形势下如何更好地做好财政投资评审工作进行了研究探讨，并提出了许多宝贵意见和建议。二是着力加大项目预算环节评审力度。紧紧抓住项目预算环节评审这个“牛鼻子”，全年共完成项目预算评审值102.18亿元，占评审值的72.30%，审减资金11.75亿元。三是认真推行财政投资评审计划编制工作。严格按照部门预算编制有关规定，及时与业务处室沟通，由有关业务处室提供拟评审项目清单，汇总编制财政投资评审计划，分轻重缓急组织实施。同时，逐步加大单个项目评审计划编制执行力度，具体评审工作严格按照评审预案组织实施。四是大力加强业务质量管理。严格执行三级质量复核和专家论证会制度，及时与有关处室就项目评审情况进行沟通，解决项目评审中的政策性、技术性问题。切实加强网络机构和网络人员管理，对网络机构和网络人员实行定期考核和动态管理，建立竞争机制，实行优胜劣汰，从现有网络机构库中择优确定了15家网络机构，作为协助开展评审的主要力量。逐步规范业务研讨会制度，结合工作实际编制年度业务研讨计划，按计划组织召开业务研讨会。

【制度建设跃上新台阶】 在原有规章制度基础上，本着“查缺补漏”的原则，进一步加强和完善规章制度建设，评审规章制度体系进一步健全。一是圆满完成了《山东省财政投资评审“十一五”规划纲要》编制工作，为今后一个时期开展评审工作明确了方向。二是制定出台有关内部管理制度。出台了廉政建设“十不准”监督卡制度、财政信息网上网信息管理办法等制度办法，有力促进了评审工作的健康、规范、有序进行。三是拟定有关评审业务管理制度。初步拟定了《关于进一步加强全省财政投资评审工作的意见》、《山东省省级预算项目库项目评审暂行办法》、《山东省省级财政投资评审结论运用移交暂行办法》等几个办法。

【调研宣传开创新局面】 一方面，调研方式不断创新，并取得了良好成果。一是把财政投资评审作为深入、有效的调研方式，对评审涉及的“重点”、“热点”项目进行深入调研，及时撰写出立意新、质量高、内容丰富的调研报告。二是组织部分人员赴北京、河南、浙江等省市对项目预算评审机制建设问题进行了专题调研，拟定了有关制度办法。三是根据省软科学研究计划，初步完成了《政府公共投资评审模式研究》研究任务。四是根据省财政厅统一部署，完成了财政志“财政投资评审”部分的初稿编写工作。另一方面，财政投资评审宣传工作取得了丰硕成果。一是积极借助各种社会媒体进行广泛宣传，《山东青年报》以“强化一流管理、奉献一流服务、打造一流队伍”为题刊发了评审中心创建“省级青年文明号”纪实文章。二是充分运用财政内部信息网络进行及时宣传，通过财政信息网络等媒介加大信息宣传力度，及时更新中心网页信息，全面报道评审工作动态。三是通过实际评审工作进行了有效宣传，通过扎实有效的评审工作，使项目单位从开始的不理解、不配合，逐步转变为自觉接受评审，有的部门主动邀请对有关项目进行审核、把关，为进一步开展评审工作创造了良好的氛围。

【机构队伍建设迈出新步伐】 通过全面推行“四强化”，财政投资评审机构队伍建设迈出了新步伐。一是强化服务意识，提高服务财政工作能力。准确把握工作定位，牢固树立服务意识，切实发挥评审工作的参谋助手作用。二是强化责任意识，加快推进机构队伍建设。继续加大对市县评审工作的指导力度，督促市县财政部门加快机构建设。截至年底，已有13个市和39个县级财政部门成立了专职财政投资评审机构，全省评审人员已达400余人。三是强化争创意识，增强集体荣誉感。以“建设一流队伍、争创一流业绩”为目标，认真做好争先创优工作。在上年以总分第一名的优异成绩荣膺省直机关“青年文明号”荣誉称号的基础上，2006年省财政厅投资评审中心被共青团山东省委、中共山东省委省直机关工委授予“山东省省级青年文明号”先进集体称号，被财政部授予“全国财政投资评审系统先进单位”荣誉称号。四是强化廉政意识，构筑反腐倡廉防线。认真学习党中央、省委和厅党组廉政建设规定，努力增强干部职工加强廉政建设的主动性和自觉性；定期召开廉政建设专题会议，研究中心廉政建设问题；推行廉政建设“十不准”监督卡制度，建立有效的监督与约束机制。

（撰稿：王文胜　甘信厚　常景刚　崔晓敏）

省经济开发投资公司

【概述】 2006年，省经济开发投资公司在省财政厅党组的正确领导下，全面落实科学发展观，认真贯彻落实省委、省政府决策部署，围绕实现又好又快发展的目标，大力开拓业务，强化经营管理，加强全面建设，加快发展步伐，较好地完成了年度任务目标。在连续六年实现盈利的基础上，公司全年实现净利润2 002.81万元，经济效益迈上一个新的台阶。

【内部改革进一步深化】 把深化改革

放在全年工作的突出位置，坚持以改革促发展，以人事分配制度改革为重点，深入推进了企业化管理改革。一是按照省属事业单位分类改革工作部署，正确把握改革政策，紧密联系公司实际，在充分听取干部职工意见、进行深入调研论证的基础上，拟定申报了分类改革建议方案。二是进一步深化了分配制度改革。根据事业单位改革的基本精神，制定出台了《公司绩效薪金分配办法调整方案（试行）》，体现了按岗定酬、经营业绩与员工收入挂钩的分配原则，强化了激励约束机制，激发了干部职工干事创业的积极性。

【投资业务呈现出新的亮点】 把开拓新领域、培植新亮点作为加快发展的重要举措，围绕资源型、基础型项目的投资方向，突出抓房地产业项目的投资运作，全年完成投资规模 2.08 亿元。一是投资控股了齐河地热项目。经过充分调研论证，公司出资 6 120 万元，持股 51%，与山东地矿地热投资公司、青岛豪邦国际俱乐部有限公司合资成立了注册资本 1.2 亿元的山东天润温泉开发有限公司，拟充分利用地热资源开发建设温泉度假村和产权式公寓。该项目符合国家产业政策和省委、省政府倡导的投资导向，资源优势突出，环保节能效益明显，市场前景广阔，可望培植成为公司新的产业发展平台和效益增长点。二是济南出口加工区项目取得实质性进展。与高新区管委会达成了合作意向，正式签订了《投资意向书》，拟在加工区进行工业标准厂房和配套商住房的开发。该项目土地增值潜力大，市场前景好，将成为公司一个重要的后备项目。三是投资大厦建设进展顺利。公司会同华鲁房地产公司加强了工程监管和预算控制，保证了工程的顺利实施。四是财政投资管理业务进一步扩大。按照国家农发办有关规定和程序，经过考察评审，确定了潍坊乐港、滨州裕华、济宁利丰等三个农业产业化重点龙头企业，6 000 万元投资已经出资到位。公司还制定了《农业综合开发投资参股经营项目管理办法》，规范了投资监管工作。截至 2006 年底，公司投资参股的农业综合开发项目已达 5 个，总投资 1 亿元，初步形成了农业产业化的发展平台。此外，积极争取了山东电子口岸建设财政投资受托管理业务，参与了电子口岸建设前期准备工作。

【资本运营取得新的成效】 围绕壮大优势企业，调整资产结构，积极开展了资本运营工作。一是控股省油气股份公司工作取得进展。为实施培植能源产业的战略规划，公司重点开展了对油气公司的资本运作，在积极争取省国资委划转管理国有股权的同时，经过坚持不懈地努力，以较低价格成功购入华融资产管理公司持有的山东石油天然气股份公司 500 万股权，使公司持股达到 1 000 万股，持股比例升至 28.88%，成为与省国资委并列的第一大股东，为最终实现控股创造了条件。二是按照有进有退的结构调整方针，完成了沉淀多年的原威海碧海大酒店项目的产权变现，回收资金 1 500 万元。三是潍坊债权成功重组。充分运用资本运营手段，将公司在潍坊的债权债务和资产打包重组、整体运作，重组债权 6 300 万元，为盘活资产并最终实现债权变现创造了条件。

【经营管理能力明显提高】 把强化“三个体系”建设贯穿到经营管理的全过程，通过大力强化执行责任、加强监督考核，推动了年度任务目标的落实，取得了明显成效。一是加大了经营管理目标责任制的执行力度。进一步健全了目标责任体系和考核奖惩体系，定期调度检查年度计划任务执行情况，各单位围绕完成年度工作任务和经营目标，建立健全了目标管理、岗位责任和考核奖惩机制，层层分解落实任务，贯彻落实公司决策部署的执行力明显提高。经年终考核，省公司超额完成了利润目标，大部分单位完成了重点工作任务和经营指标，公司按照考核办法兑现了奖惩。二是强化了产权管理。继续加强了对山航集团等重点参控股企业的监管，建立了参控股企业日常巡视制度，加强了对经营财务状况等重大事项的监管，修订了山航集团董事会、股东会议事规则，规范了担保、投资决策程序，派出董事和监事的监管能力得到加强，增强了控制力。三是严格了财务监管。进一步完善了公司系统全面预算管理，强化了预算执行的控制；加强了对参控股公司的财务监管，建立了子公司财务经理、主管会计重大事项报告制度；加强了资金筹措与风险控制，有效保证了资金的安全，提高了资金的使用效率。四是强化了审计监督。突出抓好子公司绩效审计评价，加强了对公司系统内控制度执行情况的监督检查。充分发挥法律监督作用，对重点投资和资产并购项目，聘请律师全过程参与、把关，强化了法律保障。五是加强了人力资源管理。严格按照《党政领导干部选拔任用工作条例》的规定和程序，报请上级选拔任用了一名副厅级、四名处级干部，聘任了三名子公司负责人，充实加强了领导力量，进一步调动了广大干部的积极性。加强了日常人事劳资管理，积极培养和引进人才。注重抓好各层次员工的教育培训，全年共组织 75 人次参加了各项业务学习培训。六是确保了安全稳定。全面落实了安全稳定工作责任制，贯彻落实了《山东省安全生产条例》，坚持经常性安全检查，确保了公司全年的安全稳定。

【党建工作和思想作风建设不断加强】 围绕公司中心工作，加强了党建工作、廉政建设和思想作风建设，取得了明显成效。一是加强了党的建设。以健全保持共产党员先进性长效机制为重点，抓好党支部工作细则的落实，加强了政治理论学习，在党员中开展了“学习党章、遵守党纪”活动，进一步增强了党员干部的党性观念。二是强化了党风廉政建设。围绕建立健全教育、制度、监督并重的惩治和预防腐败体系，组织开展了反腐倡廉宣传教育活动，年初公司召开廉政建设大会，与下达年度任务目标一同部署廉政工作，狠抓了公司廉洁从业规定的贯彻落实和监督检查，有效推动了廉政建设开展。投资大厦建设是公司上下关注的重点工程，在建设过程中，公司成立了监管小组，加强了工程监管和预算控制，对施工队伍的选择和重要材料设备的选购，全面推行招投标制度，确保了工程建设的顺利进行。三是进一步转变思想工作作风。围绕构建和谐环境，倡导求真务实、真抓实干的作风，在公司内部大兴学习研究之风，不断加强干部队伍的作风建设；积极推进创建学习型、创新型公司活动，组织开展了多种形式的企业文化活动，学习、创新、务实、和谐的氛围日益浓厚，员工队伍的精神面貌发生了可喜的变化。四是坚持以人为本，维护员工利益，关心群众生活。公司在经营管理中，重视发挥群众的参与监督作用，不断推进民主管理。在制定事业单位分类改革建议方案过程中，着眼公司长远利益和干部职工切身利益，在广泛征求干部职工意见基础上拟定上报方案；在事业发展、效益增长的同时，适时提高员工的收入水平，想方设法解决员工的实际困难，公司的凝聚力、向心力不断增强。

（撰稿：鲁 维 李永泉 张伟海）

第三部分

市财政工作

济 南 市

【概述】 2006年，济南市各级财政部门深入贯彻落实十六届五中、六中全会精神，全面落实科学发展观，扎实开展“财政管理年”活动，大力推进财政改革；不断改进工作作风，强化服务、保障意识；大力培植财源，狠抓增收节支，实现了财政收支平衡，促进了全市经济社会发展。

2006年，全市地方财政收入128.44亿元，完成年初预算的105.36%，比上年增长20.99%；全市财政支出146.97亿元，完成预算的108.87%，比上年增长21.81%。

【充分发挥财政职能作用，积极支持经济发展，努力做大财政经济“蛋糕”】 发展是硬道理。财政始终把支持和促进经济发展作为第一要务，充分发挥财政政策的导向作用，改变支持方式，努力做大财政蛋糕。

1. 发挥财政政策和资金导向作用，支持工业经济发展，促进经济增长方式转变。一是工业经济发展引导资金的作用开始显现。2006年共支持企业项目97个，安排资金5 200万元，促进了工业经济健康发展。二是充分发挥外经贸发展引导扶持资金的作用，推动外经贸工作再上新台阶。安排外经贸发展扶持专项资金1 235万元，完成引进外资4.4亿美元，对出口创汇的拉动和外经贸工作的促进作用明显。三是科学、合理地安排好市级环保专项补助资金。共筹集各类环保资金5 282万元，专项用于污染防治，改善环境质量。四是科技型中小企业发展创新资金成效显著。安排500万元、区县配套224万元资金，支持了16个项目，同时得到中央和省两级支持资金661万元，使全市中小企业发展更具活力。五是拨付中小企业担保资金500万元，为33户中小企业进行了担保，担保贷款额达1.1亿多元。

2. 积极筹措资金，着力推动和谐社会建设。一是积极筹措资金8.39亿元，推进了151户企业改革、改制，安置职工1.35万人。二是做好中央企业分离办社会职能移交工作。第二批中央驻济企业分离办社会工作涉及济南市6户中央驻济企业，分离移交10个单位的企业在职人员265人，离退休人员133人，并争取中央经费补助资金959.43万元。三是拨付补贴1.50亿元，解决公用事业单位受物价等因素影响出现的亏损问题，确保公用事业活动正常开展。四是认真做好成品油补贴工作。根据国家财政政策，及时将两次成品油价格改革补贴款4 871.42万元和581.58万元，分别拨付到公交公司和城市出租车司机手中，保证了国计民生行业的正常运转。五是为确保今冬供热供暖，积极筹措资金8 495万元，帮助供热部门解决燃煤问题。

3. 发挥政府外债作用，多渠道筹集经济建设资金。一是帮助山水集团争取世行国际金融公司贷款5 000万美元，用于余热发电项目。二是帮助市广播电视局争取日元贷款29.14亿日元，用于广播电视基础设施改造。三是帮助市卫生局引进荷兰政府贷款616万欧元，建设120急救网络系统。

4. 积极利用和争取优惠政策，支持地方经济发展。根据国务院《农村信用社改革试点方案》和财政部《关于印发农村信用社保值储蓄补贴办法的通知》精神，积极争取市农村信用社保值储蓄补贴，将申请的2 049万元保值储蓄补贴及时下发七个农村信用社（合作银行），消化了历史包袱，为今后农村信用社的发展奠定了基础。

5. 加强专项资金管理，确保发挥最大投资效益。一是安排贸易服务业发展引导资金2 000万元，重点支持现代物流业、老字号传统饮食服务业、配送中心等建设项目，为增强贸易服务业发展后劲发挥了重要作用。二是安排软件产业发展资金300万元，重点支持了浪潮齐鲁软件园、三联电子信息、中创软件等软件产业发展，在引导社会投资、培植财源等方面发挥了积极作用。

6. 加强国债资金监管，积极防范财政风险。争取国债资金1.21亿元，重点支持了城市供水管网及农村饮水项目建设、济南化工年产60万吨PTA技术装备国产化依托工程、志友集团大型电力及特种变压器等项目，对全市基础设施、产业结构调整和经济增长起到拉动作用。

【加强协调，依法征收，确保财税收入大幅增长】 经济决定财政，财政反映经济。财政支持经济发展的成效，体现为财税收入的快速稳定增长。

1. 加强协调落实，确保财政收入稳定增长。认真做好部门预算的执行和督促工作。坚持对部门预算指标细化管理、实行软件系统规范控制，对财政部门负责征收的行政性收费收入及预算外收入实行按月考核；适时分析全市经济运行情况和财政收支预算执行中存在的矛盾和问题，及时提出建议和修订措施，确保了各项财政收入任务的完成。提前20天完成市人代会批准的收入计划，收入进度创2000年以来最好水平。

2. 发挥财政信息平台优势，保障财政收入任务圆满完成。联合税务、人民银行等部门，建立了济南市财税库行网络信息系统。于2006年1月1日完成了济南市财税库行网络信息系统建设并正式运行，首次实现了财政、税务、人民银行、各商业银行等部门的税收信息共享，加强了税收收入收缴管理，保证了收入及时入库，实现了税收动态监控，极大地方便了纳税人，提高了工作效率。

3. 规范土地出让收入管理，在节约土地资源的同时，获取土地最大收益。通过建立完善国有资源有偿使用收入征收管理、使用管理、项目资金管理、收储资金、监督检查和联系人责任制等六项制度，不断夯实土地有偿出让的基础管理工作。全年共上缴中央和省新增建设用地有偿使用费3.78亿元，争取新增建设用地指标3.1万亩，基本解决城市基础设施建设和耕地占补平衡问题。全市实现土地出让金纯收益30.2亿元。

4. 拓展非税收入渠道。全市实现非税收入81亿元，比上年增加30亿元，增长60%。实现彩票收入7亿元，比上年增加1 000万元，增幅1.5%。公有住房销售收入累计实现6.86亿元，比上年增加0.4亿元，增幅6.3%。

5. 加大征收力度，超额完成契税、耕地占用税收入任务。2006年全市契税入库6.82亿元，比上年增加1.34亿元，增幅24%；其中：市本级契税入库2.84亿元，比上年增加1.14亿元，增幅67.78%；全市耕地占用税入库7 300万元，比上年减少568万元，耕地保护政策初见成效，耕地占用逐步得到控制。全年完成市级排污费收入2 200万元，较上年增收740万元，达到排污费征收历年最好水平。

【加大财政支持力度，促进社会主义新农村建设】 支持社会主义新农村建设，是财政工作的重要任务之一。全市各级财政加大支持力度，积极促进农村经济结构调整，解决农村群众生活面临的困难，扎扎实实为农村办实事。

1. 突出重点，狠抓落实，财政支农重点项目取得新进展。一是大力加强农业基础设施建设。安排资金5 714万元，继续支持中、小型水库除险加固、河道治理等水利骨干工程建设；投资1亿元，新建农村自来水工程130余处，新增受益人口55.45万人，农村自来水普及率达到76.5%。二是积极促进优势产业提升。安排资金1 548万元，以优质专用粮食、蔬菜、畜牧、水产4大产业为重点，新建改建优质农产品基地77个；安排资金1 765余万元，对36家农业龙头企业的技术改造和规模扩张给予专项贴息扶持，有力地促进了全市特色农业产业的形成和发展。三是大力发展节约型农业。安排资金1 130万元，支持农村发展沼气，新建沼气池1.8万个，年产秸秆气折合标准煤4 800吨。四是大力支持科技兴农工程。安排资金2 220万元，支持市农业高新技术开发区农业示范园区及农业科技孵化器建设，搭建农业科技推广平台；安排资金750万元，用于开发畜禽、水产、农业新品种，大大提高了农业科技含量。五是全面推动生态农业建设。安排资金3 480万元，支持绿色通道、封山育林、荒山绿化等工程建设，全市新增造林合格面积15.38万亩，森林覆盖率达25.2%，创历史最高水平；安排资金710万元，支持南部山区小流域综合治理，全年整治小流域17条，新增水土保持面积近60平方公里，走上了"以水养林、以林养水"的生态发展道路。六是继续做好农民增收工程。安排扶贫开发资金1 810万元，资助扶贫项目53个，发展各类设施农业2 700余亩，使26万人脱贫解困，占农村贫困总人口的80%。七是支持农业土地开发整理。投入2.45亿元，增加投入2 500万元，使农业土地开发整理项目达到56个，7.77万亩农田得到综合整治，新增耕地1.5万亩。八是继续实施"村村通公路"工程。拨款5 000万元，专门用于农村公路改造建设，累计投入建设资金13.42亿元，新建和改建农村公路2 368条，总里程达到5 985.5公里，4 461个村庄实现了"村村通公路"。

2. 把党和政府的惠农政策，及时送到种粮农民手中。一是认真做好发放粮食补贴工作。2006年全市共发放粮食补贴资金5 273万元，补贴小麦种植面积376.6万亩，受益农户86万多户、310多万人。二是及时为农民兑付成品油价格改革补贴共计1.12亿元。其中向种粮农民直接发放柴油补贴5 353.4万元，客运（出租）补贴353.45万元。

3. 做好大中型水库移民后期扶持工作，把党的温暖送到水库移民群众中。根据党中央、国务院要求，认真落实大中型水库移民后期扶持政策，在移民数量、资金需求等方面做了深入调查研究，确定了扶持方式，并将国家补贴资金1 710万元及时发放到位。

4. 大力推进农村社会保障体系建设。一是稳步推进农村五保户财政供养工作。根据全市经济发展水平，确定了分散供养年人均不能低于1 400元、集中供养年人均不能低于2 400元的标准，并依照市、县（市）区、乡镇三级联保原则，合理确定分担比例，市财政拨付五保供养经费 1 006 万元，1.72 万名五保人员基本生活得到保障。二是进一步加强新型农村合作医疗制度建设。加大财政对新农合的投入，提高财政负担比例，由 2005 年的 10 元增加到 30 元。市财政共投入 2 110 万元，使参合农民达到 288.8 万，占全市应参合农民的 94%。三是支持乡镇卫生院“360”工程建设。多方筹集资金 2 274 万元，完成 32 个乡镇卫生院改造，达到机构布局合理、基础设施齐全、管理体制理顺、人员技术水平提高、农民支付能力增强的工作目标，农村医疗就医条件显著改观。四是继续完善农村低保制度。投入 100 万元，用于低保人员的生活救助，共救助低保对象 8 800 人。五是积极落实计划生育奖励扶助和免费技术服务政策。安排资金 400 万元，对全市农村已婚育龄妇女免费进行身体、孕情检查，根据计划生育奖励扶助政策，对只有一个子女或两个女孩的农村计划生育家庭，每人每月给予 50 元的奖励扶助金，有力推动了计划生育工作的开展。

5. 大力支持农村教育、科学文化事业发展。一是加大对农村家庭困难学生的资助力度。安排资金 2 150 万元，扩大“两免一补”助困范围，使农村在校学生的受资助比例由 10% 提高到 20%（商河县由 15% 提高到 25%），全市没有一个学生因家庭经济困难而失学。二是积极支持启动农村中小学校舍升级改造工程。结合新一轮农村学校布局调整，安排资金 3 000 万元，重点对贫困地区的 80 所中小学校进行升级改造，改造面积约 10 万平方米，并筹措资金 860 万元，对农村中小学教学设备进行了更新改造，新购教学微机 800 台，课桌、凳子 5 万套。三是积极支持实施农村学校取暖工程。安排 550 万元资金，解决了 200 所农村“边、穷、山”地区学生的取暖问题。四是大力支持职业教育。安排资金 1 500 万元，支持创建示范实训基地，开展高水平“双师型”专业教师、农业实用技术以及农村劳动力转移职业培训。五是加大对“科普村村通”工作的支持力度。安排专项资金 141 万元，用于“科普村村通”工程建设，全市 4 657 个行政村已建宣传栏 4 808 个，超额并提前一年半完成建设任务。

【加大财政投入力度，逐步建立完善社会保障体系】 始终把关心广大人民群众利益、关注弱势群体、提高民主财政社会保障水平作为重要任务来抓。

1. 保证政策、资金“双落实”，全力支持就业再就业工作。合理调整支出结构，增加对就业再就业的资金投入。及时安排再就业资金 5 330 万元，解决了 2 950 名失业人员的就业问题。支付小额贷款担保金及贴息 1 030 万元，实现就业 600 余人，从而为就业再就业提供了强有力的资金保障。

2. 积极筹措资金，扎实做好企业离退休人员基本生活保障和城市低保的“应保尽保”工作。一是确保企业养老金按时发放。全年实现市级企业养老保险金收入 22.98 亿元，支出 26.8 亿元，并及时将 4.68 亿元补助资金转入养老金财政专户，弥补基金收入的不足，确保了全市 24 万企业离退休人员养老金的足额发放和待遇增长，较好地维护了社会稳定。二是认真落实企业离休干部“两费”统筹金“三个保障机制”。拨付离休干部个人账户金、查体费以及统筹医药费 1 783 万元，为老干部看病就医提供保障。三是严格执行属地化管理，筑牢低保防线。共拨付低保金 4 553 万元，对全市城镇居民 19.5 万户、52.9 万人发放低保金，并拨付 161.49 万元，为 32.3 万户特困职工家庭实施水价补贴。

3. 切实做好困难企业军转干部解困工作和士兵退役安置工作。一是重点解决好企业军转干部的生活困难问题。自 2006 年 1 月 1 日起，提高了企业军转干部各项解困补助标准，拨付解困资金 1 255 万元，为 1 750 名困难企业军转干部增长了工资，提高了生活待遇。二是协助做好士兵退役安置工作。拨付 745 万元，用于城镇士兵退役待分配期间生活补助及自谋职业士兵的一次性经济补助。

4. 支持社区卫生服务发展和食品药品监管机制建设，保障人民生命健康。一是大力发展城市社区卫生服务。按市财政投资规划，对社区卫生医疗单位实行财政支持，切实提高了社区卫生医疗保障水平。二是建立健全食品药品监管机制，为人民群众健康安全提供保证。投入 810 万元，新建了食品药品安全体系和食品药品监督信息网络，并对资金使用情况进行跟踪问效，真正将这项民心工程落到实处。

5. 财政资金分配更多向困难群体倾斜。一是做好农村老党员的生活救助工作。积极调整财政支出结构，安排资金 193 万元，对 240 名抗日战争时期老党员、1 613 名解放战争时期老党员给予生活补助。二是落实在乡老复员军人的生活补助问题。拨付 1 458 万元，用于解决 2.5 万名在乡老复员军人的生活困难问题。三是实施农村医疗救助。安排 334 万元，用于救助患大病的特困家庭。

【增加资金投入，促进教育、文化、卫生、科技等社会事业发展】 按照建立公共财政和基本公共服务均等化要求，大力调整优化支出结构，加大对教育、文化、卫生、科技等事业发展的支持力度，切实提高人民群众的生活质量。

1. 大力支持科技创新人才建设。根据市政府确定的科技创新人才建设发展总体目标，在预算内安排应用技术研究与开发资金6 000万元的基础上，整合全市各部门的科技创新专项资金，共计7 300万元，集中用于加大自主创新投入、提高企业自主创新能力、科技平台建设、科技人才培养和引进四个方面，极大地调动了企业自主创新的积极性，为创新型城市建设奠定了基础。

2. 大力支持文化事业发展。安排资金2 000万元，支持济南市歌舞剧院、儿童艺术剧院以及市博物馆等基础设施和设备的改造及更新。支持艺术精品的创作、生产和演出，儿童剧《宝贝儿》荣获国务院颁发的精品工程奖。

3. 着力维护社会稳定。安排资金3 700万元，加强基层公安装备建设，为全市180多个城市公安派出所、农村公安派出所和区、县看守所等基层公安部门配备新警车，进一步提高了基层公安机关的快速反应和处置突发事件的能力。

4. 大力支持体育事业发展。安排资金800余万元，支持运动员参加省二十一届运动会以及全省首届老年人运动会；支持举办了第三届青少年运动会，有力地促进了全市体育事业蓬勃发展。

5. 进一步加强污染防治工作，改善环境质量。从排污费收入中安排污染防治新技术新工艺、大气环境综合治理、水污染防治、废物回收利用等污染防治项目35个，专项补助1 700万元，有效改善了全市环境质量，污染物排放总量大幅下降，空气环境质量明显改善。在水污染治理方面，重点对市区的东洛河、西洛河、工商河及北园大街以南河段进行了截污综合治理，达到既治污又观景的生态效果。

6. 加大城市基础设施投入，为市民创造优美的生活工作环境。市财政投入城市基础设施建设资金5.01亿元，其中城市建设维护费1.61亿元，城市建设配套费3.30亿元，重点支持建设了大纬二路、英雄山路、八一立交桥改造及城市配套工程，提高了市区道路通行能力，进一步提升了省会城市形象。

7. 提高政府投资效益，合理安排基本建设资金。2006年安排市筹基本建设支出1亿元，重点保障了政务中心、市委党校教学综合楼，市公安、司法、武警业务用房维修改造，府学文庙、医疗卫生、青少年宫、职业教育、体育等社会公共事业项目建设，促进了全市公共事业的发展和综合服务功能的优化。安排综合信息网建设资金500万元（连续5年累计2 500万元），建立了济南市公用信息平台，目前共有311个部门接入平台，实现了“一个平台多个系统，一个系统多种应用”，为市级党政机关实现信息资源共享、全面推进电子政务、电子商务及社会信息化发展创造了条件。

【扎实推进财政各项改革，在创新中求发展】

1. 加大政策、资金扶持力度，缓解县乡财政困难，促进区域经济协调发展。对自身财力达不到5亿元的贫困县，建立了转移支付的长效机制。在此基础上，制定了对乡镇机构改革、产粮大县、财政困难乡镇税收超任务增长、县（市）区税收超平均增幅、乡镇投融资发展中小企业和农产品加工龙头企业、财政困难乡镇区域的金融机构扩大信贷投放、财政困难乡镇归还逾期国际金融借款、农村基金会借款等七项激励奖励政策。全年共对县区转移支付资金8.5亿元，比2005年增加1.5亿元，增长21.4%，是历年来增加最多的一年，进一步巩固了农村税费改革的成果，保障了基层政权的顺利运转，激励了县域经济发展，弥补了困难县区部分工资性支出缺口，缓解了基层财政困难。

2. 扎实推进收支分类改革，全面提高预算管理水平。根据2007年1月1日全国统一实施政府收支分类改革总体要求，加大收支分类改革工作力度。一是加强对各级财政系统和财会人员培训。举办了3期政府收支分类改革培训班，参训人员600余人。通过培训，使参训人员全面了解改革内容、准确掌握新旧科目体系衔接等有关具体操作方法，为改革的顺利实施奠定了基础。二是做好预算编制和预算执行数据的转换工作。按照“三个维持”的原则，保持原编报口径不变，对收入项目按新科目进行统一归类，支出项目按支出功能和经济分类进行拆分或合并，将收支预算执行数按新科目进行转换，收支总数与按旧科目编制预算保持一致，确保了数据的完整性、真实性和准确性。

3. 推进政府投融资管理体制改革，创新政府投融资管理模式。一是新的政府投融资管理体制高效平稳运行。按照市政府投融资管理领导小组确定的项目建设规模和进度安排，共投放资金36亿元，保证了北园大街、奥体中心、103省道、104国道等市重点工程和各片区项目建设资金及时到位；截至年底，申请国家开发银行贷款的11个项目全部到达总行核准要求，其中历城唐冶新城、市中九曲片区和长清富美科技三个项目共18亿贷款已获核准且资金到位。同时，争取浦发银行10亿元授信额度，先期5亿元已在北园大街迁建工程上投入使用；积极协调银行简化支付程序，加快资金支付速度，资金支用率由2005年末的73.34%提高到2006年末的93.10%，提高了19.76个百分点，大大提高了资金使用效益，全年节约资金过亿元。二是政府投融资运行的“科学化、规范化、制度化”程度不断提高。制定了《济南市政府投融资计划管理办法》、《济南市政府投融资建设项目审计监督办法》、《济南市政府投融资资产管理办法》，使政府投融资计划管理、建设项目审计监督、资产管理有章可循。同时，建立了政府投融资统一会计核算体系，统一了会计核算主体。构建了济南市城市基础设施投入产出资产统计评价体系，全面反映政府投融资投入形成的固定资产、储备土地以及与之相对应的债务情况，为科学评价政府在城市基础设施投入绩效提供依据。三是政府债务风险得到控制和化解。为切实加强债务风险防控工作，严格资金投放，压缩一般需求，确保重点支出，将政府城建债务规模始终控制在合理范围，坚定不移地执行2006年债务总量不突破150亿元的任务；老债务逐步得到化解，2006年全年归还银行贷款本息21.88亿元。

4. 初步形成了行政事业国有资产监管运行新机制。一是资产监管体制得到初步理顺。对不同性质的行政事业国有资产采取了不同的集中统一监管模式，使资产管理责任更加明确，目标更加科学。对行政机关、具有行政职能的全额事业单位占有的非经营性资产，集中统一委托市级机关事务管理局管理；对教育、卫生、园林等占有的公益性资产委托各主管部门管理；对宾馆、招待所、培训中心及主要以经营为目的的事业单位占有的经营性资产，以及通过资产调整由非经营性转为经营性的资产，集中统一授权相关部门经营。已将98户市级行政机关、具有行政职能全额事业单位的不动产，划归市级机关事务管理局集中统一管理。二是行政事业单位资产管理制度逐步完善。出台了《济南市行政事业单位国有资产管理办法》及与之相配套的《济南市行政事业单位国有资产授权经营管理暂行办法》等五个办法，建立了中介机构备选库、专家库，规范了行政事业单位的财务审计、资产评估等行为，为行政事业单位资产的整合、调整、处置和保值增值提供了制度保障，促进了国有资产管理工作。三是加强资产处置监管，防止国有资产流失。在审批资产处置事项时，严格按程序办事，力求公开、透明，既有效防止了国有资产的随意处置、低价买卖和处置过程中暗箱操作等现象的发生，又确保实现了国有资产价值最大化。

5. 大力支持农村义务教育经费保障机制改革。按照“明确责任，分级负担，加大财政投入，提高保障水平”的原则，确定了以下五项改革内容：一是全部免除农村学生杂费。二是提高农村义务教育阶段中小学公用经费保障水平。将全市农村中小学公用经费标准分别由40、30元提高到65、45元。三是对农村贫困家庭学生免费提供教科书并补助寄宿生生活费。四是按照“以县为主”的管理体制，将农村中小学教师工资全额纳入县财政预算，统一县域内中小学教师工资标准，确保教师工资不低于当地公务员的工资水平。

【依法行政，强化监管，财政管理水平显著提高】 依法行政、依法理财已逐步成为全市财政干部的自觉行动，并贯穿于整个财政工作的全过程；规范化、制度化的管理，为全市财政经济工作发展打下了良好的基础。

1. 认真开展普法教育，提高执法能力。“四五”普法期间，组织全体执法人员学习了相关法律法规，建立健全了行政执法责任制，较好地完成了“四五”普法实施纲要提出的各项工作任务，受到省、市普法部门的充分肯定和高度评价，荣获“2001～2005年全省普法依法治理先进单位”称号。2人获“2001～2005年全市普法依法治理先进个人”。

2. 全面落实财政行政执法责任制。为推动建立权责明确、行为规范、监督有效、保障有力的行政执法体制，先后四次清理了行政审批事项，取得了较好成效。汇总编制了《济南市财政局行政执法依据》全册（修订本），包括行政执法主体、行政执法依据、行政许可、行政处罚、行政裁决、行政强制、行政征收、行政确认、行政给付、其他具体行政行为等10类内容，涉及行政执法依据88项、具体行政行为266项。同时，对济南市财政局1995～2005年的规范性文件进行了清理，共清理各类文件762件（其中规范性文件12件）。

3. 充分发挥财政职能，把监督寓于服务之中。以规范非税收入“收支两条线”管理为重点，对全市106户（占全市1/3）收费单位进行了抽查，发现有73个单位不同程度地存在违规问题。共查出违规违纪问题1.5亿元，其中：行政事业性收费未按照规定上缴的有10个单位，金额6 551.5万元；国有资源有偿使用收入未按规定上缴的有9个单位，金额4 807万元；固定资产出租、变价收入以及捐赠收入未按规定上缴的有43个单位，金额1 164万元；事业单位的培训、咨询服务费收入等未按规定上缴的有25个单位，金额达3 112.9万元。对检查有违规行为的单位，进行催收处理，确保应缴未缴的非税收入追缴入库。

4. 以规范财经秩序为目标，积极开展会计信息质量检查。根据财政部、省财政厅关于会计信息质量检查的要求，对市直有关单位采取了调账检查，共查出资产、负债、净资产、收入、费用、利润六项会计要素不实的金额为1.67亿元。针对检查发现的问题，及时进行了整改，进一步完善了内部控制制度，全市企事业单位会计信息质量不断提高。

5. 以提高财政资金使用效益为目标，强化对财政支出的监督。一是开展行政事业单位执行财经法规情况检查。根据财政监督计划，对22个单位开展了行政事业单位执行财经法规情况的检查。查出未按“收支两条线”管理规定上缴财政专户资金3 385万元，按规定进行了认真处理，有效地规范了财经秩序。二是依法对专项资金进行检查。为保障专项资金的安全性、规范性和有效性，开展了财政专项资金检查。三是对上年度福彩、体彩收入、排污环保、贸易服务业发展、村村通自来水工程、黄河滩区防洪安全六项财政专项经费6 283万元，县区自筹的村村通自来水经费3 882万元，进行了逐项检查。

6. 强化管理，规范运作，政府采购工作取得新成绩。按照管理与服务并重的原则，逐步实现了政府采购上规模、上水平的目标，取得了较好的社会效益和经济效益。为保证政府采购活动的公开、公正、公平和诚实信用，从专家抽取到开标、评标过程，都派专人予以监督。全年实际完成采购金额11.93亿元，增加3.94亿元；比政府采购预算节约资金1.66亿元，资金节支率为12.25%，其中市本级完成采购金额2.58亿元，比政府采购预算节约资金3 216万元，资金节支率11.05%。

7. 以提高评审质量为目标，积极开展评审工作。一是依据财政职能，对《济南市引黄供水水厂工程的竣工财务决算》和《济南市供水集团千佛山加压站工程竣工决算》进行了评审。二是拓宽评审范围，积极开展专项资金评审工作，完成了济南市住房信息调查专项经费、经十东路绿化养护管理费、济南市道路保洁专项补助、第二制药厂供热站迁建补助等专项资金审查项目。三是对重点项目实行全过程跟踪管理。对济南市疾病预防控制中心迁建工程、青少年宫教学综合楼建设等五个项目实施全过程监管。全年共评审各类项目93个，送审总值9.50亿元，审定总值8.90亿元，审减值6 046万元。

8. 进一步加强会计事务和行政管理工作。一是统筹规划，精心组织会计从业资格注册换证工作。全市已完成注册换证近7万人，占应注册换证会计人员总数的81%左右。二是注重实效，加强监管，扎实做好会计人员继续教育工作。对全市申请承办2006年度会计人员继续教育的23家培训机构和授课教师资质进行了认真评估、审核、确认、登记，并在市财政公众网上予以公告。市直共计组织培训会计人员1.5万人，各县区基本完成了继续教育培训工作。三是认真组织2006年度会计从业资格考试工作。全市报名参考人数19 298人，参考率为90%，合格率60%。

9. 加强教育培训工作，为济南财政经济发展培养合格人才。一是认真落实《干部教育培训条例》，组织开展教学培训工作。按照局党委《关于济南市财政局干部教育培训十一五规划纲要》和2006年干部教育工作重点的要求，对市局2005年新任职人员分2期进行了任职培训，共培训人员109人。二是发挥专业优势，圆满完成中等专业招生任务，共招生99人。三是加大对会计技术资格考试考前辅导力度。举办了8期会计电算化培训班，培训人员400人次；组织了电算化考试272场次，13 600人次；完成了市直企事业单位会计人员继续教育任务。

（撰稿：李桂林　刘宗海）

青 岛 市

【概述】 2006年，青岛市实现生产总值3 206.58亿元，增长15.70%。其中，第一产业增加值183.95亿元，增长0.9%，第二产业增加值1 677.17亿元，增长17.20%，第三产业增加值1 345.46亿元，增长16.20%。全市规模以上工业完成增加值1 472.8亿元，增长23.1%；工业经济效益综合指数为177.43，比上年提高4.43个百分点；服务业实现增加值增长16.2%；规模以上固定资产投资完成1 485.7亿元，增长19.8%，较上年下降25.8个百分点；全市实现社会消费品零售总额1 006.67亿元，增长16.3%；城市居民人均可支配收入15 328元，增长18.6%；农民人均纯收入6 546元，增长12.7%。全市实现外贸进出口（不包括中央、省属公司）总额完成365.6亿美元，增长20%，其中出口216.5亿美元，增长23.1%。

在全市经济保持较快增长的基础上，财税部门狠抓增收节支，推进依法理财。当年青岛市实现全口径财政收入770.9亿元，增长25.7%。其中，全市地方财政一般预算收入225.8亿元，增长28%。全市政府性基金收入完成40.9亿元。当年全市一般预算支出249亿元，增长23.6%。政府性基金支出40.9亿元。

2006年，市本级地方财政一般预算收入完成97.5亿元，增长36.2%；市本级地方财政一般预算支出110.5亿元，增长31.5%。区（市）级一般预算收入完成128.3亿元，增长22.8%。全市连续14年实现收支平衡。

【财政经济蛋糕不断做大】 2006年，青岛市加大经济结构调整力度，推进产业优化升级，全市经济保持平稳较快发展态势。财税部门依法加强收入征管，不断创新财税政策支持体系，大力推动经济增长方式转变，财政收入呈现又好又快的增长态势。全市地方财政一般预算收入增幅分别超出全国、全省平均增幅6.9个和1.7个百分点。区（市）财政收入再上新台阶，即墨、胶州两市辖区内一般预算收入首次超10亿元，崂山、黄岛两区首次超20亿元。财政收入的持续快速增长，财政实力的进一步加强，为和谐社会建设奠定了坚实的财力基础。

2006年，全市财政收入结构更趋合理，收入质量稳步提高。一是从产业分布看，第三产业实现地方税收118.9亿元，增长29.6%，增幅超过二产12.2个百分点，占地方税收的61.9%。全市现代服务业发展速度明显加快，对财政的贡献率逐步提高。全市各商业银行共上缴地方税收8.9亿元，增长36.8%，比全市一般预算收入增幅高8.8个百分点。其中，三家银行年上缴地方收入首次突破亿元大关，均进入缴纳地方税收企业的前十名，打破了多年来十大纳税大户都出自工交企业的格局。在前20名的纳税企业中，商业银行占了5席，有力拉动了财政收入的快速增长。二是从税种分布看，增值税、营业税、企业所得税和契税四个主体税种增幅分别达到24.8%、26.5%、25%和42.9%。全年实现地方税收192.3亿元，增长23.2%，税收收入占地方一般预算收入的比重为85.2%，比全省平均水平高8.8个百分点。三是从征收部门来看，2006年，财政部门组织收入60.5亿元，增长44%，比国税、地税部门同期收入增幅分别高15个和23.3个百分点。在全市一般预算收入中，财政部门征收比重为26.8%，国税部门为21.1%，地税部门为52.1%，财政直接征收的份额逐年提高。2006年，由财政部门组织征收的契税收入完成19亿元，增长42.9%，增收额超过企业所得税，在青岛市地方税种中规模已跃居第4位。

【重点支出得到有效保障】 2006年，青岛市的财政支出安排更加注重协调发展，更加注重构建和谐社会的要求，支出结构的公共化程度进一步增强。财政资金重点向社会保障、公共服务设施、社会事业、社会主义新农村建设等民生领域倾斜，政府公共服务领域明显扩大。青岛市财政支农力度进一步加大，促进了社会主义新农村建设；当年全市财政“三农”支出为34.58亿元，增长10.5%。其中，市本级财政“三农”支出13.7亿元，增长44.2%，比2005年增加4.2亿元。财政对“三农”的投入连续高幅增长，确保了财政惠农政策的落实，公共财政开始大规模地覆盖农村。

1. 将农村义务教育所需经费全面纳入公共财政保障范围，初步解决了农村学生“上学难、上学贵”的问题。2006年，市本级财政安排农村义务教育补助资金1.47亿元，比上年翻了两番多，全市各级财政用于农村义务教育的投入达4.3亿元，提前一年免除了55万名农村义务教育阶段学生的杂费，平均每个小学生减负190元、初中生减负300元。市本级财政安排9 000万元用于农村学校改扩建、教学设备购置以及教师工资和培训补助，促进了农村义务教育发展。

2. 大力支持农村医疗卫生事业，缓解了农民“看病贵、看病难”的问题。2006年，市财政共安排新型农村合作医疗补助9 795万元，比上年翻了一番，将新型农村合作医疗年度筹资财政补助标准，由每人每年20元提高到40元，在不增加农民经济负担的情况下，进一步提高了农民的医疗保障水平。同时，加大对农村卫生基础设施的投入，安排专项资金4 220万元，为90个乡镇卫生院配置了医疗设备，促进了90个镇卫生院和3 119个村卫生室的标准化建设。

3. 加大财政补贴政策实施力度，帮助种粮农民解决“增收难”问题。全年共发放补贴资金1.3亿元，近百万农户直接受益。其中，发放粮食直补资金6 096万元，按每亩16元的标准对93.5万农户种植的381万亩小麦进行了补贴；发放农机具购置及良种补贴2 050万元；发放农业生产资料增支补贴资金5 029万元，为农民减轻了因油价及生产资料价格上涨带来的负担；安排农村“低保”资金2 884万元，增长80%，将农村最低生活保障标准从820元/年提高到1 060元/年，把6.7万名五保户纳入低保范围。

4. 将新增教育、卫生、文化等事业经费和基建投资增量主要用于农村。2006年，市财政用于农村教育、卫生、文化等社会事业发展和农村基础设施建设的投入达到5.62亿元，比上年增加3.53亿元，占当年此类新增支出的73.6%。当年新开工的1 000户农村残疾人安居工程、1 000个村庄通自来水工程、1万户农村户用沼气池试点、64处乡镇综合文化站、1 200个村文化活动室以及农村垃圾、污水处理系统等惠农项目进展顺利，惠及农村千家万户。

5. 加大财政转移支付力度。2006年，市本级财政用于免征农业税及农村税费改革的专项转移支付资金为4.16亿元。其中，补助农村义务教育教师工资2.88亿元，农村义务教育公用经费1 251万元，补助农村计生干部工资1 582万元，补助村干部工资5 135万元，农村五保户供养费907万元，村办公经费1 846万元，补助镇级支出2 102万元。以上资金均通过国库集中支付的方式直接拨付到镇、村，对保证农村基层组织正常运转和促进农村重点事业发展起到了积极作用。

【集中财力改善民生】 2006年，按照构建和谐社会的要求，财政支出更加注重以人为本，将财政资金重点向社会保障、公共服务设施、社会事业倾斜，集中财力统筹解决了一批关系群众切身利益的突出问题，促进了和谐社会建设。

1. 积极支持社会保障体系建设。2006年，全市社会保障性支出达到17.7亿元，增长18.1%。其中，市本级财政社会保障性支出为9.2亿元，增长29.2%。市财政安排促进就业资金2.99亿元，增长44%，加大了对就业和再就业的扶持力度，帮扶4.4万大龄失业人员实现了再就业。安排城市“低保”资金6 132万元，增长29%，帮助全市3.4万名城镇低收入居民改善了生活条件。按照中央关于规范收入分配的要求，筹资6.3亿元为36万名企业退休人员提高了养老金标准，人均每月增加养老金186.7元，提高了企业退休人员的生活保障水平。当年统筹国有资产出让收益、困难企业土地变现收入和财政投入4亿元，解决了1.2万名国企下岗职工的分流安置问题和7 870人次的欠薪问题，有力支持了国有企业改革。

2. 进一步加大了支出结构调整力度。2006年，青岛市一方面全面削减市直部门的一次性专项经费，压缩部门专项经费1.5亿元，进一步降低了行政运行成本；另一方面从超收收入中追加1.87亿元用于社会主义新农村建设，追加2亿元支持科技自主创新，财政支出结构进一步优化。市本级财政对科技、教育、医疗、文化等社会事业的支出分别为4.6亿元、40.2亿元、13.5亿元和6.4亿元，分别增长31%、18.7%、11.6%和12.5%，均超额完成预算。公检法支出20.2亿元，增长11.2%，确保了“平安青岛”建设的支出需要。

3. 进一步加大基础设施建设投入。2006年，市财政安排12.3亿元用于市区北部基础设施建设，确保了鞍山路—杭州支路高架快速路工程、市区破旧楼院改造和1 423处小街小巷整治等惠民工程的顺利实施，进一步缩小了市区南北差距。

【进一步加大财政改革力度】 一是农村综合改革稳步推进。农村义务教育经费保障机制改革全面展开，不仅统一了义务教育阶段教师统一工资项目和执行标准，基本实现城乡教师“同工同酬”，而且提高了农村义务教育阶段中小学公用经费保障水平，启动了农村中小学校舍维修改造资金保障新机制，促进了农村义务教育的发展；乡镇财政体制改革进入新的阶段，在五市三区开展了“乡财县管”试点。开展了“三农”资金、农村税费改革转移支付资金使用情况专项检查，有效防止了农民负担反弹，进一步巩固了农村税费改革的成果。在省政府组织的全省减轻农民负担和农村税费改革考核检查中，青岛市考核成绩获全省第一名。二是政府收支分类改革进展顺利。所有区（市）和市直预算单位已完成2006年部门预算的模拟转换工作，从当年三季度开始实施新旧科目“双轨”运行，并全面启动使用新旧两套科目编制2007年预算工作。新的政府收支分类科目全面实施后，在优化财政支出结构、提高财政运行效率，深化财政各项改革等方面发挥重要作用。三是进一步强化专项资金监督管理。2006年，全面强化财政专项资金绩效监管，进一步扩大了市级财政专项资金监管范围，将福彩公益金、体彩公益金、崂山风管委门票收入和市交通委交通规费等4项专项资金纳入重点监管范围，重点专项资金的监管范围由20项增至24项，预算总规模达86亿元。进一步规范了专项资金的决策及申报程序，形成了专项资金制约机制。充分利用国库集中支付和会计集中核算平台，对财政专项资金的支出流向进行分析和评价，形成了科学的财政资金支出合理性评价指标体系，并对部分重点专项资金的使用情况开展了绩效评价和监督检查，财政资金管理步入绩效监督的新轨道。四是国库集中支付制度改革成效显著。2006年，青岛市财政部门启动了国库集中支付制度管理改革试点，建立了规范的国库集中支付单一账户体系，将238个一、二级预算部门纳入国库集中支付范围，国库集中支付规模达到4.7亿元，进一步减少了财政资金拨付的层次和环节，有效避免了对财政资金截留、挤占、挪用等现象。五是政府采购管理制度改革取得新突破。2006年，青岛市各级财政部门进一步完善了政府投资工程项目招投标纳入政府采购流程的实施程序，扩大服务类项目的采购范围，积极开展了政府采购专项检查和政府采购领域商业贿赂专项治理工作，推进了政府采购的规范化管理，政府采购范围进一步扩大。当年全市政府采购规模达到28.1亿元，增长58%，节约财政资金3.7亿元，采购单位满意率为100%。

【廉政建设迈上新台阶】 2006年，青岛市各级财政部门认真贯彻落实《建立健全教育制度监督并重的惩治和预防腐败体系实施纲要》，进一步完善了从源头上用制度管权、管钱、管人的长效机制。一是进一步规范了财政管理中审批、审核、核准事项的运行程序，对涉及财政职能的28部法律法规和规章进行了全面梳理，逐项明确了行政审批、行政许可、行政处罚的法律依据，并作为实施财政管理的准则，严格实行责任追究制，促进了依法理财，从制度上防范了腐败行为的发生。二是进一步规范了专项资金的决策、申报程序，严格实行定额标准管理、项目库管理和政府采购制度，用制度规范了理财行为。三是积极开展了政府采购专项检查和政府采购领域商业贿赂专项治理工作，推进了政府采购的规范化管理。四是在全市财政干部中广泛开展了社会主义荣辱观教育活动，结合财政工作实际，开展了“明荣知辱树新风”大讨论和“党员奉献日”等活动，进一步提高了干部队伍的思想素质。青岛市财政局被市委、市政府评为2006年度全市目标管理绩效考核优秀单位。

（撰稿：张　伟）

淄博市

【概述】 2006年，淄博市完成生产总值1 645.16亿元，比上年增长15.8%，其中一、二、三产业增加值分别增长4.5%、15.8%和17.5%。完成社会消费品零售总额499.81亿元，增长16%。居民消费价格总水平上涨1.1%。年末全市金融机构存款余额1 228.77亿元，贷款余额849.6亿元，分别比年初增长12.32%和15.27%。城乡居民储蓄存款余额达到725.3亿元，比年初增长14.78%。城市居民人均可支配收入达到13 794元，农民人均纯收入达到5 641元，分别增长14.6%和12.5%。

【切实抓好预算执行】 全市财政经济保持平稳较快协调发展的良好态势，呈现出总量跨越、增幅提高、结构优化的可喜局面，实现了“十一五”良好开局。预算执行主要呈现出以下三个特点：一是财政收支总量规模跨上新的台阶。全市境内财政总收入达到200.53亿元，比上年增长24.87%；地方财政收入达到80.70亿元，增长25.84%；财政总支出达到101.05亿元，增长25.43%。连续第22年实现全市财政收支平衡。市级财政收支总量分别为20.13亿元、27.10亿元，增幅分别达到23.37%、31.61%。自2002年实施所得税、营业税分享改革以来，全市财政收支连续四年保持了20%以上的增幅。二是相关比例关系更趋协调。境内财政总收入占生产总值的比重达到12.19%，比上年提高0.97个百分点，是多年来提高幅度最大的一年；地方财政收入占生产总值的比重达到4.91%，比上年提高0.43个百分点；税收占地方财政收入的比重为75.74%，其中增值税、营业税、企业所得税、个人所得税四项主体税种和契税合计，占税收总额的比重达到73%。三是区县域财政实力进一步增强。区县级财政收入完成60.57亿元，增长26.68%，高于全市平均增幅0.84个百分点；占全市的比重为75.06%，比上年提高0.51个百分点。有2个区财政收入过10亿元，最高的达到12亿元。全市财政收入过1 000万元的乡镇达到62个，比上年增加10个，其中过5 000万元的12个，过亿元的2个，最高的达到1.70亿元。

【着力支持经济发展】 充分发挥财税杠杆作用，不断加大对“三个亮点”、“三个一批”、“双百工程”和区域经济、结构调整等奖励扶持力度，全市落实出口免抵退税、循环经济发展、产业升级改造等税收优惠政策40.9亿元，市级直接用于支持经济发展的投入达到5.11亿元。把增强企业自主创新能力作为调整经济结构、加强财源建设的核心环节，市级兑现品牌、专利、企业技术研究中心奖励补助资金3 295万元，全市用于企业挖潜改造、技术研发与应用资金的投入达到6.61亿元。通过持续加大投入、扶优扶强，全市自主创新和品牌建设取得显著成效，当年新增中国名牌11个、中国驰名商标5件、省级企业技术中心和工程技术研究中心37家，新增数均居全省第一。积极推进企业改革改制，全面完成上市公司股权分置改革、中央和省属企业分离办社会职能工作任务，妥善解决上市公司历史遗留问题，周密实施企业联合重组，优化了资产资源配置，增强了企业发展活力。坚持上下联动，切实加强县域财源建设和县乡财政建设，全年市对下转移支付总额达到10.8亿元，其中市级安排补助资金3.66亿元，增强了县乡自我发展、加快发展的能力。

【抓好收入组织工作】 围绕实现全年地方财政收入达到80亿元、收入质量进一步提高的工作目标，全市各级财政部门突出抓了“四个提高”：一是提高税收收入总量。积极协调税收征管部门，改进征管手段，提高征管水平，堵塞收入漏洞，确保了税收的持续较快增长。全市税收总收入达到179.9亿元，增长23.93%，其中地方税收收入达到61.12亿元，增长25.52%。二是提高非税收入总量。通过强化非税收入计划管理、健全监管制度、拓展管理范围、加强监督检查等措施，确保了非税收入依法、完整、及时征缴，全市共完成政府非税性收入46.09亿元，其中市级17.08亿元。三是提高国有资产收益收缴总量。加强国有资产监管，强化收益收缴，维护了所有者权益。市级完成国有资产收益收缴1.24亿元，增长33.8%。四是提高政府资源运营收益总量。突出抓好垄断性收益收缴、行政事业房产运营、空间广告资源运营等重点工作，实现了政府资源运营领域和收益总量的新突破。市级完成政府资源运营收益收缴5 802万元，增长25%。通过狠抓以上“四个提高”，确保了全市财政收入的持续快速健康增长。

【提高财政保障能力】 大力优化财政支出结构，集中财力支持和保障和谐社会建设、社会主义新农村建设、社会保障、环境保护等，财政保障能力和水平得到进一步提高。

1. 立足财政职能，大力推进社会主义新农村建设。制定出台了财政支持社会主义新农村建设的实施意见，围绕建立财政支农投入保障机制、发展现代农业、落实支农惠农政策、发展农村社会事业、加强基层组织建设、强化支农资金监管等六个方面，制定了30条具体措施，各区县也都因地制宜出台实施了一系列政策措施，财政支农力度持续加大。全市用于“三农”的财政性资金投入达到19.05亿元，比2005年增长27.08%，总量和增幅均有了新的提高。其中：农林水等生产发展方面支出6.57亿元，支持了农业综合开发、林业生态、农田水利、农业科技、扶贫开发等农业重点工程项目实施，提高了农业综合生产能力。扩大农民就业、改善农民生活、增加农民收入方面支出1.44亿元，全面落实对种粮农民和农业生产资料增支等四项直补政策，扶持农业产业化发展，实施农民转移培训“阳光工程”，加快推进村村通自来水、柏油路和沼气建设工程等，农民生产生活条件和水平有了较大提高。农村社会事业和基层组织建设方面支出11.04亿元，对义务教育段贫困学生实行“两免一补”和中小学课桌凳免费更新，扩大新型农村合作医疗试点范围、提高补助标准，实施乡镇卫生院、村卫生室和敬老院改造，推行农村低保和计划生育奖励扶助制度，支持“科普村村通”、“强基工程”、村级组织活动场所建设等，农村基层组织建设得到加强，农村社会事业呈现出新的面貌。积极推动财政支农工作创新，按照农民自愿参保、政府政策性补贴推动、保险公司商业化运作的原则，在全省率先开展了财政支持政策性农业保险试点；积极推行财政支持农民小额担保贷款，吸附和引导基层金融机构加大对农民特色种植养殖业和农村二、三产业的支持，促进了农民增收。

2. 支持解决民生问题，促进和谐社会建设。积极解决破产和困难企业退休职工医疗保险问题，认真做好收入分配制度改革的相关准备工作，适当提高企业离退休人员基本养老金标准、优抚对象抚恤金标准、城市低保对象补助水平等，确保广大人民群众共享改革发展成果。强化社保基金扩面征缴和基金监管，进一步加大社保投入，全市用于社会保障方面的支出达到12.21亿元，增长40.34%，城乡低保、“两个确保”、就业再就业补助、社会弱势群体救助等工作扎实推进。

3. 科学运筹资金，确保社会事业和城建环保支出需要。进一步加大对公共管理、公检法司等政权建设的经费保障力度，全市行政管理费支出达到11.67亿元，增长21.14%。贯彻科教兴市战略，全市教育总支出21.72亿元，增长22.79%，科技总支出2.21亿元，增长24.01%。支持文化事业和文化产业发展，促进文化大市建设，全市文体广播事业费支出2.74亿元，增长21.78%。加强医疗卫生基础设施和公共卫生体系建设，全市医疗卫生总支出4.37亿元，增长24.32%。加大城市现代化和绿色城市、“生态淄博”建设投入力度，优化提升城市整体功能，改善人居创业生态环境，大力支持昌国路立交桥拆迁建设、中心城区建设改造、碧水蓝天行动计划等重点工程项目实施，全市城市维护和环保总支出达到9.46亿元，增长22.97%。切实抓好新城区建设融资及资金使用管理，新城区建设步伐进一步加快。

【深化财政管理改革】 立足于深化改革、加强管理、提升财政运行的质量和水平，积极推进财政“四项改革”：一是稳步实施政府收支分类改革。抓好业务培训和双轨运行，顺利完成了2006年预算执行分月数据的新旧科目转换，按新旧两套科目启动了2007年预算编制工作。二是加快推进国库集中收付制度改革。在不断完善国库集中支付工作的基础上，进一步向收入领域拓展延伸，顺利完成了财政、税务、国库、银行联网工作，财政资金的运行效率、综合效益和财政管理的信息化水平不断提高。三是加强综合预算管理改革。建立健全政府非税收入集中统一管理的新模式，逐步拓展管理范围，不断完善征管系统，将非税收入收缴的全过程纳入财政监管之下，市级非税性收入中，纳入部门预算、政府投资计划和综合财力安排的资金达到7.72亿元，占到总量的45%以上，初步实现了对各类财政性资金收支的统一化管理。进一步完善政府采购预算编制制度，努力拓宽采购范围和领域，提高节支效果，全市共完成采购额13.9亿元，增长36.85%，节约资金2.27亿元，节支率达到14.05%。四是深化县乡财政管理体制改革。坚持把加强县乡财政建设与深化县乡财政管理体制改革同步推进，配套实施，积极开展了“乡财乡用县管”和“村财村用乡管”改革试点，理顺县乡财政管理体制，逐步建立起了财权事权相匹配的财力保障机制。

【加强财政监督】 加强制度约束，认真查找管理中的薄弱环节，有针对性地建章立制，做到“先有制度、后拨资金”，内控制度和专项资金管理办法进一步完善，财政资金分配使用更加规范、安全、有效。加强财政投资评审工作，实行“关口前移”和提前介入，建立完善事前审查、事中评价、事后评审的工作机制，积极开展预算编制项目评审，市级完成工程预结算审查值3.01亿元，节减财政支出6 056万元，审减率达20.1%。强化财政监督，树立和强化“全覆盖”的财政监督理念，进一步建立健全收支并举、涵盖资金运行和财政管理全过程的财政监督体系，促进了理财水平的不断提高。认真组织开展预算收入征管质量检查，维护了税收征管秩序。加强对环保治理资金、“两免一补”资金、下岗职工生活保障金等专项资金管理使用情况的监督检查和跟踪问效，市级累计查缴违规违纪资金2 781万元。积极推进财政法制建设，制定实施了财政法制宣传教育“五五”规划。加强地方金融、政府债务监管，抓好财政周转金清理回收和债权保全，有效防范了地方财政风险。继续抓好财会信用等级考评，充分发挥淄博会计网系统功能，促进了会计诚信建设，为全市会计人员提供了更加优质、高效、便捷的服务。加大新会计、审计准则的贯彻实施力度，夯实了会计管理基础。不断强化住房公积金归集运营和安全管理，顺利完成管理体制调整及业务移交，为进一步提高住房公积金管理水平创造了条件。

【加强干部队伍建设】 切实抓好旨在提高干部队伍素质的机关党建、系统文明创建和党风政风行风建设工作，推动了财政整体工作水平的提高。全年有50余项工作、70多人次获得财政部、省财政厅和市委、市政府表彰奖励，充分展现了财政干部职工争创一流的良好精神风貌。一是抓好机关党的建设。按照市委统一部署，在广大党员中深入开展了《党章》、《江泽民文选》和社会主义荣辱观等学习教育活动，提高了广大党员的政治思想素质。切实抓好先进性教育活动整改落实和巩固提高，不断强化干部群众践行“三个代表”、永葆先进性本色的意识，增强了党组织的凝聚力、号召力和战斗力。二是抓好系统文明创建。制定实施了全市财政系统文明创建工作第三个三年规划，积极开展争创“三满意”活动，全面加强群团组织建设。坚持寓教于乐，深入开展了系统运动会、乒乓球比赛、革命歌曲大联唱等文体活动，丰富了文明创建工作的形式和内涵。2006年，市财政局继续保持全国文明单位荣誉，各区县财政局、高新区财政局继续保持省级文明单位（文明机关）荣誉，全系统区县级以上文明单位建成面达到93%，实现了“满堂红”。三是抓好党风政风行风建设。全面贯彻落实《实施纲要》，积极构建教育、制度、监督并重的惩治和预防腐败体系。丰富和创新廉政教育方式，通过开展“勤政廉政、科学发展”和家庭助廉、廉政征文、观看警示录像等学习教育活动，增强了廉政教育的针对性和实效性。严格执行党风廉政建设责任制，进一步完善述职述廉、廉政谈话、离任审计、廉政档案和社会监督员等制度，确保了廉政方面不出任何问题。积极推进政务公开、服务承诺，自觉接受人民群众和服务对象的监督。加强制度约束，抓好反腐败源头治理工作和财经领域商业贿赂专项治理，圆满完成了市委、市政府赋予的各项治理工作任务。加强行风和机关效能建设，积极开展示范窗口、优质服务标兵等评比活动，组织参加全市“政风行风热线”直播节目，收到了良好效果。市财政局连续第三年被省政府表彰为全省政风行风建设先进单位，实现了“三连冠”，走在了全省财政系统和全市各行各业的前列。

（撰稿：唐　亮）

枣　庄　市

【概述】 2006年，枣庄市GDP完成757.88亿元，按可比价格计算，比上年增长16.4%。全社会固定资产投资341.1亿元，增长20.7%。规模以上工业增加值393.82亿元，增长24.8%，人均GDP突破2万元，达到20 936元，比上年增加3 155元。城镇居民人均可支配收入11 020元，增长11.5%；农民人均纯收入4 687元，增长10.5%。社会消费品零售总额突破200亿元大关，达到204.4亿元，增长16.0%。境内财政总收入突破100亿元（含社会保障基金和预算外资金），达到100.08亿元，增长25.6%；境内一般预算总收入实现

75.98 亿元，增长 36.8%，增收 20.45 亿元。其中：地方财政收入实现 37 亿元，增长 31.4%，增幅居全省第 5 位；市级财政收入 10.98 亿元，占预算的 123.4%。人均地方财政收入突破 1 000 元，达到 1 018 元，上了一个新台阶。地方财政收入总量排在全省第 12 位，比上年又提升了一个位次。财政支出 51.49 亿元，占预算的 115.7%，按可比口径较上年增长 26.8%。其中市级财政支出 11.58 亿元，占预算的 121.2%，按可比口径较上年增长 28.7%。全市各级均实现了当年财政收支平衡，呈现出收支规模不断扩大、区（市）协调增长、重点事业得到较好保障的良好局面，各项工作都取得了新的成效。

【依法加强征管，财政收入迈上新台阶】 一是大力推进依法治税。加大社会综合治税力度，建立了税务、工商、财政、审计、金融等部门涉税信息共享制度。深入挖掘税源潜力，开展了宏观税负分析、工矿区土地使用税税额、企业所得税税源等调查。对个人所得税、饮食和娱乐业税收、增值税发票以及市驻地土地交易契税进行了专项检查，促进了收入增长。二是强化非税收入管理。加大了土地收入、城市基础设施配套费、采矿权探矿权收益、矿产资源补偿费、水资源费、国有资产经营收益等征管力度，对重点项目、重点单位、问题多发单位实行专人负责，跟踪管理。三是强化预算执行分析和收入管理考核。加强收入调度分析，加强对“两个比重”的考核，提高收入质量。境内财政一般预算收入占 GDP 的比重为 10.1%，境内税收占 GDP 的比重为 8.8%；地方财政收入占 GDP 的比重为 4.9%，税收占地方财政收入的比重为 74%。

【发挥调控作用，支持经济结构调整和增长方式转变又有新举措】 一是支持科技创新体系建设。建立了稳定增长的科技投入机制，全市企业挖潜改造资金和科技三项费用分别完成 2.67 亿元、3 188 万元，分别增长 30.7% 和 27.4%。市财政对重点技术改造及技术创新贷款项目给予贴息，建立了科技型中小企业创新资金，促进了科技型中小企业的发展和自主创新能力的提高。二是支持企业改革和招商引资。继续推进国有大中型企业主辅分离、辅业改制和移交办社会职能工作，妥善安置关闭破产企业的下岗职工，支付下岗职工生活费、破产企业清算费用 800 多万元，减轻了企业负担。落实城市公交、城市出租车、农村客运、林业和渔业等公益性行业成品油价格改革补贴 2 669 万元。市级审核兑现招商引资优惠政策、奖励资金及招商经费 1 227 万元，支持了招商引资工作。三是支持民营经济、中小企业加快发展。建立了扶持中小企业发展资金，扩充了民营信用担保公司资本金，支持中小企业贷款贴息、争创品牌、民营企业家培训等。安排新增出口退税资金 947 万元，对区（市）新增出口退税地方负担部分给予补助，帮助企业落实“免抵退”税政策，促进了外向型经济发展。

【加大政策资金支持，社会主义新农村建设取得新进展】 全市仅预算内安排农林水支出 3.95 亿元，加上其他无偿资金 3 169 万元，较上年增加 5 135 万元。一是认真落实支农惠农政策。全部免征农业税及附加，当年减轻农民负担 2 200 万元。落实粮食、良种、农机和农资补贴等政策，共拨付补贴资金 7 842 万元。市级安排资金 279 万元对区（市）实行定额补助，培训农村劳动力 1.35 万人。二是大力推动现代农业发展。支持实施农业结构战略性调整，加大了对农业产业化经营、专业化发展、标准化建设、农业科技推广和社会化服务体系建设等的支持力度。三是加强生态农业建设。全市投入荒山造林工程、大环境绿化和生态林补助资金 2 700 余万元，对达到造林绿化标准的新造生态防护林，市财政兑现奖励资金 197 万元。市级安排 350 万元支持以沼气工程为重点的农村能源建设。支持文明生态村创建活动，对验收合格的村，市财政每村给予 6 万元奖励。四是支持村村通自来水工程。2005 年以来，市财政每年安排 1 000 万元用于村村通自来水工程建设，全市已累计完成各类投资 2.77 亿元，74% 的自然村通上自来水。五是支持农村社会事业发展。逐步建立农村义务教育经费保障机制，市财政安排 300 万元，对义务教育阶段农村贫困家庭学生、城市低保家庭学生实施“两免一补”。全部免除了市盲聋学校学生学杂费，并给予生活费补助 20 万元。全市累计投入 1.7 亿元，新建校舍 29.09 万平方米，在建校舍 5.01 万平方米；2006 年“三新”工程完成投资 1 088 万元，改善了农村教学条件。列入“360”工程的 15 个卫生院全部竣工并投入使用，累计投入资金 1 309 万元。安排 400 万元，对 20 个乡镇卫生院进行房屋改扩建及设备更新。积极推进新型农村合作医疗试点，筹集资金 6 232 万元，其中市级按人均 3 元补助 433 万元，试点乡镇扩大到 47 个，参保农民达 149.63 万人。支持实施乡镇敬老院维修改造工程，全面推行农村计划生育家庭奖励扶助制度。

【合理安排资金，重点支出得到较好保障】 一是保证工资发放和机关正常运转。各级不仅做到了工资及时发放不拖欠，而且普遍增发了工资，部分乡镇执行了住房补贴政策。农村中小学教师工资上划区（市）管理取得阶段性成果，农村中小学教师人均月增加工资 164 元，人均月工资达到 1 003 元。市级兑现了国家公务员医疗补助政策，提高了公务费标准，缓解了单位公务费紧张局面。二是大力支持社会保障体系建设。全市社会保障和抚恤救济支出 2.20 亿元，较上年增长 17.3%。城镇居民最低生活保障标准由 143 元/月提高到 163 元/月，全市拨付城镇居民最低生活保障费 3 468 万元，其中市财政补助 1 289 万元。将农村低保和五保户供养资金纳入财政预算，由市、区、乡按比例负担，市级财政安排资金 795 万元用于农村低保和五保户供养。支持就业再就业工作，全市拨付再就业补助资金 1 979 万元，筹集小额贷款担保基金 1 350 万元，兑现社会保险补贴和岗位补贴 1 339 万元。保证离退休人员生活待遇和医疗保障，对困难企业无力支付的离休干部医疗费全部由财政支付；市直改制重组和关停破产国有企业离休干部公务费、特需费和福利费由财政负担。调整完善了市直离休干部医疗费统筹管理办法，并提高了企业退休人员基本养老金，保证了按时支付。三是大力支持教育、卫生、文化、体育等各项事业发展。全市文教体卫支出 12.90 亿元，较上年增加 2.61 亿元，增长 25%。四是保证了市委、市政府确定的重点支出需要。千方百计筹集资金，重点支持了新城建设、城市环境综合整治、“平安枣庄”建设。投入东沙河治理拆迁资金 9 000 万元，对高新区基础设施建设补助 1 000 万元，注入城市信用社组建商业银行资本金 2 000 万元，支持枣庄学院建设 1 900 万元等等。

【加大支持力度，县乡财政建设取得新成效】 一是积极兑现“五奖一补”政策。在省财政“五奖一补”转移支付 6 351 万元的基础上，市级落实配套资金 3 710 万元，提高了财政困难区的财力水平，基层工资发放和各项事业发展得到较好保证。二是积极支持收入分配制度改革。市财政对山亭、峄城、台儿庄、薛城四个财政困难区，按省测算的增资额补助到 100%；对市中区、滕州市补助到 85%。三是积极保障农村义务教育经费。在省财政补助 1.04 亿元的基础上，市财政配套补助 712 万元，全部补助到学校，对农村贫困家庭学生免费提供教科书和补助寄宿生生活费。

【推动管理制度创新，财税改革迈出新步伐】 一是扎实推进政府收支分类改革。为做好改革准备工作，各级财政按新科目重新转换了 2006 年预算，并按新旧两套科目编制了 2007 年预算。二是继续深化部门预算改革。市级全部实行了部门预算，并将 20 个部门的预算提交人代会审议。三是加快推进国库集中支付改革。市级集中支付试点单位，在上年 40 个的基础上增加到 100 个。四是积极推进政府采购改革。全面实行“采管分离”，对政府采购资金逐步实行财政直接支付。全市政府采购支出 6.46 亿元，比计划节支 1.3 亿元，节支率 16.7%。五是加快“乡财乡用县管”改革。峄城、薛城、山亭三个区实施了“乡财乡用县管”改革，实行预算统编、账户统管，逐步将所有政府收入纳入预算管理。

【扎实开展“财政管理年”活动，依法理财水平又有新提高】 一是继续推进“收支两条线”管理。对各类性质相同的财政专户进行了撤并，设立了土地资金专户，规范了彩票基金、基本建设资金、政府专项借款、国债转贷资金等专项资金管理，完善了管理办法。二是加强行政事业资产管理。认真贯彻落实财政部第 35、36 号部长令精神，市政府出台了《关于加强行政事业单位国有资产管理工作的意见》，建立和完善了行政事业单位国有资产管理体系。三是建立了财政投资项目评审制度。对财政性投资项目从设计、概算、预算、招投标等环节进行评审，实行“专账核算、逐笔审核”的拨款方式，共审查工程项目 615 个，审减金额 6 699 万元，审减率为 15.43%，保证了专款专用，节约了财政资金。

【狠抓干部队伍建设，财政形象得到新提升】 坚持标本兼治、综合治理、惩防并举、注重预防的方针，大力加强政风行风建设、党风廉政建设和反腐败工作，进一步完善了干部职工学习制度，在全系统开展了“树立正确的权力观、地位观、利益观教育”和“学《党章》、正党风”活动。加大干部培训力度，举办 4 期财政系统股（所）长培训班，培训 206 人次。在新城办公楼搬迁之际，制定下发了《关于进一步严肃工作纪律提高工作效率的意见》，实行上下班统一乘坐班车制度。财政业务工作和队伍建设得到社会各界的认可，在全市“民主评议行风”活动中，市财政局位列经济和社会管理部门第一名，获得“省级文明机关”的荣誉称号。财政多项业务工作受到省财政厅表彰，其中财政总决算连续四年荣获全省第一名。

（撰稿：温 冰 赵志军）

东　营　市

【概述】 2006年，东营市境内财政收入累计完成361.68亿元（含胜利油田北京缴纳90亿元），比上年同期增长30.85%。地方财政收入完成48.09亿元，完成年度预算的107.83%，比上年同期增长24.78%，其中，市本级财政收入完成23.5亿元，完成预算的101.88%，比上年同期增长17.16%。全市地方财政支出61.86亿元，完成预算的111.89%，比上年同期增长23.35%，其中，市本级财政支出27.34亿元，完成预算的102.75%，比上年同期增长12.83%，连续22年实现财政收支平衡，为全市经济和社会各项事业的发展做出了重要的贡献。

【税费征管】 从年初开始，各级财政税务部门依法加强收入征管，全面清理规范税收优惠政策，努力做到应收尽收，财政收入保持了稳定增长。一是实行了严格的督查考核制度，逐级分解落实收入任务。二是加强收入调度分析，及时研究解决组织收入过程中遇到的困难和问题。三是抓好政府非税收入征管。市政府把各执收部门的非税收入征管情况列入政务督查范围，增加了非税收入代收网点，完善了非税收入征管系统，初步建立了统一规范的政府非税收入征管机制。2006年市级非税收入完成13.92亿元，其中：纳入预算管理的非税收入9.39亿元，纳入专户管理的非税收入4.53亿元。四是加强契税和耕地占用税征收管理。积极协调房管和国土资源部门，采取“先税后证”的办法，有效防止了契税流失。全市耕地占用税1 392万元，契税1.70亿元，分别完成年度预算任务的116%和134.16%。

【财源建设】 2006年，全市各级财政部门继续实行稳健的财政政策，并根据经济形势的变化，进一步调整和丰富了政策手段，加快了财源建设步伐。一是加大了基础财源扶持力度。安排2 000万元，采用无偿补助和贴息相结合的方式，重点扶持和培育了29户农业龙头企业。安排650万元，重点扶持了养殖、名优蔬菜等农村优势产业发展。投入3 746万元，开发20.9万亩荒碱地，逐步改善了农业基础条件。严格落实了粮食直补、良种补贴和农业机械购置补贴，其中，粮食补贴资金1 140万元，良种补贴50万元，农业机械购置补贴100万元。按期完成了成品油价格改革工作，为17万农户和5 038个受益对象拨付资金3 210万元。争取上级农业开发扶持资金5 013万元，产业化参股经营试点项目扶持资金4 000万元，有力地促进了农业经济的健康快速发展，壮大了农业基础财源。二是巩固壮大工业财源。支持“工业兴市”战略的实施，围绕建设加工制造业基地，按照大项目、产业链、产业群、产业基地的发展方向，建设大项目、扶持大企业、培育大产业，大力发展后续替代工业，使之成为骨干财源。市财政安排3 100万元，用于产业结构调整、优势产业发展。大力支持节能降耗，市财政安排污染治理资金4 000万元、乡镇垃圾处理设施建设资金100万元，支持开展循环经济试点，促进节约型社会建设和循环经济发展。三是大力支持第三产业发展。市财政安排1 500万元，支持现代流通体系建设。落实资金150万元，支持旅游业发展。四是积极落实支持企业发展的各项优惠政策。为招商引资企业、油田改制企业兑付472万元；为110名下岗失业人员发放贷款220万元；市财政兑现外贸奖励资金85万元，退税补助资金467.4万元，补助开拓国际市场资金69.4万元，有力地促进了外贸企业发展。五是积极做好“突破利津”战略实施工作。将利津县的明集乡、虎滩乡、北岭乡纳入全市经济欠发达乡镇，对“五保、五救助”体系建设需县乡财政配套的资金，由市财政全部承担，对县乡两级政府借用市财政的部分周转金予以免除，有力地促进了利津县经济的发展。

【优化支出结构】 围绕落实科学发展观、构建和谐社会，不断优化支出结构，科学合理运筹资金，集中财力办大事。在支持社会保障方面，2006年市财政支出1.84亿元，增长24.42%，加快了以“五保、五救助”为核心的社会保障体系建设，基本上实现了应保尽保。其中，安排资金1 529万元用于完善老年人救助体系，农村75岁以上老年人每年补贴360元，90岁以上老年人每年补贴960元，60岁以上老年人可以免费乘坐公交车。落实资金5 974万元，分别提高了城乡居民医疗补贴、城乡居民低保、农村五保标准，缓解了农村群众“因病致贫、因病返贫”问题，保障了低保户、五保户的基本生活需要。在支持教育事业发展方面，市财政教育支出6.44亿元，剔除油田教育专项资金5.14亿元，同比增长17.5%，课桌凳更新、贫困生救助、“三免一补”、未升学初高中毕业生技能培训等工作扎实推进。在支持文化事业方面，市财政安排文体广播事业费支出4 309万元，同比增长6.13%，有力地支持了全市文化体育事业发展。在支持科技方面，市财政安排科技支出2 650万元，同比增长17%，初步建立了财政科技投入的稳定增长机制。在保障重点建设方面，投入10.6亿元，保障了“双十工程”、“平安东营”等重点项目顺利实施，进一步改善了城市基础设施，提高了居民生活质量。安排专项资金5 835万元，有效地改善了政法单位的办案条件。

【财政改革】 以“金财工程”建设为总抓手，以信息化为支撑，初步建立了覆盖全市财政收支核心业务的综合财政管理系统，推进财政改革进一步深化。一是部门预算改革稳步推进。统筹预算内外资金，科学核定支出定额，更新了财政供养人员基础数据库，市直单位全部采用了“金财工程”的预算编制系统，实现了财税库行联网，做到了网上编制预算、审核预算、执行预算，部门预算改革实现了一个部门一本账，收入全部纳入、支出一口对外。同时，认真做好政府收支分类改革工作，制定工作方案，培训业务人员，顺利完成了2006年地方数据按新科目进行转换，确保2007年按照新的政府收支科目编制和执行预算。二是集中支付工作进一步规范。国库集中支付系统成功上线运行，市直37个单位上线运行，建立了国库单一账户体系，资金支出采用直接支付和授权支付两种方式，直接支付到商品和劳务的最终受益人。通过财政国库集中支付，全年支付各类资金33.3亿元，拒付不符合规定支出1 094万元。三是政府采购制度逐步完善。扩大了政府采购范围，具体品目类别达83个。对100万元以下的采购项目实行了按抽签顺序选择代理商的办法，有效地防范了选择代理机构过程中的违规违纪行为。部署开展了治理政府采购领域商业贿赂工作，针对政府采购领域容易产生商业贿赂的环节、岗位制定了严密的措施，形成了更完善、更到位的相互监督制约机制。采购金额快速增长，2006年全市政府采购合同金额达到19.7亿元，其中市本级完成14亿元，连续5年居全省第一。四是继续深化“收支两条线”改革。市政府出台了《关于进一步加强和规范政府非税收入管理意见》，市财政局制定了《东营市市级政府非税收入征收管理工作考核暂行办法》。对2005年以前票据进行了彻底清理，并及时更换了新版票据，对往来结算收据进行了抽查，进一步规范票据使用行为。五是国有资产管理体制改革深入推进。完成了全市企业国有资产报表统计、全市行政事业单位产权登记和资产统计工作，出台了《东营市行政事业单位国有资产管理暂行办法》、《东营市市级国有资产授权经营管理暂行办法》，国有资产监管和营运体系进一步完善。筹备组建东营港集团有限公司和东营经济开发区国有资产运营有限公司。对市自来水公司、市政工程公司两个改企转制试点单位进行了资产清查和资产评估，防止了国有资产流失。

【财政监督】 一是加强了国有资源有偿使用收入征收管理。重点做好国有土地有偿使用收入征收和支出、土地开发成本核算监管，对土地开发费用实行预决算制度，督促土地储备机构建立了财务报告和财务审计制度。为落实好征地补偿和安置政策，与市国土资源局一起制定了《东营市市区征地统一年产值标准和征地片区综合地价》。二是完善了各项资金管理制度。制定了免除农村学校义务教育杂费课本费和作业费实施细则、“超市进乡镇、放心店进村”扶持专项资金管理办法、优质蔬菜基地建设项目、农机购置补贴等实施方案和资金管理办法，进一步强化了财政资金规范使用。三是加强政府贷款项目管理。完成了市人民医院引进芬兰政府贷款项目、利津县第二人民医院引进以色列政府贷款项目的申报工作。认真做好国家开发银行贷款的承贷运营偿还工作，确保贷款及配套资金专款专用。做好东营港口建设工商银行贷款管理工作，贷款总额8亿元全部到位，市财政设立偿债准备金和项目支出专户，及时对项目支出进行分析，强化监督管理。积极探索防范外债风险的有效机制和管理办法，对黄河三角洲农业综合开发项目进行债务汇率风险保值管理，这种规避汇率风险管理模式走在了全省前列。四是强化监督检查。对市交通局2005年部门预算编制、执行和财务收支管理等情况进行全面检查。对县区及油田教育中心所属的中小学收费情况进行了专项检查。对市文体局、建委、市政局2005年非税收入征管和使用情况进行了重点检查。通过对市财政安排的部分科教、环保、支农、社保等专项资金检查，查出违纪金额445万元。组织开展了会计信息质量检查，重点检查了房地产开发行业、油田企业集团及“三产”企业，共检查单位33个，查出会计核算不正确不实金额达1.87亿元，违规金额2 487.5万元，补交税款543.31万元。五是加强会计管理工作。重点开展新颁布的39项企业会计准则宣传培训活动，举办高层次培训班15期，培训财务负责人和高级会计人才1 500余名。组织了全市会计人员从业资格考试，3 467人参加了考试。安装启用了会计从业资格管理系统，实现了会计信息资源共享。六是加强财政信用资金管理。以促进财政信用资金良性循环为核心，着力抓好资金投放、回收，全年共投放资金646万元，回收各类借款773万元，维护了资金安全，支持了经济发展。

【队伍建设】 一是抓好机关建设。建立了综合考核体系，量化了考核指标，对各科室工作进行量化考核，规范了机关管理。制定了《全市财政系统2006年党风廉政建设和反腐败工作实施意见》，对党风廉政建设做出了部署。开展了警示教育活动，在鲁中监狱召开了警示教育现场会。开展了局机关内部监督检查工作，对财政工作和机关干部实行事前、事中、事后全过程监督。二是加强干部队伍建设。建立了良好用人机制，2006年经过竞争上岗，3名同志被选拔担任行政科室负责人，80%行政科室负责人进行了轮岗，4名县级干部分别到县区挂职副县（区）长。加强了业务培训，选派23人参加了市里组织的县级、科级干部及公务员培训班，选派33人参加了省财政厅组织各项学习培训活动，财政干部业务水平得到较大提高。加大对入党积极分子的培养，2名预备党员转正，2名入党积极分子批准为预备党员。三是开展有益的文体活动。成立7个文体爱好活动小组，举办了全市财政系统文艺会演，开展了“八荣八耻”学习活动等，激发了干部职工的工作热情，增强了集体凝聚力和战斗力。四是调查研究工作不断得到加强。组织人员对石油大明及油公司税收情况、中石化经营战略调整情况、国家开征石油特别收益金对地方财政影响情况进行了专门调查分析，全面了解政策调整情况及对地方的影响，为市委、市政府决策提供了依据。

（撰稿：侯　强　唐好军）

烟　台　市

【概述】 2006年，烟台市地方财政收入完成112.42亿元，占预算的107.58%，比上年增长29.16%；全市财政支出完成143.69亿元，占预算的99.06%，比上年增长25.93%。按现行财政体制计算，全市财政收入加中央税收返还27.62亿元、上级专项补助和各项结算等16.79亿元，共计156.84亿元。扣除按体制上解省11.76亿元和结转下年支出1.37亿元，与支出相抵，当年结余156万元，累计结余2 823万元。2006年，全市基金预算收入完成15.37亿元，加上级专项补助、体制结算，总计18.13亿元。基金支出完成17.52亿元，收支相抵，当年结余6 080万元。

【支持经济结构调整取得新成效】 围绕促进经济结构调整和增长方式转变，充分发挥财政政策和资金的杠杆效应，引导社会资金加大对经济发展重点领域和关键环节的投入。一是推动科技自主创新。拨付资金3 400万元，实施科技自主创新“双十”工程、工业系统“3·50”工程，对17户重点企业、69个名牌产品和25个企业技术中心给予专项补助，推进与中科院、驻烟高校的科技合作，兑现工业系统“2358”工程企业奖励，增强了企业核心竞争力。二是支持循环经济发展。拨付资金775万元，对37户企业循环经济重点项目进行配套和示范项目贴息，推动了资源节约型社会建设。三是鼓励扩大对外开放。拨付资金1 340万元，兑现2005年度对外开放扶持和奖励政策。制定九项新政策，重点支持企业出口产品研发和国际市场开拓，进一步调动了企业参与国际竞争与合作的积极性。四是扶持服务业和民营经济发展。建立了服务业发展引导资金，实施“万村千乡”市场建设工程，对800个列入国家财政补贴范围的农家店进行配套扶持，对10处配送中心建设贷款给予贴息补助，对新建和改造的农贸市场给予补助，完善了城乡流通网络。安排专项资金，成功举办果蔬食品博览会和亚欧会议旅游合作发展论坛暨展览会，加快了会展业发展步伐。安排贷款贴息500万元，启动银行贷款13.2亿元，扶持民营经济发展壮大。五是推进县域经济加快发展。实施“促强扶弱带中间”战略，奖励财政收入超收较大、质量提高的县市区，调减部分困难县市区体制上解比例，对栖霞市、长岛县实行地方财政收入全留的财政体制，有效缓解了两地财政困难，促进了区域经济协调发展。经济增长方式的转变、运行质量的提高，为财政增收奠定了坚实基础。2006年，全市地方财政收入增幅高于全省平均水平，可用财力突破130亿元，境内税收完成236.6亿元，占GDP的比重稳步提高。

【推进社会主义新农村建设实现新突破】 围绕促进农村经济发展、提高农民收入水平和改善农村生产生活环境三大重点，加大“多予”力度，全市共投入资金23.5亿元。一是加大农业基础设施建设投入力度。市级筹措资金800万元用于实施农业科技创新与推广、“两田”开发和生态农业工程。筹措资金1 150万元，用于大中型病险水库除险加固、节水灌溉等工作。拨付资金500万元，用于造林绿化补助和城郊裸露山体治理。全市投入资金3亿元，完成了1 512个村自来水工程建设。拨付资金500万元，用于禽流感防治及优良畜禽品种补助。二是拓宽农民增收渠道。投入无偿资金1 140万元、有偿资金7 800万元，继续实施乡镇“双增工程”。拨付资金1.16亿元，对农民及有关行业实行了成品油价格改革补贴。拨付资金3 750万元，兑现了粮食、良种等补贴政策。拨付资金200万元，在省补贴购机单价30%的基础上，市级按10%的比例进行配套，支持农民购置玉米联合收割机等农机具476台（套）。三是改善农村生产生活条件。市级拨付资金1 200万元，县市区配套1 800万元，对517个村的规划和475个村综合整治工程进行了奖补。争取上级资金，选择栖霞市6个镇的18万亩果园，在全省率先开展了苹果政策性农业保险试点。筹措资金5 000万元，改建扩建乡镇敬老院66处。投入专项配套资金153万元，帮助300户农村贫困残疾人新建、购买或改造住房。筹措资金5 085万元，在8个县（市、区）开展了新型农村合作医疗试点，农民参合率达到85%。

【统筹发展社会事业取得新进展】 在大力促进经济建设的同时，积极调整和优化支出结构，重点向社会事业的薄弱环节倾斜。一是社会保障投入进一步加大。全市预算内用于社会保障的资金达到22.1亿元，增长22.4%。市级拨付资金8 640万元，支持就业和再就业工作，解决困难群众家庭、城市低保对象生活等难题。筹措资金2 296万元，对2.58万名计划生育奖励扶助对象等进行了补助。二是文教卫生体育投入进一步加大。筹措资金4 385万元，完成了农村中小学危房改造、现代远程教育工程和课桌凳更新工作，进一步改善了农村中小学办学条件。拨付资金7 050万元，对中国农业大学烟台校区、烟台职业学院新校区、烟台技术学院等建设和改造项目给予补助和贷款贴息，推进了人才支撑体系建设。筹措资金837万元，对55处乡镇卫生院进行了改造，更新设备45台（套）。筹集资金建设了综合体育馆和跳水游泳馆等体育设施，成功举办了第21届省运会。拨付资金200万元，对280场公益性广场文艺演出和公益电影放映等给予补助，丰富了群众文化生活。三是城市建设投入进一步加大。拨付专项资金1.4亿元，实施老城区环境综合整治、中心街区改造、社区整治、道路改造、社区公园建设等工程，进一步改善了人居环境。筹措资金8.3亿元，建设幸福南路、红旗东路和西路等重点工程，进一步拓展了城市发展空间，完善了城市功能。

【创新财政管理机制迈出新步伐】 坚持用改革的思路、市场的办法、创新的机制，探索建立了以部门预算为基础、投资评审为支撑、政府采购为手段、国库集中支付为保障的“四位一体”财政支出管理模式，有力地推进了财政资金分配的公平与效率。一是工作职责相互配合。明确四项工作职能，在项目支出预算编制环节实行“先评审、后编制”，在政府采购环节对工程项目实行“先评审，后确认招标”，在基建资金拨付环节实行“先评审、后拨款”，形成了“自成体系、优势互补、相互制约、配套联动”的运作机制，实现了资金使用与监管的有机统一。二是工作程序紧密衔接。所有建设项目和有关专项资金的使用，严格按照论证—预审—决策—采购—决算—资金直接支付—专项检查的工作流程进行，凡违背工作程序的项目，资金一律不予拨付。三是工作监督统一实施。探索建立了“归口管理、统一实施”的财政监督检查新制度，对财政资金使用实行事前预警、事中监管、事后评价、跟踪反馈等多种监督方法，形成了日常监督与专项监督并存的新格局。“四位一体”支出管理模式的建立，确保了财政资金高效、有序、安全运行。部门预算在市直部门和单位全面推开，市直30个部门国库集中支付改革试点收到明显成效，强化了预算执行的约束力。全年共完成政府投资评审金额60.1亿元，审减资金6.9亿元。完成政府采购额25.5亿元，节约资金4.2亿元。同时，农村综合配套改革顺利推进，公安交通管理系统罚没收入征缴管理改革试点、县市区住房资金管理体制改革等顺利完成。

【加强机关效能建设实现新提高】 把强化时效观念、提供优质服务摆在突出位置，进一步推动机关工作的高效有序运转。一是健全工作制度。按照机关管理规范化、程序化、制度化的标准要求，组织有关科室（单位），深入到32家单位进行调查研究，多方征求意见，对全局各项规章制度进行了修订和充实，汇编成《机关效能建设工作手册》，共收编各种制度28项，涵盖了办文、办会、办事等各方面的内容，尤其在方便基层群众、提高办事效率、完善考核考评、强化监督制约、加强责任追究等方面均做了详细明确的规定，为全局干部职工明确责任、提速增效提供了参考和依据。二是优化工作流程。制定出台了《关于进一步规范财政管理程序提高机关效能的意见》，对机关办文、政府投资项目管理、政府采购、资金拨付、预算编制等工作，按照工作运行特点，逐个环节进行分解，科学设计，优化整合，使各项工作的步骤和程序更加简捷、标准和规范。三是压缩办理时限。加快办事节奏，凡能明确工作时限的都做出明确规定，不能明确时限的要求在最短时间内办结。需要特别办理的，坚持特事特办，急事急办。目前，市委、市政府交办件，均可在5日内办结，政府投资项目中的一般项目在5个工作日内就可以完成评审并出具评审报告，特殊情况在10个工作日内办结。对市级重点建设项目，评审资料齐全后，15个工作日内就可完成评审，并出具概预算评审报告。政府采购、资金拨付等业务办理也大大提速。

（撰稿：范亚林）

潍　坊　市

【概述】　2006年，潍坊市财政总收入完成177.7亿元，增长26.1%；其中，地方财政收入88.5亿元，占预算的105.3%，增长26.4%。财政总支出完成114.9亿元，占预算的109.7%，增长20.6%；其中，地方财政支出107.4亿元，占预算的109.2%，增长21.7%。当年收支结余61万元，累计结余4 297万元，连续20年实现财政收支平衡。12个县（市、区）地方财政收入全部过2亿元，其中寿光市、诸城市均超过12亿元，高密市超过7亿元，奎文区、青州市、昌邑市超过6亿元。

【财政收入】　2006年潍坊市地方财政收入总量保持全省第4位，增幅高于全省平均水平。一是征管机制不断完善。抓住全市经济运行质量提高的有利时机，配合税务部门巩固宏观税负调查分析成果，建立健全综合治税、教育费附加征收、有奖发票管理等制度，推进财税库行联网，协调税收征管，加强分析调度，促进了收入增长。二是主体税种增收明显。增值税、营业税、企业所得税和契税4个主要税种贡献较大，完成45.4亿元，比上年增加9.2亿元，占全部增收额的49.8%，拉动收入增幅13.2个百分点。其中，财政部门自征的契税增长20.7%。三是收入结构继续优化。全市税收收入比重达到78.29%，比全省高1.92个百分点，收入质量进一步提高，实现了财政经济良性互动。四是县（市、区）财政实力进一步增强。12个县（市、区）中，有9个地方财政收入增幅在25%以上，其中5个达到28%，寒亭区、潍城区、高密市增幅均超过33%；11个地方财政收入过3亿元，寿光市和诸城市分别达到12.7亿元和12.1亿元。

【公共服务】　从构建和谐社会角度出发，不断优化公共服务。一是工资发放和政权运转得到更好保障。完善乡镇工资县级统发制度，保证全市必保工资正常发放。着眼于建立稳定的收入增长机制，落实资金来源，为公务员工资制度改革和提高低收入群体待遇水平做好准备；认真清理规范津贴补贴，搞好自查和分析测算，研究制定实施方案。争取上级转移支付资金和困难县扶持政策资金2.6亿元，重点用于落实基层增资政策和弥补经费不足，缓解基层困难，保障正常运转。支持平安潍坊建设，增加公检法司投入，构建社会治安防控体系、城市应急联动与社会综合服务系统，提高应急反应能力，保障了城市公共安全。二是城乡社会事业得到更好发展。教育方面，按计划对城区5所中小学改善办学条件，继续实施农村中小学危房改造，落实农村贫困学生“两免一补”政策；制定农村义务教育经费保障机制改革实施方案，本应由市县两级财政共同承担的改革经费7 961万元，全部由市级财政承担；安排1 000万元建立农村中小学校舍维修改造长效机制，为全面推行农村免费义务教育改革打下坚实基础。卫生方面，重点支持医学学科建设和艾滋病、结核病防治等，提高公共卫生服务水平。文化体育方面，重点支持十笏园、博物馆等文化设施建设和“科普村村通”工程，落实21届省运会参赛和奖励经费900多万元，促进文体事业全面发展。三是农村生产生活条件得到更多关怀。全面取消农业税，人均税费负担由2001年的185元，到2006年全部取消，农民负担大大减轻。落实粮食直补、农机购置和良种补贴政策，农民得到实惠2.1亿元。支持剩余劳动力转移培训，受益人员6.2万人；实施技能扶贫工程，帮助850名贫困家庭子女就读技工院校。支持推广使用新能源，1.5万户农民用上沼气。实施“村村通”自来水工程，新增受益农民82.9万人。加大水系联网、水库除险加固等农业基础设施投入力度，支持农业龙头企业发展，辐射带动农民加快致富。

【社会保障】　按照公共财政建设要求，进一步完善社会保障体系。一是城区社会保障体系更趋完善。全面落实城市低保政策，完善医疗救助制度；妥善安置企业分流人员，加快企业改革改制步伐；建设新型劳动力市场，支持就业再就业工程；设立小额贷款担保基金，扶持失业人员自主创业；建立廉租住房制度，逐步解决城镇低收入家庭住房困难。二是农村社会救助体系框架初步形成。多渠道筹集资金，按照“全覆盖、低水平、分步实施、逐步提高”的原则，支持建立完善了以“农村低保、五保供养、新型合作医疗和医疗救助”四项制度为主要内容的农村社会救助体系框架。同时，对失地农民探索建立社会养老保险制度，解除这部分人的后顾之忧。三是社会保障覆盖率和补助标准继续提高。1.9万人纳入城市低保和医疗救助范围，7.4万人享受农村低保和五保供养，做到“应保尽保”；576万农民参加新型农村合作医疗，比上年增加167万人，参合率由64%提高到88.2%。农村低保标准统一为每年不低于800元。农村医疗救助制度成为“新农合”的有益补充，有效防止了困难群体“因病致贫、因病返贫”。

【支持发展】 进一步加大优化经济发展软环境建设的力度，努力给予资金、政策保障。一是支持结构调整力度加大。立足于促进经济增长方式转变，加大科技投入，重点用于应用技术研究、开发和知识产权保护；设立高新技术产业发展基金，制定了《高新技术产业发展基金使用管理办法》和《企业国有资本收益管理暂行办法》，将企业国有资本收益作为基金的主要来源。通过国有股权质押方式筹集2亿元，重点扶持了歌尔电子等6户企业研发平台建设，推动了企业技术创新。全面完成上市企业股权分置改革，为企业再融资创造了条件。二是财税扶持政策全面落实。着眼强化政策洼地效应，兑现招商引资、企业家奖励、企业改制成本等政策5 190万元。落实服务业、物流业发展优惠政策，发挥财政资金导向作用，加快信息、文化、旅游产业发展；成功引进招商银行在潍坊设立分支机构，筹集9 500多万元用于金融机构补贴、奖励，支持金融服务中心建设，促进了金融产业发展。创新财税政策，落实出口退税、文教企业退税等税式支出27.1亿元，促进企业提高自我发展能力。三是推动城市经济发展成效突出。做大做强融资平台，提高公共资源运营能力，与多家金融机构建立和巩固战略合作关系，筹集资金搞好城市基础设施建设。加快公共行政服务中心建设步伐，提高市直行政事业单位资产配置效率，促进优化城市发展布局，带动城市经济发展。四是服务企业模式实现创新。推广网上“企业大学”，在全市设立12个基地，免费为企业培训管理人才；实施职业教育基地战略，培养高级技术人才，改善企业人力资源环境；向企事业单位无偿赠送财税书册，加强法规政策服务；提出的关税政策调整建议被采纳，为亚星、歌尔电子等企业每年节省成本700多万元。同时，严格收费政策，从严管理发票，有效制止乱收费乱摊派现象，减轻企业额外负担；发挥行政审批大厅窗口作用，文明办事，提高效率。

【体制创新】 多项机制体制改革稳步推进。一是改革完善市以下财政体制。立足优化资源配置，促进资本合理流动，2006年1月1日起，首先调整市对区财政体制，改变企业隶属关系，将原市级所属企业全部下放各区，实行税收在地征管、在地入库，市区体制得到优化，取得了良好效果。在此基础上，下半年又研究完善了市对县（市）财政体制，2007年正式实施。在体制调整中，注意发挥新体制的引导作用，激励县市区不断改善收入结构，提高收入质量。二是完善预算管理机制。积极推进政府收支分类改革，按时启动新旧科目双轨运行工作，顺利完成新老口径数据转换，将预算内、外资金及各项基金纳入预算统一管理；按照“保障重点、统一标准、综合预算、推进改革”的原则，完善供养人员信息库、部门预算基础信息库和项目库，编制完成2007年财政预算。加快国库集中支付制度改革，市级所有部门和单位全部实行国库集中支付；县级改革也在有条不紊地推进，其中，诸城等6个县（市、区）已全面完成，坊子、安丘、高新、寒亭正在进行试点。为加强银行账户管理，把原分散在几个科室的财政专户全部纳入国库科管理，保证了资金使用安全，提高了管理效率。三是优化城市管理体制。引入市场竞争机制，建立城市管理长效机制，逐步将园林管理作业层推向市场、对草花更换实施“政企联姻”、公开拍卖人民公园经营性设施、创新公共照明用电管理模式等，促进提高城市管理水平。不断完善相关制度，制定城建项目废旧材料设备管理、财政投资基本建设项目资金管理等相关办法，完善管理机制，城建资金管理水平进一步提高。四是改革公用事业补贴制度。创新城镇供热体制，逐步完善热价与燃料价格联动机制，改进对供热供汽企业补贴办法，保证满足居民供热需求，促进供热企业健康发展。推进城市公用企业所有制结构和组织结构调整、加快转换经营机制，整合内、外部资源，加快公用企业发展。

【资金监管】 不断规范采购程序，完善评审制度，强化城建资金管理。2006年，市级完成采购预算13.3亿元，节约资金1.5亿元，其中92%以上是城建项目，节支率为11.1%；财政投资评审绩效突出，全年完成送审值17.2亿元，审减1.5亿元，其中城建项目占63%。探索开展30万人畜饮水项目效益评价，为建立绩效评价体系奠定了基础。创新财政支出管理制度，拟定完善会议费、公务用车管理和接待、机票定点采购办法，提高支出效益。着眼于提高财政资金使用效益，加强财政监督，开展了社保资金、新农合基金、城市低保医疗救助金等一系列专项资金检查。加大住房公积金归集和发放贷款工作力度，当年归集1.8亿元，增长24%；发放贷款1.1亿元，大力支持居民改善住房条件；开展住房公积金管理专项检查，将原项目贷款全部回收到位，管理水平进一步提高。继续开展打击非法“三烟”行动，促进增加税收收入。拟定会计诚信建设实施方案，筹划会计领军人物考选，推动落实新会计制度，促进提高会计信息质量和工作水平。对农信社回购不良资产及地方税金返还情况进行专题调查，确保既定政策取得实效，化解基层财政金融风险。

【队伍建设】 适应新形势对财政工作的要求，不断强化干部队伍建设，搞好内部管理，树立机关新形象。一是研究型机关建设成效明显。立足本职，着眼全局，围绕财政中心工作，积极向地方党委政府提报合理化意见和建议，其中11条被主要领导签批。注重现场推进，大兴调查研究之风，涌现出一批高质量的调研报告，其中1篇被新华社《内参选编》采用，引起中央高层领导关注。全年编发上报各类财政信息900余条，先后有160余条被上级采用，评比成绩列市政府考核第2名，市委考核第3名，全省财政系统第4名，全国信息直报点第6名。编印《“十一五”财政发展规划》，成为指导今后一个时期财政工作的重要文件；《农业生产服务体系构建中的政府作用》成功申报省社会科学规划重点课题。加大财政宣传力度，通过新闻媒体刊登、播发专稿，制作电视短片，行风在线互动等多种形式，加强与社会各界沟通，为财政工作营造了良好的舆论氛围。二是绩效考核成功实施。从2005年开始，借鉴人力资源、目标管理理论和会计核算方法，着手制定绩效考核台账管理办法。2006年，针对试行中发现的问题，进行修改完善，分值设计更加科学合理，引导激励作用更加突出，并成功应用于全年考核，使机关考核逐渐步入规范化轨道。三是工作效能显著提高。专门召开机关效能建设大会，倡导强化“马上办”意识，创新实施扁平化管理，建立“以顾客为导向”服务模式，完善项目协调推进机制，提高了快速反应能力。全面实施“网上办公”，提高发文、阅文、信息发布等工作效率。专人负责全局重要事项督查，从来件登记到最终反馈办理结果，实施全过程记录，及时督促加快工作进程，机关执行力不断增强。四是廉政意识不断强化。坚持落实廉政责任制，通过开展讲党课、参观潍坊监狱、有奖征文等一系列教育活动，做到警钟长鸣；牵头搞好治理商业贿赂工作；实施个人购车申报制度等，整个系统没有出现违规违纪问题。五是机关文化建设成为亮点。引导强化服务理念，在系统内开展征求服务用语、设计服务徽标等活动，打造潍坊财政服务品牌；开展工间操、系统内运动会、联欢会等丰富多彩的活动，增强机关凝聚力和战斗力，建设富有特色的财政机关文化，打造潍坊财政精神品牌，为建设和谐机关、争创“全国文明单位”奠定了坚实基础。

（撰稿：田民利　杨德强　王　萌）

济　宁　市

【概述】 2006年，济宁市各级财政财政部门以邓小平理论和“三个代表”重要思想为指导，认真贯彻党的十六大和十六届三中、四中、五中、六中全会精神，全面落实科学发展观，努力培植财源，大力组织收入，科学安排支出，狠抓监督管理，各项财政工作取得新的成绩。2006年，全市地方财政收入完成81.5亿元，完成预算的104.82%，比上年增长23.26%；财政支出完成114亿元，完成预算的114.91%，增长29.89%。

【发挥职能作用，支持经济加快发展】 密切关注经济发展动向，积极创新扶持方式和思路，充分发挥财政杠杆作用，综合运用财政贴息、补贴、奖励等手段，支持经济加快发展，培植壮大财源。实施重点项目带动，支持重点产业、骨干企业，培育、壮大产业集群，提高大企业集团的核心竞争力。支持高新技术应用和引进技术创新，利用高新技术嫁接传统产业，加速产业链的延伸。加大对传统产业特别是现代制造业的扶持力度，推行清洁生产，促进节能降耗，发展循环经济。增加对重大科技专项的资金投入，完善企业自主创新体系，加快创新型城市建设。支持实施“科技兴贸”战略，加快外贸增长方式转变，从2006年起，市财政每年安排2 000万元资金设立外经贸发展专项资金，改善外经贸企业的经营环境，促进外经贸事业持续、协调、健康发展。创新激励扶持方式，促进民营经济跨越发展。2006年市财政安排160万元，奖励7个民营经济工作先进县（市、区），安排资金677万元，对31户企业的31个项目进行了扶持。大力支持发展服务业，提升服务业发展水平。支持发展金融保险业，拓展金融保险市场。落实相关扶持政策，支持经营性文化事业单位转企改制，推进重点文化企业集团组建，繁荣社会主义文化市场。实施促强扶弱战略，推动县域经济又好又快发展。转移支付资金的分配体现了“向困难县倾斜，重点补助乡镇级”。对2006年6个财政困难县因取消农业税形成的缺口，在省转移支付补助的基础上给予全部补足。继续增加“三农”投入，加强农业综合开发、农业产业化和农业基础设施建设，努力转变农业增长方式，促进农业增效、农民增收。积极落实对种粮农民直接补贴、良种补贴、农业机械购置补贴等支农惠农政策，全面取消农业税收，重点解决好关系农民切身利益的实际问题，扎实推进社会主义新农村建设。2006年全市实际补贴小麦面积584万亩，补贴农民户数148万户，发放补贴资金8 172万元，户数兑付率为100%。安排良种推广补贴面积256万亩，全市补贴资金2 560万元。拨付农业机械购置补贴资金330万元，享受购机补贴的农户和农机服务组织达255个。

【强化收入征管，着力提高收入质量】 2006年全市各级财政部门以深入开展“财政管理年”活动为契机，依法理财，从严治财，狠抓征管质量，努力组织收入，切实提高“两个比重”。积极推行社会综合治税，加快税收信息化建设，提高税收征管质量和效率。完善税源监控体系，着重抓好重点税种、行业和企业的税收征管，同时加强对新兴行业和零星税源的征管，确保应收尽收。加强煤炭行业价格监控，防止关联交易行为，挖掘煤炭行业税收增长潜力。认真清理规范税收优惠政策，坚决制止随意减税、免税，严厉打击偷逃骗税，狠抓均衡入库，保证税收稳定增长。完善财税考核办法和激励约束机制，明确工作目标任务，充分发挥各级职能部门组织征收的主观能动性。坚持财政收入分析协调制度，积极协调国地税部门，定期召开收入协调会，认真分析经济运行态势，搞好财税收入预测。加大对收入工作的分类指导，对县市区财政收入指标着重考核国地税收入及占比情况，严肃查处弄虚作假行为，做实财政收入。

【优化支出结构，促进和谐社会建设】 坚持“有保有压”的原则，勤俭办一切事业，大力控制和压减一般性支出，确保工资发放、机关正常运转、社会保障和农科教等重点事业支出需要。各级财政部门高度重视工资发放工作，在预算安排时把工资支出打足，不留缺口。加大市级对财政困难县的扶持力度，统筹安排好资金，在2005年提前实现编制内财政供养人员按国家标准发放工资的基础上，逐步拉平县乡之间工资差距，实现了乡镇教师工资全部上划县级管理，较好地保证了基层组织的正常运转。认真落实促进就业再就业的各项扶持政策，完善公共就业服务体系。继续落实各项就业再就业优惠政策，2006年，全市发放《再就业优惠证》801个，从事个体经营或自主创业等失业人员享受税费减免827.1万元，享受社保各类补贴1 507.8万元；安排专项资金120余万元，筹备建立残疾人就业扶贫基地，逐步建立以康复促就业、以就业解贫困的良性循环的新型助残保障体系；积极扩大新型农村合作医疗范围，在曲阜、邹城、兖州、嘉祥、任城、汶上六个县（市、区）纳入省级新型农村合作医疗试点的同时，全面启动其他6个县（市、区）的市级试点工作。市级财政补助资金2 277万元，支持省级试点县310.6万人、市级试点县53.7万人参加了新型农村合作医疗。扩大低保覆盖面，切实保障农村低保对象的基本生活，全市农村低保对象年人均补差224元；继续完善城镇社会保障体系，安排各项社会救助资金2 570万元，用于扩大救助范围，提高救助标准；积极争取上级补助资金114万元，安排市级配套资金80余万元，逐步建立与城镇职工基本医疗保险制度相衔接的城市医疗救助制度，最大限度地缓解特困群体无力看病就医的问题；筹集并拨付资金5 300余万元，加强企业离休干部、困难企业军转干部、下岗职工等特殊群体社保体系建设；建立救灾物资储备制度，加强救灾体系建设，共拨付各类救灾资金800万元，有效解决了受灾群众的灾后生活问题。认真落实成品油价格改革财政补贴政策，对全市种粮农民、从事捕捞及养殖并使用机动渔船的渔民和渔业企业、国有林业企业和林场苗圃、城市公交企业、农村道路客运经营者及城市出租车司机进行了补贴，发放补贴金额1.17亿元。围绕支持社会主义新农村建设，扎扎实实地做好财政各项支农工作，支农专项支出较上年有了较大幅度增长，重点支持了水利工程、农业保护工程、农业综合开发等事关农业、农村发展大局的基础设施建设。市级安排1 205万元，用于市级防汛岁修、水利设施改造更新、节水灌溉工程等项目建设，安排400万元用于优质农产品基地建设，安排900万元用于农业科技推广和农业标准化生产，安排3 500万元用于村村通自来水、“一池三改”工程建设补助和奖励；各级财政落实资金3 025万元，支持了农业综合开发和土地治理，改善了农业生产条件。坚持教育优先，把实施农村义务教育经费保障机制改革摆在重要位置，从理顺机制入手，建立各级政府分项目、按比例分担的农村义务教育经费保障机制，逐步将农村义务教育全面纳入公共财政保障范围，全部免除农村义务教育阶段学生杂费，对贫困家庭学生免费提供教科书并补助寄宿生生活费，提高公用经费保障水平，建立农村义务教育阶段中小学校舍维修改造长效机制，完善农村中小学教师工资保障机制。积极争取上级农村义务教育经费保障机制改革专项资金1.44亿元，市县财政配套资金9 605万元，全部免除了农村义务教育阶段学生的杂费，按农村小学生均30元，初中生生均40元，特殊教育生均1 100元安排了公用经费，要求各级财政把应承担的资金列入明年预算，并从新增财力中安排，在春季开学前拨付到各学校。同时，继续落实好“两免一补”工程。除了争取省级专项资金713万元外，又拿出专项资金260万元用于“两免一补”工程，并督促县市区足额落实“两免一补”所需资金。大力推进全市中小学校舍维修改造，加大财政投入，把新开征的地方教育附加主要用于改善农村中小学办学条件，重点用到危房改造上。市级财政加大科技投入力度，支持科研事业发展和科技创新。2006年全市财政预算安排科学事业费支出2 263万元，比2005年增长5.11%，其中：市本级安排科技三项经费1 800万元，比2005年增加700万元，增长63.63%。在确保重点支出的同时，牢固树立过紧日子的思想，大力压缩“人车会话”等行政管理费支出。坚持把清理界定财政支出范围与稳步推进事业单位改革结合起来，严格控制财政供养人员增长。本着“既节约财政资金，又满足单位基本需求”的原则，认真核实市级行政事业单位经费开支情况，严把支出关口。对行政事业单位配置车辆实行集中采购，对购车资金实行集中支付。对会议经费的具体支出项目严格审核，不合理的支出坚决予以压缩。对配置通讯工具进行编制管理，对固定电话和移动电话通讯费用实行定额管理，从而有效地节约了资金开支。进一步加强项目支出管理，完善了专项资金的申报、审核、报批、拨款程序。对政府批转的专项经费报告，及时收集有关开支标准和支出依据，严格审核支出项目，大力压减一般性支出。

【加大改革力度，构建公共财政体系】 继续深化部门预算改革，完善经费包干办法。市本级309个预算单位全部纳入部门预算编制范围，初步实现了“一个部门一本预算”，加强了基础工作，完善了预算编制方法，提高了预算透明度；统筹安排纳入预算管理的行政性收费、政府性基金和预算外资金4.36亿元，市本级部门预算总规模达到11.18亿元。继续完善部门预算“基础信息库”，建立动态管理、定期更新机制，全面客观反映单位人员、资产、财务收支等基本情况。进一步完善定员定额标准体系，适当提高定额标准，将采暖补贴纳入公用经费定额。积极推进县级部门预算改革，加大对县市区指导力度，规范预算编制内容、完善预算编制方法、明确预算编制规程、统一预算编制软件。努力实现预算编制规范化、预算管理精细化、预算效益最大化。进一步深化“收支两条线”改革，大力推行综合预算，实行全口径管理财政资金。全面推行国库管理制度改革，扩大集中支付改革范围，全市市直机关事业单位全部纳入财政国库集中支付改革范围，实行了财政国库集中支付会计集中核算改革。2006年7月成立了济宁市财政集中支付核算中心，同时，积极开展银行账户及资金结存情况的清查登记，共清查出账户810个，比单位自查自报账户多153个。到规定的6月30日截止日，单位存款余额13.19亿元，比单位自报数多出9 214万元。截至清查日单位存款余额11.56亿元。对检查发现的问题，要求相关单位立即整改，保证了资金安全完整。实行“两集中”改革以来，纳入“两集中”的预算单位财政拨入资金6.83亿元，办理支出3.07亿元，结存3.76亿元，拒付不合规开支120余万元。同时，还圆满完成了市直284个单位的工资统发工作，统发人数1.27万人，累计拨付工资3.84亿元，代扣养老失业保险金、公积金、医疗保险金等9 557万元。为市直163个单位的离退休人员发放住房补贴1 505万元。从运行情况看，“两集中”改革取得良好效果，规范了会计行为，提高了会计信息质量；加强了支出管理，提高了资金效益；实现了精兵简政，节约了行政成本，财政监督职能得到了更好的发挥。积极稳步推进政府收支分类改革，全面、清晰地反映政府收支活动。根据统一部署，按照建立公共财政体系的要求，全市积极推进政府收支分类改革，制定了改革实施方案，开展业务培训，顺利完成了2006年预算数据的新旧科目转换工作。强化政府采购监督管理，规范政府采购行为。围绕“扩范围、上规模”，细化政府采购目录，加强了政府采购计划编制和执行力度，扩大了政府采购范围和规模，发挥了政府采购的宏观调控作用，提高了财政资金使用效益。积极开展治理政府采购领域商业贿赂工作，规范政府采购代理服务收费行为，维护招标人、投标人和政府采购代理机构的合法权益，净化了政府采购环境，防范了政府采购活动中的不正当行为。改进政府投资管理方式，完善财政支出评价体系。积极探索财政建设资金市场化运作的路子，健全绩效评价机制，成立财政投资评审中心，强化审计监督，逐步形成部门预算、项目评审、政府采购、集中支付和督查问效等环节相结合的公共财政支出管理模式，最大限度地发挥了财政资金效益。2006 年全市共评审项目 55 个，送审值 3.61 亿元，审定值 2.63 亿元，其中市财政投资评审中心共评审项目 14 个，送审值 1.34 亿元，审定值 9 274.86 万元，审减 4 108.51 万元。扎实推进县乡财政管理体制改革，切实缓解县乡财政困难。认真搞好县乡综合改革试点，巩固农村税费改革成果，全面取消了农业税，加大了财政转移支付力度，减轻了基层财政负担。落实“五奖一补”政策，研究制订加快财政困难县发展的具体措施，对财政困难县年度预算编制、调整事项和“奖补”资金的使用方案，实行省、市财政审查备案制度。加大对县乡财政管理工作的指导，完善人事编制与财政预算相结合的“双控”机制，积极推进“乡财乡用县管”和“村财村用乡管”改革，逐步做到“预算统编、账户统设、集中收付、采购统办、票据统管”。

（撰稿：董　宏　梁瑞华）

泰安市

【概述】 2006 年，泰安市各级各部门坚持以邓小平理论和“三个代表”重要思想为指导，认真贯彻落实党的十六届四中、五中、六中全会精神，按照科学发展观和构建社会主义和谐社会的总体要求，紧紧围绕建设经济强市目标，团结拼搏，干事创业，全市经济与社会发展取得了显著成绩。全市实现生产总值 1 012.2 亿元，比上年增长（下同）16.5%。其中，一、二、三产业增加值分别达到 116.3 亿元、572.2 亿元和 323.7 亿元，分别增长 4.1%、19.7% 和 15.7%。在经济持续快速健康发展的基础上，财政预算执行情况良好，财政收入快速增长，收入质量明显改善。全市地方财政收入完成 51.69 亿元，完成预算的 109.22%，增长 30.28%；其中：税收收入完成 36.06 亿元，增长 33.24%。市级地方财政收入 14.05 亿元，增长 32.85%。全市财政总支出完成 78.06 亿元，增长 22.52%，其中灶内支出完成 66.42 亿元，增长 25.26%，全市连续 20 年实现财政收支平衡。

【预算执行良好】 一是财政收入实现较快增长，收入总量和质量同步提高。全市地方财政收入突破 50 亿元，达到 51.69 亿元，增长 30.28%。在规模壮大的同时，财政收入质量也稳步提高。（1）税收收入增幅高。全市地方税收收入完成 36.06 亿元，增长 33.24%，占全省、各市税收收入总量的比例分别比上年提高 0.19 个和 0.21 个百分点。（2）主体税种稳步增长。全市增值税、营业税、企业所得税和个人所得税共完成 18.51 亿元，增长 30.79%。（3）税收收入比重逐步提升。全市税收收入比重为 69.77%，比上年提高 1.55 个百分点。二是企业效益大幅提升，企业所得税增势强劲。全市规模以上工业实现利润总额 88.4 亿元，增长 41.6%。其中财政汇编的 296 户企业中，实现利润总额过亿元的达到 7 户。受企业效益大幅提升的影响，全市企业所得税实现 3.07 亿元，增长 60.17%，是税收收入增幅最高的税种。三是县域经济均衡发展，强市支撑作用明显。各县市区继续调整产业结构，突出“工业经济、招商引资和民营经济”三大重点，一批新上项目陆续投产。在此基础上，努力增加税收收入，财政状况逐步好转。全市县级财政收入平均增幅为 29.34%，除岱岳区外，其余县市区收入增长均在 30% 以上。四是支出结构逐步优化，公共财政特性更加明显。按照转变政府职能和建立公共财政的要求，各级财政不断调整和优化支出结构，创新财政投入和支出方式，全力支持和谐社会建设。（1）向重点项目倾斜，加大结构调整支持力度。充分发挥财税杠杆作用，认真落实税收减免、税前抵扣、出口退税等优惠政策，采取财政贴息、奖励、补助等方式，大力推进经济结构调整优化，努力培强壮大财源，夯实财政增收基础。全市企业挖潜改造资金支出 7.65 亿元，占当年财政总支出的 9.8%，增长 30.3%，集中支持了玻纤集团、泰开电气、华阳集团、岱银纺织等重点企业、利税大户发展。（2）向农村倾斜，加大对“三农”的投入。全市“三农”财政总投入达到 20.5 亿元，增长 33.97%，重点支持了农村义务教育、新型农村合作医疗、土地整理开发、村村通自来水、农业产业化经营等重点事业发展。认真落实支农惠农政策，全市共兑付粮食直补资金 4 723 万元、综合直补资金 4 793.4 万元、农作物良种和畜禽补贴资金 1 665.9 万元、农机具购置补贴和农村劳动力转移培训“阳光工程”补贴资金 487.5 万元，促进了农民减负增收。（3）向困难群众倾斜，加大对社会保障的投入。全市用于社会保障方面的资金达8.81亿元，有效保证了城乡低保、困难救助、关闭破产企业职工安置、就业再就业、离休人员医疗费、五保户供养等工作的开展，维护了社会稳定。市级财政安排1 040万元用于劳动力市场建设和就业再就业工作；拨付1 302万元，用于市疾病控制中心、传染病防治中心、120指挥中心及全市公共卫生体系建设；投资1 153万元，改善了列入省“360工程”的22个乡镇卫生院条件；发放保障金2 454万元，使城市低保对象人均月补助水平达到了70元，比年初提高6元。（4）向基层倾斜，改善了基层财政状况。东平县、宁阳县、岱岳区被纳入中央财政困难县扶持范围，县乡财政困难问题得到有效缓解。全年市以上财政对下转移支付规模达到9.3亿元，增加2.8亿元，增长43.5%；对下专项资金达到13.5亿元，增加2.5亿元，增长42.4%，财力进一步下沉，对缓解基层财政困难、支持基层工资发放、保障社会稳定起到了极其重要的作用。

【坚持服务发展，财源建设取得新成效】 各级财政部门紧紧抓住发展第一要务不放松，充分发挥财政杠杆作用，支持经济结构调整，努力巩固壮大财源，促进经济又好又快发展。一是进一步明确了财源建设思路。在深入调查研究、广泛征求意见的基础上，拟定了《关于加强“十一五”期间市级财源建设的意见》，对市级财源建设进行了科学规划，明确了目标任务、工作重点和保障措施，为实现财源建设的新跨越奠定了基础。二是不断加大财政扶持力度。市财政筹集资金1.6亿元、利用上级一年期无息贷款3 310万元、国债资金1.1亿元，支持企业发展，其中投入2.1亿元集中支持了工业骨干企业发展。全市共办理出口免抵退税5.74亿元，通过落实各项税收优惠政策让利企业6.24亿元，增强了企业发展后劲。积极支持企业改革改制，筹集资金9 555万元，支持了市属改制企业职工安置和权益保障；落实国有企业政策性关闭破产、主辅分离和分离办社会扶持资金6.47亿元；拨付资金5 059万元，帮助企业优化资本结构。三是积极创新财政扶持方式。充分发挥财政资金的吸附作用，采取贴息、奖励、补助等形式，吸纳各类资金增加财源建设投入。通过财政贴息方式，帮助企业贷款2.3亿元；通过实行金融信贷奖励政策，全市当年新增银行贷款70亿元，缓解了企业融资压力；通过实行技改奖励政策，鼓励企业增加投资11.7亿元。通过兑现招商引资、纳税大户、固定资产投资奖励政策，激发了加快发展的积极性。全市投资亿元以上的项目达到216个，完成投资194.6亿元，增长23.5%。四是大力推进增长方式转变。为增强企业核心竞争力，调整优化经济结构，加快增长方式转变，市财政拨付资金1.92亿元，支持了企业技术改造、技术研发；拨付资金429万元，帮助企业采用新工艺、开发新产品；拨付资金265万元，支持了企业名牌战略的实施。全市国家火炬计划重点高新技术企业达到28家，增加5家；国家名牌达到5个，中国驰名商标实现了零的突破。加大对以旅游业为龙头的现代服务业支持力度。拨付资金1 089万元，支持了旅游宣传促销和旅游市场主体培育；拨付资金5 186万元，重点支持了地方金融企业和“万村千乡”市场体系建设。五是全力加强乡镇财源建设。市财政拨付资金1 400万元，采取贴息、奖励、补助等办法，重点支持了农业龙头企业、农村经济合作组织发展，帮助乡镇发展经济、增加收入，增强自我解困的能力。2006年，全市乡镇财政收入完成17.6亿元，增长37.8%，高于全市平均增幅7.3个百分点。泰安市加强乡村财源建设的经验做法得到了省政府和省财政厅领导的高度评价，并在新泰市召开了全省县域财源建设现场经验交流会。

【坚持向“三农”倾斜，新农村建设迈出新步伐】 把支持社会主义新农村建设摆到财政工作的重要位置，建立了联席会议制度，按照“多予、少取、放活”的方针，深入基层，积极开展调查研究，认真探讨财政支持新农村建设的新思路、新举措，财政支农工作的力度不断加大。全市用于“三农”方面的财政总投入达到20.5亿元，增长33.97%。一是认真落实了支农惠农政策。全面取消了农业税，人均减负23元，农民负担进一步减轻。积极落实粮食、良种、农机具购置和综合直补等政策，全市共向农民兑付各项补贴资金1.17亿元。二是努力改善农村生产生活条件。围绕解决农村行路、吃水等难题，市财政拨付5 836万元资金，大力支持“村村通自来水”工程，全市农村自来水普及率达到83.8%，特别是汶河沿岸275个村、40.1万群众全部用上了安全卫生的自来水。大力支持“村村通柏油路”工程，市以上投入资金8 829万元，支持新建及改造农村公路924.1公里，兴建农村客运站项目15个。全市拨付资金7 711万元，改造中低产田10万亩；拨付资金2.58亿元，支持了耕地开发和土地整理；拨付341万元，用于农村改水改厕改灶；拨付资金534万元，重点支持了少数民族村生产生活基础设施建设和试点村的村镇规划建设管理。三是积极支持农村社会事业发展。认真落实教育、卫生经费向农村倾斜的政策，市级安排农村教育投入3 394万元，用于农村学校危房改造、为贫困家庭学生免费提供教科书并补助寄宿生生活费等；周密制定农村义务教育经费保障机制改革方案，为从2007年春季开学起全面实施改革奠定了基础。积极推进农村卫生事业发展，市财政拨付6 096万元，用于支持新型农村合作医疗试点，政府补助标准由人均10元提高到30元，行政村覆盖率达到100%，农民参合率达到91.2%；拨付资金286万元，支持了乡村卫生院（室）建设。不断完善农村“五保”供养机制，市级拨付资金601万元，用于“四级联保”供养新机制的落实和乡镇敬老院建设。全面推行了农村计划生育家庭奖励扶助制度，市财政拨付资金140万元，奖励补助6 617人。

【坚持改革创新，财政管理取得新成果】 按照依法理财和建立“阳光财政”的要求，积极开展“财政管理年”活动，不断改进和完善财政运行机制，努力提高财政管理的精细化水平。积极稳妥地推进国库集中支付改革，市级及各县（市、区）全面推行了国库集中支付改革，实现了网上申报、网上支付、网上核算的全过程网络化操作。扎实推进政府收支分类改革，顺利完成了新旧科目的汇总、上报和数据转换，实现了新旧科目双轨平稳运行。政府采购范围和规模不断扩大，市政工程、园林绿化等各类重点建设工程的规划、设计、施工、监理等项目全部纳入政府采购范围；全市政府采购总规模达到6.56亿元，增长79.2%，综合节支率达到13.8%，其中市级采购规模达到4.65亿元，增长152.7%，综合节支率达到14.8%。政府投融资管理体制改革初见成效，全年市级共争取融资额度15.49亿元，实际到位资金10.19亿元，有力地支持了城市基础设施建设。专项资金管理更加科学规范，严格实行“先有办法、后拨资金”的管理程序，大力推行民主决策制、报账提款制、招标投标制、投资评审制、跟踪问效制，确保了资金分配的公开、公正、透明。全年市级共评审项目575个，评审总额13.73亿元，审减资金2.52亿元，平均审减率18.37%。继续加大“收支两条线”管理力度，先后组织开展了建筑业、房地产业、房屋租赁业税收管理情况以及土地出让金、河砂税费、教育收费等专项检查，并将城市户外广告收入、行政事业单位房屋租赁收入逐步纳入“收支两条线”管理，有效堵塞了管理漏洞。

【坚持以人为本，干部队伍素质迈上新台阶】 牢固树立以人为本的思想，紧紧围绕财政中心工作，以建设高素质干部队伍为核心，进一步加强干部队伍建设，为全面完成财政改革发展任务提供了坚强的政治和组织保证。一是加强学习教育，干部职工的能力素质明显提高。继续组织开展“建设学习型机关，争做创新型人才”活动，组织干部职工认真学习了党的十六届五中、六中全会精神和财政法规政策，提高了财政干部依法行政、依法理财、廉洁勤政的能力。二是以树立财政干部良好形象为核心，进一步加强作风建设。在全市财政系统深入开展“财政管理年”活动，强化财政管理，提高科学理财水平。通过设立政务公开栏、咨询服务电话、举报专线电话，自觉接受社会监督。大力倡导高效务实的工作作风，对市政府批办件和转办件等，逐一认真办理；人大代表建议、政协委员提案办结率、面复率和满意率均达到100%。结合贯彻实施《行政许可法》，认真清理财政行政审批事项，改进和完善了行政审批制度，市行政审批中心财政窗口全年12个月均被评为“红旗窗口”。三是继续加强党风廉政建设，干部职工廉洁意识不断增强。坚持立足教育、着眼防范的原则，以高度的政治责任感和使命感，坚定不移地抓好党风廉政建设和反腐败工作。把市财政局承担的23项反腐败源头治理工作任务，按职责范围分解落实到各科室、单位，逐一抓好落实。认真开展治理商业贿赂工作，重点突出政府采购领域商业贿赂行为的治理，积极探索建立健全防治商业贿赂的长效机制。局党委与各县（市、区）财政局和市局各科室（单位）签订了《2006年度党风廉政建设责任书》，形成了一级抓一级，一级对一级负责的责任网络，确保了责任制的有效落实。泰安市财政局被评为全国财政系统“四五”普法先进单位，连续3年被表彰为“省级文明机关”、“全省部门和行业作风建设先进单位”。

（撰稿：赵传莹　李　民　池庆喜）

威　海　市

【概述】 2006年，威海市国民经济和社会各项事业保持了较好发展势头，综合经济实力进一步增强。全市地区生产总值完成1 368.5亿元，增长15.9%。全市境内财政总收入实现131.9亿元，增长19.9%。其中，地方一般财政收入实现70.1亿元，完成预算的101.4%，增长21.8%，加上税收返还、各项结算、上级专款和上年结转收入等，全市可用财力共计90.8亿元。全市一般财政支出88.3亿元，完成预算的111.1%，增长22%；结转下年支出2.5亿元。收支相抵，当年净结余55万元，连续20年实现财政收支平衡。

【经济结构调整效果显著，财政收入质量进一步提高】 各级在“抓二产带一产促三产”的总体思路下，坚持工业强市、三产兴市，不断优化产业结构，提升产业层次，转变增长方式。深入推进了“三大基地”建设，产业集群加速膨胀；一批重点旅游项目相继启动，会展经济快速起步，中心商业区改造加快，三产经济蓬勃兴起。

经济结构的优化，带来了财政收入质量的提高。一是增值税、消费税实现37.8亿元，增长31.4%，表明威海市二产发展迅速，特别是制造业基地建设初见成效。二是商业增值税实现3.9亿元，增长53.3%，表明全市市场消费旺盛，消费对经济发展的拉动作用明显提高。三是涉外企业所得税实现2.4亿元，增长47.2%，表明近几年来加快外向型经济发展已见成效，涉外企业的税收回报明显提高。四是地方财政收入占生产总值的比重、地方税收占地方财政收入的比重、工商税收占地方财政收入的比重、四税占地方财政收入的比重分别比上年提高0.3、3.4、1和0.8个百分点。

【重点支出保障有力，新农村建设投入加大】 各级在支出安排上，本着有保有压、突出重点的原则，在保证基本支出的基础上，加大了对重点支出的保障和支持力度。一是工资改革保障有力。根据中央统一部署，从2006年下半年起，实施收入分配制度改革，提高企业离退休人员基本养老金发放标准，提高各类优抚对象和城市低保人员的生活补助标准，全市增支需求2.57亿元，各级在抓好增收节支工作的基础上，多渠道筹措资金，保证收入分配制度改革的顺利实施。二是重点事业的投入进一步加大。全市教育、科技、社会保障支出分别比上年增长24.9%、44.8%、59.8%，比一般财政支出分别高出2.9、22.8、37.8个百分点，有力促进了各项重点事业发展。三是公共基础设施投入力度进一步加大。市级共筹集资金7.6亿元，主要支持了威海卫外滩工程、威海工业园建设、中心渔港建设和市区环境整治工程等政府重点项目，经济发展环境和人文环境进一步改善。

同时，各级围绕社会主义新农村建设，不断加大财政投入力度，积极支持农村经济和各项事业发展，力保各项支农、惠民政策的落实。全市投入“三农”方面的资金达到13.8亿元，增长25.2%。其中，投入1.12亿元，支持“村村通”自来水建设；投入5 174万元，继续支持新型农村合作医疗制度建设，财政补助标准由人均每年10元提高到40元。认真落实“两免一补”政策，对农村义务教育阶段学生全部免收杂费，比省规定时间提前一学期。认真落实各项财政补贴政策，其中粮食直接补贴由每亩（小麦）14元提高到15元，补贴资金达到1 725万元；成品油价格改革补贴达到1.49亿元，共对种粮农民、渔业、林业、农村客运等行业和个人进行了两次补贴；良种补贴达到500万元，促进了小麦良种推广和农业产量的提高；农机具购置补贴270万元，有效提高了农业机械化水平。为保证各项转移支付资金及时到村到户，制定了《财政补助村级资金管理暂行办法》，规范了资金管理，提高了村级保障能力。

【深化财政改革步伐加快，监督管理继续加强】 通过深化财政改革，严格依法监督，进一步规范了财政分配，强化了财政管理。一是深化部门预算改革。把各项收入和各项支出全面纳入预算，收入统一管理，支出统筹安排，做到基本支出预算、项目支出预算、政府采购预算一起编制，增强预算的完整性和约束力，打造客观、公正、阳光分配资金的平台。二是深化国库集中支付改革。按照循序渐进的原则，把市级95个部门、279个预算单位全部纳入国库集中支付范围，财政资金通过专门的电子网络直接支付，建立了“拨钱的不花钱、花钱的不见钱”的资金管理新模式，达到了规范财政支出、提高资金使用效益、增强政府宏观调控能力的目的。三是深化政府采购改革。编制政府采购预算，增强年初的计划性，克服执行过程中的随意性，推行政府采购物品“领物不领钱”的模式，提高政府采购的规模和效益；加强采购代理机构的管理，从业务素质、服务质量、信誉状况等方面严格考核，规范中介机构的采购行为；在“威海政府采购网”建立了网上“办公用品超市”，将85项5 484种型号的办公用品及耗材通过公开招标采购入市，采购人在网上按照中标价格自行采购，极大地方便了采购人，提高了采购效率。

同时，财政监督管理继续加强。建立健全各项规章制度，坚持用制度管人、管事、管钱。2006年，出台的内控制度、专项资金管理办法等规范性文件达到60多个。对行政事业单位财务收支管理和预算执行情况、国债资金、市级专款和财政专项资金管理使用情况等进行了检查，规范了财经秩序。对政府重点工程从概算、预算、决算审查到日常管理实行全过程监管，2006年，市级共审查投资决算126份，核减资金2.5亿元，核减率达到17.1%。

【支持经济发展力度加大，体制机制进一步完善】 坚持把发展作为第一要务，灵活运用财税杠杆，对重点产业、重点行业予以扶持，取得了明显成效。一是加大资金投入力度，积极支持产业结构调整、企业技术改造和科技创新等。威海市入选全球环境基金赠款“城市交通项目”示范城市，成为全国当选的十三个城市之一，项目按规划投入改造后，将极大地提升全市城市交通水平。二是加大对基层的转移支付力度。对农村税费改革转移支付、调增营业税返还基数、缓解县乡财政困难转移支付、减轻出口退税负担等政策，都直接落实到各市区。三是规范县镇财政体制。按照“保障和激励相结合”、“事权和财权相适应”的原则，出台了《关于规范镇级财政体制的指导性意见》，在确保人员经费不留缺口的基础上，按照受益程度和财力水平，合理划分县、镇收入范围，明确核定县、镇支出责任。四是建立激励机制。按照“促强扶弱带中间”的原则，出台了《建立激励机制促进镇域经济发展转移支付办法》，对全市46个镇普遍实行激励机制，重点加大对财政经济薄弱镇的扶持力度。对工商税收超出平均增幅以上的镇和工商税收总量位次前移的镇给予奖励；对已完工并办理了税务登记的招商引资重点产业项目，按认定投资额给予经费补贴；对财政经济薄弱镇，在农业综合开发项目、就业技能和劳务输出培训方面予以扶持。新的财政体制和激励机制，必将充分调动镇级发展经济、组织收入的积极性。

（撰稿：于　军）

日　照　市

【概述】 2006年，日照市生产总值达到505.87亿元，按可比价格计算，比上年增长16.9%。全市地方财政收入实现20.76亿元，完成预算的122.78%，按可比口径比上年增长42.53%，其中市级收入实现2.33亿元，完成预算的119.95%，增长22.49%；全市财政支出实现32.67亿元，完成预算的142.19%，增长43.88%（主要是政策性增支），其中市级支出实现11.74亿元，完成预算的161.35%，增长56.92%（主要是政策性增支），超额完成了年初确定的收入增长目标，促进了全市经济和社会各项事业发展，并连续20年实现财政收支平衡。

【加强财源建设，地方财政收入实现新跨越】 2006年，日照市财政部门制定了《关于加强财源建设的意见》及实施细则，按照既有利于增加财政收入又有利于资源节约和环保的思路，对财政贡献大、发展势头好的重点企业，给予重点扶持；对高新技术产业和科技创新项目给予财政资助；安排专项资金用于建立中小企业信用担保机制等，增强了财源发展后劲。同时，坚持依法治税管费，强化收入征管，深挖增收潜力，促进了地方财政收入的快速增长，收入增幅列全省第2位；全市税收收入占地方财政收入的比重达到80.8%，列全省第3位。此外，还与国家开发银行签约政策性贷款13.5亿元，有力地支持了经济和社会事业发展。

【科学运作资金，服务经济社会发展力度加大】 2006年，日照市各级财政部门认真执行支出预算，优化支出结构，集中财力“保工资、保稳定、保法定支出”。全市支农支出2.04亿元，其中市级支出3 526万元，增长35.42%；教育支出6.48亿元，其中市级支出9 738万元，增长36.87%；科技支出2 639万元，其中市级支出1 155万元，增长38%。同时努力做到三个支持：一是支持区域经济发展。全市落实企业出口退税5.74亿元，其中地方财政负担2 786万元。落实资金1.5亿元，支持了企业技术创新、创名牌战略、国际市场开拓等。落实资金410万元，用于支持企业节能降耗、集约经营。围绕建立促进县域、镇域经济统筹发展机制，制定了招商引资跨区县落户企业税收分配办法，鼓励县乡发展“飞地”经济。拨付资金340万元，对综合考核前10位的经济强镇进行了扶持奖励。二是支持社会主义新农村建设。制定了财政支持新农村建设的28项措施，加大了对中央、省、市支农政策的落实力度。全面取消农业税，进一步为农民减税1 918万元；拨付资金9 488万元兑现了粮食“直补”、成品油价格补贴、良种补贴和大型农机具购置补贴政策；拨付资金4 000多万元，重点支持了农业综合开发、农业产业化经营、农村劳动力转移等；拨付资金1 500多万元用于全市农村中小学危房改造、乡镇卫生院建设等。三是支持重点项目和社会重点事业发展。积极支持为民14件实事和重点项目建设，市级投入水上运动中心建设资金1.95亿元，南沿海公路建设补助2 000万元，“村村通自来水”1 260

万元，经济适用住房补贴3 266万元，促进了这些重点项目的顺利推进。完善离休干部“两费”保障机制，将医疗费统筹标准提高到9 400元，并减免了部分破产、特困企业离休干部医疗统筹费。

【推进五项改革，财政运行质量不断提高】 2006年，日照市财政部门积极推进各项财政改革。一是扎实推进政府收支分类改革，建立了新的政府收支分类和预算科目体系，政府收支分类更加科学合理。二是加快国库集中支付改革，在市级和各区县全面推行了国库集中支付制度，财政资金运行效率和使用效益进一步提高。三是理顺政府采购管理体制。将政府采购中心更名为政府采购管理办公室，实行“管采分离”，主动把采购业务推向市场，委托招标代理机构进行采购。全市组织政府采购金额2.24亿元，其中市级采购金额1.63亿元，节支率17%。四是建立支出绩效评价机制。强化效益评价观念，制定了支出项目绩效考核及项目分类具体评价办法，对50万元以上的市级财政支出项目，由主管科室建立档案、细化管理、跟踪问效，并将考评结果作为以后年度编制预算的重要参考依据。五是建立税收征管激励约束机制，调动了收入征管的积极性。

【开展“财政管理年”活动，精细化管理进一步加强】 在全市财政系统扎实开展“财政管理年”活动，全面加强了财政收支、财政系统、机关内部三个方面的管理。财政收支管理方面，重点完善了市区税收属地征管体制，建立了12户重点企业税收档案，开展了企业所得税、营业税税源调查，进一步强化了税源监控；制定了《日照市政府非税收入管理暂行办法》（市政府第30号令）及实施细则，进一步拓宽非税收入管理范围，并对非税收入收缴实行有奖举报办法。同时，进一步加强支出精细化管理，市政府出台了《关于进一步加强市级财政专项资金管理的意见》，对财政支出100万元以上的项目，一律提交市长办公会审批。对全市60多个单位实施监督检查，对查出的各种违规违纪问题，在按规定及时进行处罚处理的同时，催缴各类收入入库2 135万元。出台了《关于规范企业国有产权转让管理工作的意见》，严把产权登记、资产评估和股权置换关，加强了对企业产权变动的监管。加大住房公积金归集和管理力度，归集住房公积金2.37亿元，发放住房公积金贷款2.09亿元。财政系统管理方面，认真实施收入分配制度改革政策，除将上级转移支付资金全部分配到区县外，市级还安排资金1 500万元用于财政困难县配套。在两个财政困难县全面推行了“乡财乡用县管”和“村财村用乡管”改革，并在五莲县开展了县级对下集中支付制度改革试点，将乡镇财政视同一级预算单位纳入国库集中支付系统，保持乡镇的预算执行主体、资金使用权、财务管理和会计主体地位不变，资金实行国库集中支付，实现了国库集中支付与“乡财县管”的有机结合。机关内部管理方面，扎实开展“科学理财、文明服务”机关品牌建设，健全机关工作机制，规范了预算编制、执行、管理、监督全方位的工作流程，完善了机关岗位目标考核、内部审计等制度，并建立《机关工作人员绩效考核台账》，每月一调度、每季一考核。在社会上公开服务承诺，确保了政策贯彻渠道畅通、资金拨付渠道畅通、工作运转渠道畅通。

（撰稿：焦春锋　单　君　张毅博）

莱　芜　市

【概述】 2006年，莱芜市国民经济和社会各项事业保持了较好的发展势头，综合实力进一步增强。全市完成生产总值287.29亿元，增长16.1%；规模以上工业增加值171.2亿元，增长20.07%；全社会固定资产投资140.4亿元，增长20%；农民人均纯收入5 200.5元，增长11.4%。在国民经济持续快速发展的基础上，财政收支稳定增长。2006年，全市地方财政收入完成19.26亿元，占预算的100.04%，增长32.24%（经常性财政收入增长20.63%）。全市财政支出完成28.24亿元，占预算的100.5%，比上年增长28.19%。按现行财政体制算账，2006年结余5万元，其中市级结余3万元，实现了建地级市以来连续14年财政收支平衡。

【支持经济发展取得新进展】 一是支持招商引资和开发区建设。认真落实招商引资政策，进一步调动了全市上下招商引资的积极性。多方筹集资金支持开发区建设，优化了招商引资环境。二是支持“工业立市”战略。投入资金1.1亿元，通过对地方骨干企业实行超收奖励、对重点技改项目实行贷款贴息、对新上投资过千万元的工业项目实行税收优惠、对科技型中小企业技术创新和信息化建设实行补助、足额安排出口退税资金和支持莱钢发展专项融资等方式，支持了钢铁、纺织、外贸、高新技术等重点产业的发展，加快了工业立市步伐。三是支持服务业和民营经济发展。落实促进服务业发展基金300万元、中小企业贷款担保基金300万元，为22家民营企业担保贷款3 171万元，兑现民营经济纳税大户和民营科技企业奖励1 178万元，促进了服务业和民营经济的快速发展。四是支持国有企业改革。拨付资金1.5亿元，加快了市属国有企业的改革步伐。五是支持乡镇经济发展。认真实施综合试点镇财政体制，加大对重点促进镇的扶持力度，调动了乡镇加快发展、增收节支的积极性。全市地方财政收入过千万元的乡镇达到13个，其中过2 000万元的11个，比上年增加9个，体制的激励作用得到充分发挥。六是优化经济发展环境。认真组织开展了“财政管理年”活动、政府采购领域和产权交易领域商业贿赂专项治理工作，继续深化“收支两条线”改革，实行“一家检查、多家认账，上级检查、下级认账”的办法，对纳入行政服务中心的23项审批事项实行限时服务，足额落实环境建设举报奖励资金，认真搞好预算收入征管质量检查、会计信息质量检查、非税收入稽查等执法活动，加强会计人员教育培训和资格管理，加大国有资产监管力度，规范了财经秩序，优化了发展环境。

【地方财政收入再上新台阶】 2006年，全市地方财政收入完成19.26亿元，增长32.24%，增幅居全省第4位。工作中，认真落实财税联席会议制度，每季度召开一次会议，交流情况，分析形势，研究增收措施，保证了财政收入的稳定增长和均衡入库。及时提供涉税信息，支持税务部门开展宏观税负分析活动，健全税源动态监控体系，全面推行以票管税和税源精细化管理，完善社会综合治税网络，从源头上防止了收入流失。加强契税和耕地占用税征管，完成契税3 414万元、耕地占用税3 818万元，分别增长78.37%和201.58%。全面推行非税收入征管系统，提高了城市基础设施综合配套费征收标准，加大国有资产经营力度，完成非税收入1.97亿元，增长22.4%，提高了政府宏观调控能力。

【各项财政改革取得新成效】 一是预算编制改革继续深化。完善“综合零基预算”办法，实行预算内外资金统筹安排、细化到具体支出项目的部门预算，并逐步扩大部门预算审议范围，2006年把市公安局、教育局、农业局、计生委、环保局、体育局、水利局、市委党校8个部门预算提交市人代会审议通过，提高了预算透明度，规范了部门、单位支出行为。二是国库集中支付制度改革全面实行。对市区两级228个部门337个预算单位全部实行了国库集中支付，健全了“管钱的不拨钱、拨钱的不花钱、花钱的不见钱”的资金管理模式，规范了财政支出行为。三是政府收支分类改革扎实推进。按照新的政府收支分类，做好了人员培训、数据转换、模拟预算编制和执行等工作，为2007年1月1日正式实行改革奠定了基础。四是政府采购监管进一步规范。全面实行政府采购预算制度，加强对采购方、供应商、中介机构的财政监管，2006年完成采购额2.61亿元，节约资金5 276万元，节支率达16.8%。五是财政投资评审力度进一步加强。对财政投资项目实行事前、事中、事后全过程监管，2006年审查工程提报价值1.12亿元，审减资金2 858万元，审减率达25.5%。六是一般性支出得到有效控制。认真落实“包死预算、超支不补、结余留用”的经费包干办法，对市直行政事业人员住宅采暖费用“暗补”改“明补”，防止了铺张浪费行为，调动了各部门、单位当家理财的积极性。

【社会事业发展取得新成果】 一是保障了工资发放和基层运转。足额安排应由财政保障的工资支出，严格工资专户管理，各级工资发放正常。在收入分配制度改革中，争取到省里对莱城区增资负担90%、对钢城区增资负担50%的扶持政策，市里又落实了配套资金，对钢城区和高新区的增资按70%给予了补助，保证了市、区增资的需要。继续对经济薄弱村主职干部实行定额补助，指导莱城区进行了“乡财乡用县管”改革，同时，争取莱城区继续享受省51个困难县“五奖一补”政策，有力地保障了基层运转。二是加快了新农村建设。2006年，全市财政支农投入达4.95亿元，增长45%。工作中，认真落实“富民强村”政策，大力支持农业基础设施建设和农业综合开发、农业产业化经营、科教兴农、扶贫开发、生态环境治理等，加快了农业和农村经济发展；配合有关部门积极推进农村综合改革，巩固了农村税费改革成果；兑付种粮农民直接补贴、农机具购置补贴、良种补贴、柴油化肥补贴1 179万元，调动了农民种粮的积极性；投入资金7 200多万元，扩大“两免一补”范围，提高新农合补助标准，支持农村中小学危房改造、乡镇卫生院和敬老院建设、农村劳动力转移、农村计划生育、村村通自来水、村村通广播电视等，促进了农村社会各项事业的发展。随着各项支农政策的落实，广大农民得到了更多实实在在的利益。三是加大了社会保障力度。投入资金1 200万元，大力支持就业再就业，使4 011名下岗失业人员重新走上了就业岗位。建立农村最低生活保障、农村五保供养和大病医疗救助制度，提高城市居民最低生活保障标准，发放资金1 000多万元，保障农村低保对象7 712名、农村五保对象3 219名、城镇低保对象3.3万人次，健全了社会救助体系。安排资金6 400多万元，认真落实廉租房住房户和经济适用房购置户货币补贴，离休干部医药费报销、困难企业军转干部补助、企业退休人员养老、失业人员失业金发放等政策，有力地维护了社会稳定。四是落实了市委、市政府为民办的实事和全市重点工程建设资金。安排资金3.7亿元，支持了“双创一巩固”、牟汶河综合治理、雪野水库治理整顿、莱明路和长勺路改造、“平安莱芜”建设等为民办的实事和重点工程建设，促进了全市经济社会又好又快发展。五是保障了法定支出需要。农业、科技、教育等支出均达到法定增长比例，公检法司、计划生育、社会治安综合治理、宗教等支出都按规定给予了保障。

【干部队伍建设得到新加强】 一是抓好领导班子建设。局领导班子认真落实党组理论中心组学习制度，深入学习了党的十六届五中、六中全会精神，科学发展观、社会主义和谐社会、社会主义荣辱观、中国共产党章程、财政干部职业道德与廉洁从政，以及省、市一系列重要会议和重要文件精神，进一步提高了理论素养。坚持民主集中制原则，重大问题集体讨论决定，充分调动了班子成员的积极性。定期组织召开民主生活会，深入开展批评和自我批评，增进了班子团结，形成了工作合力。认真贯彻落实党风廉政建设责任制，模范遵守各项廉政制度，以身作则，严于律己，进一步强化了全心全意为人民服务的宗旨观念。二是抓好干部队伍建设。坚持以行风建设为总抓手，专门召开了行风建设大会，编印了《行风建设工作手册》，组织开展了学习贯彻党章、社会主义荣辱观教育、“站在新起点，实现新发展”解放思想大讨论等教育活动，深入推行待人热情、政务公开、办文快捷、责任落实、服务主动、行政依法6项服务承诺和主管科室负责制、一次性告知制、限时办结制、过错责任追究制、政务公开制5项制度，层层签订廉政建设责任书，积极开展廉政谈话，邀请市纪委领导作了廉政教育报告，新聘、续聘了35名行风监督员，特别是通过继续在全体干部职工中深入开展争做“三好干部”活动，推行业务考试、轮流讲课和学习交流3项制度，2006年共组织财政业务和政治理论考试2次，举办业务交流讲座18场，全面提高了干部职工素质，有力地促进了各项工作的开展。三是抓好机关党建工作。严格党的组织生活，认真落实“三会一课”制度，定期组织召开支部大会、支部委员会和党小组民主生活会，积极做好发展党员工作，进一步增强了党组织的凝聚力和战斗力。认真落实《党政领导干部选拔任用条例》，2006年通过竞争上岗选拔了7名科级干部。积极做好关心下一代工作，专门成立了局关心下一代工作委员会，设立了办公室，组织开展了一系列教育活动，切实加强了未成年人思想道德教育。同时，财政宣传、调研、群团等工作都有了新的进展。2006年，莱芜市财政局荣获了“全省财政系统先进集体”、“行风建设十佳单位”、“工作实绩考核先进单位”、“人口与计划生育先进单位”等多项荣誉称号。

（撰稿：武军锋　李英杰）

临　沂　市

【概述】 2006年，临沂市各级财政部门紧紧围绕全市发展大局，按照落实科学发展观、构建和谐社会和建设公共财政的要求，大力增收节支，深化财政改革，规范财政管理，依法科学理财，各项工作都取得了较好成绩。全市实现地方财政收入58.3亿元，同口径比上年增长23.5%；财政支出99.2亿元，增长20.5%；全市和12个县区连续20年实现财政收支平衡，促进了全市经济社会又好又快发展。精神文明建设也取得丰硕成果，临沂市财政局荣获省级文明单位称号，在行风评议中被确定为免评单位，多项工作受到市委、市政府和省财政厅表彰。

【依法征管，财政收入平稳增长】 坚持把组织收入作为财政工作的核心，加大征管力度，狠抓增收措施落实。一是加强税收征管。积极配合税务部门，搞好宏观税负分析，推行社会综合治税，工商税收实现了较快增长。对财政部门负责征管的契税和耕地占用税，完善征管机制，加大征管力度，做到了依法征收，应收尽收。二是加强非税收入征管。着力抓好国有资源（资产）有偿使用收入的征管，制定实施了城市基础设施配套费、生活垃圾处理费等非税收入征管办法，促进了财政增收。三是加强督导考核。严格考核县区收入规模、增幅和“两个比重”情况，并安排专项资金给予奖励，调动了县区组织收入的积极性。在抓好组织收入的同时，积极做好上级政策与本地实际相结合的文章，争取上级转移支付和其他各类财政资金34.8亿元，增长47.6%，其中转移支付19.4亿元，与当年市级财政收入基本持平，有力地支持了全市经济社会发展。

【加大投入，社会主义新农村建设扎实推进】 按照“多予少取放活”方针，认真落实支农惠农政策，切实加大“三农”投入，集中支持解决事关农民切身利益的问题。各级财政投入资金42.9亿元，相同口径增长35.1%，其中支农支出7.7亿元，增长20.6%。全面取消农业税，进一步减轻了农民负担。落实粮食、良种、农机和生产资料增支补贴政策，为农民兑现补贴1.86亿元。在全省率先实施了“惠农一卡通”工程，将涉农补贴直接发放到农民手中。支持“百万农户致富”工程，财政贴息1 737万元，惠及农户累计达25.8万户。支持“村村通自来水”工程，补助资金7 560万元，新增受益人口183万人。支持村级组织活动场所建设，补助资金1 375万元，基本解决了973个村无办公场所问题。落实补助资金4.63亿元，用于农村中小学危房改造、“两免一补”、新型农村合作医疗和乡镇卫生院、敬老院建设，改善了农村义务教育、医疗卫生和“五保”供养条件。对农村现代流通服务体系建设、计划生育家庭奖励扶助、广播电视村村通和特困村搬迁等，也都给予了较好支持。

【突出重点，统筹发展保障能力明显增强】 围绕构建和谐社会，优化支出结构，科学运筹资金，集中财力保重点。积极培植财源，支持自主创新、节能降耗、招商引资和县域经济发展，市级安排专项资金7 835万元，促进了经济结构调整和增长方式转变。加大社保投入，全市社保支出15.9亿元，增长29%，重点支持解决了优抚、就业再就业、城市低保、困难企业军转干部解困、自然灾害救济等方面的问题，社会保障范围不断扩大，保障水平进一步提高。扎实推进收入分配制度改革，增加了干部职工工资和社会保障对象收入，使改革发展的成果惠及广大人民群众。支持重点事业发展，全市教育、科技、卫生、文体等支出都有了较大幅度增长，有力促进了各项社会事业进步。围绕“一创六建”，积极筹措资金，重点支持了污水处理、河道治理、城市绿化等公益事业项目建设，有效改善了城市人居环境。

【帮扶基层，县乡财政建设不断加强】 把缓解县乡财政困难、提高基层财政保障能力作为财政工作的重点，进一步加大了工作力度。一方面，切实加强县乡财源建设，促进财政增收。全市县乡地方财政收入完成38.7亿元，增长20%。有6个县区地方财政收入超过3亿元，比上年增加3个，其中兰山区达到8.1亿元；全市地方财政收入过2 000万元的乡镇达到19个，比上年增加3个，其中过5 000万元的乡镇7个，过亿元的乡镇1个，县乡财政实力明显增强。另一方面，积极争取上级支持，不断加大对基层财政的帮扶力度。全市8个财政困难县继续列入全省“五奖一补”扶持范围，河东区、临沭县新纳入省财政保障性转移支付补助范围；9个县全部纳入中央革命老区财政困难县扶持范围；列入全国产粮大县扶持范围的县区由5个增加到7个。当年上级转移支付加上市级配套9 000万元，对县乡转移支付总量达到20.3亿元，比上年增加6.7亿元，保证了基层政权和基层组织的正常运转，提高了基层财政保障能力。

【深化改革，理财机制更趋完善】 稳步实施政府收支分类改革，按照新的科目体系编制预算，财政预算更加完整、规范、透明。完善部门预算改革，加强项目库建设，整合专项资金，预算编制的准确性和规范性进一步提高。深化国库集中支付改革，优化支付流程，强化预算监督，提高了支付效率和运行质量。以治理商业贿赂为契机，健全政府采购监管机制，规范采购行为，全市完成政府采购额17.9亿元，比上年增长50%，节支率达13.3%。加强财政专项资金管理，坚持以项目定支出，先有办法后安排资金，资金安排更加科学合理、公正透明。加强政府公共投资项目管理，财政、审计派驻监督员，实施全过程监管，竣工审核的39个项目节支率达24%。加强财政监督，认真开展津贴补贴清理、“收支两条线”、政府采购执法、会计信息质量等专项检查，依法查处各类违规违纪资金6 968万元，进一步规范了财经秩序。

【强化素质，对外形象得到新的提升】 把提高干部队伍素质作为做好财政工作的根本来抓，提高工作能力，树立良好形象。一是加强思想作风建设。深入开展解放思想大讨论和社会主义荣辱观教育活动，邀请专家教授作辅导报告，组织参加省、市干部教育培训，在网上开辟财政干部综合素质提高工程专栏，并采取笔试方式检验学习成果，调动了干部职工加强学习的积极性，提高了财政队伍整体素质。二是加强党风廉政建设。集中开展“十个一”廉政教育活动，增强了干部职工拒腐倡廉意识。落实党风廉政建设责任制，实行科级以上领导干部述职述廉，确保了反腐倡廉措施落到实处。创新财政体制、机制和制度，加大源头治腐力度，并在全市惩治和预防腐败体系建设工作座谈会上作了典型发言。认真落实、圆满完成了财政部门牵头和参与的反腐败工作任务。三是积极开展文明创建活动。开展优秀共产党员评选、“慈心一日捐”、“送温暖献爱心”等活动，举办全市财政系统乒乓球比赛，展示了财政干部职工良好精神风貌。四是加强内部考核管理。修订完善《财政局内部制度汇编》，严格执行各项制度，按程序办事。制定《内部考核奖惩办法》，对工作效能、廉洁守纪、服务质量、工作作风等进行考核，对成绩好的进行表彰奖励，对成绩差的实行诫勉谈话，有力促进了工作开展。

（撰稿：赵臻元　张允林）

德　州　市

【概述】 2006年，德州市经济社会持续健康发展。在此基础上，财政收入实现较快增长，财政支出向重点事业倾斜，圆满完成了全年预算任务。全市地方财政收入35.72亿元，占预算的102.8%，比上年增长16.3%。财政支出57.46亿元（不包括省专项拨款支出，下同），占预算的109.6%，比上年增长21.8%。当年地方财政收入，加上税收返还、转移支付补助等22.93亿元，收入总计58.66亿元，减去专项上解1.15亿元，与支出相抵，累计净结余500万元。市级收入（剔除一次性收入因素，不含代征临盘城建税）4.78亿元，完成预算的106.3%，可比增长13.6%。市级灶内支出7.54亿元，完成预算的115.3%，比上年增长19.9%。市级当年地方财政收入，加上税收返还、体制补助等2.96亿元，收入总计7.74亿元，减去专项上解2 028万元，与支出相抵，累计净结余50万元。

【促进经济发展，大力培植财源】 牢牢把握发展第一要务不动摇，大力开展财源建设及配套改革，支持企业技术创新和规模扩张，加大基础设施和公益事业投入，完善社会化服务体系，优化发展环境，在经济发展中发挥了重要的促进作用。筹集资金6 000万元，积极推进国有粮食企业改革，通过了省政府组织的国有粮食购销企业改革验收，全市粮食企业改革基本结束，为粮食企业规范发展奠定了基础。全市国有粮食企业确认挂账总计12.6亿元，将核实后确认的政策性挂账从企业剥离到粮食行政主管部门，确保改制后的企业轻装前进，除个别县（市）外，全市粮食政策性财务挂账剥离工作已基本完成。利用国债资金5 876万元，支持德齐龙、晶华等12个企业节能、电子项目建设和平原污水处理工程等14个基础设施项目建设。加强国有股权退出管理，保证国有股权安全退出，共批准皇明太阳能集团、中大集团、黄河棉业公司等企业的国有股权退出，共退出国有股权890万元，增值收益190万元。大力支持现代物流业和新兴服务业发展，共争取上级各项专款1 056万元。落实出口退税政策4.8亿元。办理一般企业增值税先征后返1 049万元。投入620万元支持古贝春、德齐龙等5家企业环境污染治理和德州市污水治理厂等7个污水处理项目。创建招商引智、创办高新技术企业基金（市长科技基金）及科技研发经费400万元，加大了对基础、高新技术、高效农业和社会公益研究的经费投入。加大对事关全市发展大局的重点项目投入，市级城市建设维护与两个开发区建设支出1.6亿元，交通道路建设和城区改造支出1.7亿元。向省开发银行贷款10.89亿元，支持城市建设和大中专院校建设，以及医疗卫生系统建设。

【着力解决群众最关心、最直接、最现实的问题，促进和谐德州建设】 进一步强化依法理财、科学理财、理性理财观念，健全制度，完善机制，强化约束，严格按“保工资、保运转、保稳定、保重点”的顺序安排支出。在加快发展的同时，更加强调统筹发展，使更多的人民群众享受到经济发展的成果。为下岗失业人员从事个体私营经济减免行政性收费210.8万元、实现再就业社会保险补贴和岗位补贴、职业培训和介绍、发放小额担保贷款共计627万元。积极推进新型农村合作医疗试点工作。2006年中央、省级财政对试点县的补助标准提高到每人每年24元，市财政的补助标准提高到每人每年3元，补助7 290万元，极大地提高了新农合基金的抗风险能力。加大对乡镇卫生院的财政投入，对37处中心卫生院、12处重点卫生院进行了改建、扩建，极大地改善了农民群众的就医条件。同时，对农村卫生人才进行培训、定向培养。加快公共卫生“两个体系”建设，全市12个疾病预防控制体系项目、11个传染病救治体系项目和市紧急救援中心建设项目全面完成，共筹集资金8 228万元，实现市级承诺资金到位率100%，县级承诺资金到位率100%、竣工率100%，在全省位列前三名。疾控设备2 822万元已经完成政府采购。加强农村敬老院建设，为完善农村“五保户”生活保障制度，提高集中供养比例，改善集中供养条件，全市筹集资金668万元，改造、新建敬老院125处，其中新建27处。11月份，市财政筹集资金130万元，为市区低保家庭发放冬季取暖补助，解决了低保户的过冬问题。进一步完善了困难企业的认定标准及补助办法，共认定困难企业37家，已补助离休干部医疗统筹金120万元。打好农村中小学危房改造攻坚战，共筹集投入危改资金7 000余万元，维修校舍5.8万平方米，改扩建4万平方米，新建5.4万平方米，撤并中小学（教学点）85所。2006年全市投入1 900余万元基础教育转移支付资金，对农村义务教育阶段困难家庭学生实施了“两免一补”，实施了农村中小学课桌凳更新工程。不断加大计划生育经费投入力度，全市投入计划生育奖励、救助资金234万元，“四术费”1 520万元。加大高等教育投入，德州学院教学设备购置投入2 500万元。“平安德州”建设投入6 726万元，有力维护了社会稳定。

【高度关注“三农”问题，新农村建设开局良好】 全面取消了农业税。认真做好粮食直补、成品油价格上涨柴油化肥补贴及特殊行业补贴等多种财政补贴资金的发放工作，为369万农民发放补贴1.8亿元，补贴种植面积662万亩；对林业、城市公交、农村客运、出租车行业两次发放补贴1 827.52万元。筹集专项资金1 400万元，支持水利骨干工程和小型农田水利设施建设。全市筹措农业综合开发资金6 808万元，加强农村土地综合治理，改造中低产田15万亩。市、县两级财政筹集农业科技专项资金2 100万元，大力支持农业良种、农业科技推广、农业科技成果转化，不断增强科技对现代农业的支撑作用。筹集专项资金1 000多万元，支持实施“优势农产品竞争力提升计划”。为了发展“绿色餐桌”工程，市财政投入启动资金300万元，建立健全农业质量标准、检测、认证和动植物疫病防治体系。筹集专项资金300多万元，继续支持8家国家级、省级重点龙头企业做大做强，培育市级以下中小型龙头企业。筹集2 300万元，为145个市级示范村的1.55万户农民通上沼气池，努力建设资源节约型、环境友好型、循环经济型的生态农业示范村。筹集资金1 200万元，重点用于水土流失综合治理、森林生态效益补偿等方面，努力加强农村基础设施建设，改善农村生产生活条件。共安排农作物良种补贴资金3 100万元，对全市粮食主产区的11个县（市、区）的310万亩优质小麦和玉米良种给予补贴。安排补贴资金610万元，对全市11个农业县（市、区）的农民、农场职工和农机服务组织新购置的农机具进行补贴。各级财政筹集专项资金2 400万元，开展新型农民科技培训，共培训农民450万人次。筹集专项资金410万元，启动“新型农民”工程。支持农村劳动力转移就业培训，财政培训农民3万人。筹资250万元设立扶贫贴息专项资金，吸引农村信用社发放小额担保贷款750万元，为农民自主创业开辟了广阔的资金渠道。筹集资金6 370万元支持村村通自来水工程建设，采取“以奖代补”方式，充分调动县乡政府和农民投入的积极性，确保实现市政府提出的“今年新增通水农村人口70万人，年底60%的农村人口喝上安全洁净的自来水”的目标任务。争取资金1 220万元，用于4个农村引水及灌区建设项目。落实国家对重点家禽养殖、加工企业流动资金贷款资金1 329万元。

【坚持机制制度创新，规范财政管理】 稳步推进财政国库集中支付改革，市直37个试点预算单位实行国库集中支付，累计支付资金达3 882万元。积极开展政府收支分类改革，6月份完成了2006年预算编制数据转换和预算执行模拟工作，11月份，以2006年数据为基础，按照新旧两套科目重新试编2007年度政府预算和部门预算，为新旧科目衔接和2007年新科目运行奠定了基础。相继引进了部门预算管理信息系统和指标管理信息系统，满足了部门预算改革和政府收支分类改革要求，提高了预算管理水平。做好建章立制工作，修改完善了《德州市政府采购工作规程》，《德州市政府采购业务代理机构管理办法》，《德州市政府采购协议供货和定点采购管理办法》，不断完善政府采购监管体系，扩大政府采购的范围和规模，使政府采购工作取得长足的发展，全市政府采购预算金额2.75亿元，实际采购金额2.3亿元，节约财政资金4 500万元，节支率达16%。同时，结合政府采购工作实际，制订了《德州市财政局治理政府采购领域商业贿赂实施方案》，扎实推进政府采购领域治理商业贿赂专项工作。认真完善乡财县管改革试点工作。在2005年乡财县管改革试点的基础上，建立起一套系统的管理办法和规章制度，使乡财县管模式更加规范化、制度化，为乡财县管改革在全市范围内全面推广打下坚实基础。

【坚持不懈抓干部队伍建设，干部职工素质进一步提高】 一是继续抓好政治理论学习，广大干部职工思想政治素质明显提高。为巩固和扩大保持共产党员先进性教育成果，提高为人民服务的本领，局党组制定了《政治理论学习制度》，教育党员群众要在真学、真懂、真信、真用上下功夫。5~6月份，由局机关党委负责组织全体干部职工在全局上下深入开展了以学习《党章》和“八荣八耻”为主要内容的集中学习教育活动，重新修订了本局的内部规章制度并汇编成册，重新进行学习。“七一”前夕，邀请市委党校专家举办了学习《党章》辅导讲座。在局域网内开办了“集中学习活动”专栏，选择优秀学习体会在网上公布交流。党的十六届六中全会结束后，在全局开展了学习全会精神，结合本职工作促进和谐社会建设的活动。同时，以局机关工会为主，组织开展了“读一本好书”活动，得到干部职工的积极响应，有59人写出读后感，达到了提高认识、增强交流、促进工作的目的。二是廉政建设常抓不懈。班子带头坚持和落实廉政制度，中央和省市关于廉政建设的文件规定，领导班子坚持做到带头学习，带头执行。局主要负责同志和领导班子在全体会议上公开做出廉政承诺，自觉接受监督。制定了《市财政局党风廉政建设规定》，班子成员实行“一岗双责”，不但负责分管科室的业务工作，还要负责分管科室的廉政建设。由纪检组牵头，每年定期组织开展廉政谈话。利用局机关每月一次的集中学习时间，组织干部职工系统地学习党风廉政建设的有关文件，观看职业道德教育片，组织干部职工收看了反腐讲座、警示教育影片。先进性教育活动期间，设立了展览室，以财政局近年来的荣誉激励大家干好工作，以正反两方面典型教育大家廉政警钟要长鸣，并使展览室成为财政局长期思想教育的阵地。三是建立了民主谈心交流的长效机制。为加强思想政治建设，充分发扬民主，增强凝聚力，促进财政工作再上新台阶，先进性教育期间，在全局范围内开展了党员和干部民主谈心交流会制度，并作为一项制度长期坚持下来。各支部、科室单位于每年年中召开一次民主谈心交流会。通过谈心交流增进了团结，促进了工作，干部职工的敬业精神、自信心和责任心都有了一个显著的提高。四是坚持把作风建设和工作量化考核结合起来。自2001年实行工作量化百分制考核以来，不断充实完善考核办法，严格执行考核标准，真正做到以考核推动财政工作开展，以考核促进行风转变。

（撰稿：孙军强　孙　勇）

聊　城　市

【概述】 2006年，聊城市各级财政部门以邓小平理论和“三个代表”重要思想为指导，以科学发展观为统领，认真贯彻落实党的十六大和十六届三中、四中、五中、六中全会精神，大力培植财源，狠抓增收节支，深化财政改革，加强管理监督，团结实干，奋力拼搏，圆满完成了各项财政工作任务，有力地促进了全市经济和社会事业又好又快发展。2006年，全市地方财政收入完成33.64亿元，占预算的109.75%，同比增长30.38%，比全省平均增幅高4.08个百分点，增幅居全省第6位，超额完成全年财政收入增长18%，总量突破30亿元的目标任务。全市财政支出完成59.94亿元，占预算的112.97%，同比增长25.19%，农业、教育、科技、卫生、社会保障等重点支出得到较好保障。

【财源建设】 强化财源建设是财政经济发展的基础和根本。2006年，财政部门紧紧围绕全市经济发展的总体部署，充分发挥财政政策和资金的杠杆作用，促进经济加快发展。一是落实《聊城市财源建设奖励办法》，调动各级培植财源的积极性。2006年，市级财政拿出1 651万元资金，奖励企业47户，鼓励引导企业创名牌、创建技术开发中心，以及高附加值、高税率的项目；拿出75万元资金，对各金融机构支持企业发展进行奖励；拿出586万元资金，对财政收入增幅高于全市平均水平的县（市、区）进行奖励。二是围绕发展抓增收。围绕提高“两个比重”，大力促进产业结构调整，引导、支持科技含量高、附加值高的产业发展，淘汰能耗高、附加值低、对财政贡献小的产业。充分利用财政政策、财政贴息和奖励等措施，进一步完善招商引资政策，鼓励企业把投资的重点向高税率、高科技的产业倾斜，向既能扩大出口，又能给地方财政带来效益的企业和产品倾斜。三是大力抓好31个强弱乡镇的发展，按照市委要求对全市15个强乡镇和16个弱乡镇的奖励政策全部落实到了乡镇，兑现奖励资金451万元。四是积极争取上级资金支持。为了缓解财政支出压力，促进经济社会事业快速发展，动员各方面力量积极争取上级支持，2006年共争取上级资金15.48亿元，其中工资性转移支付1.89亿元，农村税费改革转移支付5.35亿元，“五奖一补”资金2.44亿元，专项资金5.8亿元，有效地缓解了财政资金紧张的状况。积极争取北欧投资银行贷款4 850万美元，支持阳谷祥光铜业、泉林纸业、临清奥博特、水城集团等项目，增强了经济发展的后劲。加强与开发银行的合作，成立了投融资管理中心，组织贷款项目参加开发银行评审，进一步拓宽了融资渠道。

【收入征管】 一是抓落实。年初及时下达年度收入计划，逐级分解落实任务，继续实行领导干部收入分工负责制，8个县（市、区）财政收入调度工作分别由一名市局领导负责，及时了解掌握所分工县（市、区）的收入情况，帮助分析研究收入组织中存在的困难和问题，制定财政增收措施，为完成全年财政收入任务奠定了基础。二是抓协调。定期召开调度会议，加强与国税、地税部门的交流沟通，各司其职，认真负责。搞好预算分析，发现问题及时提出工作建议，确保了收入任务目标的完成。三是抓征管。全面加强税源控管，大力整顿和规范税收秩序。严格依法做好非税收入管理，市级非税收入完成8.28亿元，增长33.7%。加强对契税和耕地占用税的征收管理，全市两税完成1.31亿元，增长26%。

【支出管理】 认真贯彻落实上级有关指示精神，严格按照保工资、保稳定、保重点的支出顺序，坚持勤俭理财，科学安排。一是确保工资发放并消化了上年增资翘尾部分。二是加大了对重点支出的保障力度。围绕“三个增加”落实各项支农、补农政策，增加农业投入，市级财政安排支农资金2.25亿元，增长12.4%。科技支出、抚恤救济和社会保障补助、教育支出等重点支出增幅均明显高于平均增幅。三是支持各项事业协调发展。2006年争取上级资金4 441万元，市级安排1 000万元，新建自来水工程113处；投入500万元，改造危桥100座；全市财政投入4 000万元，打好农村中小学建设攻坚战，完成了57座教学楼、11.3万平方米的建设任务；争取省级补助4 702万元，市级配套资金523万元，进一步扩大新型农村合作医疗试点范围，参合农民达到205万人；市级安排专项资金800万元，新建农村中心敬老院16处；市级安排资金485万元，争取省资金1 214万元，全面完成中心卫生院“333”工程建设任务。

【财政改革】 一是预算编制改革。2006年部门预算通过“两上两下”的编制程序，更加贴近实际，收入预算测算准确可靠，支出预算打紧安排，人员经费按工资据实核定，公用经费统一定额标准，专项支出明晰到项目，充分体现了部门预算的据实性、科学性，便于资金的落实和监督，提高了财政资金的使用效益。二是国库集中支付制度改革。在认真总结2005年改革试点经验的基础上，2006年改革扩大到市直所有行政事业单位，改革单位由首批的166个，扩大到451个；临清市、茌平县两个县级试点的改革也全面铺开。三是政府采购工作。按照“巩固成果、开拓创新、依法采购、与时俱进”的原则，以宣传贯彻《政府采购法》为主线，以健全完善政府采购制度为基础，以提高政府采购效率为重点，以规范政府采购行为为目标，积极探索政府采购工作的新方法、新路子。2006年，全市共完成采购金额10.2亿元，节支率12.9%。四是在非税收入管理方面，起草了《关于进一步加强政府非税收入收支两条线管理的意见》，组织召开了全市加强政府非税收入管理工作会议，对进一步加强政府非税收入管理提出了明确要求。市级政府非税收入全部实行了收支两条线管理，“票款分离”实施面达到100%。五是农村综合改革。农民负担进一步减轻，取消农业税后人均减负16元；落实粮食直补及良种、成品油补贴政策，全市向农民兑付种粮补贴9 352万元，发放综合补贴9 485.6万元，小麦良种补贴2 900万元；建立农村义务教育保障机制，保证资金落实到位。

【财政管理】 一是加强会计管理，做好新会计制度的贯彻实施，加强对各单位的会计业务指导，实施对会计从业人员的业务培训，从基础上提高会计信息的质量。二是加强行政事业单位国有资产管理，完善了国有资产管理制度，规范了行政事业单位国有资产监管和运营工作秩序，把资产处置作为国有资产监管的落脚点，防止国有资产流失，2006年市直单位报经财政部门批准处置资产达3 059万元。三是与审计、纪检监察部门密切配合，搞好专项资金检查、会计信息质量检查和行政事业单位国有资产收益检查，进一步整顿财经秩序，取得良好效果。四是为适应国库集中支付改革的需要，进一步完善和细化内部工作流程，对非税收入征管、预算指标和计划的批复，预算外资金的使用管理、采购资金的管理等，明确了业务流程和办结时限。

（撰稿：王彦宏　李润生）

滨　州　市

【概述】 2006年，滨州市实现生产总值（GDP）829.02亿元，按可比价格计算，比上年增长17.4%。其中第一产业增加值97.21亿元，增长4.9%；第二产业增加值514.82亿元，增长19.0%，规模以上工业增加值443.79亿元，增长28.6%，比全省平均水平高4.96个百分点，居全省第3位；第三产业增加值216.99亿元，增长20.3%。人均GDP达2.23万元（按户籍人口计算），按可比价格计算，增长16.9%。在此基础上，2006年全市完成财政总收入91.6亿元，同比增长38.96%，其中地方财政收入45.12亿元，占预算的108.79%，同比增长41.26%，高于全省平均增幅14.96个百分点，增幅居全省第3位。地方财政收入规模比2004年翻了一番，比“九五”期间总和多出近7亿元。在地方财政收入中，税收收入35亿元，税收收入占地方财政收入的77.62%，提高0.52个百分点，高于全省平均水平1.26个百分点，收入结构进一步优化。其中增值税、营业税、企业所得税分别完成10.89亿元、5.84亿元、4.30亿元，分别增长34.16%、33.23%、65.42%；主体税种共完成21亿元，占全部地方财政收入的比重达46.6%，增收5.93亿元，占地方财政收入的45.6%。同时，城建税、房产税、城镇土地使用税、耕地占用税、契税分别完成3.4亿元、1亿元、1.9亿元、1.7亿元、3.59亿元，分别增长22.89%、22.25%、31.59%、39.04%、173.82%。全市地方财政收入占财政总收入的49.25%，提高0.5个百分点；地方财政收入占生产总值的5.44%，比上年提高0.6个百分点。全市完成财政支出64.67亿元，占预算的112.29%，增长33.56%，按照现行财政体制，全市财政收支相抵，连续15年实现财政平衡。

【大力支持社会事业发展】 2006年全市农业、教育、科技、社会保障等重点支出得到了较好保证。落实收入分配制度改革政策，在积极争取省财政支持的同时，按照“分类指导、区别对待”的原则，周密制定资金保障方案，支持惠民县、阳信县提高和统一了县乡工资标准。着力解决社会保障中的突出矛盾和问题，重点保障破产企业安置、下岗职工基本生活补助、再就业补助和部分困难企业军转干部解困等利益，使弱势群体充分享受到滨州市的发展成果。全市社会保障和抚恤社会救济等支出6.4亿元，提高了企业离退休人员养老金、优抚对象和低保人员的生活补助标准，支持9 000余名下岗失业人员再就业，维护了弱势群体利益，促进了社会公平。

【拓宽融资渠道保重点】 2006年，以培育十大产业链为重点，安排企业挖潜改造资金、科技三项费用等4.6亿元，着力支持了企业自主创新、节能降耗等，促进了经济结构调整和增长方式转变。在增加财政建设性投资的同时，积极发挥财政作为政府融资平台的功能，加强与各类金融机构的联系与沟通，进一步拓宽投融资渠道，并争取开发银行在滨州派驻工作组，与各县区全面开展金融合作，按照市场化要求，为滨州城市基础设施、公益设施等重点建设项目注入了资金，进一步优化了投资环境和人居环境。注重运用贴息、担保、风险投资、奖励等手段吸引、导向金融和社会投资，放大了财政资金的“乘数效应”。积极支持中小企业信用担保体系建设，目前全市已建立担保公司16家，其中市中小企业投资担保中心与德州民鑫公司合资成立了注册资金2 000万元的股份制担保公司，帮助一批中小企业担保贷款9 465万元。

【加快推进社会主义新农村建设】 2006年，围绕“生产发展、生活宽裕、乡风文明、村容整洁、管理民主”社会主义新农村建设的目标，坚持多予少取放活的方针，进一步加大对“三农”的投入，全面取消农业税，与税费改革前相比农民人均减负143元。加大财政支农投入，整合财政支农资金，重点支持了农业基础设施、农业产业化经营、培育新型农民等，农业综合生产能力稳步提高。扩大涉农补贴范围，落实粮食直补、良种推广、农机具购置和生产资料增支等补贴1.2亿元。紧紧围绕为农民办的“十件实事”，集中支持了事关农民切身利益的重点项目，4个县区150多万农民参加了新型农村合作医疗，2.66万农民享受了最低生活保障，1万多五保对象享受了五保供养政策。加大对教育、科技、卫生、文化、体育等社会事业的投入，切实改善人民群众的物质文化生活，促进社会全面进步。为6万多名农村中小学生配备了课桌凳，农村中小学危房改造、贫困生“两免一补”、计划生育家庭奖励扶助、村村通公路等政策得到较好落实，公共财政覆盖农村的范围逐步扩大。

【深化财政支出改革】 2006年，深化“收支两条线”改革，规范非税收入管理，既有效控制非税收入的不合理增长，又努力将合理合法的收入收好用好，全市完成非税收入（含土地收入）43.3亿元，增长52.33%，其中缴入国库13.2亿元、缴入财政专户30.1亿元。与会计集中核算制度相衔接，在市县两级466个部门、669个单位进行了国库集中支付改革试点，集中支付财政资金15.28亿元，其中市级和惠民县、阳信县、无棣县、滨城区扩大到所有部门单位。规范政府采购管理，全市完成采购额6.63亿元，节支率12.16%，其中市级采购额3.12亿元，节支率12.56%。作为全省唯一的试点市，积极推行社会保障预算编制、社会保障信息系统建设两项改革，加强了社保资金财政监管，提高了资金使用效益。稳步启动政府收支分类改革，及时完成了2006年新老口径数据转换工作，实现了新旧科目双轨平稳运行。“乡财乡用县管”和“村财村用乡管”改革在惠民等部分困难县实施，缓解基层财政困难的成效进一步显现。加强财政预算、土地出让收益等投资的重点工程预算审查，审核确认工程预算4.36亿元，审减6 917万元，审减率15.86%。

【加强财政队伍建设】 2006年，结合党风廉政建设和治理商业贿赂的要求，进一步完善各项制度和措施，坚持用制度管事、管钱、管人。深入开展文明创建活动，切实加强政风行风建设，切实提高财政队伍的凝聚力、理解力和执行力。在四年一次的财政工作评比中，市财政局和邹平县、博兴县财政局及沾化县下洼镇财政所被表彰为全省财政系统先进集体，2人记二等功，3人记三等功。滨州市财政局被市委、市政府授予“全市社会文化工作先进单位”、“全市招商引资先进单位”等荣誉称号，在全市重点项目建设工作中被市委记集体三等功。

（撰稿：巴建国　孙洪昌）

菏　泽　市

【概述】 2006年，菏泽市上下以邓小平理论和“三个代表”重要思想为指导，坚持以科学发展观统领经济社会发展全局，全市经济呈现又好又快发展态势。全市财政部门锐意进取，顽强拼搏，开拓创新，财政工作取得新的成绩，呈现出财政收入高幅增长、重点支出保障较好、财政改革逐步深化、资金管理不断规范的良好局面。全市财政收支实现新突破，2006年全市地方财政收入30.03亿元，完成预算的128.41%，可比增长47.4%。全市财政支出完成69.25亿元，增长37.3%，实现了财政收支平衡。自身建设进一步加强，财政干部职工理财能力显著提高，精神面貌发生深刻变化，有力推动了各项财政工作。

【加大依法治税管费力度，财政收入实现新突破】 2006年，尽管受到农业税取消、出口退税政策调整等客观因素影响，但全市地方财政收入始终保持了又好又快的增长态势，全年地方财政收入突破30亿元大关，增加8.9亿元，增幅高出全省平均水平21个百分点，列全省第1位。税收收入完成21.7亿元，增加7亿元，占地方财政收入比重为72.3%，比上年提高2.6个百分点。2006年的财政收入状况是全市经济健康快速发展的客观反映，也是全市财税部门依法加强税收征管、改进非税收入管理的结果。一是大力推广税收征管先进经验。在全市推广了“综合治税”、“抓大控中定小”、“微机定税和双委托报税”、“纳税评估”、“精细化管理”、“征管责任区建设”等先进的税收征管措施和办法，有力促进了税务部门征管水平的提高。积极支持推行社会综合治税工作，进一步完善发票双奖制度，通过以票控税，减少了税源流失。严格落实“先税后证”办法，严把税收减免关口，有效堵塞了契税、耕地占用税征管漏洞，做到了应收尽收。二是建立激励依法征税的有效机制。以市政府名义出台了《对市税务部门组织收入实行超收奖励的暂行办法》，有效调动了税务机关依法征管的积极性。三是进一步强化非税收入征管。充分发挥非税收入征管系统的作用，严格实行“收支两条线”管理，把全市交警系统罚没收入纳入非税收入征管系统，严把票据发放关口，确保了应收尽收、依法征收。

【综合运用多种财政手段，支持经济加快发展开创新局面】 2006年，全市财政部门紧紧围绕“加快发展”这一主题，充分发挥财政政策和资金的导向作用，不断创新财政支持经济发展的方式，有力推动了全市经济发展。一是研究出台支持重点企业发展的奖励政策。以市政府名义出台了《关于扶持60户重点企业加快发展的意见》、《关于鼓励60户重点企业加快发展的奖励暂行办法》，努力促进全市60户重点企业发展，培植壮大骨干财源。经过年底考核，财政兑现2006年奖励资金672万元。在奖励政策的带动下，全市60户重点企业发展迅速，2006年共实现主营业务收入245亿元，增长28.7%；实现利润11.3亿元，增长34.2%；上缴税金13.4亿元，增长31.2%。二是大力支持企业科技进步。2006年，全市企业科技创新和技术改造资金支出达1.9亿元，增长17%，有力支持了企业自主创新能力的提高。三是大力支持城市建设。克服资金紧张困难，多方运筹资金支持城市建设上规模、上档次。仅市级筹集财政资金5.9亿元，通过资金暂付方式投入9 580万元，完成了大剧院拆迁，改造了西安路、太原路，完成了环城公园、西安路、人民路、八一路等亮化工程，新建了23处街头绿地，新增绿地面积20万平方米，改造了市区主次干道、广场、公园等卫生设施，城区生活环境得到进一步改善，为全市经济又好又快发展注入了新的活力。

【加大财政支农力度，社会主义新农村建设取得新进展】 采取多种措施，不断加大财政支农力度，让公共财政的阳光更多地照耀到农村。一是全面取消农业税。2006年农业税全部取消，与改革前相比，全市农民每年可减轻税费负担6.6亿元，延续2 600余年的农业税彻底退出历史舞台。二是加大补贴政策实施力度。先后发放各种支农补贴3.2亿元。其中认真落实对种粮农民的综合补贴政策，全市共发放粮食直补和生产资料价格补贴分别达1.35亿元、1.37亿元。对全市补贴资金发放情况进行了拉网式检查，确保了补贴资金足额到户。推广了惠农“一卡通”，将补贴资金直接发放到农民的银行卡或存折，从源头上杜绝挤占截留补贴款问题。三是大力支持农业生产和农村长远发展。2006年全市各级财政用于支持“三农”的投入达到10.6亿元，增加3.9亿元，增长59.7%。仅市级财政就安排支持农业生产发展支出3 500多万元，比预算增加2 000万元，增长133%，重点用于村村通自来水工程配套、重大动物疫病防治、林牧一体化建设、农村沼气池建设、农业综合开发和优质农产品生产基地建设等，着力改善了农村生产生活条件。四是扩大新型农村合作医疗制度改革试点范围。在东明县开展合作医疗的基础上，2006年把范围扩大到牡丹区、定陶、单县，财政补助标准从上年的每人补助10元提高到30元，共投入财政资金8 490万元，283万农民受益。

【不断优化支出结构，促进和谐社会建设推出新举措】 全市财政部门认真按照保工资、保运转、保重点的支出顺序，大力压减一般性支出，努力调整优化财政支出结构，着力加强社会事业发展中的薄弱环节，有力地促进了和谐社会建设。一是优先保证工资发放。全市用于工资发放的资金32亿元，比上年增加10亿元，增长45.5%，人均年增资2 304元。为切实管好增资性转移支付和“五奖一补”转移支付资金，确保工资改革的顺利实施，下发了《关于加强公务员工资制度改革增资资金管理的通知》，切实加强工资专户资金管理，管好留足增资资金。二是支持社会保障体系建设。全市完成社保支出10.2亿元，增长18%。加大了对城市居民低保资金的投入，把城市低保标准提高到150元，建立了“低保对象有进有出、补助水平有升有降”的动态管理机制。认真落实积极的就业政策，累计支出财政资金3 549万元，增长84%，帮助1.54万名失业人员和5 312名困难群众实现了再就业。市级启动了下岗失业人员再就业小额担保贷款业务，为118名失业人员发放贷款85万元。三是支持教育事业发展。2006年全市教育支出达到12.5亿元，增长22.8%。积极组织实施农村义务教育经费保障机制改革，把农村中小学教师工资上划县级管理。建立农村中小学校舍维修改造资金保障机制，累计筹集资金6.1亿元，改造校舍面积133万平方米，其中当年改造24.2万平方米。继续实施农村中小学课桌凳更新工程，为牡丹区、曹县、巨野、郓城、东明等5县区更新21.8万套课桌凳，彻底结束了农村中小学生自带课桌凳的历史。四是支持卫生事业发展。2006年全市医疗卫生支出达到3.2亿元，增长64.4%。积极筹措资金支持“360工程”建设，全市40个列入改造项目的乡镇卫生院已全部建设完成，有效改善了农村就医条件。五是支持平安菏泽建设。2006年全市政法部门支出3.9亿元，增长12.7%，其中市级安排支出1.6亿元，重点支持了城市交通管理设施建设、公安技侦设备购置、消防车辆和器材更新等。

【着力深化财政改革，完善财政体制和运行机制取得新成效】 继续推进各项财政改革，进一步创新了财政运行机制，提高了财政管理水平和资金使用效益。一是继续推进国库集中支付改革。在2005年改革的基础上，进一步扩大改革范围，为各县区统一配备机器设备，开展业务培训。各县区国库集中支付系统都已启动，相关业务工作有条不紊地开展。二是继续深化预算编制改革。建立了市级人员编制、工资发放、公用车辆等基础数据库，对公用经费实行分类归档，逐步完善了定员定额标准，进一步提高了预算编制的精细化水平。三是继续深化政府采购改革。进一步完善政府采购监督机制，凡公开或邀请招标、竞争性谈判、大批量询价采购，均成立招标采购监督委员会，规模较大的还邀请政府采购义务监督员参加，对招标采购全过程进行监督。建立供应商准入制度，把记录不良企业排除在外，从源头上杜绝腐败行为的发生。2006年全市共完成政府采购3.02亿元，增长5.3%，资金节约率达13.9%。四是继续深化机关事业单位国有资产管理改革。加大资产经营力度，门面房租赁经营活动日益规范，城市有形和无形资产经营逐步展开，国有产权交易活动日趋活跃。2006年共实现经营收益661.5万元，同比增长13.7%。

【严格依法理财，财政管理水平得到新提高】 2006年全市财政部门积极推进依法理财，切实履行财政监督职能，采取了一系列行之有效的措施。

一是严把支出关口。认真实施定点办会和会议审批制度，大力倡导电视电话会议。严格控制车辆编制，加强购车审批，实行定点加油、定点维修、统一保险，节约了大量财政资金。二是加强政府债务管理。市委办公室、市政府办公室出台了《关于加强乡镇政府债务管理的决定》，积极妥善化解乡镇政府现有债务，坚决杜绝乡镇新增不良债务。加强政府外债管理，制定下发《建立偿债准备金的通知》，把偿债资金及时列入预算，确保及时偿还政府外债。三是加强财政专项资金监管。先后出台了《财政社会保障工作绩效考评办法》、《就业资金管理办法》、《关于加强农业财政资金管理的通知》等制度，切实提高了专项资金使用效益。四是积极开展专项检查活动。开展了全市非税收入情况检查、市区民营企业纳税情况检查，提高了企业会计核算质量和财务管理水平，防止了国家税收的流失。开展了中小学危房改造项目、疾病控制中心建设项目、革命老区建设项目、敬老院建设项目、中小学教师工资发放和“两免一补”政策执行等专项检查，确保了财政资金专款专用。

【全面推进思想作风建设，财政干部队伍呈现新风貌】 2006年，全市财政部门以开展“机关建设年”、“作风转变年”、“工作落实年”活动为契机，大力加强思想建设、作风建设、纪律建设。一是在思想建设方面，着重强化“四种意识”。即强化理财为民意识、科学发展意识、服务意识和法制意识。组织学习理论知识和先进人物事迹，利用反面典型进行警示教育，开展慰问离退休老干部、帮助帮扶对象排忧解困等实践活动，进一步提高了财政干部的思想觉悟和纪律观念。二是在作风建设方面，着力倡导“三种精神”、树立“三个观念”。倡导三种精神，即倡导积极主动精神、争创一流精神、高度负责精神。树立三种观念，即树立效率观念、落实观念、全局观念。市局制定了详细的年度工作计划，分解落实了89项年度工作任务，明确了每项工作由谁干、怎么干和质量标准。要求每一个科室和单位至少有一项工作在全国、省或市争创一流。开展了征求意见活动，发放了1 000余份征求意见函，广泛征求社会各界对菏泽市财政局政风行风方面的意见和建议，逐条梳理归类，认真进行整改。在全市财政系统开展了评先树优活动，激发了广大财政干部职工的积极性。三是在纪律建设方面，着力严明三项纪律。严明政治纪律，在思想上、政治上、行动上，同市委、市政府保持高度一致。严明工作纪律，进一步明确了工作职责和工作流程，规定了工作时限，提高了工作效率。严明廉政纪律，年初召开了全市财政系统党风廉政建设工作会议，制定下发了《市财政局党风廉政建设工作的实施意见》，层层签订了责任书。聘请了廉政义务监督员，把监督范围由单纯的廉政监督扩充为行风、政风、党风监督。严格落实出台的“五个不准”、“约法三章”禁令，坚持把反腐败工作与财政工作同部署、同检查、同考核、同落实，筑牢了反腐倡廉的防线。

（撰稿：楚喜斌　马　勇）

第四部分

县（市、区）财政工作

济 南 市

历 下 区

【概述】 2006年，历下区地方财政一般预算总收入完成16.90亿元，增长17.1%；财政支出7.38亿元，增长19.2%。

【狠抓收入，确保完成目标任务】 强化责任，加强协调，认真落实工作目标责任制，做到指标落实到位，责任落实到人，一级抓一级，层层抓落实，紧抓收入不放松，加大征收、稽查和清欠工作力度，避免了税收的跑、冒、滴、漏。针对近几年非税收入逐年下降的趋势，对全区146个单位近3年多的非税收入情况进行了专项检查，了解了非税收入的特点、发展趋势和存在的问题，并有针对性地强化征管措施，确保了非税收入的应收尽收。由财政部门牵头，在11个办镇、工商局等执法部门设立了税源信息联络员，把税源信息及时反馈到税务部门，确保税款及时入库。在全区开展“楼宇经济”和“路街经济”税收专项普查活动，各办镇抽调专门人员，联合工商、公安、国税、地税等部门人员组成普查小组，对办镇辖区内的楼宇和路街经营户逐楼逐户、逐街逐巷进行调查取证，边普查、边入库，做到应收尽收，确保了全年目标任务的完成。

【狠抓管理，提高服务水平】 按照建立公共财政基本框架的要求，进一步优化支出结构，合理界定财政支出范围，保障重点支出需要。切实加强对财政收入和支出的监督。由区纪委、监察局牵头，成立财政、审计、物价部门联合检查组，进行了收支两条线、票款分离、财务规范、乱收费等综合性检查，确保了财政资金的使用效益。加强财政内部监督，健全约束机制，完善了资金审批、拨付程序，确保财政资金安全。进一步完善了“罚缴分离、票款分离”工作，加强票据管理，从源头上制止乱收费、乱罚款。加强对会计人员的管理，提高会计队伍素质。加强对债权、债务的管理，防范财政风险。强化税收管理，加强重点税源监控，完善房地产、建筑业项目管理工作，确保营业税快速增长。同时，加大区级独享税种的征收力度，加强税收宏观分析，促进税源掌控能力和收入测算水平的提高。

【加大综合治税力度，强化税收征管】 抓住税务部门统一更换税务登记证的有利时机，通过理顺部分企业的税收秩序，努力增加收入。充分调动办镇和有关部门组织收入的积极性，按照征收与管理并举的要求，加强收入征管，提高征管质量。进一步加大对重点税源的代征代扣工作，争取形成新的税收增长点。对税源普查工作中发现的疑难问题，进行专题研究，依法采取必要措施。

【加强预算管理，努力减少临时追加预算】 进一步规范审批程序，完善财政资金分配、使用和监督管理机制，建立科学、规范的预算管理制度，增强预算宏观调控能力，优化政府财力资源配置，确保财政资金发挥最大的使用效益。

（撰稿：郝金海）

市 中 区

【概述】 2006年，市中区完成地方财政收入9.20亿元，同比增长17.29%；完成财政支出6.68亿元，增长20.13%。市中区被评为全省财政系统先进集体、济南市“四五”普法先进集体、市中区“双文明”单位。

【努力增收节支】 积极协调税务及有收入任务的部门，认真落实收入任务，加强税收征管，强化收入稽查，堵塞收入跑冒滴漏现象，确保收入任务的完成。同时，通过清理预算单位的各类资金账户，进一步规范了财政国库单一账户体系，加强了财政国库对财政资金的统筹调配力度。财政、税务、人民银行、商业代理银行四级收支系统成功联网，保证了税款的及时入库，完善了财政收入征管分析系统。顺利完成财政体制调整过渡，保证了全区行政事业单位人员工资的按时足额发放，保证了科技、教育、支农等法定支出需求，加大了对再就业、社会保障、新农村建设的投入，促进了全区经济和社会事业发展。

【继续深化国库集中支付制度改革】 通过建立一级预算单位零余额账户，进一步规范了财政国库单一账户体系，加强了财政部门对财政资金的统筹调配力度。作为全市的改革试点县

（市、区），市中区健全了一系列财政国库集中支付改革规章制度；建立了覆盖各预算单位的支付网络系统，实现了支付数据的采集与会计信息资料的直接获取，并对区教育局所属各中小学建立了远程报账财务集中核算制度。通过一系列的财政集中支付管理改革，增强了财政资金分配和使用的透明度，提高了财政资金的统筹使用效益，从根本上解决了财政资金因拨付中转环节过多所造成的截留、挤占、挪用现象，规范了财政支出行为，有效地从源头上防止腐败行为的发生。2006 年全区实现财政直接支付 1.49 亿元，占年度财政支出的 21.95%。

【努力建设社会主义新农村】 认真贯彻中共中央“1 号文件”精神，积极筹措支农资金 1 082 万元，保障了两镇、两办的村村通自来水工程、农村旱厕改造、沼气池建设试点、禽流感防治、农副产品的种植改良等建设项目的投入。在全区广泛推行“新型农村合作医疗”制度，提高财政对“新农合”的支持力度，解决农民看病难和看不起病的问题。认真落实各项惠农政策，对全区近 2.7 万户种粮农民发放种粮补贴和农业生产资料增支综合直补，调动了农民种粮积极性。

【着力规范政府采购工作】 2006 年，市中区政府采购合同金额 6 164 万元，采购预算资金 7 151 万元，节约资金 987 万元，节支率 13.8%。在将省政府制定的政府采购目录之内的货物、工程和服务类项目全部纳入采购范围的基础上，又将本级支出安排的环保资金和支农资金等大宗支出纳入政府采购范围。同时，建立了各单位采购联系人制度，建立了政府采购信息反馈制度，建立起预防和治理商业贿赂的屏障，做到防患于未然。

（撰稿：徐　冉）

槐　荫　区

【概述】 2006 年，槐荫区实现地方财政收入 3.94 亿元，同比增长 16.3%；其中税收收入比重达 88.8%，比上年提高 1.5 个百分点。实现财政支出 5.69 亿元，可比口径增长 19.9%。槐荫区财政局荣获山东省文明单位、全省财政系统先进单位、槐荫区先进单位，平安槐荫建设先进单位、招商引资先进单位、先进基层党组织等荣誉称号。

【努力组织收入，财政收入实现新突破】 创建促进收入稳定增长的长效机制，实行了财税库行信息联网，实现了财政收入的适时动态掌控；强化综合治税，编印了《综合治税使用手册》，实现了“政府主导、税务主管、部门参与、社会监督”的新格局；实施“先税后证”办法和“亲情化”服务，形成契税交易、完税、缴款一条龙，全年契税收入达到 3 844 万元。

【支持经济发展，财源建设有了新进展】 丰农、好邦等农业产业化龙头企业被认定为市级重点龙头企业，农业财源迅速发展；机床二厂、九阳家电、重汽特种车等多家骨干企业销售收入突破亿元，民营科技产业园进园企业累计达到 406 家，骨干财源发展势头强劲；西市场小商品批发市场改建完成，总投资 2.33 亿元的党杨路、大学路，建筑面积 88 万平方米的外海现代中央花园全面施工，润华汽车服务园已经启动，以现代物流、汽车服务、商贸居住为主的产业框架已基本形成。

【坚持城乡统筹，社会事业发展取得新成效】 发放粮食补贴和成品油价格改革财政补贴 147.27 万元，全区受益农户达 1.63 万户；筹集专项资金 300 万元，贯彻落实农村义务教育“两免一补”政策；累计投资 6 523 万元，在 53 个村居落实“十件实事”；实施“百户安居”工程，全区 82 户残疾贫困家庭搬入新居；建立特殊群体生活救助制度，增加新型农村合作医疗财政补助，推进了社会保障体系建设；槐荫区成为全国社区卫生服务示范区，青年公园办事处成为中国大陆第一个由世界卫生组织命名的安全社区。

【不断探索发展，财政改革迈出新步伐】 遵循“收入统一归类，支出两维定位”的原则，稳妥推进了政府收支分类改革；制定出台了《槐荫区行政事业单位固定资产管理办法》，规范了资产处置程序，促进了国有资产保值增值；制定印发了《关于进一步加强区级政府采购管理的通知》，探索政府采购“管采分离”工作新路子，全年累计实现采购额 3.40 亿元，节约资金 3 272.5 万元，节支率达 8.8%。

【加强财政监督，依法理财水平又有新提高】 发挥财政国库集中支付中心的职能作用，严把支票领用、原始单据审核、会计科目使用三个关口，及时将不合理的财务支出行为消灭在萌芽状态。组织开展了财政专项资金、非税收入、会计信息质量等多项检查，查处乱收费项目 24 项，乱收费金额 613.79 万元，有效地规范了收费行为。

【竭诚为民服务，“服务群众年”活动又有新变化】 利用“民情日”和“服务群众年”载体，深化“1＋1”穷亲结对帮扶制度，捐资 4 000 元帮助一名贫困学子圆了大学梦，为 14 户贫困家庭购买了取暖用煤，使困难群众切身感受到党和政府的关怀与温暖。结合城郊型社会主义新农村建设，把规范村级财务管理作为联系和服务群众的重要举措，在段店镇实行“自管、协管、代管”相结合的动态管理，并在四新办进行了推广应用，夯实了村级财务管理基础。

（撰稿：郭兆生）

天 桥 区

【概述】 2006年，天桥区完成地方财政收入5.11亿元，比上年增长15.24%；完成财政支出5.78亿元，比上年增长15.81%。连续16年实现财政收支平衡。

【增收节支】 收入方面，针对本地税源结构特点，积极研究征管措施，不断完善征管机制，积极推行片区管理责任制，将纳税单位征管任务全部落实到人，明确责任，严格考核；加强对重点税源的控制和分析，建立重点税源月分析报告制度，国税、地税、财政三部门及时沟通，做到了信息共享；进一步抓好综合治税工作，各街、镇及有关职能部门及时提供涉税信息，依法代扣代缴税款，加强市场及零散税源的管理，防止税收流失；继续强化稽查和清欠力度，做到依法征管，应收尽收；抓好契税及行政性收费的征管工作，确保及时征缴入库；对各项行政事业性收费全面实行收缴分离，纳入预算管理。支出方面，科学核定支出标准，细化部门预算，积极实行国库集中支付制度，将部门专项资金全部纳入国库集中支付范围，切实做到专款专用，不断提高资金使用效益；改革公费医疗管理办法，有效地遏制了公费医疗过快增长；大力加强财政资金的监控使用，对教育费附加、科技三项费用、计划生育事业费、社会保障资金、救灾资金、城建资金等实行全过程监督，充分发挥了财政监管职能作用。

【财源建设】 坚持“以人为本，统筹兼顾，协调发展”方针，充分发挥财税杠杆作用，认真落实各项财税政策。积极落实出口退税政策，全年实现出口退税2.95亿元，区级负担超基数出口退税资金1 036万元，有力地促进了外向型经济发展；完善扶持政策，鼓励发明创造，对140余项国家知识产权局受理的专利进行了补助及奖励；完善财政激励性奖励机制，拨付专项资金224万元，对招商引资、外经外贸取得显著成绩的单位和企业进行奖励；继续加大平台建设资金投入，拨付900万元，用于济南化工产业园和药山工业片区建设；发挥财政资金的引导作用，继续支持中小企业发展。

【财政改革】 部门预算制度深入实施，预算约束力得到加强，财政调控能力逐步提高。严格执行“收支两条线”的规定，全面推行“票款分离”制度，将行政性收费及预算外资金全部纳入财政综合预算，提高了财政资金调控能力。财政集中支付规模、范围不断扩大，全年财政集中支付资金2.19亿元，比上年增长36.02%。统筹城乡发展，支持社会主义新农村建设取得较好效果。拨付2 612万元，用于农村自来水工程建设，安排资金510万元用于改善农村教学环境，拨付430万元用于农民种粮、燃油化肥和其他补贴，争取上级资金和贷款贴息117万元，用于支持农业产业“龙头项目”发展，为加快新农村建设步伐发挥了积极作用。

【财政管理】 进一步加强行政事业单位国有资产管理，完成年度行政事业单位产权登记、资产清查任务，截至2006年底，全区共拥有行政事业资产1.06亿元。严把产权转让、资产处置关，规范资产核销，防止了国有资产流失。依法规范政府采购行为，从编制政府采购预算入手，坚持定点采购与委托采购、公开招标相结合，全年实现采购金额2 480万元，节约资金214万元，节支率15.77%，有效地提高了财政资金使用效益。加强会计管理，紧紧围绕全区财政、经济工作，努力推进会计法规制度的贯彻实施。完成了全区600名会计职称报名工作和522名从业人员资格证考试组织工作；加强两镇120个行政村财务清理规范工作，增强了农村财务管理工作的透明度，为促进社会主义新农村建设发挥了积极作用；换发会计证4 875人，培训4 218人，分别占会计管理总人数的71%和61.4%，按时间进度要求，提前完成换证培训任务；圆满完成了新会计制度准则宣传、小企业会计制度执行情况调研工作。

（撰稿：邢大安）

历 城 区

【概述】 2006年，历城区实现地方财政收入11.67亿元，同比增长16.10%；实现财政支出14.80亿元，同比增长13.35%，连续39年实现收支平衡。历城区财政局被省人事厅、省财政厅评为全省财政系统先进集体；被区委、区政府评为“优化经济发展环境先进单位”、“包村工作先进单位”和“十佳行风单位”。

【狠抓组织协调，财政收入实现新增长】 在政策性减收因素较多的情况下，加强税收征管，财政收入规模再上新台阶，收入质量进一步提高。严格落实“收支两条线”管理规定，加强和规范了非税收入管理，进一步创新管理模式，规范征管行为，全年各项非税收入完成3.54亿元。

【统筹城乡发展，加大支农资金投入】 拨付资金1.03亿元，支持农业基础设施、生态环境和农村公共服务设施建设，促进了城乡协调发展；筛选确定了5个项目，立项申报市级土地整理项目，争取项目资金491万元；完成了对12.53万户种粮农民的直接补贴及成品油、化肥价格补贴工作。

【坚持以人为本，保障能力进一步增强】 切实保障工资发放，2006年底，全区统发工资人数为9 482人，月工资发放总额达1 943余万元。集中财力加大对重点社会事业发展的扶持力度，全年教育支出3.21亿元，文体广播事业费5 266万元，医疗卫生支出6 231万元，促进了各项社会事业的发展；社会保障水平进一步提高，全区社保支出达到2.05亿元，突出支持了“两个确保”和“两个低保”、就业和再就业、残疾人就业、失业保险金发放、完善新型农村合作医疗制度等，农村低保标准由2005年的840元提高到2006年的1 080元，切实保障了弱势群体和困难群众的利益。大力支持城市建设，加大创建文明城市资金投入，支出城市维护费2.17亿元，可比增长19.2%。

【加强监督管理，投融资工作取得新成效】 加强与国家开发银行的协调，积极争取各种有偿建设资金，同时争取上级投融资部门的支持，推动投融资工作深入开展。2006年投融资管理中心累计对外融资3.5亿多元，有力地保证了区重点项目建设的顺利进行。共向唐冶新区及旅游路重点项目拨付各类建设资金2.9亿元，临港开发区储备土地费500万元。同时认真监督和管理济钢周边村庄整合、市东区移交安置工程等全区重点项目资金。截至2006年底，投融资管理中心监管的区重点项目资金涉及金额7亿多元。为堵塞项目资金在运行过程中的漏洞，把好资金支出关口，建立健全内部管理制度，及时确定会计核算制度，规范各项工作，确保资金管理的制度化、科学化、规范化，有力地防范了财政风险。

【不断深化改革，财政管理机制更加完善】 扎实推进政府收支分类改革，认真做好宣传培训及数据模拟转换，为编制2006年决算和2007年度预算奠定了良好基础。继续深化农村义务教育经费保障机制改革，完善了“以县为主”的教育体制，在对各镇教职工上划基数及区财政补贴项目、数额认真测算的基础上，新增支出1 000多万元，将农村中小学教师工资和学生公用经费纳入区级预算，提高了农村教育水平。改革完善街办财政体制，在深入调研的基础上，制定街道办事处财政体制调整意见，确定了“收入按属地协助征管，收支按增幅比例挂钩”的街道办事处财政管理体制。完善政府采购管理制度，进一步加强了采购监管，扩大了采购范围，首次在教育系统、区直单位实行了统一的政策，取得明显成效。全年实际完成采购3 223.87万元，节约资金367.89万元，节约率达10.24%。进一步探索国有资产管理体制改革，积极参与国有企业、区直部门改制、兼并、破产等工作，济南泉城洗熨有限责任公司经改制后，成为由受让职工自筹资金、独立核算、自负盈亏、自主经营、民营化的法人主体；济南电筒厂等5家企业也正在积极着手改制，提高了国有资产的使用效益。

【强化财政监管，财政管理水平明显提高】 加强专项资金监管，从体制上、机制上加强对财政资金拨付使用的监督和管理，加强对农村公路“村村通”专项资金、国债专项资金等财政专项资金的监管，确保了财政资金专款专用，提高了资金使用效益。进一步强化会计管理和继续教育工作，认真做好会计人员从业资格报名考试和考务工作，全区组织报名1 150人；全年继续教育培训20期，共培训会计人员9 039人，换证人员9 039人，进一步完善了会计管理制度。做好科技城和孙村、大正示范区税收划转的移交管理工作，积极组织协调相关单位，逐户落实移交企业名单，衔接税收划转的各项政策，核定税收基数，拟定了基数划转的建议，顺利完成了税收的划转交接工作。

（撰稿：商希岭）

长清区

【概述】 2006年，长清区地方财政收入实现2.91亿元，增长23.3%；财政支出实现5.79亿元，增长16%。连续18年实现财政收支平衡。

【财源建设推出新举措】 不断优化投资环境，成立了政府统一收费办公室，把规模以上企业纳入办公室统一管理，简化企业缴费流程，优化了经济发展环境。借助政府投融资平台，筹集资金2.4亿元，推进五大片区基础设施建设。财政投资400万元，组建了中小企业信用担保中心，帮助中小企业融资，促进企业发展。兑现招商引资优惠及奖励政策1 200余万元，促进招商引资工作，推进长清经济发展。

【收入征管迈上新台阶】 定期研究收入征管工作，及时解决影响收入征管的突出问题，确保了超额完成预算收入任务。围绕衡量经济发展的“两个比重”，狠抓耕地占用税和契税征管工作，两税收入再上新台阶，地方两税收入实现3 117万元，比上年增长44.6%，税收占财政收入的比重比上年提高5.3个百分点。同时，加大非税收入管理，大力清缴土地出让金，强化罚没款、采矿权价款、水资源附加等收入的管理，努力增加财政收入。

【重点保障再上新水平】 认真贯彻

“一要吃饭、二要建设、三要科学发展”的原则，把工资发放列入财政保障的突出位置，在保障全区干部职工及离退休人员工资发放的基础上，筹集资金近600万元，兑现了住房公积金历史拖欠的40%部分。不断完善社会保障体系建设，进一步扩大社会保障范围，建立城乡特困群体医疗救助制度，努力解决特困群体治病难、看病贵的问题，提高最低生活保障、公费医疗和包干医药费标准，努力做到应保尽保。多方筹集资金，加大对园区建设、城区改造和基础设施的投入力度，推进长清城市化建设进程。

【新农村建设取得新成绩】 加大支农力度，推进社会主义新农村建设。在财力较为紧张的情况下，拨付支农资金4 000多万元，重点用于村村通自来水、扶贫脱困、节水灌溉、阳光培训、生态家园富民和农业综合开发。认真落实农村“一免四补”政策，调动农民种粮积极性；拨付农村义务教育“两免一补”资金近400万元，救助1万余名贫困家庭学生。积极开展农村义务教育经费保障工作调研，落实经费保障资金1 100多万元，缓解财政支出压力。

【财税改革实现新突破】 完善了区乡财政体制。为使财政体制更加符合长清实际，在2005年财政体制改革的基础上，对“收支挂钩，增长分档分成”的政策进行了调整完善，对经济强镇适当提高收入分成比例，对经济弱镇加大新增财力的返还力度，建立了更加公平有效的激励机制，充分调动了乡镇办培植财源、加快经济发展的积极性。实施了国库集中收付改革，经过精心组织和科学运作，制定了国库集中收付制度和办法，对全区47个行政事业单位和部门实行了国库集中支付，提高了财政精细化管理水平，确保了财政资金的收付及时、管理规范和科学调度。做好政府收支分类改革的准备工作，试行政府收支科目两套记账，为以后政府收支分类改革的顺利进行打好基础。

（撰稿：陈　铭）

章丘市

【概述】 2006年，章丘市实现地方财政收入13.82亿元，比上年增长25.05%；财政支出完成18.86亿元，比上年增长25.19%。

【完善公共财政收入体系，确保了财政收入稳步增长】 为确保财政收入稳步增长，壮大财政实力，对税收收入和非税收入“两手抓”。一方面强化税收征管，以提高“两个比重”为重点，把增加税收作为提高财政收入质量的关键，通过协同税务部门进行税负调查分析和深化综合治税工作，实行精细化管理和纳税评估，保证了各项税收应收尽收和均衡入库，促进了财政增收。另一方面规范非税收入管理，积极开辟财政增收渠道，继续加强对预算外收入、国有资产占用费特别是土地经营资金的“收支两条线”管理，确保了各项非税收入按时足额上缴财政专户，壮大了可用财力。

【完善公共财政支出体系，确保了社会稳定和事业发展】 按照建设公共财政，构建和谐章丘的要求，进一步健全了财政支出体系，确保了工资发放，确保了市乡村三级政权的正常运转。确保科学、教育、文化、卫生、医疗、生态环保等重点事业发展需要，有效缓解了群众看病难、上学难等社会问题；围绕社会主义新农村建设，加大“三农”投入，促进了农村事业发展和农民增收；通过完善社会保障制度，加大社保资金投入，构建社会救助体系，提高了困难群众的生活水平。

【积极筹措调度资金，保障全市重点项目建设顺利进行】 通过章丘市国有资产运营有限公司，先后从国家开发银行争取资金5.3亿元，在一定程度上缓解了资金需求压力，确保了相关工程建设的顺利进行。此外，通过加强土地资金和城建资金管理，严格城建资金支出管理，保证资金支出效率，确保了全市城市改造、骨干道路、开发区建设等项目建设的顺利进行。

【深化财政体制改革，构建财政管理新机制】 扎实推进政府收支分类改革，积极完善制度、组织培训，完成新旧科目报表的转换工作，为下一步改革的正式实施打下了良好的基础。进一步完善了内部管理制度，从制度上保证了财政资金的安全性、有效性，提高了工作效率和财政管理水平。

【加强财政监督，提高财政资金使用效益】 积极构建事前、事中、事后全过程的监督机制。制定了严格的规章制度，对各种违法违纪行为的表现和处罚结果做出明确规定，做到“防患于未然”。进一步健全了政府采购制度，切实搞好重点工程、机关事业单位设备购置和大型服务项目招标采购、集中支付，将一切物资材料的购置、工程建设单位的确定，一律通过招投标方式进行，2006年实现招标额4.3亿元，节支率在16%以上，既保证了工程质量，又提高了财政资金使用效益。

（撰稿：李　栋）

平阴县

【概述】 2006年，平阴县完成地方财政收入2.6亿元，增长24.5%；完成财政支出（含专款）5.5亿元，增长32.2%，连续20年实现财政收支平衡。平阴县财政局被评为“全省财政系统先进集体”、“市级文明机关”、“人民满意公务员集体”等荣誉称号。

【支持发展呈现新局面】 把支持发展作为财政工作第一要务，精心运筹、科学安排，有力支持了全县经济社会发展需要。全年用于农业方面的支出7 937万元，比上年接近翻番。被确定为中央、省、市三级支农资金整合试点县，全年整合县以上财政性资金8 502万元，重点扶持了伊利、长荣等农业龙头企业；实施了2万亩生态农业园建设、绿色通道等项目；新发展农村沼气用户2 400余户，建设7个水源地，解决了144个村12万农民吃水问题。发放粮食、农资、良种、农机“四补贴”1 678万元，7.6万余户农民受益。新型农村合作医疗财政补贴标准提高到40元，91%的农民群众参加保险。大力支持重点事业发展，教育、社保、卫生以及公检法司支出分别比上年增长15.5%、27%、11.9%和12.9%；两次增长工资，人均月增加200余元。低保对象补贴标准进一步提高，困难企业军转干部解困、就业再就业、医疗保险制度改革、离休干部记账式就医政策以及农村中小学生“两免一补”政策得到落实，扩大了社会保障范围，解决了一批人民群众最关心、最直接、最现实的利益问题，推动了和谐社会建设。成立了专门融资机构，多渠道筹集资金支持经济发展。县本级安排支出1 561万元用于骨干税源企业挖潜膨胀，担保贷款3 274万元缓解了中小企业融资难问题；以第5名的竞标名次被确定为“省级区域经济协调发展示范县”。全年筹集资金9 200余万元，重点扶持了伊利及新上冷饮项目，支持了青龙路、黄河路大修改造，锦东新区开发，工业园南区、东区道路建设，玫瑰湖湿地及环境综合整治等项目，大大改善了民居、投资环境，提升了县城的形象。

【财政管理实现新突破】 按照政府收支分类改革的要求，部门预算逐步完善，预算编制的科学性、完整性和规范性进一步提高。国库集中支付改革稳步推进，由几个部门试点扩大到全面实行集中支付，全年直接支付资金1.32亿元，授权支付5 473万元，预算单位资金节存率19.9%，首批20个预算单位实现了网上支付。坚持“收支并举、监管并重”的工作方针和“立足监管、服务改革”的工作思路，强化监督检查，财经秩序明显好转。

（撰稿：夏　岩）

济　阳　县

【概述】 2006年济阳县地方财政收入完成3.20亿元，同比增长25.01%；财政支出完成6.12亿元，增长11.16%。

【地方财政收入迈上新台阶】 积极应对政策性减收因素影响，严格落实收入目标责任制，坚持依法治税，着力提高收入规模。全年实现地方税收收入2.20亿元，增长25.15%。主体税种带动作用明显，增值税、营业税和企业所得税完成1.77亿元，增长22.03%，占财政收入的55.15%；城市维护建设税、房产税、印花税、车船使用税和资源税等部分小税种也有了新的增长，地方财政收入增长势头强劲。

【服务经济发展取得新成效】 突出抓了“三个重点”：一是重点抓载体创优势，筹措资金9 863万元投入城市基础设施建设，有力地提升了城市形象。二是重点抓工业增实力，投入资金7 052万元，对部分重点企业实施挖潜改造；注入资金成立了“中小企业贷款担保中心”，为中小企业发展构筑了扶持平台；投入资金7 052万元，对济北石化、旺旺集团等企业实施挖潜改造，有效拉动了骨干企业经济效益和运行质量的提高。三是重点抓“三产”促繁荣，全面落实优惠政策，引导第三产业规范运作，来自第三产业的收入增加7个百分点。

【统筹社会事业取得新发展】 按照“量入为出、量财办事、存量控制、增量调节”的支出安排原则，不断调整优化支出结构，社会事业得到统筹发展。2006年，对县直行政事业单位公职人员人均月增资220元；支出425万元用于提高优抚对象补助标准；445万元用于新型农村合作医疗改革等，文化、教育、科学等事业费支出均有较大幅度增长，较好地维护了全县发展和稳定大局，促进了社会各项事业协调发展。

【支持“三农”取得新突破】 紧紧围绕农业增效和农民增收，进一步加大对“三农”的支持力度。其中用于农村教育支出4 619万元；村级组织正常运转支出600万元；用于农田水利基本建设和人畜吃水等支出1 960万元；用于兑现粮食直补、柴油和化肥补贴等2 246万元；用于农村中小学危房改造、义务教育阶段贫困学生“两免一补”等支出1 219万元；乡村道路建设支出1 417万元。运用财政补助等手段，支持了农业双增、劳动力转移和农业龙头企业等。

【财政管理迈出新步伐】 全面推行部门预算，细化量化预算管理，实行“两上两下”的部门预算编制程序，增加了资金使用的公正性和透明度；探讨国库集中支付，形成了国库单一账户体系；规范“收支两条线”管理，把县直66个单位纳入“收支两条线”管理范围，严格落实“收支脱钩，票款分离”的要求，促进非税收入资金的规范运作；完善政府采购制度，调整了政府采购机构设置，成立了“政府采购中心”，实现了“采管分离”；认真执行集中采购目录，推行协议供货和联合采购等办法，全年组织采购金额 919 万元，节约资金 103 万元；理顺县镇财政管理体制，成立了乡镇财务管理中心，直接管理并监督乡镇财政收支，使各镇的预算执行和财政、财务管理水平有了新的提高；进一步转变理财方式，注重站在全县经济和社会发展的大局统筹财力，预算安排和资金使用更加透明，体现了阳光财政；坚持依法理财，量财办事，理财到位，体现了法制财政；履行好财政职能，凡属财政承担的，都认真负责地做好服务和保障，体现了责任财政。

（撰稿：郭 晶 王新戈）

商河县

【概述】 2006 年，商河县地方财政收入完成 2.27 亿元，比上年增长 13.5%；财政支出完成 5.32 亿元，增长 25%。实现当年财政收支平衡。

【积极支持经济发展】 继续加大对道路交通、城市建设等基础设施投入，努力改善发展环境。全年城市维护费支出达到 6 672 万元，增长 39%，顺利完成了省道 248 线拓宽改造、南部新区勘测规划建设等一批重大工程。充分利用财政贴息、奖励、税收、转移支付等多种政策手段，支持全县经济结构调整、招商引资等工作。投入企业挖潜改造和科技三项费用资金 167 万元，用于企业技术改造、产品创新和外贸出口，提高了企业创新能力和产品市场竞争力。多渠道筹集资金 3 000 万元成立了商河县政府投融资管理中心，为利用国家开发银行贷款提供了平台。

【促进社会主义新农村建设】 加强村级组织活动场所建设，投入资金 409 万元，为村级组织活动场所提供文化、教育等公益性服务设施，推进了农村“三个文明建设”。认真落实农村义务教育阶段学生“两免一补”政策，投入资金 611 万元，帮助义务教育阶段农村特困家庭学生解决上学难问题。扩大新型农村合作医疗覆盖范围，全县参合农民达到 46.2 万人，县财政投入补助资金 462 万元、启动资金 45 万元。建立和完善农村卫生服务体系，乡镇卫生院统一划归县级管理，县、乡财政共投入 477 万元将卫生人员工资和保险纳入县财政预算管理。乡镇卫生院建设列入市卫生院改造重点项目，争取资金 1 954 万元，县财政配套 837.6 万元，促进了农村卫生事业发展。继续实施对农民的补贴政策，发放小麦补贴资金 1 053 万元，成品油价格补贴资金 1 068 万元，拨付良种补贴资金 450 万元，保护了农民的生产积极性，促进了农村经济发展。

【优化支出结构】 按照统筹兼顾、突出重点的要求，不断优化财政支出结构。确保机关事业单位人员工资的按时发放，在乡镇教师工资统一发放的基础上，2006 年 2 月将乡镇财政负担人员实行工资统发，在全市率先实行了乡镇人员工资县财政统一发放。按照公共财政的要求，加大社会保障投入力度，扩大社会保障覆盖面，全年共发放低保资金 93.2 万元，使 4 536 户、7 768 名特困群众享受到最低生活保障。积极支持就业再就业工作，投入 208 万元，完善劳动力培训和劳动力市场建设，为下岗失业人员和农村劳动力转移提供了服务平台。按照规定认真落实和兑现企业离退休人员增资政策，提高了退职人员和遗属补助标准，维护了社会稳定。继续加大计划生育投入，2006 年计划生育事业费投入人均标准提高到 28 元，增长 12.55%，落实了乡村计划生育专职干部待遇，发放计划生育专职干部工资 107 万元，对农村计划生育家庭和独生子女实行奖励扶助政策，全县符合计划生育奖励扶助政策的 2 508 人，发放奖励扶助资金 154 万元，符合农村独生子女奖励政策的 5.36 万人，发放奖励资金 322 万元，促进了计划生育事业发展。

【积极深化财政改革】 改变传统的预算管理编制方法和管理模式，预算编制进一步细化、合理，提高了预算管理水平。严格落实“收支两条线”规定，完善非税征管系统，促进了非税收入的规范化管理。继续推行政府采购招投标制度，全年共组织政府采购活动 46 次，采购金额 927.5 万元，比采购预算节约资金 112.5 万元，节支率 10.82%。加强对各类专项资金的监管，提高资金使用效益。进一步完善了会计集中核算运行机制，扩大会计集中核算范围，会计集中核算单位达到 76 个，财务管理逐步走向规范化、制度化。

（撰稿：徐卫东）

高新技术产业开发区

【概述】 2006 年，济南高新技术产业开发区完成地方财政收入 3.60 亿元，圆满完成财政收支任务。

【狠抓财源建设，强化支出管理】 在政策性减收和刚性支出因素较多，财政收支矛盾比较突出情况下，通过培植财源、巩固并扩大税源，加强综合治税增收，强化契税、耕地占用税征管等扎实有效的措施，较好地完成了全年收入任务。同时，大力调整、优化支出结构，认真落实“控、压、保”的要求，加大对重点项目的投入。2006 年，安排基础设施建设及征地、工程款、村民安置等支出 15.29

亿元，确保了高新区开发建设。努力解决关系群众切身利益的问题，发放低保金10.10万元、优抚金9 500元、计划生育奖励扶助金9.99万元，安排资金305.3万元支持就业再就业工作。大力支持新农村建设，按时完成1.22万户农民114.8万元粮食直补、成品油补贴发放工作；完成农村义务教育财政支出157万元；新农合支出90万元。

【财政监督检查】 创新财政监督机制，扩大监督范围，提高监督效果，不断提升财政监督水平。逐步形成监督与管理并重、日常监督管理与专项监督检查相结合，涵盖财政收支各个环节、全方位、全过程的财政监督工作新格局。2006年共检查财政专项资金117项，涉及金额1.94亿元，对区内10家行政事业单位执行财经法规情况和8家行政事业单位收费情况进行了检查；完成对14家行政和企事业单位会计信息质量检查工作。加强政策性扶持资金检查，审核企业353户，审减1 836万元，审减率15.25%。同时，在会计换证工作中，共受理3 000份，换发证书2 570个，办理新证346个；完成会计人员继续教训培训3 000人次，配合完成会计技术资格考试报名审核600余人次。

【国有资产管理】 建立新的国有资产运营机制，转变国资企业盈利模式，完成国有资产运营模式战略规划报告，涉及净资产8亿元。先后出台了《高新控股集团战略规划报告》、《高新控股集团组织结构设计报告》等5个报告，高新控股起步运营工作开局良好。改革行政事业单位资产管理体制，完成行政事业单位固定资产清查，现场盘点实物1.05万件，资产全部实现了网络化条码管理；积极探索国有资产规范处置的新模式，全年实现国有资产变现3 633万元。完成齐鲁软件学院、投资总公司、担保中心清产核资工作。

【财政投资评审】 强化投资评审、基建财务管理、工程造价监管等工作，加大现场监管力度，全力以赴支持三个片区建设工作。2006年完成合同审查449项；完成工程结算评审271项，送审值7.60亿元，审定值5.86亿元，审减率达22.9%。

【政府采购管理】 大力深化政府采购改革，提高采购工作效率和质量，政府采购的广度和深度有了很大的提高。扩大采购范围，首次较大规模地参与工程建设中的材料采购。全年共受理并完成政府采购事项640个，受理额合计2 859万元，节约资金622万元，综合节支率21.76%。

【改革创新】 做好政府收支分类改革工作，完成了2006年度财政预算的数据转换工作，并对2006年所有财政拨款进行了新科目转换，为2007年正式实行新的收支科目做好了准备；深化部门预算管理体制改革，对区内50家预算单位部署了2006年、2007年部门预算编制工作。积极开展国库集中支付制度改革的准备工作，积极推进国库集中收付试点。

（撰稿：于济跃）

青　岛　市

市　南　区

【概述】 2006年，市南区全口径一般预算收入完成70.02亿元，同比增长33.62%；辖区内全口径地方一般预算收入完成40.2亿元，同比增长35.01%；区级一般预算收入完成15.2亿元，同比增长27.51%。全区财政总支出完成11.49亿元，其中地方一般预算支出完成11.02亿元，占预算的135.97%，比上年增长52.28%。

【强化财源建设】 制定《市南区关于加强财源经济建设的意见》、《市南区财源经济建设工作措施及责任分解》及《市南区财源经济建设工作流程》。建立重点纳税大户走访、回访制度，印发《企业服务联系卡》，及时解决企业提出的问题。采取市、区联动、"一企一策"、品牌奖励、重点税源奖励等手段，促进"一楼四业"发展。投入近8 000万元，扶持特色经济发展和产业培育。推动金融机构税收实现当地缴纳，区域内金融业全年实现税收12亿元。落实《市南区新办企业行政性收费补贴实施意见（试行）》，全年共为1 072户企业办理补贴171万元，注册资金达22亿元，单户企业最高注册资金突破600万美元。完善"虚拟财政"管理体制，制定意见，健全区—街—居三级协税护税网络。强化综合治税，加强税源分析和监控，挖掘潜力税源8 500万元。加快"金财工程"建设步伐，完善重点税源企业税收信息网络。

【深化财政改革】 深化部门预算改革，修订完善公用支出标准，加强项目审定，细化专项资金预算，预算编制更加规范透明。在全市区（县）一级率先启动国库集中支付改革，印发《市南区财政国库管理制度改革试点实施方案》，制定《市南区国库管理资金支付办法》、《市南区财政国库管理制度改革会计核算暂行办法》等相关配套办法，确定了对区科技局等五部门的试点实施意见。实施政府收支分类改革，实行新旧科目的衔接与并轨运行。深化非税收入征管改革，对区本级的非税收入实行统一管理，实现了从行政性收费向非税收入管理的过渡。推进国有资产管理体制改革，实现全区国有资产收益的专户管理，建立国有闲置资产调剂使用公物仓制度，研发管理软件，实现资产动态管理。

【强化财政监督管理】 加强会计从业人员资格管理和档案管理，整顿规范会计秩序，强化会计基础管理工作。扩大政府采购范围，推进货物类和工程服务类项目采购；加强政府采购专项检查，将教育等单位的部门采购纳入政府采购范围。全年采购规模达到4 668万元，节约资金544万元。加强财政部门内部制度建设，制定实施《财政内部监督检查办法》。完善会计集中核算功能，加强对集中核算单位的资金管理，加大事前审核和事中监控力度。积极开展对财政专项资金的绩效评价工作，根据《市南区科技三项费用专项资金绩效评价暂行办法》规定，共对14家企业科技三项费周转金的使用情况进行了绩效评价，涉及金额近1 000万元。

（撰稿：姜苑桃）

市北区

【概述】 2006年，市北区财政部门全面贯彻落实科学发展观，进一步深化改革，锐意进取，加强财源建设，夯实税源基础，财政收入实现持续快速增长。2006年，辖区内地方财政一般预算收入完成19.54亿元，比上年增长26.7%。区级地方财政收入完成9.37亿元，比上年增长26.2%，为发展各项事业、促进社会进步、构建和谐市北提供了强有力保障。

【充分发挥财政职能，财政收入实现稳步增长】 逐步建立收入均衡入库机制，定期召开财税工作联席会，密切关注重点企业、重点行业和主要税种收入变化情况，树立“以旬保月，以月保季”观念，加强对每月收入执行情况的分析，地方财政收入始终保持较快增长势头。加大综合治税工作力度。针对房产税收入持续下滑问题，推行房产税联合征管试点，取得了较好的征管效果。制定了《综合治税考核暂行办法》，将全区所有企业按行业分别落实到各责任部门，实行重奖严惩，发挥政府各部门职能优势，形成了协税护税的良好氛围。加强非税收入管理，继续深化“收支两条线”改革，不断完善“票款分离”办法，以启用新版票据为契机，将全区行政事业性收费收入全部纳入预算管理，加强对行政执法部门收费、罚款的收缴管理，确保非税收入及时足额入库。2006年，全区非税收入完成1.12亿元，比上年增长1倍。

【调整支出结构，和谐社会建设得到有效支持】 大力压缩一般性支出，建设节约型政府，取消了综合包干经费，合理安排2006年各部门政府采购预算，全年压缩一般性支出10%以上。加大社会保障资金投入，认真履行公共服务和保障职能，做好城市低收入群体救助工作，扩大社会保障范围、调整救助标准。2006年，全区社会保障资金支出1.1亿元，比上年增长16%。增加民心工程建设支出，投入2 000万元全面改造老街坊居民楼；投入2 200万元整治改造背街小巷，提高了城区居民的居住条件和生活环境；投入510万元，加强社区卫生医疗服务体系和15处社区文化活动中心建设。大力支持科教事业发展，教育经费支出2.82亿元，比上年增长58.6%；科技经费支出2 529万元，比上年增长44.7%。加大科技和教育投入，充分体现“科教兴区”战略，促进了市北区教育和科技事业的发展。

【各项财政改革快速推进，依法理财水平进一步提高】 继续推进和深化部门预算改革，实现预算内外资金统筹管理，完善了部门预算基本信息库。政府收支分类改革稳步推进，对预算单位进行了收支分类改革培训，及时完成了2006年新老口径数据转换工作，确保了新旧科目双轨平稳运行。国有资产管理得到加强，制定了《市北区行政事业单位资产配置标准》及《市北区机关公务用车经费配额标准》；优化内部资产审批流程，实行“交旧购新”制度；对全区房屋资产进行了清查，细化了房屋资产的管理。政府采购进一步规范，逐步建立科学合理的政府采购管理模式，严格按照政府采购预算编制全年计划，并以治理商业贿赂为契机，优化政府采购流程，狠抓规范管理，健全监管机制。对公务车辆维修、加油、保险实行了统一采购。全年采购资金2 200万元，节约率9.6%。

（撰稿：陈　明）

四方区

【概述】 2006年，四方区各级财政部门牢固树立科学发展观，始终以发展经济、壮大财源为目标，依法组织收入，努力增收节支，实现了财政收入稳定增长。四方区区级财政收入完成4.51亿元，同比增长22.3%；区级财政支出完成4.61亿元，同比增长28.8%，有力地促进了全区经济社会事业发展。

【完善落实财税政策，推动区域财税经济健康发展】 充分发挥财政政策引导和激励作用，认真研究制定有关发展区域财税经济方面的政策文件，进一步健全和落实各项财政扶持奖励政策。鼓励企业自主创新，大力发展高新技术产业，增强企业发展后劲和可持续发展能力。支持企业争创知名品牌，增强企业竞争能力。促进企业进一步做强做大，奖励区域纳税大户，鼓励企业为财政增收多做贡献。大力发展和引进现代服务业项目，加快产业结构调整步伐，不断优化区域税源结构。建立财税贡献率考核机制，努力提高招商引资质量，扩大优质增量税源。建立税源建设长效管理机制，进一步规范税收秩序。

【依法加强税收征管，努力促进财政增收】 认真落实税源分类管理和管理员制度，建立“分析、评估、检查、管理”一体化联动机制，全面推进分类集约管理，实现财税管理科学化、精细化，提高了税收征管质量和效率。抓好重点税源管理，财税部门密切协作，充分交流信息资源，进一步加大对重点企业、建筑施工及房地产开发企业、零散业户和房屋租赁的税收监控力度，依法规范税收秩序，提高收入运行质量。进一步加强非税收入管理，财政部门积极强化措施，全方位、多渠道挖掘非税收入增收潜力，做到依法应收尽收，及时足额入库。

【严格预算执行管理，全力保障重点支出】 牢固树立过紧日子思想，进一步强化预算约束，规范预算执行程序，提高预算执行水平。整合市、区两级预算内外财政资金，科学筹划和合理安排财政支出，优化支出结构，集中有限财力优先保障重点支出需要，确保科技、教育、医疗卫生、计划生育以及社会保障、社区建设、社区教育、社区卫生等社会公共事业的健康发展。通过优先保障重点支出，使全区社会各项事业得到繁荣发展，城区环境面貌不断改善，居民生活质量进一步提升。

【强化财政各项管理，着力提升管理水平】 加强政府采购管理，认真落实《政府采购法》，以“上规模、抓质量、促规范”为目标，采取采管分离的方式，全力打造政府采购“阳光工程”，全年通过政府采购的项目预算总金额1 820.2万元，实际采购支付金额1 576.6万元，节约资金243.6万元，节约率为13.4%，实现了规模与效益同步增长，政府采购工作更加规范透明。年内，成功组织了新一轮机动车保险、机动车维修、印刷以及办公耗材定点项目的采购工作，积极开展了办公设备协议供货以及选择工程设计、造价、国有资产审计、评估中介机构等多项难度大的政府采购工作。加强国有资产和集体资产管理，严把资产评估和资产处置关，通过自行研究开发的资产管理软件，建立了资产数据信息库，加强了对全区国有资产存量、变量动态管理，有效防止了国有资产的流失。进一步完善落实会计集中核算制度，管好用好财政资金，加强对单位资金支出及资产的监控管理，对提高财政资金使用效益起到了积极的促进作用。

（撰稿：李群田）

李　沧　区

【概述】 2006年，李沧区辖区内地方一般预算收入实现12.8亿元，同比增长23.4%，其中区级财政收入实现7.26亿元，同比增长26%。财政总支出9.3亿元，其中灶内支出8亿元，比上年增长30.5%。

【完善生财聚财机制，增强财政调控能力】 强化行业性专项评估，整顿税收经济秩序，对医药批发零售、运输、汽车销售等行业进行重点检查，查补税款3 375万元。变隐性财源为现有税源，堵塞税收征管漏洞，通过强力推进综合治税工作，变更本地经营异地纳税企业34户，交纳税款153万元；强化委托代征工作，全年委托代征税款预计实现1 333万元；全力监管房地产项目，深挖房地产项目税收，全年累计实现税收2.5亿元。强化非税收入管理，2006年非税收入实现1.85亿元；加大国有资产收益征收力度，2006年实现国有资产收益468.7万元。

【优化财政支出结构，增强财政保障能力】 2006年教育总投入1.80亿元（含教育费附加和地方教育附加支出）；文体广播支出2 189万元，同比增长21.6%；科技三项费支出1 779万元，同比增长42.8%；医疗卫生支出2 391万元，同比增长35.4%，其中投入400万元，建设区公共卫生管理中心。社会保障补助支出2 439万元，同比增长4.6%；抚恤和社会福利救济支出2 108万元，同比增长21.9%。

【加快财政管理改革，增强财政创新能力】 继续深化部门预算改革，统筹预算内外资金，实行综合财政预算，确保预算的完整性。稳步推进国库集中支付改革，对人员工资、项目建设资金等实行国库集中支付，集中支付资金达11.5亿元（包括预算外资金、基本建设专户资金）。扩大政府采购范围，全年对公务用车、医疗设备、办公设备等42个（次）项目实施政府采购，实际采购金额2 256万元，节约资金352万元，节约率13.5%。提高财政信息化建设水平，充分依托“金财工程”，对重点纳税企业经济运行进行分析，关注区域税源经济发展态势；开通“财税库综合信息查询分析”系统，实现了财政、税务、国库等部门对财税信息的综合利用。

【健全财政监管机制，增强依法理财能力】 构建纵横贯通的财政监管网络体系，强化政府投资项目监督，审查了11个政府投资项目的财务决算，核减总额417万元，核减率为8.9%；规范资金支出方式，在所有全额拨款机关事业单位的账务均纳入会计核算中心集中核算的基础上，又将政府投资项目和临时性机构的运作资金纳入会计核算中心进行集中核算；规范征用集体土地补偿费用管理使用程序，确保征用集体土地补偿费用专款专用，切实保护被征地居民的切身利益。强化国有资产管理，处置行政事业单位固定资产419万元。认真开展财政专项资金管理、会计信息质量检查、反商业贿赂等活动，2006年查出违反会计处理规定金额2 568.9万元。

（撰稿：董　威）

经济技术开发区（黄岛区）

【概述】 2006年，青岛经济技术开发区（黄岛区）辖内地方财政一般预算收入完成22.46亿元，增长28.1%；全区一般预算支出完成17.54亿元。

【齐抓共管，财源建设实现新突破】 完善财源建设目标责任考核体系，增强全区上下财源经济意识，在壮大财力规模的同时，注重提升运行质量，形成了财源建设与经济发展的良性互动新局面。一是巩固现有财源和引进新兴财源相结合。通过强化对重点税源的动态监控、实施重点走访等措施，促进了经济发展成果向财政增收转化；全年引进财源企业282家，实现税收2.2亿元。二是培植涵养财源与优化财源结构相结合。充分发挥财政杠杆作用，加大新兴骨干税源财政扶持力度，全年投入挖潜改造资金11 451万元，科技三项费用8 079万元，兑现新创品牌奖励资金1 380万元，有力推动了品牌经济、民营经济、高新技术企业发展，区域经济发展质量进一步提升。三是加强全面综合治税与行业税收专项治理相结合。对大型重点企业建立税负率评估制度，对全区建筑施工企业、房屋租赁业、港口交通物流等重点行业进行了专项整治，有效防止了税收流失。

【优化支出，财政公共保障能力持续增强】 在保证机关事业单位正常运转的前提下，集中财力解决事关改革发展稳定全局的重点问题。一是加大公共基础设施投入力度。积极筹措资金，全年核拨各项工程建设资金13.48亿元，其中，预算内列支5.22亿元，有力地保证了六大产业集群配套、北部工业区建设以及唐岛湾滨海公园、金沙滩公园二期等精品工程的顺利实施，保证了供热管网、新建学校、110指挥中心、公共卫生综合服务楼等为民工程建设，促进了城区功能和品位的不断提升。二是积极支持新农村建设。全区用于农林水利投入1.05亿元，其中，用于支持扶贫开发、特色农业发展等农业重点项目实施2 664万元，用于支持南辛安河治理、水库塘坝加固等农村基础设施建设2 596万元，同时落实专项资金支持社区卫生站和文化中心建设，促进了农村公共服务条件的不断改善；兑现粮食和农机具购置补贴625万元，调动了农民的种粮积极性。三是支持社会事业发展。全区教育投入2.99亿元，增长23.4%，其中，教育事业费1.99亿元，在全市率先免除义务教育阶段学杂费，初中和小学预算内生均公用经费标准达到省定最高标准；社会保障及抚恤等投入7 972万元，增长22.7%，新型农村合作医疗筹资标准、最高报销金额稳步提高，城乡统筹就业和社会救助体系更趋完善；同时，建立对卫生事业和平安建设经费投入的稳定增长机制，有力保障了全区卫生事业和平安建设各项工作的资金需求。

【深化改革，财政管理水平进一步提高】 坚持从规范财政管理体制入手，不断加快财政改革步伐，推动全区财政管理的制度化、规范化。一是实行了办事处财政所长委派制，加强办事处级财政预算管理，规范支出定额管理体系，实现了对办事处级财政财务监督的经常化、规范化。二是部门预算定额管理体系更加完善。全面推行区直部门基本支出定额管理，通过将会务费、办公设备购置费等纳入定额管理体系，直接节省经费开支达到10%以上，部门预算的严肃性和约束力进一步增强。三是会计集中核算范围不断扩大。将全区二级以上预算单位财务全部纳入会计集中核算，为推进国库集中支付制度改革的实施奠定了坚实基础。

【依法理财，财政监督取得新成效】 围绕提高财政资金使用效益，优化资金运作流程，切实加大了对重点资金、重点领域的财政监督力度。一是基建投资编审力度进一步加大。通过逐步施行工程量清单计价、施工图纸审核等措施，严格基建投资审核把关，有效控制了工程成本，全年共审核工程预决算及土地补偿评估业务249项5.28亿元，审减1.10亿元。二是政府采购规模效益进一步提高。在细化编制政府采购预算的基础上，建立办公用品“全年预算、按季采购”制度，推动政府采购向工程材料设备以及城市规划等服务类项目延伸，全年政府采购规模达到4.35亿元，节约采购资金7 188万元，节支率达14.2%。三是财政专项监督检查力度进一步加大。认真贯彻《会计法》、《财政违法行为处罚处分条例》等法律法规，突出加大对土地补偿、社保资金、教育收费等重点领域和涉民资金的检查力度，积极推动财政监督向二级预算单位、办事处以及居村延伸，将财政监督贯穿于财政管理全过程，全年检查单位86家，查处违规金额1.53亿元，在及时纠正会计处理不规范等事项的同时，查缴入库701万元。

（撰稿：刘永北）

崂 山 区

【概述】 2006年，崂山区区级财政收入完成16.88亿元，比上年增长25.1%，区级财政收入继续保持全市第一。全辖区一般预算收入累计入库24.98亿元，增长15.6%，总量在崂山、黄岛、城阳三区中继续保持第一。全年税收总收入突破50亿元，是2005年的1.5倍。全区财政支出完成18.51亿元，比上年增长5.1%，重点突出了对“三农”、社会保障、公共事业等方面的投入。

【财源建设】 出台街道办事处财源建设考核办法，激励各单位争当财源工作先进，对财源建设难点工作进行督办落实，营造起良好的财源建设氛围。打造了财源项目从洽谈、评估、签约、开工建设、竣工决算、工商税务注册直到经营发展的管理绩效链。全年新增中小企业实现区级税收1.15亿元，较上年同期增长67.7%。制定加强河道维护费征管的激励和约束措施，完善征收和稽查办法，河道维护费收入完成2 883万元，较上年增长28.8%。加快出口退税速度，缓解出口企业资金压力，全年完成出口免抵退总额10.5亿元，超额完成全年基数。

【落实惠农政策】 各项财政惠农政策和资金支持力度不断加大，全年安排“三农”支出7.4亿元，占全区财力的40%。拨付资金0.6亿元，保证全区新农村建设18件实事的实施。安排农村义务教育资金0.9亿元，为农村义务教育提供了强有力的经费保障。安排农村养老保险、新型农村合作医疗、农村卫生服务体系资金0.43亿元，使崂山区农村养老保险、新型农村合作医疗、农村基层卫生建设工作走在全省前列。安排对农民、渔民的各项补贴808万元，有效保护了农民利益，维护了政府的良好形象。

【会计集中核算】 区街两级核算工作全面铺开，进一步规范了四个街道会计核算站的建设。会计集中核算工作坚持从严从紧，全年处理各类会计业务2.5万余笔，审核原始单据11万余张，出具会计报表1 200多份，收付资金21亿元，纠正不合理不合规支出209笔，涉及金额233万元。

【政府采购】 在进一步巩固货物类采购规模的基础上，逐步拓宽了服务类和工程类采购规模，采购金额占财政支出的比重逐年提高，全年进行政府采购215项，完成采购预算金额1.08亿元，节约资金1 705万元，节约率15.8%。

（撰稿：范薛成）

城 阳 区

【概述】 2006年，城阳区实现财税总收入34.3亿元，增长25.1%，地方财政收入完成9.44亿元，增长20.8%；辖区内一般预算收入完成15.03亿元，增长28.6%，财税收入实现了持续快速增长。

【税源培植】 围绕强化第二产业、扩张第三产业、精化第一产业的税源建设思路，采取财政贴息、贷款担保、资金配套、以奖代补等措施，广泛融资，加大四大板块的建设投入，做大做强六大主导产业。实施民营带动、科技带动与品牌带动“三带动”战略，使民营经济、外向型经济、第三产业以及高新技术产业得到进一步发展，外资企业的规模效益日渐凸显。同时，大力推动“金财工程”建设、社会综合治税，建立起税源动态分析评价机制与财政收入考评机制，及时将税源建设成果反映到财政增收上来。

【财政保障】 牢固树立“一是吃饭，二要建设，三要发展”的理财理念，克服政策性增支较大、预算内财力增长较慢、收支矛盾较为突出等诸多困难，算好收支账、经济账、发展账，大力支持新农村建设，巩固农村税费改革成果，按时足额发放种粮补贴与柴油化肥补贴，落实对困难街道与社区的转移支付政策，调度资金扎实做好库区移民的安置工作；大力支持深化农村养老保险和医疗保险改革，积极开展“双百工程”和“千户扶贫工程”，免除农村义务教育学杂费，实行免费婚检；大力支持和谐社会建设，保障公检法司等各项事业费支出需要，积极推进“平安城阳”建设，维护改革发展稳定大局。全年财政灶内支出完成13亿元。

【财政改革】 扩大会计集中核算范围，对全区行政事业单位全面实行集中管理、统一开户、分户核算，全年集中核算资金18.6亿元。深化政府采购采管分离制度改革，全年完成政府采购项目311项，节约资金650万元。

强化街道财政财务统筹管理，探讨建立街道收支预算编制审核制度、单一账户管理制度及重大财务支出、借款与贷款监管制度，为进一步规范街道的财政财务管理行为，提供了有力制度保障。积极推进政府收支分类改革，实现了新旧科目双轨平稳运行和过渡。

【财政监督】 规范“四统一”财政监督检查归口管理机制，对专项资金、社保资金、罚没收入和非税收入收缴、街道财政财务管理及保税物流、网吧、房地产企业纳税等情况进行检查，全年检查财政资金量达12.5亿元。强化农发资金县级报账机制、专项资金跟踪反馈机制、“退城进园”企业资产评估监管机制、政府采购后续服务机制、“收支两条线”管理机制以及预算编制、执行、决算管理机制，有力保证了资金的专款专用。

（撰稿：陈　迪）

胶州市

【概述】 2006年，胶州市完成地方财政收入11.29亿元，增长20.9%。全市地方财政支出12.06亿元，增长20.1%。全年实现财政收支平衡。

【财源建设】 实施财源建设目标责任制，完善全市工作目标管理考核办法，明确镇（办）、市直部门的财源建设目标，充分调动各级各部门发展经济的积极性。加大对企业发展的扶持力度，积极落实扶持民营企业发展意见，兑现企业知名品牌、技术中心认定、科技成果转化等奖励政策，对企业出口退税做到足额退付，推动外向型经济快速发展。拓宽财源建设融资渠道，以市财政投资中心为平台，发挥财政资金的导向作用，吸引金融资金、社会资金3亿多元用于新城区建设、老城区改造以及东部滞洪区等重点工程建设，有力推动了全市经济可持续发展。

【收入组织管理】 加强对市镇两级收入运行质量的考核，调整财政管理体制，完善财政工作考核办法，保障全市财政收入持续增长。构建综合治税的协税护税网络，严把涉税信息传递、委托代征、源头控管等关键环节，有效堵塞税收“跑、冒、滴、漏”现象。建立收入征管监控网络，进一步完善“金财工程”，通过网络信息系统建设，实现财、税、库联网，提高税款征收、入库的速度，为财税部门实施税源动态监控提供强有力的技术支撑。

【财政支出管理】 大力支持社会主义新农村建设，全面推进农村综合改革，认真落实粮食、良种、柴油化肥、农机购置等补贴政策，重点支持农业综合开发、高效粮食示范区和农村基础设施建设，并新解决了103个村的饮水困难问题。加快教育体制改革，按照国务院、省、青岛市《关于深化农村义务教育经费保障机制改革》的决定，真正建立起以县为主的教育体制。全面实施课桌凳更换和热水热饭工程，落实免除农村义务教育阶段中小学生杂费、对贫困家庭学生免费提供教科书和补助寄宿生生活费以及按省定最高标准足额安排公用经费政策。2006年全市教育支出3.29亿元，增长20.1%。完善社会保障体系，增加再就业投入，确保企业离退休人员离退休费、下岗失业人员基本生活费按时足额发放。提高城乡最低生活保障标准，保证低收入群体基本生活需要。提高新型农村合作医疗补贴标准，建立农村低保家庭和低收入家庭医疗救助制度。改善城乡基础设施，筹集资金1.7亿元，支持病险水库除险加固、库区移民村建设和重点工程建设，城市发展后劲更足。

【财政改革】 部门预算约束力不断增强，实施政府收支科目分类改革，完善预算的审批、监督机制，增强了预算的透明度和约束力。政府采购范围和规模不断扩大，推行招标项目事前介入制度、三方会签制度和联合监督机制，将财政投资基建项目、镇（办）办公设备耗材纳入政府采购范围。2006年政府采购规模1.15亿元，节约资金1 674万元，资金节约率为12.7%。财政监督管理不断强化，严格执行《财政违法行为处罚处分条例》，查处违法违规金额4 100多万元，严肃了财经法纪。积极开展商业贿赂治理活动，加强国有资产监管，防止了国有资产流失。加大政府投资基建项目决算审查力度，全年组织审核政府基本建设投资额5.6亿元，审减资金8 500万元。转移支付资金管理不断完善，出台税费改革转移支付资金管理办法，转移资金直接拨付到镇、村，确保专款专用，保障了镇、村组织的正常运转。

（撰稿：方明义）

即墨市

【概述】 2006年，即墨市完成财政总收入23.5亿元，地方一般预算收入11.97亿元，增长27.9%。一般预算支出12.3亿元，全市实现财政收支平衡。

【加强税收征管】 完善了“政府领导、财税主管、部门配合、社会参与、司法保障”的综合治税工作机制，与45个职能部门签订代扣代缴协议，并纳入工作目标考核，完成车船税800万元，增长88%；个人所得税、营业税2 300万元，增长21%。加强土地、房产行政审批环节“先税后证”管理，房地产企业实现税收1.02亿元。对纳税异常企业加强检查评估，补缴税款6 000余万元；加大出口单证审核力度，实现免抵调库收入3.08亿元，增长39%。加强地方小税征管，城镇土地使用税完成5 660万元，增长49%。规范房地产交易计征契税指导价格；运用政策宣传、媒体曝光、强制执行等手段，全年完成“两税”2.66亿元，增长29%。

【优化支出结构】 深化义务教育经费保障机制改革，筹资3 500万元，自9月份起全面实现市镇教师同工同酬；安排3 100万元，落实“两免一补”政策，提高中小学生均公用经费标准。建立农村中小学校舍维修改造新机制，实行项目管理，纳入政府采购，资金实行集中支付。加大新农村建设投入，落实资金3 560万元，支持农业综合开发，实施小型水利设施除险加固，全面完成村村通自来水工程；筹资3 160万元，落实粮食、农机、良种、农资综合“四补贴”等惠农政策。推进农民健康工程，新增1 100万元用于镇卫生院“五要件”配置、村卫生室规范达标及乡医培训；筹资6 100万元，用于库区移民安置、残疾人事业和城乡困难居民救助，提高城乡低保标准；将新农合补助标准由30元/人/年提高到50元。调度预算外建设资金5.08亿元，支持全市重点区域和项目建设。

【强化财政监督】 推进政府收支分类改革，从7月起实行新旧两套科目“双轨”运行，并使用两套科目编制2007年预算；创建预算执行办公自动化系统，提高执行效率和透明度。将专项资金和镇级财政财务列为稽查重点，查缴违纪金额1 600万元。对40户企业会计信息进行检查，查出核算不实金额1.46亿元，补缴税费、罚款51.2万元。建立委托代理和协议定点采购制度，实现了真正意义上的政府采购“管采分离”，全年完成采购5 480万元，节约资金792万元。严格政府投资工程预结算审核，审减资金7 965万元。将全市230所农村中小学经费纳入集中核算。扎实推进基层粮所、供销社改制工作。

（撰稿：黄宏云）

平度市

【概述】 2006年，平度市地方财政收入完成9.73亿元，较上年可比增长22.5%；财政支出完成14.71亿元，较上年增长3.7%。

【加大投入，财源经济建设稳步推进】 多方筹措资金，加大投入，支持重点骨干企业发展，加快推进新型工业化。筹措企业发展资金6 304万元，集中扶持海信空调、青啤三公司等一批重点技改项目建设。积极支持企业实施品牌创建工程，全市共创建山东省名牌6个，青岛市名牌11个，山东省和青岛市著名商标21件，奖励资金百万元。投入农业产业化项目开发资金1.01亿元，改善农业生产条件，促进农村经济发展。

【创新思路，收入征管水平全面提高】 加强综合治税工作，初步构建起“政府领导、财税主管、部门配合、司法保障、社会参与、信息支撑”的税收征管新格局。新组建成立综合治税机构，健全征管网络，全面推行涉税信息共享、部门联动、“先税后证”办法。创新征管手段，加强宏观税负分析，加大对税负偏低行业的征管力度。加强非税收入征管，修订完善政府非税收入管理办法，建立健全非税收入征缴信息系统，取消部门、单位的收入过渡户，杜绝了收入挤占、滞留、挪用现象。

【坚持多予少取，强力支持新农村建设】 进一步加大对新农村建设的支持力度，2006年全市用于新农村建设的财政性投入达6.7亿元，较上年增长20%。安排农业综合开发和土地治理专项资金1 901万元，安排资金5 045万元兑付农民粮食直补资金，发放农村柴油、化肥提价补贴，兑现良种补贴和农机购置补贴。各级投资6 713万元，完成了村村通自来水工程。投入2 952万元用于支持新型农村合作医疗制度建设，财政补助标准提高到40元，农民参合率提高到98.5%。投入5 506万元，全面免除了农村义务教育阶段学生学杂费，提高了农村中小学公用经费标准。

【优化支出结构，统筹经济社会协调发展】 合理统筹财政资金，整合存量、调节增量、优化结构，集中财力解决各项事业发展中的热点、难点问题。筹措资金6 280万元用于安置改制、破产、关闭企业职工。补助社会保险资金4 325万元，用于发放离退休人员生活费和失业人员失业金。认真落实城乡居民最低生活保障政策，城镇和农村低保标准分别提高到170元/月、1 080元/年。

【强化监管，深化改革，提高资金使用效益】 健全完善财政资金管理办法，制定了《平度市财政资金跟踪问效监督办法》，对政府投资项目资金等财政资金实行跟踪问效。加快推进部门预算改革，建立健全预算内外资金综合运筹机制、重点项目投入机制、绩效评价机制。按照《政府采购法》的要求，规范了政府采购管理制度，修订完善政府采购流程，实施“管、采”分离、“货、款”分离，政府采购规模进一步扩大，当年完成政府采购1.95亿元，节约财政资金1 393万元，节支率达到7.1%。

（撰稿：李学锋）

胶南市

【概述】 2006年，胶南市地方财政收入完成15.77亿元，比上年增长26.2%；全市地方财政支出完成18.34亿元，比上年增长28%，实现当年财政收支平衡。

【积极培植财源　促进财政增收】 对准焦点，突出重点，加大投入，促进了一批事关长远发展、提升产业层次的重大项目的顺利实施，园区入驻企业已逐步成为财政增收的重要力量。坚持多渠道筹措资金，持续加大城市基础设施投入，在改善城市形象和居民生活环境的同时，有效地带动了第三产业的发展，第三产业缴纳税收增长37.7%。同时加强对经济运行和财政收入态势的跟踪分析，加强收入计划的分解、落实，明确收入责任和细化目标考核，充分调动了征管部门的积极性，促进了财政收入的快速增长。

【深化财政改革　规范财政管理】 相继制定了《胶南市市级财政性投资管理暂行办法》等多个规范性文件，规范了包括招投标、开工报告、追加工程、项目监管、资金拨付在内各个环节的管理和监督。通过推行统一的管理模式，在财政性投资领域杜绝了招投标暗箱操作的问题；通过推行标的公开、合理低价中标模式，中标额较过去减少15%左右；通过实施开工报告制度、追加项目审批制度，财政性投资追加额度大大减少；通过实施工程追加和地面附着物补偿清点相关部门共同参与、相互监督，有效地堵塞了管理漏洞；通过全面推行国库集中支付，彻底杜绝了截留、挪用工程资金的问题。2006年市财政集中支付资金超过8亿元，政府采购总额超过2亿元，分别比上年增长40%和35%左右。

【突出民生主题　构建和谐社会】 加大投入，进一步深化新型农村合作医疗制度改革；突出乡镇卫生院和村卫生室仪器设备、基础设施建设，建立了完善的农村公共卫生体系，切实解决群众“看病难、看病贵”的问题。大力支持最低生活保障制度和深化分类救助制度建设，不断完善医疗救助体系，突出乡镇中心敬老院工程建设和残疾人安居工程建设，建立起适合全市社会发展的社会福利事业体系。加快乡镇实训基地建设，提高农民向二、三产业转移步伐；大力实施农民和下岗职工创业小额贷款贴息办法，鼓励农民自主创业；不断完善被征地农民养老保险制度，建立了比较完善的农民保障体系。2006年投入社会保障资金达9 380万元，有力地保持了社会稳定，支持了经济社会又快又好发展。

（撰稿：李　建）

莱西市

【概述】 2006年，莱西市地方财政收入完成8.02亿元，比上年增长28.1%。全市地方财政支出完成9.48亿元，增长19.5%，实现了全市财政收支平衡。全市镇级地方财政收入达到5.51亿元，增长30.1%。

【地方财政收入实现新跨越】 2006年，莱西市牢固树立均衡入库观念，以组织收入为中心，进一步加大了税收征管力度，定期召开收入调度会，通报收入入库及排名情况，促进了财政收入稳定增长。切实加强了行政服务中心农税窗口建设，加强了对耕地占用税和契税征收政策的专题宣传，积极开展了各镇（办）“两税”征管情况专项检查和“两税”专项清收活动，收效明显。对全市非税收入征管情况进行了摸底调查，重新调整下达了任务指标，出台了增收奖励政策，加强了对土地出让收入、国有资产经营收益、行政事业性收费等非税收入项目的征管，调动了相关部门抓非税收入的积极性。年内财政等部门共组织入库地方财政收入4.43亿元，比上年增长40.9%。

【财政改革迈出新步伐】 一是全面试行部门预算。在认真总结试点经验的基础上，全面试行部门预算编制，强化了预算刚性约束作用。二是切实加强政府性投资基建项目管理。对全市政府性投资基建项目进行了全面清查登记，出台了《政府性投资项目跟踪审计监督意见》，对全市正在施工的大工程项目进行了跟踪审计，加强了对全市政府性投资基建项目的财务管理，提高了财政资金使用效益。三是深化会计集中核算改革。完善工作流程，严把支出关口，提高服务质量，汇总缴纳各种税金320余万元。四是深化政府采购改革。认真落实政府采购各项管理制度，组织开展了镇级政府采购专项检查，严格车辆配置审批程序，巩固了政府采购成果。

【财政保障达到新水平】 一是确保工资正常发放。面对尖锐的收支矛盾，科学调度运筹资金，7月份将镇级教师和干部统一加入了医疗保险和养老保险，年增加财政支出1 270万元，12月份对镇级部分工资项目进行了拉平，年增加财政支出1 870万元。二是积极支持社会主义新农村建设。争取上级支农资金，主要用于产芝水库除险工程、农村自来水工程、小型农田水利建设等项目；认真落实粮食补贴、农机补贴和成品油补贴政策，发放粮食直补资金1 146.22万元，保护了农民种粮积极性。三是积极支持重点项目建设。通过资产运营、筹集重点建设基金、向银行融通资金以及预算内安排等渠道多方筹措资金，主要用于城区道路、绿化、供水、排污、莱西湖和堤湾水库等湖洼开发、水利等项目；筹集资金用于对开发项目所涉及的青苗和地上附着物、房屋、占地等方面的补偿，有力地支持了全市经济建设。四是努力维护社会稳定。积极推进新型农村合作医疗制度改革，认真做好春节期间困难职工救助款筹集工作，全面落实最低生活保障制度，将符合低保条件的农村低保户6 675户10 028人和城市低保户423户975人分别纳入了城乡低保范围，实行“阳光救助”，维护了社会稳定。

（撰稿：李　涛）

保　税　区

【概述】 2006年，青岛保税区实现区级一般预算收入1.57亿元，同比增长0.35%；地方一般预算收入2.98亿元，同比增长0.37%，剔除朗讯不可比因素，同比增长20.21%。

【加强财源建设，确保保税区财力的持续稳定增长】 加强财税库企协作，加强与国地税、国库的工作联系，按季组织召开财源经济建设领导小组及办公室会议，并定期走访重点税源企业，确保各项税收及时足额入库。积极制定出台财源建设相关政策，列出2006年保税区重点行业重点企业支持目录，充分发挥财政资金的引导作用和激励功能。及时调度企业挖潜改造资金，支持区内企业发展。同时，实施“走出去”的发展战略，鼓励和支持企业到境外创业，扩大出口，全年办理出口退税1.69亿元，占当年出口退税基数的341%，比上年同期增长55%。有效地增强了企业出口竞争力和开拓国际市场的能力，促进了保税区外贸进出口的扩张。

【加强资金支出管理，为管委和区内企业服好务】 为各办局日常工作服好务，全年共审查管委各办局各类票据约6万余笔，费用支出金额达7 601万元，纠正和完善各种票据3 000余笔，涉及金额60万余元，同时按月通报招商及办公经费支出情况，保障了各办局日常工作的开展。为管委办公设施配置服好务。会同相关单位，通过询价、公开招标及议标采购电脑、汽车、监控设备等13次，金额达671.6万元，节约资金72.6万元，节约率达10%。及时解决了保税区管委对办公设备及数字保税区、文化立区等的需求。为管委重点工作服好务，根据财政性基本建设资金管理规定，严格执行年初预算，强化项目审批制度，严格评估论证、立项审批、设计和验收，保证项目质量和资金使用效益，保证了管委年度重点工程建设的需要。为区内企业做好财务与会计管理服务，组织了2次会计从业资格考试，开展了2006年全国注册会计师考试报名工作，开展区内会计人员继续教育2期，同时举办了4期初级会计电算化培训。

【加强内控管理，不断提高财政工作制度化、规范化水平】 一是进一步做好财政调研、信息工作。制定了《青岛保税区财政局2006年度调研、信息工作考核办法》，对调研、信息工作每半年进行一次考核，与绩效挂钩。全年编发《财政工作简报》12期，向管委和市财政局报送各类信息114篇，被有关部门采用14篇，其中，部级以上刊物采用3篇，创历史新高。二是进一步加强档案管理工作。制定了《青岛保税区财政局档案管理试行办法》，在系统管理方面，应用易初档案管理系统，将1995年至今的1 005份会计档案、634份企财档案及2000年至今的146份文书档案录入微机，实行电子档案管理，提高了档案工作效率。三是加强内部管理制度建设。制定了《青岛保税区管委固定资产管理办法》、《青岛保税区财政性投资工程类固定资产管理办法》，进一步规范了资产调配、处置行为。同时，为进一步加强内控管理，还制定了《监督检查工作制度》、《青岛保税区财政局车辆管理暂行规定》等6项内控管理制度，使各项工作有章可循。

（撰稿：徐桂屏）

淄　博　市

张　店　区

【概述】 2006年，张店区地方财政收入突破10亿元大关，达到10.24亿元，同比增长27.85%；财政支出完成9.94亿元，增长24.3%。

【发挥财税杠杆作用，支持经济结构调整取得新成效】 为了促进区域经济发展，构筑企业发展融资平台，投资1 000万元成立了淄博乾瑞投资有限公司，已正式投入运营。多渠道筹集资金，重点扶持了淄博科技工业园、张店经济开发区、淄博建材工业区等重点工业园区建设。大力支持社会主义新农村建设，认真落实各项支农惠农政策，在全市率先实现了村村通自来水，顺利完成农业综合开发八期工程。积极支持城市建设，保证了淄博新区道路、国道309张店立交等主干道路桥建设改造工程，支持了猪龙河、涝淄河、玉龙河环保综合整治和孝妇河综合治理三期工程。

【加强财政管理，深化财政改革迈出新步伐】 不断加大税收稽查力度，坚决堵塞漏洞，严厉打击偷、逃、骗税等各种涉税违法行为。加强各镇、街道财政收入管理，通过纳税单位数据库，真实、准确、及时反映各镇、街道财政收入。全面推行部门预算编制改革，初步建立起了部门预算的基本框架。国库集中支付正式上线运行，所有区级预算单位及预算内、外资金全部纳入国库集中支付改革范围，实现了“一步到位”。加强国有资产收益收缴工作，全年实现国有资产收益2 305万元。积极探索资金管理创新，启动了社会保障资金征缴管理系统，使社会保障资金的安全性、完整性上了一个新台阶。预算外资金管理工作得到强化，通过非税收入系统缴入财政专户非税收入2.78亿元。认真落实粮食直补资金，110万元种粮补贴全部及时地发放到农民手中。加强契税征管工作，进一步加大对契税、耕地占用税的宣传力度，契税收入完成7 118万元。

【优化支出结构，财政保障能力有了新增强】 在预算执行中，严格遵守《预算法》，按照保工资、保稳定、保法定支出的顺序，合理运筹调度资金，解决改革发展稳定中的重点难点问题，进一步完善保证工资正常发放的机制，保证工资及时发放；及时拨付资金，为区政府为群众办实事提供财力保障；加大对“三农”、教育、卫生、文化、计划生育、就业再就业、社会保障、生态环境、公共基础设施、社会治安等方面的投入，改善公共服务，发展社会事业。

【强化财政监督，财经秩序进一步规范】 充分发挥财政监督职能，完善监督体系，拓展监督领域。进一步规范执法程序，按计划、有重点地组织开展了会计信息质量检查、行政事业单位财务会审等专项检查。做好行政事业单位银行账户和奖金补贴清理工作，整顿和规范了财政经济秩序。

（撰稿：杜　郁　孙　岩）

淄　川　区

【概述】 2006年，淄川区地方财政收入完成7.27亿元，比上年增长25.24%；地方财政支出完成8.91亿元，比上年增长28%。实现了当年财政收支平衡。

【财政经济健康发展】 制定了新的乡镇财政管理体制，把更多的财力留给了乡镇，提高了乡镇发展增收的积极性。积极落实招商引资政策扶持资金1 938万元，兑现企业品牌奖励资金195万元，奖励企业名优品牌16个，着力培育优势骨干财源。制定了收入均衡入库奖励办法，促进了税收收入稳定、快速增长。全面落实“收支两条线”管理规定，加强票据源头控制和管理，审验各类收费及基金4.38亿元，清理违规收费36项，实现了非税收入及时、足额入库。建立了契税征管信息管理系统，加大了契税源头的控制力度。

【理财质量不断提高】 将非税收入纳入预算管理范围，实行综合预算管理。建立了覆盖全区107个预算单位的国库集中支付网络体系，年内国库直接支付资金2.09亿元，占资金支付额的64.1%。积极拓展政府采购领域，将政府投资工程一律纳入工程招标范围。完善了车辆保险招标方式，引入供应商竞争机制。举办了公务用车旧车拍卖会，规范了旧车处置行为。财政保障能力不断增强，全年专户管理各类社保资金累计达4.91亿元，拨付保险基金2.88亿元，区级财政投入社保资金1.89亿元，加快了全区城乡社会救助体系建设。

【新农村建设稳步推进】 年内累计投入支农资金1 343万元，比上年增长25%。投入农业综合开发资金410万元，扶贫开发资金190万元，加快农业基础设施建设。积极推行财政小额贴息贷款办法，通过财政贴息，建设万亩“百荷园”项目，拓宽农民增收渠道。落实“两免一补”专项资金160万元，救助贫困家庭学生2 731名。安排专项资金260万元，将新型农村合作医疗试点乡镇扩展到12处，覆盖人口32万人。安排资金155万元，改造3处乡镇卫生院和65个村级卫生室。整合资金570万元，加快“村村通”自来水工程建设，解决了山区5.2万人“吃水难”问题。积极推进“阳光工程”，全年培训农民3 450人，转移就业3 036人。

【财经秩序日趋好转】 积极开展破产企业职工安置费、房管资金、建筑企业劳保费、会计信息质量、农业专项资金等监督检查活动，促进了财经秩序的好转。坚持基建工程监管员制度，对财政性资金投资项目，一律实行专人监管，全过程跟踪监督，确保了建设资金安全和使用效益。对重点农业项目，一律实行报账提款制度，确保了农业项目资金的专款专用。积极推进公有资产运营和监管，全年实现公有资产运营收益290万元，收缴入库产权转让收入152万元，收缴公用房产处置收入17万元。严格会计信息监管，积极组织会计人员从业资格考试、会计电算化推广、会计人员继续教育、财务信用等级考评、加强会计代理机构监管等，促进了会计信息质量的全面提高。

（撰稿：马通之）

博山区

【概述】 2006年，博山区地方财政收入完成5.13亿元，增长22.1%；财政支出完成6.28亿元，比上年增长18.1%。

【狠抓收入促发展】 积极协调国税、地税等执收部门，切实加大收入征管力度，努力做到应收尽收，确保完成各项预算收入任务。加强非税收入管理，严格“票款分离”、“罚缴分离”，全年预算外管理规模达1.20亿元，增强了政府统筹调控能力。进一步做好契税、耕地占用税的组织征收和督促入库工作，全区契税收入完成3 467万元，比上年增长92.61%，耕地占用税完成326万元。

【优化支出保稳定】 进一步加大对“三农”的支持力度，认真落实惠农补贴政策，向种粮农民兑付粮食直补资金116万元，兑付柴油、化肥等生产资料增支补贴117万元，受益农民达6.2万户。筹集财政资金233万元，大力支持实施新型农村合作医疗，全区参合人数达到15.09万人次，参合率达90%以上。加大对教育事业的支持力度，将教师工资和预算内生均公用经费列入本级财政预算，并按时拨付到位，对所有城市低保家庭义务教育阶段学生实行“两免一补”政策。

【深化改革求创新】 全面实施政府收支分类改革，将全部预算单位纳入国库集中支付范围，截至2006年12月底，通过国库集中支付系统共拨付资金3.72亿元。在全市区县中率先成立了财政投资评审中心，印发了《博山区区级财政投资评审内部管理暂行规定》。大力推行政府采购制度，拓宽采购范围，全年共实施政府采购99次，节支率16.05%。

【依法理财强监督】 加强对财政性资金的跟踪问效，提高了资金的使用效益。进一步加强会计管理工作，组织开展了会计从业资格证年检、会计从业人员继续教育和电算化培训。对全区14户企业开展会计信息质量检查，查处违规资金63万元。开展了“小金库”检查、票据检查、专项资金检查、外商投资企业财政年检等工作，进一步加强了财政监督，维护了正常的财经秩序。

（撰稿：侯永明）

临淄区

【概述】 2006年，临淄区地方财政收入完成12亿元，增长29.03%；财政支出完成14亿元，增长22.98%。收支两项指标连续7年列淄博市第一位，连续26年实现财政收支平衡。

【财政收入质量不断提高】 认真执行稳健的财政政策，灵活运用财政杠杆，支持经济发展。安排科技三项费用、企业挖潜改造支出1 560万元，兑现奖励资金2 300万元，促进了企业快速健康发展。参加省级区域经济协调发展示范县招标并顺利中标，获得300万元无偿资金扶持，重点支持了齐都药业、欧木纸业等一批高科技环保项目，增强了企业可持续发展能力。落实提高个税起征点政策，增加了居民可支配收入，拉动了社会消费。大力强化征管机制建设，完善了税收监控体系，确保了各项税收收入应收尽收。加强非税收入管理，建立了源头控收、专户控制、监督检查相结合的征管体系，区级非税收入完成4.89亿元，同比上年增长27.09%。

【财政资金的普惠性发挥充分】 按照“一要吃饭，二要建设”的原则，优先保证工资正常发放，兑现统一补贴4 328万元，提高了职工收入水平。实现各项社保基金总收入4.13亿元，支出2.72亿元，困难群众得到及时救助。拨付资金1.5亿元，保证了齐都路、102省道等重点工程建设需要，并归还了历年重点工程欠款；强化工程预结算审查，审减额309万元，审减率12.26%。综合运筹资金，确保了教科文卫、公检法司等支出需要，维护了稳定发展大局，有力地推动了和谐社会建设。坚持多予少取放活的原则，全年落实资金6 459万元，建设了30处村务中心，完成了“村村通自来水”工程，积极推进农业综合开发，推广良种、良法种植，兑现粮食和农资补贴，并在农村路水电医学等各个方面给予了有力的扶持，有力地推动了社会主义新农村建设。

【深入推进财政改革】 部门综合预算改革成效显著，预算的完整性、规范性、安全性得到进一步提高。组织召开国库集中支付改革动员大会，同步启动了区级福利补贴、银行账户清理工作，对137个单位589个账户进行了检查，撤销账户151个，为建立国库单一账户体系奠定了基础。预算执行效率进一步提高，全年集中支付资金8.02亿元，其中，直接支付资金6亿元，占支付总额的75%。完成政府采购1.47亿元，节约资金1 768万元，节支率10.76%，取得了良好的节支效果。

（撰稿：王红军）

周村区

【概述】 2006年，周村区地方财政收入完成5.01亿元，比上年增长31.01%；财政支出完成5.58亿元，增长15.48%。连续12年实现财政收支平衡。当年，周村区继续保持省级文明单位荣誉，并被省财政厅、省人事厅授予“全省财政系统先进单位”荣誉称号。

【强化财政收支管理】 加强镇级财政管理，调动乡镇增收积极性，促进镇级财政增收。进一步扩大国库集中支付改革范围，全年国库集中支付资金9 207万元，其中授权支付6 359万元，直接支付2 848万元。严格支出控制，把好拨款关。加强非税收入管理，严格控制票据发放、使用、审核、稽查、回收等关键环节，从源头上预防和遏制乱收费行为，全年财政专户收入2.37亿元，财政专户支出2.52亿元。

【支持地区经济发展】 继续实施“三强带动”战略，鼓励骨干企业扩规模、上水平，支持了宏信、兰雁、凤阳等一批骨干企业持续快速发展。加大扶持力度，落实技术改造项目、财源建设项目等经费资金和国债资金共计1 588万元。拨付1.02亿元用于安置改制企业职工和支持破产企业重组，促进了企业发展。加强农业投入和管理，全年实现农业支出7 251万元，林业支出209万元，水利和气象支出414万元。周村区被省财政厅确定为全省财政支农资金整合试点区后，立足“三山一河”旅游优势资源，预计三年内省市将投入无偿资金6 000万元，整合资金总额3.6亿元。积极对上争取资金，加大招商引资力度，完成招商引资额6 000万元，招商项目10个，为经济发展注入新的活力。

【保障重点支出需要】 在财政支出压力较大的情况下，确保工资及时足额发放。顺利完成粮食直补兑付工作，补贴资金201.83万元，资金兑付率100%。发放柴油、化肥补贴资金204.67万元。对城市公交、农村道路客运、出租车进行成品油政策性价格补贴，共补贴资金208.31万元。为全区8 522名企业离退休人员调整养老金待遇，共补发企业养老金820万元。筹集新型农村合作医疗基金792万元，扎实推进新型农村合作医疗制度。大力支持社会保障体系建设，拨付养老金1.64亿元，医疗保险金2 200万元，失业保险金1 736万元，生育保险金92万元，新型农村合作医疗基金558万元，工伤保险金109万元，最低生活保障资金1 600万元。保证教育等经费支出，促进农村教育、计划生育、公共卫生等重点事业发展。

【不断提高理财水平】 严格执行《政府采购法》，保证财政资金封闭、安全、高效使用。全年完成政府采购资金总额6 584万元，节约支出1 275万元，节支率达16%。加强对财政资金管理和使用情况、财经法规执行情况、会计人员管理情况的专项检查，全年共检查单位15户，组织全区行政事业单位财务会审两次，有效维护了全区财政经济健康发展。坚持以人为本，加强对会计人员的管理培训，共为3 300名会计人员换发了新的会计从业资格证书，举办各类会计培训班25期，培训人员达3 966人，提高了会计信息质量。

（撰稿：宓　雯）

桓台县

【概述】 2006年，桓台县地方财政收入突破7亿元大关，实现7.11亿元，比上年增长30.82%；财政支出实现10.34亿元，增长37.65%，连续16年实现财政收支平衡。桓台县财政局继续保持“省级文明机关”称号，并先后获得县委、县政府授予的履行岗位目标责任制优秀单位、人民群众满意机关、党风廉政建设先进单位、精神文明建设先进单位、政风行风和优化发展环境先进单位、依法行政先进单位和行政服务优秀窗口等多项荣誉，获得县人大授予的部门执法责任制先进单位。

【财政收入持续高幅增长】 认真组织预算执行，深挖增收潜力。各收入征管部门克服政策性减收因素、企业资金紧张、用地紧张等各种困难，坚持依法征税，严厉打击跑、冒、滴、漏现象，保证了各项税收及时均衡入库，全面完成了预算收入任务。全县各项税收入库15.6亿元，增长30%。

【财政支出结构明显优化】 统筹安排各项支出，努力优化支出结构，克服收入入库不均衡、国库资金紧张等困难，科学调度资金，确保了重点支出需要。千方百计筹集资金，及时兑现了机关事业人员生活补贴、节日补贴和取暖补贴；切实加大对经济发展的扶持力度，拨付财源建设资金6 600万元，返还土地出让金4 998万元，办理出口企业免抵退税1.3亿元，有力地支持了骨干企业发展和招商引资；加快推动全县城市化进程，全年共拨付资金1.67亿元，加大对城市重点工程、基础设施改造和建设的投入；大力支持环境保护，拨付资金1 800万元，对东猪龙河、崔家暗涵和污水管网进行治理改造，及时兑现企业治污补助；全面落实支农惠农政策，继续完善社会保障体系，全县财政用于“三农”和社会保障的资金分别达到7 000万元和8 100万元，有力地推动了和谐社会建设。

【理财水平不断提高】 认真编制并严格执行部门预算，坚持按预算花钱，增强了部门预算的约束力和严肃性。加强非税收入征管，“收支两条线”和综合预算管理进一步规范。顺利完成国库集中支付改革，实现了财政、国库、银行联网。政府采购领域及规模进一步扩大，县重点工程建设全部实行政府采购，全年采购资金总额突破1亿元。政府收支分类改革顺利启动，较好地实现了新旧科目双轨平稳运行。加强政府投资项目资金管理，严格执行工程招投标制度和跟踪审查制度，效果显著。不断强化国有资产管理，加大产权转让收入回收力度。继续加强会计人员管理培训，共为全县2 300名会计人员换发了新的会计从业资格证书。债权债务管理得到强化，招商引资工作取得新进展。坚持内部审计制度，财政监管力度得到加强。

（撰稿：张　暖）

高　青　县

【概述】 2006年，高青县地方财政收入完成2.8亿元，增长22%；财政支出完成4.5亿元，增长16.8%，连续第16年实现财政收支平衡。

【加强财源建设，财政收入保持平稳较快增长】 认真落实财税改革和国家产业发展、社会事业发展的扶持政策，围绕骨干工业企业、园区经济等财源建设重点，进一步加大财源建设力度。紧紧抓住全市“支持高青、突破高青”的重大机遇，加大对上争取工作力度。按照统筹兼顾、协调发展的要求，积极兑现财源建设、效益农业、科技创新及成果转化等奖励资金和招商引资优惠政策1 955万元，提高了各级、各单位发展经济的积极性。加大招商引资力度，完善招商政策，实行“一岗三责”，集中突破重点产业和重点地区，全年引进各类项目91个，合同利用县外资金43.9亿元，实际到位13.56亿元。深入实施工业强县和品牌带动战略，支持企业经济结构调整和增长方式转变，壮大了财政增收经济基础，财政实力进一步增强。

【加大财政支农力度，社会主义新农村建设扎实推进】 加大支农惠农力度，投资1 000余万元支持新农村建设。全县用于“三农”的各项财政性投入达1亿多元。蔬菜、水产、果桑产业规模和效益进一步提高，3个农产品获国家绿色产品认证，被授予全国粮食先进县。认真落实粮食、良种、农机购置“三补贴”资金1 563万元。积极支持农村劳动力转移培训工程、集体经济薄弱村发展、村级组织活动场所建设、“科普村村通”和“村村通自来水”工程。大力支持农业技术推广、农民专业合作组织发展等，推进农业现代化发展。稳步推进新型农村合作医疗试点，落实农村低保和五保供养制度。建立完善以县为主的农村义务教育机制，从2006年9月开始，全县农村中小学教师工资上划县级管理和统发。组织实施财政支持农民小额扶贫贷款担保和政策性农业保险试点。这些措施的实施，促进了农业增产、农民增收和农村发展，加快了城乡协调发展步伐。

【深化财政改革，优化支出结构，财政管理进一步规范】 进一步深化和完善部门预算、收支两条线、政府采购、国库集中支付、政府收支分类等财政改革。强化收入管理，完善社会综合治税措施，努力增加收入，提高收入质量，增强了政府调控能力。加强财政投资评审工作，全年共完成财政投资评审项目7个，评审项目资金1 212万元，净核减236万元，核减率19%。加强行政事业单位资产管理，开展行政事业单位固定资产摸底调查工作。加强财务会计监管和会计信息质量检查，维护了财经秩序。切实做好城乡弱势群体救助保障工作，对城乡低保、下岗职工基本生活保障、就业再就业补助、特困企业军转和离休干部救助以及五保供养、灾害救助等进行重点支持。进一步加大对教育、科技、文化等重点事业、环境保护和城市建设等重点支出的支持保障力度，改善了人民群众的物质文化生活和人居生态环境。

（撰稿：信广永）

沂　源　县

【概述】 2006年，沂源县地方财政收入完成4.16亿元，增长25%；财政支出完成6.06万元，增长20%。当年，沂源县财政局在全省财政系统“双先”评比中，被省人事厅和财政厅表彰为“全省财政系统先进集体”，在全县行风评议中名列前茅，并顺利通过“省级文明单位”、“省级文明机关”、“市级文明单位”复验。

【财源建设取得明显成效】 大力实施“工业立县”战略，充分发挥财政资金的吸附带动作用，认真落实各项奖励优惠政策，鼓励企业加快发展。2006年，争取上级扶持企业发展资金1 200余万元，兑现企业贷款财政贴息610万元，落实各项税收优惠奖励政策4 200多万元，吸引金融贷款1.6亿多元，用于重点企业扶持、重点项目建设，促进了工业产业结构优化，推动了县域经济的快速发展。同时，引导乡镇调整工作思路，树立以工兴乡、以工促农的思想观念，鼓励乡镇引外资、上项目、求发展，乡镇“自我造血”机能得到增强。

【财政保障机制建设取得明显成效】 统筹调度资金，综合预算内外财力，在保障机关事业单位人员工资、养老金正常发放的基础上，集中财力保证了事关群众利益、重点事业发展、社会稳定的重点支出需要。加大“三农”投入力度，安排资金7 868万元，用于农业综合开发、农田水利基本建设和农业产业化经营。投入资金1 470万元，落实粮食、良种、农机“三补贴”和成品油价格上涨补贴、“两免一补”、农村计划生育及农村中小学布局调整、农村科学普及等各项惠农政策。高度关注弱势群体和困难群众生产生活，用于社会保障的资金达5 400多万元，并在8个乡镇推行新型农村合作医疗试点。加大对乡镇的支持力度，全年安排转移支付资金达1.3亿元，实现了乡镇工资、保险金连续第三年无拖欠，促进了社会和谐发展。同时，千方百计筹措资金5 000余万元，积极支持文化苑、一中新校、城区道路、民乐园、水上乐园等重点基础设施建设。

【预算管理制度改革取得明显成效】 部门预算和政府收支分类改革稳步推进，在合理确定单位定额标准、分类标准的基础上，按照“两上两下”的工作程序，全面实行了部门预算编制，并及时完成2006年新老口径科目转换工作，实现了新旧科目双轨平稳运行。积极推行国库集中支付改革试点，在计生局等10个单位进行了国库集中支付改革试点，实现了资金网上申报、网上支付、网上核算的全过程网络化操作。乡镇财政管理改革全面铺开，借鉴外地经验，在乡镇全面推行了“乡财乡用县管”制度，进一步增强了乡镇预算约束力。政府采购制度改革进一步深化，全年采购额达6 248万元，节约财政资金797万元，节支率11.31%。

【财政财务管理取得明显成效】 积极推行财务总监制度、投资评审制和报账提款制，对政府投资的重点工程项目实行事前、事中、事后全过程监督管理。加强行政事业单位国有资产监管，管理制度基本形成体系，并将资产管理与财务管理融为一体，实现规范运作。全面实行“票款分离”和“收支两条线”管理制度，累计完成预算外资金收入9 592万元。

（撰稿：齐元兵）

高新技术开发区

【概述】 2006年，淄博高新技术开发区实现地方财政收入6.83亿元，同比增长22%；实现财政支出7.40亿元，同比增长19.49%。实现非税收入1.66亿元，非税收入比重为24.30%，比上年同期降低6.39个百分点。连续第14年实现财政收支平衡。

【强化收入征管，促进收入稳定增长】 积极协调和督促各收入征管部门做好收入的征收入库工作，依法征收、应收尽收，充分调动各方面组织收入的积极性，深入研究分析税源，及时做好预算执行情况分析，把握收入进度，合理安排各项支出。积极做好契税、耕地占用税和非税收入的征管入库工作，在督促做好水资源费和排污费征收管理工作的同时，加大对国有资产经营收益和罚没收入等非税收入的管理力度，进一步规范了土地收益的收缴行为，促进了财政收入快速稳定增长。

【认真落实政策，做好财源建设工作】 积极组织企业参加了财源建设项目贴息公开招标活动，获得40万元的贷款贴息支持；争取上级对环保、科技等项目的专项补助资金1 965万元，有力地支持了区内高新技术企业发展。对2005年度为高新区经济建设做出突出贡献的58户企业及经营者进行了表彰奖励，兑现奖励资金979.5万元，其中奖励企业34万元，奖励经营者945.5万元，是历年来奖励额度最高的一年，进一步稳固了财源，调动了企业依法纳税的积极性。

【积极落实惠农政策，支持“三农”发展】 按照上级统一要求，积极组织了2005年度农业财源建设奖励和2006年省级财政扶持农业生态工程项目的申报，共争取各类补助资金300万元。组织申报了市级第二批“双增工程”示范乡镇实施方案，争取上级“双增工程”专款资金20万元；做好支农项目资金申报工作，共争取各项支农补助资金共计43万元。组织5个项目参加2006年财政农业项目招标会，有两个项目中标，获得支持资金47.5万元。支持做好高新区村村通自来水工程建设，获得上级资金支持61万元。对高新区两办一镇重点农业项目进行了检查验收，并根据检查验收结果，将资金全部落实到位，全年共拨付支农资金400万元。组织两办一镇为11 650户种粮农民兑付直接补贴资金、柴油化肥补贴资金114.19万元，提高了农民种粮积极性，促进了农业发展和农民增收。建立了养老、失业、医疗、工伤、生育和城乡居民最低生活保障制度，截至2006年底，全区城镇企业职工养老保险参保职工达1.09万人。逐步完善城乡困难群体社会救助体系，积极筹集资金40余万元，共为421户特困家庭建立并发放了存折，使他们能够及时领到补助款，更好地体现了政府的关怀。安排再就业补助资金30万元，对下岗职工实行企业定单式培训，每年组织安排三期失业职工和失地农民免费再就业培训，共培训800多人，学成后再就业率达到95%。实施新型农村合作医疗制度，累计报销564万元，受益农民达19.12万人次。筹资165万元，对全区55处村（居）卫生室按照统一标准进行新建、扩建。

（撰稿：田金宁）

枣 庄 市

市 中 区

【概述】 2006年，市中区地方财政收入完成5.45亿元，占预算的108.8%，比上年增长36%。财政支出完成6.93亿元，完成预算的111.42%，增长28.73%。

【财政收入实现新跨越】 紧紧围绕收入预算任务和均衡入库目标，按征收部门及时分解落实任务责任，层层实行责任制。财政部门不断加大对契税、耕地占用税的征管力度，并及时收缴国有资产经营收益，促进了财政收入的稳定增长。全区地方财政收入占GDP的比重达到6.9%，比2005年提高0.56个百分点；税收收入占财政收入的比重为70.04%，与上年基本持平。

【支出结构调整迈出新步伐】 积极筹措资金，保障了全区工资发放，乡级住房补贴和正常晋档晋级工资全部给予保证，全年工资性增支累计约2 800万元。加大了对城乡弱势群体的扶持力度，筹措资金152万元，用于下岗失业人员小额担保贷款、再就业培训、发放社会保险、岗位补贴，以及人力资源市场建设，支持下岗失业人员再就业。全面支持新农村建设，拨付资金345万元，支持全区农村通自来水工程和农村沼气建设；拨付资金280万元，用于全区绿色通道、丰产林、可视山头荒山绿化和生态公益林建设。严格落实各项支农惠农政策，上年共为全区49 458户农户发放粮食直补资金209万元，发放油价补贴资金212万元，拨付农村客运、出租车油价补贴15.6万元。教育投入继续加大，拨付资金325万元，支持中小学危房改造、“三新工程”建设和“两免一补”工作。同时，积极筹措资金，保证了科技、文化、计划生育、环保等各项重点社会事业的发展。

【财源建设实现新成效】 加快落实全区加快重点项目建设的政策措施，促进新的经济增长点发展壮大。为中泰集团授信4.6亿元贷款提供担保服务，支持李堂煤矿、朝阳煤矿建设，同时为朝阳煤矿、枣庄中联水泥等重点企业和经济开发区办理转贷资金5 825万元，并垫付银行贷款利息341万元。继续支持全区招商引资工作，拨付资金886万元，用于全区招商奖励兑现和枣庄经济开发区、君山商城等招商优惠政策兑现。

【理财水平实现新提高】 严格执行《预算法》，认真编制财政预决算，确保按预算、按进度拨款。逐步推进政府采购改革，推行了行贿犯罪档案查询制度。扎实开展企事业单位资产统计和产权登记工作，不断推进全区区直行政事业单位国有资产管理体制改革。认真开展财经纪律专项检查、会计信息质量检查、涉企收费专项检查等监督检查，累计查处违纪资金2 650万元。

（撰稿：徐 朕）

薛 城 区

【概述】 2006年，薛城区地方财政收入实现2.9亿元，增长13.3%；财政支出完成4.63亿元，增长16.7%。

【公共财政保障能力进一步增强】 集中资金全力保证工资正常发放和机关正常运转，区镇两级做到了工资及时发放不拖欠，并及时兑现了政策性增资。加大社保基金投入，保证了养老保险金、医疗保险金、城市低保金、农村低保金、下岗解困资金等社保资金按时足额拨付。千方百计筹集资金，保证了重点基础设施工程以及招商引资等重点支出需要。

【依法加强征管，确保收入稳定增长】 认真分析经济形势，科学安排财政预算，把收入任务列入全年考核目标，细化分解任务，加大督促检查，确保任务完成。大力推行综合治税，健全完善综合治税网络体系和工作机制，强化源头控制，共享涉税信息，推行税收精细化管理，提高征管水平。加强非税收入征管，继续完善“收支两条线”管理办法，“票款分离”覆盖面进一步扩大。

【支持新农村建设取得新成果】 大力支持农村综合生产能力建设，投入资金5 127万元重点支持村村通自来水工程、土地治理项目、基础设施建设和农业生态工程建设；落实好粮食、农机和农资补贴等支农惠农政策，补贴农民786万元；大力支持农村义务教育和卫生事业发展，农村义务教育阶段农村贫困生“两免一补”顺利实施，中小学危房改造和“三新”工程建设基本完成，新型农村合作医疗改革进一步深化。

【理财水平有了新的提高】 加强财政监督，重点开展了“收支两条线”、预算收入质量检查及收费年审检查，对契税、耕地占用税、建筑业和房地产业税费进行专项检查。加强各项基础管理工作，完善支出绩效评价机制和财政投资评审机制，认真审核黄河路改造工程、经济开发区排水改造工程、城市污水排水管网、铁道游击队影视城等 20 余项工程概、预（结）算，审减资金 1 090 万元，审减率为 25.59%，节约了大量财政性资金。

【财政改革迈出新步伐】 政府收支分类改革扎实推进，票款分离改革全面实施，契税征管工作扎实有效，会计委派、政府采购取得新的进展。积极推进“乡财乡用县管”改革，在保持区镇利益分配格局和镇街资金所有权、审批权、使用权不变的前提下，组建了“乡财乡用县管”结算中心，规范了镇街财政收支行为，增强了基层财政保障能力。

（撰稿：褚衍刚）

峄 城 区

【概述】 2006 年，峄城区地方财政收入完成 1.4 亿元，增长 8%；财政支出完成 3.16 亿元，增长 11.87%。峄城区财政局被授予“市政文明机关”荣誉称号。

【坚持不懈抓增收，财政收入质量再上新水平】 深入开展社会综合治税和各类税源调查，进行宏观税负分析，促进了税收收入的较快增长。建立了契税征收办公室，实行源头控制、自主征收。对全区限额以上企业纳税情况和镇（街）收入实行一月一通报，促进均衡入库。全年税收占地方财政收入的比重为 88.32%，比上年提高 11.77 个百分点。

【坚持多予少取，促进城乡协调发展步入新阶段】 全年财政支农总支出 2 168 万元，重点投向中低产田改造、小流域生态工程等项目建设。支持“村村通自来水”工程建设，使全区 17.95 万人吃上了卫生洁净的自来水。投资 256 万元，进行农村沼气工程建设，建成沼气池 1 218 个。全面推进新型农村合作医疗试点，全区筹集资金 860 万元，报销医药费 489.3 万元。实施中小学危房改造和“三新工程”，新建校舍面积 1.69 万平方米，新购置课桌凳 1.01 万套；对贫困家庭学生实行“两免一补”，受益学生 1 万余人。

【坚持以人为本，统筹社会事业发展迈出新步伐】 规范区直机关事业单位人员工资管理，新增人员采取编制和工资“双卡”审核制，严格控制发放范围。保证了全区离退休人员养老金按时足额发放，下岗失业人员和城市居民最低生活需要得到基本保障。进一步落实人口和计划生育利益导向机制，推行农村部分计划生育家庭奖励扶助制度，落实奖扶资金 630 余万元，惠及农民 1.43 万人。全年城建支出 3 345 万元，城市载体功能和居民生活环境进一步改善。

【坚定不移抓财源，促进经济发展取得新进展】 拨付科技发展专项资金 519 万元，增强企业自主创新能力，提高企业市场竞争力。认真落实各项财税扶持政策，实施“双推”工程，促进了民营经济发展。投入资金 467 万元，支持经济开发区基础设施建设。安排专项经费，保证了外出招商、洽谈、参展的需要。适当调整区对镇（街）财政管理体制，完善奖惩激励及补助政策，调动了镇（街）发展经济、增收节支的积极性。

【坚持机制创新，财政改革推出新举措】 修订、更新全区财政供养人员信息库，夯实预算管理基础。细化预算编制项目和内容，预算编制进一步规范、合理、有效。制定了政府集中采购目录和限额标准，完善采购运行规程，推行“管采分离”，节支率达 14%。全面推行“乡财乡用县管”改革，规范了财政收支行为，有效保证了镇（街）基本支出需要。

【坚持依法理财，财政监督管理取得新进展】 制定了企业国有资产监督管理暂行办法，开展行政事业单位国有资产使用情况专项检查。组织了 14 期会计人员电算化和企业会计准则培训，累计培训 900 余人。建立财政支农项目公示制、招投标制、法人负责制和县级报账提款制；对重点基建项目实施“双印鉴”管理，提高了资金使用效益。组织工程决算评审，审减率为 32%。认真开展落实“收支两条线”和会计信息质量等各项专项检查，促进了依法理财。

（撰稿：刘 伟）

台儿庄区

【概述】 2006 年，台儿庄区地方财政收入完成 2.02 亿元，占预算的 100.1%，增长 22.5%；财政支出完成 3.67 亿元，占预算的 118.4%，增长 23.4%，连续第 18 年实现财政收支平衡。

【依法加强收入征管，全区财政收入迈上新台阶】 财税部门协调配合，积极开展重点税源监控，大力推进依法治税，建立了多部门参与的涉税信息共享制度，实施社会综合治税，促进了地方税收增长。继续深化“收支两条线”改革，加强对预算外资金的收缴，进一步拓宽收入来源渠道，重点加大对水资源费、国有资产经营收益等征管力度，有力促进了非税收入的快速增长。全区地方财政收入突破

2亿元大关，税收占地方财政收入的比重达到65.3%，比上年提高1.8个百分点。

【统筹安排财力，重点支出得到有效保障】 科学合理调度资金，确保工资按时发放，及时兑付2005年年终一次性奖金；加大社会保障支出，全区离退休人员“两费”、居民最低生活保障金、失业人员失业金得到较好保障，有力地维护了社会稳定；加大对弱势群体的扶持力度，全区近千户农村家庭和700余户城镇家庭被纳入低保，对镇（街）敬老院进行了改造，充实了内部设施，生活条件得到改善；加大对其他各项公共管理和公共服务领域的倾斜，健全义务教育经费投入机制，落实义务教育管理体制，支持公共卫生体系建设，完善公共卫生疾病预防控制和医疗救治体系建设，社会各项事业得到统筹发展。

【充分发挥财税职能，支持经济发展取得新成效】 全区共投入企业挖潜改造资金78万元，科技三项费用204万元。足额安排地方负担的新增出口退税资金，积极帮助企业落实好“免、抵、退”政策，促进外向型经济发展；加大基础设施投入力度，先后投入资金近5 000万元，重点配套实施了“村村通柏油路”工程和古运公园、长捷广场建设以及污水处理厂和城区排水管网工程建设，努力提高经济发展的承载力；大力支持招商引资工作，安排专项资金用于保证招商、洽谈、参展的需要。

【加大政策资金支持，社会主义新农村建设取得新成果】 积极推进农村基础设施建设，大力支持实施“村村通自来水”工程、小型农田水利工程及荒山造林建设，提高农业综合生产能力。安排资金用于畜禽疫病防治、病虫害防治和农业自然灾害应急支出。认真落实支农惠农政策，促进粮食生产和农民增收，全部免征农业税及附加，进一步减轻农民负担300万元；进一步落实粮食、良种、农机“三补贴”和农资补贴等政策，共发放补贴1 155万元。增加资金投入，促进农村社会事业发展，落实农村贫困家庭学生“两免一补”资金，继续开展农村中小学危房改造和课桌凳更新工作，建立了农村中小学校舍维修改造长效机制。支持农民转移就业培训“阳光工程”、加大对镇街卫生院改造的投入，补助资金用于农村沼气池建设，节约、环保的沼气逐步进入农村家庭。

【不断改革创新，财政管理水平进一步提高】 进一步推进综合预算、部门预算改革，逐步建立了分工合理、相互协作、运转顺畅的部门预算编制机制。继续深化国库管理制度改革，进一步健全国库管理各项规章制度，逐步扩大财政资金国库集中收付范围，逐步对专项资金实行了集中支付。大力推动政府采购改革，严格采购审批程序，规范政府采购行为，积极实施“采管分离”。扎实推进政府收支分类改革，按新科目重新编制了区级2006年预算，逐户按新的功能科目和经济科目进行转换，确保预算编制的准确性和完整性。进一步加大财政监督力度，认真贯彻落实《预算法》、《会计法》等财经法律法规，开展了会计信息质量和预算收入征管质量专项检查，严肃了财经纪律。

（撰稿：陈国栋）

山亭区

【概述】 2006年，山亭区实现地方财政收入1.01亿元，同比下降12.3%；实现财政支出3.18亿元，比上年增长5.7%，连续18年实现财政收支平衡。

【固本培源夯实基础，区乡重点项目建设纵深推进】 大力支持招商引资，落实企业税收优惠政策，兑现政府承诺，区级安排招商经费200万元，并拨付奖金93.7万元。继续扶持重点纳税企业和重点建设项目，全年共拨付资金1 020万元，用于挖潜改造、支持企业开展产品研发和技术改造。在资金投入上，运用财政手段对重点项目予以支持和引导，千方百计整合政府财力资源，全年投入资金860万元用于经济开发区道路整理、环境整治和土地补偿，确保了全区重点项目建设，全区财源体系进一步健全。

【把握原则优化支出，社会事业发展得到保障】 在支出预算执行中，力争做到“四个坚持”，即坚持“量入为出、效率优先、兼顾财力、适度从紧”的原则，科学调度资金，优化支出结构，增强保障能力。坚持公共财政的理财方向，力求资金效益最大化，确保了全区机关的正常运转，确保了区委、区政府重大决策目标的实现，确保了农业、教育、计划生育、科技、卫生、公检法司、社会保障等重点支出及时足额保障。在各类资金调度上，严格拨付程序，健全审核机制，增强预算支出的透明度。坚持“以人为本”，把保工资放在支出的首要位置，通过预算专列、资金专户、直达个人等措施，确保了区乡干部职工和教师工资的正常发放，2006年1月、7月分别为区直机关事业单位人员增加了10%的住房补贴，适当调高农村中小学教师增资比例，全区人均增资165元。社会保障投入不断增加，支付城镇居民最低生活保障补助及下岗职工生活费715万元、医疗保险基金439万元。安排抗旱、救灾等专项经费50万元，增强了对应急事务的保障能力。安排农村医疗机构建设、新型农村合作医疗试点、农村医疗救助等卫生专项经费398万元，改善了农村医疗条件，新型农村合作医疗参合率超过71%。安排资金40万元，用于高致病性禽流感等疫情的防治。深化农村税费改革，全面落实免征农业税政策，继续对农民实施粮食、农机、畜牧良种以及柴油化肥等生产资料增支补贴政策，各项直补资金达620万元。将920名村干部工资纳入区财政统筹发放，巩固了村级组织建设。拨付义务教育、中小学危房改造等教育专项经费2 425万元；兑付“两免一补”补助资金107.7万元，惠及全区农村义务教育阶段贫困家庭学生7 000多名。加大对农业和农村的投入，投资1 000万元，实施“村村通柏油路”工程；投资62万元，用于支持沼气池建设；投资811万元，用于农业综合开发、土地治理及多种经营；安排“科普村村通”经费20万元，支持农业科普推广和商标申请。

【群策群力加强征管，财税收入质量明显好转】 制定了财政收入“一票否决”办法，财税责任考核机制进一步完善，奖惩措施更加严格，为财税工作提供了良好的工作环境。区、乡税务部门严格税收征管，着力抓好主体税种的及时入库。规范国有资产管理，完善了国有企业考核激励机制，全年共征收国有资产收益3 358万元。税收收入占地方财政收入的比重达到80.9%，比上年提高了23.7个百分点，财政收入质量明显好转，收入结构趋于合理。加大社会保险基金征缴力度，全年征缴各类社会保险基金5 143万元。

【与时俱进深化改革，公共财政框架不断完善】 进一步完善“项目库”和“基础信息库”建设，一级预算单位部门预算编制面达到100%。国库集中收付制度改革不断完善，将区直19个部门20个单位纳入国库集中收付范围。不断规范政府采购行为，全年采购支出1 452万元，节约资金198万元，节约率达12%。创新非税收入管理手段，区级纳入财政专户管理的预算外资金达到4 187万元。

【依法行政强化监管，财经秩序日益规范】 努力建立内外兼顾、上下结合、收支并举、日常监督与重点监督相结合的财政监督机制，开展财政内部审计，实行预算监督制衡措施，完善财政内部监督制约办法。会同区监察、物价等部门，对全区执收执罚部门单位的行政性事业收费及专项基金管理使用情况进行监督检查，共查出违规违纪资金357万元，补缴违规违纪资金350万元。积极开展财务收支情况和《行政许可法》贯彻执行情况检查清理，共查处违纪资金3 834万元；取消不合理收费项目10项，涉及金额2.8万元。配合市财政监督局对全区农村中小学危房改造、“两免一补”、“三新”工程等教育专项资金进行检查。充分发挥财政财务管理职能，加强社保、支农、教育、公检法等专项资金的财务监管，确保资金安全完整。

（撰稿：张宋军）

滕 州 市

【概述】 2006年，滕州市地方财政收入完成12.2亿元，比上年增收3亿元，增长32.8%；财政支出完成16.95亿元，增长35.59%，连续22年实现财政收支平衡。滕州市财政局被市委、市纪委授予“优化经济发展环境先进单位”、“行风建设示范单位”。

【大力支持经济发展，财源建设取得新成果】 一是服务招商引资龙头，为重点项目建设创造条件。发挥财政政策资金对经济增长、财政增收的“四两拨千斤”的作用，对符合产业政策的重点招商引资项目，在项目用地等前期投入和基础设施建设方面给予大力支持；加大对经济开发区和各企业园区的基础设施投入，改善投资发展环境；投资设立了经济开发区信用担保公司和民营经济信用担保中心，建立银企财政互信机制，帮助企业破解资金周转难题；整合经济开发区内的村庄，建设居民小区，为节约与合理利用土地资源，实现工业反哺农业创造了经验；认真落实对重点项目建设的奖励、扶持政策，吸引更多项目落户发展。二是支持企业改制重组，促进传统骨干财源再现生机。在国有企业破产、改制、重组工作中，财政部门及时介入，严把资产清算关，突出维护职工权益，统筹兼顾各方利益，防止逃废银行债务，积极打造金融生态环境，妥善安置富余人员和下岗职工，使新企业轻装上阵，老企业无后顾之忧。三是整合优势国有资产，拉长产业链条，提高财源贡献率。支持辰龙集团建成投产两座过百万吨的煤矿，形成规模效益，并进一步拉长产业链，煤化工，凤凰大化肥项目建设进展顺利。实行贷款贴息、专项扶持政策，支持山东盈泰集团快速膨胀成为国家级农业产业化龙头企业。四是重视发挥城市作为经济发展的平台和载体作用。搞好项目论证，支持城市环境治理及基础设施建设，完善了城市功能，拉动了土地增值，物流繁荣，房地产市场活跃，使静态存量资产变成动态活资金，形成了财源建设新的增长点。五是积极落实出口退税政策，促进了外向型企业发展。六是支持地方金融企业发展，提升经济发展的信贷支撑能力。推进农村金融体制改革，支持市农村信用联社集中纳税，并指定国有资产经营机构收购其不良资产，提高地方金融机构支持城乡经济发展的能力。2006年全市新增规模以上工业企业43家，总数达到345家，新增销售收入过亿元企业37家，总数达到136家。全市生产总值、固定资产投资、社会消费品零售总额大幅增长，为财政增收奠定了坚实的基础。

【科学统筹城乡发展，公共财政建设取得新进展】 把工资发放摆在财政保障首位，科学运筹资金，保证行政事业单位干部职工及离退休人员工资发放。加大对镇街的转移支付力度，安排2 000万元专项补助资金，帮助镇街落实新的增资政策。大力支持社会保障体系建设，加大对养老、医疗、失业等各项保险基金的投入力度，改进社保基金管理方式，扩大社会保障覆盖面，提高保障标准，实现了动态管理下的“应保尽保”。加大对下岗失业人员再就业培训、社会保险补贴和再就业小额贷款基金的投入力度，提高城市低收入家庭生活保障标准，实行农村最低生活保障制度和以财政供养为主的新型农村五保户供养机制，扶持城乡弱势群体改善生活条件。支持推进社会主义新农村建设，改善农村基础设施和农民生产生活条件，促进农业和农村经济增长方式转变；继续巩固取消农业税、农业特产税成果，在原有粮食直补、良种补贴、农机具购置补贴的基础上，又新增农资综合直补。支持农村基层组织建设，进一步健全村四职干部工资统筹发放机制。推进新型农村合作医疗，初步解决了农民“因病致贫、因病返贫”问题。实施“村村通自来水”、“村村通硬化路”、沼气推广、“文明生态村”建设、镇街卫生院升级改造、养老院建设和农民工培训工程，对农村部分计划生育家庭实行奖励扶助制度，实施“科普村村通”、农村电影放映“2131”工程。加大投入，保障各项社会事业支出需要，推进农村中小学危房改造，新建教学楼3.64万平方米，投资1 220万元实施农村中小学“三新工程”，对1.2万名贫困学生实施“两免一补”。加大对科技、公共卫生、“生态滕州”、“文明滕州”、“数字滕州”、“平安滕州”、“和谐滕州”建设的投入，保障事关城乡群众利益的支出需要，为全市经济社会发展创造了良好条件。

【全面深化财政改革，理财精细化水平得到新提升】 启动政府收支分类改革，清理规范账户开设，将“收支两条线”执行情况纳入部门单位年度目标考核体系，做好实施国库集中支付和部门预算改革的准备工作。严格落实“预算控制、过程控制、结算控制、决算控制”制度，健全财政投资规范化管理机制，拓宽评审范围，全年市级通过财政投资评审节支6 971万元。认真贯彻执行《政府采购法》，通过政府采购节支5 160万元，进一步提高了采购效益。深化国有资产管理体制改革，健全绩效评价机制，规范国有企业股权管理和改制企业资产管理，提高国有资产保值增值水平。健全财政支出“月审查”、“双控制”制度，组织开展非税收入检查、财政专项资金检查、“收支两条线”检查、会计信息质量检查、物业“两金”专项检查、建筑规费专项检查和政府性债务调查，强化了跟踪问效，严肃了财经纪律，规范了财政管理。健全行政事业单位国有资产管理制度，做好机关单位搬迁资产管理和处置工作。

（撰稿：陈庆德　满孝普　孔　强）

东　营　市

东　营　区

【概述】 2006年，东营区实现地方财政收入8.11亿元，同比增长31.66%；完成财政支出9.14亿元，同比增长27.81%。

【着力做大财政“蛋糕”，收入保持稳定增长】 在“三大建设年”活动的推动下，全区上下大力招商引资，积极培植财源，经济继续保持平稳较快发展态势，为财政收入快速增长奠定了坚实基础。加强调度协调，及时解决财税工作中遇到的各种困难和问题，研究加强财源建设和收入征管的对策。把财政收入作为经济目标管理考评的重要内容，充分调动各级各部门抓收促收、做大财政“蛋糕”的积极性。财税部门科学测算，细化量化，将收入任务层层分解落实，同时强化税收宏观形势分析和综合治税等征管措施，坚持大税、小税一起抓，不断改进征管手段，加大稽查力度，确保了应收尽收。强化非税收入管理，严格执行“收支两条线”和“罚缴分离”制度，加大国有资产收益收缴力度，全年非税收入总量达到1.42亿元，同比增长52.33%。

【充分发挥财政职能，促进社会和谐发展】 按照公共财政框架要求，进一步优化和调整支出结构，在保证政府机构正常运转的基础上，确保支出向重点领域倾斜。一是向“三农”领域倾斜，加快社会主义新农村建设。

支农投入不断加大，全年共投入资金1.20亿元（含上级专款及其他协调资金），重点支持了农田水利、畜牧防疫、农民培训、农村沼气建设等支出项目，改善了农民的生产生活环境；支农方式不断创新，采用“惠农一本通”的形式兑付财政惠农资金，加快了资金拨付速度，保障了党的惠民政策全面落实；支农措施不断改进，严格“三农”资金管理，强化监督检查，确保专款专用。二是向社会事业领域倾斜，加快社会主义和谐社会建设。投资8 934万元（含上级专款及其他协调资金）用于社会保障和社会治安综合治理，有力地维护了社会稳定；投资1.63亿元（含上级专款及其他协调资金）用于科学、教育、文化和卫生事业，推动了中心城区各项社会事业全面、协调、和谐发展。三是向经济发展领域倾斜，加快中心城区现代化建设。多方筹集资金6.85亿元（含银行贷款及其他协调资金），用于新区、胜利工业园等重点项目建设，进一步加快了城市化建设进程；投资2 087万元用于招商引资优惠政策兑现，拓宽了财源培植渠道。

【继续深化财政改革，完善公共财政框架】 深化部门综合预算和国库集中收付制度改革。不断改进、完善预算编制方法，科学界定财政供给范围，合理测算基本支出定额，综合预算改革进一步深化。不断精简业务流程，实现了资金集中直接支付，业务衔接一站完成，工作效率大大提高，以部门综合预算为基础的国库集中收付制度步入了更加科学规范的运行轨道。做好惠农资金补贴改革工作。先后对种粮农民实行粮食直补和柴油、化肥补贴，涉及2.26万户农民，补贴资金208万元；对从事捕捞、养殖并使用机动渔船的渔民和渔业企业，进行成品油价格补贴，涉及渔船302艘，补贴资金440万元。推行教育财务管理改革，按照“集中管理、统一账户、分户核算”的原则，在区会计集中核算中心设立教育专柜，将全区各镇、街道所属中小学校所有资金全部纳入专柜集中核算，实现了教育财务集中归口管理，杜绝了教育资金的挤占挪用，保障了农村教育经费的落实，规范了教育财务收支行为。规范会计集中核算制度，坚持“服务、监督、高效、廉洁”的宗旨，进一步规范工作流程和开支标准，完善从收入源头到各个支出环节的全过程管理，会计监督职能得到了进一步强化。全年累计拒付不合规开支166笔，金额276万元。

【强化财政监督检查，规范财政财务秩序】 财政部门着重从源头上抓好、抓实财政监督检查工作，做到了依法治税，依法理财。组织专项资金检查，坚持“以查促管”，以提高财政资金运行的规范性、安全性和有效性为目标，从群众最关心、反映最强烈的问题入手，开展专项资金检查。检查覆盖“三农”、社会保障、教科文卫、经济建设等领域，涉及资金1 200万元，促进了专项资金的合理利用、专款专用，确保了资金实现最大效益。开展会计信息质量大检查，围绕招商、亲商、和谐发展的目标，对内加强执收部门监督制约，着力建设公正、规范、统一的征管平台；对外努力开创纳税服务新领域，把监督检查与帮助企业提高财务管理水平有机地结合起来。共检查企业36户，涉及违规违纪金额2 332万元。通过检查，提升了企业的纳税意识，真正使检查过程成为宣传财税法规的过程、促进税收征管的过程。

【完善国资监管体系，确保资产保值增值】 加强国有资产宏观管理，对全区国有资产的占有、使用及运营状况进行了全面的清理检查，摸清了国有资产总量、结构、分布的现状，为加强国有资产的宏观管理提供了依据。加强国有资产基础管理，进一步完善国有资产的购置、处置、报废制度，严格审批程序，实现了处置资产价值最大化，确保了国有资产的保值增值。开展商业贿赂专项治理工作，在政府采购领域，重点对制度建设、采购过程及事前事后监督进行了自查自纠；在产权交易领域，重点加强了对企业国有资产评估、处置和转让工作的监管。针对查找的问题，进一步建立健全了监管制度，规范了工作程序，从源头上制止了商业贿赂的发生。加强国有资产运营监管，将全区行政事业单位的闲置资产、企业国有股本全部划转到区国有资产运营有限责任公司，实现国有资产收益1.05亿元。同时积极协调同金融机构合作，累计低成本融资9.65亿元，为新区等重点项目建设提供了资金保障。

（撰稿：卜祥磊）

河口区

【概述】 2006年，河口区地方财政收入完成3.61亿元，同比增长29.5%；财政支出完成5.68亿元，同比增长26.7%，连续22年实现财政收支平衡。

【强化征管，依法治税，财政收入实现新突破】 财税部门努力克服原油价格波动以及国家税收政策调整对地方财政收入的影响，不断完善税源监控机制和税费征管机制，切实加强税收专项稽查，坚持依法综合治税，大力培育财源，深挖增收潜力，着力改善收入结构，确保了全年财政收入任务的完成。

【严控支出，优化结构，切实提高财政保障能力】 坚持“保重点、压一般，集中财力办大事”的原则，严格遵守《预算法》，积极调整和优化支出结构，压缩公用经费支出，加大转移支付力度，确保了各项重点支出的需要。

【用活政策，管好资金，有效推动经济发展】 认真落实各项财政扶持政策，及时兑现出口鼓励政策，支持企业扩大外贸出口，全年共兑付出口创汇奖励资金142万元。对富海集团等企业返还税收707万元，对东营天正化工、通海集团等企业拨付科技三项费用190万元，为培植财源奠定了良好的基础。继续加大“三农”投入力度，不断推进优质农产品基地建设，以产业结构调整为主线，充分发挥土地广阔的资源优势，重点发展冬枣、畜牧、芦苇、水产四大优势产业。投资1 800万元实施农业综合开发3.6万亩；争取国家级项目1个、省级项目9个、市级项目25个，上级扶持资金共计1.03亿元。大力支持工业经济发展，继续深入开展“工业发展年”活动，对招商引资企业和部分发展潜力大、技术含量高的工业企业优先给予资金扶持，充分发挥财政资金的导向作用，促使其尽快发展壮大。全年共安排1 218万元用于全区工业发展、创业园建设。

【完善制度，规范运作，不断深化财政改革】 深入推进政府采购改革，完善“采管分离”制度，扩大采购范围，强化监督管理，确保了政府采购规范、高效运转。2006年共完成采购合同金额1.08亿元，节约资金2 462万元，节支率达18.61%。全面深入推进“金财工程”建设，适应经济发展新形势和财政改革需要，从2007年开始对全区所有财政资金实行国库集中支付。为进一步提高乡镇组织收入的积极性，对区乡财政管理体制进行了调整和完善，新的财政体制自2007年1月1日起执行。

【依法理财，加强监管，维护正常财经秩序】 进一步规范国有资产管理，特别是行政事业单位公务用车的处置管理，有效防止了国有资产流失。强化会计人员培训，切实加强会计管理工作。深入开展财政监督检查，在专项稽查和专案稽查的基础上，开展了对支农资金、社保资金及重点工程、重点项目资金的全面监督检查，有效地防止了财政资金在使用过程中的截留、挪用、损失、浪费和效益低下问题。

（撰稿：孙　杰）

垦　利　县

【概述】 2006，垦利县实现地方财政收入3.81亿元，比上年增长36.88%，增幅位居全市首位；完成财政支出5.56亿元，比上年增长34.93%，连续17年实现财政收支平衡。

【攻坚破难抓增收】 加大收入调度力度，年初将收入任务层层量化分解到各征收部门，明确职责，严格奖惩，强化调度，及时解决了预算内外资金调配、税源挖潜增收、入库进度与平衡等问题，牢牢把握住了工作主动权。加大契税、耕地占用税征管力度，严格落实“先税后证”制度，设立窗口，建章立制，完善台账，实现两税税源动态控管，征管质量显著提升，全年两税累计完成1 436万元。加大了非税收入征管力度，对执罚收费项目重新清理登记，并对专户往来款项进行了认真审核，有效防止了乱收费、资金混缴等行为发生。

【优化支出保和谐】 累计拨付“三农”资金6 420万元，集中用于农田水利、村庄基础设施建设、沼气池配套等方面，有力地促进了农业和农村各项事业发展。其中，县本级财政一次性投入资金2 000万元，用于农村集中供水工程，使11.9万农民用上了干净卫生的自来水。加大社会保障投入，拨付资金3 276万元，重点用于城乡低保、农村医保和再就业等支出。增加支出4 874万元，将乡镇教师工资和生均公用经费纳入县级预算管理，并统一了县乡教师工资发放标准，建立了较完善的“以县为主”的乡镇教师工资保障机制。

【铺下身子抓改革】 成功实施了以“三定一分一补”为主要内容的新一轮乡镇财政体制，进一步明确了县乡分成比例和补助方式，既调动了基层发展经济的积极性，又使县级财力得到长期保障。深化国有资产管理体制改革，在对全县74家行政事业单位进行全面清产核资，详细掌握各单位资产、负债和人员结构的基础上，注入资本金1.2亿元成立了县城市资产运营有限公司，为搞好城市资产运营搭建了平台。积极探索国库集中收付制度改革模式，不断规范对人员工资、政府采购资金和财政内部管理资金的集中收支流程。深入开展政府采购领域整治商业贿赂活动，对全县55家行政事业单位和各乡镇政府采购执行情况进行了专项检查，采购审批、验收和资金拨付程序日趋规范。全县采购规模达2 645万元，节约率达21%。为减少汇率波动对日元贷款的影响，与国际金融组织合作，对黄河三角洲农业综合开发项目开展了掉期保值业务，节省还贷资金4 600多万元。

【夯实财源促发展】 围绕工业强县战略，安排工业发展基金、名牌战略奖励资金、民营经济发展资金等1 535万元，通过奖励、贴息、补助等多种方式，促进了民营经济、高新技术企业和中小企业的发展。兑现招商引资奖励资金553万元，减免企业各类税收3 669万元，招商环境进一步优化。累计拨付畜牧水产奖励、农业龙头企业贴息资金 1 095 万元，有力地支持了全县农业产业结构调整，确保了农业增效、农民增收。向上申报农业开发、农民增收工程、科技富民强县、工业技改等扶持项目 73 个、企业 67 家，争取资金 3 799 万元，为县域经济发展赢得了资金支持。

【提升管理提水平】 加强预算管理，精心组织实施全县政府收支分类改革培训，扎实做好新老口径数据转换工作，确保了新旧科目双轨平稳运行。加强国有资产监督管理，积极参与粮食收储中心、良种繁育基地等企业破产清算工作，全年收取国有资产收益 101 万元；严格实施公务用车公开拍卖制度，拍卖公务用车 36 辆，成交资金 153 万元。以构建全县会计人员基础信息库为依托，认真开展资格证书换发及人员注册登记工作，全县 1 400 名会计人员领到新证，基础数据采集圆满完成。强化财政监督，集中开展了企业会计信息质量检查、乡镇会计基础资料展评、政府投资项目资金评审等专项检查，严肃了财经纪律。

（撰稿：张继海　宁　涛）

利津县

【概述】 2006 年，利津县地方财政收入完成 2.07 亿元，比上年增长 36.60%；财政支出完成 4.81 亿元，比上年增长 41.57%，连续 20 年实现财政收支平衡。

【加强税收征管】 创新契税和耕地占用税征收方式，在房产交易大厅设立契税征收点，实行信息共享，严格做到“先税后证”。在对税源进行详细排查登记的基础上进行了清缴，全年共清缴税收 588 万元。

【支持社会事业发展】 筹集各类社会保障资金 4 073 万元，促进了以“五保五救助”为主要内容的社会保障体系建设，为就业再就业工作提供了资金保障，确保了困难企业军转干部及其他社会弱势群体各项待遇的落实，社会保障水平进一步提高。初步落实了农村义务教育“以县为主”的管理体制，将农村中小学教师工资及预算内生均公用经费纳入县级财政预算；对农村义务教育阶段在校生杂费、课本费、作业本费实施了全额减免；教育投入按可比口径比上年增长 59.77%。

【加强财政管理】 在乡镇实行了会计集中核算试点，加强了乡镇财务管理，规范了乡镇财经秩序。强化财政监督，制定出台了《财政监督检查回访制度》，抓好违规违纪问题的整改，提高了财政监督检查质量。改革财政专项资金管理办法，制定出台了《利津县财政专项资金管理暂行办法》，规范了财政资金审批程序和拨付方式，提高了资金使用效益。

【加强国有资产管理】 出台了《利津县行政事业单位国有资产管理暂行办法》，对国有资产使用、处置和收益分配管理进行了规范。以强化国有资产处置管理为重点，为行政事业单位办理出售、报废等国有资产处置审批 2 354 万元；委托中介机构拍卖行政事业单位汽车 54 辆，成交价 247 万元；办理资产划拨 1 785 万元。

【加强基建财务管理】 委托中介机构对 2005 年市政工程和县职教中心综合楼工程进行了委托审计，送审值 3 376 万元，审定值 2 865 万元，审减 511 万元，审减率为 15.14%；加强公路国债资金管理，制定了新的账务处理办法，对 2005 年度国债公路工程进行了委托审计；对县老年大学教室工程决算进行了审查认定，节约了财政资金。

（撰稿：李新洲）

广饶县

【概述】 2006 年，广饶县地方财政收入完成 6.97 亿元，增长 33.58%；财政支出完成 1.2 亿元，增长 33.77%，连续 21 年实现财政收支平衡。

【发挥财政杠杆作用，财源建设实现新突破】 全年共争取上级专项资金 2 亿元，县财政安排科技三项费用及工业扶持资金 1 700 万元，为全县经济发展提供了资金扶持。投入资金 4 870 万元，先后对华泰集团、凯银集团、织女河污染治理等重点企业和项目进行了扶持。严格落实招商引资优惠政策，全年共为招商引资企业返还税收 4 450 万元。加大对农业龙头企业的扶持力度，安排专项资金 260 万元，用于发展壮大农业产业化龙头企业。

【加大支农投入，新农村建设实现新突破】 全年用于“三农”的各项支出达 1.21 亿元，其中县财政安排支农资金 7 727 万元。先后安排资金 5 696 万元，用于农村基础设施建设，改善了农村生产生活条件。不断加大农村社会事业投入，县财政配套资金 353 万元，用于农村合作医疗制度建设；安排专项资金 375 万元，实施了全省重点乡镇卫生院改造“360 工程”；实施了“三免一补”工程，共拨付“三免”专项资金 885 万元。严格落实各项惠农政策，扎实做好粮食直补、成品油价格改革财政补贴、小麦良种补贴和农机购置补贴工作，共兑现补贴资金 1 944 万元。

【重视体制机制创新，财政精细化管理实现新突破】 全面启动了政府收支分类改革，并在预算执行中实行了“双轨”运行。积极推进国库集中支付制度改革，稳步推进财税库行联网和“金财工程”进程，撤销了10个乡镇金库，提高了财政管理水平。非税收入管理全面加强，将县直单位属于非税收入范围的征收项目，全部通过“票款分离”征收系统缴入县级财政专户，全年非税收入完成2.30亿元。建立了财政供养人员信息管理系统，强化了预算管理基础工作，控制了县乡财政供养人员的不合理增长。政府采购规模和范围不断扩大，全年共完成政府采购额2.38亿元，节约资金3 387.34万元，节支率达12.47%。城市资产运营成效显著，出台了《广饶县城市资产经营管理暂行办法》，开展了行政事业单位资产划转工作，实现了资产保值增值。

【统筹运用财力，财政保重点工作实现新突破】 筹措资金400余万元，为机关事业单位干部职工兑付了正常晋升职务工资和级别工资。安排资金3 000余万元，为乡镇工作人员建立了住房公积金制度并兑现了住房补贴，同时为全县机关事业单位干部职工提高了住房补贴基数。全年共对乡镇转移支付2 133万元。调整了城镇、农村低保及五保供养标准，全年支付“4050”人员“三项补贴”118万元。县财政投入资金1.8亿多元，确保了“双十工程”、其他建设项目及城区规划编制等建设资金需要。

【严格依法理财，财政监督管理实现新突破】 开展了专项资金监督检查；对全县执收执罚部门落实“收支两条线”情况进行了专项检查；开展了2005年度行政事业单位收费年审，共审查收费单位346个，审查收费额1.44亿元；加大对资金使用情况的监管，全年共拒付不合理单据585笔，涉及资金475万元；严格基建资金管理程序，全年存入财政基建专户资金2.73亿元；切实做好财政投资工程预结算审查，共组织审查项目24个，净审减值1 167万元，审减率达9.83%。

（撰稿：李　伟）

经济开发区

【概述】 2006年，东营经济开发区实现地方财政收入1.93亿元，同比增长39%；财政支出完成1.96亿元，同比增长45.78%。

【大力加强税费征管，地方财政收入实现重大突破】 依靠“政府领导、税务主管、部门配合、社会参与、信息化支撑”的社会综合治税工作机制的积极作用，加强部门间的财源信息通报的制度化和规范化，加大综合治税力度，减少了税收流失。组织开展税源专项检查和所得税税源调查，摸清了区内税源状况。加大了对房地产业、建筑业和标准厂房出租等的监管力度，注重加强营业税的代扣代缴和国有资产收益的征收工作。牢牢抓住土地出让转让和土地“招拍挂”这一环节，加强契税等有关税收的征管，避免税收流失。加强非税收入征收管理，积极创新非税收入管理模式，充分挖掘非税收入潜力，规范和加强对非税收入的管理。加强与各部门的协调配合和财源信息通报，从企业注册等各个环节加大行政事业性收费、罚没收入的征管力度，确保应收尽收。加强对小税种的征管力度，突出抓好城镇土地使用税、土地增值税、房产税、印花税等税种的征管力度，提高小税种收入占地方财政收入的比重，严防“跑、冒、滴、漏”，确保应收尽收。

【加强财政财务支出管理，各项资金支出规范有序】 完善财政拨款程序，加大财政拨款的层层审核把关，坚持做到量入为出、量力而行、保证重点、统筹兼顾、合理安排的财政管理原则。不断优化财政支出结构，妥善安排和合理调度财政资金，在确保重点支出的同时，严格控制一般性支出。严格执行财务管理规章制度，加强各类经费支出的审核把关，从严控制经费支出的范围和规模。借助政府采购和工程竣工决算审计及施工全过程跟踪审计，最大限度地节约各项资金。全年政府采购总额3.40亿元，节约资金2 791.9万元，资金节约率为8.22%。完成76项工程的审计工作，总送审额1.18亿元，总审减额约2 952万元，总审减率达24.98%。

【加强财政监督检查，确保规范财政运行秩序】 建立并完善财政内部审计检查制度，成立内部审计小组，建立内部审计检查制度，使内部审计检查制度化，规范化，加强对财政资金拨付的监督管理。加强对财政资金使用情况的监督检查，变事后监督为事前、事中、事后监督相结合，严肃查处各种违反财经纪律的行为。开展专项资金监督检查，抓好跟踪问效对区内企业享受的专利实施项目资金、信息产业发展专项资金等的使用情况进行检查，加大了跟踪监管力度，保证各种专项资金安全运行，做到专款专用。重视企业会计信息质量监督检查，进一步规范区内企业会计基础工作，提高企业会计信息质量。

【加大对企业的扶持力度，帮助企业做大做强】 认真贯彻落实国家、省市和开发区鼓励和支持企业发展的各项政策，严格履行各项服务承诺，加大财政扶持力度，拨付企业科技发展计划补助经费、专利实施项目补助资金等各类补助和扶持资金近3 000万元。此外，在符合国家和省市有关政策的前提下，积极为企业提供各种财政优惠，为入区企业创造了良好的软环境，有力地鼓励和支持了企业发展。

（撰稿：滕厚福）

烟 台 市

芝 罘 区

【概述】 2006年，芝罘区地方财政收入完成7.1亿元，占预算的108.5%，按可比口径（下同）比上年增长34%；财政支出完成8.85亿元，占预算的116.5%，比上年增长27.4%。实现当年收支平衡。

【强化综合治税，收入稳步增长】 坚持“市区一体，共兴共荣”的理念，以做强做大市区财政为目标，组织召开了“规范税收秩序，促进经济发展”动员大会，落实财税联席会议制度，财税政策的调控机制更加顺畅，齐抓共管、和谐共赢的发展格局逐步形成。财税部门以科学组织收入为中心，积极开展宏观税负调查分析，切实强化重点税源监管，努力推行市区征管责任区改革，税收征管的效率和水平显著提高。进一步完善街道财政体制，协税护税、综合治税的积极性显著提高。区级地方财政收入超额完成年度计划，首次突破7亿元大关，税收收入占地方财政收入的比重名列全市第一。

【支出安排以民为本，推进和谐社会建设】 一是多方筹措资金，兑现离退休人员各项待遇。筹措安排资金6 889万元，用于弥补养老保险资金缺口，兑现企业离退休人员一次性住房补贴及独生子女补助、特困企业医疗补助、军转干部补助等，并将企业离休干部个人待遇全部纳入财政保障。二是落实社会保障政策，扶助社会弱势群体。筹措资金5 200万元，用于城乡居民最低生活保障、革命伤残人员、“三无”对象补助、“五保”对象生活费、落实义务教育“两免一补”政策及下岗失业安置费等，受益对象达1.25万人。三是加大社区综合配套改革和公共卫生服务体系建设。筹措资金1 557万元，用于提高社区居委会工作人员及环卫工人工资、增加城管人员补助、养老社会化服务试点补助、军休所医疗补助、提高福利院院民待遇及福利院建设等支出，推动了全区社区建设和民政事业快速发展。四是加大文教卫生投入，保障事业发展需要。筹措资金2 710万元，用于教育校舍改造及维修维护、更新课桌椅、硬化操场及暖气管网改造。全面推进公共卫生体系建设及新型农村合作医疗，为1万多人增加医疗保险个人账户补助，增加慢性病种补助等支出，为全区教育、卫生事业健康发展提供了保障。五是全力推进平安芝罘建设。以“创平安、保稳定、促和谐”为目标，全年投入平安建设资金1.42亿元，其中财政投入7 100多万元，保证了公检法司及社区保安大队的正常运转，新配备44辆警务巡逻车和600辆警用自行车，建成了省内一流的治安监控中心、新建扩建了基层派出所及家居警务室等，全区社会治安状况明显好转。

【积极筹措资金，保障重点项目投入】 全年筹措专项资金4.1亿元，有效地缓解了资金紧张的矛盾，有力地支持了重点项目建设。投入5 000多万元用于“两院”审检楼建设；投入2 000万元用于通世路和青年南路工程的启动；投入4 000多万元用于园区基础设施建设、兑现失地农民补偿和拆迁补偿，使园区建设顺利进行；投入1 500多万元用于夹河、区河改造工程和幸福防护林建设以及环境污水整治，美化绿化工程有了新亮点；归还基金会贷款及银行贷款2 000万元，归还上级周转金500万元，政府债务压力得到部分缓解；投入2 000多万元用于企业科技进步、技术改造、高新技术企业贴息、服务业补助、担保融资等支出；区资产经营有限公司与私营企业合作成立担保机构，全年为企业贷款担保近3亿元，有效缓解了中小企业融资难矛盾，为企业发展、增加税源奠定了基础。

【创新财政机制，提升财政监管水平】 深化预算管理改革，对区直单位的预算按照“统一政策、统一标准、统一编制、统一审查”的要求进行集中统编，强化事前审核程序，完善定员定额标准，规范项目预算管理体系，预算监管明显增强。会计集中核算与国库集中支付制度的衔接过渡基本完成。强化制度建设，完善政府采购机制，实行开标现场监督和评委随机抽取制度，从制度、程序、监管等各方面保证政府采购的公开透明、公平公正、规范操作。全年招标采购金额超过2.2亿元，节支率达到11%。依托信息网络技术支持，自主开发了财政税收管理系统，首次实现了对全区3万多户企业纳税情况的实时监控、数据采集、综合分析，为领导决策提供了可靠依据。建立了行政事业单位资产信息管理系统，严格资产调拨、处置、报废程序，强化“非转经”资产源头监管，基本形成了资产所有者与使用者各负其责，静态控制与动态管理有机结合的管理体制。建立健全源头控管、信息共享、联合把关、先税后证的耕地占用税征管新模式，全力清收尾欠税款，全区耕地占用税收入快速增长，全年征收入库4 647万元，比2005年增加4 019万元，增长5倍多，成为拉动全区财政增收的新亮点。

（撰稿：孙　涛）

福　山　区

【概述】 2006年，福山区地方财政收入完成4.8亿元，占年初预算的100.9%，比上年增长36.3%；财政支出完成5.66亿元，占年初预算的104.6%，比上年增长31.8%。

【以强化税收征管为中心，财政收入跃上新台阶】 围绕财政收入目标，准确把握财政经济形势，主动研究应对措施，加强收入调度，深入开展税收经济分析和企业纳税评估，加大社会综合治税力度，财政收入持续快速健康增长，收入增幅稳居全市前列。收入质量同步提高，税收收入占地方财政收入的比重达到87%，与上年比稳中有升，标志着全区财政经济运行步入良性发展轨道。

【以保工资、保稳定为重点，集中财力服务经济社会发展大局】 全面推行“以县为主”的农村义务教育管理体制，农村教师工资全部纳入区级财政预算管理，确保了工资政策及时兑现。积极推进社会保障体系建设，重点解决群众关心的热点难点问题。安排资金1 063万元用于支持就业和再就业、困难群众家庭、城乡低保对象、困难企业军转干部救助、退役士兵安置和离休干部统筹等。投入资金680多万元，全面改造乡镇敬老院，改善集中供养条件，提高农村五保对象集中供养率，初步实现了应保尽保。全面落实惠民政策，维护农民权益，通过“惠民一卡通”发放粮食补贴资金35万元、成品油补贴122万元。大力支持企业技术创新和产品创新，投入科技三项费用657万元，扶持规模大、科技含量高、发展后劲足的重点项目尽快建成达产。千方百计筹措资金3.5亿元，用于工业园区城市基础设施建设和公共事业发展，为全区经济发展营造了良好的城市环境。

【以社会主义新农村建设为契机，积极推动为民办实事工程】 充分发挥财政政策导向作用，加大公共财政对“三农”的支持力度，全年用于农业综合开发、农田水利基础设施建设等支农支出1 679万元，比上年增长19%。投入资金579万元完成39个村“村村通”自来水工程，受益人口达37 126人。大力推行农村计划生育家庭奖励扶助和免费技术服务政策，将农村独生子女奖励费全部纳入财政预算。投入资金527万元全面推行新型农村合作医疗制度改革，财政对参合农民每人补贴32元。健全农村公共卫生服务体系，安排资金160万元支持重点乡镇卫生院建设。

【以完善财政机制为目标，着力提高财政管理水平】 积极推进县乡财政管理体制改革，调整了区对镇街的财政管理体制，进一步理顺区镇财政分配关系，合理分配镇街财力，确保镇街机构和村级组织正常运转。依法规范政府采购行为，扩大采购范围，全年政府采购总额1.9亿元，是上年的2倍，节约率约15%。充分发挥政府采购在厉行节约和反腐倡廉方面的重要作用，加强对全区重点工程的招投标管理，保证政府投资工程项目公开透明。加大对财政投资项目的评审力度，组织完成了17个项目的预决算评审，核减不合理支出1 040万元。继续推进企业改制和企业破产清算工作，规范资产处置行为，确保国有资产保值增值。

（撰稿：徐　强）

莱　山　区

【概述】 2006年，莱山区实现地方财政收入4.88亿元，同比增长39.3%，收入增幅高于烟台市平均水平10.3个百分点；地方财政收入占GDP比重达到5.8%，比上年提高0.43个百分点；实现财政支出5.2亿元，同比增长40%，连续11年实现财政收支平衡。

【发挥财政职能，服务经济发展取得新成效】 筹措资金2.45亿元，保证了迎春大街、烟台渔人码头、世贸中心区片等服务业项目；成龙线、沟莱线、马屯线公路建设项目等10多个关系烟台市和莱山区长远发展的重点工程建设需要。围绕机械制造、电子信息、食品加工、生物制药等四大主导产业，投入科技三项费用和争取专项资金1 240万元，支持企业技术创新和科技成果转化。积极发挥信用担保机构作用，提供担保贷款2 000万元，缓解了企业融资压力。2006年，莱山区规模以上工业企业达250家，比上年增加29家，完成工业增加值35.9亿元，实现销售收入142亿元，利税17亿元，利润11.5亿元，分别增长41.5%、45.4%、52.7%和55.6%；销售收入过亿元企业达到17家，比上年增加6家。

【优化支出结构，社会事业发展迈出新步伐】 加大教育事业投入，安排教育支出5 910万元，增长21%，教师工资福利和中小学公用经费全部纳入区级财政保障范围。安排资金1 300多万元，用于教育基础设施建设和教学设备更新，改善了中小学办学条件。安排资金408万元，统一负担了2万多名农村义务教育阶段学生杂费和课本费。加大社会保障事业投入，安排就业再就业、城市低保、福利救济等专项资金925万元，支持失业人员再就业、弱势群体救助体系和失地居民社保体系建设。加大医疗卫生事业投入，安排公共卫生支出737万元，完善了突发公共卫生事件应急机制，提高了医疗卫生服务水平。

【加大投入力度，新农村建设实现新突破】 区级财政全年投入新农村建设资金3 900万元。落实种粮直补、燃油价格补贴等惠农政策，农民直接受益135万元。投入资金195万元改善农村基础设施条件，全区农村全部通上了自来水、柏油路。拨付土地复垦资金767万元，新增和改造中低产田2 000余亩。安排资金1 062万元，在烟台市率先实现了城乡垃圾统一清运、集中处置。安排农村优抚、计划生育奖励等转移支付资金1 300万元，新型农村合作医疗补助标准由每人每年15元提高为30元；农村居民最低生活保障线由每人每年800元提高为1 000元；农村五保户全部纳入区级财政供养范围，集中供养率达到80%。

【强化税费征管，综合治税推出新举措】 健全完善综合治税机制，在全省率先创建使用了财源建设信息综合平台，通过网络数据库和数学模型，科学分析和综合处理涉税信息，形成了直观、动态的税源综合数据，为政府宏观决策和加强税收征管提供了参考和依据。依托信息平台，严把建筑项目开工、竣工环节，动态监控房地产企业销售纳税情况，全年实现建筑房地产业税收1.65亿元，增长22.4%。加强房产交易、土地出让环节税费征管，严格实行“先税后证”制度，全年组织契税收入4 327万元，增长168%。深化“收支两条线”改革，实行“部门开票、银行代收、财政统管”的“票款分离”管理模式，全年实现非税收入3 000万元。

【创新机制体制，财政管理改革再上新台阶】 完善镇级财政管理体制，合理界定区、镇两级事权、财权，从体制上调动镇级财政增收节支积极性，全年实现镇级财政收入2.78亿元，同比增长56.9%。加强国有资产管理，通过租赁、拍卖、转让等市场化手段，盘活国有资产存量，全年实现国有资产经营收益4 898万元。完善财政投资项目管理，建立了工程项目库，动态监管项目建设。制定实施了《财政性投资项目竣工财务决算业务操作规程》，全年审定工程结算51份，节约资金810万元。加强政府采购管理，完成车辆保险、办公设备等采购31次，节约资金512万元。

（撰稿：柳　林）

牟平区

【概述】 2006年，牟平区地方财政收入完成4.16亿元，比上年增长27.1%；财政支出完成6.41亿元，比上年增长22.3%。

【发挥财政职能，促进经济加快发展】 发挥财政政策的杠杆作用，多渠道筹措资金，促进工业立区战略的实施。及时为202户企业办理出口退税2.09亿元。投入科技三项费用1 067万元，扶持规模大、科技含量高、发展后劲足的企业加快技术创新和产品创新。为16家企业争取专项资金464万元，促其加快技术改造，膨胀企业规模。筹措资金2.3亿元，用于园区、城市基础设施建设及公共事业发展，为全区经济发展营造了良好的城市环境。

【强化收入征管，促进财政收入稳定增长】 准确把握经济形势，定期调度、协调、检查和汇总，及时研究应对措施。完善综合治税体系，切实强化财税部门间的合作，有效地堵塞了税收的跑冒滴漏。加大土地招拍挂力度，规范行政性收费和罚没收入管理，努力挖掘增收潜力。全区地方财政收入增长幅度达到27.1%，税收收入占地方财政收入的比重达75.6%，收入质量明显提高。

【调整优化支出结构，促进社会和谐发展】 全面落实惠农政策，推进社会主义新农村建设，拨付农业综合开发资金1 098万元，安排农村中小学危房改造、设备更新和困难学生补助338万元，投入“村村通自来水”工程559万元、公路建设工程2 100万元，通过“惠农一卡通”发放粮食补贴224万元、成品油补贴629万元，兑现农村计划生育家庭奖励扶助资金157万元，落实村级转移支付资金424万元。健全社会保障体系，完善社会保障措施，发放农村“五保”户补助、农民最低生活保障金89万元，拨付97万元组织失业职工劳动技能培训2 392人次，用于就业再就业、困难企业军转干部救助、退役士兵安置、离退休干部补贴1 438万元。累计拨付2.2亿元，支持文化、教育、卫生、科技和环保等公共事业发展。

【完善财政收支机制，提高财政管理水平】 加强国有资产管理，对5户国有企业资产进行了评估，核准净资产1.4亿元，确保了国有资产保值增值。依法规范政府采购行为，扩大采购范围，全年组织采购67次，采购总额5 786万元，节约资金1 129万元，节支率达16%。规范会计基础管理，提高会计信息质量。加强财政资金监管，全年开展社会保障资金、支农资金、国债资金和中小学校舍改造及预算外资金检查32项，下达整改通知26份，有效地维护了财经纪律。

（撰稿：刘峰玮）

龙口市

【概述】 2006年，龙口市完成地方财政收入16亿元，比上年增长33.3%；完成财政支出17.74亿元，比上年增长28%。

【抓收入，确保收入快速稳定增长】 协调各征管部门开展税源调查，加强涉税信息交流，实行“一户式”税源管理。在抓好增值税、营业税、企业所得税等主体税种征收的同时，强化车船税、房产税、契税、耕地占用税等小税种征管。对房地产、交通运输、建筑装饰等重点行业开展税收稽查，严厉打击偷、逃、骗、欠税行为。狠抓非税收入征管，完善收入定期调度机制，促进了经济成果及时转化，确保了财政收入持续快速增长。

【抓支出，着力支持和谐社会建设】 积极调整支出结构，突出构建和谐社会，支出重点向人民群众最关心、最直接、最现实的利益问题倾斜。拨款1 040万元用于村村通柏油路、村村通自来水和科普村村通建设。拨款5 000万元用于免除农村中小学杂费、农村低保、五保户供养、新型农村合作医疗补贴、村级经费补助。全年社会保障支出1.03亿元，比上年增长17.5%；公共事业和重点项目支出4.69亿元，比上年增长28.6%。

【抓改革，突出建设节约型财政】 调整镇级财政体制，实行“属地纳税”，将1 367名镇区街机关人员工资改由市财政统发。推进国库集中支付改革，对26个单位实行了经费直拨。推进会计集中核算改革，对全市168个行政事业单位实现会计集中核算。加强政府采购管理，强化了基建项目采购，完成采购预算1.36亿元，较上年增长37.28%，节约资金2 796万元。狠抓财政投资监管，制定了《财政投资项目资金管理操作规程》，对160项工程进行全过程监管，送审价值1.72亿元，净核减3 832万元，核减率22.3%。加强国有资产管理，出台了行政和事业单位《国有资产管理实施细则》，积极推进机关事业单位闲置资产的处置，增加了财政收入。加大财政监督检查力度，对镇区街财务收支情况、财政专项资金以及群众普遍关注的收费项目进行了全面检查。对发现的问题，及时进行了处理，维护了财经秩序。

（撰稿：杨德成　王日新）

莱阳市

【概述】 2006年，莱阳市地方财政收入完成6.54亿元，比上年增长21%；财政支出完成8.04亿元，增长18.86%。

【更新聚财观念，财政发展实现由速度型向效益型转变】 强化税收征管措施，采取税负分析、税源普查、税收稽查、房地产项目税前介入等措施，实现境内税收8.31亿元，增长18.56%。调整农税征管模式，按照“市镇并行、两税并重、查征并举”的工作思路，从镇级契税、耕地占用税及两税稽查等方面挖掘新的增长点，完成契税和耕地占用税3 318万元。完善社会综合治税工作体系，全面加强涉税信息交流，形成社会治税信息共享机制，实现税收收入4.22亿元。健全非税收入征管机制，强化“票款分离”和“罚缴分离”两项制度建设，搞好“收支两条线”、“收费票据”和“收入资金”三项管理，全年共实现非税收入2.32亿元。

【拓展用财思维，财力分配逐步实现由调控型向服务型转变】 全力支持社会主义新农村建设，全年共发放粮食直补资金797万元；投入252万元将新型农村合作医疗改革试点乡镇增加到7个；投入214万元启动农村五保户集中供养工作；投入1 004万元全面实施农村独生子女父母奖励和四项手术费减免以及60周岁以上独生子女家庭补助等政策；投入1 486万元确保了村村通公路、村村通自来水工程的顺利进行。进一步拓宽重点事业建设筹资渠道，筹措资金5 200万元，保证了污水处理厂二期工程、固体垃圾场、七星街、清水路、富山路和蚬河桥建设等工程的顺利进行。大力支持地方企业发展，为企业办理出口退税及免抵税3.66亿元，投入企业挖潜改造资金906万元，为企业争取各种技术改造、品牌扶持、贷款贴息等无偿资金685万元，增强了区域经济核心竞争力。

【改革理财措施，财政管理逐步实现由出纳型向监管型转变】 全面推行以“统一政府收入分类、建立支出功能分类和经济分类”为主要内容的政府收支分类改革，重新划分了政府收支类别和层次；纵深推进政府采购改革，进一步规范了审批和采购程序，形成了物品购置程序化、工程招标规范化、采购程序法制化的政府采购管理体系，全年实现采购金额6 274万元，节约资金1 243万元，节支率达16.5%。

【创新发展理念，财政体制逐步实现由约束型向激励型转变】 全年向镇级发放各项补助1.65亿元，比上年增加6 905万元；将镇级农村独生子女费、孕情普查、计划生育四项手术费全部上划市级预算管理，有效解决了负担不平衡问题。

（撰稿：盖立华）

莱 州 市

【概述】 2006年，莱州市地方财政收入完成10.53亿元，比上年增长34.5%；财政支出完成12.4亿元，比上年增长34.3%，连续20年实现财政收支平衡。

【支持经济发展能力进一步增强】 紧紧围绕基础设施建设、园区经济发展、城镇村建设、造林环保等重点工作，积极创新财政政策，增加资金投入，在支持经济加快发展特别是促进经济增长方式转变方面取得了新突破。研究出台了鼓励工业企业加快发展的一系列政策，筹措8 000多万元，培育、扶持了一批骨干企业和名牌产品，促进了外经贸发展，工业经济的支撑带动作用明显增强。积极筹措资金，完成了云峰北路配套工程，开工了北苑路和城区西外环、北外环，对光州路等10余条城区道路和雕塑公园等5处绿地广场进行了综合改造。

【财政收入实现较快增长】 努力涵养和培植财源，强化综合治税措施，深入开展财政监督检查，不断完善税收征管激励约束机制，使经济发展的成果充分体现到财政增收上来。2006年，全市地方财政收入突破10亿元大关。

【和谐社会建设稳步推进】 在财政性资金供需矛盾依然突出的情况下，统筹安排财力，实施重点倾斜，推动了各项社会事业协调发展。2006年，全市用于教育、科技、卫生和社会保障等方面的支出保持了稳定增长。全市教育支出3.5亿元，比上年增加1 707万元，农村中小学危房改造、现代远程教育等工作扎实推进，农村义务教育得到较好保障。科技支出2 741万元，增长48.5%，重点企业新产品研制取得较大进展，节能降耗卓有成效，高耗能企业的能耗指标得到严格控制。卫生支出4 925万元，增长144.4%，更新了部分镇街卫生院医疗设施；新型农村合作医疗试点范围不断扩大，人均补助标准由10元提高到30元，参合率提高到90%，进一步缓解了农民“看病贵”的问题。

【新农村建设取得成效】 立足莱州实际，统筹规划，量力而行，建立了财政支农资金稳定增长机制，稳步扩大了公共财政覆盖农村的范围。2006年，全市用于“三农”方面的财政投入达9 100万元，比上年增加2 578万元。严格执行农村税费改革转移支付资金的20%用于村级的规定，拨付1 000万元用于发展村级公益事业。兑付粮食、良种、农机购置和成品油价格改革补贴3 250万元，筹措840万元支持2万亩高标准基本农田建设，增加了农民收入。筹措1 870万元推进了村镇建设和村庄规划整治，新增绿化面积40万平方米，硬化道路105万平方米。筹措1 500万元用于农村基础设施建设，庙埠河水库除险加固等抗旱防汛工程顺利实施。筹措1 000万元用于“村村通自来水”工程补助，解决了308个村庄、22.7万人吃水难问题。

【财政管理水平不断提高】 大力实施精细化管理，通过稳步实施政府收支分类改革，按照新的科目体系编制预算，使预算编制更加完整、清晰，便于各方面的监督。针对上级出台的农村中小学教职工工资支出上划市级、出口退税超基数部分由市级负担等多项政策，实施了镇街财政体制改革。稳步推进国库集中支付制度改革，不断扩大集中支付范围，对应纳入集中支付的款项全部实行了财政直接支付，2006年市本级实行财政直接支付资金达到7.9亿元，占市级支出的76.7%。对全市198个行政事业单位进行了财政财务检查，对88个专项资金项目实施了跟踪问效检查，归并和撤销财政资金银行账户36个，进一步规范了财政财务管理。政府采购规模在规范中不断扩大，2006年全市完成政府采购额1.6亿元，资金节约率21%。

（撰稿：杜镇松）

蓬 莱 市

【概述】 2006年，蓬莱市地方财政收入完成8.62亿元，同比增长33.22%；财政支出完成10.66亿元，增长24.46%，连续18年实现财政收支平衡。蓬莱市财政局被省文明委授予“2005年度省级文明机关”称号，连续13年被蓬莱市委、市政府授予“经济、社会发展最佳工作部门”称号。

【加强财源建设，培植壮大财源】 全力打造“中国葡萄酒名城”品牌，拨付葡萄基地种植补助资金220万元，新增优质葡萄种植基地19万亩，增强了葡萄及葡萄酒产业的发展后劲，带动农民致富。拨付重点企业发展扶持资金1 500多万元，支持四大主导产业、高新技术产业发展，推动龙头骨干企业做大做强。大力实施企业创名牌战略，拨付奖励资金180万元。出台鼓励外贸出口的财政扶持政策，相应安排扶持资金和出口退税资金819万元，进一步增强企业出口竞争力。兑现招商引资等奖励资金830万元，调动全市上下加快发展的积极性，促进全市招商引资活动深入开展。

【坚持依法治税，增加地方财政收入】 加大税收稽查和清欠力度，排查疑点纳税人2 840户，增加税收4 400多万元。加强契税和耕地占用税征管，查补入库646万元，征收入库契税和耕地占用税7 650万元，比上年增长45.71%，有力地促进了地方财政经济发展。

【严格支出管理，保障重点支出需要】 按照构建和谐社会的要求，积极调整优化支出结构，集中财力向经济社会发展的薄弱环节倾斜。加大“三农”扶持力度，2006年，全市涉农资金投入1亿元以上，认真落实三项农业补贴、新型农村合作医疗、村村通自来水、农村劳动力转移培训等支农惠农政策，推进新农村建设。提高社会保障水平，全市用于社会保障方面的资金达1.87亿元，增长19.75%，保证了城乡低保、下岗职工基本生活补助及再就业、离休人员医疗费、农村优抚等重点支出需要，建立完善了农村五保供养新机制，促进和谐社会建设。大力支持公益事业发展，全区用于教育和科技方面的支出达1.98亿元，增长21.47%，均高于经常性财政收入增长幅度。

【强化财政监督，提高资金使用效益】 认真贯彻实施《政府采购法》，实行采购程序、过程、结果“三公开”，防止商业贿赂行为发生。全年实现采购额4 730万元，比项目预算节约资金716万元，节约率达13.1%；严格执行《蓬莱市政府投资工程监督与管理办法》，扎实开展评审，做到资金审查按标准、资金管理到项目、跟踪检查到现场，共审核工程项目90多项，审核资金1.72亿元，审减资金6 411万元；组织开展全市财经纪律大检查，查出违规违纪金额171万元，依照有关规定进行了处理，严肃了财经纪律，规范了财务收支行为。

（撰稿：王先杰）

招远市

【概述】 2006年，招远市地方财政收入完成9.69亿元，同口径比上年增长35.12%；地方财政支出10.78亿元，比上年增长27%，连续18年实现财政收支平衡。

【运用财税杠杆，服务经济发展】 坚持把促进发展作为财政工作第一要务，积极落实招商引资、出口创汇及扶持骨干企业发展的各项优惠政策和奖励政策，培育后续财源，做好经济发展这篇大文章。全年共拨付企业挖潜改造资金5 876万元，为企业申报各类专项资金3 000多万元，审核兑现2005年出口奖励政策36.4万元。

【优化支出结构，增强财政保障能力】 大力支持社会主义新农村建设，全年共安排镇村两级农村税费改革转移支付资金2 856万元；安排农业综合开发配套资金586万元；发放各项惠农资金1 377.8万元；投资784万元新建村村通公路98公里；投资596.5万元建设村村通自来水工程。大力支持社会保障事业发展，全年共发放最低生活保障金232万元，发放五保供养资金171.97万元；筹集资金702.9万元用于就业补贴和劳动力市场建设。大力支持科教文卫事业发展，全年安排教育支出2.23亿元，卫生支出3 990万元，科技三项费用和科技事业支出1 443万元。

【深化财政管理改革，创新财政运行机制】 不断深化部门预算改革，进一步细化预算编制，提高部门预算编制的科学性和准确性，维护预算的严肃性和权威性。继续加大财政投资评审力度，全年共评审项目概、预、决算284项，评审投资额3.68亿元，核减金额4 980万元，核减率为13.5%。扎实推进非税收入管理改革，全年实现非税收入2.36亿元，占年初计划的150%，同比增长27%。继续深化政府采购改革，全年共完成采购活动161次，采购金额达1.1亿元，节约资金1 167万元，节约率10.6%。

（撰稿：蒋作针　冯晓东）

栖霞市

【概述】 2006年，栖霞市地方财政收入完成2.55亿元，可比口径比上年增长25%；财政支出完成5.62亿元，连续15年实现财政收支平衡。

【强化收入征管，增强了地方财政实力】 坚持财税部门联席会议、社会综合治税等制度，加强对财税收入的动态分析，加大财税收入的稽查力度，打击各种偷、骗、逃税行为，确保了税收收入的应收尽收、稳定增长。全年境内工商税收完成4.1亿元，增长24.2%；出口产品退税完成1.17亿元，增长6.4%；地方工商税收完成1.8亿元，可比口径增长27.6%；镇级地方财政收入完成2亿元，增长23.7%。

【突出扶持重点，保证了经济持续快速发展】 认真落实“三农”扶持政策，全年共投入各类资金4 700多万元，用于农田水利、菌菜畜牧、粮食直补、敬老院改造、农村中小学危房改造、农村计划生育家庭奖励扶助和社会主义新农村建设等，农民的生产生活条件和农村面貌发生了明显变化。认真落实专项扶持政策，围绕支持园区建设、发展民营经济和循环经济、支持争创名牌产品和著名商标等，落实各项扶持资金1 700多万元；认真落实发展服务业的各项优惠政策，投入资金1 000多万元，用于旅游资源开发和“万村千乡”市场工程建设，培育了新的经济增长点。

【强化社会救助保障，推动了和谐社会建设】 按照构建和谐社会的要求，调整和优化支出结构，集中财力向社会发展的薄弱环节倾斜。加大养老保险金的征缴力度，完成各项基金收入1.64亿元，发放养老保险金1.49亿元，保证了离退休人员离退休费的正常发放；筹集医疗保险金和离退休人员医疗统筹资金2 400多万元，保证了在职职工和离退休人员的就医需要；筹集失业金600多万元，用于发放全市失业人员的失业保险金和生活补贴，使弱势群体的生活得到了基本保障；拨付资金3 700多万元，用于落实离休干部“两费”、优抚对象优抚补助金的发放以及“4050”人员再就业、困难企业军转干部救助、城市居民和农村困难群众最低生活保障等，促进了社会和谐，维护了社会稳定。

【推进改革创新，提高了财政理财水平】 不断深化财政体制改革，将2003年财政体制改革时市级保留的企业，按属地全部下划所在镇、街道及经济开发区，市级下划镇级财力1 679万元，有效调动了镇级抓财源建设的积极性。加强政府采购管理工作，将政府采购业务由日常办公设施拓展到工程主要材料和设备等领域，全年监督采购金额达3 000万元，节约资金600万元。改进政府性投资项目评审方式，对政府性投资工程事前落实招投标制度，事后加强评审监督，全年共评审工程项目55个，审查工程总价值2.6亿元，核减6 189万元，有效提高了资金使用效益。

（撰稿：刘昕瑶）

海阳市

【概述】 2006年，海阳市地方财政收入完成5.33亿元，比上年增长29.2%；财政支出完成7.37亿元，比上年增长26.75%，连续12年实现财政收支平衡。

【财政收入实现持续稳定增长】 适应宏观调控新形势，积极克服诸多不利因素影响，千方百计挖掘增收潜力，保证了财政收入持续稳定增长和收入质量的逐步提高。财政收入规模创历史新高，首度突破5亿元；税收收入占地方财政收入的比重达到70.72%，较上年提高7.46个百分点，收入质量明显提高。

【农村综合改革继续深化】 适应深化农村综合改革的要求，对全市财政管理体制进行了全面调整。按照“属地”和事权、财权、管理服务权“三统一”的原则，重新划分收入范围，进一步理顺了各级财政分配关系；实施科学规范的增收结算办法，增强了镇区街道的财权、事权和责任权，充分调动了镇区街道培植财源、组织收入的积极性；统一全市财政供养人员支出标准，实现了市乡工资标准和发放同步，缩小了市级与镇区街道之间以及各镇区街道之间的财力差距，大大提高了困难镇财政保障能力，保障了镇区街道行政事业单位工作人员工资的足额发放，维护了社会稳定；适当提高市级财政收入比重，进一步增强了市级调控能力。

【公共财政制度进一步完善】 不断完善公共财政制度，优化支出结构。全面落实农村义务教育“以县为主”管理体制，农村中小学教师工资等经费全部纳入市本级财政预算，切实减轻了基层财政支出压力；建立最低财力保障机制，对经济实力较差、可用财力不能满足基本需要的困难镇，由市级通过转移支付予以弥补，切实保障了基层政权正常运转；不断完善农村公共财政制度，将农村计划生育、农村抚恤及救济对象和村级基本经费等农村公益事业纳入财政支出范围予以保障，切实明确了政府支出责任。

【基建财务管理进一步加强】 认真做好政府投资工程的标底编制、预算编制审查、质量监督检查工作，全年管理工程项目244个，审结工程项目224个，送审值1.46亿元，审减资金2 073万元，审减率达14.21%。进一步完善了财政基建管理制度，节约了财政资金，提高了财政资金使用效益。

（撰稿：王志臣）

长岛县

【概述】 2006年，长岛县地方财政收入完成5 040万元，比上年同期增长33%；财政支出完成1.47亿元，同比增长6.7%，连续19年实现财政收支平衡。

【支持经济发展】 为确保重点工程建设资金需要，积极争取省市减免往年借款400万元，争取各类无偿资金3 000余万元。开发银行贷款工作稳步有序，继续做好振兴资产经营有限公司的财务核算与管理工作，保证了开行贷款资金1 000万元及时到位。积极帮扶渔村建设，筹集资金11万元，帮助井口村购置夏夷贝养殖物资；为改善村民吃水困难现状，筹集资金10万元，用于井口村供水管网改造。帮助注册成立了“长岛东山艺海海珍品有限公司”，目前该公司在井口村已投入资金130余万元，底播海参苗8 000斤，投石3 000方，3.5厘米鲍鱼苗30 000个。

【保障重点支出需要】 确保各级政权和机关事业单位的正常运转，4月份一次性补发了晋升档次工资30万元。年底兑现一个月的考核奖励工资324万元，全县机关干部工资水平得到进一步提高。加大社会事业投入力度，确保渔业、教育、科技等法定支出和公共卫生、计划生育、文化事业等重点项目支出，安排资金3 899.5万元用于新教育区建设；安排289万元用于县医院设备购置、病房楼改造及砣矶卫生院建设；安排2 262.6万元用于重点工程建设及供暖二期工程改造等项目。

【强化财政管理】 加强政府采购管理，全年共进行公开采购活动28次，采购预算2 590.29万元，实际采购金额2 218.6万元，平均资金节约率14.35%。加强财政拨款基建项目管理，全年审核工程预决算67个，原报造价777.25万元，定案造价582.23万元，审减额达195万元。加强预算外资金管理，全县预算外资金收入完成4 110万元，同比增长20%；预算外资金支出3 390万元，同比增长17%。加强社保资金管理，全年共收取社保基金4 580万元，累计支出社保基金4 288万元。加大契税征管力度，严格落实征管责任，力争应收尽收，全年完成契税收入228万元，同比增长128%。加大会计监督检查力度，自3月份起联合人事局、审计局利用1个多月时间，对全县37个国有企事业单位进行了财务检查，查处违纪金额785万元，对账务处理存在问题的单位，下达了处理意见，限期整改，涉及税务问题的单位移交税务部门依法处理。

（撰稿：王 青）

经济技术开发区

【概述】 2006年，烟台经济技术开发区实现地方财政收入12.03亿元，增长41.38%；实现财政支出13.89亿元，增长31.19%。

【财政收入快速增长】 积极克服制约财政增收的不利因素，健全综合治税体系，完善财税配合联动的工作机制，收入规模和收入质量不断提高。提高税收精细化征管水平，开展低税负专项整治，加大对关联企业反避税监控，累计增收1.8亿元。在国家政策框架下，对深加工结转业务征收增值税，增收3 200万元。契税征管严把计税价格评估关、减免审核关，组织入库8 308万元，增长216%。大力组织非税收入，严格减免规程，严格考核奖惩，完成收入1.6亿元，增长20%。大力推进财源建设，落实各项扶持企业发展资金6 687万元，促进企业做大做强，夯实收入基础。

【支出结构不断优化】 强化公共财政职能，资金支出向三农、社会保障、教育、卫生等领域倾斜，促进和谐社会建设。兑现扶农、惠农政策，加大对水利、道路等直接改善农民生产、生活条件的基础设施建设投入，投入1.74亿元建设失地农民安置小区，兑付失地农民补助1 536万元。对失地农民实行养老、医疗保险政策，财政增补“两保”补助金2 400万元。推行新型农村合作医疗制度。对办事处学校及卫生院上划纳入区级预算管理，办事处教师工资实行区级统一发放。落实免费就业培训、弱势群体抚恤救助等各项社保资金1 500多万元。

【加强监管绩效突出】 全年完成财政性基本建设投资32亿元，增长78%，强化基建资金管理，坚持投资评审先行，严格工程结算三级审核制和资金核拨程序，强化政府采购制度和招投标管理，累计节约财政投资1.5亿元。深化政府采购改革，扩大规模、规范运作，完成政府采购3.22亿元，节省资金3 210万元。按照新的政府收支分类科目编制部门综合预算，完善分类分档定额标准，出台《财政支出预算指标管理办法》。选取11个预算单位启动了国库集中收付制度试点改革。组织社会保障资金、会计信息质量、临时机构财务管理、土地出让金缴交情况等专项检查。开展了国有企业清产核资，严格国有资产的处置和评估管理，资产评估增值140万元。严格财经纪律，规范财务核算，杜绝、纠正不合理开支90多万元。

（撰稿：贾 磊）

潍 坊 市

潍 城 区

【概述】 2006年，潍城区地方财政收入完成4.4亿元，比上年增长33.3%；财政支出完成3.74亿元，增长15%，当年实现财政收支平衡。

【收入实现稳定增长】 针对2006年市区财政体制调整情况，财税部门加强协调配合，积极采取各项综合治税措施，认真搞好收入调度和分析，实现了收入的平稳增长。以房地产建筑业为主的第三产业发展较快，营业税、契税等税种大幅增收，成为拉动地方财政收入增长的重要因素。其中契税、耕地占用税完成7 018万元，超收4 518万元，增长228.4%，拉动地方财政收入增长13.7个百分点。强化非税收入征管，保证了收入预算的完成，全区非税收入完成6 586万元，占预算的122%，支出完成5 995万元，占预算的125%，提取政府统筹资金591万元，增强了政府调控能力。

【重点支出得到有效保障】 强化资金调度，保证了全区工资的按时足额发放。积极与上级协调，争取拆迁资金、建设资金、土地出让金等专项资金，及时拨付到位，并做到了专款专用。切实加强社保基金管理，搞好资金运营和调度。认真落实城市低保、失业保险等政策，支付低保金355万元，发放失业保险金480万元，保证了城镇低收入群体的基本生活需要。

【社会保障水平不断提高】 积极支持农村社会保障工作，建立健全农村社会保障机制。新型农村合作医疗进展顺利，2006年参合农民达14.5万人，参合率为92.3%；共筹集资金595万元，为参合农民报销医药费和健康查体费168万元。利用福彩公益金等专项资金，对区福利院及三处乡镇敬老院进行了改建扩建，改善了五保户供养条件。建立农村居民最低生活保障制度，对农村低收入家庭实行动态管理，保障了农村困难家庭的基本生活。出台了相关暂行办法，积极支持做好农村医疗救助。进一步完善了城市居民最低生活保障、城市居民医疗救助等制度，确保了城区困难群体的生活、医疗需求。

【各项惠农政策得到贯彻落实】 认真落实粮食直补政策，兑付粮食直补资金190万元；对种粮农民柴油、化肥等生产资料实行综合补贴，并对农村客运进行成品油提价财政补贴，共兑付资金212万元；从2006年开始，全面取消农业税，进一步减轻了农民负担，农民得到更大实惠。多渠道筹集资金，支持农村中小学危房改造。落实好农村贫困家庭学生“两免一补”政策，建立规范的资助贫困生工作程序，确定受助对象805人，推动了农村教育事业发展。

【理财水平进一步提高】 积极做好国库管理制度改革的前期准备工作。严格非税收入征管，不断完善行政事业性收费、政府性基金“票款分离”办法，严把票据管理关，加大监督检查力度，优化了经济发展软环境。制定有关办法，加强政府投资项目资金管理，认真开展项目评审，提高了资金使用效益。搞好企业改制和经营服务类事业单位改革，顺利完成巨力股份有限公司资产重组和股权分置改革工作。进一步健全完善政府采购相关制度，提高了资金使用效益，全年完成政府采购额2 648万元，节约资金408万元，节支率达13.5%。切实加强企业财务会计管理和培训，提高了企业会计核算水平。

（撰稿：胡嘉敏　孙铭钢）

寒亭区

【概述】 2006年，寒亭区地方财政收入完成4.64亿元，同比增长36.8%，增幅列全市县市区首位；财政支出完成5.0亿元，增长24.9%。

【支持经济发展力度不断加大】 先后研究制定并认真落实了扶持企业发展、加快招商引资的一系列优惠政策和措施，立足于促进经济增长方式转变，从政策、资金、服务上加大了对经济发展的支持力度。2006年，区财政筹措安排企业挖潜改造、科技三项费用、重点企业发展资金6.11亿元，帮助重点企业加快技术创新步伐，并积极为农业龙头企业提供贷款贴息支持。通过落实一系列政策措施，有力地支持了企业和全区经济的加快发展，为财政收入稳定增长奠定了坚实基础。

【公共服务支出得到较好保障】 围绕和谐社会和新农村建设，不断加大对公共服务的投入，努力使城乡居民共享改革发展成果。积极落实增资政策，工资发放得到较好保障。在由区财政统一拨付乡镇机关事业单位干部职工和农村中小学教师工资、村“两委”干部固定补贴的基础上，又将村级办公和综治经费、村计生专职主任固定补贴纳入区财政拨付范围，保证了基层政权的正常运转。加大对农村道路建设、农业综合开发、道路林带绿化、群众生产生活用水配套、优质农产品培育和养殖业的支持力度，组织实施了区乡道路大修改造、引水上埠、西部乡镇治氟改水和村村通柏油路、通自来水、通有线电视等“利民工程”，群众生产生活条件进一步改善。全面取消农业税，落实粮食直补、良种补贴和成品油价格补贴等惠农政策，农民收入水平进一步提高。积极改善城区中小学办学条件，落实了义务教育阶段贫困家庭学生“两免一补”政策；继续实施农村中小学危房改造，建立农村中小学校舍维修改造长效机制。

【社会保障能力进一步加强】 积极推行新型农村合作医疗、大病医疗统筹、农村计划生育家庭奖励扶助、五保老人集中供养、独生子女父母补充养老保险等制度，拨出专款对农村70岁以上老人进行了走访慰问。鼓励失地农民加入社会养老保险，探索建立失地农民生活保障机制，努力解除其后顾之忧。全区享受城乡低保和五保供养人数达到4.7万人次，城乡低保户实现了应保尽保；24万农民参加了新型农村合作医疗，参合率达到93%。巩固扩大城镇职工保险覆盖面，及时足额拨付企业离退休人员养老金；着力构建农村社会救助体系，积极组织开展残疾人救助、教育救助和灾害救助，并将所需资金纳入财政预算，促进了社会保障水平的进一步提高。

（撰稿：刘洪康）

坊子区

【概述】 2006年，坊子区地方财政收入突破3亿元，达到3.03亿元，增长26.3%；财政支出完成3.68亿元，增长18.1%，连续18年实现财政收支平衡。

【严格治税管费 力促财政增收】 在配合国税、地税部门加强税收征管的基础上，狠抓自身组织收入工作。抓好契税和耕地占用税自主征收，加强内部监督制约，堵塞税收流失漏洞，全年征收契税和耕地占用税2 677万元，同比增长196%。拓宽非税收入管理范围和领域，加大监管力度，强化预算统筹，重点加强对砂资源收入、水资源费和土地出让金的征缴，增强了财政调控能力。加强监督检查，促进提高收入质量，联合国税、地税、审计等部门开展财税法规执行情况检查，共检查有纳税义务的企业53户，查出违纪金额432万元，维护了财经法纪的严肃性。

【保障重点支出 促进和谐发展】 遵循“一个确保、三个倾斜、一个重点”的原则科学安排支出。工资发放和机关运转得到有效保障，全区住房补贴标准由基本工资的25%提高到35%，并将镇街干部职工工资由区财政按照统一标准实行统一发放，解决了镇街工资发放不及时、标准低问题。加大社会保障、新农村建设和社会事业支持力度，公共支出领域得到拓展和深化。在完善城乡保障体系、提高保障标准的基础上，重点解决好失地农民社会保障问题。创新救助方式，建立“慈善救助超市”2处。全面推行新型农村合作医疗制度，全区参合率超过80%，加大财政支农力度，申报村村通自来水、小型水库除险加固、“民办公助”小水利、能源综合利用等支农项目29个；荆山洼镇万亩中低产田改造项目顺利通过验收。加大社会事业投入，科技、教育、文化、卫生支出分别比上年增长32%、13%、25%和14%。加大基础设施投入力度，全年基本建设支出3 973万元，城市功能日趋完善。投入专项资金5 921万元，支持产业结构优化升级和企业技术创新，推动了区域经济又好又快发展。

【深化财政改革 推进科学理财】 稳步推进政府收支分类改革，按照“两维定位，三步划分”的方法顺利完成科目转换工作，实现了新旧科目双轨平稳运行。继续推进国库集中支付制度改革，改革内容由浅入深不断推进，建立起财政集中支付大厅，试点单位与财政、银行的支付网络建成并上网运行。政府采购成果继续扩大，深入开展治理商业贿赂活动，自觉接受外部监督，增强工作透明度；采购范围进一步拓宽，全区工程类采购基本纳入政府采购范围，货物和服务类采购取得较快发展，对玉米良种进行了首次采购，对协议供货方式进行了初步探索和尝试，全年完成采购金额4 751万元，节约资金730万元，节支率达13.3%。加快国有资产管理体制改革，过户土地294亩、房产33 845平方米，做大做强融资平台，着力抓好融资工作，保障了重点支出需要。

（撰稿：倪永才）

奎 文 区

【概述】 2006年，奎文区实现地方财政收入6.88亿元，同口径增长26%；财政支出完成4.81亿元，增长18.7%，连续13年实现财政收支平衡。

【严格依法治税】 面对市区财政体制调整和企业税收级次变化的新形势，财税部门统筹谋划、强化征管、精心调度。国税部门建立健全企业纳税信息跟踪体系，深入开展纳税评估、税源分析和税收稽查；地税部门通过开展税收“管理年”活动，以宏观税负分析为切入点，查找问题，加强管理；财政部门认真搞好契税自征，加强非税收入管理。2006年，全区税收收入占地方财政收入的比重为85.7%，比上年提高5.1个百分点，收入结构进一步优化。

【加大支农力度】 全面落实各项惠农补贴政策，通过办理“齐鲁惠农一本通”，发放粮食直补、种粮农民成品油价格补贴资金41万元；安排支农资金268万元，重点支持了优良品种引进、人畜吃水、阳光工程再就业培训等涉农项目。加大对下转移支付力度，安排资金206万元，主要用于困难村补助、五保户供养、农村育龄妇女四术免费和农村计划生育家庭奖励扶助等。扎实推进农村义务教育经费保障机制改革，在全市率先免除农村义务教育阶段学生杂费174万元，受益学生6 261人，并继续对农村贫困家庭学生免费提供教科书、补助寄宿生生活费。安排资金77万元推进新型农村合作医疗制度改革，全区共有参合农民3.7万人，参合率达到72%。

【保障重点支出】 认真做好社会保障工作，社会保障基金规模和范围不断扩大，连续12年实现资金安全规范运行。加大和谐社区建设投入力度，拨付180万元用于社区居委会工作经费，投入420万元用于苇湾社区、樱园社区等4个试点社区居委会的办公场所建设、基本办公设备配备及服务设施的改善，投入资金1 116万元支持构建城区社会治安防控体系。大力支持教、科、文、卫事业统筹协调发展，全年实现教育支出7 893万元，并筹集资金1 800余万元用于教育解困工程，科技、文体和卫生支出分别比上年增长22.9%、45.9%和38.3%。

【强化财政管理】 调整完善了区与街

道财政体制，街道完成地方财政收入1.94亿元，同口径增长29.7%。国有资产管理改革取得新进展，步入法制化、规范化轨道。严格“收支两条线”管理，全年纳入专户管理的预算外资金达5 640万元。按照政府收支分类改革要求，做好新旧收支科目转换工作。结合本地实际，制定了国库集中支付改革实施方案。政府采购制度进一步完善，全区政府采购规模达到8 580万元，节约资金1 862万元，资金节约率为21.7%。财政投资评审绩效突出，项目送审及评估总额4 200万元，审减值702万元。加强会计队伍建设和会计基础管理，全年培训会计人员2 500人次，会计信息质量进一步提高。

（撰稿：王金滨）

青州市

【概述】 2006年，青州市完成地方财政收入6.46亿元，同口径比上年增长25.3%；财政支出完成9.69亿元，比上年增长20.3%，连续22年实现财政收支平衡。

【综合治税成效显著】 与税务机关密切配合，狠抓综合治税。通过成立市镇领导班子，实行目标责任制，加强分析调度，搞好监督检查，强化预算外资金调控，盘活行政事业单位国有资产，有偿使用国有资源等措施，确保了全年收入的完成。全市上下依法纳税意识明显增强，税收秩序显著好转。

【财政保障能力显著增强】 规范了市镇村三级工资发放，统一了全市教师、机关干部工资水平，教师工资上划市级管理，镇（街道）机关干部工资由市财政代发，农村干部工资得到保障并及时发放，各部门津贴补贴得到规范和统一。建立了重大财政投资项目评审与招投标有机结合的新模式，提高了资金使用效益。对行政事业单位公务用车进行定编管理，减少了汽车配备使用中的浪费现象。社会保障体系更加健全，加强了对下岗失业人员再就业和农民的就业技能培训；做好农村五保户集中供养和农村最低生活保障工作；新型农村合作医疗试点和大病救助成效显著。大力支持新农村建设，通过发放农民种粮补贴和良种补贴，支持农村公路建设与维护、村村通自来水工程，扶持农民合作组织建设，农民生产生活条件得到有效改善，全年市财政直接拨付农村事业资金达8 730万元。

【财政体制机制创新成效明显】 通过市乡体制调整和转移支付，壮大了困难镇的财政实力，改革了镇（街道）教师、机关干部和离退休人员的工资发放办法；建立了村级经费和村干部工资保障机制；确保了镇村两级政权正常运行和市委市政府政令统一。成立国库集中收付和会计集中核算两个中心，将各行政事业单位收入与支出全部纳入财政统管，提高了政府调控和财政保障能力。创新了税收征管办法，耕地占用税、契税纳入人民办事中心统一管理，实现了自主征收；将房地产税收纳入市级管理，调整了炸药销售环节代征建筑用石资源税标准，增加了房地产和资源税税收。帮助改制企业完善档案，制订制度，建立法人治理机构，促进了改制企业的健康发展和国有资产的保值增值。

【财政资金管理更加规范】 建立了专项资金管理责任追究、跟踪问效、绩效评价等制度；在全市范围内运行了非税收入征缴管理系统，通过实行“收支两条线”、“票款分离”等措施，拓宽了非税收入筹集领域；建立财政风险防范制度，规范财政债务管理；严格会计从业资格证管理，抓好单位会计基础工作规范化工作；清理整顿社会代理记账行为，提高了会计信息质量。住房公积金主体业务全部纳入人民办事中心统一管理，实现了窗口办公“一站式服务”，各项管理工作更加公开透明，便捷高效。

（撰稿：王万庆）

诸城市

【概述】 2006年，诸城市完成地方财政收入12.1亿元，比上年增长27.1%；完成财政支出13.9亿元，增长23.6%。

【财政支持经济发展力度加大】 城市基础设施建设方面，投入3亿元资金，主要用于支持拓宽改造人民路中段、府前街和西郊街北段、薛馆路东段，拓宽绿化了城区西南出入口，新建了舜河污水处理厂和青墩净水厂，开工建设了潍河斜拉桥、城区地下管网以及绿化、亮化工程等。支持中小企业发展方面，利用国家开发银行贷款政策，争取中长期贷款1亿元，支持了新郎、信得药业、良丰化学、同翔和亿沣机械等中小企业项目发展；落实财税政策方面，为企业办理“禽流感”退税和出口退税等4.1亿元，兑现招商引资、经济发展奖励、退城进园和企业解困等政策支出2.8亿元，有力地支持了经济发展。

【财政保障重点支出能力增强】 在保证人员工资及时足额发放的基础上，进一步优化支出结构，突出支出重点，集中财力向社会保障和新农村建设方面倾斜。2006年财政用于新农村建设方面的支出2.2亿元，主要是用于新型农村合作医疗、村村通自来水、农村道路和农田水利基本建设、农村义务教育“两免一补”、农村计划生育家庭奖励扶助以及粮食、农资、良种和农机具购置补贴等；社会保障投入 1.2 亿元，比上年增长 23.8%，主要是用于农村和城镇最低生活保障、五保老人供养、敬老院建设、就业再就业、医疗保险等，提高了公共财政的保障能力。

【土地和矿产资源拍卖收益增长较快】 2006 年共出让土地 52 宗，面积 1 569 亩，实现土地收益 6.9 亿元，比上年增加 3.8 亿元；矿产资源拍卖收益 358 万元，比上年增加 220 万元；行政事业单位房产经营收益 137 万元。

【财政监督进一步强化】 凡是政府投资的建设项目全部纳入政府采购范围，严格按照政府采购程序，实行阳光操作，做到公开、公正、透明，2006 年完成采购总额 1.3 亿元，节约财政资金 2 213 万元；开展税收财务大检查，共查处各类违纪金额 4 114 万元，已全部入库，严肃了财经纪律。开展了乡镇财政执法大检查，进行了机关内部审计，严格了财政执法，进一步规范了审批手续和支出程序。

（撰稿：管延江）

寿　光　市

【概述】 2006 年，寿光市地方财政收入完成 12.7 亿元，比上年同比增长 26.2%；财政支出完成 15.32 亿元，增长 21.76%，全年财政收支平衡。

【狠抓依法治税，财政收入实现快速增长】 认真搞好税源调查和分析预测。财税部门加强协调，深入基层开展“地毯式”税源调查，详细摸清税源分布状况，根据每月收入计划进行科学分析与预测，强化征管措施，保证了收入及时均衡入库。大力实施收入征管分类管理，全面推行重点税源专业化、一般税源精细化、零散税源规范化的“三化”分类征管模式。主体税种收入大幅增加，实现了财政收入量的增加和质的提高。建立完善收入监督机制。健全征管机构，配备专业化人员，实行集中征收和监督稽查职能分离，坚决堵塞税收流失漏洞，实现应收尽收。

【不断优化财政支出结构，社会事业得到和谐发展】 工资保障机制进一步完善，全市财政供养人员工资待遇实现了编制、财政联动，及时足额发放。社会保障体系进一步健全，拨付资金 2 600 多万元，建立完善了城乡低保、五保户供养、新型农村合作医疗和医疗救助“四项制度”，基本解决了弱势群体的生活需要和“看病难、看病贵”问题。安排资金 2 500 万元，改善了农村办学条件，确保了教育优先发展的需要；拨付资金 280 万元，对农村义务教育阶段贫困家庭学生实行了“两免一补”，5 600 名在校学生受益。安排资金 840 多万元，全面落实了农村计划生育政策奖励扶助。拨付资金 200 多万元，保障了破产困难企业职工安置、生活补助，提高了困难企业军转干部生活补助和企业离休干部工资待遇。筹集资金 100 多万元，加大了对再就业培训和职业介绍的支持力度，帮助下岗失业人员实现再就业。突出加大城市建设和维护投入，促进了城市上档升级。统筹经济社会协调发展能力进一步增强，建立健全了农村义务教育等社会事业发展财政投入保障机制，全年教育、卫生、文化、科技等支出稳定增长，分别比上年增长 21.7%、22%、23.2%、23.8%，实现了经济和社会各项事业的协调发展。

【充分发挥财政职能，推动经济又好又快发展】 努力培植壮大地方财源，认真贯彻“工业立市”战略方针不动摇，综合运用各种财税手段，为企业提供最大支持，进一步提高了企业市场竞争力。立足财政职能，引导企业用好国家产业政策。及时加强与企业的信息沟通，积极帮助争取企业挖潜技术改造、国债及贷款贴息等国家政策性扶持资金，有效借助“外力”，促进企业做大做强。深化企事业单位改革改制，提升资产运营效益。适时推动晨鸣纸业集团股权分置改革，有力地激活了资本运营市场，社会功能、经济效益稳步提高。注重平台建设，为经济社会发展提供融资支持。充分发挥市金财国有资产经营公司的作用，通过国有资产保值增值、大型企业参股经营，搭建起资产充实、经营规范、信誉良好的融资担保平台。

【加大支农惠农力度，社会主义新农村建设扎实有效】 全面落实财政补贴政策，全年兑付粮食直补资金 1 098 万元，兑付良种补贴资金 320 万元，兑付农机购置补贴资金 140 万元，兑付成品油价格改革财政补贴资金 2 965 万元，增加了农民收入，进一步调动了农民生产积极性。全力提高农业综合生产能力，全年投资 3 000 多万元，支持农业龙头企业发展和农民专业合作组织建设，科学组织实施了农业综合开发、科技推广等新技术和新项目应用，积极开展了政策性农业保险试点，提高了全市农业综合生产能力。大力改善农民生活环境，安排奖补资金 285 万元，支持生态文明村镇建设；筹集资金 500 万元，启动了“村村通”自来水试点工程，解决了全市 45 个村 5 万多人的吃水难问题。积极支持基层组织建设，全年拨付资金 450 万元，用于全市 1 840 名村干部基本工资补助；投入 700 多万元，建立了派出所联防队员经费保障机制，促进了平安莱乡建设；筹集专项资金 110 万元，支持村级组织活动场所建设，有效改善了村级组织工作条件，增强了为民服务功能，促进了和谐社会建设。

【继续深化改革，财政管理水平明显提高】 国库集中支付制度改革稳步推进，规章制度进一步健全，运作程序进一步规范，国库集中支付监管水平显著提高，直接支付率达到70%。国有资产管理改革取得新进展，对68家单位的资产实行统一经营、科学化管理，实现了国有资产的保值增值。政府采购改革进一步深化，资金节约率达16.4%。非税收入征缴管理制度进一步健全，“收支两条线”和“票款分离”实施范围不断扩展，管理更加科学、规范。财政监督和会计基础管理进一步强化，会计信息质量明显提高。

（撰稿：李泮德　郎继荣）

安 丘 市

【概述】 2006年安丘市地方财政收入完成3.42亿元，同口径比上年增长16.4%；财政支出完成6.61亿元，比上年增长23.4%。

【强化征管措施，财政收入稳定增长】 在认真细致测算，摸清税源的基础上，将全年预算收入合理地分解落实到各征收部门，并制定了一系列考核奖惩措施，根据入库情况及时兑现，有效地调动起了各征收部门应收尽收的积极性。积极做好归口收入管理单位的行政性收费和罚没收入入库工作。加强与国税、地税等征收单位的沟通和协调，加大对各乡镇、街办的调度力度，督促各征管部门和单位及时解缴税款。同时，进一步强化措施、健全机制，堵塞收入流失漏洞，认真做好财政收入的清缴入库工作。

【优化支出结构，确保重点支出需要】 按照落实科学发展观和构建和谐社会的要求，继续调整优化支出结构，合理安排支出，控制一般性支出，确保重点支出需要。坚持“一要吃饭，二要建设”方针，优先保证人员工资和机关运转。在支出管理上，完善各项节支措施，加强支出管理，控制和压减一般性支出。继续加大对“三农”的投入力度，促进社会主义新农村建设。加大对社会保障的扶持力度，确保社保工作有条不紊。加大财政倾斜力度，积极推进新型农村合作医疗制度试点工作；提高低保管理的时效性和精细化，对各类低保资金全额纳入“社会保障基金财政专户”，实行专户管理，专款专用，并推行社会化发放；严格管理各项财政专项资金，及时拨付各单位，确保发挥资金效益。

【深化财政改革，努力提高财政管理水平】 积极稳妥地推进国库集中支付制度改革，先后制定了《安丘市财政国库制度改革方案》、《安丘市市级财政国库管理制度改革试点会计核算暂行办法》等制度，在全市15个单位进行了国库集中支付改革试点。全面推行部门预算制度改革，进一步规范了预算编制程序、完善了定额标准体系，加强了项目支出预算管理，细化了部门预算编制内容。加强预算外资金监管，以强化“收支两条线”管理为重点，全面加强对预算外资金的监督管理。完善住房公积金管理办法，加大住房公积金归集力度，拓展公积金缴交范围，提高公积金缴交率。采取“划片分组，责任到人”的办法，落实住房公积金归集包干责任制，增强相关责任人的工作积极性和责任感，取得明显效果。

【规范财政管理，加强财政监督】 针对财政管理中的热点和难点问题，从监督检查入手，狠抓制度建设和规范化管理，力求从根本上杜绝各类问题的发生。强化监督管理，建立日常税源监控机制，由安丘市财政局牵头，从监察、审计、工商、国税和地税等五个部门，抽调14名人员，组成了市税源普查办公室，从6月份开始，历时4个多月，对全市税源进行了普查。对预算编制、执行进行全过程监督，审查预算单位经费支出情况，提高预算编制质量。进一步加强内部监督，开展内部监督检查工作，对发现的问题及时提出整改意见和建议。

（撰稿：李江林　周明义　李　霞）

高 密 市

【概述】 2006年，高密市完成地方财政收入7.1亿元，增长33%；完成财政支出9.3亿元，增长27.4%。高密市财政局被评为山东省文明机关。

【支持经济发展，培植壮大财源】 推进国有资产管理体制改革，对全市行政事业单位国有资产实施集中统一管理，加快搭建融资平台，拓宽融资渠道。全年共融资2.66亿元，重点用于城区、道路等基础设施建设，改善经济发展环境。用足用活税收优惠政策，支持产业结构调整，提高财源建设质量。拨付企业挖潜改造资金、国债技改资金、支持招商引资、外经外贸资金6 150万元，促进了企业发展。

【创新征管手段，确保收入增长】 认真落实收入目标责任制，层层分解征收计划，为全年财政收入任务的完成打下良好基础。推行财政、国税、地税联系交流、联合征管、联席会议制度，挖掘增收潜力。大力推行综合治税，组织开展企业纳税评估工作，堵塞税收漏洞。建立奖惩激励机制，定期对各征收部门和镇街进行考核，充分调动各征管单位和镇街组织收入的积极性。狠抓财政“两税”征管，实行“先税后证”制度，加强税收稽查，确保应收尽收。

【增强保障能力，着力改善民生】提高了7 481名镇街教师的工资标准，实现了城乡教师同工同酬。将镇街1 462名机关事业单位在职人员工资纳入市级财政统发，解决了镇街机关干部的后顾之忧。将农村主要干部工作补贴列入财政预算，实行财政统发，调动了农村干部的工作积极性。加快建立城乡最低生活保障、五保供养、贫困人口医疗救助等社会救助体系。安排资金700万元，用于提高城乡居民最低生活保障标准和五保供养标准，扩大城乡覆盖范围。安排资金850万元，用于企业离休干部离休费补助、破产企业困难职工帮困解困和企业军转干部生活补助。加大环保投入力度，安排资金1 917万元，用于公共管网污水处理，防止环境污染。

【加大“三农”投入，统筹城乡发展】积极支持农村饮用安全水工程建设，统筹安排资金4 500万元，解决北部六镇20.2万农民饮水安全问题。加大农业支持力度，安排资金3 133万元，用于支持农业综合开发、农村沼气建设、农田水利建设等。认真落实粮食、成品油、良种和农机补贴政策，发放补贴资金3 309万元。加大农村危房改造投入，安排资金480万元，对农村办学条件薄弱的中小学进行综合改造，改善了办学条件。大力支持新型农村合作医疗制度建设，全年财政对农民补助资金1 798万元，解决了农民“因病致贫、因病返贫”问题。

【推进科学理财，提高监管水平】深化政府采购制度改革，提高资金使用效益，完成政府采购预算2.09亿元，节约资金2 504万元，节支率为12%。推进“收支两条线”管理改革，扩大“票款分离”范围，预算外资金上缴财政专户6.9亿元，统筹预算外资金8 405万元。深化行政事业单位国有资产管理体制改革，对全市105个行政事业单位的资产进行集中清查盘点，防止了国有资产流失。加强非税收入专项检查，对全市120个单位的非税收支情况进行了拉网式检查，查堵了非税收入漏洞。

（撰稿：李泰鹏）

昌 邑 市

【概述】2006年，昌邑市地方财政收入完成6.05亿元，同比增长22.7%；非税收入完成1.07亿元，占地方财政收入的17.7%。财政支出完成7.85亿元，同比增长20.7%。

【积极培植财源，强化征管措施，财政收入规模实现新突破】完善税收征管措施，加强财税信息管理，加大财政监督力度，确保财政收入稳定增长和均衡入库；严格按照“收支两条线”和“票款分离”制度规定，不断加大对非税收入的征收和管理力度；积极落实各项支持企业发展的奖励政策，筹措资金790多万元，确保兑现政策，鼓励企业退城进园、挖潜改造。

【优化支出结构，健全保障体系，社会保障实现新突破】强化预算管理，确保职工工资正常发放，将乡镇教师、乡镇机关干部和市级机关事业单位人员工资纳入财政统一发放，全市统一发放工资人数达到1万多人，全年代发工资额1.39亿元；筹集就业补助资金480万元，加大就业资金投入力度；财政投入资金1 260万元，加大农村医疗保障资金投入力度，参保率达到75%；完善最低生活保障制度，实际发放低保资金225万元，享受低保人数达到5 139人；积极筹措五保供养及敬老院建设资金160多万元，建立健全农村五保供养制度和城乡医疗救助制度。

【落实惠农政策，加大扶持力度，新农村建设实现新突破】全面落实中央取消农业税政策，全市减轻农民负担1 068万元；落实中央惠农补贴政策，发放小麦直补资金889万元；落实中央成品油价格改革财政补贴政策，发放补贴资金1 408万元；建立财政支农项目库，全市支农项目库入库项目61个，实际到位资金2 100多万元。

【加大资金投入力度，健全管理链条，城市建设实现新突破】搭建融资平台，融资2.6亿元；依法经营土地，土地出让54宗，土地出让金收入3.5亿元；全面实施政府采购，完成采购额2.5亿元，节约资金6 200多万元，综合节支率达25%。

【深化体制改革，完善管理机制，财政改革实现新突破】实行国库集中支付制度改革，全市124个预算单位的财政性资金全部纳入集中支付范围，全年完成直接支付业务2 157笔，支付资金2.05亿元，完成授权支付业务5 057笔，支付资金6.03亿元；加大企事业单位改制力度，完成改制企业4个，7户老国有企业进入破产程序；加强行政事业单位旧公务用车处置管理，公开拍卖旧汽车20辆，盘活财政资金80余万元。

【统筹安排资金，突出投入重点，社会事业发展实现新突破】实行农村义务教育经费保障机制改革试点，筹措资金670多万元，受益学生达6万多人；落实独生子女父母奖励费279万元；实施农村育龄夫妇免费计划生育服务工程，安排专项资金100万元，专项用于农村育龄夫妇计划生育节育技术服务。

（撰稿：张兴涛）

临 朐 县

【概述】 2006年，临朐县完成地方财政收入2.16亿元，同口径比上年增长25%；完成财政支出5.26亿元，比上年增长26.1%，连续17年实现财政收支平衡。

【深入实施综合治税，财政收入稳定增长】 健全完善县乡村三级综合治税网络，继续深入实施社会综合治税，促进了财政收入稳定增长。针对骨干企业税源、中小企业税源和个体零散税源，分别落实措施加强控管。实施《重点企业联系人制度》，从相关部门抽调业务骨干，一人一企，财企联姻，对骨干企业重点管理、重点服务，全县纳税过100万元的企业达到50家，上缴税金2.02亿元；组织搞好企业会计信息质量集中检查，查出违规违纪金额2 643万元，查补入库税款707万元；进一步完善《县直部门协税护税责任制》、《税收协管员管理办法》等制度，促进社会协税护税，共采集传递涉税信息5万多条，堵塞税款流失850多万元，各协税护税单位代征代扣税款1 000多万元。

【发挥公共财政职能作用，促进各项社会事业发展】 按照“低水平、全覆盖、稳步实施、普遍受益”原则，积极推进城镇及农村低保、新型农村合作医疗、农村“五保”等社会保障体系建设。最低生活保障补助标准大幅提高，加大了对乡镇敬老院建设、乡镇卫生院改造建设的投入力度，进一步改善了农民的养老和就医条件；新型农村合作医疗制度全面实施，运行平稳，全县参保农民达到50.5万人；农村中小学校困难学生“两免一补”政策全面落实，全年有7 807名困难学生受益，减轻学生家庭负担235.2万元。

【整合财政支农资金，大力支持新农村建设】 临朐被确定为全省5个省级财政支农资金整合试点县之一，2006年全县财政支农资金投入4 224万元，重点用于流域综合开发、大棚果基地和奶牛基地建设、农业龙头企业和农民合作组织建设、村村通自来水和户用沼气建设、农民技术培训和劳动力转移培训，较好地促进了农民增收和生产生活条件的改善。全面落实免征农业税政策，认真落实粮食直补、综合直补、小麦良种补贴和农机具购置补贴等惠农政策，农民生产积极性得到充分保护和调动。

【深化财政管理改革，健全完善公共财政体系】 积极推进政府收支分类改革，从7月份开始实行新旧科目“双轨”并行。积极推进国库集中支付和“乡财乡用县管”改革，研究制定了具体实施方案和操作办法，为全面实施改革奠定了基础。通过实行国库集中支付和乡财县管，全面加强对财政资金的全程监管，提高县乡财政资金管理水平。深化企事业单位改革改制，进一步加大企事业单位改制工作力度，严把国有资产处置关，确保了国有资产的保值、增值。

（撰稿：宋光杰）

昌 乐 县

【概述】 2006年，昌乐县地方财政收入完成4.20亿元，增长21.3%；财政支出完成5.84亿元，增长18.9%，连续18年实现财政收支平衡。

【完善社会保障体系，促进城乡社会事业发展】 筹集资金71万元，用于企业军转干部解困和企业改革分流人员安置。建立小额贷款担保基金，扶持失业人员自主创业。加大困难群体救助力度，城区纳入低保范围3 110人，并对低保对象实施医疗救助，做到“应保尽保”。落实农村贫困家庭学生“两免一补”政策资金96万元，争取农村义务教育经费保障机制改革转移支付补助基数1 762万元，补助比例达到60%。扎实推进新型农村合作医疗试点，全县农民参合人数达45.9万人，参合率达98.2%，筹集合作医疗基金2 154万元，为农民报销医药费1 369万元，报销医药费人口达12.6万人，免费查体12.9万人，有效缓解了农民因病致贫、因病返贫问题。完善乡镇工资县级统发制度，争取上级调度资金支持，保证全县工资正常发放。2006年，昌乐县进入省保障性补贴范围，争取转移支付资金253万元，全部用于县、镇（街道）、村工资发放和保障机构正常运转。

【加强财政投资管理，提高财政资金使用效益】 完善政府采购制度，将城建项目的规划、设计、施工、监理以及大型设备、大宗材料采购等全部纳入规范的政府采购范围。2006年政府采购中心共组织参与各项采购101项，总预算16 437.14万元，中标价11 904.68万元，节约资金4 532.46万元，节约率27.57%；参与竞争性谈判4项，累计融资资金17 250万元，其中城市集体供热项目8 000万元，城市垃圾转运站项目750万元，污水处理厂项目4 500万元，丹河水系项目4 000万元；积极参与乡村路网建设项目和村村通自来水工程项目政府采购工作，涉及资金1 000万元。积极开展投资项目评审工作，对城市基础设施建设、农业基本建设等财政投资项目全部进行评审，2006年累计审核107个项目，完成项目评审值17 082万元，审定值13 261万元，审减资金3 821万元，审减率22.50%。

【增加农村建设投入，农民生产生活条件得到进一步改善】 针对昌乐县农业发展现状，投入资金3 373余万元，用于改善农业基本生产条件、改善生态环境、扶持农业科技进步等。安排340万元，大力实施“村村通自来水”工程，使11.7万农民用上了自来水。全面取消农业税，农民人均税费负担由2001年的242元，到2006年全部取消。落实种粮农民直补、燃油化肥补贴、农机购置、良种补贴1 039万元。开展农村独生子女养老保险试点，实施农村计划生育家庭奖励扶助制度。

【履行国资管理职能，统一管理行政事业单位国有资产】 认真履行国有资产管理职责，积极配合有关部门，将全县130多个行政事业单位的土地房产统一划转到县国有资产经营总公司进行集中管理，划转土地185宗2.2万亩，房产245宗40万平方米。

【深化各项财政改革，加快公共财政建设步伐】 将国有资产有偿使用收入、国有资本经营收益、以政府名义接受的捐赠等收入等纳入“收支两条线”管理范围，不断完善行政事业性收费、政府性基金“票款分离”办法，全县非税收入上缴财政专户1.93亿元，从财政专户中拨付支出1.61亿元。严格实施《昌乐县住宅共用部位、共用设施设备维修基金管理暂行办法》，做好住宅小区内住宅共用部位、共用设施设备维修基金的征管，全年累计归集住宅维修基金734.8万元。全面实施国库集中支付制度改革，提高了支出透明度，从2006年9月份开始实行网上支付，到年底共支付业务4 984笔，金额1.40亿元。加强住房基金管理，继续支持职工住房建设，2006年10月份住房公积金个人贷款业务顺利开展，累计支出达到2 933万元。

（撰稿：张宝峰　阎　雪）

高新技术开发区

【概述】 2006年，高新技术开发区实现地方财政收入7.03亿元，增长18.3%，地方财政支出完成3.27亿元，增长10.75%。

【采取切实有效措施，努力壮大财政实力】 扩大财源根基，增加财政收入，结合财政体制调整，加大协调力度，积极组织收入，加强收入源头管理，与税务局、工商局、建设局、建工局、国土局、质监站、房管局等部门协调，互通涉税信息，认真核实户管情况，积极开展综合治税工作，严格执行“先缴税、后办证”制度，堵塞税收漏洞。科学合理安排支出预算，立足高新区经济发展实际，围绕公共财政建设，突出构建和谐社会，坚持“有保有压”原则，压缩一般性支出，突出保障重点，更加贴近群众生活。

【有效实施财政监管，提高财政投资效益】 为确保高新区基本建设工程的建设进度与质量，财政部门充分发挥政府采购的规模效益，积极进行制度创新、过程控制，堵塞了漏洞，提高了资金使用效益，完善基本建设的管理体系。一方面，以财政监督管理为出发点，加强建设项目的预算约束和计划控制，不断提高基本建设财政管理水平，努力实现财政对基本建设的直接管理。认真做好对建设项目的事前审核、事中监督和事后审计评价工作，制订并实行财政专管员制度、工程变更的专家委员会审查制度、工程设计变更与设计费相挂钩制度和预算控制制度，建立并完善了评估网络库和监理网络库，实现了对监理、设计部门的控制。另一方面，充分发挥财政职能，不断提高财政投资效益。在工程招投标方面，采取了提前公开期望标值，公开竞标、变单项工程招标为多项工程捆绑招标或延伸招标等办法，解决了标底泄露的难题，提高了招标工作的透明度，节省了大量建设资金。进一步规范政府采购行为，加强行政事业单位的采购计划控制和采购资金管理，建立健全适合高新区的采购管理体系，改革和完善政府采购操作程序，在潍坊市率先实行了协议采购，制定了《潍坊高新区协议采购管理暂行办法》，采购效益得到进一步提高。

【加大资金保障力度，促进社会事业发展】 深入贯彻落实破解农民“三忧”、搞好“四个置换”政策，为高新区各项社会事业发展提供资金保障。城市低保、农村低保、五保户供养、城乡医疗救助、新农合等各项政策全部执行到位，配套资金保障到位。加大对教育基础设施建设投入，不断改善办学条件，高标准建设了北海学校、高新双语学校以及东明中学、清池中学实验楼。

【着力推进财政改革，创新财政运行机制】 全面推行国库集中支付改革，制定并完善了《国库管理制度改革实施方案》、《国库管理制度改革资金支付办法》、《会计核算办法》、《银行支付清算办法》，建立健全支付流程、规章制度，自2007年1月1日起，全面实施国库集中支付制度。创新和完善基金管理办法，组建专门管理机构，积极主动做好市里每年给予高新区2亿元高新技术产业发展基金的管理工作，制订基金管理规章制度，构建了规范、严谨的基金管理体系，合理运用基金，确保发挥其在支持企业创新中的最大效益。适应经济发展，拓宽财政融资渠道，根据工程建设需要，多方面、多渠道筹措建设资金，拓宽融资工作思路。采取BOT模式投资2亿元建设创新大厦、双语学校项目，极大地降低了高新区建设资金压力。

（撰稿：段守华）

滨海经济开发区

【概述】 2006年，滨海经济开发区地方财政收入完成3.87亿元，比上年增长28.3%；财政支出完成3.24亿元，比上年增长17.7%。滨海经济开发区财政局荣获“全省财政系统先进集体”荣誉称号。

【积极组织收入，保证财政收入稳步增长】 与国税、地税等部门密切配合，定期召开国税、地税、财政三家联席会议，深挖税源潜力，积极组织收入，做到了应收尽收，财政收入快速增长。

【强化支出管理，集中财力保障重点支出】 优化支出结构，统筹安排资金，确保了工资发放、城市基本建设、社会保障、社会主义新农村建设等重点事业支出。加强专款审核，对各行政事业单位上报的临时专款申请加大了审核力度，逐一进行实地考察，减少了不必要支出，节约了大量的财政资金。扩大政府采购范围，对2 000元以上的工程、服务、货物进行集中采购，确保了财政资金支出效益，全年通过公开招标方式完成工程以外的采购额865万元，节约财政资金116.36万元。

【优化支出结构，加大社会保障投入】 健全农村五保供养机制，提高五保供养水平，集中供养标准达每人每年2 600元，分散供养标准达每人每年1 600元，供养所需资金由财政全部负担。提高农村低保补助标准，提升低保保障水平，农村低保标准由每人每年800元提高到1 000元。建立农村低保医疗救助制度，新型农村合作医疗工作顺利开展，财政补助标准提高到每人每年40元。

【加强财政监督，规范财经秩序】 加强预算外资金管理，对全区行政事业单位收费进行了一次全面调查摸底，对不合理收费进行了取缔，对游离在非税收入系统之外的收费进行了清理，并重新上报申请新的收费编码。通过调查清理，进一步规范了各单位的收费行为，提高了收费的透明度和效率，防止了违反预算外资金管理规定现象的发生。认真开展会计信息质量检查和会计师事务所执业质量检查，查出漏缴税款11.8万元，规范了财经秩序和纳税行为。

（撰稿：宋美亮　王东艳）

经济技术开发区

【概述】 2006年，潍坊经济技术开发区地方财政收入完成7 373万元，较上年同期同口径增长44%。地方财政收入中税收收入7 123万元，占97%。完成财政支出6 721万元，实现财政收支平衡。

【预算外资金管理工作】 管理职能进一步完善，把建筑企业劳务工资保证金、墙改费、检疫费等6项行政事业性收费项目纳入非税收入票款分离系统，进一步完善了非税收入征管系统，提高了征管效率，确保了非税收入及时足额上缴国库或财政专户。

【税收征管工作】 逐步完善征管机制，强化征管措施，严格征管程序，保持了契税、耕地占用税持续、稳定增长。2006年，两税共计入库2 298万元，比上年增收1 271万元。

【会计管理工作】 召开了区内规模以上企业财务负责人会议，加强会计法规宣传，强化会计法规意识，强化会计监管，维护会计工作秩序。积极改进管理手段和服务方式，加强会计队伍建设，提高会计管理工作和服务水平，会计信息质量进一步提高，堵塞了财务管理上的漏洞，避免了税源的流失，优化了经济发展和投资环境。

（撰稿：杜　伟）

济　宁　市

市　中　区

【概述】 2006年，济宁市市中区地方财政收入完成2.37亿元，比上年增长25.3%；财政支出完成3.04亿元，比上年增长14.9%，连续23年实现财政收支平衡。

【充分发挥财政职能，财源建设呈现新亮点】 灵活运用各项财政政策和资金，支持科技进步和自主创新，促进经济结构调整和增长方式转变，为经济发展助推加力。投入招商引资专项资金180余万元，用于吸引外来资本、技术、项目，不断培植新的经济增长点；筹措资金306万元用于扶持民营经济发展，促进民营经济为财政增收多做贡献；争取上级资金218万元，通过财政贴息、以奖代补等措施，大力支持企业调整结构、研发产品、新上项目、开拓市场，为财政收入的健康稳定增长提供了坚实的财源保障。

【完善各项征管措施，财政收入跃上新台阶】 进一步完善社会综合治税的各项措施，严格兑现奖惩，全年通过涉税信息反馈转化成现实税源456万元；规范出租房屋管理，加强组织领导、建立各项制度、构建三级网络、明确部门责任、认真清理检查，取得了良好的经济效益和社会效益，全年新增出租房屋税收230万元，相关工作走在了全省前列；充分发挥财税职能作用，抓征收、抓稽查、抓清欠、抓税负调查，大力堵塞跑冒滴漏，全方位挖掘增收潜力，促进了财政收入的持续快速增长，地方财政收入跃过2亿元大关。

【调整优化支出结构，保障能力提升到新水平】 坚持“多方筹集、合理使用、严格监管”原则，优化支出结构，集中财力办大事。2002年底至今，该区连续11次足额兑现国家各项增资政策，干部职工收入比2002年翻了一番多；高度关注民生，不断加大财政对民生保障的投入力度，全年累计发放社会保障金1 600余万元；创造性地开展城市新型合作医疗制度改革，有效防止了城区困难群众“因病致贫”、“因病返贫”现象的发生。

【创新财政管理体制，财政改革实现新突破】 国有资产管理严格规范，有效防止了国有资产流失，实现了保值增值；政府采购改革不断深入，全年政府采购金额1 910万元，节约资金527万元，节支率达21.7%；预算外资金“收支两条线”改革成效显著，加强票据管理，严把源头关口，有力地堵塞了各种漏洞；住房资金管理安全快捷，加大了公积金归集力度，全年归集公积金2 080万元，同比增长22%，积极开展个人住房公积金贷款业务，全年发放贷款1 086万元，有效提高了职工购房能力。

（撰稿：吕　镇）

任　城　区

【概述】 2006年，任城区地方财政收入完成5.2亿元，增长25.03%；财政支出完成6.64亿元，增长19.82%，连续20年实现财政收支平衡。

【培植壮大财源，支持经济加快发展】 围绕矿区做文章，走好区矿一体化的路子，发展壮大支柱财源。围绕园区做文章，走好经济园区化的路子，积极发展骨干财源。围绕统筹城乡发展，走城乡一体化的路子，积极培育新兴财源。加强对房地产业、建筑安装业、交通运输业整顿，开拓挖掘了新税源。狠抓收入任务落实，进一步完善社会综合治税六项制度、分工督导制度和收入考核制度，促进了财政收入的快速增长。强化非税收入管理，进一步规范了行政事业性收费、政府性基金管理，明确了预算外资金纳入预算的范围和缴库办法，提高了收入透明度。

【优化支出结构，切实提高财政保障职能】 突出抓好财政支出预算的改革和管理，严格按照“保工资、保稳定、保法定支出”的顺序安排支出，始终把保证人员工资正常发放摆在支出工作的首要位置。较大幅度增加了支农支出，重点投入了“村村通自来水”、“一池三改”建设生态家园项目等利民工程，并在全市率先实行了村干部工资区级统筹，解决了村干部的后顾之忧，为社会主义新农村建设打下了坚实的基础。建立完善各项保障制度，积极筹措资金，进一步加大下岗职工生活保障、再就业、社会救助和困难企业军转干部支持力度，确保各项保障资金落到实处。

【加大财政改革力度，财政管理日趋规范】 积极稳妥地推进政府收支分类改革，多次组织全区相关财务人员参加专题培训，为全面进行政府收支分类改革打下了坚实的基础。继续深入推行国库集中支付制度改革，加强对财政资金的支付审核力度和监督管理，大大减少了现金采购，有效地遏制了违反财经纪律的现象，降低了行政成本，提高了行政效率。

【强化财政监管力度，提高财政资金使用效益】 依法规范政府采购行为，扩大了政府采购范围，加强了政府采购评审专家管理，建立了政府采购评审专家库，规范了评审专家执业行为，在全市首先实行了采购监管与执行机构相分离，强化了对政府采购活动的监督，增加了采购透明度，杜绝了违法违规现象的发生。不断强化国有资产监管，加强处置资产的审批工作，明确了处置资产的标准、权限和违规处置规定，对处置国有资产实行公开拍卖，开展“阳光交易”，确保了国有资产的保值增值。强化会计管理，严把会计从业资格入口关、注册关，建立了会计人员档案信息数据库，组织开展了新会计证换发工作。加强社保基金和住房公积金管理，对企业养老保险金、医疗保险金、机关养老保险金等各项社保基金和住房公积金专户集中监督管理，确保了各项基金的安全有效、专款专用。

（撰稿：张德安）

曲　阜　市

【概述】 2006年，曲阜市地方财政收入完成6.59亿元，比上年增长20%；财政支出完成8.57亿元，增长18.33%。

【加强税费征管，财政收入持续稳定增长】 出台了一系列激励乡镇增加财政收入、尤其增加税收收入的政策措施，促进各乡镇不断改善财政收入质量。做好耕地占用税和契税的征管工作，采取自查自纠补缴和重点清收相结合的方法，有计划、有组织地开展“两税”税源调查和清欠工作，确保税款足额入库。2006年共组织两税收入6 793万元，按可比口径比上年增长9.34%。不断深化“收支两条线”改革，对政府非税收入实行“单位开票、银行代收、财政通管”的征缴办法。2006年全市非税收入完成1.86亿元，增长6.2%。

【统筹安排支出，保障社会各项事业协调发展】 加强预算内外资金管理，积极争取上级资金，完善工资发放机制，保证工资发放和各项社会事业发展。积极筹措资金，努力扩大社会保障覆盖面，及时拨付新型农村合作医疗补助款1 007.8万元，使全市农民参加合作医疗比率达94.6%。实施农村低保全面社会化发放，超额完成了年初确定的新增城乡低保人员3 500人的任务，全年城乡低保政策已覆盖一万多人。圆满完成粮食直接补贴和小麦良种补贴、农业生产资料增支综合直接补贴工作，全市共发放补贴资金1 211.6万元、其中粮食直接补贴601.5万元、综合补贴610.1万元、补贴小麦面积42.96万亩，粮食直补资金比上年增长8.55%。拨付良种补贴200万元，落实良种推广面积21.01万亩，覆盖了7个乡镇256个行政村的7.1万户农户。

【深化财政改革，提高理财水平】 按照建设公共财政的要求，抓住提高财政资金使用效益这个关键环节，积极稳妥地推进财政改革。国库集中支付制度改革成效显著，全市纳入国库集中支付体系的82户单位运行状态良好，共计支付资金2.59亿元，其中直接支付6 726万元，授权支付1.92亿元。扎实推进政府收支分类改革，依据上级有关要求和文件精神，认真抓好学习培训、宣传和有关数据转换工作。继续加强会计、财政监督管理工作，不断提高会计信息质量，进一步整顿和规范会计秩序，对曲阜市建筑公司、曲阜市环卫处等8家企、事业单位进行了会计信息质量检查，共查出漏缴各种税金98.4万元，使用不合规票据33.9万元，单位公款外借37.9万元。针对查出的问题，依法对有关单位进行了处理。

（撰稿：刘亚军）

兖州市

【概述】 2006年，兖州市实现地方财政收入12亿元，比上年增长24.91%；实现财政支出14.11亿元，比上年增长21.52%，连续20年实现财政收支平衡。

【加强收入征管，促进财政增收】 依托38个部门、单位的行政管理和公共服务职能，倾力构建社会综合治税新格局，加强对重点行业、主体税种和零散税收的税源监控，确保应收尽收。全市税收收入比上年增长24.72%，可用财力增加2.4亿元。

【加大投入力度，支持义务教育发展】 建立了“政府投入办学、财政全额负担、经费稳定增长”的义务教育投入新机制，全部免除了城乡所有小学、初中学生的杂费、课本费、作业本费和一套基础训练费，并对寄宿困难学生提供生活补助，在全省率先实施了全免费义务教育。全市小学和初中的杂费、生均公用经费全额纳入市财政预算，执行省定“教育示范市”标准，按月足额拨付，经费投入大幅度增长。

【落实惠农政策，推动农村发展】 加大支农资金投入，大力支持农业结构调整、农业综合开发、农业科技推广和农村劳动力就业培训。认真落实对种粮农民的补贴政策，各项补贴资金都按照上级规定直接兑付到农民手中。积极支持各镇加快招商引资，培育优势产业，发展特色经济，增强镇级财力。市财政拨付专项资金，改造了7条县乡公路，实施了谷村镇集中供水工程，提高了农村基础设施建设水平。

【优化支出结构，提高社保水平】 不断提高社会保障和就业再就业经费占财政支出的比重，使受益面继续扩大。城乡“低保”标准不断提高，农村“五保”全部实行市级供养统筹，下岗职工按月及时领取基本生活费和再就业补助，离休干部、困难企业军转干部和改制企业伤残军人按时领取医疗、住房、生活救助等待遇。为新型农村合作医疗足额拨付县级配套经费，全市农村人口参合率达到98%。

【深化财政改革，加强财政管理】 政府收支分类改革及时完成了新老口径数据转换，实现了新旧科目双轨平稳运行。财政国库管理制度改革在上年50个市直部门和单位试点的基础上，又选择55个部门和单位纳入试点范围。政府采购改革继续深化，不断扩大集中采购范围和规模，规范操作方式和程序，全年采购总额达到6 018万元，节支率达到17.63%。“镇账市管”改革组建了工作机构，对各镇专项拨款实行了集中核算、集中支付，为全面推行县乡财政管理体制改革积累了经验、创造了条件。

（撰稿：孔　浩　刘　勤）

邹　城　市

【概述】 2006年，邹城市地方财政收入完成15.46亿元，增长18.38%；财政支出完成17.32亿元，增长23.26%，连续20年实现财政收支平衡。

【财政综合实力稳步增强】 强化对土地增值税、资源税等地方小税的征收，积极探索出租房屋税收和二手房屋契税征管途径，不断挖掘新的税收增长点，加强镇街税收和税源管理，调动镇街培植财源的积极性，壮大了镇街财政经济实力；大力推进社会综合治税，财政收入在稳定增长的同时，质量进一步提高。

【重点支出得到较好保障】 坚持保障工资发放首要位置不动摇，完善财政工资专户管理办法，及时兑现发放了干部职工的正常工资、奖励工资等，提高了镇街机关干部、教育、卫生人员的住房补贴、住房公积金标准。大力推进社会主义新农村建设，重点支持农业结构调整、农业产业化、农业基础设施条件改善和农业科技进步。保障重点事业发展，完善科技三项费用管理办法，健全农村义务教育投入机制，加大基本建设支出力度，促进经济社会全面协调发展。

【财税制度体系不断完善】 大力推进政府收支分类、部门预算等预算制度改革。更新完善财政供养人员信息库，对行政事业单位基本支出实行定额管理，稳妥推进国库集中收付制度改革，加强国库资金管理；以开展“农村财务规范年”活动为契机，不断完善镇村财政财务管理体制；认真执行“收支两条线”制度，严格票据管理，不断规范行政事业性收费，确保土地有偿使用收入应收尽收；设立财政投资评审中心，建立财政投资评审工作机制。

【财政监督管理日趋规范】 加大国有资产收益监管体系和制度建设，努力探索有效的国有资产管理方式，不断增强国有资产收益管理力度；加大事前审核、事中监控力度，突出对社会关注的重点资金的监管，提高财政监督效率；按照“管采分离”的原则，及时转变政府采购工作重心，积极做好政府采购计划审批和资金拨付工作，提高公共资源的使用效率。全市政府采购金额1.56亿元，节约资金2 303万元，节支率达12.84%。积极参与煤炭资源有偿使用制度改革，加强对煤炭资源矿业权市场监管，认真做好各项试点工作。

（撰稿：孟昭来　郑　杰）

微　山　县

【概述】 2006年，微山县实现地方财政收入6.01亿元，比上年增长28.38%；实现财政支出7.5亿元，比上年增长22.95%，实现当年财政收支平衡。

【关注民生，成绩显著】 进一步完善工资财政统发制度，确保全县1.3万财政供养人员工资及时足额发放。投入935万元用于扶贫助残，帮助特困户脱贫致富；安排210万元用于扶持新型农村合作医疗试点和乡镇卫生院改造“360”工程。投资5 560万元实施农村中小学危房改造、课桌凳更新工程和微山新高中建设。拨付2 045万元用于“村村通油路”工程；拨付4 238万元用于县域公路建设、城区老油路改造和热力管网建设；拨付6 948万元实施“村村通自来水”、“一池三改”、农村公路建设工程和向农民发放各项补贴。

【加强管理，深化改革】 强化激励机制，实行政策引导，加大对乡镇转移支付力度，鼓励乡镇培植财源、增加收入、壮大地方财力。2006年，拨付转移支付资金7 300万元，乡镇财政收入达1.6亿元，比上年增长3成多。推行预算编制制度改革，强化财政收入管理。2006年，全县地方财政收入增幅列全市第一位。优化支出结构，压一般、保重点，不断加大对经济建设、科技教育、社会保障和社会治安的经费投入。2006年，上述四项预算支出4.05亿元，占财政总支出的85.19%。按照“政府主导、农民主体、干部服务、社会参与”的思路，加大农业资金投入。2006年，全县财政预算内支农支出1.09亿元，比上年增长133.11%。强化非税收入管理，深化“收支两条线”改革。通过编制综合预算、细化支出项目，使非税收入完全纳入规范化管理，增强了政府调控能力。将县直103个部门单位纳入国库集中支付改革试点范围，覆盖面达95%以上，提高了资金使用效率。进一步扩大政府采购范围，2006年，政府集中采购规模达4 096万元，节约资金1 015万元，节支率为19.86%。以健全制度为抓手，开展内部财政监督检查和财政系统商业贿赂、财政资金综合检查活动，涉及单位145个，查出违规资金6 100万元。

（撰稿：周继舜）

鱼　台　县

【概述】 2006年，鱼台县地方财政收入完成1.45亿元，同比增长50%；财政支出3.89亿元，增长91.43%，当年实现财政收支平衡。

【着力做大经济财政蛋糕，财政收入保持平稳较快增长】 创新财政支持方式，通过以奖代补、财政贴息、税收等手段，放大财政资金的乘数效应，有保有压，有促有控，大力支持经济结构调整，推动经济增长方式转变，促进全县经济平稳较快发展。加大资金投入力度，集中支持符合国家政策的五大产业和行业，做大做强骨干财源，壮大民营经济实力，努力培植高效、可持续发展的财源。财政收入保持平稳较快增长，主体税种拉动作用明显增强，新的增长点不断呈现，收入结构进一步优化。

【不断优化财政支出结构，各项社会事业加快发展】 支持社会保障体系建设，加大财政对就业和再就业的扶持力度，做好“两个确保”和低保工作，努力解决低收入群体和困难群众的基本生活问题。支持教育事业发展，2006年灶内教育支出7 401万元，同比增长33.75%。支持卫生事业发展，2006年医疗卫生支出1 136万元，其中县财政安排资金100万元，重点用于建立和完善突发公共卫生事件医疗救治体系、疾病信息网络体系、加强重点疾病防治等。积极筹措资金，确保工资增长和及时发放。大力支持城市基础设施建设和社会综合治理工作，筹集资金1 433万元，重点支持了西支河公园、城区道路等建设改造项目，极大地改善了投资环境。公检法司、社会综合治理等方面也都给予了重点保障。

【加大财政支农力度，社会主义新农村建设扎实推进】 加大惠农政策实施力度。进一步做好粮食直补工作，全县共直接兑付粮食直补资金521.5万元；对农民因农业生产资料增支实行综合补贴，落实新增补贴资金528.81万元；及时落实成品油价格补贴资金126.3万元；认真落实良种补贴和农机购置补贴政策，共补贴资金200万元。全面推广“齐鲁惠农一卡通”，将补贴资金直接发放到农民的银行卡或存折中，确保了补贴及时、足额发放。大力支持农村基础设施建设和基层政权建设，全年累计投入资金近2 000万元，其中投入760万元用于支持农村公路建设；投入400万元用于实施“村村通自来水”工程。顺利实施农村义务教育经费保障机制改革，在确保农村义务教育经费持续增长的基础上，积极做好农村义务教育阶段学生“两免一补”工作（即免除学杂费，免教科书费、补助寄宿生生活费），全县共拨付资金194万元，受益学生达到4 959人；启动农村义务教育阶段中小学校舍维修改造资金保障长效机制，全县共投入710万元，改造危房面积7 009平方米，新建校舍8 570平方米；拨付专项配套资金335万元，为全县农村中小学更新课桌凳3 200套。

（撰稿：王晓江）

金乡县

【概述】 2006年，金乡县地方财政收入完成1.36亿元，同比增长10%；财政支出完成4.09亿元，增长33.12%。

【充分发挥财政职能作用，促进经济稳步发展】 用足用活上级扶持政策，最大限度地争取上级各项转移支付，维护了地方长远利益。积极支持新农村建设，“村村通自来水”、“村村通油路”、“一池三改”等重点民生工程顺利实施，新农合、粮食直补、农机补贴等各项惠农政策全部落实到位。坚持“工业立县”的发展战略，抓好金曼克、金樱纺织、德华化工等重点企业的扩产改制，夯实财税增收基础。

【依法加强税收征管，收入质量稳步提升】 在做好常规税源征收管理的基础上，财政、国税、地税部门和各乡镇紧密配合，集中开展了全县农产品经营行业税收专项治理和宏观税负调查分析，取得了阶段性成效。强化税源监管，建立健全契税、耕地占用税征管机制，严格“先税后证”制度，财政、房管、国土等部门协调配合，加强专项检查，对查出的漏征漏缴税收做到依法及时追缴。2006年契税、耕地占用税入库838万元，其中契税征收取得历史性突破，共征收税款381万元，完成年初任务的312%，比上年增长81%。同时，创新工作机制，对契税实行县级统一窗口征收，进一步规范了全县契税征收行为。

【深化财政改革，财政管理体制日趋完善】 对县直130个行政事业单位实行财政集中支付，有效规范了统管单位的财务收支行为，财政资金使用效益明显提高。完善“乡财县管”管理办法，进一步规范乡镇财政收支行为，“乡财县管”改革走在了全市前列。政府采购工作取得新进展，逐步把政府性资金投入的工程类项目纳入采购范围。积极推进公务员工资制度和事业单位收入分配制度改革，规范工资发放秩序。加强农村基金会等乡镇债务的清偿和管理，摸清了基金会债权债务底数，顺利完成了基金会存单的首次集中兑付，为今后妥善解决基金会问题奠定了坚实基础。

【加强支出管理，保证了工资和重点事业支出需要】 通过合理调度资金，科学安排使用奖补资金，较好地保证了全县工资发放、离休人员“两费”和下岗职工基本生活费的发放，保证了困难群众和企业三方面人员生活得到及时救助。稳步增加对农业、教育、科技、计划生育等方面的投入，促进各项社会重点事业的发展。加大社会保障性支出，积极支持社会保障体系建设，落实困难群体就业再就业扶持政策；提高了城乡低保标准和五保户供养标准；对困难企业在职军转干部工资和离休人员生活费实行了

“一卡制”发放。加强对各项财政专项资金的监督管理和跟踪问效，确保资金安全、合理、有效使用。

（撰稿：赵建国）

嘉祥县

【概述】 2006年，嘉祥县地方财政收入完成2.55亿元，比上年增长39.03%，按可比口径增长42.83%；财政支出完成5.83亿元，比上年增长64.66%。

【强化收入征管，财政收入跃上新台阶】 立足做大财政收入盘子、增加地方可用财力，进一步健全完善税收征管机制，把增收计划逐一分解到税种、征收单位，严格依法治税，加大征管力度，促进了主体税源稳定增长，确保了财政收入的均衡入库。以提高“两个比重”为中心，积极优化收入结构，收入质量进一步提高，税收收入占地方财政收入的比重为83.27%，比2005年提高1.38个百分点。

【调整优化支出结构，统筹重点事业发展迈出新步伐】 坚持统筹兼顾，突出重点，确保工资发放、社会保障及农科教等重点支出需要。统筹使用新增财力，稳步提高编制内财政供养人员的工资水平。加大对城市弱势群体的扶持力度，拨付城市居民最低生活保障资金380万元、企业军转干部解困资金51万元，保证了困难群众的基本生活，促进了经济和各项事业的健康发展。

【加大“三农”投入，财政支农工作得到加强】 围绕统筹城乡发展和增加农民收入，进一步加大了对“三农”工作的扶持力度。2006年财政对“三农”的投入达到5 494万元，比上年增长38.63%。认真落实四项补贴政策，共发放种粮农民直补资金1 038万元、良种补贴240万元、农机具购置补贴70万元和成品油价格补贴1 052万元。拨付2 122万元，稳步推进新型农村合作医疗制度试点工作，参合农民达到67.3万人。拨付755万元用于“一池三改”等新农村建设。拨付92万元用于农村最低生活保障。拨付357万元用于五保老人供养。

【深化财政体制改革，财政管理再上新水平】 按照建设公共财政的要求，积极稳妥地推进预算管理制度改革，健全完善会计集中核算与支付制度，大力推行“收支两条线”改革，深入贯彻落实《政府采购法》，切实加强财政监督，进一步提高了财政管理水平。

（撰稿：张万昌　阮成敏）

汶上县

【概述】 2006年，汶上县地方财政收入完成2亿元，增长50%；财政支出完成4.7亿元，比上年增长48.68%，连续20年实现财政收支平衡。

【狠抓增收节支】 坚持组织收入与优化结构并重，着力提高财政收入占GDP比重和税收收入占财政收入的比重，层层分解任务，加强收入调度，完善联席会议制度、分工督导制度和收入考核制度，全面推行社会综合治税，规范非税收入征管，有力地促进了财政增收。坚持有保有压，精心运筹，集中财力保重点。严格执行预算，认真落实县长一支笔审批制度，从严控制追加预算。进一步清理规范财政支出范围，坚持勤俭办一切事业，大力压缩一般性支出。严格执行经费包干计划，集中资金保证农科教等法定支出需要。

【着力推进新农村建设】 加大资金投入，2006年财政支农支出完成5 445万元，同比增长32%，重点支持了农业基础设施建设、农业综合开发、农业产业化经营、农村劳动力培训等。确保各项支农惠农政策落实到位，实行“齐鲁惠农一卡通”办法，共发放粮食直补资金925万元，成品油价格改革粮农补贴资金937万元。积极改善农民生产生活条件，拨付资金587万元加快“村村通自来水”进程，提前实现村村通自来水；落实资金200万元支持“村村通有线电视”工程建设，有线电视普及率达到83%；安排专项资金278万元，用于落实农村义务教育阶段贫困生“两免一补”政策；落实新型农村合作医疗补助支出1 707万元，农民参合率达到87.1%；落实资金500万元对城乡低保户、残疾人等社会困难群众进行补助，进一步完善了社会救助体系。

【深化财政改革】 稳步开展政府收支分类改革，按照省市统一部署，认真组织开展预算编制、预算执行以及软件升级等技术保障工作，顺利完成2006年新老口径数据转换，实现了新旧科目双轨平稳运行。深化乡财乡用县管改革，健全完善规章制度，规范乡镇财政收支行为，控制乡镇新增债务，着力提高基层财政管理水平。继续深化“收支两条线”改革，全面实行“票款分离”制度，将所有收费资金全部纳入专户管理，保证了非税资金的收缴和使用。强化政府采购监管，狠抓政府采购规范化监督管理，完善监督机制，全年政府采购额达到5 628万元，比上年增长32%，采购规模不断扩大。

（撰稿：陈洪国　孙海涛）

泗水县

【概述】 2006年，泗水县地方财政收入完成1.54亿元，比上年增长26.41%；财政支出完成3.73亿元，增长

42.29%。

【积极筹措资金，支持经济发展】 积极筹措资金，支持重点项目建设，争取利用国债资金2 115万元，较好地保证了327国道东端拓宽、县政务中心大楼、文化中心大楼、污水处理整治、城市绿化及道路建设、泗河及北干渠治理工程、黄阴集大闸加固维修、贺庄水库除险加固等重点项目建设。促进工业经济发展，全年投入企业挖潜改造资金939万元，争取环保资金170万元，不断提升治污水平，重点扶持了造纸、淀粉、建材等龙头企业，进一步做大做强工业企业，增强发展后劲。加大“三农”投入力度，全年完成农业投入3 202万元，重点支持了农村基础设施建设和农业综合开发治理项目及种养项目，夯实了农业基础，促进了农村经济发展。累计发放粮补资金842万元，充分调动了农民积极性，促进了农业增产增收。全力支持招商引资工作，积极兑现各项优惠政策奖励资金1 260万元，拨付招商引资经费360万元，确保了招商引资工作顺利开展，进一步优化经济发展环境。

【优化支出结构，集中财力保证重点支出】 坚持以人为本，大力构建和谐社会，始终把保障工资发放摆在支出工作的首要位置，建立了工资发放责任制，完善了工资封闭运行管理办法。优化支出结构，加大对社保的支持力度，全年发放养老金6 819万元，失业保险金85万元，医疗保险金1 050万元，下岗生活保障金40万元，“低保”资金220万元，优抚救灾金839万元，切实帮助困难群众解决基本生活问题，确保了弱势单位和弱势群体的基本利益，维护了社会稳定。积极筹措资金，推动社会事业发展，全年投入教育事业费支出8 848万元，安排贫困生资助资金118万元；安排卫生事业费支出1 015万元，投入科技三项费用671万元，促进全县科技进步；拨付计生文体事业费支出1 790万元，较好地促进了全县计生和文体事业的发展。

【深化财政改革，依法推进科学理财】 进一步完善了乡镇财政管理体制，充分调动各乡镇增收节支的积极性。进一步深化预算改革，提高部门支出透明度，合理核定支出标准，严格控制人员及公用经费支出，加强专项经费审核。进一步深化农村税费改革政策，严格落实好“三个确保”，促进农民增收减负。严格执行“收支两条线”管理规定，全年纳入财政专户管理1.53亿元，核拨各项支出5 816万元，政府调剂资金297万元，有力地支持了全县重点项目建设。政府采购规模不断扩大，全年采购资金1 252万元，节约资金111万元，综合节支率达8.14%。

（撰稿：张文玉）

梁山县

【概述】 2006年，梁山县地方财政收入完成1.4亿元，按可比口径较上年增长20%；财政支出完成4.5亿元，较上年增长38.27%，实现当年财政收支平衡。

【加大征管力度，财政收入稳步增长】 强化组织领导，按季度、按月份分别落实收入任务，及时通报收入完成情况，严格按责任状考核奖惩，并多次召开调度会、座谈会，及时解决组织收入中遇到的困难和问题。加强税收征管，财税部门密切配合，坚持依法治税，强化社会综合治税，加强税收专项检查，排查深挖税源，堵塞税收漏洞。强化非税收入征管，对行政事业性收入、罚没收入、专项收入等严格执行“收支两条线”制度，完善政府非税收入征管机制，确保收入及时足额入库。

【严格支出管理，重点支出得到较好保障】 始终高度重视工资发放工作，努力提高工资保障水平。进一步严格和完善县乡工资专户制度，加强对县乡财政供养人员的清理，对乡镇在职在编人员工资及乡镇财政负担的保险金、住房公积金等支出实行县财政统一代发代缴，工资标准有所提高。加大对社保工作的支持力度，积极推进保险基金扩面征缴，完善离休干部“两费”发放机制，提高农村五保户集中供养比例和城镇低保补助水平，落实就业和再就业税收优惠政策，维护了社会稳定。大力支持教科文卫等事业发展，加大教育经费保障力度，实施义务教育“两免一补”政策，落实农村中小学危改资金，教育经费较上年增长18.76%；扎实推进乡镇重点卫生院改扩建“360工程”，启动乡镇新型农村合作医疗试点，医疗卫生支出较上年增长29.59%，从机制上支持缓解了农村群众“因病致贫、因病返贫”问题。落实支农惠民项目，不断加大对新农村建设的支持力度，稳步解决“三农”问题。全面取消农业税，进一步减轻农民负担。利用农业综合开发、扶贫等资金，加强农田水利基础设施建设，促进农业经济结构调整。加大财政补贴政策实施力度，推进农业产业化进程。创新支农资金管理机制，完善报账提款制度，切实提高财政资金使用效益。

（撰稿：叶　蔚　王　立）

泰 安 市

泰 山 区

【概述】 2006年，泰山区完成地方财政收入4.89亿元，增长30.04%；实现财政支出5.32亿元，增长21.49%，连续19年实现财政收支平衡。

【强化税收征管，财政收入实现新增长】 紧紧围绕提高“两个比重”的要求，不断强化收入分析、税源监控、纳税评估和社会综合治税力度，促进了全区经济快速发展和财税收入的同步增长。全区税收收入完成3.91亿元，税收收入占地方财政收入的比重达到79.94%，财政收入结构进一步优化。

【发挥职能作用，对上争取实现新突破】 全年争取各类专项资金5 145万元，有力地支持了全区经济和社会各项事业的发展。认真落实中央政策，争取各类转移支付2 997万元；其中农村税费改革转移支付资金1 272万元。筛选出效益好、科技含量高、对财政贡献大的18个技改和科技新项目，争取支持企业发展资金2 100万元；落实财政补贴政策，争取粮食直补、农村柴油、化肥补贴等310万元。加大对农业扶持力度，全年共向上级争取各类支农项目100余项，争取支农资金1 400万元。

【突出支出重点，和谐社会建设实现新跨越】 保证工资按时发放，2006年全区工资性支出2.07亿元，占自有财力的73.1%，机关干部工资比2002年翻了一番，人均增资945元。加大“三农”投入力度，全年完成支农支出1 912万元，增长15.67%。安排专项资金100万元，扶持村村通自来水工程建设，提前一年半实现了村村通自来水；筹集资金285万元，完成了邱家店镇万亩中低产田改造工程。加大对社会发展薄弱环节的保障力度，全年社会保障支出9 916万元，增长47.67%。安排资金1 033万元，解决了企业军转干部、军队退伍人员、伤残军人的安置、生活补贴和医疗保险，维护了社会稳定；筹措资金2 500万元，解决了9 000余名失业人员的失业金问题和590名退休企业职工医疗保险问题，有力支持了和谐社会建设。加大教育支出力度，全年文教卫生事业费支出1.59亿元，增长20.2%，推动了全省教育示范县建设。为完善“以县为主”的管理体制，在统一发放工资的基础上，将乡镇教师住房补贴和住房公积金纳入区财政统一管理，年增加支出332万元。加大重点项目支持力度，兑现招商引资奖励和税收返还1 450万元；安排资金2 000万元，重点支持了宝龙城市广场和泰山工业园区基础设施建设，改善了全区投资环境。

【加强财政监督，财经秩序得到新规范】 加强预算外资金管理，对全区12家单位预算外资金的征收情况、票据使用情况进行了检查，共检查出违纪金额213万元，追缴财政收入145万元，全年实现政府调剂资金410万元，规范了预算外资金管理。积极组织开展专项资金检查，坚持财政资金跟踪问效制度，严肃查处各种违反财经纪律的行为，确保专款专用。加强国有资产管理，围绕实现国有资产保值增值目标，积极推进国有资产管理体制改革，探索创新行政事业单位国有资产监管的路子，防止国有资产流失，增强政府调控能力。

【深化财政改革，公共财政建设跃上新台阶】 深化农村税费改革，全面取消了农业税，减轻农民负担1 050万元，农村税费改革进入农村综合改革的新阶段。扩大了政府采购范围，全年共完成采购金额1 057.2万元，节约资金115.8万元，节支率达到9.87%。扎实推进国库集中支付改革，全年通过网上直接支付资金132万元，授权支付资金1 070万元，初步建立以国库单一账户体系为基础的现代国库集中收付制度。建立了政府投融资平台，成立了泰山区政府投融资管理中心，建立了“借、用、还”的良性循环机制和“责、权、利”相统一的管理制度。

（撰稿：赵泽宁　罗文亮）

岱 岳 区

【概述】 2006年，岱岳区地方财政收入完成2.6亿元，同口径增长14.1%；财政支出完成5.3亿元，增长14.02%，连续18年实现财政收支平衡。

【收入质量得到新提高】 2006年，全区地方税收收入完成1.87亿元，增长37.3%，税收收入占地方财政收入的比重比上年提高12.1个百分点。地方工商税收完成1.58亿元，增长

31.1%。增值税、营业税和企业所得税三大主体税种分别增长23.6%、27.2%、56.1%；城市维护建设税、房产税、城镇土地使用税和土地增值税分别增长37.4%、37.7%、34.4%和280.4%；契税、耕地占用税完成2 905万元，同比增长85%，其中契税完成1 107万元，增长110%。

【经济发展增添新活力】 筹措资金470万元用于泰安光彩大市场建设；筹集资金1 426万元支持泰山青春创业开发区和大汶口石膏工业园基础设施建设；争取企业发展资金4 127万元，重点支持技改和科技新项目，增强了经济发展后劲。同时，落实招商引资奖励政策，兑现奖励资金153万元，优化了发展环境，促进了全区招商引资工作的开展。

【新农村建设迈出新步伐】 认真落实支农惠农政策，全面取消农业税，全区农民人均减负178.25元。兑付小麦直补资金719.6万元，发放农资综合补贴730万元，有力地促进了农民减负增收。积极支持农村经济建设，拨付资金248万元，改造中低产田5.5万亩；拨付资金500万元，支持耕地开发和土地整理；拨付资金180万元，重点支持了农业龙头企业、农村经济合作组织发展。努力改善农村基础设施条件，拨付资金656万元，支持了“村村通自来水”工程建设；拨付资金509万元，支持了水利基础设施建设。全力推进农村公共事业发展，拨付资金472万元，支持农村中小学危房改造，新建校舍2.26万平方米。

【和谐岱岳建设呈现新局面】 2006年，拨付区直工资支出1.3亿元，其中教师支出所占比例达81%。拨付调度资金6 178万元，较好地保证了乡镇工资发放。拨付抚恤和社会福利救济费1 895万元，医疗保险金1 619万元，住房公积金349万元，“4050”工程建设282万元，离退休住房补贴及水电补贴328万元，军转干部救济、复退军人一次性补助、城市低保、五保供养等679万元，安排再就业资金408万元、新型农村合作医疗资金1 926万元，较好地解决了弱势群体和困难群众的基本生活问题。

【财政改革取得新成效】 按照依法理财和建设“阳光财政”、公共财政的要求，不断改进和完善财政运行机制，财政监督管理水平明显提高。支出管理改革进展顺利，国库集中支付改革稳步推进，政府采购规模不断扩大，管理体制逐步完善，规范了财政收支行为。加大财政监督检查力度，认真开展会计信息质量、“收支两条线”管理等专项检查，规范了财经秩序。

（撰稿：石华峰　王　震）

新泰市

【概述】 2006年，新泰市地方财政收入完成13.1亿元，比上年增长30.1%；财政支出完成21.8亿元，增长35.41%，连续20年实现财政收支平衡。在全省30个强县中，新泰经济社会综合评价指数居前5名，在全国县域经济基本竞争力百强县中居第38位，在全国百强县中居第68位。

【深化财政改革】 改进和完善财政运行机制，市级建立国库集中支付制度，政府收支分类改革的各项基础工作全面就绪。政府采购规模不断扩大，完成政府采购额2 035万元，节约资金388万元，节支率16%。政府投融资体制改革初见成效，市级共争取融资额度3亿元，到位资金2.3亿元。扎实推进农村税费改革，在全市全面取消农业税。

【强化财源建设】 围绕工业经济、民营经济、招商引资、园区和城市建设四大工作重点，支持经济发展，大力培植财源。市财政筹集8 458万元用于支持企业技术改造和重点项目建设；安排762万元，用于重点经济工作考核奖励；拨付资金800万元，用于莲花山风景区开发；争取上级农业财源建设项目32个，资金2 560万元，促进了农业基础财源建设。

【促进社会和谐】 调整优化支出结构，保障涉及人民群众切身利益的重点支出需求。全年发放低保金744万元，为企业退休职工增发基本养老金1 003万元；安排资金494万元，落实和完善了农村五保供养“四级联保”新机制；安排129万元，改革农村最低生活保障筹资机制；发放特困救助金216万元，医疗救助金20万元，救灾款190万元；拨付资金515万元，支持再就业长效机制建设；加大转移支付力度，对乡镇的转移支付补助达到1.28亿元。同时，支农、科技、教育支出达到法定要求。

【支持新农村建设】 落实各项惠农补贴资金1 694万元；拨付2 742万元支持新型合作医疗；拨付资金538万元用于中低产田改造；拨付资金6 283万元支持耕地开发和土地整理；拨付资金927万元用于支持“村村通自来水”工程建设；拨付资金1 293万元支持水利基础设施建设；拨付资金1 018万元支持农村中小学危房改造工程，全市财政“三农”投入达到5.44亿元。

【加强财政监督】 组织开展了2005年度民政事业费管理使用情况检查、国有土地出让金收缴情况检查、市直教育系统会计信息质量检查、企业会计信息质量检查、社会保险基金管理使用情况检查、“收支两条线”大检查。其中“收支两条线”大检查查出违规违纪资金836万元，追缴政府非税收入54万元，收缴罚没款8万元，追缴入库63万元。

（撰稿：李钦利　杨　敏）

肥　城　市

【概述】 2006年，肥城市地方财政收入完成10.3亿元，增长31%；财政支出完成13.8亿元，比上年增长28%。

【财政收入】 财税部门按照提高“两个比重”的要求，积极改进税收征管手段，不断强化收入分析、税源监控、纳税评估和社会综合治税力度，精心组织宏观税负调查，严格税收执法检查，促进了财政收入规模和质量的同步增长。

【财源建设】 采取补助、贴息、奖励等形式，拨付资金6 652万元，支持重点企业、民营经济、高新技术企业发展；拨付资金1 607万元，落实政策性关闭破产和改制政策。办理产品出口、资源综合利用等免抵退税1.66亿元，增强了企业发展后劲。拨付资金1 829万元，支持农业财源建设；拨付资金9 011万元，用于城乡路网、市政工程建设。2006年，肥城市财源建设经验在全省得到推广。

【新农村建设】 全市“三农”财政总投入3.6亿元，比上年增长18.4%。落实粮食、良种、农机具购置和综合直补等政策，兑付资金2 252万元。拨付资金9 257万元，支持“三期”世行项目和土地开发整理复垦；拨付资金1 280万元，支持农业龙头企业、农产品基地建设。拨付资金825万元，支持“村村通自来水”和农村沼气、改厕建设；拨付资金1 000万元，支持了“村村通柏油路”建设；拨付资金1 102万元，支持了水利基础设施建设。拨付资金691万元，支持农村中小学危房改造工程；拨付资金1 892万元，支持新型农村合作医疗；拨付资金126万元，支持重大动物疫病防控和实施农村“阳光培训工程”。

【和谐社会建设】 全年为4 000多个城乡低保家庭发放低保金467万元；为7 443名企业退休职工增发基本养老金773万元。拨付资金307万元，改扩建敬老院13处，新增床位912张；拨付资金232万元，用于五保户供养。拨付救灾款102万元，救助1.3万人次；发放“两免一补”资金114万元，保证了困难家庭学生享受义务教育。拨付资金141万元，培训下岗失业人员4 018人；拨付资金134万元，用于劳动力市场建设和“金保”、“家喻户晓”工程等。

【财税管理】 推行国库集中支付改革，实现了网上申报、网上支付、网上核算的全过程网络化操作。完成政府采购额8 269万元，增长44.6%，综合节支率12.4%。加强改制企业资产管理，收缴国有资产收益293万元。审核工程建设项目26个，审减资金3 272万元，综合审减率达30.9%。认真开展会计信息质量、“收支两条线”管理等专项检查，规范了财经秩序。

（撰稿：尹逊东）

宁　阳　县

【概述】 2006年，宁阳县实现地方财政收入3.6亿元，比上年增长30.28%；实现财政支出6.42亿元。增长36.15%，连续18年实现财政收支平衡。

【科学发展，着力“生财”】 坚持“工业强县”战略不动摇，围绕化工、煤炭、汽车配件、轻纺、建材、农副产品加工六大主导产业，通过提供地方配套资金，落实国产设备抵免所得税、资源综合利用退税、出口退税等政策，累计注入资金2.33亿元，集中支持华阳集团、华兴纺织、华宁矿业等一大批重点企业和大项目建设，在壮大主导财源、培植利税大户上实现了新突破；多渠道、多形式推进乡村财源建设。乡镇地方财政收入达到9 266万元，可用财力1.98亿元，分别比上年增长29.49%和12.44%；综合运用财政配套、贴息、信用担保等手段，着重扶持技术含量高、发展潜力大的成长型中小民营企业，民营经济实缴税金4.39亿元，占税收收入的比重达到77.9%。

【强化征管，科学“聚财”】 大力强化税源监控，依法加强税费征管，确保应收尽收，实现了财政收入总量、质量“双提高”。全县地方税收收入完成2.79亿元，比上年增长36.87%，占地方财政收入的比重达到77.61%；着力完善非税收入征管机制，重点加强国有资产、资源收益、土地收入、罚没收入、行政事业性收费和政府性基金的征管，确保将合理合法的收入收足、用好。全县非税收入入库8 060万元，增长11.63%。

【服务为本，高效“用财”】 坚持“服务至上”理念，调整优化支出结构，科学合理安排支出，在“保工资、保稳定、保法定支出”的基础上，全年完成财政性支农投入1.01亿元，比上年增长22%，重点支持了农业基础设施、农业综合开发以及村村通油路、通自来水等各项“民心工程”建设项目；全年县级用于中小学布局调整、危房改造、贫困生救助等方面的资金达523万元，“两免一补”资金207万元，新型农村合作医疗县级配套资金637万元；完成各类社会保障支出6 933万元，比上年增长

22.04%，较好地保证了城乡低保、下岗职工基本生活补助及再就业、离休干部“两费”、困难群体救助等重点需求。另外，对科技、教育、计划生育的投入不断加大，分别比上年增长13.64%、15.33%和6.71%，各项社会事业蓬勃开展，人民群众共享改革发展成果。

【改革创新，规范“理财”】 完善税源监控、纳税评估、综合治税等管理机制，全年通过综合治税网络采集各类信息近2.2万条，直接征收税款374.1万元，委托代征税款3 253.1万元；加大政府采购力度，全年完成政府采购额3 810万元，节约资金661万元，节支率14.78%；加强财政社保供养人员管理，在全省率先开发了财政优抚、五保供养和城市低保人员信息管理平台，建立健全弱势群体档案，全年节约五保供养资金60余万元；探索建立了财政监督与财政投资评审、政府采购、国库集中支付有机结合、多位一体的监管新机制，加大财政资金跟踪问效力度，提高了资金效益。

（撰稿：孔凡友　陈祥云）

东　平　县

【概述】 2006年，东平县地方财政收入完成3.1亿元，同比增长30%；财政支出完成7.1亿元，增长30%，实现财政收支平衡。

【征收管理措施进一步强化】 成立乡镇收入督导小组，强化对乡镇财政工作的指导和督促；加强税源监控，推进社会综合治税，挖掘增收潜力；制定《东平县非税收入管理考核办法》，强化票据源头治理作用，加强非税收入管理；积极收缴国有资产收益；财政有偿资金回收工作取得突破性进展。

【财政支出结构进一步优化】 确保工资正常发放，并提高了住房补贴比例；增强社会保障力度，建立了农村五保供养新机制，新农合“提点”、“扩面”，离退休干部两费及时发放，并投资建造了高标准的老干部活动中心；深入推进农村中小学危房改造、“两免一补”、“科普村村通”工程，实施农村计划生育免费服务及奖励扶持政策，促进农村社会事业发展；做好县直房改财政挂账资金兑付工作；加大投入，有效保证了“平安东平”建设的资金需要。

【支持发展力度进一步增大】 大力支持开发区、交通及城市基础设施建设；积极帮扶企业进行项目申报和挖潜改造，扩大财政支持经济发展效应；加强旅游基础设施建设，完善配套体系，壮大旅游财源；实施“多予、少取、放活”惠农政策，全面取消农业税，及时发放各类涉农补贴，安排财政资金解决农村基础设施建设、扶贫开发、农产品市场体系建设、农业龙头企业发展等重点项目。

【财政监督管理进一步加强】 搞好财政专项资金检查，做好资金使用中的全方位、全过程监督；开展预算收入质量检查、行政事业单位非税收入及“收支两条线”执行情况检查；严格把关，规范操作程序，确保县迎宾馆和腊山公园改制中的国有资产收益最大化；加强工资发放管理，继续实行工资发放张榜公示制度。

【财政制度改革进一步推进】 对国库集中支付系统进行升级，完善软件功能，集中支付改革更加深化；政府采购行为更加规范，采购规模进一步扩大；加大投资评审力度，强化监督职能；对财政资金专户进行清理，实现了财政资金专户的“集中管理，分账核算，统一调度”；全县会计基础管理工作又上新台阶。

（撰稿：张　涛　尹燕国）

威　海　市

环　翠　区

【概述】 2006年，环翠区完成地方财政收入12.76亿元，同比增长22.44%；完成财政支出9.53亿元，同比增长32.09%，连续20年实现财政收支平衡。

【加大资金投入，支持经济发展力度加大】 加大“三农”投入力度，全年“三农”支出达9 728万元。投入企业挖潜改造资金3 549万元，促进了区属企业产品升级和结构调整。积极支持个体经济和民营经济发展，认真落实有关扶持政策措施，努力提高新兴财源对财政的贡献率。

【加强收入征管，财政收入实现稳定增长】 财税部门全面加强税收征管，管理水平和理财能力不断提高。在财政收入稳定增长的同时，财政收入质量也明显提高，税收收入占地方财政收入的比重达到77.33%。

【坚持科学理财，重点支出得到较好

保障】 加大工资保障力度，全区财政拨款单位人员工资全部实行统一发放。努力保障政府重点工程建设项目资金需要，保证了各项重点工程建设的顺利进行。加大社会保障投入，进一步完善社会保障体系。积极支持农村经济发展，发放粮食直补资金81.77万元，发放柴油化肥增支补贴71.97万元。对于因成品油价格改革而导致的农业生产资料增支，共发放补贴资金1 319万元。

【深化财政改革，监管职能进一步强化】 深化部门预算改革，增强了预算的完整性和约束力。国库集中支付改革顺利开展，在27个单位实施国库集中支付试点工作，全区现代国库管理制度改革迈出关键一步。深化政府采购改革，实行政府采购专管员制度，实现“采管分离”，加大对代理机构的监督管理力度，组织开展了政府采购专项检查，使政府采购真正体现了公开、公平、公正的原则。结合实施“票款分离”制度，加大了预算外资金管理力度。认真开展财税大检查和会计信息质量调查，进一步规范了财税秩序。狠抓国有资产管理，建立了一套完整的资产管理体系，确保了国有资产保值、增值。积极参与企业改制工作，进一步完善制度，规范改制行为。切实加强对政府投资项目资金的全过程监管，全年共鉴定工程16项，核减率达到23.69%。

（撰稿：戚向军）

文登市

【概述】 2006年，文登市完成地方财政收入15亿元，比上年增长15.06%；完成财政支出17.7亿元，比上年增长13.59%，当年实现财政收支平衡。

【扎实推进社会主义新农村建设】 把支持新农村建设列入重要议事日程，紧抓不放，扎实推进。增加支农投入，全年用于“三农”支出达到1.4亿元，同比增长11.3%。狠抓各项支农惠农政策落实，进一步扩大涉农补贴范围，加大补贴力度，仅落实粮食、良种、农机和生产资料增支补贴政策，对全市农民的补贴就达3 164万元。扎实为农民群众解难题办实事，落实新型农村合作医疗资金817万元，惠及农民40.8万人；减免农村中小学杂费502万元；安排农村五保户供养资金464万元；安排农村计划生育独生子女奖励、家庭奖励扶助资金143万元；落实村村通自来水工程资金2 000多万元，惠及农民9.47万户。随着公共财政覆盖农村范围的不断扩大，党和政府的各项支农惠农政策得到有效落实，文登市新农村建设取得良好开局。

【财政体制改革取得新成效】 部门预算及政府收支分类改革稳步推进，进一步加强预算基础信息库和项目库建设，规范了部门预算和综合预算编制；政府收支分类改革顺利启动，及时完成了2006年新老口径数据转换工作，实现了新旧科目双轨平稳运行。深化政府采购制度改革，不断扩大政府采购范围，把采购范围扩大到镇、村，全年完成政府工程招标采购1.1亿元，节约资金2 680多万元，节支率达24.4%。进一步完善财政投资评审监督机制，通过对215个工程的评审，共审减工程资金3 446万元。深化“收支两条线”改革，不断完善“票款分离”制度，逐步健全非税收入征收管理机制，非税收入收支管理日趋规范化、制度化。

【财政监督管理再上新水平】 加强对预算收入情况的监督检查，成立6个联合检查小组，对房地产、建筑装潢、餐饮服务等117个单位的所得税和营业税进行深入检查，查补入库税费1 830多万元。加强对行政事业单位财务收支情况的综合检查，根据《财政违法行为处罚处分条例》，对33个市直行政事业单位的财务收支情况进行检查，组织入库900多万元。加强对会计的监督管理，深入贯彻实施《企业会计制度》，建立会计人员管理信息平台，审验会计基础规范化达标，促进会计管理的法制化和规范化。加强对国有资产的监督管理，认真做好全市行政企事业单位特别是改制企业的产权转让、资产评估和资产处置工作，防止了国有资产流失。

（撰稿：邢钦栋）

荣成市

【概述】 2006年，荣成市地方财政收入完成18.22亿元，同比增长30.1%，其中税收收入13.25亿元，增长30.1%，占地方财政收入的72.75%。完成财政支出23.17亿元，同比增长33.22%，实现财政收支平衡。

【紧紧把握经济形势，提升财政收入能力】 突出收入重点，着力研究分析税收增长的优势、重点、瓶颈和措施，按照“抓住骨干、膨胀中间、促进薄弱”的原则，加大百名纳税企业的拉动强度，加大中间企业的增收速度，加大零散税收的覆盖广度。加强收入调度，开发了重点企业纳税汇总软件系统，对纳税前100名企业的分析汇总更加准确、及时。每月印发镇区税收情况通报，极大地调动了镇区组织财政收入、企业依法纳税的积极性。积极拓宽收入渠道，重点加强土地收益管理，对城市规划需要搬迁的改制企业，按照租赁、买断使用权两种用地形式，收益分别由政府与企业分成。基础设施配套费、行政事业性收费、价格调节基金、地方教育附加等实现新的增长。

【紧紧抓住依法治税，优化财政收入结构】 通过严格依法治税，来提高财政收入质量，荣成市两税税收占地方财政收入的比重、四税收入占税收收入的比重，分别比上年有了新的提高。严肃税收纪律，在全市范围内开展财务税收专项检查活动，较好地规范了税收秩序，拉动了财政增收。理顺税收秩序，财税部门与外经贸、工商等部门，对三资企业重新进行调查登记，对优惠期已满的企业依法征税。拓宽税收空间，在把握增值税、营业税、所得税等主体税种征管的同时，加大城镇土地使用税、房产税、土地增值税、印花税、耕地占用税、契税的征管力度。

【紧紧关注民计民生，加大社会保障力度】 认真落实“春风行动”计划，新增财力重点向社会弱势群体倾斜。建立社会保障长效机制，将近年来各级出台的财政社会保障政策，编制成《春风行动·送政策篇》，发放到农民群众手中，社会保障政策体系更加完善。扩大社会保障惠及范围，加大投入力度，社会保障覆盖镇区敬老院建设、城镇特困家庭“两免一补”、农村学生用车保险补贴、农村中心卫生室建设、下岗职工再就业技能培训等方面，并在全省率先免征农村义务教育阶段学生杂费，受益学生达49 266名。提高社会保障扶助标准，农村合作医疗筹资标准由每人每年23元提高到60元，住院报销封顶线由6 860元提高到1万元。城市低保标准由每人每月210元提高到240元。计划生育奖励扶助标准由每人每月30元，提高到50元；“三老”补助资金341万元，比上年增加105万元。构筑社保基金安全屏障，完善了《社会保障基金使用管理制度》，对社保资金实行“专户储存、封闭运行、专款专用”的管理制度。到2006年底，全市各类职工社保基金结余3.97亿元，人民群众的“养命钱”安全完整。

【紧紧支持“三农”发展，加快新农村建设步伐】 按照全市社会主义新农村建设的目标和要求，重点实施了“四个三”规划。一是坚持“三个高于”，即财政支农资金增量高于上年，预算内用于农村建设的资金高于上年，用于改善农村生产生活条件的资金高于上年。二是落实“三项补贴”，即落实粮食直补补贴、成品油价格改革财政补贴、良种推广和大型农机具购置补贴。三是建设“三大工程”，即建设村村通自来水工程、科普村村通工程、土地复垦工程。四是优化“三大环境”，争取各种扶持资金，优化农民“奔康致富”环境、农民家庭生活环境、农村生态人居环境。

【紧紧围绕全市大局，强化支持发展手段】 扩大支持发展的资金来源，通过压缩非生产性支出，挤出部分资金用于生产建设性支出。积极协调有关职能部门，全力争取专项资金，全年争取专项资金可比口径增长68%，这些资金全部用于工程项目建设。加强发展资金的调控管理，对财政资金支持的工程项目，实行严格的财政投资评审制度，与有关部门密切配合，严格把握土地、房屋、养殖区域的评审关，重点项目拆迁补偿额达1.93亿元，补偿资金准确到位。理顺政府采购管理，全年共完成政府采购招标预算2.36亿元，实际中标合同金额1.83亿元，节约资金5 300万元，节支率为22.5%。

（撰稿：王行伟）

乳山市

【概述】 2006年，乳山市完成地方财政收入8.89亿元，增长26.8%；完成财政支出10.83亿元，增长25.5%，连续20年实现财政收支平衡。

【财源建设】 牢固树立“经济决定财政”的科学生财观，紧紧围绕全市经济发展目标，充分利用财税政策和资金手段，全方位加大财源建设投入力度，倾斜支持骨干企业膨胀发展、精品城市上档升级和农业产业结构调整，夯实了财源基础。以创建国家园林城市和生态市为目标，投入基础设施建设资金1.5亿元，支持当年17个新开工项目和以前年度工程项目建设，实施了城区道路新建改建、景观长廊、园林小品、民兵训练基地等重点工程项目，提高了城市功能和文化品位。以建设社会主义新农村为目标，加大“三农”投入力度，重点支持农业基础设施建设、农业综合开发、农业产业化经营等，促进了农业结构调整，提高了农业综合生产能力。积极落实各项支农惠农政策，发放粮食直补资金416万元，拨付农资价格补贴366万元、成品油价格补贴1 079万元，拨付“村村通”自来水资金926万元，促进了农民减负增收。不断创新财政投入机制，通过协调银行增贷、配套贴息、以奖代补等措施，引导金融和社会资金向骨干企业、现代服务业和高新技术产业聚集，加快了企业产品更新和结构调整。

【财政收入】 不断强化“增量提质并重”的全面聚财观，以提高“三个比重”为目标，以依法治税为手段，从政策导向和征管措施上向“两税”倾斜，着力改善收入结构，提高收入质量，“三个比重”均创新高。全市共完成税收收入6.43亿元，占地方财政收入的比重为72.4%，同比提高1.99个百分点；两个税务部门提供的税收收入4.55亿元，占地方财政收入的比重为51.23%，同比提高4.18个百分点，其中，增值税、营业税、企业所得税、个人所得税四个主体税种收入完成3.11亿元，占地方财政收入的比重为34.98%，同比提高2.62个百分点。围绕财政提质增收，财税部门不断创新征管机制，认真落实了综合治税、发票三奖、纳税评估、清缴欠税等增收措施，做到了依法治税、应收尽收。不断加大以查促收力度，积极探索借助部门力量推进依法治税的新思路，稽查增收1 412万元，弥补了收入缺口。严格落实上级政策规定，依法理顺耕地占用税、契税等税收征管体系和征收方式，共入库契税6 176万元，实现历史性突破。在此基础上，进一步拓宽增收渠道，加大非税收入征管力度，全面强化“票款分离、罚缴分离”和“收支两条线”管理，积极推行城市资产“招拍挂”，组织非税收入3.82亿元。

【财政支出】 认真贯彻“先吃饭、后建设”的合理用财观，本着有保有压的原则，加大重点支出保障力度，集中财力解决事关稳定大局的热点、难点问题。把保工资作为刚性任务，优先调度资金，保证了工资按时足额发放及各项增资政策的兑现。加大社会保障、农村及弱势群体扶助力度，全市累计用于解决民生问题的支出1.35亿元，保证了社会养老、失业、医疗、就业和再就业工作的顺利实施。新增支出4 684万元，兑现落实了提高企业离退休人员基本养老金标准、各类优抚对象和城市低保人员生活补助标准等政策。安排涉农生活保障支出1 281万元，主要用于新型农村合作医疗补助、农村独生子女奖励、困难“五保”农民救助、免除农村中小学杂费和“两免一补”政策等，促进了农村经济社会稳定。在此基础上，按照市政府“还账换民心，清欠促发展”的工作要求，积极调度资金，偿还历史欠债6 656万元，较好地解决了历史遗留问题。

【财政改革】 全面落实“改革促监督”的依法理财观，把管理的难点作为改革的重点，积极推行财政体制改革和制度创新，为全市经济发展创造了公平、有序、健康的环境。进一步加大政府采购力度，按照“管采分离”的要求，严肃采购纪律和运作规程，提高了政府采购管理水平，全年共组织基本建设、车辆购置等采购活动123项，节支3 498万元。全面规范行政事业单位国有资产收益管理，在威海市范围内率先出台《市直机关事业单位国有资产收益管理办法》，加大了对行政事业单位资产监管力度，形成了国有资产依法、依规运作的良好氛围。切实加强政府投资项目管理，重点抓好事前预算审查和事后决算审计，积极参与工程现场管理，核减不合理支出1 733万元。不断强化预算外资金监督管理，组织开展“收支两条线”专项检查，查出违纪金额126万元，较好地解决了私设“小金库”和坐支、挪用收入问题。严格落实追加预算“一支笔”审批制度，节支995万元。严格财政专项资金管理，对国债资金、粮食风险基金、转移支付等资金的拨付使用情况进行跟踪问效、定期检查，有效杜绝了挤占、挪用、损失、浪费问题。

（撰稿：彭新波）

经济技术开发区

【概述】 2006年，威海经济技术开发区完成地方财政收入5.75亿元，同比增长22.1%；完成财政支出5.04亿元，同比增长23.8%，实现当年财政收支平衡。

【国有资源管理日益加强】 加大国有资源创新管理力度，针对行政事业单位房产分散管理现状，在充分调研的基础上，在全省率先实行了行政事业单位房产统一管理，进一步盘活了这部分房产，当年实现房屋出租收入106万元，公开出让房产4套，实现收入255万元。协助土地部门继续完善土地招、拍、挂制度，实行市场化运作，实现收益最大化。

【财政改革不断深入】 积极推进国库集中支付制度改革，达到了规范财政支出、提高资金使用效益、增强政府宏观调控能力的目的；政府收支分类改革稳步推进，及时完成了2006年新老口径数据转换工作，实现了新旧科目双轨平稳运行；按照财权与事权相统一的原则，对两个乡镇、三个办事处财政体制进行了改革，对两个乡镇重新核定支出范围和支出基数，在三个办事处设立了财政所，并对部分收入适当下沉，实行收入分成奖励机制，调动了基层组织收入的积极性。

【财政管理效果显著】 加强了政府投资工程的事前、事中、事后监督管理，2006年审核工程结算129份，提报结算价值8 785.67万元，定案价值7 568.95万元，审减1 216.72万元；加强政府采购管理，强化计划性和规模性，努力降低采购成本，全年完成政府采购预算金额1 438.88万元，合同金额1 107.07万元，节约资金331.81万元。按照“有保有压”的原则，严格经费审核，审减行政事业单位专项预算2 975万元，审减追加经费369.3万元。

【全力推进新农村建设】 对支农、涉农资金优先安排、重点保障。2006年财政完成涉农支出5 661万元，比上年增加1 783万元，增长46%。落实好各项支农、惠农政策，及时足额发放各项补贴；加强农村基础设施建设，改善农民群众生产生活条件，提前一年实现村村通自来水；加大对新型农村合作医疗的支持力度，实施农村中小学免费义务教育，发放农村干部工资补贴；建立失地农民基本生活保障制度和农村“五保”供养制度。

加大失地农民和农村剩余劳动力培训力度，增强了农民就业能力。

（撰稿：霍书林）

高技术产业开发区

【概述】 2006年，威海高技术产业开发区实现地方财政收入6.43亿元，同比增长22.4%；实现财政支出5.7亿元，同比增长14%，连续13年实现财政收支平衡。

【多措并举抓收入】 围绕增收这一中心，落实任务，加强征管，强化调度，确保了收入进度与时间进度相统一；健全综合治税考核机制，完善网络，形成全力，增加税款4 357万元；以查堵漏，增加收入，共查处税款3 612万元，入库1 795万元；对土地出让金、行政事业性收费、罚没收入实行“票款分离”、“罚缴分离”，堵绝收入流失。

【保障重点抓支出】 突出重点，有保有压，优化支出结构，千方百计筹措资金保重点。2006年，全区实现地方财政支出5.7亿元，重点工程支出2.89亿元。其中，基础设施建设支出1.3亿元，征用土地支出7 750万元，创新创业基地建设支出6 665万元，教育建设投入1 500万元。

【激发活力抓改革】 按照财权、事权相统一的原则，理顺了镇、街道财政体制，科学核定收入基数和分成比例，调动了镇、街道发挥管理职能抓收入的积极性。2006年，镇、街道完成收入9 357万元，比上年增收3 252万元，增长53.3%。全面推行国库集中支付制度改革，建立了“拨钱的不花钱、花钱的不见钱”的资金管理新模式，有效地规范了支出行为。

【强化规范抓监管】 按照事前论证、事中监督、事后审计的模式，对工程进行全方位、全过程管理。2006年，审计工程结算1.78亿元，审减值3 385万元，审减率达19%。继续深化政府采购改革，凡符合代理条件的，全部委托具有合法资质的中介机构代理招标，财政与监察部门共同监管，促进政府采购工作的公开、公正、公平，有效防止了商业贿赂的发生。以大包形式进行的绿化整体招标，既节省了资金，又保证了绿化效果。2006年共实施政府采购55批次，节约资金1 419万元，节支率达33.3%。

（撰稿：曲　峰）

日　照　市

东　港　区

【概述】 2006年，东港区完成地方财政收入6.86亿元，比上年同比增长34.2%，同口径增长34.91%；完成财政支出4.29亿元，增长28.61%。

【狠抓财源建设，地方财政收入实现新跨越】 始终把组织收入工作作为财税运行的首要任务，切实抓紧抓好。出台了《关于加强财政收入均衡入库工作的意见》、《关于建立区镇收入分享机制的通知》、《关于进一步加强政府非税收入管理的通知》等文件，进一步完善了税源动态监控体系、非税收入管理体系、收入监督机制和收入考核激励约束机制，充分调动了各级培植财源、强抓收入的积极性。财政综合实力明显增长，为全区经济和社会各项事业的健康快速发展提供了财力保障。

【科学运作资金，财政保正常运转、保重点、保应急的能力有了新提高】 严肃支出预算管理，集中财力保重点。精心运筹资金，较好地解决了全区1万名干部职工工资发放问题，维护了干部职工的切身利益。社会保障体系日臻完善，全年累计发放救助资金102万元；筹集养老、失业、医疗保险等各项保障资金1.04亿元。累计筹集资金1.93亿元，保证了南沿海公路建设等重点工程重点项目的顺利实施。

【深化财政改革，财政管理水平取得新成效】 财政国库集中支付制度改革顺利实施，资金拨付更加便利、快捷，增强了资金运行的透明度，实现了监督关口前移，提高了资金宏观调控能力和使用效益。融资工作实现新跨越，全年累计储备土地281亩，运作储备土地193亩，成交价格1.3亿元；同时，扎实推进了开发银行项目贷款工作。政府采购在规范中快速发展，以治理商业贿赂为契机，狠抓规范管理，健全监管机制，全年完成合同采购额776.86万元，节约资金157.41万元，资金节约率达16.85%。财政监督职能不断强化，国有资产管理工作有了新突破。

【坚持多措并举，支持社会主义新农村建设取得新突破】 把支持社会主义新农村建设列入重要议事日程，紧抓不放，扎实推进。安排资金3 545万元，用于农业综合开发、农业产业化经营等，有力地推动了社会主义新农村建设。发放粮食直补资金306万元，成品油补贴资金311万元，涉及农户11.4万户，资金发放率和到户率均达到100%。党的各项支农惠农政策得到较好落实，新农村建设取得良好开局。

（撰稿：焦自晔）

岚 山 区

【概述】 2006年，岚山区实现地方财政收入3.95亿元，增长103.5%，增幅居全市各区县第一位。税收收入占地方财政收入的比重提高到90%；地方财政收入占GDP的比重提高到4.49%。财政支出完成3.01亿元，增长39.7%，有力地保障了社会各项事业的快速、和谐发展。

【支持财源建设取得新成效】 积极为全区引进大项目提供政策、资金支持，为发展打造平台。拨付财政性资金近2亿元，用于企业创新、重点工程建设、工业园区建设、招商工作补贴。在资金使用上，运用"以奖代补"、财政贴息和补贴等方式，引导金融和社会资金向现代制造业、现代服务业、高新技术产业和城市基础设施建设聚集，放大了财政资金的"乘数效应"。

【依法聚财实现新突破】 开展税收、非税收入调查，落实收入任务，制定收入考核办法，完善综合预算管理，调动了征管部门的积极性。全年国税系统组织地方财政收入1.98亿元，增长172.5%；地税系统组织地方财政收入1.40亿元，增长63.8%；财政系统组织收入5 662万元，增长58.2%。全年共实现土地出让金收入4.86亿元，同比增长248.8%，其中全区政府土地净收益6 502万元。加大引资工作力度，较上年多争取财政性资金7 700万元。

【推进新农村建设呈现新局面】 高度重视新农村建设工作，投入资金4 972万元支持"三农"工作、落实支农惠农政策。投入1.3亿元支持农村义务教育、改造农村义务教育学校校舍及布局调整，为农村义务教育长远发展创造条件。扎实推进新型农村合作医疗制度改革，财政补助标准从人均13元提高到30元；继续实施复明工程，为257位白内障患者实施了免费手术；投入1 501万元用于计划生育经费，落实农村社会保障支出2 351万元，完善了农村养老保障体系。

【深化财政改革取得新进展】 稳步推进部门预算及政府收支分类改革，完成了新老口径数据转换工作。扎实推进国库集中支付改革，简化了财政资金拨付程序，提高了财政资金的运行效率，使预算执行更加公开、透明。积极稳妥地推进政府采购工作，狠抓规范管理，健全了运行机制。积极探索化解县乡债务的途径和办法，严禁增加农民负担。

【加强财政财务管理取得新硕果】 深化"财政管理年活动"，加强制度建设，内控制度和专项资金管理进一步完善，财政资金分配使用更加规范、安全、有效。进一步拓宽非税收入管理范围，完善了"票款分离"征管系统，非税收入管理得到加强。认真开展各类专项资金的检查活动，财政监督检查工作扎实有效。积极参与企业财务监管，加强会计诚信建设，提高财务会计信息质量，规范会计秩序。

（撰稿：徐玉春　陈　涛）

五 莲 县

【概述】 2006年，五莲县地方财政收入完成1.85亿元，可比口径增长32.23%；财政支出完成4.5亿元，可比口径增长37.33%。连续18年实现财政收支平衡。五莲县财政局先后被授予省级文明机关、县直部门综合目标量化考核先进单位等荣誉称号。

【加强财源建设，狠抓收入征管，增强地方财政实力】 围绕培植壮大支柱产业，先后投入290万元资金支持企业挖潜改造和市场开拓，兑现科技进步奖等奖励资金450万元，协调新增贷款2 000余万元，实现企业出口退税和免抵调减增值税6 057万元。围绕实现财政增收目标，层层落实征管责任，加强税源监控和税负分析，大力开展社会综合治税，2006年全县税收收入占地方财政收入的比重达到90.65%。

【硬化预算约束，合理运筹资金，加大重点支出保障力度】 坚持量入为出，量财办事，严格部门预算管理，优化支出结构，努力缓解财政困难。拨付乡镇困难性转移支付、农村税费改革转移支付等补助资金4 817万元，拨付村级转移支付补助资金1 281.8万元，村级组织活动场所建设资金100万元，较好地保障了基层政权正常运转。投入资金6 000余万元完成了县工业园区"七纵五横"路网建设，增强经济社会发展的承载力、吸引力；全县农业、教育、卫生等重点支出分别增长54.09%、29.11%、55.43%。

【采取多种措施，落实各项政策，扎实推进新农村建设】 全面取消农业税，落实粮食直接补贴、成品油补贴等补贴资金1 016万元。投入资金582万元支持学庄水库除险加固等农村水利设施建设；拨付专项资金650万元支持“村村通自来水”工程，农村自来水人口普及率达到76%。落实新型农村合作医疗资金941.8万元，农村居民最低生活保障资金和医疗救助资金72万元，困难学生“两免一补”资金213.54万元，基本做到应保尽保。

【深化财税改革，加强财政监管，提高资金使用效益】 积极探索“乡财县管”改革新模式，将乡镇财政视同一级预算单位纳入县级国库集中支付系统，建立国库集中支付下的“乡财乡用县管”运行模式。对政府收入、支出进行科学合理的政府收支分类和科目转换，进一步细化预算编制，提高预算透明度。全面推行基本建设工程量清单计价招标和决算审查制度，建立实时监控、综合检查、整改反馈、跟踪问效的财政监督约束机制。2006年工程招标节省财政投资1 700多万元，有效保障了财政经济的有序健康运行。

（撰稿：王　勇　李兆双）

莒　县

【概述】 2006年，莒县地方财政收入完成2.2亿元，增长32.9%；财政支出实现5.46亿元，增长37.5%，全县连续20年实现财政收支平衡。

【依法加强税费征管，促进收入稳定增长】 努力克服政策性减收因素带来的不利影响，不断完善征管机制，着力改善收入结构，加大综合治税力度，强化税源监控和税收稽查，促进收入稳步快速增长。收入结构逐步优化，全县税收收入占地方财政收入的比重达91.7%，比上年提高8.4个百分点；依法规范非税收入管理，进一步增强了政府宏观调控能力。

【统筹运用财力，办好关系群众切身利益的实事】 面对不断加大的支出压力，规范完善综合财政预算管理，严格执行支出顺序，确保重点支出需要。抓好编制内人员工资发放，将乡镇党政机关、全额事业单位人员工资由县财政统发，保证了干部职工工资及时发放。做好城市居民和农村居民最低生活保障工作，对低保对象实行动态管理，做到应保尽保。足额安排配套资金，积极推行新型农村合作医疗省级试点工作，提高财政补助标准，解决群众医疗难问题。筹措专项资金，落实了“两免一补”、计划生育家庭奖励扶助政策。

【落实财税政策，服务城乡经济发展】 充分运用税收、贴息、国债等政策手段，支持全县经济结构调整和重点工程建设。全年共办理出口退税和免抵调减增值税4 574万元，水泥企业退税、化肥、饲料行业等减免税6 577万元。加大对“三农”的支持力度，投入1 926万元，支持农业综合开发、农业基础设施、农业龙头企业等建设，认真落实粮食、良种、农机购置补贴等惠农政策，促进城乡统筹发展。全面取消农业税，进一步减轻农民负担1 078万元。多渠道筹措资金4 000万元，支持城区道路建设、县乡村公路建设。

【深化财政体制改革，提高财政管理水平】 扎实推进国库集中支付制度改革，建立起以国库单一账户体系为基础，资金拨付以财政直接支付和授权支付为主要形式的财政国库管理制度。在全县全面实施“乡财县管乡用”和“村财乡管村用”改革，进一步规范乡村财务管理，提高财政管理水平。加强政府采购管理，进一步规范政府采购秩序。强化财政投资项目预决算审查，对农业综合开发、乡镇双增工程、人畜饮水等重点财政支农工程全部实行报账提款，提高了财政资金使用效益。

（撰稿：刘京波　柏发友）

经济开发区

【概述】 2006年，日照经济开发区实现地方财政收入3.48亿元，按可比口径比上年增长37.40%；实现财政支出3.34亿元，连续3年被省政府命名表彰为全省先进开发区。

【狠抓财源建设，促进经济发展，财政收入跃上新台阶】 充分发挥财政政策的导向作用和财政资金的吸附作用，大力培植支柱财源。2006年安排扶持企业资金1 206万元，税收过500万元的企业达到21家，其中过千万元的企业达9家。拓宽融资渠道，创新融资模式，积极实施多元化的筹融资政策，做活国有资本运营管理文章，加大对招商引资的支持保障力度，加快项目建设，培植后续财源。强化税收征管，大力清缴欠税，依法应收尽收，财政收入大幅增长，质量稳步提升。增值税、营业税、企业所得税、个人所得税四个主体税种收入占地方财政收入的比重达60.06%，税收收入占地方财政收入比重达80.7%。加强征收进度调度，强化预算执行分析，不断提高财政预测的科学性与准确性。

【强化预算管理，优化支出结构，财政保障能力明显增强】 严格预算管理，强化预算约束，严把财政审批关。加大对部门（单位）经费审核力度，做到专款专用。完善政府采购制度，将大宗物品全部纳入政府采购范围，2006年共组织政府采购项目89项，累计完成采购金额1 411万元，节支率达15%。加强对文教卫生、社会保障等社会事业支持力度，全年支出4 475万元，同比增长24.1%，切实让广大人民群众共享经济发展成果。大力调整财政投向，优化支出结构，大力压缩非生产性支出，保证南沿海路、现代路和威亚汽车发动机等市、区属重点工程和大项目基础设施配套工程建设资金需求，促进了全区经济和社会各项事业发展。

【推进财政改革，加强财政监督，财政管理水平不断提高】 全面推行国库集中支付制度改革，进一步完善部门预算管理，大力加强非税收入管理，财政监管机制日益健全。2006 年实现非税收入 8 634 万元，预算外支出 1.04 亿元。强化基本建设预（决）算管理，审核率达 100%。认真落实支农惠农等新农村建设政策，累计发放各种支农补贴资金 89.2 万元。强化财政监督职能，对全区行政事业单位和街道办事处会计基础工作、经费使用等情况开展专项检查，有力维护了财经纪律的严肃性。加强国有资产管理，采取公开竞卖等多种方式，盘活闲置资产存量，力求实现国资收益最优化最大化。认真开展会计人员继续教育工作，会计基础管理更加规范。扎实开展“财政管理年”活动，夯实财政基础工作，财政业务管理水平不断提高。

（撰稿：张　晋）

山海天旅游度假区

【概述】 2006 年，山海天旅游度假区地方财政收入实现 5 063 万元，比上年同期增长 31.8%；财政支出完成 4 625 万元，比上年同期增长 32.9%，连续 10 年实现财政收支平衡。

【财政收入管理】 科学合理地编制了 2006 年财政收支计划，并及时将收入任务分解到各征收部门，落实责任，加大收入调度力度，确保了财政收入均衡及时入库。国税部门全力挖掘税收增收潜力，税收有了较大幅度增长。地税部门通过完善社会综合治税体系，及时掌握了税源变化情况，加强了对重点税种、重点行业、重点企业的征管，努力实现了应收尽收。同时，加大对以前年度税款的清欠力度，确保足额清缴入库。区财政局加大与市局征收部门的协调力度，确保实现的契税及时征解入库。2006 年共实现契税 920 万元，同比增长 55.7%。

【财政支出管理】 编制了 2006 年度行政单位预算，对全区各行政单位人员经费、公用经费按定额标准核定了支出限额，细化了部门预算，并严格按支出计划拨款。及时对全区行政事业单位财政供养人员基础信息数据库进行调整，明确财政供养人员范围。加大工资保障力度，确保工资及时发放。统筹安排预算内外资金，集中财力用于重点项目和重点支出需要。2006 年拨付基础设施建设工程款 3 380 万元，确保了工程建设项目的顺利进行，制定和建立度假区财政财务管理制度，扎实开展会计集中核算工作，不断提高财政资金使用效益。

【财政审计监督工作】 积极开展政府投资项目审计，对 2005 年全区基础设施建设投资项目进行了审计，实现了节约政府投资、提高投资效益的目的。认真贯彻审计意见，建立健全制度，制定出台了《山海天旅游度假区财政财务管理制度》，对财政财务管理原则、预算管理、经费追加、“收支两条线”管理、财政支出集体研究、“一支笔”审批制度、银行账户管理、现金使用管理、借款程序、固定资产管理、费用报销制度等都做了明确要求，同时制定了《会计集中核算工作程序》、《预算编制及调整工作程序》、《政府采购工作程序》、《财政性基本建设资金投资项目预决算审查工作程序》等内部规章制度，进一步规范了财政工作程序，推进了财政精细化管理，杜绝了违法违纪情况的发生，维护了财政部门的良好形象。

（撰稿：姜兆宇）

莱　芜　市

莱　城　区

【概述】 2006 年，莱芜市莱城区地方财政收入完成 3.79 亿元，增长 57.3%；财政支出完成 7.79 亿元，增长 34%。

【科学理财，积极服务经济建设大局】 围绕区委、区政府确定的招商引资、工业发展、民营经济、环境建设等重点工作，充分发挥财政职能作用，灵活运用财税政策和贴息、补贴等手段，大力支持“工业立区”和“富民强村”工程，努力培植地方财源，促进区域经济发展。积极组织收入，强化税收征管，加大社会综合治税力度，积极拓展增收渠道，深挖收入增长潜力，全区财政收入迈上新台阶。严格控制支出，调整优化支出结构，按照“保工资、保稳定、保法定支出”的要求，科学合理调度资金，较好地保证了重点支出需要，促进了各项事业发展和社会稳定。

【以人为本，积极服务社会和谐大局】 在保证区乡干部职工工资正常发放的基础上，为保障好农民和社会弱势群体的利益，对涉农、涉稳支出坚持资金优先安排。为解决农民和社会弱势群体行路难、看病难、读书难等问题，全区财政筹措上亿元资金，支持了乡镇卫生院、农村中小学危房改造、村村通自来水工程、城乡综合整治等一批民生工程。

【创新思路，不断提升财政服务水平】 积极推行综合预算，统筹安排预算内外资金，增强了政府的调控能力和保障水平。国库集中收付制度改革平稳运行，对区级90个预算单位实行了国库集中收付，健全了“管钱的不拨钱、拨钱的不花钱、花钱的不见钱”的资金管理模式，规范了财政收支行为。政府采购在规范中快速发展，以治理商业贿赂为契机，全面实行政府采购预算制度，全区完成采购金额8 633.4万元，节约财政资金1 428.5万元，节支率14.2%。积极推行财政投资评审改革，对财政投资项目实行事前、事中、事后全过程监管，2006年共完成评审总额8 598.5万元，审减财政资金1 223.7万元，审减率14.2%。加强非税收入管理，在加强票据管理的基础上，完善非税收入征管系统，促使单位合法收费、及时上缴，杜绝了应收不收、应缴不缴、坐支挪用等行为。另外，积极推行阳光财政，对财政政策、财政工作动态和涉及群众利益的事项及时公开，不断扩大了社会公众对财政工作的知情权、参与权和监督权。

（撰稿：郭廷亨）

钢城区

【概述】 2006年，莱芜市钢城区完成地方财政收入3.59亿元，比上年增长74.7%；财政支出完成4.81亿元，比上年增长59.96%。

【创新筹资机制，大力支持经济发展】 积极支持招商引资和“一区两园”建设，投入资金1 000万元，用于经济开发区起始区一横、二横道路和二纵道路工程建设。加大对农业、工业的扶持力度，投入资金1 600万元，支持了山区农业综合开发、流域治理、造林绿化等工程；投入资金100万元，支持了农业产业化、林果基地建设及经济薄弱村的发展。投入资金144万元，支持了粉末冶金等钢铁产业链基地建设；投入资金460万元，支持了物流企业发展，培植壮大了新兴产业龙头。加大基础设施建设投入，投入资金9 600万元，保证了城市内10条道路建设、2个公园建设和为民办的10件实事等项目落实，使全区城乡环境得到新的提高。

【拓宽增收渠道，财政收入实现快速增长】 坚持依法治税，加强收入征管。建立税源动态监控体系，对税收收入实行“源泉控管”，实行以票管税、税收代征、代扣、代缴办法，严厉打击各种涉税违法行为，地方财政收入实现稳定快速增长和均衡入库。政府经营收益逐步显现，制定了《关于加强城市经营管理的意见》，认真抓好各项资源收益管理，2006年共实现政府收益1 189万元。

【调整优化结构，确保重点事业发展需要】 保证了工资发放和基层运转，建立确保工资发放长效机制，加大对镇（处）及村级组织运转的支持力度，确保了区、镇（处）工资按时足额发放。加强社会保障体系建设，拨付资金2 573.03万元，建立了农村新型五保供养机制和大病医疗救助制度，巩固完善了新型农村合作医疗制度，对农村贫困生、残疾人等弱势群体实施救助，社会保障体系得到进一步完善。加大“三农”保障力度，认真落实“三补贴”政策，促进了农民增收。努力保证农业、科技、教育等法定支出以及“平安钢城”、社会稳定支出需要，推动各项社会事业的发展。

【深化财税改革，依法规范财政管理】 实施国库集中收付制度改革，对全区52个部门全部实行国库集中收付制度，建立了一整套运行管理制度和工作程序，切实加强了财政收支管理。完善政府采购制度，上年共完成采购金额4 256万元，节约资金610万元，节支率达12.5%。深化政府投资评审制度改革，上年共评审工程总额7 419.2万元，评定总额6 519.7万元，审减率达33%。深化“收支两条线”改革，完善预算外资金“收支两条线”、“票款分离”等机制，防止了各种违规违纪现象的发生。做好政府收支分类改革准备工作，认真编制了2007年政府收支分类改革科目预算，为改革做好了充分准备。

（撰稿：侯忠泉）

高新技术开发区

【概述】 2006年，莱芜市高新区完成地方财政收入9 198万元，增长51.4%；财政支出完成1.73亿元，增长7.5%。

【财政收入迈上新台阶】 培植财源方面，大力支持招商引资，积极培育新兴财源；通过贴息、专项扶持、贷款等措施支持重点企业、民营企业和工业园区，壮大现有财源；通过政策、资金两大调控手段，支持了物流业等第三产业发展，提高企业发展对地方财政的贡献率。收入征管方面，开展税源普查，走访企业及个体工商业户1 000余家，清缴欠税637万元，摸清了税源底数。完善了以“政府领导、税务主管、部门配合、司法保障、社会参与”的社会综合治税体系，构建了完善的税收征管网络，堵塞了征管漏洞。强化“收支两条线”管理，改进非税收入收缴管理体系，促进非税收入稳步增长。

【支持经济社会发展出现新局面】 通过协调贷款、土地运营等措施筹集，整合资金2.1亿元，优化支出结构，保证重点支出。投入7 450万元用于基础设施建设，改善了投资环境，提升了城市品位。投入2 075万元，用于教育、卫生、计划生育等事业发展，促进经济社会和谐发展。投入225万元，保证了村级政权运转，建立了新型农村合作医疗制度，落实了各项补贴政策，扎实推进新农村建设。

【推动财税改革取得新进展】 完善国库集中收付制度，扎实推进政府收支分类改革，进一步强化预算监督，提高了预算管理透明度。推行新型农村合作医疗试点改革，为全区3.7万名农民办理了医疗保险，参保率88%。对农村义务教育阶段的贫困家庭全面实施“两免一补”，巩固农村中小学教师工资保障机制，健全了农村义务教育经费保障机制，促进了教育事业发展。积极推进各项涉税、涉农改革，既争取了政策支持，又保障了群众利益。

【加强财政管理取得新成效】 建立了预算基础数据信息库，完善预算编制方法，预算编制更加科学、透明。建立完善了涵盖所有财政投资项目支出的监督管理体系，财政资金的使用更公开透明。强化村居财务集中管理、企业快报和教育部门“校财局管”等办法，提高了各单位财务管理的规范化。开展行政事业单位资产管理清查，建立起了“登记完整、责任明确、变更及时、调配科学、运行高效”的固定资产管理机制，使国有资产运转更加安全、高效。

（撰稿：徐新菊　亓高燕）

临　沂　市

兰　山　区

【概述】 2006年，兰山区完成地方财政收入8.05亿元，增长14.88%，收入总量居全市第1位；实现财政支出10.00亿元，增长19.32%。兰山区财政局先后获得“全省科普村村通工作先进单位”、“全市千村帮扶工作先进单位”、“全市四五普法依法治理工作先进单位”等荣誉称号。

【收入征管】 强化收入任务目标责任制，年初将地方财政收入任务层层进行分解细化，实行目标管理、责任考核，加强调度，分析问题，制定增收措施。积极推进社会综合治税，对地方财政增收拉动力强、增收潜力较大的土地使用税、建筑营业税、城市维护税等税种，实行了重点清理征收，保证了工商税收的稳定增长。对财政自身组织的各项收入任务，实行了重点集中清收，达到2.37亿元。

【预算管理】 在镇街道教师工资列入区级预算的基础上，对镇街道所有行政事业人员工资都由区财政实行了统一标准、统一发放，并统一缴纳社会保障缴费和住房公积金，解决了困扰镇级多年的发工资难的问题。积极稳妥地开展了政府收支分类改革工作，并依此拟定了2007年预算草案。组织实施了国库集中支付改革，年底全区各预算单位的指标全部实现网上运行。推行了部门预算编制改革，汇总形成了2007年区级预算草案。进一步深化政府采购改革，全年累计采购金额4 575万元，平均节支率为10%。

【财政监督检查】 认真复查2005年开展的财政专项资金检查整改情况，制定了《财政专项资金管理办法》，提高了财政专项资金财务管理水平。对全区450多个村居的财务管理、资金使用管理等情况进行调研，起草了《兰山区财政补助村级资金管理实施细则》，规范了财政补助村级资金的使用管理。对全区70余家规模以上企业的会计基础进行了检查，加强指导与规范。委托社会中介机构审查建设项目16个，工程送审总造价3 417万元，定审总造价2 992万元，审减425万元，审减率12.4%。

【预算外资金管理】 2006年全区行政性收费、罚没收入等非税收入完成1.60亿元，增长36.73%，有力地拉动了地方财政收入的稳定增长。会同区监察局、审计局、物价中心联合开展了政府非税收入“收支两条线”专项检查，共检查行政事业单位57户，查出各类违规资金735万元。对全区行政事业单位的往来票据进行了检查清理，促进了源头治理。

【社会保障基金管理】 全年共完成社会保障基金总收入 2.52 亿元，支出社会保障经费 2.08 亿元。为 8 483 名企业离退休人员支付了养老金，3 499 名干部发放了离退休费。进一步深化新型农村合作医疗制度试点工作，8 万多名农民参保，合作医疗基金收入 199 万元，支出 150 万元。

【国有资产管理】 组织开展了对全区 135 个行政事业单位的国有资产产权登记年检和资产管理信息统计的审核汇总工作，建章立制，强化管理，防止了国有资产流失。

【财政支农】 全年筹措资金 1 100 多万元，重点扶持了农业综合开发、农田水利基本建设等项目。积极稳妥地搞好粮食直补资金、柴油、化肥生产资料增支补贴发放工作，将 630 多万元补贴资金直接支付到每个种粮农户储蓄存折结算户上。支持实施“阳光工程”，投入 60 万元，转移培训农村劳动力 9 758 人。

【税收征管】 精心组织开展了耕地占用税、企业所得税税源调查，从全区企业中抽取 27 户典型企业，集中时间、集中人员，对抽样企业 2006 年度所得税征缴情况进行全面调查分析，为加强企业所得税征管提供了翔实的资料。耕地占用税征收工作成绩卓著，全年完成 2 950 万元，占预算的 147.5%。组织对镇街道财政所的耕地占用税票据进行了检查清理，有效堵塞了收入漏洞。

（撰稿：刘中奇）

罗 庄 区

【概述】 2006 年，罗庄区实现地方财政收入 3.23 亿元，增长 30%；全区财政支出完成 4.53 亿元，实现了自建区以来连续 12 年财政收支平衡。

【突出财政增收，收入规模结构实现新突破】 2006 年，各级财税部门牢固树立依法聚财、应收尽收、均衡入库的理念，扎实做好宏观税负调研、税源普查、耕地占用税清缴、政府非税收入机制完善等工作，实现了财政收入快速增长。从收入总量看，全区境内财政总收入完成 17.3 亿元，增长 49.1%，其中地方财政收入突破 3 亿元，增长 30%，高于全市平均增幅 6.5 个百分点，人均财力居全市首位；从收入结构看，全区地方财政收入中税收收入完成 2.70 亿元，增长 35.1%，占地方财政收入的 83.7%，高于全市平均水平近 15 个百分点，主体税种完成 2.07 亿元，增长 60.6%，占地方财政收入的 63.9%，占税收收入的 78.8%。全区经济运行质量进一步提高，财源结构进一步优化，财政实力进一步增强。

【突出保障重点，财政保障能力有了新提高】 紧紧围绕全区经济发展大局，集中财力保重点。特别是在人员工资、社会保障、城市建设等方面，加强资金调度，优化支出结构。2006 年对街道转移支付资金规模达到 1 540 万元，从区级财力中挤出 3 493 万元用于缓解街道工资发放压力，区街两级的工资经费得到有效保障。2006 年 9 月份起，街道教师工资全部上划区级管理，完善了以区为主的义务教育管理体制。拨付资金 3 047 万元支持创建国家环保模范城市、国家卫生城市、省级园林城市；拨付资金 1.16 亿元；支持创建省教育示范区、计划生育优质服务区；开展粮食购销企业改革，拨付 700 万元用于粮食企业职工分流安置和养老、失业金的缴纳；安排社保资金支出 4 726 万元，重点支持养老、医疗、卫生、抚恤、社会保障补助支出等。

【突出新农村建设，扶持“三农”取得新进展】 把农民增收、农业增效、农村经济发展作为财政支持的重中之重，共完成财政支农支出 1.62 亿元，比上年增长 25%。其中发放粮食、良种、农机、柴油、化肥等补贴资金 556 万元，百万农户致富工程财政贴息资金 130 万元，村村通自来水工程资金 570 万元，道路村村通工程资金 128 万元，新型农村合作医疗试点资金 274 万元，农村中小学危房改造资金 860 万元，发放贫困学生“两免一补”资金 69 万元，支持林业发展资金 30 万元，“千村帮扶”工程资金 58 万元，农村劳动力转移培训、远程教育、科普村村通等资金 54 万元。

【突出管理创新，财政管理年活动取得初步成效】 按照构建公共财政体制的要求，扎实开展“财政管理年”活动，加大财政综合改革力度。继续实施部门预算编制改革，全面推行国库集中支付改革，累计完成直接支付资金 1.59 亿元。搭建融资平台，全年共融资 1.4 亿元，实际拨付城建资金 9 994 万元。出台了《罗庄区关于进一步加强政府采购工作的意见》，全区共完成采购金额 1 642 万元，比上年增长 57%，节约资金 190 万元，节支率达 10.4%。开展全区财政拨款、非税收入单位执行财政、财务、法规、会计信息质量专项监督检查，规范了部门支出。开展会计管理年活动，对全区会计人员进行系统培训，提高了会计规范化管理水平。

（撰稿：刘福军　王宏伟）

河 东 区

【概述】 2006 年，河东区实现地方财政收入 1.87 亿元，比上年增长 25.57%；全区财政支出 4.72 亿元，增长 26.19%，实现当年财政收支平衡。

【坚持依法征管，财政收入平稳较快增长】 全区财税部门以组织收入为中心，认真开展宏观税负分析，大力推行社会综合治税，依法规范非税收入征管，财政收入实现了持续较快增长。全区地方财政收入同口径比上年增收3 815万元。全区地方财政收入占生产总值的比重达到2.75%，比上年提高0.3个百分点；税收收入占地方财政收入的比重为51.09%。财政收入的稳定增长，为全区经济社会发展提供了有力支持和保障。

【坚持突出重点，支出保障能力明显增强】 围绕构建和谐社会，科学运筹资金，坚持有保有压，集中财力保工资、保重点、办大事。强化财税政策对资源节约和环境保护的调节作用，推动了资源、土地的有效利用。积极支持“三个亮点”、招商引资、自主创新和区域经济发展。加大社保投入，全区社保支出4 977万元，增长33%，社会保障范围、保障体系进一步完善。扎实推进收入分配制度改革，进一步提高了干部职工工资和社会保障对象收入水平。支持重点事业发展，全区文化科学教育支出8 615万元，增长12.67%；公检法支出3 201万元，增长13.63%。

【坚持深化改革，理财水平进一步提高】 稳步实施政府收支分类改革，按照新的科目体系编制预算，财政预算更加完整、规范、透明。深化国库集中支付改革，全面实施国库集中支付制度，区直全部预算单位和所有财政性资金全部纳入国库集中支付系统，清理撤销单位银行账户，预算内外资金和政府性基金都通过单一账户体系实现集中支付，切实增强政府财政宏观调控能力，有效加强了对财政资金运行的监督管理。全面推行了部门预算编制改革，对规范财政资金管理、提高管理水平发挥了积极作用。加强财政供养人员管理，逐步建立起了机构编制、人员与财政预算相结合的管理机制。以治理商业贿赂为契机，健全完善政府采购监管机制，规范政府采购行为。全区完成政府采购额2 959万元，比上年增长2.05倍，节约资金384万元，节支率13%。加强财政专项资金管理，坚持以项目定支出，资金安排更加科学合理。制定下发了《河东区财政投资项目建设评审实施办法》，政府公共投资项目都能做到财政、审计派驻监督员，实施全过程监管。认真开展津贴补贴清理、“收支两条线”、政府采购执法、会计信息质量等专项检查，进一步规范了财经秩序。

【支持乡镇发展力度加大，社会主义新农村建设扎实推进】 大力扶持乡镇发展，着力增强基层财政保障能力。完善公共财政体制，积极推进基本公共服务均等化。高度重视和加强乡镇财源建设，大力培植优势财源，夯实财政增长基础。认真研究政策，积极争取上级支持，全年共争取上级转移支付和其他各类财政资金2.26亿元，增长35.22%，结合落实收入分配制度改革，争取工资性改革转移支付补助资金1 131万元。按政策应分配乡镇街道的所有转移支付资金和各项补助全额落实到位。切实增强村乡两级的自我发展、自我保障能力。按照“多予、少取、放活”的方针，认真落实支农惠农政策，切实加大“三农”投入，投入资金1.09亿元，用于解决事关农民切身利益的问题，相同口径增长38%。落实粮食、良种、柴油、化肥等补贴政策，兑现农民补贴1 180万元。在全省率先实施了“惠农一卡通”工程，将涉农补贴直接发放到农民手中。支持“百万农户致富”工程，财政贴息221万元。支持“村村通自来水”工程，财政补助817万元，受益人口32.7万人。落实农村中小学危房改造等资金1 450万元。落实乡镇卫生院维修改造资金1 193万元。落实乡镇敬老院改造建设资金1 164万元。支持村级组织活动场所建设，补助资金110万元。支持农村现代流通服务体系等建设都取得较好成效，乡镇各项事业发展得到可靠财力保障。

（撰稿：郑　芳　陈恩武）

郯城县

【概述】 2006年，郯城县实现地方财政收入3.52亿元，比上年增长11.5%；实现财政支出6.71亿元，增长19.33%。

【财政收入平稳增长，收入结构不断优化】 财税部门以组织收入为核心，完善征管机制，严格治税管费，规范非税收入征管，加大契税和耕地占用税清理清欠力度，实行县级领导联系重点税源企业制度，切实加强收入调度和督导，促进财政收入平稳增长。2006年，全县实现地方财政收入3.52亿元，比上年增长11.5%。其中，税收收入2.36亿元，比上年增加4 848万元，占地方财政收入的比重为67%；非税收入1.16亿元，占地方财政收入的比重为33%，财政收入结构进一步优化，收入质量显著提高。

【突出财政支持重点，保障能力明显增强】 围绕构建和谐社会，优化支出结构，科学运筹资金，集中财力保重点。积极培植财源，筹集资金2 130万元，集中支持循环经济发展、科技自主创新、环境综合整治和污水达标排放项目建设，促进了经济结构调整和增长方式转变。加大社保投入，当年全县社保支出6 714万元，增长14.9%。其中，优抚和社会福利资金2 286万元、就业再就业资金304万元、城市低保资金236万元、困难企业军转干部解困资金96万元、自然灾害救济资金88万元，社会保障范围不断扩大，保障水平进一步提高。支持重点事业发展，全县教育支出1.50亿元，增长10.3%；科技支出1 123万元，增长59.5%；卫生支出1 870万元，增长39.8%；文体支出3 478万元，增长12.4%。大力支持重点项目建设，拓宽融资渠道，多方筹集资金8 000多万元，集中支持了205国道拓宽、郯薛路改造、白马河流域综合治理和污水处理厂、经济开发区基础设施、城市绿化亮化等重点项目建设，进一步提升了城市形象。

【统筹城乡协调发展，扶持“三农”取得新进展】 按照“多予、少取、放活”方针，切实加大“三农”投入，认真落实支农惠农政策，集中支持解决事关农民切身利益的问题。全年各级财政支持“三农”资金达1.20亿元，比上年增长20.6%。全面取消农业税，与农村税费改革前相比，农民人均减负153元。落实粮食、良种、农机、农资补贴政策，共向农民兑现补贴2 837万元，通过“惠农一卡通”直接发放到农民手中。投入资金750万元，支持乡镇卫生院、敬老院建设，改善了农村医疗卫生和五保供养条件。投入资金572万元，用于农村中小学危房改造，消除危房面积1.23万平方米。投入资金305万元，用于农村义务教育阶段家庭经济困难学生“两免一补”，受益学生9 945人，较好地解决了农村贫困家庭学生的上学问题。投入资金894万元，支持村村通自来水工程，新增受益人口26万人。投入资金210万元，支持村级组织活动场所建设，解决了全县91个村无组织活动场所问题。投入资金1 735万元，支持了土地开发整理、中低产田改造等农业综合开发项目。对百万农户致富工程、百村帮扶、农村沼气建设等，也都给予了大力支持，新农村建设取得良好开局。

【严格依法科学理财，财政改革迈出新步伐】 全面启动国库集中支付改革，全县118个财政全额拨款及补助拨款的部门和单位全部纳入国库集中支付范围，减少了资金流转环节，提高了资金使用效率。稳步实施政府收支分类改革，全面推开2007年度部门预算编制改革，加强项目库建设，整合专项资金，预算编制的准确性、规范性和透明度进一步提高。加强财政监督，认真开展“收支两条线”和契税、耕地占用税等专项检查，进一步规范了财经秩序。

（撰稿：谷　峰）

苍山县

【概述】 2006年，苍山县完成地方财政收入2.26亿元，同口径比上年增长26.39%；财政支出实现7.03亿元，比上年增长32.68%，有力地支持了全县经济社会事业发展。

【财政支农】 全县各级财政用于“三农”方面的投入达到4.6亿元，增长76.92%，其中支农专款投入4 103万元，比上年增加1 900万元。深化农村税费改革，全面取消了延续2 600多年的农业税。落实粮食、良种、农机和生产资料增支补贴2 882万元，发放百万农户致富工程财政贴息235万元，投入546万元支持乡镇卫生院和敬老院建设，拨付306万元用于村级组织活动场所建设。推进新农合试点改革，财政补助2 693万元，参合农民达到89.7万人，共报销农民医药费1 696万元。财政投入800万元，实施“两免一补”，加快农村中小学危房改造。贫困村搬迁、测土配方施肥、节水灌溉、防汛抗旱、农村劳动力培训等，也都得到较好支持。通过加大支农投入，党的各项支农惠农政策得到有效落实，促进了农民增收、农业增效和农村发展。

【社会保障】 加大对社会保障尤其是困难弱势群体的扶持力度，全县财政社保支出1.32亿元，比上年增加3 728.6万元，增长39.25%。积极支持扩大职工住房消费，归集住房公积金2 223万元，累计为购房户支取公积金1 668万元，为786户困难职工发放住房贷款3 929万元。

【支持经济社会发展】 坚持促进增收与培植财源相结合，全县共落实税收优惠政策5 106万元，出口退税1 660万元，招商引资奖励193.1万元，企业挖潜改造和科技三项费用支出1 658万元，支持各类企业发展，促进经济结构优化调整。科学运筹资金，支持县城建设、污水处理、矿山整治、流域治理、水库除险加固等重点工程项目，其中县城建设财政投入3 922万元，有效改善了县城人居环境。

【财政改革管理】 全面实施政府收支分类改革；根据“两上两下”的程序，编制2007年县级部门预算草案，实现了“一个部门一本预算”；建立国库单一账户体系，将县直88个预算单位全部纳入国库集中支付。扩大政府采购范围和规模，实现采购金额2 147万元；组织培训行政企事业单位会计人员1 880人，全县具备会计从业资格证书的人员达到2 556人。同时，认真贯彻《预算法》、《会计法》、《财政违法行为处罚处分条例》等财经法规，积极抓好非税收入、国有资产、财政资金管理和监督检查等工作，财经秩序得到进一步规范。

（撰稿：寇全会）

莒南县

【概述】 2006年，莒南县实现地方财政收入3.00亿元，增长25%，实现财政支出7.08亿元，增长18.97%。

【财源建设取得新成效】 当年争取上级支农项目资金3 120万元，新建绿色食品生产基地20万亩，新增省级农业产业化龙头企业1家，市级12家，农业产业化进程明显加快。积极支持工业企业发展，全县规模以上工业企业实现利税7.89亿元，其中利税过亿元的企业1家，过千万元的8家，过500万元的13家，骨干财源企业增长势头强劲。民营经济迅速发展，全县私营企业总数达到1 697家，对财政贡献能力明显增强。

【财政收入稳定增长】 以宏观税负分析为契机，扎实开展税源普查和税收专项检查，税收占地方财政收入的比重比上年提高11个百分点。加强耕地占用税、契税涉税信息交流，从源头上防止了税收流失。全面落实非税收入计划，重点加大对土地及国有矿产资源有偿使用收入的征缴力度，将户外广告费、水资源费等新兴非税收入纳入征管范围，财政收入渠道进一步拓宽。加大对上争取力度，争取上级转移支付和专项资金3.82亿元，比上年增加1.45亿元，增长62%，是历年来争取资金最多的一年。

【新农村建设稳步推进】 农村公共服务能力明显增强，筹集资金607万元，解决了102个村无办公场所问题；筹集农村中小学危房改造、贫困学生“两免一补”资金916万元，新建教学楼20座，资助贫困学生2.35万人次；报销新农合医药费1 718万元，71万农民从中受益。农民减负增收的长效机制初步建立，全面取消农业税，减轻农民负担1 600多万元，涉农补贴范围逐步扩大，当年发放粮食、良种、农机、生产资料增支补贴1 618万元。农业综合生产能力稳步提高，筹集资金1 761万元，改造中低产田3万亩，除险加固中小型水库16座。同时，村村通自来水、特困村搬迁等工程，也都得到较好支持。

【财政改革步伐不断加快】 推开财政国库集中支付改革，清理了县直126个预算单位银行账户，构建了覆盖财政、人民银行、代理银行和预算单位的网络信息平台，实现了财政资金的网络化操作。深化部门预算改革，对县直预算单位的编制、人员、经费等信息，实行微机化管理，将乡镇预算纳入部门预算编制范畴，实行县乡预算共编，预算管理更加规范、科学、透明。稳妥推进“乡财乡用县管”改革，集中开展了银行账户、财政供养人员、资产、债权债务、票据等“五项清理”工作，摸清了乡镇资产和债务底子。政府采购在规范中快速发展，当年政府采购规模达到2 121万元，节约资金311万元，节支率13%。

【重点支出得到有效保障】 当年支付养老金、医疗保险1.13亿元，用于城乡低保、军转干解困等资金515万元，加快了社会保障体系建设。筹集资金887万元，对17处敬老院和40户贫困残疾人危房进行改造，为2万名农村残疾人办理了合作医疗，解决了弱势群体实际困难。将乡镇教师、公务员工资及离休人员“两费”上划县级管理，实行县级统发，提高了乡镇工资保障能力。筹措资金4 000余万元，确保了北环路、西一路等城市建设需要。

【依法理财水平全面提高】 对政府投资的重点工程实行全程监督，聘请中介机构评审工程决算，当年评审工程总额6 400万元，审减资金1 526万元，审减率24%。对18个乡镇、80个县直单位的预算执行、“收支两条线”管理等进行了检查，查处违规违纪金额3 932万元，依法罚缴入库28万元。举办了5期国有资产处置拍卖会，成交金额96万元，高出评估价23万元。

（撰稿：王传珍　王仕平）

沂　水　县

【概述】 2006年，沂水县地方财政收入实现4.42亿元，同比增长13.2%；地方财政支出8.00亿元，增长18.1%。

【支持经济发展，强化财源建设】 不断加大“三农”投入，全县共实现“三农”支出4.55亿元，比上年增加1.7亿元，大力支持了社会主义新农村建设。及时将22.4万户、40.6万亩小麦补贴资金569万元和柴油、化肥补贴577万元全部发放到农民手中。积极落实各项财税政策，大力支持重点项目和骨干企业，共扶持企业49户，扶持资金达7 344万元。投入资金5 590万元，加强基础设施建设，改善投资环境。

【严格依法治税，促进财政增收】 深入开展“依法治税、公平税负”工作，积极探索税收征管的新路子，对食品、油顶、印刷行业采取按耗电量核定税款的方法，解决了过去用其他参数核定税款的不合理因素，公平了税负。积极开展纳税评估，加大稽查处罚力度，实行最低税负预警制度，对低于最低税负线或税负不正常的企业，作为纳税评估或稽查的对象进行检查，进一步提高了税收征管的质量和效率。全年共计查补入库税款7 700万元。狠抓了税收征管配套措施的落实，进一步加大对偷逃骗税犯罪行为的处罚打击力度，保证了税收收入的及时足额入库。建立“长期、稳定、有效”的非税收入管理机制，认真执行“票款分离”制度，健全非税收入的监督检查机制，避免了擅自减征、免征、缓征现象的发生，防止了非税收入的任意截留、坐支、挪用。

【加快财政改革，规范支出管理】 稳步推进国库集中支付和政府采购改革，加快了国库单一账户体系建设，全年累计集中支付各类款项13.92亿元，有效地提高了支付效率，增强了财政调控能力。进一步扩大政府采购范围和规模，将财政性资金投入的基本建设项目纳入政府采购范围，杜绝财政资金的跑、冒、滴、漏。全年政府采购规模达7 642.4万元，节约资金990.9万元，资金节约率达14.1%。进一步深化“乡财乡用县管”改革，实行了乡镇预算县乡统编，支出统核和票据统管，强化了乡村债权债务管理，较好地保证了乡镇财政资金的合理、规范使用，促进了乡镇经济和各项社会事业的持续、健康发展。强化债务管理，将政府性债务纳入预算管理，实行债务审批制度，严格审批程序，规范审批手续，强化政府性债务的监督和核算，坚决遏制县乡新增不良债务，使全县债务规模得到了有效控制，进一步规避了财政风险。

（撰稿：武　强　李　国）

蒙阴县

【概述】 2006年，蒙阴县实现地方财政收入1.39亿元，增长18.9%；地方财政支出完成3.94亿元，可比增长23.8%。

【财政收入持续稳定增长】 全面分解落实收入任务，研究制定增收激励办法，狠抓均衡入库；牢固树立发展意识，灵活运用财税政策，不断拓宽增收渠道，保证了全年增收目标的实现。2006年，地方级财政收入进度始终保持在全市第一位，收入增幅也名列前茅。继续以强化工商税收征管为主线，把促进工商税收、特别是工商“四税”增长作为优化收入结构的关键措施来抓。一方面，坚持向发展要财力、向管理要收入；另一方面，通过积极推行宏观税负分析、制定“四税”增长激励机制，大力实施阳光税收、综合治税、以票控税、调整税基以及开展汇算清缴等措施，有力地促进了工商税收较快增长。

【支出保障能力明显增强】 在年初财政预算存有缺口的情况下，通过科学调度资金，保证了全县工资按时发放。保证了全县重点项目和重点事业支出，筹集4 300多万元用于岸堤水库网箱清理补偿；筹集1 869万元用于城建、开发区等重点项目建设；筹集1 255万元用于农村中小学标准化建设；筹集615万元用于村级组织活动场所、村村通自来水、百万农户致富工程、社会主义新农村建设等重点项目建设。积极落实各类惠农政策，全年共兑付各项支农补贴资金958万元。

【财政改革扎实有效推进】 进一步深化部门预算改革，2005年在全市率先实施了县级部门预算，在此基础上，2006年在全省首家运用县级版部门预算软件，县级部门预算改革走在了全省前列。全面推行国库集中支付改革，对县直各预算单位的银行账户进行了全面清理，共清理各类银行账户200多个，所清理的财政性资金全部纳入国库集中支付范畴。建立了县级国库集中支付大厅，得到上级业务部门的充分肯定和推广。结合县乡财政解困工程，开展了“乡财县管乡用”改革试点工作，取得了较好成效。积极参与和支持全县企业改革改制工作。按照县委、县政府的统一部署，重点参与了银麦啤酒有限公司国有股退出改制工作，同时积极稳妥地处理了多起改革改制遗留问题，消除了诸多不安定因素，化解了各种风险。

（撰稿：李培信　张好林）

平邑县

【概述】 2006年，平邑县实现地方财政收入2.89亿元，同口径比上年增长26.1%；实现财政支出6.50亿元，增长27.12%，当年实现财政收支平衡。

【加强征管，保障税收收入】 全县各级财税部门把组织收入作为工作的核心，坚持依法治税，健全完善税费征管机制。国税系统组织地方收入3 446万元，增长28.1%；地税系统组织地方收入1.07亿元，增长28%；财政等部门组织收入1.45亿元，增长24%；所得税跨地区分享收入231万元，增长43.48%。税收收入占地方财政收入的比重达到57.12%。

【有保有压，优化支出结构】 按照建立公共财政的要求，集中财力保重点、办大事。加大对企业发展的支持力度，全县共落实企业税收优惠5 160万元，其中出口退税4 125万元，增强了企业发展后劲。投入3 195万元专项资金，支持工业结构调整、企业技术进步、外经外贸、招商引资、园区建设，促进了经济整体素质的提高。加大保工资力度，积极筹措调度资金，兑现增资政策。加大社会保障支持力度，全县社保抚恤支出4 149万元，增长29.5%，其中安排城市居民最低生活保障资金377万元，就业再就业资金215万元，离休干部“两费”150万元，困难企业军转干部解困资金220万元，优抚资金1 600万元。加大教育、科技、卫生等重点事业和公检法支持力度，全县教育支出1.59亿元，增长21.6%，科技支出589万元，增长68%；卫生支出4 083万元，增长108.5%，其中投入2 139万元资金，用于新型农村合作医疗事业。公检法支出4 702万元，增长37.5%，促进了“平安平邑”建设。

【突出“三农”，统筹城乡发展】 一年来全县财政投入“三农”方面的资金达到1.58亿元，增长21%；2006年全面取消了农业税，进一步减轻了农民负担；认真实施“沂蒙惠农一卡通”工程，粮食、良种、农机和生产资料增支补贴政策得到较好落实，共补贴农民889万元，对百万农户致富工程、百村帮扶、扶贫开发、农业综合开发、农业产业化发展、村级组织活动场所建设、土地开发整理、科普和广播电视村村通等，也都给予财力上的大力支持，取得了显著成效。

【深化改革，完善理财机制】 围绕建立规范完善的理财机制，进一步深化各项财政改革，加强财政管理。继续深化部门预算改革，认真组织编制了2007年县级部门预算，预算的透明度进一步增强，资金安排更加公正合理。全面推开县级国库集中支付制度改革，实现了国库集中支付对所有预算单位，所有财政资金的全覆盖，改变了传统的资金拨付方式，加强了对各项财政支出的有效监督。

（撰稿：高彦坤　刘汝良　夏　天）

费　县

【概述】 2006年，费县地方财政收入完成3.01亿元，增长30.3%；财政支出完成6.74亿元，增长36.2%。

【强化征管措施，财政收入快速增长】 把强化税收征管，增加税收收入作为财政工作的重中之重来抓。不断完善考核办法，加大奖惩力度，强化工作调度，调动增收积极性。坚持依法治税，深挖收入潜力，堵塞税收征管漏洞，拓宽财政收入渠道，做到应收尽收。国税部门入库税金2.06亿元，增长44.2%。地税部门入库税金1.69亿元，增长29.6%。财政部门完成收入1.89亿元，增长19.4%。拓宽理财思路，土地收储拍卖取得突破，形成新的收入增长点，政府收益率大幅提高。

【优化收入结构，财政运行质量不断提高】 随着近年来招商引资重点项目的开工建设和相继投产，重点骨干企业的膨胀，支柱产业的发展，全县国民经济快速健康发展，并逐步体现到财政增收上。全年增值税地方收入4 066万元，增长39.9%；营业税地方收入5 477万元，增长47.2%；企业所得税地方收入1 301万元，增长28.7%。财政收入结构不断趋于合理，地方财政收入占GDP的比重达2.44%，税收收入占地方财政收入的比重达66.9%。

【认真落实各项惠农政策，支持社会主义新农村建设】 全面推行新型农村合作医疗，各级财政补助资金2 100万元，保证了新型农村合作医疗健康有效地开展。作为全省农村中小学义务教育经费保障机制改革联系点县，新增加教育经费支出1 400万元，保证了改革的顺利进行。拨款1 607万元，采用“沂蒙一卡通”发放粮食直补和成品油价格补贴。全面停征农业税，减轻农民负担1 100万元。市县财政投资600万元，用于全县人畜饮水村村通工程。实施百万农户致富工程，全县发放贷款6 167万元，财政贴息138万元；发放良种补贴、农机补贴、农村发展沼气补贴等435万元。

【积极筹集和调度资金，优先保证重点项目支出】 开拓资金筹集渠道，积极争取财政部日元再贷款石林项目资金5 000万元、国家开发银行贷款额度8 700万元，支持全县经济社会建设。改革财政资金管理办法，将分散在各职能科室、各银行账户的资金全部集中到国库科统一管理，重点支出得到较好保障，使有限的财政资金发挥出更大效益。保证了新增住房补贴的兑现，财政供养人员工资增长显著。招商引资和重点工程项目建设资金支出5 200万元。全年办理出口免抵退税9 336万元，支持外向型企业发展。支出社保基金4 272万元，保证下岗职工基本生活保障和企业离退休人员基本养老金按时足额发放。

【积极开展调查研究，稳步推进财政管理体制改革】 按照中央、省、市要求和部署，加快财政管理体制改革进度，推进公共财政体系建设。县政府成立改革领导小组，制定并出台了部门预算、国库集中支付、农村中小学义务教育经费保障机制改革实施方案，召开全县财政管理体制改革工作会议，进行全面动员和部署。认真开展业务技术培训，深入宣传，大造舆论。同时调整财政内设机构，面向全市公开招考专业人才，确定代理银行，建立国库集中支付系统，财政改革深入开展。

（撰稿：刘学文　任洪珠）

沂　南　县

【概述】 2006年，沂南县实现地方财政收入2.05亿元，比上年增长4.81%，剔除政策性减收因素，相同口径比上年增长19.7%。税收收入占地方财政收入的比重达到70.39%，比上年提高12个百分点。财政支出完成5.93亿元，增加19.01%。

【大力组织收入】 完善收入目标考核责任制，严格奖惩考核，调动了各乡镇及征管部门加强税收征管的积极性。进一步清理各项税收优惠政策，严厉打击各种偷逃税款行为，防止了税源流失。不断完善“票款分离”和“罚缴分离”办法，加强对非税收入和基金收入的征缴管理，收到了良好效果。

【加强财源建设】 投入1 000多万元为东方庄园葡萄酒项目和山东承禹无缝钢管项目进行了地上附着物补偿。争取财政部长期借款1.2亿元（年利率2.9%，期限15年），支持集中供热项目建设，有效缓解了建设资金的不足。

【提高保障能力】 积极支持历山路改造等工程项目建设，全年用于城建方面的资金超过5 000万元。对乡镇行政事业单位人员按基本工资5%的比例发放了住房补贴，筹集资金1 000多万元为乡镇机关事业单位人员办理了医疗保险。支付各类养老金1.3亿元，发放城市居民最低生活保障金223万元，拨付军转干部解困资金140万元。发放粮食直补、农业生产资料价格补贴、成品油价格补贴、小麦良种补贴、百万农户致富工程贴息等资金2 632万元。

【深化财税改革】 国库集中支付改革全面运行。全面取消了农业税。粮食流通体制改革基本完成。政府采购成功实现网上公开招标，全年组织政府采购212次，节约资金218万元，节支率18.6%。完成了乡镇卫生院上划县级管理过程中的各项资产审核。实行新型农村合作医疗的范围扩大到全县所有乡镇，参加农村合作医疗的人数达71万人，财政投入补助资金2 130万元，县财政配套资金281万元。另外，部门预算改革、政府收支分类改革、“乡财县管乡用”改革也取得阶段性成果。

【严格财政监管】 强化国有资产管理，成功对县政府招待所进行了改制。加大财政监督检查力度，全年组织各类检查20余次，对发现的问题及时进行了纠正，促进了党风廉政建设。严格控制县乡两级新增债务，财政有偿资金回收工作取得重要进展。

（撰稿：张佳贞　李兴标）

临沭县

【概述】 2006年，临沭县地方财政收入完成2.3亿元，可比增长28.6%。财政支出实现4.90亿元，增长19.97%。连续20年实现财政收支平衡。

【财政收入快速增长，收入结构不断优化】 财税部门密切配合，积极开展宏观税负评估，全面推行社会综合治税，监管力度明显加大，税收收入实现较快增长，总量和质量都得到很大提高。以国有资源有偿使用为着力点，以规范行政性收费和罚没收入为突破口，进一步完善“票款分离”征管系统，将非税收入收缴全过程纳入财政监督之下，增强了“收支两条线”管理的透明度。

【定额标准全面提高，保障能力明显增强】 在优先保证工资发放的基础上，全面提高了车辆燃修费和人均公用经费等定额标准，机构运转能力进一步增强。加大保障力度，全县各项社会保险基金滚存结余达到2.3亿元，保证了离退休金的按时发放、医药费的及时报销和失业救济金的按时领取。围绕创建“园林城市”、“文明城市”，集中支付了北外环和兴大街绿化、开发区道路、沭新东街、正源北路、夏庄东街、常林东街等道路改造工程建设。

【“三农”投入力度加大，惠农政策充分落实】 建立了“沂蒙惠农一卡通”补贴发放平台，共发放粮食直补资金722.62万元、柴油化肥等生产资料增支补贴732.97万元，调动了种粮农民的积极性。投入资金244.36万元，支持了41个村级组织活动场所建设。实施“两免一补”，3 152名学生受益。继续支持新农合试点工作，认真做好乡镇卫生院上划县级管理的资产清查工作，拨付村级补助经费907.92万元，主要用于村干部补贴、五保供养和村办公经费。全县各项支农资金达到4 761万元，公共财政覆盖农村的范围不断扩大。

【财政改革全面推进，理财水平日益提高】 认真实施部门预算、国库集中支付和政府收支分类改革，财政精细化管理水平再上新台阶。强化政府采购预算编制，严格采购审批制度，全年完成采购金额2 947.7万元，节约资金502.16万元，节支率达14.44%。积极参与政府投资项目管理，继续推行合理低价中标制度，不断完善政府投资项目工作规程，加强事前预算评审、事中跟踪监管、事后决算审查和绩效评价，有效降低了政府投资工程造价。

【会计工作扎实开展，监督体系日臻完善】 在对全县2 000余名会计从业人员进行年度继续教育、换发新证的基础上，认真做好会计信息质量检查和专项资金检查，并对全县使用的旧版财政票据进行了集中清理审验，实现了新旧版财政票据的顺利衔接。对自2005年9月份以来各预算单位“收支两条线”执行情况和教育收费管理情况进行了专项检查，进一步规范了财务收支管理，提高了各单位依法理财意识。

（撰稿：杨会军　段广胜）

高新技术产业开发区

【概述】 2006年，临沂高新技术产业开发区完成地方财政收入3 006万元（不含基金地方教育费附加25万元），增长 43.07%；实现财政支出 4 915 万元。

【组织收入】 全区财税部门紧紧围绕财政收入目标，立足招商引资和经济建设，坚持向发展要财力，向税源要收入。一方面，加强调度考核。每月月初由管委会分管领导主持，财政局协调税务等部门负责人，调度财政收入情况，分析收入中存在的问题，及时研究解决办法，考核通报收入进度，按照均衡入库的要求，采取切实措施协调入库。另一方面，加大税收征管力度。开展全面税收普查工作，全年共查补税款 1 000 多万元。加大重点税源、重点税种的征管，全年仅土地使用税就组织入库 720 万元，比上年增长 350%。

【支持经济社会发展】 科学合理安排资金，不断加强支出管理，在保障工资等基本支出的同时，重点向招商引资、旧村改造、园区建设工作倾斜，积极为招商团队服务、为进区企业服务、为农村工作服务、为区内各项基础设施建设服务，促进了区内各项事业的健康发展。

（撰稿：石瑞峰　刘　琳）

经济开发区

【概述】 2006 年，临沂经济开发区完成财政总收入 1.32 亿元，同比增长 85%；实现财政支出 1.20 亿元。

【加大基础设施建设，支持经济发展】 积极筹措资金，为城市基础设施建设打造一流发展平台，提供资金保障。全年共筹措基础设施建设资金 5 亿余元。优化支出结构，保证重点支出，根据开发区是新建区，基础设施建设面广量大的实际状况，认真分析研究，对重点建设项目，合理安排资金，保证重点工程建设的顺利实施。投资 200 万元新建北次二路；投资 1 600 万元用于绿化；投资 900 万元进行重点道路的亮化；工业供水、供电、热电联产等项目已建成投入运营。全年开发区基础设施及配套建设共投资 1.7 亿元，其中政府投入 1.5 万元，实行市场化动作，社会投入资金 2 000 万元。多方筹措资金，扎实推进旧村改造建设，全面启动了沿沂河 30 平方公里的生活区建设，李公河小区、月亮湾小区、李公河北区、凤翔小区、皇山小区 5 个安居小区已开工建设 200 栋楼房，共投入资金 2 亿元。围绕“工业立区”战略，统筹安排工业发展资金 2 200 万元，重点支持入园企业基础设施、挖潜改造等建设，新开工建设项目 40 个，新投产运营项目 40 个，促进了入园项目的快速建设投产。增加社会保障投入，安排促进再就业专项资金 16 万元，扩大了社会保障面，提高了社会保障水平。大力推进科教兴区战略，增加科教投入，2006 年财政预算内科技支出 69 万元，教育支出 1 711 万元。

【坚持招商引资机制创新，促进财源建设】 始终把招商引资作为全区的“一号工程”来抓，积极创新招商引资机制，加大招商引资经费投入，制定了《临沂经济开发区关于招商引资优惠扶持政策的意见》和《临沂经济开发区招商引资岗位目标考核办法》，实行专业招商和全员招商相结合，建立入园项目论证制度，择优选良，大力引进留得住，效益好的项目，全年累计签订合同项目 44 个，合同投资额 163 亿元，为今后财源建设打下了良好的基础。全年招商引资经费支出累计 320 万元。

【财政收入快速增长，收入结构明显优化】 认真落实增收任务，推进征管改革，依法组织税收收入，大力压减非税收入，实现了财政收入快速增长，收入结构明显优化。2006 年，全区地方财政收入 4 420 万元，同比增长 57%，呈现良好发展势头。

【街道财政管理】 完善街道财政体制，建立适当的税收任务体制，奖罚分明，最大限度促进街道发展经济的积极性，同时加大了对街道转移支付的力度，保证街道、村两级正常运转所需经费需要。适时开展了街道财政财务检查、街道债务统计，加强了对街道财政的监督。同时通过对街道财政干部进行财政业务知识的培训，增强了街道财政干部的业务能力，促进了街道财政建设。按照建立公共财政要求，进一步加强街道财政支出管理，优化支出结构。同时，还加强对各类行政、事业单位的财务管理，加大监督检查力度，确保街道财政资金使用的合理、规范。

【财政监督检查】 对预算编制和执行进行监督，完善财政资金预算、领拨、使用的管理制度。规范财政专项资金拨付使用程序，加强追踪问效管理。按照专项资金管理的有关规定，建立联合检查工作制度，把加强资金管理、工程质量管理与制度监督结合起来，保证专项资金专款专用。

（撰稿：王淑太　司玉章）

德 州 市

德 城 区

【概述】 2006年，德城区地方财政收入完成3.07亿元，比上年增长29.66%；财政支出完成3.95亿元，增长26.81%，当年实现财政收支平衡。2006年，德城区财政局被财政部、人事部授予“全国财政系统先进集体”荣誉称号。

【坚持总量、质量一齐抓，财政收入跃上新台阶】 坚持依法征管、应收尽收，实现了收入总量与质量的“双突破”，较好地将经济发展成果体现到财政收入上。地方财政收入增幅创历年新高；税收收入占地方财政收入的比重达到91.71%，居全市前列，高于全省平均水平。

【坚持服务发展不动摇，财源建设实现新突破】 拨付资金1 300万元，支持企业技术创新，产业集群不断壮大。落实企业出口退税4 429万元，其中地方财政负担193万元，有力地支持了外贸出口。拨付资金270万元，确保了招商引资工作的顺利开展。拨付资金347万元用于扶持重点企业发展，促进了骨干企业快速膨胀。安排资金260万元，用于城区社会治安防控体系建设，平安环境进一步优化。

【坚持多予、少取、放活方针，支持“三农”又有新举措】 安排资金271万元，实施村村通自来水和秸秆气化工程，提高了农民生活水平。拨付资金264万元，重点支持农业综合开发、生态环境治理等项目建设，农业基础设施进一步完善。积极落实支农政策，兑现粮食、良种、农机购置等补贴资金420万元。筹资42万元实施“阳光培训”工程，转移培训农村劳动力3 500人。安排资金46万元落实“两免一补”政策，保障了贫困学生受教育的权利。拨付资金110万元支持新型农村合作医疗，有效缓解了农民“看病难”问题。

【坚持群众利益无小事，支出结构优化取得新成效】 把工资发放摆在支出的首要位置，保证了区直部门、镇街机关等人员工资按时足额发放。大力支持社会保障，全年发放企业养老金6 597万元，拨付离退休人员工资2 556万元，为低保对象发放低保资金927万元。提高离休老干部医疗统筹金标准，每人每年由2 800元上调至5 000元。加强再就业扶持，拨付下岗失业人员再就业资金48万元。安排资金321万元，保证了优抚对象抚恤金及时、足额发放。拨付资金1 000万元用于市立医院病房楼建设，医疗卫生条件不断改善。拨付资金320万元用于解放南路小学改建工程，有效缓解了部分区域学生“上学难”问题。

（撰稿：陈志勇　杜　光）

乐 陵 市

【概述】 2006年，乐陵市完成地方财政收入1.63亿元，财政支出4.13亿元，增长13.62%。实现财政收支平衡。

【贯彻和落实科学发展观，加强财源建设】 通过宏观指导、扶持奖励、财政贴息等政策推动，激活了民间资本，引进外地资金，吸纳了金融资金，培植新兴产业，发展了龙头企业，壮大了骨干企业，增强了全市经济发展的后劲和活力，奠定了财政持续增收的基础。

【加强税源监控，狠抓收入征管】 抓好工商税收征管，支持、鼓励、督促、配合税务部门强化征管措施，加大征管力度，促进了工商税收合理增长，完成地方工商税收8 265万元，增长16.54%。抓好契税、耕地占用税征管，与土管、房管等部门密切配合，严格执行“先税后证”制度，完成“两税”收入651万元，增长76.42%。抓好非税收入征管，充分发挥财政专户、“收支两条线”、“票款分离”等非税收入管理制度的功能作用，做好对各执收执罚单位的监督管理和服务工作，完成非税收入7 344万元，扩大了财政收入规模。

【大力支持“三农”，促进城乡协调发展】 全面取消农业税，从根本上消除了农民的农业税负担；采取惠农补贴“一本通”发放，开通了政府惠农政策的“直通车”，对全市种粮农民发放粮食直补资金1 041万元，发放农资综合价格补贴1 056万元，完成良种补贴300万元、农机补贴85万元、成品油价格补贴37.6万元、测土配方施肥补助50万元，惠农政策全部落实到位。

【集中整合资金，保障重点支出】 坚持以人为本，建立工资发放长效机制，工资性支出得到进一步保障。加大对乡村两级的转移支付力度，较好地保证了全面取消农业税后乡村基层政权建设和事业发展的需要。合理安排公用经费，促进了部门依法行政。积极筹措资金，重点支持了“振兴乐陵十大工程”和“改善人民生活十件实事”，保证了市委、市政府重大方针政策的落实，促进了全市经济科学发展、社会和谐进步。

（撰稿：王新忠 孙 毅）

禹 城 市

【概述】 禹城市地方财政收入完成3.13亿元，比上年增长25.02%；财政支出完成5.67亿元，增长40.11%。

【努力抓好税收入库，促进财政收入快速增长】 围绕财政增收，认真落实收入任务，强化征管措施。主动协调税务部门，把财政收入任务细化、量化，逐一落实到旬到月。狠抓收入征管，进一步加大依法治税力度，堵塞收入漏洞，保证了各项财政收入足额征收。进一步了加大行政事业性收费、政府性基金和罚没收入的征收管理力度，增强了政府宏观调控能力。同时，加强国有资产的收益管理，将行政事业单位资产收益、土地收入等收益逐步纳入财政管理。

【严格支出管理，保证重点支出项目需要】 继续坚持以人为本，统筹协调发展的原则，优化支出结构，合理安排支出，保证了重点支出。优先保证了工资发放及经济发展的需要，按时足额于每月15日前及时发放。对全市优抚对象的抚恤款，按照补助标准和实有人数，核定了补助金额，完善了拨付方法；对离休干部医疗统筹金进行了审核，核减死亡人数，杜绝社会保障资金流失。多方筹措资金，重点支持了禹城糖城广场、人工湖、市政道路修建、改制企业补助资金、人防广场、步云小学、汉槐街、洛北干、禹临路、文化街拆迁等工程。

【落实支农政策，财政支农工作取得新进展】 大力支持农业生产建设，积极参与支持全市农业节水灌溉、梁桥橡胶坝项目、伦镇2万亩中低产田改造、市中土地整理和科技推广、生态林网及农业综合开发项目建设，改善了农业生产条件。全面落实粮食直补政策，在粮食直补工作中，精心组织，严密操作，实行宣传发动、组织领导和责任落实三个到位，严把面积核实、张榜公布、资金兑付、督促检查四个环节，严格执行“五到户”、“五不准”政策，规范程序，对粮食直补资金实行封闭运行管理，确保了补贴资金及时足额发放到农民手中。同时，及时兑付了柴油、化肥等生产资料增支补贴政策。

【强化财政监督管理，提高理财水平】 2006年对全市所有行政事业单位开展了年检工作。首次将全市所有行政事业单位实行了财政年检，并组织开展了车船税、国有土地出让收入、财政专项资金使用情况的监督检查。加强了财政法规制度建设。对财政资金使用采取了相互制约措施，保证了各项财政资金的规范分配，安全运作，高效使用。对农业开发资金、社保资金、粮食补贴资金、国债资金等各项资金使用进行了明确规范，保证了资金专款专用。强化预算外资金管理，严格落实“收支两条线”管理制度。在预算外资金管理上，严格执行有关预算外资金管理规定，对全市150余个有执收执罚单位的近200项收费全面实行了“单位开票、银行收款、财政统管”的管理措施，提高了理财水平。

（撰稿：马兴焱）

陵 县

【概述】 2006年，陵县实现地方财政收入1.87亿元，较上年增长15.3%；实现财政支出4.05亿元，较上年增长26.8%。

【强化征管促增收，地方财政实力迈上新台阶】 在依率计征的基础上，制定完善奖励办法，充分调动税务部门增收的积极性。牢固树立均衡入库思想，全县财政收入保持平稳快速增长态势，财政收入再上新台阶，国税、地税收入双双突破亿元大关，实现历史性突破。把开发区作为促进财政增收的重点，在搞好服务的同时，全方位强化监控，努力做到应收尽收，尽快将经济发展成果转化到财力增长上来。抓好替补税源与非税收入，及时把农业税收的工作重点转移到契税上来，2006年征收契税226万元，比上年增长2倍多。

【坚持多予、少取、放活，支持“三农”取得新突破】 积极推行“一卡通”，切实将涉农补贴全部发放到位。做好农机具补贴工作，2006年补贴机具428台套，补贴金额122万元。启动村村通自来水工程，利用上级专项资金200万元，打井6眼，于集、糜镇两个乡镇的30多个村用上了自来水。

【优化结构抓保障，统筹社会事业发展取得新发展】 把保工资放在财政工作的首要位置。2006年增加工资性支出3 500万元。财政部门严格执行工资专户制度，将财政供养人员全部纳入工资专户管理，确保了工资发放和增资政策的兑现。社会保障方面，会同民政、工会对各单位申报低保人员进行审查，低保户达到1 500多户，低保人员近5 000人。在完成义渡、宋家、边镇、滋镇、郑寨卫生院建设后，2006年又安排资金50多万元配备了医疗器械；在宋家开展合作医疗试点，财政投入资金20多万元。大力支持校舍改造，利用上级专项资金170多万元建设了郑寨中学，500多万元建设开发区小学和糜镇小学；还拿出20多万元资金用于贫困家庭学生“两免一补”。利用上级专项资金100多万元用于公安派出所、法庭建设。

【充分发挥监督职能，财政管理迈出新步伐】 加大财政投资评审力度，坚持事前、事中和事后全过程监督，积极参与工程的前期论证，严格工程招投标制度，把事前监督做好；坚守施工现场，做好隐蔽工程的签证测量工作，做好事中监督；认真做好竣工决算工作，做好事后监督。2006年财政投资评审额2 311万元，审减385万元，审减率达到17%，有效节省了财政资金。

（撰稿：陈建军）

平 原 县

【概述】 2006年，平原县地方财政收入完成2.71亿元，比上年增长21%；财政支出完成4.39亿元，比上年增长39.21%。

【加强征管、增加收入】 克服财政增收各种困难，努力开辟财源，大力组织收入。强化税收征管，对重点税源实行动态监控，确保主体税源的足额征收，促进收入稳定增长。加强非税收入管理，对执收执罚部门的收入情况进行了全面检查，对发现的问题依法进行了严肃处理，使非税收入“收支两条线”管理不断规范；严格执行财政调控比例，增强了政府宏观调控能力。通过依法治税理财，堵塞收入漏洞，保证了财政收入的稳定增长。

【发挥作用、保障有力】 2006年，县财政支出中用于科学、教育、卫生、文化等社会事业方面的支出1.2亿多元，增长21.01%。其中：投资3 200万元，完成了“三国文化广场”建设工程，改善了城乡居民生活环境，提升了城市形象；投资5 960万元，建起了一所集学、吃、住于一体，设施齐全的高标准外国语学校，改善了办学条件，提高了教学质量，进一步推动了教育事业发展；投入资金70余万元，全面落实义务教育阶段贫困生“两免一补”政策；社会保障和优抚方面的支出大幅增长，确保了农村贫困人口和城市居民最低生活保障政策的落实；企业养老保险支出3 233万元，增长18%，较好地保证了企业离退休人员养老金的发放，维护了社会稳定。

【支农惠农、力促小康】 2006年，财政用于“三农”的各项投入达1.9亿元，比上年增加370万元，增长23%。其中：大力支持农业综合开发及农田水利工程项目建设，开挖沟渠54公里，修建机耕路46公里，新打机井80眼，改造中低产田2万亩，发展PVC节水灌溉面积1.2万亩，聘请专家教授对农民进行技能培训，受训人员达3 000人次；安排专项资金5 100万元，用于取消农业税后乡村两级的转移支付，保证了乡村两级组织的正常运转；进一步巩固了新型农村合作医疗成果，逐步扩大“新农合”参合人数，极大地改善了农民医疗条件，有效缓解了农民因病返贫问题；认真落实稳定粮食生产，增加农民收入的各项政策，拨付粮食直补资金994万元，极大地调动了农民种粮的积极性，促性了粮食生产，增加了农民的收入，确保了国家粮食安全。

【履行职责，改革创新】 积极推进非税收入管理制度改革，进一步完善“单位开票、银行收款、财政统管”的“票款分离”制度，加强对重点部门的票据管理和服务，严格票据领验和银行账户管理，加强收入解缴。稳步推进政府采购制度改革，建立健全了市场准入制度、信息公告制度和严格的招、投、评标监管制度，采购范围逐步向基建工程、农业建设等项目领域延伸。2006年，政府工程采购节约资金910万元，大大提高财政资金的使用效益。建立和实施了政府偿债准备金制度，较好地解决了上级催缴紧、下级还款难的问题，有效地化解了财政风险。

【依法理财、严格监督】 坚持把依法理财、规范管理、严格监督贯穿到财政工作的各个方面和环节，努力建设法制财政。认真实施《财务监督管理暂行办法》和《契税征收管理办法》，积极推进《预算法》、《政府采购法》的贯彻落实。会计基础工作不断强化，积极开展《会计法》执行情况检查和会计信息质量抽查，提高了会计信息质量。加强对重大工程项目的财务监督、跟踪问效，较好地建起事前审核、事中监控、事后监督的财政管理监督运行机制。

（撰稿：宋振兴　王志鹏）

夏 津 县

【概述】 2006年，夏津县地方财政收入完成1.57亿元，同比增长15.4%；实现财政支出3.90亿元，同比增长35.1%，实现当年财政收支平衡。

【增收节支，认真做好预算收支工作】 在组织收入工作中，坚持“应收尽收”的原则，严格依法征收，继续实行岗位目标责任制，不断加大征收力度。大力推行综合治税，全面清理漏征漏管现象，狠抓零星税源的管理，消除征管盲点。严格政策，源头控税，扎实推进房地产税收征管一体化建设，切实加强契税征管。全年共征收契税425万元，比上年增收231万元，实现新突破。在支出方面，牢固树立过紧日子的思想，从严控制支出，坚持按预算办事，强化预算约束。坚决执行县领导主持召开的集体研究下的一支笔预算审批制度和月底一次金库开启制度，大力压缩一般性支出。积极服务和谐社会建设，落实粮食直补、农资补贴、良种补贴等共计1 021万元。

【统筹兼顾，调整县乡财政体制】 在充分分析论证的基础上，实施了以核定基数、收支挂钩、定额上交、超收分成、超支自负为主要内容的新的乡镇财政管理体制。最大限度地激励乡镇积极组织收入，强化财源建设，切实保障村级组织运转，控制新增不良债务。

【与时俱进，积极推进财政管理改革】 按照省财政厅统一部署，认真开展政府收支分类改革，在全面掌握改革内容、适用范围以及新旧科目体系衔接的基础上，统一认识、制定方案、开展培训，并按照《2007年政府收支分类科目》，以2006年有关数据为基础，重新试编了2006年度政府预算，确保改革落实到位。同时，积极探索开展“乡财县管乡用”改革，为下一步改革顺利进行打下了坚实基础。继续完善和规范国库集中收付制度，不断扩大国库直接支付范围，并依托国库集中收付，大力推行了政府采购改革。

【强化措施，切实规范非税收入管理】 积极落实“收支两条线”管理规定，加强非税收入管理，在对收费项目、收费标准严格审查的基础上，坚持采取“以票控款”办法，强化征管措施，确保实现的非税收入及时缴入财政专户。积极开展非税收入大检查，对存在的问题及时进行了处理，不断优化经济发展环境，进一步规范了“收支两条线”管理。积极推进非税收入“票款分离”改革，采用现代信息技术，在收费相对较集中的部门推行了“微机打票”，非税收入管理水平逐步提高。全年实现财政专户收入8 216万元，调控资金683万元，增强了政府的宏观调控能力。

（撰稿：张俊海）

武城县

【概述】 2006年，武城县地方财政收入完成1.59亿元，比上年增长35%；财政支出完成3.41亿元，增长35.55%。

【狠抓收入征管，财政收入实现稳定增长】 各级财税部门紧紧围绕提高财政收入“两个比重”的要求，通过细化分解收入任务、完善激励机制、严格依法征管、加强综合治税，财政收入实现均衡入库、稳定增长。

【优化支出结构，重点支出得到有力保障】 保证了各级财政供养人员工资的正常发放，并将乡镇教师工资上划，纳入县级财政预算，统一实行集中发放。扩大了社会保障覆盖的范围和标准，将乡镇教师及卫生院人员纳入养老和医疗保障范围，使全县各级财政供养人员全部纳入了社会保障范围。教育、农业、计生、科技等支出增长均达到了法定比例，并保证了公检法司等部门办案经费的需要。

【强化监督意识，财政管理取得新成效】 拓展非税收入管理范围，完善“票款分离”征管系统，增强了非税收入征管的规范化和透明度。全年共完成非税收入9 900万元，实现政府调控850万元。加大投资评审工作力度，评审工程决算2 331万元，财政审定值为1 862万元，审减达469万元。加强会计管理，组织会计人员继续教育和会计电算化培训1 000余人次，为推动“会计诚信”建设做出了积极努力。

【落实惠农政策，助推社会主义新农村建设】 认真落实各项支农惠农政策，落实粮食、良种、农机和农资综合补贴1 239万元，切实减轻了农民负担；安排村级农村税费改革转移支付资金700万元，并对村干部的工资补助实行了统一发放，保证了税费改革后村级组织的正常运转。切实为群众排忧解难，安排资金320万元，加快农村中小学危房改造；安排资金128万元，落实对贫困家庭学生“两免一补”政策，帮扶贫困学生1 879人；促进农村卫生保障事业发展，大力推行新型农村合作医疗，财政共投入资金625万元，新农合覆盖面达85.32%，参合农民26万余人；投入资金67万元，实施敬老院改造工程，完善农村养老保障体系；全面实施农村计划生育家庭奖励扶助制度，共为766人发放补贴46万元；对全县1 014名五保人员统一发放补助38万元；为改善农村“人畜饮水”条件，投入资金350万元，在全市率先实现了村村通自来水。

（撰稿：方　磊）

齐河县

【概述】 2006年，齐河县完成地方财政收入4.90亿元，比上年增长15.52%；完成财政支出7.16亿元，增长19.02%。

【严格依法治税管费，确保实现应收尽收】 进一步完善政策措施，深入挖掘各方面的增收潜力。抓好与征管部门的配合协调，层层实行责任制，努力做到收入任务早安排，工作措施早落实。加强契税征管，严格办税程序，强化税收稽查，真正做到了“先税后证”，2006年完成契税收入1 053万元，比上年增收728万元。进一步加强非税收入征管，严格执行“票款分离”、“罚缴分离”和“收支两条线”管理办法，进一步完善了“凭证领票、限量供应、缴旧换新、票款同行”的票据管理新机制，全年专户管理预算外收入3 317万元。

【充分发挥职能作用，支持结构调整和经济发展】 用足用活优惠政策，支持经济健康发展。在协调国税、地税部门积极落实税收优惠政策的同时，财政为企业办理出口退税1 421万元。坚持多予、少取、方针，支持社会主义新农村建设。进一步深化农村税费改革，2006年起正式取消农业税，再次减轻农民负担800多万元；扎实做好种粮、柴油化肥增支补贴工作，将3 100万元补贴资金及时、足额发放到种粮农民手中；按时拨付新型农村合作医疗资金441万元、村村通工程资金200万元、“万村千乡市场”工程资金93万元、农村户用沼气设施建设资金58万元。

【优化支出结构，确保重点支出需要】 确保工资发放，严格执行工资专户与银行代发相结合的工资发放机制，每月16日前及时将工资款拨付定点代发银行。确保各项社会保障支出，财政部门对全县2 599名优抚对象进行了逐一核实、登记，建立了完整的优抚人员档案，2006年累计拨付93.8万元城镇居民最低生活保障资金，安排38万元支持困难企业军转干部解困。确保各项重点建设，投入资金近6 000万元，用于安康工程、工业园道路建设、国道308线城区配套工程、齐鲁大街、新华路、迎宾路、晏黄路拓建等重点项目建设。确保社会公益事业投入，2006年全县文体广播事业费、医疗卫生支出、教育支出、科技三项费用、科学支出分别比上年增长13.54%、96.60%、22.67%、600.00%、240.00%。

【完善监管机制，提高财政监管的精细化水平】 加强基本建设财务管理，全年审核工程决算17项，审减资金3 200万元，综合核减率35%。加强公用经费管理，对部分县直机关水、电、电话费开支实行财政统一结算，对60余辆公车实行了统一入保，年节约资金94万元。加强国有资产管理，对建设局等六家单位的财务收支实行了财务控管；开展了行政事业单位资产信息统计工作，初步建立起单位资产动态管理监控系统；制定完善了行政事业单位资产管理办法，建立了财政拨款—政府采购—资产备案—资产处置—收益收缴—产权登记的行政事业资产管理链条。继续做好财政清欠清贷工作，回收财政有偿资金1 417万元。

（撰稿：李　宁）

临邑县

【概述】 2006年，临邑县完成地方财政总收入8.33亿元，比上年增长32.45%；完成财政支出7.30亿元，增长17.86%。连续20年实现财政收支平衡。

【大力加强财源建设，夯实财政增收基础】 工业规模不断膨胀，速度效益同步提高，工业发展实现历史性跨越，金德、索通、福润、六和等一批重点项目先后开工建设并投产运营，恒源石化上缴税金突破2亿元，实施了恒源石化30万吨柴油加氢、桦阳塑业、天安化工扩建等技改项目。大力加强乡镇财源建设，制定了乡镇财源建设规划，乡镇规模以上工业企业不断增加。农业调整力度加大，农村经济蓬勃发展，以六和畜禽为龙头的肉鸭孵化、养殖，以浙江村为龙头的蛋鸭养殖、蛋品加工销售，以金锣为龙头的生猪繁育、宰杀等产业链不断延伸，农业对财政的贡献力度进一步加大。

【努力增收节支，确保重点事业发展需要】 坚持依法组织收入，强化综合治税工作，不断加大征管措施，征管质量和效率进一步提高，均衡入库情况明显好于往年。同时，优化财政支出结构，严格控制“人、车、会、话”等非生产性支出，严格按照“保工资、保稳定、保法定支出”的顺序安排支出，始终把工资发放置于首位。

【合理运筹资金，着力解决关系群众利益的重点问题】 坚持把事关群众切身利益的问题放在财政工作的首位。积极支持公共卫生体系建设，教育投入进一步加大，城乡社会救助和保障体系进一步完善。加大财政对新农村建设的投入，安全饮水、农村沼气、成品油价格改革补贴等群众的“衣、食、住、行”问题得到更好地保障。

【深化财政改革，依法规范财政管理】 对全县部分行政事业单位公用经费实行部门预算改革，对车辆保险实行政府采购改革，建立了全县财政供养人员信息库。积极稳妥地进行出口退税机制改革，进一步完善非税收入征管系统，对规范财经秩序，促进依法理财起到了积极作用。

（撰稿：赵孝敏　孙奉杰）

宁津县

【概述】 2006年，宁津县完成地方财政收入1.76亿元，比上年增长12%；完成财政支出3.96亿元，比上年增长

9.4%。连续17年实现收支平衡。

【服务发展】 加大工作力度，积极实施各项惠农政策。补贴小麦面积48.8万亩，兑付直补资金683万元；拨付优质小麦良种补贴资金300万元；发放成品油补贴695万元；投入农业综合开发资金312万元，打机井120眼、改良土壤1万亩、修建桥涵121座，铺设油面路10公里；为中心卫生院建设投入资金360万元，医疗卫生条件明显改善；推进新型农村合作医疗试点，筹措资金1 544万元；筹集资金140万元，对全县15处敬老院的房屋进行了改造维修，对必需生活用品进行了更换更新；筹资134万元用于村村通自来水一期工程建设。

【乡财县管】 积极推行了“乡财县管”管理体制改革，建立完善财政所人员垂直管理机制、乡镇财政增收激励机制、乡镇财政供养人员管理机制、乡镇公用经费定额管理机制、乡镇减债机制、乡镇财政体制和乡镇财务监管机制，严把财政供养增人关、工资待遇发放关、公用经费支出关、乡镇政府采购关。经过两年的实践，成功地探索了一条欠发达县科学理财、缓解乡镇财政困难的新路子。两年来，乡镇国税、地税收入均翻番；乡镇未增加一个编制；规范了公用支出行为，改革后年节约支出953万元，特别是车辆维修节支率达91.25%，房屋维修节支率达82.36%；实现了工资按时发放，并且达到了国家规定的标准；乡镇债务得到有效控制，减债1 502万元，占总债务的16.4%；实现了乡镇财政工作无纸化办公。

【政府采购】 采购范围进一步扩大，节约成效显著。2006年，县直单位采购预算1 555.6万元，实际支出1 236.1万元，节约资金319.5万元，节支率20.54%。按照《宁津县乡镇财政收支管理办法》的规定，13个乡镇（区办）的汽车维修费仅支出22.1万元，占改革前汽车维修费的9.17%，节支率达90.83%，且车辆运行质量和安全性能明显提高。

【财政监督】 加强预算外资金管理，巩固“票款分离”成果，与有关部门配合，规范了各单位的银行账户、收费项目、收费标准，维护了财经秩序，优化了经济发展环境。加强了对政府投资工程的测算、评估、审计、监督和政府采购。2006年重点实施了城区道路、市政工程、城区绿化、省道249线、314线改造等35项政府投资工程的审计，审减率达23%，节省政府资金251万元。对农业综合开发支出实行了事前、事中、事后的全程跟踪管理，实现了工程质量和效益双提高。

（撰稿：张　勇　王春泉）

庆 云 县

【概述】 2006年，庆云县地方财政收入完成8 009万元，增长34%，财政支出完成2.35亿元，增长27.56%，实现财政收支平衡。

【严格依法征税收费】 加强重点税源监控，促进财政增收。对2005年实际纳税超过20万元及规模以上企业每月纳税情况进行重点监控，全县纳入监控范围的50家重点企业比上年同期增加税收1 900余万元。按照国地税信息共享原则，开展纳税信息对比，进行税收查补，全年查补税收574万元。规范非税收入，以机制创新促管理，拉动财政收入增长。

【切实加大“三农”投入】 2006年，全县用于“三农”方面的财政性资金投入达1.11亿元，农业综合生产能力得到稳步提高，农民真正得到了实惠。农村义务教育投入3 449万元，农村中小学危房改造、贫困学生“两免一补”等工作扎实推进。投入村村通自来水工程510万元，村村通公路工程377万元，推行新型农村合作医疗制度，全面落实农村计划生育家庭奖励扶持政策，这些惠农措施的落实，有效促进了社会主义新农村建设。

【保障重点支出】 2006年，投入教科文事业费6 191万元，促进了全县教育、科技、文化事业的发展。投入社保资金4 184万元，推行医疗保险制度，改善乡镇卫生院医疗条件，及时兑现优抚对象及弱势群体的生活补助费，促进了“平安庆云”建设。

【大力支持城市建设】 2006年，城市建设投入资金4 660万元，加快“小县域、大县城”建设，促进城市经济带动县域经济的发展步伐，努力打造最适宜人类居住的城市环境。

【创新理财模式】 注重体制机制创新，财政管理水平进一步提高。实现政府采购和国库集中支付的有效结合，2006年完成政府采购2 807万元，资金节约率16%，取得了较好的社会效益和经济效益。积极推进“乡财乡用县管”和“村财村用乡管”改革试点，全面提升了基层财政管理水平。大力整合各项资金，努力做到“先定办法、后拨资金”，财政资金管理的安全性、规范性、有效性不断提高。

（撰稿：刘殿成）

聊 城 市

东昌府区

【概述】 2006年，东昌府区地方财政收入完成3.3亿元，同口径增长20.1%；财政支出完成6.77亿元，增长24.8%。

【积极培植壮大财源，加快经济发展】 充分运用税收、贴息等政策手段，积极调度和运筹财政资金，推进产业结构调整和经济增长方式转变。千方百计筹集资金240万元，支持山水水泥、昌裕集团等龙头企业发展和新产品、高新技术产业研发；筹资2 186万元，扶持培育香江二期、汽车产业园等，促进了全区物流、商贸流通和旅游业的发展；筹集重点项目建设资金1 036万元，重点解决聊临、聊阳等十条公路拖欠的土地补偿费以及聊高路二期改造工程；筹集预算外资金2 425万元、各类专项资金2 100万元，用于凤凰工业园、嘉明开发区道路征地补偿、基础设施建设及平原绿化工程。

【加大税收征管力度，财政收入稳定增长】 认真研究增收政策，坚持税收收入、非税收入一起抓，努力把经济发展的成果反映到财政收入上来。突出抓好契税征管，特别是年底集中开展了“契税征收宣传月”活动，实行拉网式排查，突击征收，全年契税累计完成2 591万元，占预算任务的143.9%。强化非税收入征管，明确了非税收入征管范围，有效地防止了财政资金征缴过程中的违法违纪行为，确保了各项收入及时足额入库。

【多渠道筹集资金，大力支持新农村建设】 全面贯彻各项惠农政策，积极落实对粮食、良种、农机具购置的“三补贴”政策，将1 286.61万元的粮食直补资金及时足额地发放到18.7万户农民手中，发放农作物良种推广、农机具和柴油、化肥增支补贴1 665.39万元，使种粮农民真正得到了实惠。争取2.1万亩农业综合开发项目，安排农业综合开发资金861万元，用于在张炉集、许营等乡镇改造中低产田和建设高标准农田；安排资金108万元，进一步加强了机改电等水利基础设施建设，改善了农业生产条件。稳步推进农村基础设施建设和公益事业建设，安排村村通自来水工程资金630万元，使90%以上的村庄用上了清洁卫生的自来水；大力实施农村劳动力转移培训工程，安排资金35万元，培训农村劳动力1万余人次；筹集资金431万元，用于农村党员远程教育建设和“村村通”科普工程；围绕统筹城乡发展，及时拨付转移支付资金1 340万元，保证了村级干部（包括计生专职干部）工资足额发放，确保了乡村两级政权正常运转。

【严格支出管理，确保社会稳定和各项重点事业的健康发展】 把保工资放在预算安排的首位，在确保原有工资按时足额发放的基础上，提高了住房补贴和交通补贴标准，千方百计解决群众普遍关注的热点、难点问题。结合全区中小学现状，多方筹资2 155万元，启动了7处城区小学改扩建工程，拆迁征地93亩，新建改建校舍1.44万平方米。安排预算内生均公用经费203.95万元，落实农村中小学和城市低保家庭“两免一补”资金60万元，确保每一个学生不因家庭经济困难而辍学。同时，多方筹集资金84万元，为全区农村中小学配备新课桌凳6 500套，解决了农村义务教育阶段学生自带课桌凳问题。努力加大社会保障投入力度，支付全区医疗保险金及大额救助金2 242万元，解决了退休人员的医疗保障问题；除正常民政、劳动、卫生支出外，拨付再就业资金177万元，用于补助“4050”人员再就业、下岗失业人员培训。在促进企业养老保险基金扩面征缴的同时，积极向上级争取调剂金1 525万元、失业调剂金460万元，确保了全区企业离退休人员养老金和失业人员失业保障金的按时发放。

（撰稿：徐大兴）

临 清 市

【概述】 2006年，临清市地方财政收入完成3.61亿元，同比增长20.46%；财政支出完成6.19亿元比上年增长14.96%，实现财政收支平衡。

【依法加强征收管理，确保财政收入持续较快增长】 继续实行收入目标责任制，及时将收入任务层层分解落实，真正做到落实早、措施实。强化税收征管措施，每月调度分析收入情况，狠抓主体税种、重点行业、骨干企业、纳税大户的征收管理。同时，进一步加大房产税、耕地占用税、契税等地方小税的征管力度，严厉打击偷、逃、骗税行为，努力做到足额征收、均衡入库。拓展管理范围，切实加强非税收入管理，进一步完善了非税收入征管系统，下发了《关于进一步加强政府非税收入收支两条线管理的意见》，建立健全了非税收入信息统计分析制度，提高了征管水平。2006年纳入财政预算管理行政性收费5 318万元，财政预算外专户收入7 100万元。

【积极推进财政改革，完善财政管理机制】 进一步深化部门预算改革，强化预算执行，更加科学合理地配置财政资金。严格支出管理，促使各部门在用财上精打细算、勤俭节约。国库集中收付制度改革在市直部门全面铺开，共有49个部门、139个单位纳入国库集中支付改革范围，共清理账户245个，清理沉淀资金3 281万元。扎实推进政府采购工作，进一步完善政府采购管理体系。2006年共组织实施政府采购134次，政府采购预算金额1.56亿元，实际采购金额1.32亿元，节支率达15.18%。做好政府收支分类改革的各项准备工作，及时完成了2006年新老口径数据转换工作，实现了新旧科目双轨平稳运行，为2007年全面实施改革奠定了坚实基础。

【加大财政支持力度，建立健全社会保障体系】 实施积极的就业政策，进一步做好就业再就业和社会保障工作，全市享受再就业补贴政策的人员为725人，财政拨付各项再就业补贴230.3万元，其中工资补贴88.5万元、社会保险费补贴141.8万元。全市享受“低保”的家庭为3 119户、8 575人，拨付“低保”资金751.6万元。社会保险范围逐步扩大，全市参保人员8.1万余人，基金专户收入2.85亿元，基金支出2.78亿元，进一步改善了社会弱势群体的生存条件和生存环境。切实做好优抚工作，调整了残疾军人、老复员军人、“三属”抚恤补助标准，拨付抚恤经费518万元，切实提高了优抚对象的生活水平。

【加大“三农”投入，支持社会主义新农村建设】 全面取消农业税及附加，加大了对乡镇和村级的转移支付力度；2006年全市共安排村级转移支付资金1 446万元，切实减轻了农民负担，缓解了村级支出压力。积极争取上级财政支农资金1 397.5万元，重点支持了农村通自来水、农业综合开发、良种补贴等项目，巩固了农业的基础地位，加快了农业科技进步步伐。将扶贫资金捆绑使用，改变过去“撒胡椒面”的扶贫方式，贫困地区的生产生活条件得到进一步改善。安排资金42.5万元实施“阳光工程”培训，培训农村剩余劳动力2 500人次。认真做好粮食直补和成品油价格补贴工作，全市2006年小麦种植面积为67.4万亩，补贴资金943万元，成品油价格补贴资金957万元，全部采用“惠民资金一折通”的形式发放到农户手中。加大农村义务教育投入，拨付资金428万元，为7个农村中小学危房改造工程项目学校消除危房1.09万平方米；安排91万元实施“两免一补”和课桌凳更新工程，较好地解决了贫困学生上学问题。积极促进农村卫生事业发展，2006年新型农村合作医疗参合农民38.24万人，实现基金收入815.4万元，基金支出652.8万元。同时，加大了对乡镇卫生院和农村社区卫生服务站建设资金的投入，全市改建2处乡镇卫生院，24所农村社区卫生服务站，共计投入资金296万元，有力地改善了乡村医疗卫生条件。拨付资金82.5万元，积极实施农村特困救助和敬老院建设，2006年全市享受农村特困救助的群众共计5 290人，人均月救助13元。投入326万元，新建两处农村中心敬老院，保障了农村五保对象的基本生活，维护了农村社会稳定。

（撰稿：武学岭）

阳谷县

【概述】 2006年，阳谷县地方财政收入完成1.62亿元，同口径比上年增长20.19%；财政支出完成5.38亿元，比上年增长18.24%。

【加强税费征管，确保应收尽收】 财政和国、地税部门密切协调配合，以组织收入为中心，把收入任务按季、按月分别落实到各基层单位。同时，强化收入目标考核，发现问题及时解决，确保了财政收入进度与时间基本同步。在契税、耕地占用税征收工作中，加大宣传力度，严格执行“先税后证”制度，建立契税、耕地占用税征管的长效机制。全年共征收耕地占用税、契税1 960万元，超额完成了全年征收任务。

【优化支出结构，集中财力保重点】 在财政支出安排上，坚持勤俭办一切事业的原则，按照“两个务必”和建设节约型社会的要求，精打细算、量力而行，严格控制行政经费和一般性项目支出，确保了全县中心工作的顺利开展。同时，对涉及社会稳定和事业发展的重点支出也都予以保障，全年用于抚恤和社会救济的支出1 823万元，用于社会保障的支出2 163万元，比上年增加2 028万元；科技三项经费支出727万元，同比增长52.4%。

【充分发挥财政职能，支持和谐社会建设】 努力筹措资金，支持社会主义新农村建设。共发放各项补贴2 830万元，惠及全县17万农民。拨付农村中小学危房改造专项资金422万元，新建农村中小学教学楼7处，建筑面积达1万多平方米；对全县8 806名贫困学生发放“两免一补”资金218.66万元；投入260万元启动了中心敬老院改造和建设工程，新建两处中心敬老院；增加投入，支持和谐社会建设。对23户下岗失业人员提供小额贷款担保基金50万元；全县纳入最低生活保障线的城镇居民达3 594人，全年共支付城市居民最低生活保障金304万元；加大城市建设投入，改善人居环境。财政筹集各项资金5 000多万元，对城市进行改造扩建，提高了城市环境质量和氛围。

【积极履行财政监督职能，约束各项违纪行为】 加强专项资金检查，共查出各项违纪金额2 000多万元，确保了资金的专款专用和使用效益的发挥。出台了《阳谷县行政事业单位财务管理暂行办法》，从决策、执行、监督三个方面对各行政事业单位的财务制度进行了改进。对全县167户行政事业单位的产权进行了年检登记；下发了《关于规范行政事业单位购置公务用车审批程序的通知》；对全县342个独立核算的企事业单位全部实行账簿监管。建立了政府采购协调、规范的运行机制，2006年完成政府采购109批次，实现采购金额9 336万元，节约资金达1 000多万元，节支率为9.94%。

【积极推进各项财政改革，增强财政发展活力】 启动了支农资金整合试点改革；在教育系统实行了“集中支付核算”制度；开展了政府收支分类改革；开展了新农村合作医疗改革试点，切实解决农民群众看病难、看病贵和因病致贫、因病返贫问题，为提高全县60万农民的健康水平提供有力的医疗保障。

（撰稿：陈存良）

莘　县

【概述】 2006年，莘县实现地方财政收入1.5亿元，比上年增长18.2%；实现财政支出6.6亿元，比上年增长25%。

【加强征管，大力组织财政收入】 进一步完善财税、金融单位联席会议制度，强化税源监控，做到月税月清。严格实行政府非税收入“收支两条线”管理，逐步推行“票款分离”，全面实行“罚缴分离”。2006年，全县实现行政性收费及罚没收入5 417万元。调整和完善县乡财政体制，调动乡镇培植财源的积极性，壮大了乡镇财力。加强乡镇行政事业单位财务管理，逐步推行“零户统管”办法。

【精打细算，努力节约财政资金】 对全县机关事业单位车辆保险，由县政府采购中心公开招标，统一投保，较保险公司正常保费节约30%以上。对全县重点工程进行政府采购，全年采购资金累计达2 251万元，综合节支率15%。与有关部门联合，清理财政供养人员、享受公费医疗人员、低保和特困人员，节约资金100多万元。

【科学运筹，确保重点支出需要】 在财政较为困难的情况下，确保了工资发放。农业、社保、教育、卫生等重点支出也得到有效保障。2006年，全县农业支出2 506万元，比上年增长7.8%；社保支出661万元，比上年增长93.3%；教育支出1.1亿元，比上年增长11.9%；卫生支出2 212万元，比上年增长13.4%，抚恤和社会救济支出1 868万元，比上年增长41.4%。

【创新机制，财政改革迈出新步伐】 实施县级部门预算，进行政府收支分类改革，及时完成2006年新老口径数据转换工作，实现了新旧科目双轨平稳运行。改革粮食直补资金发放办法，推广实名存折兑付方法，即“一折通”。积极推进义务教育经费保障机制改革、新型农村合作医疗改革试点。全面完成国有粮食购销企业改革。

【加强监督，依法理财水平有了新提高】 加强非税收入管理，联合监察、审计、物价等部门，对全县68个执法执纪部门进行“收支两条线”检查，查出违纪金额4 477万元，催缴财政资金390万元。联合纪检、监察、审计、农经部门，对乡镇、县直单位主要负责人任职以来至2006年7月底的财务收支情况进行检查，对查出的问题，下发了处理意见通知书，责令限期整改。

（撰稿：冯麦林　郭　峰）

茌平县

【概述】 2006年，茌平县完成地方财政收入5亿元，比上年增长112.6%，增幅连续6年居全市第一。完成财政支出8.9亿元，增长61.7%，连续34年实现财政收支平衡。

【财政收入呈现“五超”】 一是地方收入增幅超出全市县级平均增幅77个百分点，拉动全市增幅11个百分点。二是地方收入增幅超出全省县级平均增幅86个百分点，在全省各县（市、区）中名列第二。三是地方收入总额超越31个县（市、区），由上年的全省第90名前进为第59名。四是地方税收比重超出全市平均水平18个百分点，达到89%，连续三年居全市第一。五是企业所得税收入超出基数1.68亿元，增长255%。

【收入征管强化“五抓”】 一是抓管理，购置税控机，采取发票即开即奖和违章行为举报奖励等方式，构筑堵塞收入跑、冒、滴、漏的“防护墙”。二是抓分析，及时把握收入形势，解决收入工作中出现的新情况、新问题。三是抓协调，形成乡镇、部门、纳税户综合治税的联动机制。四是抓宣传，在全社会营造拥护、敬仰、爱戴纳税人、依法纳税光荣、偷逃抗税可耻的社会氛围。五是抓考核，加大对企业、对乡镇、对执收部门的考核奖惩力度，奖优罚劣，牢固树立“经济发展看效益、效益高低看贡献、贡献大小看税收”的效益财政观念。

【财政支出实现“五保”】 一是保工资。县直人均每月增资330元，乡镇人均每月增资430元。二是保运转。保证了各预算单位以及基层政权正常运行的经费需要。三是保稳定。社会保障的广度和深度进一步拓展，新型农村合作医疗惠及全县40多万农民，17.6万人次受益。四是保重点。农业、文教、计划生育、科技、卫生等各项社会事业全面发展，城市化水平进一步提升。五是保发展。拨付企业挖潜改造支出8 760万元，科技三项费支出1 415万元，国债资金投入745万元，对交通运输、建筑房地产业等第三产业兑现奖励450多万元，对招商引资和民营企业落实引资奖励1 200多万元。

【财政改革做到“五到位”】 一是政府收支分类改革到位，全面掌握了预算单位的收入、支出、人员、资产等基础信息，形成以部门预算为基础，工资、公用、专项、项目综合预算的体系。二是国库集中支付改革到位，撤销银行账户206个，清理资金6 220万元，建立起国库单一账户体系，成为全市第一个上网运行的县市。三是政府采购改革到位，实现“管采分离”，累计采购金额2.14亿元，较上年增长21%，综合节支率14%。四是非税收入征收方式改革到位，在“单位开票、银行代收、财政统管”的基础上实行“以票管收，统筹调剂”。五是国有粮食购销企业改革到位，将4 200多万元的财务挂账从粮食企业中剥离由财政付息，984名职工顺利分流安置。

（撰稿：刘吉强）

东阿县

【概述】 2006年，东阿县地方财政收入完成1.6亿元，同比增长26.8%。财政支出完成3.6亿元，较上年增长21.7%。

【强化征管，努力实现财政收入快速增长】 坚决贯彻依法治税管费的要求，确保各项收入严格管理，足额征收。把增加税收作为提高财政收入质量的关键来抓，依法治税、应收尽收，坚决不收过头税，坚决防止和制止越权减免税。突出重点税种、重点行业、重点企业抓增收，加强行之有效的征管措施，着力解决漏征漏管、偷税、逃税、骗税、欠税等问题。按照规范管理、统筹安排的要求，积极创新非税收入管理模式，有效控制非税收入的不合理增长，努力增强政府调控能力。

【保障重点事业支出，建设和谐东阿】 围绕落实科学发展观，构建和谐社会，合理运筹资金，集中财力保障事关群众利益、事业发展和社会稳定的大事。筹资600万元，提高机关事业单位职工工资，缩小了县乡工资差距。筹措233万元救助弱势群体，及时发放城镇居民最低生活保障。列支350万元，计划生育事业费标准提高到人均7.19元，落实农村计划生育家庭奖励扶助政策，补助人数达861人。筹集资金重点支持了曹植公园、齐南路、北外环路建设及城区青年路、前进街路面改造工程，加快道路绿化、美化、亮化步伐，提升东阿城市品位。

【加大“三农”投入，加快新农村建设】 2006年，落实惠农补贴资金2 145万元，稳定粮食生产，增加农民收入，农民得到了实实在在的实惠。筹资1 929万元，开展“两区一园”财政支农资金整合试点项目建设，加快农村经济发展步伐。筹集1 220万元，推进新型农村合作医疗建设，使30.5万农民受益，缓解了农民看病难问题。投资410万元，改造农村中小学危房，新建6栋教学综合楼，改善农村教学条件。列支158万元，实施“两免一补”，资助困难家庭学生4 100人，解决农村贫困生上学难问题。大力实施农村劳动力转移培训阳光工程，转移农村劳动力1万人，促进了农民转岗就业。

【深化财税改革，提高财税管理水平】 积极开展“财政规范管理年”活动，坚持积极聚财，科学理财，在健全制度，创新机制，实施精细化管理上取得显著成效。完善县乡财政体制，把乡镇中小学教师、乡镇离休干部经费全部纳入了县级财政管理。继续深化部门预算改革，规范预算编制。强化政府采购和财政投资评审，对财政投入较大的城建、道路、农业开发、中小学楼房建设等逐项进行预决算评审。2006年采购额8 221万元，节约资金1 200万元，节支率12.7%；评审总额3 500万元，审减340万元，审减率9.7%。

（撰稿：殷庆金）

冠县

【概述】 2006年，冠县地方财政收入完成1.29亿元，按相同口径比上年增长29.51%；财政支出完成4.36亿元，增长19.8%。冠县财政局被授予“山东省文明机关”、“聊城市思想政治工作先进单位”、“聊城市平安建设先进单位”、“冠县完成目标任务工作先进单位”、“冠县招商引资工作先进单位”、“冠县履行部门人口和计划生育职责先进单位”荣誉称号。

【加强收入征管，确保完成财政收入任务】 积极协调税务部门实行严格的岗位目标责任制和奖惩制度，加大对重点税种的整治力度，做到了应收尽收。将财政收入任务分解到征收部门和重点税源单位，强化收入调度，定期在电视台公布税收完成情况，按照有关奖惩政策兑现奖惩，力争超收。大力规范非税收入管理，加强对行政事业性收费的管理监督，严格实行“收支两条线”制度，保证了全年收入目标的顺利实现。

【调整优化支出结构，加大财政保障力度】 确保工资发放。始终坚持从紧从严的原则，把保工资放在首要位置，不仅保证了全县干部职工工资的正常发放，而且下半年增加支出236万元，落实了增资政策，解决了干部职工的工资陈欠。加大了社会保障力度。2006年全县社会保障支出4 664万元，比上年同期增长23%。建立了农村五保户财政供养制度，提高了企业退休人员待遇，确保了企业离退休人员养老金的足额发放。各项惠农政策得到落实。通过“一折通”的方式，向农民发放良种补贴520万元，粮食直补资金1 303万元，柴油、化肥等农业生产资料综合补贴1 321万元，不仅节约了行政成本，而且加快了资金拨付速度，从源头上防止了财政补贴被挤占、截留、挪用等问题的发生；促进社会事业发展。对清水、柳林、北陶三个中心卫生院和范寨、定寨、斜店三个一般卫生院进行了建设改造；新建了定寨和城关两个中心敬老院；改造了1.6万平方米中小学危房；实施了农村通自来水工程。

【注重体制机制创新，积极推进各项改革】 建立并完善了预算单位财政供养人员基础信息数据库，核实了单位性质和财政供养范围，有效控制了不合理支出，规范了预算分配行为。推进国库集中收付制度改革试点，2006年12月份把老干局纳入改革试点单位。启动了乡财乡用县管改革，初步实行了预算统编、村级资金账户财政统管。规范了村级财政补助管理，在农村信用社开设了村集体资金财政专户，使村干部工资有了保障、农村五保政策得到了落实。政府采购工作平稳推进，政府采购监督管理机制不断完善，政府采购的管理与操作逐步走向正规、公开、透明，采购行为更加规范合理，政府采购范围进一步扩大，2006年共完成采购额8 276万元，节支率7.34%。完成了粮食企业改革工作，对全县23个国有粮食购销企业进行了改制，妥善安置职工300名，确保了国有资产的安全完整和保值增值。

（撰稿：梁明彪）

高唐县

【概述】 2006年，高唐县完成地方财政收入5.07亿元，比上年增长26%；完成财政支出6.86亿元，比上年增长23%。

【努力拓展财源，促进全县经济快速发展】 支持企业技术创新，县本级财政拨付资金7 470万元，用于企业创名牌、技术创新项目奖励、落实先征后返政策；拨付科技三项费用904万元，用于支持经济结构调整、科技创新体系建设。支持乡镇发展，全年向乡镇转移支付达800多万元。多渠道筹集资金，争取国债及专项资金4 531万元，加强了与开发银行合作，搭建起政府融资平台。进一步优化投资环境，安排资金7 200万元用于城市基础设施建设，全力支持书画艺术博览会的举办。

【大力支持“三农”，加快推进新农村建设】 落实惠农政策，粮食直补、成品油补贴资金1 824万元通过“一折通”发放到农民手中，良种补贴、农机具补贴资金405万元及时拨付。改善农村生产条件，通过本级安排和向上争取投入资金5 620万元，用于农业综合开发、“村村通自来水”等工程建设。支持社会事业发展，拨付资金600多万元用于危房改造和课桌凳更新工程，拨付资金320万元开展新型农村合作医疗。

【完善社会保障体系，推进和谐社会建设】 乡镇干部及教育系统人员工资和县直拉平，人均增资近300元；城乡低保制度不断完善，全年共拨付“两个低保”资金370万元；发放小额贷款60万元支持再就业工程；投入五保供养资金191万元，直接拨付到敬老院和五保对象手中；建立农村部分计划生育家庭奖励扶助制度、独生子女奖励制度，拨付奖励扶助资金294万元。

【强化督缴征管，实现财政收入快速增长】 加强调查研究，对全县税源进行全面摸底调查，挖掘增收潜力。加强协调落实，将收入任务分解到各部门、单位，多次召开收入调度会。加强征收管理，夯实非税收入管理基础，全面推行“以票管费”和“票款分离”；认真测算县属企业国有资产收益情况，加强国有资产收益收缴；精心组织契税征收，成立契税征收办公室，实行集中清缴。

【深化财政改革，提高财政资金使用效益】 实行政府收支分类改革，账务处理更科学规范，完善综合预算，提高预算编制的精细化程度和透明度。“乡财乡用县级代管”改革顺利实施，提高了乡镇财政保障水平。政府采购和集中核算与支付工作进展良好，全年实现采购额1.1亿元，节约资金1 800万元，节支率达14%；办理会计核算业务7 000多笔，拒付不合理开支94万元，直接支付资金2.08亿元，代扣税款214万元。加强行政事业国有资产管理，严格年检登记制度。对63项基建工程进行了预决算审核，审减资金1 160万元。加强对农业综合开发、危改资金等专项资金的全过程监管，提高了资金使用效益。

（撰稿：姚美庆　金红谦）

滨　州　市

滨　城　区

【概述】 2006年，滨城区实现地方财政收入10.54亿元，同比增长33.08%，增幅居全市第6位；其中税收收入9.03亿元，占地方财政收入的比重达85.69%。完成财政支出7.46亿元，增长25.86%。连续20年实现财政收支平衡。

【大力组织财政收入】 坚持把做大财政经济“蛋糕”作为第一要务。重视发挥财政收入“晴雨表”的作用，立足于提高“三个比重”，以优化财税结构导向经济结构调整；围绕财政增收发展经济，积极支持强势工业、民营经济、科技创新、现代服务业等发展，努力培植多元化财源；运用市场化机制理财，灵活运用贴息、担保、奖励等手段，多方位集聚资金，加大资金投入。在经济快速发展的基础上，严格依法治税管费，充分挖掘税收增长潜力，拓宽财政增收渠道，进一步完善目标责任制管理，明确任务，严格考核，有力地促进了财政收入的及时均衡入库，2006年全区地方财政收入在全省的位次前移了30名，排名第23位。

【统筹财力支持经济发展】 更新理财观念，拓宽理财视野，在管好用好预算内资金的同时，不断加大预算内外资金统筹安排力度，提高统筹运用社会资金的水平，为全区改革、发展、稳定提供了有力的资金保障。安排预算内重点工程支出1.15亿元，预算外支出6 339万元，融资投入9 873万元，重点支持了“三点一线”、创业大厦、中海工程、冠军度假村建设，全年完成基本建设资金投入2.77亿元。安排企业挖潜改造资金2 044万元，科技三项费用931万元，民营企业发展贴息资金300万元，重点支持了高科技、高效益、高贡献率的项目建设，增强了企业技术创新能力和竞争力。筹集资金1 300万元落实“以奖代补”政策，用于全区招商引资奖励。加大社会保障投入，通过争取上级支持、调整支出结构，安排城市低保资金458万元、自然灾害救助174万元、优抚对象优待金250万元、社会保障补助资金694万元，及时发放到受灾群众、下岗失业人员以及优抚对象手中，体现了党委政府的关怀，维护了社会稳定。

【突出加大对“三农”工作的支持力度】 按照建设社会主义新农村的要求，加大对“三农”的投入。严格落实各项惠农政策，全面取消农业税；狠抓涉农补贴政策的落实，将粮食直补资金366万元、柴油化肥综合补贴资金371.2万元，通过“齐鲁惠农一卡通”形式发放到73 347户农户手中；争取大型农机具购置补贴资金50万元和良种补贴100万元，提高了农业生产效率和种粮效益，促进了种粮农民增收；加大财政支农投入，拨付财政支农资金261万元，支持农业产业化调整、农业综合开发等项目建设；拨付236万元，用于“村村通”自来水工程，提高了农民的生活质量；积极稳妥地推进新型农村合作医疗制度，投入1 082万元用于支持农村合作医疗改革在全区推开，同时将新农合资金纳入财政专户管理，规范缴拨款程序，有效地提高了新农合资金的管理水平；安排“两免一补”资金65万元，有效解决了农村义务教育阶段贫困生上学难问题。

【深化财政改革，加强财政管理】 进一步完善国库管理制度改革，通过完善各项制度和优化操作流程，逐步扩大改革试点范围，将所有纳入会计核算中心的单位纳入国库集中支付范围；积极推进政府收支分类改革，按照制定的工作计划及操作规程，于2007年1月1日正式启用；会计核算中心积极开展争先创优活动，在规范会计核算行为、提高会计信息质量和财政资金使用效益等方面发挥了积极作用；政府采购工作成效显著，全区完成政府采购额 2 623 万元，实际支付 2 337 万元，节约资金 286 万元，节支率 10.9%。结合滨州市《关于进一步调整完善市与县区财政管理体制的实施意见》，围绕加大对困难乡镇的转移支付力度，缓解乡镇财政困难，调整完善了区乡（镇、办）财政管理体制；为贯彻落实农村义务教育“以县为主”的管理体制，自 2006 年 7 月份开始对乡镇办教师工资实行上划，全部纳入区级预算。

【强化财政监督，规范财政秩序】 进一步完善预算编制，健全编制、执行、监督相分离的预算管理机制，促进财政管理水平的不断提高；加强会计管理，提高会计信息质量；开展清产核资，健全行政事业单位国有资产管理制度；加强政府债务管理，防范和化解财政风险；完善财政监督运行机制，促进了财政监督检查工作规范化、制度化和科学化。

（撰稿：苏小军）

惠 民 县

【概述】 2006 年，惠民县实现地方财政收入 1 亿元，同比增长 54.9%；实现财政支出 4.35 亿元，增长 41.85%。连续 16 年实现财政收支平衡。

【依法加强税费征管】 大力加强税收征管，联合税务部门积极开展税源普查，建立税源档案，为征收工作打好了基础。充分发挥社会综合治税作用，不断完善税收征管的现代化手段和社会化治税机制，强化税源监控，依法治税管费，地方财政收入进度快、增幅高，收入进度月月超过时间进度，增幅每月均保持在 45% 以上。全县地方财政收入增幅居全市第 3 位，其中税收收入 8 862 万元，占地方财政收入的 88%，居全市第 2 位，收入质量显著提高。

【调整优化支出结构】 坚持把保工资放在财政支出的首位，及时兑现机关事业人员进档工资，足额安排 2006 年收入分配制度改革资金。全县财政社会保障支出 9 588 万元，进一步提高了对下岗失业人员、企业离退休人员、城市低保对象、受灾群众等的保障水平，支持了乡镇卫生院、敬老院建设和新农合医疗改革试点。全县教育支出 6 480 万元，其中用于农村中小学危房改造资金 500 万元。计划生育支出 1 479 万元，其中计划生育奖励扶助资金 116 万元。全县农业支出 2006 万元，其中投入扶贫开发资金 328 万元，扶持贫困村 39 个。投入财政贴息资金 69 万元，支持了 3 家农业龙头企业，加快了农业产业结构调整步伐。投入农机具购置补贴资金 58 万元，帮助农民购置农机具 25 台套。投入小麦良种补贴资金 300 万元，推广小麦良种 30 万亩。投入农业开发资金 731 万元，改造中低产田 2.5 万亩。顺利完成了粮食直补、柴油化肥综合补贴和成品油价格补贴工作，对全县 13 万农户 60 万亩小麦进行了直接补贴，将 843 万元直补资金、855 万元的综合补贴资金发放到户，保护了农民种粮的积极性。对农村道路客运和城市出租行业进行了成品油价格补贴，补贴金额 31.4 万元。

【支持经济加快发展】 利用国债转贷资金 188 万元，支持了污水处理厂建设和农村公路改造。积极争取预算内基本建设及各类企业发展资金。依托国有资产投资经营有限公司融资平台，融通国家开发银行贷款 5 000 万元，社会融资 5 400 万元，用于全县重点工程、重点项目建设。

【加强财政监督】 制定了《惠民县项目资金报账提款实施办法》，对财政拨款的重点项目实行了报账提款制度，对项目实施事前、事中、事后全过程监督管理，做到了资金到项目，管理到项目，有效防止了挤占挪用项目资金的现象。全年共有 15 个项目实行了报账提款制度，资金总量 3 100 万元。其中姜楼 1.3 万亩土地开发整理项目和县青少年校外活动中心项目分别被省市财政部门评为样板工程。进一步加强非税收入管理，完善了票据信息化管理系统，实现了“以票控费”，组织开展了非税收入调查摸底，进一步拓宽了非税收入管理领域。

【深化财政管理改革】 制定实施了《惠民县专项资金实施采购管理办法》，完善了政府采购操作流程、供应商信息库和专家信息库，健全了内部和外部监督约束机制，进一步明确集中采购和自行采购的范围，确保各项工作有章可循。2006 年实现政府采购支出 1 502 万元，增长 18.3%，节约资金 238 万元，节约率达到 15.9%。制定了《惠民县财政国库管理改革实施意见》，选择 38 个县直部门进行了国库集中支付改革试点，有效防止了截留、挤占和挪用财政资金现象，保障了财政资金的安全有效使用。

（撰稿：孟青松　杨晓东）

阳 信 县

【概述】 2006 年，阳信县完成地方财政收入 9 521 万元，较上年增长 50.01%；完成财政支出 3.25 亿元，增长 38.36%。阳信县财政局被评为“市级文明单位”，阳信县县直机关核算中心被授予“省级青年文明号”荣誉称号。

【加强收入征管】 财税部门进一步贯彻“加强征管、堵塞漏洞、惩治腐败、清缴欠税”的工作方针，严格执行税收法规，依法征税，及时、足额收缴入库；加大税收稽查力度，严厉打击部分企业和行业偷、逃、骗、抗税行为，以查促收，努力做到应收尽收。认真落实奖励制度，进一步调动企业、单位和个人纳税和税收征管的积极性。进一步加强和完善非税收入管理，特别是对各行政事业单位经营收入的管理，严格执行“收支两条线”办法，完善票款分离制度，严格奖惩，确保行政性收费的及时足额入库，提高政府统筹运用预算内外综合财力和宏观调控的能力，促进全县经济社会和谐发展。

【确保重点支出需要】 严格按照“保工资、保稳定、保法定支出”的顺序安排支出，保证工资按时足额发放，确保各单位公务费、事业费和医药费按季拨付；2006年底实现了县乡工资按统一标准发放，乡镇职工月人均工资达到1 104.77元，人均增资335.44元，增幅达40.66%，为维护社会稳定起了积极的作用。全年组织征收社保基金收入3 016万元，核拨社保基金2 917万元，确保企业离退休人员养老金、下岗职工基本生活费按时足额发放，确保城镇最低生活保障人员生活费支出需要；拨付329万元，用于6所乡镇卫生院和6所乡镇敬老院建设。认真落实免除农村义务教育阶段学杂费和特困学生免收书本费、住宿补贴的政策，全年投入资金154万元，巩固农村“普九”成果。在全面取消农业税的基础上，财政共投入资金2 500万元，继续抓好粮食补贴、柴油补贴等各项惠农政策的落实，促进社会主义新农村建设。

【扎实推进财政改革】 积极推行国库集中支付制度改革，扎实做好制度建设、网络建设和人员培训工作，并按要求于7月1日正式挂牌运作，真正做到了财政资金统一管理、统一调度、分账管理，提高了财政资金的使用效益。深化“乡财乡用县管”改革，全县统筹安排预算外收支，严格按公用经费支出定额标准编制预算。强化对收费票据的管理，继续实行“专人领票、凭证购买、验旧领新、票款分离、罚款出据、防止串用、杜绝乱开”的原则，保证“收支两条线”制度的实施。加强会计监督管理，提高乡镇财政的管理水平。进一步完善政府采购内部管理制度，规范政府采购工作，2006年共办理公务用车采购手续22辆、车辆保险26次、采购取暖煤2 300余吨，累计采购资金445万元，节约资金20万元，节支率4.3%，取得了良好的经济效益和社会效益。

（撰稿：邢学勇）

无 棣 县

【概述】 2006年，无棣县完成地方财政收入4.8亿元，比上年增长40.1%；完成财政支出7.22亿元，增长33.6%，连续15年实现财政收支平衡。

【大力组织财政收入】 充分发挥财政调节经济、配置资源的职能，积极支持城市建设和经济发展，努力培植壮大地方财源。完善对重点行业、骨干企业和重点税源的实时监控和动态分析机制；继续加大税收稽查和清欠力度，依法查处各种偷、逃税行为；进一步规范非税收入管理，严格执行“收支两条线”制度，保证各项收入及时足额缴入国库或财政专户，确保全县财政收入平稳、较快增长。

【努力提高财政保障能力】 优先保证了工资正常发放，2006年把县直住房补贴标准在25%的基础上提高到35%，同时在乡镇落实了住房公积金和医疗保险，城镇职工年平均工资达到13 016元，比上年提高19.2%。保障了社会弱势群体基本生活，继续加大对下岗职工再就业、城镇及农村居民最低生活保障、农村五保户供养等事业的资金投入，2006年用于社会保障方面的支出达到5 813万元，其中用于下岗再就业培训220万元、发放低保资金590万元。大力支持全县重点工程建设，县财政通过项目及政策融资、财政内部调度、金融部门贷款、争取上级支持、国有资产资源收入上缴等多种形式，积极筹措资金，支持全县重点工程建设，2006年共筹措资金达2.3亿元，有力地缓解了资金压力。

【支持社会主义新农村建设】 进一步落实支农惠农政策，2006年全面取消了农业税，继续落实“粮食直补”政策，全年兑付小麦直补款469.99万元，柴油、化肥等综合补贴931万元。支持农村经济发展，积极引进农业综合开发项目，2006年完成农业综合开发投资1 189.2万元；支持农村枣园、养鸡大棚、扬水站、引水沟、沼气池等扶贫开发项目建设。支持农村基础设施建设，2006年争取省财政农村公路建设专项资金1 600余万元，补助农村公路建设，全县实现了村村通公路；积极支持沿海防潮大堤、农村自来水供水、月明洼水库衬砌、青坡沟清淤及小开河沉沙池清淤等农村水利工程建设。大力支持农村文化教育事业发展，县财政不断加大对农村教育的投入，2006年安排危房改造资金110万元，比上年多30万元；进一步落实农村中小学“两免一补”政策，采取减免学杂费、实行救助等多种方式，帮助贫困学生完成学业；设立农村文化建设专项补助资金，着重加强农村公共文化建设，继续实施“科普村村通”和农村劳动力转移培训“阳光工程”。

（撰稿：郭庆东）

沾 化 县

【概述】 2006年，沾化县完成地方财政收入 2.2 亿元，按可比口径增长 68.8%；完成财政支出 4.65 亿元，增长 31.58%，连续 15 年实现财政收支平衡。

【优化支出结构，财政保障能力显著提高】 把工资发放作为事关社会稳定的大事，摆到财政支出的首位，千方百计保证工资正常发放，实现了县、乡间干部职工同等工资水平的目标。争取上级财政政策和项目扶持，大力促进农业结构调整，全县用于农业和农村发展的支出达到 5 736 万元，较上年增长 34.9%，是沾化县历史上支农资金投入最多的一年。全部取消农业税及附加，为农民减负 465 万元。落实种粮农民粮食补贴资金 260 万元，柴油化肥补贴资金 265 万元，农机具购置补贴 14 万元，直接受益农户达 48 260 户，进一步调动了农民种粮的积极性，促进了粮食增产、农业增效和农民增收。加大社会保障投入，支持完善社会保障体系。拨付资金 2 706 万元，保证了下岗职工基本生活费、企业离退休人员基本养老金、城市居民最低生活保障金的按时发放，做到了应保尽保，维护了社会稳定。筹集拨付资金 254 万元，新建改造了 10 个乡镇敬老院，使农村五保老人老有所养。拨付资金 91 万元，保证了新型农村合作医疗试点顺利实施，参合农民 121 946 人，报销医药费 102 万元，较好地解决了农民看病难、看病贵以及因病致贫等问题；筹集拨付资金 324 万元，支持 11 所乡镇卫生院改造，农村公共卫生服务体系逐步完善。加大科教投入，促进科技自主创新和基础教育健康发展。全年教育支出达 7 990 万元，农村中小学教师工资得到较好保障，农村中小学危房改造任务顺利完成，“两免一补”政策落实到位，保障了贫困家庭学生接受义务教育的平等权利。大力支持重点项目建设，先后筹措资金 5 600 多万元，确保了县工业园、皮业城、大高航空城、沿海经济开发区等重点项目基础设施配套建设，为经济和社会发展创造了良好的外部环境。

【深化财政改革，财政管理水平进一步提高】 深入开展“财政管理年活动”，通过完善税源监控体系和开展所得税调查，及时掌握税源变动情况；完善财政供养人员信息库、财政代发工资人员基础信息库和建立项目库，掌握预算单位人员、资产等基础信息，建立了预算定额体系，夯实部门预算管理的基础，加快“金财工程”建设，提高财政管理的信息化、自动化水平。以改革促管理，继续深化预算编制改革，提高预算编制、执行水平，稳步推进国库集中支付改革，规范财政支出行为，提高资金使用效益；深入推进政府采购改革，将皮业城道路及排污工程、大高航空城消防设施、学校教学仪器设备购置等项目进行公开招投标，全年累计完成政府采购额 4 963 万元，节约财政资金 330 万元，资金节约率达 8.2%；深化“收支两条线”改革，完善“票款分离”、“罚缴分离”办法；探索创新部门支出管理机制，试行经费包干办法控制基本支出，利用投资评审、政府采购、国库集中支付办法严格项目支出管理。制度建设不断加强，按照“规范、效率”原则，强化财政法规制度建设，进一步完善支农、社保、教育、计生等专项资金管理制度，做到每项财政资金都有专门管理办法，财政分配和管理日趋规范；会计集中核算工作顺利运行，节支、促廉、减员、增效的良性效应逐步显现；国有资产监管体系逐步完善，国有企业产权交易监管逐步加强。政府收支分类改革全面铺开，举办了政府收支分类改革培训班，按照新的收支分类科目重新编制了 2006 年收支预算，为 2007 年全面实施政府收支分类改革打下基础。

【加大财政监督力度，财政监管机制健全到位】 认真贯彻落实《预算法》，严格预算支出，确保预算的严肃性。开展会计信息质量检查，举办了 6 期会计人员继续教育培训班、1 期财政所长、预算会计培训班，培训人员达 680 人次，提高了会计人员素质，促进了会计诚信建设。依法加强财政债务管理，高度重视防范和化解财政风险，保证财政经济的安全、健康、有序运行。加强非税收入管理，运行“非税收入征管系统”，强化票据年检工作，有效堵塞单位坐支挪用现象。健全财政资金跟踪问效制度，发挥财政资金的最大效益；对各项基金、农发资金、扶贫资金、国债转贷资金实行了报账提款制度，保证了专款专用；对部门经费实行了包干办法，调动了部门节支理财的积极性。

（撰稿：牟金合　刘清松）

博兴县

【概述】 2006 年，博兴县实现地方财政收入 5.71 亿元，同比增长 30.04%，实现财政支出 7.54 亿元，增长 20.9%。连续 20 年实现财政收支平衡。博兴县财政局被省财政厅、省人事厅表彰为全省财政系统先进集体。

【财政收入稳定增长】 狠抓增收节支工作，进一步完善和规范社会综合治税征管机制，深入开展税源调查工作，提高税收信息化管理水平，收入征管质量和效率进一步提高。切实加强耕地占用税和契税征管，严格执行“先税后证”制度，并对全县耕地占用税和契税进行了清理整顿，强化了日常管理，从源头上控制了税收的流失。

【加大财政支农力度】 争取农业综合

开发、龙头企业贴息、扶贫开发、土地治理及其他支农项目资金1 702万元，争取人畜吃水补助资金、良种补贴资金494万元，支持了农业基础设施建设和特色农业发展，改善了农业生产条件。2006年共兑付粮食直补资金544.84万元，兑付化肥、柴油补贴资金630万元。2006年对全县1 378人（户）符合条件的计划生育家庭发放扶持奖励资金82.68万元。认真落实农村中小学生“两免一补”政策，拨付补贴资金80万元，受益学生达到2 300多人。投入农村中小学校舍维修改造资金114万元，为加快农村义务教育发展注入了新的活力。

【大力支持社会事业发展】 按照“保工资、保稳定、保法定支出”的次序，优先保证了县直和各镇行政事业单位人员工资的正常发放，并从2006年起落实了年终一次性奖励工资政策，切实让广大干部职工享受到了发展的成果。认真落实“两个确保”、“一个低保”政策，全县用于社会保障和抚恤救济方面的支出达5 034万元，增长22.45%，保障了困难群众的基本生活需要，维护了社会稳定。积极推进新型农村合作医疗制度改革，2006年全县参保人数已达36.28万人，参保率达91%。

【切实提高财政管理水平】 进一步加强会计集中核算工作，县直财政拨款单位全部纳入县会计集中核算中心管理，并进一步完善会计核算中心的各项规章制度。深化政府采购管理制度改革，政府采购规模不断扩大，2006年全县完成政府采购额4 223万元，节约资金531万元，节支率达10.53%。加强非税收入的征管，进一步健全完善了“罚缴分离”和“票款分离”管理办法，在加大治理“三乱”的同时，深入落实“收支两条线”规定，一批重点收费项目和资金纳入预算管理。针对《企业会计准则》等一系列新会计制度即将颁布实施，积极做好制度对接，深化企业会计制度改革，举办新企业会计准则培训班15期，培训会计人员1 700余人次。加强对会计信息质量的监管力度，规范了财经秩序，提高了依法理财水平和财政资金使用效益。

（撰稿：刘立新　李曙光）

邹平县

【概述】 2006年邹平县完成地方财政收入14.02亿元，同比增长39.7%；财政支出完成17.03亿元，同比增长34.6%。当年实现财政收支平衡，邹平县财政局被授予“全省财政系统先进集体”荣誉称号。

【加强财政收入征管】 财政部门围绕“经济决定税源、管理增加税收”工作中心，严格执行“分月实施、按季考核、均衡入库、确保完成”制度，强化税源管理，完善征管机制，加大征管力度，堵塞征管漏洞，努力做大财政“蛋糕”。全县地方财政收入列全省142个县（市区）第8位、30个经济强县第6位，分别比2005年上升4个和2个位次，收入增幅在全省30个经济强县中名列第一。全县地方财政收入过千万的镇办达到9个，有5个镇办的地方财政收入进入全市前十强。

【优化财政支出结构】 面对不断加大的支出压力，合理运筹财政资金，整合存量，调节增量，优化结构，集中财力保重点、办大事，财力分配向重点事业倾斜。全面落实“以县为主”的教育管理体制，全县教育支出3.03亿元，增长24.3%；加快技术创新体系建设，全县科技支出3 042万元，增长40.9%，均高于经常性财政收入增长幅度。建立健全社会保障制度，全县社会保障、各项保险和抚恤救济支出1.38亿元，增长22.2%，重点用于社会养老、失业和支持就业和再就业工作。深化卫生体制改革，加快疾病预防控制体系和医疗救助体系建设，全县卫生支出7 478万元，增长77.6%；县级财政投入400万元，对6处镇办卫生院、68处社区卫生服务站和46处村卫生室进行了完善与改造。全县文化体育和计划生育支出达到3 209万元，同比增长20.6%，促进了“三大创建”活动的深入开展。加快环境治理和“生态邹平”建设，全县拨付环境治理专项资金840万元，增长73.2%。加大“平安邹平”建设支持力度，全县公检法司支出4 371万元，增长6.2%。

【深化财政体制改革】 深化“收支两条线”制度改革，全面实行“票款分离”制度，组织非税收入2.55亿元，增长4.2%，调控资金1 162万元，提高了财政保障能力。加快推进国库集中支付制度改革，顺利启动改革试点，为全面推进改革打下了良好基础。完善会计集中核算制度，搞好会计集中核算与国库集中支付制度的有效衔接，全县纳入集中核算单位268个，其中县级88个，办理各类会计业务25 604笔，收付各类资金39.9亿元。认真贯彻落实《政府采购法》，不断扩大政府采购范围和规模，全年共完成政府采购额2.14亿元，节约资金3 050万元，节支率12.5%。加强国有资产运营监管，规范国有产权交易行为，组织产权交易6次，成交额614万元，平均增值率8.3%，确保了国有资产收益的最大化。强化政府资金的跟踪问效，开展专项资金检查，财政资金管理的安全性、规范性、有效性不断提高。扎实做好政府收支分类改革，收支执行数据转换顺利，实现了新旧科目双轨平稳运行。

（撰稿：袭　琳）

菏泽市

牡丹区

【概述】 2006年，牡丹区地方财政收入完成3.4亿元，可比增长46.3%；财政支出完成7.8亿元，增长33.4%。实现财政收支平衡。

【优化支出结构，财政保障能力进一步增强】 确保了全区行政事业单位按照国家规定的工资标准及时发放。提高了失业保险和城镇居民最低生活保障标准，失业保障基金支撑能力进一步增强，基本上做到了“应保尽保”。建立起了离休干部两费和军转干部医疗费保障机制，有效保证了困难企业下岗职工和军转干部生活补助、农村优抚等重点支出需要。认真落实再就业优惠政策，加大对就业再就业扶持力度，有力维护了社会稳定。服务发展大局，重点保障了教育、科技、卫生、计划生育等方面的投入。认真落实招商引资激励政策，重点加大了对园区建设、公路建设、城市基础设施更新改造等重点项目支持力度，城市面貌和居民生活环境发生了日新月异的变化，经济发展环境明显改善。

【统筹城乡协调发展，支持“三农”成效显著】 认真落实粮食直接补贴、油价补贴、农机补贴和良种补贴政策，向农民直接发放补贴3 468万元，增加了农民收入，提高了种粮农民的生产积极性。积极开展农村计划生育家庭奖励扶助和特困家庭女孩救助活动，大力支持“四四四一”工程建设和新型农村合作医疗改革。多方筹措1 333万元资金用于农村中小学危房改造、“两免一补”、课桌凳更新和农村中小学现代远程教育试点工程，改善了农村中小学办学条件，逐步将义务教育投入纳入公共财政保障范围。

【创新管理机制，财政改革迈开新步伐】 稳步推进国有资产管理体制改革，认真进行资产清查，实际移交资产2.6亿元，进一步规范了区直部门财务支出定额标准。积极推进预算编制改革，建立完善了全区财政供养人员数据库和预算编制基础信息库，在区直部分单位推行了部门预算编制改革。积极推行国库集中支付制度改革，制定了资金支付、清算和会计核算等一整套层次清晰、内容全面的管理办法，形成了规范完善的制度体系，统一安装了技术先进、操作简便、运行安全的网络支付系统，为全面推行国库集中支付制度改革积累了经验。

【强化财政监管，依法理财水平明显提高】 认真贯彻落实《政府采购法》，科学编制采购计划，规范政府采购行为，扩大采购范围和规模，坚持公开、公正、透明原则，努力降低采购成本，促进廉政建设。充分发挥会计委派的平台作用，强化对区直单位财务监管，严格规范财务支出，充分挖掘增收节支潜力，堵塞管理漏洞，取得了明显成效。不断完善乡镇报账制度，进一步规范乡镇财政财务收支行为，努力降低行政成本和财政运行风险，提高了乡级财政综合调控能力。乡镇报账中心严格把关，强化服务，全年累计拒付不合理票据3 860份，节约资金236万元，消化债务228万元，招待费支出同比下降15.6%。积极组织税收征管质量监督检查，对房地产开发企业、餐饮服务业和部分企事业单位进行了纳税情况重点稽查，严肃查处漏征、漏管，人情税、关系税和偷逃骗税行为，促进了财政增收，净化了税收执法环境。

（撰稿：刘雨祥）

曹县

【概述】 2006年，曹县地方财政收入完成2.7亿元，可比增长81.9%；财政支出完成7.6亿元，增长41.6%。连续18年实现财政收支平衡。

【发挥财政职能，服务经济发展】 充分发挥财政职能，拓宽筹资渠道，优化资金投入，支持和促进经济发展。继续加大对农业的投入，全县财政支农支出5 872万元，增长34.31%，改善了农村的生产生活条件，提高了农业综合生产能力。进一步加大对企业的支持力度，全县企业挖潜改造、科技三项经费等支出4 540万元，增长25.45%，支持企业技术改造，推动了全县产业结构优化升级；全年实现出口退税及免抵调支出1.75亿元，促进了全县外贸出口的快速增长。

【强化收入征管，财政收入快速增长】 加强对重点行业、税源大户和重点税种的控管，严厉打击各种偷、逃、骗、漏、抗税行为，共查补往年税款

4 000多万元。针对税费征缴工作中存在的问题，全面推行了税费征缴改革，实行“双委托”规范征收，有效地优化了税费征收环境，增加了地方财政收入。加强非税收入管理，严格执行“收支两条线”管理，开展了非税收入、“小金库”大检查和土地出让金、社会抚养费、违法占地清理等专项检查活动，确保了各项非税收入依法收缴和及时足额入库。

【全力做好“三保”，增强财政保障能力】 按照建立公共财政的要求，进一步调整优化支出结构，严格控制人、车、会、话等一般性支出，着力解决经济社会发展中的重点、难点问题。在工资大幅度增长的情况下，县乡财政筹集资金2 755万元填补增资缺口，编内财政供养人员工资按新标准及时足额发放。根据事业发展的需要适当安排各单位的经费比例，按进度及时拨付到位，机关运转得到有效保障。多方筹集1.5亿元，用于养老保险、医疗保险、最低生活保障、危房改造、“两免一补”、企业军转干部安置、下岗职工再就业等，保证了社会保障经费的兑现。

【加强财政监督，规范财经秩序】 制定了《曹县人民政府规范财政资金使用管理办法》，对财政资金的拨付、使用、监督各个环节做了明确具体的规定，实现严格的审批制度，加大了财政财务监督管理的力度，有效堵塞了各种漏洞，增强了财政保障能力。加大政府债务管理力度，严格实行政府举债审批下管一级制度，防范和化解财政风险。

（撰稿：郭　杰）

定 陶 县

【概述】 2006年，定陶县地方财政收入完成1.46亿元，可比增长63.7%；财政支出完成4.29亿元，增长34.7%。

【财政保障能力增强】 积极调整和优化支出结构，集中财力保证人员工资发放。坚持统筹经济社会发展，按照公共财政要求，大力压缩一般性支出，最大限度地增加公共性、公益性投入，着力解决社会事业发展中的重点、难点问题。积极整合预算内外资金3 700万元，用于范阳路、西绕城线、希望路延伸段，郜秦路、山南路、七里河路等工程建设、拆迁补偿以及城区下水道清淤、绿化亮化等项目建设，城市功能日臻完善，投资环境进一步优化。

【支持“三农”取得新突破】 认真落实中央和省有关政策，进一步加大对“三农”的支持力度。多方筹措专项资金1 405万元投入农业综合开发、土地治理项目，修建桥、涵、闸188座，新打机井87眼，植树6万余株，挖土30万方，埋设节水灌溉PVC管215公里，改造中低产田4.2万亩。认真落实对种粮农民直接补贴、农资补贴、小麦良种补贴政策，增加农民收入2 399万元。投入“村村通自来水”工程建设资金533万元，重点用于解决农村高氟水、苦咸水、污染水的问题，新增受益人口16 425人。积极争取和筹措资金，实施“村村通公路”、乡镇卫生院改造、农村改厕、沼气池建设等项目，努力改善农民生产生活条件。集中资金1 362万元，用于新型农村合作医疗制度建设，从当年4月1日新型农村合作医疗工作启动以来，受益群众23.8万人次，报销金额775万元。积极开展了农村劳动力转移“阳光工程”、技能扶贫计划等，努力改善农村弱势群体生活状况，帮助农民脱贫致富奔小康。

【支持经济发展作用明显】 对重点企业进行重点帮扶。实行政策倾斜，壮大骨干财源，保持了全县工业总量的持续增长。积极争取并落实上级各类补助资金，推动企业上规模、上档次，帮助企业做大做强。积极落实出口退税政策，全年办理退税1 251万元，促进了外贸企业发展。认真落实财政优惠政策，支持县经济开发区、定陶（烟台）工业园区等重点项目建设。

【各项财政改革成效显著】 继续深化“收支两条线”改革，在银行开通了网络收费系统，建立起“上下贯通、部门联网”的网络收费体系，将县乡两级所有收费全部纳入系统管理。政府采购范围逐步扩大，已拥有工程、通用办公设备、交通工具、车辆保险等行业及领域供应商58家，全年办理政府采购项目44个，实际采购合同金额1 519.28万元，节约资金212.19万元，综合节约率达12.25%。县直会计核算中心运作机制更加完善，通过严把支出关口，进一步挖掘机关、事业单位节支潜力，有效堵塞了支出漏洞，共拒付不合规会计业务839笔，节约开支152万元。“乡财县管乡用”改革初显成效，公共财政支出改革得到进一步延伸，各乡镇逐步建立了符合公共财政体制要求的财政管理框架，审批制度约束有力，支出有据可依，财务核算规范透明。财政投资工程预决算管理更加规范，审核污水处理厂管网建设、开发区道路等财政投资项目14项，提报工程预决算2 434万元，审定金额2 169万元，核减265万元，综合审减幅度达到10.89%。

（撰稿：陈关键）

成 武 县

【概述】 2006年，成武县地方财政收入完成1.79亿元，可比增长51.6%；财政支出完成4.6亿元，增长42.2%，实现当年财政收支平衡。

【**严格依法征税治费，财政实力明显增强**】 努力克服多种困难和不利因素，坚持狠抓收入不放松，采取了各种增收措施，依法加强税费征管。进一步完善非税收入管理措施，实现非税收入8 333万元，实现政府统筹预留20万元。财政收入结构进一步优化，税收收入完成1.4亿元，占财政收入比重达到75.7%，收入质量明显提高，财政综合实力明显增强。

【**科学管理财政支出，大力支持和谐社会建设**】 把工资发放摆在财政支出首位，按国家规定标准及时足额兑现了机关事业单位人员工资。加大对社会事业的支持力度，教育、卫生、科学事业支出分别增长28.12%、37.07%、150%。进一步加大对社会保障事业的支持力度，提高了离退休人员离退休费和城市低保对象待遇标准，确保了及时足额发放。全面落实再就业扶持政策，和谐社会建设成效显著。

【**认真落实上级政策，支持“三农”工作取得新成效**】 全部取消农业税，与农村税费改革前相比，每年减轻农民负担4 934万元。继续执行对种粮农民的直接补贴政策，发放小麦直补资金1 110万元，发放农资、油价等综合补贴资金1 126.7万元。拨付资金1 700余万元，用于全县水利建设、人畜用水改造、良种推广和农业综合开发等项目。投入资金200万元，对农村义务教育阶段贫困学生实行“两免一补”，对农村中小学课桌凳进行更新，农村办学条件明显改善。投入资金117万元，用于农村改厕等项目，有力支持了新农村建设。

【**狠抓财政综合改革，管理体制又有新进展**】 深化会计集中核算改革，审核支付财政性资金3.16亿元，拒付资金47万元，进一步规范了县直行政事业单位的会计核算。政府采购范围和规模不断扩大，全年累计采购331万元，节省资金66万元。稳步推进政府收支分类改革，为2007年按新科目运行奠定了基础。继续推行“乡财县管乡用”改革，全面实行报账制，审核支付乡镇各项资金1.43亿元，乡镇财政收支监管日益强化。

【**切实加强财政监督，管理水平有了新提高**】 根据市政府《关于对全市预算单位预算编制及执行情况进行检查的通知》精神，对全县50多个单位开展了预算执行情况检查，追缴税金13.7万元，没收处罚不合理开支5.19万元。根据县政府《关于整顿财经秩序的意见》精神，开展了全县整顿财经秩序工作。在全县范围内开展了税源状况大检查，共检查了233个企业，查补税款518万元，财政监督的层次和水平得到进一步提高。

（撰稿：朱瑞常）

单　县

【**概述**】 2006年，单县地方财政收入完成2.62亿元，可比增长58.7%；财政支出完成7.4亿元，增长41.2%。实现当年财政收支平衡。

【**依法征管水平进一步提高**】 各级财税部门坚持大税小税一起抓、税收收入和非税收入一起管的原则，加强收入调度，层层细化责任，切实做到了应收尽收、均衡入库。各乡镇政府也都明确各自的收入目标，积极开展税源调查，严格落实征收措施，确保了收入任务的完成。

【**支持经济发展力度进一步加大**】 灵活运用财税杠杆，积极培植财源，奠定了收入增长的基础。严格“收支两条线”管理，规范了收费和罚款行为，有效遏制了乱收费、乱罚款现象，改善了经济社会发展环境。围绕促进县域经济结构调整和增长方式转变，筹集资金700多万元，支持了企业自主创新、节能降耗和治污。完善招商引资机制，加大招商引资奖励力度，调动了各方面招商引资的积极性。积极向上级争取专项资金，加大土地收益收缴力度，努力支持城市基础设施建设，城市面貌又有新变化。认真落实出口退税政策，全年办理出口退税2 958万元，增强了企业发展后劲和竞争能力。

【**和谐社会建设的财政保障能力进一步增强**】 始终把工资发放摆在财政支出的首位，2006年两次为县乡干部职工和离退休人员增发工资、退休费，累计增发6 000多万元，并留足了公务员工资制度改革增资资金，为落实上级政策奠定了基础。农业、文体、教育、社保、卫生和科技等支出也得到较好保障和增长。提高了优抚对象和城市低保对象待遇标准，并确保及时足额发放。顺利启动了新型农村合作医疗，全县参合农民达到88.3万人。积极推进新农村建设，大力支持农村改厕和高标准沼气池建设。投入800多万元，支持了“村村通自来水”工程建设。认真抓好粮食直补、农资综合补贴工作，发放粮食直补资金、农资综合补贴资金3 197万元，促进了农村经济发展。为7.9万名农村中小学生免费配备了课桌凳，农村中小学危房改造、贫困生“两免一补”、计划生育家庭奖励扶助、村村通公路等政策得到较好落实，公共财政覆盖农村的范围逐步扩大，农村生活条件得到改善。

【**财政运行机制进一步完善**】 深化财政改革，完善了部门预算编制办法，加强部门综合预算管理，提高了资金使用效益和政府统筹运用资金的能力。继续加强政府采购招投标工作，2006年政府采购总额达到6 556万元，节约资金1 150万元，资金综合节约率达14.9%。积极做好行政事业单位国有资产管理工作，建立完善了国有资产授权经营体系，行政事业单位国有资产全部纳入政府统一管理。继续加强会计集中核算，有效控制了非税收入的不合理增长，实现合理合法收入收好用好；加强债务管理，有效防范和化解了乡镇债务风险。

（撰稿：李　昂）

巨 野 县

【概述】 2006年，巨野县地方财政收入完成2.2亿元，可比增长47.6%；财政支出完成6.2亿元，增长36.7%，实现了财政收支平衡。

【服务经济有了新成效】 充分发挥财政调节经济、配置资源的职能，努力培植和涵养财源，确保税收和政府财力的可持续增长，不断做大、做强财政“蛋糕”。积极组织协调相关部门经常深入生产一线，了解企业原料、能耗、成本、产量、销售、利润、税收等经济指标，通过解剖分类，分析企业经济运行状况，为县委、县政府科学决策提供了准确、翔实的第一手资料。鼓励金融机构扩大信贷规模，支持企业加快发展，培植壮大骨干财源，努力提升了经济增长的质量和效益，拓展了财政增收空间，培育出一批纳税大户。

【组织收入实现新飞跃】 紧紧抓住组织收入这个中心，强化税费征管工作力度，努力挖掘增收潜力。坚持依法治税、科技兴税，对重点行业、重点企业、重点税种实行重点稽查，加大了对契税、城市建设维护税、耕地占用税等的征缴力度。深入开展整顿和规范税收秩序工作，坚决查处了偷税、漏税、欠税等违法案件。严格落实“收支两条线”规定，切实加强非税收入的征收管理，查遗堵漏，保证了各项收入应收尽收，及时足额入库。实行财税库联席制度、收入监控报告制度和目标责任制管理制度，明确责任，紧密配合，大打组织收入攻坚战，以旬保月，以月保季，以季保年，实现了历史性跨越。

【支持“三农”取得新进展】 认真贯彻中央“一号文件”精神，落实“一免三补”政策，全年共减免农业税1 205万元，及时下拨粮食直补资金、良种补贴资金、柴油化肥补贴资金等2 600余万元。积极筹措资金支持“360工程”建设，共拨付资金275万元，用于卫生院的建设，有效缓解了农民看病难的问题。

【促进发展迈出新步伐】 优先保障机关事业单位职工工资和离退休人员离退休费按时发放，优先保障维护社会稳定支出，努力改善低收入者和弱势群体的生活条件。筹措资金2 180万元，用于青年路西延、东环路、洙水河公园等一大批在建项目，有力地支持了重点工程建设。

【管理水平再上新台阶】 继续完善政府采购程序，扩大政府采购范围和规模，全年共完成采购额1 437万元，节约资金312万元。强化财政核算约束，对全县232个单位实行集中核算报账，统一管理，当年涉及资金流量8.2亿元，纠正和拒付不合理开支95万元。进一步深化财政国库管理制度改革，规范财政收支行为，加强财政收支管理监督，提高财政资金运行效率和使用效益。组织对各单位津贴补贴发放情况进行了认真清理，规范了津贴补贴发放范围，统一了津贴补贴标准，杜绝了乱发津贴补贴现象，维护了财经纪律的严肃性。对全县农村义务教育阶段家庭经济困难学生“两免一补”工作进行了督查和落实。

（撰稿：庞英南）

郓 城 县

【概述】 2006年，郓城县地方财政完成3.6亿元，可比增长38.5%；财政支出完成8.1亿元，增长33.6%。实现了财政收支平衡。郓城县财政局荣获“省级精神文明单位”、“省级文明机关”、“全市财政系统先进集体”等荣誉称号。

【坚持不懈抓财政增收】 在抓好重点行业、纳税大户、主体税种的同时，坚持抓大不放小，创新征管手段，完善征管措施，契税和耕地占用税共完成439万元。完善非税收入征管系统，加强福彩、体彩和土地出让金等专项资金的管理，2006年共收入专户资金4 257万元。积极组织开展税收检查活动，共检查单位278个，收缴各种税收和罚款302.8万元。

【坚定不移抓财源建设】 大力支持企业自主创新，拨付企业挖潜改造和科技三项费用等支出2 354万元。争取无偿资金217.8万元，支持开元商城万村千乡活动和郓百集团流通现代化项目，努力提升服务业整体水平。支出214万元，大力支持纺织、搪瓷、木材加工等一批支柱产业，进一步夯实了地方税源基础。

【坚持多予、少取、支持“三农”工作】 进一步加大支农力度，共发放粮食直补资金1 896万元，柴油、化肥等农资补贴1 923.1万元，优质小麦良种补贴400万元。努力加强农村基础设施建设，共投入农业综合开发项目资金651万元，世行三期项目投资1 207万元。积极筹措资金1 618万元，实施村村通自来水工程，惠及77个村8万余人。

【坚持以人为本努力改善民生】 在确保工资正常发放的基础上，以建设公共财政为目标，不断加大民生方面的投入力度。分别投入785万元、480万元、232万元和160万元，用于改造中小学危房、课桌凳更新、“两免一补”和支持职业教育及特殊教育发展。争取专项资金332万元，启动“重点乡镇卫生院360工程”。开展新型农村合作医疗试点工作，共有3万余人参加，参合率达96.7%。加大社保支持力度，共征缴各项社会保障基金2.11亿元，支出1.69亿元，有力维护了社会安定团结局面。拨付各项就业补助资金306万元，用于下岗职工再就业培训、职业介绍，努力帮助失业人员再就业。

（撰稿：侯仰君　车鹏博）

鄄城县

【概述】 2006年，鄄城县实现地方财政收入1.7亿元，可比增长49.7%；实现财政支出5.29亿元，增长42.9%，实现财政收支平衡。

【强化征管措施，财政收入快速增长】 进一步健全和完善非税收入征管系统，严格票据管理，深入落实“收支两条线”管理制度，依法管好、用好非税收入，进一步增强了政府调控能力。积极督促税务部门改进征管手段，强化税源监控，依法加强税收征管，确保税收及时足额征收入库。

【强化财源建设，促进经济快速发展】 科学调度和运筹财政资金1 446万元，大力支持县工业园区基础设施建设，优化了园区投资环境，积极培育新的财源增长点。帮助企业拓宽融资渠道，该县兴业担保中心2006年共提供担保贷款32笔，累计担保贷款5 045万元，缓解了企业资金紧张的状况、促进了全县经济发展。

【整合多方资金，支持新农村建设】 2006年鄄城县被确定为国家、省级支农资金整合试点县，制定了《鄄城县支农资金整合实施方案（2006～2008年）》和《鄄城县2006年支农资金整合试点实施方案》，重点规划了该县“三区、四业、新农村建设”格局。在临商公路复线区，鄄北、鄄东区，沿黄区三大区域，重点发展中药、优质粮棉、畜牧养殖、林业四大优势产业。三年计划整合支农资金6.90亿元，2006年整合资金1.3亿元，其中中央财政资金1 000万元，省级财政资金2 102万元，着力实施31个项目，培育特色板块经济，实现农业的区域化、规模化、产业化发展。

【优化支出结构，大力支持重点事业发展】 积极调度资金，确保了县乡两级工资按时发放。积极整合资金，大力支持农村公路、水利、人畜饮水工程以及乡镇卫生院建设，有力改善了农民生活状况，增加了农民收入，促进了新农村建设。大力支持教育、社保、卫生事业发展，建立了离休干部两费和军转干部医疗费保障机制，彻底解决离休干部的两费和军转干部的医疗费问题，改善了农村中小学办学条件。

【加强财政监管，提高依法理财水平】 按照有关的规章制度，加强了对会计集中核算单位票据的审核。严格专项资金的使用和管理，较好地保证了专款专用。对违规着装和个人借欠公款进行了清理，取得了较好效果。进一步扩大了政府采购范围，把公务用车、办公自动化设备、办公家具类等逐步列入了政府采购范围。

【深化财政改革，完善财政管理机制】 继续深化国有资产管理体制改革，把国有资产管理与监督纳入制度化、规范化、法制化轨道。建立国库单一账户体系，资金缴拨实行国库集中支付。在下岗职工培训和再就业、住房公积金归集管理、会计人员培训、会计信息质量检查监督等方面也都做了一些工作，取得了较好的效果。

（撰稿：李　宏）

东明县

【概述】 2006年，东明县地方财政收入完成3.11亿元，可比增长53.5%；财政支出完成6.54亿元，增长44.9%，连续18年实现财政收支平衡。

【加大财源建设力度】 积极筹措财政资金，大力支持招商引资和园区建设，全县共引进千万元以上的项目60个，亿元以上的项目7个，实际到位资金10.77亿元，招商引资工作取得了历史性突破。2006年全县规模以上企业达到57家，较上年增加14家，工业经济总量和运行质量居菏泽市首位。

【积极组织财政收入】 对收入工作早部署、早安排，加强税源调查，强化税源监控，依法组织收入。坚持中央收入和地方收入一起抓，大税种和小税种一起抓，税收收入和非税收入一起抓，加大宣传、征管、稽查和清欠力度，建立收入考核机制，严格落实目标责任制，突出管理创新和服务创新，全面推行社会综合治税，保证了收入的稳定增长。全县地方财政收入首次突破3亿元，占GDP的比重达5.16%，比上年提高0.71个百分点。税收收入占地方财政收入比重达到75.19%，比上年提高3.27个百分点。增值税、营业税和企业所得税三大主体税种大幅增长，分别增长37.5%、

53.42%和48.08%。

【重点支出得到保障】 进一步完善工资保障机制，确保了机关事业单位编制内人员和教师工资正常发放。加大社会保障支出力度，全县用于社会保障方面的资金达8 321万元，有效保证了离退休人员费用、医疗保险、城市低保、就业再就业、自然灾害救济、农村优抚、残疾人、农村五保供养、乡镇敬老院建设等重点支出需要。全力以赴筹措资金，支持社会主义新农村建设，加大对农业、农村扶持力度，认真落实各项惠农补贴政策，有效解决了农民行路、吃水、就医、子女上学等方面问题，促进了和谐社会建设。

（撰稿：张乐场）

开 发 区

【概述】 2006年，菏泽开发区完成地方财政收入1.7亿元，可比增长46.7%；财政支出完成1.9亿元，增长37.5%，实现当年财政收支平衡。

【抓收入，财政收入增幅再创新高】落实收入责任制，建立和落实收入督办责任制，实行局领导班子成员包办事处、包企业、包税种制度，做到依法应收尽收。狠抓收入调度，建立起财政收入调度机制，重点研究收入中存在的问题，提出应采取的工作措施。把开展税源普查作为一项经常性的工作来抓，专人负责，把税源情况摸清楚，切实做到了心中有数。加强工作协调，强化与两个税务部门的工作配合，及时沟通情况，共同研究解决收入征管中存在的问题，进一步强化对重点企业、重点税源、重点税种的调度和征管力度。

【控支出，重点支出保障能力增强】按照公共财政的要求，继续调整支出结构，大力压缩一般性支出，保证重点支出需要。严把支出关口，出台新的财政财务管理规定，严格预算管理，强化财务支出，对临时预算严格掌握，从严审批，除突发事件外，其他一般性开支一律不予追加，尽最大努力节俭财政开支。严格预算执行，按照规定及时下达部门预算。在预算执行中，坚持支出按计划，追加按程序，拨款按进度，增支按标准，强化预算约束，实行公用经费和专项经费包干，形成定期拨款制度和按预算指标拨款的正常办事程序。积极推进养老、失业、医疗等各项社会保障制度改革，多方筹集资金，对年满60岁以上的老人实行养老保险，并率先全面推行了新型农村合作医疗制度。

【严监管，财政监管力度继续加大】继续强化“收支两条线”管理，运行了非税收入征管系统，积极组织非税收入，切实做到应收尽收；严格核定支出范围，认真审核支出标准；做好财政票据核销工作，实现“以票治费”，加强各项收费、罚没收入的管理和监督。组织开展了粮食直补和农资补贴发放检查工作，根据上级统一要求，采取全面普查和重点抽查的形式，对粮食直补和农资补贴发放情况进行了一次拉网式检查，防止了资金截留、占压、抵扣，切实把国家惠农政策落到了实处，充分调动了广大农民种粮的积极性。加强会计监督管理，继续做好会计从业资格证书年审工作，组织开展会计业务培训和各类职称考试，全面提高了部门单位会计从业人员素质。

（撰稿：李续宾）

第五部分

财经文选

以科学发展观为指导 积极支持社会主义新农村建设

尹慧敏

党的十六届五中全会提出建设社会主义新农村的宏伟目标后，中央和省里相继召开一系列重要会议，明确了建设社会主义新农村的目标任务和政策措施，并对财政支持新农村建设提出许多具体要求。各级财政部门要认真贯彻落实中央和省委、省政府决策部署，以科学发展观为指导，进一步统一思想，明确任务，狠抓落实，充分发挥财政职能作用，扎实推进社会主义新农村建设。

一、要让公共财政的阳光雨露更多地照耀农村、润泽农民

建设社会主义新农村，是落实科学发展观、全面建设小康社会的必由之路。财政作为政府履行职能的物质基础和政策手段，在推进新农村建设方面肩负着重要职责。多年以来，全省各级财政部门高度重视“三农”问题，按照省委、省政府决策部署，坚持“多予、少取、放活”方针，大力调整财政支出结构，认真落实各项支农惠农政策，有效改善了农业生产条件，增加了农民收入，促进了农村经济和社会事业发展。“十五”期间，全省用于“三农”方面的财政投入达1 052.1 亿元，是“九五”时期的2.06倍，年均增长15.56%。通过深化农村税费改革，取消专门面向农民收取的税费项目，2002～2005 年累计为全省农民减负220多亿元。按照中央“1号文件”要求，围绕支持新农村建设，2006年各级普遍加大了预算安排力度。其中，仅省级预算安排的“三农”发展资金（不含中央补助）就达46.52亿元，比2005年实际执行数增加9.42亿元，高于2005年3.5亿元的增量；预算内资金用于农村建设的比重为14.36%，高于2005年的13.45%，其中直接用于改善农村生产生活条件的资金为22.06亿元，高于2005年的20.07亿元。这将有力地促进农业增产、农民增收、农村发展，为推进新农村建设创造良好条件。

我们也要清醒地看到，目前我省农业和农村发展仍处在艰难的爬坡阶段。一方面，农业基础还比较脆弱，抵御自然灾害的能力不强；另一方面，农村公共事业发展滞后，城乡面貌反差较大。经过前几年连续大规模投入，尽管农村行路难、用电难、吃水难、读书难的状况有所缓解，但与城市相比，由于长期以来欠账较多，农村“路、水、电、医、学”和社会保障等公益事业发展滞后的问题仍很突出，农业、农村仍是整个经济社会发展的最薄弱环节。党的十六大以来，中央根据全面建设小康社会的客观要求，强调要把解决“三农”问题作为各项工作的重中之重，作出我国总体上已进入以工促农、以城带乡发展阶段的重要判断。从我省情况看，近年来随着经济的快速发展，财政经济实力不断增强，2005年全省GDP达到1.85万亿元，地方财政收入达到1 073.13亿元，地方财政收入过5亿元的县（市、区）达到46个，也具备了实施“工业反哺农业、城市支持农村”的条件，必须进一步扩大公共财政覆盖农村的范围。这是时代赋予我们的光荣使命，也是公共财政的职责所在，是公共财政的本质特征所决定的。我们要建立的公共财政，是面向所有公民提供公共服务的普惠型财政，服务范围当然包括广大农村和农民在内。如果“三农”问题不解决，就会影响到整个经济和社会发展进程，全面建设小康社会的目标就难以实现。因此，各级财政部门要以科学发展观为指导，从战略和全局的高度出发，进一步统一思想、明确责任，切实增强使命感和紧迫感，把新农村建设作为财政支出安排的重点，让公共财政的阳光雨露更多地照耀农村、润泽农民。

扩大公共财政覆盖农村的范围，关键是要转变理财观念，调整财政支出结构，创新理财方式。各级要认真贯彻落实中央“1号文件”精神，进一步加大对新农村建设的投入力度。无论是制定政策，安排预算，还是确定项目，都要优先考虑农业、农村和农民，对“三农”予以重点支持。一方面，要不断进行存量调整，优化财政支出结构，提高财政支出用于农村的比重。另一方面，新增财力的分配，要优先考虑“三农”，重点向新农村建设倾斜。按照中央的要求，财政新增的教育、卫生、文化事业经费应主要用于农村，基本建设资金增量主要用于农村，政府征用土地出让收益主要用于农村，提高耕地占用税税率新增

的税收主要用于农村。2006年要切实做到财政支农资金增量高于上年，预算内用于农村建设的资金比重高于上年，其中直接用于改善农村生产生活条件的资金高于上年。对行政事业性收费和基金，属于农业方面的要确保用于农业，与其有关的也要安排一定数量的资金用于农村和农业。这些政策措施力度很大，有利于建立支农资金稳定增长机制，各级财政部门要认真抓好协调和落实。同时，要不断创新财政支农方式，采取财政贴息、投资参股、税收优惠、民办公助、以奖代补等办法，吸引带动金融、民间、企业、外资资金增加投入，拓宽支农资金来源渠道，逐步建立起以政府投入为引导的多元化投入新机制，形成社会主义新农村建设的稳定资金来源。

二、要集中资金解决好农民群众最关心、最直接、最现实的利益问题

支持社会主义新农村建设，既要加大资金投入，又要结合实际、突出重点，把有限的资金用在刀刃上，集中财力优先解决农民群众最关心、要求最迫切、最容易见效的问题，让农民群众得到实实在在的好处。根据省委、省政府决策部署，当前重点是要以科学发展观为统领，突出“一个关键”，把握“两个重点”，实施“三项补贴”，建设“四大工程”，抓好“五项事业”，做到“六个加大”，努力促进农民增收、农业增效和农村发展，不断提高农民生产生活质量和水平。

——突出“一个关键”，就是要紧紧抓住发展现代农业这个关键。“生产发展”是建设社会主义新农村的首要目标，也是解决“三农”问题的前提和基础。如果农业发展水平和效益上不去，新农村建设就缺乏起码的物质支撑。各级要以建设现代农业为目标，加大对以下几个方面的支持力度。一是发展优势产业。2006年省财政安排专项资金6 500万元，用于支持实施“优势农产品竞争力提升计划”，建立重大动植物病虫害综合防治体系。各地也要依托本地优势产业、优势产品和优势产区，加大资金投入，建立健全农业质量标准、检测、认证和动植物疫病防治体系，建设特色农产品生产基地和优势农产品产业带，发展品牌农业，提高农业整体素质和核心竞争力。二是支持科技兴农。支持农业科技进步与推广，是促进农业增产增效的关键。2006年省财政安排农业科技专项资金2.35亿元，大力支持农业科技创新中心和农业良种、农业科技推广、农业科技成果转化，不断增强科技对现代农业的支撑能力。三是支持农业产业化经营。继续支持重点龙头企业做大做强，培育中小型龙头企业，建设农村现代物流服务体系，发展农民专业合作组织，提高农民组织化程度和农业专业化、规模化水平，促进农产品加工转化增值。省财政2006年在这方面安排专项资金2亿元。四是推进节约型农业建设。发展节地、节水、节肥、节药、节种农业，是建设现代农业的重要方面。2006年省财政安排节约型农业建设专项资金1亿元，支持测土配方施肥、秸秆综合利用、节水灌溉、农村沼气等，努力建设资源节约型、环境友好型、循环经济型生态农业。

——把握“两个重点”，就是要围绕农民增收，把握好挖掘非农产业增收潜力与提高农民增收能力这两个重点。在挖掘农村非农产业增收潜力方面，关键是要依托农业基础和资源优势，加快发展二、三产业。现在凡是农民生活比较富裕的村，绝大多数都有二、三产业财源项目作支撑。实践证明，在现有的生产条件下，仅靠发展传统农业增加农民收入，潜力毕竟是有限的。各地在搞好农业结构调整的同时，要引导农民和村集体发展二、三产业，拉长农业加工增值链条，增加农民来自非农产业的收入。为支持农民自主创业，拓宽增收致富渠道，省财政从2006年起设立农民创业专项资金，鼓励农村信用社发放小额贷款，切实解决农民贷款难的问题。在提高农民增收能力方面，重点是要支持搞好农民培训，促进农村劳动力转移就业。目前全省有1 000多万农村富余劳动力，通过转移就业增加农民收入的潜力很大。要继续实施农村劳动力转移培训“阳光工程”和技能扶贫计划，加大农民培训力度，促进农村劳动力转移就业，增加农民来自非农产业的工资性收入。省财政2006年安排农民培训专项资金3 000万元，技能扶贫资金2 900万元。各级也要大力支持农民培训，培养有文化、懂技术、会经营的新型农民，把人口压力变为人力资源优势。

在抓好农民增收的同时，还要切实防止农民负担反弹。2006年起全省全部取消农业税，省财政为此增加专项转移支付7.62亿元，帮助各地弥补因取消农业税造成的减收缺口。市、县也要加大资金配套力度，确保将这一政策落实到位。同时，全部免除国有农场土地承包费中类似“乡镇五项统筹”的收费，农场因此减少的收入，由各级财政给予适当补助。要配合有关部门严格落实涉农收费公示制度，加大对涉农收费的治理力度。

——实施“三项补贴”，就是要继续实施粮食、良种和农机购置补贴政策，进一步加大补贴力度，调动农民种粮的积极性。一是继续对种粮农民实行直接补贴。省政府决定2006年各地粮食直补标准每亩提高1元，全省增加粮食直补资金6 191万元，使粮食直补资金总额达到9.15亿元，占粮食风险基金的比例达到52%以上。此外，因这次成品油价格提高对种粮农民、渔民、林业等方面的影响，财政将给予补贴。其中，对种粮农民，统筹考虑柴油、化肥等农业生产资料价格上

涨的影响，通过综合直补予以补偿，补贴资金也会尽快兑现到位。二是继续实施良种补贴。2006年中央和省财政共安排我省农作物良种补贴资金2.63亿元，对全省粮食主产区的91个县（市、区）和1个农场的优质小麦及玉米良种给予补贴；安排家畜良种补贴资金1 000万元，支持畜牧业发展，增强粮食转化能力。三是继续实施农机购置补贴。2006年中央和省财政共安排补贴资金4 500万元，与市、县资金捆绑使用，对全省121个农业县（市、区）的农民、农场职工和农机服务组织新购置的农机具进行补贴。以上三项合计，2006年全省财政直接补贴农民的资金将超过12亿元。各级要按照政策要求，会同有关部门，加快补贴资金兑付进度，确保补贴政策及时发挥作用。同时，积极探索实行农民补贴“一卡通”制度，为建立对农民的综合补贴制度打好基础。

——建设“四大工程”，就是要重点支持四项农村基础设施建设工程。一是农村水利设施建设工程。2006年省财政安排专项资金2.1亿元，主要用于支持大中型水利骨干工程和小型农田水利设施建设。其中安排4 000万元专项资金，采取“民办公助”方式，与农村“一事一议”相结合，对农户、农民专业合作组织、村组集体等开展的小型农田水利设施建设给予补助，进一步改善农业生产条件，增强抵御自然灾害的能力。二是村村通自来水工程。省财政2005年安排3亿元资金支持“村村通”自来水建设，2006年又安排5 000万元专项资金，采取“以奖代补”方式，对依靠自身能力完成任务的市县给予奖励，努力实现省政府提出的目标任务。三是农村公路改造工程。在实现“村村通油路”目标的基础上，继续支持农村公路改造工程建设，加强农村公路养护管理，提升乡村公路通行能力，解决“行路难”问题。财政部门要配合交通部门积极做好工作，管好用好有关资金，争取改造农村公路8 000公里。四是农村土地治理和生态建设工程。2006年全省筹措农业综合开发资金6.4亿元，支持土地集中连片开发，加快中低产田改造和中型灌区节水改造，建设高标准基本农田，打造粮食生产核心区，提高农业综合生产能力。同时，2006年省财政还筹集资金1.23亿元，重点用于水土流失综合治理、“绿化山东”建设、森林生态效益补偿等方面，努力改善农业和农村生态环境。对于以上“四大工程”，市县财政也要结合财力情况，加大投入力度，支持农村基础设施建设，改善农村生产生活条件。

——抓好“五项事业”，就是对五项农村公益事业给予重点支持。一是支持农村义务教育发展。扎实推进农村义务教育经费保障机制改革，认真落实“两免一补”政策，省财政厅将51个财政困难县“两免一补”资金全部纳入转移支付；安排专项资金1.8亿元，继续实施农村中小学危房改造、课桌凳更新和现代远程教育工程；逐步提高农村中小学公用经费保障水平，将农村义务教育支出全面纳入公共财政保障范围，解决农村孩子“读书难”问题。二是支持农村卫生事业发展。2006年省财政安排专项资金5 400万元，重点支持改造360所乡镇卫生院；安排专项资金3.6亿元，扎实推进79个省级试点县（不含青岛市）的新型农村合作医疗试点工作。市、县要结合省级资金安排抓好落实，保证这两项工作顺利开展。三是支持完善农村社会保障体系。逐步健全农村社会养老保险制度、失地农民社会保障制度、农村特困户生活救助制度，有条件的地区要尽早建立农村最低生活保障制度。完善农村“五保”财政供养体制，加快重点乡镇敬老院维修改造，力争2007年底基本实现“五保”对象集中供养，解决农民“养老难”问题。四是支持农村文化科技事业发展。继续支持“科普村村通”和“广播电视村村通”工程，推进城乡文化资源共享，加大对农村文化设施建设的投入，繁荣发展农村文化事业。五是支持农村计划生育。2006年省财政安排专项资金4 675万元，在全省全面推行农村部分计划生育家庭奖励扶助制度，各级要积极落实配套资金。同时，继续安排4 000万元专项资金，实施农村育龄夫妇享受免费计划生育服务工程，调动广大农民群众自觉实行计划生育的积极性。

——做到“六个加大”，就是继续实施“五奖一补”政策，加大对县乡税收增长、市级下移财力、精简机构人员、按时偿还债务、粮食主产县和51个财政困难县（市、区）的奖励补助力度，提高县乡财政对新农村建设的保障能力。2005年省财政筹集资金16.05亿元，市级配套3.94亿元，通过实施“五奖一补”政策，对51个财政困难县和81个产粮大县给予重点帮扶，51个困难县可用财力比2004年增加30.2亿元，不仅有效调动了各地发展经济、增收节支的积极性，也显著缓解了县乡财政困难状况，促进了基层政权建设和社会事业发展。2006年省级年初预算安排的“五奖一补”资金，相同口径比上年增加2亿元。在此基础上，省财政正积极争取财政部的大力支持，提高“五奖一补”政策的含金量。各级要进一步统一思想，把加强县乡财政建设纳入财政支持“三农”工作的总体规划，为推进社会主义新农村建设夯实基础、建好平台。同时，要积极推行县乡财政体制改革，实行“乡财乡用县管”和“村财村用乡管”，提高县乡财政管理水平。大力支持乡镇机构改革，促进县乡精简机构人员、转变政府职能，更好地为“三农”服务。严格落实农村税费改革转移支付用于村级经费的补助比例不低于20%

的要求，确保村级组织正常运转。

三、要立足当前、着眼长远，扎实推进社会主义新农村建设

社会主义新农村建设是一项长期、艰巨、复杂的系统工程。财政支持新农村建设，必须立足当前，着眼长远，实事求是，稳步推进。在具体工作中，要重点把握好以下几个方面：

（一）*要处理好尽力而为与量力而行的关系*。建设社会主义新农村，是全面建设小康社会和推进现代化的必然要求，是处理好工农城乡关系、构建和谐社会的重要基础，也是扩大内需、保持经济平稳较快发展的需要。抓好社会主义新农村建设，对农业是一次难得的发展机遇，对农村是一场重大的社会变革，对农民是一个美好的时代福音。对于支持新农村建设问题，各级财政部门在资金安排上必须尽力而为，挖掘一切可利用的资源和潜力，挤出尽可能多的资金，尽最大努力保障各项支农惠农政策的落实。同时，要充分认识社会主义新农村建设的长期性、艰巨性和复杂性，充分考虑当地经济发展水平和地方财政承受能力，量财办事、量力而行，实事求是地制定财政工作规划和预算安排，因地制宜、分类指导、循序渐进、重点突破，看准一项落实一项，让农民得到看得见、摸得着的实惠。在这一点上，财政部门要立足全局算好账，切实为党委、政府当好参谋，不论办任何事情，都要以不加重农民负担为底线，以不增加乡、村债务为前提，千万不能盲目铺摊子、搞攀比，引发新一轮的举债高峰。

（二）*要在政府资金引导下着力激发农民自主创业的积极性*。建设社会主义新农村，离不开政府引导和财政支持，但最根本的还是要激发农村内部的活力。广大农民群众既是新农村建设的直接受益者，也是新农村建设的主要参与者。新农村建设的进展快慢、成效如何，最终取决于广大农民的参与和努力程度。各级在支持新农村建设时，要在充分尊重农民意愿的前提下，通过资金投入和政策机制创新，发挥引导、示范、激励作用，充分调动农民群众自力更生建设家园的积极性，千万不能包办代替，越位、错位。一方面，要积极创新财政政策措施，尽可能多地采取以奖代补、民办公助、以物抵资、拍卖经营权等方式，以“四两”拨“千斤”，最大限度地发挥财政资金的杠杆作用，把广大农民自主创业的潜能激发出来，形成政府引导、社会参与、农民为主的新农村建设格局。另一方面，指导乡村发挥好“一事一议”机制的作用。对通过“一事一议”筹资完成的农村公益设施和项目，财政可根据情况给予适当奖励和补助，引导农民通过民主协商方式，对直接受益的公益设施投资投劳。

（三）*要在增加财政投入的同时确保资金安全有效使用*。财政支持新农村建设，既要加大资金投入力度，更要注意强化监督管理，提高资金使用效益，切实防止“农转非”。要以开展“财政管理年”活动为契机，不断健全资金管理制度，坚持做到“先建制度、后拨资金”，促进包括项目立项、选择、实施、竣工、后续管理等资金运行全过程管理的规范化。要把财政支持新农村建设的各项资金作为监督检查的重点，严肃查处资金使用管理中的违纪违规行为，不断提高资金分配的规范性、运行的安全性和使用的有效性。要改变支农资金拨付与考核方式，不断扩大支农资金政府采购和集中支付的范围，积极开展支农资金绩效评价试点，探索建立一套科学、合理、操作性强的绩效评价指标和程序，对项目进展情况、目标任务完成情况和资金使用效益进行全面考核，并以此评价专项资金设置的合理性、分配的科学性、使用的有效性，为今后财政支农预算安排和资金管理提供借鉴和指导。

（四）*要明确责任、整合资源、协调推进、形成合力*。建设社会主义新农村，既要明确责任分工，分头抓好落实，更要加强协调配合，整合资源，形成资金和工作合力。要注意搞好三个层次的整合：一是搞好财政系统内跨级次的整合。上下级财政部门之间，要紧紧围绕社会主义新农村建设的目标任务，统一思想认识、统一资金安排、统一工作部署，切实做到步调一致，形成工作合力。特别是财政支农资金，无论是上级下达的，还是本级自筹的，都要统筹安排使用，集中解决好农民群众关心、社会关注的重点问题。二是搞好财政部门内部处（科）室之间的资源整合。支持建设社会主义新农村，与财政部门内的每个业务处（科）室都有关系，相互之间加强协调配合十分重要。为加强省厅内部的资金整合和工作协调，借鉴外省市的经验，厅党组研究决定建立联席会议制度，由农业处负责牵头，有关职能处室参加，定期调度汇总分析支农工作进展情况，研究解决新农村建设中出现的新问题，统筹协调新农村建设的工作部署。各市、县财政部门内部，也要建立类似的组织协调机制，最大限度地整合力量，避免资金分散、重复安排或工作相互掣肘。三是搞好财政与有关涉农部门的协调配合。财政用于新农村建设的专项资金分散在许多部门，对一些性质相同的资金要主动协调有关部门进行整合，有些可以在不改变分配权的前提下集中投入使用。县级财政是各项财政支农资金的落脚点，可以县级财政为平台搞好跨部门间的整合。省财政2006年选择5个县进行整合试点，各市也要积极开展试点工作。同时，要加大宣传力度，争取方方面面的支持和理解，为财政支持新农村建设营造良好的舆论氛围。

（作者为山东省财政厅厅长）

进一步扩大缓解县乡财政困难工作的成果

尹慧敏

加强县乡财政建设，是关系城乡统筹发展、社会和谐稳定的大事。2005年中央财政安排资金150亿元，实施了以“三奖一补”为核心的政策措施，极大地缓解了县乡财政困难，提高了县乡财政保障能力。2006年，中央又增加60亿元，使“三奖一补”资金总量达到210亿元，必将进一步巩固扩大县乡财政建设的成果，促进县域经济社会发展。

对于缓解县乡财政困难问题，山东省委、省政府也高度重视，始终将其作为关系全局、影响长远的大事对待，放在全省经济社会发展全局的高度来把握，研究制定了一系列政策措施。山东各级财政部门根据中央要求和省委、省政府部署，周密组织，狠抓落实，缓解县乡财政困难取得显著成效。

*一是研究制定“五奖一补”政策，建立了对县乡财政的综合帮扶机制。*2005年上半年，根据省委、省政府部署，省财政厅把缓解县乡财政困难作为重中之重，经过深入系统地调查研究，制定了“五奖一补”政策，出台了10个配套办法，形成了比较完整的政策体系。“五奖”，就是对市级下移财力、县乡税收增长、精简机构人员、按时偿还债务以及粮食主产县给予奖励；“一补”，就是对可用财力不能满足基本支出需求的51个财政困难县（市、区）给予补助。

*二是筹集资金，切实加大对县乡财政的帮扶力度。*根据“五奖一补”政策，2005年省财政在保持原有对下转移支付规模和各项补助政策不变的基础上，结合中央财政支持，筹措资金16亿元，市级落实配套资金3.94亿元，对51个财政困难县（市、区）和81个产粮大县给予重点扶持。加上一般性转移支付和农村税费改革转移支付，2005年省对下转移支付资金总量达95.7亿元，比2004年增加26.9亿元。

*三是明确资金用途，集中资金解决基层经济社会发展中的突出问题。*首先，优先解决县乡工资发放问题。凡是编制内人员工资实际执行标准低于国家标准的，要求2005年年底前必须达到国家标准。其次，保障村级组织正常运转。对省市安排的农村税费改革转移支付资金，要求各县用于村级经费的比例不能低于20%。再其次，统筹解决好社会事业发展问题。重点保证农村中小学危房改造、贫困学生“两免一补”、人畜吃水等支出需要，让广大群众得到实惠。

*四是调整财政体制，进一步理顺省以下财政分配关系。*为调动各级发展经济、培植财源、增收节支的积极性，提高县乡自我发展保障能力，2005年我省进一步调整了省以下财政体制，加大了对基层的财力倾斜力度。其中，对东部9个经济相对发达的市，降低了体制递增上缴比例；对原来享受体制补助的7个经济欠发达市，将其原享受的递增补助并入“两税”返还基数，与“两税”增长直接挂钩，调动其发展经济、增加收入的积极性。对省级下移的财力，特别是对体制上缴市降低递增上缴比例后新增加的财力，主要用于各地因体制原因造成的县乡财政困难问题。

*五是加强县乡财政管理，努力提高财政资金使用效益。*为加强奖补资金管理，2005年我们建立了财政困难县帮扶资金“直通车”管理制度，对省市奖补资金，由省直接“测算到县、下达到县、监管到县”。建立了重大财政事项报审、备案制度，困难县制定年度预算草案、省市帮扶资金使用方案和财政体制调整方案时，事前要报省市两级财政审查，事后报省市备案。建立了人事编制与财政预算相结合的“双控”机制，实行“编外增人不增经费，编内减人不减经费”，调动单位“节编减人”的积极性。建立了扶持财政困难县联络员制度，在省市财政部门选拔业务骨干，对口联络财政困难县，加强业务指导和信息反馈，确保政策落实。在财政困难县推行“乡财乡用县管”试点，由县财政直接管理、监督乡镇预算内外收支，提高了乡镇财政管理水平。

“五奖一补”政策的实施，既强化了转移支付的激励约束功能，调动了县乡加快发展、增收节支的积极性，又改善了基层财政状况，建立了促进县域经济社会发展的长效机制。经过全省上下共同努力，我省困难县财政状况发生显著变化。2005年，51个财政困难县增值税、营业税、企业所得税、个人所得税四个主体税种，收入增长33.14%，高于全省平均水平8.04个百分点；落实增资及补欠资金8亿多元，平均每人月增资300元左右，编制内人员工资全部达到国家标准；新增村级补助1.5亿元，较好地保证了村级组织正常运转；农村教育、卫生、社会保障等重点事业发展得到较好保障，基层群众的生产生活条件明显改善。这项工作的开展，得到基层广大干部群众的肯定和好评。

但总体上看，目前我省县乡财政仍面临不少问题，缓解县乡财政困难的任务还很艰巨。2006 年，我们将按照中央和省委、省政府部署，总结经验，完善措施，进一步加大帮扶力度，巩固和扩大缓解县乡财政困难工作的成果。

（一）加大落实“五奖一补”政策的力度。2006 年，省级预算安排“五奖一补”资金 15.3 亿元，同口径比上年增加 2 亿元。结合落实推进社会主义新农村建设的各项政策措施，调整支出结构，新增财力重点用于县乡，加大对农村教育、科技、文化、卫生等的扶持力度。同时，也希望中央财政进一步加大支持力度，帮助我省做好缓解县乡财政困难工作。

（二）进一步强化县乡财政管理。结合上年政策实施情况，完善保障性和激励性转移支付办法，提高“奖补”政策保障与激励效果。加快推进“乡财乡用县管”和“村财村用乡管”改革，51 个困难县原则上全面铺开。省厅将进一步加强联络督导工作，组织力量积极开展省市扶持资金使用管理情况检查，确保各项政策落到实处。

（三）高度重视化解县乡债务问题。债务负担沉重，是县乡财政困难的一个重要原因。为解决好这个问题，2006 年要进一步完善县乡债务管理机制，从制度上严格控制新债，防止不正常的债务叠加。同时，分清责任，妥善处理旧债。对县乡债务进行全面清理，摸清债务底数，分类界定债务承担责任，建立偿债准备金，分批逐步消化。

（四）严格控制县乡财政供养人员。中央“1 号文件”明确，2006 年要“积极稳妥地推进乡镇机构改革，切实转变乡镇政府职能，创新乡镇事业站所运行机制，精简机构和人员，5 年内乡镇机构编制只减不增。妥善安置分流人员，确保社会稳定。”2006 年，我们将结合推进农村综合改革，建立预算和编制“双控”机制，强化对县乡财政供养人员的动态管理，坚决控制财政供养人员过快增长。值得注意的是，现在有些方面以推进社会主义新农村建设为名，提出乡村要增设某某机构，并固定专门人员，由财政给予补助。这种做法与中央控制基层财政供养人员的要求不一致，需要引起我们的高度重视。

（作者为山东省财政厅厅长）

扎实推进政府收支分类改革工作

阮凤英

一、要充分认识政府收支分类改革的重要性

加快公共财政建设步伐，是建立和完善社会主义市场经济体制的必然要求。为适应这种要求，多年以来，我国不断推进财政管理体制改革，财政管理模式逐渐由计划经济时期的生产建设型财政向公共财政转变。2000 年以前，重点推进财政收入管理制度改革，逐步建立稳定的收入增长机制。2000 年以后，按照中央和省里的总体部署，各级围绕建立公共财政体制的目标，积极探索，大胆实践，重点在支出管理方面推出了一系列重大改革。如实施部门预算改革，对预算内外财政资源进行整合，实现了“一个部门一本预算”；编制基本支出预算和项目支出预算，对部门“运转的钱”和“办事的钱”进行科学划分，为支出的追踪问效打下了基础；规范预算编制和上报程序，预算编审过程逐步走向公开透明；深化“收支两条线”管理改革，逐步探索实行“收支脱钩”，规范了部门行政和执法行为，保证了部门职能的履行；推行国库集中收付和政府采购制度，减少财政资金被截留挪用和损失浪费的现象，降低了政府行政成本，提高了财政资金的使用效益和效率。通过这些改革，初步搭建了一个符合社会主义公共财政体制需要的预算管理体制框架。但是，政府收支科目体系作为预算管理的重要基础，目前仍然沿袭着计划经济时期的分类办法，带有较强的计划经济和生产建设型财政色彩。随着社会主义市场经济体制和公共财政体系的建立和不断完善，现行政府收支分类科目体系存在的问题越来越突出，其弊端主要体现在以下几个方面：

一是与政府职能转变不相适应。目前，我国社会主义市场经济体制已基本建立，市场在资源配置中的基础性作用日益发挥，政府公共管理和公共服务的职能日益加强，财政收支结构也发生了很大变化。但作为具体反映政府职能活动的预算收支科目，并未随之进行调整。如“一般预算支出”科目中的前 6 个大类基本建设支出、企业挖潜改造资金、地质勘探费、科技三项费用、流动资金等，既

不能体现目前政府职能转变和公共财政的实际，也给外界带来一些不必要的误解，影响了各方面对我国公共财政和市场经济体制的认识。

二是不能清晰反映政府职能活动。在市场经济条件下，政府的主要职能，就是要弥补市场缺陷，满足社会公共需要，讲求公开、透明。政府预算必须反映政府职能活动，体现公共需求，以便强化公共监督。但我国现行预算支出科目，主要是按“经费性质”进行分类，把政府各项支出划分为行政费、事业费、基建费等。这种分类方法虽然便于财政资金的切块分配管理，却反映不出政府究竟办了哪些事、花了多少钱。政府的很多重点支出，如农业、教育、科技等，都分散在基本建设、行政管理费等各类科目中，形不成一个完整的概念，不透明，不清晰，造成了“外行看不懂，内行说不清”的现象。

三是不能准确反映政府收支活动全貌。现有的《政府预算收支科目》，只反映财政预算内收支，不包括应纳入政府收支范围的预算外收支和社会保险基金收支等，财政预算不能全面反映政府各项收支活动，既不利于建立综合预算体系，实行“全口径预算管理”，也不利于从制度、源头上预防腐败。同时，由于现行收支科目体系不完整，也不利于进行财经决策分析。近年来，省委、省政府每年都要求省财政厅对比分析我省与其他省市的财政经济情况，我们在收集整理基础数据、进行对比分析过程中，发现各地为了全面反映本地的财政实力，大都对外公布本地区“境内财政收入”这一指标，但由于口径不统一，这一指标根本不具备可比性，给分析比较工作带来很大困难。

四是财政管理的科学化、信息化受到制约。按照国际通行做法，政府支出分类体系包括功能分类和经济分类。功能分类反映政府的职能活动，如提供公共服务、搞教育、办农业等；经济分类是对各项具体支出进行剖析和核算，如办教育的钱究竟是发了工资，还是买了设备、盖了校舍，等等。现行的支出目级科目虽然也属于支出经济分类性质，但涵盖的范围偏窄，财政预算中大多数的资本性项目支出以及债务等方面的支出，都没有经济分类科目反映。同时，现行目级科目也不够明细、规范和完整，不能完全满足做细、做实部门预算的要求，对加强预算单位财务会计核算，提高财政信息化水平，都带来一些负面影响。

为解决现行政府收支分类科目体系存在的问题，近年来，全国人大、国务院和中纪委相继对政府收支分类改革提出明确要求。社会各界对推进政府收支分类改革，提高政府预算透明度的呼声也很高。同时，扩大公民民主参与预算过程，保证人民依法实现民主决策、民主管理和民主监督政府预算的权利，也迫切需要加快推进政府收支分类改革，以便尽快建立一个民主、高效的预算管理制度体系。从我省情况看，尽管近年来向各级报送的财政总收入口径基本符合收支分类体系改革的要求，但在内部具体科目设置上，与全国一样存在科目设置不合理、不符合公共财政管理体制要求的问题。要进一步深化各项财政改革，加强财政预算管理，也需要尽快对现行的收支科目体系进行改革，以适应财政管理由“重分配”向“重绩效”转变的要求。总之，政府收支分类改革是一项非常重要的基础性财政管理工作，直接关系到预算安排的透明度，关系到财政管理的科学化和规范化，是公共财政体制建设的一个重要环节。进行政府收支分类改革，建立一套完整、规范的政府收支分类体系，对于全面推进部门预算、收支两条线、国库集中收付、政府采购以及其他方面的财政改革，增加预算透明度，提高财政管理的科学化、规范化水平，提高财政资金使用效益，从源头上建立反腐倡廉机制，进一步完善与社会主义市场经济相适应的公共财政管理体制，都具有重要意义。各级财政部门要进一步统一思想、提高认识，从促进财政改革、建立公共财政和社会主义市场经济体制的高度，充分把握收支分类改革的重要性，明确目标，狠抓落实，确保圆满完成政府收支分类改革任务。

二、政府收支分类的基本原则和主要内容

新的政府收支分类，在体系设计上主要遵循三个基本原则：一是公开透明。确保按新科目编制的预算符合市场经济条件下公共财政的基本要求，既要让我们自己说得明白，也要让一般老百姓看得懂。二是符合国情。既要合理借鉴国际经验，实现与国际口径的有效衔接与对比，又要充分考虑我国目前的实际情况，尽可能满足各方面的管理需要。三是便于操作。科目设计在内容和层级设计上既充分满足财政管理的要求，又尽可能简化，不能太复杂。按照上述原则，政府收支分类改革主要包括建立新的收入分类、支出功能分类和支出经济分类三方面内容。收入分类主要是完整反映政府收入的来源和性质，说明政府的钱是从哪里来的；支出功能分类主要是完整反映政府各项职能活动，说明政府究竟做了些什么。比如说，是搞了农业，还是办了教育；支出经济分类主要是明细反映政府支出的具体用途，即政府的钱究竟是怎么花出去的，是付了人员工资、会议费、咨询费还是买了办公设备等。支出功能分类和支出经济分类从不同侧面、用不同方式反映政府支出活动，它们既是两个相对独立的分类体系，可以分别使用，同时又相互联系，可以结合使用。改革的主要内容是：

第一，对政府收入进行统一分

类，更加规范、细致地反映政府各项收入。改革后的政府收入分为6类、49款、354项和750目，不仅包括预算内收入，还包括预算外收入、社会保险基金收入等应属于政府收入范畴的各项收入，比较全面地反映了政府收入的来源和性质。从分类方法上看，新的收入分类改变了现行收入分类按照各项税收、行政性收费、罚没收入、专项收入等各种收入罗列的方式，改按国际通行做法将政府收入划分为税收收入、社会保险基金收入、非税收入、债务收入以及转移收入等，为进一步加强收入管理和数据统计分析创造了条件。从分类结构上看，现行收入分类分设类、款、项三级，改革后分设类、款、项、目四级，多了一个层次。四级科目逐级细化，以满足不同层次的管理需求。原来的一般预算收入、基金预算收入及社保基金收入和预算外收入等，都统一纳入到政府收入分类体系，并进行编码，形成了一个既可以按一般预算收入、基金预算收入分别编制预算，又可根据需要统一汇总整个政府收入的统计体系。

第二，建立新的政府支出功能分类体系，更加清晰地反映政府各项职能活动。支出功能分类科目设类、款、项三级，分别为17类、172款和1 152项，这是此次科目改革的核心。从分类方法和结构上来看，现行支出分类科目主要是按经费性质设置的，如基建费、事业费、行政管理费等，作为补充，还有几十个按经济性质设置的目级科目。新的支出功能分类，不再按经费性质设置科目，而是根据政府管理和部门预算的要求，统一按支出功能设置类、款、项三级科目。类级科目综合反映政府职能活动，如国防、外交、教育、科学技术、社会保障、环境保护等；款级科目反映为完成某项政府职能所进行的某一方面的工作，如“教育”类下的“普通教育”；项级科目反映为完成某一方面的工作所发生的具体支出事项，如“水利”款下的“抗旱”、“水土保持”等。新的支出功能科目能够清楚地反映政府支出的内容和方向，有利于解决人大代表多次提出的支出预算“外行看不懂、内行说不清”的问题。但受当前我国管理体制的制约，新的功能分类有些科目也还有些交叉。比如科学技术，其实也不能算是个独立的功能分类，因为它会分散到各个行业之中，但考虑到目前我国科技管理工作的现实，这次改革仍然单设了科学技术类科目，用来专门反映原来的科技三项费用、科学事业费支出及科技部门的支出。

第三，建立新的支出经济分类体系，更加全面明细地反映政府各项支出的具体用途。支出经济分类体系主要是对原来的支出目级科目作了扩充和完善。按照简便、实用的原则，支出经济分类科目设类、款两级，分别为12类和98款。类级科目具体包括：工资福利、商品和服务支出、对个人和家庭的补助、转移支付、基本建设支出等。款级科目是对类级科目的细化，主要体现部门预算编制和单位财务管理等有关方面的要求。如基本建设支出，进一步细分为房屋建筑物购建、专用设备购置、大型修缮、土地资源开发等。全面、明细的支出经济分类，是进行政府预算管理、部门财务管理以及政府统计分析的重要手段。这里有一点需要说明：经济分类中的基本建设支出，原来并不打算设置，因为从经济性质来讲，它是属于资本性支出的范畴。现在单列出来，主要是考虑到发展改革部门的实际管理需要。

按照上述设计思路，新的政府收支分类能够基本实现“体系完整、反映全面、分类明细、口径可比、便于操作”的改革目标。改革完全到位后，新的科目体系与部门分类编码和基本支出预算、项目支出预算相配合，在财政信息管理系统的有力支持下，可对任何一项财政收支进行“多维”定位，清清楚楚地说明政府的钱是怎么来的，干了什么事，怎么干的，为预算管理、统计分析、宏观决策和财政监督等提供全面、真实、准确的经济信息。

三、新旧科目衔接的几个主要问题

搞好新旧科目衔接，是政府收支分类改革的关键环节。根据国务院批准的改革方案，这里我就几个重点问题再作一点说明。

（一）关于科目体系与预算管理方式的衔接问题。由于新的科目体系涉及面很广，如果完全到位，管理方面需要改革的内容很多。为了分清主次，抓住主要矛盾，确保在较短时间内尽快确立起新的政府收支分类框架，这次改革遵循了“三个不变”的工作原则，即暂不改变“两上两下”的预算管理基本流程；不改变“基本支出、项目支出”的预算管理方式；不改变“一般预算、政府性基金、预算外资金、社会保险基金”分开核算的预算平衡口径。各级可在新科目体系下，按以往的管理方式，继续分别编制政府一般预算、政府性基金预算、预算外收支预算以及社会保险基金预算。各级政府既可用新科目继续向人大分别报送一般预算、基金预算，也可用新科目进行政府全部收支的统计汇总。为了方便工作，这次的新科目在总的编码体系下，又按一般预算、基金预算分别进行了科目拆分。预算报表和软件也主要是在原有的基础上对科目作些调整，口径、范围和管理程序暂不因科目改革作大的变动。这样做的目的，就是尽可能减少方方面面的阻力，便于更好地实现新旧科目平稳过渡。

（二）关于科目口径变化和数据

转换问题。改革前后科目名称、口径将发生较大变化，如新科目中的“教育”支出，除包括原“教育支出”之外，还包括教育基建支出、教育行政管理费支出以及其他用于教育方面的支出，改革后新科目数据与以前年度的旧科目数据之间就不能再直接进行比较了。为保证2007年改革后与上年有关预算、执行数据的可比性，财政部要求各地对2006年的预算及其分月执行数，要按新的科目体系进行数据转换，以实现新旧科目的衔接和可比。同时，为了稳妥起见，2007年的预算按新科目编制和执行，但同时要做一套老科目的预算数据，以作备查和备忘。这样做虽然会增加一些工作量，但从更安全和稳妥的角度考虑是非常有必要的。

（三）关于法定支出的考核口径问题。农业法、教育法和科技进步法都规定，国家财政用于这几方面的投入要高于财政经常性收入的增长幅度。科目改革以前，法定支出增长的计算范围，一般只包括老科目的农林水利气象支出、教育支出、科技三项费用及科学支出。改革后的农业、教育、科学支出科目，不仅包括了原来的事业费支出，而且还包括了老科目的基本建设支出、行政管理费、外事费等，口径变化比较大。为保证政策的延续性并便于各级预算安排，经请示国务院、全国人大财经委、预工委的同意，改革后在安排教育等法定支出预算时，仍使用原口径进行考核。

四、工作部署和要求

对政府收支分类改革，全国人大、国务院和中纪委都十分重视。为确保改革万无一失，去年财政部选取了水利部、交通部等6个中央部门以及河北、天津等5个省市，进行了改革模拟试点。各试点部门、地区对政府收支分类改革试点方案给予了充分肯定，没有发现解决不了的重大问题，普遍认为改革方案基本成熟、切实可行。根据试点中反映出来的个别具体问题，财政部又对改革方案作了进一步修改完善。2005年12月27日，国务院正式批准了改革方案，决定在编制2007年预算时全面实施此项改革。现在距全面实施这项改革还有不到一年的时间，离编制2007年预算只有几个月，时间紧迫，任务繁重。全省各级财政部门要立即行动起来，认真研究，周密部署，把推进收支分类改革作为今年财政工作的头等大事，切实抓紧抓好。

（一）要提高认识，加强领导。政府收支分类改革是一项十分复杂、非常重要的基础性工作，是近年来牵涉面最广、调整幅度最大、意义最为深远的一次预算管理制度创新。推进这项改革，将使财政管理更加规范，预算透明度明显提高，各方面对财政管理和预决算编报的要求也会更高。从这个意义上讲，政府收支分类改革是“财政自己革自己的命”，对此我们一定要有充分的思想准备，通过进一步做好工作，去尽力适应这种要求。我省去年没有进行试点，大多数同志对这项改革知之不多，在这种情况下，要在这么短的时间内保质保量地做好这项工作，确实存在很大难度，肯定会遇到不少困难，工作量也会成倍增加。但是，我们也要看到，目前推进这项改革也存在很多有利条件：一是改革不调整利益格局。政府收支分类改革虽然牵涉面广，但它只改变资金的反映渠道和统计口径，并不触及各方面的资金分配、管理权限和工作流程，不涉及利益格局的调整，是一项技术性和基础性的改革。二是部门预算改革为科目改革打下了基础。现在单位预算按基本支出和项目支出核定，实行新科目后，对预算分配不会产生大的影响，只是原来以科目为依据的一些管理办法需要相应作些调整。三是改革采取渐进式的办法。这次改革实际上真正变化较大的是支出功能分类，收入分类的变化相对较小，同时各类资金的平衡口径和管理模式暂不改变，改革前后衔接的难度已经大大降低。只要我们思想上真正重视起来，切实增强推进这项改革的责任感、使命感和荣誉感，努力做好工作，就一定能够把这项改革搞好。为了切实加强对这项工作的领导，省厅成立了领导小组。在工作开展上，将以领导小组为核心，由预算处总牵头，预算、国库、信息中心分别牵头组织预算编制、预算执行以及软件升级等技术保障工作，其他成员单位分工负责、相互协作、全力配合。市县各级财政部门也要根据自己的情况，选调精兵强将，组成专门的工作班子，明确各部门的责任分工，切实把这项工作抓实抓好。

（二）要加强宣传，搞好培训。政府收支分类作为财政预算管理的重要基础，其改革必然会引起财政、财务管理工作的重大变化，是一项技术要求高、工作难度大、涉及面广的系统工程。开展这项工作不仅涉及各级财政、国库、税务等部门及各部门的下属预算单位，而且还涉及各级党委、人大、政府等决策层的观念转变，必须切实加大宣传力度，积极争取各方面的支持，特别是要注意争取各级政府和人大的理解与支持。从其他几个省试点的情况看，通过组织好培训工作，让相关人员准确理解改革意图、设计思路，全面掌握改革内容、科目含义、适用范围、新旧科目的衔接，对于推进改革至关重要。目前财政部已经全面启动了培训工作，省里正在结合我省实际，抓紧拟定我省的培训方案，争取预算、国库、信息中心三个处室一块，尽快启动对各地和省直部门的业务培训，确保在4月中旬之前全面完成培训工作。

（三）要精心组织，抓好落实。财政部已经明确，地方可在不影响全国汇总的前提下，根据管理需要，相应增设有关科目，完善相关软件，制定具体的实施方案。目前省厅已组织力量，对新的收支科目体系进行系统研究，抓紧拟定符合我省实际的《政府收支分类改革实施方案》。下一步，要重点做好以下几个关键环节的工作：一是在全国统一的科目框架体系下，研究增设适应我省管理需要的新科目，进一步完善新旧科目对照表。二是及时做好相关软件调整及配套制度改革工作，为改革推进提供技术和制度保障。三是从预算编制、预算执行、资金拨付、单位核算、决算编制等多个环节出发，制定切实可行的操作办法和实施步骤，明确各方面的责任分工和各阶段的时间要求。四是做好2006年预算编制和预算执行模拟工作。预算编制要从基层单位做起，财政部门内部各处室要各司其职，层层把关，随时解决部门预算编制中遇到的问题，切实将编制工作做实做细。各地要按照省里的统一部署，确保在6月上旬以前完成本地区2006年预算的模拟工作，并报送省厅。省厅将在6月中旬以前完成2006年预算新科目转换数的全省汇总，按期上报财政部。下半年，各级要正式启动2006年预算执行分月数据的新旧科目转换工作，并着手用新旧两套科目编制2007年预算。上述几个环节的工作，互相衔接，一环扣一环，大家要按照上述要求，倒排时间，层层落实，层层负责，确保各项工作按时、高质量完成。特别是2006年预算编制和预算执行模拟工作，作为推进改革的重要环节，既是编制和执行2007年预算的需要，也是检验培训工作是否到位的一次练兵，一定要做细做实。

（四）要主动协调，及时反馈。新的政府收支分类改革方案虽然已多次征求过意见，也进行了比较充分的模拟试点，但新科目体系的实施，仍需要一个过渡和磨合期，加上这次改革的面比较广，环节又很多，在改革推进过程中，不可避免会存在一些特殊问题。在实际工作中，对遇到的问题不要坐等观望，而应主动协调、主动解决、及时反馈。特别是2006年的预算数据转换完成之后，要及时进行总结，及时向省厅反馈。为了更好地搜集信息和解惑答疑，省厅将专门组织力量，设立热线电话，集中研究、统一解决各地区、各部门在改革推进中遇到的特殊问题。

（作者为山东省财政厅副厅长）

做好六个“减法” 构建农民减负的长效机制

于国安

农村税费改革实施以来，农民负担得到明显减轻。但随着减免农业税步伐的加快，财政政策效应对农民减负的拉动作用将逐渐减弱。要保证农民负担持续减轻、不反弹，必须按照完善社会主义市场经济体制和统筹城乡发展的要求，继续做足、做好“减法”的文章，从减费、减税、减人、减事、减债、减成本等六个方面，推进综合配套改革，全方位构建农民减负的长效机制，促进建立社会主义和谐社会。

一、减“费”，健全涉农收费监管机制

免征农业税后，农民政策内将实现“零负担”，防止农民负担反弹的重点和难点相应地转移到政策之外。从最近两年的农民负担情况看，农民政策内税费负担降了下来，但“三乱”仍然屡禁不止，特别是“村村通”工程、农民生产性用水、农民建房、义务教育、计划生育等方面，巧立名目搭车收费现象仍比较突出，农民隐性负担仍然比较重，应当采取严厉措施，进行综合整治。可借鉴治水的经验来“减费”：

一是管住“源头”。进一步深化收费体制改革，从机制上清除乱收费屡禁不止的内在动力。积极稳妥地推进税费制度改革，将现有收费转变一批、取消一批、规范一批、改税一批，减少收费总量。改革收费行政审批制度，减少收费部门、收费项目、收费环节，对涉及农民群众切身利益的行政收费，在收费审批过程逐步引进听证会、专家论证等形式，扎紧收费“口子”。深化非税收入管理改革，逐步在乡镇推广使用非税收入征管系统，全面实施“票款分离”，切断收费单位与收费的经济利益联系。

二是堵住“管涌”。切实加强对各类涉农收费的监管。对行政事业性收费，向社会公布项目、标准和征收办法，扩大公示制度覆盖面，统一规范公示内容，明确有关违规责任和处罚办法，并切实加强监督检查。对经营性收费，坚持自愿和受益的原则，制定详细而可操作、可监控的约束管理办法。如：对属于政府指导价、政府定价和政府干预措施的化肥、种子等农业生产资料价格，要建立严格监控体系，严厉查处随意涨价行为。对征地补偿费，应逐步推行“区片综合

价”，建立补偿标准听证制度，确保农民得到合理补偿。生产性水费，要推行终端水价制度，逐步实行计量收费，杜绝按人头平摊。对“一事一议”筹资筹劳，应严格上限管理，严格议事程序，由农民民主讨论决定，严禁将“一事一议”变成固定收费。

三是筑牢“堤防”。筑起坚固的法律屏障，是防止农民负担“溃堤”最强有力的武器。在继续建立健全有关政策的基础上，尽快将成熟的政策上升为法律，加快收费管理和农民负担监督管理的立法工作，明确乱收费单位负责人和直接责任人的法律责任，改主要依靠行政手段治理乱收费为行政与法制手段并举，把治理乱收费纳入法制化轨道。有关农民负担、村民自治、税收及财政、财务管理的法律法规制度，要相互配套和衔接。

二、减“税”，进一步规范涉农税收

从2002年开始，中央进一步加快农业税制的调整步伐，相继采取了取消农业特产税、降低农业税税率、实行免征农业税试点、进一步降低农业税税率等措施。2005年，全国各省都已取消了除烟叶外的农业特产税，28个省实行免征农业税，2006年将全面免征农业税。农业税这一古老的税种，将彻底从我国税制中消失。但同时应该看到，免征农业税并不是从根本上减轻农民负担的“一劳永逸”之策，从长远看，还要在规范涉农税收方面进一步加大工作力度，采取措施，完善税制，更多地对农民实行优惠和倾斜。

一是要落实好免征农业税政策。防止以各种名目在政策之外变相征收农业税或农业特产税，切实让农民得到实惠。2006年全部免征农业税的地方，应统一缴销农业税税票；实行减征农业税的地方，应按政策如实核定农民减征和应纳税额，变过去农业税夏、秋两次征收为夏季一次征收，降低征收成本。需要注意的是，继续保留农业税的地方应切实做好宣传工作，鼓励农民依法纳税，防止再产生新的农业税尾欠。

二是对涉农税收实行优惠政策。农业是基础和弱势产业，对农业实行税收优惠、对农民“多予、少取、放活”，是应长期坚持的方针。从国际经验看，各国在对农业课征增值税时，都采取了减免税和其他一些特殊的照顾方法。如欧盟对农业实行的统一加价补偿法（即是在销售农产品时，按照所销售的农产品价格和统一加价补偿率，向农产品的消费者征收一定的加价额，作为农民在购买农业生产投入物时所支付的增值税款的补偿）、拉美国家实行的农业投入物零税率法等。借鉴国外经验，出于保护农业的考虑，为让农村休养生息，在今后相当长的时间里，应在税率和抵免等方面给予优惠政策。在具体操作上，可尝试多种形式。比如，长期以来，为降低农用生产资料价格，在税收政策上对农用生产资料生产企业实行免税，但由于流通等环节的层层加价，农用生产资料的价格实际上并没有降下来。如果能够采取农民购买农用生产资料享受退税的方式，变补企业为补农民，效果可能会更好，农民也能得到更多的实惠。

三是改革完善现行流转税等税收制度。免征农业税后，农民作为消费者，还要承担零售商在销售环节转嫁的增值税等流转税。流转税的一个特点就是税负可以转嫁，在纳税人和负税人分离时，税收的实际承担者是负税人而不是纳税人。因此，虽然表面上看主要是企业在纳税，但其实真正承担税负的是包括农民在内的最终消费者。有关资料表明，目前农民负担的增值税基本占全部增值税收入的一半以上，最高时达到了75%。另外，农民作为经营者，自己还要承担增值税的进项税额，特别时农民自产自销农产品，已纳的进项税额无法扣除。因此，减轻农民税收负担，应从更高的层次上、更广的范围内综合考虑，对包括增值税、所得税、土地使用税等在内的现行税收制度进行改革完善，为打破城乡两元税制结构，最终实现统一城乡税制创造条件。

三、减“人”，大力推进综合配套改革

“办了一些不该办的事，养了一些不该养的人，收了一些不该收的钱”，是农民负担减不下来的重要原因。而之所以“办了不该办的事”，“收了不该收的钱”，很大程度上是因为“养了不该养的人”。据统计，目前乡镇级工资性支出占其可用财力的80%以上，有的全部发工资还不够，而因机构臃肿给农民造成的负担占农民实际负担的40%左右。因此，彻底改变乡村两级机构臃肿、人员过多、包袱沉重的问题，必须精减供养人员。

（一）规模调“大”，适当并乡、并村、并校。“并乡、并村、并校”，适当扩大乡村和农村中小学规模，既能有效地精简人员，提高效率，也有利于优化资源配置。据测算，每撤并一个乡镇，仅公务费、招待费、汽车燃修费、水电费等开支，每年可以节省100万元以上；每合并一个村庄，可以减少办公等直接费用支出2万元以上。德州市通过合并乡镇，减少行政管理人员2 000多人，每年仅工资一项就可减少1 500万元。临沂市调整合并行政村，减少行政村数量25.4%，年节约村级费用开支1亿多元。因此，应本着“实事求是，科学合理，因地制宜，便于管理”的原则，在顺应民意、规模适度、尊重历史的条件下，进一步推进乡镇规模调整和村组合并。力争使乡镇平均规模达到5万人，原则上不再保留100人

以下行政村，同时撤销管区设置。同时，本着“小学就近入学，初高中相对集中”的原则，在充分考虑区域面积、居民数量、地理交通条件等情况下，继续调整农村中小学布局。在人口居住集中、交通方便、经济发展快的中心乡镇实行集中办学，发展以完全中学和中心小学为主的规模教育。对地广人稀、居住分散，没有条件办学的边远地方，通过撤并村学，在区域中心改建新建完全小学，采取寄宿等办法解决农村儿童入学问题。

（二）机构调“精”，切实精简组织机构。“搬神”先“撤庙”，“减人”先“减机构”。一是整合组织机构设置。整合乡镇党政机构，用综合性机构取代专业性机构，不搞“上下对口”，并严格限定数量。规范设置县级延伸、派驻乡镇机构，实行区域性设置。改革村级组织设置，对小村、弱村实行“联村自治”或组建联合党支部，由几个村联合组建一套班子。据了解，全省已建立 1 248 个联合党支部，有 6 078 个村只选支部书记，相应减少村干部 14 946 人。聊城高唐县将 69 个 200 人以下的村实行“联村自治”，减少村“两委”干部 177 名。二是精简干部职数，实行交叉任职。目前全省乡镇党政领导职数平均为 12～13 名，个别的近 20 个，普遍存在“兵少将多”的问题，降低了工作效率。村干部也普遍超过规定人数。因此，应加大交叉任职的力度，减少干部职数。在乡镇，党委、政府、人大、纪委等干部可相互兼职。在村级全面推行交叉任职，严格限定村干部职数和享受误工补贴人数。目前，我省村“两委”成员交叉任职率为 74.8%，“一人兼”比率为 88.6%，通过努力还可进一步提高。三是加快乡镇事业单位改革。这是改革的重点和难点。按照公益性和经营性职能分开的原则，结合发展农民专业合作组织，整合乡镇事业站所，把农业技术服务中心、文化服务中心、农机站、畜牧兽医站等能面向农村和农民开展经营性服务的事业单位，逐步变为经营性服务实体，实行市场化运作，“摘牌、收章、改制、减人”。今后，不再新设自收自支事业单位。

（三）编制控“严”，严格乡镇编制管理。一是建立编制刚性约束机制。严格按照乡镇分类核定行政事业编制，将乡镇编制定编定岗到人，实行“实名制”和公示制，在一定范围内公示。尽快将乡镇编制上收省级管理，5 年内只减不增。二是完善财政供养人员联控机制，加强机构编制、人员管理与财政预算的相互配合和约束，建立县乡机构编制和人员信息网络，试行财政与人事、编制部门微机联网、信息共享、动态监控。三是严格责任约束。把乡镇编制管理，列为对县级主要领导干部的考核内容。实行编制工作年度审计和离任审计，对违反机构编制管理规定超编、扩编的，追究其责任。

（四）路子拓“宽”，下大力气分流超编人员。减人的目的是减支。从当前情况看，乡镇机构改革“减编不减人、减人不减支”的问题比较普遍。因此，改革重在减支，难在减人，应采取切实措施分流人员，减轻财政负担。鉴于目前乡镇工作中党政和事业机构人员混编混岗的实际情况，可在乡镇一级打破现有人员身份界限，实行全员竞争上岗，阳光操作，公平竞争，未受聘人员全部进入就业培训中心，通过“退、下、创、竞、歇”的做法分流。“退”，就是对所有镇（办）行政事业单位的临时工、借用人员及“自费编制”人员，一律清退；对年龄及工龄达到一定限期的实行提前退休、离岗退养或内部退休。“下”，就是从分流对象中选拔优秀中青年干部到村（社区）担任非选举产生的干部。“创”，就是鼓励自主创业、自谋职业，政府给予一定的优惠扶持政策。“竞”，就是对镇（办）机关超编的财政供养人员实行竞争上岗。“歇”，就是歇岗，让干部轮流离岗创业、就业或学习。制定鼓励创业、再就业安置、货币补偿、身份置换、社会保障等激励和保障办法，出台优惠政策，为分流人员解除后顾之忧。对改革成本，省、市、县各级都应适当给予支持。

四、减“事”，创新乡村管理体制

“减人”先“减事”。减免农业税客观上为乡镇政府职能转变创造了条件。以减免税为契机，进一步转变乡村职能，减少“事权”不仅十分必要，也具有现实的可能。

一是变乡镇政府“无限责任”为“有限责任”。过去，乡镇政府几乎无所不包、无所不管，大量工作围绕土地转、围绕提留转、围绕税费转，这些约占乡镇工作量的 70%。减免农业税后，应当创新乡镇政府体制，转变政府职能，逐步实现由“管、收、批”的干预型政府向“扶、帮、助”的服务型政府转变，由“政府本位”向“社会本位”转变，由“无限行政”向“责任行政”转变，把乡镇政府从微观管理中解放出来，从具体生产经营活动中解脱出来，减轻乡镇政府责任。今后，乡镇政府的职能应主要是：落实政策，依法行政，发展经济，提供服务，维护稳定。这样一方面可促进乡镇“减肥瘦身”，降低行政管理成本，也可以提高服务水平，促进农村市场经济及民主政治建设。

二是推进政企分离、政事分开。将服务性、技术性和社会中介性质的机构彻底从乡镇党政机关分离出去，对原属于企业的职能要放给企业，属于市场的要还给市场，属于社会的要交给社会，属于村组的要转到村组管理。公益性事业由政府出钱，市场运作，钱随事走，以钱养事。经营性事业走向市场，真正“还权于社会”。对于依托行政或准行政权力的设卡收费，实行自收自支的事业单位要一律取消；对从事竞争性行业的事业性机构（如种子公司等），可实行企业化改革。有些事业机构，如从事农业技术推广、农村市场和信息服务的事业机构，在一定程度上具有提供公共产品的性质，可对其实行企业化管理。

*三是重构县、乡、村三者关系。*一是改革县乡关系，在县市、乡镇之间适度分权，并早日启动县市级机构改革，形成“上下联动、左右共振”的效应。许多乡镇反映，目前乡镇干部整天忙于完成上级党政和各部门派下来的各种任务，还有来自各方面的名目繁多的“目标考核”、“验收达标”、“一票否决”，迫使乡镇干部常常处于应付的忙乱状态，这些约占工作量的60%，按道理都不应该由乡镇承担。因此，县级政府应切实转变执政思维、领导方式、工作方法，能用市场办法解决的就不要用行政命令，下大力气精简会议，精简文件，严格控制检查评比、达标升级等活动，尽量减轻基层的负担。二是改革乡村关系，健全村民自治。进一步规范县乡政府对村民委员会的工作指导，使行政指导工作规范化、制度化，防止随意干预农民和经济组织的生产经营自主权，不尊重村民委员会和村民自治权利，避免“引导不得法，服务不到位”。

五、减“债”，减轻乡村两级运行负担

目前，乡村债务规模庞大，形成原因错综复杂，化解难度很大。据农业部统计，平均每个乡镇负债400万元，每个村负债20万元。一些地方乡村债务规模，已超出了乡村财政经济的承受能力。乡村债务虽然表现为乡、村的负担，但处理不好就会转化为农民负担。因此，确保农民负担持续减轻、不反弹，应当妥善化解乡村债务。总的思路是：防止新债，摸清底数，明确责任，分类处理，逐步化解。

*首先，要严格控制新增债务。*建立债务预算管理、新增债务申报、债务预警、审计考核、归口管理等制度，形成防债化债的长效机制。一是建立举债申报制度。新增的乡村债务必须列入预算，分别经乡人代会和村民代表会议讨论后，再向上申报，经县级政府批准后方可实施，谁擅自举债的，谁负责偿还。二是建立考核制度和责任追究制。实行主要领导离任审计或债务形成责任终身制，要把乡村两级债务的增减作为考核乡村干部任期目标和工作实绩的重要内容。对债务增长较多的乡镇，县级政府要予以通报并责令整改。对盲目决策造成大额债务的，不得提拔重用，造成重大经济损失的，要依法追究责任。三是建立有效的纪律约束机制。要进一步规范政府行为，乡镇政府不准以任何名义为企业贷款提供担保和抵押，不准采取预付、垫支等手段上项目，不准超越财力兴建各类工程，特别是“政绩工程”、“形象工程”，不准举债发放职工工资和解决公用经费不足，不准在没有税源的情况下采取不正当手段虚增财政收入。县级政府也不能要求乡（镇）安排项目配套资金，确需配套的，由县（市）、区财政统一调剂，不能不切实际地对乡（镇）下达财政收入指令性计划，不准违反有关规定举办增加乡（镇）和农民负担的评比和晋档达标活动。四是建立健全乡村财务管理机制。切实加强乡村收支管理，积极推行“乡财县管乡用”和“村财乡管村用”改革，推进民主理财。

*其次，要妥善化解历史债务。*在澄清底数、挤干水分的基础上，分清债务性质、资金来源及用向，明确债务责任，分类处理，逐步消化。一是对非公益性债务和乡村办企业形成的债务，可按照“谁受益，谁负担”的原则，落实债务人进行清偿。二是用于农村公益性事业建设形成的债务，首先可采取拍卖集体闲置资产或荒山、荒坡、荒沟、荒滩等方式取得收入予以偿还；对农村普及教育、乡村道路、农田水利等较大的综合性建设债务，受益人是全体村民很难量化到户到人，又是农村必需的公共产品，可由政府分级承担，有计划分年度清偿；对用于乡村干部发放工资、报酬形成的债务，应由县乡财政通过大力发展经济，在增加的财力中专项安排，分期偿还。三是对政府直接负债、政府兴办企业的负债和连带责任负债等，区分不同情况，提出不同处理意见。对欠财政的债务，可制定政策措施给予核销或减免；对欠银行的债务，可以借鉴国有企业债务化解办法，抓住农村信用社改革的机遇，适当增加呆坏账核销指标，对确实还款无望的呆坏账停息挂账或予以核销；对欠企业和群众的社会债务，制定还款计划，逐步加以偿还。

六、减成本，降低农民生产性负担

生产成本高、生产性负担重也是造成农民负担的一个重要原因。由于成本提高，导致农业投入产出效益下滑。据调查，2004年仅种子化肥市场价格就比2003年上涨25%以上，增加了农民生产成本。因此，必须围绕提高农业综合生产能力，调整财政支农结构和方向，降低农民的生产成本，减少农民生产性负担。

*一是把农村小型基础设施建设作为财政支农重点。*农村道路、农田水利、农村电网等基础设施是农业发展必不可少的“外部条件”，属于公共产品或准公共产品，不能全部让农民自己集资或投工投劳解决。在继续搞好大型农业基础设施建设的同时，财

政应加大小型农村社会公益事业和公共设施上的支持力度，重点放在为农民提供与生产和生活直接相关的各种公共服务上来，突出解决好农村“路、水、电、医、学”等方面的难题，降低农民生产性成本，让农民直接收益。比如，沿黄地区的“水费”问题，长期以来由于计量收费体系不完善，出现了用多用少都一样、用不上水也要交水费的现象，加重了农民负担。我省的聊城市，通过加大对这些小型引黄灌渠的财政支持，初步实现了计量供水、按量收费到乡镇，根本上解决农民水费过重的问题。再比如，为支持、引导农民通过自己的努力改善生产生活条件，可从转移支付资金或财政预算中安排一定资金，通过“以奖代补”的方式，对农民通过“一事一议”发展公益事业给予财政补助，建立有效的激励机制。

二是大力支持农业科技应用能力建设。解决农产品成本过高的问题，科技是关键。因此，应改革现有的科技体制，实现农业科技的产业化，使科研成果直接与农民见面，提高农业科技应用能力。加快科技推广，大力发展农业中专教育和农民职业技术教育，实施“科技入户工程”，启动重大农业科技发布与推广行动，建立农技推广机构、科研教育部门、农业龙头企业、专业合作组织和社会力量广泛参与、相互补充、运转高效的新型社会化农技推广体系，帮助农民解决使用农业适用科技过程中出现的困难和问题，减少农户的额外不必要投入，降低农产品成本。

三是转变对农业生产资料工业的扶持方式。支持农业生产资料工业的发展，提高其社会生产效率，增加生产资料供给量，能够平抑市场价格，缩小工农产品“剪刀差”，增大农产品的价格潜力。但要改变支持方式和补贴环节，调整补贴方向和支持结构。如可逐步取消种子、化肥、农膜、农机、农药等农用生产资料的减免税政策，采取农民在购买农用生产资料时，凭购货发票到当地财政或税务机关办理退税（增值税）的办法，将农民在购买农用生产资料时缴纳的税款退还给农民，体现向农民倾斜的惠民政策。

（作者为山东省财政厅副厅长）

以科学发展观为指导 推动财政债务金融工作实现新跨越

张洪军

一、近年来全省财政债务金融工作取得显著成绩

近年来，各级财政部门认真落实省委、省政府决策部署，自觉坚持以科学发展观为指导，紧紧围绕支持经济发展这个中心，牢牢把握合理利用内资外债和促进地方金融发展这两条主线，创新思路、健全机制、加强管理，不断加大工作落实力度，全省财政债务金融工作取得可喜成绩。

（一）坚持内、外引资并举，支持地方经济社会发展取得新成效。积极引进外债，合理利用国家政策性银行贷款，既是破解地方融资难题的重要途径，也是财政债务金融工作的首要职责。近年来，各级财政部门不断强化发展意识，转变观念，理清思路，努力做好引进外资、利用内资、减轻负担三篇文章，千方百计弥补经济建设资金不足，有效支持了全省经济社会发展。

1. 积极引进外债资金，支持加快经济社会发展。利用外债是加快发展的重要融资渠道。近年来，各级财政部门在做好投资、效益分析的基础上，积极引进国际金融组织和外国政府贷款，加大了对经济发展的支持力度。截至目前，全省利用国际金融组织和外国政府贷款项目已达 383 个，累计利用贷款协议金额 49 亿美元。其中，利用国际金融组织项目 42 个、贷款金额 17 亿美元，利用外国政府贷款项目 341 个、贷款金额 32 亿美元，项目涉及农业、教育、能源、通讯、交通、医疗、社会保障、城市基础设施、环境保护等领域。通过利用政府外债，既弥补了我省建设资金的不足，推动了经济结构调整和技术进步，提高了企业现代化管理水平，也培养了一大批外向型、实用型人才，促进了全省经济社会可持续发展。

2. 积极搭建融资平台，努力拓展利用内资渠道。2005 年，省委、省政府依托政府信用，与国家开发银行合作，构建 500 亿元规模融资平台，重点支持“两基一支”产业发展，提高基础设施、基础产业和支柱产业发展水平。省厅按照省委、省政府部署，在借鉴外省经验的基础上，主动开展融资平台建设的可行性研究，积极参

与前期方案设计，全力支持开发银行山东省分行做好信用评级各项准备工作，及时出具《国家开发银行政策性贷款还款承诺函》，保证了融资平台建设方案的顺利实施。在各方面共同努力下，2005年10月，国家开发银行对我省的政策性软贷款协议顺利签署，500亿元融资平台成功建立。从各地情况看，济南、滨州、泰安等市财政部门，也全面承担或参与了当地重点工程的投融资活动，成为政府投融资工作的主角。

3. 积极争取债务减免，减轻地方债务偿还压力。从某种意义上讲，债务减免也是无偿引进资金。长期以来，省厅高度重视争取债务减免工作。一方面，争取了一批外债减免优惠政策，大大减轻了我省财政的还款压力。另一方面，争取了中央专项借款还本付息优惠政策。2000年以来，为了防范地方金融风险，我省先后向中央申请专项借款110.57亿元，对于促进经济发展、维护社会稳定发挥了重要作用。但由于多方面原因，这些借款也给地方财政带来沉重负担。经过多次汇报和反映，财政部同意给予我省专项借款本金减半还款、逾期部分不再计息两项优惠政策，既减轻了我省财政还款压力，也为地方经济发展让渡了资金。

（二）大力支持金融体制改革，增强地方金融竞争实力。金融体制改革是经济体制改革的重要内容，改革的成效直接影响着地方经济发展。近年来，各级财政部门坚持支持发展与加强监管并重，为促进地方金融企业发展壮大，有效防范金融风险做了大量工作。

1. 支持推进农村信用社体制改革。农村信用社体制改革是地方金融体制改革的重中之重。各级财政部门按照中央和省委、省政府部署，认真研究政策措施，积极参与改革方案的论证与实施，有力地推进了改革的顺利开展。一是全面落实国务院《关于深化农村信用社改革试点办法》，积极参与制定我省农村信用社改革具体方案，为扎实推进改革奠定了基础。二是按照现代企业制度的架构，整合现有农村金融资源，大力推进企业法人治理结构改革。目前，全省已建立起以省级联社为龙头、133家县级联社一级法人为主体的新型农村金融体制。三是认真研究落实优惠政策，帮助农村信用社减轻包袱、轻装上阵。各级财政部门认真落实优惠政策，帮助农村信用社申请保值储蓄补贴利息17.2亿元，目前已有10.86亿元拨付到位；2003～2005年，累计减免农村信用社营业税8.8亿元、企业所得税5.4亿元；积极支持农村信用社争取央行票据43亿元、票据利息1.6亿元。以上措施，不仅帮助农村信用社消化了部分历史包袱，增强了发展后劲，而且为推动其尽快走上良性发展轨道，更好地支持和服务“三农”创造了条件。

2. 加强地方金融企业财务监管。近年来，各级财政部门从规范金融秩序、加快金融发展、防范金融风险的角度出发，切实加强对地方金融企业的财务监管，有效提高了金融资本运营质量。一是通过政策引导、检查辅导相结合的方式，督促地方金融企业完善内控制度，加强企业内部管理和控制，增强了企业执行资产财务管理制度的自觉性；二是组织开展财务监督检查，督促企业切实规范财务行为，发现风险隐患，提前采取措施进行防范，减少了违法违纪问题的发生；三是自2003年起，各级财政部门从基础工作入手，认真开展地方金融企业国有资产产权登记、年检工作，提高了地方金融企业资产管理水平。到2005年底，全省已有42户地方金融企业进行了产权登记、年检，涉及资产总量1 620亿元，所有者权益106亿元，其中国有资产及所有者权益总额58亿元。这项工作的实施，使我们摸清了地方金融企业的资产家底，维护了国有资产的安全完整。四是根据省政府清收盘活不良资产的要求，各级财政部门因地制宜，制定切实可行的不良资产处置办法，通过多种形式对抵债资产进行清收变现。截至2005年底，全省地方金融机构共消化不良贷款72.8亿元，增强了企业发展后劲，为深化金融企业改革创造了有利条件。

3. 防范与化解证券资本市场风险。根据国家及省政府关于加快股权分置改革与化解证券风险工作的要求，省厅在深入调查研究的基础上，会同有关部门研究制定了《证券公司客户证券交易结算资金和个人债权收购实施办法》、《山东省股权分置改革实施意见》、《证券公司托管期间管理费用管理办法》等管理制度，为规范证券公司财务行为、促进资本市场健康发展打下了基础。同时，积极参与“德隆系”等金融机构个人债权甄别工作，积极化解天同证券公司支付风险，维护了证券投资者的合法权益，保障了资本市场健康平稳发展。

4. 规范加强担保贷款工作。一方面，积极促进信用担保企业发展。建立中小企业信用担保体系，是实现财政资金与信贷资金紧密结合，解决中小企业融资难题的重要手段。近年来，各级财政部门千方百计筹措资金，支持设立担保机构、完善担保体系，促进了担保机构发展。据统计，目前全省共有政府出资的信用担保企业26家，出资金额17.88亿元，累计为2 204个企业提供担保5 062笔，担保总额133亿元。另一方面，支持做好下岗失业人员小额担保贷款工作。就业是民生之本。开展下岗失业人员小额担保贷款业务，支持下岗失业人员自谋职业、自主创业，体现着党和政府对下岗失业人员的关心与支持，事关下岗失业人员切身利益。为此，各级财政部门做了大量工作。一是主动与有关部门搞好配合，通过联合召开下岗失业人员小额担保贷款现场推进会等方式，研究探讨推动小额担保贷款工作的有效途径。二是加强对担保基金的监督管理，实行担保基金、业务变动季报制度和备案制度，保障了担保基金安全高效运行。三是认真做好财政贴息资金和担保费的审核、拨付工作，对符合贴息规定的项目，据实实行财政贴息，坚决剔除不符合条件的项目，维护了财政政策的严肃性。截至上半年，全省担保基金规模达到2.17亿元，累计提供小额贷款担保29 592万元，直接扶持个人自主创业20 111人，带动就业48 723人。

（三）强化债务管理，较好地维护了政府信誉。近年来，我省许多外债项目和政府专项借款陆续进入还款期，各级财政部门积极采取措施，强化债务管理，防范债务风险，取得明显成效。

1. 重视加强债务监管制度建设。为进一步提高政府债务管理的规范化、制度化水平，各级财政部门结合实际，先后制定了一系列制度办法。比如，为规范各级政府及相关部门举借、管理和偿还政府外债，制定了《山东省政府外债管理暂行办法》、《山东省借用外国政府贷款提前还款再转贷资金项目管理办法》等制度；为加强地方政府专项借款使用、管理和归还，制定了《山东省清理整顿农村合作基金会专项贷款管理办法》、《山东省清理整顿城市信用社兑付储蓄存款政府专项借款使用管理办法》，等等。这些制度办法的出台，为提高我省政府债务管理水平奠定了基础。

2. 强化外债全程监管。在项目前期准备阶段，各级主动参与项目论证，认真审核，严格把关，确保了贷款项目申报的成功率。在项目实施过程中，定期开展项目执行情况专项检查，及时举办财务、采购等与项目执行运作有关的培训班，保证了项目的规范运作和顺利实施。同时，严把用款关口，强化项目资金监督，有效防止了资金损失浪费。在项目完工后，积极组织联合检查组，深入项目实施现场，认真开展工程进度和资金使用情况检查，发现问题及时纠正处理，确保了项目建设质量。

3. 切实做好债务偿还工作。为了做好还款工作，各级财政部门积极采取措施，在解决老拖欠、杜绝新拖欠方面下了很大功夫。一是积极向党委、政府反映问题，争取领导的理解和支持，把各级政府的还本付息支出列入预算，建立了良好的债务偿还机制。二是协调有关方面，周密制定还款计划，采取有力措施多方筹集资金，保证了到期债务的偿还。三是联合有关部门，大力清收原农村基金会、供销社股金会等债务，最大限度地挽回了损失。四是针对使用外国政府贷款企业的停产、半停产问题，及时采取资产保全措施，减少了债务悬空问题的发生。五是积极建立还款准备金制度。目前全省已建立8亿元还债准备金，其中省级3亿元，市级5亿元。如东营、威海、枣庄三市的还款准备金分别达到1亿元、6 000万元和4 000万元。六是对还款不力的市县实行财政扣款办法，并将清偿政府债务情况纳入缓解县乡财政困难“五奖一补”政策，较好地调动了市县偿还债务的积极性。近几年，正是由于采取了以上措施，我省有效解决了历年拖欠问题，维护了政府信誉，防范了政府债务风险。

（四）强化基础管理，为做好业务工作提供了保障。政府债务金融是一项系统性、长期性的工作，加强基础环节建设非常重要。近年来，各级在这方面卓有成效地开展了一系列工作。

1. 积极做好财务信息统计分析工作。一是在全国率先研究开发了金融、担保企业财务季度报表系统。运用现代化软件管理手段，及时、全面、准确地汇总和掌握地方金融企业财务信息资料，通过数据分析及时发现情况和问题，为各级政府制定金融政策、监控金融风险提供了依据。二是认真做好金融企业财务决算工作。在各级财政部门共同努力下，我省报表数据完整准确、财务分析全面透彻，连年被财政部评为“全国金融企业财务决算工作先进单位”。三是积极开发政府外债与中央专项借款管理软件，准确把握政府债务规模和结构，切实搞好政府债务分析预测，为防范和化解财政风险提供了技术支持。此外，为调动各级财政部门编制报表的积极性，省厅制定了《山东省地方金融担保企业财务报表考评办法》，建立了奖优罚劣的激励约束机制，促进了地方金融担保企业财务报表质量的提高。

2. 认真开展调查研究，及时为领导提供决策服务。财政债务金融工作政策性强、业务复杂、影响重大，加强调查研究非常重要。近年来，各级财政部门坚持把调查研究作为制定政策、推进改革的前提，围绕当前工作中的热点、难点问题，深入搞好调查分析，取得了大量研究成果。比如，为了摸清我省财政面临的风险问题，全省财政系统共同开展了财政债务风险防范研究工作，基本摸清了我省的政府债务规模、结构和地区分布，提出了建立财政风险监测、预警系统，建立财政风险应急机制的思路和建议，为各级政府研究解决财政风险问题提供了依据。又如，作为全国首批实行农村信用社体制改革试点的省份，为及时掌握改革进展情况，省厅组织人员深入18个县区开展调查研究，掌握了大量第一手资料，为进一步支持农村信用社减负、发展，更好地支持和服务“三农”提出了对策建议。再如，为了更好地开展下岗失业人员小额担保贷款业务，省厅会同有关部门深入市地开展调研，了解担保机构运作中的矛盾和问题，查找制约小额担保贷款工作开展的症结，对进一步完善小额担保贷款政策，更好地支持下岗职工再就业提供了依据。这些调研工作的开展，为促进全省财政债务金融工作开展发挥了重要指导作用。

3. 加强业务培训，提高干部队伍素质。加强干部教育培训，提高干部队伍素质，是关系财政债务金融工作全局的一件大事。近年来，省厅先后举办了5次业务知识培训班，组织了4期国外学习考察，选派多名业务骨干到国外进行了为期半年以上的财经和英语培训。这一系列培训活动的开展，进一步增强了干部队伍的综合素质，提高了干部队伍的工作能力。

二、正确分析当前财政债务金融工作面临的形势

准确把握财政债务金融工作面临的形势，是明确工作目标、制定工作思路的基础。形势不清，方向不明，工作起来就很难做到有的放矢。当前和今后一个时期，随着我国市场经济的逐步完善和经济全球化趋势的加快，财政债务金融工作既面临许多有利条件，也面临一些新的矛盾和问题。对此，我们必须有清醒的认识。

一方面，经济快速发展的新形势，需要财政债务金融工作担负起新的更加重要的职责任务。近年来，特别是2003年省委工作会议以来，全省上下认真贯彻落实省委“一二三四五六”的发展目标和工作思路，解放思路、抢抓机遇，大力推进“三个亮点”、“三个突破”、“三个一批”，以及加快县域经济发展、推进半岛制造业基地建设等一系列重大战略的实施，经济发展进入快车道，呈现出跨越式发展的大好局面。从2006年开始的第十一个五年规划时期，既是我省经济发展的战略机遇期，也是落实科学发展观、全面建设小康社会的关键时期，财政部门面临的改革发展稳定任务更加艰巨。具体到财政债务金融工作来讲，需要在以下三个方面发挥更大作用。一是要更好地发挥“投融资平台”作用。目前看，落实全省“十一五”规划确定的各项目标任务，促进经济又好又快发展和各项社会事业进步，最大的瓶颈制约是资金。现在各方面加快发展的愿望都很迫切，落实科学发展观、建设和谐社会与社会主义新农村，也确实需要大量的资金投入。在目前不允许地方政府直接发债融资的情况下，由我们财政部门依托政府信用，积极引进外债和国内各金融机构贷款，就成为地方政府融通资金、促进发展、维护稳定的重要途径和手段。比如以前年度举债的国际金融组织和外国政府贷款、国家开发银行贷款、进出口银行专项借款等，都发挥了十分重要的作用。今后，随着经济社会的快速发展，需要我们财政部门更好地发挥“融资平台”职能，大力缓解地方经济建设的资金供求矛盾。二是要更好地发挥地方金融发展的“推进器”作用。金融是现代经济的核心，是经济发展的动力和手段，也是现代服务业的重要组成部分。经过多年的改革发展，我省地方金融业规模不断扩大，为经济社会发展提供了有力支撑。但与南方先进省市相比，还有很大差距。广东、浙江、上海等地经济发展快，服务业水平高，非常关键的一个因素是地方金融发展快。现在我省大部分地方金融机构正处于需要政府“帮一把、促一促”的阶段，迫切需要财政部门提供政策、资金和财务监管支持。如果财政职能发挥好了，地方金融企业就会抓住机遇、加快发展。否则，一些地方金融企业就有可能持续在低水平徘徊，甚至在激烈的国内外竞争中惨遭淘汰。三是要更好地发挥“四两拨千斤”的杠杆调控作用。支持发展、做大“蛋糕”，是财政工作永恒的主题。在市场经济体制下，随着公共财政体系的逐步建立，财政部门需要不断减少对企业生产的直接干预，逐步退出竞争性领域，善于运用贴息、担保、奖励、补助等手段来调动企业增加投入的积极性，引导金融资本、社会资本支持经济发展，启动和增强经济发展的内在动力。这就需要我们做好财政债务金融工作，通过完善财税政策、丰富调控手段，将财政资金和金融资金更紧密地结合起来，引导信贷资金加大对经济发展的投入。这是财政发挥宏观调控作用的重要方面，对于促进经济发展意义重大。

另一方面，财政债务金融工作也面临许多新的问题和挑战。经过前几年的努力，虽然我省财政债务金融工作取得了很大成绩，有了一个很好的基础，但由于经济发展水平、社会信用环境以及政府偿债能力等多方面的原因，债务金融管理工作面临的矛盾和问题还不少。比较突出的有以下四个方面：

一是利用外债的难度进一步加大。一方面，从国际大环境看，随着对外开放的不断推进，近年来我省利用外债的规模和水平不断提高。在此过程中，我省树立了诚实守信的良好形象，与一些国际金融组织和外国政府建立了良好的融资合作关系。但是，从总体上看，随着我国经济的快速增长，国力不断增强，国际组织、发达国家对我国继续提供优惠贷款的意愿有所下降。比如，世行、亚行在取消对我国的软贷款后，自2006年7月1日起又把对我国的贷款期限由20年降低为17年，宽限期由5年缩短为4年，其他附加条件也越来越多。部分贷款国调整了对我国的援助政策，贷款额度减少，贷款条件趋于硬化，加大我国利用国际金融组织和外国政府贷款的难度，我省利用外债工作也相应受到较大影响。另一方面，从国内环境看，受国家实施西部大开发战

略的影响，外债资金投入正在逐步向中西部欠发达地区倾斜，我省作为东部较发达省份，争取贷款工作面临的困难越来越多。

二是利用外债的认识有待进一步提高。经过多年的实践和宣传，各级政府对利用政府外债工作越来越重视，但仍有一些地方对利用政府外债认识不够全面，存在“不会用、不愿用、不敢用”的问题。所谓“不会用”，是指对外债知识了解不多，不知道哪些该用、哪些不该用，即使急需资金，也无从下手，今后，省厅要采用多种形式，加强对上、对下的沟通和交流，使我们不但学会如何利用外债，而且在工作中要抓住机遇，切实利用好外债。“不愿用”，就是嫌外债项目程序多、要求严、前期准备时间长，特别是看到国际金融组织贷款一般需要2～3年的准备时间，就怕麻烦，不愿意使用。从今年开始，世行贷款项目的前期准备时间缩短为一年，这为我们利用世行贷款创造了有利条件。“不敢用”，就是因为个别项目的失误，一提利用外债就担心，片面夸大利用外债的负面效应，认为借债就是背包袱，借不如不借，产生畏难情绪。这些认识直接影响了利用政府外债的积极性，如果不尽快提高认识，既不利于我们工作的开展，也不利于全省经济的发展。

三是化解政府债务风险的任务十分艰巨。多年来，各级政府努力拓宽融资渠道，积极利用国内外各类资金，不断加大基础设施建设和技术改造投入，有力地促进了经济社会发展。但是，由于前些年整体经济环境欠佳，企业经济效益普遍下滑，致使政府担保的部分贷款出现了偿还难问题，加上为化解地方金融风险而从中央银行取得的专项借款，地方债务偿还负担越来越重，债务风险逐步显现，对财政经济运行产生了一定影响。一些乡镇债务规模甚至远远超过了当年地方财政可用财力，严重制约了当地经济发展和基层组织的正常运行。这些情况都说明，当前和今后一个时期，我们需要在化解旧债、控制新债方面做出更多的努力。

四是地方金融资产资金质量和财务监管还面临不少问题。集中表现为经济发达地区社会信用良好，金融供给能力较强，欠发达地区的地方金融企业主要是农村信用社竞争力较弱，金融供给不足，财政支持金融业发展的能力也不足；地方金融企业产权制度改革落后，法人治理结构不够完善，缺乏有效的自我约束机制；金融企业资产质量不高，历史包袱沉重，抗风险能力较弱，金融风险财政化趋势日益显现，等等。根据我国加入世贸组织的承诺，到今年底对外资银行开展业务的限制将全部取消，内外资银行的竞争即将全面展开。据前不久一项调查显示，综合分析外部环境、经营状况、业务拓展能力等多项指标，无论是单家银行还是分类考察，外资银行的竞争力都明显高于中资银行。这些情况表明，作为政府的综合经济部门，今后财政部门在支持地方金融机构发展方面，任务还十分艰巨。如何在遵循国际惯例的情况下加大对地方金融企业的支持力度，如何更好地加强金融企业财务监管，如何提高地方金融企业的资产质量等，都是需要我们研究解决的重大问题。

三、开拓创新，努力实现全省财政债务金融工作新跨越

2006年是“十一五”规划的开局之年，财政改革与发展进入了新阶段。各级财政债务金融部门要坚持以科学发展观为指导，坚持一个中心，健全两个机制，完善三项制度，实现四个突破，强化五种意识，努力开创全省财政债务金融工作新局面。

（一）坚持一个中心。就是要紧紧围绕支持发展、做大“蛋糕”这个中心开展债务金融工作，为促进经济又快又好发展做出应有的贡献。重点要注意把握好三个问题：一是要进一步强化支持发展的责任感和使命感。发展是硬道理，是党执政兴国的第一要务，也是解决各类矛盾和问题的根本。财政作为政府履行职能的物质基础和政策手段，在促进经济发展中肩负着重要职责。特别是我们财政债务金融系统，担负着对内对外融资和加强地方金融机构管理的重任，在促进经济发展中具有不可替代的职能作用，必须认真贯彻落实省委、省政府的战略部署，始终把支持发展、维护发展、促进发展作为第一要务，积极采取多种措施，为经济社会发展筹集更多的资金。二是要进一步丰富支持经济发展的手段和方式。近年来，随着业务领域的拓展，财政债务金融工作在支持经济发展方面的任务越来越重，可供选择的支持发展手段和方式也日趋丰富。比如，可以发挥“融资平台”的功能，更多地利用外债和引进内资，弥补省内建设资金不足；可以发挥地方金融企业财务监管的职能，做大做强地方金融企业，提高对经济发展的支撑能力，提高服务业发展水平；可以通过支持担保行业发展，解决高科技民营企业的融资难题；可以通过小额担保贷款，促进就业再就业，等等。面对新的形势，各级一定要解放思想、拓宽眼界，增强驾驭各种手段和杠杆的能力，更好地支持经济发展。三是要把握好支持经济发展的重点和方向。支持经济发展，既要注重经济增长速度，更要追求质量和效益。调整经济结构、转变经济增长方式、建设资源节约型和环境友好型社会，促进经济社会全面、协调、可持续发展，是我省“十一五”规划纲要确定的战略目标任务。我们在开展债务金融管理工作，特别是在利用外债和国内政策性银行贷款时，一定要以科学发展观为指导，严

把项目质量关，不断优化债务资金使用结构，尽快从目前以基础设施建设为主，扩大到农业、卫生、社会保障、环境保护和资源综合利用等领域上来，强化对经济社会发展薄弱环节的投入，确保债务资金使用符合国家宏观调控政策要求。

（二）建立两个机制。良好的工作机制是保障财政管理畅通运行的关键。今后一个时期，各级财政部门要把建立健全财政债务金融运行机制作为重要任务，为财政工作迈上新台阶奠定基础。

1. 建立健全债务管理机制。俗话说："借债还钱，天经地义"。政府举债是为了加快经济发展，而经济发展了就应当履行义务按时还款。据不完全统计，目前我们直接管理的政府债务，国际金融组织贷款每年还贷数为1.18亿美元，外国政府贷款为1.3亿美元，专项借款为10亿元人民币，总计折合人民币29.8亿元。政府债务的特点要求我们必须建立健全"借用还"与"责权利"相统一的债务管理机制，实行跟踪服务、全方位管理，确保项目贷款"借得来、用得好、还得上"。健全政府债务管理机制，一是要做到工作重心前移，在项目前期论证和项目建设中实行跟踪服务，全方位监督管理。二是建立还贷准备金制度，按照一定比例每年从预算中列支一块，减轻各级财政的还款压力。今后，省厅将拿出一定资金，对建立还贷准备金工作突出的市给予奖励。三是实行还贷奖罚考评制度，对完成任务较好的市，省厅给予表彰和奖励，对完成不好的市除了罚息以外，不得再上新的贷款项目。四是建立债务风险防范体系。注重从长远发展的角度出发，加快债务偿还机制建设，避免金融风险向财政风险转化，促进政府债务管理工作走上良性循环轨道。

2. 完善地方金融企业监管机制。地方金融企业健康发展并提供良好的金融服务，有利于促进地方经济持续健康发展。前些年，我省部分证券公司、信托机构、基金会等出现了比较严重的支付危机，给社会稳定和经济发展造成了负面影响。之所以出现这些问题，原因是多方面的，但监管不力也是一个重要因素。今后，各级财政部门必须采取有力措施，加强对地方金融企业的监管。一是坚持日常财务管理常抓不懈。重点加强对费用界定、盈亏核算真实性、不良资产处置、准备金提取与核销、国家财政专项补贴资金管理使用、财务会计报告报送与审查、分析制度的建立健全等方面的监管，掌握地方金融企业财务运行状况和存在的问题，发现重大问题及时向当地政府、上级财政部门以及有关监管部门反映，以便及时化解金融风险。二是认真做好地方金融企业国有资产管理工作，搞好国有资产登记、年检，全面掌握地方金融企业国有资本变动情况，努力做到资产和财务管理相统一，确保国有资产安全完整和保值增值。三是充分发挥财政职能作用，坚持定期和不定期检查相结合，切实加大监督检查力度，发现问题及时解决，努力做到防患于未然。

（三）完善三项制度。建立健全规章制度，是实现财政债务金融管理规范化的基本要求。各级要把建章立制作为加强管理的基础环节，高度重视、着力推进，努力做到各项工作有法可依、有章可循。

1. 建立完善政府债务风险预警控制制度。首先，对现有政府债务，要进行认真梳理，全面做好统计工作，准确了解本地区债务借、用、还情况，摸清各级政府直接负债和或有负债规模，及时掌握负债结构、偿还时间、使用方向、还款来源，以及政府债务的余额、币种、利率、行业分布、地区分布等重要资料。其次，对各类政府债务要实行统一归口管理，根据已掌握的情况，及时通报并开展全面分析预测，确定合理的债务规模，为领导决策提供依据。最后，要建立债务监测预警指标体系。各级财政部门要结合实际，认真设计包括地方财政赤字率、地方财政债务依存度、地方债务支出收入比率、地方偿债率、地方债务负担率、平均还债年限、债务逾期率等在内的指标体系和风险标准，借鉴国际公认的债务警戒线，研究确定切实可行的警戒线标准，有效防止政府债务风险的发生。

2. 建立健全绩效评价制度。一方面，要完善对财政部门工作的绩效评价制度。不仅对债务偿还情况进行考核评价，而且要将还贷准备金、上级政策执行情况等纳入绩效评价体系，调动各级加强债务管理的积极性。另一方面，要建立地方金融企业绩效评价制度。探索建立包括地方金融企业经营业绩、财经法规执行情况以及对地方经济贡献率等在内的指标体系，将其纳入地方金融企业及其负责人工作成绩考核范围。做好这项工作，是财政部门加强地方金融企业监管，防范和化解金融风险的需要，大家要进一步开动脑筋、大胆创新。

3. 建立健全信息联动管理制度。当代社会是一个信息社会，只有掌握大量信息，我们的工作才能积极主动。建立信息联动管理制度，关键是要抓好三个环节：一是信息下达。要充分利用现有资源，将债务金融信息通过现有内部网络，下达到基层财政部门，以便从事具体工作的同志，能够及时了解和掌握最新经济、社会形势和工作动态，准确把握工作方向和重点。二是信息上传。积极利用现代化办公手段，将各地工作中取得的好经验、好做法，上传给上级财政部门，由上级部门给予宣传推广，引导各级进一步开阔思路、完善措施，推动全省财政债务金融工作的开展。三是信息分析利用。在充分利用现有局域网络资源的基础上，加快研究开发现代化信息管理系统业务软件，进一步提高对各类信息的分析、研究能力，善于从中发现债务管理和地方金融企业运行中出现的苗头性问题，及时提出措施建议，为领导决策当好参谋助手。为了调动各级建立信息联动管理制度的积极性，今后，省厅将把这项工作纳入财政债务金融工作考核体系，建立奖勤罚懒机制，加快推动财政债务金融工作信息化建设，提高信息分析利用水平。

（四）实现四个突破。做好财政债务金融管理工作，既要立足全局谋划长远思路，又要结合实际解决好具体问题。具体到当前，要力争在四个方面取得新突破。

1. 在引进外资方面实现新突破。资金是经济增长的重要推动力量。从我国区域经济发展情况看，凡是经济发展比较快的地区，利用外债的程度也相对比较高。珠江三角洲、长江三角洲地区，能够有今天的发展成就，与他们较早利用国外优惠贷款有着直接关系。当前我省正处在经济增长的关键时期，资金供需矛盾十分突出，要实现经济大发展，必须充分利用外债资金成本低的优势，争取更多、更好的外债项目，合理、有效地利用外债资金。要找准国外贷款与我省经济社会发展的契合点，把利用外债与“十一五”规划结合起来，对于“十一五”时期的重大项目，包括道路建设、能源开发、水利设施建设等，要根据贷款需求与债务承受能力，积极做好项目储备、筛选、审核以及申报工作。要健全“借用还一体化”、“责权利相结合”的运行机制，简化工作程序，提高工作效率。

2. 在支持金融业发展方面取得新突破。金融业是第三产业的核心内容，对第一、二产业发展也具有强大的推动作用。一是要完善财税政策措施，积极利用财政参股、贴息等形式，吸收社会资金、企业资金和辖区外资金，帮助地方金融企业拓宽资本补充渠道，壮大地方金融企业实力。二是要加强金融机构财务监管。目前财政部正在制定《金融企业财务通则》，各级财政部门要以此为契机，结合实际制定切实可行的财务管理制度，进一步提高地方金融机构财务监管水平。三是要强化小额担保贷款基金管理。高度重视和关心就业再就业工作，不断加大财政支持力度，积极推动小额担保贷款业务开展。强化小额担保基金管理，确保资金得到合规、安全、有效使用。四是要帮助地方金融企业化解不良资产，不断提高地方金融企业自我发展的能力。同时，要重视做好开发银行贷款偿还工作，切实防止债务风险向财政风险转化。

3. 在规范政府债务管理方面实现新突破。一是要根据当地经济发展水平和公共财政建设要求，深入研究宏观经济政策，主动参与制定利用外债规划，合理确定项目类型，全面建立政府外债项目库。二是要抓住“财务、债务、资金、监督”这条主线，加强对政府外债的全过程管理，切实提高偿债能力，积极防范债务风险的发生。三是对借款项目单位，要探索建立必要的财产抵押和还款保证金制度，制定切实可行的偿债计划，努力防止债务拖欠现象的发生。

4. 在支持社会主义新农村建设方面实现新突破。我省是一个农业大省，新农村建设的任务十分艰巨。各级财政债务金融管理部门要认真履行职能，积极探索多种方式，在资金扶持和政策引导上重点向“三农”倾斜。要积极发挥外债资金的示范带动作用，支持实施一批带动作用强、示范效应大的农业产业化项目。灵活运用信用融资担保体系和小额贷款担保手段，通过财政贴息的方式支持农民发展生产。充分发挥农村信用社在支持“三农”方面的主力军作用，继续实行税收优惠政策，对农村信用社免征所得税，并继续给予免征营业税两年的政策；探索建立奖励考核机制，引导信用社扩大金融服务范围，丰富金融服务手段，提高对“三农”的金融服务质量。对其他金融机构发放的涉农贷款，也可以给予适当减免营业税和所得税的政策，引导金融机构加大信贷支农力度。总之，要充分发挥财政杠杆作用，形成新农村建设资金聚集机制，加快推进社会主义新农村建设。

（五）强化五种意识。财政债务金融工作政策性、业务性很强，要想不断提高工作水平，必须加强干部队伍建设，全面提高干部职工的综合素质和业务能力。具体来说，要强化“五种意识”。

1. 强化有为意识。有为是我们做好工作的基点。近几年来，我省的债务金融工作取得了很好的成绩，重要的是全省上下有一个好的精神状态，我可以这样说，我们的许多干部是“三情干部”，即对群众有感情、对工作有热情、对事业有痴情。工作是靠干出来的，不是想出来的。当然我们还应该看到，全省工作开展的不平衡，有许多工作需要我们去了解和探讨，我们一定要强化有为意识，要继续保持良好的精神状态，做想干事、会干事、干成事的有为干部。

2. 强化创新意识。创新是一个民族进步的灵魂，也是加快发展的不竭动力。当前，财政债务金融工作面临着新的机遇和挑战，只有坚持开拓创新，才能实现新发展、取得新突破。如果墨守成规、被动应付，我们的事业就很难有所发展、有所成就。在今后的工作中，各级要树立多角度、全方位的创新意识，创新引资观念，创新工作思路，创新管理方式，善于跳出财政看财政，善于立足财政全局来把握财政债务金融工作。只要是有利于我们工作开展的方式方法，都要敢闯敢试，绝不能被保守的观点和眼前的利益束缚住手脚。

3. 强化风险意识。一方面财政债务金融工作是一个特殊的行业，上连国家宏观政策，下连千家万户的切实利益，对金融业的管理要高标准、严要求，绝不能等同于一般行业。另一方面财政债务金融工作影响深远、责任重大，每一笔借款都与未来的预算支出紧密相关，地方金融企业风险和债务风险的最终承担者都离不开财政。随着经济全球化和对外开放程度进一步加快，金融风险的表现形式更加复杂，影响程度更广更深，一旦出现金融危机，地方经济发展就会受到严重影响，广大老百姓的利益也会受损失。东南亚金融危机、世界其他各地发生的金融风暴，至今仍让我们心有余悸。目前，虽然我省各项金融风险指标低于国际警戒线，但是我们应当看到，一些债务风险已经或即将转变为财政风险，从这个意义上说，政府债务管理十分重要。要充分认识自身担负的重大责任，本着对人民负责、对事业负责的态度，始终保持清醒头脑，高度警惕、密切关注财政债务金融管理工作中出现的苗头性问题，千万不能疏忽大意、掉以轻心。要不断增强风险意识、责任意识、忧患意识，做到未雨绸缪，尽早采取措施，积极主动地防范和化解各类风险，为经济平稳发展扫除障碍。

4. 强化信用意识。市场经济是信用经济，信用是无价之宝。在发展对外关系和开展招商引资过程中，一旦出现信用危机，就会影响政府形象，带来全面的工作被动。各级财政部门一定要提高认识，顾全大局，本着“谁用款谁还款，谁担保谁负责”的原则，克服“等、拖、靠、看”的侥幸心理，紧绷信用这根弦，牢固树立偿债观念，重视维护对外信誉，共同打造“信用山东、诚信山东”这块金字招牌，促进我省经济持续健康发展。

5. 强化廉政勤政意识。财政债务金融管理工作的特殊性，要求我们必须注重干部队伍的作风建设。一是要加强学习培训。各级财政部门要积极开展教育培训活动，为干部职工加强学习提供机会；广大干部职工要树立终生学习的观念，切实提高自身综合素质和业务能力。二是要加强调查研究。随着经济社会加快发展，财政债务金融工作面临的形势变化很快，各级财政部门要围绕债务管理、金融体制改革中的突出问题，深入开展调查研究，摸清情况、制定对策，切实提高工作的前瞻性和针对性。三是加强廉政建设。廉政建设关系到队伍形象，关系到财政事业发展。当前，尤其是要以学习“八荣八耻”、践行社会主义荣誉观为主题，加强思想作风建设，深刻认识廉洁自律、做好反腐倡廉工作的极端重要性，勤勉自省、防微杜渐，切实提高拒腐防变的能力，既要在工作上争先进，又要在廉政上当标兵，努力做到“干成事、不出事”，树立财政债务金融干部的良好形象。

（作者为山东省财政厅副厅长）

加强高校财务管理　支持高等教育事业发展

庞敦之

一、充分认识高校财务在高等教育及财政工作中的地位和作用

高校财务既是高等教育事业发展的一个重要组成部分，也是财政工作在教育领域的拓展和延伸。近年来，在省委、省政府正确领导下，各高校积极开源节流、增收节支、精打细算，不断深化改革、加强管理，为促进我省高等教育事业健康、协调和可持续发展做出了重要贡献。

（一）高校财务工作地位突出、职责重要。任何一个单位都有财务。高校财务作为高等院校的一个重要部门，与行政机关和其他企事业单位的财务相比，地位更突出，任务更繁重，职责更重要。一方面，高校财务作为高校发展的物质基础和保障手段，直接关系到高等教育事业的发展。大家常说，一所高校就是一个小社会。一是因为高校人多。目前我省104所高校，在校生最多的达到三四万人，少的也有几千人，再加上在职和离退休的教职工，相当于一个县级财政供养人口的一两倍。二是因为高校的机构多、摊子大、政治敏感，业务复杂。三是高校财务收支规模大、管理难度大、保障任务重。高校财务既有收，也有支；既保障正常运转，又保扩建发展。因此，高校财务管理工作做的如何，不仅直接关系到广大师生的工作、学习和生活，而且还关系到学校的正常运转和发展，关系到社会的繁荣和稳定。特别是最近几年，高等教育呈现出筹资渠道多元化、经济活动多样化的发展趋势，财务管理在保障高校发展中的作用越来越重要。为了实现高等教育的跨越式发展，我省大多数的高校，还进行了

较大规模的融资。高校财务处在组织收入、控制支出、节约资金、偿还债务、扩大投资、促进发展，调动教职工的积极性、创造性方面，都做了大量卓有成效的工作。正因如此，很多高校都把财务管理作为“一把手工程”，主要领导直接分管、亲自抓，财务部门成为高校的一个核心处室、重要部位，财务管理成为高校内部一项十分重要的工作。

另一方面，高校财务作为财政管理在教育领域的延伸，直接关系整个财政管理水平的提高。2005年，我省高等学校教育经费支出96.11亿元，其中仅省级安排的支出就有70.8亿元。这么大一块资金，仅靠财政厅教科文处、靠教育厅财务处的几个同志是管不了的。从预算编制、到资金分配再到监督检查、跟踪问效等等，绝大多数工作，都是由高校财务处的同志们完成的。高校财务管理水平的高低，不仅关系到学校的发展，而且关系到整个财政管理水平的提高。如果高校的财务管理水平上不去，财政资金使用效益和管理水平就会大打折扣。从这个角度来讲，高校财务管理不仅仅是一个学校、一个局部的事情，而且是关系全省高等教育发展大局、关系全省财政改革发展大局、关系“科教兴鲁”战略实施和全省经济社会发展的一个大问题。

（二）财政对高校的支持力度不断加大，但与高校的快速发展不相适应。加强高校财务管理，支持高等教育发展，是公共财政的重要职能。多年来，省市财政部门一直非常重视高校发展，在收支矛盾十分突出的情况下，千方百计筹集资金，加大投入力度。2005年，仅省属高校的教育事业费拨款就达22亿元，比1998年扩招前增加14.74亿元。今年，省财政年初预算安排的高等教育经费达到35.23亿元，其中省属院校正常运转经费33.13亿元，部属院校共建配套资金1亿元，省属高校“三重点”和科研经费及基础学科建设等5 650万元，国家助学贷款贴息及高校困难学生助学奖学金等5 400万元，均比上年有较大增加。在省市财政的大力支持下，我省高等教育事业得到快速发展。一是在校生规模不断扩大。2000～2005年，全省全日制普通高等学校由58所发展到104所，高等教育规模由74.3万人增加到161万人。二是资产规模不断膨胀。2000年，全省高校资产105亿元，2005年达到了436亿元，增长3.15倍。三是办学质量不断提高。省财政累计安排“三重点”建设经费1.94亿元，在全省高校建设了118个重点学科、69个重点实验室，丰富了教学手段，提高了教学质量，培养了一大批中青年学术骨干。四是资助高校贫困生政策得到较好落实。自2001年起，全省累计为9.4万名学生审批贷款7.5亿元，为8.7万名大学生实际发放贷款4.5亿元。特别是2004年国家助学贷款按新机制运行后，省财政及时安排贴息和风险补偿金6 169万元，确定农村信用社为国家助学贷款经办银行，并支持高校与其他商业银行合作开展了国家助学贷款业务。由于我省助学贷款工作措施得力，成效显著，财政部于2004年和2005年连续两年分别奖励我省“以奖代补”资金2 500万元。另外，省财政厅、省教育厅与各高校一起，通过积极落实省政府奖学金和助学金制度、发放特困生补助、减免贫困生学费、开通“绿色通道”等方式，逐步形成了多元化的高校贫困生资助体系。2005年，全省高校发放各种奖、助学金2.55亿元，发放勤工助学奖金7 100多万元，为7.98万名学生发放特困补助3 800多万元，为2万多名贫困学生减免学费2 500多万元。五是高校经费保障机制逐步理顺。2005年，针对以往按学生和职工两个因素核定高校经费补助存在的问题，我们对省属普通高校正常经费核定办法进行了改革，统一实行“学生定额加专项”的核定办法，综合理工类普通高校学生的经费定额提高到3 200元，博士研究生经费定额提高到12 000元。在此基础上，又统一了驻济、驻外高校离退休教职工的拨款标准，离休人员定额按43 000元执行，退休定额29 000元。通过改革，既简化了算账程序，增强了透明度，又缓解了高校扩招和国家出台工资政策带来的学校财务支出压力，进一步提高了高校经费保障水平。

我们也清醒地认识到，近年来，随着我省经济的发展，财政“蛋糕”逐步做大，高等教育事业费也有了较大幅度的增长，但相对于高校发展的需求来说，财政的资金支持力度还远远不够。突出表现为两个“跟不上”，即投入的增长速度跟不上社会发展的需求，也跟不上高等教育事业自身发展的需求。尤其是近几年，我省高等教育实现了跨越式发展，但财政投入基本是常规性增长。2000～2005年，我省高等学校预算内教育事业费年均增长15.91%，而同期普通高等教育在校生规模年均增长30.98%，接近预算内教育事业费增幅的2倍，这是普通高校生均教育经费、生均图书和教学仪器设备逐年减少的一个重要原因。其中生均经费支出由2000年的12 972元下降为2005年的9 548元，目前在全国仅排第22位。1998年，省属高校生均图书为98册，教学科研设备价值为4 850元，2004年这两项指标分别降为51册和4 266元。这种局面的出现，表明财政保障能力还不够强，保障水平还不够高，面对高等教育事业的快速发展，应对措施不多，工作不够到位。

（三）高校财务管理成绩显著，对财政工作给予了充分的理解和支持。近年来，各高校财务部门立足本职、辛勤工作、开拓创新，积极为学校发展出主意、提建议、想办法，创造了很多新的理财经验，取得了显著的工作成效。比如，山东科技大学结合本校实际，为加强中央与地方共建资金管理，先后出台了项目立项审核办法、设备购置招投标管理办法、绩效考核管理办法等7个相关管理制度，实现了项目管理的规范化和制度化，有效保障了共建工作按计划顺利实施。山东师范大学集中资金支持重点科研项目，极大的改善了学校教学和实验条件，实现了实验教学的互动，其生物学基础实验室成为我省生物学实验教学示范中心，并参加了国家级实验教学示范中心的申报，为省内外高校提供了示范和指导。山东农业大学为加强监督检查，防范化解财务风险，在积极利用信贷资金加快发展的同时，大力完善内控制度，落实校内经济责任制，合理安排项目的建设进度，降低了信贷风险，提高了投资效益。还有山东经济学院、山东财政学院多形式资助困难学生，山东理工大学积极争取地方政府支持的做法，都很值得学习和推广。其他各高校在财务管理中也创造了许多好经验、好做法，有力地推动了全省高校财务管理水平的提高。

二、认清形势，正视高校财务管理工作面临的矛盾和困难

正确认识和分析形势，是做好高校财务工作，促进高等教育快速发展的前提和基础。总体上看，当前我省高等教育发展势头很好，加强财务管理具有很多有利条件。一是经济和各项社会事业的发展，迫切需要高等教育事业加快发展，为各行各业提供强有力的人才、技术和智力支撑。社会各界对高等教育加快发展的迫切性认识越来越统一，期望值越来越高，这将为高校财务工作创造一个更高的平台和更宽阔的舞台。二是我省经济增长势头强劲，后劲很足，财政收入也会持续快速增长，这将为高校财务工作提供坚强的后盾和保障。三是高校财务管理制度越来越健全，管理机制改革越来越深入，大部分高校经过多年的发展和积累，家底越来越殷实、基础越来越牢固，财务状况越来越好，具备了加快发展的条件。但同时也要看到，高等教育的快速膨胀，也使高校财务面临许多困难和问题。尤其是以下几个方面的问题，需要我们共同研究解决。

（一）财政保障能力与高等教育支出需求快速增长之间的矛盾。按照我省高等教育发展规划，“十一五”期末，全省高等教育毛入学率将达到26%，在校生总规模将达到200万人以上，年均递增约5%。高等教育的跨越式发展，迫切需要大量资金投入作保障。一方面，随着高校学生的增加，高校事业费需要相应增加。另一方面，目前高校普遍存在的教学用房和学生宿舍紧张、教学仪器设备落后、图书资料短缺的现象，要改变这种状况，也需要大量增加投入。此外，国家今年出台了事业单位工作人员收入分配制度改革方案，决定从7月1日起实施岗位绩效工资制度，并适当提高收入水平，也需要财政加大投入力度。但从财政收入增长态势、收支结构和人均财力水平看，今后一个时期财政对高等教育的保障能力又难以大幅度提高，高等教育支出需求与财政保障能力不足的矛盾将长期存在。有些同志可能会产生疑问，我省财政收入规模这么大、增长这么快，每年仅增收就有一两百亿元，为什么各方面一直喊财政保障不足？为什么仍无法满足高等教育事业发展的需要？

概括起来讲，我省是一个“财政大省”，但还不是一个“财政强省”，“大而不强”的特征比较明显。说是财政大省，主要是指财政收支总量大。2005年，我省地方财政收入为1 073.13亿元，财政支出为1 466.23亿元，均居全国第4位。但受我省经济结构不合理和财政供养人口多等因素的影响，财政保障能力还比较弱。从财政收入结构看，由于我省是农业大省、资源大省，农业和资源开采等无税、低税行业所占比重大，整个经济的税收贡献率低，受此影响，我省财政收入中的税收收入所占比重偏低，非税收入比重偏高。2005年，我省地方财政收入中税收所占比重仅为77%，低于全国平均水平4.4个百分点，居全国第15位。非税收入大都具有专门的用途，非税收入所占比重较大，反映到数字上，虽然增加了财政收入，但不能当钱花，可用财力并没有增加。据测算，2000～2005年，我省可用财力年均增长仅11%左右。从省级来看，每年的可用财力增长也就是10亿元左右。从人均支出水平看，按总人口计算，2005年我省人均地方财政支出为1 585元，低于全国平均水平341元，居全国第21位；按财政供养人口计算，2005年我省有财政供养人口306.06万人，居全国第2位，人均财政支出为4.79万元，比全国平均水平低7 365元，居全国第18位。人均支出水平低，调控余地小，造成财政保障能力较弱，对社会事业的投入也相对不足。

另外，从教育支出本身的结构来看，高等教育在教育支出中所占的比重也不可能会有较大幅度的提高。2005年，全省教育经费支出433.84亿元，其中高等教育经费支出占22.15%。从高等教育、职业教育、义务教育三者的发展水平看，目前最薄弱、发展能力较差的是职业教育和义务教育。正因如此，中央和省委、省政府对增加这两方面的投入十分重视，最近出台了一些硬性措施。一方面，按照国家统一部署，2007年我省将全面实施农村义务教育经费保障机制改革，从理顺机制入手，逐步解决制约农村义务教育发展的经费投入问

题。改革内容包括免除农村义务教育阶段学生学杂费，对贫困家庭学生免费提供教科书并补助寄宿生生活费，提高公用经费保障水平，建立校舍维修改造长效机制以及巩固和完善教师工资保障机制。按照要求，省级政府负责统筹落实省以下各级政府应承担的经费，完善转移支付制度，确保改革资金落实到位。预计这项改革落实到位后，全省每年需要增加财政支出40多亿元。另一方面，2005年，国务院要求“各级人民政府要加大对职业教育的支出力度，逐步增加公共财政对职业教育的投入”。全省职业教育会议也确定，省财政将逐年增加职业教育专项经费，并规定从2006年起，地方教育附加用于职业教育的比例不低于20%，城市教育费附加安排用于职业教育的比例不低于30%。另外，落实科学发展观、构建和谐社会、理顺收入分配关系、建设社会主义新农村等，也需要增加大量开支。因此，今后几年，随着经济的发展和财政实力的增强，财政对高等教育的投入每年都会有较大幅度的增加，但相对于高校发展的资金需求来说还是远远不够的。有限的财力和资金需求之间的矛盾将在一定时期内长期存在。在今后的发展中，我们必须正视这个矛盾，并努力通过多渠道融资解决这个问题。

（二）*融资需求与防范债务风险之间的矛盾*。近年来，在财政保障力度有限的情况下，各高校为加快发展速度，提高办学水平，坚持多渠道筹资，通过向银行贷款建校的方式，缓解了高校扩张所带来的教学用房紧张、基础设施薄弱、实验设备陈旧等矛盾，促进了优质教育资源的迅速增加，对加快高等教育的发展起到了积极作用。应该说，没有高校积极利用银行贷款等多渠道筹资办学的积极性，就没有今天我省高等教育发展的大好局面，对此应该给予充分肯定。值得注意的是，贷款是把“双刃剑”，既加快了发展，也带来了风险。对贷款风险头脑要清醒，认识要到位，预案早制定，措施要跟上。一味地贷款、征地、搞基建、多招生，走外延式发展的路子，贷款规模过大，再加上贷款结构不合理，超过学校承受能力，一旦资金链条出现断档，就会发生财务危机，严重影响学校的正常运转。截至2005年底，全省76所高校贷款余额达到141亿元，贷款高校决算总收入90.4亿元，高校贷款余额是总收入的1.56倍。其中有17所学校，贷款余额超过学校总收入的2倍，有的高校贷款余额已达到总收入的3倍甚至更高。按现行利率计算，全省高校每年用于支付贷款的利息就需8个多亿。贷款余额达到其总收入2倍的高校，如果每年从总收入中拿出20%的资金用于还本付息，需要16年才能还清。可见，财务压力是相当大的。更值得关注的是，我省高校贷款结构不太合理，1～5年的中短期贷款余额为110.8亿元，占贷款总量的78.6%，长期贷款较少。目前有一些高校已进入还款高峰期，学校资金周转非常困难。特别是在事业收入一定的情况下，还本付息支出的增加，必然导致人员经费与其他公用经费支出的减少，从而导致教师队伍的不稳定，教学科研质量下降，进而影响到办学质量，乃至社会的稳定。今后几年，高校旺盛的融资需求与贷款引发的财务风险问题，必须引起我们的高度重视。

（三）*高校经费紧张与高等教育资源配置不合理的矛盾*。分析目前高校的财务状况，我们注意到，目前一方面高校办学经费十分紧张，到处都感到缺钱；另一方面也存在一定的资源闲置和分配结构不合理现象。比较突出的，一是目前各高校在发展中，仍然维持着“大而全、小而全”的格局，后勤社会化改革还不到位，校与校之间甚至校内各院、系之间，还没有做到资源共享，高等教育资源的配置效率还不够高。在有的院校，甚至存在家大业大，资金损失浪费也大的现象。二是部分高校支出结构不合理，“吃饭”与“发展”的关系没有处理好，突出表现为人员经费支出比重偏大。三是贫困生资助政策落实不到位。部分高校未能按规定提取助学基金和困难补助费，有的在与金融部门衔接上还存在问题，这一政策落实情况还不十分理想。

除上述几个方面的矛盾之外，我省高校财务还存在本科与专科院校之间经费不均衡，普通高校与成人高校之间经费不均衡，市属院校与省属院校经费保障水平有较大差距等等。总之，我省高等教育在经过连续几年的快速发展后，目前正处在一个关键时期和艰难时期，一些深层次矛盾正在逐步显现。这些问题有些是高等教育快速发展不可避免的现象，有些是经济社会深层次矛盾在高校的反映，但无论如何，都对高校财务管理具有一定影响，我们必须引起足够重视。这些问题解决好了，我省高等教育将会实现更快更好发展；解决不好，机遇可能错失，会影响高等教育的进一步发展。

三、齐心协力，共同开创高校财务管理工作新局面

尽管我们面临着许多困难和问题，但从总体上讲教育发展环境是非常好的。今后几年，是我省全面建设小康社会的关键时期，也是高等教育事业发展的战略机遇期，高校财务工作面临的任务更加繁重和艰巨。财政部门将和教育部门、各高校一起，围绕做大做强山东高等教育，密切协作，共同努力，克服困难，进一步做好高校财务工作，促进我省高等教育持续快速发展。具体来说，就是要做到四个“千方百计”。

（一）千方百计增加投入。高校要发展，投入是关键。为此，我们将从三个方面加大工作力度，努力拓展高校财务收入来源渠道。一是努力增加预算内投入。财政部门将积极调整支出结构，规范支出范围，集中财力进一步加大对高等教育的投入力度，确保教育财政拨款的增长高于财政经常性收入的增长，逐步提高财政对高等教育事业发展的保障能力。二是积极创新筹资方式。各高校要充分发挥所在地的优势，努力实现与所在地经济社会的全方位对接，积极为地方经济发展服务，争取地方政府的支持，建立良性互动关系，在共同发展中实现共建双赢、优势互补。财政部门要充分运用政策和资金的杠杆作用，通过贴息、补贴、租赁等形式，吸引民间和社会资金，共同加大对高等教育事业的投入。各高校财务部门也要不断完善筹资机制，多渠道、多形式筹集资金，走多元化办学的路子。三是尽快搭建社会捐资助学平台。中央已经成立了教育基金会，“开盘”很好。我省各方面的条件也基本具备，即将开业。各高等院校、各市地也要积极创建捐资助学的平台。这方面的潜力很大，截至6月末，我省居民储蓄存款余额突破万亿元大关，达到10 007.3亿元，有钱的人越来越多，愿意捐款的人也会越来越多。通过落实鼓励社会捐资助学的税费政策，为有捐助意向的企业、社会团体和个人提供便捷的渠道，动员全社会力量，兴办教育事业，这是一件“利在当代，功在千秋”的非常有意义的事情。各高校也可借鉴国内外高校进行社会融资的经验和做法，通过设立学校基金会等形式，广泛募集社会资金，用于改善办学条件。美国的哈佛大学募资专职人员有300多，每年向社会募集资金30多亿美元，我国一些知名大学也在纷纷效仿。在这方面，各高校财务部门应积极进行探索。

（二）千方百计用足政策。为促进高等教育发展，国家和省出台了一系列的扶持政策和办法，我们将配合各高校认真研究利用好这些政策，增强高校发展的活力。一是进一步规范和完善收费政策。收费支撑着高校财务的半壁江山，我省高校的收费标准近6年没有提高，这也是造成高校经费紧张的重要原因之一。今后，我们将积极配合有关部门，对我省高校收费状况进一步调研，在中央政策允许的范围内适当调整部分高校的收费标准，改善高校经费状况。举办民营学院、合作办学，是缓解高校经费紧张的有效途径，我省在这方面起步较晚、规模较小，下一步要抓住机遇，利用好政策，适当扩大招生规模，提高收费标准，增加学校办学经费，减轻学校筹资压力。二是支持高校内涵式发展。为进一步提高科研和创新能力，今后财政资金将进一步向重点实验室、重点学科和重点团队投入。各高校要运用好财政政策，大力支持重点学科、重点实验室建设和中青年学术骨干培养，实现高等教育由量的增加到质的提高，由外延式发展向内涵式发展转变。各高校要根据经济社会发展需求，合理确定办学规模，调整学科布局和专业设置，适当控制招生增长幅度。这样有利于集中必要的财力，改善办学条件，优化育人环境，提高办学水平。三是建立激励机制，推动贫困生资助工作。这是一项政治任务，但做好了学校受益，学生受益，金融部门也受益。学校政治上受表扬，经济上得实惠，可得到资金奖励，可以提高收费率。学生有了贷款，享受到了政府的优惠政策，可以顺利完成学业。金融部门支持了教育事业发展，功德无量，诚信体系建好了，贷款风险降低了，效益也就上去了，一定要算好这笔政治账和经济账。完善高校贫困学生资助政策，解决好困难学生的学习和生活问题，确保不让大学生因家庭贫困而失学。我们要进一步强化责任意识，尽快建立和完善诚信体系、激励机制，使这一工作步入良性循环的轨道。

（三）千方百计挖掘潜力。加快高校发展，提高办学质量，增加投入固然重要，挖掘内部潜力也非常重要。一是要坚持勤俭办学，构建节约型大学。省委省政府对建设节约型社会高度重视，专门下发了文件，提出了明确要求。省直机关先行一步，率先出台了节水节电降耗的政策办法。建设节约型大学是节约型社会建设的重要组成部分。随着高等教育的快速发展，高校规模越来越大，办学成本越来越高，同时节约的潜力也越来越大。各高校一定要重视这项工作，进一步加大组织宣传力度，建立健全规章制度，努力营造崇尚节俭的良好氛围，各高校财务部门要从紧安排行政和消费性支出，加快推进后勤社会化改革步伐，努力降低后勤服务成本。二是要优化资源配置，实现资源共享。优化资源配置，实现资源共享是一个大趋势，是提高财政资金使用效益的重大举措。文化资源共享已有了方案设计，科技资源共享也陆续出台了文件，教育资源共享也在一些领域实现了突破。优化资源配置的主线是整合，核心是共享，目的是效益。各高校应在优化资源配置方面走在前面，拿出新规划，制定新措施，实现新突破。首先在高校系统内实现资源的共享共用。在做好规划的基础上，通过现代化手段，在图书资料、实验室、教师资源等方面实现共享共用。其次结合新校区建设实现资源共享共用。对于现校址已纳入政府布局规划范围的高校，省财政将在学校建设方面给予政策优惠，支持高校立足本地发展。对于校区分散在同城异地的高校，要根据统一的布局方案，积极向地方政府反映，充分用好土地置换政策，整合资源，降低办学成本。对于确需进行布局调整、校址迁建的高校，要结合产业发展和城市建设规划做好大学园区建设规划，集中进行基础设施建设，为今后实施资源共享共用夯实基础。再是各高校要与社会各方面实现最大限度的资源共享共用。各高校的实验室、运动场等设施设备要面向社会开放；文化系统的图书馆、科技系统的实验室设备等也要与高校共用。我们将和有关部门一起，通过调查研究，制定一些制度办法，为国家有限资源的最大化利用，创造良好的政策环境。三是要加强预算管理，规范收入分配。各高校要严格执行国家的政策规定，强化预算管理。学校的各项收支应按规定全部纳入预算管理，增强预算约束。严格执行国家关于工资、津贴、补贴和福利待遇方面的规定。要适当控制人员经费支出增长，相应增加公用经费支出。我们将会同人事、教育等部门，加强对政策执行情况的监督检查，以维护收入分配政策的严肃性。四是要学好《办法》，管好资产。最近，财政部出台了《事业单位国有资产管理暂行办法》，为加强事业单位资产管理提供了制度基础和法律保障，标志着我国事业资产管理工作进入了一个新的时期。各级财政部门、各高校的财务部门，要认真学习《办法》，结合本地区、本单位实际制定有关制度，对资产的配置和使用、资产的处置、产权登记、资产的评估及资产的清查等都做出具体规定。在此基础上，认真开展资产清查工作，摸清家底，建立资产管理平台，实现资产从入口到出口各个环节的动态管理，为资产管理与预算管理相结合，为行政事业资源整合和资产共享共用创造条件。

（四）千方百计当好参谋。财政是政府的重要职能部门，高校财务是高校的重要管理部门，财政和高校财务工作的实质就是管理和服务，财政部门要积极当好教育部门和高校的参谋，高校财务部门同样要积极当好校领导的参谋。一是要当好家，理好财。随着高校的快速发展，高校财务规模进一步扩大，高校的资金流量进一步膨胀。高校扩招前的1998年，我省普通高校资金收入规模校均3 459万元，2005年校均达到11 479万元，增长速度很快。面对如此大量的资金，高校财务人员仅仅满足于算好账，记好账是不行的，重要的是当好家、理好财，充分发挥参谋助手作用。财理好了，一分钱能当二分钱花；运用不当，如此大的资金规模，造成的浪费也是不可小视的。所以，高校财务部门要进一步发挥管理优势，对高校的发展速度、规模，当好家、算好账、理好财，为校领导当好参谋。要进一步落实“统一领导、集中管理”的财务管理体制，建立责、权、利相结合的财务运行机制，充分挖掘和发挥人的潜能，调动学校各方面增收节支的创造性和积极性。二是要完善预警机制，防范控制贷款风险。高校举债发展并不可怕，关键是要控制举债风险。要按照“区别情况、分类对待，有借有控、规模适度，结构合理、正常运转”的原则，进一步做好融资工作。2005年，我们下发了《关于进一步加强高校贷款管理切实防范财务风险的通知》（鲁财教〔2005〕32号），结合我省高校的实际情况，测算出省属高校贷款的最高预警线，建立了贷款风险预警机制。今后，我们将努力配合有关部门，积极协调国家政策性银行，在高校的贷款警戒线以内，帮助各学校将短期贷款置换成15～20年的长期贷款，拉长还贷链条，缓解还贷压力。各高校也要根据自身财务情况，对本校信贷资金的使用情况建立预警体系，严格控制高校新增贷款。三是要加强学习交流，提高财政、财务人员业务素质。随着高等教育的发展，财务管理要与之相适应，财政、财务管理人员素质要与之相匹配。因此，各级财政、高校财务管理人员要不断加强学习，努力钻研业务，适时知识更新，完善知识结构，切实提高业务素质和理财能力。财务管理人员除应具备基本的会计核算能力外，还要注重培养沟通、协调、创新的能力，树立新的财务管理理念，提高解决问题和分析问题的能力。针对高校发展实际出现的问题，要经常组织一些专题研究，对实际工作中创造出的好经验、好做法，利用现场会、座谈会的形式及时交流学习。同时，有计划的组织高校财务人员到省内外、国内外学习考察，开阔眼界，拓宽思路，为促进高等教育的健康、协调和可持续发展做出新的更大贡献。

（作者为山东省财政厅副厅长）

认真落实党风廉政建设责任制 进一步做好财政纪检监察工作

李振声

一、2005年财政系统党风廉政建设和反腐败工作情况

2005年，全省各级财政部门以邓小平理论和“三个代表”重要思想为指导，全面落实中纪委五次全会、省纪委六次全会、省政府廉政工作会议精神和《建立健全教育、制度、监督并重的惩治和预防腐败体系实施纲要》（以下简称《纲要》），加大源头治理腐败力度，深入开展党风廉政建设和反腐败工作，取得明显成效。

（一）认真学习贯彻《纲要》，构建惩防腐败体系取得重要成果。《纲要》及省委、省纪委的相关配套文件印发后，全省财政系统结合开展党员先进性教育活动，组织广大党员干部深入学习，认真领会其精神实质，积极探索教育、制度、监督的方式方法，为构建惩防腐败体系奠定了良好基础。

一是反腐倡廉教育不断深入。从重视程度上，从省厅到各地越来越深刻的认识到抓好党风廉政教育的重要性。近年来省厅每年春节后的第一个大会是廉政建设会，党组书记、厅长尹慧敏同志每年还要亲自上一堂廉政党课，平时逢会必提廉政要求。临沂财政局要求党员干部要加强党性修养，做到“三想、三感、三知”，即：想想党的培养，增强欠账感，要知恩；想想老区人民的生活，增强内疚感，要知足；想想肩负的重任，增强压力感，要知责。并在系统内提出：不重视抓廉政建设的局长是不明智的局长；抓不好廉政建设的局长是不称职的局长。莱芜财政局为了保证学习教育的效果，推行了学习考试、轮流讲课和学习交流三项制度，“一把手”带头学习、带头应试、带头谈体会，保证了机关学习深入扎实、不走过场。从教育的形式上，更加丰富多彩。省厅2005年以“廉洁奉公、执政为民”为主题开展的“四个一”廉政教育活动，还有泰安财政局开展的“五个一”教育活动，由于内容新、形式活，受到了党员干部的普遍好评，有的党员讲心灵上受到了震撼。东营财政局把警示教育课堂搬到监狱，组织党员干部在潍北监狱召开了警示教育现场会。烟台财政局组织观看《蜕变》警示教育片，并对在系统发生的违法违纪案例进行剖析。菏泽财政局在党员干部中开展“五比五算”活动，引导大家与先进人物比贡献、比业务、比能力、比水平、比觉悟，与腐败分子对照算个人名誉账、政治前途账、人身自由账、经济代价账、家庭幸福账。泰安市财政局召开家庭助廉座谈会，为126个家庭挂上了廉洁文明匾牌。所有这些教育活泼新颖、针对性强、入脑入心，为增强干部的廉政意识收到了良好效果。从教育的广泛程度讲领域更宽、覆盖更广。除党章、理想、条规、法制、警示等常规教育外，去年各地还注意加强了廉政文化建设，济南市财政局自编自导了曲艺小品进行反腐倡廉多项演出；淄博市财政局创作了京韵歌曲《廉洁勤政率先行》，在全系统演唱，并在全市开展的反腐倡廉歌曲创作演唱活动中，获得一等奖。泰安市财政局不仅组织了党风廉政建设文艺汇演，还在全系统征集廉政警句和格言，使党员干部普遍受到廉政文化的熏陶。

二是反腐倡廉制度建设成效显著。在建立健全党风廉政责任制度方面，滨州、泰安、淄博、莱芜、聊城等市财政局坚持一年一修改，一级一签订，落实有奖励，违责受追究。枣庄、日照、临沂市财政局不仅要求县处级领导干部进行廉政承诺，而且制定了《廉政风险保证金制度》，让廉政建设与个人利益挂钩。济南财政局对干部工作绩效、党组织建设和党风廉政建设实行了三个百分考核，真正做到了党风廉政和业务工作一起布置、一起考核、一起落实。在建立健全机关内部管理制度方面，省厅先后制定、完善了《厅党组议事规则》、《财政厅工作规则》、《行政效能考核办法》、《财务管理办法》、《机关接待办法》等制度。潍坊财政局对干部职工住房和个人使用小汽车进行了登记备案，实行了个人使用汽车报告制度。济南、枣庄、菏泽市财政局加强财务、车辆、资产、基建维修、会议接待等方面的管理，各自制定完善了数十项制度。在建立健全财政业务工作内部控制制度方面，省厅加强了专项资金管理，各处室共制定了310项

专项资金管理办法，要求对每一项资金都要做到“先定办法、后拨资金”，增强了透明度，减少了随意性。青岛财政局对财政重点专项资金建立分类细化的管理办法，形成了政府投资项目“四位一体”监管体系，制定了财政资金绩效评价规程，促进了财政资金安全和有效使用。日照财政局制定了《市级财政性资金拨付管理内部操作规程》，明确了各科室在预算指标分配、用款计划编制、资金审核拨付、监督管理等方面的职权和流程，形成了较为规范健全的内控制度。泰安、潍坊、滨州、德州、东营等市财政局，多年来坚持开展内部审计，通过审计发现问题，针对问题堵塞漏洞，保证了各项制度的落实。

三是多渠道监督机制得到加强。在党内监督方面，各地认真贯彻党内监督条例，坚持落实党内民主生活会、重大事项报告、个人述职述廉、领导廉政谈话、纪检诫勉谈话等工作制度，以他律促自律，使广大党员干部的廉洁自律意识明显增强。泰安市财政局将25名县级后备干部廉政档案录入微机，并与市纪委实行联网，公开接受监督。德州市财政局纪检组与20多名干部进行提醒和诫勉谈话，真正做到了廉政风常吹，毛毛雨常下。济南、烟台、潍坊等市财政局对财政业务骨干定期轮岗，对新提拔干部竞争上岗，使干部的任用提拔更加规范。在内部监督方面，各地不断创新监督形式，增强监督合力。枣庄市财政局鉴于财政工作涉及资金的筹集、分配、运作、管理等各环节和领域，是社会关注的重点。长期以来，人员不足、监督乏力、监督滞后的问题较为突出。为进一步完善财政内部监督体系建设，切实促进财政系统党风廉政建设，真正做到财政业务工作开展到哪里，党风廉政建设就开展到哪里，建立了《枣庄市财政系统兼职纪检监察员工作制度》，并将配备兼职纪检监察干部制度作为一项重要内容纳入市局与各区（市）财政局签订的《党风廉政建设责任书》中。兼职纪检干部制度的实行，使反腐倡廉工作深入财政业务的各个领域，强化了监督，切实做到了权力运行到哪里，反腐倡廉的防线就筑到哪里。在社会监督方面，各地财政局普遍聘请了社会监督员，聊城、临沂、济宁、菏泽等市财政局不仅向社会发送征求意见书，而且领导带队深入服务单位和基层，上门主动征求意见。滨州市财政局向社会发放《投资环境调查问卷》，将查摆出的问题和整改措施在《滨州日报》上公示。烟台市财政局建立完善了服务承诺制、依次负责制、AB角制度，并发放办事效率监督卡和设立了5部投诉电话。东营市财政局开通了东营财政信访“绿色邮箱”，对干部群众反映的问题，党组书记亲自查阅并督促落实。同时各级财政纪检监察机构认真受理群众投诉举报，及时查处违纪违法行为，通过强化纪律监督，增强监督实效。

（二）积极发挥协调作用，反腐败源头治本工作扎实推进。去年，由财政部门牵头和参与的反腐败源头治理工作任务共19项，任务重，责任大。为推动各项工作深入开展，省厅和各市通过建立《反腐败治本抓源头联席会议制度》和《反腐败治本抓源头联络员工作制度》，分解任务、明确责任，定期调度、加强督查，较好地发挥了组织协调作用，取得明显成效。一是部门预算改革进一步深化。各市普遍建立了预算编制工作新机制，省级及部分市还建立了预算编制“基础信息库”和“项目库”，初步实行了综合预算，确定了部门预算的基本框架，提高了预算编制的科学性、完整性和规范性。二是“收支两条线”改革稳步推进。全省行政事业性收费和政府性基金的征收，已基本实现“票款分离”。绝大多数非税收入已纳入预算，实现了“收支两条线”管理。通过扩大非税收入管理范围，全省非税收入总额达到999.79亿元，同比增长24.63%。三是国库集中支付改革全面铺开。去年省级改革范围已扩大到省政府的所有组成部门。16个市730个部门被纳入改革范围，48个县（市、区）进行了改革试点。其中淄博、日照、临沂市国库集中支付已涵盖了市级所有预算单位。还有11个市不但对预算内资金进行集中支付改革，而且将预算外资金纳入了改革范围。四是政府采购在规范中快速发展。“采管分离”体制初步确立，采购规模不断扩大。各级普遍建立了政府采购预算编审制度，健全了政府采购专家库。2005年全省完成政府采购金额190.15亿元，比2004年增长46.24%。五是农村税费改革成果进一步巩固。2005年，全省有66个县（市、区）免征农业税，其他县（市、区）农业税税率降低2个百分点，农民人均税费负担比2001年减少140元，减负90%以上。另外，在厉行节约、反对铺张浪费，减轻农民负担、治理乱收费，纠正拖欠农民工工资，加强公务员工资管理、清理虚报冒领工资补贴等方面，各级认真履行职责，也都圆满完成了任务。其中，仅清理虚报冒领工资补贴，全省就查出虚报冒领工资补贴金额4 889万元，虚报冒领工资补贴人员11 858名，截至目前已收回4 139万元，对269名严重违规人员给予了党政纪处分和组织处理。

（三）加强政风行风建设，财政部门的社会满意率进一步提高。2005年，是全省财政系统政风行风建设取得丰硕成果的一年。经过各级财政部门共同努力，去年财政系统在全省行风评议中取得综合排名第二的好成绩。淄博、潍坊、济宁、泰安、滨州等5市财政局，连续两年被授予年度“全省部门和行业作风建设先进单位”

称号。淄博财政局还被中央文明委授予“全国文明单位”称号，潍坊财政局被授予“全国精神文明建设工作先进单位”称号。去年的政风行风建设有两个突出特点。

一是思想认识高度统一。各级财政部门都把政风行风建设作为大事来抓，作为“一把手”工程列入党组的重要议事日程。省厅尹慧敏厅长在年初的全省财政工作会议上，专门强调了加强政风行风建设的重要性，并确定了财政系统行风建设的总体目标。之后，省财政厅下发了关于《进一步加强全省财政系统政风行风建设的意见》，10月份又召开了政风行风建设现场座谈会，推广淄博等一些地方抓行风建设的经验做法，并提出了强化行风建设的八项措施，把系统的行风建设推上了一个新阶段。日照市财政局强化窗口建设，大幅度压减审批环节和服务时限，提高服务质量，将住房公积金、契税、土地出让金业务纳入窗口办理，增加业务量10多倍，去年服务窗口累计办理各项业务14 600件，满意率100%，威海市财政局出台了简政放权21条措施，企业在财政局办理的审批事项全部取消。临沂财政局党组要求干部职工树立“四种理念”，即“党风就是形象、党风就是信誉、党风就是责任、党风就是生命”；叫响“三句口号”，即“我就是使者、我就是形象、我就是旗帜”，激发财政干部加强党风、政风、行风建设的热情。

二是工作措施不断创新。比如，去年省厅从履行职责、依法行政、提高效率、政务公开、文明服务、规范管理、廉洁勤政、改革创新等八个方面，对机关27个单位（处室）和7个财政检查办事处进行了行政效能考核评议。通过各单位自评、互评、问卷测评，有13个单位获行政效能考核优良等次，促进了机关效能的提高。淄博财政局将政务公开的内容由原来的10项21条扩大为32项84条，服务承诺由原来的13条扩大为16项34条，编印了《淄博市财政局政务公开汇编》，向社会广泛发放，并利用政务公开栏公示、电子触摸屏查询、开展阳光咨询服务等进行广泛宣传，受到社会各界的好评。莱芜财政局专门成立行风建设领导小组，推行“待人热情、政务公开、办文快捷、责任落实、服务主动、依法行政”6项承诺和主管科室负责制、一次性告知制、限时办结制、过错责任追究制、政务公开制5项制度，也受到广泛好评。总之，各地在行风建设中创造了许多好的经验，取得许多新的成绩。通过政风行风建设，财政部门的管理更加规范，财政干部的服务态度明显转变，工作效率显著提高，财政部门和财政干部的社会满意率得到进一步提升。

*（四）纪检监察部门自身建设得到加强，干部素质进一步提高。*各级财政纪检监察机构按照加强党的执政能力建设的要求，进一步加强了自身建设。一是机构更加健全。各市财政局普遍设立了纪检监察机构，配备了专职纪检监察干部，其中淄博、滨洲财政局纪检监察干部配备了4名，力量比较强。二是素质进一步提高。针对财政纪检监察工作综合性强、对干部能力要求高的特点，各地通过组织培训、考察、岗位锻炼，进一步提高了纪检监察干部的政治业务素质，纪检监察业务和财政业务方面的水平均有明显提高。三是管理日趋规范。省厅纪检监察室制定了《纪检监察干部工作人员守则》、《纪检监察室信访处理工作程序》、《纪检监察室保密制度》和《纪检监察室公文处理办法》等制度，规范了内部工作程序。滨州、淄博、泰安财政局多年坚持对系统纪检监察工作进行考核，促进了系统纪检监察工作的规范开展。财政系统的广大纪检监察干部在履行职责过程中，胸怀大局，秉公执纪，严以律己，甘于奉献，树立了可亲、可信、可敬的纪检监察干部形象。

二、2006年工作思路和主要任务

2006年是实施“十一五”规划的开局之年。各级一定要围绕财政中心工作，认真做好纪检监察工作，为“十一五”财政规划开好局、起好步提供强有力的保障。具体要抓好六个方面的工作：

*（一）以学习贯彻党章为重点，抓好反腐倡廉教育。*胡锦涛总书记在中纪委六次全会上要求全党学习贯彻党章，中央纪委和省纪委也印发通知作出部署、提出要求。2006年，我们要把学习党章、遵守党章、贯彻党章、维护党章作为一项重大任务抓紧抓好。一是深入开展“学习党章、遵守党纪”党风廉政主题教育。这是省纪委和省委组织部、宣传部的统一部署，各级要认真组织实施，通过教育，使广大党员干部坚定理想信念，牢记党的宗旨，永葆共产党员先进性。二是进行荣辱观教育，增强党员干部的思想道德修养。认真学习胡锦涛总书记关于社会主义荣辱观的重要讲话，以“八荣八耻”为主要内容，加强财政系统的廉政思想文化建设，引导党员干部坚持正确的权力观、地位观、利益观、道德观，提高道德约束的能力。三是结合财政工作实际，进行针对性教育。今年省厅提出的“四个一”廉政教育活动，要推开到全省财政系统。其主要内容是：上一堂廉政党课。由各级财政部门的主要领导同志，给党员干部讲反腐败斗争形势、谈理想信念、提自律要求、敲反腐警钟，不断增强宗旨、奉献、廉政意识，筑牢反腐倡廉的思想基础；组织一次征文评选。组织全省财政系统的党员干部，围绕反腐倡廉这个主题，畅谈体会，建言献策。省厅将评选优

秀征文，并将获奖文章结集印发，供大家学习；剖析一组反面案例。省厅将选择近年来发生在财政系统的典型案例进行整理剖析，印发各级作为反面教材进行警示教育；树立一批廉政先进典型。各级财政机关都要树立、宣传一批廉洁勤政的先进集体和个人，用个体影响群体，用群体带动系统，发挥先进典型的示范带动作用，推动全省财政系统党风廉政建设的深入开展。各地在抓廉政教育的过程中，要注意创新教育形式，提高教育的超前性、针对性、灵活性和有效性，做到理论教育有吸引力，法纪教育有约束力，正面教育有感染力，警示教育有威慑力，力求形式与效果的统一。

（二）以制度建设为重点，建立健全反腐倡廉保障机制。一是完善财政管理制度，严格限制财政工作的自由裁量权。主要内容包括：认真实施政府收支分类改革，提高部门预算编制的完整性和透明度；完善专项资金管理办法，建立起一套科学、规范的财政资金绩效评价体系，减少专项资金分配的随意性；完善实施财政行政许可的规章制度，加强经常性的监督检查，保证财政许可行为规范有序；规范财政监督检查行为，研究建立检查、审理、处罚三权分离、互相制约的工作机制，严肃追究行政执法过错责任；加强对会计和资产评估事务所等中介机构的监管，逐步建立一套科学的防偏纠错机制。二是完善内部管理制度。重点是督促机关和所辖单位完善财务、资产、经营以及大宗物品采购和基建工程招投标等活动的管理制度。三是继续深化干部人事制度改革。认真贯彻落实《公务员法》和《党政领导干部选拔任用工作条例》，进一步完善人事管理制度。反腐倡廉制度建设是一项系统工程，涉及面大、工作量大，要充分调动各有关业务科（处）室的积极性，发挥他们建章立制的主体作用。纪检监察机构的主要任务是组织协调，并监督制度的贯彻落实。制度一旦建立，必须令行禁止、坚决执行，对违反制度的，必须予以追究，以维护制度的严肃性和约束力。

（三）加强对权力运行的监督，确保财政管理权正确行使。一是要认真贯彻《党内监督条例》，坚决落实领导干部个人重大事项报告、民主生活会、述职述廉、民主评议、谈话、诫勉和函询等各项廉政工作制度，加强对各级领导班子和领导干部学习贯彻党章、实行民主决策、遵守廉洁自律各项规定等情况的监督。最近，中纪委以中纪发〔2006〕8 号文发了一个《关于中共中央纪委派驻纪检组履行监督职责的意见》，对派驻纪检组如何履行监督职责提出了具体要求。这个文件尽管是针对中纪委派驻纪检组，并按省派驻纪检组参照执行，但对基层纪检组也具有重要的借鉴意义。希望大家认真学习，借鉴上级的做法，履行好监督职责。二是结合财政业务特点，加强对财政许可权、审批审核权、监督检查权和行政管理权的监督。严格贯彻落实国务院《全面推行依法行政实施纲要》和财政部关于《财政部门全面推进依法行政依法理财实施意见》，建立执法检查机制，重点选择社会关注、群众关心的专项资金开展执法检查，并加大对财政人员的监督检查力度。三是建立日常监督机制。加强对有关廉政制度落实情况的检查，特别是要认真贯彻“八个坚持、八个反对”的要求，加强对“四大纪律、八项要求”和“五个不许”等规定落实情况的检查，及时发现和解决执行中的问题。四是要规范和推行政务公开。一方面，要积极落实财政部《进一步推动地方财政部门政务公开工作的意见》，以公开为原则，以不公开为例外，凡能公开的财政业务都向社会公开，以保证群众的知情权、参与权和监督权，进一步增强财政工作的透明度。另一方面，要积极推进内部公开和党务公开，认真执行民主评议制度，充分发挥党员和群众的内部监督作用。

（四）做好信访举报工作，依法查办各类案件。应该充分肯定，全省财政干部队伍主流是好的，绝大部分党员干部清正廉洁，依法行政，为民理财，勤奋工作。但是，也有个别党员干部素质不高，党性不强，经不住考验和诱惑，时常有群众举报。对此，我们必须高度重视。一要做好信访举报工作。进一步畅通信访举报渠道，加大信访举报案件的核实力度，将关口前移，提高解决信访问题的能力。注重从信访举报中发现案件线索，特别要妥善处理信访突出问题和群体性事件，把问题解决在萌芽状态。二要把握案件查办重点。结合财政工作实际，今年要以查办干部违反党纪案件为重点，严肃查办贪污受贿和利用权力谋取私利的案件；查办滥用财政管理权、行政许可和行政审批权、财政监督检查权和处罚权的违纪违法案件；查办失职渎职案件。三要把握办案方法。要按照“问题查清，性质搞准，教育从严，处理恰当”的原则，坚持“惩前毖后、治病救人”方针，做到依纪依法办案、安全文明办案。要通过查办案件，分析发生问题的原因，查找管理“漏洞”，进而完善规章制度，健全内控机制。在查办案件时，要严格把握政策和尺度，做到宽严相济、区别对待，既要查处严重违法违纪的行为，又要防止诬告、错告，挫伤党员干部干事创业的积极性。同时，要坚持关口前移，做好预防工作，充分发挥廉政谈话、诫勉谈话、述职述廉等制度的监督作用，力争把一般性问题消灭在萌芽状态。

（五）开展行政监察，抓好政风行风建设。各级财政纪检监察部门要认真贯彻执行《行政监察法》，充分发挥行政监察职能，积极推进财政系统勤政廉政建设。一是积极开展行政效能评议考核，切实解决纠正少数干部存在的官僚主义、衙门作风、办事拖拉、效率低下等问题，不断增强财政干部的群众意识、服务意识和效率意识。二是有重点地组织财政执法检查，加大行政过错案件追究的力度，规范财政行政行为，落实财政执法责任。三是认真开展纠风工作。要按照上级和当地纠风部门的部署，协同有关部门扎实整治农民负担重、公路“三乱”、学费高、看病贵等损害群众利益的问题。四是搞好民主评议政风行风活动，要把这项工作纳入党组（党委）议事日程，加强领导，周密安排，搞好协调，落实责任。要针对评议中群众反映的问题和建议，采取措施，认真整改。同时，积极参与当地“阳光政务热线”活动，以此为平台，加强与群众的沟通，宣传财政政策，展示改革成果，树立良好形象。

（六）深化财政管理制度改革，推进治本抓源头工作。按照省纪委部署，今年由财政部门牵头的源头防腐工作有3项，参与的19项，各地要逐项分解到有关科（处）室，明确责任，密切配合，努力完成源头治理任务。一是进一步深化“收支两条线”管理制度改革。要继续加强管理制度建设，扩大政府非税收入管理范围，重点加强国有资源有偿使用收入、国有资本收入、罚没收入、政府捐赠收入等管理，不断提高非税收入规范化管理水平，防止坐收坐支。二是结合推进政府收支分类改革，全面推行部门预算制度。进行政府收支分类改革，是今年预算管理制度改革的一项重大任务。实行政府收支分类改革后，我们能更清楚地说明政府的钱是怎么来的，干了什么事，花了多少钱，结余了多少钱，更有利于加强对各类财政收支的监督。为此，中央和省里把政府收支分类改革，列为构筑面向全社会源头治本工作外部制度防线的一项重要内容，要求各级认真抓好。这项工作省厅已进行了动员部署，各地正在按要求组织落实。各级财政纪检监察部门要从反腐倡廉、源头治本的战略角度来提高认识，积极参与、配合和支持这项改革，为政府收支分类改革工作保驾护航。对消极抵制、推诿扯皮、敷衍应付影响政府收支分类改革的，要及时教育和处理，对改革中出现的违纪违法问题，要依纪依法严肃查处。根据收支分类改革的新形势，今年省级财政拨款单位全部实行部门预算，单位预算内、外收入全部纳入部门预算管理。各市、县级也要稳步扩大部门预算改革试点范围，提高部门预算的约束力。三是继续推进国库集中收付制度改革。2006年省级集中支付范围扩大到所有政府部门，从4月份起，在省直预算管理单位实行财政资金银行账户统管和国库集中收付制度。各市要争取在年底之前，全面实行国库集中支付制度。具备条件的县（市、区），要尽快实行国库集中支付；暂不具备条件的，要积极进行试点，逐步推开。四是继续推进政府采购改革。稳步扩大政府采购范围及规模，2006年将免费发放的中小学教材、省管医院的药品以及部分财政资金支持的工程项目纳入政府采购范围。省级政府采购规模预计将超过26亿元。省市两级要尽快建立起“管采分离、职责清晰、运作协调”的集中采购机制，逐步健全政府采购预算编制执行监管体系。五是积极推进农村综合改革，巩固农村税费改革成果。各级要切实做好全部免征农业税的组织实施工作，积极研究乡村债务分类化解办法，积极推进乡镇机构、农村义务教育、县乡财政体制等农村综合改革。认真落实省委、省政府关于减轻农民负担的“四项制度”，坚决防止农民负担反弹。同时，加大财政投资评审工作力度，防止财政资金被挤占挪用和损失浪费。扎实推进公务员工资制度改革，防止滥发津贴补贴。研究制定绩效评价方案，稳步推行绩效评价试点工作。

整治商业贿赂，是源头治腐的另一项重要任务。胡锦涛总书记在中纪委六次全会上要求认真开展治理商业贿赂专项工作，温家宝总理在国务院第四次廉政工作会议上对防治商业贿赂作了突出强调。为了抓好这项工作，省厅专门成立了治理商业贿赂领导小组，由尹慧敏厅长担任组长。各级一定要从反腐倡廉、源头治本的高度，充分认识这项工作的重要性，采取有效措施，切实将这项工作抓实抓好。当前，财政部门防治商业贿赂要密切关注三个方面：一是政府采购领域。政府采购是财政部门牵头的一项重要源头治本工作，由于资金量大、支付有保障等原因，客观上很容易成为攻关的对象。为此，中央将政府采购确定为治理商业贿赂的一个重点领域。各级要强化责任意识，结合推进政府采购改革，针对政府采购特点，从政策制度层面，研究制定政府采购领域治理商业贿赂的管理办法，加大监管力度，建立健全有效预防和治理商业贿赂的工作机制。二是会计师事务所和资产评估事务所等中介机构。在市场经济条件下，这两个行业为争市场、揽业务等商业利益，也容易发生商业贿赂问题。各级财政部门要高度重视，完善制度，加强监管，严格执法，铲除商业贿赂发生的土壤，维护市场经济秩序。三是财政内部管理方面。要在财政内部工程建设、信息网络建设、评审工作等方面，通过建立健全管理制度，完善制约机制，加强监督检查，防止出现商业贿赂问题。在财政部门治理商业贿赂专项工作中，各级财政纪检监察机构要充分发挥职能作用，严肃查处商业贿赂案件。

三、加强作风建设，不断提高自身素质

各级财政纪检监察机构，要充分认识加强党的执政能力建设、落实科学发展观、构建惩治预防腐败体系任务提出的新要求，切实加强自身建设。广大财政纪检监察干部，要内强素质、外树形象，担负起党和人民交给我们的重任。具体来说，我们财政纪检干部在工作学习中要把握好以下几点：

（一）学习贯彻党章，起表率带头作用，提高自身素质。监督检查党章和其他党内法规的遵守落实情况，是纪检监察机构的重要职责。我们一定要带头学习、自觉遵守、坚决维护党章，为其他党员干部作出表率。一是要熟悉总纲和各项规定要求，掌握党章的精神实质，进一步强化党章意识和党员意识，增强组织观念和纪律观念。二是要把学习贯彻党章同贯彻“三个代表”重要思想紧密结合起来，与学习贯彻党的十六大和十六届三中、四中、五中全会精神紧密结合起来，与树立和落实科学发展观紧密结合起来，做到理论联系实际、融会贯通、学以致用、注重实效，以积极进取、奋发有为的精神状态，主动适应改革，研究改革，深入探索新形势下开展财政纪检监察工作的规律，不断改进工作方法，争取有更大的作为。

（二）要做廉洁自律、遵纪守法的模范。纪检监察干部肩负着党风廉政建设和反腐败的重要责任，也面临着腐蚀与反腐蚀的考验。加强纪检监察干部的法纪教育，引导我们的干部带头遵纪守法，对于维护纪检监察干部的形象，深入推进党风廉政建设和反腐败工作，具有十分重要的意义。一是要带头遵纪守法。财政系统的纪检监察干部要充分认识纪检监察工作的重要性和特殊性，带头遵纪守法，凡是要求其他党员做到的，我们首先要做到，严格约束和要求自己，谦虚谨慎，不断增强拒腐防变能力。二是要自觉接受监督。纪检监察干部不仅要监督别人，同时更要接受组织和群众对我们的监督，不搞特殊化，不做特殊党员。三是加强自身法纪教育。要按照中纪委和省纪委的要求，在财政纪检监察部门内部认真开展“做党的忠诚卫士、当群众的贴心人”教育活动，通过开展教育活动，进一步增强纪检监察干部的纪律观念和法制观念，牢固树立正确的世界观、人生观、价值观。四是建立健全有关的规章制度，提高纪检监察工作的制度化、法制化、规范化水平。

（三）要认真履行监督职责。加强监督，是党章赋予纪检监察干部的重要职责。我们每一个同志，特别是纪检组长，对此一定要有足够的认识，牢记责任，不辱使命。首先，在班子内部，既要与班子成员相互尊重，搞好团结，加强协作，平等相待，积极完成份内工作，营造良好的人际关系和工作环境，又要坚持原则，敢于实施监督。对党风廉政的正确主张，要在党组会和领导班子办公会上公开发表意见，有话说在当面，甚至丑话说在前面，不放马后炮，不当事后诸葛亮。对班子成员分管单位暴露出的问题，要及时与主管领导沟通，提出解决问题的建议。其次，要始终保持与当地纪委和监察机关的密切联系，重大问题主动请示，工作落实情况及时报告，争取上级业务机关更多更好的指导和支持。第三，要慎重处理群众举报，特别是对线索比较具体的信访举报，一定要派人进行初查核实，该谈话的进行提醒或诫勉谈话，需要立案的及时立案，绝不能无动于衷、置之不理。在日前召开的全国财政系统纪检监察工作会议上，金莲淑组长通报了中纪委、监察部最近对国家食品药品监督管理局发生严重违法违纪案件追究派驻纪检机构责任的处理决定。该局3名正司长、4名处级干部因受贿索贿被逮捕或刑事拘留，是典型的利用行政许可和审批权谋私的案件。该局的派驻纪检监察机构此前对信访举报不认真核查处理，存在严重失职问题。为此，中纪委决定并报中央批准，免去了派驻纪检组长的职务。我们一定要从这一案件中吸取教育，反思不足，进一步强化“加强监督是在职，疏于监督是失职，不善于监督是不称职”的观念，切实履行好监督职责。

（四）要加强学习和业务培训。做好纪检监察工作，必须树立强烈的责任意识，认真学习业务和专业知识，努力提高工作和业务水平。一是要切实抓好学习。不但要学习纪检监察业务知识，还要认真学习财税、经济、法律等知识，在广度和深度上下功夫。不但要参加省市统一组织的学习，还要采取有效措施鼓励干部自学、参加在职学历教育和各种资格水平考试，在拓宽学习形式上下功夫。不但要求年轻党员干部重视学习，领导干部也要带头学习，充分发挥表率作用，在营造良好的学习氛围上下功夫。二是要切实抓好培训。积极组织参加各类培训，进一步提高纪检监察干部适应社会主义市场经济和公共财政要求的能力、对领导班子和领导干部有效监督的能力、依法执纪办案的能力、维护党员权利的能力和组织协调反腐败工作的能力。同时，还要开展一些专项培训，如进行保密知识、计算机业务、心理知识等有特色的培训，进一步开阔纪检监察干部的知识视野。

（作者为中共山东省纪委驻财政厅纪检组组长、监察专员）

开拓创新　努力做好全省财政法规税政工作

文新三

一、"十五"时期全省财政法规税政工作取得显著成绩

"十五"时期，在厅党组的正确领导下，在各级财政部门的大力支持下，我省财政法规税政工作积极适应财政改革和发展的需要，紧紧围绕财政中心工作，开拓进取，大胆创新，扎实工作，在深化地方税制改革，促进财政增收节支，推动经济社会和谐发展，强化财政执法监督，全面推进依法行政、依法理财，规范内部管理和加强自身建设等方面取得了显著成绩，全省财政法规税政工作不断开创新局面，连年实现新突破。

（一）深挖政策增收潜力，努力做大地方财政收入"蛋糕"。各级紧紧围绕财政中心工作，不断深化地方税制改革，积极开展政策调研，全力争取中央支持，有力地促进了地方财政收入稳步增长。一是积极争取调整资源税税额标准。经过我们大量调研和积极争取，我省煤炭资源税税额标准先后在前年和去年进行了两次调整，由原来平均税额不足 1.2 元/吨提高到现在的 3.6 元/吨；原油资源税由原来 12 元/吨提高到 14 元/吨，去年又提高到 22 元/吨；天然气资源税税额去年也由 8 元/千立方米提高到 13 元/千立方米。此外，还调整了石灰石、大理石和花岗石资源税税额标准，并对建筑用沙、其他粘土和矿泉水开征了资源税。2005 年，仅煤炭、原油和天然气资源税税额标准提高，每年就可增加地方税收收入约 6 亿元。二是适度调整土地使用税税额和征收范围。在对我省土地资源使用情况进行全面调查的基础上，经过认真分析，综合考虑，分别于 2002 年、2004 年，报经省政府批准，先后适度调整了全省城镇土地使用税税额标准和工矿区征税范围，每年可增加土地使用税和房产税收入约 8.2 亿元。三是及时调整车船税税额标准。针对我省车船税实际情况，积极开展调查研究，报经省政府批准，及时对全省车船税和车船使用牌照税定额进行了调整，每年可增加地方税收收入 1.3 亿元。四是对出口免抵税额征收城建税及教育费附加。针对出口企业实行免抵退税办法产生的影响，我们积极向财政部争取，并经省政府同意，自 2002 年 1 月 1 日起对出口货物免抵的增值税征收城建税和教育费附加。据测算，2002～2004 年，全省增收 10.24 亿元。2005 年，中央对该项政策进行了明确，批准我省对出口企业免抵增值税额征收城建税和教育费附加，每年增加地方税收收入超过 4 亿元。由于我们提前应对研究，及时对出口货物免抵的增值税征收城建税和教育费附加，确保了地方税收收入。五是完善营业税政策。近几年，通过不断完善行政事业性收费营业税政策，特别是加强对高速公路车辆通行费税收管理，我省营业税收入呈现出大幅度增长势头。六是积极配合做好煤炭企业塌陷地征收耕地占用税争取工作。2005 年，针对我省煤炭开采造成大量土地塌陷的实际情况，我们积极向财政部和国家税务总局反映，并获批对我省煤炭企业塌陷地开征耕地占用税，每年增加地方税收收入约 1.5 亿元。七是全力开展其他增收政策争取工作。如备受省领导重视的渤海石油天然气税收分享工作，已取得阶段性成果，财政部正对分享方案作进一步研究论证；争取提高黄金、铁矿石和盐资源税税额标准工作也正在进行中。"十五"时期，通过以上政策调整，每年可增加全省地方财政收入 20 多亿元，其中大部分为市级、县级财政收入，这对于缓解基层财政困难，促进地方经济社会发展有着重要意义。

（二）运用财税政策调控作用，努力促进经济社会和谐发展。各级充分发挥税收政策的调节作用，通过制定和落实相关税收优惠政策，促进了经济社会和谐发展。一是落实高新技术产业发展扶持政策，促进科学技术发展。根据省委、省政府的战略部署，各级坚持贯彻科学发展观，落实国家支持科技发展优惠政策，积极推动科学技术发展，对高新技术企业、新产品、孵化器和在孵企业、风险投资机构以及科技中介机构进行了专项扶持。2003 年和 2004 年，共审核批复专项资金 8 000 多万元。2005 年，通过仔细筛选，确定对 24 家高新技术企业和 106 项新产品进行重点扶持，审核批复专项资金 5 000 多万元，重点支持了软件、集成电路、生物医药和制造业等高新技术领域。二是落实税收优惠政策，扶持民营经济做大做强。2004 年，根据中央精神，经省政府批准，进一步提高了增值税和营业税起征点，统一按照高限标准执行，通过落实执行此项税收政策，全省有 26 万户缴纳增值税和 12 万户缴

纳营业税的个体工商户享受到了6.15亿元的税收优惠。2005年，经省政府批准，对全省按期缴纳营业税的个体工商户起征点统一提高到5 000元的高限标准，通过贯彻落实此项政策，全省有8.8万个体工商户减轻税收负担1亿多元。三是发挥财政关税职能作用，促进外经外贸发展。积极发挥地方财政关税工作职能，向企业宣传国家关税政策调整的最新动态和重要意义，引导企业利用关税减让等优惠政策加快自身发展，先后与全省127家产品进出口重点企业建立了关税联络员制度，深入了解企业存在的关税问题，积极反映我省企业有关关税税则、税目和税率调整建议，帮助企业解决实际困难和重大关税问题，促进我省外经外贸发展。同时，认真贯彻落实国家出口退税政策，积极争取提高部分高新技术产品出口退税率，鼓励科技产品出口，利用关税减让等优惠措施，降低科技产品进出口税收负担，促进地方外向型经济发展。四是加强财政宏观调控，促进经济社会和谐发展。第一，根据有关政策规定，积极制定我省实施就业和再就业税收优惠具体办法和措施，充分利用税收优惠政策引导企业吸纳下岗失业人员，支持下岗失业人员从事个体经营，推动军转干部、退役士兵再就业工程，有效缓解了社会就业和再就业矛盾。第二，在突发“非典”和“禽流感”疫情时期，及时出台防治疫病、鼓励捐赠及临时减免税的扶持政策，为减少疫情对全省经济社会发展的影响，发挥了重要作用。2005年，针对“禽流感”疫情，我们及时制定了特殊税收扶持政策，重点减免受疫情影响行业的土地使用税、房产税、车船税以及企业所得税和个人所得税，缓解了“禽流感”对我省禽类养殖、冷藏、加工业造成的冲击，保持了经济社会稳定发展。第三，根据国家稳定住房价格有关政策，积极调整房地产交易税收政策，会同其他部门联合下发具体贯彻实施意见，对房地产开发、销售、使用和交易实行“一条龙”税收管理，以抑制住房价格上涨过快，供应结构不合理，市场秩序混乱等问题。第四，认真贯彻国家减轻农民税收负担税收优惠政策，印发农机、化肥、农药等生产资料减免税政策手册，指导和促进农民增收。第五，积极贯彻落实税收优惠政策，加大对企业发展支持力度。2005年，通过落实税收优惠政策为企业减免税收180多亿元，在一定程度上缓解了企业发展的瓶颈制约，促进了企业发展。

（三）建立税收激励约束机制，努力加强税收征管。近年来，我们逐步建立了税收征管激励机制，贯彻落实了营业税超收奖励、发票即开即兑奖励和违章举报奖励以及税收稽查激励等制度办法，充分调动了税务机关组织收入的积极性，促进了税收征管，确保了地方财政收入稳步增长。一是建立了营业税超收奖励机制。2003年，针对各地经济发展不平衡及税收征收环境不同的实际情况，我们研究制定了营业税超收奖励制度，安排专项奖励资金，有效促进了税收征管。二是制定了发票双奖制度。2003年，为充分发挥税务机关以票控税的优势，鼓励消费者积极索要发票，我们与省地税局联合颁布了《山东省地方税务系统发票即开即奖管理办法》、《山东省地方税务系统发票二次开奖（摇奖）管理办法》和《山东省地方税务系统发票违法行为举报和查处奖惩管理暂行办法》等制度措施，加强了对税源信息的监控，取得了改进征管、堵塞漏洞、减少流失、增加收入的良好效果。三是建立了税收稽查激励机制。2002年，为促进地方税收征管，加强税收稽查经费管理，我们研究制定了《山东省地方税收稽查专项补助经费管理办法》及配套管理措施，有效调动了各级国税、地税稽查部门的积极性，促进了税收收入稳定增长。

（四）加强财政法制建设，努力提高依法行政、依法理财水平。近年来，我们积极开展财政法制宣传工作，认真贯彻落实《行政许可法》，持续加强财政执法监督，不断推进财政行政执法建设，着力建立全省财政法制工作预警和长效机制。一是深入开展财政法制宣传教育培训，全力做好全省财政“四五”普法工作。从2001年起，在全省财政系统深入广泛开展了财政“四五”普法活动，大力加强财政普法教育培训力度，实现了由提高财政干部法律意识向提高财政干部法律素质的转变，实现了由注重依靠行政手段管理向注重运用法律手段管理的转变，全面提高了各级财政部门和广大财政干部依法行政理财水平。2005年，我们邀请财政部条法司领导来我省，通过电视电话会议系统举办“全省财政系统学习贯彻《财政违法行为处罚处分条例》”讲座，极大推动了全省财政法制培训工作。同时，2005年是财政“四五”普法活动的最后一年，我们以加强财政法制宣传教育为立足点，精心组织，周密部署，先后研究制定了《山东省财政“四五”普法验收方案》和检查验收实施计划，采取分组循环交流检查的方式，扎实开展了全省财政“四五”普法总结验收工作，并及时组织召开了全省财政“四五”普法验收总结经验交流会，全面通报情况，认真总结整改。在全省财政“四五”普法验收总结的基础上，又全力做好迎接财政部“四五”普法检查验收工作，向财政部检查组全面、客观、真实地展现了我省财政“四五”普法期间的扎实工作和取得的显著成效。二是认真贯彻落实《行政许可法》，进一步做好“窗口”式办公工作。加强对《行政许可法》的学习、宣传和培训，组织召开了全省财政系统贯彻落实《行政许可法》电视电话会议，邀请财政部条法司领导来我省作专题讲座。各级财政部门也利用多种形式进行广泛宣传，对干部职工开展集中培训、统一考试，全省财政干部队伍依法行政意识和能力明显提高。普遍加大了行政许可事项清理力度，进一步规范了行政许可审批制度，专门设立了行政许可服务中心，实行“一站式管理、一条龙服务，一个窗口对外”服务模式，充分体现了行政许可依法行政、便民服务的工作要求，工作效率和服务水平也明显提高。三是大力加强财政行政执法制度建设，初步建立全省财政法制总体制度框架。几年来，省厅本着突出重点、逐步完善的原则，先后制定了财政行政处罚、行政复议、行政执法实施程序、执法监督检查、执法错案责任追究以及行政执法考核评议等一系列制度规定。尤其是在加强财政资金管理方面，积极参与了部门预算、预算外资金管理、财政监督以及完善财政管理职能等方面的法规制度建设。通过以上两个方面的工作，初步建立了我省财政法制总体制度框架体系，为我省财政系统深入开展依法行政、依法理财奠定了坚实基础。四是加强财政执法监督，初步建立财政法制工作预警和长效机制。首先，在已制定的财政行政执法制度的基础上，进一步严格财政执法程序，规范法律文书格式，加大执法人员培训力度，对财政系统制定的规范性文件和作出的行政处罚严格审核把关，变原来单一的事后监督，为事前、事中和事后全过程监督，初步建立起财政执法源头监督机制。其次，正确对待财政执法相对人提出的申辩和陈述，仔细研究分析案件案情，详细告知相对人违法事实、处罚原因以及法律依据，普遍做到了以法服人、以理服人，避免了不必要的法律纠纷。同时，切实做好财政行政复议和行政诉讼应诉工作，大力加强与司法系统和各级法制办的业务联系，积极探讨财政法制问题，增强了依法行政理财水平，提高了行政复议和诉讼应对能力。再其次，随着财政法制建设步伐的加快，全省财政系统开展的财政执法行为和作出的行政处罚越来越多，增加了引起行政复议和诉讼的可能性。针对此种情况，很多市都聘请了法律顾问，进一步提高了依法行政、依法理财的能力。2005年，省财政厅择优聘请有实力的律师事务所作为法律顾问，参与有关法律事务。

（五）全力做好财政法规税政基础性工作，深入调查研究，科学审核把关。一是积极参与税制改革，深入开展调查研究，努力当好参谋助手。税制改革综合调查任务多、规模大、时间紧、要求高，各级统一思想，扎实肯干，全力做好各项调查工作，为税制改革提供了大量、客观、翔实的“第一手”资料。2005年，我们圆满完成了企业所得税税源、重点产品国际竞争力、营业税基础资料、农村小水电企业增值税改革、全省水电企业基本情况、煤炭资源税改革、原油及天然气资源税改革、黄金资源税改革、盐资源税改革和铁矿石资源税改革等调查任务。近期，财政部先后对我省2005年企业所得税税源调查和重点产品国际竞争力调查工作进行了通报表扬。目前，国家正在启动新一轮税制改革，各级领导都非常关注税制改革的最新动态和改革后对本地经济发展和税收收入产生的影响，各级要高度重视，积极开展对物业税、消费税和增值税转型改革等专题调研，在深入调查研究的基础上，努力分析测算税制改革对本地区的影响，形成了一些高质量、有价值的调研报告，为领导决策提供了参考依据。二是防止政出多门，科学审核把关，有效堵塞漏洞。各级认真履行财政立法监督职能，对各部门、各单位送请征求意见的地方性法规、规章草案和规范性文件中涉及财税政策法规的内容，以及财政系统自身制定的规范性文件和作出的行政处罚依法进行审核把关，科学合理提出修改建议，堵塞了立法漏洞，从源头上阻止了违规税收优惠政策出台。同时，还积极清理到期的税收优惠政策，对勘察设计单位、军队保障转移企业等及时恢复征税，防止了税收流失。

（六）建章立制，加强自身建设，全面推进财政法规税政工作制度化和规范化管理。为更好地开展全省财政法规税政工作，进一步促进工作规范化和制度化建设，我们结合工作实际，先后制定了系列内部管理制度和全省财政法规税政工作综合考核评比制度。一是研究制定了系统内部管理制度。根据厅有关制度规定，结合法规税政处实际，我们研究制定了处室工作人员守则、工作规程、岗位职责、工作督查、信息报道和廉政建设等13项内部管理制度。大部分市也参照省厅做法，大力加强自身建设，研究制定了各自内部管理制度和配套管理措施。全省法规税政系统内部管理制度的制定实施，充分调动了法规税政工作人员的积极性和主动性，进一步提高了工作效率和服务水平，规范强化了自身内部管理。二是研究制定了《山东省财政法规税政工作综合考核评比办法》。结合全省工作实际，我们起草了《山东省财政法规税政工作综合考核评比办法》，经多次征求意见和修改完善，今年正式实施。大部分市也按照省厅要求，从自身实际出发，制定了对所辖县区的工作考评制度。以上制度的实施，极大地激发了全省法规税政系统工作的内在动力，进一步提高工作效能和精细化、规范化管理水平，全省财政法规税政工作呈现出前所未有的发展局面，逐步进入制度化和规范化的建设轨道。

二、“十一五”时期全省财政法规税政工作的目标任务

“十一五”时期，是我省由经济大省向经济强省迈进，全面建设小康社会的关键时期，也是不断完善社会主义市场经济体制，加快财政改革与发展的重要时期。面对新形势、新任务，财政法规税政工作任务非常艰巨，在未来5年里，我们的目标任务就是要坚持以邓小平理论和“三个代表”重要思想为指导，以科学发展观为统领，按照《山东省国民经济和社会发展第十一个五年总体规划纲要》、《山东省财政第十一个五年规划纲要》和财政部、厅党组对财政法规税政工作的总体要求，积极适应财政改革与发展要求，紧紧围绕财政中心工作，充分发挥法规税政综合管理职能，推进地方税制改革，努力实现政策增收；发挥税收政策宏观调节功能，促进全省经济社会和谐发展；加大税收征管力度，严格依法治税；加强财政法制建设，进一步提高依法行政、依法理财水平。

（一）以科学发展观为指导，进一步转变理财观念。一是要树立发展的理财观。始终坚持把促进经济发展、培植壮大财源作为财政工作的第一要务，跳出财政抓财政，努力实现由“收支型”财政向“发展型”财政转变。更加注重创造公平与宽松的财税环境，改进完善财政扶持方式，拓宽财政服务经济的领域；更加注重拓宽理财视野，增强财政调控能力，促进财政与经济协调发展。二是要树立人本的理财观。始终坚持以人为本，以民为重，强化为民理财的理念，实现由“生产建设型”财政向“公共服务型”财政转变。更加注重发挥公共财政职能，全面贯彻落实税收优惠政策，注重引导社会资源向社会事业发展的薄弱环节倾斜，把支持教育、科技、卫生、社保等重点事业发展放在更加突出的位置，切实解决好事关人民群众利益的现实问题，推动和谐社会建设。三是要树立法治的理财观。始终坚持依法理财，加快建设法治财政，实现财政管理由“行政手段”为主向“法制规范”为主转变。更加注重财政法制建设，不断完善财政法规制度，提高财政工作的法制化水平。更加注重健全财政监督机制，进一步拓宽财政监督范围，提高财政监督的综合效能。更加注重加强财政干部法治教育，深入推进行政执法责任制，切实提高财政干部依法行政、依法理财水平。

（二）继续深化税制改革，不断完善地方税收制度。“十一五”期间，国家将推进增值税转型，统一各类企业所得税收制度，资源税、消费税、燃油税、物业税等改革进程也将进一步加快。我们将按照中央统一部署，以“简税制、宽税基、低税率、严征管”为目标，积极推动税制改革，深入研究配套措施。积极对接增值税转型改革，鼓励企业引进先进技术和设备。完善消费税税制，适当调整征收范围。实施内、外资企业所得税合并改革，统一所得税、车船税和城市维护建设税等制度。逐步建立综合和分类相结合的个人所得税制度，加强个人所得税征管。完善资源税政策，逐步提高煤炭、黄金、盐业等资源税标准。加强交通“费改税”改革调研工作，稳步推进燃油税改革。开展物业税的前期研究工作，适时合并房产税、城镇土地使用税、城市房地产税，开征统一规范的物业税。

（三）发挥税收政策宏观调控作用，促进经济社会和谐发展。一是综合运用各项财税政策手段，推动我省产业结构优化升级。要积极贯彻国家宏观调控政策，不断完善财税政策措施，吸附带动社会资本，支持发展现代制造业，加快制造业强省建设；加大对现代服务业的支持力度，推进流通现代化建设步伐，全面改造提升传统服务业。完善出口退税分担机制，规范地方税收优惠政策，促进招商引资工作和外向型经济发展。加大中小企业发展扶持力度，支持民营经济和中小企业快速发展。二是完善财税政策体系，支持企业增强自主创新能力。根据《山东省中长期科学和技术发展规划纲要》及其实施意见，研究制定有利于促进经济增长方式转变、科技进步和自主创新的财税扶持政策及配套措施，大力支持重大产业关键技术和重大装备技术的研究开发，支持建设开放式的技术研发平台。全面落实加速折旧、研发投入税前扣除等财税优惠政策，激励企业加大研发投入，推动企业技术创新。加大对国内企业具有自主知识产权的高新技术和产品的扶持力度，构建高新技术项目担保体系，支持高新技术园区发展，推动高新技术产业和高加工度制造业项目建设。三是完善财税政策机制，促进资源节约型、环境友好型社会建设。要强化税收政策激励约束机制，支持培育一批循环式生产示范企业，提高资源回收和循环利用水平。支持和引导企业加大对资源、能源节约与循环利用的基础性技术攻关研究和推广应用，提高资源有效利用率。支持企业推广应用节能设备和先进工艺，推行清洁生产，促进企业节能降耗，限制高耗能、高污染产业发展。探索研究完善环境保护的财税配套政策，支持生态省建设。完善矿业税费政策，推动矿产资源有偿使用制度改革，全面推行矿业权有偿出让制度。四是发挥税收政策宏观调控职能，促进社会各项事业全面发展。要进一步深入贯彻就业再就业税收优惠政策，鼓励和支持企业吸纳下

岗失业人员，推动大中专毕业生和下岗失业人员从事个体经营，推动军转干部、退役士兵再就业工程，有效缓解社会负担和压力。进一步加大税收政策扶持力度，支持科学技术、文化、教育和社会保障等各项社会事业全面协调发展。积极应对"禽流感"等突发事件，根据中央有关政策规定，研究制定和落实地方特殊税收扶持政策和措施，缓解突发事件对我省经济社会发展造成的影响，确保经济发展和社会稳定，促进和谐社会建设。

（四）加大税收征管力度，严格依法治税。完善主体税收分享体制，强化税收增长激励机制，重点完善和健全营业税超收奖励机制、发票即开即兑奖励和违章举报奖励机制以及税收稽查激励机制，调动税务部门组织收入的积极性，进一步加大税收征管力度，严厉打击走私、偷税骗税等涉税违法犯罪案件，做到应收尽收，确保财政收入增长。全面清理和规范开发园区、招商引资中的税收优惠政策，减少税收流失。突出抓好主体税种和重点行业的税收征管，完善税务经费管理办法，提高市、县政府对税收工作的协调能力。加强税收信息化管理，推进"金财工程"和"金税工程"建设，建立税源动态信息共享制度，加快财政、工商、税务、企业的信息联网共享应用。

（五）加强财政法制建设，进一步提高依法行政、依法理财水平。以财政"五五"法制宣传教育为平台，全面推进财政法制建设。深入贯彻《行政许可法》，进一步简化审批程序，适当下放审批权限，积极推进财政审批制度改革。以贯彻实施《财政违法行为处罚处分条例》为重点，加强和规范财政执法，完善财政事项听证制度，推行财政行政执法责任制。按照中央统一部署，积极推进财政法规制度建设。配合做好财政转移支付法、新的企业所得税法、财政资金支付条例、国库现金管理条例、政府采购法实施条例等法规调研制定工作。积极做好预算法及实施条例、国家金库条例、行政单位财务规则和事业单位财务规则等修订贯彻实施工作。配合研究制定我省省级转移支付和绩效预算实施办法，修订完善《山东省实施〈会计法〉办法》等财政法规。

三、2006 年全省财政法规税政重点工作

2006 年是实施"十一五"规划的第一年，开好头、起好步，对做好"十一五"时期全省财政法规税政工作具有重要意义。根据全省财政工作会议精神和省厅 2006 年工作要点及分工，今年全省财政法规税政重点工作主要包括以下几个方面：

（一）围绕完善地方税制，增加财政收入，突出抓好四项工作。

1. 改革完善资源税制度，扩大征收范围。在提高原油、煤炭资源税税额的基础上，继续做好我省资源税改革完善工作，争取提高铁矿石、岩金矿、盐等矿产品资源税税额，将水资源、土地资源纳入资源税征税范围，保护资源的合理有效开发利用，提高资源贡献率，增加地方财政收入。

2. 适时提高城镇土地使用税税额标准，促进土地资源有效利用。根据全省城镇经济发展状况，适时调整城镇土地使用税税额标准，规范工矿区征税范围，提高土地资源的使用效益，进一步发挥城镇土地资源对社会发展的作用。

3. 积极推进车船税、城建税和教育费附加税收政策统一，进一步公平税负。根据国家税制改革精神，积极推进统一内外资企业车船税、城建税和教育费附加税收政策，公平企业间税负水平。

4. 继续做好渤海石油天然气税收分享争取工作。2005 年，中央调查组来我省进行渤海石油天然气税收工作专项调研，听取了我省情况汇报。2006 年，我们将继续做好渤海石油天然气税收分享争取工作，确保我省利益不受影响。

（二）围绕发挥税收政策调控功能，积极推动和谐社会建设，重点完成两项任务。

1. 积极促进企业自主创新，科学引导经济结构调整。一是要进一步加大对高新技术企业、新产品、孵化器和在孵企业财政专项资金扶持力度，增强企业自主研发能力。二是要运用税收政策激励企业增加科技投入，支持中小企业技术创新，提升企业自主创新能力，促进经济增长方式的转变。三是要贯彻落实出口退税政策，提高产品退税率，充分利用关税减让政策，鼓励先进技术和先进设备进口，促进我省企业技术进步。四是要支持科研单位改革，对我省科研机构和文化事业单位转变为企业或进入企业申请及时进行审核确认，积极落实税收减免政策，支持转制科研单位发展。五是进一步研究分析关税政策调整对我省影响，积极反映关税税则、税目、税率调整建议，引导企业调整进出口产品结构，促进我省外贸经济发展。

2. 贯彻落实优惠政策，促进和谐社会建设。一是认真贯彻落实中央和省委、省政府关于支持民营经济发展的政策措施，全面执行提高个人所得税工薪所得费用减除标准和营业税起征点政策，研究探索新的财税政策扶持手段，加大对民营经济的支持力度，推动民营经济加快发展。二是积极贯彻落实就业再就业税收优惠政策，引导企业吸纳下岗失业人员，支持下岗失业人员从事个体经营，推动军转干部、退役士兵再就业工程，缓解社会矛盾。三是及时贯彻落实突发

事件特殊税收扶持政策，积极研究制定配套优惠措施，大力缓解突发事件对我省经济社会发展造成的影响，促进和谐社会建设。

（三）围绕加强政策管理，严格依法治税，全力做好三方面工作。

1. 适应税制改革要求，加强税收政策调研。一是准确把握增值税、物业税等重大税制改革的最新动向，结合我省实际，深入开展税制改革专项调研工作，认真研究税制改革对我省经济和税收收入的影响，努力做好分析预测，及时提出应对措施建议，为领导决策提供参考依据。二是深入开展税源调查工作，重点开展企业所得税税源和重点产品国际竞争力等调查，摸清税源增长变化情况，密切与国税、地税、统计、工商等部门协调配合，完善税源动态监控体系，努力实现税源基础信息共享，不断提高财政部门掌控税源和指导组织收入工作的能力。

2. 严格税收政策，推进依法治税。一是要按照规范税制、增强税收收入功能的要求，进一步发挥税政管理的职能作用，适时调整税收政策，堵塞税收漏洞。二是要加强对减免税政策的审批和管理，严格控制税收优惠政策，制止和纠正一些地方和部门擅自出台税收优惠和变相优惠政策，对到期的税收优惠政策及时恢复征税，确保应收尽收。

3. 健全管理机制，促进税收征管。积极思考增收节支办法，研究促进地方税收稳定增长、节约预算资金支出的新举措，进一步完善税收收入增长激励机制，重点完善和健全营业税超收奖励、发票即开即兑奖励和违章举报奖励以及税收稽查激励制度，充分调动税务部门组织收入的积极性，进一步促进税收征管。

（四）围绕构建财政法制宣传建设平台，进一步规范财政执法，扎实开展四项基础性工作。

1. 积极构建财政法制宣传教育平台。要在总结以往财政法制宣传教育成功经验的基础上，积极创新宣传教育方式，拓宽教育培训内容，分对象、分内容、分批次深入开展财政法制宣传教育培训，切实增强财政法制宣传教育工作的针对性和实效性，努力构建全省财政法制宣传教育平台。

2. 大力推进财政行政执法责任制建设。严格按照省政府部署，全面贯彻落实《关于推行行政执法责任制的意见》，吸取借鉴其他单位经验和做法，积极开展我省财政行政执法责任制相关工作，重点探索建立我省财政行政执法责任制，进一步推进依法行政、依法理财。

3. 全力做好财政“四五”普法总结表彰和“五五”普法规划制定工作。积极做好全省财政“四五”普法总结表彰工作，切实巩固我省财政“四五”普法工作成效，进一步激发各级搞好财政普法工作的积极性、主动性和创造性。全面总结我省前四个五年规划期间财政普法工作，吸收借鉴其他省市财政普法工作先进经验，围绕财政中心工作和“十一五”规划，结合我省财政工作实际，研究制定《山东省财政法制宣传教育第五个五年规划》，为深入全面开展全省财政“五五”普法工作打好基础。

4. 进一步推动全省财政法制建设。结合财政工作实际，认真调查研究，起草制定财政部门行政许可听证、财政部门行政许可公示、财政部门规范性文件网上公开等财政执法规章制度，推进财政执法制度系统化和规范化建设。积极开展财政执法专题调研，深入查找解决财政执法工作中存在的突出问题，促进我省财政法制工作不断向前发展。

（作者为山东省财政厅副厅长）

抓住机遇　开拓创新
全面推进行政事业单位国有资产管理工作

李国健

一、理顺体制，建立制度，全省行政事业单位国有资产管理工作取得明显成效

近年来，我省财政经济快速发展，各项财政改革快速推进，财政精细化管理水平不断提高。面对改革和发展的新形势，全省各级财政部门以科学发展观为指导，理顺管理体制，完善管理制度，创新管理手段，开拓进取，团结奋斗，全省行政事业单位国有资产管理工作取得明显成效。

（一）管理体制得到逐步理顺。2004 年 8 月，省编委明确行政事业单位国有资产管理职能由省财政厅承担。为了明确职责分工，省财政厅及时印发了明确管理职责的相关文件，将行政事业单位国有资产管理职责作

了细化界定，理顺了资产管理与相关业务部门之间的工作关系。财政部两个《办法》颁布后，为进一步理顺工作职能，加大管理力度，省财政厅党组研究决定，并报经省编委批复同意将统计评价处更名为行政事业资产处。同时要求各地按照财政部的规定，尽快理顺职能。各市按照财政部和省财政厅的要求，细化职责分工，明确管理机构，建立管理体系，使行政事业单位国有资产管理体制得到初步理顺。济宁、临沂、菏泽市在国有资产管理体制改革中积极争取，将职能留在了财政部门，并设立了行政事业资产管理科；莱芜、枣庄等市相继将统计评价科更名为行政事业资产管理科；聊城、烟台市将行政事业单位国有资产管理职能由当地国资委重新划入财政部门；目前，全省已有14个市财政部门承担起了行政事业单位国有资产管理职责，另外两个市也正在积极协调。经过努力，全省上下逐步建立起了“政府统一所有、财政分级监管、单位占有使用”的行政事业单位国有资产管理体制。

（二）制度建设取得很大进展。完善的制度是行政事业单位国有资产管理的重要保障。近年来，各级财政部门把政策调研和制度创新作为工作突破口，深入开展调查研究，加快了制度建设步伐。一方面，省财政厅着力加强了全省性规章制度的建立和完善。为进一步指导全省工作开展，省财政厅在调查研究的基础上，根据全省资产管理现状，对行政事业单位国有资产管理提出了总体思路和工作目标。在此基础上，先后起草了《山东省省级行政事业单位国有资产处置管理办法》、《山东省省级行政事业单位国有资产收益管理办法》和《山东省省级事业单位改革国有资产处置若干规定》等制度文件。财政部两个《办法》颁布后，又起草了《山东省行政事业单位国有资产管理办法》和《山东省省级行政事业单位国有资产配置管理办法》，从而初步形成了以总办法为统揽，各项配套制度相互协调的全省行政事业单位国有资产管理制度体系。另一方面，各市在政策研究和制度建设方面也加大了工作力度。济南市以市政府名义出台了《济南市行政事业单位国有资产管理办法》和《济南市行政事业单位国有资产授权经营管理暂行办法》；淄博市以市委、市政府名义出台了《关于加强行政事业资产监管和运营工作的意见》；潍坊市以市政府名义出台了《关于改革市级行政事业单位国有资产管理体制的试行意见》；莱芜、东营市以市政府名义出台了《行政事业单位国有资产管理办法》；枣庄市以市政府名义出台了《关于加强行政事业单位国有资产管理工作的意见》，制定了《枣庄市行政事业单位国有资产购置管理办法》等四个配套办法，建立了较为完整的制度体系。上述制度的制定和出台，有力地促进了全省行政事业单位国有资产管理工作的开展和管理水平的提高。

（三）基础管理获得显著成效。产权登记和资产管理信息统计是行政事业单位国有资产管理工作的重要基础性工作。2004年以来，我省从产权登记和资产统计工作入手，在全国率先建立起了产权登记和资产管理信息统计制度，得到了财政部领导的充分肯定，这项工作已成为全国行政事业单位国有资产管理工作的一个亮点。在此基础上，各市精心组织，认真培训，严格审核，确保质量，强化分析，充分发挥了产权登记和信息统计在资产管理中的基础作用。济南、济宁、潍坊、烟台、聊城、日照、德州等市组织人员深入单位，进行实地检查；东营、莱芜市组织中介机构对单位上报的数据进行专项审计；莱芜、临沂、日照、淄博、滨州等市利用汇总数据，对行政事业单位国有资产管理状况进行深入分析，全面掌握当地行政事业单位国有资产规模、布局、结构情况，查找资产管理中存在的问题，提出了加强资产、预算管理的措施建议；枣庄市根据数据资料，分析资产配置和资产收益管理中存在的问题，有针对性地制定了管理办法，规范和加强了资产配置和收益管理，做到了资产管理与预算管理的有效结合。通过开展产权登记和资产管理信息统计工作，理顺了产权关系，建立了资产清查的长效机制，加强了资产动态监管，强化了预算监督，促进了财政精细化管理水平的提高。

（四）重点监管得到有效加强。一是加强资产处置监管，防止国有资产流失。各级财政部门在审批资产处置事项时，严格按程序办事，建立了“单位申报—主管部门审核—财政部门审批—中介机构评估—公开拍卖交易”的管理体系。不少地方在资产处置过程中，采取现场考察、专业机构鉴定、专家咨询等方式进行把关。对能够采取公开拍卖方式处置的，不协议转让，力求公开、透明。通过上述措施，既有效防止了国有资产的随意处置、低价买卖和处置过程中“暗箱”操作等现象的发生，又确保实现了国有资产价值最大化。2005年，省级共办理资产评估项目备案、核准7个，评估资产原值6 901万元，评估后价值9 832万元，评估增值2 931万元，增值率达42.5%。二是强化经营性资产监管，建立资产运营情况报告制度。对行政事业单位国有资产出租、出借和事业单位对外投资、担保活动等改变资产用途的行为，各级财政部门都深入实地考察论证，严格履行审批手续，明确投资单位与被投资单位的监督管理关系，在此基础上进行审查、审批。要求凡是有对外投资行为的单位，都要将其经营情况、取得的收入予以真实、全面的报告。三是强化资产收益管理，防止财政收入流失。加强行政事业单位国有资产收益监管，是深化“收支两条线”改革，加强非税收入管理的要求。淄博、威海等市出台了收益管理办法，明确了收益的收缴程序、范围和用途。济宁、莱芜等市对行政事业单位出租房屋实行统一招租，直接将租金收入纳入财政管理。通过加强对经营性资产及其收益的监管，不仅降低了投资经营风险、提高了经营效益，而且还全面掌握了资产效益状况，增加了政府非税收入，有效防止了财政收入的流失。

（五）*政策调研和信息宣传收到良好效果。*随着体制的理顺和制度的不断完善，行政事业单位国有资产管理工作取得了明显成效，但仍有很多问题需要进一步研究和探讨。为此，各级财政部门切实加大调查研究和信息宣传力度，推进了各项工作的深入开展。譬如，财政部两个《办法》颁布后，省财政厅连续印发了两个文件，分别对各市和省直部门提出了学习贯彻的要求。在全省产权登记和资产管理信息统计工作的基础上，省财政厅撰写了《2005年度山东省省直行政事业单位国有资产管理分析研究报告》，对当前省直行政事业单位国有资产管理工作中存在的问题进行了实事求是的分析，并对加强省直行政事业单位国有资产管理提出了有针对性的政策和建议。为了总结经验，省财政厅还分别对各市和省直部门印发了《关于2005年度行政事业单位产权登记和资产管理信息统计工作情况的通报》，对管理中存在的问题提出了改进要求，进一步推进了各项基础工作的深入开展。各市财政局积极开展宣传和贯彻工作，使社会各界对加强行政事业单位国有资产管理重要性的认识有了进一步的提高。目前各级领导对行政事业单位国有资产管理工作越来越重视，社会各界的认识也逐步提升，行政事业单位主动管理和控制运行成本的意识大大增强，这与我们坚持抓调研、抓宣传是分不开的。

二、认清形势，提高认识，进一步增强做好行政事业单位国有资产管理工作的紧迫感

行政事业单位国有资产是各级党政机关和事业单位履行职能、促进社会各项事业全面发展的物质基础。加强行政事业单位国有资产管理，对提高国有资产使用效益，推进行政管理体制改革，促进经济和社会各项事业发展意义重大。党的十六届三中全会和五中全会明确提出要建立健全非经营性资产监管制度，国家国民经济和社会发展“十一五”规划纲要也将建立非经营性资产监管制度列为重要发展规划，这为我们今后的工作提出了新的要求，我们面临的任务光荣而艰巨。各级财政部门必须正确把握当前行政事业单位国有资产管理的形势，进一步提高对加强行政事业单位国有资产管理工作重要性和紧迫性的认识。

（一）*行政事业单位国有资产的快速增长和资产结构的日趋复杂，对资产管理提出了新的要求。*随着财政经济和社会事业的发展，我省财政保障能力不断提高，对行政事业单位的投入逐年增加，行政事业单位国有资产的规模也随之逐步扩大。据统计，到2005年底，全省行政事业单位资产总额达到3 922.5亿元，其中国有资产总额2 478.1亿元，是1995年的近4倍，10年平均增长率为14.8%。从总量上看，行政事业单位国有资产已超过国有企业（不含国有金融企业，下同）。2005年，全省行政事业单位国有资产比国有企业国有资产多出337.2亿元。巨额的国有资产为维持政府运转和社会事业发展提供了物质保障，也使资产管理工作任务更加繁重。同时，随着市场经济的发展，财政补助方式发生了深刻变化，单位的资金来源和结构越来越呈现多元化，资金来源日趋丰富，资产来源更加复杂，资产类别日益繁多，加之资产的划入、划出、转让和改变用途等行为日益频繁，随之带来资产产权、数量、结构的变化，使资产管理工作变得更加复杂。行政事业单位国有资产管理涉及到资产产权、资产配置、资产处置、资产使用、资产收益、资产评估等众多方面，随着资产规模的不断扩大和资产结构的日趋多样以及资产流动的日益加速，如何管好国有资产，使其发挥更大效益，防止国有资产流失，是摆在我们面前的重大课题。我们必须清醒地认识到，资产管理工作的内容越来越丰富，头绪越来越繁多，情况越来越复杂，任务越来越艰巨。因此，我们要紧跟时代步伐，增强责任感、使命感和紧迫感，投入更多的精力，采取更为有效的措施，切实当好行政事业单位国有资产的“管家”。

（二）*当前行政事业单位国有资产管理存在的诸多问题，迫切要求我们进一步加大管理力度。*当前，行政事业单位国有资产管理工作中，还存在不少问题急需研究解决。一是资产管理与预算管理脱节，影响了财政资金的使用效益。楼继伟副部长在2006年7月份召开的中央部门预算编制工作会议上指出，由于财政不掌握部门资产的准确信息，导致信息不对称，使我们难以做到结合资产占用状况来安排各部门的基本支出和项目支出，资产占用较多的部门，不仅不会因此而少安排预算，反而多申请运行维护费，甚至可以将一部分出租，为本部门谋取利益，造成资产管理与部门预算管理相脱节，影响了预算编制的准确性和科学性。二是资产管理与财务管理脱节，账实不符现象严重。目前，很多单位还没有建立健全资产管理与财务管理相结合的管理机制，导致资产配置与财务资金计划脱节，资产使用、处置与会计核算脱节，资产统计

与财务决算脱节，造成“家底不清”，账实不符，管理混乱。2005 年，省级行政事业单位账存实无的资产达 40 多亿元，未在账的房屋建筑物面积 600 多万平方米，不良资产 2.8 亿元，这些数字都十分惊人。三是资产处置带有随意性，存在国有资产流失的隐患。一方面，有些单位对权限内的资产处置事项，缺乏必要的内部审批和监督程序，管理漏洞较大；另一方面，对该上报财政审批的资产处置事项，不按规定程序报批，擅自变卖、处置。譬如 2005 年省级产权登记专项审计，查出未经财政部门批准擅自处置的国有资产 2 000 余万元，未经批准新增对外投资 2.3 亿元。四是经营性资产监管乏力，效益不高。经营性资产的存在，一定程度上可以增强单位自我创收能力，缓解经费不足。但由于缺乏有效的监管，这部分资产在运营中存在效益低、风险大等问题。如 2005 年底，省级经营性资产 21.94 亿元，实际分配给投资方收益 1.1 亿元，收益率仅为 5.1%。省级 692 个对外投资项目中，当年盈利的仅占 18.3%，实际能够上缴收益的项目仅占 6.4%，亏损的项目占 33.4%，亏损最大的项目亏损额近 2 000 万元。省级出租房屋 15.1 万平方米，但年上缴出租收入仅为 4 701.9 万元，每平方米年平均出租收入仅为 311.3 元，明显低于同期市场平均水平。在对外投资项目中，约 40% 的项目失去控制，被投资方长期不报告财务情况，投资方无法对投资收益实施有效监督，极有可能带来债务、权益纠纷，使行政事业单位承担连带责任，造成难以估量的损失。上述问题，在各级行政事业单位中均不同程度地存在，我们必须加大管理力度，努力加以解决。

*（三）加强行政事业单位国有资产管理是深化行政事业体制改革的客观要求。*加强对事业单位改革过程中的国有资产管理，是促进资产优化重组，防止国有资产流失，推进改革健康顺利进行的重要保证。当前，全省事业单位改革稳步推进，各项配套政策陆续出台，很多地方、很多单位已进入实质性操作阶段。改革必然涉及到国有资产，而事业单位的国有资产数量又十分庞大。据统计，2005 年底，全省事业单位资产总额 3 037.7 亿元，占行政事业单位资产总额的 77.4%；其中国有资产总额 1 899.8 亿元，占行政事业单位国有资产总额的 76.7%。如此面广、量大的国有资产，要在省委、省政府规定的 3 年期限内完成资产清理核实、审计评估、审批处置、监督划转等工作，任务艰巨，责任重大，时间紧迫。各级财政部门对此要有清醒的认识，要尽早制定政策措施，及时研究解决改革中出现的新情况、新问题，促进事业单位改革的健康顺利进行。

*（四）加强行政事业单位国有资产管理，是建立和完善公共财政的必然要求。*行政事业单位国有资产主要是由财政性资金形成的，行政事业单位国有资产管理是预算管理的延伸，所以说，资产管理是公共财政管理的重要内容，是财政各项改革的重要基础。长期以来，由于在资产管理方面缺乏有效的措施和手段，资产管理不到位，很大程度上制约了公共财政职能的发挥和财政各项改革的顺利进行。比如，由于资产信息不完整、不及时、不准确，无法为预算编制提供有效的支持，使预算编制的科学性和合理性难以保证。要使预算分配更加科学、公平、透明、规范，就必须在准确的资产管理信息的基础上，研究制定科学合理的资产配置定额，加强资产配置管理，做到资产配置与预算编制相结合，使预算分配建立在真实、可靠的实物资产的基础上，从而保证预算分配有据可依。再比如，由于国有资产收益管理弱化，使“收支两条线”改革不能全面落实，大量非税收入未纳入财政国库或专户管理，为单位乱发奖金、补贴、私设“小金库”提供了便利条件，不仅造成了财政收入流失，甚至还成为扰乱社会分配秩序、滋生腐败行为的诱因。因此，加强行政事业单位国有资产管理对促进财政改革，完善公共财政，提高财政精细化管理水平起着十分重要的基础作用。我们要从改革的全局出发，牢固树立为财政中心工作服务的意识，全面推进和加强行政事业单位国有资产管理工作，促进财政综合管理水平的提高。

三、抓住机遇，开拓创新，全面推进行政事业单位国有资产管理工作

2006 年是“十一五”规划实施的第一年，做好行政事业单位国有资产管理工作，对促进财政经济发展意义重大。财政部两个《办法》的颁布，为全面促进行政事业单位国有资产管理工作走向规范化、科学化、法制化，确保国有资产的安全完整、合理配制和有效利用，保障政府履行职能和促进社会各项事业的发展，奠定了坚实的制度基础，创造了良好的工作环境。我们要抓住机遇，开拓创新，扎实工作，不断提高全省行政事业单位国有资产管理水平。按照财政部的总体部署和省财政“十一五”规划纲要，“十一五”期间，我省行政事业单位国有资产管理的总体指导思想是：以“三个代表”重要思想为指导，认真贯彻党的十六届五中、六中全会精神，按照全面落实科学发展观的要求，积极探索和建立国有非经营性资产监管运营体制，以推动资产优化配置、提高国有资产和财政资金使用效益为核心，以实现资产管理、预算管理、财务管理有机结合为重点，充分发挥行政事业单位国有资产管理工作的职能作用，更好地为财政经济发展和改革服务。根据上述指导思

想，当前和今后一个时期，要着力抓好以下几项重点工作：

（一）进一步理顺管理体制，明确职能和机构。财政部两个《办法》明确规定，各级财政部门是政府负责行政事业单位国有资产管理的职能部门。各级财政部门要不负使命，履行职责，尽快把行政事业单位国有资产管理职能承担起来。财政部两个《办法》颁布后，大部分市已按照财政部规定和省财政厅要求，将职能划归财政部门。希望还没有理顺职能的地方引起足够的重视，与有关部门积极沟通、协调，争取党委、政府的大力支持，力争年底前将职能划到财政部门。财政部门内部要明确资产管理机构，充实业务管理人员，并在办公设备、业务经费等履行职能所需条件方面给予保障，确保资产清查、资产评估、信息网络平台建设等各项资产管理工作的顺利开展。

（二）积极推进资产管理与预算管理的结合，逐步实施资产配置管理。资产管理与预算管理相结合，是行政事业单位国有资产管理改革的重点。二者的有机结合，对增强预算管理的科学性和有效性，解决预算管理中增量管理与存量管理脱节的问题，优化资产配置，从源头上科学、有效地控制资产形成，具有非常重要的意义。财政部两个《办法》对资产配置管理规定了严格的控制原则和审批程序，充分体现了资产管理与预算管理相结合的客观要求。各级财政部门要结合部门预算改革的实践，按照财政部规定，建立和完善资产配置审批程序。预算安排是实行增量控制的关键，在预算编制环节，要充分利用财政部门掌握的资产管理信息，与部门、单位的资产实际占用状况紧密结合，为优化财政支出结构、节约财政资金服务。在预算执行环节，要通过行政事业单位国有资产产权登记和资产统计工作，对与资产配置相关的预算执行情况进行跟踪监督，及时发现问题并予以纠正，以维护预算的严肃性和权威性。在预算收入管理环节，要通过对行政事业单位国有资产处置及经营的监管，保证政府非税收入及时、足额收缴。同时，要通过建立必要的激励和约束措施，调动部门、单位管好用好资产的积极性，为提高资产管理水平提供有效的手段。财政部门要积极参与重大资产配置事项的事前可行性论证和审核，防止资产重复配置和闲置浪费现象的发生。在这方面，一些地方进行了一些有益的探索，出台了相关办法，进行了实质操作，取得了明显效果，积累了一定经验，各地可以相互学习借鉴。全省各级要按照财政部的统一部署，在深入研究资产配置标准的基础上，根据存量制约增量、增量激活存量的原则，制定资产配置管理的具体办法。可以先从规范程序上实施监控，逐步实现按标准配置资产。要以规范资产配置管理为切入点，尽快建立起资产管理与预算管理相结合的管理机制，逐步实现资产配置科学化。

（三）严把资产处置关，防止国有资产流失。资产处置是行政事业单位国有资产的“出口”，严把资产处置关，是保证国有资产安全完整的重要环节，要切实加强管理。一是要完善审批制度。要根据实际情况，建立严密、科学的审批制度，规定具体的审批权限和程序，从制度上规范资产处置行为。在此基础上，要加大监管力度，对不按规定权限和程序报经批准，私自处置国有资产的，要按有关规定进行处理。二是要加强与有关部门的协调配合。土地、房产、车辆管理等部门都与资产处置关系密切，要争取有关部门的支持，共同做好国有资产处置工作。对不按规定程序处置国有资产的，有关部门不予办理相关手续。三是要加强国有资产评估管理。在资产处置审批环节，要认真审查资产评估机构资质和资产评估报告，并按照规定做好评估项目的核准或备案手续。四是要提高国有资产处置透明度。行政事业单位有偿处置国有资产要按照公开、公平、公正的原则，采取拍卖、招投标等市场化方式运作。要采取有效措施，防止国有资产私自买卖、“暗箱”操作行为，确保国有资产保值增值。五是要强化国有资产处置收入管理。国有资产处置收入属于政府非税收入，要按照政府非税收入管理的规定，实行“收支两条线”管理。特别是对事业单位改革过程中的国有资产处置行为，要切实加强监管，防止国有资产流失，促进事业单位改革的健康顺利进行。

（四）加强资产使用管理，促进国有资产保值增值。一是要认真搞好行政事业单位资产清查工作。财政部要求，明年要在全国范围内开展行政事业单位资产清查工作，这是进一步加强行政事业单位国有资产管理、夯实管理基础的重大举措。各地要结合产权登记和资产统计工作，做好资产清查工作，建立完整、翔实、准确的行政事业单位资产信息数据库，进一步摸清“家底”，为加强资产管理，深化预算改革提供翔实可靠的基础数据。二是要加强对改变资产用途行为的监管。各级财政部门要加强对行政事业单位国有资产出租、出借、事业单位国有资产对外投资、担保等行为的考察论证和审核，防范经营风险和财务风险，防止国有资产流失。对国有资产出租行为，有条件的地方可以按照公开、公正的原则，实行统一招租，集中管理，防止国有资产低价出租和财政收入流失。三是要加强国有资产有偿使用收入管理。行政事业单位国有资产经营收入，属于政府非税收入，要严格按照政府非税收入管理的规定，实行“收支两条线”管理。在征管过程中，要本着激励与约束并重的原则，建立科学的考核制度，充分发挥财政政策的杠杆作用，借鉴兄弟省、市的经验，采取必要的激励措施，调动和保护单位管理和经营国有资产的积极性。四是积极推动建立资产的共享共用机制。推进行政事业单位国有资产的有效整合和共享共用，是避免资产闲置浪费，提高资产使用效率的有效措施。各级财政部门要积极研究探索，建立资产共享共用信息平台，为资产的共享共用和合理流动创造良好的外部环境。要依据当地资源配置和需求状况，对国有资产在行政事业单位之间进行调剂再分配，促进资产结构优化。同时，要制定财政激励政策，推动行政事业单位国有资产的共享共用、合理调剂和优化调整。

（五）夯实基础管理，加快制度创新和资产管理信息化建设。一方面，要进一步加快制度建设，为规范和加强国有资产管理提供完善的制度保障。各级财政部门要根据财政改革的要求，认真研究、积极推进资产管理制度建设和创新，不断建立健全资产配置、使用、处置、评估、收益等各项管理制度。资产处起草的《山东省行政事业单位国有资产管理办法》等四项制度，已在本次会议前印发各市征求意见。大家要认真研究，争取修改后尽快出台，各级要认真抓好贯彻落实。要积极督促各部门、各单位建立健全内部资产管理制度，规范资产管理行为，提高资产管理水平。另一方面，要积极推动资产管理信息化建设，为国有资产管理提供重要的技术支撑。我省研究开发的产权登记和资产管理信息统计系统，已在全省进行推广。根据新的管理要求，近期又对这套系统进行了修改和完善，将在这次会议上进行培训。希望大家在认真学习的同时，结合具体实践对信息统计系统提出修改意见和建议，适应资产管理的需要。下一步，我们要根据财政部的要求，结合“金财工程”建设，建立起省与市、财政部门与主管部门和行政事业单位之间的全省国有资产动态管理信息平台，实现对资产的动态监管。此外，要大力推动部门内部的资产管理信息化建设，逐步建立起全省资产管理信息网络系统。要通过信息化管理，使资产管理的各个环节都处于信息系统的监控之下，实现对资产从“入口”到“出口”的全过程、动态化、精细化管理，提高资产管理效率，为科学理财提供准确、高效的信息保障。

（六）加强干部队伍建设，提高资产管理人员素质。全省行政事业单位国有资产管理工作仍处在起步阶段，工作任务繁重，机构刚刚建立，不少人员还是资产管理岗位的“新兵”，加强干部队伍建设，提高资产管理人员素质尤为重要。各级要牢固树立以人为本的思想，切实加强资产管理干部队伍建设，将优秀人才充实到资产管理工作队伍中来。要加强干部教育与培养，提高政治觉悟，以对党、对人民高度负责的态度做好本职工作。要加强对系统内和各部门、各单位资产管理工作人员的业务培训。当前的重点，就是要认真组织学习贯彻财政部两个《办法》，使广大资产管理人员真正把握其精神实质和各项具体规定，并融入到资产管理的各项工作当中。要加强资产管理相关法律、法规、信息处理技术等知识的培训，全面提高干部队伍的综合素质，建立一支业务过硬、作风优良、廉洁高效的资产管理干部队伍。广大资产管理工作人员，要努力学习，勤于研究，勇于创新，廉洁勤政，争做合格的国有资产管理卫士。

（作者为山东省财政厅副巡视员）

完善公共财政制度
逐步实现基本公共服务均等化

徐长林

党的十六届六中全会通过的《关于构建社会主义和谐社会若干重大问题的决定》中提出：健全公共财政体制，调整财政收支结构，把更多财政资金投向公共服务领域，加大财政在教育、卫生、文化、就业再就业服务、社会保障、生态环境、公共基础设施、社会治安等方面的投入。进一步明确中央和地方事权，健全财力和事权相匹配的财税体制。完善中央和地方共享税分配办法，加强财政转移支付力度，促进转移支付规范化、法制化。保障各级政权建设需要。完善财政奖励补助政策和省以下财政管理体制，着力解决县乡财政困难，增强基层政府提供公共服务能力。逐步增加国家财政投资规模，不断增强公共产品和公共服务供给能力。《决定》的要求就是今后一个时期财政部门的中心工作。必须紧密结合实际，狠抓落实，使财政政策和收支安排切实体现广大人民群众的意愿，真实体现取之于民、用之于民和公开、公平、公正原则，坚持“情为民所系、利为民所谋、权为民所用”的理念，把维护广大人民群众的利益作为一切工作的出发点和根本点，把理财为公、理财为民作为提升财政公共服务能力的基本准则，逐步达到完善公共财政制度，实现基本公共服务均等化的目标。重点做好以下五个方面的工作。

一、充分发挥财政职能，致力于促进经济发展

发展是硬道理，是解决一切问题的关键，也是构建和谐社会的基石。财政必须把支持和促进发展作为第一要务来抓，充分发挥财政资金和政策的导向作用，改变支持方式，尽力做大财政“蛋糕”，使支持经济发展的成效充分体现到财政收入上来，为构建和谐社会提供坚实的财力保障。因此，要加大对“工业强市”战略的扶持力度，发挥财政资金“四两拨千斤”的作用，引导和积聚各方面投入，支持和培育壮大产业集群，加速产业链的延伸，增强大集团的核心竞争力，提升产业链中关键环节的生产技术水平，使骨干产品的上下游配套能力明显增强。认真落实国家出台的鼓励高新技术产业和环保项目等方面的各项财税优惠政策，通过财政贴息奖励等方式，对高新技术项目，对财政贡献大、发展势头好的重点企业，给予适当奖励。加大科技投入，促进建立以企业为主体、全社会支持的科技创新体系，支持高新技术成果的转化和利用，促进科技基础平台建设，使更多高层次、高水平、高附加值的科技成果尽快形成产业化，推进科技进步。制定实施品牌奖励、开拓市场奖励、优化环境奖励和人才奖励等若干奖励政策，支持企业自主创新，促进企业加快新产品研制开发，开拓和扩大市场占有率，进一步做大做强。进一步加大对生态建设、环境保护等方面的投入，建立生态环境评价体系和补偿机制，进一步完善排污收费制度，逐步扩大排污收费范围，将各种污染源纳入收费范围内，并提高排污收费标准。同时，积极探索生态补偿收费的实践，加强这部分资金的管理，坚持专款专用，提高生态恢复和补偿能力。按照公平、公正、公开的原则，制定支持经济发展的政府采购政策，围绕企业单位所需采购产品，制定采购计划，进一步明确采购主体、程序、方法和监督管理机构，完善运作程序，切实解决不公平现象和“暗箱”操作行为，为经济增长方式的转变提供良好的机制保障。

二、突出“三农”工作，致力于促进新农村建设

在构建和谐社会过程中，财政要着眼于整个社会，财政资金的分配应向解决制约构建和谐社会中的难点、热点问题倾斜。“三农”问题仍然是制约济南市经济社会发展的突出问题，建设社会主义新农村是构建和谐社会的重中之重。财政必须继续紧紧围绕“生产发展、生活宽裕、乡风文明、村容整洁、管理民主”的20字要求和市委、市政府建设社会主义新农村的总体部署，制定实施具体的工作规划，发挥财政职能，优化支出结构，创新分配机制，加大支持力度，让公共财政的阳光普照广大农村。积极争取上级支持和引导县乡两级配套，加大转移支付力度，保障基层政权正常运转；加大农业基础设施投入，稳定农业基础地位；促进农业科技进步，实现农民多渠道增收；落实各项扶持政策，惠及广大农民，健全农村社会保障体系，搞好新农合试点和乡镇卫生院建设改造，促进社会稳定；加大扶贫力度，完善扶贫机制，加快改善贫困农民生产、生活条件；逐步加大政府土地出让金用于农村的比重，提高用于土地复垦和整理的资金份额，切实保护失地农民利益。加大农村水、路、医、电、学等公益事业投入，促进农村精神文明建设；采取多项激励措施，壮大县乡财政实力，全力促进全市社会主义新农村建设。

三、牢固树立民本意识，致力于提高公共财政保障能力

在构建和谐社会过程中，财政必须坚持以人为本，资金的安排应该体现广大人民的利益，特别是弱势群体的利益。社会保障是实现社会公平的基本要求，也是和谐社会的重要支柱，更是财政为民理财的重要着力点。因此，要加大社会保障资金投入，足额安排资金，确保“两个确保，一个低保”政策的到位，认真落实市委、市政府关于就业和再就业的各项财税优惠政策，牢固树立加快经济发展与扩大就业并重的发展理念，多渠道、多形式增加就业岗位，对下岗失业人员实行就业援助，特别是对困难群体、失业群体和弱势群体重新融入社会，并在经济发展过程中重新获得就业机会的项目，在资金支持、税费减免、小额贷款担保、社会保险补贴、公益岗位补贴等政策方面给予倾斜。完善社会保障资金筹集机制，扩大社会保险覆盖面，提高社会保险征缴率，切实搞好做实养老保险个人账户试点工作。本着积极、稳妥、符合实际和维护社会稳定的原则，发挥好财政职能作用，妥善解决社会保障工作中出现的各种问题。积极支持自主创新、自谋职业；支持城镇新增劳动力和农村富余劳动力转移就业、下岗失业人员再就业工作；加强对困难群众的救助，完善对城乡弱势群体，特别是农村五保户供养、特困户

救助、灾民救助及流浪乞讨人员救助制度。

四、坚持统筹兼顾，致力于促进社会协调发展

经济社会事业协调发展是构建和谐社会的基本要求，也是解决民生问题的重要途径。因此，财政部门要按照建立公共财政和服务均等化要求，在切实处理好经济与社会事业发展关系的基础上，调整优化支出结构，加大对教育、文化、卫生等关系人民群众切身利益的重点事业的支持力度。加大公共卫生体系建设投入，完善公共卫生疾病预防控制和医疗救治两个体系建设，增强各级疾病预防控制能力和应对突发公共卫生事件的能力，提高人民群众健康水平。运用市场经济运作模式，整合卫生医疗设备资源，积极推进新型农村合作医疗试点和乡村卫生院建设，切实解决广大农民群众看病难的问题。加大教育投入，确保教育投入高于经常性财政收入的增长，落实农村义务教育经费保障机制，调整教育专项资金的支持重点，尽力向县区和困难乡镇倾斜，缩小城乡之间在教学设备、基础建设等方面的差距；积极筹措资金，落实好义务教育阶段学生“两免一补”政策，促进农村义务教育水平显著提高。配合有关部门，搞好文化产业的调整，加强公益性文化设施建设，突出支持广播、电视村村通，社区和乡镇综合文化站工程；引导非公有资本进入文化产业，推行以市场运作为主的机制和方法，支持打造文化精品，丰富人民群众的精神生活；加大体育设施建设，支持全民健身运动的开展，提高人民群众的健康水平。发挥财政资金的引导和放大效应，多渠道、多形式筹集资金，科学运作、规范使用，强化绩效考核，促进城市基础设施建设。加大社会治安、社会稳定的投入，健全和进一步完善应急保障机制，提高应对自然灾害和社会安全事件的快速反应和处置能力，创造和谐的社会环境，保障人民群众安居乐业。

五、加大支持力度，致力于解决基层财政困难

加强县域财源建设，培植壮大财政实力，是解决县乡财政困难的必然要求和迫切需要，也是统筹区域经济发展的重要内容。要进一步统一思想，认清形势，切实把加强县域财源建设摆到更加突出的位置，充分运用财政政策和资金的引导和激励作用，支持培植主导产业，加快工业园区建设，优化发展环境，积极扩大招商引资，大力发展乡镇企业和民营经济，拓宽财路，增加税源，壮大财政。不折不扣地把中央、省市一系列促进县域经济发展的优惠政策落到实处，整合财政支持经济发展的各项资金，集中用于主导产业和拳头产品。建立规范的效绩评价制度，完善资金的管理监督，切实发挥资金的使用效益。强化服务意识，提高服务质量，解决实际问题，制定奖惩措施，注重保护好、发挥好纳税人的积极性。进一步完善市、县财政体制，指导调整县、乡财政体制，财力下移，规范管理，加大对困难县乡的转移支付力度，对自身财力达不到5亿元的困难县，实施保障性转移支付和税收增长、机构改革、财政贴息、融资化解债务、归还借款和专项转移支付等激励性转移支付制度，帮助克服基层财政困难，统筹区域经济协调发展。

（作者为济南市财政局局长）

试论政府会计改革中会计基础选择问题

徐镇绥

政府预算管理与会计核算体系改革事关公共财政体制的建立与完善。尽快推进政府会计改革，制定新的政府会计核算制度是财政管理体制改革的基础要求。从西方国家的政府会计改革实践看，推行以权责发生制为基础的政府会计核算体系，是今后各国政府会计改革的发展方向。但就当前我国财政管理和会计核算现状而言，不能操之过急，仅就权责发生制取代现今通行的收付实现制来讲，在我国尚处于市场经济体制还不健全的社会主义初级阶段，不宜贸然改变财政收支确认和计量的会计核算基础和基本原则，也不符合我国的财政管理实际。在现阶段，应采取适度渐进的方式，尝试一种以收付实现制为主体、以权责发生制为适当补充的“修正的收付实现制”，逐步实现政府会计基础向权责发生制的过渡。

一、现行预算管理模式下权责发生制与收付实现制适用的主要利弊分析

收付实现制的最主要优势就是收支与现金流量的同步性，核算原理浅显、会计处理相对简单、易操作，与现今政府财政财务管理和会计核算规范相匹配。权责发生制则顾名思义，注重权责的配比，强调的是本会计期

间的支出耗费（责）创造多少收入和效益（权），核算原理较深、会计处理复杂、专业化强，与企业的经营理念和核算要求相一致。相应地，在现行预算管理模式和政府会计核算体系下，权责发生制的长处难以得到有效发挥。

（一）收益性支出和资本性支出划分实际效用不大。在以权责发生制为基础的生产经营企业进行这样的划分很有必要，但在政府会计中没有企业核算中这种必然的分类需求。应该看到，政府财政支出只是政府运作成本的补偿。在本期，不论是否收益性支出，都必须在当年的财政预算中列支，向人大申请预算支出立项批准后，这就是当期的一个财政支出事实，政府会计对既成财务行为应该如实反映，而这样的财务事项年年都会发生，至于结果或者效果怎么样则不是政府会计核算行为所能控制的，而属于项目绩效管理与财务评价范畴，与会计行为本身无关，在此不作论述。

即使政府投资性支出，在政府本身也只是体现为一种财政支出行为，也是政府行使宏观调控职能的暂时性措施和行为，而且正如现实运作情况一样，其具体的投资运作行为由政府独资公司等机构形式间接实现，其运作方式以及财务管理和会计核算完全按照企业模式执行，政府部门单位会计不宜也不能照搬，不能混淆政府会计和企业会计的约束范围和适用空间。即使政府以独资公司所有者的方式应取得的公司净收益，属于政府非税收入范畴，应该通过上缴国库的途径和方式来实现，现阶段无法在政府会计核算制度上与企业会计趋同。

（二）现行制度下适用权责发生制影响收支的有效性。在企业经营核算中，能否正确划分收益性支出与资本性支出，直接影响企业财务状况的可靠性和损益确定的正确性，这对于企业来讲非常正确，但对于政府部门而言则不然，政府会计目标主要是为政府部门和人大等决策机关提供财政预算编制和资金收支信息，由于现行预算科目与会计科目的一致性，政府会计核算与财政预算收支同步，直接反映部门预算执行情况，是真实的现金流出状况，如果在现今的财政管理水平和素质条件下推行权责发生制，其会计反映信息无法完全满足财政预算管理和财会核算要求，而必须进行必要的修正，财政收支信息必须恢复为政府实际可支配财力即现金流量状态（含可供分配物资等）才能满足会计核算目标的基本需要，这相对而言技术要求高，难度较大。譬如某部门购入一项固定资产，在现行收付实现制下，不论把这项支出如何定性，都将作为政府当期的一项财政支出列支。因为政府当年的收支预算已定，这项购买已经发生，其作为当期的一个支出项目，从而实实在在地占用了与资产原值等量的财政资金，直接真实地反映了部门决策实施和预算执行情况，满足了政府会计目标需要。而在权责发生制下，应按照资本性支出方式进行会计反映，只能以该资产当期可折旧部分列支，无法直接满足预算管理和政府会计目标要求，政府决策和预算执行信息难以得到及时反映，必须进行会计信息的技术性转换才能满足政府决策信息要求，增加了政府会计核算管理的复杂性，也自觉不自觉地对财政收支信息的有效性产生影响。

（三）现阶段政府会计目标要求不完全适合以权责发生制为基础的会计体系。按照预算法以及行政事业财务会计制度的内涵要求，政府会计实质就是反映政府部门单位的财政收支活动和过程（即财政收入和支出的来龙去脉），它是反映以收入来推演出支出的决策过程和结果，是以收来定支（由收入决定支出规模，不以盈利为目的）的运作模式。而企业会计实质是为企业的盈利进行规范的筹划和运作，同时真实、完整地反映为取得最后的盈利和收益的所有耗费状况以及由此而能取得多少相对应的利润，它是以支出或者耗费来创造收入的决策过程，是以支创收（纵然经济效益未必如期实现，即亏损的出现）的运作模式。

政府会计是要反映政府在一定期间可供支配的财力资源及其使用状况，不论是因为以后还是以前的努力获得或占有的，只要在本期（即一个预算年度或周期）内可供支配的资源就可为政府所现实支配和使用，而不论取得方式如何（如国债收入），体现为真实的现金流量或特定的实物存在，即形成政府本期的实际收入或财力，为政府行使职能和履行事权所实际可凭借之手段，反映本期有多少实际可利用财力资源。否则，如财政收入可表现为非现金流方式，即使是报表上反映再大规模的收入也只是一种虚拟化的收入存在（如债权），不能作为现实的支付手段以及政府政策调控杠杆。

（四）以权责发生制为基础的核算模式与我国现阶段的政府管理水平不符。政府管理的复杂性和职能多样性，使得各部门决策层不可能专心于增加专业的财务会计技术和核算知识，这与表面上虽然千差万别但追求赢利是其唯一动机的企业大大不同。如果在政府会计中采用权责发生制，则必须通过把报表上的收入数据进行技术转换（即使在企业进行财务决策时仍必须考虑现金流量问题，编制《现金流量表》），换算成决策机关实际可支配的且与现金流量相一致的收入规模和形式，因为只有现金流形态的收入才真实可用。在政府会计核算体系下，这种因权责发生制而形成的虚拟收入、支出以及相关资产、负债等会计核算和转换技术的复杂性与政府管理体制改革和政府管理水平所处的历史阶段不相协调。

而且在现阶段，政府为确保财政资金的有效、安全，促进经济社会的快速和谐发展，不可能允许大量财政性资金的长期闲置积淀。这与企业追求以大量资金积淀等资产存在形式为特征的利润最大化经营目标与财务会计核算基础完全不同，会计核算基础选择和模式定位的侧重点在现阶段必然有本质区别。当然，成本效益考虑也是政府决策非常重要的一部分，在决策时进行必要的支出项目选择与可行性研究，包括具体的成本—效益分析、经济效益与社会效益的考虑、投资规模和方式的选择等，但这不是简单的会计核算问题，而是一个如何健全政府决策机制以及加强预算管理的综合绩效评价体系建设的问题，在此不予赘述。

（五）*在权责发生制下财政预算收支无法实现有效配比*。在市场经济体制不断完善的情况下，随着政府公共服务职能不断强化，公共财政体制进一步健全，财政支出的作用更多的体现为以社会效益为主、经济效益为辅，而社会效益是无法在会计核算中进行有效、真实、完整反映的，财政收支不能也没有必要做到收支配比，所以权责发生制下责权以及收支配比现阶段无法实现。

同时，政府职能和实际工作是以当年的实际可支配财力为基础进行安排和部署的，财政支出也不能因需要会计上的收支配比而不满足政府履行职能要求，财政预算管理与会计配比无关，而与可支配财力资金直接相关。即不会在权责发生制下，因为要考虑会计核算上的收支配比问题，而出现当年有实际可支配财力而财政不安排支出，或者当年没有实际可支配财力资金而财政安排支出的不良现象。所以，这样的配比原则适用只能造成财政预算管理与政府会计核算之间的不协调和错乱，不利于政府会计核算体系的规范统一和有序运行。而且，财政收支预算安排与编制仅以年度为限，政府会计假设和核算前提不是一定要收支配比，更重要的是与预算配比，与现金流量配比。

（六）*现今管理模式下会出现虚拟盈余（赤字）现象*。在政府会计中，以权责发生制为基础产生的会计报表会很好看，收支状况正常情况下永远都是盈余的。这与企业不同，原因就在于按照预算法的规定，除中央政府外，各部门单位收支预算不准有赤字存在，政府财政收支是以收定支，有收才有支，和企业以支创收的模式有根本区别。

但按照权责发生制核算形成的政府财政收入是可能以债权等其他形式存在的，这就必然会存在虚拟收支问题，就是政府财政的支出可能没有现实的资金保障，或者说政府的财政支出可能会是一种承诺，没有真实的现金流出。这久而久之必然会造成财政收支的配比混乱，收支状况不真实，甚至在现今市场机制不完善、政府考核评价体制滞后、管理人员素质较低等情况下，进一步恶化隐性赤字和基层财政债务问题，增加财政风险。也会为人为操作提供方便之门，助长社会上的“虚夸风”在财政预算管理和会计核算上的蔓延。即使是报表显示为大量结余存在，但结余的存在状态（如债权）不同，而财政预算实际可用结余会小于实际结余总额（现金形态），久之必然滋生赤字问题。这对财政预算管理上只会制造更多的复杂性和工作量，使预算编制和执行更趋无序和费解。

有的提出现阶段预算编制仍执行收付实现制，而收支反映推行权责发生制，这显然没有理解我国预算编制与预算科目体系和预算会计核算之间本质的必然联系，不可能出现一个科目下两种共同存在的核算内容与表现形式，必然会引起预算制度和会计核算理论与实践的错乱。政府财政收支是有实际的资金为基础实现的，即必须是“真金白银”，其政策实施及职能体现如没有足额的现金保障是不可思议的，理应采用收付实现制。仅就工资而言，每个人分到账户的钱必须是现金的流入，而绝不可能是政府允诺的债权等资产形式存在，因为每个要维持自身和家庭的日常开支必须由切实存在的现金作为保障或者直接实现。

（七）*“隐性负债”扩张的可能性加大*。有专家认为原来的总预算会计无法全面体现政府的“隐性债务”，弱化了风险意识和责任意识，事实上并非完全如此。隐性债务有两种表现形式：一种是或有负债，是一种虚拟和假设存在的，现实并不存在或者是在未来很可能发生的潜在负债风险；一种是隐瞒了的负债，它是客观存在的，但发生的方式未必合法，也没有在会计报表上真实反映。即使在实行权责发生制的企业会计核算中，隐性负债也并不一定都能得到真实、完整地反映，如果管理层不希望其公开的话。反之，即使是在收付实现制的原则下，只要管理层愿意真实地向社会公布隐性负债状况也是可以做到的。而且，对于或有负债，不论是采用权责发生制还是收付实现制，都无法在会计报表中得到有效反映，恰恰是通过会计报告附注说明进行适当陈述的方式来传达这样的信息。

现阶段，在社会主义市场经济还不完善的情况下，政府会计改革也尚处于探索阶段，贸然推行权责发生制会增加财政风险，不仅仅是举债形成的债务风险增加，更会助长虚夸风等现象的复燃，形成更多的虚拟收入或者支出，导致大量表面性的赤字或者结余，处理不当会形成更大的隐性负债。

二、现行预算会计核算体系存在的问题

现今预算会计核算体系到底存在

一些什么样的问题，须在实施政府会计改革时特别加以关注和解决，以真正完善和规范政府会计核算体系。简要概括为以下几方面问题：

（一）政府会计报表体系设计缺陷问题。资产负债表设计存在严重缺陷，完全违反会计核算基本原理和规范要求；没有对相关固定资产做出相应的报废更新年限等的实际规定；没有设计相关的财务报告附表以及重要财务事项附注说明的明确规定等。

（二）个别预算部门行业会计制度的非规范性存在问题。现今，在政府会计核算体系趋于统一规范的大趋势下，个别部门系统仍保持所谓的特殊行业会计制度，如交通、环保、人防等，其制度设计不仅远远滞后于政府职能转变和财务会计制度管理改革的大方向，也严重影响财政预算编制执行、单位财务会计核算管理的统一规范以及有关部门的有效监管。不论原来的设计有多少理由，其设计与统一规范的预算会计核算制度差异很大，在一定程度上其资金管理相对混乱，严重扰乱政府财务管理和会计核算秩序，必须在今后实施政府会计改革中予以取缔，实行统一、规范的财务管理和会计核算制度。

（三）财政预算管理的统一性与部门单位财务管理和会计核算的相对独立性衔接问题。把作为独立机关和事业法人的会计核算体系与财政预算管理体系完全实行一体化的条条管理，财政预算科目设立与会计核算科目混为一谈，以预算科目统一控制单位会计核算，显然这是现行政府会计核算体系中存在的命题性错误，也是政府部门会计信息失真的一个根本性因素，在计划经济的简单核算模式下还能够发挥其核算功能，但在市场经济下，仍沿用计划经济体制下的管理模式和运作方式，显然已经远不能适应社会主义市场经济的管理体制以及公共财政体制以及会计原理和核算反映规律的客观要求。

（四）预算管理的动态性与会计核算的静态性之间的区别和衔接问题。财政预算编制和执行总是动态的过程，而会计核算却是一个相对静态的反映。后者无法完全反映前者运动变化和控制过程的全貌，只能单纯记录前者的变化结果，同时通过结果来折射出前者一定的控制变化状态和发展趋势。会计核算只能通过会计技术分析实现对预算执行结果的反映监督，而预算执行过程必须结合项目决策、财务管理制度与内部控制体系建设等来共同完成控制监督。

（五）部门单位财务决算“敞口”以及部门决算对预算调整问题（决算与预算的对应衔接问题）。我们知道，企业的年度财务决算报告必须经过会计师事务所审批（此前按规定是由财政部门直接审批）后才算正式完成并对外公布。由于诸多方面的局限，使财政部门对行政事业单位的决算审批与监督检查工作一直难以深入进行，绝大多数部门单位的年度财务决算长期“敞口”。重预算、轻决算，财政决算审批权限形同虚设，财政监管缺位。同时，有关部门未能适应市场经济发展的需要、适应行政事业单位业务多样性发展方向的需要，自身业务素质不强，仍沉湎于传统的管理原则、方式和体制惯性中。决算审批作为财政财务监管一个强有力的职能作用完全没有发挥。

（六）现行行政事业会计制度执行力度不够、执行不到位。现在的预算会计核算管理上最重要的问题就是制度并没有得到有效的贯彻落实，这是行政事业单位会计信息不真实、不完整、不准确的根本原因之一。资产处置不及时、资产折旧年限不清、资产管理的经济责任不落实以及债务状况没有真实、完整地进行会计反映等。

三、几点改革建议

应该说，在现今市场经济体制下，切实把政府财务管理和会计核算体系进行深入、全面的改革和统一、规范，有利于政府会计核算体系进一步适应政府职能转变和公共财政建设的需要，对打好政府财务会计管理的体制基础是很有必要的。现阶段，在会计基础选择上，政府会计仍应实行以收付实现制为基础、以权责发生制为适度补充的“修正的收付实现制”。

1. 收付实现制在当前和今后一个时期内仍应作为我国政府单位收支确认和计量的主要核算基础。

2. 如确实要在预算单位中推行权责发生制，必须配合现金流量的核算反映与控制，尤其在预算编制和执行上更需如此，以实际的现金收支来反映政府机关单位的收支活动。

3. 以经营为主的事业单位可以实行企业采取的权责发生制，即企业化经营的事业单位或称自收自支的事业单位可实施，现在制度规定也是如此。

4. 不宜在纯经费收支单位中贸然实行权责发生制。

5. 分离预算科目与会计核算科目的从属问题，彻底解决政府会计核算体系的独立性问题，按照会计核算规律与理论要求以及预算管理原则和客观实际分别履行各自的职责和任务，同时协调好预算管理统一性和会计核算独立性问题。

6. 完善适应收付实现制要求的财务会计报告体系，健全政府会计信息披露机制，切实加强行政事业单位的财务决算审批制度建设，处理好政府财政预算与财务会计核算、决算监管的相关性、互补性和互动性。

7. 政府财务会计核算体系改革的关键不在改变会计核算基础和技术运用问题，同样地实行改革的风险主要也不体现在会计核算体系本身，而是更多地集中在政策执行与技术应用的后果即对预算编制和执行可能的消极影响上。可行性研究与绩效评价结果在政府会计中并不能必然地得到真实、完整的反映，即使现今在实行权责发生制的企业，对于社会效益、或有负债等方面的问题都同样无法直接反映，只能通过财务报告附件说明的形式来加以披露。

总之，研究我国政府会计核算体系改革问题，尤其是在会计基础选择上，应当适应我国财政预算管理体制以及政府会计改革的实践要求，夯实政府会计核算基础，逐步建立健全政府会计制度体系，做到与预算管理体制改革以及政府会计准则的制定和发展步伐相适应，最终建立一套适应社会主义市场经济体制要求、适合我国国情且与国际接轨的政府会计体系。

（作者为青岛市财政局局长）

发挥财政职能　积极推进社会主义新农村建设

郭利民

财政作为政府履行职能的物质基础和政策手段，要站在战略和全局的高度来认识建设社会主义新农村的重大意义，坚持以科学发展观为指导，不断转变理财观念，调整优化支出结构，创新理财方式，把新农村建设作为预算安排的重点，不折不扣地把党的方针政策落到实处，让公共财政的阳光雨露更多地照耀农村、润泽农民。具体工作中，着重抓好以下六个方面：

一、建立健全财政支农资金稳定增长机制，夯实建设社会主义新农村的物质基础

财政部门要认真贯彻落实中央、省和市关于社会主义新农村建设的一系列指示精神，进一步加大对新农村建设的投入力度，无论是制定政策、安排预算，还是确定项目，都要优先考虑农业、农村和农民，对“三农”予以重点支持。一方面，要不断进行存量调整，优化财政支出结构，提高财政支出用于新农村建设的比重。另一方面，新增财力的分配，也要优先考虑“三农”，重点向新农村建设倾斜。具体来讲，就是要将中央“三个高于”和“三个主要用于”的要求落到实处，即要确保财政支农资金增量高于上年，预算内用于新农村建设的资金比重高于上年，其中直接用于改善农村生产生活条件的资金高于上年；要确保财政新增的教育、卫生、文化事业经费主要用于农村，基本建设资金增量主要用于农村，政府征用土地出让收益主要用于农村。对行政事业性收费和基金，属于农业方面的要确保用于农业，与其有关的也要安排一定数量的资金用于农村和农业。在认真贯彻落实好上述政策措施的同时，财政部门还要不断创新财政支农方式，灵活采取财政贴息、投资参股、税收优惠、民办公助、以奖代补等财政手段，吸引带动金融、民间、企业、外资资金增加投入，拓宽支农资金来源渠道，逐步建立起以政府投入为引导的多元化投入新机制，形成社会主义新农村建设的稳定资金来源。

二、加快发展现代农业，改善农村生产生活条件

财政部门要把“生产发展”作为社会主义新农村建设的首要目标和解决“三农”问题的根本出路，以建设现代农业为目标，努力提高农业发展水平和效益。要突出发展的优势和重点，依托本市优势产业、优势产品和优势产区，加大资金投入，建设特色农产品生产基地和优势农产品产业带，发展品牌农业，提高农业整体素质和核心竞争力。大力实施科技兴农，支持农业科技创新中心建设和农业良种、农业科技推广，加快农业科技成果转化步伐，不断增强科技对现代农业的支撑能力，推动农业由传统农业向现代农业转变。积极推进农业产业化发展，认真落实“一贴一补三奖励”政策，继续支持重点龙头企业做大做强，培育中小型龙头企业，提高农业产业化、专业化和规模化水平。进一步加快节约型农业建设步伐，将测土配方施肥、秸秆综合利用、节水灌溉、农村沼气等作为支持的重点，大力发展节地、节水、节肥、节药、节种农业，努力建设资源节约型、环境友好型、循环经济型现代农业。同时，要大力改善农村生活条件。加快农业生态工程建设步伐，重点加强生态环境脆弱、水土易于流失的山区丘陵和小流域综合治理，努力改善农业和农村生态环境。深入推进扶贫开发，坚持村为基础、整乡推进的方式，对山区、库区、滩区贫困村进行扶贫开发，加快脱贫致富步伐。加快实施“村村通自来水”工程，按照“市场化运作为主、政府适当补助，多渠道、多层次、多元化筹资”的思路，积极筹措落实配套资金，引导区县加大投入力度，解决农民“吃水难”问题。加快农村公路设施建设步伐，继续支持农村公路改造和养护管理，提升乡村公路通行能力。加强小城镇和村庄建设规划编

制，支持“十百千万”工程实施，加强示范村、镇的综合整治和乡镇环卫设施建设以及村庄绿化工程，改善农民生活环境和村容村貌。

三、落实支农惠农政策，促进农民减负增收

要在“多予”上下功夫，进一步加大对种粮农民直接补贴、农业生产资料增支综合补贴、农作物良种补贴、农机具购置补贴、劳动力转移培训“阳光工程”补贴等一系列支农惠农政策的贯彻落实力度，发挥好各项补贴政策在促进农民减负增收方面的助推作用。继续落实好加强农业财源建设的政策措施，积极实施乡镇“双增工程”，以财政投入为引导，以增加农民收入和财政收入为目标，以农业产业结构调整为基础，以优势农产品加工、流通和信息服务等农村二、三产业为扶持重点，帮助乡镇扩大优势产业规模、提高农业产业化水平、促进农业和农村经济结构战略性调整，推动农村一、二、三产业协调发展，为农民持续增收奠定基础。

四、统筹兼顾，推动农村经济和社会事业协调发展

发展农村社会事业，既是广大农民群众的迫切需要，也是推进社会主义新农村建设的重要任务。财政部门将进一步加大对农村公共事业的支持力度，尽快缩小城乡差距，逐步实现城市和乡村的平等待遇。农村义务教育方面，要积极推进农村义务教育管理体制改革，自2007年起对农村义务教育阶段学生免收杂费；建立和完善各级政府责任明确、财政分级投入、经费稳定增长、管理以县为主的农村义务教育管理体制；继续加大对农村中小学布局调整、危房改造和农村中小学课桌凳更新等的支持力度；对农村义务教育段家庭经济困难学生实行“两免一补”，解决农村孩子“上学难”问题。计生科技文化事业方面，要继续实施农村计生夫妇免费技术服务和农村计生家庭奖励扶助工程，支持“科普村村通”、农村体育“五个一”和农村广播电视“村村通”工程建设，综合提高农村科学普及、体育健身和文化事业的服务功能。医疗卫生服务事业方面，要积极支持重点乡镇卫生院和村级卫生室建设，建立健全农村三级医疗卫生服务和医疗救助体系。进一步扩大新型农村合作医疗试点范围，落实资金，提高补助标准，逐步建立各级财政共担的农村医疗救助制度。社会保障方面，要建立农村“五保”财政供养体系，加快重点乡镇敬老院维修改造步伐，逐步完善农村社会养老保险、农村特困户生活救助、农村部分计划生育家庭奖励扶助、农村最低生活保障等社会保障制度，努力构建较为完备的农村社会保障制度体系。要健全配套优抚政策，进一步完善抚恤标准增长机制。支持“万村千乡”市场工程和农村社区综合服务中心建设，促进农村流通服务网络和社区综合服务中心建设步伐，改善市场环境，健全农村社会服务体系。

五、支持农村基层组织建设，为新农村建设提供组织保障

大力支持经济薄弱村发展，努力增加村级收入，进一步增强基层党组织的凝聚力、战斗力，巩固党在农村的执政基础、阶级基础和群众基础。加大对农村党员干部教育的投入，严格落实农村税费改革转移支付用于村级经费的补助比例不低于20%的要求，确保村级组织正常运转。积极落实有关政策，支持高校毕业生到农村基层从事支教、支农、支医和扶贫工作。积极筹集资金，大力支持村级组织活动场所建设，进一步加强农村基层组织建设，为建设社会主义新农村提供坚强的组织保证。

六、完善财政支农资金管理，确保财政资金安全高效使用

按照集中财力办大事的原则，把各部门各行业性质相似、功能相近的支农专项资金集中整合起来，捆绑使用、集中投入，着力解决使用分散和重复建设问题。全面推行“齐鲁惠农一本（卡）通”，对补贴到农民的资金，实行“一户一折一号”直拨到户，提高资金拨付效率，从根本上防止资金占用、抵扣、截留、挪用等现象的发生。建立健全财政支农资金绩效评价体系，对项目进展、目标任务完成和资金使用效益等情况进行全面、科学、合理的评价和考核，加强考核结果的综合分析，不断完善政策措施，建立资金监督的长效机制。加强对财政支农资金使用管理情况的检查，严肃查处各种违规违纪问题，确保财政资金规范、安全和高效使用。

（作者为淄博市市长助理、财政局局长）

充分发挥财政职能　支持促进社会主义新农村建设

王汝忠

建设社会主义新农村是我国现代化进程中的重大历史任务。按照“生产发展、生活宽裕、乡风文明、村容整洁、管理民主”的新农村建设要求，财政部门将认真贯彻落实中央“1号文件”精神，进一步发挥职能作用，努力做到惠农政策只增不减、投入力度只增不减，不断扩大公共财政覆盖农村的范围，推进社会主义新农村建设。

一、近年来财政支持“三农”的主要做法和成效

近年来，全市各级财政部门坚持“多予、少取、放活”方针，把解决“三农”问题作为财政工作的重中之重来抓，实行了一系列支援农村、富裕农民、加强农业的政策措施，有力促进了农村经济社会协调发展。

（一）认真落实支农惠农政策，促进了农民减负增收，农民生活水平有了新提高。全市各级财政部门认真贯彻落实中央和省、市出台的一系列支农惠农政策，采取切实有效措施，让农民真正得到实惠。自2002年开始，全面推进农村税费改革，认真落实停征乡村公益事业金、取消农业特产税、降低农业税税率等改革政策。2005年，全市有3个区（市），65%的村、63%的农户、67%的农民实现了农业税收零负担，2006年全部取消农业税。同时，实行涉农收费公示制度，开展农民负担“一票否决”检查，切实防止农民负担反弹。2006年全市农民负担将比2002年减少2.67亿元，人均减负100.95元。落实粮食、良种、农机“三补贴”政策，逐步建立和完善了对农民的直接补贴制度。2004年、2005年两年共兑现种粮农民直接补贴5 940万元，资金兑付率、户数兑付率均达到100%；兑现良种补贴865万元、农机具补贴500万元。认真落实农业税灾歉减免政策，5年累计为受灾农户发放灾歉减免补助资金3 000万元，及时解决了灾民的生活困难。通过落实“两减免、三补贴”等支农惠农政策，全市广大农民直接受益3.25亿元，促进了农民收入快速增长，提高了农民生活水平。2005年，全市农民人均纯收入4 241元，比2002年增长1 144元，人均年增长381元。

（二）加大财政支农力度，提高了农业综合生产能力，农业生产有了新发展。近年来，围绕提高农业综合生产能力，各级财政支农力度明显加大。“十五”期间，全市各级财政累计完成支农投入10.83亿元，加大了对农业基础设施、农业产业化建设、农业生态建设、农业科技推广、农业社会化服务体系建设等的支持力度，推进了农业和农村经济结构调整，促进了农业生产发展。大力支持实施“双增”工程，累计投入资金近3 000万元，扶持“双增”乡镇35个，使示范乡镇地方财政收入和农民收入均得到大幅度提高。充分利用国家农业综合开发政策，以财政贴息和有偿扶持为手段，积极支持农业产业化经营，争取中央和省有偿扶持资金5 000多万元，吸引银行贷款3亿多元，扶持农业龙头企业40余家。

（三）支持农村基础设施建设，改善了农民的生产条件，村容村貌有了新改观。近年来，各级把加快农村基础设施建设作为统筹城乡发展的重点和突破口，采取切实措施，改善农民生产条件。“十五”期间，市财政累计安排资金2 077万元，重点支持小型病险水库除险加固47座，发展节水灌溉5.6万亩，对重点小流域进行了综合治理。累计投入农业综合开发资金17 849万元，改造中低产田30万亩。累计筹集2 057万元，实施了农村人畜饮水解困工程，解决了24.2万人吃水困难。从2003年开始，全面实施“村村通柏油路”工程，争取上级财政补助资金15 854万元，安排地方配套资金3 300万元，已完成道路建设3 600公里。

（四）支持农村社会事业发展，改善了农民的生活条件，乡村文明有了新进步。近年来，各级大力支持农村教育、文化、卫生、科技事业发展，努力提高农民生活水平。完善农村义务教育经费保障机制，全面落实农村义务教育“以县为主”的办学体制，将乡镇中小学教师工资支出全部上收到区（市）管理，实行统一标准、统一发放。2001年起集中实施农村中小学危房改造，多渠道筹集资金10 740万元，改造农村中小学危房25.4万平方米；2005年，投入资金1 200万元，在全市农村中小学校实施新课桌、新课凳、新讲台的“三新工程”。支持新型农村合作医疗制度试点，2003年起，在滕州、薛城、峄城3个区（市）启动了新型农村合作医疗试点，

到2005年底，累计筹集合作医疗基金1 977万元，其中各级财政补助934万元，参合农民达95万人，12.35万农民已报销药费1 724万元。做好农村困难群体生活保障工作，市财政利用福利彩票公益金356万元，对23个乡镇敬老院进行了改造建设，为进一步提高乡镇五保老人集中供养创造了条件，以农村低保、养老保险、社会补助等为主要内容的农村社会保险体系初步建立。

（五）深化农村综合配套改革，带动了农村管理体制和运行机制的创新，民主管理出现新气象。近年来，各级以农村税费改革为契机，不断深化乡村综合配套改革，带动了农村管理体制和运行机制的创新，促进了乡镇职能转变。对村级事务实行“一事一议”，积极实施“乡财乡用县管”和“村财村用乡管”，推行了村务公开、财务公开。区（市）将村干部工资纳入财政支出范围，对“两委”人员实行定额补助。积极争取转移支付资金，中央和省每年固定对枣庄市的农村税费改革转移支付资金已达2.07亿元，全部拨付到乡村，保证了基层组织的正常运转，巩固了基层政权，促进了基层民主政治建设。

（六）加大转移支付力度，农村基层运转和发展有了新保障。近年来，各级把缓解县乡财政困难作为财政工作的重点来抓，相继制定出台了一系列加强县乡财政建设，促进县域经济社会统筹发展的政策措施，调整完善了市以下财政体制，加大转移支付力度，努力缓解县乡财政困难。5年来，市财政累计争取各类转移支付资金11.58亿元，市级配套7 138万元，全部安排到区（市）、乡镇。去年，抓住中央、省加大力度扶持财政困难县乡的有利机遇，积极争取将山亭、峄城、台儿庄、薛城4个区列入省级财政困难县扶持范围，当年享受省财政保障性和激励性转移支付政策补助4 308万元，全部分配到4个财政困难区。市财政又通过整合专款，主动安排对下配套补助资金4 696万元，用于补助农村义务教育、卫生、计划生育、农村吃水、农村道路等公益事业。同时，进一步完善了市县财政体制，理顺了个人所得税分享体制，完善了原体制补助政策，下划了部分企业收入，增强了县乡财政保障能力。2005年区（市）财力占全市财力的比重为76.3%，同比高于全省平均水平5.8个百分点，县乡财政保障能力逐步提高，为新农村建设创造了良好条件。

尽管各级在支持“三农”方面取得了明显成效，但农村仍是公共财政建设的薄弱环节，农村公共产品总量不足、结构失衡、渠道分散等问题仍然比较突出，农村落后于城市的局面仍未改观，财政在促进社会主义新农村建设过程中，还面临许多突出矛盾和问题。一是思想认识有待进一步提高。有的认为目前财力比较紧张，保运转本来就比较困难，对如何解决新农村建设“钱从哪里来”的问题，招数不是太多，有畏难发愁情绪和等待观望思想，过多地依赖上级，对如何处理政府、农民和市场的关系，思路不是很清晰。二是财政支出结构固化，调整难度较大。按照公共财政要求，应调整支出结构，重点支持公共事业、基础产业，减少对一般经营性、竞争性项目投资，压减一般行政性支出，需要各级党政机关、各部门、各方面统一思想，积极支持配合。三是公共财政覆盖农村的范围还不广。突出表现在农村交通、通讯、自来水、农田水利设施等基础设施相对不足，文化、教育、卫生等社会事业发展相对滞后。目前，全市自来水村级普及率仅有一半左右，近一半的农户没有用上卫生厕所。城镇化进度较慢，基础设施建设成本高，吸引社会资本能力弱。农村义务教育保障水平较低，“以县为主”的农村义务教育保障体制有待进一步加强和完善。医疗卫生基础设施陈旧落后，新型农村合作医疗制度尚未普及。四是基层财政服务新农村建设的能力较弱。农村税费改革后，区乡收入底盘缩小，乡村财力缺口加大，乡村债务包袱沉重，基层财政服务新农村的能力较弱，等等。这些矛盾和问题，都是目前新农村建设过程中迫切需要研究和解决的。

二、增强支持新农村建设的责任感和主动性

建设社会主义新农村是贯彻落实科学发展观的重大举措，是确保现代化建设顺利推进的必然要求，是全面建设小康社会的重点任务，是保持国民经济平稳较快发展的持久动力，是构建和谐社会的重要基础。因此，各级财政部门必须站在全局的高度，把大力支持社会主义新农村建设作为一项重要的历史使命，担负起应有的历史责任。把思想和行动统一到党的十六届五中全会精神上来，统一到建设新农村的部署和要求上来，充分认识建设新农村的重大意义，深刻理解财政支农工作对新农村建设的重大作用，抓住机遇，锐意进取，为推进社会主义新农村建设做出应有的贡献。

（一）坚持正确的指导思想。大力支持社会主义新农村建设，必须以邓小平理论和“三个代表”重要思想为指导，牢固树立和落实科学发展观，认真贯彻落实中央关于加强“三农”的各项方针政策，按照“增加投入、引导放活，统筹兼顾、突出重点，规范管理、提高效益”的工作思路，着力支持现代农业建设，提升农民生活水平，改善农村落后面貌，让广大农民群众共享经济社会发展成果。

（二）切实履行公共财政职能，大幅度增加支农投入。按照中央要

求，财政新增的教育、卫生、文化事业经费主要用于农村，基本建设资金增量主要用于农村，政府征用土地出让收益主要用于农村，提高耕地占用税税率新增的税收主要用于农村，切实做到财政支农资金增量高于上年，预算内用于农村建设的资金比重高于上年，其中直接用于改善农村生产生活条件的资金高于上年。同时，正确处理政府（财政）与市场和农民的关系，合理划分财政、市场和农民的投入责任，积极发挥财政资金和政策的引导作用，大力支持农村体制改革和机制创新，调动社会各方面增加“三农”投入的积极性。

（三）统筹兼顾，突出重点。财政支农资金的安排使用，既要全面支持建设社会主义新农村，又要区分轻重缓急，突出重点。坚持从实际出发，选准支持新农村建设的突破口和切入点。以大力支持发展农村经济为中心任务，促进农村生产力的解放和发展，促进农民持续增收。根据农民的收入水平、承受能力和具体要求，从农民最关心、最期盼、受益最大的事干起，切实解决广大农民生产生活中最迫切的实际问题，让农民在短期内就能得到实惠。在这个基础上，力争新农村建设每年都见到实效，积小成效为大成效，从而明显改善农村的整体面貌，明显提高农民的生活质量。

（四）严格管理、提高效益。把加强资金管理与增加投入放在同等重要的地位，既确保财政支农资金管理的规范性和安全性，又切实为农民群众多办好事、实事。

三、科学确定财政支持新农村建设的重点

（一）支持农业综合生产能力建设。提高农业综合生产能力是新农村建设的物质基础。优先支持农村经济发展，用现代物质条件装备农业、用现代科学技术改造农业、用现代经营形式发展农业，夯实新农村建设的产业基础。“十一五”期间，将在全市范围内实施“人畜饮水、优势产业提升、节约型农业、科教兴农、农业生态”等工程建设，大力推进农业生产机械化、规模化、企业化和标准化。继续搞好农业综合开发，加快高标准农田建设，支持改造中低产田。支持农业科技进步，把农业科技放在公共财政支持的优先位置，集中资金实施农业良种工程、农业科技成果转化和农业科技推广等三项工程。

（二）加强农村基础设施建设。在继续搞好水利骨干工程的同时，逐步扩大小型农田水利补助专项资金规模，不断加强农田水利建设。在实现“村村通柏油路”目标的基础上，继续支持农村公路改造工程建设，加强农村公路养护管理，提升乡村公路通行能力，解决“行路难”问题。积极推进农业信息化建设，整合涉农信息资源，搞好农业综合信息平台建设。

（三）加快发展农村社会事业。按照中央、省与市、县各级分项目、按比例分担的办法，建立各级政府间责任明确、依法保障的农村义务教育经费保障机制，实行“两免一补”，提高农村中小学公用经费保障水平，建立农村中小学校舍维修改造长效机制。积极支持农村卫生事业。加快推进新型农村合作医疗试点，加强以农村卫生院为重点的农村卫生基础设施建设，健全农村三级医疗卫生服务和医疗救助体系。集中资金，重点扶持50所乡镇卫生院的业务危房整修、设备配置和人员培训。支持发展农村文化事业。落实中央关于加强农村文化建设的决定，加强乡村文化设施建设，逐步做到县有文化馆图书馆、乡有综合文化站、行政村有活动室。实施广播电视、科普“村村通”工程和农村电影放映工程，发展农村信息资源共享工程农村基层服务点，支持文化下乡。支持农村社会保障事业发展，完善五保户供养、特困户生活救助、灾民补助等社会救助体系。

（四）改善农民基本生活条件。进一步落实粮食、良种、农机“三补贴”等政策，加大补贴实施力度，探索对农民实施综合补贴制度，努力增加种粮农民收入。支持开展大规模农民培训，以思想启蒙、提高素质为主，培养“有文化、懂技术、会经营”的新型农民。大力支持农村劳动力转移培训，有针对性地开展“订单式”、“定向式”和“储蓄式”培训，扩大“阳光”工程实施规模，提高农村劳动力素质和就业技能，拓展农民外部增收空间。继续实施“技能扶贫”工程，每年选择部分贫困家庭子女，由政府资助免费到技工院校进行技能培训。加强村庄规划和人居环境治理，是农民的迫切需要，也是建设新农村的重要抓手。坚持规划先行，加快资源整合，开展村庄整治，重点解决村内道路、给排水设施、垃圾处理、人畜混住等突出问题。增加农村沼气建设投资规模，支持推广沼气等清洁能源。有条件的地方，加快普及户用沼气，以沼气建设带动农村改圈、改厕、改厨，改善农村环境卫生。

四、建立支持新农村建设的财政保障机制、决策机制和扶持机制

（一）调整结构，整合资金，加大投入，建立支持新农村建设的财政保障机制。一是优化增量，新增财力重点向农村倾斜。严格落实新增财力主要向“三农”倾斜的政策，确保财政每年对农业总投入的增长幅度高于财政经常性收入的增长幅度，逐步提高支农支出占总支出的比重。二是盘活存量，努力调整支出结构。跳出“就‘三农’抓‘三农’”的传统定式，打破城乡分割的体制障碍，把农

业发展放到整个国民经济的大格局中，把农村进步放到整个社会的进步中，积极调整国民收入分配格局，努力实现从以支持城市为主向支持城乡统筹发展转变，从支持农业生产为主向支持农村经济社会事业并重转变，从以支持农村第一产业为主向支持农村一、二、三产业协调发展转变。加强统筹规划，重新配置教育、卫生、文化、科技、社会保障以及基础设施等方面的财政资源，不断提高以上投入用于农村的比重。三是加大整合力度，提高资金使用效益。对财政部门内部支农资金的整合，要进一步归并财政支农项目，对设置时间较长、主要用于农业竞争性领域的项目，坚决清理撤销；对划分过细、性质相近的项目，进行同类项合并，集中资金投入农村生产和社会事业发展的薄弱环节。对各部门之间项目资金的整合，要在保持原支农资金管理权限不变的情况下，按照"渠道不乱、投入不变、捆绑使用、项目共建、资源共享、分工协作、各司其职"的原则，加强部门衔接，把分散在不同部门管理的同一使用方向的资金整合到一起，集中解决一批农民群众关心、社会关注的重大问题。对上下级项目资金的整合，要坚持"事权不混，性质不变，上下配套"，对需要层层落实、直接支持农民的资金，如对农民的各类补贴、农民培训、以农民或农民组织为主体的小型农村基础设施建设资金等，实行上下联动，捆绑使用，集中投入，形成合力。

（二）坚持"财政引导、农民自愿"原则，建立"自下而上"的新农村建设决策机制，完善财政资金与"一事一议"吸附联动机制。一是要建立"自下而上"的新农村建设决策机制。把新农村建设和农民民主管理紧密结合起来，改革农村公共产品投资决策程序，建立"民主决策，自主申报，自我管理，动态监督"的机制，变"自上而下"为"自下而上"，变"要我干"为"我要干"，变政府部门主导型为政府部门和农民群众互动型。在新农村建设中，政府应先确定若干项目，并制定统一科学的规划方案，然后由村民讨论自己决策，因地制宜选择最急需建设的项目。项目主体可以是农户、农民专业合作组织，也可以是村组集体。财政应按照"统一扶持标准，优选扶持对象，补助以物代资，调动农户投入"的原则，以县为单位公布新农村建设扶持资金的使用办法，根据工程进度拨付，实行"阳光"操作。二是完善财政资金与"一事一议"吸附联动机制。农村税费改革后，"一事一议"成了农村公益事业发展的重要途径。把财政资金的吸附引导作用与"一事一议"决策机制结合起来，对通过农村"一事一议"筹资完成的集体农田水利建设、植树造林、修建道路、改善环境卫生和公共设施维护等公益事业，采取"民办公助"的办法，财政可根据情况给予适当奖励和补助，提高农民"一事一议"的积极性和成功率。今后，凡涉及新农村建设的乡村两级的土地开发整理、农业综合开发、人畜饮水、扶贫、小水库除险加固、小流域治理等与农民生产生活密切相关的财政支农项目和农村基础设施建设资金，在安排项目时，尽可能与"一事一议"结合起来。

（三）改革财政支持方式，充分运用市场手段，推进支农资金精细化管理，创新财政扶持机制。一是实行激励式投入政策，发挥财政资金"四两拨千斤"的作用。改变过去农村公益事业投资"一线平推"式投资政策，积极引进市场机制，拓宽资金来源渠道，更多地采取财政贴息、补贴、补助、配套投入和以奖代补、先干后补、以工代赈、民办公助、合同承包等方式，最大限度发挥财政资金的导向作用和乘数效应，形成各级政府投一点、受益群众出一点、社会各界捐一点、金融部门贷一点、政策优惠减一点的多元化投入机制，拓宽支农资金来源渠道。尝试设立新农村建设基金，专门用于与新农村建设有关的政策性补助和贴息，并根据每年财政收入的增长不断扩大规模。积极稳妥地推进农业产业化投资参股试点，探索通过担保等形式，帮助更多的中小型龙头企业、种养大户以及文化素质高、有致富愿望和能力、有好项目的农民解决筹资难问题。二是实行"以物抵资"政策，最大限度发挥资金使用效能。凡能以实物扶持的领域，都可采取政府采购的办法，统一购置发放。这种做法既可以降低新农村建设的成本，保证财政支农资金专款专用，又可以解决部分行业生产能力过剩问题，促进经济持续快速健康发展。三是全过程加强资金管理，提高财政支农资金管理的精细化水平。新农村建设，管理必须跟上。按照"先有制度、后分资金，先规范、后运作"的要求，进一步完善制度和机制，把管理和监督贯穿于农业财政资金运行的各个环节。

（作者为枣庄市财政局局长）

缓解县乡财政困难问题研究

李俊峰

近年来，县乡财政困难问题日益突出，对全市财政经济的平稳运行构成了严重威胁，成为制约城乡统筹发展、影响“三农”问题解决的重要因素，已引起各方面的高度关注。

一、东营市县乡财政基本情况

东营市辖三县二区，共43个乡镇、办事处，土地总面积8 053平方公里，总人口179万人。2005年，全市县乡级地方财政收入完成18.47亿元，比上年增长40%。其中县级财政收入完成14.92亿元，占80.8%；乡镇级财政收入完成3.55亿元，占19.2%。全市县乡级财政支出完成26.33亿元，增长32.9%。其中县级财政支出20.78亿元；乡镇级财政支出5.55亿元。

从全市县乡财源结构分析，主要呈现以下四个特点：一是区域经济结构单一，原油价格波动以及所得税改革、取消农业税等国家税收政策调整，对地方财政收入的稳定增长产生较大影响。二是区域间发展不平衡。从整体上看，县级财政在区域经济建设上发挥各自的优势，狠抓财源建设，逐步形成了地方财源体系。但由于地方财源基础不同，县区间发展很不平衡。三是部分乡镇财源基础脆弱。全市43个乡镇中，体制补助乡镇22个，从这些乡镇财政收入的构成情况看，农业税收所占比重较高，有的乡镇占50%，而工业财源基础薄弱，取消农业税后，乡镇财政收入的增长受到制约。

二、近年来东营市解决县乡财政困难采取的主要措施

近几年，市级财政高度重视县乡财政发展不平衡问题，调整优化支出结构，进一步加大对基层的转移支付力度，增强县乡财政实力。在资金、政策方面大力支持县域经济发展。

（一）紧紧扭住发展不放松，培植壮大财源。一是按照“扶强、扶大、扶新”的原则，加大对农业龙头企业的扶持力度，促进农业产业结构调整和农村经济发展。2006年市里安排扶持资金2 000万元，扶持龙头企业项目16个。二是实施农村“双增”工程。从2003年到2007年，市财政每年安排专项资金，采取贴息和以奖代补方式，对完成农民收入、财源目标和建设规模计划任务的乡镇进行补贴和奖励。三是高度重视城乡、县区之间经济发展不平衡的问题，市财政转移支付资金向欠发达乡镇倾斜，每年安排6个欠发达乡镇教师工资补助1 058万元。

（二）加大转移支付力度，增强县乡财政保障能力。市级财政按照“五个统筹”的要求，优化支出结构，集中财力增加转移支付资金规模，加大对财政困难县、乡的支持力度，缓解县乡财政困难。2006年市级财政安排用于农村税费改革补助3 475万元；取消农业税转移支付补助6 420万元，工资方面转移支付补助1.04亿元。通过加大转移支付力度，进一步增强了县乡财政特别是弱乡镇财政的保障能力。

（三）推进体制改革创新，激发乡镇培植财源积极性。个人所得税分享政策调整后，省下划的储蓄存款利息个人所得税全部留给县区级，市级不参与分享。按照积极稳妥、简明规范和让利于乡镇的原则，根据乡镇经济状况，区别对待、分类指导、科学合理确定乡镇财政管理体制，进一步扩大乡镇财政收入范围，激发乡镇培植财源积极性。根据全省加强县乡财政建设工作会议精神，市财政工作重点向困难乡镇转移，拟建立保障性转移支付制度，提高乡镇财政基本保障能力，确保工资发放和基层政权组织正常运转。

在加强乡镇财源建设方面，垦利县走在了前列。全部取消农业税后，如何加强乡镇财源建设，增强乡镇自我发展的能力，是当前普遍面临的问题。垦利县在这方面做了积极的努力。一是发展工业壮财源。垦利县把工业强县作为加快发展的“第一战略”，充分发挥区位、资源和交通等方面的优势，规划建设了胜坨工业园、西郊工贸发展基地和永安工业区，积极创造条件，发展园区经济。目前，全县乡镇工业企业达到484家，工业税收成为财政收入在主要来源。二是强化管理，科学理财。各乡镇成立了财务结算中心，严格实行村财镇管和“收支两条线”制度，确保了资金的合理使用。三是加大对乡镇的转移支付力度，县乡统一了工资标准。四是明确县乡事权划分，不增加乡镇负担。对大型农业基础设施建设项目列入县办工程；对上级配套项目，确保各级配套资金

及时足额到位，不给乡镇增加负担；对农村社会保障事业，县乡两级共同负担，县级负担大头。五是推进体制改革创新，激发乡镇培植财源积极性。在新一轮的乡镇体制改革中，确定了“划分收支、定额上解、收入全留、超支不补、自求平衡、一定三年不变”的原则，进一步扩大了乡镇财政收入范围，激发了乡镇发展经济、培植财源的积极性。

三、进一步壮大县乡财政，缓解基层财政困难的措施与建议

解决县乡财政困难的根本出路，在于发展县域经济，壮大财源基础。同时，加快财政体制改革，理顺各级政府分配关系。

（一）合理划分各级政府的财权和事权。“财权和事权相统一”是制定财政体制的重要原则之一，要根据公共财政的要求，以乡镇财权为基础，合理确定乡镇事权。

1. 明确县乡事权划分。乡镇的事权范围必须建立在乡镇财权的基础之上，脱离财权去确定乡镇的事权，必然会加重乡镇财政的负担，造成乡镇财政困难。要从有利于乡镇政权建设和乡镇经济、社会事业发展出发，将适合乡镇管理的收支下放到乡镇管理，做到乡事乡办，乡财乡理，权责结合。各级政府和有关部门在制定各项社会事业发展计划时，对涉及乡镇的部分要充分考虑乡镇的实际财力，以乡镇能够负担为前提。对于具有“外部效应”的大型基础设施建设项目，如国家级、省级公路、大型桥梁建设、主要河道疏浚等，不能硬性要求乡镇配套，需要乡镇配合的土地征用、房屋拆迁、土方工程等要通过项目资金开支，不能由乡镇负担。县乡事权划分要遵循受益性原则和效率性原则。凡是适宜全县范围内统一规划建设且全县受益的项目应作为县级事权，而不应下放乡镇，由乡镇分摊成本。对于部分乡镇受益的项目，宜由县级政府出面协调，由受益区域内的各地方政府共同承担。对于乡镇受益需由乡镇筹集资金的项目，如学校建设、电网改造、改水修路、小城镇建设等，应作为乡镇事权，由乡镇根据自身的负担能力，量力而行，县级政府不能搞一刀切，规定乡镇必须上项目，也不能以考核、达标等措施逼迫乡镇在规定时间内达到要求。

2. 规范乡镇事权。目前，政府职能转变滞后导致的事权过多问题比较突出，事权多则人员多，财政负担重。一般市场经济国家的基层政府，只设置与生活服务、经济服务、财税、社会治安等有关的几个机构。我们也要适应市场经济的要求，转变政府职能，精减人员。按照“市场能解决的政府不干预、民间能负担的政府不承办”的原则，规范乡镇事权，政府该管的事切实承担起来，不该管的事放下去。合理设置乡镇机构，将有能力取得服务收入的事业单位分离出去，推向市场。通过撤并乡镇、精简机构、分流人员，努力营造“小政府，大市场”的环境。财政资金的使用要从“养人”变为“办事”，按事业发展所需的标准人数核定人员支出基数，从制度上促进精减人员。同时按照市场经济和公共财政的要求，大力促进乡镇财政支出管理改革，重点保证乡镇政权建设和卫生、支农、社会保障等公共事业发展需要，切实解决越位和缺位的问题。

3. 减少乡镇事权。一般来说，事权是由政治体制和行政管理职能决定的，一级政府应有与其职能相对应的事权。但是考虑乡镇经济和财政的特殊性，应将明显超出乡镇财政承受能力的农村义务教育和社会保障支出由上级财政承担或共同承担，保证农村孩子享受基本的教育条件。

（二）改革税收征管体制。税收征管体制是财政体制的重要内容，对财政体制的制定和正常运行所起的作用不容忽视。当前，对乡镇财政运行影响最大的有两方面：一是税务机构按经济区域设置和乡镇财政机构按行政区划设置的矛盾；二是税收任务和税收计划的矛盾。解决这两方面的问题首先要改革对乡镇的财政收入计划考核办法，由以乡镇政府为考核对象改为以国税、地税部门为考核对象，将税务部门上级主管部门下达的税收任务和县市区财政预算统一起来，充分发挥税务、财政等征管部门的职能作用。取消财政收入“一票否决制”等不合理的制度，将乡镇政府从催收征税中解脱出来，使之集中精力管理好行政社会事务和创造良好的发展环境。从长远看，要调整国税、地税部门和当地政府的关系，提高地方政府的权威和协调能力，增强征管部门依法征管、依率计征的自觉性，使具有法律效力的政府预算落到实处。财政部门加强对税收征纳、划解的监督，减少有税不收、乡镇之间、县乡之间收入混库等人为现象。

（三）进一步规范转移支付制度。要按照有关客观因素和开支标准，合理测算所属市级、县级机关事业单位工作人员工资和政权正常运转等基本财政支出需要。对县、乡财政收入不能满足基本财政支出需求部分，省、市级财政要通过增加一般性转移支付的方式逐步加以解决。上级财政部门要按时拨付调度资金，特别是所得税、营业税体制改革后，中央、省分成比例较大，县乡财政没有了主体税种，对上级财政的依赖性增强，如上级调度资金不能及时到位将影响县乡工资的发放和资金拨付。

（四）完善乡镇财政体制。首先按事权划分乡镇支出范围，将乡镇职能机构的支出和社会事业发展支出列入乡镇预算支出。统筹兼顾，适当向乡镇财政倾斜。正确处理县乡分配关系，合理分配县乡财力，在兼顾县级

财政支出需要的同时，最大限度地照顾乡镇财政利益，保证乡镇组织运转的基本支出需求。逐步降低乡镇上解比例，保证乡镇财力能够稳定增长。要按照各乡镇的经济基础状况及收入水平进行测算，科学合理地确定各乡镇分享税种基数。强化财政分配的主体地位，增强乡镇财政体制的法制性。财政体制一经确定，不得以任何理由要求乡镇增加上解或随意减少对乡镇的补助。

（作者为东营市财政局局长）

烟台：全力打造新农村

叶文君

烟台市位于胶东半岛东部，是典型的农业大市。2006年全市把建设社会主义新农村，作为站在新起点、实现新发展的重要举措，力争经过5年努力，在全省率先实现农村全面小康社会，再用5年左右时间，基本建成现代化的社会主义新农村。为确保实现既定目标，全市采取整合市县财力增加一块、挖掘镇村财力补充一块、市场运作筹集一块、社会赞助支持一块、深化改革节约一块等多种措施，为新农村建设提供支持。

一、整合各种资源，统筹使用财力

建设社会主义新农村，各方面资金需求很大，财政支持保障的任务越来越重。因此，应跳出财政看“三农”，跳出财政支持新农村发展，发挥更大的智慧、挖掘更多的潜力、集中更广泛的力量，为新农村建设提供坚实的财力保障。一是对遍及全市广大农村、涉及农民切身利益的支农项目，包括农业两田开发、生态林补助、农民培训、农机购置补贴、农业良种补贴、新型农村合作医疗、农村卫生“161”工程等，采取中央、省和市、县四级上下结合、配套联动、捆绑使用、集中投入的办法，形成政策和资金合力。二是筛选1个县和部分乡镇进行支农资金“捆绑打包”整合试点，探索农业综合开发、双增、生态农业、小型农田水利设施建设、农业科技等支农资金相互配合、统筹安排的投入机制，提高支农资金使用的整体效益。三是将各方面安排的支持新农村建设资金按照“渠道不变、用途不变、管理权限不变”原则，统一调配项目和资金，实现“分别挖坑、共同栽树”的拳头效应。在土地治理方面，重点整合农业部门的农业综合开发土地治理资金、水利部门的节水灌溉资金、林业部门的农村造林资金和国土部门的土地复垦资金；在扶持企业发展方面，重点整合民营发展局管理的骨干企业贴息资金、外贸部门管理的农产品出口企业奖励资金、农业部门管理的综合开发多经项目和龙头企业贴息资金；在提高农民收入方面，重点研究种粮农民直补、优质良种补贴和其他直补政策的整合；在改善人居环境方面，重点研究镇村规划、道路建设等方面政策和资金的整合。通过整合，进一步提高支农资金的使用效率。

二、制定奖励政策，激发内在动力

建设社会主义新农村，既需外援“输血”，更要自我“造血”，在新农村建设中，各级财政要定好位，避免大包大揽，充分挖掘广大农民的积极性和主动性，使广大农民愿意主动参与新农村建设，愿意把自己的钱拿出来投入到新农村项目建设中来。烟台市按照新农村建设以县乡财政筹措为主、市级财政适当补助的原则，全市安排资金2 620万元，通过补助资金、补助原材料或“以奖代补”等方式，引导和支持农民美化乡村环境、建设美好家园。重点支持搞好镇村规划和以清理草粪土石堆、清理村内垃圾、清理乱排乱挖、清理人畜居舍混建，实现绿化、净化、亮化、美化为主要内容的“四清四化”建设，每个县（市、区）抓1～3个镇，每镇抓2～5个村作为“四清四化”的典型。在新农村建设过程中，对涉及办理规划、建设、土地、房产等行业的规费，原则上能减则减，能免全免。为突出发展的针对性，根据“山村、渔村、乡村、城村和市区村”的不同特点，按照“因地制宜、分类指导、彰显特色、全面推进”的原则，从中选出部分村作为典型“五新村庄”，加以重点培植，力求率先实现突破。目前，烟台市正在制定村级“一事一议”公益事业发展办法，采取“政府支持、民办公助”方式，引导和鼓励农民自愿投工投劳搞好农村小型农田水利、农村沼气、乡村绿化等项目建设，改善生产生活条件。以正在进行的“村村通”自来水为突破口，2006年所有准备通自来水的村庄都必须履行“一事一议”表决程序，对没有进行一事一议或表决没有通过的村庄，各级财政将不予扶持。通过这种形式，逐步探索出财政补一块、集体拿一块、农民自筹解决一块的农村“一事一议”兴办公益事业的新路子。

三、积极“筑巢引凤”，吸引社会力量

建设社会主义新农村是庞大的系统工程，需要资金的地方很多，单靠财政力量完成建设任务是不切实际的。因此，广辟财源，多方筹资，充分调动各行各业、方方面面的积极性，动员全社会的力量共同参与新农村建设，走出一条政府投入较少、建设效益较高的质量建设之路。从2005年开始，烟台市开始进行第二轮旨在增加乡镇财政收入和农民收入为目标的乡镇“双增工程”。全市共确定了26个乡镇为市级“双增”乡镇，市县两级财政每年安排无偿资金1 000万元、有偿资金7 800万元予以扶持，共实施“双增”项目60多个，吸引社会团体和个人投资1.5亿元。2006年，进一步调整这些乡镇的发展重点和考核指标，鼓励把重点转移到以“五新建设”为主要内容的社会主义新农村建设上来，突出示范导向作用，探索财政扶持新农村建设的有效形式。2006年烟台市全面启动以一个企业扶持一个后进村、一个机关事业单位帮助一个后进村和一个强村带动一个后进村为主要内容的“3+1”帮扶活动，通过市县两级机关、事业单位、群团组织、集体企业、外资企业和民营企业以及全市所有小康村“三驾带一”活动，全面推动城乡统筹战略的实施，为“以城带乡、以工促农”开辟一条新路子。同时，组织团委、民政等部门结合开展新农村新青年、名人回乡、能人带动、企业赞助、爱心捐助等活动，凝聚社会力量，助推新农村建设。

四、加快综合配套，改革支持方式

财政既要为新农村建设提供财力保障，更要通过建设新农村，进一步研究建立新形势下公共财政体制的有效途径。要通过新农村建设，学会运用市场手段解决市场中出现的问题，把财政工作重点转移到解决市场不能解决和单纯依靠市场解决不好的公共领域上来。一是完善财政管理体制，加大转移支付力度，保障基层组织正常运转。把建立镇村债务预警指标体系，完善控制新债长效机制作为重点，防止个别乡镇和村集体借新农村建设名义乱集资、乱花钱，增加新的不良债务。二是确定财政支农优先次序，重点扶持“八大民心工程”。根据烟台市实际情况，2006年市县两级财政部门集中财力重点支持实施镇村规划、村村通自来水、新型农村合作医疗、乡镇卫生院改造、农村计划生育奖励、农村义务教育减免、农村劳动力转移培训、农村新型合作组织和种粮农民直补扶持等为重点的“八大民心工程”，财政总投资超过2.06亿元，其中市级投资5 300万元。对这些项目，市级财力重点向困难县和重点示范村倾斜，需要市级及以上财政扶持的村庄，县级财政足额落实配套资金，使广大农民真正得到民心工程的实惠。三是创新财政支农方式，提高资金使用效率。按照“先建制度、后分资金，先规范、后运作”要求，2006年烟台市结合新农村建设，进一步完善支农资金分配管理体制，新增的各类支农项目，全部制定管理办法，实现用制度“管事、管钱”，保证资金安全、规范和有效运行。在重大项目资金分配上，不同地区采取不同的配套政策、补助比例和支持强度，市级资金重点支持栖霞、长岛、牟平等欠发达县市区加快发展，促进区域经济协调发展。市级财政立项的扶持资金超过20万元的农业项目全部实行公开招投标或在指定媒体上进行公示，接受群众监督。鼓励县市区积极盘活闲置资产，筹集新农村建设资金。对新农村建设所需要的大宗物资、设备等，全部实行政府采购，做到公开透明、节约开支，把有限资金用在新农村建设最急需的地方，坚决杜绝各种形式主义和不切实际的形象工程。

（作者为烟台市财政局局长）

农业生产服务体系构建中的政府作用初探

夏芳晨

农业在国民经济中的基础性地位，以及自身弱质性等特点，加上我国农业人口占绝对比重，决定了政府要在支持农业生产中担当重要角色，这也是世界各国普遍的做法。山东省是农业大省，农村经济占有重要地位，20多年来，各市农业都取得较快发展，农业产业化效果显著，农民收入持续快速增加。尤其是20世纪90年代以来，各市根据国内外市场供求变化和政府职能转变的要求，不断创新、调整和完善政策措施，推动农业资源在更大范围和更高层次上进行整合和优化配置，促进了农业发展不断加快。当然，在农业生产中还存在着不少问题，比如，假冒伪劣农资较多，农产品药残、肥残超标，生产技术水平不高，应对风险能力弱，品牌

效应不突出等等，制约着农业的可持续发展。这些问题单纯依靠分散生产的农民自身难以解决，需要政府给予更大力度的支持，按照市场经济规则和国际惯例，合理定位政府职能和选择合适的政策工具，创新完善农业服务体系。本文结合潍坊、烟台、威海、日照四市农业发展现状，在认真分析问题的基础上，尝试提出一些粗浅的发展构想和政策建议。

一、服务体系构建和产业发展现状

中央和地方各级政府历来重视"三农"工作，扶持力度不断加大，支持方式不断创新，尤其是潍坊、烟台、威海、日照四市，不断强化财政扶持力度，逐步完善公共服务体系，在实施"三化"（农业的产业化、国际化、标准化）、"三变"（农民变民工、变职工、变市民）、"三带动"（龙头带动、市场带动、科技带动）方面，取得了较好成效。

（一）支持农业龙头企业加快发展。发展农业龙头企业不仅能提高农民组织化程度、增加农民收入，而且还能够推进农业生产的规模化、专业化，推动现代农业加快发展。各地政府都很重视发展农业龙头企业，采取政策引导、贴息补助等手段，对符合产业政策、发展潜力大、辐射带动强的企业给予倾斜性扶持，促其膨胀规模，提升竞争力。日照等市重点支持了山东信中、五莲宏大等一批农产品龙头企业，促进了企业加工带动能力和农产品市场占有率的提高。同时，积极拓展职能，主动与金融机构接洽，畅通农业龙头企业与金融机构合作渠道，解决困扰企业发展的资金瓶颈问题。近几年，潍坊市先后争取国家开发银行贷款3.6亿元，与国家农业开发银行签订了3年100亿元贷款授信的合作协议。由于政府的大力支持，上述四市农业龙头企业发展较快，截至2006年底，仅潍坊的国家级、省级重点龙头企业就分别达到12家和44家，初步构建起"有主导产业就有龙头企业带动"的格局，吸纳了全市40多万农村劳动力，超过82%的农户参与到产业化发展的各个环节。

（二）不断加大科技推广扶持力度。科技是增强农业生产能力、提高农业生产效率、转变农业增长方式的关键因素。多年来，各地不断创新支持方式，加快农业科技向现实生产力转变。一是支持农民培训，提升应用科技能力。围绕农民科技素质的提高，结合农民实际需求，本着"实际、实用、实效"原则，以绿色证书工程和青年农民科技培训工程为切入点，组织开展了多层次、多样化的培训活动。烟台采取举办技能培训班等形式，大面积开展农村科技教育和实用技术培训，仅2004年受训农民就近百万人次，有9万名农民获得绿色证书；潍坊80%以上的青年农民掌握了1～2门农业实用技术，农民应用现代农业科技的能力大大增强。二是实施奖励性政策，鼓励科技创新。着力规划建设科技示范园区和示范基地，通过资金、政策引导等措施，引进和推广新技术，发挥对广大农户的示范带动作用。日照市设立专项资金，对农业专利申请、专利实施进行补助，对创新成果进行奖励。东港区农业高新科技示范园仅2005年就引进新品种及相关栽培技术24项。2006年，该市农业技术专利达到200多件，科技成果24项。在政府的大力支持下，莒县研制的"闸阀式节水灌溉技术"获得国家专利，仅在寨里河乡就建设了2.5万亩自流节水灌溉基地，大大降低了农田水浇成本，提高了产出效率。三是创新科技服务方式，提高服务效率。主动发挥政府职能，支持农民通过网络等先进技术平台，更多地了解市场、学习技术、创业增收。日照市以"农业网站"为依托，在全市建立了上下贯通、横向相连的农业信息服务网络，通过信息平台把农业新技术、农村新政策、农产品市场新信息及时送到农民手中，切实解决服务"三农"最后"一公里"的问题。昌乐县专门安排资金建立"昌乐农讯通"短信服务平台，实现了农户与专家的"零距离"接触，及时向农民提供市场和科技信息。2006年8月发送的"促进辣椒坐果技术要点"一条短信，就增加农民收入6万多元。农村科技信息服务体系的不断完善，架起了农业生产与大市场之间的桥梁，促进了农业科技资源加速流动。

（三）推动拓展农产品市场空间。买难卖难是制约农业生产发展的重要瓶颈之一。在农产品需求约束越来越明显的条件下，潍坊、烟台两地坚持"请进来、走出去"，千方百计帮助农民开拓国内外市场，健全营销网络，增强集散功能，努力把最好的产品打入国内外最好的市场，卖出最好的价钱，让农民得到更多的实惠。一是完善产地市场。按照有主导产业就有市场配套的要求，大规模、高速度地推进产地市场建设，并不断加强改造、完善功能，提高交易的规模、档次和水平，形成了较为完善的农产品市场体系。寿光蔬菜批发市场、青州花卉市场、昌邑苗木市场等，都是省内乃至全国最大的专业批发市场，成为同类产品的交易中心、价格中心和信息中心，年交易额都在10亿元以上。这些市场在建设前期，都由政府主导，形成规模后，及时进行了市场化改造，让其自主经营，取得了良好的经济效益和社会效益。二是发展节会经济。坚持"节会搭台、经贸唱戏"的宗旨，注重发挥地域特色和产业优势，创新举办多种形式的展览会和农业节会，架起走向国内外市场的新平台。像寿光的蔬菜博览会、荣成的渔民节、青州的花卉博览会等，规模越来越大，水平越来越高，效益越来越好。2006年，寿光第七届菜博会上，参会人数达了创纪录的136万人次，各类贸易额157.6亿元，实现了以会养会、滚动发展的良好局面。三是拓展国内市场。组织农产品加工企业和种养基地，到全国重点城市举办农产品展销会、洽谈会、对接会，推介本地产品，成为四市政府帮助开拓农产品市场的主要形式。潍坊还走出去邀请京、沪、深、哈等大中城市的农产品批发市场和超市，前来建立固定的原料供应基地，构建起稳定的购销关系。近几年，先后成功开启北京和上海的高端消费市场，与人民大会堂等进行了直接对接，目前潍坊蔬菜已占到北京市场的1/3和上海市场的1/5以上。四是扩大出口创汇。根据农产品生产情况，不定期组团到海外进行展销活动或举办农产品展示洽谈、设立专营市场，拓宽国际市场空间。潍坊仅2005年参加“东盟·中国农业展”，就签订合同销售额9 860万美元。目前，该市已经有500多个农产品及其加工制品出口到120多个国家和地区，国外市场不断扩大。

（四）农业标准化建设体系取得明显进展。随着消费者对农产品质量安全水平要求的提高，国外技术壁垒越来越严，国内市场准入也日趋规范。为适应这种变化，各地积极加快实施农业标准化生产，潍坊建立起了农业标准、检测检验和质量执法监督“三大体系”，培育了蔬菜、畜禽两大主导产业。到2006年底，潍坊制定和发布265个农业标准，初步形成了市、县、乡、企四级农产品质量检测网络。同时，建立激励机制，对发展无公害农产品、绿色食品和有机食品基地给予奖励，目前，80%以上的可食用农产品取得无公害、绿色、有机食品认证。日照的岚山区、五莲县出台了对农业标准化生产和农产品质量认证奖励政策，对获得有机食品、绿色食品、无公害农产品认证的，由区县财政给予一定资金奖励，引导农民和农产品加工企业按质量标准组织生产。农业标准化的实施，提高了农业发展水平，增强了农产品的核心竞争力。

二、当前问题和迫切要求

构建社会主义和谐社会，是党的十六大和十六届三中、四中全会提出的重大任务。和谐社会建设的重点在农村、关键在农村。十六届五中全会又提出建设社会主义新农村的战略部署，对“三农”发展来讲，二者是一脉相承的。在新农村建设中，贯彻落实“二十字”方针，生产发展是基础、是根本，强化政府在农业生产上的服务是关键。从潍坊等四市调研情况看，各地虽然在支持农业生产发展上取得了一定成绩，但着眼于农业的可持续发展，还存在一些瓶颈问题——农民生产社会化程度不高，市场竞争力和抵御风险能力弱等。生产融资也非常困难，潍坊市目前来自农民的储蓄存款达到400亿元以上，返回农村的贷款却只有200亿元左右，仅占50%，而且大都用于龙头企业，一般农民创业很难得到贷款支持。这些问题都影响着农业生产的快速健康发展，客观上要求不断健全政策扶持体系，提高政府在农业生产领域的公共服务水平。

（一）在市场组织上，需要进一步强化后续开拓。产业化发展到一定程度，随着农产品产量的不断增加，市场拓展成为政府支持农业生产的主要任务之一。各地都创新组织了一些推介活动，成效不错。但是从总体上看，还缺乏整体部署和长期维持措施，主要体现在市场开拓上的临时性、一次性活动搞得比较多，如展示会、对接会、新闻发布会等，而后续维持活动较少，很少有人去调查、评价活动的开展效果，或者反馈产品在当地消费者中的意见，制定改进措施等，降低了政府支持市场开拓工作的整体绩效。

（二）在自我服务上，需要进一步扶持中间组织发展。发展合作制是世界各国推进农业现代化的普遍做法，是最受世界各国农民欢迎的组织形式。目前，发达国家80%以上的农民是合作社的成员，80%以上的农产品是通过合作社销售的，80%以上的农业生产资料是由合作社提供的。推进农民合作组织发展是提高农民组织化程度、实现规模化生产、发展现代农业的必然选择。2007年7月1日，《农民专业合作社法》将正式实施，这为农民专业合作组织发展创造了良好的制度环境。目前，我国农民专业合作组织还处于发展初期阶段，大部分农村合作经济组织规模小，自身实力不强，带动能力弱。威海市每个合作组织平均有300个会员，潍坊市只有162个会员，大多数农民没有进入合作经济组织。而且，合作组织总体上区域跨度较小，绝大部分农村合作组织集中在镇域范围内。以威海市为例，具有一定规模的465个农民专业合作组织中，只有12个跨省，占2.6%；35个跨县，占7.5%；73个跨镇，占15.7%；在镇域内的，高达74.2%。也就是说，只有10%左右的组织能够覆盖到县域以外。大部分合作组织不仅规模不大，覆盖范围小，而且服务功能和作用也比较单一。潍坊90%以上的合作组织，仅提供技术、销售或原料供应等单项服务，缺乏生产过程的整体服务，功能发挥有一定局限性。

（三）在市场监管上，需要进一步加大工作力度。潍坊2006年搞了一次农民生产状况调查，农民反映比较强烈的问题，都与政府监管有密切的关系。一是生产资料价格增长速度过快。尽管国家对农资生产、流通企业进行多种补贴和制度优化，采取最高限价等措施，但农资价格上涨还是比较迅速。潍坊市农调队的抽样调查数据显示，2002 年，化肥和农膜的价格分别是 1.37 元/公斤和 7.6 元/公斤；2005 年，分别上涨到 1.98 元/公斤和 11.1 元/公斤；仅仅 3 年时间，涨幅就达到了 44.5% 和 46%，超过了农民人均纯收入和农产品价格的上涨幅度，增加了生产成本，减少了农民收入。二是假冒伪劣生产资料过多。由于有关部门监管力度不够，对制假、贩假、售假者没有根本性的惩治措施，往往采取没收、罚款等简单处罚形式，违法违规成本很低，不能有效遏制坑农、害农事件发生，一些不符合标准的化肥、农药、种子依然在市场上流通，既严重侵害着农民利益，导致高投入低产出或无产出；另一方面，伪劣生产资料，也降低了农产品质量，肥残、药残等超标问题，在农产品消费市场上还不同程度地存在着。三是土地环保措施监管不到位。目前，面源污染已经成为农业生产的突出问题之一。主要原因在于，政府服务体系不完善，政策引导和资金扶持缺乏明确导向，高残留的化肥、农药等厂家在不断生产，农民在继续使用。目前，潍坊化肥使用的有效率只有 30%，而日本高达 70%。这种缺乏科技支撑和政府引导的生产现状，造成土地板结、肥力下降、地下水受到污染，特别是一些重金属带来的危害几乎是永久性的，严重影响着农业生产的可持续发展。作为农业大省、农业大市，要亡羊补牢，不能走“珠三角”先污染后治理的老路子。

（四）在科技服务上，需要进一步提高市场化程度。随着乡镇撤并和机构整合，原“七站八所”格局已经发生了很大变化，特别是农机、农技、林果、水利等服务性站所，出现了“线断、网破、人散”的局面。一是基层科技人才少。懂技术、会管理、能科研、善经营的综合性人才较少，不能满足加快现代农业发展的需要。在烟台，具有专业学历的农技人员仅占 73%。知识老化和人员断层问题突出，多数乡镇农技推广机构 1998 年以来没有进过一个专业大学生。二是服务内容单一。大部分服务机构规模小、经营分散，开展服务工作各自为政，只重视一般的技术推广普及和简单的技术服务，对新产品和新技术的接受、学习、推广能力较弱，发挥的作用不大。三是职能发挥受限。乡镇农技推广等机构承担着非本职工作的现象非常普遍，不少人员“在编不在岗、在岗不在位、姓农不务农”，担负着法律宣传、计划生育等非本职工作，占用了很多精力和工作时间，技术服务职能难以充分发挥。农业科技服务上存在的种种症结，为推进农村科技服务体系改革带来巨大动力。再按照以前的计划经济思路，依靠乡镇“大而全、小而全”各自为政的服务体系，已经不能满足新形势下农业生产的需要。必须进一步开拓思路，把市场竞争机制引入农业生产科技服务，把相关机构更加彻底地推向市场，采取政府购买服务的方式解决农民科技服务难题。

（五）在投入管理上，需要进一步加强资金整合。政府对“三农”问题的关注不可谓不重，支持力度不可谓不大，但是力量比较分散，还没有形成合力，与政策目标相比还有一定差距。仅大型水库除险加固，资金来源就有农业、水利、财政等多个部门，容易产生重复投资现象。在土地治理项目上，有农业开发部门的资金，还有国土部门的资金，由于不能集中协调起来统筹使用，降低了资金使用效率。而且，有些项目是上级部门通过系统安排的，项目申报、资金计划下达和划拨不通过财政部门，形成资金体外循环，不利于资金监管。即使在同一个部门内部，涉农资金也分散在不同处室，比如财政部门开展的农民培训一项不大的工作，就既有转移培训，也有技能培训等，影响了资金综合效能的发挥。

上述问题的存在，是当前发展阶段中的客观现实，是历史发展到今天需要认真面对的问题，是政府在构建农业生产服务体系中需要突出解决的重点环节。

三、扶持方向和政策设计

构建更加完善的政府支持农业生产的服务体系，需要首先理清政府扶持的方向和重点。笔者认为，当前全省、全国农业生产的矛盾，归结起来，主要是日益开放的市场、不断提高的消费需求与分散的小生产之间的矛盾。政府在服务体系设计上，宜重点支持提高农业生产的规模化程度和科技含量，加大市场开拓力度，让生产、市场和消费更加协调地衔接起来，提高农业产出效率，更好地满足居民生活资料和企业生产资料需求。

（一）土地资产经营的企业化。土地是农民最重要的生产资料和生活资料，在某种意义上，也是农民目前拥有的最大的一份资产。要提高农业生产的组织化程度，除了需要加强农民培训、加快向非农转移外，搞好土地的规模化经营，是关键所在。在当前农村土地制度框架下，要使农民手中最重要的土地资产流动起来，真正发挥增值功能，可以在以下几个方面进行尝试：一是鼓励建立现代化农庄。以农村种植养殖大户为依托，结合当前实施的良种直接补贴、农机购置补贴、种粮直接补贴等政策，探索实施向大户倾斜政策，引导农民的土地使用权合理流转，以 10 年、20 年或更长期限出租给大户集中连片经营，解放一部分农民，促使其进入城市从事工商业。既可以逐步改变分散生产现状，加快规模化、专业化、标准化经营，又可以鼓励农民离土离乡，减少农民，增加收入。二是鼓励龙头企业建立自属基地。为了适应日益激烈的市场竞争，农业龙头企业迫切需要建立完全属于自己的种植、养殖基地，彻底解决农产品质量不高、与农户关系不稳定的问题。可以采取政府补贴等方式，引导、鼓励农业龙头企业签约收购农民土地的长期经营权，建立自属化基地，让农民劳动投入和土地投入相拆分，不离土不离乡，把农民逐步变为民工、职工和市民，提高农业生产的组织化程度，推动加快农村城镇化进程。三是鼓励以土地使用权入股工商企业。近年来，各地城市建设和企业"退城进园"搞得红红火火，一些近郊农村土地被征用，相应带来了农民就业、养老等一系列问题，困扰着地方政府，也成为群众集体上访的重要诱因之一。问题的根源在于，土地补偿一次性到位，加上监管不力等方方面面的原因，资金安全问题比较突出，农民失去了赖以生存的土地后，缺乏长期、稳定的生活保障。这就需要改变传统的土地补偿方式，变一次性投入为使用权入股，让农民在原集体土地上建立的工商企业中占有一定股权，使土地使用权成为长久的收入来源，解决城市扩张和农民生活保障之间的矛盾，让农民按股分红和按劳分配取得"双重收入"，解决好土地的后农业化问题。土地的合理流转和规模化经营，将在农村土地上促进形成更多的经济实体，不仅会优化农业资源配置、创造更多就业岗位，而且还将吸引金融机构更加关注农村市场，设计适合涉农经济发展的金融产品，加快金融资本向农村回流，促进城乡经济协调发展。

（二）水利基础设施产权的明晰化。潍坊、烟台、威海、日照等市，都是缺水城市，特别是烟台和威海，情况尤为严重，成为制约经济发展的重要因素之一。不仅农业生产本身，就是整个区域的经济社会发展，都对水利设施建设提出了迫切要求。长期以来，各地对农村基础设施建设投入不足，欠账较多，一些已建成的农村水利基础设施也出现了毁损现象。主要原因在于产权不清，政府投入的绩效评价和后续管理存在缺位等。当前和今后一段时期，在政府对农业基础设施投入不可能大幅度增加的情况下，急需疏通农村基础设施投资的新渠道，明晰部分基础设施的使用权，引入市场竞争机制，吸引民间资本进入建设领域。潍坊有的县市已经采取承包方式，将部分小型水库转让给个人承包经营，签署合同，明确政府和经营者双方的权利义务。承包人依靠养鱼、售水等取得收入，担负周边绿化以及清淤等日常维护责任，并上缴承包费用，减轻了政府投入负担，取得了比较好的效果。当然，这仅仅是一些有益的尝试，还需要继续研究深化。一是采取政府直接补贴的方式，保证投资收益率，吸引民间投资者参股建设、合作经营，政府取得收益，用于基础设施建设的良性滚动发展。二是成立水务投资经营公司，将政府对水利设施的投资，通过该公司投入，转换为国有股权；并以公司为平台，向各类金融机构进行建设融资，支持建设大型基础设施，提升农业生产条件，改善生产生活用水和景观用水紧张的状况。三是建立市场化投资基金，探索将中小投资者的资金集中起来，设立投资基金，委托专业管理机构运营投资。政府对经营前景良好的设施建设，优先推介，吸引投资基金进行项目建设和市场化经营，争取走出一条利用市场机制加快农业生产基础设施建设的新路子。

（三）生产科技服务的市场化。随着现代农业的发展，农民的科技服务需要日益多样化，要求也越来越高。潍坊、烟台等市的县乡科技服务发展的情况表明，仅仅依靠政府提供难以满足农民的科技服务需求，需要加快推进科技服务市场化，实现政府投入和市场机制的有效结合。一是借助龙头企业提升科研水平。农业龙头企业处于市场前沿，对产品市场发展脉搏把握得比较准确，能够更加明确地认清良种、肥料等的研究方向和市场前景，吸引企业参与科研工作，既能发挥了解市场需求的天然优势，又能使其率先受益、加快发展。一方面，政府需要给予适当补助、奖励，增强龙头企业参与研究的积极性。另一方面，鼓励龙头企业利用好新的企业所得税法规定的捐赠政策，通过正常捐赠渠道，激励公益性捐赠达到年度利润总额的12%，吸引社会资本进入农业科技服务领域。二是整合农业技术人员组成服务公司。农村综合改革等对乡镇机构改革提出了明确要求，由政府大包大揽的低效供养方式，已经不适应今后发展的需要。由"养人养机构"逐渐过渡到"花钱买服务"，合并机构、压减人员是大势所趋。对于乡镇农业科技人员，不能一裁了之，而要充分利用好这部分资源。在保障原财政供养人员基本生活和缴纳规定社会保险的基础上，把他们推向市场，鼓励成立社会化服务企业，提供跨地域、跨专业的综合服务，促进提升农业生产水平。三是建立科技服务公开招标机制。当前，高校毕业生就业比较困难，特别是畜牧农林专业的大学生或职业院校毕业的学生。一方面，他们就业渠道狭窄，工作无着落；另一方面，农村对科技人员的需求又非常迫切；政府有必要建立合适的渠道，把二者的供需进行协调和沟通。鼓励他们在县、乡甚至龙头企业或行政村，设立多种形式的科技服务企业，担负起技术研究、推广和指导等方面的服务职能。对病虫害防治、禽流感预防、疫苗注射等公共服务，采取政府采购方式实现，制定合理政策，优先向人员素质高、专业能力强的企业倾斜，扶持一批新型农技服务企业做大做强，推动提高农业生产的科技含量。

（四）销售市场开拓的立体化。农产品市场的潜力是很大的，从初级产品到深加工产品，从国内到国外，从生活资料到生产资料，需要开拓的空间非常广阔。借鉴发达国家和地区经验，政府支持农产品市场的重点，应主要放在提高质量、塑造品牌和市场监管上。一是健全农产品质量标准体系。随着群众生活水平和国外进口农产品壁垒的提高，对绿色、无污染食品提出了新的要求。在日本等国家，甚至一颗白菜，从产地到餐桌，都需要经过几十道检测环节，保证入口食品是绝对安全的，我们在这方面还有很大的差距。在当前生产环境下，要求政府在质量检测控制上，投入更多的精力。在既有标准基础上，继续进行细化、修订和补充，建立起与国际标准接轨的完善的农业标准体系，从种子、农药、肥料等的生产使用上，严格控制，把住源头。在农业加工、包装、销售等环节的监管上，都有标准可依，不断提高区域农产品的美誉度，这是开拓市场的前置条件。二是注重实施品牌战略。农产品具有特殊性质，与人的生命健康直接相关，比工业品更加需要提升品牌效应。“乐义”牌蔬菜水果，潍县萝卜、烟台红富士苹果等，经过长期的品牌培育，在市场上已经广为人知，同样的产品，价格要贵上几十个百分点甚至几倍。在品牌战略实施上，政府要把农产品放在与工业品同等重要的位置上，制定专门的扶持、奖励政策，如对获得全国驰名商标、山东名牌的企业进行奖励性补助等，引导支持行业协会、村组集体、中间组织和龙头企业，结合规模化生产、标准化经营，深入开发具有明显区域性或特定类别产品的品牌潜力，提高产品附加值和市场占有率，增加农民收入。三是加强产品市场监管。无论质量标准体系是否完善，无论品牌战略实施的程度如何，都需要加强市场的监督管理，这是政府公共服务的一项重要组成内容。结合乡镇机构改革，合理布局设置乡镇一级的检测检验机构，把监督体系进一步向基层延伸。建立免费抽检、举报人奖励、“黑名单”惩处等制度，完善监督机制，保证在当地生产的或在当地销售的农产品，有较高的质量标准，净化区域市场环境，扩大市场覆盖面，增强对生产环节的引导带动能力。

（五）中间组织发展的多元化。中间组织在农业生产上的重要作用无可替代。它的发展、壮大，需要激发农民自身的积极性，以其为主体，这样才能保证有足够的凝聚力、带动力和生命力。政府本着“引导不参与、支持不干预、服务不包办”的原则，发挥资助、政策优惠和引导作用。一是确定政府主管部门。农业、民政、工商、科协等多头管理的现状，在一定程度上制约了中间组织的发展和带动作用的发挥。中间组织的主要功能是组织生产和销售，与农业部门的职能结合得比较紧密，因此，应确定让其来统一指导和规范中间组织的发展，防止政出多门，合法、合情、合理。其他相关部门，从自身职能出发，加强配合协调和服务意识，共同支持加快发展。农业部门需要出台组织发展条例，引导中间组织健康、有序、规范发展，既积极鼓励本地组织跨地域经营，也不排除外来组织活动；既注重培强做大，也鼓励特色小型组织合理发挥自身职能；既帮助争取好政府扶持，也要引导其立足自身努力加快发展。二是鼓励灵活发展中间组织。由于目前尚处在中间组织发展初期，不能期望“一夜成才”。本着先发展后规范、边发展边提高的原则，鼓励因地制宜，形成多主体、多形式、多层次发展的格局。多主体，就是谁有能力谁牵头，谁能办好谁去办，包括能人牵头、联合创办、依托企业兴办、基层农技推广和供销合作组织领办、指导集体经济组织举办等，根据市场需求和当地优势，建立具有本地特色的合作经济组织。多形式，就是既可以发展松散型的专业协会，更要鼓励和发展经济利益紧密联结的专业合作社；既可以发展生产服务型的合作经济组织，为农民提供低偿或无偿服务，更要鼓励和发展产销结合型和产加销一体型的合作经济组织，为成员提供生产技术、加工、销售服务，实现二次收益分配。多层次，就是农村合作经济组织可以是村一级办、镇一级办，也可以是市区及市一级来组织兴办。要根据产业特色和品种布局，鼓励专业合作经济组织打破行政区域界限，跨地域发展。不论是何种形式、何种层次、何种所有制的中间组织，都争取引导到“资本合作”的道路上来，打造紧密型的中间组织，只有这样才能保持它的凝聚效应和长久发展，更好地发挥带动作用。三是给予政策资金扶持。借鉴欧美等发达国家做法，给予合作组织低税费等优惠政策和信贷帮助。一方面，农村合作经济组织围绕成员的生产和销售从事的服务活动，在所得税、营业税、增值税的增收方面，建议中央和省制定针对性更强的优惠政策，促进合作组织增强推广技术和提供技术服务的积极性。另一方面，加大资金和项目扶持力度，对农村合作经济组织承担的政府委托的任务，提供必要的资金和成本费用；对鼓励发展行业和领域的中间组织，采取贷款贴息、补助办公经费、免费提供活动场所等形式给予扶持，提高对农民的服务能力。

政府在农业生产服务中的作用，涉及产前、产中、产后，生产和消费，有形生产和农民发展等方方面面。转变政府职能，提高公共服务意识，创新扶持方式，将是推动农业生产跨越式发展的重要推动力。

（作者为潍坊市财政局局长）

不断深化财税体制改革　加快建立公共财政框架

张延根

公共财政是以市场机制为基础，提供公共产品、满足社会公共需要的财政。深化财税体制改革，建立公共财政框架，对于转变政府职能，优化资源配置，推进依法行政、依法理财，提高社会公共服务水平，都具有十分重要的意义。近年来，济宁市紧紧围绕增加收入、优化支出，积极稳妥推进财税体制改革和制度创新，地方财政实力明显增强，财政分配结构日趋优化，财政监督管理逐步加强。但也存在财政供给“越位”、“缺位”、部分县乡财政仍较困难、预算管理体制有待完善等不容忽视的问题。对这些问题必须予以高度重视，采取切实有效措施，认真加以解决。

一、发展经济，培植财源，努力增强财政发展后劲

一是壮大支柱财源。深入实施“工业强市”战略，大力培植煤化工、机械制造、生物技术、医药食品、纺织服装五大产业集群，强化自主创新，发展循环经济，努力构建以高新技术为主导、五大产业集群为支撑的新型工业化体系。二是培植新兴财源。创新扶持方式方法，综合运用财政贴息、补贴、奖励等手段，放大资金乘数效应，突出发展生产型服务业，着力培育新兴服务业，改造提升传统服务业，重点突破旅游业、文化产业和现代物流业，培植以营业税为主体的地方财源。三是发展基础财源。围绕“优质、高效、生态、安全”目标，调整优化种植结构，发展瓜菜、果品、花卉等特色农业，积极推进畜禽和水产品规模养殖，加快建设标准化种养基地，大力兴办农村二、三产业特别是农产品加工业，提高农业对财政的贡献率。

二、调整结构，优化支出，努力完善公共财政分配体系

一是大力支持“和谐济宁”、“平安济宁”建设。继续把保工资、保运转、保稳定放在首位，认真落实促进就业再就业的各项财税政策，完善企业职工基本养老保险制度，加快社会救助体系和城乡社会保障体系建设，促进社会和谐稳定。增加对生态市建设的财政投入，重点保证重大建设项目和科技攻关项目的启动；足额安排新建、扩建、改建项目的污染防治资金，设立生态市建设专项资金并做到逐年增长。增加对安全生产的财政投入，加强安全生产基础设施和支撑体系建设，加大对企业安全生产技术改造的支持力度。增加对平安建设的财政投入，把社会治安综合治理等所需经费纳入同级财政预算，确保“平安济宁”建设顺利推进。二是加大教科文卫等社会事业投入。保证教育、科技、文化、卫生等重点支出需要，确保财政对教育、科技等投入高于财政经常性收入增长。加大对教育的财政投入，支持发展义务教育，将农村义务教育全面纳入财政保障范围，建立完善政府投入办学、各级责任明确、财政分级负担、经费稳定增长的农村义务教育经费长效保障机制；增加用于发展职业教育的财政性拨款，重点用于骨干示范学校建设、师资培训、实验实习基地和农村职业学校建设。加大对科技的财政投入，优化科技投入结构，促进科技体制改革，激发科技发展和创新的活力；发挥财政资金对企业自主创新的引导、激励作用，设立科技型中小企业创新资金，强化对企业技术中心和工程技术研究中心等研发机构的扶持。加大对文化的财政投入，加强公共文化设施建设，构建公共文化服务体系；引导文化产业规范运作、健康发展，进一步发挥文化资源的整体效益。加大对卫生的财政投入，加强公共卫生服务体系建设，加快发展社区卫生，为人民群众提供公平可及的公共卫生和基本医疗服务；调整支出结构，提高补助标准，搞好资金运筹，确保新型农村合作医疗改革顺利开展。三是千方百计压缩一般性开支。在保证重点支出需要的同时，大力压缩会议费、电话费、接待费、车辆购置费等支出，严把关口，堵塞漏洞，把有限的资金用在刀刃上。积极推行财政预算与机构编制“双控”管理，控制财政供养人员非正常增长。四是规范清理财政支出范围。坚持“有所为，有所不为”，加快推进机关事业单位改革、机关后勤服务社会化改革，将社会团体和经营性事业单位逐步退出财政供给范围，对部门所属培训中心、招待所等逐步推向市场，切实减轻财政不合理负担，努力解决财政供给“越位”问题。

三、加快改革，严格预算，努力提升财政资金使用效益

一是深化预算管理等项改革。以

深入开展“财政管理年”活动为契机，继续推进部门预算改革，深化“收支两条线”改革，大力推进综合预算，细化非税收入管理。积极推进以国库集中支付、会计集中核算为核心内容的“两集中”改革，强化财政性资金管理。狠抓政府采购制度建设，加强政府采购管理，规范政府采购行为，扩大政府采购范围和规模。完善投资评审制度，健全投资评审机构，积极开展投资评审工作。二是实施县乡财政管理体制改革。加快推进“乡财乡用县管”、“村财村用乡管”改革，精简县乡机构、人员，巩固扩大县乡财政建设工作成果。着力控制新增债务，积极防范财政风险，提高基层财政管理水平。同时，深入落实加强县乡财政建设的“五奖一补”政策，加大缓解县乡财政困难的工作力度。三是抓好政府收支分类改革。细化预算编制，全面反映政府收支情况，提高预算管理的透明度，实现预算管理的科学化和规范化。

四、依法征管，强化监督，努力提高财政收支质量

一是完善税收征管措施。坚持依法治税，完善税源监控体系，积极推行社会综合治税，进一步建立健全集征、管、稽于一体的财税征管网络。加强对重点税种、行业和企业的税收征管，特别是加大对煤炭企业税收征管力度，保证主体税收收入稳定增长，提高税收收入占地方财政收入的比重。坚决查处随意减税、免税、缓税、先征后返等行为，严格控制税收优惠政策，抓紧清理到期税收优惠政策，完善激励约束机制，努力把经济发展成果反映到财政收入上来。二是加强非税收入管理。以票据管理为手段，以账户管理为重点，全面清理非税收入项目，规范非税收入管理，完善非税收入征管制度，拓宽财政收入渠道。重点加强对水资源费、矿权收益、矿产资源补偿费、国有资产收益、地方教育附加、土地收益的征收管理，努力做到应收尽收。三是强化财政监督检查。强化财政法规制度建设，完善专项资金管理制度，规范财政管理行为。加强财政支出的事前评审、事中监控和事后评价，突出监督重点，改进监督方式，不断提高资金使用效益。进一步加强行政事业单位资产管理，有效防止国有资产流失。

（作者为济宁市财政局局长）

牢固树立科学理财观 全力支持社会主义和谐社会建设

任先德

财政是政府全面履行职能和加强宏观调控的物质基础、体制保障和政策手段，贯彻落实党的十六届六中全会精神，构建社会主义和谐社会，财政部门责任重大，任务艰巨。必须继续坚持以科学发展观为指导，认真贯彻落实十六届六中全会精神，牢固树立科学理财观，紧紧抓住支持经济发展、做大财政“蛋糕”这个中心，把支持和谐社会建设摆在更加突出的位置，以维护群众利益为着力点，通过建立规范的财政管理体制、完善的社会保障机制，积极推进公共财政建设，加快推进财政管理体制改革，不断完善公共财政制度，为构建和谐社会、实现全市经济社会又好又快发展提供财力保障。

一、积极促进经济发展，为和谐社会建设提供坚实的物质基础

培植效益财源，增加地方可用财力，是全面建设公共财政的重要保证，也是为和谐社会建设提供物质基础的有效途径。要继续按照“一个目标、三大重点、四个坚定不移”的发展思路，坚持把大力培植财源、做大财政收入“蛋糕”作为财政工作的重中之重。一是实施重点带动战略，培植骨干财源。继续坚持工业强市不动摇，重点围绕“十一五”规划确定的“五大主导产业、四大高新技术产业、50个大型企业集团、20类优势产品”的工业强市战略目标，选择一批科技含量高、发展潜力大、带动能力强、对财政贡献大的重点企业和项目，纳入企业财源建设项目库，从政策、资金、服务、财务管理等方面全力支持，积极培植壮大骨干群体财源，构筑新的发展优势。灵活利用贴息、担保、补贴、奖励等多种手段，发挥财政资金“四两拨千斤”的杠杆调控作用，做好财政资金与社会资金的结合文章。大力支持企业技术进步和自主创新，重点抓好促进高科技产业的税收政策、资源综合利用等财税优惠政策的贯彻落实，增强企业自主创新的内在动力，支持和引导企业加大对资源、能源节约与循环利用的推广应

用，提高资源有效利用率。加快推进实施“名牌战略”，努力增强企业核心竞争力，提高全市经济的竞争力和发展后劲。二是加快发展旅游服务业，培植新兴财源。突出发挥泰山这一得天独厚的品牌优势，支持培育壮大旅游市场主体，搞好旅游产业配套完善和旅游产品的开发建设，形成旅游发展的新跨越。支持加快发展现代服务业，积极扶持改造传统服务业，培育壮大一批规模大、集聚力强的名牌骨干企业，努力提升旅游经济增长的质量和水平。三是进一步加大乡镇财源培植力度，培植基础财源。加强乡镇财源建设，是解决县乡财政困难、保障基层政权组织正常运转的根本途径。进一步总结经验、统筹谋划、多管齐下、配套联动，积极探索增强乡镇财力的有效途径。将乡镇财源建设的重点由生产环节转向加工、流通、服务等环节，大力培植农业龙头企业，尽快形成一批规模大、市场带动力强的龙头企业或企业集团；健全完善农业市场体系和社会化服务体系，加快农村二、三产业发展步伐，增加乡村两级收入。四是继续深化财税改革，为经济发展创造良好环境。“十一五”期间，国家将推进增值税转型，统一各类企业税收制度，改革消费税征收办法，资源税、燃油税、物业税等改革进程也将进一步加快。必须按照中央统一部署，积极做好税制改革工作，认真落实好出口退税、税收减免、贷款贴息等财税优惠政策，积极服务经济发展，夯实财政增收基础。进一步清理整顿行政事业性收费，认真执行收费项目、收费标准公示制，加大对“三乱”的治理力度，防止加重企业负担。继续推进国有企业主辅分离、辅业改制和分离办社会职能工作，妥善安置政策性关闭破产企业职工，为企业发展创造良好环境。

二、扎实推进社会主义新农村建设，为和谐社会建设夯实基层基础

“为政之道，以厚民为本；治国之道，必先富民。”构建和谐社会必先关注民生。要充分发挥财政职能作用，统筹城乡发展，积极支持新农村建设，让公共财政的阳光雨露更多地照耀农村、润泽农民。一是加大对农业和农村的投入，建立财政支农支出稳定增长机制。巩固农村税费改革成果，对“三农”的扶持由“少取”转为“多予”。认真落实“以工促农、以城带乡”要求，不断增加财政对“三农”的投入，确保财政支农支出依法稳定增长，确保各级每年新增的教育、科技、文化、卫生支出重点用于农村。大力支持农业综合开发、农业防灾减灾、节约型农业建设、农业生态保护等工作，强化农业基础地位，加快建设现代农业。二是推进农村综合配套改革，加快农村发展步伐。支持推进乡镇机构改革，加快乡镇事业站所整合，妥善安置分流乡镇人员。进一步完善县乡财政体制，逐步提高村级经费补助比例，确保基层正常运转。不断完善粮食、良种、农机购置“三补贴”政策，扩大补贴种类和范围，逐步建立农民种粮综合补贴制度。三是扩大公共财政对农村的覆盖面，加快发展农村公益事业。调整支农资金使用方向和重点，从以支持农业生产为主，向支持农村经济社会事业协调发展转变，把农村公益事业逐步纳入财政支持范围，提高农村公共服务水平。支持加快农村义务教育经费保障机制改革，认真落实农村义务教育阶段学生“两免一补”政策，从2007年起，全部免除农村义务教育阶段学生学杂费；不断提高农村中小学公用经费保障水平，确保2010年达到中央基准标准；研究建立农村中小学校舍维修改造长效机制；巩固教师工资保障机制，按照“以县为主”的管理体制，将农村中小学教师工资全额纳入财政预算，确保教师工资不低于当地公务员的平均水平。重点支持搞好村镇规划和文化设施建设，支持农村最低生活保障、失地农民保障、农村五保供养、新型农村合作医疗、公共基础设施建设、计划生育家庭奖励等制度建设，妥善解决失地农民和农民工社会保障问题，切实改善农村居民生产生活条件。

三、调整优化支出结构，为和谐社会建设提供制度保障

经济社会事业协调发展是构建和谐社会的基本要求，也是解决民生问题的重要途径。按照科学发展观和公共财政的要求，牢固树立为民理财观念，加大对重点事业、困难群体、困难地区的倾斜力度，着力提高低收入者收入水平，建立完善“以人为本”的公共财政支出体系。一是向重点事业倾斜，促进各项社会事业协调快速发展。继续加大对教育事业的投入，保证财政性教育经费增长幅度高于财政经常性收入增长幅度。巩固义务教育，大力发展职业教育，支持教育事业健康发展。调整财政支出结构，加大对公共卫生、基本医疗、农村卫生等事业发展的投入，统筹发展城乡医疗卫生事业；支持公共卫生事业加快发展，完善应对突发公共卫生事件的长效机制，进一步提高疾病预防和控制能力，保护人民群众的生命健康。完善财政科技投入体制，拓宽科技资金渠道，建立全社会多元化科技投入体系。大力支持人口和计划生育工作，积极实施计划生育家庭奖励扶助制度和“少生快富”扶贫工作。统筹城乡环境建设，加强城市环境综合整治，改善农村生活环境和村容村貌。二是向困难群体倾斜，努力解决关系群众切身利益的问题。社会保障体系是经济运行的“稳定器”，更是弱势

群体的“安全网”。实施积极的就业政策，支持公共就业服务体系建设，综合利用多种教育资源，组织实施好再就业培训、创业培训、技能扶贫等计划，提高困难群体就业能力。完善城市居民最低生活保障制度，扩大企业基本养老保险覆盖范围。完善社会救助体系，建立困难群众医疗、教育、就业等救助制度。加快经济适用房和廉租房建设，努力解决中低收入家庭、最低生活保障线以下家庭对住房的需要。建立农民增收减负长效机制、健全最低工资制度，完善工资正常增长机制，健全财政扶贫机制，不断提高低收入者收入水平，扩大中等收入水平的比重，有效调节高收入，规范收入分配秩序，逐步缩小社会成员之间的收入差距。三是向困难地区和基层倾斜，努力促进基本公共服务均等化。建立缓解县乡财政困难的长效机制，继续落实中央和省出台的“五奖一补”政策，调动县乡增收节支的积极性，不断提高县乡财政的保障能力，努力推进县乡基本公共服务均等化进程。

四、加快推进支出改革，为和谐社会建设营造良好氛围

继续深化预算管理制度改革，加强预算部门基础信息库建设，提高预算编制效率和执行质量；完善支出项目库管理制度，加快推进项目预算滚动管理。深化“收支两条线”改革，统筹安排预算内外收入，全面实行综合预算；稳步推进收支分类改革，建立规范合理的政府收支分类体系。全面推行国库集中支付改革试点工作，有效防止财政资金的跑冒滴漏，提高资金使用效益。按照建设节约型社会的要求，严格控制会议费、招待费等一般性支出。加快推进政府采购“采管分离”，完善机制，规范行为，扩大范围，进一步提高政府采购的经济和社会效益。加快职务消费和福利待遇货币化分配改革，改“暗补”为“明补”。大力压缩人车会话、接待等方面的支出，建立有效的管理机制，充分调动单位和个人节支积极性。加快推进“乡财乡用县管”、“村财村用乡管”管理体制改革，规范乡村收支行为。积极探索建立财政预算绩效评价体系，加强财政支出的事前评审、事中监控和事后评价工作，增强财政支出的科学性、安全性、有效性。

（作者为泰安市市长助理、财政局局长）

发挥公共财政职能作用 全面推进社会主义新农村建设

朱明华

党的十六届五中全会作出了建设社会主义新农村的重大战略部署。公共财政作为政府履行职能的重要工具和资源配置的重要手段，在社会主义新农村建设中肩负着重要职责。面对新形势、新任务，必须深刻理解中央关于社会主义新农村建设的重大决策精神，立足全局，认清责任，明确任务，破解难题，准确把握公共财政支持新农村建设的着力点，为社会主义新农村建设提供良好的条件。

一、近年来威海市财政支农的主要做法和成效

“十五”期间，威海市各级财政部门紧紧围绕全市农业和农村工作中心，以促进农民增收和提高农业综合生产能力为重点，不断创新工作机制，加大财政资金投入力度，“十五”期间全市用于“三农”方面的财政性资金达48亿元，是“九五”时期的3倍，年均增长39.6%，有力地推进了农村经济和社会事业的发展。

*（一）落实各项优惠政策，促进农民增收。*一是实现三减免三补贴，农民彻底减负。从2002年开始，先后取消了“三提五统”，减免了农业特产税，在全省率先全部免征农业税并取消“两工”，农民实现了零赋税，比改革前人均减负174元。同时，积极落实种粮、小麦良种及农机购置补贴等一系列惠农政策，累计补贴农民4 800万元，确保让农民得到实惠。二是加大转移支付力度，缓解镇村财政困难。农村税费改革在减轻农民负担的同时，也加剧了镇村两级的财政困难。积极争取中央、省转移支付资金2.8亿元，市、县两级从本级财力中挤出8 000多万元予以配套，镇村两级的正常支出得到有效保障。三是完善各级财政体制，确保镇村政权稳定。全市实行乡镇干部工资上划，将镇（街道办事处）在职、在编干部的工资上收到市（区）管理，由市（区）按照人事部门核定的工资标准集中统一发放。同时，在全省率先将村干部工资纳入财政保障范围，市县两级财政每年安排1 000多万元，对

农村干部实行定额补助；对农村独生子女父母奖励费改由政府负担，每年财政安排300多万元；设立扶持库区村发展专项资金，市及市区财政每年筹措1 000万元，用于扶持库区发展和改善生产生活条件，目前已有75个库区村进入所在市区富裕村行列。

（二）突出财政引导作用，促进农村现代化建设。一是以农田水利工程为重点，扶持农业基础设施建设。对成方连片的高标准节水灌溉工程、先进的节水机械和对节水农业发展起到推动作用的典型工程给予奖励补助，累计拨付各类奖励补助资金2 000多万元；各级筹措财政资金5 400万元，有效地解决了538个村、28.6万人的农村饮水困难问题，确保了饮水安全。二是以农产品上档升级为重点，扶持引导农业和农村产业结构调整。全市累计投入6 000多万元，扶持引导种植业调整面积160多万亩，建设各类千亩以上经济方107处，特色镇33个，发展特色经济产业带7条，粮经比由69∶31调整到46∶54。每年财政都安排专项资金，用于引导和鼓励海洋渔业重点领域发展，全市财政累计投入专项资金5 000多万元，扶持发展深海大网箱养殖、远洋渔业、水产品精深加工、围堰和造礁养参等新兴高产高效项目，目前在外远洋渔船达到185艘，实现产量6万吨，增长40%以上；名优海珍品养殖品种达到30多个，名优养殖比重达到64%，精深加工比重达到67%。三是以做大做强龙头企业为重点，扶持农业产业化经营。先后选择30家规模大、档次高、带动能力强、产品创汇率高的农产品加工企业作为市级重点龙头企业，投入资金2 000多万元进行重点扶持，扩大了龙头企业数量和规模，提高了生产加工能力和对农民增收的带动能力。截至目前，共扶持发展销售收入亿元以上的农业龙头企业33个，其中国家级农业龙头企业2个，省级重点龙头企业18个，有3家农业龙头企业成功上市。四是以退耕还林工程为重点，扶持农业生态环境建设。采取以奖代补的方式，支持生态公益林、速生用材林建设；鼓励扶持库区村退耕还林、还草。目前，全市已完成退耕面积30多万亩，完成绿色通道建设1 600多公里，折实面积近9万亩，植树1 000多万棵。

（三）强化社会救助职责，完善农村保障工作。一是强化生存保障，使农村居民食有所依。从建立农村居民最低生活保障制度入手，农村低保标准从每人每年600元提高到800元，所需资金市财政负担20%，县、镇负担80%。二是强化救助保障，使农村居民急有所靠。为保障城乡贫困群众的基本生活，建立了与城乡最低生活保障制度相配套的专项救助制度。在医疗救助方面，对农村低保对象在资助其参加新型农村合作医疗的基础上，对经合作医疗补助后个人负担医疗费1 000元以上的，按一定比例和金额给予救助。在教育救助方面，按照低保对象子女入学阶段进行救助，每学年一次，小学生每学年200元，初中生每学年400元，高中（中专）生每学年600元，大专以上学生每学年1 000元。在住房救助方面，对农村低保对象中的危房户和房屋失修户，按房屋修理费的40%给予救助。“三项救助”所需资金，从上年度“慈心一日捐”捐款和福利彩票公益金中各安排10%，其余由市、县两级财政按1∶9比例负担。目前，全市农村低保对象医疗、教育、住房救助人数为7 245人，每年支出救助资金578万元。三是强化养老保障，使农村居民老有所养。出台了《关于进一步加强全市农村五保供养工作的意见》，规定五保供养改由市县两级政府负担，集中供养标准为每人每年不低于2 100元，分散供养标准为每人每年不低于1 300元。实施敬老院改、扩、新建工程，目前，各级已投入2.1亿元，对49个乡镇敬老院实施了改扩建工程，占敬老院总数的75%，新增床位5 740张。四是强化医疗保障，使农村居民病有所医。全面推行了新型农村合作医疗制度，财政补助标准由人均每年10元提高到40元，参加新型农村合作医疗的农民达到122万人，覆盖面达到90.7%。同时，加强中心卫生室建设，全市规划建设中心卫生室达234处，基本做到了小病不出村、一般病不出镇；加强农村急救站建设，投入242.6万元，在全市选择了10处基础条件较好、有一定救治能力的镇中心卫生院作为农村医疗急救站，并入市120急救网，负责覆盖半径内危急病人的抢救治疗。五是强化伤残保障，引导残疾农民脱贫致富。市财政每年安排50万元，各市区按1∶1的比例配套，实施农村残疾人扶贫工程，被扶持户人均收入较帮扶前增加200余元，脱贫率达75.6%，其中致富率达19.6%。

（四）加大财政投入力度，推进农村公共事业发展。一是加大农村教育投入力度。在不断提高农村教育公用经费的同时，加大农村中小学校舍维护力度。近三年，全市共筹集资金上亿元，维修改造危房4万多平方米，B级以上危房基本消除；对农村义务教育阶段的部分贫困家庭学生实施“两免一补”。到目前，全市共有6 166名中小学生受到“两免一补”资助，资助金额达97.4万元。二是加大科学文化投入。加大农村科普投入，筹集专项资金200万元，建成科普宣传栏1 882个；加大农村党员干部培训投入，在全市范围内开展了农村党员干部现代远程教育活动，全市投入3 000多万元，设置远程教育培训点2 802个。三是加大农村交通投入。自启动农村公路“村村通”工程以来，累计投入资金2.6亿元，建成“村村通”

公路4 900公里，覆盖面达98.3%。

二、当前公共财政支持新农村建设所面临的主要问题

虽然威海市财政支农工作虽然取得明显成效，但与落实科学发展观、构建和谐社会和建设社会主义新农村的要求相比，在许多方面还有差距，主要困难和问题有以下几个方面：

（一）现行财政体制与管理现实脱节，加剧了县乡财政困难。分税制以来，中央和省先后对增值税、企业所得税、个人所得税、营业税进行分享，随着农村税费改革的逐步深化，又全面取消了农业特产税、农业税，乡镇缺少了原来最重要的收入来源。而从乡镇政府承担的事权看，大都刚性强，支出基数增长较快，如“三农”投入、农村义务教育、农村基础设施建设等，事权不断扩大，财力却不断削弱，乡镇财政正面临着严峻考验。

（二）财政支农资金管理分散，资金使用效益不高。由于传统体制方面的原因，当前财政支农资金投入渠道多，资金种类多，管理部门多，统筹协调困难大。一方面，各部门对财政资金普遍拥有“二次分配”权，各自为战，责任不清，缺少监督，影响了工作效能。另一方面，同一类型的项目资金，往往切块安排，使用分散，难以形成合力，更好地发挥资金综合效益。

（三）公益事业投入不足。目前，由于统筹城乡发展的公共财政体制尚未完全建立，政府对农村公益事业支持跟不上，国家财政投入不足，农民投入能力有限，乡村公益事业成了“国家管不到，集体管不好，个人管不了”的“盲区”。特别是减免农业税后，农业税附加收入随之取消；规范农村土地承包政策，村集体土地承包费也大幅度减少，农村公益事业缺少资金保障，多数处于停滞、半停滞状态。

（四）农村教育体制改革任务艰巨。目前农村中小学教师结构性超编现象仍然比较严重，教职工中男55周岁、女50周岁以上的占超编教师的大部分。同时，农村学校布局调整难度比较大，由于布局调整需要新建校舍以及食宿等配套设施，投资较多，因而不少的镇无力调整。

（五）农村债务负担沉重，影响了基层政权运转和社会稳定。镇政府债务负担已成为基层财政的巨大压力。威海市镇级债务达到3亿元，平均每个镇577万元，虽然低于全省平均水平，但也不容忽视。这些债务基本上是内债，主要原因：有的是20世纪90年代盲目上马一些乡镇企业，没有经过科学论证，结果形成历史遗留问题；有的是为了公益设施建设，诸如水利灌溉，道路建设，乡镇配套资金不足，只有靠贷款或者拖欠工程劳务款，等等。同时，由于历史原因，村级也积累了不少债务。镇村两级债务包袱沉重，加剧了财政困难，形成了潜在的财政风险，严重制约了农村经济社会发展，影响了基层政权运转和社会稳定。

三、对策和建议

建设社会主义新农村是一项艰巨复杂的系统工程。财政部门要切实履行公共财政职责，按照工业反哺农业、城市支持农村和“多予、少取、放活”的方针，充分发挥财政职能作用，建立健全农村公共财政体系，调整财政支出结构，创新投入管理机制，积极促进社会主义新农村建设。

（一）加快发展农村经济，培育乡村财源支撑体系。大力发展农村经济，是实现农民增收、财政增收的根本途径。因此，要进一步解放思想，完善政策，研究制定更直接、更有力的措施和办法。一是要大搞招商引资，壮大镇级实力。乡镇是农村的龙头和中枢，镇级经济强大了，不仅能有效保障义务教育、优抚救济、农村公益事业等重点支出，也能增强对镇域贫弱村的调剂能力，保证其正常运转。农村税费改革后，镇级财政收入来自一产的基本没有。要增强镇级财力，最现实的选择就是大搞招商引资、增加工商税收。要把招商引资作为强镇富民的重中之重，组织动员各镇进一步加大招商引资工作力度，以招商促发展、促增收、保稳定。二是大力支持农村发展特色经济。许多村没有突出的优势资源，需要通过政策引导、以奖代补、财政贴息等方式，大力发展特色种植业、畜牧业和水产业，把一些镇村建成规模大、效益好的特色基地，如药材种植基地、果业种植基地、奶牛养殖基地、养貂基地、水产加工基地等，逐步形成高效、创汇、创税农业，从而实现农民增收、集体增收、财政增收。三是营造良好的发展环境。镇政府不能从事经济具体事务，但要为经济发展创造良好的环境，以吸引更多的投资者。要进一步研究制定支持农村经济发展的财税优惠政策。对符合扶持条件的农村各类企业，尤其是能够带动农民增收的龙头企业，给予财政贴息。支持发展专业合作经济组织，从登记办照、信息技术服务、扶持资金、税费、信贷、发展环境等方面提供优惠。另外，调整现有中小企业发展等资金的使用方向和扶持范围，最大限度地向农村、向基层倾斜。

（二）加大整合力度，提高资金使用效益。一是加大部门之间项目资金的整合。按照“渠道不变、加强协作、合理分工”的原则，在保持原支农资金管理权限不变的情况下，加强部门衔接，把分散在不同部门管理的同一使用方向的资金整合到一起，确保有限的资金用在对当地“三农”发展最有利、农民最关心、惠及农民最直接的项目上。二是加大财政部门内部支农资金的整合。要重新清理各类

财政支农项目，对主要用于农业竞争性领域的项目或设置时间较长、与现在发展不相适应的项目，要坚决予以撤销；对性质相近、支持方向相同的项目，要予以合并。三是加大支农资金县级试点力度。由于各项支农资金最终都要落实到县一级，因此，县级是进行支农资金试点的最好平台。目前，省内省外都有许多成功的试点经验可供借鉴，要借助新农村建设的有利机遇，进一步扩大试点范围，各市地都要选择1~2个县开展试点，先易后难，先系统内后系统外，为全面推开积累更多的经验、打好坚实的基础。

（三）完善农村公共财政体制，提高镇村保障能力。一是进一步完善基层财政体制。按照受益程度和财力水平，合理确定农村公共品投入分担比例，建立县乡财力与事权相匹配的财政体制，提高基层政府建设新农村的能力。要多考虑镇级财政的利益，赋予其相应的责权利，既要规范镇级财政收支行为，提高镇级理财水平，又要防止把镇级“捆”得过死，形成“等、靠、要”、“吃大锅饭”思想。二是建立和完善激励性转移支付制度。对原来分散下达给各市区的一般性专款进行整合，重点加大对困难镇的转移支付。市财政要制定具体的监督管理办法，监督县一级将资金直接落实到困难镇。要加大对村级转移支付力度，按照不低于全部转移支付资金20%的比例，将资金落实到村，并进行有效地监督，保障村级组织的正常运转。三是把农村公益事业纳入公共财政保障范围。逐步将九年义务教育、卫生防疫、优抚等不应该由农民负担的农村社会事业和公益事业支出，列入市、县、乡财政预算共同负担；对农村小型水利、农田设施、饮水、公路、电力、电讯、广播电视等基础设施建设，以及农村社会保障、新型农村合作医疗和医疗救助制度等，各级都要根据财力增长状况，逐步加大财政扶持力度。

（四）建立健全农村义务教育保障机制，推进城乡教育均衡发展。一是进一步完善农村义务教育“以县为主”的管理体制，明确各级政府的责任。县级政府要加强对农村教育发展规划、学校基础建设、中小学布局调整、教师队伍建设、教职工工资发放、教育教学管理等的统筹；进一步拓宽经费来源渠道，调整财政支出结构，加大农村义务教育投入，将中小学危房改造和农村贫困学生“两免一补”的经费列入财政预算，逐年增加财政预算内生均公用经费标准，并做到统筹安排使用。二是深化农村教育行政和人事管理体制改革。实行农村中小学财务由县级教育行政部门集中核算管理；推行教职工竞争上岗、双向选择、全员聘任、活化工资制度，严格按照教职工编制标准核编定岗，建立优胜劣汰、城乡教师流动交流机制，优化教师队伍。三是优化教育资源配置，提高办学效益。科学合理地调整农村中小学校布局，增加学生班车数量，改善学校食宿条件。加大农村中小学危房改造力度，建立校舍危房勘查、鉴定和改造的长效机制。完善教育教学设施，加快学校规范化建设和校园网建设，实现优质教育资源共享，继续实施农村薄弱学校帮扶工程，缩小城乡办学差距。

（五）积极化解镇村债务，严格控制新增债务。对镇村债务问题要引起高度重视，采取切实有效的措施消化现存债务，严控新增债务。（1）以拍卖、租赁等方式盘活资产、资源，解决部分债务；（2）通过债权债务转换消除债务；（3）搞好乡镇企业的改组转制，转移偿债义务，即一方面可以把公办企业转变为民营企业，另一方面可以对资不抵债的企业，实行破产改制、资产重组，培植新的经济增长点；（4）加大清欠力度，想方设法收回“老欠”；（5）建立镇级举债审批权上划一级管理制度，今后镇级政府因经济社会发展确需举债的，要上报县级政府审核。

（作者为威海市财政局局长）

发挥财政职能　服务跨越发展

毛晖明

日照市十一次党代会提出了科学发展、跨越发展的奋斗目标，其中地方财政收入增长目标是到2011年突破50亿元。全市财政部门要紧紧围绕这个目标任务，立足当前，着眼长远，充分发挥财政职能，全力服务科学发展、跨越发展。

一、坚持科学生财聚财，努力增强地方财政实力

（一）用好用活财税杠杆，促进财源经济加快发展。深入实施财源建设系统工程，认真落实各项扶持激励政策，用好扶持资金，加大对重点企业、先进制造业、高新技术产业、现代服务业和“总部经济”的支持力度，大力培植财源。将提供地方税收前30名的企业作为促进财源增长的

重点企业，给予各项政策扶持，提供优质快捷服务，营造有利于企业加快发展的良好环境，促其做大做强。制造业方面，重点是依托港口优势，支持钢铁、能源、石化、机械、造船、粮油加工、木制品加工等临港产业，特别是紧紧围绕汽车发动机、钢铁等大项目，促进产业集群发展，增强对财源增长的支撑作用。服务业方面，重点是支持港口物流业和旅游、体育、会展等特色经济，以及房地产、交通运输、建筑安装、商贸流通、文化娱乐和金融、信息、中介、社区服务等产业，促进服务业扩大规模和优化结构，提高服务业对地方财政收入的贡献率。高新技术产业方面，重点是创新投入机制，用活扶持资金，培育发展电子信息、生物技术、精细化工、新材料及海洋新兴产业等高新技术产业，增强财源经济发展活力。同时，加大对“总部经济”发展的支持力度，发挥日照市港口、区位、生态环境等综合优势，积极争取国字号、民字号、外字号大型企业集团在境内设立区域性总部或分支机构，并在日照汇算纳税。

（二）完善两个机制，促进财政收入持续快速增长。一是完善税源监控机制。加快推进“金财工程”建设，搞好财税、人行、工商等部门财税库联网和信息共享，建立起符合财政国库管理制度改革要求的直接缴库和集中汇缴的电子缴库方式，建立起财税库信息按规定程序自动交换、信息资源共享的网络机制，努力做到方便纳税人缴税、加快税款入库速度、强化税源动态监控、促进宏观分析决策更加科学准确。完善税收属地征管体制，抓好企业所得税、营业税等税源调查，健全税源动态监控体系，大力促进依法治税。同时，落实好新的《企业所得税法》、《城镇土地使用税条例》和《车船使用税条例》，密切跟踪增值税转型、燃油税开征等税收制度改革，及时搞好分析测算，确保地方财政收入稳定增长。二是完善非税收入征管机制。继续抓好非税收入管理办法和细则的落实，进一步理顺非税收入征管体制，加大“收支两条线”和综合预算管理力度。研究制定有关专项资金和收费征收管理办法，加强监督检查，规范非税收入减免行为。强化土地出让收益管理，进一步加大征管和清欠力度，努力做到应收尽收，并严格按照中央、省有关要求，将土地出让金收入全部纳入政府性基金预算，实行“收支两条线”管理。结合国有资产管理改革，将行政单位国有资产有偿使用收入和处置收入，事业单位国有资产处置收入等纳入财政非税收入管理，将个人收入与所在部门单位掌握的行政权力和管理的国有资产彻底脱钩。

（三）下大力气推进国有资源运营，开辟新兴财源。按照省政府办公厅文件要求，结合本市实际，研究制定相关办法，以现有存量国有资源运营为突破口，采取出租租赁、出让转让、置换收购、经营拍卖等方式，加大国有资源（资产）运营力度，努力增加政府收益。今后，凡以经济功能为主、以市场效益为主要目标的国有资源（资产）使用，包括土地、矿产、海域、水等自然资源和城市基础设施使用权、特许经营权及行政事业单位可市场化的国有资产等，逐步推行有偿使用和转让制度，经营收益全部纳入财政收入。

二、坚持科学用财，促进社会主义和谐社会建设

财政作为政府履行职能的物质基础、政策手段和体制保障，一方面要通过优化支出结构，集中更多的财力用于推动科学发展、支持和谐社会建设；另一方面，要创新财税制度，完善公共财政体系，切实发挥好财政改善民生、加强公共服务、公平分配社会收入等方面的职能作用。

第一，加大对公共产品和公共服务领域投入。通过调整优化支出结构，整合各类资金，在保工资、保运转、保稳定的基础上，着力加大三个方面的投入。一是加大对新农村建设的投入。按照国家支农惠农政策的要求，不断增加财政对“三农”的投入，确保财政支农支出依法稳定增长，确保新增的教育科技文化卫生支出重点用于农村。继续加大农村“路、水、电、气、医、学”投入，支持搞好村村通自来水、乡镇卫生院、敬老院和新型农村合作医疗等；加大农村义务教育“两免一补”力度，从2007年起全部免除农村义务教育杂费，对农村贫困家庭学生免费提供课本、补助寄宿生生活费。建立健全农村重点事业投入保障机制，把农村公益事业逐步纳入财政支持范围，提高农村公共服务水平。改革完善粮食、良种、生产资料增支补贴、库区移民后期扶持等政策，加大补贴力度，并将各项涉农补贴实行“一本通”发放。二是加大对民生方面的投入。扎实推进为民办实事重点项目，建立健全困难群众医疗、教育、就业、住房等救助制度，全面推行农村居民最低生活保障制度，搞好灵活就业人员、进城务工人员、被征地农民等社会群体的社会保障，解决好下岗职工、离退休人员和困难企业军转干部的生活困难问题。三是加大对重点项目和重点事业发展的投入。多渠道筹集资金，服务奥林匹克水上公园、首届全国水运会举办等重点项目建设，支持基础教育、科技创新、公共卫生、公益文化等事业发展。

第二，着力推进经济增长方式转变。认真落实稳健财政政策，在加大财政投入的同时，充分利用政策性和商业性信贷资金，支持重点工程建

设，为招商引资和经济发展创造良好环境。按照建设创新型城市和环境友好型、资源节约型社会的要求，完善有利于节能、环保和节地、节水的财税政策措施，逐步加大对自主创新、节能降耗、环境保护的投入，积极支持清洁生产、可再生资源和新能源开发利用。加大对发展循环经济的政策支持力度，逐步建立健全生态补偿机制和排污权交易制度，控制高能耗、高污染和资源型产品的出口和消费，引导社会和企业最大限度地节约资源，减少污染，保护生态环境。

第三，努力促进社会公平分配。研究建立社会平衡机制，解决收入分配不公问题，为群众特别是中低收入者提供更多的公共产品。当前重点是扎实推进收入分配制度改革，做好公务员津补贴清理规范工作，综合运用财税手段，加强收入分配调节，规范收入分配秩序。认真落实提高各类优抚对象、社保对象待遇的政策，积极推进企业分配制度改革，逐步增加工薪阶层、城市低收入群体、优抚对象和农民的收入，增强消费对经济增长的拉动力。

三、坚持改革创新，不断提高财政运行质量

着力体制机制创新，深化财政改革，完善财政管理规范运作机制。一是深化公共财政体制改革。深入推进乡镇机构、农村义务教育和县乡财政管理体制等农村综合改革，完善转移支付制度，落实“乡财乡用县管”和“村财村用乡管”制度，不断提高基层财政管理水平。研究建立乡村债务风险防范化解机制，按照“摸清底数，明确责任，分类处理，逐年消化”的原则，严格控制新增债务，分类处理历史陈欠，防范化解基层债务风险。二是深化预算管理制度改革。继续推进政府收支分类改革，建立规范合理的政府收支分类体系。深化部门预算改革，强化机构人员编制与财政预算相结合的管理机制。深入推进国库集中支付改革，积极推广“乡财乡用县管”与乡镇国库集中支付改革相结合的新路子，在全市建立起现代财政国库管理制度。加强政府采购预算管理，完善委托采购制度，严格审查代理机构和评审专家资格，确保政府采购公平、公正、高效。同时，按照中央、省的要求，研究制定机关事业单位差旅费、会议费管理办法，引入市场机制，实行出差和会议定点饭店招标办法，探索将机关一般性公务接待和公务出访活动推向市场的路子。三是推进国有资产管理改革。在全面清查行政事业单位国有资产的基础上，完善资产管理机制，强化资产配置和收益管理，推进行政事业单位国有资产管理改革。继续强化企业国有资产监管，探索建立重大投资后评价制度和国有资本经营预算制度，规范企业国有资产管理行为。四是健全绩效评价和财政监督机制。不断改进考核监督方法和手段，建立健全覆盖财政收入、支出、管理、改革等全过程的监督管理体系，保证所有财政收支活动全部纳入监督范围。继续强化绩效评价工作，特别是对财政投资的项目资金，建立科学规范的评审体系和纠错机制，严把项目投资评审关，实施全过程跟踪监督，防止资金跑、冒、滴、漏，提高财政投资效益。

（作者为日照市财政局局长）

促进农民增收是推进新农村建设的首要任务

高发林

近年来，党中央连续以“1号文件”的形式，对解决“三农”问题做了明确部署，明确提出了建设社会主义新农村的重大历史任务，并确定了“生产发展、生活宽裕、乡风文明、村容整洁、管理民主”的新农村建设的基本方针和要求。党的十六大也曾经指出：“统筹城乡经济社会发展，建设现代化农业，发展农村经济，增加农民收入，是全面建设小康社会的重大任务”。可见，建设社会主义新农村，加快现代化建设步伐，全面实现小康目标，重点和难点是要解决好农业、农村、农民问题，其中又以农民收入问题最为关键。财政部门作为重要的综合经济管理部门，要牢固树立科学发展观，切实增强责任感和紧迫感，按照建立市场经济体制和公共财政的要求，认真研究促进农民增收的思路和措施，扎实推进社会主义新农村建设。

一、促进农民增收、推进新农村建设，必须明确新形势下的支农思路

当前，我国农业和农村经济发展已进入战略性调整的新阶段，农民增收面临许多新情况、新问题，突出表现为农民增收难，农民收入的增长速度呈现阶段性递减趋势。莱芜市自建市以来，全市农民人均纯收入由1992年的955元增加到2006年的5 200

元，按现行价格计算年均递增12.87%，其中1993～1996年增长较快，1996年全市农民人均纯收入达到2 475元，年均递增26.9%；1997年以来增速减慢，年均递增7.6%，比前一阶段下降了19.2个百分点。农民收入增长缓慢的原因，主要是农产品出现全面“卖难”和价格的持续下降、农村剩余劳动力转移困难、农业和农村经济结构调整滞后、农民负担仍比较重等。财政部门必须适应农业发展的阶段性变化，紧紧围绕“生活宽裕”的目标，针对当前农民增收缓慢的问题，及时调整财政支农思路，努力实现“四个转变”：

一是转变支持目标。要由农业发展阶段性变化前以支持增加农产品产量为主要目标，转变为新形势下以支持增加农民收入为主要目标，按照市场经济和公共财政原则，充分发挥财政职能，促进农业和农村经济结构调整、效益提高和农民收入增长。

二是转变支持对象。财政支农资金要重点定位在市场不能配置或市场配置成本过高的领域。凡是市场调节能解决的问题，财政就不支持或少支持；凡是市场调节解决不了或解决不好的问题，财政就多支持。

三是转变支持范围。财政支农资金投入要退出单纯的生产经营领域，转向重点支持基础设施建设、生态环境建设、科技创新及推广、服务体系建设、扶贫开发等公益性、服务性方面。

四是转变支持方式。建立公共财政框架后，市场化运作应成为农业和农村经济的投资主渠道，财政要正确处理与市场经济的关系，解决错位，纠正越位，弥补缺位，发挥拾遗补阙的辅助作用。

二、促进农民增收、推进新农村建设，必须加大支持农业发展的投入

增加对农业的资金投入，是财政支农最基础、最核心的内容。实践证明，财政对农业的资金投入不仅是农业生产得以稳定发展的物质基础，而且在引导集体和农民增加投入方面也有积极作用。当前，要继续坚持“多予、少取、放活”的原则，尤其要在“多予”上下功夫，切实加大支持农业发展的投入。一要根据《农业法》中“财政每年对农业的总投入的增长幅度应当高于财政经常性收入的增长幅度”的规定，进一步调整国民收入分配结构和财政支出结构，努力提高农业在国民收入分配中的比重，确保农业支出达到法定增长比例。特别是当前，要严格按照中央“三个高于”的要求，确保支农资金的增量高于上年，国债和预算内用于农村建设的比重高于上年，其中直接用于改善农村生产生活条件的资金总量高于上年。二要完善财政贴息制度、配套投入机制和以奖代补办法，充分发挥财政资金“四两拨千斤”的作用，引导和鼓励个人、集体、金融、企业、外资和各种经济主体增加农业投入，努力构建多元化的农业投资机制，逐步形成社会主义新农村建设稳定的资金来源。三要认真研究并切实用足、用活、用好世贸组织规则中的“绿箱”和“黄箱”政策，不断提高农业宏观调控和支持、保护农业、农村、农民的效率与水平。四要认真落实各级财政新增教育、卫生、文化等事业经费主要用于农村的规定，不断加大财政支农力度。

三、促进农民增收、推进新农村建设，必须优化支农资金的投入结构

支农资金的投入结构是否合理，直接关系到资金使用效益能不能得到充分发挥，特别是在农业投入供需矛盾将长期存在的情况下，必须在加大支持农业发展投入的同时，进一步优化财政支农资金的投入结构。当前，农业投入应突出以下几个重点：

一是大力支持农业基础设施建设。当前，农业基础设施老化、抵御自然灾害能力弱、农民靠天吃饭的现象仍然存在。这不仅制约着农业的发展，也影响着农业结构调整的进程，是制约农民增收和新农村建设的一大瓶颈。要把加强农业和农村基础设施建设作为一个投入重点，继续搞好农村电网改造、储备粮库建设和生态环境建设，增加对农村供水、供电、电信、道路等方面的投入。要充分认识到，农业基础设施建设单靠财政投入远远不够，必须积极探索BOT（建设—运营—转让）、TOT（转让—运营—转让）等市场化的办法，引导各类资金投资农业基础设施建设，切实改善农民的生产、生活环境，夯实农业生产基础，为促进农民增收创造良好的“硬环境”。

二是大力支持农业科技发展。要切实增强科技兴农意识，大力支持农业科技发展，加快农业科技进步，提高农业科技创新能力。要大力支持实施良种产业化工程，充分发挥良种对发展优质农业的先导作用。要积极扶持农业科研单位开展的农业基础研究，为农业发展储备新技术。要建立扶持农业科技研究和推广的专项资金，大力支持农业科技推广，提高科技成果转化率和科技对农业增长、农民增收的贡献率。要进一步增加对农业职业教育、技术培训的经费投入，加大对农业劳动者的技术培训力度，提高农民素质。

三是大力支持农业结构调整。当前来看，调整优化农业结构仍是增加农民收入最现实、最直接、最有效的途径，财政部门必须加大支持力度。要切实转变观念，坚持以市场为导向，多在引导服务上下功夫，坚决克服用行政命令的方式要求农民搞调整，把农民的积极性调动和保护好。要制定行之有效的扶持政策，近年

来，莱芜市每年拿出部分资金，专项用于扶持养殖大户、奖励农业结构调整先进乡镇等，极大调动了农民调整种植结构的积极性。要重点支持“名、优、特、新”产品的产业结构调整，大力发展绿色食品、有机食品和无公害食品，提高农产品的市场竞争力。要大力支持农业标准化建设，加快建设农产品质量标准和检验检测体系。要大力支持农业信息服务体系建设，加快建立农产品生产与需求的信息系统，用现代化手段指导农民进行结构调整。

*四是大力支持农业产业化经营。*农业产业化是传统农业向现代农业转变的有效载体，是创造新的市场需求、增加农民收入的有效途径。当前，支持农业产业化经营，重点是扶持龙头企业，将生产、加工、销售等环节连成一体，多层次提高农产品的附加值，增加农民收入。要按照“扶大、扶优、扶强”的原则，重点择优扶持一批有优势、有特色、有基础、有前景、能带动区域特色的骨干龙头企业，使其尽快上规模、上水平。要在资金上大力支持农产品加工业尤其是骨干龙头企业，为这类企业的贷款优先提供担保。在扶持龙头企业发展的同时，要加大对农产品市场和农村合作组织或行业协会的扶持力度，把农民和农产品加工企业的生产、销售及经营组织起来，通过企业化运作，使产品以最小的成本进入市场，促进农民多增收。

*五是大力支持农村社会保障体系建设。*目前，我国城市社会保障体系初步建立并日趋完善，而农村的社会保障基本上还是空白，农村养老和医疗问题非常突出。加大对农村社会保障体系建设的投入力度，让包括农民在内的全体公民平等地享受政府提供的社会保障，是社会主义优越性的重要体现。要认真搞好调查研究和测算，尽快建立农村社会保障资金预算，加强财政管理和监督，切实规范农村社会保障支出行为。要在巩固原有的“五保户”制度的基础上，进一步建立健全农民生活保障、灾民救济等制度。要对在城市有比较稳定的职业和住所的农民建立社会保险、经济较发达农村和城郊的农民建立农村社会保险给予必要的支持，逐步建立起规范的农业保险体系和管理体制。

四、促进农民增收、推进新农村建设，必须加快农村剩余劳动力转移

近年来，农民的收入来源已由过去以农业经营收入为主，逐步转为以非农产业收入为主。根据有关理论和国际上以及我国已有的初步实践，在人均收入达到800美元的发展阶段，农民收入的提高主要依靠农业劳动力向非农产业转移。可见，富裕农民必须减少农民，发展农业必须跳出农业，积极促进剩余劳动力的有序转移，是促进农民增收和新农村建设的根本方向。

*一要大力支持乡镇企业发展。*发展乡镇企业是就地转移农村剩余劳动力的主渠道。乡镇企业要有新的发展，必须从量的扩张转到质的提高上来，主动适应国内和国际市场竞争的要求，加快结构调整和体制创新，加快技术更新步伐，促进产品上档次，质量上水平，企业上规模，提高企业的整体素质和发展后劲。要在贴息贷款、资金担保等方面大力支持乡镇企业搞好结构调整和改造，加快体制创新，提高发展水平，特别要把支持乡镇企业与农业产业化结合起来，大力支持乡镇企业发展农产品加工业，积极引导乡镇企业向特色工业园区和小城镇集中，以利于环境的保护，并形成集聚效应，促进农村二、三产业和多种经营的快速发展，拓展农村的就业领域，为农民创造新的就业机会。

*二要大力支持小城镇发展。*只有减少农民，才能富裕农民，要减少农民，转移农村剩余劳动力，根本出路在于加快推进城镇化、实现农民就业非农化。要进一步加大对小城镇基础设施的投资力度，并把引导乡镇企业合理聚集、扶持农村服务市场体系发展等与支持小城镇建设结合起来，不断完善小城镇功能。对农民在小城镇兴办非农产业的，要从资金、税收等方面给予扶持。要降低农民入城的门槛，逐步消除城乡之间的不平等现象，给农民提供“国民待遇”。要坚持城乡一体化的政策导向，鼓励农民进城安家立业，拓展农民的就业空间，并为他们的学习、工作和生活创造平等的环境。要加大户籍改革的力度，打破城乡隔离的壁垒，按照国际惯例，逐步建立起城乡一体化的户籍、流动人口管理制度，实现城乡人口合理、有序、自由流动。

*三要大力支持劳务输出。*劳务输出是转移农村剩余劳动力、增加农民收入、提高农民素质的一条捷径。当前，大力支持劳务输出，首要的是认真清理对农民进城务工的各种歧视政策，取消对农民工的各种不合理收费，改善农民进城务工的环境。其次要支持建立统一开放、竞争有序、城乡一体的劳动力市场，取消城乡分割的户籍制度，及时为农民工提供就业信息，加强就业培训和指导，努力扩大农民的就业空间。再其次要充分发挥财政职能，适当承担农民工的劳务输出培训费；对劳务输出公司实行优惠的财税政策；设立专门基金，对组织劳务输出工作成绩显著的单位进行奖励等，调动各个层次劳务输出的积极性。莱芜市从2003年起，每年在预算中专门安排一部分资金，用于奖励劳务输出先进乡镇（办事处）和先进劳务输出公司，极大调动了各乡镇（办事处）和劳务输出公司的积极性，加快了农村劳动力转移步伐，目前全市有组织的农村劳动力转移达57 000多人。

五、促进农民增收、推进新农村建设，必须进一步规范农村分配秩序

近几年农村税费改革的实践证明，推行农村税费改革是规范农村税费行为、减轻农民负担的根本措施。莱芜市2001年开始农村税费改革试点，2002年取消“三提五统”、屠宰税以及专门面向农民征收的行政性收费，2003年取消农业特产税、停征乡村公益金，2004年降低农业税税率3个百分点，2005年在全省率先全面取消农业税，与改革前相比，全市农民每年减负1.37亿元。进一步规范农村分配秩序，推进社会主义新农村建设，必须继续下大力气抓好农村税费改革。当前，应主要做好以下几项工作：

一要进一步改革农业补贴制度。要继续对重要农产品实行最低保护价制度，进一步加大农产品价格补贴力度。当前，尤为重要的是继续搞好对种粮农民的直接补贴、农产品良种补贴、农机具购置补贴等工作，并积极探索种粮农民收益综合补贴制度，努力让农民得到更多的实惠。

二要严格规范涉农收费。要进一步对农民负担的收费项目进行彻底清理，坚决取消各种乱收费行为。要进一步规范所保留的农民负担收费项目的设置，减少征收主体，降低收费标准。要严格实行涉农收费制度，将所有的涉农税收、价格、收费全部面向社会和群众公开，严格征收范围、标准和程序，认真落实涉农负担案（事）件责任追究制度，从根本上堵住增加农民负担的口子。

三要加快推进各项配套改革。农村税费改革能否成功，归根到底取决于各项配套改革是否到位。要进一步研究具体的政策措施，大力支持推进乡镇机构改革、农村义务教育经费保障机制改革、农村公共卫生体制改革以及农村金融体制和粮食流通体制等农村综合改革，切实巩固农村税费改革成果，确保实现“转变职能、强化服务，精简机构、分流人员，减少支出、提高效率”的目的，切实防止农民负担反弹，让农民得到更多的实实在在的利益。

（作者为莱芜市财政局局长）

扩大公共财政覆盖面　促进社会主义新农村建设

张少波

党的十六届五中全会作出了建设社会主义新农村的重大战略部署。建设社会主义新农村，财政担负着重要职责和任务。为了充分发挥财政的职能作用，有针对性地做好新农村建设工作，市财政局联合卫生、民政、劳动和社会保障部门，就扩大公共财政对农村的覆盖问题，重点围绕支农政策落实、农村义务教育、公共卫生、社会保障、社会公益事业发展等情况进行了深入调研。在调研的基础上，根据中央和省支持新农村建设的有关政策，结合临沂市实际，就扩大公共财政对农村的覆盖问题作点探讨。

一、公共财政对临沂市农村的覆盖现状

近几年来，全市各级高度重视“三农”工作，认真贯彻落实中央和省关于做好“三农”工作的一系列指示精神，坚持统筹城乡发展、统筹农村经济社会发展，按照公共财政建设的要求，积极调整支出结构，不断加大对“三农”的投入力度，公共财政对农村的覆盖范围逐步扩大，农村经济和社会事业有了长足发展。2005年各级财政支持“三农”投入达到31.79亿元，相同口径增长22.8%，其中支农支出6.39亿元，增长17.6%。

（一）认真落实支持农业生产的政策，不断加大支农投入。工作中，认真落实“三项补贴”政策，重点实施“三大支农工程”。“三项补贴”：一是粮食直补政策。2004年以来，共为231万户种粮农民发放补贴资金1.36亿元，直接享受补贴实惠的农民达789万人，较好地调动了农民种粮积极性。2005年小麦种植面积比2004年增加73.7万亩，达到558.47万亩。二是良种补贴政策。2004年发放良种补贴460万元，补贴面积100万亩；2005年省、市财政安排良种补贴2 630万元，补贴优质专用小麦种植面积261万亩，促进了区域化种植。三是农机具购置补贴政策。2004年以来，共发放农机具购置补贴435万元，补贴农机具购置户690户，加快了农业机械化发展步伐。“三大支农工程”：一是千村人畜饮水解困工程。共完成投入2.7亿元，其中省财政支持6 500万元，市财政投入5 000万元，解决了1 333个村116万人的饮水困难，广大群众对此非常满意，国家水利部、省财政厅和市委、市政府都给予了充分肯定。二是百万农户致富工程。从2004年开始3年内，由市财政每年拿出专项资金，用于致富工

程的贷款贴息、补助、技术推广和奖励，各县区财政按照1∶1的比例予以资金配套。2004年，全市共发放致富工程贷款43.8亿元，贷款户数34.3万户，其中贴息贷款14.9亿元，贴息农户15.4万户，市、县区两级财政共拨付贴息资金1 977万元。2005年市财政贴息1 603万元，发放贴息贷款10.08亿元。通过实施这项工程，仅2004年就新发展各类高效农产品种植、养殖、加工项目13万个，户均实现现金收入2万多元，带动全市农民人均增加纯收入150多元。三是“千村帮扶”工程。为解决村级集体经济薄弱、无钱办事的问题，2003年以来，在全市实施了“千村帮扶”工程，每年从市县乡机关选派3 600多名干部组成工作组，进驻到全市1 078个经济薄弱村进行集中帮扶。先后帮助整顿后进村班子548个，向帮扶村投入扶持资金1.15亿元，其中财政安排资金390万元，帮助新上村级集体经济项目1 988个，年村级收入3万元以上的村已达778个，占帮扶村总数的72%。

在落实“三项政策”、实施“三大支农工程”的同时，积极筹措资金，加大其他方面的支农投入。加强农田水利基本建设，2002年以来共完成投入3亿元，改造中低产田43.6万亩，新增和扩大灌溉面积41.8万亩，农业综合生产能力得到较大提高。加大土地整理开发力度，市财政2004年以来投入资金1.59亿元，开发整理土地11 378公顷，新增耕地面积2 495公顷。实施山区特困村搬迁，投入1 400万元，搬迁了46个山区特困村1 875户农民，有效改善了特困村群众的生产生活条件。大力支持农业产业化龙头企业，市级以上财政每年投入600多万元（其中市级每年安排300万元）用于产业化龙头企业的奖励和贴息，全市农业产业化龙头企业已发展到1 057家，其中56家年销售收入过亿元。

（二）积极筹措资金，促进农村义务教育、卫生等社会事业发展。一是不断加大投入，促进农村义务教育发展。优先保障乡镇中小学教师工资，全部达到国定标准。农村义务教育投入逐年增加，2004年全市农村义务教育支出9.1亿元，增长12.3%，占全市教育预算内投入的56.6%；全市当年新增教育支出1.25亿元，其中用于农村的支出1.05亿元，占新增教育支出的84%。2005年农村义务教育支出10.21亿元，增长12.2%。农村中小学危房改造成效明显，财政累计投入2.36亿元，改造危房70万平方米，有效改善了中小学校舍，保证了师生安全。“两免一补”政策得到较好落实，2004年减免困难学生课本费、学杂费和补助寄宿生生活费783.5万元，2005年落实“两免一补”资金1 507万元，受益学生8.65万人次，促进了义务教育就学率的提高。农村党员远程教育支持力度加大，近3年省、市财政共投入5 200万元（其中市级安排2 000万元）支持这项工程，提高了农村党员素质，巩固了基层党组织，也推广普及了农村科技知识。二是大力支持农村公共卫生体系建设，促进农村卫生事业的健康发展。2004年，全市农村卫生支出0.41亿元，增长28%；新增卫生支出2 299万元，全部用于农村。2005年农村卫生支出达0.54亿元，增长32%。积极推行新型农村合作医疗试点。沂水县、苍山县、莒南县被省政府确定为全省农村合作医疗试点县，并在其他县区确定9个市级试点乡镇，农村合作医疗覆盖面逐步扩大，目前全市共有305.2万农民参加了新型农村合作医疗。累计筹集合作医疗基金9 200万元，其中省、市、县财政补助资金4 600万元，累计为农民报销医疗费4 100万元。新型农村合作医疗制度的实施，对解决农民看病难、减轻农民就医负担和缓解农民因病致贫、返贫问题发挥了积极作用。加大乡镇卫生院改造力度，2002年以来各级财政投入资金2 430万元，有效改善了农村医疗设施条件。支持疾病预防控制和传染病救治“两个体系”建设，2002年以来财政投入资金2 155万元，提高了疾病预防和应急处理能力。三是支持农村计划生育事业发展。每年各级财政安排计划生育免费技术服务费约2 700万元。实行部分计划生育家庭奖励扶助制度，2005年发放扶助金360万元；为9 585名农村计划生育专职主任发放岗位补贴460万元，促进了计划生育工作的顺利开展。四是不断加大农村科技投入。2002年以来财政累计投入3 625万元，重点支持了农村科学普及、送科技下乡及农村实用技术培训，有效提高了农民科技素质。“科普村村通”工程进展顺利，各级财政投入280万元，目前已完成6 023个，占总数的84%。五是大力加强农村公共基础设施建设。2003年以来，在全市范围内实施了“村村通公路”工程，完成投入23亿元，其中交通系统投入8亿元，国债转贷资金1.1亿元，财政补助340万元，累计完成村村通里程1.1万公里，实现了村村通公路的目标。健全完善农村现代流通服务体系建设，在5个县区初步建立了村民综合服务中心和便民超市，促进了农村流通。加快小城镇建设步伐，2004年以来市级财政支持小城镇建设资金600万元，县乡两级也多方筹措资金，加大小城镇建设力度，农村小城镇面貌发生了较大变化。

（三）紧密结合实际，切实做好农村社会保障工作。农村社会保障是整个社会保障工作的重要组成部分，是全面建设小康社会的关键所在。近几年来，各级高度重视和加强农村社会保障工作，以农村低保、养老保险、社会救助等为主要内容的农村社会保障体系不断完善。2004年，全市社保支出9.88亿元，其中农村社保支出1.5亿元，占总支出的15%。2005年全市社保支出达11.86亿元，增长20%，其中农村社保支出2.6亿元，占总支出的21.9%。对农村低保实行定期定量救助制度，2004年以来发放救助金2 482万元，救助14.4万人次。农村养老保险有了初步发展，目前参保人数50.2万人，占农业人口的6%，养老保险基金累计归集2.79亿元，有1.03万人领取养老保险金。按照省里的要求，逐步规范五保户供养制度，2004年以来通过筹集福彩公益金投入270万元，改扩建敬老院26处，供养五保户30 310人，其中集中供养6 266人，集中供养率为21%，分散供养24 044人。认真落实优抚政策，全市有在乡老复退军人、老烈属、老伤残、老红军等农村优抚对象67 454人，2004年以来财政拨付优抚资金2.58亿元。支持农村劳动力转移，重点加强劳动力转移培训，2004年以来财政共投入1 292万元，培训农村劳动力16.7万人，转移劳动力87万人次，其中有组织输出劳务39万人次。农村社会保障制度的实施，使农民特别是农村弱势群体的基本需求和利益得到初步保障。

*（四）完善县乡财政体制和乡村经费保障机制，增强基层自我保障和自我发展能力。*按照中央、省关于加强县乡财政建设的部署要求，认真落实缓解县乡财政困难的有关政策，着力解决好县乡工资发放和基层运转问题。一是进一步完善县对乡财政体制。要求各县区结合实际，根据对乡镇教师和离休人员“两费”进行县级统筹的政策要求，重新核定乡镇收支范围和基数。对县乡共享税种适当提高乡镇分成比例，保证乡镇有较为稳定的收入来源；除主体税种外，对地方小税收入原则上全部划归乡镇所有，县级不再集中，充分调动乡镇培植财源、发展经济的积极性，增强乡镇财政实力，保障工资发放、正常运转等基本支出需要。二是加大对县乡转移支付力度。2005年临沂市经过积极争取，有8个县被纳入中央和省级财政困难县，共获得上级财政各项奖补资金2.09亿元，农村税费改革转移支付资金1.54亿元。按照“重心下移”的要求，市财政在保持原对下各项转移支付规模的基础上，专门拿出一块配套资金与中央、省帮扶资金捆在一起，共同加大对县乡的帮扶力度。对乡镇编制内人员工资达不到国家规定标准的，全部补齐到国定标准，并及时足额发放。三是确保村级组织正常运转。根据省里要求，按平均每村不低于2万元的标准，从农村税费改革转移支付资金及农业税附加中对村级经费给予补助。要求各县区对这块资金必须足额到位，并加强监管，连同村级自有收入，一同纳入乡镇财政专户管理，核算到村，明细到项，确保村办公经费、村干部报酬和五保户供养等经费的正常需要。

二、公共财政覆盖农村过程中存在的困难和问题

尽管公共财政对农村的覆盖有了一个良好的开端，取得了可喜的成效，但是与落实科学发展观、构建和谐社会和建设社会主义新农村的要求相比，在各个方面都还有很大差距，存在许多困难和问题。主要体现在以下几个方面。

*（一）县乡财政困难，债务负担沉重。*尽管近几年县乡财政实力逐步增强，但实事求是地分析，目前本市县乡财政状况整体上还比较困难，基本上是“吃饭”财政。2004年，全省地方财政收入超过5亿元的县（市、区）有31个，而临沂市12个县区中，仅有兰山区和沂水县地方财政收入分别超过4亿元和3亿元。乡级财政收入中，全市还有15个乡镇地方财政收入不足200万元，最少的乡地方财政收入只有76万元。2004年临沂市县乡人均财政支出仅为18 967元，比全省平均水平低11 524元。在县乡财政全部支出中，用于工资发放的支出达到79%，加上各种法定支出项目以及硬性增支政策带来的支出压力，财政收支矛盾十分突出，支持经济和社会事业发展力不从心。

在县乡财政比较困难的情况下，为了保工资、维持正常运转和支持社会公益事业发展，县乡财政不得不举债，致使负债规模不断扩大。目前县乡财政的债务主要是显性的财政周转金、世行贷款、国债转贷资金、粮食风险资金以及国内金融组织借款等，而更为广泛存在的则是隐性债务，如应付未付的各种支出。同时，由于历史原因，村级也积累了不少债务。县、乡、村债务面广量大、包袱沉重，加剧了财政困难，形成了潜在的财政风险，严重制约了农村经济社会发展，影响了基层政权运转和社会稳定。

*（二）对农村的投入严重不足，公共财政覆盖农村的程度和层次不深。*由于县乡财政困难，造成对农村的投入严重不足，公共财政覆盖农村的层次比较低，覆盖面比较窄，效果不够明显，农村各项事业发展仍然比较滞后，欠账很大。在农村义务教育发展方面，受县乡财力和财政体制影响，农村中小学教师工资执行标准较低，而且标准不统一，有的乡镇之间工资水平差距较大，县乡之间工资差距更大，一定程度上影响了农村教师的积极性；多数县乡农村中小学生均公用经费达不到省定小学每生每年240元、初中每生每年340元的最低定额，有的差距较大，无力对农村义务教育加大投入；农村教育资源总量、规模与城市相比差距很大，很多学校缺乏实验仪器和图书等教学设施设备，办学条件相对比较落后，远远

不能满足教育教学需要；危房改造任务仍然很重，目前全市还有790所学校未完成改造任务，危房面积51.9万平方米，总投资约需3.1亿元；贫困学生“两免一补”覆盖率低，发放数额少等。这些都严重影响了农村义务教育的健康发展。在农村卫生事业发展方面，公共卫生急需加强，疾病预防控制、传染病救治“两个体系”建设不够完善，传染病防治应急能力不强；卫生资源总量不足，大部分乡镇卫生院医疗设施落后，缺少诊疗仪器设备，缺少技术人才，难以有效发挥功能；村卫生室条件普遍较差，群众看病不放心，制约了农村卫生事业的发展，影响了合作医疗的普及。在农村社会保障方面，整体差距非常大，保障体系很不完善，保障的层次低、范围小、覆盖面窄，有的甚至连农村弱势群体的最低需求都保障不了，还有许多需要保障的对象得不到保障，可以说农村社会保障问题是当前农村社会发展最薄弱的环节。农村养老保险参保率低，仅为6%，主要原因是各级财政和村集体对参保农民无任何补贴，致使农村养老保险对农民没有吸引力，农民参保意识不强，积极性不高，甚至不愿参加；农村低保制度还没有建立起来，目前实行的是定期定量救济制度，救济对象主要为农村特困户，所占比例较小，如蒙阴县农村低保户只有655户、1 146人，占该县农村人口的0.2%；农村五保户集中供养率低，仅为20%，与省政府提出的60%的目标要求差距很大；其他社会保障项目也很少，目前仅局限在救灾救济、优抚安置等方面。在农村基础设施建设方面，投入严重不足，如“村村通公路”工程，除了国债转贷、交通补助资金外，其余主要靠乡镇财力和村集体解决，增加了基层负担；农村路、水、电等基础设施都还比较薄弱，农业综合生产能力需要进一步提高等。

（三）部分乡镇和村级组织运转困难。税费改革后，全市乡村两级减收8.75亿元，省、市转移支付补助7.82亿元，缺口0.93亿元。由于转移支付是基数性补助，而乡村支出却呈刚性增长，随着农业税的逐步取消，乡村两级将更加困难。从乡镇情况看，2004年全市乡镇总财力21.05亿元，而工资性支出17.89亿元，占总支出的85%；扣除工资性支出，可用于公用经费支出的财力3.16亿元，人均可用财力只有2 170元，部分乡镇无法保证办公、通讯、车辆燃修等正常公用经费。从村级情况看，由于上级对村级的补助有的地方不能足额到位，再加上有的村债务负担较重，集体经济薄弱，没有收入来源，致使部分村级组织运转比较困难。有的村干部甚至多年拿不到工资，成为义务干部，挫伤了工作积极性，影响了基层干部队伍的稳定。

（四）筹资渠道狭窄，兴办农村公益事业难。农村税费改革后，乡、村两级保工资、保运转非常吃力，用于支持农村公益事业发展的资金严重不足。按照税费改革政策的要求，在乡村两级收入不足的情况下，发展农村公益事业只能采取“一事一议”的办法。一方面，“一事一议”标准低、数额小，与农村公益事业发展的实际需要相距甚远；另一方面，受各方面因素制约，当前农村“一事一议”执行难度较大，存在事难议、议难决、决难办的问题，严重影响了乡村公益事业的发展。

（五）“三项补贴”标准低，成本高，补贴数额远远不能满足农民的需要。一是补贴数额较少，标准有待进一步提高。从调研的情况来看，不少农民反映每亩13元的粮食补贴标准相对较低，虽然农民得到了一定实惠，但是由于农业生产资料价格也在不断上涨，农民的种粮成本仍然较高，目前的补贴标准还不能充分调动农民的种粮积极性。二是补贴范围和对象有待逐步扩大。对粮食直补政策，由于粮食补贴品种单一，仅限于小麦，使小麦种植面积小的山区县受益面小，不利于调动农民的种粮积极性。如沂水县大部分耕地处于丘陵、山地，2005年该县农业税计税面积达116万亩，而粮食直接补贴面积即小麦种植面积为40.7万亩，仅占计税面积的35%，很多农民因土地不适宜种植小麦而享受不到补贴。单独对种植小麦进行补贴的做法，不符合对种粮农民直接补贴的普遍性和横向公平性。三是补贴发放成本较高。尤其是粮食直补、良种补贴费时费力，每次补贴都要丈量土地、核实面积，并将补贴资金发放到农民手中，耗费大量人力、物力，大大增加了工作量和行政成本。四是对购置农机具补贴投入不够，不能适应农业机械化发展需要。

三、建议和措施

党的十六届五中全会指出，“建设社会主义新农村是我国现代化进程中的重大历史任务”，突出强调“要统筹城乡经济社会发展，推进现代农业建设，全面深化农村改革，大力发展农村公共事业，千方百计增加农民收入”。在全省“三农”工作会议上，省政府要求重点落实“三项政策”，积极推进“三个转变”，努力实现“三个确保”。按照这些思路和要求，结合当前农村的实际，我们认为，扩大公共财政对农村的覆盖，建设社会主义新农村，要认真贯彻落实党的十六届五中全会精神，按照科学发展观、构建和谐社会的要求，继续把解决“三农”问题放在突出位置予以大力支持，深化农村公共财政体制改革，促进城乡经济社会协调发展。为此，提出如下措施和建议：

（一）加快县域经济发展，大力培植地方财源。经济发展是财政的基础，是缓解县乡财政困难、壮大县乡财政实力的根本途径，也是加大“三农”投入、扩大公共财政对农村覆盖面的基本要求。从临沂市县域经济发展情况看，要结合培植“三个一批”，下大力气培植骨干企业，从政策、资金、土地、技术等方面支持骨干企业做大做强，促进中小企业整合提升，增强对财政的贡献能力。积极发展服务业特别是新兴服务业，放宽政策，创造环境，加快发展，使其成为国民经济的支柱产业和地方财政收入的重要来源。大力发展园区经济，完善基础设施，扩大招商引资，形成规模优势，增强园区经济的竞争力。

*（二）整合财政资金，集中财力解决制约农村经济社会发展的薄弱环节和重点问题。*由于传统体制遗留的部门预算分配权，造成表面上中央和省对农村没少给钱，可是地方财政仍不“解渴”，原因一方面是专项资金的杂、乱、散、多，专项资金安排失当，实际执行并未达到预期效果；另一方面就是挤占、挪用比较普遍，损失浪费严重。因此，整合上级财政专项资金迫在眉睫。应从建立公共财政体制、优化分配结构出发，遵循财力集中的原则，打破部门利益，整合各项专项资金，形成支农资金合力，集中财力保重点、办大事，提高财政资金使用效益，降低公共财政建设的成本。如千村人畜饮水解困资金的安排使用就很好，集中财力，集中时间，基本解决了全市人畜饮水困难。蒙阴县乡镇一级集中财力建设寄宿学校的办法也很好，应积极推广，逐步解决农村校舍前修后危的问题。

*（三）合理安排公共财政支持社会主义新农村建设的重点和顺序，真正想农民之所想，急农民之所急，帮农民之所需。*在当前各级财力有限、对农村投入不足的情况下，公共财政覆盖农村必须分阶段、分区域、有重点地进行覆盖，本着先急后缓的原则，先保障农村社会稳定和农民基本生活需要，后创造条件促进农村发展；先保证纯公共产品，后提供准公共产品和混合产品。通俗地讲，公共财政覆盖农村怎么覆盖，先覆盖什么，后覆盖什么，一个最基本的遵循就是看“老百姓最需要什么，公共财政就先覆盖什么”。通过调研，我们发现，当前老百姓最迫切需要解决的就是社会保障问题，希望能老有所养、病有所医、困有所助。这也是财政支持社会主义新农村建设的切入点和突破口。因此，当前和今后一个时期，扩大公共财政对农村的覆盖，要在保工资、保稳定、保正常运转的基础上，积极调整财政支农结构，优先保障低保、养老、救助等社会保障，建立完善农村社会保障体系，同时要大力支持农村教育、卫生、文化等社会事业发展和基础设施建设，逐步解决农村保障难、上学难、就医难、吃水难、行路难等实际问题，让公共财政的阳光更多地照耀到农村，促进城乡协调发展。

*（四）加大上级扶持力度。*尽管中央和省已安排了农村税费改革专项转移支付，但仍不能弥补因税改政策调整带来的县乡收支缺口，而各项支出仍呈持续刚性增长的态势，收支缺口势必越来越大。因此，建议中央和省进一步加大对县乡的转移支付力度。特别要加大对农村义务教育支出的保障力度。农村义务教育经费在乡镇财政支出中占有很大比重，实行分级管理、以县为主的管理体制后，由于县级财政本身也相当困难，很难保证教育经费需要。建议通过加大投入，使中央和省成为农村义务教育的投入主体，可采取设立农村义务教育专项转移支付的办法，从财力上给予支持。

*（五）改革完善农村公共财政管理体制。*一是合理划分政府事权关系。按照精简、高效的原则，进一步规范省、市、县、乡四级事权范围，对各级财政支出责任予以明确，并使之稳定和规范化。总的原则应当是“谁办事、谁拿钱”，各负其责，各司其职。应属中央和省级财政承担的支出，不应转嫁给县、乡财政。上级政府委托县乡政府承办的事务，应足额安排专款，最好不要让县、乡财政安排配套资金，以免增加地方财政负担和债务风险；属于共同事务，应积极探索共同事务的经费负担办法，根据各方面受益程度，并综合考虑县、乡财政的承受能力，确定合理的负担比例。二是完善县乡财政体制。在调整完善市对县区财政体制的基础上，进一步完善县乡财政体制，合理划分事权、财权，确定各乡镇财政收支范围，充分调动乡镇增收节支的积极性，建立乡镇财力稳定增长机制。合理确定县乡财力比重结构，对乡级财力占县区财力比重低于全市县区平均水平的，加大对其转移支付力度，提高乡级财力占县区财力的比重，力争2~3年达到全市县区平均水平。积极推行“乡财县管乡用”和“村财乡管村用”改革，规范乡村收支行为。三是进一步改革农村义务教育管理体制。明确划分各级政府管理教育的职权和范围，按照事权与财权统一的原则，确定各级财政承担的教育经费的范围和程度，并在财政管理体制中予以保证，财力不足者，由上级财政予以转移支付，帮助县级提高义务教育经费的保障能力。理顺中小学财务管理体制，尽快实现中小学财务全部由县级教育行政部门统一管理，财政部门负责监管，提高教育经费的使用效益。依法严格控制学生辍学，对家庭经济困难学生实行“两免一补”，确保农村义务教育阶段在校生的巩固率达到规定要求。加大农村中小学危房改造力度，进一步改善办学条件。四是改革卫生管理体制。明确县、乡两级政府在农村公共卫生建设中的职责，理顺管理体制。同时切实加强对

医院的监督管理，降低药品价格，确保药品质量，促进农村合作医疗的开展。五是建立农村公益事业投入的长效机制。在各级财政加大投入的基础上，引入市场机制，拓宽融资渠道，鼓励支持个人和社会组织投资农村公益事业。

（六）积极化解县乡村债务，严格控制新增不良债务。鉴于乡村两级债务沉重，县乡财政步履维艰，仅靠地方解决债务包袱无能为力的实际，为使县乡财政轻装上阵，建议上级在政策、资金等方面给予倾斜。对基金会、城市信用社、国债转贷、周转金、世行贷款、义务教育达标升级欠款等，争取上级财政适当豁免，以减轻县乡村还债压力，降低基层债务风险。认真清理债权债务，分门别类登记造册，采取多种形式化解债务。如加快发展经济，通过增收还债；建立财政偿债准备金制度，逐步偿还债务；积极催收单位和个人拖欠乡镇政府和村集体经济组织的各项款项（农民负担尾欠款除外），用于清偿债务；盘活存量资产、拍卖还债等。同时，建立债务防范和控制机制，坚决控制新增债务。对乡村确需举债的，明确还款渠道、还款期限和还款责任，实行“向上申报，下管一级”。严格举债责任追究制和乡镇领导干部离任债务审计制度，把偿还债务和制止乡村新增债务作为考核乡（镇）村干部任期目标和工作实绩的重要内容。

（七）公共财政覆盖农村的政策应该因地制宜、区别对待。在出台政策和为民办好事、办实事时，应充分考虑县乡财政的实际情况，既要提高实效性，又要尽量减轻基层财政负担。建议适当提高“三项补贴”标准。粮食补贴应考虑区域种植结构的差异，扩大补贴品种，充分调动农民种粮积极性。粮食直补和良种补贴可以合而为一，一并予以补贴，以减少行政成本。同时，结合我市实际，进一步研究制定有关支农、惠农的政策措施，加大对“三农”的支持力度。

（作者为临沂市财政局局长）

德州市县乡教育投入机制的分析及改革思路

战士平

百年大计，教育为本；国运兴衰，系于教育。教育是一个民族最根本的事业，在我国社会主义现代化建设中具有基础性、先导性、全局性的作用，我们必须切实把教育摆在优先发展的战略地位。目前，我国正处在体制深刻转换、结构深刻调整、社会深刻变革的重要历史时期。在这样一个时期内，教育事业的发展面临着严峻的挑战，突出表现为人民群众对于优质教育资源有着强烈需求，而优质教育资源供给又严重不足的矛盾。

“十五”期间，德州市教育投入尤其是农村中小学经费投入增幅较大，取得了显著成绩，各级政府克服困难，认真落实国家、省筹措教育经费的各项法律法规和政策，千方百计地增加教育投入，使全市教育经费投入总量指标都有不同程度的提高，确保了政府教育投入的主渠道地位。

同时，当前德州市农村中小学教育改革和发展过程中存在许多困难和问题，较为突出的是：城乡之间、区域之间的教育发展存在较大差异；全面推进素质教育面临很大困难；农村中小学教师队伍还存在突出的质量和结构性问题；教育投入不足等。这些困难和问题都是前进和发展中困难和问题，要正视它们，并通过改革和发展的办法积极予以解决。

一、德州市县乡中小学基本情况

2006 年，全市共有中小学 1 294 处（中学 265 处，小学 1 029 处）。其中：县乡中小学 1 208 处（中学 229 处，小学 979 处），占总数的 93.4%，在校生 56.6 万人，教职工 41 911 人。

“十五”期间，农村中小学预算内教育事业费收入由 2001 年的 3.49 亿元逐年增加到 2005 年的 4.32 亿元，年均递增 5.5%。事业收入由 2001 年的 7 000 万元逐年增加到 2005 年的 8 200 万元，年均递增 4.31%。杂费收入由 2001 年的 5 900 万元逐年增加到 2005 年的 7 400 万元，年均递增 5.74%。教育经费总支出，由 2001 年的 5.46 亿元下降到 2005 年的 5.3 亿元，下降 0.77 个百分点。主要原因是 2002 年农村教育费附加因费税改革被取消，致使 2002 年、2003 年公用经费支出大幅下降。预算内人员经费支出由 2001 年的 3.24 亿元逐年增加到 2005 年的 4.11 亿元，年均递增 6.19%。预算内公用经费支出 2001 年为 2 500 万元，到 2005 年为 2 400 万元，年均降低 0.85 个百分点。综观全市“十五”期间农村中小学教育收支情况，教育投入呈逐年增加态势，但增幅较小，慢于全省平均增长水平。由于受政策体制和需求增加的共同影响，农村中小学教育支出略显不足，总支出出现了负增长。

二、存在的困难和问题

1. 农村税费改革的实施使农村义务教育出现了新的情况和问题。农村税费改革是继土改运动和联产承包责任制之后我国农村的第三次重大改革，它是国家深化农村改革、规范农村税费制度、发展农村经济、减轻农民负担、提高农民收入的重大举措，也是新形势下对国家、集体和个人分配关系的重大调整，农村税费改革在减轻农民负担方面的成效是不容置疑的。

从长远来看，取消农村教育费附加和农村教育集资，将农村教育经费纳入政府预算予以保证，对增加农村教育的投入，保证农村教育的发展无疑起着积极的作用。但就目前而言，随着税费改革后农村义务教育经费筹措渠道的减少，使本就投入不足的农村义务教育面临更为严峻的考验，若不认真对待，必将对税费改革的顺利进行带来严重的负面影响。

德州市从2002年起全面实施农村税费改革，取消了农村教育费附加和教育集资，由于地方财力紧张，一时难以弥补资金缺口，预算内教育经费没有相应足额增加，形成了农村教育经费的严重短缺，农村义务教育受到极大影响，甚至有的地方义务教育陷入困境，农村义务教育的办学水平受到极大挑战。

2. “以县为主”的义务教育管理体制尚未完全落实，多数县（市、区）农村中小学教师工资标准不一。“十五”期间，德州市义务教育实行由地方政府（县、乡两级政府）负责管理和多渠道筹集资金的体制。这种体制使地方基础教育的发展完全取决于当地经济的发展情况和地方政府财政收入情况，地区之间经济发展的不平衡直接导致了教育发展的差异。“十五”末，德州市尚有很多的县市未真正建立“以县为主”的义务教育管理体制，而已经建立“以县为主”的义务教育管理体制的县，不少因县级财政能力有限，并不能从根本上解决农村义务教育投入问题。

“百年大计，教育为本；教育大计，教师为本。”一支稳定的教师队伍对教育事业的发展是至关重要的。而目前农村中小学教师工资发放标准全市还不统一，在一定程度上影响了农村教师队伍的稳定性，挫伤了他们的工作积极性，对素质教育的实施势必产生不良影响。应该说，“以县为主”的农村义务教育管理体制促进农村义务教育投入总量不断增加，农民负担逐步减轻。但由于县域经济发展差别较大，教育投入的水平也相差较大，不少县级财政难以承受农村义务教育的重任。甚至有的县连最基本的人员工资都负担不了，根本无能力增加教育投入。根据《省政府办公厅转发省教育厅关于2005年度综合督导评估情况的报告的通知》（鲁政办发〔2006〕61号）公布的结果，截至2005年12月，全市还有10个县（市、区）县域内教师工资执行两个标准。

另外，“以县为主”的义务教育管理体制并没有对中央、省政府的具体投入责任进行明确的划分，也没有对其所应承担的责任进行明确界定。这样，义务教育投入的责任主体不明确，只好依赖于当地经济的发展，区域经济发展的差异又导致了义务教育发展的不均衡。因此，教育经费保障机制的不健全是义务教育发展差异的更深层次原因。

3. 教育经费使用效益有待进一步提高。目前，德州市的教育经费既有严重短缺的一面，也存在着使用效益不高的问题。在一些地区教育资源利用率不高，尚未实现教育资源的优化配置，“条块分割”的状况也未得到根本性改变。不少学校的教学仪器、设备和图书资料利用率不高，低水平重复建设，追求“小而全”和外延发展的现象仍然普遍存在，这无疑进一步加剧了教育经费投入不足的矛盾向纵深发展。另外，“以县为主”的教育财务管理体制还不健全，多数县（市、区）尚未实行“校财局管”。

三、对策和建议

深化农村义务教育经费保障机制改革，建立健全新型农村义务教育经费保障机制应该是必然之举。建立健全农村义务教育经费保障机制是进一步减轻农民负担，巩固和发展农村税费改革成果，推进农村综合改革的重要内容；是完善以人为本的公共财政支出体系，扩大公共财政覆盖农村范围，强化政府对农村的公共服务，推进基本公共服务均等化的必然要求；是促进教育公平和社会公平，巩固和发展农村税费改革成果，推进农村综合改革的重要内容；是科学合理配置义务教育资源，完善“以县为主”管理体制，加快农村义务教育事业发展的有效手段。

1. 发展基础教育是政府最基本的责任之一。提供足额的经费支持和正确的政策导向，是政府主要的任务和历史使命。要建立责任清晰的财政转移支付制度，保障起码的社会公平。

2. 逐步建立中央、省、市、县分担义务教育经费的机制。加大省级以上财政对农村义务教育转移支付的力度，确保农村中小学教师工资按照国家标准按时足额发放。当前经济发达国家的义务教育公共投资并不实行“主管者负担”的原则，而是由各级政府共同负责，合理分摊。根据成本补偿理论和公共产品理论，农村义务教育投入应以中央和省级为主。省级人民政府要负责统筹落实省以下各级人民政府应承担的经费，制订全省各级政府的具体分担办法，完善财政转移支付制度，确保中央和地方各级农村义务教育经费保障机制改革资金及时落实到位。我国现行的财政结构体系决定了中央和省级财政实力雄厚、县级财政捉襟见肘、乡级财政入不敷出的状况。因此，在实行“以县为主”的义务教育管理体制时，义务教育经费投入不宜笼统地提倡“以县为主”。

3. 落实免除农村义务教育阶段学生杂费资金。认真贯彻落实《山东省人民政府关于实施农村义务教育经费保障机制改革的通知》（鲁政发〔2006〕97号）文件精神，2007年达到省定生均公用经费标准，即农村初中每生每年300元，农村小学每生每年210元。所需资金由省（含中央财政补助）、市、县共同承担，其中省财政承担80%。

4. 提高农村义务教育阶段中小学公用经费保障水平。拨款标准2007年农村初中每生每年不低于40元，农村小学每生每年不低于30元，2008年以后根据国家的部署适时调整，逐步达到中央制定的公用经费基准定额标准（初中550元/生·年；小学350元/生·年）。所需资金由省、市县按照8:2分担比例共同承担。

5. 建立健全贫困生救助制度，对农村贫困家庭学生免费提供教科书并补助寄宿生生活费。认真落实国家“两免一补”政策，切实保障弱势群体学生按时完成义务教育。将“两免一补”所需资金全额纳入财政预算，确保不因经济困难而使学生辍学。建议省级财政加大对财政困难县的补助力度，尽快建立贫困生救助制度。

6. 建立义务教育阶段中小学校舍维修改造的长效机制。加大对农村学校和城镇薄弱学校的投入和调整，切实改善农村学校和城镇薄弱学校的办学条件，依法合理配置公共教育资源，实现基础教育办学条件、办学水平县域内均衡发展。根据农村义务教育阶段中小学在校生和校舍面积、使用年限、单位造价等因素，测算校舍改造维修所需资金。建议省里根据各市财力状况、义务教育规模、危房改造任务等因素，加大对贫困地区的扶持力度。

7. 巩固和完善中小学教师工资保障机制。要按照“以县为主”的管理体制，将农村中小学教师工资全额纳入县（市、区）本级财政预算，统一县域内中小学教师工资标准，统一津贴、补贴和社会保障政策等，确保工资及时、足额发放，确保教师平均工资水平不低于当地公务员的平均工资水平。建议省财政继续加大对财力薄弱地区的转移支付力度。

（作者为德州市财政局局长）

以解放思想为动力 推进财政经济又好又快发展

姜之厚

近年来，聊城市财政局立足财政实际，积极开展讨论学习，深入查摆分析问题，严格督促整改，力求破“满”立新标、破“旧”求创新、破“浮”兴实干、破“难”增信心、破“小”顾大局，以思想解放的新飞跃、锐意进取的新精神、科学实干的新作风、开拓创新的新局面，贯彻落实市十一次党代会确立的目标任务，促进全市经济社会又好又快发展。

一、精心组织，周密安排，大讨论活动扎实开展

（一）加强学习，提高境界。学习是实现思想解放的前提和基础，聊城市财政局注重把理论学习贯穿于活动全过程，以良好的学习成效为查摆整改奠定了扎实的基础。一是认真组织学习。及时传达和贯彻大讨论活动要求，制定了学习讨论阶段工作流程表，划分学习讨论小组，印发学习计划；开设了大讨论宣传栏，统一印发了学习材料，人手一册；落实学习制度，开展讨论交流。二是严格督导检查。制定了大讨论活动《督导检查制度》和《信息工作制度》，成立了督导小组，定期对干部职工的学习讨论、查摆问题的情况进行督促检查，予以通报，确保大讨论活动开展得扎扎实实、不走过场。三是开展专项活动。6月22日聘请省委党校赵宏祥教授为全局职工进行了专题辅导讲座，组织了122人参加的“纪念建党86周年知识竞赛”，开展了“创新求实谋发展、聊城财政怎么办”专题有奖征文活动，已收集系统内征文21篇，面向全市财政系统开展征集好建议活动，目前已收到各类建议近20条。通过这些活动，发动财政系统广大干部职工出主意，想办法，把大讨论活动引向深入，取得实效。

（二）多措并举，认真查摆。一是本着“剖析自己不怕严、吸纳意见不怕刺、亮出问题不怕丑、触及思想不怕痛”的精神，联系财政实际，广

泛征求意见，深刻查摆剖析。征求范围“广”，向上级有关机关、本单位职工、市直部门，各县（市、区）党委、政府，市直企业集团等服务对象和社会群众征求意见；征求内容“全”，就廉洁自律、服务质量、工作效率、工作作风、工作机制、发展环境等方面征集意见和建议；征求方式“多”，召开座谈会，设置意见箱，发放意见表，邮寄征求函，开通征求意见电子邮箱和热线电话，同时利用“行风热线”，对群众提出的问题现场解答，将局长办公电话向社会公布，随时接听；召开专项座谈会3次，收回征求意见函156份。二是真诚开展谈心。广泛座谈交流，班子成员和县级领导干部结合自身实际，认真发言交流。与职工谈心交心。党员领导干部和科长、科长和一般同志开展了地毯式谈心活动，采取与干部职工面对面谈心，上门或者电话与离退休同志谈心等方式，做到了坦诚相见，真心实意，谈心达380余人次。召开民主生活会。班子成员结合自身查摆、征求意见、谈心活动找出的问题形成发言材料，开展了批评与自我批评，指出问题，分析原因，起到了增进团结、相互提高的良好效果。三是深入进行查摆。专门召开党组扩大会议。班子成员及县级领导干部发挥表率作用，对照新形势新任务之所需，对照广大干部群众之所愿，对照工作和服务对象之所求，认真听取意见和建议，查找突出问题，挖掘思想根源。分层次开展由下到上的查摆活动。先个人、后科室、再全局，采取讨论会、撰写报告等方式，开展查摆活动。大会交流，互相促进。按照重点解决思想观念上的“满、旧、浮、难、小”五个方面和达到“观念上有新飞跃、思路上有新突破、作风上有新改进、环境上有新改善、工作上有新局面”五个目标的总要求，结合个人思想实际、结合本职岗位工作、结合财政发展要求，对照标准剖析问题，撰写查摆报告，进行大会交流，做到恰如其分，彰显出自己的特点和个性，杜绝了千人一面、千篇一律。

（三）坚持边查边改，努力推进工作。在讨论活动一开始，就坚持立说立行，边整边改。整改时，主要把握三个原则：一是明确整改思路，重点围绕全市的跨越发展大局，围绕解决突出问题来进行整改。二是实事求是，应该做到、能够做到的就说、就定，不说大话、空话。三是立说立行，对学习、检查中发现的问题，有条件马上解决的，立即研究解决；对需要一段时间才能解决的，确定时限，限期解决；对由于客观条件限制目前解决不了的，要努力创造条件尽快加以解决。在反复磋商、多方征求意见的基础上，针对查摆出的突出问题，形成了整改方案，并将主要整改措施面向社会进行公示。

二、更新观念，创新思路，努力实现财政工作新突破

（一）优化财政增收模式，促进经济增长方式转变。进一步完善《聊城市财源建设奖励办法》、落实市委扶持强弱乡镇政策，每年安排资金2 000万元以上，综合运用财政政策、财政补贴、财政贴息等办法，促进经济结构调整，转变经济增长方式；进一步完善“两个比重”考核奖惩机制，推动财政收入增长由注重规模增加向总量、质量“双提高”转变；充分发挥财政投、融资职能作用，每年争取上级和外部资金增长10%以上，大力支持重点企业和项目，不断壮大骨干财源。

（二）完善收入征管体系，全面完成财政收入目标。2007年确保超额完成地方财政收入任务，总量突破40亿元；2011年总量达到90亿元，力争突破100亿元；大力推进依法治税、综合治税，把经济发展的成果充分反映到财政和税收上来，税收收入占财政收入的比重“十一五”末达到75%以上；对市级行政事业性收费、政府性基金、以政府名义接受的捐赠收入以及罚没收入等全部纳入财政专户管理，实行“收支两条线”、“票款分离”的管理面年底前达到100%。行政事业资产收益入库率2007年上半年达到80%以上。

（三）积极推进财政改革，切实加强资金管理。深化部门预算改革，严格按照“两上两下”的编制程序，收入预算做实做细，支出预算打紧安排，人员经费据实核定，公用经费统一标准，专项支出明晰到项，追加预算严格程序；深化国库集中收付制度改革，市级改革进一步完善、提高，县级改革年底前全面推开；努力扩大政府采购规模，每年增长幅度达到10%以上，节支率高于全省平均水平；从2007年1月1日起，以2006年为基期，进一步调整完善市县财政管理体制，理顺分配关系，调动基层增收积极性，力争3年内实现县乡财政状况根本好转。

（四）调整完善支出结构，加快建设“民生财政”。加大“五奖一补”的政策力度，结合上级财政支持，今年新增4 656万元；加大转移支付力度，结合上级财政支持，今年新增6 960万元；认真落实市委、市政府在保障民生和改善民生方面的重大决策，市级财政在年初预算的基础上再拿出2 178万元，结合上级财政支持，共筹集资金2.4亿元，对农业、社保、教育、卫生等方面加大财政投入。教育文化方面：安排8 088万元，用于城市义务教育免收学杂费、资助高校职业学校及高中阶段家庭经济困难学生、农村中小学教学仪器更新及校舍维修改造、实施文化信息资源共享和农村电影放映工程等；社会保障方面：安排13 410万元，用于巩固完善新型农村合作医疗制度、提高农村低保家庭补助标准等；农业方面：安排2 643万元，用于扶持生猪生产、农

业保险试点等。

三、强化素质，转变作风，努力提高服务水平

在解放思想大讨论活动中，市财政局按照建设阳光政府、服务政府、责任政府、法制政府的要求，加强干部队伍建设，努力打造“四型”机关，继续保持省级文明机关、市级文明单位和全省财政系统先进集体荣誉称号。一是针对目前我局干部队伍老化、流动性不强的现状，新招录11名机关事业单位工作人员，对科以下人员进行了较大范围的调整，新提拔局属单位副职4名、科长14名、副科长11名、主任科员5名，对机关科室的12名科长进行了岗位交流，同时选派4名年富力强、有培养前途的科级干部到东昌府区财政局、开发区财政局、古楼办事处和新区办事处进行挂职锻炼，从而在财政局形成了能者上、庸者下的良好风气，激发了干部职工的工作积极性。二是实施《聊城市财政局年度工作目标量化考核办法》，将39项重要工作事项、276条内容，分解到分管领导、相关单位和每位干部职工，严格执行质量标准和完成时限，年度考核90分以上、70至89分、69分以下分别定为优秀、合格、不合格等次，并据此兑现奖惩。三是简化办事程序，缩短办结时限，实行首问负责制、挂牌服务和一门式服务。主要内容：①预算指标及专项资金经签批后60分钟内送达预算科审核，预算科60分钟内审核完毕；收付中心接指标信息后，60分钟内将指标信息通过网络下发到单位，核对用款计划后，120分钟内将用款计划、额度批复到预算单位及代理银行；②申请国家、省教育、科技、农业、卫生、文化等专项经费，5个工作日内完成上报文件；③对申请利用外国政府贷款及国际金融组织贷款的，10个工作日内完成上报文件；④对会计从业资格证书的办理，7个工作日内完成；⑤收到质疑供应商等投诉后，20个工作日内，对投诉事项做出处理决定，并以书面形式通知投诉人和与投诉事项有关的当事人；⑥对涉及群众切身利益的举报案件，在120分钟内赶赴现场或责成、委托有关部门查处，并将处理结果及时反馈。四是完善政务公开制度。对预决算、专项资金、转移支付、政府采购和非税收入等信息和涉及群众利益的收入、补贴政策等向社会公开。五是严格执行廉政规定，努力建设廉洁型机关。进一步完善党风廉政建设责任制，建立健全理财过错责任追究和惩戒制度，实现理财行为的权责统一。严格执行“五不准”：不准收受现金、有价证券及贵重物品；不准“吃、拿、卡、要”；不准借用预算单位公款和占用单位交通工具；不准利用职权购买低价住房、物品和经商办企业或在企业兼职；不准借婚、丧、嫁、娶之机敛财。严格执行《公务员处分条例》和《中国共产党纪律处分条例》等规定，对违纪行为进行严肃处理。

（作者为聊城市财政局局长）

发挥财政职能作用
扎实推进社会主义新农村建设

宋振华

长期以来，农业、农村、农民问题一直是决定我国全面建设小康社会进程和现代化进程的关键性问题，也是关系党和国家工作全局的根本性问题。党的十六届五中全会指出：建设社会主义新农村是我国现代化进程中的重要任务，是加快推进农村全面小康建设的必然要求。《中共中央、国务院关于推进社会主义新农村建设的若干意见》要求，统筹城乡经济社会发展，实行工业反哺农业、城市支持农村和“多予、少取、放活”的方针，大力加强社会主义新农村建设。为此，中央陆续出台了一系列缓解基层困难，扶持农村发展的惠农政策。财政部门作为经济管理的综合部门和落实中央政策的执行部门，充分发挥职能作用，把党对农村的支持和对农民的关怀不折不扣地落到实处，对加快社会主义新农村建设，努力实现“生产发展、生活宽裕、乡风文明、村容整洁、管理民主”的目标具有重要的促进作用。

一、促优扶强，兼顾贫富，创造社会主义新农村建设的有利条件

多年以来，滨州市黄河南北县区之间发展不平衡一直是阻碍全市经济全面发展的重要因素，也是当前顺利推进社会主义新农村建设必须首先考虑和克服的现实问题。黄河以北的惠民、阳信、无棣、沾化四县与黄河以南的邹平、博兴县财政经济存在较大

差距。惠民、阳信、无棣、沾化四个县人口为189万人，占全市总人口的51%，而四县2005年地方财政收入为6.6亿元，占全市地方财政收入的20.6%，比2000年所占比重下降了20.2个百分点；邹平县人口仅占全市的19%，2005年地方财政收入占全市的31.3%，比2000年提高11.3个百分点。2005年惠民县、阳信县人均地方财政收入分别为115元、150元，仅为全市平均水平的1/6左右，相当于邹平县人均水平的1/10左右；惠民县、阳信县人均财政支出分别为489元、534元，远低于全市1 304元、邹平县1 773元的人均水平。在县区情况各异、贫富不均、经济实力存在较大差距的情况下，滨州市突出社会最关注的基层工资发放问题和农民最关心的农村社会保障、农村义务教育、缓解基层困难等热点问题，坚持统筹发展，兼顾贫富，为加快社会主义新农村建设创造了良好的条件。

（一）加强县乡财政建设，创造稳定的发展环境

稳定的基层发展环境是保证新农村建设顺利推进的重要条件。近几年来，随着全市经济的快速发展，滨州市本着效率优先、兼顾公平、事权与财权相统一的原则，进一步加强县乡财政建设，实行了“定额上解、比例递增”的预算管理体制，以保证基层工资正常发放为主要目标，建立市对下转移支付制度，对困难县乡给予重点倾斜。同时，结合落实中央实施的缓解县乡财政困难的政策（惠民、阳信被列为中央扶持财政困难县，沾化县、无棣县被列为省扶持财政困难县），作为配套措施，从2005年1月1日起调整市与县（区）的财政体制，对增值税、企业所得税、营业税和个人所得税市以下部分按比例分享，同时建立保障和激励相结合的转移支付办法，重点考核县乡招商引资和税收增长两项指标，调动各级发展增收的积极性。认真落实机关事业单位工资发放责任制，重点帮助财政困难县乡落实工资和补贴政策，努力提高县乡基层机关事业职工工资性待遇，县区工资水平稳步提高，为推进社会主义新农村建设提供了良好的社会环境。

（二）支持农村经济发展，有效增加农民收入

进一步加大投入，完善农业基础设施建设。2005年全市总蓄水能力达到6.1亿立方米，农村居民自来水普及率达66%。开工建设农村公路2 653公里，基本实现了村村通柏油路、通客车。依靠县区农业发展基础稳固的优势，大力发展特色农业产业，全市形成了粮食、棉花、蔬菜、食用菌、桑蚕、水果、畜牧、水产等八大主导产业，初步建立了独具特色的现代农业产业体系。2005年全市实施良种培育、植物保护、土壤肥料、农村能源等科研项目60多项，已建成农业标准化生产基地65个，农业科技推广示范基地150余处，200多个农产品注册了商标。2005年全市粮食总产236万吨、蔬菜瓜类总产285万吨、水果总产67.94万吨，分别增长27.56%、15%和23.5%。2000年与2004年相比，全市粮经作物面积之比由5.2∶4.8调整到4.5∶5.5。截至2005年底，全市市级龙头企业97家，省级22家（列全省第4位），国家级1家，实现销售收入221.98亿元。“十五”期间，各级财政累计安排资金2 089万元，主要用于支持龙头企业发展以及28个农民专业合作组织，83个乡镇农村信息综合服务站建设，带动农户47.7万户，农民人均纯收入的60%来自农业产业化经营领域。

（三）加大社会保障资金投入，进一步完善农村医疗卫生保障体系

按照城乡一体化要求，不断扩大财政对农村的公共支出范围，提高农村社会保障水平，逐步缩小城乡社会保障的差距。认真贯彻落实中央和省关于加强公共卫生工作的各项重大部署，调整优化资金支出结构，将乡镇卫生院改造作为全市八大民心工程之一，加快乡镇卫生院改造步伐。从2005年起，3年内各级投入2 000万元，重点改造31个乡镇卫生院，其中2005年各级改造14家，有效改善了农村医疗条件。积极推进新型农村合作医疗制度，2004年邹平县列入省级试点县，在全县推开，参合农民逐步扩大到50多万人，参合率近90%，在全省试点县中，邹平县参合人数、政府补助资金比例，以及到位资金数额等各项指标均居全省前列。省级第三批试点县之一的滨城区也迅速启动，全区参合农民达29.42万人，参合率83.08%。同时，阳信县、无棣县积极探索工作思路，创新工作措施，实行了药品供应、药品零售价、报销办法、处方签和票据“四统一”的办法，强化为农民服务意识，对参加合作医疗对象推行检查治疗及时报销制度，调动了广大农民参加新型农村合作医疗的积极性。2005年全市社会保障投入7.02亿元，是2001年的1.75倍，年均增长15.03%；“十五”期间财政社会保障投入累计27.2亿元，其中对农村医疗设施建设、卫生条件改善等面向农民的社会保障投入比例逐年提高。

（四）大力改善农村教育文化条件

对农村困难家庭子女义务教育阶段严格执行“一费制”和“两免一补”办法，市、县、乡财政确定不同负担比例，统一免学杂费和课本费的标准。积极争取企业、个人等社会力量资助和捐赠，选择沾化县试行“政府助学券”，在阳信、惠民贫困县乡实行课桌凳更新，农村贫困家庭子女就学有了可靠的保障。全市农村九年义务教育普及率达99%以上，高中入学普及率达到50%以上。全市有线电视通村率达86.2%，博兴、邹平、惠民县、滨城、开发区等5个县区基本

实现村村通目标。同时，为加快改善农村组织活动条件，2006 年和 2007 年，集中对省确定下达的 921 个村完善村级组织活动场所，在充分发挥中央和省专项资金效益的基础上，地方积极落实配套资金，严格做到不增加乡村债务和农民负担。

（五）全面落实惠农政策，巩固农村税费改革成果

2002 年起在全市推行农村税费改革，至 2005 年全市取消农业特产税，农业税执行 1% 的税率，全市农民税费负担累计减少 3.9 亿元，人均减负 90% 以上。认真落实“三补贴”政策，坚持“政策公开、农民直接受益、合同和代金券双重管理、专款专用”的原则，在全省率先对项目资金实行合同和代金券双重管理。按照核定的补贴面积，实施小麦良种补贴面积 144 万亩，补贴资金 1 440 万元。2005 年对 71.5 万户种粮农民落实补贴资金 4 007 万元。大力实施“阳光工程”，对农村劳动力转移培训实行“以奖代补”，对完成培训任务且转移率达到 85% 以上的县区给予奖励，进一步加大农民科技培训及农村劳动力转移。仅 2005 年全市组织劳务输出 7.3 万人，农民非农业就业劳动力 62 万人，占农村劳动力的 38%，工资性收入占农民全年纯收入的 31.02%，农民生活明显改善。

（六）加快“乡财县管”改革，化解乡村债务

结合乡财县管改革，对乡镇债务进行彻底清理，按统一标准进行分类，分清责任，再根据债务类别有计划、分步骤地采取化解对策，努力化解乡村不良债务。一是清理乡镇财政供养人员。对各类超编人员、不在编人员和自聘人员进行全面清理，严禁超编进人，严禁在编制外使用人员。对乡镇机构改革的分流人员单独造册、明确到人，建立财政供养人员工资档案。二是清理乡镇银行账户。除规定保留的银行账户外，其他账户一律撤销。三是清理各种财政性票据。各乡镇自行印制的票据一律作废，并予以销毁，统一使用省财政厅印制的收费票据。四是全面清理各类资产。对现有各类资产进行清产核资，摸清家底，防止资产流失。五是清理核实乡镇债权债务。在债务主体不变的前提下，落实偿债责任，妥善处理旧债，严禁新增负债。各乡镇对清理情况逐一登记造册，并报县级财政部门审核。合理界定乡镇事权和支出范围，使财权和事权相匹配。建立偿债专项资金，盘活乡镇各类资产，对长期闲置富余的资产进行公开拍卖、转让，将其收入进行还债；完善乡镇财政支出体系；建立健全乡镇财政监督管理制度，定期对乡镇财政收支进行检查审计，提高财政资金的使用效益。各乡镇不得增加新的债务，增加农民负担。

二、立足实际，因势利导，明确社会主义新农村建设的原则

滨州市是农业大市，但还不是农业强市，一些阻碍社会主义新农村建设的问题需要解决。如农业组织化程度相对较低，县域经济发展不平衡，有的地方农业科技服务网络不够完善，科技推广相对较慢，信息渠道不够畅通，农业标准化程度较低。农村基础设施改造任务重，农业生产条件参差不齐。偏远农村教育文化和卫生医疗投入不足、人才缺乏，成为全市社会主义新农村建设的薄弱环节和工作重点。另外，财政支农资金主要用于解决农村发展过程中市场解决不了的问题。市场能够办得到的，应尽量发挥市场机制的作用来解决。受计划经济的长期影响，各基层组织和社会各部门依赖政府和财政资金的根深蒂固，各级各部门特别是广大农村组织，在财政资金投入方面对财政的依赖程度比较大，利用市场经济的思路和措施少，对调动和利用社会资本的主动性不高。在新农村建设实际工作中，社会各方面对财政的期望值高、依赖性强，为财政部门带来很大压力。基层组织对财政的过度依赖和使用资金的无序，对新农村建设一哄而上，没有统一的规划目标，要求不切实际。为此，在社会主义新农村建设工作中，各地应坚持实事求是、量力而行、逐步完善的原则和工作步骤。

一是经济社会协调发展的原则。坚持物质文明、政治文明、精神文明与和谐社会建设协调发展，生产与生活条件同步改善，建设与管理同步推进，自然生态与人的发展同等重视，正确处理农村建设发展中的各种关系。既要注重加大对农村的公共投入，改善农村的生活环境条件，又要毫不动摇地以经济建设为中心，把提升农村生产力水平和农民富裕程度作为重中之重来抓，增强农村自我发展、自我建设的活力和后劲；既要提高经济发展水平，加快农村硬件设施建设，又要健全管理制度，加强农民教育，倡导文明生活方式，增强群众的民主法制意识、科技素质和思想道德素质。

二是分类指导整体推进的原则。要因地制宜，分类指导，对城中村、园区村、城镇驻地村，立足实际分别确定建设内容和标准，区别不同情况采取措施，不搞一刀切。坚持整体推进与重点突破相结合，结合不同情况每年确定一定数量的对象，实行重点扶持，全方位建设，集中突破，以点带面，促进新农村建设整体水平的提高。

三是群众自愿原则。要确立农民在新农村建设中的主体地位，正确处理政府主导与群众主体的关系，坚持依靠群众、发动群众、支持群众，尊重农民意愿和对项目的选择，充分调动农民自力更生建设家园的积极性，激发农民自主、自强、勤勉、互助、奉献精神。凡是群众迫切要求的项目，要先建、早建；凡是农民不认可的项目，不能强行推进；凡是农民一时

不接受的项目，要先试点示范，并讲明政策规定，严格民主程序，让农民逐步理解接受。要多渠道筹集建设资金，建立上级扶持、县级补助、乡镇级配套、村集体补贴、村民投入、社会投资“六位一体”的多元化投资格局。

四是规划先行原则。新农村建设要以整体规划，在认真做好与农田保护规划、城镇组团规划、产业发展规划、工业园区规划及水利、交通等专项规划衔接的基础上，按照因地制宜、各具特色的要求，确定建设方案。同时，坚持规划一张图、审批一支笔、建设一盘棋、管理一个法，严格按照新农村规划和建设方案组织实施，切实维护规划的统一性和严肃性。

三、发挥财政职能作用，明确服务社会主义新农村建设的思路和对策

（一）密切配合，建立多管齐下的工作机制

社会主义新农村建设是一项长期的系统工程，落实优惠政策和加大财政资金支持力度是重要的物质基础，但在全面规划实施中，涉及各部门的职责，在广泛利用好社会环境和社会力量的基础上，要充分调动农民自主投身于新农村建设的能动性，依靠农民自主建设。深化农村投资体制改革，逐步建立投资主体多元化、资金来源多渠道、投资方式多样化的新农村投入机制。千方百计激活民间资金，在一些先富起来的地方，以项目建设为依托，激活民间资金参与新农村建设，支持新农村建设。

（二）利用财政资金，发挥财政主导作用

全面启动新型农村合作医疗和农村医疗救助试点工作，进一步扩大新型农村合作医疗受益对象的覆盖面，搞好养老、失业、医疗、工伤、生育“五保合一”工作，建立以农村五保、特困户救助制度为基础，临时社会救助为补充，专项救助配套，各项优惠政策相衔接的农村社会救助体系。在财政支出安排上，逐步加大农村教育、农村交通、农村社会保障、农业基础设施等社会化服务体系的财政支持力度，充分发挥财政作为资金主渠道和重要经济杠杆的职能作用，为推进新农村建设提供足够的财力保障支持。

（三）完善财政对农业投入的制度约束和监督管理

深化农村综合改革，进一步推进撤乡并镇和撤村并村工作，切实加强农村税费改革督察和农民负担监督管理，加强对乡村两级的财政财务监督检查，建立防止农民负担反弹的长效机制。落实涉农收费公示制、教育收费一费制、违反减负政策责任追究制等，清理拖欠农民工工资问题，纠正拖欠、截留农民补偿安置资金问题。改革和完善项目立项管理，推行项目招投标制，建立完善的支农项目库制度，切实提高财政支持项目建设的安全性。规范资金分配办法，严格项目标准，杜绝无序申报、重复申报、随意向上争取资金的行为。强化资金运行监管，推行国库集中支付，扩大政府采购实施范围，把公开、公正、透明的原则应用到支农项目的选择工作中。建立财政支农资金绩效考评和奖优罚劣制度，加强财政监督检查，严厉查处资金使用管理中的违法违规行为，防止损失浪费，提高财政资金使用的规范性、安全性和有效性，全面落实粮食直补、良种补贴、农村义务教育“两免一补”等各项惠农政策，确保农民真正得到实惠，维护基层政权稳定，确保新农村建设顺利进行。

（四）加快推进财政改革，规范基层财务管理

“乡财县管”、“村财乡管”改革为规范资金支付行为提供了科学规范的财政支出模式，基层财务收支管理是加强财政管理的薄弱环节，为此，加快推行“乡财县管”、“村财乡管”改革，能够将有效避免基层支出的随意性，最大限度地发挥资金的经济效益和社会效益。坚持开源节流并重，不断深化部门预算、政府采购和收支两条线管理改革，组织实施国库集中支付改革，不断优化支出结构，提高资金使用效益。

（作者为滨州市政协副主席、财政局局长）

地方财政支持新农村建设探析

赵传山

建设社会主义新农村，是全面建设小康社会、加快推进社会主义现代化建设的一项重大历史任务。新农村建设需要大量的资金投入，作为欠发达地区，地方财政非常困难，因此，财政部门如何抓住机遇统筹城乡发展，创新工作机制，加大扶持力度，大力支持社会主义新农村建设，是一个值得思索和探讨的课题。本文结合菏泽市实际情况，对欠发达地区财政部门如何支持社会主义新农村建设进行了初步剖析，并提出了一些对策和建议。

一、菏泽市财政支持新农村建设现状

为贯彻落实中共中央三个1号文件，特别是《中共中央国务院关于推进社会主义新农村建设的若干意见》，促进新农村建设的全面开展，菏泽市财政部门按照“多予、少取、放活”的方针，大力支持农村经济和农村社会各项事业发展，千方百计增加农民收入，取得了可喜的成就。

（一）*坚持多予、少取原则，逐步减轻农民负担*。一是按照中央、省统一部署，不断深化农村税费改革。税改前，税费混征、权利义务不明、搭车收费现象十分严重；税改后，实行了费改税，分清了农民的权利义务，理顺了农村的分配关系，并通过逐年降低农业税率直至取消农业税，逐步减轻了农民负担。据统计，税改后的2002年，菏泽市实际征收农业税及附加65 360万元，与改革前的2001年农民负担总额103 722万元相比，减负38 362万元，人均减负52.91元，减负率36.99%。2005年全部取消农业税，与改革前的2001年相比，农民负担总额减少103 722万元，农民人均减负117.09元。二是认真落实各项补贴政策，切实让农民得到实惠。近年来，市财政部门共组织发放粮食直补资金37 328万元、农资综合补贴资金13 672万元、小麦良种补贴资金8 810万元、玉米良种补贴200万元、畜禽良种补贴205万元、农机具购置补贴资金1 140万元，极大地调动了农民的种粮积极性。

（二）*大力支持农村经济发展，不断促进农民增产增收*。一是以水利建设为重点，改善农村生产条件。“十五”期间，菏泽市财政部门按照“全面规划、统筹兼顾、标本兼治、综合治理”的原则，多方筹集农田水利建设资金1亿多元，对全市骨干河道的险工险段进行了集中治理，对小型农田水利工程进行了集中建设，对各县区节水灌溉工程进行了试点示范。二是以扶持农副产品基地和龙头企业建设为突破口，促进农村产业结构调整。“十五”期间，借助农业综合开发、财政扶贫等形式，全市财政部门共筹集资金近3亿元，大力培植了农副产品生产加工基地和龙头企业，坚持“以市场带龙头，以龙头带基地，以基地带农户”的发展模式，使企业和农户间形成了相互依存、共同发展的利益共同体。三是以建立农副产品知名品牌为目的，推进农业标准化生产。“十五”期间，在财力极度紧张的情况下，财政部门多方筹集1 000多万元专项资金用于支持农业标准化生产。截至2006年，全市建立农业标准化示范企业23个，生产基地24个，标准化生产基地发展到90万亩，获准使用无公害标识的农产品达到54个。四是以促进农村劳动力转移为目的，提升农民科技素质。“十五”期间，财政部门积极争取上级支持，筹集资金1 000多万元，组织实施了“阳光工程”培训和“新世纪青年农民科技培训”，培训农村剩余劳动力100多万人；筹集资金100多万元，积极开展技能扶贫工程，对全市近2 000名人均年收入在600元以下的农村贫困家庭子女进行免费培训；筹集资金290多万元，积极开展“万村千乡”试点工程，对龙头企业配送中心建设进行了贷款贴息，对标准化“农家店”建设给予了资金直补；筹集资金300多万元，积极开展“科普村村通”建设工程，在农村设立科普宣传栏。

（三）*着力促进农村社会事业发展，稳步实现农村经济社会共同进步*。一是开展“四四四一”工程，改善农村生活环境。围绕市委、市政府提出的“四四四一”工程，即“四清”（清草堆、清土堆、清粪堆、清垃圾堆）、“四改”（改厕、改水、改灶、改路）、“四学”（学政策、学文化、学技术、学法律）、“一规划”（搞好村镇规划），财政部门结合自身工作实际，重点在“四改”上做文章。筹集资金6 350万元，用于村村通自来水建设，积极改善农村饮水条件；筹集资金4 000多万元，用于村村通公路建设，积极改善农村交通条件；筹集资金530万元，用于农村沼气池建设试点；采取财政拨款、干部职工集资、群众自筹相结合的方式支持农村改厕，改善农村生活条件。二是发展农村教育事业，提高农村义务教育水平。近年来，全市财政部门共筹集资金3.64亿元，用于农村中小学危房改造，改造农村中小学危房1 481所，累计完成改造面积100.4万平方米；筹集资金5 650多万元，对农村中小学课桌凳更新进行补助，更新课桌凳38.7万套；筹集资金4 937万元，对全市9.4万农村中小学贫困生实行“两免一补”，免收了课本费和学杂费，并补助了一定的生活费。三是完善农村社会保障体系，改善农村医疗条件。近年来，在上级大力支持下，筹集资金7 000多万元，用于东明、牡丹区、单县、定陶等县省级新型农村合作医疗试点，试点县参保农民283.4万，参合率达90%；筹集资金2 600万元，支持乡镇卫生院建设，重点解决医务用房、设备装备和技术骨干“差、缺”问题；筹集资金1 400多万元，重点支持乡镇敬老院改造，力争年底农村五保户供养率达到60%以上。

（四）*积极创新财政管理体制，扎实推进农村综合改革*。一是稳步推进乡镇机构改革。近年来，菏泽市按照《山东省乡镇党政机构改革实施意见》和《山东省乡镇事业单位机构改革的意见》要求，调整合并乡镇，精简乡镇党政和事业机构，严格定员定编，乡镇个数已由改革前的253个合并为158个，乡镇机关的财政供养人员已由改革前的200～300人压缩到

85人以下，大大缓解了乡镇财政压力。二是积极推行农村义务教育改革。近年来，菏泽市积极推行了农村义务教育改革，进一步加大了地方政府对农村基础教育的投入，坚持走多元化筹集教育经费的路子，大力推进了教育后勤服务社会化进程，建立了能上能下、能进能出、优胜劣汰的教育从业人员管理机制，进一步缓解了农村义务教育对地方财政的压力。三是全面推进县乡财政体制改革。认真实行了“乡财乡用县管”和“村财村用乡管”，进一步提高了县乡财政管理水平，确保了新农村建设的顺利进行。

二、菏泽市财政支持新农村建设面临的困难和问题

“十五”以来，全市财政支农投入绝对量明显增加，但是，同新农村建设的需求相比，支农资金的投入总量仍然偏低，城乡财政资源配置不对称的状况仍然没有大的改变，支农投入渠道不宽，对农村经济和社会事业发展支撑力不强，乡村债务负担加剧等问题仍然存在。

（一）农村经济基础薄弱，财政支持新农村建设任务艰巨。一是农村产业发展缓慢。目前菏泽市农业在产业化、市场化方面，与发达地区有较大的差距，龙头企业对农业发展和农民增收的带动作用不强，农产品的市场竞争力较弱，农村二、三产业发展迟缓。二是农村农田水利基础设施薄弱。近年来，虽然菏泽市不断加大农田水利基础设施建设力度，但数量仍显不足，规模相对较小，现有的农田水利工程大多老化失修，设施不配套，难以发挥应有的作用。三是农民收入水平较低。2005年度，全市农民人均纯收入仅为3 092元，与发达地区相比仍然偏低；与2001年相比，年均仅增长4.5%，增长速度相对较慢。农民收入水平低、增长缓慢，不利于新农村建设的开展。四是农村剩余劳动力转移压力较大。全市885.8万人口中，农业人口占713.7万。近年来，全市农业机械化程度不断提高，农村剩余劳动力急剧增加，由于受就业容量和自身素质的影响，农村剩余劳动力转移困难加大。六是农村社会事业发展相对滞后。由于菏泽市农村经济基础较差，农村教育、科技、医疗、社会保障等方面相对滞后。

（二）财政收入总量小，支出结构不合理，对农村经济和农村社会事业的支撑能力不强。尽管全市地方财政收入增长较快，但由于基数小，增加的总量不多，对农村经济和农村社会事业的支撑能力仍然偏弱。2005年全市地方财政收入仅占全省的1.97%；人均财力仅为239元，仅占全省平均水平的1/5。同时，财政支出结构也不尽合理，人员相关支出占到财政支出的80%左右，突出了保工资、保稳定，仍是典型的“吃饭财政”，可用于经济和社会事业发展的财政资金很少。特别是随着新农村建设的开展，农村各项事业的资金需求与财政可支配资金相比，有很大差距。

（三）地方财政极其困难，无力配套新农村建设资金。近年来，中央和省出台的支农惠农政策绝大多数需要地方配套，而菏泽市作为一个典型的人口大市、工业弱市、财政穷市，经济基础非常差，市县财政十分困难，对上级财政的依赖性较大，地方财政配套压力很大，虽然省委、省政府对菏泽市采取了一系列优惠政策，如取消了各县区的农业综合开发配套任务，但其他项目的配套资金仍需落实，如上级安排的支持新农村建设的各项补贴、农村基础设施建设、发展农村教育事业、改善农村医疗条件、完善农村社会保障体系补助等都需要地方财政配套，给财政造成了很大压力，这势必影响全市的新农村建设进程。

（四）乡村债务积重难返，地方财政债务风险加剧。自1994年实行分税制以来，上级财政集中了大部分收入，县乡可用资金逐步减少，加之乡村两级盲目投资兴办企业、开展各类评比达标、透支搞基础建设以及财务管理制度不健全等因素的影响，造成乡村债务迅速增长，经济基础十分薄弱，财政压力不断加大。乡村两级沉重的债务包袱，严重困扰了财政的正常运行，影响了新农村建设的开展。

三、加快菏泽市新农村建设的财政对策及建议

社会主义新农村建设是一项长期、艰巨、复杂的系统工程。欠发达地区财政支持新农村建设，必须立足当前，着眼长远，实事求是，稳步推进。在具体工作中，要重点把握好以下几个方面：

（一）千方百计加大新农村建设投入。建设新农村，投入是关键。财政部门应充分发挥职能作用，坚持多渠道、多层次筹措资金，重点是在“多予”上下功夫，把解决新农村建设的资金问题作为今后一个时期的重要任务。一是坚持依法治税管费，确保财政收入快速增长。只有财政收入规模扩大了，才能有更多的资金用于支持新农村建设。必须进一步加大组织收入工作力度，切实把经济发展的成果反映到财政收入上来，为加大新农村投入奠定基础。二是调整支出结构，提高支农投入比重。地方财政要调整支出结构，大力压缩一般性支出，切实加大支农投入，财政支农资金要逐年提高。要进一步明确转移支付用于村级的比例，各地对村级的财政补助资金，在农村税费改革转移支付总量中应不低于中央规定的20%的比例。三是积极争取上级扶持，增加乡村两级收入来源。要注重做好向上级的汇报工作，及时掌握上级财政部门的政策信息，努力争取上级扶持，确保乡村两级有足够的财力用于维持

正常运转和促进农村经济发展。四是综合运用贴息、补助、奖励等手段，引导社会资金投入“三农”，努力拓展新农村建设的资金来源。

（二）突出扶持重点。财政支持新农村建设，既要加大资金投入，又要结合实际，突出重点，集中财力优先解决农民群众最关心、最迫切的问题。一是要重点支持农业基础设施建设，认真搞好骨干河道的险工险段集中治理、小型农田水利设施建设和节水灌溉试点示范工程，不断完善农村公益性服务体系，提高农业综合生产能力，实现农业可持续发展。二是要重点支持农业产业化经营，促进农村产业结构调整，提高农业科技含量，发展农村经济合作组织，形成“以市场带龙头，以龙头带基地，以基地带农户”的良好发展格局。三是要重点支持“阳光工程”培训、技能扶贫培训和“万村千乡”试点工程，把支持农民就业技能培训和支持农民自主创业结合起来，提升农民科技素质，促进农村剩余劳动力转移。四是要进一步扩大公共财政覆盖农村的范围。要进一步加大对农村道路、安全饮水、医疗卫生、文化设施以及小城镇等设施投入，完善农村流通市场，改善人居环境，丰富文化生活，健全农村社会保障体系，扩大新型农村合作医疗覆盖面，提高农村义务教育保障水平，加大扶贫开发力度，缩小城乡差距。

（三）加速化解乡村债务。一是对乡村现有债务进行扎口管理。对乡村债务立即进行统计摸底，张榜公布，并经县区审计、监察、财政等部门专项核查后，将债务清单报县区政府备案，据此锁定现有债务。二是按照债务性质实行分类管理，确定债务偿还顺序。乡村要根据债务分类情况，制定还款计划和确定还贷资金来源。债务偿还必须遵循“尽力而为、先急后缓”的原则，按照“先政策性后一般性”、“先个人后集体”的顺序进行。三是采取多种还款方式偿还不同类别债务。按照“谁借款、谁还款”、“谁受益、谁负担”的原则，落实偿债责任，根据不同的偿债主体，采取不同的还款方式。

（四）继续深化农村综合改革。要全面推进乡镇综合配套改革、农村义务教育体制改革和县乡财政管理体制改革，继续精简乡镇机构和乡镇人员；进一步理顺教育投入关系，切实减轻乡镇财政负担；按照财权和事权相匹配的原则，进一步明晰乡镇财政管理职能，充分调动乡镇理财积极性。

（五）减少财政支农项目地方配套。近年来，为支持菏泽经济发展，省财政厅在财税优惠政策上给予菏泽市很大照顾。但是，由于菏泽经济基础十分薄弱，财政实力太差，仍无法完成财政支农专项资金配套任务，地方财政配套压力巨大。为此，中央和省级财政部门在安排财政支农资金时，应进一步降低欠发达地区的地方财政配套比例，缓解地方财政压力。

（六）加强财政支农资金监督管理。随着各级财政对“三农”扶持力度加大，各种支农资金和支农项目不断增加，客观上要求对这部分资金进行统一严格的管理和核算，以保证国家资金得到合规有效的使用。为此，我们必须加强对财政支农资金的监督管理，实现支农资金使用透明化，效益最大化，以进一步提高财政支农资金运行的科学性、安全性和有效性。

（作者为菏泽市财政局局长）

第六部分

财政统计资料

2006年度山东省财政一般预算收支决算总表

单位：万元

预算科目	调整预算数	决算数	预算科目	调整预算数	决算数
一、增值税	2 392 506	2 428 345	一、基本建设支出	1 122 718	821 963
二、营业税	2 654 540	2 717 252	二、企业挖潜改造资金	809 137	748 249
三、企业所得税	1 415 244	1 482 753	三、地质勘探费	39 522	35 346
四、企业所得税退税			四、科技三项费用	312 273	276 583
五、个人所得税	451 038	458 361	五、流动资金	5 705	4 031
六、资源税	257 461	261 376	六、农业支出	875 119	775 289
七、固定资产投资方向调节税	1 329	1 566	七、林业支出	110 204	104 300
八、城市维护建设税	791 255	784 298	八、水利和气象支出	215 317	204 167
九、房产税	395 804	387 000	九、工业交通等部门的事业费	212 753	194 739
十、印花税	113 369	123 031	十、流通部门事业费	34 725	31 599
十一、城镇土地使用税	359 741	359 719	十一、文体广播事业费	530 237	519 674
十二、土地增值税	196 756	220 164	十二、教育支出	2 966 460	2 922 839
十三、车船使用和牌照税	64 932	64 233	十三、科学支出	93 180	90 544
十四、屠宰税			十四、医疗卫生支出	773 154	733 206
十五、筵席税			十五、其他部门的事业费	903 979	844 126
十六、农业税		2	十六、抚恤和社会福利救济	558 983	494 988
十七、农业特产税	2 342	1 035	十七、行政事业单位离退休支出	761 077	759 925
十八、牧业税			十八、社会保障补助支出	753 544	675 428
十九、耕地占用税	349 579	396 537	十九、国防支出	13 963	13 885
二十、契税	545 400	661 374	二十、行政管理费	1 964 425	1 929 519
二十一、烟叶税	9 495	10 859	二十一、外交外事支出	5 612	4 905
二十二、国有资产经营收益	553 984	584 076	二十二、武装警察部队支出	18 256	18 251
二十三、国有企业计划亏损补贴	-45 852	-44 610	二十三、公检法司支出	1 185 480	1 168 852
二十四、行政性收费收入	1 338 584	1 332 044	二十四、城市维护费	1 534 535	1 470 287
二十五、罚没收入	461 668	557 499	二十五、政策性补贴支出	758 142	657 001
二十六、海域场地矿区使用费收入	15 063	20 375	二十六、支援不发达地区支出	25 242	20 787
二十七、专项收入	584 482	608 806	二十七、海域开发建设和场地使用费支出	28 327	10 695
二十八、其他收入	152 951	146 431	二十八、车辆税费支出	45 496	37 399
			二十九、债务利息支出	6 434	6 434
			三十、专项支出	783 873	562 013
			三十一、其他支出	3 337 512	2 197 376
			三十二、总预备费		
本年收入合计	13 061 671	13 562 526	本年支出合计	20 785 384	18 334 400

续表

预算科目	决算数	预算科目	决算数
本年收入	13 562 526	本年支出	18 334 400
上级补助收入	5 775 766	上解上级支出	470 933
消费税和增值税税收返还	1 718 758	原体制上解	250 253
所得税基数返还	665 441	专项上解	100 721
原体制补助	15 862	出口退税专项上解	119 959
专项补助	1 699 951	计划单列市上解省支出	
一般性转移支付补助	355 100		
民族地区转移支付补助			
调整工资转移支付补助	255 237		
农村税费改革转移支付补助	206 501		
其中：中小学教师工资转移支付补助	53 041		
取消农业特产税降低农业税率转移支付补助	418 524		
缓解县乡财政困难转移支付补助	118 756		
农村义务教育补助收入			
增发国债补助	150 101		
结算补助	37 714		
企事业单位预算划转补助	113 987		
其他补助	19 834	增设预算周转金	3 901
省补助计划单列市收入			
国债转贷收入	54 859	拨付国债转贷资金数	57 094
国债转贷资金上年结余	16 775	国债转贷资金结余	14 540
国债转贷转补助			
上年结余收入	1 903 565	调出资金	28 430
调入资金	92 692	年终结余	2 496 885
其中：1. 预算外调入	30 053	其中：省本级	791 872
2. 基金调入	23 921	减：结转下年的支出	2 450 984
3. 其他调入	38 718	其中：省本级	790 372
		净结余	45 901
		其中：省本级	1 500
总　　计	21 406 183	总　　计	21 406 183

2006年度山东省财政一般预算收入决算明细表（之一）

单位：万元

预算科目	决算数	预算科目	决算数
一、增值税	2 428 345	十一、城镇土地使用税	359 719
国有企业增值税	324 731	十二、土地增值税	220 164
集体企业增值税	68 624	十三、车船使用和牌照税	64 233
股份制企业增值税	1 063 080	十四、屠宰税	
联营企业增值税	2 382	十五、筵席税	
港澳台和外商投资企业增值税	373 765	十六、农业税	2
私营企业增值税	322 691	十七、农业特产税	1 035
其他增值税	41 615	十八、牧业税	
增值税税款滞纳金、罚款收入	11 147	十九、耕地占用税	396 537
福利企业增值税退税	-46 800	二十、契税	661 374
软件集成电路增值税退税	-3 532	二十一、烟叶税	10 859
三线搬迁增值税退税		二十二、国有资产经营收益	584 076
民贸企业增值税退税		二十三、国有企业计划亏损补贴	-44 610
宣传文化单位增值税退税	-1 792	二十四、行政性收费收入	1 332 044
森工综合利用增值税退税	-1 894	烟草行政性收费收入	3
其他增值税退税	-14 397	国土资源行政性收费收入	174 236
免抵调增增值税	288 725	建设行政性收费收入	79 651
二、营业税	2 717 252	铁道行政性收费收入	
金融保险业营业税（地方）	465 452	商贸行政性收费收入	589
一般营业税	2 231 215	文化行政性收费收入	37
营业税税款滞纳金、罚款收入	20 585	海洋行政性收费收入	440
营业税退税		广播电影电视行政性收费收入	1 703
三、企业所得税	1 482 753	公安行政性收费收入	188 602
其中：跨地区经营企业所得税	40 945	司法行政性收费收入	10 957
四、企业所得税退税		卫生行政性收费收入	22 682
五、个人所得税	458 361	食品药品监督行政性收费收入	1 181
其中：利息所得税	120 677	民政行政性收费收入	1 896
六、资源税	261 376	农业行政性收费收入	17 996
七、固定资产投资方向调节税	1 566	水利行政性收费收入	55 581
八、城市维护建设税	784 298	旅游行政性收费收入	3
九、房产税	387 000	税务行政性收费收入	14 090
十、印花税	123 031	劳动保障行政性收费收入	626
证券交易印花税		工商行政性收费收入	144 997
其他印花税	120 709	信息产业行政性收费收入	1 053
印花税税款滞纳金、罚款收入	2 322	口岸行政性收费收入	

续表

预算科目	决算数	预算科目	决算数
人口和计划生育行政性收费收入	29 310	水资源费收入	52 522
知识产权行政性收费收入	29	教育费附加收入	338 934
林业行政性收费收入	5 723	矿产资源补偿费收入	27 295
环保行政性收费收入	28 940	探矿权采矿权使用费及价款收入	60 165
法院行政性收费收入	86 901	内河航道养护费收入	1 540
民航行政性收费收入		公路运输管理费收入	22 609
人事行政性收费收入	8 156	水路运输管理费收入	2 148
质重技术监督检验检疫行政性收费收入	36 773	二十八、其他收入	146 431
财政行政性收费收入	2 790	利息收入	42 662
人防行政性收费收入	38 000	国库存款利息收入	24 054
新闻出版行政性收费收入	37	其他利息收入	18 608
教育行政性收费收入	7 463	基本建设贷款归还收入	
交通行政性收费收入	1 253	基本建设收入	138
体育行政性收费收入		捐赠收入	2 230
电力行政性收费收入		动用国储棉、糖、肉上交财政收入	
其他行政性收费收入	370 346	动用国家储备粮油上交差价收入	
二十五、罚没收入	557 499	其他收入	101 401
铁道罚没收入			
交通罚没收入	55 404		
质量技术监督罚没收入	20 021		
物价罚没收入	8 084		
公安罚没收入	154 388		
检察院罚没收入	30 757		
法院罚没收入	11 227		
卫生罚没收入	1 130		
工商罚没收入	56 019		
海关罚没收入	2 596		
烟草罚没收入	545		
缉私罚没收入			
新疆棉罚没收入			
税务部门其他罚没收入	1 567		
食品药品监督罚没收入	5 355		
其他罚没收入	210 406		
罚没收入退库			
二十六、海域场地矿区使用费收入	20 375		
二十七、专项收入	608 806		
排污费收入	103 593	本年收入合计	13 562 526

2006 年度山东省财政一般预算收入决算明细表（之二）

单位：万元

预算科目	合计	企业所得税	企业所得税退税	国有资产经营收益	国有企业计划亏损补贴	预算科目	合计	企业所得税	企业所得税退税	国有资产经营收益	国有企业计划亏损补贴
国有冶金工业	6 231	3 951		2 280		国有非银行金融企业	63	63			
国有有色金属工业	448	448				国有保险企业	1	1			
国有煤炭工业	29 239	38 649		4 992	-14 402	国有文教企业	6 662	6 693			-31
国有电力工业	39 975	39 825		150		国有水产企业	626	1		625	
国有石油和化学工业	4 103	4 103				国有森工企业					
国有机械工业	4 193	4 193				国有电信企业	345	345			
国有汽车工业	26	26				国有农垦企业					
国有核工业						国有商业企业	-315			15	-330
国有航空工业	30	30				国有粮食企业	-105				-105
国有航天工业	259	259				其他国有企业	263 064	78 991		213 797	-29 724
国有电子工业	88	88				国有事业单位	50			50	
国有兵器工业						集体企业	70 856	70 856			
国有船舶工业						股份制企业	755 640	712 842		42 798	
国有建筑材料工业	145	145				联营企业	960	960			
国有烟草企业	19 697	19 697				港澳台和外商投资企业	343 681	343 681			
国有纺织企业	325	325				私营企业	105 947	105 947			
国有铁道企业	949	949				其他企业	170 168	30 606		139 562	
国有交通企业	9 584	9 584				滞纳金、罚款收入	7 239	7 239			
国有邮政企业						国有资产出售、转让收入	179 807			179 807	
国有民航企业	927	927				国有股减持收入					
国有外贸企业	927	945			-18						
国有银行	384	384				合　　计	2 022 219	1 482 753		584 076	-44 610

2006年度山东省财政一般预算收支决算分级表

单位：万元

预算科目	决算数合计	省级	地级	其中		县级	乡镇级	其中镇	预算科目	决算数合计	省级	地级	其中		县级	乡镇级	其中镇
				地级直属乡	地级直属镇								地级直属乡	地级直属镇			
一、增值税	2 428 345	471 455	569 661	29	8 812	898 232	488 947	461 093	一、基本建设支出	821 963	284 612	245 108			247 121	45 122	42 455
二、营业税	2 717 252	428 917	864 143	64	6 112	927 168	497 024	458 031	二、企业挖潜改造资金	748 249	64 772	198 469		193	349 174	135 834	124 655
三、企业所得税	1 482 753	289 744	563 371	4	2 181	476 392	153 246	148 976	三、地质勘探费	35 346	32 681	430			2 235		
四、企业所得税退税									四、科技三项费用	276 583	39 747	69 048		133	148 123	19 665	17 979
五、个人所得税	458 361	136 620	122 038	14	373	151 008	48 695	46 425	五、流动资金	4 031					4 031		
六、资源税	261 376	60 339	19 793		102	89 679	91 565	77 793	六、农业支出	775 289	57 266	113 845	75	1 307	420 406	183 772	166 415
七、固定资产投资方向调节税	1 566		888			678			七、林业支出	104 300	3 744	20 792	2	135	55 626	24 138	20 371
八、城市维护建设税	784 298	3 079	323 766	25	2 613	305 950	151 503	145 102	八、水利和气象支出	204 167	15 131	39 682	5	199	104 504	44 850	37 258
九、房产税	387 000		98 625	2	826	184 136	104 239	98 625	九、工业交通等部门的事业费	194 739	74 077	63 043		50	56 768	851	755
十、印花税	123 031		28 432	4	553	57 484	37 115	35 115	十、流通部门事业费	31 599	4 597	13 006			13 986	10	10
十一、城镇土地使用税	359 719		71 768	6	1 492	152 188	135 763	125 941	十一、文体广播事业费	519 674	54 805	114 597	35	833	209 965	140 307	121 915
十二、土地增值税	220 164		34 250		319	145 787	40 127	38 370	十二、教育支出	2 922 839	324 638	408 474	809	6 112	1 802 763	386 964	350 712
十三、车船使用和牌照税	64 233		5 166		49	19 942	39 125	31 853	十三、科学支出	90 544	47 637	23 175			18 731	1 001	925
十四、屠宰税									十四、医疗卫生支出	733 206	106 441	169 434	38	913	392 478	64 853	56 533
十五、筵席税									十五、其他部门的事业费	844 126	250 191	229 846	18	1 317	307 474	56 615	52 321
十六、农业税	2						2	2	十六、抚恤和社会福利救济	494 988	19 797	99 376	76	614	272 541	103 274	92 297
十七、农业特产税	1 035					1 000	35	35	十七、行政事业单位离退休支出	759 925	156 998	129 083	9	8	384 308	89 536	78 752
十八、牧业税									十八、社会保障补助支出	675 428	186 733	203 734		135	265 911	19 050	18 408
十九、耕地占用税	396 537		43 808		5 977	206 812	145 917	141 217	十九、国防支出	13 885	8 898	921			4 060	6	6

续表

预算科目	决算数合计	省级	地级	其中：地级直属乡	其中：地级直属镇	县级	乡镇级	其中镇	预算科目	决算数合计	省级	地级	其中：地级直属乡	其中：地级直属镇	县级	乡镇级	其中镇
二十、契税	661 374		200 832		2 873	324 524	136 018	129 337	二十、行政管理费	1 929 519	178 889	395 471	65	5 914	830 989	524 170	465 040
二十一、烟叶税	10 859		9			648	10 202	8 470	二十一、外交外事支出	4 905	1 887	2 555			428	35	35
二十二、国有资产经营收益	584 076		104 336			450 405	29 335	29 334	二十二、武装警察部队支出	18 251	8 397	6 606			3 242	6	6
二十三、国有企业计划亏损补贴	-44 610	-14 402	-24 060			-6 148			二十三、公检法司支出	1 168 852	200 158	467 727	10	1 280	491 064	9 903	9 034
二十四、行政性收费收入	1 332 044	325 089	354 132		330	576 632	76 191	69 553	二十四、城市维护费	1 470 287	150	464 537		6 068	833 254	172 346	169 108
二十五、罚没收入	557 499	78 867	124 099		1 165	338 110	16 423	14 539	二十五、政策性补贴支出	657 001	555 474	39 497			61 797	233	215
二十六、海域场地矿区使用费收入	20 375	2 534	13 233			4 127	481	481	二十六、支援不发达地区支出	20 787	272	6 932			12 589	994	844
二十七、专项收入	608 806	98 852	220 693	11	1 096	253 572	35 689	34 236	二十七、海域开发建设和场地使用费支出	10 695	2 020	2 685			5 859	131	114
二十八、其他收入	146 431	7 773	43 585		550	70 506	24 567	23 615	二十八、车辆税费支出	37 399	519	35 962			918		
									二十九、债务利息支出	6 434		1 889			4 525	20	20
									三十、专项支出	562 013	25 755	175 295	11	468	336 981	23 982	22 437
									三十一、其他支出	2 197 376	80 568	657 266		5 185	1 118 897	340 645	303 083
本年收入合计	13 562 526	1 888 867	3 782 568	159	35 423	5 628 882	2 262 209	2 118 143	本年支出合计	18 334 400	2 786 854	4 398 485	1 153	30 864	8 760 748	2 388 313	2 151 703

2006年度山东省财政基金预算收支决算总表

单位：万元

预算科目	调整预算数	决算数	预算科目	调整预算数	决算数
一、工业交通部门基金收入	753 807	762 849	一、工业交通部门基金支出	855 143	740 130
二、文教部门基金收入	98 365	107 449	二、商贸部门基金支出	40 177	20 287
三、社会保险基金收入			三、文教部门基金支出	142 027	100 851
四、农业部门基金收入	76 496	97 429	四、社会保险基金支出		
五、土地有偿使用收入	1 480 089	1 876 843	五、农业部门基金支出	212 686	94 465
六、政府住房基金收入	8 133	8 834	六、土地有偿使用支出	2 691 346	1 781 110
七、其他部门基金收入	47 221	60 193	七、政府住房基金支出	8 948	5 410
八、地方财政税费附加收入	75 371	85 600	八、其他部门基金支出	76 525	40 735
九、其他			九、地方财政税费附加支出	136 638	77 363
			十、其他	2 846	30
本年基金收入合计	2 539 482	2 999 197	本年基金支出合计	4 166 336	2 860 381
上年结余收入		1 009 607	上解支出		
补助收入		152 501	计划单列市上解省支出		
省补助计划单列市收入			调出资金		23 921
调入资金		28 952			
其中：1. 城建税划转水利建设基金		28 430			
2. 预算外调入		522			
			年终结余		1 305 955
基金收入总计		4 190 257	基金支出总计		4 190 257

2006 年度山东省财政一般预算支出决算明细表

单位：万元

预算科目	决算数	预算科目	决算数	预算科目	决算数	预算科目	决算数
合　计	18 334 400	商贸	288	水产	4 284	兵器工业	
一、基本建设支出	821 963	粮食	1 218	气象	590	建筑材料工业	4 934
冶金工业	7 721	供销合作社	240	旅游局	1 734	轻工业	39 836
有色金属工业	1 048	银行部门	1 000	旅游企业	500	烟草工业	6
煤炭工业	17 115	文化	9 235	华侨		纺织工业	23 373
电力工业	3 796	出版		监狱企业	292	医药企业	4 538
石油和化学工业	5 769	文物	60	劳教企业		地质企业	63
机械工业	3 733	体育	3 749	统计部门	212	建筑工程企业	14 751
汽车工业		档案	90	税务部门		铁道企业	
核工业		地震	100	海关	1 400	交通企业	4 140
航空工业	610	海洋	369	棉花		邮电企业	
航天工业		通讯		南水北调		民航企业	7 639
电子工业	2 991	广播电影电视	10 600	其他部门	214 294	商贸企业	19 897
船舶工业	25	人口和计划生育	1 206	基本建设储备资金		粮食企业	946
兵器工业		教育	27 102	地方统借统还		文化企业	309
建筑材料工业	760	科学	19 390	财政委托业务	478	出版企业	
轻工业	1 070	武装警察部队	2 313	基建事业费	7 383	文物企业	
烟草工业		公安	11 563	城市建设	263 765	体育企业	
纺织工业	100	安全	4 560	二、企业挖潜改造资金	748 249	档案企业	
医药企业	570	司法	4 570	冶金工业	28 331	地震企业	
地质企业		检察院	2 488	有色金属工业	445	海洋企业	
建筑工程企业	80	法院	8 663	煤炭工业	80 938	通讯企业	343
环境保护	11 858	卫生	23 656	电力工业	17 567	广播电影电视企业	7
测绘		中医	300	石油和化学工业	21 116	教育企业	
质量技术监督部门	5 613	民政	2 217	机械工业	33 274	科学企业	259
铁道	4 356	农垦		汽车工业	4 353	科协企业	
交通	28 141	农业	23 379	核工业		卫生企业	219
邮电		畜牧	1 875	航空工业		中医企业	
民航		农机	2 805	航天工业		农垦企业	
物资管理		林业	6 475	电子工业	11 155	农业企业	7 168
物资储备		水利	62 164	船舶工业	5	畜牧企业	

续表

预算科目	决算数	预算科目	决算数	预算科目	决算数	预算科目	决算数
农机企业	985	核工业	10	人口和计划生育	38	检疫检测	10 138
林业企业		航空工业		教育	6 367	农产品加工与营销服务	4 845
水利企业	968	航天工业		科学	30 908	农业信息服务	1 989
水产企业	901	电子工业	7 450	卫生	1 375	农产品质量安全	2 622
气象企业		兵器工业		中医	5	农村公益事业	35 815
华侨企业	10	船舶工业		农垦		执法监管	5 486
监狱企业		建筑材料工业	576	农业	10 930	干部培训	2 455
劳教企业		轻工业	12 040	畜牧	592	垦区公益事业	
其他企业	419 773	烟草工业		农机	129	垦区政策性社会性支出	
三、地质勘探费	35 346	纺织工业	3 463	林业	388	其他	242 272
冶金	450	医药企业	7 017	水利	434	自然灾害救助	2 178
有色金属	100	地质企业	30	水产	1 336	种子	343
煤炭	6 349	建筑工程企业	552	气象	7	农机具	205
石油		环境保护	1 539	华侨		肥料	68
石化		铁道		监狱		农用油	
化学		交通	413	劳教		饲料	
国防科工委（核工）	2 210	邮电		其他	168 838	牲畜	457
建筑材料		民航		五、流动资金	4 031	农业生产保险补贴	16
轻工业		测绘		冶金工业	1 168	其他	1 089
国土资源部（地矿）	21 861	质量技术监督		有色金属工业		农业生产资料补贴	41 911
其他	3 235	商贸	1 792	电力工业	100	良种	24 282
国土资源调查经费	1 010	粮食	338	汽车工业		农机具	6 491
地质行业转产财政贴息支出	131	文化	34	核工业		肥料	579
四、科技三项费用	276 583	出版		航天工业		农用油	366
冶金工业	1 093	文物		烟草工业		饲料	12
有色金属工业	49	体育	6	政策性银行		其他	10 181
煤炭工业	2 406	档案	10	其他部门	2 763	农业资源和环境保护	11 870
电力工业	99	地震	192	六、农业支出	775 289	物种资源保护	110
石油和化学工业	3 864	海洋	1 164	行业管理	466 374	耕地地力保护	729
机械工业	9 107	通讯	74	推广与培训	137 032	草原草场保护	
汽车工业	1 913	广播电影电视	5	病虫害防治	23 720	渔业及水域保护	3 201

续表

预算科目	决算数	预算科目	决算数	预算科目	决算数	预算科目	决算数
农业环境监测	82	森林救灾	5 318	业务管理	8 849	信息管理	
其他	7 748	森林防火	3 766	信息管理	130	研究咨询	
土地管理支出	72 174	森林病虫害防治	1 552	研究咨询	37	工程稽查	
地籍管理	2 401	天然林保护	126	水政执法监督	655	其他	
土地利用规划	1 241	森林管护	126	干部培训	336	九、工业交通等部门的事业费	194 739
干部训练	5	基本养老保险		其他	56 475	冶金工业	150
建设用地管理	2 008	政策性社会性支出		防汛岁修抗旱	15 076	有色金属工业	
技术推广	290	下岗职工基本生活保障		防汛	6 911	煤炭工业	1 319
土地变更调查支出		下岗职工一次性安置		抗旱	3 586	电力工业	
其他土地管理支出	66 229	其他		岁修	3 337	石油和化学工业	979
农业综合开发	135 253	退耕还林	828	特大防汛抗旱	1 242	机械工业	1 220
土地治理	76 307	粮食折现挂账贴息		水文水质水土水资源管理	9 952	汽车工业	
产业化经营	12 022	退耕现金	498	水文测报	5 158	核工业	
科技示范	5 182	退耕还林粮食折现补贴		水质监测	165	航空工业	
贷款贴息	1 424	其他	330	水土保持	2 001	航天工业	
其他	40 318	森林生态效益	8 297	水资源管理	2 628	电子工业	418
其他农业支出	45 529	护林人员	3 306	水利建设	86 477	兵器工业	
七、林业支出	104 300	其他管护	4 991	水利前期工作	678	船舶工业	
行业管理	60 773	造林	23 286	小型农田水利	31 467	建筑材料工业	419
林场、苗圃、工作站	16 413	造林	22 773	水利设施	29 107	轻工业	3 881
推广与培训	11 444	种苗	353	其他	25 225	烟草工业	4
信息管理	134	抚育	160	气象支出	9 617	纺织工业	820
森林资源核查	97	防沙治沙	2 214	气象机构	1 812	医药企业	102
森林公安	418	沙漠化防治	210	气象探测	343	国土资源	10 420
自然保护区和动植物保护	506	治沙贷款贴息	1 038	气象信息传输及加工处理	15	建设	23 238
湿地保护	61	沙漠普查监测		技术推广	66	环境保护	27 553
森林资源执法监督	307	其他	966	干部训练		勘察设计费	
干部培训	261	其他林业支出	3 458	其他气象支出	7 381	干部训练费	
扭亏措施		八、水利和气象支出	204 167	南水北调工程管理	35	环境保护专项管理	793
政策性社会性支出		水利行业管理	83 010	推广与培训		环境监督执法	980
其他	31 132	推广与培训	16 528	业务管理	35	环境监测与信息	173

续表

预算科目	决算数	预算科目	决算数	预算科目	决算数	预算科目	决算数
环境宣传教育	203	文物事业费	16 914	县广播站经费	1 138	高等职业教育	71 959
放射性和危险废物管理	721	博物馆经费	10 263	其他广播电影电视事业费	28 276	其他	14 679
自然保护区管理		文物事业机构经费	1 981	计划生育事业费	244 751	成人教育	5 983
其他环境保护事业费	24 683	文物保护费	1 586	手术减免经费	10 992	成人初等教育	
铁道		干部训练费		避孕药具经费	3 630	成人中等教育	4 519
交通	28 295	其他文物事业费	3 084	基层计划生育专职干部经费	47 250	成人高等教育	813
邮电		体育事业费	53 361	独生子女父母奖励费	24 290	广播电视教育	382
民航	176	体育竞赛费	6 539	宣传经费	3 482	其他	269
测绘	1 347	优秀运动队经费	12 094	服务站经费	29 383	广播电视教育	5 840
质量技术监督	61 670	业余训练费	6 702	流动人口计划生育管理费	2 030	广播电视学校	4 499
知识产权	355	体育场馆补助费	4 670	干部训练费	637	教育电视台	870
物价	12 880	其他体育事业费	23 356	其他计划生育事业费	123 057	其他	471
包装		档案事业费	10 526	党政群干部训练事业费	44 207	留学教育	
其他	19 493	档案馆经费	8 267	党校事业费	32 276	出国留学教育	
十、流通部门事业费	31 599	干部训练费		政府机关干部训练事业费	4 634	来华留学教育	
商贸	10 660	其他档案事业费	2 259	公检法部门干部训练事业费	2 050	其他	
物资	1 579	地震事业费	4 714	党派团体干部训练事业费	5 247	特殊教育	19 433
粮食	8 146	地震机构经费	3 897	其他文体广播事业费	9 196	特殊学校教育	18 735
供销社	9 296	地震监测预报经费	2	十二、教育支出	2 922 839	工读学校教育	
其他	1 918	地震台站经费	36	普通教育	2 495 415	其他	698
十一、文体广播事业费	519 674	群测群防费	74	学前教育	14 258	教师进修及干部教育	15 791
文化事业费	91 622	其他地震事业费	705	小学教育	941 902	教师进修	13 319
艺术表演团体经费	17 771	海洋事业费	419	初中教育	763 055	干部教育	919
艺术表演场所经费	370	海洋公益服务管理费		高中教育	371 187	其他	1 553
图书馆经费	11 453	海洋调查监测预报费		高等教育	300 077	其他	102 968
群众文化经费	14 631	极地考察经费		其他	104 936	十三、科学支出	90 544
干部训练费	40	其他海洋事业费	419	职业教育	277 409	自然科学	66 902
其他文化事业费	47 357	通讯事业费		初等职业教育	5 318	基础研究	1 576
出版事业费	2 746	广播电影电视事业费	41 218	中专教育	77 858	社会公益和农业研究	27 138
出版经费	1 273	广播电台经费	5 083	技校教育	32 245	高技术研究	516
其他出版事业费	1 473	电视台经费	6 721	职业高中教育	75 350	技术开发	7 762

续表

预算科目	决算数	预算科目	决算数	预算科目	决算数	预算科目	决算数
科技条件专项	280	中医	21 253	基层工商管理机构经费	1 267	烈军属、复员退伍军人生活补助	71 447
国际合作与交流	155	医院	20 285	工商管理业务费	201 962	优抚事业单位	34 890
转制科研机构	298	干部培训	142	国有资产管理事业费	1 392	安置	91 655
科研管理机构	8 435	处理医疗欠费		旅游事业费	17 920	退伍军人安置	27 743
研究生院		其他	826	对外宣传费	892	军队移交地方安置的离退休人员	48 704
自然科学基金	2 288	食品和药品监督管理	32 589	干部培训费	6	军队离退休干部管理机构	15 208
其他	18 454	食品、药品及医疗器械抽检	2 665	其他旅游事业费	17 022	城市居民最低生活保障	59 638
社会科学	8 180	食品、药品检验	6 875	华侨事业费	61	农村及其他社会救济	49 703
社会科学研究管理机构	3 652	干部培训	431	接待安置费		农村社会救济	36 091
社会科学研究	2 221	其他	22 618	归侨生活困难补助费		精简退职老弱残职工救济	1 994
社科基金		行政事业单位医疗	203 729	华侨农场事业费		流浪乞讨人员求助机构	1 033
国际合作与交流		行政单位医疗	84 860	其他华侨事业费	61	农村医疗救助	1 346
研究生院		事业单位医疗	99 004	劳动保障事业费	13 124	城市医疗救助	1 485
其他	2 307	公务员医疗	3 079	劳动监察费	1 019	其他	7 754
科学技术普及	11 855	其他	16 786	社会保险事业费	429	社会福利	22 591
学术活动	329	十五、其他部门的事业费	844 126	干部训练费	31	殡葬	1 774
科学普及活动	5 228	税务事业费	165 384	其他劳动保障事业费	11 645	假肢	299
科技馆站	2 297	统计经费	20 267	海关事业费		社会福利事业单位	20 518
其他	4 001	统计业务费	6 640	监察纪检经费	2 742	其他民政	54 184
其他	3 607	抽样调查队经费	2 094	监察纪检业务费	366	干部培训	195
十四、医疗卫生支出	733 206	干部训练费	1	干部训练费		老龄机构	1 338
卫生	475 635	普查专项经费	3 465	大要案专项经费		拥军优属慰问	5 562
医院	126 682	统计事业费	8 067	监察纪检事业费	2 376	民间组织管理	407
城市社区卫生服务中心	960	财政事业费	65 480	农业综合开发事业费	1 030	行政区划和地名管理	733
乡镇卫生院	60 677	审计经费	14 541	行政机关事业费	148 925	其他民政事业	45 949
防治防疫	79 652	审计机构经费	6 460	党派团体事业补助费	19 100	残疾人事业	10 934
妇幼保健	10 656	审计业务费	4 710	其他部门事业费	170 931	康复	688
干部培训	1 896	干部训练费		十六、抚恤和社会福利救济	494 988	就业培训	193
新型农村合作医疗	103 997	审计专项经费	1 015	抚恤	191 067	事业单位	6 587
处理医疗欠费	12	其他审计经费	2 356	牺牲病故抚恤	20 933	体育	674
其他	91 103	工商管理经费	203 229	伤残抚恤	63 797	其他	2 792

续表

预算科目	决算数	预算科目	决算数	预算科目	决算数	预算科目	决算数
自然灾害生活救助	15 216	小额贷款担保基金	150	二十二、武装警察部队支出	18 251	其他经费	18 699
自然灾害救济费	8 113	对农民工的就业服务支出	212	内卫部队经费	7 388	司法支出	39 673
特大自然灾害救济补助费	6 742	特定政策补助支出	3 393	边防部队经费	1 803	司法机关经费	31 732
特大自然灾害灾后重建	361	其他	27 175	消防部队经费	8 413	司法业务费	1 052
十七、行政事业单位离退休支出	759 925	企业关闭破产补助	207 187	警卫部队经费	637	其他经费	6 889
行政单位离退休	171 157	国有企业关闭破产补助	191 208	黄金部队经费		监狱支出	69 450
公检法司机关离退休	45 288	其他	15 979	森林部队经费		监狱警察经费	55 579
事业单位离退休	524 413	社会保险经办机构	46 582	水电部队经费		罪犯改造经费	8 408
农业等事业单位离退休	48 771	其他	85 586	交通部队经费		狱政设施维修经费	1 256
教育事业单位离退休	278 953	十九、国防支出	13 885	其他	10	技术装备费	973
科学事业单位离退休	17 485	民兵事业费	12 783	二十三、公检法司支出	1 168 852	其他经费	3 234
其他事业单位离退休	179 204	动员预编经费	1 102	公安支出	739 487	劳教支出	20 717
离退休人员管理机构	6 875	二十、行政管理费	1 929 519	公安机关经费	637 637	劳教警察经费	17 970
行政单位离退休人员管理机构	3 065	人大经费	66 514	公安业务费	47 448	劳动教养人员教育经费	1 869
公检法司机关离退休人员管理机构	45	政府机关经费	1 415 874	公安特别业务费	1 927	所政设施维修经费	305
事业单位离退休人员管理机构	2 492	政协经费	46 846	居民身份证经费	6 509	技术装备经费	245
其他	1 273	共产党机关经费	359 947	拘押收教场所经费	6 222	其他经费	328
其他	12 192	民主党派机关经费	10 326	边防检查经费	226	缉私警察支出	
十八、社会保障补助支出	675 428	社会团体机关经费	30 012	其他经费	39 518	二十四、城市维护费	1 470 287
社会保险基金补助	255 862	二十一、外交外事支出	4 905	国家安全支出	24 143	二十五、政策性补贴支出	657 001
基本养老保险基金	226 609	地方外事费	4 661	国家安全机关经费	23 886	国家粮油差价补贴	596
失业保险基金	4 019	地方出国费	2 654	国家安全业务费	39	粮食风险基金	272 862
基本医疗保险基金	9 779	地方招待费	810	看守所经费	127	国家储备粮油利息费用补贴	333
其他社会保险基金	15 455	其他地方外事费	1 197	其他经费	91	粮食财务挂账利息补贴	8 899
就业补助	80 211	对外宣传经费	244	检察院支出	108 541	国家储备粮油差价补贴	
劳动力市场建设	6 811	电视节目经费	50	检察院机关经费	89 663	地方粮油价外补贴	15
再就业培训补贴	9 249	电影节目经费		检察院业务费	14 421	国家储备棉花利息费用补贴	
职业介绍补贴	1 316	广播节目经费		其他经费	4 457	国家储备糖利息费用补贴	
社会保险补贴	6 278	租台经费		法院支出	166 841	副食品风险基金	560
岗位补贴	25 104	非贸易文字宣传品经费	50	法院机关经费	128 305	地方煤炭风险基金	47
小额担保贷款贴息	523	其他对外宣传经费	144	法院业务费	19 837	市镇居民肉食价格补贴	

续表

预算科目	决算数	预算科目	决算数	预算科目	决算数	预算科目	决算数
国家储备肉利息费用补贴		财政扶贫资金	20 652	三十一、其他支出	2 197 376	其他支出	1 920 059
平抑市价蔬菜价差补贴		基础设施建设资金	3 227	兵役征集费	2 155	军队供应站经费	1 024
农业生产资料价差补贴	479	生产发展资金	3 615	支前费		交通战备费	150
化肥价差补贴		科技推广及培训资金	627	人民防空经费	14 820	预留调资支出	309 010
农药价差补贴		社会发展资金	13	防空地下室易地建设费支出	8 455	其他杂项支出	1 609 875
农业用电价差补贴		项目管理费	141	其他	6 365		
农业用塑料薄膜价差补贴		扶贫贷款贴息支出	400	补助村民委员会支出	128 421		
其他农业生产资料价差补贴	479	“三西”农业建设专项补助资金		国家赔偿费用支出	17		
银行政策性亏损补贴		其他财政扶贫资金	12 629	引进人才专项费用	760		
棉花差价补贴		边境建设事业补助费		专家经费			
地方粮食企业新增挂账消化款	382	民族工作经费	135	出国培训经费			
粮食老挂账消化款	44	二十七、海域开发建设和场地使用费支出	10 695	驻外机构经费			
储备粮移库费用补贴	30	海域开发建设支出	9 257	引进人才事业费	160		
处理陈化粮补贴		港澳台和外商投资企业场地使用费	1 438	择优资助经费			
食品企业亏损挂账消化款		二十八、车辆税费支出	37 399	其他费用	600		
地方处理供销社挂账补贴	280 498	交通专项资金	37 113	住房改革支出	92 228		
处理供销社挂账本金消化款	280 496	老旧汽车更新补助	166	住房公积金	58 280		
处理供销社挂账利息补贴款	2	征管人员经费	120	提租补贴	2 353		
国家化肥淡季商业储备利息费用补贴		二十九、债务利息支出	6 434	购房补贴	31 595		
石油价格改革财政补贴	56 134	国内债务付息	6 354	宣传文化发展专项资金	17 414		
渔业	28 768	国外债务付息	80	文化企业发展专项资金	876		
林业	268	三十、专项支出	562 013	宣传部门使用的专项资金	6 159		
城市公交	18 785	排污费支出	106 444	出版企业发展专项资金	30		
农村道路客运	3 973	水资源费支出	50 810	其他企业发展专项资金	10 349		
出租车	4 340	教育费附加支出	318 500	外经贸发展专项支出	6 507		
其他政策性补贴	36 122	矿产资源补偿费支出	25 453	政府特殊津贴			
学生课本价格补贴	1 532	探矿权采矿权使用费及价款支出	37 079	抗震加固补助经费	70		
报刊新闻纸价格补贴		内河航道养护费支出	1 540	简易建筑费	46		
行政事业单位粮食价格补助款	403	公路运输管理费支出	20 115	中小企业发展专项资金	14 879		
其他	34 187	水路运输管理费支出	2 072	科技型中小企业技术创新基金	4 292		
二十六、支援不发达地区支出	20 787	三峡库区移民专项支出		其他	10 587		

2006年度山东省财政基金预算收支决算分级表

单位：万元

预算科目	决算数合计	省级	地级	其中		县级	乡镇级	其中镇	预算科目	决算数合计	省级	地级	其中		县级	乡镇级	其中镇
				地级直属乡	地级直属镇								地级直属乡	地级直属镇			
一、工业交通部门基金收入	762 849	630 000	130 698			2 151			一、工业交通部门基金支出	740 130	615 988	119 476			4 631	35	35
二、文教部门基金收入	107 449	7 295	39 871		54	58 046	2 237	2 143	二、商贸部门基金支出	20 287	1 923	8 616			9 525	223	215
三、社会保险基金收入									三、文教部门基金支出	100 851	11 469	20 188		71	65 851	3 343	3 005
四、农业部门基金收入	97 429	54 641	28 468			14 320			四、社会保险基金支出								
五、土地有偿使用收入	1 876 843	233 510	1 021 752			610 972	10 609	10 247	五、农业部门基金支出	94 465	39 130	18 361			35 989	985	983
六、政府住房基金收入	8 834		8 484			350			六、土地有偿使用支出	1 781 110	5 600	990 658		341	744 786	40 066	37 799
七、其他部门基金收入	60 193	2 129	42 645			15 419			七、政府住房基金支出	5 410		5 110			300		
八、地方财政税费附加收入	85 600		52 860			32 740			八、其他部门基金支出	40 735	1 500	22 526			16 604	105	98
九、其他									九、地方财政税费附加支出	77 363		47 178			30 105	80	65
									十、其他	30					30		
本年基金收入合计	2 999 197	927 575	1 324 778		54	733 998	12 846	12 390	本年基金支出合计	2 860 381	675 610	1 232 113		412	907 821	44 837	42 200

2006年度山东省乡镇财政基本情况表

单位：个/人/万元

项　目	合计	乡	镇	项　目	合计	乡	镇	项　目	合计	乡	镇
一、本年乡镇数	1 660	288	1 372	十一、乡镇财政一般预算收支平衡				十三、预算外收支情况			
其中：实行“乡财县管”的乡镇数	478	125	353	收入总计	3 641 513	327 805	3 313 708	收入总计	11 548	2 645	8 903
二、乡镇财政机构数	1 651	286	1 365	本年本级收入	2 297 791	144 225	2 153 566	本年本级收入	86 829	10 705	76 124
其中：财税所数				其中：税收收入	2 141 288	133 287	2 008 001	1. 行政事业单位收入	29 650	4 196	25 454
三、体制形式和类型				上级补助收入	1 316 810	181 408	1 135 402	2. 乡镇自筹收入	36 664	6 373	30 291
上解乡镇数	545	39	506	其他收入	22 407	1 154	21 253	3. 其他收入	20 515	136	20 379
补助乡镇数	797	160	637	上年结余收入	4 505	1 018	3 487	上年结余收入	-75 281	-8 060	-67 221
自收自支乡镇数	318	89	229	支出总计	3 633 541	328 494	3 305 047	支出总计	75 702	7 581	68 121
四、已建立乡镇国库的乡镇数	96	12	84	本年本级支出	2 420 330	237 763	2 182 567	本年本级支出	70 415	7 462	62 953
五、税务所机构数	1 665	183	1 482	上解上级支出	1 213 074	90 729	1 122 345	其中：行政事业支出	39 741	2 972	36 769
国家税务所数	683	65	618	其他支出	137	2	135	基本建设支出	2 847		2 847
地方税务所数	982	118	864	年终结余	7 972	-689	8 661	调出资金	5 287	119	5 168
其中：一乡（镇）一所数	377	66	311	其中：净结余	1 970	-751	2 721	年终结余	-64 154	-4 936	-59 218
六、乡镇财政所总人数	14 312	1 953	12 359								
1. 行政编制实有人数	1 495	261	1 234	十二、乡镇财政基金预算收支平衡							
2. 事业编制实有人数	12 481	1 644	10 837	收入总计	46 172	2 651	43 521				
3. 以工代干人数	242	25	217	本年本级收入	12 900	456	12 444				
4. 集体财务人员人数	94	23	71	上级补助收入	32 921	2 188	30 733				
七、乡镇财政供养人口	578 906	80 998	497 908	其他收入	153	1	152				
1. 财政预算拨款开支人数	155 604	23 821	131 783	上年结余收入	198	6	192				
2. 财政补助开支人数	423 302	57 177	366 125	支出总计	45 763	2 646	43 117				
其中：教师	195 801	22 235	173 566	本年本级支出	45 249	2 637	42 612				
八、赤字乡镇个数	1 436	204	1 232	其他支出	514	9	505				
九、乡镇年末总人口	73 921 944	9 821 329	64 100 615	年终结余	409	5	404				
其中：农村人口	59 499 626	8 424 804	51 074 822								
十、乡镇财政一般预算收入分档											
100万元以下的乡镇数	83	46	37								
100万~500万元的乡镇数	653	162	491								
500万~1 000万元的乡镇数	372	44	328								
1 000万元以上的乡镇数	552	36	516								

2006年度山东省预算外财政专户资金收支决算总表

单位：万元

科目名称	预算数	决算数	科目名称	预算数	决算数
一、行政事业性收费收入	2 919 717	2 920 953	一、行政事业费支出	2 443 425	2 403 749
二、政府性基金（资金、附加）收入	247 267	246 792	其中：项目支出	690 511	688 387
三、主管部门集中收入	63 742	63 874	二、基本建设支出	305 217	300 639
四、乡镇自筹资金收入	33 647	36 664	三、乡镇自筹资金支出	32 283	32 229
五、其他收入	408 589	419 859	四、其他支出	766 691	750 077
本年收入合计	3 672 962	3 688 142	本年支出合计	3 547 616	3 486 694
上年滚存结余	×	664 476	政府调剂资金	×	119 018
			其中：调入预算内资金	×	30 053
			年终结余	×	746 906
总　　计	×	4 352 618	总　　计	×	4 352 618
附：彩票公益金上年结余	×	128 295	彩票公益金本年支出	×	102 084
彩票公益金本年收入	×	81 075	彩票公益金年末结余	×	115 558
彩票公益金上级补助收入	×	8 272			

2006年山东省国有企业资产负债表

单位：万元

项　　目	行次	年初数	年末数	项　　目	行次	年初数	年末数
货币资金	1	9 706 530.9	11 047 707.0	短期借款	46	12 515 226.6	14 748 593.3
短期投资	2	777 888.1	786 048.4	应付票据	47	4 674 787.7	4 441 055.6
应收票据	3	1 713 713.4	2 286 104.7	应付账款	48	7 308 794.4	8 040 957.1
应收股利	4	102 544.5	136 812.4	预收账款	49	2 770 903.1	3 419 045.2
应收利息	5	2 313.5	1 668.1	应付工资	50	970 235.3	1 121 582.3
应收账款	6	5 543 506.3	6 299 910.8	应付福利费	51	466 366.1	547 857.9
其他应收款	7	7 511 437.2	8 489 855.7	应付股利（应付利润）	52	351 151.6	431 959.6
预付账款	8	2 990 463.6	3 426 797.2	应付利息	53	21 060.0	25 397.9
期货保证金	9	119.0	119.0	应交税金	54	976 867.6	938 655.9
应收补贴款	10	237 973.1	192 245.4	其他应交款	55	234 609.4	208 766.5
应收出口退税	11	50 434.6	83 816.2	其他应付款	56	10 337 373.5	11 622 078.2
存货	12	9 035 392.6	9 857 246.1	预提费用	57	255 764.2	321 787.6
其中：原材料	13	2 435 933.9	2 640 363.0	预计负债	58	55 611.7	66 577.0
库存商品（产成品）	14	3 939 848.0	4 329 511.6	递延收益	59	8 130.8	20 933.4
待摊费用	15	179 723.6	191 998.3	一年内到期的长期负债	60	522 103.7	539 417.7
待处理流动资产净损失	16	284 428.1	246 771.1	应付权证	61	0.7	101 002.1
一年内到期的长期债权投资	17	127 978.6	238 635.6	其他流动负债	62	1 028 468.5	1 377 704.0
其他流动资产	18	442 772.8	527 865.6	流动负债合计	63	42 497 454.8	47 973 371.6
流动资产合计	19	38 707 219.8	43 813 601.6	长期借款	64	12 172 522.9	13 435 357.7
长期投资	20	5 693 736.3	6 794 123.9	应付债券	65	647 871.1	939 287.9
其中：长期股权投资	21	5 220 792.6	6 157 810.8	长期应付款	66	1 113 441.3	1 118 048.6
长期债权投资	22	340 236.6	388 568.4	专项应付款	67	418 166.9	421 628.9
*合并价差	23	52 820.4	168 253.5	其他长期负债	68	416 335.4	612 488.0
长期投资合计	24	5 746 556.7	6 962 377.5	其中：特准储备基金	69	609.0	609.0
固定资产原价	25	43 010 623.4	48 508 987.7	长期负债合计	70	14 768 337.6	16 526 811.1

续表

项　　目	行次	年初数	年末数	项　　目	行次	年初数	年末数
减：累计折旧	26	12 667 214.0	14 906 079.1	递延税款贷项	71	6 177.8	9 880.9
固定资产净值	27	30 343 409.4	33 602 908.6	负债合计	72	57 271 970.2	64 510 063.5
减：固定资产减值准备	28	183 339.3	188 842.2	*少数股东权益	73	4 184 787.7	5 838 850.1
固定资产净额	29	30 160 070.0	33 414 066.4	实收资本（股本）	74	11 903 004.1	12 319 017.8
工程物资	30	175 672.7	357 053.0	国家资本	75	8 272 091.6	8 403 660.2
在建工程	31	5 126 845.6	6 429 463.8	集体资本	76	51 124.6	50 851.9
固定资产清理	32	15 087.8	37 273.5	法人资本	77	2 712 751.6	2 856 782.4
待处理固定资产净损失	33	47 541.2	53 262.4	其中：国有法人资本	78	2 426 804.4	2 530 034.9
固定资产合计	34	35 525 217.3	40 291 119.1	集体法人资本	79	228 526.2	236 859.3
无形资产	35	2 921 662.9	3 630 300.3	个人资本	80	613 709.0	718 740.9
其中：土地使用权	36	1 272 883.3	1 562 958.7	外商资本	81	253 327.4	288 982.4
长期待摊费用（递延资产）	37	282 233.4	344 790.1	资本公积	82	10 269 847.9	12 291 445.3
其中：固定资产修理	38	1 271.2	1 180.9	盈余公积	83	1 964 819.9	2 265 747.5
固定资产改良支出	39	1 957.4	3 069.6	其中：法定公益金	84	493 935.6	—
股权分置流通权	40	27 069.8	235 268.3	*未确认的投资损失（以“－”号填列）	85	－126 095.8	－123 851.5
其他长期资产	41	459 201.9	636 803.7	未分配利润	86	－1 789 093.5	－1 168 516.4
其中：特准储备物资	42	235.0	212.5	其中：现金股利	87	17 912.6	15 333.5
无形及其他资产合计	43	3 690 168.0	4 347 162.3	外币报表折算差额	88	1 562.0	－3 090.5
递延税款借项	44	9 380.4	15 403.1	所有者权益小计	89	22 224 044.6	25 580 752.0
				减：资产损失	90	2 260.4	2.1
				所有者权益合计（剔除资产损失后的金额）	91	22 221 784.2	25 580 749.9
资产总计	45	83 678 542.1	95 929 663.5	负债和所有者权益总计	92	83 678 542.1	95 929 663.5

注：表中带*项目为合并会计报表专用。

2006 年山东省国有企业利润及利润分配表

单位：万元

项　　目	行次	上年实际数	本年实际数	项　　目	行次	上年实际数	本年实际数
一、主营业务收入	1	51 470 079.4	59 976 825.8	加：（一）投资收益（损失以“-”号填列）	26	159 418.7	338 187.9
其中：出口产品（商品）销售收入	2	3 484 512.5	4 426 629.5	（二）期货收益（损失以“-”号填列）	27	-0.2	-116.6
进口产品（商品）销售收入	3	489 416.2	497 802.7	（三）补贴收入	28	255 972.0	299 245.2
减：折扣与折让	4	155 780.7	209 505.1	其中：补贴前亏损的企业补贴收入	29	159 345.6	186 323.2
二、主营业务收入净额	5	51 314 298.8	59 767 320.6	（四）营业外收入	30	115 459.9	153 056.1
减：（一）主营业务成本	6	42 221 693.6	49 058 397.2	其中：处置固定资产净收益	31	18 431.4	44 783.2
其中：出口产品（商品）销售成本	7	2 941 673.4	3 790 454.8	非货币性交易收益	32	379.9	510.1
（二）主营业务税金及附加	8	574 892.0	688 485.4	出售无形资产收益	33	7 730.4	1 515.7
（三）经营费用	9	334 625.0	363 777.6	罚款净收入	34	4 410.9	5 650.0
（四）其他	10	2.4	0.0	（五）其他	35	355.1	9 033.8
加：（一）递延收益	11	0.0	38.6	其中：用以前年度含量工资结余弥补利润	36	-1.5	-378.5
（二）代购代销收入	12	3 285.2	1 754.6	减：（一）营业外支出	37	318 309.4	324 067.0
（三）其他	13	793.0	573.7	其中：处置固定资产净损失	38	41 917.7	67 015.5
三、主营业务利润（亏损以“-”号填列）	14	8 187 164.0	9 659 027.3	出售无形资产损失	39	1 690.8	5 160.7
加：其他业务利润（亏损以“-”号填列）	15	478 461.6	516 318.5	罚款支出	40	12 575.7	17 324.0
减：（一）营业费用	16	1 351 821.3	1 633 073.6	捐赠支出	41	15 856.4	13 241.3
（二）管理费用	17	4 233 006.3	4 546 735.6	（二）其他支出	42	10 585.0	6 070.2
其中：业务招待费	18	65 649.7	86 998.7	其中：结转的含量工资包干结余	43	231.2	41.6
研究与开发费	19	56 078.1	96 497.1	五、利润总额（亏损总额以“-”号填列）	44	2 405 689.9	3 315 210.1
（三）财务费用	20	876 571.9	1 149 253.8	减：所得税	45	952 525.3	1 118 090.7
其中：利息支出	21	985 649.2	1 188 235.3	*少数股东损益	46	438 869.8	668 672.2
利息收入	22	158 549.7	181 028.9	加：*未确认的投资损失（以“+”号填列）	47	22 682.0	28 772.6
汇兑净损失（净收益以“-”号填列）	23	-76 988.5	-42 574.5	六、净利润（净亏损以“-”号填列）	48	1 036 976.8	1 557 219.7
（四）其他	24	847.4	341.8	加：（一）年初未分配利润	49	-1 888 528.8	-1 789 093.5
四、营业利润（亏损以“-”号填列）	25	2 203 378.7	2 845 940.8	（二）盈余公积补亏	50	5 003.6	-200.2

续表

项　　目	行次	上年实际数	本年实际数	项　　目	行次	上年实际数	本年实际数
（三）其他调整因素	51	－168 029.5	－162 984.8	（二）提取任意盈余公积	64	64 312.2	105 213.5
七、可供分配的利润	52	－1 014 577.9	－395 058.9	（三）应付普通股股利（应付利润）	65	254 022.6	324 817.9
减：（一）提取法定盈余公积	53	158 390.2	189 124.7	（四）转作资本（股本）的普通股股利	66	20 187.5	14 782.3
（二）提取法定公益金	54	113 589.2	—	（五）其他	67	74 186.0	59 531.3
（三）提取职工奖励及福利基金	55	586.6	796.7	九、未分配利润	68	－1 760 406.2	－1 168 605.8
（四）提取储备基金	56	1 552.7	4 859.5	其中：应由以后年度税前利润弥补的亏损（以“+”号填列）	69	1 817 576.5	1 825 923.6
（五）提取企业发展基金	57	886.7	4 126.9	补充资料：	70		
（六）利润归还投资	58	0.0	0.0	（一）出售、处理部门或被投资单位所得收益	71	－6 585.2	3 040.8
（七）补充流动资本	59	19 612.6	15 099.4	（二）自然灾害发生的损失（以“+”填列）	72	28.2	0.0
（八）单项留用的利润	60	6 747.6	3 300.8	（三）会计政策变更增加（或减少）利润总额	73	1 055.0	5.5
（九）其他	61	24 808.0	51 323.6	（四）会计估计变更增加（或减少）利润总额	74	－837.1	1 869.8
八、可供投资者分配的利润	62	－1 340 751.6	－663 690.4	（五）债务重组损失（以“+”填列）	75	－110.3	－5 036.4
减：（一）应付优先股股利	63	6 946.3	570.4	（六）其他	76	－4 217.6	－3 406.5

注：表中带＊项目为合并会计报表专用。

2006 年山东省国有企业现金流量表

单位：万元

项　　目	行次	金额	项　　目	行次	金额	项　　目	行次	金额
一、经营活动产生的现金流量：	1	—	投资活动产生的现金流量净额	24	-7 070 207.0	预提费用增加（减：减少）	47	70 883.9
销售商品、提供劳务收到的现金	2	63 293 787.6	三、筹资活动产生的现金流量：	25	—	处置固定资产、无形资产和其他长期资产的损失（减：收益）	48	5 860.9
收到的税费返还	3	328 860.0	吸收投资所收到的现金	26	1 734 120.1	固定资产报废损失	49	31 489.0
收到的其他与经营活动有关的现金	4	7 385 955.6	借款所收到的现金	27	20 992 523.8	财务费用	50	1 175 670.6
现金流入小计	5	71 008 603.1	收到的其他与筹资活动有关的现金	28	1 527 275.1	投资损失（减：收益）	51	-358 199.2
购买商品、接受劳务支付的现金	6	48 454 750.9	现金流入小计	29	24 253 918.9	递延税款贷项（减：借项）	52	-4 344.4
支付给职工以及为职工支付的现金	7	4 918 866.5	偿还债务所支付的现金	30	18 022 648.0	存货的减少（减：增加）	53	-625 901.5
支付的各项税费	8	4 684 888.9	分配股利、利润或偿付利息所支付的现金	31	1 907 061.1	经营性应收项目的减少（减：增加）	54	-2 839 118.9
支付的其他与经营活动有关的现金	9	7 111 117.9	支付的其他与筹资活动有关的现金	32	1 719 166.3	经营性应付项目的增加（减：减少）	55	2 960 941.0
现金流出小计	10	65 169 624.2	现金流出小计	33	21 648 875.4	其他	56	-3 175.3
经营活动产生的现金流量净额	11	5 838 978.9	筹资活动产生的现金流量净额	34	2 605 043.5	经营活动产生的现金流量净额	57	5 838 978.9
二、投资活动产生的现金流量：	12	—	四、汇率变动对现金的影响	35	3 385.3	2. 不涉及现金收支的投资和筹资活动：	58	—
收回投资所收到的现金	13	1 046 099.7	五、现金及现金等价物净增加额	36	1 377 200.7	债务转为资本	59	3 967.9
其中：出售子公司所收到的现金	14	13 707.5	补充资料：	37	—	一年内到期的可转换公司债券	60	7.4
取得投资收益所收到的现金	15	254 302.8	1. 将净利润调节为经营活动现金流量：	38	—	融资租入固定资产	61	-80.4
处置固定资产、无形资产和其他长期资产所收回的现金净额	16	106 184.9	净利润	39	1 557 309.1	其他	62	15 965.2
收到的其他与投资活动有关的现金	17	746 065.2	加：*少数股东损益	40	661 258.5	3. 现金及现金等价物净增加情况：	63	—
现金流入小计	18	2 152 652.7	减：*未确认的投资损失	41	28 118.6	现金的期末余额	64	10 523 090.7
购建固定资产、无形资产和其他长期资产所支付的现金	19	6 441 365.0	加：计提的资产减值准备	42	221 918.9	减：现金的期初余额	65	9 163 564.6
投资所支付的现金	20	2 207 368.1	固定资产折旧	43	2 783 347.5	加：现金等价物的期末余额	66	554 474.3
其中：购买子公司所支付的现金	21	193 816.1	无形资产摊销	44	120 583.4	减：现金等价物的期初余额	67	536 799.7
支付的其他与投资活动有关的现金	22	574 126.6	长期待摊费用摊销	45	121 234.3	现金及现金等价物净增加额	68	1 377 200.7
现金流出小计	23	9 222 859.7	待摊费用减少（减：增加）	46	-12 660.3			

注：表中带*项目为合并会计报表专用。

2006年山东省国有企业应上交应弥补款项表

单位：万元

项目	行次	金额	项目	行次	金额	项目	行次	金额
一、增值税：	1	—	本年已交进口关税	37	20 834.8	年末未交数	73	16 849.2
年初未交数	2	314 593.6	本年已交出口关税	38	5 509.1	十六、基本养老保险：	74	—
本年应交数	3	2 181 102.3	九、企业所得税：	39	—	年初未交数	75	94 842.1
本年已交数	4	2 220 158.8	年初未交数	40	495 913.7	本年应交数	76	544 818.9
年末未交数	5	275 537.1	本年应交数	41	1 060 080.4	本年已交数	77	522 416.6
二、消费税：	6	—	本年已交数	42	1 064 231.9	年末未交数	78	117 244.5
年初未交数	7	57 028.7	年末未交数	43	491 762.2	十七、基本医疗保险：	79	—
本年应交数	8	144 460.1	十、其他各税：	44	—	年初未交数	80	10 479.1
本年已交数	9	146 057.1	年初未交数	45	96 300.3	本年应交数	81	146 685.8
年末未交数	10	55 431.7	本年应交数	46	240 832.4	本年已交数	82	141 993.4
三、营业税：	11	—	本年已交数	47	219 651.0	年末未交数	83	15 171.5
年初未交数	12	97 851.6	年末未交数	48	117 481.6	十八、工伤保险：	84	—
本年应交数	13	252 562.9	十一、财政拨款：	49	—	年初未交数	85	2 806.5
本年已交数	14	251 803.5	年初结余	50	46 964.8	本年应交数	86	23 027.8
年末未交数	15	98 611.0	本年拨入	51	137 433.7	本年已交数	87	21 768.2
四、资源税：	16	—	本年支出	52	116 066.5	年末未交数	88	4 066.1
年初未交数	17	12 540.2	本年结余	53	68 331.9	十九、生育保险：	89	—
本年应交数	18	68 715.6	十二、储备粮油差价款：	54	—	年初未交数	90	1 966.0
本年已交数	19	73 224.4	年初未补数	55	3 956.7	本年应交数	91	13 486.2
年末未交数	20	8 031.4	本年应补数	56	6 642.0	本年已交数	92	12 725.3
五、城建税：	21	—	本年已补数	57	6 642.0	年末未交数	93	2 726.9
年初未交数	22	27 405.6	年末未补数	58	3 956.7	二十、石油特别收益金：	94	—
本年应交数	23	136 518.8	十三、预算弥补亏损及补贴：	59	—	本年应交数	95	6.1
本年已交数	24	140 945.2	年初未补数	60	235 671.3	本年已交数	96	0.0
年末未交数	25	22 979.3	本年应补数	61	96 936.7	补充资料：	97	—
六、教育费附加：	26	—	本年已补数	62	142 956.3	一、本年应交税金总额	98	4 193 095.4
年初未交数	27	32 285.0	年末未补数	63	189 651.7	二、本年实际上交税金总额	99	4 239 986.1
本年应交数	28	82 431.3	十四、国有资本收益：	64	—	三、本年支付补充养老保险总额	100	16 269.1
本年已交数	29	97 566.8	年初未交数	65	1 309.0	四、本年支付补充医疗保险总额	101	11 943.1
年末未交数	30	17 149.5	本年应交数	66	41 452.8	五、出口退税情况	102	—
七、农牧业税：	31	—	本年已交数	67	44 025.8	出口额（美元）	103	547 112.4
年初未交数	32	131.4	年末未交数	68	-1 264.1	以前年度欠出口退税	104	50 262.4
本年应交数	33	47.8	十五、失业保险：	69	—	本年度应收出口退税	105	235 941.9
本年已交数	34	3.5	年初未交数	70	13 283.4	本年度已收出口退税	106	211 397.2
年末未交数	35	175.6	本年应交数	71	51 173.5	年末欠出口退税	107	81 819.1
八、关税：	36	—	本年已交数	72	47 607.7	六、应纳税所得额	108	3 709 057.3

2006年山东省国有企业所有者权益（或股东权益）增减变动表

单位：万元

项　目	行次	本年数	项　目	行次	本年数	补充资料	行次	金　额
一、实收资本（或股本）	1	—	本年减少数	32	29 425.2	一、年初国有资本及权益总额	53	19 115 802.0
年初余额	2	11 897 224.5	其中：弥补亏损	33	1 667.7	二、本年国有资本及权益增加	54	3 912 537.7
本年增加数	3	576 305.5	转增资本（或股本）	34	12 084.6	（一）国家、国有单位直接或追加投资	55	359 425.5
其中：资本公积转入	4	176 203.6	分派现金股利或利润	35	2 503.0	（二）无偿划入	56	490 894.3
盈余公积转入	5	11 935.2	分派股票股利	36	0.9	（三）资产评估增加	57	333 533.3
利润分配转入	6	2 816.1	年末余额	37	2 237 621.0	（四）清产核资增加	58	36 793.9
新增资本（或股本）	7	319 717.1	其中：法定盈余公积	38	799 509.6	（五）产权界定增加	59	31 325.9
本年减少数	8	159 259.8	储备基金	39	18 778.6	（六）资本（股票）溢价	60	242 657.9
年末余额	9	12 314 270.2	企业发展基金	40	46 503.0	（七）接受捐赠	61	17 887.2
二、资本公积	10	—	四、法定公益金	41	—	（八）债权转股权	62	31 119.0
年初余额	11	10 239 574.7	年初余额	42	491 335.8	（九）税收返还	63	40 298.8
本年增加数	12	2 451 729.7	本年增加数	43	—	（十）补充流动资本	64	2 503.0
其中：资本（或股本）溢价	13	339 158.5	其中：从净利润中提取数	44	—	（十一）中央和地方政府确定的其他因素	65	56 500.5
接受捐赠非现金资产准备	14	23 152.9	本年减少数	45	460 929.7	（十二）经营积累	66	1 604 576.9
接受现金捐赠	15	582.8	其中：集体福利支出	46	171.9	（十三）其他	67	665 021.4
股权投资准备	16	217 278.4	年末余额	47	—	三、本年国有资本及权益减少	68	1 233 058.1
拨款转入	17	647 529.3	五、未分配利润	48	—	（一）经国家专项批准核销	69	12 926.7
外币资本折算差额	18	651.9	年初未分配利润	49	-1 992 581.1	（二）无偿划出	70	31 821.0
其他资本公积	19	1 132 956.2	本年净利润（净亏损以“-”号填列）	50	1 458 251.3	（三）资产评估减少	71	5 873.9
本年减少数	20	428 760.6	本年利润分配	51	507 044.6	（四）清产核资减少	72	72 014.6
其中：转增资本（或股本）	21	193 135.2	年末未分配利润（未弥补亏损以“-”号填列）	52	-1 185 758.6	（五）产权界定减少	73	27 697.6
年末余额	22	12 262 543.8				（六）消化以前年度潜亏和挂账而减少	74	32 712.2
三、法定和任意盈余公积	23	—				（七）因自然灾害等不可抗拒因素减少	75	435.2
年初余额	24	1 468 284.7				（八）因主辅分离辅业改制减少	76	23 895.1
本年增加数	25	7 987 616				（九）中央和地方政府确定的其他因素	77	98 978.7
其中：从净利润中提取数	26	326 678.8				（十）经营减值	78	417 734.9
其中：法定盈余公积	27	187 025.2				（十一）企业上缴国有资本收益	79	108 016.1
任意盈余公积	28	105 213.5				（十二）其他	80	400 952.0
储备基金	29	4 799.2				四、年末国有资本及权益总额	81	21 795 281.6
企业发展基金	30	4 096.8				五、年末其他国有资金	82	407 677.4
法定公益金转入数	31	390 417.6				六、年末国有资产总量	83	22 202 959.1
						七、年末合并国有资产总量	84	12 828 351.7

2006年山东省国有企业资产减值准备及资产损失情况表

单位：万元

项　目	行次	年初余额	本年增加数	本年减少数			年末余额	项　目	行次	年末余额
				因资产价值回升转回数	其他原因转出数	合计				
栏　次	0	1	2	3	4	5	6	—	—	7
一、资产减值准备情况（执行新制度企业填列）	1	—	—	—	—	—	—	二、待处理资产损失（未执行新制度企业填列）	22	303 962.7
（一）坏账准备合计	2	1 159 945.9	213 036.7	—	—	182 641.0	1 190 341.6	（一）待处理流动资产净损失	23	246 810.4
其中：应收账款	3	481 474.4	50 815.1	—	—	54 621.5	477 668.0	其中：1. 坏账损失	24	114 334.7
其他应收款	4	675 701.7	162 080.3	—	—	127 463.1	710 318.9	2. 存货损失	25	51 522.2
（二）短期投资跌价准备合计	5	30 434.9	25 560.0	5 996.2	3 411.9	9 408.1	46 586.9	3. 短期投资损失	26	2 855.3
其中：股票投资	6	12 396.9	7 320.0	5 995.7	551.2	6 546.9	13 170.0	（二）待处理固定资产损失	27	54 639.4
债券投资	7	30.5	39.0	0.5	0.0	0.5	69.0	其中：固定资产盘亏	28	12 882.4
（三）存货跌价准备合计	8	87 055.9	23 925.5	1 012.0	21 484.0	22 496.1	88 485.3	固定资产毁损、报废	29	21 808.9
其中：库存商品	9	57 923.8	18 526.7	781.1	14 915.2	15 696.3	60 754.2	固定资产盘盈	30	－183.8
原材料	10	19 717.6	1 710.7	98.2	4 370.2	4 468.5	16 959.8	（三）长期投资损失	31	2 083.5
（四）长期投资减值准备合计	11	91 282.2	23 460.3	80.6	1 426.7	1 507.3	113 235.1	（四）无形资产损失	32	54.1
其中：长期股权投资	12	89 503.3	23 041.0	80.6	726.7	807.3	111 737.0	（五）在建工程损失	33	375.3
长期债权投资	13	868.3	239.3	0.0	0.0	0.0	1 107.6	（六）委托贷款损失	34	0.0
（五）固定资产减值准备合计	14	183 163.2	36 449.8	2 353.7	28 593.0	30 946.8	188 666.3	三、政策性挂账	35	59 579.3
其中：房屋、建筑物	15	59 110.1	19 672.2	268.7	9 603.8	9 872.5	68 909.9	四、当年处理以前年度损失和挂账	36	64 776.7
机器设备	16	106 341.4	9 291.2	2 014.2	17 921.3	19 935.6	95 697.1	其中：在当年损益中处理以前年度损失挂账	37	47 037.4
（六）无形资产减值准备合计	17	14 432.3	1 998.5	0.0	343.8	343.8	16 086.9			
其中：专利权	18	8 243.3	0.0	0.0	9.3	9.3	8 234.0			
商标权	19	220.0	1 479.0	0.0	0.0	0.0	1 699.0			
（七）在建工程减值准备合计	20	18 257.5	26.1	35.7	236.8	272.6	18 011.1			
（八）委托贷款减值准备合计	21	45.0	146.0	0.0	13.0	13.0	178.0			

2006 年山东省国有企业基本情况表

单位：万元

项　目	行次	金　额	项　目	行次	金　额
一、企业户数情况（户）：（仅由总公司填报）	1	—	（十六）实行工效挂钩职工人数	26	842 181
（一）所属境内子企业总户数	2	1 859	三、企业不在岗职工及劳动关系处理情况：	27	—
其中：二级企业户数	3	1 106	（一）年初不在岗职工人数（人）	28	205 743
三级企业户数	4	667	其中：内退人数（人）	29	69 872
三级以下企业户数	5	121	（二）年末不在岗职工人数（人）	30	168 672
（二）所属境外子企业总户数	6	32	其中：内退人数（人）	31	73 031
二、职工人数情况（人）：	7	—	（三）本年累计解除劳动关系人数	32	36 918
（一）年末从业人员人数	8	1 618 768	（四）本年累计支付经济补偿金额	33	49 691. 2
（二）全年平均从业人员人数	9	1 616 989	其中：财政负担部分	34	9 034. 6
（三）年末职工人数	10	1 629 037	四、工资及福利情况：	35	—
其中：年末在岗职工人数	11	1 428 303	（一）全年应发工资总额	36	3 522 037. 6
（四）全年平均职工人数	12	1 622 768	（二）全年实际发放工资总额	37	3 317 399. 2
其中：全年平均在岗职工人数	13	1 435 796	其中：全年实际发放职工工资总额	38	3 164 867. 7
（五）年末离休人数	14	26 224	全年实际发放在岗职工工资总额	39	3 045 626. 1
（六）年末退休人数	15	434 897	（三）计税工资总额	40	3 433 687. 2
（七）参加基本养老保险职工人数	16	1 495 314	（四）核定的工挂企业工资总额基数	41	2 327 490. 1
（八）参加补充养老保险职工人数	17	194 122	（五）工挂企业提取的新增效益工资	42	258 428. 5
（九）参加基本医疗保险职工人数	18	1 292 164	（六）离退休人员养老金及福利性补助	43	1 352 507. 3
（十）参加补充医疗保险职工人数	19	303 470	（七）本年提取的职工福利费	44	457 990. 4
（十一）参加失业保险职工人数	20	1 438 870	（八）本年支付的医药费	45	133 150. 2
（十二）参加工伤保险职工人数	21	1 172 048	其中：离退休人员医药费	46	33 010. 7
（十三）参加生育保险职工人数	22	1 103 952	（九）本年企业支付的职工住房费用	47	339 843. 1
（十四）接收军队转业、复员退伍人员总数	23	38 812	其中：本年提取的职工住房公积金	48	115 451. 7
其中：当年接收军队转业、复员退伍人员数	24	2 499	本年一次性支付的住房补贴	49	3 148. 5
（十五）接受下岗再就业职工人数	25	927 228	本年按月发放的住房补贴	50	207 597. 6

续表

项　目	行次	金　额	项　目	行次	金　额
五、本年支付的职工培训费用	51	27 930.8	2. 未使用固定资产	72	2 759 854.3
六、产值：	52	—	3. 不需用固定资产	73	257 733.8
（一）增加值（按现行价格计算）	53	19 033 289.7	（二）主要类别固定资产情况	74	—
（二）工业总产值（按现行价格计算）	54	46 836 275.2	1. 固定资产原价合计	75	48 507 811.7
七、本年收到的财政性资金	55	523 107.2	其中：土地资产	76	1 735 900.8
（一）基本建设性资金	56	81 478.1	房屋、建筑物	77	14 493 062.4
（二）生产发展性资金	57	77 920.5	机器设备	78	21 222 009.9
（三）社会保障性资金	58	48 314.3	运输工具	79	2 344 806.1
（四）其他	59	315 394.3	2. 当年计提的固定资产折旧总额	80	3 017 956.9
八、本年科技资金来源与研发费用情况	60	—	其中：房屋、建筑物	81	616 196.4
（一）本年科技资金来源合计	61	257 245.2	机器设备	82	1 699 620.1
其中：政府拨款	62	10 257.6	运输工具	83	190 187.8
企业自筹	63	232 752.2	3. 当年计提折旧的固定资产原价	84	40 856 420.1
其他资金来源	64	2 827.9	（三）当年固定资产投资额	85	7 497 638.8
（二）本年研发费用合计	65	245 693.2	1. 购置固定资产	86	3 689 551.9
其中：科技人员人工支出	66	58 813.9	2. 基建投资	87	3 268 231.7
研究开发性固定资产	67	80 092.7	3. 其他投资	88	539 855.2
其他科技支出费用	68	99 260.3	十、拥有的自主知识产权专利数量	89	2 162
九、固定资产情况：	69	—	其中：本年度新增专利数量	90	619
（一）使用情况（原价）	70	50 647 096.3	十一、当年企业安全生产费用	91	190 165.9
1. 在用固定资产	71	47 629 508.2	十二、当年企业环境保护支出	92	79 097.9

2006 年山东省国有企业办社会职能情况表

单位：万元

项目	行次	机构个数（个）	年末职工人数（人）	离退休职工人数（人）	机构当年收入	企业支付的经费补助额			机构当年实际支出额			年末资产总额
						小计	按经费来源划分，其中		小计	其中		
							企业自有资金	返还的教育费附加		人员经费	公用经费	
栏次	0	1	2	3	4	5	6	7	8	9	10	11
一、企业自办社会教育机构	1	131	11 277	1 303	25 009.1	22 137.2	21 512.2	625.0	58 489.0	32 295.6	24 043	61 453.5
其中：中小学校	2	90	7 454	906	9 657.4	14 999.5	14 884.5	115.0	35 343.5	20 553.3	14 276.4	34 839.3
二、企业自办公安机构	3	14	1 138	6	451.7	4 875.8	4 840.4	0.0	4 061.2	2 520.9	1 226.2	4 244.7
三、企业自办检察院	4	0	0	0	0.0	0.0	0.0	0.0	0.0	0.0	0.0	0.0
四、企业自办法院	5	0	0	0	0.0	0.0	0.0	0.0	679.7	215.5	464.2	391.6
五、企业自办医疗机构	6	94	15 533	2 542	135 666.3	14 339.4	14 324.2	0.0	156 625.0	47 650.5	104 154.2	114 438.1
六、企业自办消防机构	7	5	185	0	206.0	498.8	498.8	0.0	980.1	552.3	427.9	1 285.9
七、企业自办市政机构	8	0	0	0	0.0	0.0	0.0	0.0	0.0	0.0	0.0	0.0
八、企业自办社保机构	9	21	217	25 404	0.0	4 854.4	4 854.4	0.0	5 049.6	4 794.1	255.6	936.0
九、企业自办社区机构	10	4	5 017	4 376	316.2	1 025.7	1 025.7	0.0	1 320.4	873.7	446.7	125.3
十、企业自办供水、供电、供暖、供气等机构	11	103	8 758	2 396	50 461.5	8 850.2	8 850.2	0.0	81 138.9	21 131.5	38 686.8	177 015.7
合计	12	372	42 125	36 027	212 110.8	56 581.4	55 905.8	625.0	308 344.0	110 034.1	169 704.4	359 890.9

2006年山东省国有企业主辅分离辅业改制情况表

单位：万元

项目	行次	金额
一、“三类”资产账面净值	1	58 730.5
其中：非主业资产	2	58 088.8
闲置资产	3	0.0
关闭破产企业有效资产	4	641.7
二、已改制“三类”资产账面值	5	60 411.7
其中：非主业资产账面值	6	59 770.0
三、已改制“三类”资产评估值	7	60 934.7
其中：非主业资产评估值	8	60 281.2
闲置资产评估值	9	653.5
关闭破产企业有效资产评估值	10	0.0
四、辅业改制清查的资产损失总额	11	7 919.0
五、企业富余人员总数（人）	12	13 452
其中：（一）“三类”资产改制安置富余人员总数（人）	13	9 280
1. 进入国有法人控股企业人员数（人）	14	492
其中：变更劳动合同人员数（人）	15	0
2. 进入非国有法人控股企业人员数（人）	16	7 921
（二）辅业改制分流富余人员总数（人）	17	2 715
六、享受经济补偿的人数（人）	18	11 033
七、向职工支付总额	19	50 582.8
（一）其中：支付经济补偿金总额	20	36 662.0
按规定应由净资产偿还的职工负债总额	21	13 920.8
（二）其中：用改制企业净资产支付总额	22	32 874.2
原主体企业支付总额	23	17 708.6
八、改制企业户数	24	51
其中：（一）国有法人控股企业户数	25	25
（二）非国有法人控股企业户数	26	20

2006 年山东省农业税收征收情况表

单位：元

地区	农业税收征收额			契税征收额	耕地占用税征收额	农业税征收额			农业特产税征收额			滞纳金、罚款收入
	合计	农业税收收入	农业税收附加			合计	农业税收收入	农业税收附加	合计	农业特产税收收入	农业特产税收附加	
合计	10 589 440 069	10 589 440 069		6 613 743 222	3 965 332 729	16 800	16 800		10 347 318	10 347 318		4 004 507
济南	755 548 200	755 548 200		682 525 674	73 022 526							
淄博	585 847 509	585 847 509		443 251 164	142 596 345							3 938 328
烟台	914 319 391	914 319 391		669 960 900	244 358 491							
枣庄	113 253 933	113 253 933		94 567 453	18 686 480							
潍坊	828 852 960	828 852 960		588 466 429	230 290 754	16 800	16 800		10 078 977	10 078 977		
济宁	533 008 701	533 008 701		208 070 405	324 938 296							117
临沂	491 464 324	491 464 324		255 367 875	236 096 449							
泰安	763 866 389	763 866 389		509 158 009	254 708 380							
聊城	131 423 541	131 423 541		60 950 727	70 472 814							63 475
菏泽	163 790 163	163 790 163		63 673 886	100 116 277							
德州	151 651 327	151 651 327		106 100 622	45 550 705							2 054
滨州	529 671 028	529 671 028		358 944 411	170 726 617							533
东营	184 155 450	184 155 450		170 229 035	13 926 415							
威海	1 308 237 642	1 308 237 642		327 461 218	980 776 424							
日照	152 360 281	152 360 281		140 656 181	11 704 100							
莱芜	72 320 957	72 320 957		34 142 553	38 178 404							
青岛	2 909 668 273	2 909 668 273		1 900 216 680	1 009 183 252				268 341	268 341		

第七部分

财政机构人员

省财政厅领导及处室（单位）负责人名单

一、省财政厅领导

（一）厅长：尹慧敏（女）

副厅长：阮凤英（女） 于国安 张洪军 庞敦之 文新三

中共山东省纪律检查委员会驻省财政厅纪律检查组组长、省监察厅驻省财政厅监察专员：李振声

副巡视员：李国健

（二）党组书记：尹慧敏（女）

党组副书记：阮凤英（女）

党组成员：于国安 张洪军 庞敦之 李振声 文新三 王慎民

二、十届省人大常委会常委

十届省人大常委会常委，省财政厅原党组书记、厅长：张昭立

三、总会计师

总会计师（正处级）：韩 炜

四、机关各处室处级干部

（一）办公室

主任：张玉成

调研员：张思功

副主任：魏光明 崔宗涛 王 炜

副调研员：邢万茂 杨学良 肖友华

（二）综合处

处长：王 晶

副处长：魏全胜 朱厚玉

副调研员：谭 梅（女） 侯乃弘

（三）法规处（与税政处合署）

税政处处长：孙庆国

法规处处长：赵明亮

税政处调研员：王丽华（女）

法规处副处长：刘凯声

税政处副调研员：张长德

（四）预算处

处长：陈祥志

调研员：高剑锋

副处长：肖玉贵 陈东辉（女）

副调研员：沙永利 王元强

（五）国库处（挂政府采购监督管理处牌子）

处长：袁培全

副处长：董苏彭（兼） 鞠少波 徐春义

副调研员：张建华（女） 孟纪庚

（六）行政政法处

处长：宋文旭

调研员：文 毅

副处长：张 弘 房小蔚（女）

副调研员：周 晖

（七）教科文处

处长：钟泽圣

副处长：刘玉栋 孙玉波 王宇轩

副调研员：孙天波

（八）经济建设处

处长：姜 凝

调研员：孙忠欣

副处长：单卫国 刘治春 宋 杰

副调研员：李恩川

（九）农业处

处长：李海军

调研员：张伯福

副处长：张国君 王昱东

副调研员：刘昌惠 刘洪军

（十）社会保障处

处长：宋新生

调研员：李和森

副处长：袁永斌 韩 震

副调研员：李轩红（女）

（十一）企业处

处长：姜 龙

副处长：姜玉巧（女） 张宏亮 张广东

副调研员：张庆堂

（十二）债务金融处

处长：张相阳

调研员：李学春

副处长：徐德斌

副调研员：李海英（女） 施 军

（十三）基层财政管理处

处长：袁绍明

调研员：曹桂荣（女）

副处长：张 波

副调研员：韩如月（女）

（十四）会计处

处长：冯桂华（女）

调研员：刘焕平

副处长：于 军

副调研员：侯 萍（女） 朱 平

（十五）行政事业资产处（挂清产核资办公室牌子）

处长：殷 明

副处长：冯延明

（十六）监督检查局

局长：张光月

调研员：田承钢

副局长：蔡好勤

副调研员：李福禄 王凤芝（女）

（十七）人事教育处

处长：王慎民（兼）

副处长：隋宝文 苏登新

（十八）离退休干部处

处长：李玉斌

调研员：胡新黔（女）

副处长：于铁民

（十九）机关党委

专职副书记（正处级）：王玉敏

副书记：王鲁刚

副调研员：张　艳（女）

五、厅属事业单位处级干部

（一）山东省财政科学研究所

所长（正处级）：李建民

副所长（副处级）：杨建松　周象民

（二）山东省财政信息中心

主任（正处级）：刘　冰

副主任（副处级）：赵　明　肖丽辉

（三）山东省财政厅集中支付中心

主任（正处级）：董苏彭

副主任（副处级）：李永刚　魏绪燕（女）

（四）山东省财政投资评审中心

主任（正处级）：窦玉明

副主任（副处级）：李一三　王树和

总工程师（副处级）：周洪文

（五）山东省财政厅驻济南财政检查办事处

主任（正处级）：解正湖

调研员：王镇修（主持潍坊办事处工作）

副主任（副处级）：王永振

（六）山东省财政厅驻淄博财政检查办事处

主任（副处级）：宿　胜

（七）山东省财政厅驻烟台财政检查办事处

主任（正处级）：刘仁民

副主任（副处级）：吕兰纪

副调研员：尹建海

（八）山东省财政厅驻潍坊财政检查办事处

主任（调研员，公布在济南办事处）：王镇修

（九）山东省财政厅驻济宁财政检查办事处

主任（副处级）：杨　博

（十）山东省财政厅驻临沂财政检查办事处

主任（副处级）：韩志毅

（十一）山东省财政厅驻德州财政检查办事处

主任（副处级）：张传利

（十二）山东省财政厅机关服务中心

主任（正处级）：郭良夏

副主任（副处级）：庄龙涛　王永增　王文胜

副处级：唐春洁（女）

（十三）山东省财政厅干部教育中心

主任（正处级）：张　鹏

副主任（副处级）：王　宁　韩丽华（女）

（十四）山东省注册会计师协会

秘书长（正处级）：侯本领

副秘书长（正处级）：韩　群　史兴涛　张焕平

办公室副主任（副处级）：杨　超

注册管理部副主任（副处级）：彭建义

业务监管部（与法律部合署）副主任（副处级）：林祥才

考试培训部副主任（副处级）：杜　刚

资产评估部副主任（副处级）：刘　宏（女）

副处级：李燕燕（女）

六、纪检监察机构处级干部

（一）中共山东省纪律检查委员会驻山东省财政厅纪律检查组

副组长（正处级）：张魁珍（女）

正处级检查员：崔永峰

（二）山东省监察厅驻山东省财政厅监察专员办公室

主任（正处级）：张魁珍（女）

副主任（副处级）：崔永峰

七、山东省经济开发投资公司领导、部室处级干部及有关人员

（一）山东省经济开发投资公司

总经理（正厅级）：姜延伟

副总经理（副厅级）：聂肖林（女）　赵怀文　丛湘滋　寇尊宪

（二）部室负责人

部室主任（正处级）：鲁　维　李继忠

部室副主任（副处级）：王洁明（女）　李秀芹（女）　刘政富　黄训强　李继寿　陈书明　郭洪涛　孙丰彦　翟振华　赵永安　韩四平

党总支委员会专职副书记（副处级）：董家兰（女）

（三）山东省经济开发实业总公司

总经理：姜延伟（兼）

副总经理：聂肖林（女，兼）　赵怀文（兼）　丛湘滋（兼）

各市、县（市、区）财政局领导及有关人员名单

一、济南市

（一）济南市财政局

1. 局长：徐长林

副局长：王　勇　于关淑（女）　张永华（女）　郭毅琳（女）　王　毅

纪委书记：陈　敏

总会计师：王玉柱

副巡视员：赵树峰　王　玲（女）

2. 政府投融资管理中心

主任：赵明奎

副主任：王　营

3. 农业税收管理局

局长：王志恒

（二）历下区财政局

1. 局长：聂　军

党委书记：钟仕胜

副局长：赵世海（正处级）　栾　杰（女）　孙立敏（女）　宫爱红（女）

纪委书记：徐长国

2. 政府投融资管理中心

副主任：吕振波

3. 资金管理中心

副主任：李正华（女）　王朝海

4. 工资发放管理中心

主任：王晓莉（女）

（三）市中区财政局

局长：杨　杰（市中区区长助理兼）

副局长：邹伟鸣　李　玲（女）　程　伟　田贯祯　王永君（女）

（四）槐荫区财政局

1. 局长：张宪武（槐荫区委常委、区委办公室主任兼）

副局长：卢亭琴（女）　曲效琴（女、调研员）　张新村　肖　骏　曹宗泉（调研员）

调研员：任遵禄

2. 政府采购办公室

主任：王树政

（五）天桥区财政局

1. 局长：章九玲（女、天桥区政协副主席兼）

副局长：聂甲方

2. 集中支付中心

副主任：王念立

3. 国有资产管理局

局长：朱洪义

4. 政府采购办公室

主任：王仁宗

5. 工资发放中心

主任：陶军奇

（六）历城区财政局

1. 局长：晁进军

副局长：庞延明　王廷炜　王兴贵　汪元君（女）　张传森（女）

2. 政府投融资管理中心

主任：辛　波（女）

3. 国有资产管理局

局长：庞延明（兼）

副局长：张义克　韩远建（女）　孙向东（女）

4. 政府采购办公室

主任：王元省

（七）长清区财政局

1. 局长：马训生

党组副书记：卢宪水

副局长：宗海泉　刘清忠　呼　强　许长征（女）　杨素英（女）　闻洪宝

副调研员：王荣英（女）

2. 工资发放管理中心

主任：马训生（兼）

副主任：赵　洁（女）

3. 国有资产管理局

局长：卢宪水（兼）

4. 预算外资金管理局

局长：房世琪

副局长：邢庆凯

5. 财政监督局

局长：陈延顺

副局长：王宪亭

6. 开发区财政局

局长：呼　强（兼）

7. 机关事业单位资金核算中心

主任：许长征（女、兼）

8. 莲台山管委会

主任：闻洪宝（兼）

9. 经济开发投资中心

副主任：谭玉田

10. 齐长城管委会

主任：宗海泉（兼）

11. 政府采购办公室

主任：邢立顺

（八）平阴县财政局

1. 局长：张华泽

副局长：王伟红（女）　张乐生　姜　伟（女）　张乐文

纪检组长：陈焕星

2. 国库集中支付中心

主任：王伟红（女、兼）

副主任：翟华婷（女）

3. 财政监督局

局长：姜　伟（女、兼）

副局长：夏　岩

4. 国有资产管理局

局长：张乐文（兼）

副局长：丁世文

5. 政府投融资中心

主任：丁保镰

6. 社会保障资金管理中心

主任：刘绍辉

7. 中小企业担保中心

主任：靳维建

（九）济阳县财政局

局长：李建国

副局长：徐迎春　任艳明　李克俭　方英华（女）　杨振华

纪检组长：李晓青

（十）商河县财政局

1. 局长：倪少祥

副局长：高炳军　刘广水　王玉江　宋莉莉（女）　李浩淼

纪检组长：李清雁

工会主席：田树喜

2. 国有资产管理局

副局长：张恒武

3. 预算外资金管理局

局长：康兆海

4. 会计事务管理局

局长：张训新

5. 经济开发投资公司

副经理：刘小林

（十一）章丘市财政局

1. 局长：崔殿洪（章丘市政协副主席兼）

副局长：杨吉利　王建华　张继祥　郭晓明　卢建华（女）

纪检组长：张继祥（兼）

2. 城市资金管理中心

主任：杨吉利（兼）

副主任：王　洪

3. 中小企业信用担保中心

主任：王建华（兼）

副主任：李迎春（女）

4. 预算外资金管理办公室

主任：王建华（兼）

副主任：孙雪梅（女）

5. 地方金融财政监管办公室

主任：孟　国

6. 农业税收征收管理办公室

主任：张丙战

7. 政府采购办公室

主任：杨家万

（十二）高新技术产业开发区财政局

局长：刘建民

副局长：赵太国　张庆英（女）　赵东锋

巡视员：张庆江

局长助理：国建业

二、青岛市

（一）青岛市财政局

1. 局长：徐镇绥

副局长：崔　慰（女、正局级）　杜常功　周　钧

纪委书记：徐守训

总会计师：杜常功（兼）

副巡视员：车云明　毛文真（女）

2. 收费管理局

局长：徐中民（副局级）

3. 市级机关会计中心

主任：陈　强（副局级）

（二）市南区财政局

1. 局长：陈　伟（女）

副局长：李有才

副调研员：李　婷（女）

2. 会计核算中心

主任：吴文君

（三）市北区财政局

1. 局长：梁佳普

副局长：王兴村　周惠明

纪检组长：周京军

2. 会计核算中心

主任：刘卫国

（四）四方区财政局

1. 局长：赵　霞（女）

副局长：吴法万　薛惠欣（女）　关爱红（女）　刘文光

纪检组长：宫殿荣

2. 国债服务部

主任：林　宏

（五）李沧区财政局

1. 副局长：马克彦（主持工作）　徐晓青（女）

副调研员：江　霞（女）

局长助理：张在厚

2. 会计核算中心

主任：张在厚（兼）

（六）崂山区财政局

局长：陈铭传

副局长：李海荣（女）　齐玉国

纪检组长：徐震宇（女）

副调研员：李学民

国资委局长：李海荣（女、兼）

（七）城阳区财政局

局长：王　涛

党委副书记：曲永河

副局长：刘志亭　宋　健（女）

纪委书记：曲永河（兼）

（八）黄岛区财政局

局长：明秀云（女）

副局长：余　川　韩福金

纪委书记：任永贵

总会计师：于殿军

（九）胶州市财政局

1. 局长：陈焕堂

副局长：刘衍国　蔡　滋

纪检组长：匡洪祥

工会主席：耿　炜（女）

2. 财政稽查分局

局长：高爱武

（十）即墨市财政局

1. 局长：周文毅

党委副书记：于　智

副局长：邹新军　孙公伟　兰永钦　华正利　刘新梅（女）

工会主席：李松竹（女）

正局级干部：刘典崇

2. 预算外资金管理局

局长：邹新军（兼）

3. 城市资产经营管理中心

主任：孙公伟（兼）

4. 核算中心

主任：刘新梅（女、兼）

5. 社会保障资金管理中心

主任：郑维平

6. 财政征收分局

局长：于正初

（十一）平度市财政局

局长：马春林

副局长：郭永海　陈　坚　张锡田

党委副书记：孙文军

纪委书记：刘玉峰

（十二）胶南市财政局

局长：朱慧光

副局长：郑世方　刘同海　刘润东　张志军

主任科员：丁占明

（十三）莱西市财政局

1. 局长：陈玉国

副局长：李洪波　徐志章　孙良训　张曰洪

党组副书记：尹德胜

纪检组长：高乃信

2. 农税分局

局长：李洪波（兼）

3. 预算外资金管理局

局长：徐志章（兼）

4. 国有资产管理办公室

主任：孙良训（兼）

（十四）保税区财政局

局长：姜玉芳（女）

副局长：陈丽君（女）　褚良煜

三、淄博市

（一）淄博市财政局

1. 局长：郭利民（淄博市市长助理兼）

副局长：王修德（调研员）　卜德兰　王昌晖（女）　任书升

机关党委书记：张效莲（女）

党组成员：林传富

纪检组长：陈　晶

总会计师：董　博

2. 国资办主任：　卜德兰（兼）

3. 会计学校

校长：林传富（兼）

（二）张店区财政局

1. 局长：王海波

副局长：胡元勇　王睿丰　张春生

纪检组长：郑兆山

2. 预算外资金管理局

局长：王海波（兼）

3. 国有资产管理局

局长：胡元勇（兼）

（三）临淄区财政局

局长：于星光

副局长：韩桂美（女）　刘新运　路新民

党组成员：张益年

总会计师：孙　杰

（四）淄川区财政局

局长：于加宁（淄川区区长助理兼）

副局长：陈庆伟　李永利

纪检组长：李　伟

党组成员：李庆辉　高　萍（女）

（五）博山区财政局

局长：李吉军

副局长：王敦维（主任科员）孙兆昧　池　蕊（女）

（六）周村区财政局

局长：张志强

副局长：贺兆周　于学民　孙振新　刘冀中

纪检组长：宁卫东

工会主席：刘　鹏（女、党组成员）

局长助理：张守兴

总会计师：王文君（女）

（七）桓台县财政局

局长：成　勇

副局长：甘明春　田照礼　魏勤远

纪检组长：王　静（女）

总会计师：国悦德

（八）高青县财政局

局长：刘金峰

副局长：张　芊（女）　丁振忠　张玉刚

纪检组长：信广永

党组成员：张红光

（九）沂源县财政局

局长：郭忠和

副局长：王力岩　袁其书　王永成　白如军

纪检组长：冯成德

（十）高新区财政局

1. 局长：孙兆科

副局长：赵元荣　徐斌治　许福年

2. 资金处

处长：孟凡成

四、枣庄市

（一）枣庄市财政局

1. 局长：王次忠（枣庄市人民政府党组成员兼）

副局长：吴进立　郑金福　张守信　李学启

纪检组长、监察室主任：孙　静（女）

调研员：薛秀兰（女）

副调研员：杜家华　刘中利　张景华

2. 经济开发投资公司

经理：吴进立（兼）

3. 财政监督局

局长：孟繁浩

副局长：许　英（女）

4. 预算外资金管理局

局长：孙中成

5. 会计管理局

局长：崔彦瑞

6. 财会培训中心

主任：许国庆

7. 财政投资评审中心

主任：徐春梅

（二）市中区财政局

1. 局长：胡乐华（市经济开发区管委会副主任兼，副县级）

副局长：盖旭方（女）　王光顺　吴成勋

党委委员：王广仁

纪委书记：谢福明

工会主任：韩书生

2. 经济开发投资总公司

经理：胡乐华（兼）

副主任科员：任思云（女）

3. 国有资产管理办公室

主任：李存富

4. 农税征收管理局

局长：王广仁（兼）

副局长：郭成金

5. 预算外资金管理局

局长：王光顺（兼）

6. 国库集中支付中心

主任：刘　玲（女）

7. 采购中心

副主任科员：刘浚东

（三）山亭区财政局

1. 局长：杨奉华（山亭区经济开

发区管委会副主任兼）

副局长：杨兴华　李秀银

党组成员：李存法　李明文

纪检组长：张玉新（女）

2. 财政监督局

局长：杨兴华（兼）

副局长：赵振建

3. 国有资产管理局

局长：李存法（兼）

副局长：雷　波

4. 预算外资金管理局

局长：李明文（兼）

副局长：刘　鹏

5. 经济开发投资总公司

总经理：张玉新（女、兼）

副经理：孙祥军

6. 农税征收管理局

局长：刘永峰

副局长：张砚伟

7. 省中华会计函校山亭分校

校长：李明文（兼）

副校长：于　晨（女）

8. 政府采购中心

主任：　王　冠

9. 会计局

局长：耿宝贵

10. 会计核算中心

主任：朱慧芹（女）

11. 国库集中支付中心

副主任：苗永远

（四）台儿庄区财政局

1. 局长：孙法民（台儿庄区副区长兼）

副局长：杨宝苓（女、台儿庄区政协副主席兼）　朱东杰　王启峰　张文生　张　勇

纪检组长：李学才

副主任科员：周　鑫　冯　永　彭　鹏　顿　明（女）

2. 区政府驻济南办事处

主任：孙法民（兼）

副主任：张　勇（兼）

3. 农业税收管理局

局长：朱东杰

4. 预算外资金管理局

局长：王启峰（兼）

副局长：张亚超

5. 政府采购中心

主任：张文生（兼）

6. 财政监督局

副局长：张圣存

7. 会计局

局长：孙法民（兼）

副局长：马维纲

（五）峄城区财政局

1. 局长：时树干

副局长：王思杰　杨家利　叶宗国

党组成员：王爱华（女）　刘　振

纪检组长：李常荣（女）

2. 政府采购中心

主任：时树干（兼）

3. 财政监督局

局长：王爱华（女、兼）

副局长：张　强　石华丽（女）

4. 国有资产管理办公室

主任：刘　振（兼）

5. 会计管理局

局长：徐广玲（女）

副局长：殷钊博

6. 农税局

局长：李剑敏

副局长：王　辉　荆国华

（六）薛城区财政局

1. 局长：王汝东

副局长：高惠军　殷宪常　张联义　刘洪彦（女）　陈金星

纪检组长：钟士强

总会计师：郭传军

副主任科员：李　钢

2. 预算外资金管理局

局长：高惠军（兼）

3. 农业税收征收管理局

局长：殷宪常（兼）

4. 会计管理局

局长：种法勇

5. 财政监督局

局长：杨家民

6. 政府采购中心

主任：关文森

7. 国有资产管理局

局长：陈金星（兼）

（七）滕州市财政局

1. 局长：孟宪纲（滕州市副市长、市政府党组成员兼）

副局长：刘学军　国振灵　张广启

纪检组长、监察室主任：马洪光

2. 国有资产管理局

局长：孟宪纲（兼）

副局长：国振灵（兼）　马洪光（兼）　葛瑞良　张广启

3. 财政监督局

局长：刘学军（兼）

副局长：刘希玉　张永亭

4. 预算外资金管理局

局长：国振灵（兼）

副局长：林　强　李　霞（女）　孟庆海

5. 经济开发区财政分局

局长：张广启（兼）

6. 城市国有资产运营公司

常务副总经理：张广启（兼）

7. 会计管理局

局长：庞丹妹（女）

8. 农业税收征收管理局

副局长：黄修义　郭长杰　李新照

9. 财政投资评审中心

主任：葛瑞良

10. 政府采购中心

主任：赵曰鹏

（八）枣庄高新技术产业开发区财政局

局长：魏朝生

副局长：李德举

五、东营市

（一）东营市财政局

1. 局长：李俊峰

副局长：倪文华（调研员）　吴立岩　李中元　崔希尧

纪检组长：薛在山

调研员：孙继斌

副调研员：高良文　田树雨　薄

立新（女） 崔卫国

2. 预算外资金管理处

处长：吕连岭

3. 集中支付中心

主任：隋振明

4. 国有资产管理办公室

主任：王新明

5. 政府采购中心

主任：袭祥珠

（二）东营区财政局

1. 局长：隋向村

副局长：刘文琴（女） 杨庆军（女）

2. 核算中心

主任：刘文琴（女、兼）

副主任：徐正凤（女、主任科员）

3. 国有资产管理局

副局长：孙林光

4. 国库集中收付中心

副主任：张小营

5. 预算外资金管理局

副局长：吕全友

（三）河口区财政局

1. 局长：张希臣

副局长：牛培杰 李金明

纪检组长：王志勇

2. 政府采购办公室

主任：牛培杰（兼）

3. 预算外资金管理局

局长：牛培杰（兼）

副局长：韩汝英（女） 张立华

4. 财政集中支付中心

主任：李金明（兼）

副主任：付 强 韩学玲（女）

（四）垦利县财政局

1. 局长：高瑞珉

副局长：郝秀芹（女） 战春光

纪检组长：黄 振

2. 农税征收管理局

局长：马子文

3. 支付中心

主任：周 玲（女）

4. 政府采购办公室

主任：李明泉

（五）利津县财政局

1. 局长：徐忠华

副局长：王建民 刘建民

纪检组长：赵海华（女）

工会主席：李泽明

2. 农业税收征收管理局

局长：陈 波

3. 预算外资金管理局

局长：徐忠华（兼）

副局长：高素梅（女）

4. 政府采购办公室

主任：刘庆芝（女）

5. 财政监督局

局长：王立军

（六）广饶县财政局

1. 局长：巩春波

副局长：秦 毅 李增祥 孟春香（女）

纪检组长：李佐江

2. 预算外资金管理局

局长：秦 毅（兼）

副局长：李长修

3. 城市资产运营公司

经理：李增祥（兼）

副经理：田效红 邓 勇

4. 经济开发投资公司

副经理：于兴国

5. 支付中心

主任：张长恩

6. 政府采购办公室

主任：张小刚

7. 财政监督局

局长：孙桂云（女）

六、烟台市

（一）烟台市财政局

1. 局长：叶文君

副局长：陈方武 张明玉 赵晓晖 张 静（女） 牟树青

纪检组长：于海平

总会计师：张 静（女、兼）

2. 政府采购管理办公室

主任：叶文君（兼）

副主任、监事会主席：唐德玉

副主任：任信美（女）

3. 预算外资金管理处

主任：李 妍（女）

4. 政府投资评审中心

主任：张云鹏

5. 烟台市财政干部教育中心

主任：徐殿文

支部书记：庞国明

6. 烟台财会培训中心

主任：宫建国

副主任：宋友明 蔡春玲（女）

（二）芝罘区财政局

1. 局长：高海军

副局长：郭永勋 李 娜（女） 李 辉

纪检组长：李 娜（女、兼）

2. 信托代办处

副主任：刘铭宪

3. 国有资产管理局

副局长：李云生

4. 政府采购管理办公室

主任：尹树莉（女）

5. 会计事务管理中心

主任：李海棠（女）

6. 预算外资金管理局

副局长：徐连发

7. 财会干部培训中心

主任：姜浩平

8. 区直机关会计核算中心

主任：栾世江

9. 中小学会计核算中心

主任：于忠国

10. 农业税收征收管理局

局长：姜 斌

（三）福山区财政局

1. 局长：姜广益

副局长：初立旭 于维平 刘锡玉

纪检组长：刘忠江

2. 农业税收征收管理局

局长：初立旭（兼）

3. 预算外资金管理处

主任：初立旭（兼）

4. 国有资产经营公司

经理：刘锡玉（兼）

5. 政府采购办

主任：王其顺

（四）莱山区财政局

1. 局长：范　涛

副局长：徐显良　张福伟

2. 投资评审采购管理办公室

主任：王连红（女）

3. 有偿资金管理处

副主任：王清波　时晓阳

（五）牟平区财政局

1. 局长：宋有锋

副局长：宋培松　于善利　孙木平　姜　牟

总会计师：王俊英（女）

2. 农业税收管理局

局长：于善利（兼）

副局长：张曰明

3. 政府采购办公室

主任：姜　牟（兼）

副主任：李　伟

4. 会计培训中心

主任：张作川

5. 经济开发投资公司

经理：姜曰高

副经理：杨国平

6. 国有资产管理办公室

主任：王丽萍（女）

7. 预算外资金管理局

副局长：矫　龙　于进花（女）

8. 财政监督检查处

主任：王少华（女）

（六）龙口市财政局

1. 局长：郑祖纯

副局长：仲崇斟　孙淑艳（女）　李瑞江　史文军　刘明权

纪检组长：张发兵

2. 经济开发投资公司

经理：刘明权（兼）

副经理：曹承彩　柳年基

3. 农业税收征收管理局

局长：仲崇斟（兼）

副局长：李国新

4. 政府采购办公室

主任：陈剑英

5. 监督检查处

主任：郭少东

6. 国有资产管理局

局长：孙淑艳（女、兼）

7. 预算外资金管理处

主任：张淑华（女）

8. 会计核算中心

副主任：丁志鹏

9. 财会培训中心

主任：方　伟

10. 会计中专学校

校长：鞠恒阳

副校长：姚兆林　姚志辉　王相松

11. 万松浦书院管委会

主任：李瑞江（兼）

（七）莱阳市财政局

局长：任　文

副局长：张晓波　王　丽（女）　胡苏华　王兴宏　王文胜　孙英俭　祁学栋

纪检组长：张　汉

总会计师：盖士辉

（八）莱州市财政局

1. 局长：戚胜发

副局长：滕伟杰　于兴国　王玉国　李忠勇　于占东

纪检组长：郑梅杰（女）

2. 国有资产管理局

局长：戚胜发（兼）

副局长：吕喜川　刘桂明

3. 经济投资开发公司

经理：滕伟杰（兼）

副经理：黄茂亭

4. 政府采购办公室

主任：于兴国（兼）

副主任：刘保唐

5. 农业税收征收管理局

局长：王玉国（兼）

副局长：汤华波　宋长征

6. 收费管理中心

主任：张元坤

7. 财会培训中心

主任：刘少云（女）

8. 国库集中支付中心

主任：孙培盛

（九）蓬莱市财政局

1. 局长：张　力（女）

副局长：高德奎　门曰良　管　伟

纪检组长：王法钦

2. 国有资产管理局

局长：徐建华

3. 预算外资金管理局

副局长：姜仁秋

4. 农业税收管理局

副局长：张岱军

5. 政府采购办公室

主任：张素华（女）

6. 经济开发投资公司

副经理：李岱新

（十）招远市财政局

1. 局长：王焕刚

副局长：李建华（女）　蔡　蒙　丛建茂

纪检组长：臧　君

2. 农税征收局

局长：于希龙

3. 预算外资金管理局

局长：韩金强

4. 资金管理处

主任：蒋作针

5. 政府投资评审中心

主任：王同兴

6. 政府采购办公室

主任：蒋丽珍（女）

（十一）栖霞市财政局

1. 局长：衣然强

副局长：潘　玉　王云峰

2. 农业税收征收管理局

局长：范庆超

副局长：林永春　王志杰

3. 行政事业性收费处

主任：衣培强

4. 国有资产运营公司

经理：徐学军

5. 政府采购管理办

主任：刁庆涛

6. 预算外资金管理处

副主任：邢殊铭

7. 监督处

主任：刘树建

8. 产权交易所

所长：王福正

9. 财会培训中心

主任：林海峰

10. 国资局

局长：潘　玉（兼）

(十二) 海阳市财政局

1. 局长：于乐文

党组书记：孙振荣

副局长：姜　波

纪检组长：梁国阳

2. 国有资产管理局

副局长：孙智松

3. 财政投资公司

经理：马端利

副经理：崔丽萍（女）

4. 农业税收征收管理局

副局长：蒋　峰

5. 财政监督处

主任：王树国

6. 预算外资金管理处

主任：王玉江

(十三) 长岛县财政局

1. 局长：胡志德

副局长：王作文　史宏源

2. 农税征收管理局

副局长：张泰利

3. 政府采购办公室

主任：王星云

4. 会计结算中心

主任：张仁涛

5. 国有资产运营中心

主任：王作文（兼）

副主任：孙德晶

(十四) 开发区财政局

局长：于　玲（女）

副局长：杨　勇　林　平

七、潍坊市

(一) 潍坊市财政局

1. 局长：夏芳晨

副局长：胡敬义　夏永波　王有亭　李树范（女）　王志刚

纪检组长：夏永波（兼）

总会计师：王　丙

党组成员：陈学俭　胡凝熙　田民利

副调研员：张修海　马进礼　刘锡田

2. 经济开发投资公司

经理：陈学俭（兼）

3. 国有资产管理办公室

主任：王有亭（兼）

4. 住房公积金中心

主任：胡凝熙（兼）

5. 财政监督局

局长：赵洪亮

书记：刘新强

6. 政府采购中心

主任：李元春

书记：赵秀荣（女）

7. 国有资产经营投资公司

经理：陈学俭（兼）

书记：李宪元

8. 财务总监管理办公室

负责人：安鲁文（副县级）

9. 农业税征收管理处

主任：刘子茂

(二) 潍城区财政局

1. 局长：胡嘉敏（女）

副局长：段兆铭　武　伟　高起生　赵会亭　刘宝国

纪检组长：高起生（兼）

总会计师：王建君　王舒红（女）

2. 国有资产管理局

局长：段兆铭（兼）

副局长：徐树强

3. 财政监督局

局长：武　伟（兼）

副局长：裴来兴

4. 经济开发投资公司

经理：姜传敬

5. 住房资金管理中心

主任：徐建东

6. 农业发展基金管理处

主任：考持帮

7. 财税计算机应用管理中心

主任：周曙光

8. 农业税征收管理局

局长：王建君（兼）

9. 会计管理局

局长：王会光

10. 政府采购中心

主任：郎　涛

(三) 坊子区财政局

1. 局长：张秀霞（女）

副局长：王瑞金　刘启兴　郭伟　秦乐堂

纪检组长：刘　辉

副主任科员：张承文

2. 经济技术投资公司

经理：王瑞金（兼）

3. 农业税收管理局

局长：刘启兴（兼）

副局长：杨宗伟

4. 国有资产管理局

局长：郭　伟（兼）

副局长：刘振明

5. 政府采购中心

主任：王明义

6. 非税收入管理局

局长：李振祥

7. 住房资金管理中心

主任：刘召平

8. 财政监督局

局长：王清润

(四) 寒亭区财政局

1. 局长：李梅生

副局长：孙建秋（女）　于志强　王翰林

党组副书记：张晓彬　冯延亮

纪检组长：刘世泉

副主任科员：王桂兴

2. 预算外资金管理局

局长：张晓彬（兼）

3. 国有资产运营中心

主任：冯延亮（兼）

4. 农业税收管理局

局长：齐新立

5. 财政监督局

局长：韩　军
6. 政府采购中心
主任：于宝森
7. 国有资产管理局
局长：牟同庆
副局长：李　梅（女）
会计科科长：姚永建（副科级）
8. 寒亭海洋化工开发区财政局
副局长：韩云楼
（五）奎文区财政局
1. 局长：王有强
副局长：梁　斌　杨　霞（女）　吴卫忠
纪检组长：李晓华
工会主席：冯　磊
主任科员：王凤霞（女）　王立芳
2. 国有资产管理局
局长：张国富
副局长：许智勇
3. 国有资产运营中心
主任：张国富（兼）
4. 财政资金结算中心
主任：纪文忠
5. 住房资金管理中心
主任：张兴国
6. 财政监督局
局长：曹锡山
7. 经济开发投资公司
经理：周　斌
8. 财政投资评审中心
主任：王志波
9. 农业税收管理局
局长：王志波（兼）
10. 预算外资金管理局
局长：柳　青（女）
11. 会计管理局
局长：迟玉玲（女）
（六）青州市财政局
1. 局长：吴国兴
副局长：阚景瑞（女）　康效臣　姚春生
纪检书记：王振杰
党委成员：王法德　李同昌　南天星
2. 预算外资金管理局
局长：阚景瑞（女、兼）
书记：李同昌（兼）
副局长：麻爱萍（女）　丁志航
3. 基础设施建设资金管理中心
主任：康效臣（兼）
副主任：邱元国
4. 财政监督局
局长：王法德（兼）
副局长：庄耀文
5. 财税计算机应用管理中心
支部书记：刘正坤
主任：刘　治
6. 国有资产管理局
局长：卢增军
副局长：刘方国　刘茂柏
7. 国库集中支付中心
主任：王春耕
8. 农业税收管理局
局长：周勤堂
9. 住房资金管理中心
主任：季延文
副主任：李玉福
（七）诸城市财政局
1. 局长：王金堂
副局长：潘桂祥　王进华　韩培武
纪检组长：周华伟
副主任科员：赵小燕（女）　王昭义
2. 预算外资金管理局
局长：潘桂祥（兼）
副局长：汪桂香（女）　杨光照　王桂洁（女）
3. 国有资产管理局
局长：王进华（兼）
副局长：邬基江
4. 经济开发投资公司
经理：滕兆和
副经理：王金刚
5. 农业税收管理局
局长：邬来基
副局长：贾聚业　宋新波
6. 财政监督局
局长：刘忠玉
7. 农发基金征收处
主任：赵　平
8. 国库集中支付中心
主任：姜成海
9. 国有资产评估中心
主任：万曲波（女）
10. 国有资产经营总公司
副总经理：滕兆和（兼）　尤进金　孙东军
（八）寿光市财政局
1. 局长：李泮德
副局长：于世茂　刘建平　王守华　冯星元　张玉娥（女）　张　英（女）
纪检组长：张　英（女、兼）
工会主任：付心刚
党组成员：王新海
2. 预算外资金管理局
局长：于世茂（兼）
副局长：王新海（兼）
3. 基础设施资金管理中心
主任：张玉娥（女、兼）
4. 基础建设中心
副主任：董长山
5. 国有资产管理局
副局长：王效群
6. 住房资金管理中心
主任：门保海
书记：王金山
7. 政府采购中心
主任：肖庆臣
8. 集中支付中心
主任：张宏雨
9. 农业税征收管理局
局长：武建华
（九）安丘市财政局
1. 局长：李江林
副局长：李泽民　葛如刚　贺成波　辛献秀
党组成员：徐淑娟（女）
2. 国有资产管理局
局长：李泽民（兼）
副局长：游培山　张景义
3. 财政监督局

局长：徐淑娟（女、兼）
4. 政府采购中心
主任：马春江
副主任：张建国
5. 农业税收管理局
局长：贺立民
副局长：周学江
6. 非税收入管理局
副局长：孙金明　张永刚
7. 政府投资评审中心
副主任：凌云书　王顺华
8. 住房资金管理中心
主任：陈绪连（女）
副主任：马永华
9. 国库集中收付中心
主任：王　敏（女）
副主任：李立乐　刘　梅（女）
（十）高密市财政局
1. 局长：鞠志华
副局长：刘聚田　栾新棣　张新和　刘绪君　杜钦德
纪检组长：王进会
副主任科员：吴兆道
2. 农业税收征收管理局
局长：刘聚田（兼）
副局长：马德水　黄丽菊（女）
3. 会计管理局
局长：栾新棣（兼）
副局长：黄宝峰　李　雁（女）
4. 预算外资金管理局
局长：刘绪君（兼）
副局长：江海波　刘才宝
5. 农业开发办公室
主任：杜钦德（兼）
6. 国有资产管理局
局长：闫公健
副局长：王　琨　姜兴文
7. 财政监督局
局长：刘　伟
8. 政府采购中心
主任：王金波
（十一）昌邑市财政局
1. 局长：戚风乾
副局长：陈贵海　林明波　姜奎芳　孙介甫　孙广阔　魏全江
纪检组长：张青山
副主任科员：彭　丽（女）
2. 财政监督局
局长：孙继刚
3. 经济开发投资公司
经理：范　民
4. 政府采购中心
主任：王卫华
5. 住房资金管理中心
主任：于爱国
6. 国库集中支付中心
主任：付绍集
7. 国有资产管理办公室
副主任：徐学义
（十二）昌乐县财政局
1. 局长：张宝峰
副局长：宫春年　臧丽丽（女）　刘学禄　刘子坤
纪检书记：付春荣（女）
副主任科员：刘　俊
2. 农税征收管理局
局长：宫春年（兼）
副局长：邢涌涛（女）　尹德仁　刘学勤
3. 财政监督局
局长：臧丽丽（女、兼）
副局长：张　继　高洪利（女）　徐建林
4. 国有资产管理办公室
主任：刘学禄（兼）
5. 预算外资金管理中心
主任：李卫国
6. 住房资金管理中心
主任：王爱美（女）
（十三）临朐县财政局
1. 局长：朱　骅
副局长：孟兆庆（正科级）　翟淑法　谭茂树
党组副书记：石效群
纪检组长：石效群（兼）
党组成员：谭月红
副主任科员：冯元民
2. 会计管理局
局长：朱　骅（兼）
副局长：魏　生
3. 农业税收征收管理局
局长：孟兆庆（兼）
副局长：刘文涛　尹焕会
4. 经济开发投资公司
经理：翟淑法（兼）
5. 财政监督局
局长：谭茂树（兼）
6. 预算外资金管理局
局长：谭月红（兼）
7. 国有资产管理局
局长：付绍祥
8. 住房资金管理中心
主任：张书法
9. 信息中心
主任：王克军
10. 农业税收管理局
副主任科员：谭金萍（女）
（十四）高新技术产业开发区财政局
1. 局长：牟丕宗（副县级）
副局长：李　洪（副县级）　孙文峰　段守华
2. 会计管理局
局长：崔荣民
副局长：刘晓华（女）
3. 国有资产管理局
局长：翟伟春
副局长：杨立春
4. 财政监督局
局长：黄建义
（十五）滨海经济开发区财政局
1. 局长：王守信
副局长：宋美亮　崔连璧
主任科员：王　翠（女）
2. 国库集中支付中心
主任：刘忠祥
（十六）经济开发区财政局
副局长：杜　伟　张　磊

八、济宁市

（一）济宁市财政局
1. 局长：张延根

副局长：路金琚　张明生　张茂如

总会计师：韩　梅（女）

纪检书记：徐卫华

副调研员：杨殿聪　宋全领

2. 投资公司

经理：路金琚（兼）

3. 企业财务管理处

主任：胡良民

书记：王志强

4. 财政投资评审中心

主任：张　伟（女）

5. 开发区财政分局

局长：陆效民

副局长：徐兴良

6. 预算外资金管理局

局长：刘永庆

副局长：王景奎

7. 监督检查办公室

主任：何旭东

8. 农业税收征收管理局

局长：张运东

副局长：陈建波

9. 财政集中核算中心

副主任：于凤科

10. 会计培训中心

副主任：张展葳

11. 机关后勤服务中心

主任：郭云登

12. 财政信息中心

主任：张浩然

（二）市中区财政局

1. 局长：王玉留

副局长：冯建民　赵淑峰（女）　张启跃

纪检组长：赵春民

副主任科员：程殿民　吕　镇　刘渊琪

2. 国有资产管理局

局长：尤利东

3. 预算外资金管理局

副局长：姜淑芬（女）　李　玲（女）

4. 财政监督办公室

主任：郭广淼

（三）任城区财政局

1. 局长：闫胜领

副局长：杨晓春　高继伦　杨银轩

纪检组长：朱　斌

2. 政府采购中心

主任：周亚斌

副主任：马文利

3. 农业税收管理局

局长：茹兴苗

副局长：许允鹏　程志伟　廉长林

4. 财政监督办公室

主任：李昭源

副主任：李志刚

5. 集中支付中心

副主任：顾　伟

6. 预算外资金管理局

副局长：张玉军

7. 国有资产管理办公室

副主任：左振宇　孟素娟（女）

（四）曲阜市财政局

1. 局长：赵业勇

副局长：李兴龙　孔繁祥　裴绪军

工会主席：林秉金

2. 农业税收管理局

副局长：孔令臣　乔立胜

3. 政府采购中心

主任：李继成

4. 社会保障中心

主任：柴　骥

5. 国有资产管理局

副局长：孔德民　张海峰

6. 预算外资金管理局

副局长：孔令全　陈志诚

7. 会计局

局长：高宪生

8. 住房资金管理处

主任：马金仁

9. 基建审核结算中心

主任：王　晶

10. 工业园财政局

副局长：刘桂龙

（五）兖州市财政局

1. 局长：王建华

副局长：裴宪敏（女）　韩兆玉（女）

纪检组长：袁景平

2. 世界银行贷款管理办公室

主任：马书贞

3. 国有资产办公室

主任：王建忠

4. 住房资金管理中心

主任：曹占华

5. 农业税收管理局

副局长：李　霞（女）

副主任科员：赵　霞（女）

6. 预算外资金管理局

副局长：程绪殿

7. 开发区分局

局长：王剑敏（女）

（六）邹城市财政局

1. 局长：李新洲

副局长：齐振敏　张忠堂　李士川

2. 农业税收管理局

局长：张忠堂（兼）

副局长：程玉坤　朱旭东

3. 预算外资金管理局

局长：李士川（兼）

副局长：郑召东　罗心健　夏春涛

4. 财政监督局

局长：王小虎

5. 国有资产办公室

主任：罗　珍（女）

6. 政府采购管理办公室

主任：马景泰

7. 会计局

局长：孔令星

（七）汶上县财政局

1. 局长：李爱民

副局长：田利国　韦国强　张庆立　白成中

纪检组长：白林茂

2. 国有资产办公室

主任：李爱民（兼）

副主任：宋印璧

3. 预算外资金管理局

局长：田利国（兼）

副局长：荣光国

4. 会计管理局

局长：韦国强（兼）
副局长：杨光银
5. 农业税收管理局
局长：张庆立（兼）
副局长：马　琳　李正水　张茂琢
6. 社会保障资金局
局长：白咸中（兼）
副局长：王秦岭
7. 世界银行贷款办公室
主任：徐恩智
8. 经济开发投资公司
经理：刘文林
9. 财政监督局
局长：于　健
10. 住房资金管理中心
主任：王传静
11. 会计核算中心
主任：王立存
（八）泗水县财政局
1. 局长：李逢阳
副局长：马安雁　薛长银　王丽平　孙宜华　王富华
副主任科员：丛新才
工会主席：张庆锦
2. 农业税收征收管理局
局长：薛长银（兼）
3. 预算外资金管理局
局长：王丽平（兼）
4. 财政监督局
局长：陈玉杰
5. 政府采购中心
主任：杜　静（女）
（九）微山县财政局
1. 局长：张广军
副局长：李善峰　顾克水　杨福民
工会主席：张耀辉
纪检组长：王洪军
2. 预算外资金管理局
局长：丁行平
3. 政府采购办公室
主任：黄　惠（女）
4. 财政监督局
局长：朱先群
5. 国有资产管理局
局长：赵　楠
6. 农业税收管理局
局长：李善峰（兼）
副局长：王万臣　陈国伟
7. 住房资金管理中心
主任：罗　彬
（十）鱼台县财政局
1. 局长：巩保民
副局长：郭庆忠　王进斌　朱克芳　杨桂华
纪检组长：袁　恪
主任科员：尚太运　王广哲　张新元
副主任科员：董金庆　董西民　房道运　扈友忠　刘　畅　闵祥宝　石家萍　时景法（女）　田广河　田忠建　展庆贤　赵志银　郑志群　周瑞海
2. 国有资产管理局
局长：王化军
（十一）金乡县财政局
1. 局长：吕玉芹
副局长：王秋华　陈方平　张培军　周保忠
2. 经济开发投资公司
副经理：郭继德
3. 住房资金管理中心
主任：邱爱华（女）
4. 国有资产管理局
副局长：胡树德
5. 农业税收管理局
副局长：张华梅（女）
（十二）嘉祥县财政局
1. 局长：张玉民
副局长：周尚英　孟昭英　许长启　刘俊宝　张卫东　闫玉增
纪检组长：张琦云
副主任科员：崔红旗　张秋真
2. 农业税收管理局
局长：刘俊宝（兼）
副局长：楚宪文
3. 预算外资金管理局
副局长：巩晓林　朱本相
4. 国有资产管理局
局长：刘建康
5. 会计集中核算与支付中心
副主任：陈万银　程合际　武绍辉
（十三）梁山县财政局
1. 局长：杨奉月
副局长：李桂峰　秦月香（女）　于观跃
总会计师：艾桂秋（女）
2. 农业税收管理局
局长：安广银
3. 国有资产管理局
局长：姜广生
4. 财政监督局
局长：张凤园（女）

九、泰安市

（一）泰安市财政局
1. 局长：任先德
副局长：李诚实　刘　斌　辛海明
总会计师：赵衍杰
纪委书记：李天义
2. 财政监督检查处
处长：亓永军
副处长：赵同岱
3. 预算外资金管理处
主任：王国强
副主任：张春贵
4. 政府采购中心
主任：李清明（女）
副主任：于建业　高相才
5. 农业税收征收管理局
局长：许光明
副局长：张焕杰
6. 住房资金管理办公室
主任：邓继胜
7. 政府投融资管理中心
主任：李诚实（兼）
副主任：秦玉昌　范晓焱（女）
8. 财政干部教育中心
书记：刘丽珍（女）
主任：黄海涛
副主任：王　伟　万惠孜
9. 经济开发投资公司
副总经理：武国志　赵焕曦　魏

杰（女）

（二）泰山区财政局

1. 局长：葛安华

副局长：范玉文　张庆君　商志刚

纪检组长：王延礼

总会计师：孟宪业

工会主席：夏崇国

2. 国有资产管理局

局长：宋新文

3. 财政监督局

局长：张兴涛

4. 会计管理局

局长：王爱华（女）

5. 收费管理局

局长：周太升

6. 农业税收管理局

局长：范玉文（兼）

副局长：王　军

7. 政府采购中心

主任：马庆忠

（三）岱岳区财政局

1. 局长：张安富

副局长：刘灿旭　张文青　张清顺　孙建萍（女）

纪检书记：明宝印

总会计师：葛奎东

工委主任：宋洪岩

副主任科员：牛承胜　周　刚

2. 政府采购中心

主任：李学明

3. 直属分局

局长：赵　平

4. 农业税收征收管理局

局长：孙建萍（女、兼）

副局长：高海甲

5. 国有资产管理局

局长：彭永强

6. 监督局

局长：黄康德

（四）新泰市财政局

1. 局长：毕玉国

副局长：郭传富　王子孝　崔登斌　郝立平　董仲华

纪检组长：陈建花（女）

工委主任：胡安坤

2. 预算外资金管理局

局长：王文泉

3. 国有资产管理局

局长：张纯奎

4. 农业税收征收管理局

局长：郭传富（兼）

副局长：王宝录

5. 经济开发投资公司

经理：王子孝（兼）

6. 政府采购中心

主任：董仲华（兼）

副主任：刘继勇　郭振胜

（五）肥城市财政局

1. 局长：武　伟

副局长：尚玉银　刘玉英（女）张衍明　张继勇

纪检组长：陈正一

2. 农业税收征收管理局

局长：尚玉银（兼）

副局长：李训宝　刘维木

3. 政府采购中心

主任：张衍明（兼）

副主任：梁新玲

4. 财政监督局

局长：刘玉英（女、兼）

5. 国有资产管理局

局长：王　海

6. 会计集中结算中心

主任：宫　华（女）

7. 预算外资金管理处

主任：张新利

（六）宁阳县财政局

1. 局长：侯　涛

副局长：连桂荣　刘延宁　颜剑　周广义　王祥森

纪检组长、行政监察室主任：刘远文

2. 预算外资金管理处

主任：宁尚岐

3. 经济开发投资公司

总经理：刘延宁（兼）

副总经理：卢西龙

4. 国有资产经营公司

总经理：连桂荣（兼）

5. 担保中心

主任：王祥森（兼）

副主任：侯雪艳（女）

6. 农业税收征收管理局

局长：雷　涛

7. 国有资产管理局

局长：董学知

8. 会计核算中心

主任：孔凡友

副主任：商　涛

9. 住房资金管理中心

主任：程贯峰

10. 世行项目开发办公室

主任：孙　华（女）

11. 政府投融资管理中心

副主任：房　凌

12. 财政监督局

局长：赵红梅（女）

（七）东平县财政局

1. 局长：王文忠

党委副书记、纪委书记：杨庆华

副局长：王恒文　马启金　赵黛芳（女）

2. 财政监督局

局长：唐守山

3. 农业税征收管理办公室

主任：李友民

4. 国有资产管理局

副局长：牛连胜

5. 行政事业单位财务结算中心

副主任：李　勇

6. 预算外资金管理局

局长：冯　剑

7. 国库集中收付中心

主任：杨庆华（兼）

副主任：张　斌

8. 政府采购中心

主任：桑胜军

9. 开发区财税分局

局长：牛　勇

（八）开发区财政局

局长：王照星

（九）泰山景区财政局

局长：张庆禹

副局长：国　伟（女）　李　峰　高　华（女）

总会计师：张庆禹（兼）

十、威海市

（一）威海市财政局

1. 局长：朱明华

副局长：孙世都　张春晓　李文基　于荣范　孙启辉　杨荣华

党委副书记：姬秀芬（女）

纪委书记：于晓绵

局长助理：丁玉敏

2. 预算外资金管理处

主任：于天义

3. 威海市会计学校

校长：丛敏滋

4. 市直会计核算中心

主任：兰兴志

5. 政府采购中心

主任：邓炳奎

（二）环翠区财政局

1. 局长：张栩林（兼）

副局长：张宗浩　张少波　邵志刚　王爱波

2. 国有资产管理局

局长：张宗浩（兼）

（三）荣成市财政局

1. 局长：刘玉清

副局长：耿静兰（女）　王　凯　王　刚　张志宏　宋开明　杨国斌

纪委书记：张志宏（兼）

2. 核算中心

主任：耿静兰（女、兼）

（四）文登市财政局

局长：谭远国

副局长：丛庆华　赛红炜（女）　许德安　崔　文

纪委书记：王程平

（五）乳山市财政局

1. 局长：高　波

副局长：姜　山　兰　东　李　峰

2. 政府采购办

主任：李　峰（兼）

（六）高新技术开发区财政局

局长：李家强

副局长：于海蓉（女）　丛新一　王爱玲（女）

（七）经济技术开发区财政局

局长：姚桂礼

副局长：林玉霞（女）　殷　蕾（女）

十一、日照市

（一）日照市财政局

1. 局长：毛晖明

副局长：李兆乐　王　彬　周忠君　王庆忠　王　雷

纪检组长：张军书

助理调研员：张守伦　赵祥山　李宗森

2. 经济开发投资公司

经理：赵子峰

3. 国有资产管理办公室

主任：辛崇伟

4. 非税收入管理局

副局长：张厚峰

5. 政府采购管理办公室

主任：刘　军（女）

6. 住房公积金管理中心

主任：张守民

（二）东港区财政局

1. 局长：王纪栋（东港区政协副主席兼）

副局长：路树贵　卢延斌　辛崇良

纪检组长：王秀芹（女、主任科员）

党组成员：刘利明（女）　王立彬（副主任科员）

副主任科员：宋玉峰

2. 国有资产管理局

局长：路树贵（兼）

副局长：牟红峰

3. 预算外资金管理局

局长：卢延斌（兼）

副局长：夏昭东

4. 农业税收管理局

局长：辛崇良（兼）

5. 资产经营中心

副主任：刘利明（女、兼）

6. 政府采购中心

主任：相振良

7. 财政监督局

局长：刘　波

（三）岚山区财政局

1. 局长：张守合

副局长：朱孔平　李乃合　徐志华

纪检组长：王　虎

2. 国有资产管理局

局长：朱孔平（兼）

副局长：王谦吉

（四）五莲县财政局

1. 局长：惠　鑫

副局长：陈兆江　郭佃民　王曾平　孙　江

副主任科员：孙常文

2. 财政监督局

局长：王　勇

3. 国有资产管理中心

副主任：鞠强华

（五）莒县财政局

1. 局长：田洪生

副局长：李业刚　吴成章　方相平　彭万盈

党组成员：刘廷祥

纪检组长：陈维强

2. 国有资产管理局

局长：李业刚（兼）

副局长：赵平建　李修余

3. 经济开发投资公司

经理：吴成章（兼）

副经理：李永礼

副科级：孙　渠　申学忠　杨明清

4. 预算外资金管理局

局长：刘廷祥（兼）

5. 财政监督办公室

主任：王永全

6. 会计集中核算中心

主任：柴松涛（女）

7. 农业税收管理局

局长：张希江

（六）经济开发区财政局

1. 局长：王继明（日照经济开发区管理委员会副主任兼）

副局长：徐晓君　万志亮
副主任科员：孟凡弟
2. 预算外资金管理局
局长：丁　波
3. 清理欠款办公室
主任：费立克
4. 政府采购中心
主任：胡云禄
（七）山海天旅游度假区财政局
局长：王　勇

十二、莱芜市

（一）莱芜市财政局
1. 局长：高发林
副局长：边增琦　吕春明　周美明
纪检组长：张子华
副调研员：任志荣（女）
总会计师：李尊富
2. 国有资产管理办公室
主任：陶希忠
3. 监督检查处
主任：王教同
4. 经济开发投资公司
副经理：郝效文
5. 担保中心
主任：陈国文
（二）莱城区财政局
1. 局长：张海波
副局长：罗维范　李明宏　丁昌水
纪检组长：李光亭
工会主任：田洪吉
2. 经济开发投资公司
副经理：李贞生
3. 农税征收管理局
局长：吴　勇
4. 财政集中支付中心
主任：孟宪清
5. 国有资产管理办公室
主任：卢诗献
6. 莱城工业区财政局
副局长：乔　勇
（三）钢城区财政局
1. 局长：苗传东
副局长：吴金柱　窦金贵　吴希军　李　茜（女）
工会主任：孙东升
2. 农业税收管理局
局长：吴金柱（兼）
3. 政府采购办公室
主任：侯忠泉
4. 经济投资开发公司
副经理：李宗刚
（四）经济开发区财政局
局长：高冬梅（女、经济开发区管委副主任兼）

十三、临沂市

（一）临沂市财政局
1. 局长：张少波
副局长：王经绍　张爱民　王兴助　解曙光　莫凤玲（女）
党组成员：张永琪　王连正
纪检组长：刘建玺
副调研员：张秀英（女）　张　雷
2. 经济开发投资公司
经理：张爱民（兼）
副经理：傅运平　张永臣
3. 住房公积金管理中心
主任：张永琪（兼）
4. 财政投资评审中心
主任：王连正（兼）
5. 财政监督检查办公室
主任：朱步金
6. 行政事业性收费处
主任：矫晓斌
7. 农业税收征收管理办公室
主任：刘汉才
8. 市财政学校
书记：王经绍（兼）
校长：石永祥
副校长：韩　伟　李士敬　张亚飞　郑成宗
党委副书记：宋兰庆
党委副书记、纪委书记：叶文静（女）
工会主席：郑建三
（二）兰山区财政局
1. 局长：雷淑廷（兰山区政协副主席兼）
副局长：丁兆喜　杨晓光　葛利山　杨思乐
纪检组长：宋发涛
党组成员：孟庆虎
2. 经济开发投资公司
经理：丁兆喜（兼）
（三）罗庄区财政局
1. 局长：刘福军
副局长：刘建生　张金桥　尤步华
纪检组长：苏　红（女）
副主任科员：王潇然（女）
2. 农业税收管理局
局长：刘建生（兼）
副局长：吴连峰（女）
3. 预算外资金管理局
局长：张金桥（兼）
副局长：张东亮
4. 国有资产管理局
局长：王　宁
5. 财政监督局
局长：孙运玺
6. 财政风险处
副主任：高建梅（女）　王宏伟
（四）河东区财政局
1. 局长：肖树贵
副局长：朱崇资　洪连金　韩庆文
纪检组长：张志刚
工会主任：赵连伦
2. 经济开发投资公司
经理：朱崇资（兼）
3. 农业税收征收管理局
局长：钟家沂
副局长：吴清国
4. 预算外资金管理局
局长：李保存
副局长：王文志
（五）郯城县财政局
1. 局长：宋玉智
副局长：徐　煜　付海峰
工会主任：王　朴
2. 农业税收管理局
局长：徐　煜（兼）
3. 预算外资金管理办公室

主任：马　丽（女）

（六）苍山县财政局

1. 局长：李玉廷

副局长：邱兴华　周磊明　侯善良　李凤娟（女）

纪检组长：赵一行

工会主席：杨成林

副主任科员：颜景珍（女）　王　健

2. 预算外资金管理局

局长：邱兴华（兼）

副局长：任金辉　代万祥

3. 经济开发投资公司

经理：周磊明（兼）

副经理：于建民　王德学　寇全会

4. 农业税收管理局

局长：侯善良（兼）

副局长：刘善义　王大伟

5. 会计管理局

局长：刘　尚

6. 财政监督局

局长：李建华

（七）莒南县财政局

1. 局长：王传珍

副局长：安　静　许田三　卢燕玲（女）　刘元景　季玉永

工会主席：范珍贤

纪检组长：孙现东

党组成员：于世荣（女）　于学军

2. 经济开发投资公司

经理：许田三（兼）

副经理：王淑英（女）　赵凤余　杨钿农

3. 审批中心

副主任：于世荣（女、兼）

4. 农业税收征收管理局

副局长：周玉明　姚庆国

（八）沂水县财政局

1. 局长：刘晓辉

副局长：李连兴　郭京裕　张京军

工会主席：徐志祥

纪检组长：徐兆利

总会计师：武传海

副主任科员：张修广

2. 经济开发投资公司

经理：郭京裕（兼）

副经理：孙守军

3. 农业税收征收管理局

局长：李政华（女）

副局长：武朝晖　朱丽滨（女）　赵立刚

4. 预算外资金管理中心

主任：袁可刚

5. 会计管理中心

主任：刘立田

6. 监督检查办公室

主任：李春杰

（九）蒙阴县财政局

1. 局长：李培信

副局长：刘本祥　唐建敏（女）　崔西堂　李　波

纪检组长：王振江

工会主任：张玉成

2. 经济开发投资公司

经理：刘本祥（兼）

3. 住房资金管理中心

主任：唐建敏（女、兼）

4. 农业税收征收管理局

局长：李　波（兼）

5. 预算外资金管理局

局长：宋以德

6. 国有资产管理办公室

主任：张玉成（兼）

（十）平邑县财政局

1. 局长：高彦坤

副局长：葛宪法　张厚斌　薛锋　王相富

纪检组长：曹卫清

2. 农业税收管理局

局长：张厚斌（兼）

3. 财政监督办公室

主任：牛俊方

4. 预算外资金管理办公室

主任：孙登明

5. 会计管理办公室

主任：管国财

6. 国有资产管理办公室

主任：英昌来

（十一）费县财政局

1. 局长：陈文武

副局长：王培合　刘学文　赵文栋　陈荣良

纪检组长：孟庆国

总会计师：查仲环

副主任科员：倪新春

2. 农业税收征收管理局

局长：王培合（兼）

副局长：张　辉

3. 经济开发投资公司

经理：刘学文（兼）

4. 行政事业收费管理局

局长：纵　凯

5. 财政监督局

局长：宗　军

（十二）沂南县财政局

1. 局长：葛继勇

副局长：来永海　王绍春　王玉录　韩德忠

工会主任：高兴功

主任科员：薛允宗　张尧农　尹传景

2. 农业税收征收管理局

局长：来永海（兼）

副局长：杨世军　刘乃华

3. 会计局

局长：王绍春（兼）

副局长：朱耀华　张　健

（十三）临沭县财政局

1. 局长：杨会军

副局长：李长瑞　张春洲　牟春林

纪检组长：周洪军

主任科员：王云峰（女）

2. 经济开发投资公司

经理：李长瑞（兼）

副经理：蔡学之

3. 农业税收征收管理局

局长：张春洲（兼）

副局长：付　强

4. 公有资产运营公司

经理：牟春林（兼）

副经理：李胜友

5. 财政监督局

局长：王　娟（女）

6. 预算外资金管理办公室

主任：张福秋

（十四）高新技术产业开发区

局长：吴　宇

副局长：刘西昆

（十五）经济开发区财政局

局长：王淑太

十四、德州市

（一）德州市财政局

1. 局长：陈福祯

副局长：战士平（正县）　王德才（正县）　常　青　牛洪春

纪检组长：张凤元

党组成员：郑　忠（正县）　孙军强　高东玲（女）　李荣章

调研员：杜占军

副调研员：孙军强　高东玲（女）　朱恩鹤　王进宝

2. 经济开发投资公司

经理：李荣章（兼）

副经理：王建军　杨志坚

3. 国有资产管理办公室

主任：战士平（兼）

副主任：姚洪芬（女）

4. 收费管理局

局长：王德才（兼）

副局长：刘士海

5. 政府采购管理办公室

主任：许欣君（女）

6. 国库集中支付中心

主任：王荣峰

7. 城市经营公司

总经理：王德才（兼）

副经理：房延彪　王洪亮　张黎光

8. 农业高科技园

主任：郑　忠（兼）

（二）德城区财政局

局长：郭广玺

副局长：陈春智　王朝霞（女）　徐　静（女）　蒙家清

纪检组长：霍学良

（三）乐陵市财政局

1. 局长：王之祥（乐陵市副市长兼）

副局长：董世峰　张俊彦　盛书菊（女）　刘式元　丁春生

纪检组长：王新忠

副主任科员：商立明　王兰英（女）　魏金枝（女）　王建平　王志强　邢恩庆　高智存（女）

2. 城市资金管理运营办公室

主任：董世峰（兼）

3. 公费医疗办公室

主任：张俊彦（兼）

4. 住房基金管理运营办公室

主任：盛书菊（女、兼）

5. 收费局

局长：盛书菊（女、兼）

6. 经济开发投资公司

经理：刘式元（兼）

副经理：张金良

7. 国有资产管理办公室

主任：臧素玲（女）

8. 农业税征收管理办公室

主任：张汉起

9. 财政监督局

局长：陈登昌

（四）禹城市财政局

1. 局长：周兴勇

副局长：赵奎祯　李光民　张　欣

纪检组长：丁洪泉

工会主席：马兴焱

2. 收费局

局长：李光民（兼）

3. 国有资产管理局

局长：赵奎祯（兼）

4. 投资公司

副经理：魏　海

5. 农业税征收管理局

局长：白希华

6. 住房公积金管理中心

局长：张　欣（兼）

（五）宁津县财政局

1. 局长：石洪兴（宁津县政协副主席兼）

副局长：商印平　邢胜智　张胜海　尚荣红（女）

党组成员：李革新　井书珍（女）

纪检组长：李景智

2. 农业税收征收管理局

局长：商印平（兼）

3. 国有资产管理委员会办公室

主任：邢胜智（兼）

4. 国有资产经营公司

经理：李革新（兼）

5. 预算外资金收费管理局

局长：井书珍（女、兼）

（六）陵县财政局

1. 局长：王兆胜

副局长：耿祥忠　张春霞（女）

纪检书记：满希杰

工会主席：高晓辉

2. 国有资产管理局

局长：耿祥忠（兼）

3. 农业税收征收管理局

局长：纪文清（党组成员）

4. 经济开发投资公司

副经理：石成芳（女）　杨长虹

（七）齐河县财政局

局长：任居孟（齐河县政协副主席兼）

副局长：魏建强　陈胜毅　马刚　岳思国

党组成员：朱春艳（女）　李洪兵

（八）临邑县财政局

1. 局长：闫兆江

副局长：唐新勇　宋保新　崔向峥　马学英（女）　黄金梅（女）　刘福广　徐　强　夏德国

党组成员：甄旭元

2. 国有资产管理局

局长：甄旭元（兼）

（九）平原县财政局

1. 局长：杨立强

副局长：刘文晖　张　勇　周鲁华　郭学江　孙树群

工会主席：王　晶（女）

纪检组长：杨　恒

党组成员：李建国　崔瑞卿

2. 经济开发投资公司

经理：刘文晖（兼）

副经理：刘艳国

3. 预算外资金管理局

局长：张　勇（兼）

副局长：崔瑞卿（兼）　于光勇

4. 国有资产经营公司

经理：周鲁华（兼）

副经理：刘凤春（女）

5. 农业税收征收管理局

局长：郭学江（兼）

副局长：杨志伟　赵安国

6. 财政监督检查办公室

主任：栗　军

（十）武城县财政局

1. 局长：周树彬

副局长：李继明　程　军　董国岭

纪检组长：李向阳

工会主席：殷庆利

工会副主席：吴晓琳

2. 农业税收管理局

局长：杨希雪

3. 经济开发投资公司

副经理：孙元岭

4. 财政监督局

局长：堂志国

5. 经济开发投资公司

副经理：任书华

6. 国有资产管理局

副局长：陈占奇

（十一）夏津县财政局

局长：张清池（夏津县县长助理兼）

副局长：倪家臣（党组书记）李祥顺　杨　彤　张立新　于印敏郭绪武

工会主席：黄桂花（女）

纪检组长：王安玉

党组成员：张连弟

（十二）庆云县财政局

1. 局长：张秀国

副局长：刘玉琢　张玉西　胡明辉

副主任科员：侯俊华（女）　马海燕（女）

2. 国有资产管理局

局长：甄在秀

3. 农业税收征收管理局

局长：吴来勇

十五、聊城市

（一）聊城市财政局

1. 局长：姜之厚

副局长：王连申　韩永奎　张春华　姚传瑾　蔡家明

纪检组长：薛本宪

助理调研员：赵书军　李玉虎

局长助理：井庆河

2. 住房资金管理中心

主任：王连申（兼）

3. 财政监督处

处长：张春华（兼）

副处长：张效成　周　新（女）

4. 农业税收征收管理局

局长：舒向鲁

副局长：武存波　赵庆翔

5. 预算外资金管理处

处长：张守谦

副处长：刘　杰　赵文明

6. 国库集中收付中心

主任：徐冬云

7. 政府采购办公室

副主任：王彦宏　路登延

8. 经济开发投资公司

总经理：魏铁汉

副总经理：田道臣

（二）东昌府区财政局

1. 局长：马　骏（东昌府区委常委、宣传部部长兼）

副局长：陈建国　李　莉（女）袁凤兰（女）　张广江　唐立海　申瑞新

纪检组长：郝德华

工会主任：安振宁

2. 国有资产管理局

局长：李子银（党组成员）

3. 预算外资金中心

主任：张晓敏（女、党组成员）

4. 农业税收征收管理局

局长：陈建国（兼）

副局长：韩铭青（女）　王维兰（女）

5. 财政监督局

局长：李　莉（女、兼）

副局长：高临平（女）

6. 经济开发投资公司

总经理：袁凤兰（女、兼）

副经理：潘振民（女）　郭保华

（三）临清市财政局

1. 局长：宋加利

党组副书记：许兆君

副局长：范天军　王廷栋　韩慧杰（女）

纪检组长：崔　雷

2. 国有资产管理处

主任：王廷栋（兼）

3. 预算外资金管理处

主任：韩慧杰（女、兼）

副主任：陆浩泉

4. 财政监督检查局

局长：赵素坤（女）

5. 政府采购中心

主任：赵　彦

6. 农业税收征收管理局

副局长：张　华　李　红（女）

（四）高唐县财政局

1. 局长：刘殿军

副局长：李秀芹（女）　唐文生常庆怀　程庆江

党组成员：郭延坤　邵荣景（女）

纪检组长：由长泉

工会主任：刘新华

2. 公有资产管理局

局长：李秀芹（女、兼）

副局长：耿运国　季建军　高传震　杨继萱

3. 政府采购中心

主任：唐文生（兼）

副主任：张振芳（女）　王明华

4. 农业税收征收管理局

局长：常庆怀（兼）

副局长：解　波

5. 集中核算与支付中心

主任：郭延坤

副主任：赵士军　蔡淑荣（女）

6. 住房管理中心
主任：邵荣景（女、兼）
（五）茌平县财政局
1. 局长：王　彪
副局长：张新平　石长珍　张　明
纪检组长：刘勤丽（女）
党组成员：孙玉明　靖玉民
副主任科员：刘春梅（女）
2. 住房资金处
主任：张新平（兼）
3. 经济开发投资公司
经理：孙玉明（兼）
4. 农业税收征收管理局
局长：靖玉民（兼）
副局长：杨卫东
5. 国有资产管理局
副局长：梁　力　季文柱
6. 预算外资金管理局
副局长：于相刚　王　峰
7. 政府采购中心
主任：张　华
（六）东阿县财政局
1. 局长：胡立春（女、东阿县政府党组成员、县长助理兼）
党组书记：周长林
副局长：杨万民　王建强
纪检组长：张传合
工会主席：郑普元
主任科员：赵培盈
副主任科员：付　涛
2. 预算外资金管理局
局长：胡立春（女、兼）
副局长：黄培新　闫文峰
3. 农业税收征收管理局
副局长：田玉杰（女）　杜　峰
4. 财政信用投资公司
副经理：张明星
（七）阳谷县财政局
1. 局长：王文水
副局长：郭振光　林存祥　王善生
纪检组长：阎文渊
党组成员：孙瑞柱　杨跃峰
工会主席：姜军华
主任科员：王广奎
副主任科员：杨跃峰（兼）　张国华　韩淑芳（女）
2. 国有资产管理办公室
主任：郭振光
副主任：张君凤
3. 农业税收征收管理局
局长：王善生（兼）
副局长：孙广坤
4. 收费管理局
局长：林存祥（兼）
副局长：王凤莲（女）
5. 财政监督办公室
主任：孙瑞柱（兼）
副主任：王瑞彦
6. 政府采购中心
主任：任国昌
（八）莘县财政局
1. 局长：王俊君（县政协副主席兼）
副局长：弓　伟　王相超　翟建民　李存柱
纪检组长：赵洪军
工会主席：王素华（女）
总会计师：邵　勇
主任科员：杨其华　马留臣　赵玉明　闫学明
副主任科员：冯麦林　郭守杰
2. 预算外资金管理局
局长：王相超（兼）
副局长：范树青（女）　李孔章　岳玉宝
副主任科员：张宏民
3. 农业税收管理局
局长：翟建民（兼）
副局长：邱佃昌　李广才　魏贵学
副主任科员：樊永胜
4. 政府采购中心
主任：田　伟
副主任：朱同厚　张川山　陈韵辉（女）
5. 国有资产管理局
书记：邵　勇（兼）
局长：杨其船
副局长：马衍涛　徐跃增　王永光
（九）冠县财政局
1. 局长：郭建军
副局长：刘梅元　姚智军　石峰　孙长军
副主任科员：童云善　闫保兴
2. 预算外资金管理局
局长：刘梅元（兼）
副局长：徐敬祥
3. 国有资产管理局
局长：姚智军（兼）
副局长：任书良　郭秀芳（女）
4. 农业税收征收管理局
局长：石　峰（兼）
副局长：常明海　方金海
5. 政府采购办公室
主任：孙长军（兼）
副主任：魏文华（女）　寇修岭
6. 财政监督局
副局长：满庆利（女）
（十）经济开发区财政局
局长：孙克南（经济开发区副主任兼）
副局长：张广太　夏庆刚　崔文岗　陈琳琳（女）　孟文英（女）　陈儒方

十六、滨州市

（一）滨州市财政局
1. 局长：宋振华（滨州市政协副主席兼）
副局长：王秀夫　陈道江　冯艳霞（女）　王金生（女）　陈庆荣
纪检组长：张　红（女）
2. 预算外资金管理局
局长：石丽霞（女、党组成员）
副局长：甄恩如　索立新　刘长海
3. 农业税收管理局
局长：薛东平
副局长：朱　波　宋宇飞（女）
4. 国有资产管理办公室
主任：颜世庚
副主任：陈晓玲（女）
5. 市级机关会计核算中心
主任：冯艳霞（女、兼）

副主任：卢得珍（女） 景学江
6. 资产管理经营公司
副经理：贾安利
7. 中小企业投资担保中心
主任：王金生（女、兼）
副主任：朱澎淋
8. 政府采购中心
主任：董洪喜
副主任：鲁新国
9. 滨州财政学校
校长：赵美山
副校长：崔建卿 王连刚
10. 经济开发投资公司
副经理：陈道江（兼）
（二）滨城区财政局
1. 局长：马希圣
副局长：毛九民 张丽军（女） 王 辉（女）
2. 国有资产管理办公室
主任：王 辉（女、兼）
副主任：杨守亮
3. 担保中心
主任：于 桂（女、党组成员）
4. 会计核算中心
主任：马希圣（兼）
副主任：徐景山
5. 经济开发投资公司
经理：毛九民（兼）
副经理：于 桂（女、兼） 于文波 郭晓民
6. 农业税收管理局
局长：刘绍福
7. 投资管理中心
主任：毛九民（兼）
副主任：于 桂（女、兼） 郭晓民
（三）沾化县财政局
1. 局长：徐焕章（沾化县政协副主席兼）
副局长：牟金合 马景志 颜廷勇
纪检组长：任德莲（女）
2. 农业税收管理局
局长：赵宝国
副局长：吴秀岩
3. 非税收入管理局
局长：赵宝国（兼）
4. 国有资产经营中心
主任：马景志（兼）
5. 会计核算中心
主任：牟金合（兼）
副主任：花行三
6. 政府采购中心
主任：王宪福
（四）博兴县财政局
1. 局长：侯平周
党组副书记：许道泉
副局长：孙明新 鲍汝成 满金博 谢玉芳
纪检组长：刘洪叶（女）
党组成员：刘立新 魏晓东
副主任科员：李继祥 孙华恩
2. 农业税收管理局
局长：鲍汝成（兼）
副局长：魏晓东（兼） 于永增
3. 国有资产管理局
局长：王建林
4. 预算外资金管理局
局长：孙明新（兼）
副局长：何卫青（女）
5. 会计集中核算中心
主任：侯平周（兼）
副主任：杨 华（女） 孙长林
6. 中小企业担保中心
副主任：杨秀泉
（五）邹平县财政局
1. 局长：由守宏
副局长：姜 玮 袁崇水 赵方杰 刘 春
2. 经济开发投资公司
副总经理：贺光菊（女）
3. 会计核算中心
副主任：李 波
（六）惠民县财政局
1. 局长：李宗林
副局长：隋全洲 姚洪国 伊善海 逯相民
2. 非税收入管理局
副局长：王建中 王建军 高曰田 潘尊东
3. 国有资产管理局
局长：贾学林
4. 财政监督局
局长：赵新龙
5. 农业税收管理局
副局长：曹 利
6. 政府采购中心
副主任：赵光祯
（七）阳信县财政局
1. 局长：菅广中
副局长：张连祥 王海泉 马学军
纪检组长：孟祥泉
副主任科员：张文村
2. 核算中心
主任：张连祥（兼）
副主任：李学田
3. 农业税收管理局
局长：王海泉（兼）
副局长：凌锡泽 邢学勇
4. 中小企业担保中心
主任：马学军（兼）
副主任：王天河 吴秀明
（八）无棣县财政局
1. 局长：张 波
副局长：程玉春 武德禹 商涛 李智武
党组成员：李清华
副主任科员：李丙群
纪检组长：关辉林
2. 经济开发投资公司
经理：信式祥
副经理：巴秀村
3. 政府采购办公室
主任：刘 健
4. 国有资产管理局
局长：程玉春（兼）
副局长：吴兴本 赵辉源
5. 农业税收管理局
局长：商 涛（兼）
6. 会计核算中心
主任：任树堂
会计师：郭连峰
7. 担保中心

副主任：王　露（女）

（九）开发区财政局

局长：康　震

副局长：张庆元　游荣菊（女）

副主任科员：葛建国

十七、菏泽市

（一）菏泽市财政局

1. 局长：赵传山

副局长：鹿令聘　宋益连　潘杰功

纪检组长：邢建设

工会主任：朱学春

总会计师：朱启键

副调研员：柏立新　曹勤海　王志生

市人大财经委副主任：张秋冬

市政协常委：曹长明

调研员：李协奎

2. 国有资产经营中心

主任：宋益连（兼）

副主任：刘　峰　李振银

副调研员：侯巨臣

3. 集中招标采购服务中心

主任：潘杰功（兼）

副主任：潘炳彪　李明瑞

副调研员：孙维亚

4. 财政监督室

主任：魏玉国

副主任：彭建华

5. 农业税收管理局

局长：葛新生

6. 会计中心

主任：潘炳波

副主任：秦明刚　高启华

7. 经济开发投资公司

经理：柳　野

副调研员：李保林

8. 财政干部中等专业学校

书记：李　超

校长：刘学俊

工会主任：李好峰

（二）牡丹区财政局

1. 局长：林　东

副局长：李　忠　李允梓　赵君成

纪检书记：杨会治

总会计师：王传杰

2. 农业税收管理局

局长：李允梓（兼）

3. 乡镇财政报账核算中心

主任：赵君成（兼）

（三）鄄城县财政局

1. 局长：秦英魁

副局长：王延华　张志华

纪检书记：李空军

副主任科员：张崇义（党组成员）

2. 农业税收管理局

局长：张志华（兼）

3. 国有资产管理局

局长：李空军（兼）

（四）郓城县财政局

1. 局长：侯仰君

副局长：张　锋　郭洪岩　戚元贵

纪检书记：侯宪强

总会计师：郭保华

2. 国有资产管理办公室

主任：曹保成

3. 预算外资金管理办公室

主任：戚元贵（兼）

副主任：侯殿丰　王　勇

4. 经济开发投资公司

副经理：薛振华　王忠玉

5. 财政监督办公室

主任：马新宪

6. 黄淮海平原开发资金管理公司

经理：庄险峰

7. 会计核算中心

主任：华广领

8. 国有资产运营中心

副主任：王东江　陈富强

（五）巨野县财政局

1. 局长：杨怀军

副局长：刘念力　葛长春　张和银　王　剑　孔庆忠　李广聚

纪检书记：张志涛

总会计师：李保玉

2. 国有资产管理办公室

主任：刘念力（兼）

副主任：史士玉

3. 农业税收管理局

局长：葛长春（兼）

副局长：李保玉（兼）

4. 政府采购中心

主任：张和银（兼）

5. 预算外资金管理局

局长：王　剑（兼）

副局长：孔凡江　孔　涛　杨忠杰

6. 经济开发投资公司

经理：史高峰

7. 财政监督室

主任：韩文霞（女）

8. 会计核算中心

主任：李成柱

（六）成武县财政局

1. 局长：杨鲁伟

副局长：文信华　李守奇

纪检书记：王学礼

党组成员：侯光锋　张流源

工会副主任：祝兆福

2. 财政监督室

主任：张流源（兼）

3. 经济开发投资公司

经理：文信华（兼）

副经理：程渊涛　丁宗科　刘艳芳（女）

4. 农业税务局

局长：徐　静

5. 国有资产管理局

局长：马兰欣

6. 中华会计函校

校长：李晓强

7. 会计核算中心

主任：马育青（女）

8. 预算外资金管理局

局长：李登闯

（七）单县财政局

1. 局长：孟庆魁

副局长：杨绪敬　赵世忠　王东岳　王顺忠

纪检书记：刘中华

工会主席：郭庆香（女）

总会计师：张玉成

2. 经济开发投资公司

经理：杨绪敬（兼）

3. 国有资产经营中心

主任：王东岳（兼）

（八）定陶县财政局

1. 局长：王瑞臣

副局长：程相钦

纪检书记：吕起社

总会计师：王廷磊

2. 国有资产管理办公室

局长：任志忠

3. 预算外资金管理办公室

主任：朱凤梅（女）

4. 经济开发投资公司

经理：程相钦（兼）

5. 农业税收管理局

局长：姜瑞济

6. 政府采购招标中心

主任：张忠河

7. 会计核算中心

主任：贾贯强

（九）曹县财政局

1. 局长：徐玉泉

副局长：刘宝全　孙志立

工会主席：王　勇

2. 农业税务局

局长：吴保亮

（十）东明县财政局

1. 局长：袁文增

副局长：乔景运　李彦生

纪检书记：杨英梅（女）

总会计师：张超聚

工会主席：毕世坤

2. 农业税务局

局长：乔景运（兼）

3. 国有资产管理办公室

主任：乔光明

4. 财政监督室

主任：胡意宽

（十一）开发区财政局

1. 局长：张法超

副局长：吴洪雷　韩　丽（女）　张　浩

2. 政府采购办公室

主任：师雁翔

全省财政系统职工基本情况统计表

项目		总计	性别		民族		学历										
							研究生		大学本科	大学专科	中专	高中			初中及以下		
			男	女	汉	其他		其中：博士				人数	其中：35岁以下	其中：36岁至45岁	人数	其中35岁以下	其中36岁至40岁
总计	合计	30 895	20 356	10 539	30 762	133	441	12	12 645	11 445	4 714	1 376	270	466	274	43	60
	厅（局）级	21	17	4	21		8	2	11	2							
	地市局（处）级	816	654	162	813	3	132	7	523	141	10	8		1	2		
	县局（科）级	4 413	3 357	1 056	4 390	23	189	2	3 015	985	154	55	1	10	15		
	一般干部	22 959	14 406	8 553	22 860	99	111	1	8 759	9 463	3 801	743	103	255	82	4	16
	工勤人员	2 686	1 922	764	2 678	8	1		337	854	749	570	166	200	175	39	44
省厅局	合计	1 252	803	449	1 243	9	129	8	797	210	49	50	6	13	17		2
	厅（局）级	21	17	4	21		8	2	11	2							
	处（局）级	343	270	73	342	1	61	4	228	44	3	5		1	2		
	科级	531	314	217	529	2	49	2	378	75	13	13	1	3	3		
	一般干部	179	96	83	175	4	11		141	21	4	1			1		
	工勤人员	178	106	72	176	2			39	68	29	31	5	9	11		2
地市局	合计	4 566	2 966	1 600	4 539	27	184	4	2 795	991	298	219	70	76	79	18	13
	局级	473	384	89	471	2	71	3	295	97	7	3					
	科级	1 876	1 329	547	1 860	16	77		1 367	350	56	19		4	7		
	一般干部	1 646	861	785	1 638	8	35	1	1 077	417	76	31	1	9	10	1	
	工勤人员	571	392	179	570	1	1		56	127	159	166	69	63	62	17	13
县市局	合计	10 961	7 196	3 765	10 900	61	109		5 751	3 596	941	440	68	181	124	21	31
	局级	2 006	1 714	292	2 001	5	63		1 270	560	85	23		3	5		
	股级	3 475	2 388	1 087	3 445	30	25		2 031	1 137	216	54	7	23	12	1	5
	一般干部	4 625	2 462	2 163	4 601	24	21		2 299	1 654	469	158	15	74	24	1	4
	工勤人员	855	632	223	853	2			151	245	171	205	46	81	83	19	22
乡镇所	合计	14 116	9 391	4 725	14 080	36	19		3 302	6 648	3 426	667	126	196	54	4	14
	所级	3 317	2 839	478	3 308	9	16		1 084	1 650	502	61	11	20	4		1
	一般干部	9 717	5 760	3 957	9 693	24	3		2 127	4 584	2 534	438	69	129	31	1	6
	工勤人员	1 082	792	290	1 079	3			91	414	390	168	46	47	19	3	7

续表

项目		总计	政治面貌				年龄									
			党员	团员	民主党派	其他	25 岁及以下	26 岁至 30 岁	31 岁至 35 岁	36 岁至 40 岁	41 岁至 45 岁	46 岁至 50 岁	51 岁至 54 岁	55 岁至 59 岁		60 岁以上
														人数	其中：女	
总计	合计	30 895	22 288	2 678	70	5 859	2 087	5 713	6 836	5 773	5 124	3 183	1 508	655	26	16
	厅（局）级	21	21									10	6	4	1	1
	地市局（处）级	816	789		7	20	1	2	19	108	263	213	130	79	10	1
	县局（科）级	4 413	3 941	25	29	418	10	161	572	996	1 285	785	420	181	3	3
	一般干部	22 959	16 064	2 441	33	4 421	1 877	5 021	5 654	4 173	3 167	1 894	834	328	12	11
	工勤人员	2 686	1 473	212	1	1 000	199	529	591	496	409	281	118	63		
省厅局	合计	1 252	891	48	14	299	42	137	201	242	305	179	110	35	5	1
	厅（局）级	21	21									10	6	4	1	1
	处（局）级	343	325		6	12			7	53	134	71	56	22	4	
	科级	531	389	15	7	120	3	66	128	130	110	53	35	6		
	一般干部	179	83	30	1	65	37	60	32	16	22	7	5			
	工勤人员	178	73	3		102	2	11	34	43	39	38	8	3		
地市局	合计	4 566	2 988	289	29	1 260	255	586	885	922	960	518	286	153	11	1
	局级	473	464		1	8	1	2	12	55	129	142	74	57	6	1
	科级	1 876	1 581	9	15	271	5	87	324	481	562	237	124	56	2	
	一般干部	1 646	738	217	13	678	213	406	422	257	173	91	58	26	3	
	工勤人员	571	205	63		303	36	91	127	129	96	48	30	14		
县市局	合计	10 961	7 784	942	27	2 208	727	1 581	2 342	2 133	1 950	1 295	637	291	7	5
	局级	2 006	1 971	1	7	27	2	8	120	385	613	495	261	119	1	3
	股级	3 475	2 994	58	16	407	24	322	940	887	681	404	156	59	3	2
	一般干部	4 625	2 334	826	3	1 462	661	1 123	1 105	694	486	290	175	91	3	
	工勤人员	855	485	57	1	312	40	128	177	167	170	106	45	22		
乡镇所	合计	14 116	10 625	1 399		2 092	1 063	3 409	3 408	2 476	1 909	1 191	475	176	3	9
	所级	3 317	3 218	12		87	5	298	781	816	797	453	137	30		
	一般干部	9 717	6 697	1 298		1 722	937	2 812	2 374	1 503	1 008	649	303	122	3	9
	工勤人员	1 082	710	89		283	121	299	253	157	104	89	35	24		

续表

项目		总计	参加工作时间								劳模（先进工作者）		
			1949年9月以前	1949年10月至1957年	1958年至1965年	1966年至1970年	1971年至1980年	1981年至1990年	1991年至2000年	2001年以后	地市厅局级	省部级	全国
总计	合计	30 895			172	1 051	5 810	9 930	11 488	2 444	127	10	1
	厅（局）级	21			2	6	12	1			1		
	地市局（处）级	816			12	102	341	322	39		24	2	1
	县局（科）级	4 413			40	312	1 366	1 891	743	61	71	2	
	一般干部	22 959			113	567	3 535	6 838	9 649	2 257	31	6	
	工勤人员	2 686			5	64	556	878	1 057	126			
省厅局	合计	1 252			4	68	298	466	295	121	3		
	厅（局）级	21			2	6	12	1			1		
	处（局）级	343			2	35	121	168	17		2		
	科级	531				21	87	193	188	42			
	一般干部	179				3	17	30	53	76			
	工勤人员	178				3	61	74	37	3			
地市局	合计	4 566			23	249	961	1 596	1 393	344	29	2	1
	局级	473			10	67	220	154	22		22	2	1
	科级	1 876			9	119	441	894	398	15	7		
	一般干部	1 646			2	43	190	360	732	319			
	工勤人员	571			2	20	110	188	241	10			
县市局	合计	10 961			64	421	2 531	3 546	3 421	978	73	2	
	局级	2 006			31	172	838	804	157	4	64	2	
	股级	3 475			26	100	840	1 341	1 130	38	9		
	一般干部	4 625			6	129	623	1 097	1 865	905			
	工勤人员	855			1	20	230	304	269	31			
乡镇所	合计	14 116			81	313	2 020	4 322	6 379	1 001	22	6	
	所级	3 317			20	100	800	1 437	918	42	21	4	
	一般干部	9 717			59	192	1 065	2 573	4 951	877	1	2	
	工勤人员	1 082			2	21	155	312	510	82			

全省财政系统国家公务员基本情况统计表

项目		总计	女	少数民族	学历							政治面貌				年龄								
					研究生	其中：博士	大学本科	大学专科	中专	高中	初中及以下	共产党员	共青团员	民主党派	其他	30岁及以下	31岁至35岁	36岁至40岁	41岁至45岁	46岁至50岁	51岁至54岁	55岁至59岁	女	60岁及以上
总计	合计	5 455	1 415	29	264	10	3 204	1 555	341	77	14	4 906	109	17	423	428	858	1 241	1 373	929	438	187	7	1
	厅（局）级	15	3		8	2	5	2				15								9	3	2		1
	地市局（处）级	544	119	3	98	5	343	90	8	5		528		4	12	2	15	79	180	139	83	46	7	
	县局（科）级	2 429	536	10	130	2	1 624	571	83	16	5	2 279	5	8	137	76	290	570	688	493	227	85		
	科员级	2 125	631	15	22	1	1 109	731	204	51	8	1 816	76	5	228	281	472	535	439	252	103	43		
	办事员级及其他人员	342	126	1	6		123	161	46	5	1	268	28		46	69	81	57	66	36	22	11		
省厅局	合计	513	175	5	89	7	361	52	7	4		444	13	3	53	68	70	113	134	68	42	17	3	1
	厅（局）级	15	3		8	2	5	2				15								9	3	2		1
	处（局）级	226	56	1	44	3	152	26	2	2		215		3	8		5	40	95	41	32	13	3	
	科级	223	95	2	36	2	158	22	5	2		185	2		36	28	57	72	39	18	7	2		
	科员级	44	17	2			42	2				24	11		9	35	8	1						
	办事员级及其他人员	5	4		1		4					5				5								
地市局	合计	1 268	362	8	109	3	925	201	23	5	5	1 120	19	7	122	125	204	254	311	206	112	56	4	
	局（处）级	318	63	2	54	2	191	64	6	3		313		1	4	2	10	39	85	98	51	33	4	
	科级	781	232	6	42		603	118	14	1	3	695	3	5	78	33	148	199	220	105	58	18		
	科员级	155	60		9	1	124	19	2		1	104	16	1	34	82	43	16	4	3	3	4		
	办事员级及其他人员	14	7		4		7		1	1	1	8			6	8	3		2			1		
县市局	合计	2 681	631	13	65		1 627	791	152	40	6	2 458	55	7	161	139	331	636	717	523	238	97		
	局（科）级	1 320	185	2	52		816	386	51	13	2	1 299		3	18	9	62	273	401	351	160	64		
	科员级	1 267	412	11	13		764	370	91	25	4	1 100	35	4	128	95	248	347	309	168	71	29		
	办事员级及其他人员	94	34				47	35	10	2		59	20		15	35	21	16	7	4	7	4		
乡镇所	合计	993	247	3	1		291	511	159	28	3	884	22		87	96	253	238	211	132	46	17		
	科级	105	24				47	45	13			100			5	6	23	26	28	19	2	1		
	科员级	659	142	2			179	340	111	26	3	588	14		57	69	173	171	126	81	29	10		
	办事员级及其他人员	229	81	1	1		65	126	35	2		196	8		25	21	57	41	57	32	15	6		

第八部分

财政大事记

1月1日，省长韩寓群在《2005年财政收支快报》上批示："省财政厅、国税局、地税局：今年以来，我省经济继续保持快速平稳健康发展，经济效益进一步提高，稳定性进一步增强。我省财政、国税、地税系统广大干部职工认真贯彻落实科学发展观，充分发挥财政、税收职能作用，大力支持经济发展，加强财源建设，依法加强税收征管，税收占财政收入的比重有了进一步提高，财政收入结构有了积极的改善，我代表省政府向你们表示衷心的感谢。祝你们节日愉快，工作顺利，家庭幸福"。

4日，省长韩寓群在省国税局听取省财政厅、国税局、地税局三部门工作情况汇报，厅长尹慧敏、副厅长阮凤英、于国安、张洪军、纪检组长李振声、助理巡视员文新三、总会计师韩炜参加。

9日，厅长尹慧敏主持召开厅长办公会议，研究在全省财政工作会议上的讲话（讨论稿）及贯彻全国农村义务教育经费保障机制改革工作会议精神的意见。

11日，厅长尹慧敏、纪检组长李振声在济南南郊宾馆参加山东省纪委第七次全体会议。

12日，全省财政工作会议在济南南郊宾馆召开。会议传达了省委书记张高丽对财政工作的重要批示，宣读了省长韩寓群致大会的信。厅长尹慧敏作重要讲话，副厅长阮凤英主持会议。会议贯彻了中央、省经济工作会议及全国财政工作会议精神，总结了近几年全省财政工作，分析了当前财政经济形势，研究了"十一五"时期全省财政工作目标和任务，并对2006年工作进行了部署。副厅长张洪军、庞敦之、助理巡视员文新三及各市财政局长、办公室主任、预算科（处）长、省直部门财务负责人、厅机关各处室主要负责人参加会议。省直机关预算管理工作会议在厅机关三楼礼堂召开。会议通报了2006年省级预算进展情况，并对下一步工作进行了部署。副厅长张洪军讲话，副厅长庞敦之主持会议。

13日，省长韩寓群主持召开第62次省政府常务会议，研究承办亚欧会议旅游合作发展论坛暨展览会有关工作、贯彻全国科学技术大会精神的意见、《山东省中长期科学和技术发展规划纲要（草案）》，以及选拔2005年度山东省有突出贡献的中青年专家等事宜。会议确定由省财政厅会同烟台市政府研究提出补贴亚欧会议旅游合作发展论坛暨展览会经费的意见。厅长尹慧敏参加。

14日，副厅长阮凤英列席省十届人大四次会议开幕大会。

15日，厅长尹慧敏列席省十届人大四次会议第一次全体会议。

16日，厅长尹慧敏主持召开厅长办公会议，就2005年度先进集体、先进党支部评选、行政效能考核等问题进行了认真研究。

18日，厅长尹慧敏、副厅长阮凤英向省长韩寓群汇报逐步做实养老保险个人账户试点工作。

△厅长尹慧敏向省人大财经委汇报人大代表审议《2005年财政预算执行情况和2006年预算草案》的意见和建议。

20日，厅机关年终总结大会在三楼礼堂召开，厅长尹慧敏对2005年厅机关工作进行了总结，对2006年厅机关工作进行部署。副厅长于国安主持会议，副厅长张洪军、庞敦之、纪检组长李振声、助理巡视员文新三及厅机关、投资公司全体干部职工、离退休老干部参加会议。会后省财政厅、省地税局、省经济开发投资公司、财政部驻山东省财政监察专员办事处联合举办了庆贺新春联欢活动。

24日，省直机关精神文明建设委员会命名省财政厅为"2005年度省直文明机关"（鲁直文明委〔2006〕1号）。

25日，厅领导走访慰问厅机关和投资公司的离退休干部。

本月厅领导兼职：

△于国安同志担任省农业生产资料协会特邀顾问。

△张洪军同志担任省电子口岸建设领导小组成员。

△庞敦之同志担任省老年人运动会组织委员会委员、省科技咨询业管理协会第二届理事会副理事长。

2月5日，省长韩寓群主持召开省长办公会议，研究贯彻中央农村工作会议、全国安全生产工作会议精神的意见、省辖淮河流域水污染防治工作，并安排有关工作。厅长尹慧敏参加。

6日，省长韩寓群主持召开第63次省政府常务会议，研究《山东省防震减灾"十一五"规划（草案）》、《山东省公共图书馆管理办法（草案）》、《山东省著名商标认定和保护办法（草案）》，以及青岛市行政区划调整和"十一五"全省铁路建设工作。厅长尹慧敏参加。

10日，省政府召开全体（扩大）会议暨廉政工作会议。厅长尹慧敏、纪检组长李振声参加。

14日，厅长尹慧敏在厅机关主持召开会议，纪检组长李振声向省直机关工委文明委汇报省财政厅创建省级文明机关情况。

16日，常务副省长林廷生主持召开第64次省政府常务会议，研究2005年度山东省科学技术奖评审情况等问题。副厅长庞敦之参加。

17日，厅机关召开廉政建设大会，厅长尹慧敏讲话，纪检组长李振声主持会议，厅领导及厅机关全体干部职工参加。

20日，厅长尹慧敏赴江苏考察省管县工作并参加全国政府收支分类改革动员布置会。

23日，省委召开常委会议，传达中央关于建设社会主义新农村文件精神。副厅长于国安参加。

25日，省委书记张高丽、省长韩寓群听取济南市城市建设和重点规划设计及“十一届”全运会省级场馆建设等情况汇报。副厅长庞敦之参加。

26日，全省社会保障工作会议暨社会保障理论研讨会在潍坊召开。副厅长阮凤英参加。

本月厅领导兼职：

△尹慧敏同志担任中国国际贸易促进委员会山东省分会、中国国际商会山东商会特邀顾问。

△于国安同志担任省土地利用总体规划修编领导小组成员、省绿化委员会成员、全省铁路建设领导小组成员、省国家“863”计划遥感应用综合试验区工作联席会议成员。

△张洪军同志担任省委密码工作领导小组成员。

3月2日，省长韩寓群主持召开省长办公会议，研究省政府领导工作分工、2006年《政府工作报告》工作任务分解及做实企业职工基本养老保险个人账户事宜，安排部署有关工作。会议提出：关于财税工作，要总结推广泰安等地的经验，进一步培植县乡财源；省财政厅要在调查研究的基础上，提出进行省直管县试点的意见；要进一步改革税收征管办法，加强税收征管，严格财政支出，增强财政支出的透明度。厅长尹慧敏参加。

3日，按照山东省财政国库管理制度改革总体规划，自2006年4月1日起，省级尚未实施改革的部门全部纳入财政国库集中支付改革范围。为保证改革的顺利进行，省级财政国库管理制度改革动员大会在厅机关3楼礼堂召开，同时进行国库集中支付改革业务知识培训。副厅长阮凤英出席会议并讲话。

5～14日，厅长尹慧敏在北京参加十届全国人大四次会议。

6日，全省收支分类改革动员部署会议在烟台召开，会议传达全国政府收支分类改革动员部署会议精神，部署全省政府收支分类改革工作。副厅长阮凤英出席会议并讲话，纪检组长李振声主持会议。

9日，全省财政法规税政工作座谈会在泰安召开，会议总结交流2005年全省财政法规税政工作情况，传达、部署2006年主要目标任务和重点工作。助理巡视员文新三参加会议并讲话。

16日，全省财政系统干部教育培训工作会议在莱芜召开。助理巡视员文新三出席会议并讲话。

17日，为进一步规范和加强政府非税收入财政专户利息资金管理，提高资金使用效益，省财政厅制发《政府非税收入财政专户利息资金管理暂行办法》（鲁财综〔2006〕9号）。

20日，厅长尹慧敏主持召开厅长碰头会，通报了最近中央和省有关会议精神，研究了近期重点工作。指出，今年各有关处室按照厅党组要求，加大工作力度，政府采购预算达到21.11亿，较去年有较大增长，应给予充分肯定，并对有关处室提出表扬。

△财政部、国家税务总局下发《关于调整和完善消费税政策的通知》（财税〔2006〕33号），对现行消费税税目、税率及相关政策做出调整，规定自2006年4月1日起施行。

21日，省长韩寓群主持召开第65次省政府常务会议，研究《中共山东省委、山东省人民政府关于贯彻〈中共中央　国务院关于推进社会主义新农村建设的若干意见〉的实施意见》和2006年为农民群众办的十件实事、《中共山东省委、山东省人民政府〈关于实施科技规划纲要增强自主创新能力建设创新型省份〉的决定》、2006年预算内投资计划安排意见，以及动支2006年第一批预备费事宜等。厅长尹慧敏参加会议并汇报。

23日，厅长尹慧敏随韩寓群省长赴淄博就经济发展问题进行调研。

24日，省政府召开一季度经济形势分析会。厅长尹慧敏参加。

29日，全省财政支持社会主义新农村建设工作视频会议在厅22楼视频会议室通过全省财政视频会议系统召开。会议以中央和省两个“1号文件”为指导，认真贯彻落实中央和省农村工作会议精神，对财政支持社会主义新农村建设工作作出具体部署。厅长尹慧敏作重要讲话，副厅长于国安主持会议，在家厅领导及各业务处室主要负责同志参加主会场会议。

本月厅领导兼职：

△尹慧敏同志担任2006年山东（国际）文化产业博览会组委会成员、省地方史志编纂委员会副主任。

△阮凤英同志担任省治理商业贿赂领导小组成员。

△于国安同志担任省政府森林防火指挥部领导成员、省土地利用总体规划修编领导小组成员、省减轻农民负担工作领导小组成员、省建设节约型社会成果展暨节能技术产品博览会组委会成员、省防汛抗旱指挥部成员、省扶贫开发领导小组成员、省铁路道口安全委员会成员。

△张洪军同志担任省“打黑除恶”专项斗争领导小组成员、省海防委员会委员、省综治委预防青少年违法犯罪工作领导小组成员、省社区矫正工作领导小组成员、省打击走私综合治理领导小组成员、省信访工作领导小组成员、省民族事务协调委员会委员。

△庞敦之同志担任济南机场创建国际卫生机场管委会成员、2006年山东（国际）文化产业博览会组委会指

挥部财务组组长、省地方史志编纂委员会委员。

△文新三同志担任省优秀企业家评审委员会委员。

本月任免事项：

22日，鲁财人〔2006〕9号文件任命：

谢传穆为省财政厅驻济南财政检查办事处企业科科长；

张洪淼为省财政厅驻淄博财政检查办事处行政事业科副科长；

田茂守为省财政厅驻淄博财政检查办事处企业科副科长；

赵克非为省财政厅驻淄博财政检查办事处副主任科员；

胡雪瑞为省财政厅驻济宁财政检查办事处综合科副科长；

高旭为省财政厅驻济宁财政检查办事处企业科副科长；

荆浩为省财政厅驻德州财政检查办事处主任科员；

王磊为省财政厅驻德州财政检查办事处副主任科员；

王志福为省财政厅企业处主任科员；

李昭为省财政厅债务金融处办事员；

张宪旺为省财政厅离退休干部处副主任科员；

周景峰为省财政厅机关服务中心办事员。

4月11日，全省农业财政工作会议在东营市召开。传达学习财政部农业财政、农业综合开发会议和全省财政支持社会主义新农村建设视频工作会议精神，交流农业财政工作经验，研究部署农业财政工作。副厅长于国安参加会议并讲话。

13日，厅长尹慧敏随省长韩寓群视察章丘工业园。

△省长韩寓群主持召开一季度经济形势分析会，分析一季度经济运行情况，安排部署下一步工作。厅长尹慧敏参加。

14日，省长韩寓群主持召开第66次省政府常务会议，研究对《南水北调东线第一期工程可行性研究总报告》的意见、南水北调工作南四湖至东平湖段调水与航运结合的意见、济南省会城市群经济圈发展调研工作、加快鲁北沿海开发战略，以及全省残疾人竞技体育工作。厅长尹慧敏参加。

17日，为贯彻党中央颁发的《干部教育培训工作条例》、加强局处级领导干部能力建设、落实“十一五”财政干部教育规划，省财政厅在上海国家会计学院举办“十一五”首期全省财政系统局处级领导干部研讨班。厅长尹慧敏专门致信，助理巡视员文新三参加培训班并在开班仪式上作动员讲话，厅各处室（单位）、各市和部分县财政局60余名局处级干部参加培训。

20日，厅长尹慧敏、纪检组长李振声在山东人民广播电台参加“阳光政务热线”直播活动。

△省委常委、省委副书记高新亭主持召开省委农村工作领导小组第一次全体成员会议。副厅长于国安参加会议并发言。

24日，厅长尹慧敏参加人事部、中纪委、中组部、财政部在新疆召开的公务员工资制度改革和规范公务员收入分配秩序工作座谈会。

△为规范山东省矿山企业提高开采回收水平技术改造项目专项资金使用管理，提高财政资金使用效益，省财政厅制定了《山东省矿山企业提高开采回收水平技术改造项目专项资金管理暂行办法》（鲁财建〔2006〕24号）。

△为规范山东省矿山环境治理项目专项资金使用管理，提高财政资金使用效益，省财政厅制定了《山东省矿山环境治理项目专项资金管理暂行办法》（鲁财建〔2006〕25号）。

27日，为规范国有地质勘查队伍建设财政补助资金管理，提高财政资金使用效益，省财政厅制定了《山东省国有地质勘查队伍建设财政补助资金管理暂行办法》（鲁财建〔2006〕26号）。

28～29日，省财政厅、省国税局、省地税局、省经济开发投资公司、财政部驻山东财政监察专员办事处、山东财政学院联合举办财税机关第七届春季运动会暨趣味运动会。副厅长阮凤英、于国安、张洪军、庞敦之、纪检组长李振声及厅机关、投资公司600余人参加。

29日，厅长尹慧敏主持召开厅长办公会议，研究《关于加强事业单位财政财务管理的意见》，通报中央及省有关会议精神并研究贯彻意见。

30日，省长韩寓群主持召开省长办公会议，听取关于山东部分地区遭受严重风雹灾害情况的汇报，安排当前救灾工作。会议确定：省财政先安排500万元，用于帮助灾区恢复生产，保障困难群众生活。厅长尹慧敏参加。

△省直部门政府收支分类改革工作会议在厅机关3楼礼堂召开，传达政府收支分类改革方案，对省直部门政府收支分类改革工作进行动员，并对2007年省级部门预算编报工作作出部署。副厅长阮凤英参加会议并讲话，纪检组长李振声主持会议。

本月厅领导兼职：

△按省政府要求，省财政厅成立治理商业贿赂领导小组，下设办公室，尹慧敏同志担任领导小组组长，阮凤英、李振声同志担任副组长；阮凤英同志兼任办公室主任。

△于国安同志担任省“海上山东”建设领导小组成员、省网络与信息安全协调小组成员、省农村能源建设协调小组副组长、省海域勘界工作领导小组成员、省治蝗指挥部成员。

△张洪军同志担任省“严打”整治斗争领导小组成员、省淮河流域重点平原洼地治理工程世界银行贷款项目领导小组成员、省口岸领导小组成员、省“三支一扶”工作领导小组成员。

△庞敦之同志担任第十一届全国运动会山东筹备委员会办公室财务部部长。

5月8日，厅长尹慧敏、副厅长于国安赴历城调研农村沼气推广建设有关问题。

11日，省长韩寓群主持召开第67次省政府常务会议，研究《山东省依法行政第四个五年规划（2006～2010）（草案）》、《山东省房屋拆迁管理条例（修订草案）》，贯彻全国水库移民等工作会议精神的意见，以及召开黄河经济协作区有关会议、筹建山东省博物馆和总结济南市经验扎实做好财政资金支付核算的意见。厅长尹慧敏参加会议并汇报关于总结济南市经验切实加强政府资金核算管理的意见。

16日，全国财政法制工作会议在威海召开。厅长尹慧敏、助理巡视员文新三参加。

△副厅长阮凤英参加省长办公会议，汇报动支第二批预备费意见。

△副厅长庞敦之参加山东省与中国科学院共建研究所备忘录签署仪式。

△为加强省财政厅内部有关处室间的协调配合，形成政策、资金和工作合力，更好地发挥财政职能作用，大力支持社会主义新农村建设，经厅长办公会议研究，决定建立联席会议制度，印发《山东省财政厅支持社会主义新农村建设联席会议工作规则》，统筹协调和指导全省财政支持社会主义新农村建设工作。

19日，厅长尹慧敏随省长韩寓群到财政部驻山东省财政监察专员办事处、审计署驻济南办事处调研。

△副厅长阮凤英向省治理商业贿赂领导小组办公室督察组汇报省财政厅治理商业贿赂工作情况。

22日，厅长尹慧敏、副厅长阮凤英、纪检组长李振声在网通济南公司收听收看全国财政系统治理商业贿赂工作电视电话会议，并召开全省会议，厅长尹慧敏就山东省财政系统贯彻落实全国会议精神、进一步做好山东省治理商业贿赂专项工作进行具体部署。

23日，全省政协工作会议在济南南郊宾馆召开。厅长尹慧敏参加。

24日，全省财政经济建设工作会议在威海召开。副厅长于国安参加会议并讲话。

△纪检组长李振声在厅机关3楼礼堂主持山东省先进性教育活动群众满意度测评抽样问卷调查活动。

29日，厅长尹慧敏随省长韩寓群到省武警总队进行调研，视察作战指挥中心建设工地并参加座谈会。会议对信息化建设、指挥中心楼房、反恐装备、官兵生活补助等问题进行研究讨论。

30日，省长韩寓群在山东大厦会见天津大学代表团，并出席山东省与天津大学经济与技术合作协议签字仪式。厅长尹慧敏参加。

△省委同意：文新三同志任山东省财政厅副厅长（试用期一年）；李国健同志任山东省财政厅助理巡视员（鲁委〔2006〕175号文件）。阮凤英同志任山东省财政厅党组副书记；文新三同志任山东省财政厅党组成员（鲁委〔2006〕176号文件）。

31日，省长韩寓群主持召开第68次省政府常务会议，研究全省交通发展、2005年度县域经济社会发展表彰奖励、设立青岛国家海洋科学研究中心、高校毕业生就业事宜，以及贯彻全国治理商业贿赂领导小组负责人会议精神意见等。厅长尹慧敏参加会议。

本月厅领导兼职：

△阮凤英同志担任省社区工作领导小组成员。

△张洪军同志担任省保密委员会成员。

△文新三同志担任山东省水利水电工程移民工作领导小组成员。

6月1日，中共山东省委组织部同意：王慎民同志任山东省财政厅党组成员（鲁组任字〔2006〕115号）。

6日，厅长尹慧敏赴龙口参加全省县域经济现场会议。

8日，省长韩寓群主持会议，听取省物价局电价调整方案的汇报。厅长尹慧敏参加。

△副厅长阮凤英向省人大财经委汇报政府收支分类改革有关情况。

9日，全省加强境外非政府组织管理工作联席会议第一次全体会议召开。副厅长张洪军参加。

11日，省政府召开省事业单位改革领导小组会议。厅长尹慧敏参加。

12日，省长韩寓群主持召开第69次省政府常务会议，研究《山东省科技奖励办法（修订草案）》和贯彻落实曾培炎副总理讲话精神、第六次全国环境保护大会精神、全国气象科技大会精神的意见，及全省污水处理工程建设运行和管理、省直事业单位改革工作。会议确定：由省财政厅牵头，会同组织、人事、劳动、国资等部门，尽快研究出台促进经营开发服务类事业单位改革的政策和奖惩办法，加快推进省属事业单位改革步伐。厅长尹慧敏参加。

△厅长尹慧敏参加省委、省政府举办的《公务员法》讲座。

13日，省政府秘书长周齐主持会议，研究中石化对山东省补偿问题。厅长尹慧敏参加。

17日，财政部在北京召开改革公

务员工资制度和规范公务员收入分配秩序会议。厅长尹慧敏参加会议。

△副厅长阮凤英随省长韩寓群视察黄河防汛工作。

19日，厅长尹慧敏主持召开厅务会议，分析上半年全省预算执行情况，研究下半年财政经济走势，安排部署下一步重点工作。

△中组部召开贯彻落实《党政领导干部职务任期暂行规定》等五个法规文件视频会议。副厅长阮凤英参加山东分会场会议。

20日，助理巡视员文新三参加2006年省防汛抗旱指挥部第一次全体成员会议。

21日，厅长尹慧敏参加省委理论学习中心组读书会并赴南方学习考察。

27日，全省财政社会保障“两项试点”座谈会召开。副厅长阮凤英参加会议并讲话。

28日，省长韩寓群主持召开第70次省政府常务会议，听取国家发改委马凯主任在山东调研情况的汇报，研究《中共山东省委 山东省人民政府关于进一步促进服务业发展的若干意见》和外经贸、外事、村村通自来水工作以及山东省征地统一年产值标准和征地区片综合地价问题。厅长尹慧敏参加。

△助理巡视员文新三列席省政协常委会议全体会议。

29日，省长韩寓群主持召开省长办公会议，研究华鲁集团与新华鲁抗集团重组、重汽集团红筹上市、钢铁企业集团重组等问题；听取关于开发银行贷款工作进展情况及铁路项目资金安排意见的汇报。厅长尹慧敏参加。

△厅长尹慧敏参加山东省庆祝中国共产党成立85周年暨保持共产党员先进性教育活动总结表彰大会。

△为庆祝中国共产党成立85周年，厅机关邀请省委党校党建教研室主任张洪修教授为全体党员上党课。纪检组长李振声主持。

30日，厅长尹慧敏、副厅长于国安赴省财政厅帮扶对象鄄城县调研指导工作。

△副省长才利民主持召开会议，听取省财政厅、省劳动和保障厅关于提高职工待遇问题的汇报。副厅长阮凤英参加会议并汇报有关情况。

本月厅领导兼职：

△尹慧敏同志担任山东省水利水电工程移民工作领导小组副组长。

△于国安同志担任山东沿海重大船舶污染事故应急指挥中心成员。

△文新三同志担任省全民普法依法治理工作领导小组成员。

7月1～2日，厅长尹慧敏参加省委理论学习中心组读书会全体会议。

3日，省政府召开全省工业结构调整暨企业技术中心建设工作电视会议。副厅长于国安参加会议并发言。

5日，山东省人民政府任命：文新三为山东省财政厅副厅长（试用期一年）；李国健为山东省财政厅助理巡视员（鲁政任〔2006〕76号）。

7日，厅长尹慧敏随省长韩寓群赴奥地利、南非等国考察。

10日，受韩寓群省长委托，常务副省长林廷生主持召开第72次省政府常务会议，研究《山东省深化文化体制改革工作方案》以及贯彻全国电子政务工作座谈会精神意见等事宜。副厅长阮凤英参加。

11日，省人大常委会副主任兼财经委员会主任委员黄可华主持召开省人大财经委员会第35次会议，听取并审议省政府拟向省十届人大常委会第22次会议所作的《关于山东省2005年财政决算和2006年上半年预算执行情况的报告》，初步审查山东省2005年决算草案。副厅长阮凤英参加会议并汇报。

14日，采购代理机构治理政府采购领域商业贿赂专项工作座谈会在厅机关召开。副厅长阮凤英参加会议并讲话，纪检组长李振声主持会议。

△省委书记张高丽到省防汛指挥调度中心听取防汛工作情况汇报并作重要讲话。副厅长文新三参加。

18日，财政部在北京召开公务员工资制度改革座谈会。副厅长于国安参加。

△全省农税工作座谈会在威海召开。副厅长庞敦之参加。

19日，副省长王军民主持会议，听取关于千佛山医院收治特困患者费县农民王美荣住院一事的汇报，就卫生系统和各级医院进一步做好特困患者医疗救治工作进行了研究。副厅长阮凤英参加。

24日，副厅长文新三参加市厅级党员领导干部学习贯彻党章培训班。

25日，省十届人民代表大会常务委员会召开第22次会议全体会议。副厅长于国安列席。

27日，厅长尹慧敏参加省十届人民代表大会常务委员会第22次会议，并作《关于山东省2005年财政决算和2006年上半年预算执行情况的报告》。

△副省长张昭福主持召开国有粮食购销企业改革验收总结大会。副厅长于国安参加。

28日，省十届人民代表大会常务委员会召开第22次会议全体会议。副厅长庞敦之列席。

31日，省长韩寓群主持召开第37次省长办公会议，专题研究贯彻落实国务院通报全国经济形势电视电话会议精神意见。厅长尹慧敏参加。

本月厅领导兼职：

△尹慧敏同志任全省农村义务教育经费保障机制改革领导小组副组长，庞敦之同志任成员。

△阮凤英同志任山东省社区工作

领导小组成员。

△于国安同志担任省网络与信息安全协调小组成员、省名牌战略推进委员会成员。

△庞敦之同志担任省会城市文化发展协调小组成员。

△李国健同志担任省钢铁企业重组工作领导小组成员、中国山东第四届海内外高端人才交流暨经贸项目洽谈会筹备委员会成员。

本月任免事项：

24日，鲁财人〔2006〕17号文件任命：

赵壮为省财政厅机关党委副主任科员；

臧晓丽为省财政科学研究所副主任科员；

刘伟、贾磊、吴立行、杨晓黎为省财政厅集中支付中心副主任科员；

常景刚、辛志刚为省财政投资评审中心副主任科员；

崔晓敏为省财政投资评审中心科员。

8月1日，全省财政科研工作会议在潍坊召开。副厅长于国安参加会议并讲话。

3日，省政府召开第八次全省环境保护大会，厅长尹慧敏参加。副厅长于国安参加水和大气污染防治专题会议并发言。

5日，省委书记张高丽、省长韩寓群会见、接待中石化总经理陈同海一行。厅长尹慧敏参加。

8日，省长韩寓群赴济宁、泰安等地就新农村建设、宏观调控落实等情况进行调研。副厅长张洪军参加。

9日，副厅长于国安赴菏泽参加加快菏泽发展情况调度会并发言。

12日，纪检组长李振声赴莒南参加纪念省政府旧址修复一周年暨弘扬光荣传统加快莒南发展座谈会。

14～15日，全国财政系统金财工程建设座谈会在北京召开。厅长尹慧敏参加。

14日，省长韩寓群主持召开第73次省政府常务会议。传达学习中共中央、国务院《转发〈国家发改委关于上半年经济形势和做好下半年经济工作的建议〉的通知》，研究了全省就业工作、完善企业职工基本养老保险制度和调整企业离退休人员待遇等问题。副厅长阮凤英参加。

15日，全省财政债务金融管理工作会议在威海石岛召开。副厅长张洪军参加。

21日，厅长尹慧敏主持召开厅长办公会议，研究2005年省级预算执行和其他财政收支审计情况及整改意见、2007年省级预算编制实施意见，以及推行财政涉农资金“一本通”的意见。

△厅长尹慧敏主持召开厅务会议，传达全国财政系统金财工程建设座谈会精神，研究贯彻意见，安排部署下一步工作。

22日，省政府召开对口帮扶工作会议，协调有关部门加大对东平县帮扶力度，研究部署下一步工作。副厅长阮凤英参加。

△省财政投资评审中心工作座谈会在淄博召开。副厅长庞敦之参加会议并讲话。

24日，省长韩寓群主持召开第73次省政府常务会议。听取关于全国土地调控工作、全国整顿规范矿产资源开发秩序工作等会议精神及山东省贯彻意见，以及贯彻国务院加强房地产市场调控稳定住房价格等有关情况的汇报。厅长尹慧敏参加。

△省政府组织收听收看全国农村义务教育经费保障机制改革工作电视电话会议并召开全省教育工作电视会议。副厅长庞敦之参加会议并发言。

28日，全省土地调控暨整顿规范房产资源开发秩序工作会议在济南召开。副厅长于国安参加。

△2006年山东省“三支一扶”大学生服务农村基层出征仪式在山东师范大学举行。副厅长张洪军参加。

29日，财政部在烟台召开全国财政总决算工作座谈会。副厅长阮凤英参加。

30日，省委召开常委会议，研究深化文化体制改革方案。厅长尹慧敏列席会议。

△省机构编制委员会以鲁编办〔2006〕36号文件就省财政厅内设机构更名问题作出批复：

一、同意省财政厅统计评价处更名为行政事业资产处，仍挂省清产核资办公室牌子。主要职责是：贯彻执行国家有关行政事业单位国有资产管理的法律、法规和方针、政策；研究拟定山东省行政事业单位国有资产管理的规章制度，并组织实施和监督；指导全省行政事业单位国有资产管理；负责省级行政事业单位资产管理和清产核资等。

二、同意省财政厅农业税收管理处更名为基层财政管理处。主要职责是：负责契税、耕地占用税的征收管理；研究拟定乡镇财政财务管理的有关制度、办法并组织实施，指导乡镇财政、财务管理；负责农村财务管理工作，研究拟定规范和加强村级财务管理的制度、办法并督导落实；对财政用于“三农”的资金使用情况进行督查等。

31日，全省县域财源建设现场经验交流会在新泰市召开。厅长尹慧敏、副厅长庞敦之、总会计师韩炜参加。

9月1日，全省县域财源建设现场经验交流会在新泰市召开，厅长尹慧敏参加会议并讲话，副厅长庞敦之参加并主持会议。

△全国农村综合改革工作会议在北京召开。副厅长于国安参加。

4日，国务院召开加强政府自身建设推进政府管理创新电视电话会议。厅长尹慧敏参加。

5日，省长韩寓群会见并宴请奥地利钻石飞机制造公司总裁。厅长尹慧敏参加。

△省长韩寓群主持召开第75次省政府常务会议。听取关于《山东省南水北调工程沿线区域水污染防治条例（草案）》、《山东省药品使用条例（草案）》的汇报。厅长尹慧敏参加。

6日，全国财政教科文工作会议在昆明召开。副厅长庞敦之参加。

8日，中央未成年人思想道德建设督查组在南郊宾馆向省委、省政府反馈来山东督查有关情况，省委书记张高丽出席会议并代表省委、省政府作表态讲话。副厅长张洪军参加。

13日，全省财政系统文明创建工作现场会议在淄博召开。纪检组长李振声参加。

17日，中国科学院与山东省共建中国科学院青岛生物研究所签字仪式在济南南郊宾馆举行。厅长尹慧敏参加。

18日，省长韩寓群主持召开第76次省政府常务会议，研究全省金融工作及全国农村综合改革工作会议精神的初步贯彻意见等。会议确定：省农村税费改革工作领导小组更名为省农村综合改革工作领导小组，其办公室仍设在省财政厅，办公室主任由省财政厅一名副巡视员兼任。厅长尹慧敏参加会议，副厅长于国安汇报了全国农村综合改革工作会议精神及初步贯彻意见。

20日，省长韩寓群主持召开会议，研究黄河三角洲高效生态经济区发展规划问题。厅长尹慧敏参加。

21日，厅长尹慧敏随省委书记张高丽赴济南长清区视察工作。

22日，省政府召开全省农村综合改革工作电视电话会议。厅长尹慧敏、副厅长于国安参加。

△副省长王仁元主持召开省属国有企业分离办社会职能领导小组部分成员单位协调会、山东省钢铁企业重组工作领导小组第一次会议。助理巡视员李国健参加。

25日，厅长尹慧敏向省委汇报有关财政工作。

△省长韩寓群主持召开第77次省政府常务会议，研究了《山东省行政区域界线管理办法（草案）》，落实工资制度改革、实施农村义务教育经费保障机制改革和进一步加快软件产业发展的意见。厅长尹慧敏参加会议并汇报落实工资制度改革、实施农村义务教育经费保障机制改革等有关问题。

26日，全省财政税务工作会议在南郊宾馆召开，省长韩寓群出席会议并作重要讲话，厅长尹慧敏作关于落实收入分配制度改革等问题的说明，副厅长阮凤英、于国安，纪检组长李振声，副厅长文新三，党组成员王慎民参加会议。

28日，全省农村义务教育经费保障机制改革工作会议在济南南郊宾馆召开。厅长尹慧敏参加会议并讲话。

△全省领导干部会议在济南南郊宾馆召开。副厅长阮凤英参加。

29日，厅长尹慧敏随省长韩寓群、副省长李玉妹赴济南市视察社区工作。

30日，省长韩寓群主持召开第78次省政府常务会议。研究《黄河三角洲高效生态经济区发展规划（送审稿）》、《山东半岛城市群建设总体规划》、申办省第22届运动会，以及动支第三批省级预备费有关事宜。厅长尹慧敏参加会议并汇报动支2006年第三批预备费的意见。

本月厅领导兼职：

△阮凤英同志担任山东省结核病防治工作领导小组成员。

△文新三同志担任山东省农村能源建设协调领导小组成员。

△李国健同志担任省钢铁企业重组工作领导小组成员。

本月任免事项：

12日，鲁财人〔2006〕20号文件任命：

袁绍明为省财政厅基层财政管理处处长；

曹桂荣为省财政厅基层财政管理处调研员；

韩如月为省财政厅基层财政管理处助理调研员；

高兆阳、宋庆鑫、王强、沈雪灏为省财政厅基层财政管理处主任科员；

殷明为省财政厅行政事业资产处处长；

冯延明为省财政厅行政事业资产处副处长；

赵平、李晨、栾文红、臧传荣为省财政厅行政事业资产处主任科员。

鲁财人〔2006〕21号文件任命：

宫永利任省财政厅办公室科员；

刘宗越任省财政厅行政政法处主任科员；

张绍生任省财政厅农业处主任科员；

吴亚卓任省财政科学研究所主任科员；

汤小艳任省财政科学研究所副主任科员；

马丽娜任省财政信息中心主任科员；

宋卫雯、周洋任省财政厅集中支付中心副主任科员；

李绍亮任省财政投资评审中心主任科员；

何元泉任省财政厅驻潍坊财政检查办事处科员；

刘泰然任省财政厅驻济宁财政检查办事处科员；

刘杨任省财政厅驻临沂财政检查办事处科员。

鲁财人〔2006〕23号文件任命：

王炜任省财政厅办公室副主任；

刘凯声任省财政厅法规处副处长；

袁培全任省财政厅国库处处长；

房小蔚任省财政厅行政政法处副处长；

钟泽圣任省财政厅教科文处处长；

王宇轩任省财政厅教科文处副处长；

宋杰任省财政厅经济建设处副处长；

王昱东任省财政厅农业处副处长；

韩震任省财政厅社会保障处副处长；

张广东任省财政厅企业处副处长；

张波任省财政厅基层财政管理处副处长；

于军任省财政厅会计处副处长；

李玉斌任省财政厅离退休干部处处长；

董苏彭任省财政厅集中支付中心主任，兼任省财政厅国库处副处长；

魏绪燕任省财政厅集中支付中心副主任；

周象民任省财政科学研究所副所长；

王文胜任省财政厅机关服务中心副主任。

以上同志的试用期为一年。

鲁财人〔2006〕24号文件任命：

张思功任省财政厅办公室调研员，不再担任省财政厅办公室副主任职务；

肖友华任省财政厅办公室副调研员；

侯乃弘任省财政厅综合处副调研员；

张长德任省财政厅税政处副调研员；

高剑锋任省财政厅预算处调研员，不再担任省财政厅预算处副处长职务；

王元强任省财政厅预算处副调研员；

孟纪庚任省财政厅国库处副调研员；

文毅任省财政厅行政政法处调研员，不再担任省财政厅行政政法处副处长职务；

周晖任省财政厅行政政法处副调研员；

孙天波任省财政厅教科文处副调研员；

李恩川任省财政厅经济建设处副调研员；

张伯福任省财政厅农业处调研员，不再担任省财政厅农业处副处长职务；

刘洪军任省财政厅农业处副调研员；

李轩红任省财政厅社会保障处副调研员；

张庆堂任省财政厅企业处副调研员；

施军任省财政厅债务金融处副调研员；

刘焕平任省财政厅会计处调研员，不再担任省财政厅会计处副处长职务；

朱平任省财政厅会计处副调研员；

王凤芝任省财政厅监督检查局副调研员；

胡新黔任省财政厅离退休干部处调研员，不再担任省财政厅离退休干部处副处长职务；

张艳任省财政厅机关党委副调研员；

王镇修任省财政厅驻济南财政检查办事处调研员，不再担任省财政厅驻潍坊财政检查办事处主任职务；

尹建海任省财政厅驻烟台财政检查办事处副调研员。

鲁财人〔2006〕25号文件任命：

魏全胜任省财政厅综合处副处长，不再担任省财政厅驻济南财政检查办事处副主任职务；

鞠少波任省财政厅国库处副处长，不再担任省财政厅机关服务中心副主任职务；

梁士念任省财政厅集中支付中心主任科员。

10月8日，副省长贾万志主持召开省防控重大动物疫病指挥部部分成员会议，研究部署当前高致病性禽流感防控和检查督导工作。副厅长文新三参加。

9日，厅长尹慧敏主持召开厅长办公会议，传达学习省里有关会议精神，研究《山东省财政厅行政效能考核评议办法》修改意见，以及“阳光政务热线”第二次上线准备工作。

副厅长张洪军赴烟台参加山东省第21届运动会开幕式。

10日，副厅长于国安带队赴泰安、济宁等地开展2006年第三次整治违法排污保障群众健康专项检查行动。

11日，副厅长文新三赴济宁、菏泽等地对高致病性禽流感等重大疫病防控工作进行督导。

13日，省委召开常委会传达中共十六届六中全会精神。厅长尹慧敏参加。

16日，厅长尹慧敏、副厅长于国安赴北京参加地方规范津贴补贴工作会议。

20日，省政府召开第三季度经济形势分析会。厅长尹慧敏参加并发言。

△省政府组织收听收看全国安全生产暨煤矿整顿关闭工作电视电话会议，研究贯彻落实全国会议精神，部署煤矿整顿关闭和第四季度安全生产工作。助理巡视员李国健参加。

21日，省委书记张高丽主持召开省委常委会，通报1～9月份经济形势及新上项目检查情况。副厅长阮凤英参加。

23～25日，中共山东省委八届13

次全委会议召开。厅长尹慧敏参加。

25 日，省委秘书长王敏主持研究山东大厦欠款问题。厅长尹慧敏参加。

26 日，第十一届全国运动会组委会成立大会暨筹备工作电视会议在山东大厦召开。副厅长庞敦之参加。

27 日，厅长尹慧敏、副厅长于国安向副省长林廷生汇报规范公务员津贴补贴有关问题。

△厅长尹慧敏陪同卫生部部长高强赴章丘调研。

△副省长王军民主持召开会议，向卫生部部长高强汇报有关工作。副厅长阮凤英参加。

30 日，副厅长文新三赴淄博、临沂等地参加全省农业财政工作座谈会。

31 日，省长韩寓群主持召开第 79 次省政府常务会议，研究促进省会城市群经济圈发展、全省机关事业单位工资收入分配制度改革等工作。厅长尹慧敏、副厅长于国安参加。

本月厅领导兼职：

△李国健同志担任中国山东与委内瑞拉经贸合作协调小组成员。

11 月 1 日，省人大副主任黄可华在舜耕山庄会见教育部山东财政学院教学评估专家组。厅长尹慧敏参加。

△全省“万村千乡市场工程”现场会在潍坊召开。助理巡视员李国健参加。

2 日，省广播电台举办第二轮“阳光政务热线”直播活动。副厅长阮凤英及有关处室负责同志参加直播。

3 日，副省长才利民主持召开省社会保障监督委员会第一次全体委员会议。副厅长阮凤英参加。

6 日，省长韩寓群主持召开第 80 次省政府常务会议，专题研究事关人民群众生产生活的重点工作。厅长尹慧敏参加。

8 日，全省党员领导干部“勤政廉政、科学发展”教育视频会议在山东大厦召开。厅长尹慧敏、纪检组长李振声参加。

13 日，人民银行总行副行长苏宁就国库直接支付涉农补贴资金工作来山东省调研并召开座谈会。副厅长阮凤英参加。

14 ~ 15 日，中共山东省八届十四次全委会议、全省领导干部会议在南郊宾馆召开。厅长尹慧敏参加。

15 日，全省重点流域水污染防治工作会议在颐正大厦召开。副厅长于国安参加。

△省国家安全领导小组第一次工作会议在济南召开。副厅长庞敦之参加。

16 日，全国深化煤炭资源有偿使用制度改革试点工作电视电话会议山东分会场会议在省政府电子会议室召开。厅长尹慧敏、副厅长于国安参加。

20 日，厅长尹慧敏赴菏泽参加加快菏泽发展第二次现场会议。

△省整顿和规范矿产资源开发秩序工作领导小组成员会议在济南召开。副厅长于国安参加。

△副厅长文新三随省长韩寓群赴泰安、济宁、菏泽视察旱情。

22 日，厅长尹慧敏主持召开厅长办公会议。通报省里有关会议精神和有关工作情况，研究加强和改进厅机关政务工作有关问题，以及贯彻实施省八届十三次全委会《决定》的分工意见。

23 日，国务院艾滋病防治工作委员会成员单位联合督导团来山东省对艾滋病防治工作进行督导考评，听取山东省艾滋病防治工作情况汇报并座谈。副厅长阮凤英参加。

△全省行政事业单位国有资产管理工作会议在淄博召开。助理巡视员李国健参加会议并讲话。

26 日，厅长尹慧敏参加省委常委会议。

27 日，省长韩寓群主持召开第 81 次省政府常务会议，研究全国国有重点煤矿安全基础管理工作座谈会精神及山东省贯彻意见、食品药品监管工作，安排部署 12 月份省政府工作。厅长尹慧敏参加。

27 ~ 30 日，高级会计师评审工作在东营进行。副厅长张洪军、党组成员王慎民、总会计师韩炜参加。

28 日，省委有关会议在南郊宾馆召开。厅长尹慧敏、副厅长于国安参加，纪检组长李振声列席会议。

△财政部全国税政工作会议在云南召开。副厅长文新三参加。

29 日，《中华人民共和国各级人民代表大会常务委员会监督法》和构建和谐社会法律问题讲座在南郊宾馆举办。厅长尹慧敏参加。

△冬令期间灾区困难群众生活安排视频会议山东分会场会议在省民政厅召开。副厅长阮凤英参加。

△省直机关纪工委来省财政厅检查贯彻落实《建立健全教育制度监督并重的惩治和预防腐败体系实施纲要》情况。纪检组长李振声汇报有关工作。

30 日，厅长尹慧敏向省长韩寓群汇报财政工作，并参加省委、省政府接待全国社会保障基金理事会理事长项怀诚活动。

△全国社会保障基金理事会理事长项怀诚来山东就落实个人账户中央补助资金委托全国社会保障基金理事会管理运营问题进行调研。副厅长阮凤英参加汇报。

△“做表率、谋发展、促和谐省直机关职业道德建设成果展”开幕式在山东大厦举行。纪检组长李振声参加。

本月厅领导兼职：

△尹慧敏同志担任省社会保障监

督委员会副主任、担任省保健委员会委员。

△阮凤英同志担任省社会保障监督委员会委员。

△于国安同志担任省青少年校外教育工作联席会议成员。

△张洪军同志担任省解决执行难问题联席会议成员。

△庞敦之同志担任省人口文化促进会常务理事、第四届山东省政府督学、省计划生育协会副会长。

△文新三同志担任省农村基层党风廉政建设工作联席会议成员。

△李国健同志担任省服务业领导小组成员、省"万村千乡市场工程"试点工作联席会议成员。

12 月 1 日，厅长尹慧敏陪同全国社会保障基金理事会理事长项怀诚赴济南调研。

△省长韩寓群主持召开会议，专题研究里能集团有限公司企业性质问题。副厅长于国安参加。

3 日，厅长尹慧敏参加省委有关会议。

4 日，副省长孙守璞主持召开第一次经济开发区联席会议。副厅长于国安参加。

7 日，厅长尹慧敏赴财政部汇报工作。

△财政部召开定点饭店政府采购工作电视电话会议。副厅长张洪军参加山东分会场会议。

8 日，省委召开全省党员领导干部会议。副厅长阮凤英参加。

△韩寓群省长主持召开第 82 次省政府常务会议，研究 2007 年经济社会发展的初步意见、全省新型农村合作医疗工作，以及动支 2006 年第四批预备费事宜。副厅长阮凤英参加会议并汇报。

11 日，省委召开常委会议，传达全国政法、宣传两会精神。厅长尹慧敏参加。

△厅长尹慧敏主持召开厅长办公会议。通报省里有关会议精神，研究深化煤炭资源有偿使用制度改革试点工作、加强国有资源（资产）有偿使用收入管理的意见，听取工商等部门基本支出预算审核情况和会计信息质量检查情况。

14 日，全省改革公务员工资制度和规范公务员收入分配秩序工作会议在济南南郊宾馆召开。厅长尹慧敏参加会议并讲话，副厅长于国安、党组成员王慎民及有关处室负责同志参加。

18～19 日，全省经济工作会议在济南南郊宾馆召开。副厅长阮凤英参加。

19～20 日，全国财政工作会议在北京召开。厅长尹慧敏参加。

20 日，山东电视台举办"阳光政务热线"节目开播一周年直播活动。副厅长庞敦之参加。

21 日，省长韩寓群在济南市就社会保障、再就业等问题进行调研。厅长尹慧敏参加。

△全国暨全省行政事业单位资产清查工作电视会议在济南网通公司召开。副厅长阮凤英参加会议并讲话，助理巡视员李国健主持会议。

22 日，省长韩寓群在省地税局召开座谈会，听取财政、国税、地税工作汇报。厅长尹慧敏汇报有关财政工作，副厅长阮凤英、于国安、张洪军、庞敦之，纪检组长李振声，副厅长文新三，助理巡视员李国健，党组成员王慎民参加。

25 日，省委召开领导干部会议。厅长尹慧敏参加。

△省长韩寓群主持召开第 83 次省政府常务会议，研究 2007 年全省财政收支计划和省级预算安排意见、贯彻中央农村工作会议和第 12 次全国民政会议精神意见及《山东省节能奖励暂行办法》等。厅长尹慧敏参加会议并汇报关于 2007 年省级预算安排情况。

△全国财政社会保障工作现场会议在云南召开。副厅长阮凤英参加。

26 日，省长韩寓群主持召开第 84 次省政府常务会议，讨论 2007 年《政府工作报告（讨论稿）》，研究第一批省级非物质文化遗产保护名录等工作。副厅长于国安参加会议并汇报关于《加强国有资源（资产）有偿使用收入的管理意见（送审稿）》和《山东省深化煤炭资源有偿使用制度改革实施方案》有关情况。

27 日，省长韩寓群听取关于省博物馆新馆建设情况的汇报。厅长尹慧敏参加。

28 日，省委召开常委会议，听取中央农村工作会议、全国防范和处理邪教会议精神汇报。副厅长阮凤英参加。

30 日，省政府秘书长周齐主持召开专题会，研究协助做好国家土地督察济南局组建工作的有关事宜。厅长尹慧敏参加。

△全省事业单位全面推行人员聘用制度工作会议在南郊宾馆召开。党组成员王慎民参加。

31 日，副省长才利民主持召开省辖淮河流域水污染防治紧急调度会。副厅长于国安参加。

本月厅领导兼职：

△尹慧敏同志担任省社会保障监督委员会副主任委员，阮凤英同志任委员。

△阮凤英同志担任山东省精神卫生工作厅际联席会议制度成员。

△于国安同志担任省矿产资源规划编制工作领导小组成员。

△张洪军同志担任省创建节约型机关活动领导小组成员。

△文新三同志担任省基层农业技术推广体系改革工作协调小组成员。

△李国健同志担任山东省企业信

誉评价工作委员会委员。

本月任免事项：

4 日，鲁财人〔2006〕35 号文件，任命：

张镇方为省财政厅集中支付中心副主任科员；

周芊为省财政投资评审中心副主任科员；

李乐锋为省财政厅驻烟台财政检查办事处副主任科员；

张海军为省财政厅驻潍坊财政检查办事处副主任科员。